Berliner Kommentare

SpruchG

Spruchverfahrensgesetz

Kommentar

Von

Dr. Peter Dreier
Rechtsanwalt

Dr. Michael Fritzsche
Rechtsanwalt

und

Dr. Ludger C. Verfürth, LL.M.
Rechtsanwalt

unter Mitarbeitet von
Heiko Antczak
Rechtsanwalt

und

Dr. Volker Schulenburg
Rechtsanwalt und Fachanwalt für
Handels- und Gesellschaftsrecht

2., völlig neu bearbeitete und wesentlich erweiterte Auflage

ERICH SCHMIDT VERLAG

Bibliografische Information der Deutschen Nationalbibliothek
Die Deutsche Nationalbibliothek verzeichnet diese Publikation
in der Deutschen Nationalbibliografie; detaillierte bibliografische Daten
sind im Internet über
http://dnb.d-nb.de abrufbar.

**Weitere Informationen zu diesem Titel
finden Sie im Internet unter**
ESV.info/978 3 503 16654 1

Zitiervorschlag:
Bearbeiter, in: Dreier/Fritzsche/Verfürth, SpruchG, § … Rn. …

ISBN 978 3 503 16654 1
ISSN 1865-4177

Alle Rechte vorbehalten
© Erich Schmidt Verlag GmbH & Co. KG, Berlin 2016
www.ESV.info

Dieses Papier erfüllt die Frankfurter Forderungen
der Deutschen Nationalbibliothek und der Gesellschaft für das Buch
bezüglich der Alterungsbeständigkeit und entspricht sowohl den
strengen Bestimmungen der US-Norm Ansi/Niso Z 39.48-1992
als auch der ISO-Norm 9706.

Gesetzt aus 8/9 Punkt Candida

Satz: schwarz auf weiss, Berlin
Druck und Bindung: Kösel, Altusried-Krugzell

Vorwort

Die Erstauflage dieses Kommentars ist vor mehr als 10 Jahren Anfang 2004 erschienen, kurz nachdem das damals neue Spruchverfahrensgesetz (SpruchG) am 1. September 2003 in Kraft getreten war. Seither ist es einige Male geändert worden, zumeist zur Anpassung an andere Gesetzesänderungen und Gesetzeseinführungen. Von tiefgreifender Auswirkung waren dabei die Neugestaltung der Regelungen zur freiwilligen Gerichtsbarkeit im Jahre 2009 im Zuge der Einführung des FamFG, das auch die Beschwerdeverfahren maßgeblich verändert hat, sowie das Kostenrechtsmodernisierungsgesetz im Jahre 2013, das zu deutlichen Änderungen von Gerichtskosten und Rechtsanwaltsgebühren geführt hat. Darüber hinaus hat sich der Anwendungsbereich des SpruchG – beispielsweise in Bezug auf die anfängliche Einbeziehung und spätere Ausgrenzung des Delisting oder die Einführungen der Europäischen Aktiengesellschaft SE und der Europäischen Genossenschaft SCE – verändert. Vor allem aber hat sich die Rechtsprechung zur Unternehmensbewertung maßgeblich weiterentwickelt.

Schließlich hat die nun schon langjährige Anwendung des SpruchG vielfältige praktische Erfahrungen im Hinblick auf Zeitdauer, Kosteneffizienz, Ergebnisqualität und Zufriedenheit ermöglicht, die – gewissermaßen im Rückschluss – bei der Auslegung der Verfahrensanforderungen und Entscheidungsmöglichkeiten berücksichtigt werden sollten, ja müssen.

Auch in materieller Hinsicht hat sich einiges verändert: Nach der Reduktion des Anlegerschutzes im Zuge des ARUG und der dadurch bewirkten weitgehenden Bedeutungslosigkeit der aktienrechtlichen Anfechtungsklage genießen Aktionäre heutzutage maßgeblich allein im Spruchverfahren einen vermögensrechtlichen Schutz. Dem Spruchverfahren ist deswegen für den Minderheitenschutz eine überragende Bedeutung beizumessen.

Vor diesem Hintergrund – und der zwischenzeitlichen zahlreichen Kommentar- und Literaturstimmen zum SpruchG – haben die Herausgeber eine Neubearbeitung des Kommentars unternommen, die ein modernes Verständnis des SpruchG ermöglicht. Die zweite Auflage, die unter dem Namen Dreier/Fritzsche/Verfürth erscheint, geht weit über die Einarbeitung von Entscheidungen hinaus und stellt in wesentlichen Teilen eine Neukommentierung dar. Sie integriert alle maßgeblichen Entscheidungen und Literaturstimmen sowie alle für das Spruchverfahren wichtigen Aspekte, so dass der aktuelle Stand von Rechtsprechung und Literatur (Februar 2016) widergespiegelt wird.

Das in der Praxis bewährte Format wurde beibehalten. Trotz des Bemühens um vollständige Erfassung von Rechtsprechung und Literatur wurde durch Prägnanz und Kürze eine gute Übersichtlichkeit und Handhabbarkeit angestrebt.

Das Werk versteht sich nach wie vor als Praktikerkommentar: Hervorzuheben ist die Analyse der praktischen Bedeutung des Spruchverfahrens in der Einleitung. Dort werden Möglichkeiten aufgezeigt, das Verfahren ohne Änderungen des SpruchG noch effektiver zu gestalten, ohne den erforderlichen Aktionärschutz dadurch zu mindern. Als Beispiel sei der Vorschlag zur Einrichtung eines virtuellen Datenraumes genannt, um die oftmals erforderlichen (partiellen) Neubegutachtungen zu beschleunigen. Dem Hauptanliegen des Gesetzes, die Gewährleistung einer angemessenen Kompensationsleistung für die Anteilsinhaber, haben wir an gesonderter Stelle im Annex zu § 11 Rechnung getragen: Dort sind die Grundzüge der Unternehmensbewertung mit zahlreichen Empfehlungen für die Praxis zusammengestellt.

Die Autoren zeichnen ausschließlich für ihren jeweiligen Kommentierungsteil verantwortlich, d.h. Peter Dreier für die Einleitung, § 1, Annex zu § 1 Delisting, §§ 6–6c sowie § 11 und Annex zu § 11 Unternehmensbewertung. Michael Fritzsche und Heiko Antczak gemeinsam für §§ 2–5, Ludger C. Verfürth und Volker Schulenburg für §§ 7–10 sowie Michael Fritzsche alleine für §§ 12–17. Unseren Co-Autoren gebührt für ihre mühevolle und umfangreiche Unterstützung besonderer Dank.

Wir hoffen mit der zweiten Auflage unserer Kommentierung einen Beitrag dafür zu leisten, dass die Gerichte das Potential dieses wichtigen Gesetzes effektiv einsetzen, um den Minderheitenschutz in der gebotenen Art und Weise zu gewährleisten, und stehen für Anregungen und Rückfragen der interessierten Leser gerne bereit. Für etwaige Kontakte sind die jeweiligen e-mail-Adressen im Autorenverzeichnis angegeben.

Düsseldorf und Hamburg, im März 2016

Peter Dreier   Michael Fritzsche   Ludger C. Verfürth

Inhaltsverzeichnis

Vorwort V

Autorenverzeichnis IX

Abkürzungsverzeichnis X

Allgemeines Literaturverzeichnis XIV

**Gesetz über das gesellschaftsrechtliche Spruchverfahren
(Spruchverfahrensgesetz – SpruchG)** 1

Einleitung 11

§ 1 Anwendungsbereich 57

Annex zu § 1: Delisting 108

§ 2 Zuständigkeit 133

§ 3 Antragsberechtigung 149

§ 4 Antragsfrist und Antragsbegründung 179

§ 5 Antragsgegner 199

§ 6 Gemeinsamer Vertreter 207

§ 6a Gemeinsamer Vertreter bei Gründung einer SE 231

§ 6b Gemeinsamer Vertreter bei Gründung einer Europäischen Genossenschaft 238

§ 6c Gemeinsamer Vertreter bei grenzüberschreitender Verschmelzung 239

§ 7 Vorbereitung der mündlichen Verhandlung 240

§ 8 Mündliche Verhandlung 288

§ 9 Verfahrensförderungspflicht 306

§ 10 Verletzung der Verfahrensförderungspflicht 319

§ 11 Gerichtliche Entscheidung; Gütliche Einigung 342

Annex zu § 11: Grundzüge der Unternehmensbewertung 366

§ 12 Beschwerde 426

§ 13 Wirkung der Entscheidung 461

§ 14 Bekanntmachung der Entscheidung 469

§ 15 Kosten 480

§ 16 Zuständigkeit bei Leistungsklage 524
§ 17 Allgemeine Bestimmungen; Übergangsvorschrift 534

Stichwortverzeichnis 545

Autorenverzeichnis

Heiko Antczak, Rechtsanwalt,
Hoffmann Liebs Fritsch & Partner, Rechtsanwälte mbB,
Düsseldorf
E-Mail: heiko.antczak@hlfp.de

§§ 2–5

Dr. Peter Dreier, Rechtsanwalt,
Dreier Riedel Rechtsanwälte, Düsseldorf
E-Mail: pd@dreier-riedel.de

Einleitung, § 1,
Annex zu § 1,
§§ 6–6c, § 11,
Annex zu § 11

Dr. Michael Fritzsche, Rechtsanwalt,
Hoffmann Liebs Fritsch & Partner, Rechtsanwälte mbB,
Düsseldorf
E-Mail: michael.fritzsche@hlfp.de

§§ 2–5, 12–17

Dr. Volker Schulenburg, Rechtsanwalt
und Fachanwalt für Handels- und Gesellschaftsrecht,
Luther Rechtsanwaltsgesellschaft mbH, Hamburg

§§ 7–10

Dr. Ludger C. Verfürth, LL.M., Rechtsanwalt,
Norton Rose Fulbright (Germany) LLP, Hamburg
E-Mail: ludger.verfuerth@nortonrosefulbright.com

§§ 7–10

Abkürzungsverzeichnis

In das Abkürzungsverzeichnis wurden nur solche Abkürzungen aufgenommen, die nicht allgemein bekannt sind oder sich nicht aus Kirchner, Hildebert, Abkürzungsverzeichnis der Rechtssprache, 8. Auflage, Berlin 2015 sowie dem Duden, Die deutsche Rechtschreibung, 27. Auflage, Mannheim u. a. 2014, ergeben.

ABl.	Amtsblatt
a. A.	anderer Ansicht
aaO	am angegebenen Ort
Abs.	Absatz
a. E.	am Ende
ÄndVO	Änderungsverordnung
AEUV	Vertrag über die Arbeitsweise der Europäischen Union
a. F.	alte Fassung (außer Kraft)
AG	Aktiengesellschaft (Zeitschrift)
AktG	Aktiengesellschaft
Alt.	Alternative
AmtsG (AG)	Amtsgericht
Anh.	Anhang
AnwBl.	Anwaltsblatt
Aufl.	Auflage
BaFin	Bundesanstalt für Finanzdienstleistungsaufsicht
BayObLG	Bayerisches Oberstes Landesgericht
BB	Der Betriebs-Berater (Zeitschrift)
Begr. RegE	Begründung Regierungsentwurf
Begr. RefE	Begründung Referentenentwurf
BGB	Bürgerliches Gesetzbuch
BGBl.	Bundesgesetzblatt
BGH	Bundesgerichtshof
BRAGO	Bundesgebührenordnung für Rechtsanwälte (außer Kraft)
BRAO	Bundesrechtsanwaltsordnung
BR-Drucks.	Bundesrat Drucksache
BT-Drucks.	Bundestag Drucksache
BVerfG	Bundesverfassungsgericht
BVerfGG	Gesetz über das Bundesverfassungsgericht
bzw.	beziehungsweise
CAPM	Capital Asset Pricing Model
DAV	Deutscher Anwaltsverein
DAX	Deutscher Aktienindex
DB	Der Betrieb (Zeitschrift)
DCF	Discounted Cash Flow

DiskE	Diskussionsentwurf
Diss	Dissertation
EG	Europäische Gemeinschaft(en)
EGAktG	Einführungsgesetz zum Aktiengesetz
EGGVG	Einführungsgesetz zum Gerichtsverfassungsgesetz
EGMR	Europäischer Gerichtshof für Menschenrechte
EGV	Vertrag zur Gründung der Europäischen Gemeinschaft (früher Europäischen Wirtschaftsgemeinschaft)
EGZPO	Einführungsgesetz zur Zivilprozessordnung
EMRK	Europäische Menschenrechtskonvention
etc.	et cetera (des weiteren)
EU	Europäische Union
EuGH	Gerichtshof der Europäischen Union
EuGVO, EuGVVO	Verordnung (EG) Nr. 44/2001 des Rates vom 22.12.2000 über die gerichtliche Zuständigkeit und die Anerkennung und Vollstreckung von Entscheidungen in Zivil- und Handelssachen
EWiR	Entscheidungen zum Wirtschaftsrecht (Entscheidungssammlung)
f., ff.	folgende (fort-folgende)
FamFG	Gesetz über das Verfahren in Familiensachen und in den Angelegenheiten der freiwilligen Gerichtsbarkeit
FamGKG	Gesetz über Gerichtskosten in Familiensachen
FAZ	Frankfurter Allgemeine Zeitung
FGG	Gesetz über die Angelegenheiten der freiwilligen Gerichtsbarkeit (außer Kraft)
FGG-ReformG	Gesetz zur Reform des Verfahrens in Familiensachen und in den Angelegenheiten der freiwilligen Gerichtsbarkeit
FGPrax	Praxis der Freiwilligen Gerichtsbarkeit (Zeitschrift)
FN	Fußnote
FWB	Frankfurter Wertpapierbörse
GBl.	Gesetzblatt (Baden-Württemberg)
GenG	Genossenschaftsgesetz
GG	Grundgesetz für die Bundesrepublik Deutschland
ggfs.	gegebenenfalls
GmbHG	Gesetz betreffend die Gesellschaften mit beschränkter Haftung
GNotKG	Gesetz über Kosten der freiwilligen Gerichtsbarkeit für Gerichte und Notare
Großkomm	Großkommentar
GV	(Gesetz- und Verordnungsblatt) Nordrhein-Westfalen
GVBl.	(Gesetz- und Verordnungsblatt) Bayern, Hessen, Niedersachsen, Rheinland-Pfalz, Sachsen

SpruchG Abkürzungsverzeichnis

GVG	Gerichtsverfassungsgesetz
GVOBl.	(Gesetz- und Verordnungsblatt) Mecklenburg-Vorpommern
HGB	Handelsgesetzbuch
h.M.	herrschende Meinung
IDW ES 1	Institut der Wirtschaftsprüfer, Entwurf von Standard Nr. 1
IPRax	Praxis des Internationalen Privat- und Verfahrensrechts (Zeitschrift)
i. S.	im Sinne
i. V. m.	in Verbindung mit
JBeitrO	Justizbeitreibungsordnung
JVEG	Gesetz über die Vergütung von Sachverständigen, Dolmetscherinnen, Dolmetschern, Übersetzerinnen und Übersetzern sowie die Entschädigung von ehrenamtlichen Richterinnen, ehrenamtlichen Richtern, Zeuginnen, Zeugen und Dritten (Justizvergütungs- und -entschädigungsgesetz)
KfH	Kammer für Handelssachen (beim Landgericht)
KG	Kommanditgesellschaft
KGaA	Kommanditgesellschaft auf Aktien
KonTraG	Gesetz zur Kontrolle und Transparenz im Unternehmensbereich
KostVfg	Durchführungsbestimmungen zu den Kostengesetzen (Kostenverfügung)
KostO	Kostenordnung
KostRMoG	Zweites Gesetz zur Modernisierung des Kostenrechts
LG	Landgericht
lit.	litera (Buchstabenaufzählung)
MDAX	Midcap-DAX
m. w. N.	mit weiteren Nachweisen
NEMAX	Neuer Markt Aktienindex
NJW	Neue Juristische Wochenschrift
Nr.	Nummer
NZG	Neue Zeitschrift für Gesellschaftsrecht
OHG	Offene Handelsgesellschaft
OLG	Oberlandesgericht
RIW	Recht der internationalen Wirtschaft (Zeitschrift)
Rn.	Randnummer
RL	Richtlinie
RPflG	Rechtspflegergesetz
RVG	Rechtsanwaltsvergütungsgesetz
s., S.	siehe, Seite
SCE	Societas Cooperativa Europaea
SCEEG	Gesetz zur Einführung der Europäischen Genossenschaft – SCE Einführungsgesetz

SE	Societas Europaea, Europäische Aktiengesellschaft
SE-AG	Gesetz zur Ausführung der Verordnung (EG) Nr. 2157/2001 des Rates vom 8. Oktober 2001 über das Statut der Europäischen Aktiengesellschaft (SE) – SE-Ausführungsgesetz
SEEG	Gesetz zur Einführung der Europäischen Gesellschaft – SE-Einführungsgesetz
SE-RL	Richtlinie zur Ergänzung des Statuts der Europäischen Gesellschaft hinsichtlich der Beteiligung der Arbeitnehmer (basierend auf der gleichnamigen Richtlinie (EG) Nr. 86/2001 des Rates vom 8. Oktober 2001)
SE-VO	Verordnung über das Statut der Europäischen Gesellschaft (SE)
SDAX	Small Cap-DAX
SMAX	Small Cap Exchange Segment
SpruchG	Gesetz über das gesellschaftsrechtliche Spruchverfahren – Spruchverfahrensgesetz
StPO	Strafprozessordnung
TecDAX	Technology-DAX
u. a.	unter anderem
UmwG	Umwandlungsgesetz
VAG	Gesetz über die Beaufsichtigung der Versicherungsunternehmen – Versicherungsaufsichtsgesetz
VgRÄG	Vergaberechtsänderungsgesetz
VO	Verordnung
WACC	Weighted Average Cost of Capital
WEG	Wohnungseigentumsgesetz
WiWo	Wirtschaftswoche
WpHG	Gesetz über den Wertpapierhandel
WpÜG	Wertpapiererwerbs- und Übernahmegesetz
WpÜG-AngVO	Wertpapiererwerbs- und Übernahmegesetz-Angebotsverordnung
XETRA	Exchange Electronic Trading
z. B.	zum Beispiel
ZfbF	Schmalenbachs Zeitschrift für betriebswirtschaftliche Forschung
Ziff.	Ziffer
ZIP	Zeitschrift für Wirtschaftsrecht
ZNotP	Zeitschrift für Notarielle Praxis
ZPO	Zivilprozessordnung
ZSEG	Gesetz über die Entschädigung von Zeugen und Sachverständigen (außer Kraft)

Allgemeines Literaturverzeichnis

(Kommentare, Handbücher, Monographien; demgegenüber sind die zitierten Aufsätze und Beiträge zu Beginn der jeweiligen Kommentierung der einzelnen Paragraphen aufgeführt.)

Adolff, Johannes; Unternehmensbewertung im Recht der börsennotierten Aktiengesellschaft, München 2007, (zit.: *Adolff,* Unternehmensbewertung)

Assmann, Heinz-Dieter/Schneider, Uwe; Wertpapierhandelsgesetz, Kommentar, 6. Auflage, Köln 2012, (zit.: *Bearbeiter,* in: Assmann/Schneider WpHG)

Bassenge, Peter/Herbst, Gerhard/ Roth, Herbert; Kommentar zum FGG, RPflG, 9. Auflage, München 2002, (zit.: *Bassenge/Herbst/Roth,* FGG/RPflG)

Baumbach, Adolf/Hopt, Klaus J.; Handelsgesetzbuch, 36. Auflage, München 2014, (zit.: *Baumbach/Hopt HGB*)

Baumbach, Adolf/Lauterbach, Wolfgang/Albers, Jan/Hartmann, Peter; Kommentar zur ZPO, 72. Auflage, München 2014, (zit.: *Bearbeiter,* in: Baumbach/Lauterbach/Albers/Hartmann ZPO)

BDI u. a.; Gemeinsame Stellungnahme zum Referentenentwurf eines Spruchverfahrensneuordnungsgesetzes, Berlin, 11. Januar 2002, (zit.: *BDI,* Gemeinsame Stellungnahme v. 11.01.2002)

BDI u. a.; Gemeinsame Stellungnahme zum Regierungsentwurf eines Spruchverfahrensneuordnungsgesetzes, Berlin, 20. Dezember 2002, (zit.: *BDI,* Gemeinsame Stellungnahme v. 20.12.2002)

Bidmon, Katja, Die Reform des Spruchverfahrens durch das SpruchG, Berlin 2007, (zit.: *Bidmon,* Reform des SpruchG)

Bischof, Hans Helmut/Jungbauer, Sabine/Podlech-Trappmann, Bernd; RVG Kompaktkommentar, München 2004, (zit.: *Bearbeiter,* in: Bischof/Jungbauer/Podlech-Trappmann RVG)

Bürgers, Tobias/Körber, Torsten; Kommentar zum Aktiengesetz, 3. Auflage, München 2014, (zit.: *Bearbeiter,* in: Bürgers/Körber AktG)

Bumiller, Ursula/Winkler, Karl; Freiwillige Gerichtsbarkeit, Kommentar, 7. Auflage, München 1999, (zit.: *Bumiller/Winkler,* FGG)

Dörschell, Andreas/Franken, Lars/Schulte, Jörn; Der Kapitalisierungszinssatz in der Unternehmensbewertung, 2. Auflage, Düsseldorf 2012, (zit.: *Dörschell/Franken/Schulte,* Der Kapitalisierungszinssatz in der Unternehmensbewertung)

Emmerich, Volker/Habersack, Mathias; Aktien- und GmbH-Konzernrecht, 7. Auflage, München 2013, (zit.: *Bearbeiter,* in: Emmerich/Habersack: Aktien- und GmbH-Konzernrecht)

Fleischer, Holger/Hüttemann, Rainer[Hrsg.]; Rechtshandbuch Unternehmensbewertung, Köln 2015, (zit.: *Bearbeiter,* in: Fleischer/Hüttemann Rechtshandbuch Unternehmensbewertung)

Franke, Florian; Synergien in Rechtsprechung und Rechnungslegung, Wiesbaden 2009, (zit.: *Franke*, Synergien)

Geibel, Stephan/Süßmann, Rainer; Wertpapiererwerbs- und Übernahmegesetz (WpÜG), 2. Auflage, München 2008, (zit.: *Bearbeiter*, in: Geibel/Süßmann WpÜG)

Gerold, Wilhelm/Schmidt, Herbert/von Eicken, Kurt/Mader, Wolfgang; Bundesgebührenordnung für Rechtsanwälte, 14. Auflage München 1999, (zit.: *Bearbeiter*, in: Gerold/Schmidt/von Eicken/Madert BRAGO)

Geßler, Ernst/Hefermehl, Wolfgang/Eckhardt, Ulrich/Kropff, Bruno; Aktiengesetz, Kommentar, 1. Auflage, München 1973 ff., (zit.: *Bearbeiter*, in: G/H/E/K Aktiengesetz)

Goette, Wulf/Habersack, Mathias [Hrsg.]; Münchener Kommentar zum Aktiengesetz, 3. Auflage, München 2010, (zit.: Bearbeiter, in: Münchener Kommentar AktG bzw. MüKo AktG)

Großfeld, Bernhard; Recht der Unternehmensbewertung, 7. Auflage, Köln 2012, (zit.: Großfeld, Recht der Unternehmensbewertung)

Gude, Christian, Strukturänderungen und Unternehmensbewertung zum Börsenkurs, Köln 2004, (zit.: *Gude*, Unternehmensbewertung zum Börsenkurs)

Hartmann, Peter; Kostengesetze, 44. Auflage, München 2014, (zit.: *Hartmann*, Kostengesetze)

Hartung, Wolfgang/Römermann, Volker; RVG Praxiskommentar, München 2004, (zit.: *Bearbeiter*, in: Hartung/Römermann RVG)

Haußleiter, Martin; Kommentar zum FamFG, München 2011, (zit.: *Bearbeiter*, in Haußleiter FamFG)

Heidel, Thomas [Hrsg.]; Aktienrecht und Kapitalmarktrecht, 4. Auflage, Baden-Baden 2014, (zit.: *Bearbeiter*, in: Heidel AktG)

Hirte, Heribert/von Bülow, Christoph [Hrsg.]; Kölner Kommentar zum WpÜG, 2. Auflage, Köln u. a. 2014, (zit.: *Bearbeiter*, in: Kölner Kommentar WpÜG)

Hölters, Wolfgang; Kommentar zum Aktiengesetz, 2. Auflage, München 2014, (zit.: *Bearbeiter*, in: Hölters AktG)

Hopt, Klaus J./Wiedemann, Herbert [Hrsg.]; Großkommentar zum Aktiengesetz, 4. Auflage, Berlin, New York 2004–2013, (zit.: *Bearbeiter*, in: Großkomm AktG)

Hüffer, Uwe; Aktiengesetz, 11. Auflage, München 2014, (zit.: *Hüffer*, Aktiengesetz)

Jansen, Paul; Freiwillige Gerichtsbarkeit, Band 1, 2. Auflage, Berlin 1969, (zit.: *Jansen*, FGG)

Kallmeyer, Harald; Umwandlungsgesetz, 2. Auflage, Köln 2001, (zit.: *Bearbeiter*, in: Kallmeyer UmwG)

Karami, Behzad; Unternehmensbewertung in Spruchverfahren beim „Squeeze out", Wiesbaden 2014, (zit.: *Karami*, Unternehmensbewertung)

Keidel, Theodor; Kommentar zum FamFG, 18. Auflage, München 2014, (zit.: *Bearbeiter*, in: Keidel FamFG)

Keidel, Theodor/Kuntze, Joachim/Winkler, Karl; Freiwillige Gerichtsbarkeit, 15. Auflage, München 2003, (zit.: *Bearbeiter*, in: Keidel/Kuntze/Winkler FGG)

SpruchG   Allgemeines Literaturverzeichnis

Klöcker, Ingo/Frowein, Georg; Kommentar zum SpruchG, Köln 2004 (zit.: *Klöcker/Frowein*, SpruchG)
Larenz, Karl; Methodenlehre der Rechtswissenschaft, 5. Auflage, Berlin u. a. 1983, (zit.: *Larenz*, Methodenlehre der Rechtswissenschaft)
Loosen, Philipp; Reformbedarf im Spruchverfahren, Frankfurt am Main 2013, (zit.: *Loosen*, Reformbedarf im Spruchverfahren)
Lüke, Gerhard/Walchshöfer, Alfred, [Hrsg.]; Münchener Kommentar zur Zivilprozessordnung, Band 1, §§ 1–354, 4. Auflage, München 2012, (zit.: *Bearbeiter*, in: Münchener Kommentar ZPO bzw. MüKo ZPO)
Lutter, Marcus; Umwandlungsgesetz, Band I, 5. Auflage, Köln 2014, (zit.: *Bearbeiter*, in: Lutter UmwG)
ders.; Umwandlungsgesetz, Band II, 5. Auflage, Köln 2014, (zit.: *Bearbeiter*, in: Lutter UmwG)
Maunz, Theodor/Dürig, Günther; Kommentar zum Grundgesetz, Band IV, München, Loseblattsammlung, (zit.: *Bearbeiter*, in: Maunz/Dürig GG)
Musielak, Hans-Joachim/Voit, Wolfgang; Kommentar zur ZPO, 12. Auflage, München 2015, (zit.: *Bearbeiter*, in: Musielak/Voit ZPO)
Münchener Kommentar zum FamFG, 2. Auflage, München 2013, (zit.: *Bearbeiter*, in: Münchener Kommentar FamFG bzw. MüKo FamFG)
Nordmeyer, Matthias; Die Institution des gemeinsamen Vertreters im gesellschaftsrechtlichen Spruchverfahren, Bielefeld 2005, (zit.: *Nordmeyer*, Die Institution des gemeinsamen Vertreters im gesellschaftsrechtlichen Spruchverfahren)
Peemöller, Volker, [Hrsg.]; Praxishandbuch der Unternehmensbewertung, 6. Auflage, Herne 2015, (zit.: *Bearbeiter*, in: Peemöller Unternehmensbewertung)
Piltz, Detlev; Die Unternehmensbewertung in der Rechtsprechung, 3. Auflage, Düsseldorf 1994, (zit.: *Piltz*, Unternehmensbewertung)
Rackl, Rainer; Das Rechtsmittelrecht nach dem FamFG, Frankfurt am Main 2011 (zit.: *Rackl*)
Riegger, Bodo/Wasmann, Dirk [Hrsg.]; Kölner Kommentar zum Aktiengesetz, 3. Auflage, Köln 2013, (zit.: *Bearbeiter*, in: Kölner Kommentar AktG bzw. KK-AktG)
Putzo/Thomas; Kommentar zur ZPO, 36. Auflage, München 2015, (zit.: *Bearbeiter*, in: Putzo ZPO)
Saenger, Ingo; Zivilprozessordnung, 6. Auflage, München 2015, (zit.: *Bearbeiter*, in: Saenger ZPO)
Schmidt, Karsten/Lutter, Marcus; Aktiengesetz, 2. Auflage, Köln 2010, (zit.: *Bearbeiter*, in: Schmidt/Lutter Aktiengesetz)
Schmitt, Joachim/Hörtnagl, Robert/Stratz, Rolf-Christian; Umwandlungsgesetz – Umwandlungssteuergesetz, 4. Auflage, München 2006, (zit.: *Bearbeiter*, in: Schmitt/Hörtnagl/Stratz UmwG/UmwStG)
Schneider, Norbert/Wolf, Hans-Joachim; RVG AnwaltKommentar, 5. Auflage, Bonn 2010, (zit.: *Bearbeiter*, in: Schneider/Wolf RVG)
Semler, Johannes/Stengel, Arndt; Umwandlungsgesetz mit Spruchverfahrensgesetz, 3. Auflage, München 2012, (zit.: *Bearbeiter*, in: Semler/Stengel UmwG)
Semler, Johannes/Volhard, Rüdiger; Arbeitshandbuch für die Hauptversammlung, München 1999, (zit.: *Bearbeiter*, in: Semler/Volhard)

Simon, Stefan; Kommentar zum Spruchverfahrensgesetz, München 2007, (zit.: *Bearbeiter*, in: Simon SpruchG)

Spindler, Gerald/Stilz, Eberhard; Kommentar zum Aktiengesetz, 3. Auflage, München 2015, (zit.: *Bearbeiter*, in: Spindler/Stilz AktG)

Steinmeyer, Roland/Häger, Michael; WpÜG, 2. Auflage, Berlin 2007, (zit.: *Steinmeyer/Häger*, WpÜG)

Weimann, Martin; Spruchverfahren nach Squeeze-Out, Berlin/Boston 2015, (zit.: *Weimann*, Spruchverfahren nach Squeeze-Out)

Widmann, Siegfried/Mayer, Dieter; Umwandlungsrecht (Umwandlungsgesetz, Umwandlungssteuergesetz, Spruchverfahrensgesetz), lfd. Blattsammlung, München bis 2013, (zit.: *Bearbeiter*, in: Widmann/Mayer UmwG)

Wittgens, Jonas, Das Spruchverfahrensgesetz, Berlin 2005, (zit.: *Wittgens*, Das Spruchverfahrensgesetz)

Zimmermann, Walter; Freiwillige Gerichtsbarkeit, Heidelberg 1995, (zit.: *Zimmermann*, FGG)

Zöller, Richard; Kommentar zur ZPO, 30. Auflage, Köln 2014, (zit.: *Bearbeiter*, in: Zöller ZPO)

Gesetz über das gesellschaftsrechtliche Spruchverfahren (Spruchverfahrensgesetz – SpruchG)

vom 12. Juni 2003 (BGBl. I S. 838), zuletzt geändert durch Artikel 16 des Gesetzes vom 23. Juli 2013 (BGBl. I S. 2586)

§ 1
Anwendungsbereich

Dieses Gesetz ist anzuwenden auf das gerichtliche Verfahren für die Bestimmung

1. des Ausgleichs für außenstehende Aktionäre und der Abfindung solcher Aktionäre bei Beherrschungs- und Gewinnabführungsverträgen (§§ 304 und 305 des Aktiengesetzes);
2. der Abfindung von ausgeschiedenen Aktionären bei der Eingliederung von Aktiengesellschaften (§ 320b des Aktiengesetzes);
3. der Barabfindung von Minderheitsaktionären, deren Aktien durch Beschluss der Hauptversammlung auf den Hauptaktionär übertragen worden sind (§§ 327a bis 327f des Aktiengesetzes);
4. der Zuzahlung an Anteilsinhaber oder der Barabfindung von Anteilsinhabern anlässlich der Umwandlung von Rechtsträgern (§§ 15, 34, 122h, 122i, 176 bis 181, 184, 186, 196 oder § 212 des Umwandlungsgesetzes);
5. der Zuzahlung an Anteilsinhaber oder der Barabfindung von Anteilsinhabern bei der Gründung oder Sitzverlegung einer SE (§§ 6, 7, 9, 11 und 12 des SE-Ausführungsgesetzes);
6. der Zuzahlung an Mitglieder bei der Gründung einer Europäischen Genossenschaft (§ 7 des SCE-Ausführungsgesetzes).

§ 2
Zuständigkeit

(1) Zuständig ist das Landgericht, in dessen Bezirk der Rechtsträger, dessen Anteilsinhaber antragsberechtigt sind, seinen Sitz hat. Sind nach Satz 1 mehrere Landgerichte zuständig oder sind bei verschiedenen Landgerichten Spruchverfahren nach Satz 1 anhängig, die in einem sachlichen Zusammenhang stehen, so ist § 2 Abs. 1 des Gesetzes über das Verfahren in Familiensachen und in den Angelegenheiten der freiwilli-

gen Gerichtsbarkeit entsprechend anzuwenden. Besteht Streit oder Ungewissheit über das zuständige Gericht nach Satz 2, so ist § 5 des Gesetzes über das Verfahren in Familiensachen und in den Angelegenheiten der freiwilligen Gerichtsbarkeit entsprechend anzuwenden.

(2) Der Vorsitzende einer Kammer für Handelssachen entscheidet

1. über die Abgabe von Verfahren;
2. im Zusammenhang mit öffentlichen Bekanntmachungen;
3. über Fragen, welche die Zulässigkeit des Antrags betreffen;
4. über alle vorbereitenden Maßnahmen für die Beweisaufnahme und in den Fällen des § 7;
5. in den Fällen des § 6;
6. über Geschäftswert, Kosten, Gebühren und Auslagen;
7. über die einstweilige Einstellung der Zwangsvollstreckung;
8. über die Verbindung von Verfahren.

Im Einverständnis der Beteiligten kann der Vorsitzende auch im Übrigen an Stelle der Kammer entscheiden.

(4) (weggefallen)

§ 3
Antragsberechtigung

Antragsberechtigt für Verfahren nach § 1 ist in den Fällen

1. der Nummer 1 jeder außenstehende Aktionär;
2. der Nummern 2 und 3 jeder ausgeschiedene Aktionär;
3. der Nummer 4 jeder in den dort angeführten Vorschriften des Umwandlungsgesetzes bezeichnete Anteilsinhaber;
4. der Nummer 5 jeder in den dort angeführten Vorschriften des SE-Ausführungsgesetzes bezeichnete Anteilsinhaber;
5. der Nummer 6 jedes in der dort angeführten Vorschrift des SCE-Ausführungsgesetzes bezeichnete Mitglied.

In den Fällen der Nummern 1, 3, 4 und 5 ist die Antragsberechtigung nur gegeben, wenn der Antragsteller zum Zeitpunkt der Antragstellung Anteilsinhaber ist. Die Stellung als Aktionär ist dem Gericht ausschließlich durch Urkunden nachzuweisen.

§ 4
Antragsfrist und Antragsbegründung

(1) Der Antrag auf gerichtliche Entscheidung in einem Verfahren nach § 1 kann nur binnen drei Monaten seit dem Tag gestellt werden, an dem in den Fällen

1. der Nummer 1 die Eintragung des Bestehens oder einer unter § 295 Abs. 2 des Aktiengesetzes fallenden Änderung des Unternehmensvertrags im Handelsregister nach § 10 des Handelsgesetzbuchs;
2. der Nummer 2 die Eintragung der Eingliederung im Handelsregister nach § 10 des Handelsgesetzbuchs;
3. der Nummer 3 die Eintragung des Übertragungsbeschlusses im Handelsregister nach § 10 des Handelsgesetzbuchs;
4. der in Nummer 4 genannten §§ 15, 34, 176 bis 181, 184, 186, 196 und 212 des Umwandlungsgesetzes die Eintragung der Umwandlung im Handelsregister nach den Vorschriften des Umwandlungsgesetzes;
5. der in Nummer 4 genannten §§ 122h und 122i des Umwandlungsgesetzes die Eintragung der grenzüberschreitenden Verschmelzung nach den Vorschriften des Staates, dessen Recht die übertragende oder neue Gesellschaft unterliegt;
6. der Nummer 5 die Eintragung der SE nach den Vorschriften des Sitzstaates;
7. der Nummer 6 die Eintragung der Europäischen Genossenschaft nach den Vorschriften des Sitzstaates

bekannt gemacht worden ist. Die Frist wird in den Fällen des § 2 Abs. 1 Satz 2 und 3 durch Einreichung bei jedem zunächst zuständigen Gericht gewahrt.

(2) Der Antragsteller muss den Antrag innerhalb der Frist nach Absatz 1 begründen. Die Antragsbegründung hat zu enthalten:

1. die Bezeichnung des Antragsgegners;
2. die Darlegung der Antragsberechtigung nach § 3;
3. Angaben zur Art der Strukturmaßnahme und der vom Gericht zu bestimmenden Kompensation nach § 1;
4. Konkrete Einwendungen gegen die Angemessenheit der Kompensation nach § 1 oder gegebenenfalls gegen den als Grundlage für die Kompensation ermittelten Unternehmenswert, soweit hierzu Angaben in den in § 7 Abs. 3 genannten Unterlagen enthalten sind. Macht der Antragsteller glaubhaft, dass er im Zeitpunkt der Antragstellung aus Gründen, die er nicht zu vertreten hat, über diese Unterlagen nicht verfügt, so kann auf Antrag die Frist zur Begründung angemessen verlängert werden, wenn er gleichzeitig Abschrifterteilung gemäß § 7 Abs. 3 verlangt.

Aus der Antragsbegründung soll sich außerdem die Zahl der von dem Antragsteller gehaltenen Anteile ergeben.

§ 5
Antragsgegner

Der Antrag auf gerichtliche Entscheidung in einem Verfahren nach § 1 ist in den Fällen

1. der Nummer 1 gegen den anderen Vertragsteil des Unternehmensvertrags;
2. der Nummer 2 gegen die Hauptgesellschaft;
3. der Nummer 3 gegen den Hauptaktionär;
4. der Nummer 4 gegen die übernehmenden oder neuen Rechtsträger oder gegen den Rechtsträger neuer Rechtsform;
5. der Nummer 5 gegen die SE, aber im Fall des § 9 des SE-Ausführungsgesetzes gegen die die Gründung anstrebende Gesellschaft;
6. der Nummer 6 gegen die Europäische Genossenschaft

zu richten.

§ 6
Gemeinsamer Vertreter

(1) Das Gericht hat den Antragsberechtigten, die nicht selbst Antragsteller sind, zur Wahrung ihrer Rechte frühzeitig einen gemeinsamen Vertreter zu bestellen; dieser hat die Stellung eines gesetzlichen Vertreters. Werden die Festsetzung des angemessenen Ausgleichs und die Festsetzung der angemessenen Abfindung beantragt, so hat es für jeden Antrag einen gemeinsamen Vertreter zu bestellen, wenn aufgrund der konkreten Umstände davon auszugehen ist, dass die Wahrung der Rechte aller betroffenen Antragsberechtigten durch einen einzigen gemeinsamen Vertreter nicht sichergestellt ist. Die Bestellung eines gemeinsamen Vertreters kann vollständig unterbleiben, wenn die Wahrung der Rechte der Antragsberechtigten auf andere Weise sichergestellt ist. Das Gericht hat die Bestellung des gemeinsamen Vertreters im Bundesanzeiger bekannt zu machen. Wenn in den Fällen des § 1 Nr. 1 bis 3 die Satzung der Gesellschaft, deren außenstehende oder ausgeschiedene Aktionäre antragsberechtigt sind, oder in den Fällen des § 1 Nr. 4 der Gesellschaftsvertrag, der Partnerschaftsvertrag, die Satzung oder das Statut des übertragenden oder formwechselnden Rechtsträgers noch andere Blätter oder elektronische Informationsmedien für die öffentlichen Bekanntmachungen bestimmt hatte, so hat es die Bestellung auch dort bekannt zu machen.

(2) Der gemeinsame Vertreter kann von dem Antragsgegner in entsprechender Anwendung des Rechtsanwaltsvergütungsgesetzes den Ersatz seiner Auslagen und eine Vergütung für seine Tätigkeit verlangen; mehrere Antragsgegner haften als Gesamtschuldner. Die Auslagen und die Vergütung setzt das Gericht fest. Gegenstandswert ist der für die Gerichtsgebühren maßgebliche Geschäftswert. Das Gericht kann den Zahlungsverpflichteten auf Verlangen des Vertreters die Leistung von Vor-

schüssen aufgeben. Aus der Festsetzung findet die Zwangsvollstreckung nach der Zivilprozessordnung statt.

(3) Der gemeinsame Vertreter kann das Verfahren auch nach Rücknahme eines Antrags fortführen. Er steht in diesem Falle einem Antragsteller gleich.

§ 6a
Gemeinsamer Vertreter bei Gründung einer SE

Wird bei der Gründung einer SE durch Verschmelzung oder bei der Gründung einer Holding-SE nach dem Verfahren der Verordnung (EG) Nr. 2157/2001 des Rates vom 8. Oktober 2001 über das Statut der Europäischen Gesellschaft (SE) (ABl. EG Nr. L 294 S. 1) gemäß den Vorschriften des SE-Ausführungsgesetzes ein Antrag auf Bestimmung einer Zuzahlung oder Barabfindung gestellt, bestellt das Gericht auf Antrag eines oder mehrerer Anteilsinhaber einer sich verschmelzenden oder die Gründung einer SE anstrebenden Gesellschaft, die selbst nicht antragsberechtigt sind, zur Wahrung ihrer Interessen einen gemeinsamen Vertreter, der am Spruchverfahren beteiligt ist. § 6 Abs. 1 Satz 4 und Abs. 2 gilt entsprechend.

§ 6b
Gemeinsamer Vertreter bei Gründung einer Europäischen Genossenschaft

Wird bei der Gründung einer Europäischen Genossenschaft durch Verschmelzung nach dem Verfahren der Verordnung (EG) Nr. 1435/2003 des Rates vom 22. Juli 2003 über das Statut der Europäischen Genossenschaft (SCE) (ABl. EU Nr. L 207 S. 1) nach den Vorschriften des SCE-Ausführungsgesetzes ein Antrag auf Bestimmung einer baren Zuzahlung gestellt, bestellt das Gericht auf Antrag eines oder mehrerer Mitglieder einer sich verschmelzenden Genossenschaft, die selbst nicht antragsberechtigt sind, zur Wahrung ihrer Interessen einen gemeinsamen Vertreter, der am Spruchverfahren beteiligt ist. § 6 Abs. 1 Satz 4 und Abs. 2 gilt entsprechend.

§ 6c
Gemeinsamer Vertreter bei grenzüberschreitender Verschmelzung

Wird bei einer grenzüberschreitenden Verschmelzung (§ 122a des Umwandlungsgesetzes) gemäß § 122h oder § 122i des Umwandlungsgesetzes ein Antrag auf Bestimmung einer Zuzahlung oder Barabfindung gestellt, bestellt das Gericht auf Antrag eines oder mehrerer Anteilsinhaber einer beteiligten Gesellschaft, die selbst nicht antragsberechtigt sind, zur Wahrung ihrer Interessen einen gemeinsamen Vertreter, der am Spruchverfahren beteiligt ist. § 6 Abs. 1 Satz 4 und Abs. 2 gilt entsprechend.

§ 7
Vorbereitung der mündlichen Verhandlung

(1) Das Gericht stellt dem Antragsgegner und dem gemeinsamen Vertreter die Anträge der Antragsteller unverzüglich zu.

(2) Das Gericht fordert den Antragsgegner zugleich zu einer schriftlichen Erwiderung auf. Darin hat der Antragsgegner insbesondere zur Höhe des Ausgleichs, der Zuzahlung oder der Barabfindung oder sonstigen Abfindung Stellung zu nehmen. Für die Stellungnahme setzt das Gericht eine Frist, die mindestens einen Monat beträgt und drei Monate nicht überschreiten soll.

(3) Außerdem hat der Antragsgegner den Bericht über den Unternehmensvertrag, den Eingliederungsbericht, den Bericht über die Übertragung der Aktien auf den Hauptaktionär oder den Umwandlungsbericht nach Zustellung der Anträge bei Gericht einzureichen. In den Fällen, in denen der Beherrschungs- oder Gewinnabführungsvertrag, die Eingliederung, die Übertragung der Aktien auf den Hauptaktionär oder die Umwandlung durch sachverständige Prüfer geprüft worden ist, ist auch der jeweilige Prüfungsbericht einzureichen. Auf Verlangen des Antragstellers oder des gemeinsamen Vertreters gibt das Gericht dem Antragsgegner auf, dem Antragsteller oder dem gemeinsamen Vertreter unverzüglich und kostenlos eine Abschrift der genannten Unterlagen zu erteilen.

(4) Die Stellungnahme nach Absatz 2 wird dem Antragsteller und dem gemeinsamen Vertreter zugeleitet. Sie haben Einwendungen gegen die Erwiderung und die in Absatz 3 genannten Unterlagen binnen einer vom Gericht gesetzten Frist, die mindestens einen Monat beträgt und drei Monate nicht überschreiten soll, schriftlich vorzubringen.

(5) Das Gericht kann weitere vorbereitende Maßnahmen erlassen. Es kann den Beteiligten die Ergänzung oder Erläuterung ihres schriftlichen Vorbringens sowie die Vorlage von Aufzeichnungen aufgeben, insbesondere eine Frist zur Erklärung über bestimmte klärungsbedürftige Punkte setzen. In jeder Lage des Verfahrens ist darauf hinzuwirken, dass sich die Beteiligten rechtzeitig und vollständig erklären. Die Beteiligten sind von jeder Anordnung zu benachrichtigen.

(6) Das Gericht kann bereits vor dem ersten Termin eine Beweisaufnahme durch Sachverständige zur Klärung von Vorfragen, insbesondere zu Art und Umfang einer folgenden Beweisaufnahme, für die Vorbereitung der mündlichen Verhandlung anordnen oder dazu eine schriftliche Stellungnahme des sachverständigen Prüfers einholen.

(7) Sonstige Unterlagen, die für die Entscheidung des Gerichts erheblich sind, hat der Antragsgegner auf Verlangen des Antragstellers oder des Vorsitzenden dem Gericht und gegebenenfalls einem vom Gericht bestellten Sachverständigen unverzüglich vorzulegen. Der Vorsitzende kann auf Antrag des Antragsgegners anordnen, dass solche Unterlagen den Antragstellern nicht zugänglich gemacht werden dürfen, wenn die Geheimhaltung aus wichtigen Gründen, insbesondere zur Wahrung von

Fabrikations-, Betriebs- oder Geschäftsgeheimnissen, nach Abwägung mit den Interessen der Antragsteller, sich zu den Unterlagen äußern zu können, geboten ist. Gegen die Entscheidung des Vorsitzenden kann das Gericht angerufen werden; dessen Entscheidung ist nicht anfechtbar.

(8) Für die Durchsetzung der Verpflichtung des Antragsgegners nach Absatz 3 und 7 ist § 35 des Gesetzes über das Verfahren in Familiensachen und in den Angelegenheiten der freiwilligen Gerichtsbarkeit entsprechend anzuwenden.

§ 8
Mündliche Verhandlung

(1) Das Gericht soll aufgrund mündlicher Verhandlung entscheiden. Sie soll so früh wie möglich stattfinden.

(2) In den Fällen des § 7 Abs. 3 Satz 2 soll das Gericht das persönliche Erscheinen der sachverständigen Prüfer anordnen, wenn nicht nach seiner freien Überzeugung deren Anhörung als sachverständige Zeugen zur Aufklärung des Sachverhalts entbehrlich erscheint. Den sachverständigen Prüfern sind mit der Ladung die Anträge der Antragsteller, die Erwiderung des Antragsgegners sowie das weitere schriftliche Vorbringen der Beteiligten mitzuteilen. In geeigneten Fällen kann das Gericht die mündliche oder schriftliche Beantwortung von einzelnen Fragen durch den sachverständigen Prüfer anordnen.

(3) Die §§ 138 und 139 sowie für die Durchführung der mündlichen Verhandlung § 279 Abs. 2 und 3 und § 283 der Zivilprozessordnung gelten entsprechend.

§ 9
Verfahrensförderungspflicht

(1) Jeder Beteiligte hat in der mündlichen Verhandlung und bei deren schriftlicher Vorbereitung seine Anträge sowie sein weiteres Vorbringen so zeitig vorzubringen, wie es nach der Verfahrenslage einer sorgfältigen und auf Förderung des Verfahrens bedachten Verfahrensführung entspricht.

(2) Vorbringen, auf das andere Beteiligte oder in den Fällen des § 8 Abs. 2 die in der mündlichen Verhandlung anwesenden sachverständigen Prüfer voraussichtlich ohne vorhergehende Erkundigung keine Erklärungen abgeben können, ist vor der mündlichen Verhandlung durch vorbereitenden Schriftsatz so zeitig mitzuteilen, dass die Genannten die erforderliche Erkundigung noch einziehen können.

(3) Rügen, welche die Zulässigkeit der Anträge betreffen, hat der Antragsgegner innerhalb der ihm nach § 7 Abs. 2 gesetzten Frist geltend zu machen.

§ 10
Verletzung der Verfahrensförderungspflicht

(1) Stellungnahmen oder Einwendungen, die erst nach Ablauf einer hierfür gesetzten Frist (§ 7 Abs. 2 Satz 3, Abs. 4) vorgebracht werden, sind nur zuzulassen, wenn nach der freien Überzeugung des Gerichts ihre Zulassung die Erledigung des Rechtsstreits nicht verzögern würde oder wenn der Beteiligte die Verspätung entschuldigt.

(2) Vorbringen, das entgegen § 9 Abs. 1 oder 2 nicht rechtzeitig erfolgt, kann zurückgewiesen werden, wenn die Zulassung nach der freien Überzeugung des Gerichts die Erledigung des Verfahrens verzögern würde und die Verspätung nicht entschuldigt wird.

(3) § 26 des Gesetzes über das Verfahren in Familiensachen und in den Angelegenheiten der freiwilligen Gerichtsbarkeit ist insoweit nicht anzuwenden.

(4) Verspätete Rügen, die die Zulässigkeit der Anträge betreffen und nicht von Amts wegen zu berücksichtigen sind, sind nur zuzulassen, wenn der Beteiligte die Verspätung genügend entschuldigt.

§ 11
Gerichtliche Entscheidung; Gütliche Einigung

(1) Das Gericht entscheidet durch einen mit Gründen versehenen Beschluss.

(2) Das Gericht soll in jeder Lage des Verfahrens auf eine gütliche Einigung bedacht sein. Kommt eine solche Einigung aller Beteiligten zustande, so ist hierüber eine Niederschrift aufzunehmen; die Vorschriften, die für die Niederschrift über einen Vergleich in bürgerlichen Rechtsstreitigkeiten gelten, sind entsprechend anzuwenden. Die Vollstreckung richtet sich nach den Vorschriften der Zivilprozessordnung.

(3) Das Gericht hat seine Entscheidung oder die Niederschrift über einen Vergleich den Beteiligten zuzustellen.

(4) Ein gerichtlicher Vergleich kann auch dadurch geschlossen werden, dass die Beteiligten einen schriftlichen Vergleichsvorschlag des Gerichts durch Schriftsatz gegenüber dem Gericht annehmen. Das Gericht stellt das Zustandekommen und den Inhalt eines nach Satz 1 geschlossenen Vergleichs durch Beschluss fest. § 164 der Zivilprozessordnung gilt entsprechend. Der Beschluss ist den Beteiligten zuzustellen.

§ 12
Beschwerde

(1) Gegen die Entscheidung nach § 11 findet die Beschwerde statt. Die Beschwerde kann nur durch Einreichung einer von einem Rechtsanwalt unterzeichneten Beschwerdeschrift eingelegt werden.

(2) Die Landesregierung kann die Entscheidung über die Beschwerde durch Rechtsverordnung für die Bezirke mehrerer Oberlandesgerichte einem der Oberlandesgerichte oder dem Obersten Landesgericht übertragen, wenn dies zur Sicherung einer einheitlichen Rechtsprechung dient. Die Landesregierung kann die Ermächtigung auf die Landesjustizverwaltung übertragen.

§ 13
Wirkung der Entscheidung

Die Entscheidung wird erst mit der Rechtskraft wirksam. Sie wirkt für und gegen alle, einschließlich derjenigen Anteilsinhaber, die bereits gegen die ursprünglich angebotene Barabfindung oder sonstige Abfindung aus dem betroffenen Rechtsträger ausgeschieden sind.

§ 14
Bekanntmachung der Entscheidung

Die rechtskräftige Entscheidung in einem Verfahren nach § 1 ist ohne Gründe nach Maßgabe des § 6 Abs. 1 Satz 4 und 5 in den Fällen

1. der Nummer 1 durch den Vorstand der Gesellschaft, deren außenstehende Aktionäre antragsberechtigt waren;

2. der Nummer 2 durch den Vorstand der Hauptgesellschaft;

3. der Nummer 3 durch den Hauptaktionär der Gesellschaft;

4. der Nummer 4 durch die gesetzlichen Vertreter jedes übernehmenden oder neuen Rechtsträgers oder des Rechtsträgers neuer Rechtsform;

5. der Nummer 5 durch die gesetzlichen Vertreter der SE, aber im Fall des § 9 des SE-Ausführungsgesetzes durch die gesetzlichen Vertreter der die Gründung anstrebenden Gesellschaft, und

6. der Nummer 6 durch die gesetzlichen Vertreter der Europäischen Genossenschaft

bekannt zu machen.

§ 15
Kosten

(1) Die Gerichtskosten können ganz oder zum Teil den Antragstellern auferlegt werden, wenn dies der Billigkeit entspricht.

(2) Das Gericht ordnet an, dass die Kosten der Antragsteller, die zur zweckentsprechenden Erledigung der Angelegenheit notwendig waren, ganz oder zum Teil vom Antragsgegner zu erstatten sind, wenn dies unter Berücksichtigung des Ausgangs des Verfahrens der Billigkeit entspricht.

§ 16
Zuständigkeit bei Leistungsklage

Für Klagen auf Leistung des Ausgleichs, der Zuzahlung oder der Abfindung, die im Spruchverfahren bestimmt worden sind, ist das Gericht des ersten Rechtszuges und der gleiche Spruchkörper ausschließlich zuständig, der gemäß § 2 mit dem Verfahren zuletzt inhaltlich befasst war.

§ 17
Allgemeine Bestimmungen; Übergangsvorschrift

(1) Sofern in diesem Gesetz nichts anderes bestimmt ist, finden auf das Verfahren die Vorschriften des Gesetzes über das Verfahren in Familiensachen und in den Angelegenheiten der freiwilligen Gerichtsbarkeit Anwendung.

(2) Für Verfahren, in denen ein Antrag auf gerichtliche Entscheidung vor dem 1. September 2003 gestellt worden ist, sind weiter die entsprechenden bis zu diesem Tag geltenden Vorschriften des Aktiengesetzes und des Umwandlungsgesetzes anzuwenden. Auf Beschwerdeverfahren, in denen die Beschwerde nach dem 1. September 2003 eingelegt wird, sind die Vorschriften dieses Gesetzes anzuwenden.

Einleitung

Inhalt

		Rn.
I.	Vorbemerkung	1
II.	Wesen des Spruchverfahrens	3
III.	Geschichtliche Entwicklung	12
	1. Spruchverfahren nach altem Recht vor 2003	14
	2. Neuordnung des Spruchverfahrens	19
	a) Reformanstöße	19
	b) Dokumentation des Gesetzgebungsverfahrens	25
	c) Gesetzgeberische Grundintention	27
	d) Neuschaffung des SpruchG: Gegenüberstellung (Synopse) mit den alten Regelungen	31
IV.	Änderungen des SpruchG seit seinem Inkrafttreten	33
	1. Erweiterung des Anwendungsbereichs/Einführung eines zweiten gemeinsamen Vertreters	34
	2. Anpassungen durch das EHUG und das BAnzDiG	36
	3. Anpassungen durch das FGG-Reformgesetz	37
	4. Anpassungen durch das 2. Kostenrechtsmodernisierungsgesetz	41
V.	Anwendungsfälle des Spruchverfahrens im Überblick	42
VI.	Praktische Bedeutung des Spruchverfahrens	46
	1. Häufigkeit von Spruchverfahren	47
	2. Dauer von Spruchverfahren	51
	3. Ergebnisse von Spruchverfahren	59

		Rn.
	4. Beendigungsformen und Vergleichsquote in Spruchverfahren	65
	5. Anzahl der Verfahrensbeteiligten in Spruchverfahren	70
	6. Bewertungsrügen in Spruchverfahren	73
VII.	Weiterer Reformbedarf für das Spruchverfahren	77
	1. Nicht aufgegriffene Änderungsbestrebung zum Instanzenzug	77
	a) Eingangsinstanz beim OLG	77
	b) Eininstanzliches Verfahren	80
	c) Keine Verkürzung durch Instanzeinsparung	83
	2. Beschleunigungspotentiale durch Einzelkorrekturen des SpruchG	86
	a) Abschaffung der Streitwertgrenze	88
	b) Einführung eines Anwaltszwangs	95
	c) Wegfall der Abhilfemöglichkeit	96
	d) Keine weitere Verkürzung der Antragsfrist / Fristen für die Antragserwiderung	97
	e) Erleichterung von Vergleichsmöglichkeiten durch Mehrheitsvergleich/Mehrheitskonsensuale Schätzung	100
	f) Erleichterung von Vergleichsmöglichkeiten durch Vermutungsfiktion in § 11 Abs. 5 SpruchG	101

	Rn.
g) Wegfall der Bagatellrechtsprechung	104
h) Beibehaltung der FamFG-Regelungen	105
VIII. Beschleunigungspotentiale durch Ausschöpfung des geltenden Rechts	107
1. Erstellung von Gutachten	110
a) Keine Berücksichtigung von Vorschlägen des Hauptaktionärs bei der Bestellung des Angemessenheitsprüfers	110
b) Vermeidung von Vorbefassungen	119
c) Enge Zeitvorgaben für die Gutachtenerstellung im Bestellungsbeschluss	121
d) Verbot der Parallelprüfung im Bestellungsbeschluss im Bestellungsbeschluss	126
e) Keine weitere Beauftragung des sachverständigen Prüfers	130
f) Keine Anwendung des IDW S 1 Standards	132
g) .... Überwachung der Gutachtertätigkeit („Gerichtscontrolling")	133
h) Vorlagepflichten für die Arbeitspapiere	137
i) Erfordernis einer vollständig eigenständigen Bewertung	139
j) Vermeidung einer reinen Alibiverhandlung mit dem sachverständigen Prüfer (§ 8 Abs. 2 S. 1 SpruchG)	141
k) Stand-still Gebot	148
l) Beachtung des § 30 Abs. 3 FamFG/Erfordernis einer förmlichen Beweisaufnahme durch (partielle) Neubewertung	149
2. Vorlage, Beibringung von Unterlagen	150
a) Vorlage von Unterlagen (§ 7 Abs. 7 SpruchG)	150
b) Einrichtung eines virtuellen Datenraums	151

Spezielle Literatur: Begründung des Regierungsentwurfs zum Spruchverfahrensneuordnungsgesetz, BT-Drucks. 15/371, S. 1 ff.; Stellungnahme des Bundesrates zum Regierungsentwurf zum Spruchverfahrensneuordnungsgesetz, BT-Drucks. 15/371, S. 21 ff.; Gegenäußerung der Bundesregierung zur Stellungnahme des Bundesrates, BT-Drucks. 15/371, S. 27 ff.; Beschlussempfehlung des Rechtsausschusses zum Gesetzentwurf der Regierung, BT-Drucks. 15/838, S. 1 ff.; Begründung des Referentenentwurfs zum Spruchverfahrensneuordnungsgesetz, BT-Drucks. 15/025, S. 1 ff.; *Baums (Hrsg.)*, Bericht der Regierungskommission Corporate Governance, 2001, Rn. 169 ff. (auch veröffentlicht als BT-Drucks. 14/7515, S. 82 ff.); *Beyerle*, Erfahrungen mit dem Spruchstellenverfahren nach § 306 AktG, ZGR 1977, 650 ff.; *ders.*, Notwendige Anforderungen im Verfahren der Freiwilligen Gerichtsbarkeit nach § 306 AktG; *Bilda*, Zur Dauer der Spruchstellenverfahren, NZG 2000, 296 ff.; *Büchel*, Neuordnung des Spruchverfahrens, NZG 2003, 793 ff., *Bungert/Mennicke*, BB-Gesetzgebungsreport: Das Spruchverfahrensneuordnungsgesetz, BB 2003, 2021 ff.; *DAV Handelsrechtsausschuss*, Stellungnahme zum Referentenentwurf des Spruchverfahrensneuordnungsgesetzes, NZG 2002, 119 ff.; *DAV Handelsrechtsausschuss*, Stellungnahme zum Regierungsentwurf des Spruchverfahrensneuordnungsgesetzes, NZG 2003, 316 ff.; *Dörfler/Unterstraßer/Wirichs*, Probleme bei der Wertermittlung von Abfindungsangeboten, BB 1994, 156–162; *Dreier*, Mehr Rechte für Minderheitsaktionäre, Handelsblatt vom 24. September 2003, S. R 3; *Dreier/Riedel*, Vorschläge zur Änderung des SpruchG und UmwG, BB 2013, 326 ff.; *Engel/Puskajler*, Bewährung des Spruchgesetzes in der Praxis, BB 2012, 1687–1692; *Flei-*

scher, Unternehmensbewertung bei aktienrechtlichen Abfindungsansprüchen Bestandsaufnahme und Reformperspektiven im Lichte der Rechtsvergleichung, AG 2014, 97–114.; *Freitag*, Der räuberische Konzernherr, Festschrift für Christian Richter II, S. 139–169; *Fritzsche/Dreier*, Spruchverfahren und Anfechtungsklage im Aktienrecht: Vorrang oder Ausnahme des Anfechtungsausschlusses gemäß § 14 Abs. 2 UmwG?, BB 2002, 737 ff.; *dies.*, Aktionär profitiert von neuem Spruchverfahren, Handelsblatt vom 30.01.2002, S. R 2; *Haspl*, Aktionärsschutz im Spruchverfahren und „Zwangsvergleich", NZG 2014, 487 ff.; *Henselmann/Munkert/Windler/Schrenker*, 20 Jahre Spruchverfahren – Empirische Ergebnisse zum gerichtlichen Verfahrensgang und zum Ausgang von Spruchverfahren, WPG 2013, 1093 ff., 1153 ff., 1206 ff.; *Lamb/Schluck-Amend*, Die Neuregelung des Spruchverfahrens durch das Spruchverfahrensneuordnungsgesetz, DB 2003, 1259 ff.; *Loosen*, Reformbedarf im Spruchverfahren, 2012, S. 1–70; *Lutter/Bezzenberger*, Reform des Spruchverfahrens im Aktien- und Umwandlungsrecht, AG 2000, 433 ff.; *Lorenz*, Das Spruchverfahren – dickes Ende oder viel Lärm um nichts?, AG 2012, 284 ff.; *Lutter/T. Bezzenberger*, Für eine Reform des Spruchverfahrens im Aktien- und Umwandlungsrecht, AG 2000, 433–447; *Martens*, Verschmelzung, Spruchverfahren und Anfechtungsklage, AG 2000, 301 ff.; *Neye*, Das neue Spruchverfahrensrecht, Köln 2003; *ders.*, Die Reform des Spruchverfahrens, DStR 2002, 178 ff.; *ders.*, Spruchverfahrensneuordnungsgesetz, ZIP 2002, 2097 ff.; *ders.*, Auf dem Weg zu einem neuen Spruchverfahren, FS Wiedemann, München 2002, S. 1127 ff.; *Noack*, Missbrauchsbekämpfung im Spruchverfahren, NZG 2014, 92 ff.; *Puszkajler*, Diagnose und Therapie von aktienrechtlichen Spruchverfahren, ZIP 2003, 518 ff.; *Puszkajler/Sekere-Terplan*, Reform des SpruchG, NZG 2015, 1055–1063; *Ratausky*, Squeeze-out in Deutschland: Eine empirische Untersuchung zu Anfechtungsklagen und Spruchverfahren, AG Report 1/2004, R24–R26; *Seetzen* Spruchverfahren und Unternehmensbewertung im Wandel, WM 1999, 565 ff.; *Tomson/Hammerschmitt*, Aus alt mach neu? Betrachtungen zum Spruchverfahrensneuordnungsgesetz, NJW 2003, S. 2572 ff.; *van Kann/Hirschmann*, Das neue Spruchverfahrensgesetz – Konzentration und Beschleunigung einer bewährten Institution, DStR 2003, 433 ff.; *Weimann*, Spruchverfahren nach Squeeze Out, 2015; *Wenger/Kaserer/Hecker*, Konzernbildung und Ausschluss von Minderheiten im neuen Übernahmerecht: Eine verpasste Chance für einen marktorientierten Minderheitenschutz, ZBB 2001, 317–334

I. Vorbemerkung

Am 01.09.2003 ist das Artikelgesetz zur Neuordnung des gesellschafts-   1
rechtlichen Spruchverfahrens (Spruchverfahrensneuordnungsgesetz) in Kraft getreten[1]. Wichtigster Bestandteil des Gesetzes war das in Art. 1 normierte Gesetz über das gesellschaftsrechtliche Spruchverfahren (Spruchverfahrensgesetz – SpruchG), in dem die bislang vor allem im AktG und UmwG zersplittert enthaltenen Regelungen zum Spruchverfahren einheitlich und in nur 17 Paragrafen zusammengefasst worden sind[2]. Die

---

1   Vgl. Art. 7 des Spruchverfahrensneuordnungsgesetzes vom 12.06.2003, BGBl. I 2003, S. 838 ff.
2   SpruchG vom 12.06.2003 BGBl. I S. 838, zuletzt geändert durch Gesetz vom 23.07.2013 BGBl. I S. 2586.

weiteren Artikel des Gesetzes befassten sich mit den erforderlichen Anpassungen verschiedener Einzelgesetze (AktG, EGAktG, UmwG, GVG).

2 Oberstes Ziel des SpruchG war es, durch effizientere Verfahrensstrukturen deutlich gestraffte und verkürzte Spruchverfahren zu ermöglichen und damit den Rechtsschutz der betroffenen Anteilsinhaber erheblich zu verbessern[3]. Diese Reform war notwendig, da die Verfahren nach altem Recht überlange dauerten (dazu unten Rn. 62 ff).

II. Wesen des Spruchverfahrens

3 Das gesellschaftsrechtliche Spruchverfahren ist eine spezielle Verfahrensordnung der freiwilligen Gerichtsbarkeit vor den ordentlichen Gerichten (§ 13 GVG). Gemäß § 17 Abs. 1 SpruchG finden, sofern im SpruchG nicht anders verordnet, die Vorschriften des FamFG Anwendung. Das FamFG ist mit Wirkung zum 01.09.2009 an die Stelle des früheren FGG getreten. Daneben sind diverse Vorschriften der ZPO unmittelbar oder analog anwendbar *(vgl. dazu § 17 SpruchG Rn. 9 ff.)*. Es handelt sich um ein echtes Streitverfahren der freiwilligen Gerichtsbarkeit, welches dadurch gekennzeichnet ist, dass der – wenn auch durch spezielle Verfahrensförderungspflichten (vgl. §§ 7 bis 10 SpruchG) eingeschränkte – Amtsermittlungsgrundsatz (§ 26 FamFG, zuvor § 12 FGG a. F.) gilt.

4 Nach den gesetzlichen Änderungen im Bereich der aktienrechtlichen Anfechtungsklagen und Freigabeverfahren durch das ARUG[4], welche den Aktionärsschutz durch Anfechtungsklagen in der Praxis weitgehend reduziert haben, ist das Spruchverfahren die wichtigste und insoweit auch elementare Stütze geworden, um einen vermögensrechtlichen Schutz der Minderheitsaktionäre zu garantieren. Während die aktienrechtlichen Befugnisse und Einwirkungsmöglichkeiten beschränkt worden sind, bleibt die vermögensrechtliche Stellung der Aktionäre absolut geschützt und genießt Verfassungsrang. Eingriffe sind durch die Eigentumsgarantie von Art. 14 Abs. 1 GG ausgeschlossen[5]. Das Spruchverfahren sichert somit auf verfahrensrechtlichem Wege ab, dass von vermögensrechtlichen Beeinträchtigungen betroffene Aktionäre eine wirtschaftlich angemessene Entschädigung erhalten. Der darin liegende prozessuale „Schutzmechanismus" genießt ebenfalls Verfassungsrang. Ohne das Spruchverfahren würde der vermögensrechtliche Schutz von Aktionärsminderheiten leer laufen.

5 Das Spruchverfahren ist im Aktiengesetz und im Umwandlungsgesetz vorgesehen, um bei qualifiziert mehrheitlich beschlossenen Strukturmaßnahmen den Minderheitsgesellschaftern, die Anspruch auf einen

---

3   Vgl. Begr. RegE, BT-Drucks. 15/371, S. 11.
4   Gesetz zur Umsetzung der Aktionärsrichtlinie vom 30.07.2009, BGBl. I 2009, S. 2479 ff.
5   Vgl. nur BVerfG, Entscheidung vom 23.08.2000, 1 BvR 68/95 und BvR 147/97, DB 1905 ff.

angemessenen Ausgleich, eine angemessene Zuzahlung oder Abfindung haben (nachfolgend einheitlich auch „Kompensation"), effektiven Rechtsschutz zu gewähren. Je nach Eigenart der Strukturmaßnahme kann dabei der Anteilseigner in der Gesellschaft bleiben und eine einmalige oder laufende Geldzahlung verlangen (z. B. beim Abschluss eines Beherrschungs- und Gewinnabführungsvertrages) oder er kann bzw. muss aus der Gesellschaft ausscheiden (z. B. beim Squeeze Out) und erhält dann eine Abfindung in Geld oder in Anteilen einer anderen Gesellschaft[6].

Im Rahmen der Spruchverfahren haben die Gerichte die Aufgabe, die angemessene Kompensation für die betroffenen Gesellschafter zu bestimmen, die dann zugleich auch für alle übrigen Anteilsinhaber gilt (sog. inter-omnes Wirkung, vgl. § 13 SpruchG). 6

Das Spruchverfahren ist der ausschließliche Rechtsbehelf zur Überprüfung der Angemessenheit von Ausgleichszahlungen und Abfindungen sowie des Umtauschverhältnisses. Es bietet den Ausgleich dafür, dass eine Anfechtungsklage gegen die Wirksamkeit einer Strukturmaßnahme wegen nicht ausreichender Entschädigung der Anteilsinhaber oder wegen Nichtgewährung von Abfindungen durch das Gesetz ausdrücklich ausgeschlossen wird[7]. Auch eine andere Form der gerichtlichen Überprüfung – etwa inzident im Rahmen einer Leistungsklage im ordentlichen Zivilprozess – ist ausgeschlossen[8]. 7

Das von aktienrechtlichen Anfechtungsklagen gesonderte Spruchverfahren hat mithin eine Kanalisierungsfunktion und soll verhindern, dass Strukturmaßnahmen durch Kompensationsansprüche von Minderheitsaktionären blockiert werden[9]. Denn die Erhebung einer Anfechtungsklage führt regelmäßig zu einer Registersperre, welche die Umsetzung der geplanten Strukturmaßnahme verhindert oder zumindest aufschiebt (vgl. §§ 21, 381 FamFG)[10]. Beim Spruchverfahren werden dagegen Streitigkeiten über die Höhe der angemessenen Kompensation von der Strukturmaßnahme abgekoppelt und einer verselbstständigten Rechtskontrolle unterworfen, welche die Durchführung der Strukturmaßnahme unberührt lässt[11]. Das Spruchverfahren konzentriert sich allein auf die Prüfung der Angemessenheit der Kompensationsleistung. Damit wird ein aus dem Enteignungsrecht bekannter Grundsatz auf das Unternehmensrecht er- 8

---

6 *Lutter/Bezzenberger*, AG 2000, 433, 434.
7 Vgl. §§ 304 Abs. 3, 305 Abs. 3; 320b Abs. 2; 327f Abs. 1 AktG, 14 Abs. 2, 32, 176–181, 184, 186, 195 Abs. 2, 210 UmwG.
8 *Meister/Klöcker*, in: Kallmeyer UmwG, § 305 Rn. 4; *Krieger*, in: Lutter UmwG, § 305 Rn. 4.
9 Begr. RegE, BT-Drucks. 15/371, S. 11; zu weiteren Funktionen vgl. *Stratz*, in: Schmitt/Hörtnagl/Stratz UmwG, § 305 Rn. 4.
10 Zur Blockadewirkung von Anfechtungsklagen vgl. nur *Baums*, Gutachten F zum 63. DJT, S. 155 ff. m. w. N.
11 *Fritzsche/Dreier*, BB 2002, 737, 739.

streckt: Dulde (was du nicht verhindern kannst) und liquidiere (deinen Ausgleich)[12].

9 Diese Aufteilung macht Sinn, solange das Spruchverfahren einen effektiven Rechtsschutz gewährt, d. h. die Gerichte sich den konkreten Bewertungsrügen der Antragsteller annehmen und eine wirtschaftlich angemessene Kompensation festsetzen. In letzter Zeit zeichnet sich allerdings die besorgniserregende Tendenz einzelner Gerichte ab, aus „Vereinfachungsründen" allein auf den Börsenkurs abzustellen und davon abweichende Bewertungsrügen faktisch zu ignorieren. Hierdurch wird kein effektiver Rechtsschutz mehr gewährleistet, so dass der Sinn und Zweck des Spruchverfahrens zu Lasten der Aktionäre untergraben wird (siehe hierzu § 11 Annex Bewertungsthemen).

10 Für die Gesellschaften bietet das Spruchverfahren den erheblichen Vorteil, dass eine bereits mit der erforderlichen qualifizierten Mehrheit beschlossene Strukturmaßnahme allein überprüft, aber nicht (mehr) von einer allein auf höhere Kompensation abzielenden Minderheit blockiert werden kann.

11 Auch für Aktionäre ist der Weg über das Spruchverfahren durchaus zweckmäßig. Denn dem von einer unangemessenen Kompensation betroffenen Aktionär geht es zumeist nicht um die Verhinderung der Strukturmaßnahme, sondern um die Wahrnehmung seiner Vermögensrechte im Hinblick auf die Angemessenheit der Vermögenskompensation. Der Weg über die Anfechtung würde ihn dazu zwingen, einen Beschluss anzufechten und damit eine Strukturmaßnahme anzugreifen, der er möglicherweise inhaltlich zustimmen möchte oder die er im Grunde genommen für richtig hält[13] und die er lediglich hinsichtlich der vermögensrechtlichen Auswirkungen überprüfen lassen möchte.

III. Geschichtliche Entwicklung

12 Das Spruchverfahren (früher oftmals auch als „Spruchstellenverfahren" bezeichnet) gehört seit 1936 – zunächst ausschließlich für den Bereich des Umwandlungsrechts – neben der aktienrechtlichen Anfechtungsklage zum verfahrensrechtlichen Instrumentarium der Minderheitsgesellschafter[14]. Mit der Aktienrechtsreform 1965 wurde es auch für im Rahmen von Unternehmensverträgen und für die Mehrheitseingliederung (vgl. § 320 Abs. 5, 6, 7 AktG 1965) eingeführt[15]. Seither waren die Regelungen für

---

12 So schon *Fritzsche/Dreier*, BB 2002, 737, 744; *Dreier*, FAZ vom 13.03.2002, S. 30.
13 Ähnlich *Martens*, AG 2000, 301, 303; *Hoffmann-Becking*, ZGR 1990, 483, 484; *Fritzsche/Dreier*, BB 2002, 737, 738.
14 Vgl. die 3. DVO vom 02.12.1936 zum Gesetz über die Umwandlung von Kapitalgesellschaften vom 05.07.1934, RGBl. S. 1003; einen Überblick über die historische Entwicklung findet sich bei *Widmann/Mayer*, UmwG, § 305 Rn. 3 ff.; *Behnke*, Das Spruchverfahren nach §§ 306 AktG, 305 ff. UmwG, S. 33 ff.; *Neye*, FS Wiedmann, 2002, S. 1127 f.; *ders.*, NZG 2002, 23.
15 BGBl. I 1965, S. 1159 f., 1164.

das Spruchverfahren in verschiedenen Gesetzen, nämlich im Aktiengesetz (§§ 304–306 AktG für Beherrschungs- und Gewinnabführungsverträge, § 320b AktG für die Mehrheitseingliederung, § 327f AktG für das Squeeze Out) sowie im Umwandlungsgesetz (§§ 305–312 UmwG, insbesondere für Verschmelzungen) verteilt[16].

Seit der Neuordnung des Spruchverfahrens mit Wirkung zum 01.09.2003 im heutigen „SpruchG" ist wegen der Übergangsvorschrift in § 17 Abs. 2 SpruchG (vgl. dort Rn. 13 ff.) die Kenntnis des alten Rechts wegen einiger nachlaufender Verfahren zwar heute immer noch – allerdings mit abnehmender Relevanz – nur noch sehr selten von Bedeutung[17].   *13*

1. Spruchverfahren nach altem Recht vor 2003

Beim Spruchverfahren nach altem Recht finden weitgehend die Verfahrensregeln des Gesetzes über die Freiwillige Gerichtsbarkeit Anwendung, soweit nicht im AktG oder UmwG etwas anderes bestimmt ist (§§ 306 Abs. 2, 99 Abs. 1 AktG, 307 Abs. 1 UmwG)[18]. Dies bedeutet insbesondere, dass kein Anwaltszwang besteht und der Amtsermittlungsgrundsatz des § 12 FGG a. F. (heute § 26 FamFG) gilt[19].   *14*

Soweit noch das alte FGG anwendbar ist, muss wiederum berücksichtigt werden, dass es sich beim Spruchverfahren um ein sog. echtes Streitverfahren der Freiwilligen Gerichtsbarkeit handelt, bei dem ergänzend auf die Zivilprozessordnung zurückzugreifen ist, wenn es – wie hier – um zivilrechtliche Streitigkeiten geht (vgl. dazu im Einzelnen § 17 SpruchG Rn. 9 ff.)[20].   *15*

Echte Streitverfahren sind dadurch gekennzeichnet, dass sich zwei Beteiligte oder zwei Gruppen von Beteiligten mit entgegengesetzten Interessen gegenüberstehen und die Aufgabe des Gerichts darin besteht, über behauptete subjektive Rechte zu entscheiden[21]. Das Spruchverfahren gehört typischerweise zu diesem Bereich der FamFG-Verfahren, da   *16*

---

16 Ausführlich zur historischen Entwicklung des Spruchverfahrens *Riegger/Gayk*, Kölner Kommentar SpruchG, Einl. SpruchG. Rn. 4 ff.
17 Siehe ausführlich zum alten Recht *Fritzsche/Dreier/Verfürth*, SpruchG 1. Aufl., Einleitung Rn. 16 ff.
18 Vgl. *Schmidt*, in: Keidel/Kuntze/Winkler FGG, § 1 Rn. 78, 108.
19 OLG Düsseldorf, AG 1998, 37, 38; OLG Düsseldorf, WM 1995, 774; *Emmerich*, in: Emmerich/Habersack Aktien- und GmbH-Konzernrecht, § 306 Rn. 36 ff.; *Krieger*, in: Lutter UmwG, § 307 Rn. 10; *Bilda*, in: Münchener Kommentar AktG § 306 Rn. 16, 54; *ders.*, NZG 2000, 296; *Seetzen*, WM 1999, 565, 567.
20 Vgl. OLG Düsseldorf, AG 1993, 40, 41 f.; *Schmidt*, in: Keidel/Kuntze/Winkler FGG, § 12 Rn. 227 Nr. 17; *Bilda*, in: Münchener Kommentar AktG, § 306 Rn. 14; *Meister/Klöcker*, in: Kallmeyer UmwG, § 307 Rn. 1; *Krieger*, in: Lutter UmwG, § 307 Rn. 2; *Emmerich*, in: Emmerich/Habersack Aktien- und GmbH-Konzernrecht, § 306 Rn. 1; ein Überblick über die anzuwenden ZPO-Normen findet sich bei *Schwarz*, in: Widmann/Mayer UmwG, § 305 Rn. 11 ff.
21 *Schwarz*, in: Widmann/Mayer UmwG, § 305 Rn. 15; *Lindacher*, JuS 1978, 577, 578 FN 6.

das Recht auf angemessene Kompensation im Spannungsfeld zwischen den Interessen der Mehrheits- und der Minderheitsgesellschafter liegt. Die Mehrheit wird die Höhe der Kompensation – dies belegt die Praxis – möglichst niedrig ansetzen. Entgegengesetzt dazu werden die von der Strukturmaßnahme betroffenen Minderheitsgesellschafter an einer möglichst hohen Zahlung interessiert sein, zumal diese – als Beispiel sei der Fall des Zwangsausschlusses gem. § 327a AktG genannt – neben dem aktuellen anteiligen Unternehmenswert auch den Verlust der zukünftigen Chancen auf Erträge und Dividenden ausgleichen muss[22].

17 Die Qualifizierung des Spruchverfahrens als echtes Streitverfahren hat Auswirkungen auf die Ermittlungspflicht des Gerichts. Zwar gilt der Amtsermittlungsgrundsatz (§ 26 FamFG), die Ermittlungspflicht des Gerichts greift allerdings nur insoweit, als der Vortrag der Beteiligten dazu Anlass bietet[23]. Das bedeutet, dass sich die antragstellenden Anteilsinhaber nicht darauf beschränken dürfen, nur pauschal die Angemessenheit des Ausgleichs und/oder der Abfindung zu bestreiten und deren Überprüfung zu beantragen. Trotz der Amtsermittlung besteht die Pflicht der Antragsteller, an der Aufklärung des Sachverhalts mitzuwirken und für sie vorteilhafte Umstände von sich aus vorzubringen[24]. Geschieht dies nicht und bleibt der Sachverhalt unbestritten, braucht das Gericht in der Regel keine Amtsermittlung zu betreiben[25]. Amtsermittlungen muss das Gericht erst dann vornehmen, wenn ein Beteiligter hinreichende Anhaltspunkte für vorhandene Ansprüche vorträgt[26].

18 Im Laufe der Jahrzehnte haben sich zahlreiche Nachteile des Spruchverfahrens nach altem Recht herausgestellt[27]:

– Übermäßig lange Verfahrensdauer

– Fehlende Objektivität der obligatorischen Prüfungsberichte

– Niedrige Sachverständigenvergütung

– Unübersichtlichkeit der Regelungen und wechselseitige Verweisungen

---

22 Vgl. für den Fall des Squeeze Out *Dreier*, FAZ vom 13.03.2002, S. 30; ausführlich zu der Höhe der angemessenen Kompensation siehe die Kommentierung zu § 11 SpruchG Exkurs.
23 BGHZ 146, 241, 249; *Schmidt*, in: Keidel/Kuntze/Winkler FGG, § 12 Rn. 229.
24 Vgl. BGH NJW 1994, 580, 581; *Bilda*, in: Münchener Kommentar AktG, § 306 Rn. 16; *Seetzen*, WM 1999, 565, 567.
25 *Emmerich*, in: Emmerich/Habersack Aktien- und GmbH-Konzernrecht, § 306 Rn. 36; anders wohl *Bilda*, NZG 2000, 296.
26 KG, NJW-RR 1999, 92; *Schmidt*, in: Keidel/Kuntze/Winkler FGG, § 12, Rn. 229; ähnlich *Seetzen*, WM 1999, 565, 567; *Bilda*, in: Münchener Kommentar AktG, § 306 Rn. 17 f.; a. A. aber *ders.*, NZG 2000, 296; wohl auch *Lutter*, AG 2000, 433, 436.
27 Vgl. ausführlich zu den Nachteilen *Fritzsche/Dreier/Verfürth*, SpruchG 1. Aufl., Einleitung Rn. 45 ff.

2. Neuordnung des Spruchverfahrens

a) Reformanstöße

Insbesondere vor dem Hintergrund der übermäßig langen Verfahrensdauer, wurde verstärkt an den Gesetzgeber appelliert, hier Abhilfe zu verschaffen[28]. *19*

Zunächst versuchte *Bilda*, auf Grundlage des bisherigen Rechts Möglichkeiten zur Verfahrensverkürzung aufzuzeigen[29]. Er stellte dabei in erster Linie auf eine Erhöhung der Eigenverantwortung der antragstellenden Aktionäre für den Ablauf des Spruchverfahrens, auf eine Präzisierung der Anforderungen an die Beweiserheblichkeit des Vortrages zu Bewertungsfragen sowie auf die verstärkte Berücksichtigung des Börsenkurses ab[30]. *20*

Danach haben sich *Lutter* und *Bezzenberger* intensiv mit den Mängeln und Problemen des Spruchverfahrens beschäftigt[31]. Ihr Vorschlag ging von vornherein über das geltende Recht hinaus. Dabei unterbreiteten sie auf Basis ihrer umfangreichen Schwachstellenanalyse einen konkreten Gesetzesvorschlag für ein reformiertes Spruchverfahren. Als wesentliche Punkte stellten sie heraus[32]: *21*

- stärkere Ausgestaltung des Spruchverfahrens als Streitverfahren,
- Berücksichtigung des Börsenkurses für die Anteilsbewertung,
- Einbindung der Umwandlungs- oder Unternehmensvertragsprüfer in das Verfahren,
- veränderte Rolle der gerichtlich bestellten Sachverständigen,
- Beschränkung des Rechtsmittelverfahrens auf eine Rechtsbeschwerde,
- differenzierte Kostentragungsregel für außergerichtliche Kosten,
- nur ein einziger gemeinsamer Vertreter,
- einheitliche Regelung des Spruchverfahrens im FGG.

Im Anschluss daran befasste sich die wirtschaftsrechtliche Abteilung des 63. Deutschen Juristentages in Leipzig im September 2000 mit der Reform des Spruchverfahrens und forderte den Gesetzgeber auf, die Verfahrensregeln des Spruchverfahrens zu überprüfen[33]. *22*

---

28 Ausführlich zur langen Verfahrensdauer sogleich Rn. 62.
29 *Bilda*, NZG 2000, 296 ff.; vgl. auch *Beyerle*, BB 1978, 784 ff.; *ders.*, ZGR 1977, 650 ff.
30 *Bilda*, NZG 2000, 296, 298 ff.; vgl. hierzu *Neye*, FS Wiedemann, S. 1128.
31 *Lutter/Bezzenberger*, AG 2000, 433 ff.; generell zu den Reformanstößen *Neye*, NZG 2002, 23.
32 Vgl. *Lutter/Bezzenberger*, AG 2000, 433, 437 ff.
33 Beschluss des 63. DJT, DB 2000, 2108, 2109 Nr. 11 c).

23 Auch die Regierungskommission „Corporate Governance" hat auf der Grundlage ausführlicher Beratungen eine Reihe von Empfehlungen zur Verbesserung der Regelungen zum Spruchverfahren in den im Juli 2001 veröffentlichten Abschlussbericht der Regierungskommission aufgenommen[34]. Wegen der grundsätzlichen Bedeutung dieser Empfehlungen soll hier der wesentliche Wortlaut der Verbesserungsvorschläge wiedergegeben werden:

24 *„Nach Auffassung der Regierungskommission empfiehlt sich eine einheitliche (Neu-)Regelung des Spruchverfahrens, etwa im Aktiengesetz, ...*

Die Regierungskommission befürwortet, dass die vorgerichtlich tätigen sachverständigen Prüfer in Fällen, in denen sich ein Spruchverfahren zur Überprüfung eines Ausgleichs oder einer Abfindung anschließen kann, von dem Gericht, das in diesem Verfahren zu entscheiden haben würde, ausgewählt und bestellt werden sollten.

Bei der Neuregelung des Spruchverfahrens sollte die Substanziierungspflicht der Antragsteller erhöht werden. Es ist konkret mit Gründen darzulegen, in welchen Punkten das vorgelagerte vorgerichtliche Bewertungsgutachten einer Prüfung bedarf.

Der im Spruchverfahren vom Gericht beauftragte Sachverständige sollte einen Anspruch auf angemessene Vergütung gegen die Gesellschaft haben; Auslagen und Vergütung sind vom Gericht festzusetzen.

Die Regierungskommission spricht sich dafür aus, den Bundesländern freizustellen und nahe zu legen, für Spruchverfahren die ausschließliche Zuständigkeit eines Landgerichts für ihr gesamtes Staatsgebiet vorzusehen.

Die Regierungskommission befürwortet, die Beschwerde gegen die Entscheidung des Landgerichts im Spruch(stellen)verfahren darauf zu beschränken, dass die Entscheidung auf eine Verletzung des Gesetzes beruht.

Die Regierungskommission regt an, dass die Antragsteller in Spruchverfahren ihre außergerichtlichen Kosten im Falle des Unterliegens künftig selbst tragen sollten."

b) Dokumentation des Gesetzgebungsverfahrens

25 Das Bundesministerium der Justiz hat im November 2001 auf die Reformbestrebungen reagiert und den Referentenentwurf eines Gesetzes zur Neuordnung des gesellschaftsrechtlichen Spruchverfahrens veröffentlicht[35]. Zu dem Referentenentwurf, der an alle wesentlichen Verbände versandt worden war, gingen zahlreiche Stellungnahmen ein[36]. Beson-

---

34 *Baums (Hrsg.)*, Bericht der Regierungskommission Corporate Governance, Rn. 169 ff.
35 RefE, BT-Drucks. 15/025.
36 So der zuständige Referatsleiter im Bundesministerium der Justiz *Neye*, ZIP 2002, 2097.

ders ausführlich äußerten sich die beiden großen Aktionärsvereinigungen (SdK, DSW), die fünf Spitzenverbände der deutschen Wirtschaft in einer gemeinsamen Stellungnahme, die Justizministerien der Länder und der Handelsrechtsausschuss des deutschen Anwaltsvereins (DAV)[37]. Im Mai 2002 fand im Bundesministerium der Justiz eine Anhörung statt, bei der die schriftlichen Stellungnahmen mit den Beteiligten erörtert wurden. Auf der Grundlage der gewonnenen Erkenntnisse wurde der Referentenentwurf überarbeitet.

Im November 2002 hat das Bundesministerium der Justiz die überarbeitete Version des Referentenentwurfes als Regierungsentwurf eines Gesetzes zur Neuordnung des gesellschaftsrechtlichen Spruchverfahrens vorgelegt und damit offiziell das Gesetzgebungsverfahren eingeleitet[38]. Hierzu hat der Bundesrat im Dezember 2002 Stellung genommen und Änderungsvorschläge vorgelegt[39]. Außerdem gaben die Spitzenverbände der deutschen Wirtschaft und der Handelsrechtsausschuss des DAV ergänzende Stellungnahmen ab[40]. Der Deutsche Bundestag hat den Gesetzentwurf im Februar 2003 in erster Lesung beraten und zur federführenden Beratung an den Rechtsausschuss überwiesen. Der Rechtsausschuss hat den Gesetzentwurf in einer Sitzung am 19.02.2003 und in einer Sitzung am 09.04.2003 beraten. In die Beratungen sind die Ergebnisse der vorbereitenden Gespräche der Berichterstatter mit den zuständigen Vertretern des Bundesministeriums der Justiz am 20.03.2003 und 02.04.2003 eingeflossen[41]. Der Rechtsausschuss des Deutschen Bundestages hat zahlreiche Anregungen des Bundesrates aufgegriffen, einige sonstige Änderungen vorgenommen und in der Schlussabstimmung einstimmig empfohlen, den Gesetzentwurf in der durch den Rechtsausschuss überarbeiteten Fassung anzunehmen[42]. Der Deutsche Bundestag ist der Beschlussempfehlung und dem Bericht des Rechtsausschusses nachgekommen und hat am 10.04.2003 das von der Bundesregierung eingebrachte Spruchverfahrens- 26

---

37 Vgl. Stellungnahme DAV (RefE) NZG 2002, 119 ff. sowie später Stellungnahme DAV (RegE), NZG 2003, 316 ff.; die gemeinsame Stellungnahme der führenden Wirtschaftsverbände ist abrufbar unter www.frankfurt-main.ihk.de; die Stellungnahme der beiden großen Aktionärsvereinigungen sowie die Stellungnahme der Justizministerien der Länder sind – soweit bekannt – nicht veröffentlicht.

38 BR-Drucks. 827/02 = BT-Drucks. 15/371, dort zusätzlich Stellungnahme des Bundesrates und Gegenäußerung der Bundesregierung; vgl. zum Regierungsentwurf und den Änderungen gegenüber dem Referentenentwurf *Neye*, ZIP 2002, 2097.

39 Stellungnahme des Bundesrates, BT-Drucks. 15/371, S. 21 ff.; vgl. auch die Gegenäußerung der Bundesregierung, BT-Drucks. 15/371, S. 27 ff.

40 Vgl. DAV Stellungnahme (RegE), NZG 2003, 316 ff.; gemeinsame Stellungnahme der Wirtschaftsverbände ist abrufbar unter www.frankfurt-main.ihk.de.

41 An dem letzten Gespräch haben Herr Rechtsanwalt Gerd Krieger, Deutscher Anwaltsverein e.V. und Herr Rechtsanwalt Klaus Rotter als zusätzliche Sachverständige teilgenommen.

42 Vgl. Beschlussempfehlung und Bericht des Rechtsausschusses, BT-Drucks. 15/838.

neuordnungsgesetz in der überarbeiteten Fassung des Rechtsausschusses angenommen[43]. In der darauf folgenden Plenarsitzung hat der Bundesrat am 23.05.2003 beschlossen, zu dem vom Deutschen Bundestag am 10.04.2003 angenommen Gesetzentwurf nicht den Vermittlungsausschuss anzurufen[44]. Damit konnte das Gesetz ohne weitere Änderungen in dritter Lesung am 12.06.2003 vom Bundestag beschlossen und im Bundesgesetzblatt verkündet werden[45]. Das Gesetz ist am 01.09.2003 in Kraft getreten (vgl. Art. 7 Spruchverfahrensneuordnungsgesetz).

c) Gesetzgeberische Grundintention

27 Die Neuregelung des Spruchverfahrens sieht vor, die Regeln über das Spruchverfahren zur Verbesserung der Übersichtlichkeit und leichteren Anwendung in einem gesonderten Verfahrensgesetz (SpruchG) mit nur 17 Paragrafen zusammenzufassen.

28 Primäres Ziel der Neuregelung ist es, die als zu lange Verfahrensdauer und die damit verbundenen Kosten im Durchschnitt spürbar zu reduzieren, so dass der Rechtsschutz der betroffenen Anteilsinhaber erheblich verbessert wird[46].

29 Die in den bisherigen Regelungen erkannten Mängel sollen beseitigt und die Elemente, die sich in der Praxis bewährt haben (insbesondere Zuständigkeit der Kammer für Handelssachen, Rechtsinstitut des gemeinsamen Vertreters, inter-omnes-Wirkung der Entscheidung) beibehalten werden[47].

30 Ohne das Verfahren in einen reinen Parteiprozess nach der ZPO umzugestalten, sollte durch verbesserte Verfahrensstrukturen ein gestrafftes und erheblich verkürztes Gerichtsverfahren ermöglicht werden.

d) Neuschaffung des SpruchG: Gegenüberstellung (Synopse) mit den alten Regelungen

31 Folgende Neuerungen in Bezug zur alten Ausgestaltung sind hervorzuheben[48]:

– Generelle Einführung der gerichtlichen Auswahl und Bestellung der sachverständigen Prüfer bei Umstrukturierungsmaßnahmen (Unternehmensvertrag, Eingliederung, Umwandlung). Wie schon beim aktienrechtlichen Squeeze Out eingeführt (vgl. § 327c Abs. 2 Satz 3 AktG), werden zukünftig auch die Vertragsprüfer (§ 293c Abs. 1

---

43 Vgl. BR-Drucks. 272/03.
44 Vgl. *Neye*, BB 2003, 1245.
45 BGBl. I 2003, S. 838 ff.
46 Vgl. Begr. RegE, BT-Drucks. 15/371, S. 1, 11 f.
47 Vgl. Begr. RegE, BT-Drucks. 15/371, S. 11; zu den erkannten Mängeln siehe die Kommentierung in der Einleitung Rn. 45 ff.
48 Vgl. Begr. RegE, BT-Drucks. 15/371, S. 12; vgl. auch Begr. RefE, BT-Drucks. 15/025, S. 17.

Satz 1, 2 AktG, Art. 2 Nr. 1 Spruchverfahrensneuordnungsgesetz), die Eingliederungsprüfer (§ 320 Abs. 3 Satz 2 AktG, Art. 2 Nr. 5 Spruchverfahrensneuordnungsgesetz) und die Umwandlungsprüfer (§ 10 Abs. 1 Satz 1, 2 UmwG, Art. 4 Nr. 2 Spruchverfahrensneuordnungsgesetz) ausschließlich vom Gericht bestellt. Künftig soll verstärkt auf deren Berichte zurückgegriffen werden.

- Durchführung einer mündlichen Verhandlung soll die Regel sein.

- Veränderung der Rolle des Sachverständigen im Spruchverfahren: Nach Möglichkeit keine Erstellung „flächendeckender" Gesamtgutachten, sondern gezielte Beurteilung spezieller Einzelfragen. Sachverständige können – angelehnt an § 358a ZPO – bereits vor der mündlichen Verhandlung beauftragt werden, um Vorfragen sachverständig aufarbeiten zu lassen.

- Beschränkung auf einen einzigen gemeinsamen Vertreter im Regelfall.

- Einführung von Verfahrensförderungspflichten der Beteiligten – insbesondere Begründungspflicht für den Antragsteller und Erwiderungspflicht des Antragsgegners – in Anlehnung an § 282 ZPO bei gleichzeitiger Rückführung des Amtsermittlungsgrundsatzes. Um die Beteiligten zur Beachtung der Verfahrensförderungspflichten anzuhalten, stehen Sanktionsmöglichkeiten nach dem Vorbild des § 296 ZPO zur Verfügung.

- Neugestaltung der Kostenvorschriften durch Einführung eines Mindestwertes und einer Obergrenze für die Gerichtskosten bei gleichzeitiger Verdopplung der Gebühren und stärkere Unterscheidung zwischen den Gerichtskosten und den außergerichtlichen Kosten bei der Kostenverteilung.

- Vereinfachung der Möglichkeiten der gütlichen Einigung.

SpruchG	alte Regelung	Unterschiede
§ 1 Anwendungsbereich		Identisch. (Anwendungsbereich ergibt sich bereits aus Bestimmungen im Aktien- und Umwandlungsrecht; daher nur klarstellende Funktion).
§ 2 Zuständigkeit	§ 306 Abs. 1 i. V. m. § 132 Abs. 1 Satz 2 bis 4 AktG, § 306 Abs. 1 UmwG	Im Wesentlichen identisch.
§ 3 Antragsberechtigung	§§ 304 Abs. 4 Satz 1, 320b Abs. 3 Satz 1, 327f Abs. 2 Satz 1 AktG; §§ 15, 34, 176 181, 186, 196 oder 212 UmwG	Keine inhaltliche Änderung.

SpruchG Einleitung

SpruchG	alte Regelung	Unterschiede
§ 4 Antragsfrist und Antragsbegründung	§§ 304 Abs. 4 Satz 2, 320b Abs. 3 Satz 2, 327f Abs. 2 Satz 2 AktG, § 305 UmwG	Wegfall der zweimonatigen Anschlussantragsfrist; Verlängerung der Antragsfrist; Begründungspflicht mit Erfordernis konkreter Bewertungsrügen.
§ 5 Antragsgegner	§ 307 Abs. 2 UmwG, im AktG nicht ausdrücklich geregelt	Klarstellung für AktG, identisch mit § 307 Abs. 2 UmwG.
§§ 6, 6a–c Gemeinsamer Vertreter	§ 306 Abs. 4 AktG, § 308 UmwG	Nur ein gemeinsamer Vertreter (Ausnahme: Antrag bei §§ 6a–c); Bekanntmachung der Bestellung im Bundesanzeiger.
§ 7 Vorbereitung der mündlichen Verhandlung		Ein Kernpunkt der Neuregelung, Elemente des zivilprozessualen Erkenntnisverfahrens, förmliche Zustellung der Anträge, Erwiderungsfrist, Möglichkeit weiterer Vorbereitungshandlungen, Pflicht zur Vorlage von Prüfungsberichten, Anhörung des Sachverständigen vor der mündlichen Verhandlung außer bei Entbehrlichkeit, Vorlage interner Bewertungsgutachten.
§ 8 Mündliche Verhandlung	Bislang nach FGG frei gestellt, was jedoch zu Streitigkeiten wegen des Rechts auf rechtliches Gehör führen konnte.	Mündliche Verhandlung zwecks Verfahrensbeschleunigung die Regel, persönliche Befragung des zuvor tätigen Sachverständigen außer bei Entbehrlichkeit, Anwendung wichtiger ZPO-Vorschriften (z. B. § 138 Abs. 3 ZPO).
§ 9 Verfahrensförderungspflichten	keine (Wegen Qualifizierung als echtem Streitverfahren Einschränkung der Amtsermittlungspflicht durch Mitwirkungspflichten der Beteiligten)	Statuierung einer allg. Verfahrensförderungspflicht in Anlehnung an § 282 ZPO.
§ 10 Verletzung der Verfahrensförderungspflicht		Dem Gericht werden Sanktionsmittel zur Verfügung gestellt, Präklusion des verspätet vorgebrachten Sachvortrages.

SpruchG	alte Regelung	Unterschiede
§ 11 Gerichtliche Entscheidung; Gütliche Einigung	§§ 306 Abs. 2 i. V. m. 99 Abs. 3 Satz 1, 306 Abs. 5 AktG, 307 Abs. 5 UmwG	Neu ist die Regelung über gütliche Einigung aller Beteiligten.
§ 12 Beschwerde (früher sofortige Beschwerde)	§§ 306 Abs. 2 i. V. m. 99 Abs. 3 Satz 2, 4 bis 9 AktG, 309 UmwG	Keine inhaltliche Änderung gegenüber Altregelung. Nunmehr statt sofortiger Beschwerde Beschwerde (§ 58 Abs. 1 FamFG) und Rechtsbeschwerde (§ 70 Abs. 1 FamFG)
§ 13 Wirkung der Entscheidung	§§ 306 Abs. 2 i. V. m. 99 Abs. 5 Satz 1 und 2 AktG, 311 UmwG	Im Wesentlichen identisch, Klarstellung, dass alle Anteilsinhaber Anpassung verlangen können.
§ 14 Bekanntmachung der Entscheidung	§§ 306 Abs. 6 AktG, 310 UmwG	Im Wesentlichen identisch, Bekanntmachung im Bundesanzeiger.
§ 15 Kosten	§§ 306 Abs. 7 AktG, 312 UmwG	Verdopplung der Gerichtskosten, höhenmäßige Beschränkung des Geschäftswerts, unterschiedliche Behandlung der Gerichtskosten und Kosten der Antragsteller, außergerichtliche Kosten hat der Antragsteller bei Unterliegen in der Regel selbst zu tragen,
§ 16 Zuständigkeit bei Leistungsklage		Schaffung einer besonderen Zuständigkeitsregelung für Leistungsklagen stellt sicher, dass für anschließende Leistungsklagen dasselbe Gericht zuständig ist.
§ 17 Allgemeine Bestimmungen; Übergangsvorschrift	§§ 306 Abs. 2 i. V. m. 99 Abs. 1 AktG, 307 Abs. 1 UmwG	Identisch bzgl. Verweisung auf FGG (nunmehr FamFG), aus Gründen der Rechtssicherheit gilt für anhängige Verfahren vor dem 01.09.2003 (erste Instanz) bzw. vor dem 02.09.2003 (zweite Instanz) das bisherige Recht.

IV. Änderungen des SpruchG seit seinem Inkrafttreten

33 Das SpruchG ist seit seinem Inkrafttreten im Jahr 2003 bereits mehrere Mal geändert worden, wobei insbesondere sein Anwendungsbereich erweitert wurde (vgl. § 1 Nr. 5 und Nr. 6; §§ 6a bis 6c SpruchG)[49].

1. Erweiterung des Anwendungsbereichs/Einführung eines zweiten gemeinsamen Vertreters

34 Mit der Einführung der SE wurde der Anwendungsbereich des SpruchG auf die Überprüfung der Zuzahlung oder der Barabfindung im Zusammenhang mit der Gründung oder Sitzverlegung einer SE ausgedehnt[50]. Mit der Einführung der Europäischen Genossenschaft (SCE) wurde der Geltungsbereich des SpruchG auch für die bare Zuzahlung bei der Gründung einer SCE durch Verschmelzung erstreckt[51]. Das zweite Gesetz zur Änderung des Umwandlungsgesetzes erstreckt die Anwendung des SpruchG auch auf die grenzüberschreitende Verschmelzung[52].

35 Mit all diesen Änderungen ging auch die Einführung eines zweiten gemeinsamen Vertreters für die Gesellschafter der an den Strukturmaßnahmen beteiligten ausländischen Gesellschaften einher, dessen Aufgabe es ist, das ursprünglich festgelegte Umtauschverhältnis oder die angebotene Barabfindung im Spruchverfahren zu verteidigen, nicht aber auf eine höhere Kompensation hinzuwirken[53].

2. Anpassungen durch das EHUG und das BAnzDiG

36 Weitere kleinere Anpassungen redaktioneller Art betreffen die Einführung der elektronischen Registerführung und das ausschließliche Angebot des Bundesanzeigers im Internet[54].

3. Anpassungen durch das FGG-Reformgesetz

37 Mit dem FamFG sind mit Wirkung zum 01.09.2009 Änderungen von erheblich größerer Bedeutung in Kraft getreten[55]. Hervorzuheben sind insbesondere Änderungen in §§ 2, 10, 12 und 17 SpruchG, die sich im Zusammenhang mit dem Rechtsmittelzug ergeben.

---

49 SpruchG vom 12.06.2003 BGBl. I S. 838, zuletzt geändert durch Gesetz vom 23.07.2013 BGBl. I S. 2586.
50 Vgl. zu den Änderungen durch das SEEG vom 22.12.2004 § 1 Rn. 24.
51 Vgl. zu den Änderungen durch das SCE-AG vom 14.08.2006 § 1 Rn. 34.
52 Vgl. zu den Änderungen durch das Gesetz zur Änderung des Umwandlungsgesetzes vom 19.04.2007 § 1 Rn. 22.
53 Vgl. hierzu die Kommentierung unter §§ 6a, 6b, 6c.
54 Vgl. hierzu EHUG vom 10.11.2006, BGBl. I, S. 1911 ff.; BAnzDiG vom 22.12.2011, BGBl. I, S. 3044 ff.
55 Art. 2 Nr. 1 des Gesetzes vom 19.04.2008, BGBl. I., S. 2586.

Anstelle der sofortigen Beschwerde wird gem. § 58 Abs. 1 FamFG die 38
beim Eingangsgericht einzulegende Beschwerde zum Rechtsmittel gegen alle Endentscheidungen. Die Beschwerde ist innerhalb der einmonatigen Beschwerdefrist bei dem Gericht einzulegen, dessen Beschluss angefochten werden soll (vgl. §§ 63 Abs. 1, 64 Abs. 1 FamFG). Bevor die Beschwerde dem Oberlandesgericht als Beschwerdegericht (vgl. § 119 Abs. 1 Nr. 2 GVG) vorgelegt wird, hat das entscheidende Gericht vorab selbst eine Abhilfemöglichkeit zu prüfen (vgl. § 68 Abs. 1 FamFG).

An die Stelle der früheren Divergenzvorlage tritt nunmehr die soge- 39
nannte Rechtsbeschwerde beim BGH (vgl. § 70 Abs. 1 FamFG) nach Zulassung durch das Beschwerdegericht. Das Oberlandesgericht hat die Rechtsbeschwerde zuzulassen, wenn die Rechtssache grundsätzliche Bedeutung hat oder die Fortbildung des Rechts oder eine einheitliche Rechtsprechung gesichert werden soll (vgl. § 70 Abs. 2 FamFG). Wegen Einzelheiten des neuen Rechtszuges verweisen wir auf die Kommentierung zu § 12 SpruchG.

Die ab dem 01.09.2009 geltenden Neuregelungen durch das FamFG erset- 40
zen die alten FGG-Regelungen nicht vollständig. Für vor dem 01.09.2009 eingeleitete Verfahren sind gemäß Art. 111 Abs. 1 Satz 1 FGG-Reformgesetz weiterhin die bis zu seinem Inkrafttreten geltenden Vorschriften anwendbar. Für die Abgrenzung zwischen altem und neuem Recht ist auf den Zeitpunkt des erstinstanzlichen Antrages abzustellen, so dass die alten FGG-Regeln noch eine geraume Zeit neben den FamFG-Regelungen Anwendung finden[56].

4. Anpassungen durch das 2. Kostenrechtsmodernisierungsgesetz

Mit Wirkung zum 01.08.2013 wurde schließlich die Kostenvorschrift 41
des § 15 SpruchG geändert (vgl. hierzu die Kommentierung zu § 15 SpruchG)[57]. Nunmehr ist im SpruchG nur noch geregelt, wer die Gerichtskosten und außerordentlichen Kosten der Antragsteller zu tragen hat.

V. Anwendungsfälle des Spruchverfahrens im Überblick

§ 1 SpruchG listet – nicht abschließend – auf, in welchen Fällen ein 42
Spruchverfahren zur Anwendung kommen kann. Wichtig für die Praxis sind – sortiert nach ihrer Häufigkeit – die aktienrechtlichen Squeeze Out Verfahren gem. §§ 327a AktG ff. (§ 1 Nr. 3 SpruchG), Beherrschungs- und Gewinnabführungsverträge gem. §§ 304, 305 AktG (§ 1 Nr. 1 SpruchG) sowie Verschmelzungen gem. §§ 2 ff. UmwG (§ 1 Nr. 4 SpruchG)[58].

---

56 Begr.RegE FGG-RG BT-Drucks. 16/6308, S. 359; so auch *Riegger/Gayk*, Kölner Kommentar SpruchG, Einl. SpruchG. Rn. 60.
57 2. Gesetz zur Modernisierung des Kostenrechts – 2. KostRMoG, BGBl. I 2013, S. 2586 ff.
58 Zur Häufigkeitsverteilung vgl. Loosen, Reformbedarf im Spruchverfahren, S. 32; Lorenz, AG 2012, 284, 285; *Henselmann/Munkert/Winkler/Schrenker*, WPg 2013, 1094 f.

43 Zunehmende praktische Bedeutung dürfte der im Jahre 2011 kodifizierte sog. umwandlungsrechtliche Squeeze Out (§ 62 Abs. 5 UmwG) bekommen, der ein Hinausdrängen der Minderheitsaktionäre unter bestimmten Voraussetzungen bereits dann ermöglicht, wenn dem Hauptaktionär 90 % der Anteile gehören. Beim aktienrechtlichen Squeeze Out gem. § 327a AktG ist eine Beteiligung von 95 % erforderlich.

44 In Bezug auf die Häufigkeit von untergeordneter Bedeutung sind Eingliederungen gem. § 320b AktG (§ 1 Nr. 2 SpruchG) sowie Spruchverfahren gem. § 1 Nr. 5 und Nr. 6 SpruchG für die Fälle der Gründung einer Societas Europea (SE) bzw. der Gründung einer Europäischen Genossenschaft zu nennen.

45 Bislang galten die Grundsätze des Spruchverfahrens auch für das Delisting und Downgrading. Nach der im Zuge der Frosta-Entscheidung erfolgten Aufgabe der Macrotron Rechtsprechung sind in Bezug auf das Delisting/Downgrading keine Spruchverfahren mehr zu erwarten. Leider hat es der Gesetzgeber versäumt, die Voraussetzungen für ein Delisting (Hauptversammlungsbeschluss, zwingendes Abfindungsangebot, Prüfungsmöglichkeit im Spruchverfahren) gesetzlich im AktG oder UmwG zu normieren. Stattdessen hat er das Delisting kapitalmarktrechtlich im Börsengesetz normiert. Die unmittelbare Anwendung des Spruchverfahrens scheidet bis auf Weiteres aus (vgl. hierzu ausführlich § 1 Annex Delisting).

VI. Praktische Bedeutung des Spruchverfahrens

46 Die Bedeutung des Spruchverfahrens in der Praxis ist hoch und hat in den letzten Jahren signifikant zugenommen.

1. Häufigkeit von Spruchverfahren

47 Nach der empirischen Auswertung von *Loosen* sind zwischen dem 06.09.1965 und dem 31.12.2010 insgesamt 594 Spruchverfahren eingeleitet worden, von denen 400 (Stichtag: 31.12.2010) beendet wurden[59]. Nach altem Recht wurden 319 Verfahren, nach neuem Recht 81 Verfahren beendet[60]. Insgesamt 194 Verfahren waren laut *Loosen* zum Stichtag 31.12.2010 noch nicht beendet. Die meisten dieser Verfahren (359) wurden im Zeitraum zwischen 2001 und 2010 eingeleitet[61].

48 Der Grund für den Anstieg der Verfahrenszahlen liegt in der wachsenden Tendenz des Gesetzgebers, die Überprüfung der Kompensation der Aktionäre zunehmend dem Spruchverfahren zuzuweisen[62]. Zu nennen sind diesbezüglich vor allem die Einführung der Regelungen zum aktienrechtlichen Squeeze Out (§§ 327a ff. AktG) im Jahr 2002, welche regelrecht

---

59 *Loosen*, Reformbedarf im Spruchverfahren, S. 27.
60 *Loosen*, Reformbedarf im Spruchverfahren, S. 27.
61 *Loosen*, Reformbedarf im Spruchverfahren, S. 29 f.
62 *Emmerich*, in. Emmerich/Habersack, Aktien- und GmbH Konzernrecht, Vor. § 1 SpruchG Rn. 3.

eine Welle neuer Verfahren auslöste[63]. Ebenfalls wurde im Jahre 2005 das Aktienrecht dahingehend geändert, dass nach § 243 Abs. 4 Satz 2 AktG eine Anfechtungsklage nicht mehr auf Bewertungsmängel gestützt werden konnte, sofern das Gesetz hierfür ein Spruchverfahren vorsieht.

Es ist davon auszugehen, dass in einer Vielzahl der Fälle, in denen die Angemessenheit einer Kompensationsleistung im Spruchverfahren geprüft werden kann, ein solches auch eingeleitet wird[64]. Die Quoten variieren hier – je nach Untersuchung, Zeitraum und Strukturmaßnahme – zwischen 40 und knapp 90 Prozent[65]. *49*

Nach unseren eigenen Beobachtungen, insbesondere bei börsennotierten Aktiengesellschaften, dürfte die Quote im oberen Bereich (also bei knapp 90 % der in Frage kommenden Fälle) einzustufen sein. Spezielle amtliche Statistiken über die Häufigkeit von Spruchverfahren existieren – soweit hier bekannt – hierzu nicht. *50*

2. Dauer von Spruchverfahren

Vor Einführung des neuen SpruchG dauerten Spruchverfahren, die zwischen 1965 und 2003 begonnen wurden, im Durchschnitt mindestens 6 bis 7 Jahre; zum Teil werden in der Literatur auch durchschnittlich ca. 10 Jahre genannt[66]. Verfahren, die Anfang der 1990er Jahre begonnen wurden, dauerten im Durchschnitt länger als 10 Jahre[67]. In Einzelfällen betrug die Verfahrensdauer sogar mehr als 22 Jahre für die erste Instanz[68]. Amtliche Statistiken speziell über die Verfahrensdauer von Spruchverfahren existieren nicht[69]. Aus der Zusammenstellung etlicher Spruchverfahren bei *Loosen, Lorenz, Wenger/Kaserer/Hecker* sowie der empiri- *51*

---

63 Siehe hierzu nur die Grafik bei *Loosen*, Reformbedarf im Spruchverfahren, S. 31.
64 Siehe nur *Weimann*, Spruchverfahren nach Squeeze Out, S. 174 ff.
65 Vgl. diesbezüglich nur *Riegger/Gayk*, Kölner Kommentar SpruchG, Einl. SpruchG. Rn. 62 m. w. N. in den Fußnoten, *Loosen*, Reformbedarf im Spruchverfahren, S. 31 f.
66 *Loosen*, Reformbedarf im Spruchverfahren, S. 73; *Lorenz*, AG 2012, 284, 288; *Wenger/Kaserer/Hecker*, ZBB 2001, 317, 328.
67 *Loosen*, Reformbedarf im Spruchverfahren, S. 73.
68 *Lorenz*, AG 2012, 284, 286; *Loosen*, Reformbedarf im Spruchverfahren, 2012, S. 35 ff.; *Beyerle*, ZGR 1977, 650 ff.; *Bilda*, NZG 2000, 296 ff.; *Lutter/Bezzenberger*, AG 2000, 433, 436; *Götz*, DB 1996, 259; *Emmerich*, in: Emmerich/Habersack Aktien- und GmbH-Konzernrecht, Vor § 1 SpruchG, Rn. 7; zur verfassungsrechtlichen Zulässigkeit eines nach sieben Jahren noch nicht abgeschlossenen erstinstanzlichen Spruchverfahrens vgl. BVerfG, AG 1999, 370 f. (SNI/Siemens); vgl. auch das Urteil des Europäischen Gerichtshofs für Menschenrechte vom 20.02.2003, Beschw.-Nr. 44324/98 (Kind/BRD), www.echr.coe.int/hudoc in dem die BRD zum Schadensersatz wegen der übermäßig langen Dauer eines Spruchverfahrens verurteilt wurde; vgl. hierzu *Heidel*, Financial Times vom 11.03.2003, S. 32 sowie *Meilicke/Heidel*, BB 2003, 1805.
69 Vgl. *Emmerich*, in: Emmerich/Habersack, Aktien- und-GmbH Konzernrecht, Vor. § 1 SpruchG Rn. 6.

schen Studie von *Henselmann, Munkert, Winkler und Schrenker* ergibt sich aber offenkundig, dass zahlreiche Verfahren weit mehr als 10 Jahre gedauert haben[70]. Dies wird auch durch unsere Praxiserfahrung bestätigt.

52 Zehn Jahre nach Einführung des SpruchG ist eine Verkürzung der Verfahrensdauer zu verzeichnen[71]. Nach Auffassung von *Henselmann/Munkert/Winkler/Schrenker* sei sogar eine hoch signifikante Verkürzung der durchschnittlichen Verfahrensdauer um knapp 4 Jahre nachzuweisen. Während die nach altem Recht eingeleiteten Verfahren nach durchschnittlich 6,55 Jahren beendet worden seien, sinke der Mittelwert für die Verfahren nach dem neuen SpruchG auf 2,86 Jahre ab[72]. Die Autoren räumen jedoch ein, dass nicht abschließend beurteilt werden kann, inwieweit die empirisch nachweisbare Verfahrensverkürzung unmittelbar auf die Einführung des SpruchG zurückzuführen ist[73]. Dieses Ergebnis (signifikante Beschleunigung) wird durch die statistische Auswertung von *Puszkajler/Sekera-Terplan* bestätigt. Sie kommen zu dem Ergebnis, dass die Verfahrensdauer im Gesamtdurchschnitt bei 4 Jahren liegt und damit deutlich kürzer als diejenige in anderen komplexen Zivilverfahren, wie z. B. Bauprozessen, ist[74]. Andere Autoren kommen, allerdings in wesentlich älteren Studien nur bis zum Jahr 2010, zu dem Ergebnis, dass keine signifikante Verfahrensverkürzung feststellbar sei[75].

53 Signifikant verfahrensverkürzend dürfte sich zukünftig jedenfalls die Neuregelung der Verzinsung durch das ARUG im Jahr 2009 auswirken, wonach die zu zahlende Erhöhung der Kompensation statt wie bisher mit 3 % seit dem 01.09.2009 mit 5 % über dem Basiszinssatz zu verzinsen ist[76].

54 Zu einer Verlängerung des Spruchverfahrens durch die im Zuge des FGG-Reformgesetzes eingefügte Rechtsbeschwerde dürfte es nicht kommen. Die Rechtsbeschwerde ist zulassungsbeschränkt und spielt in der Vielzahl der Fälle eine nur untergeordnete Bedeutung, so dass Einzelfälle (die dann länger dauern könnten) keine Auswirkung auf die durchschnittliche Länge aller laufenden Fälle haben dürften. Darüber hinaus entfällt im Gegenzug die Divergenzvorlage, so dass sich die Effekte aufheben dürften[77].

---

70 *Loosen*, Reformbedarf im Spruchverfahren, S. 35 ff., Lorenz, AG 2012, 284 ff.,; *Henselmann/Munkert/Winkler/Schrenker*, WPg 2013, 1093 ff., 1153 ff., 1206 ff.; *Wenger/Kaserer/Hecker*, ZBB 2001, 317, 328.
71 So auch *Riegger/Gayk*, Kölner Kommentar SpruchG, Einl. SpruchG. Rn. 63; *Puszkajler/Sekera-Terplan*, NZG 2015 1055, 1056.
72 *Henselmann/Munkert/Winkler/Schrenker*, WPg 2013, 1153, 1157 f.
73 *Henselmann/Munkert/Winkler/Schrenker*, WPg 2013, 1153, 1158.
74 *Puszkajler/Sekera-Terplan*, NZG 2015 1055, 1056.
75 So etwa *Loosen*, Reformbedarf im Spruchverfahren, S. 67; *Mennicke*, in: Lutter UmwG, Einl. SpruchG Rn. 4; offen *Simons*, in: Hölters AktG, § 1 SpruchG Rn. 5.
76 Darauf weist auch *Loosen*, Reformbedarf im Spruchverfahren, S. 67, 89 ff. aus seiner Sicht einschränkend hin.
77 Insoweit offengelassen *Riegger/Gayk*, Kölner Kommentar SpruchG, Einl. SpruchG. Rn. 63.

Eine Analyse der regionalen Verteilung der Spruchverfahren zeigt, dass 55 erhebliche regionale Unterschiede in Bezug auf die Dauer von Spruchverfahren zu verzeichnen sind[78]. Während im Erhebungszeitraum der in 2009 bis 2011 beendeten Verfahren im OLG-Bezirk Frankfurt nach den Erhebungen von *Lorenz* eine Verfahrensdauer von durchschnittlich 108 Monaten (Anzahl der Verfahren 17) zu verzeichnen ist, beträgt die Verfahrensdauer im OLG-Bezirk München nur 41 Monate (Anzahl der Verfahren 8)[79].

Nach unseren Erfahrungen ist tendenziell eine spürbare Verfahrensverkürzung zu verzeichnen. Allerdings ist die Spanne nach wie vor groß. Es existieren Verfahren, die – meist – durch Vergleiche innerhalb weniger Monate beendet werden, wohingegen nach wie vor Verfahren zu verzeichnen sind, in denen die erstinstanzliche Entscheidung auch nach 6 Jahren Verfahrensdauer auf sich warten lässt. 56

Die letztlich aber doch signifikante Verfahrensverkürzung geht mit einer 57 ebenfalls spürbaren Absenkung der Aufschläge einher (siehe dazu unten Rn. 70 ff.). Nach einer Studie von *Puszkajler/Sekera-Terplan* haben sich die Zuzahlungen nach Einführung des SpruchG fast halbiert[80]. Grund für die Verkürzung dürfte die sich abzeichnende Tendenz einiger Gerichte sein, zunehmend (zu Unrecht) allein auf den Börsenkurs als Bewertungsmaßstab abzustellen, um so umfangreiche Neubewertungen zu vermeiden. Einige Gerichte begnügen sich auch lediglich mit der Anhörung des sachverständigen Prüfers gem. § 8 Abs. 2 SpruchG, der dann (selbstverständlich) sein vorangegangenes Prüfergebnis verteidigt und nochmals bestätigt, oder sie holen nur noch zu speziellen Einzelaspekten der Unternehmensbewertung neue Sachverständigengutachten ein[81].

Diese Tendenz ist bedenklich, da eine – wünschenswerte – Verfahrensverkürzung nicht um jeden Preis, insbesondere nicht zu Lasten der gerichtlichen Prüfqualität, durchgesetzt werden darf. Die Beschleunigung der Verfahren darf nicht in den Vordergrund gestellt werden, wenn dadurch das grundrechtlich geschützte Interesse des Aktionärs am Werterhalt seiner Rechtsposition unberücksichtigt bleibt bzw. vernachlässigt wird. Sind Bewertungsmängel konkret vorgetragen worden, ist es originäre Aufgabe des mit der Sache beschäftigten Gerichts diese – wenn es nicht selbst im Rahmen der Schätzung nach § 287 Abs. 2 ZPO bzw. §§ 29 Abs. 1 Satz 1, 30 Abs. 1, 37 Abs. 1 FamFG entscheiden kann – auch gutachterlich neu bewerten zu lassen. Geschieht dies nicht, stellt dies einen Beschwerdegrund dar. 58

---

78 *Lorenz*, AG 2012, 284, 286.
79 Siehe zu den regionalen Unterschieden und Verfahrensdauern aktuell auch *Puszkajler/Sekera-Terplan*, NZG 2015 1055, 1056.
80 *Puszkajler/Sekera-Terplan*, NZG 2015 1055, 1057.
81 So im Ergebnis auch *Lorenz*, AG 2012, 284, 286, *Riegger/Gayk*, Kölner Kommentar SpruchG, Einl. SpruchG. Rn. 63.

3. Ergebnisse von Spruchverfahren

59 In der Regel wird in Spruchverfahren eine beträchtliche Nachbesserung erzielt[82]. Diese Ergebnisse dokumentieren, dass Unternehmen bzw. deren dominierende Hauptaktionäre in einer Vielzahl von Fällen den wohl systematisch gesteuerten Versuch unternehmen, Minderheiten unter Wert aus der Gesellschaft zu verdrängen (Fall des Squeeze Out) oder in ihren Rechten zu beschneiden (z. B. Fall des Beherrschungs- und Gewinnabführungsvertrages).

60 Ausweislich der Studie von *Dörfler/Gahler/Unterstaßer/Wirichs* konnte ein Gesellschafter in der Zeit zwischen 1980 und 1992 im Durchschnitt eine Aufbesserung seiner ursprünglichen Abfindung um ca. 48 % erwarten[83]. Eine Studie der Deutschen Bank kommt in Bezug auf Squeeze Out Beschlüsse zu dem Ergebnis, dass die ursprüngliche Abfindung im Durchschnitt um 76 % nachgebessert worden ist[84]. *Lorenz* führt aus, dass die durchschnittliche Erhöhung im Zeitraum zwischen 2009 und 2011 bei nur noch 26 % gelegen haben soll[85]. Wobei die Erhöhung bei Vergleichen 40 % betragen haben soll, während bei gerichtlichen Entscheidungen nur eine Erhöhung von durchschnittlich 16 % zu verzeichnen gewesen sein soll[86]. Von einem dicken Ende in Spruchverfahren könne nach *Lorenz* nicht mehr gesprochen werden. In 24 % der Spruchverfahren seien überhaupt keine Erhöhung der Abfindung beschlossen worden[87].

61 *Freitag* kommt für Verfahren von 1965 bis 2005 zu dem Ergebnis, dass in insgesamt 83 % der Fälle eine Nachbesserung zu zahlen war[88]. Die Auswertung von *Loosen* hat ergeben, dass insgesamt 91 % der Spruchverfahren mit einer Erhöhung der Kompensation beendet wurden. Betrachtet man lediglich durch Beschluss beendete Verfahren, beträgt diese Quote nach *Loosen* 75 %[89].

62 *Henselmann/Munkert/Winkler/Schrenker* geben in einer Studie aus Ende 2013 eine Nachbesserungsquote von 84,42 % für Squeeze Out Fälle und 83,87 % für Beherrschungs- und Gewinnabführungsverträge an, wobei die durchschnittliche Erhöhungsquote bei 41,62 % für alle beendeten Verfahren gelegen habe[90]. In Squeeze Out Fällen lag dieser Wert bei 33,66 %. In der Hälfte der Verfahren sei allerdings ein Premium von 22,99 % (bei Squeeze Out Fällen 21,88 %) nicht überschritten worden. Auffällig sind die vergleichsweise sehr niedrigen Mediane bei Verfahrensbeendigung durch Beschluss. Diese betrugen nur 8,15 % für alle Ver-

---

82 Siehe nur *Weimann*, Spruchverfahren nach Squeeze Out, S. 190 ff.
83 *Dörfler/Gahler/Unterstraßer/Wirichs*, BB 1994, 156, 160.
84 Vgl. Börsen-Zeitung vom 23.02.2005, Nr. 37, S. 2.
85 *Lorenz*, AG 2012, 284, 287.
86 *Lorenz*, AG 2012, 284, 287.
87 *Lorenz*, AG 2012, 284, 287.
88 *Freitag*, Festschrift für Christian Richter II, 2006, 139, 162 ff.
89 *Loosen*, Reformbedarf im Spruchverfahren, S. 84.
90 *Henselmann/Munkert/Winkler/Schrenker*, WPg 2013, 1153, 1158 f.

fahren (3,64 % für Squeeze Out Verfahren) in der ersten Instanz. Dabei wurden mehr als die Hälfte der durch Beschluss beendeten Verfahren ohne eine Erhöhung der Barabfindung abgeschlossen[91]. Hinsichtlich der Verfahrensbeendigung durch Vergleich wurden in Bezug auf alle Verfahren in der ersten Instanz im Mittel eine Nachbesserung von 57,72 % (Median 29,78 %) und in der zweiten Instanz im Mittel 31,68 % (Median 27,18 %) erzielt. Bei Squeeze Out Verfahren betrug die Erhöhungsquote durch Vergleich im Mittel 45,67 % (Median 28,01 %) in der ersten Instanz und in der zweiten Instanz im Mittel 33,33 % (Median 28,21 %)[92].

Auffällig ist zudem, dass die durchschnittliche prozentuale Erhöhung in den letzten Jahren tendenziell rückläufig ist. Lag die durchschnittliche Erhöhung der beendeten Verfahren in 2009 noch bei knapp 40 %, betrug sie 2011 laut *Lorenz* nur noch 11 %[93]. Dieses Ergebnis wird durch die Untersuchung von *Henselmann/Munkert/Winkler/Schrenker* bestätigt, die für 2011 eine durchschnittliche Erhöhungsquote von unter 20 % ausweisen[94]. Nach *Puskajler/Sekera-Terplan* lag die durchschnittliche Erhöhung vor Einführung des SpruchG bei 26,32 % und nach Einführung des SpruchG bei lediglich 14,11 %[95]. 63

Die konkreten Ursachen für das Absinken der Prämien bedürfen einer gesonderten Untersuchung. Maßgeblich hierfür dürften nach unserer Sicht die oben genannten Aspekte (weniger Neubewertungen, zunehmendes Abstellen auf den Börsenkurs, Entscheidung nach bloßer Anhörung des sachverständigen Prüfers, Zurückziehen der Gerichte auf eine bloße Plausibilitätsprüfung) gewesen sein. Auch der Konjunkturzyklus im Zeitpunkt der Beendigung der Spruchverfahren (Stichwort Finanzmarktkrise) dürfte eine nicht unerhebliche Bedeutung gespielt haben. 64

4. Beendigungsformen und Vergleichsquote in Spruchverfahren

Das SpruchG sieht eine streitige Entscheidung nicht als vorzugswürdige Art der Verfahrensbeendigung vor. Stattdessen ist in § 11 Abs. 2 Satz 1 SpruchG explizit geregelt, dass das Gericht in jeder Lage des Spruchverfahrens auf eine gütliche Einigung bedacht sein soll. 65

In der Praxis hat die vergleichsweise Beendigung der Verfahren eine hohe Bedeutung. Die Auswertung der Art der Verfahrensabschlüsse zeigt, dass sowohl nach altem Recht vor dem SpruchG 2003 als auch nach neuem Recht mehr Vergleiche geschlossen als richterliche Beschlüsse gefasst worden sind[96]. 66

---

91 *Henselmann/Munkert/Winkler/Schrenker*, WPg 2013, 1153, 1159.
92 *Henselmann/Munkert/Winkler/Schrenker*, WPg 2013, 1153, 1159.
93 *Lorenz*, AG 2012, 284, 287.
94 *Henselmann/Munkert/Winkler/Schrenker*, WPg 2013, 1153, 1160 Übersicht 12.
95 *Puszkajler/Sekera-Terplan*, NZG 2015 1055, 1057.
96 *Loosen*, Reformbedarf im Spruchverfahren, S. 92; *Henselmann/Munkert/Winkler/Schrenker*, WPg 2013, 1153, 1156.

67 Offenbar hat auch die Änderung von § 11 Abs. 2 SpruchG die Vergleichsquote positiv beeinflusst. Nach neuem Recht wurden 69 % der Verfahren vergleichsweise beendet, während die Quote zuvor nach altem Recht noch bei 60 % lag[97]. Lorenz weist im Betrachtungszeitraum von 2009 bis 2011 allerdings eine rückläufige Vergleichsquote nach. Wurden im Jahr 2009 noch 56 % der Spruchverfahren vergleichsweise beendet, lag die Quote 2011 bei nur noch 37 %[98].

68 Die Vergleichsquoten unterscheiden sich je nach Gericht massiv. Es gibt einige Gerichte bei denen die Vergleichsquote bei 95 % liegt (z. B. LG Hannover, LG Nürnberg-Fürth) während andere Gerichte eine Quote von „nur" 45 % (LG Berlin) bzw. 60–64 % (LG Frankfurt a.M.) aufweisen[99]. In der zweiten Instanz sind die Vergleichsquoten sehr viel geringer und liegen zwischen 9–50 %[100].

69 58,58 % der zwischen 1992 und 2011 beendeten Spruchverfahren wurden in der ersten Instanz beendet. Davon 53,13 % durch Vergleich und 5,45 % durch Beschluss. 37,33 % der Verfahren wurden in der zweiten Instanz durch Beschluss entschieden und 4,09 % durch Vergleich[101]. Lediglich in drei Fällen (0,79 %) bzw. in vier Fällen (1,06 %) findet sich eine Beteiligung des BGH bzw. des BVerfG[102].

5. Anzahl der Verfahrensbeteiligten in Spruchverfahren

70 Die Anzahl der Verfahrensbeteiligten hat nach unseren Erfahrungen in den letzten Jahren tendenziell zugenommen[103]. Verfahren mit mehr als 100 Antragstellern sind allerdings ebenso zu beobachten, wie Verfahren mit nur einem einzigen Antragsteller. Die Spanne ist also recht groß, so dass es schwierig ist, verlässliche Durchschnittswerte aufzuzeigen. *Lorenz* nennt eine Zahl von durchschnittlich 26 Antragstellern für den Zeitraum zwischen 2009–2011 (Basis: beendete Verfahren)[104]. *Henselmann/Munkert/Winkler/Schrenker* nennen einen Median von zehn und einen Mittelwert von 17 Antragstellern[105]. *Loosen* kommt zu dem Ergebnis, dass in 53 % der Verfahren ein bis zehn Antragsteller beteiligt waren, in 27 % elf bis 20 Antragsteller und in 17 % 21 bis 50 Antragsteller[106].

71 Den höchsten Wert, nämlich 243 Antragsteller, hat nach unserem Kenntnisstand das Spruchverfahren in Sachen Verschmelzung der T-Online AG

---

97 *Loosen*, Reformbedarf im Spruchverfahren, S. 92.
98 *Lorenz*, AG 2012, 284, 287.
99 *Loosen*, Reformbedarf im Spruchverfahren, S. 93.
100 *Loosen*, Reformbedarf im Spruchverfahren, S. 94.
101 *Henselmann/Munkert/Winkler/Schrenker*, WPg 2013, 1153, 1156.
102 *Henselmann/Munkert/Winkler/Schrenker*, WPg 2013, 1153, 1155.
103 So im Ergebnis auch *Riegger/Gayk*, Kölner Kommentar SpruchG, Einl. SpruchG. Rn. 62.
104 *Lorenz*, AG 2012, 284, 285.
105 *Henselmann/Munkert/Winkler/Schrenker*, WPg 2013, 1208.
106 *Loosen*, Reformbedarf im Spruchverfahren, S. 40.

auf die Deutsche Telekom AG aufgewiesen. Dies darf aber nicht darüber hinwegtäuschen, dass Massenverfahren mit mehr als 50 Antragstellern – relativ gesehen – dennoch die Ausnahme bilden.

Ein direkter Zusammenhang zwischen der Anzahl der Antragsteller und der Verfahrensdauer besteht bemerkenswerterweise wohl nicht[107]. Die – steigende – Zahl der Antragsteller in einigen Verfahren kann demzufolge nicht als Argument dafür verwendet werden, dass die Spruchverfahren insgesamt zu lange dauern. 72

6. Bewertungsrügen in Spruchverfahren

Unternehmensbewertungen sind komplexer Natur. Ebenso vielfältig sind die Bewertungsrügen, die im Spruchverfahren geltend gemacht werden. Jeder Fall ist individuell und die jeweils konkret geltend gemachten Bewertungsrügen sind – abgesehen von einigen „Standardrügen", wie z. B. die richtige Ableitung des Basiszinssatzes oder der Marktrisikoprämie –, unterschiedlich. 73

In Bezug auf die Kernprobleme der Bewertung und daraus abgeleitet den potentiellen Bewertungsrügen sei auf die entsprechenden Ausführungen im Annex zu § 11 „Bewertungsmaßstäbe" verwiesen. 74

Hennselmann/Munkert/Winkler/Schrenker haben anhand von Entscheidungen in 52 Spruchverfahren den Versuch unternommen die „gängigsten" Bewertungsrügen dem Grunde nach darzustellen. Hiernach betrafen die Bewertungsrügen in erster Linie den Kapitalisierungszinssatz, die Prognose künftiger Erträge und Aufwendungen, die Bewertung des nicht betriebsnotwendigen Vermögens, den Börsenkurs und den Ansatz von Steuern[108]. 75

Nach unseren Beobachtungen gewinnen in den letzten Jahren Bewertungsrügen mit Blick auf die Ableitung der im Rahmen der ewigen Rente anzusetzenden Erträge und insbesondere auch der EBIT-Marge zunehmend an Bedeutung, auch wenn sich einige Gerichte ungern mit dieser Thematik beschäftigen wollen. Neben der zum Teil phantasievollen Ableitung des Betafaktors durch die unternehmensnahen WP-Gesellschaften wird im Rahmen der Ableitung der in der ewigen Rente anzusetzenden Erträge häufig auf trickreiche Art und Weise der Versuch unternommen, den Unternehmenswert nach unten zu rechnen. 76

---

107 *Loosen*, Reformbedarf im Spruchverfahren, S. 72 Abb. 18, dem folgend wohl auch *Mennicke*, in: Lutter UmwG, Einl. SpruchG Rn. 4 FN 3.
108 *Henselmann/Munkert/Winkler/Schrenker*, WPg 2013, 1093, 1097.

VII. Weiterer Reformbedarf für das Spruchverfahren

1. Nicht aufgegriffene Änderungsbestrebungen zum Instanzenzug

a) Eingangsinstanz beim OLG

77 Im November 2012 wurde von Rechtsausschussmitgliedern der Regierungsfraktion im Deutschen Bundestag ein auf deren Wunsch vom Vorsitzenden des Handelsrechtsausschusses des DAV verfasster Gesetzgebungsvorschlag eingebracht[109]. Vorgeschlagen wurde, die Eingangszuständigkeit von Spruchverfahren auf die Oberlandesgerichte zu verlegen, so dass dieses als erste und einzige Instanz durch unanfechtbaren Beschluss entscheidet. Damit sollte neben der Beschwerde auch die erst 2009 in § 70 FamFG eingeführte und über § 17 Abs. 1 SpruchG im Spruchverfahren geltende Rechtsbeschwerde zum BGH entfallen. Hierdurch sollten Spruchverfahren in Anlehnung an das aktien- und umwandlungsrechtliche Freigabeverfahren (§ 246a Abs. 1 S. 3 AktG und § 16 Abs. 3 S. 7 UmwG) maximal beschleunigt werden[110].

78 Nach einer Anhörung im Rechtsausschuss des Deutschen Bundestages am 18.02.2013 wurde diese Gesetzesinitiative – völlig zu Recht – nicht mehr weiter verfolgt[111]. Der Entwurf zielte darauf ab, lediglich eine Instanz in Spruchverfahren zu etablieren. Die Entscheidung des Oberlandesgerichts wäre dann unanfechtbar, so dass den betroffenen Aktionären jegliche weitere Prüfungsmöglichkeit genommen werden würde. Die fehlende Prüfungskontrolle einer derartigen richterlichen Entscheidung ist mit rechtsstaatlichen Grundsätzen unvereinbar. Schließlich muss es Möglichkeiten geben, richterliche Entscheidungen in tatsächlicher und rechtlicher Hinsicht überprüfen zu lassen. Dies gilt insbesondere für die Spruchverfahren, die mit Blick auf die vermögensrechtliche Kompensation in Abfindungsfällen die einzige Prüfungsmöglichkeit bieten[112].

79 Die vorgeschlagene Abschaffung von Rechtsmitteln in Spruchverfahren wäre auch rückschrittlich, weil eine Eingangszuständigkeit des OLG bereits vor 10 Jahren im Rahmen der Reform des Spruchverfahrensrechts im Jahre 2003 vorgeschlagen und zu Recht abgelehnt wurde[113]. Seitdem hat sich die Bedeutung des Spruchverfahrens für den effektiven Rechtsschutz der Minderheitsaktionäre wesentlich erhöht, indem das Rechtsmit-

---

[109] www.jura.hhu.de – s. Juristische Fakultät, *Prof. Noack*.
[110] Vgl. diesbezüglich etwa *Mennicke*, in: Lutter UmwG, Einl. SpruchG Rn. 5; *Hüffer*, AktG, § 1 SpruchG Rn. 4 m. w. N.
[111] Vgl. ausführlich zu dieser Thematik *Dreier/Riedel*, BB 2013, 326 ff., Interview *Dreier*, Börsen-Zeitung vom 02.02.2013, Seite 13; *Dreier*, AnlegerPlus 01, 2013, Seite 50.
[112] Zu weiteren Argumenten gegen die Verkürzung des Instanzenzuges *Dreier/Riedel*, BB 2013, 326 ff.; a. A. offensichtlich *Mennicke*, in: Lutter UmwG, Einl. SpruchG Rn. 5; *Hüffer*, AktG, § 1 SpruchG Rn. 4,
[113] *Neye*, ZIP 2002, 2097; *ders.*, in: FS Wiedemann, 2002, S. 1127, 1132.

tel der Anfechtungsklage deutlich eingeschränkt wurde. Daher verbietet sich jetzt erst recht eine Instanzverkürzung[114].

b) Eininstanzliches Verfahren

Weitere überzeugenden Argumente für ein „eininstanzliches" Verfahren sind nicht erkennbar[115]: Ziel des Spruchverfahrens ist die Gewährleistung des vermögensrechtlichen Schutzes der Minderheitsaktionäre für den Verlust oder die Beeinträchtigung seiner mitgliedschaftlichen Rechtsposition in dem von der Strukturmaßnahme betroffenen Unternehmen. Insoweit folgt aus Art. 14 Abs. 1 GG auch das Erfordernis einer verfahrensrechtlichen Absicherung der Rechtsposition, dass also die Abfindungs- und Ausgleichsregelung auch in ausreichender Form gerichtlich überprüfbar sein muss[116]. 80

Die Rechtsschutzgarantie des Grundgesetzes sichert zwar keinen Rechtsmittelzug; es sei Aufgabe des Gesetzgebers, unter Abwägung und Ausgleich der verschiedenen betroffenen Interessen zu entscheiden, ob eine oder mehrere Instanzen bereitgestellt werden[117]. Wegen der Wesentlichkeit des Spruchverfahrens für die Kompensation des Eingriffs in grundrechtlich geschützte Positionen der außenstehenden Aktionäre wäre aber gerade in diesem Bereich die Beschränkung auf eine Instanz nicht angemessen. Das Zivilrechtprozessrecht eröffnet drei Instanzen, unabhängig davon ob verfassungsrechtlich geschützte Rechtspositionen betroffen sind. Im Vergleich zum allgemeinen Rechtsschutzsystem würde es somit einen nicht nachvollziehbaren Bruch darstellen, gerade im Spruchverfahren, in welchem es um äußerst komplexe Bewertungen von gesamten Unternehmen und die gleichzeitige Betroffenheit einer Vielzahl von Aktionären geht, nur eine einzige gerichtliche Instanz vorzusehen. 81

Diesem Anliegen ist der Gesetzgeber auch verstärkt nachgekommen, als er im Rahmen des FGG-Reformgesetzes auch für das Spruchverfahren die Rechtsbeschwerde zum BGH eröffnet, statt der Verkürzung auf eine Instanz also sogar drei Instanzen ermöglicht hat. Dies war auch dringend geboten, um die Einheitlichkeit der Rechtsprechung sicherzustellen, welche durch ein eininstanzliches Verfahren gerade nicht sichergestellt wäre. Denn die im Spruchverfahren zu klärenden Bewertungsfragen sind im Regelfall Rechtsfragen, und diese werden wie viele andere Rechtsfragen auch durch die verschiedenen OLG erheblich unterschiedlich beurteilt[118]. Sogar 82

---

114 *Dreier/Riedel,* BB 2013, 326 ff.
115 Vgl. hierzu ausführlich *Dreier/Riedel,* BB 2013, 326 ff.
116 BVerfGE 100, S. 289, 301 ff.
117 BVerfG, v. 30.04.2003 – 1 PBvU 1/02, NJW 2003, 1924 ff.
118 Z. B. rückwirkende Anwendung neuer Bewertungsstandards, OLG Stuttgart, 19.01.2011 – 20 W 2/07, AG 2011, 420 vs. OLG Düsseldorf, 21.12.2011 – I-26 W 2/11, GWR 2012, 246.

Zulässigkeitsfragen mussten wegen sich divergierender OLG-Rechtsprechung bereits vom BGH geklärt werden[119].

c) Keine Verkürzung durch Instanzeinsparung

83 Insbesondere wegen der durch UMAG und ARUG wesentlich eingeschränkten Anfechtungsklage ist eine Beibehaltung des bestehenden Instanzenzuges im Spruchverfahren geboten. Minderheitsaktionäre sind heute auf ein „dulde und liquidiere" verwiesen. So berechtigen mangelhafte Informationen zu Bewertungsfragen nicht mehr zur Anfechtung, § 243 Abs. 4 S. 2 AktG[120]. Im Freigabeverfahren wird mit Anfechtungs- und Nichtigkeitsgründen überhaupt nur noch gehört, wer eine nominale Beteiligung am Grundkapital größer 1.000 Euro vorweist, § 246a Abs. 2 Nr. 2 AktG, § 16 Abs. 3 S. 3 Nr. 2 UmwG[121]. Zudem gehen die neuen Interessenabwägungsklauseln im Freigabeverfahren eindeutig zu Lasten der Aktionäre, indem das Interesse der Gesellschaft an der zeitnahen Umsetzung – auch rechtswidriger – Beschlüsse übergewichtet wird[122]. Insgesamt wurden im Interesse der Unternehmen an der schnellen Durchführung von Strukturmaßnahmen, also aus reinen Kosteninteressen, die Rechte der Minderheitsaktionäre im Wesentlichen auf Vermögensrechte und deren Durchsetzung im Spruchverfahren beschränkt. Insoweit verbietet die rechtliche Bedeutung des Spruchverfahrens für die Durchsetzung verfassungsrechtlicher geschützter Rechtspositionen eine Verkürzung auf eine Instanz.

84 Fehl geht der pauschale Verweis der Begründung auf die Dauer von Spruchverfahren. Diese hat seit Inkrafttreten des SpruchG am 01.09.2003 bereits abgenommen, wobei erhebliche regionale Unterschiede festzustellen sind[123]. Durch eine Verlagerung der Zuständigkeit auf die OLG ist keine wesentliche Verkürzung der Spruchverfahren zu erwarten, denn die nach den Vorschlägen entfallende Beschwerdeinstanz dauert in der Regel kaum länger als zwei Jahre. Üblicherweise treten größere Verzögerungen in Folge der erstinstanzlichen Aufklärung des Sachverhaltes und der Einholung von Sachverständigengutachten auf, was auch durch eine Eingangsinstanz beim OLG nicht zu vermeiden wäre. Erstaunlicherweise erbringen die im Zusammenhang mit Strukturmaßnahmen beauftragten Gutachter und Prüfer ihre Bewertungsleistungen innerhalb von höchstens drei Monaten, als gerichtlich bestellte Sachverständige benötigen sie jedoch teilweise Jahre. Oft verzögern auch die Antragsgegner selbst die Verfahren durch die verzögerte Vorlage von Bewertungsunterlagen an die gerichtlichen Sachverständigen oder durch Rechtsmittel gegen deren

---

119 BGH, Beschl. v. 25.06.2008 – II ZB 39/07, NZG 2008, 658 ff: Nachweis der Antragsberechtigung.
120 Art. 1 Nr. 20 UMAG; vgl. auch § 327 f S. 1 AktG.
121 Art. 1 Nr. 39 ARUG.
122 *Bayer*, AG 2012, 141, 149: „nach der lex lata nahezu stets zugunsten der AG ausfallenden – Abwägung".
123 Siehe hierzu zuvor unter Rn. 51.

Bestellung (Stichwort „Befangenheitsanträge")[124]. Insoweit ist jedenfalls die lange Dauer der Spruchverfahren kein sachlicher Grund für eine Verkürzung des Instanzenzuges, zumal diese auch von einer angemessenen Personalausstattung der Justiz abhängig ist.

Der Verweis auf das Freigabeverfahren (§ 246a Abs. 1 S. 3 AktG und § 16 Abs. 3 S. 7 UmwG) ist ebenfalls verfehlt. Dessen Voraussetzung ist ein anhängiges Anfechtungsverfahren. In diesem ergeht auch nach Freigabe eine Hauptsacheentscheidung, zudem sind drei gerichtliche Instanzen eröffnet. Das Freigabeverfahren stellt insoweit nur einen Eilrechtschutz für die Gesellschaft dar, wenn auch wegen der Bestandskraft der auf die Freigabe gestützten Eintragung in Bezug auf den Eingriff in mitgliedschaftliche Rechte der Aktionäre mit teilweise endgültiger Vorwegnahme der Hauptsache. Das Spruchverfahren blockiert auch keine Strukturmaßnahmen, weil es deren Wirksamkeit voraussetzt. Es dient somit auch dem Interesse der betroffenen Aktiengesellschaft, weil die Strukturmaßnahme selbst im Falle fehlender Angemessenheit der Kompensation ohne Verzögerung durchgeführt werden kann[125]. *85*

2. Beschleunigungspotentiale durch Einzelkorrekturen des SpruchG

10 Jahre nach Einführung des SpruchG ist tendenziell eine spürbare Verkürzung der Verfahrensdauer zu verzeichnen (siehe oben Rn. 62 ff.)[126]. Der Beschleunigungseffekt geht nach unseren Beobachtungen in vielen Fällen mit einer Kürzung des Aktionärsschutzes und einer Simplifikation der Verfahren einher. Einige Gerichte ziehen sich auf eine weniger aufwendige Plausibilitätsprüfung zurück und vermeiden die – oftmals notwendigen – Neubewertungen[127]. Sie akzeptieren im Ergebnis in zunehmendem Maße das, was ihnen die Hauptaktionäre unter Beteiligung einiger unternehmensnaher Wirtschaftsprüfungsgesellschaften vorlegen. *86*

Ein effektiver Rechtsschutz wird zum Teil aus Kapazitätsgründen versagt, da die Gerichte – obwohl es sich regelmäßig um erfahrene Kammern für Handelssachen handelt – häufig zeitlich überlastet sind, da sie neben den Spruchverfahren mit anderen Tätigkeiten beschäftigt sind. Dies war nicht Sinn und Zweck der Neuregelung. Die erhoffte – auch in weiten Teilen realisierte Beschleunigungswirkung – sollte nicht die grundrechtlich geschützten Vermögensrechte der Anteilseigner unberücksichtigt lassen bzw. beschränken. Darüber hinaus ist die Verfahrensdauer in einigen Fällen nach wie vor viel zu lang. *87*

---

124 Vgl. zu möglichen Maßnahmen mit Beschleunigungspotential sogleich unter Rn. 86.
125 Siehe hierzu oben unter 8.
126 *Puszkajler/Sekera-Terplan*, NZG 2015 1055, 1056.
127 *Emmerich*, in: Emmerich/Habersack, Aktien- und-GmbH Konzernrecht, Vor. § 1 SpruchG Rn. 7.

a) Abschaffung der Streitwertgrenze

88 Fest steht, dass der Justiz größere Personalressourcen zugeteilt werden müssen, um die vorhandenen Möglichkeiten auf Basis des aktuellen SpruchG effektiv auszunutzen. Hier besteht dringender Handlungsbedarf für ein Tätigwerden des Gesetzgebers, der lediglich kleinere Korrekturen in § 15 Abs. 1 SpruchG bedingt.

89 Eine Abschaffung der Streitwertgrenze im Spruchverfahren (§ 15 Abs. 1 SpruchG) mit 7,5 Mio. Euro würde die für die erforderliche Ausstattung der Gerichte notwendigen Gerichtsgebühren einbringen. Das Gerichtsgebührenaufkommen ist im Zuge der Einführung des SpruchG ohne Begründung massiv beschränkt worden Es finden sich lediglich – im Rahmen der Begründung des Mindestgeschäftswertes von 200.000 Euro Ausführungen dazu, dass das Tätigwerden des Gerichts einen nicht unerheblichen Aufwand erfordert. Umso mehr verwundert es, dass im gleichen Zuge der Streitwert gekappt wurde. Offensichtlich haben sich hier Industrielobbyisten durchgesetzt, welche die Rechtsstellung der Minderheitsaktionäre schwächen wollten, indem sie die Gerichtskosten und – daran gekoppelt – die Vergütung der anwaltlichen Vertreter der Antragsteller kappen wollten, so dass eine intensive Auseinandersetzung mit der Materie finanziell nicht lukrativ ist. Hier kann nur dringend an den Gesetzgeber appelliert werden, dies und das daraus resultierende Ungleichgewicht umgehend rückgängig zu machen. Für eine Streitwertbegrenzung besteht gerade in dieser Art von Verfahren, in denen es typischerweise um erhebliche Vermögenswerte geht, keinerlei Anlass.

90 Die gekappte Streitwertgrenze geht allein zu Lasten der Staatskasse und der Antragstellerrechtsanwälte. Die Antragsgegnervertreter sind nicht betroffen, weil dort ausschließlich Stundenvereinbarungen üblich sind. Es ist aber keineswegs ersichtlich, weshalb die betroffenen Unternehmen in Fällen von über 7,5 Mio. Euro hinausgehenden Nachbesserungszahlungen nicht aus diesem höheren Wert auch die Gerichtskosten zahlen sollen.

91 Spruchverfahren sind komplex und äußerst zeitintensiv. Neben juristischen sind insbesondere vertiefte betriebswirtschaftliche Kenntnisse erforderlich. Es geht – ein positiver Ausgang des Spruchverfahrens unterstellt – häufig um Millionenbeträge, die den Aktionären bis zur Auszahlung vorenthalten wurden und die der Hauptaktionär zuvor für sich vereinnahmt hat und gewinnbringend während der Dauer der Verfahren investieren konnte. Gerade bei derart umfangreichen und komplexen Verfahren in denen es im Kern um ureigene ökonomische Interessen – oftmals in Millionenhöhe – geht, ist die Etablierung einer Streitwertgrenze deplatziert, da sie der Beschleunigungswirkung entgegenwirkt und eher eine Bremswirkung entfaltet. Auch die Begrenzung auf 7,5 Mio. Euro ist willkürlich gewählt und verfassungsrechtlich bedenklich. § 22 RVG begrenzt den Streitwert auf 30 Mio. Euro je Person. Hieran ist festzuhalten.

92 Die Streitwertgrenze bevorzugt ausschließlich die Rechtsposition des Hauptaktionärs, in dem sie mittelbar verhindert, dass die Gerichte die

Kapazitäten haben, um sich in der erforderlichen Intensität mit der Materie „Unternehmensbewertung" zu beschäftigen. Eine derartige Kappung ist überflüssig, kontraproduktiv und es fehlt dafür jedwede Begründung.

Rechtspolitisch ist nicht einzusehen, warum die Hauptaktionäre entlastet 93 werden sollen, wenn rechtswirksam festgestellt worden ist, dass sie eine zu geringe Kompensationszahlung geleistet haben. Sie werden durch den erforderlichen Wegfall der Streitwertgrenze auch nicht über Gebühr belastet. Das Kostenrisiko ist überschaubar. Die Gerichtsgebühren orientieren sich allein an dem nachzuzahlenden Erhöhungsbetrag und auch die zu zahlenden Anwaltsgebühren teilen sich pro rata auf den an die antragstellenden Aktionäre zu zahlenden Erhöhungsbetrag auf. Es kommt insoweit nicht zu einer unverhältnismäßigen Belastung. Insbesondere orientiert sich mit dem neuen SpruchG der Geschäftswert nicht mehr – wie zum Teil früher angenommen – an dem gesamten Unternehmenswert. Es besteht also keinerlei Anlass für diese „Strafbegrenzung".

Vor dem Hintergrund der an die eigenen Anwälte zu zahlenden Gebüh- 94 ren, die sich unter Berücksichtigung des Aspekts, dass zum Teil mehr als 300-seitige Schriftsätze eingereicht werden, extrem hohe Anwaltsgebühren bezahlt werden (Stundensätze von 500 Euro und mehr sind hier die Regel) ist es zwingend erforderlich hier auch die Gerichte und die antragstellenden Anwälte mit dem gesetzlichen aber im Rahmen des rechtlich zulässigen unbeschränkten Mindestmaß an möglichen Gebühren auszustatten.

b) Einführung eines Anwaltszwangs

Auch wenn die Vielzahl der Antragsteller kein Grund für die Verfahrens- 95 verzögerung darstellen dürfte, könnte durch einen Anwaltszwang im Spruchverfahren eine wesentliche „Qualitätsfilterung" der Anträge und damit eine Entlastung der Gerichte erreicht werden.

c) Wegfall der Abhilfemöglichkeit

Die Abhilfemöglichkeit gemäß § 68 Abs. 1 FamFG ist überflüssig und 96 kostet zu viel Zeit. Ähnlich wie die Angemessenheitsprüfer im Rahmen etwaiger weiterer (überflüssiger) Prüfungshandlungen nicht ihre Meinung zu Gunsten der Argumentationen der Antragsteller ändern (uns sind keine derartigen Fälle bekannt), tut dies auch nicht das Gericht, welches noch kurz zuvor über das Spruchverfahren entschieden hat. Die Beschwerde sollte deswegen – wie vor Einführung des FamFG – unmittelbar beim Oberlandesgericht als Beschwerdegericht (§ 119 Abs. 1 Nr. 2 GVG) eingelegt werden[128].

---

128 So auch *Puszkajler/Sekera-Terplan*, NZG 2015 1055, 1056.

d) Keine weitere Verkürzung der Antragsfrist/Fristen für die Antragserwiderung

97 Eine Verkürzung der 3-monatigen Antragsfrist, etwa auf einen Monat, kommt nicht in Betracht. Wegen der Komplexität der Materie benötigen die Antragsteller ausreichend Zeit, um sich mit den ihnen vorgelegten Bewertungsgutachten von oftmals mehreren 100 Seiten auseinanderzusetzen.

98 Zum Teil beauftragen – meist maßgeblich beteiligte – Antragsteller nach Studium der Unterlagen wiederum eigene Bewertungsgutachter, um die vorgelegten Gutachten kritisch zu würdigen und/oder Fehler aufzudecken, welche selbst erfahrene Wirtschaftsprüfer erst nach einer intensiven Auseinandersetzung mit dem konkreten Bewertungsfall erkennen. Hierzu ist ein gewisser Mindestzeitrahmen erforderlich.

99 Überdies würde eine Verkürzung der Antragsfrist relativ betrachtet nur wenig ins Gewicht fallen und nur einen minimalen und deswegen vernachlässigbaren Beschleunigungseffekt bewirken. Dasselbe gilt für die Frist zur Antragserwiderung.

e) Erleichterung von Vergleichsmöglichkeiten durch Mehrheitsvergleich/Mehrheitskonsensuale Schätzung

100 Gemäß § 11 Abs. 2 Satz 2 SpruchG kann ein Prozessvergleich nur dann zustande kommen, wenn ihm alle Beteiligten – auch der gemeinsame Vertreter – zustimmen. Einzelne Antragsteller – oftmals lediglich atomistisch beteiligt – sind deswegen in der Lage, die Durchsetzung des von der Mehrheit gewünschten Vergleichs zu verhindern und insoweit eine Blockadeposition aufzubauen. Um dies zu verhindern mehren sich die Stimmen, die sich für einen sogenannten qualifizierten Mehrheitsvergleich und/oder der sog. mehrheitskonsensualen Schätzung einsetzen[129]. Beide Möglichkeiten Missbrauch einzudämmen sind – auch wenn in der Praxis durchaus wünschenswert – im Ergebnis wohl eher abzulehnen, da sie das grundrechtlich geschützte Interesse der Anteilseigner am Werterhalt ihrer Vermögensposition unberücksichtigt lassen (vgl. ausführlich hierzu § 11 Rn. 38 ff.).

f) Erleichterung von Vergleichsmöglichkeiten durch Vermutungsfiktion in § 11 Abs. 5 SpruchG

101 Auch wenn Mehrheitsvergleiche und mehrheitskonsensuale Schätzungen abzulehnen sind, könnte das Zustandekommen von Vergleichen in der Praxis dadurch erleichtert werden, dass unmittelbar im SpruchG eine gesetzliche Vermutung aufgenommen wird, die es dem Gericht unter bestimmten Voraussetzungen erleichtert, einen – in Bezug auf die materielle Begründung verkürzten – Beschluss zu fassen.

---

129 Siehe mit guten Argumenten nur *Puszkajler/Sekera-Terplan*, NZG 2015 1055, 1056.

Hierzu bietet sich insbesondere § 11 SpruchG an. In einem neu zu regeln- 102
den § 11 Abs. 5 SpruchG könnte normiert werden, dass Kompensationsleistungen dann als – vermutlich – angemessen gelten, wenn sich in den vorangegangenen Vergleichsverhandlungen neben der Zustimmung der Antragsgegnerseite auch mindestens 90 % des im Verfahren vertretenen Aktienkapitals und der gemeinsame Vertreter hierauf geeinigt haben.

Eine Entscheidung des Gerichts würde dann ebenfalls als Beschluss, al- 103
lerdings unter Verweis auf die Vermutungsfiktion in § 11 Abs. 5 SpruchG ergehen. Durch den Verweis auf den neuen § 11 Abs. 5 SpruchG würden die Begründungspflichten des Gerichts signifikant reduziert. Es hätte nur noch darzulegen, dass die vergleichsweise vereinbarte Kompensationsleistung vermutlich eine wirtschaftlich angemessene Kompensation rechtfertigt. In materieller Hinsicht wäre nur auf die Argumentation der nicht zustimmenden Antragsteller abzustellen und unter erleichterten Voraussetzungen darzulegen, dass ihre Argumente keine weitere Erhöhung der Kompensationsleistung zu begründen vermögen. Ebenfalls würde sich eine weitere Begutachtung erübrigen.

g) Wegfall der Bagatellrechtsprechung

Das Gericht hat eine Erhöhung der Kompensationsleistung auch dann 104
festzustellen, wenn sie prozentual gering (z. B. nur 3 %) ausfällt. Auch derartig geringe prozentuale Erhöhungen können in Bezug auf alle außenstehenden Aktien hohe Beträge ausmachen. Eine Erhöhung von 3 % ist eine Erhöhung und die insoweit wirtschaftlich angebotene Kompensation ist keine volle wirtschaftliche Entschädigung für die vermögensrechtlichen Einbußen. Stellt das Gericht fest, dass die angebotene Kompensation nicht angemessen ist, ist es verpflichtet auch bei geringsten Erhöhungsbeträgen den Anträgen stattzugeben. Andernfalls wird der theoretisch materiell Berechtigte dadurch bestraft, dass er trotz feststehender materieller Berechtigung nur einen monetär geringfügigen Erfolg zu verzeichnen hat. Dies ist absurd. Es ist unbillig und verfassungsrechtlich bedenklich, dem Berechtigten effektiven Rechtsschutz zu verweigern, weil gewisse Schwellenwerte nicht erreicht werden. Außerdem ist es nicht zu rechtfertigen, dass – wenn eine Erhöhung im Raum steht – diese als Bagatelle abgetan wird und trotz anderweitiger Erkenntnisse des Gerichts zu Lasten der Minderheit ignoriert werden.

h) Beibehaltung der FamFG-Regelungen

Der – wenn auch durch spezielle Verfahrensförderungspflichten (vgl. §§ 7 105
bis 10 SpruchG) eingeschränkte – Amtsermittlungsgrundsatz. § 26 FamFG ist ein Kernelement des Spruchverfahrens und insoweit nicht dispositiv. Die Amtsermittlung ist zwingend erforderlich, um den vermögensrechtlichen Schutzcharakter des Spruchverfahrens, der selbst Verfassungsrang genießt, zu garantieren. Als neutrale Stelle kann das Gericht nur dann eine angemessene Kompensationsleistung festlegen, wenn es auf Basis der antragstellerseits gerügten Mängel eigene Ermittlungen

vornehmen darf. Anders als durch die intensivierenden Amtsermittlungen kann das Spruchgericht eine volle wirtschaftliche Kompensationsleistung nicht festlegen. Soweit es bei der grundsätzlichen Ausgestaltung des Spruchverfahrens bleiben soll, ist damit zwingend auch die Anwendung der FamFG-Regelungen verbunden.

106 Aktionäre können nur das rügen, was sie auf Basis öffentlich zugänglicher Informationen erfahren können. Typischerweise werden speziell bei Unternehmensbewertungen die entscheidenden Daten, oftmals aus Wettbewerbsgründen, gar nicht offengelegt bzw. stehen nur den Vorständen und den Wirtschaftsprüfern zur Verfügung. Es existiert typischerweise ein massives Informationsgefälle und ein ungleiches Machtverhältnis zwischen Minderheits- und Hauptaktionär. Das elementare Ziel des Spruchverfahrens, eine prozessuale Ordnung für die Festsetzung einer fairen wirtschaftlichen Kompensationsleistung zu sein, wäre durch das alleinige Abstellen auf die Regelungen der ZPO gar nicht sicherzustellen. Ohne Amtsermittlung wird der gesetzgeberische Sinn und Zweck des Spruchverfahrens ausgehebelt.

VIII. Beschleunigungspotentiale durch Ausschöpfung des geltenden Rechts

107 Nach unseren Erfahrungen ist das SpruchG – richtig angewendet – bereits jetzt in der Lage, einen effektiven und schnellen vermögensrechtlichen Schutz zu gewährleisten[130]. Die Mittel hierfür – z.B. Schätzung durch das Gericht nach § 287 ZPO; Verfahrensförderungspflichten und Sanktionsmaßnahmen; optionale Zuständigkeit der Kammer für Handelssachen etc. – sind vorhanden und können – eine richtige Handhabung durch die Gerichte vorausgesetzt – verfahrensverkürzend genutzt werden, ohne den vermögensrechtlichen Schutz der betroffenen Aktionäre einzuschränken.

108 Ggf. ist neben den bereits jetzt zur Verfügung stehenden Mitteln – die allerdings richtig angewendet werden müssen – über geringfügige Ergänzungen des SpruchG nachzudenken, um das Verfahren noch weiter zu optimieren. Ein behutsames Vorgehen mit den Minderheitenrechten ist hierbei geboten. Denn, wie die erst jüngst vorgeschlagenen Gesetzesänderungen im Hinblick auf die Instanzverkürzung (Eingangsinstanz OLG) zeigen, zielen sie häufig einseitig auf eine weitere Abschaffung von Minderheitsrechten ab[131]. Behauptete Effizienzgewinne der Gesellschaften sollen auf Kosten des Rechtsschutzes und der Organkontrolle erreicht werden[132]. Nach der wesentlichen Einschränkung des Minderheitenschutzes im Aktienrecht durch das ARUG sollte kein weiterer Abbau beim Rechtsschutz erfolgen. Es bedarf einer fundierten Auseinanderset-

---

130 So im Ergebnis auch *Simons*, in: Hölters AktG, § 1 SpruchG Rn. 5.
131 Siehe ausführlich hierzu oben unter Rn. 77 ff.
132 *Dreier/Riedel*, BB 2013, 326, 328.

zung mit der Rechtswirklichkeit, um sodann durch behutsame und am effektiven Rechtsschutz orientierte punktuelle Änderungen eine Verbesserung des Verfahrens zu diskutieren.

Über folgende Maßnahmen – ohne und mit geringfügigen Änderungen des SpruchG – die einen weiteren Beschleunigungseffekt bewirken können, sollte diskutiert werden: *109*

1. Erstellung von Gutachten

a) Keine Berücksichtigung von Vorschlägen des Hauptaktionärs bei der Bestellung des Angemessenheitsprüfers

In der Praxis werden die Angemessenheitsprüfer von einigen Gerichten auf Basis von Vorschlagslisten der Hauptaktionäre ausgewählt. Dies impliziert die Gefahr, dass die Hauptaktionäre nur ihnen wohlgesonnene Gutachter in den Listen aufnehmen, was auch durch die Praxis bestätigt wird. Nach unseren Beobachtungen ist die Fehlerhaftigkeit des derzeitigen Systems der Prüferbestellung insbesondere durch die Nähe einzelner Prüfer zu den Hauptaktionären bzw. Unternehmen geprägt. In der Hoffnung auf lukrative Folgemandate werden oft Gutachten erstellt, welche die Ergebnisse des Erstgutachters kritiklos hinnehmen und – in nahezu allen uns bekannten Fällen – auch bestätigen. Die Angemessenheitsgutachten sind deswegen wenig verwertbar, so dass im späteren Spruchverfahren eine Neubewertung erforderlich ist. *110*

Es scheint auch in einigen Fällen vor Aufnahme in die Vorschlagsliste ein regelrechter „Wirtschaftsprüferpitch" stattzufinden. Im Rahmen von Briefings mit dem Hauptaktionär werden dann nach Auswertung die Wirtschaftsprüfungsgesellschaften nominiert, welche den Interessen des Hauptaktionärs am ehesten zugeneigt sind. *111*

In der Praxis fällt auf, dass einige größere Wirtschaftskanzleien meistens auf die ihnen vertrauten Wirtschaftsprüfer zurückgreifen bzw. den Gutachter bei Gericht vorschlagen, mit der/dem sie bereits in der Vergangenheit in anderen Fällen „erfolgreich" zusammengearbeitet haben. Meistens zeichnen diese Prüfer dann – mehr oder weniger kritiklos – das ab, was ihnen der Erstgutachter vorgelegt hat oder es wird gemeinsam eine für den Hauptaktionär „konsensfähige" Lösung erarbeitet. *112*

Durch dieses Netzwerk mit den beratenden Unternehmensanwälten scheinen sich die beteiligten Wirtschafsprüfungsgesellschaften mehr oder weniger verpflichtet zu fühlen, letztlich im Interesse des Hauptaktionärs zu agieren. Folgen sie seinem Interesse nicht, sind sie zukünftig voraussichtlich – auch über den Fall hinaus – „aus dem Rennen". Derartige Gutachten sind dann meist eher auch eine Verteidigung der Ergebnisse des Erstgutachters als eine eigene Prüfungsleistung. *113*

Nicht umsonst gibt es auch in Bezug auf die Vergütung der Angemessenheitsprüfer – zumindest soweit hier ersichtlich – nie Probleme, obwohl in einigen Fällen mitunter Millionenbeträge für die Erstellung des Gutachtens gezahlt werden. Diese Beträge werden nach unseren Erkenntnis- *114* sen nicht für die überragende Qualität der Prüferleistung bezahlt (die bei derartig hohen Honorarvolumen eigentlich zu erwarten wären), sondern für die Bereitschaft zur Akzeptanz der angedachten Abfindungsleistung durch den Hauptaktionär. Die für den Hauptaktionär ungünstigen Themenbereiche werden verschwiegen oder es wird geschickt um diese Themenbereiche herummanövriert.

115 Geschädigt werden hierdurch nur die Minderheitsaktionäre. Durch die „unternehmensnahen" Gutachten dürften ihnen insbesondere in den letzten Jahren Milliardenbeträge vorenthalten worden sein.

116 Gerichte sollten deswegen keinesfalls auf die Gutachtervorschläge der Hauptaktionäre oder der beratenden Rechtsanwälte eingehen und stets eigenständig einen unabhängigen Gutachter mit der Angemessenheitsprüfung beauftragen. Eigentlich verbietet sich dies von selbst. Sie sollten auch darauf achten, dass nicht Gutachter nominiert werden, die – bekanntermaßen – fast ausschließlich für die Industrie tätig sind. Es gibt genügend mittelständische Wirtschaftsprüfergesellschaften, die in der Lage sind derartige Bewertungen objektiv und zeitnah zu erstellen.

117 Dass einige Gerichte in Kenntnis der oben skizzierten Umstände trotzdem und zum Teil immer wieder auf die unternehmensnahen Gutachter – manchmal sogar ohne Vorschlag durch den Hauptaktionär – zurückgreifen, ist unverständlich. Auch diesbezüglich ist ein Umdenken seitens der beauftragenden Gerichte notwendig.

118 Der sich durch das ganze Spruchverfahren wie ein roter Faden durchziehende Mangel mit Blick auf die Qualität und Verwertbarkeit der Angemessenheitsgutachten liegt nach unserem Erkenntnisstand insoweit oftmals in der Auswahl des Angemessenheitsgutachters. Die Gerichte sollten dem Auswahlverfahren deshalb viel mehr Zeit widmen.

b) Vermeidung von Vorbefassungen

119 Prüfungsgesellschaften, die vorab mit der Gesellschaft bzw. den beratenden Anwälten Gespräche geführt oder an einem „Pitching" teilgenommen haben, sind per se als Angemessenheitsprüfer auszuschließen. Der Prüfer hat zu versichern, dass derartige Gespräche/Kontakte nicht stattgefunden haben.

120 Ebenfalls sind Wirtschaftsprüfungsgesellschaften aus dem Auswahlprozess auszuschließen, wenn sie in der Vergangenheit (letzten 10 Jahre) für die Gesellschaft oder den Hauptaktionär bzw. mit diesen verbundenen Unternehmen als Prüfer oder Berater tätig waren. Auf den Umfang der Tätigkeit kommt es hierbei nicht an. Jegliche Vorbefassung ist als Ausschlussgrund zu werten.

c) Enge Zeitvorgaben für die Gutachtenerstellung im Bestellungsbeschluss

Entscheidend für die Verkürzung der Laufzeiten ist die Beschleunigung der Aufarbeitung der Tatsachen in der ersten Instanz. In dieser Instanz wird regelmäßig viel Zeit dadurch verloren, dass die Unternehmen Informationsanforderungen nur mit deutlicher Verzögerung und in schlechter Qualität bearbeiten, sowie dadurch, dass die beauftragten Gerichtsgutachter die Erstellung der Gutachten häufig nur mit geringer Priorität vorantreiben. Bemerkenswert ist in diesem Zusammenhang, dass die mit umfassenden Gutachten beauftragten Privatgutachter der Unternehmen bei Abfindungsmaßnahmen – selbst in äußerst komplexen Fällen – in der Regel maximal 2 bis 3 Monate zur Unternehmensbewertung benötigen, in laufenden Spruchverfahren als Gerichtsgutachter dann aber teilweise für dieselbe Tätigkeit mehrere Jahre brauchen. Exemplarisch hebt der ehemalige Spruchverfahrensrichter *Puszkajler* diesbezüglich hervor:

"Zunächst erstaunt es, dass dieselben Personen, die in der Lage sind, eine Erstbewertung im Auftrag eines Unternehmens innerhalb von 3 Monaten abzuliefern, in der Rolle des Gerichtsgutachters 2 Jahre für eine Bewertung benötigen"[133].

Vor diesem Hintergrund besteht deutliches Potenzial für die Verkürzung der Bearbeitung von „gerichtlich"-beauftragten Gutachten.

Hier kann bereits bei der Auswahl und Beauftragung von gerichtlichen Gutachtern der zeitnahen Durchführung der Begutachtung mehr Beachtung geschenkt werden, insbesondere durch konkrete Zeitvorgaben bereits im Bestellungsbeschluss. Das Gericht sollte vor Bestellung mit dem in Frage kommenden Gutachter klären, ob die für die Begutachtung erforderlichen Personalkapazitäten und auch das Know-how für die Branche des zu bewertenden Unternehmens auch tatsächlich vorhanden sind, so dass er unverzüglich mit der Arbeit beginnen kann. Ebenfalls sollte vorab geklärt werden, welche maximale Zeitspanne tatsächlich benötigt wird. Diese Zeitspanne ist im Bestellungsbeschluss zu fixieren. Verzögerungen sind unter Verweis auf § 411 Abs. 1 ZPO ggf. mit einem Ordnungsgeld zu ahnden.

In der Praxis ist häufig zu beobachten, dass vom Gericht bestellte Gutachter mit anderen Prüfungshandlungen überlastet sind, so dass sie erst viel zu spät mit der Arbeit beginnen. Ebenfalls nehmen sie die gerichtliche Bestellung häufig als sicheren Auftrag für die Zukunft war, der erst dann abgearbeitet wird, wenn Engpässe beseitigt oder andere zeitintensive Prüfungshandlungen (wie z.B. die Erstellung von Erstgutachten für die Industrie oder Angemessenheitsgutachten) erledigt sind.

Diese Vorgehensweise einiger Gutachter ist nicht zu dulden. Der Gutachter hat das bestellende Gericht als potentiellen Auftraggeber für die Zukunft und insbesondere auch als ernstzunehmenden Auftraggeber

---

133 *Puszkajler*, ZIP 2003, 518, 519.

wahrnehmen. Ist die Qualität des Gutachtens unzureichend und/oder benötigt er zu viel Zeit, ist von einer Bestellung in weiteren Fällen unbedingt abzusehen. Umgekehrt sind die Gutachter, die sich durch objektive und schnelle Leistung auszeichnen, in zukünftigen Abfindungsfällen verstärkt zu berücksichtigen.

125 Es ist seitens des Gerichts vor Bestellung unbedingt zu vermeiden, dass Gutachter bestellt werden, die den konkreten Auftrag nur deswegen annehmen, um „auf Halde" Aufträge für die (ferne) Zukunft innezuhaben.

d) Verbot der Parallelprüfung im Bestellungsbeschluss

126 Um die Aussagekraft des Angemessenheitsgutachtens zu erhöhen sollte der Bestellungsbeschluss mit der Maßgabe verbunden sein, dass die so genannte „Parallelprüfung" – auch wenn rechtlich zulässig – explizit ausgeschlossen wird. Zwischen Erstgutachter und Angemessenheitsprüfer sollte während der Prüfungshandlung des Angemessenheitsprüfers kein Informationsaustausch erfolgen.

127 Während der Prüfung ist deswegen seitens des Gerichts in Bezug auf das Prüfungsobjekt ein strenges strafbewährtes Kommunikationsverbot mit dem Erstgutachter zu erlassen.

128 Es geht bei der Angemessenheitsprüfung nicht darum, einen gemeinsamen Konsens zwischen Erstgutachter und Angemessenheitsprüfer zu finden, sondern darum, eine angemessene Kompensationsleistung durch einen unabhängigen mit der Sache nicht involvierten Wirtschaftsprüfer zu ermitteln. Lediglich eine von den Wirtschaftsprüfern des Hauptaktionärs unbeeinflusste Prüfung kann zu objektiv gerechten und dann auch verwertbaren Ergebnissen kommen.

129 Bei der Prüfung durch den Angemessenheitsprüfer sind auch nicht etwa Wirtschaftsprüfungsgesellschaften der Minderheitsaktionäre beteiligt, die – wie der Erstgutachter – daran mitwirken, einen angemessenen Wert „auszuhandeln" oder um ihre Vorstellungen zu diskutieren. Insofern verbietet es sich, dass der ohnehin dominierende Hauptaktionär wie noch seine Prüfungsgesellschaften zweckgerichtet dazu einsetzt, eine für ihn günstige Kompensationsleistung mit dem Angemessenheitsprüfer „auszuhandeln", zumindest aber auf die Ergebnisse des Angemessenheitsprüfers Einfluss zu nehmen.

e) Keine weitere Beauftragung des sachverständigen Prüfers

130 Es sollte auch streng unterlassen werden, den sachverständigen Prüfer im Vorfeld oder Nachgang der mündlichen Verhandlung damit zu beauftragen, zu etwaigen aufgeworfenen Bewertungsrügen Stellung zu nehmen. Das Ergebnis steht von vornherein fest. Er wird wiederum im Ergebnis nur das bestätigen, was er zuvor testiert hat. Er ist die denkbar ungeeignetste Person, die sich objektiv mit der Richtigkeit der von ihm selbst testierten Ergebnisse auseinandersetzen kann. In Kenntnis dieser Umstände neigen einige Gerichte dazu, den sachverständigen Prüfer mit derartigen

Fragen trotzdem zu beauftragen. Offensichtlich erfolgt dies häufig nur deswegen, damit der Gutachter dem Gericht den Beschluss quasi vorschreibt und sich das Gericht nur noch auf die Ausführungen des Gutachters beziehen muss.

Häufig kommt es sogar vor, dass ihm die Schriftsätze der Antragsteller mit der Bitte um Stellungnahme zu allen oder ausgewählten Punkten zugeleitet werden. Für den Prüfer mag dies eine lukrative Einnahmequelle sein. Für alle anderen Beteiligten außer dem Hauptaktionär ist dieses Vorgehen schlichtweg unvertretbar. Der sachverständige Prüfer wird so (häufig zum wiederholten Male) zum Erfüllungsgehilfen der Hauptaktionäre, da er dann wiederholt Gelegenheit dazu bekommt, die Richtigkeit seiner Ausführungen und damit die Ergebnisse des Hauptaktionärs zu bestätigen und sich gegen Einwände zu verteidigen. *131*

f) Keine Anwendung des IDW S 1 Standards

Im Rahmen des Bestellungsbeschlusses sollte explizit erwähnt werden, dass der beauftragte Gutachter nicht an die Vorgaben des IDW S 1 Standards gebunden ist, sondern die Bewertungsparameter frei wählen kann. Erfolgt dies nicht, fühlen sich viele Gutachter aus haftungsrechtlichen Gründen verpflichtet auf den IDW S 1 Standard abzustellen (vgl. § 4 IX der Satzung des IDW). *132*

g) Überwachung der Gutachtertätigkeit („Gerichtscontrolling")

Durch ein monatliches „Controlling" soll sich das Gericht über den Stand der Arbeiten des Gutachters informieren, um – bei etwaigen Problemen – aktiv gegensteuern zu können. *133*

Der Informationsaustausch zwischen Gericht und Gutachter ist essentiell, um eine objektiv verwertbare und zeitnahe Prüfungsleistung zu erhalten. Nicht nur das Gericht sollte sich verantwortlich fühlen den Controllingprozess aktiv zu betreiben. Ebenfalls hat auch der Gutachter das Gericht entsprechend § 121 Abs. 1 BGB ohne sein schuldhaftes Zögern um eine Weisung zu bitten, von welchem Sachverhalt er ausgehen soll. Ihm obliegen insoweit wichtige Mitwirkungspflichten. *134*

Kommt es beispielsweise – was häufig anzutreffen ist – zu Verzögerungen dadurch, dass erforderliche Unterlagen und Auskünfte durch den Hauptaktionär nicht an die gerichtlich bestellten Gutachter erteilt werden, greift das „Gerichtscontrolling". Das Gericht hat den Hauptaktionär und/oder die Gesellschaft nach Feststellung der Verzögerungsgründe aufzufordern, die Unterlagen innerhalb eines konkret fixierten Zeitraums weiterzuleiten, also eine strenge Vorlagepflicht zu etablieren. Reagiert der Hauptaktionär nicht in dem erforderlichen und gewünschtem Umfang, hat das Gericht anzuordnen, dass der Gutachter die streitigen Punkte auf Basis der öffentlich verfügbaren Information (Marktstudien, Analysteneinschätzungen, Verlautbarungen von Wettbewerbern etc.) zu erstellen hat, um so den maßgeblichen Sachverhalt zu fixieren. *135*

SpruchG Einleitung

136 Es sind dem Hauptaktionär Anreize zu setzen, die erforderlichen Unterlagen und Auskünfte zeitnah zu geben, da ansonsten eine – von ihm nicht mehr steuerbare – Einschätzung auf Basis anderer Informationsquellen erfolgt. Verfehlt wäre es, den an einer Verzögerungsstrategie orientierten Hauptaktionär dadurch zu belohnen, dass seine Strategie aufgeht und die Gutachtenerstellung durch die Vorenthaltung der erforderlichen Unterlagen mehrere Jahre dauert.

h) Vorlagepflichten für die Arbeitspapiere

137 Bereits im Bestellungsbeschluss des Angemessenheitsprüfers sollte gerichtlich angeordnet werden, dass er sich bereit erklärt, die vollständigen Arbeitspapiere bei Bedarf dem Gericht und allen Beteiligten (insbesondere den ggf. nachfolgenden gerichtlich bestellten Prüfern) zur Verfügung zu stellen. Nur durch eine derart strenge Vorlagepflicht lässt sich feststellen, ob und in welchem Umfang der Angemessenheitsprüfer seinen konkreten Prüfungspflichten nachgekommen ist. Aus den Dokumenten lässt sich auch ableiten, ob und an welchen Stellen der Prüfer Ermessensspielräume ausgenutzt hat. Ebenfalls können aus den Arbeitspapieren Rückschlüsse in Bezug auf die Prüfungsintensität für einzelne Teilbereiche gezogen werden. Ohne die Arbeitspapiere steht nur ein ergebnisorientiertes „halbes Gutachten" zur Verfügung, nicht aber ein Gutachten mit Blick auf die Ergebnisfindung. Darüber hinaus können aus den Arbeitspapieren wichtige Fakten übernommen werden, deren Vorlage sonst durch die oftmals feststellbare Verzögerungsstrategie der Hauptaktionäre unnötig erschwert wird.

138 Der Gesetzgeber hat die vorbereitenden Arbeitspapiere im Rahmen der Gesetzesbegründung zu § 7 Abs. 7 SpruchG explizit erwähnt und damit selbst dokumentiert, welch wichtige Relevanz diese Unterlagen für die Bewertung haben[134]. In der Praxis versagt eine entsprechende Vorlageverpflichtung bisher meistens daran, dass der vorlagepflichtige Antragsgegner regelmäßig gar nicht über die Arbeitspapiere verfügen kann, da sie im Zweifel im Eigentum der Wirtschaftsprüfer stehen[135]. Insoweit ist eine entsprechende Vorlageverpflichtung im Bestellungsbeschluss zwingend niederzulegen.

i) Erfordernis einer vollständig eigenständigen Bewertung

139 Die Gutachten über die Angemessenheitsprüfung sind – auch wenn die Qualität in den letzten Jahren gestiegen ist – bei essentiellen Punkten (z. B. Ableitung der anzusetzenden Erträge in der ewigen Rente, Betafaktor etc.) – regelmäßig sehr kurz und lückenhaft. Es ist für die Minderheitsaktionäre schwer, aus diesen Berichten konkrete Anhaltspunkte für

---

134 Begr. RegE BT-Drucks. 15, 371, S. 15.
135 Vgl. diesbezüglich nur *Puskajler*, in: KK AktG, § 7 SpruchG Rn. 60 ff.; *Emmerich*, in: Emmerich/Habersack, Aktien- und GmbH-Konzernrecht, § 7 SpruchG Rn. 8.

Fehlbewertungen zu identifizieren. Hierzu wären eigentlich wiederum unabhängige und sachverständige Gutachter hinzuzuziehen.

Die Gerichte sollten deswegen den Angemessenheitsprüfer mit der Erstellung einer vollständig eigenständigen Bewertung bereits im Bestellungsbeschluss beauftragen, die sich nicht bloß auf eine reine Plausibilitätsprüfung des Erstgutachtens zu beschränken hat. Eine unabhängige und vollständige Bewertung durch den Angemessenheitsprüfer führt zu transparenteren Ergebnissen, die dann bei der gerichtlichen Prüfung im Spruchverfahren als tauglichere Grundlage verwendet werden können. 140

j) Vermeidung einer reinen Alibiverhandlung mit dem sachverständigen Prüfer (§ 8 Abs. 2 S. 1 SpruchG)

Nach § 8 Abs. 2 S. 1 SpruchG soll das Gericht in den Fällen, in denen sachverständige Prüfer tätig waren (§ 7 Abs. 3 S. 2 SpruchG) das Erscheinen der Prüfer in der mündlichen Verhandlung anordnen, wenn deren Anhörung als sachverständige Zeugen nicht entbehrlich erscheint. 141

Der Sinn der Regelung des § 8 Abs. 2 Satz 1 SpruchG ist nicht recht nachvollziehbar. Die einzigen Tatsachen, über die der Prüfer als sachverständiger Zeuge in der mündlichen Verhandlung berichten kann, sind die einzelnen Schritte bei der Durchführung der Prüfung sowie seine Wahrnehmungen und Prüfungen (ggf. in Abgrenzung zu den Prüfungshandlungen des Erstgutachters im Rahmen einer Parallelprüfung)[136]. Da die Aufgabe des Prüfers in der Praxis aber nicht in der Feststellung und Dokumentation von Tatsachen besteht, sondern in der Bewertung des Unternehmens aufgrund von Sachwissen, macht es meistens wenig Sinn, von ihm Auskunft über vergangene Tatsachen und Zustände abzufragen[137]. Bereits deswegen sollte die Anhörung des sachverständigen Prüfers als sachverständigen Zeugen tatsächlich auf Ausnahmefälle beschränkt werden, in denen sich der Streit der Parteien allein um solche Fragen dreht, die tatsächlich – soweit nötig – durch die Befragung des sachverständigen Prüfers geklärt werden können[138]. 142

In allen anderen Fällen, die durchaus die Regel bilden, kann in Spruchverfahren nicht auf die Bestellung neuer gerichtlicher Gutachter verzichtet werden, wenn sich der Streit der Parteien – wie typisch – auf die Bewertung des Unternehmens bezieht[139]. 143

---

136 So ähnlich *Emmerich*, in: Emmerich/Habersack, Aktien- und GmbH-Konzernrecht, § 8 SpruchG Rn. 5, 7.
137 Vgl. auch *Puskajler*, in: KK AktG, § 8 SpruchG Rn. 15 ff.;
138 So explizit auch *Emmerich*, in: Emmerich/Habersack, Aktien- und GmbH-Konzernrecht, § 8 SpruchG Rn. 7.
139 Völlig zutreffend deshalb *Emmerich*, in: Emmerich/Habersack, Aktien- und GmbH-Konzernrecht, § 8 SpruchG Rn. 7.

144 In der Gerichtspraxis wird der sachverständige Prüfer in der mündlichen Verhandlung fehlerhafterweise fast ausschließlich in Bezug auf Bewertungsfragen gefragt. In den meisten Fällen sind diese Befragungen wenig sinnvoll, da der sachverständige Prüfer immer das bestätigt, was er zuvor in 99 % der Fälle abgezeichnet hat, nämlich die Angemessenheit der angebotenen Kompensationsleistung. Es handelt sich bei derartigen Anhörungen fast immer um reine Alibiveranstaltungen, in denen der Gutachter die „korrekte" Ableitung des von ihm testierten Ergebnisses verteidigt. Von einem sachverständigen Prüfer kann auch nicht ernsthaft erwartet werden, dass er seine zuvor in den Gutachten schriftlich niedergelegten Bewertungen und Annahmen aufgrund einer mündlichen Befragung kritisch hinterfragt oder zurücknimmt. Dies verbieten schon allein die potentiellen Haftungsgründe. Die Bundesrechtsanwaltskammer führt in ihrer Stellungnahme Nr. 01/2013 zu dem Änderungsvorschlag im Umwandlungsrechts und Folgeänderungen anlässlich der Aktienrechtsnovelle exemplarisch aus:

„Der Abfindungsprüfer agiert daher regelmäßig wie ein reiner Parteigutachter. Im Rahmen seiner gemäß § 8 II SpruchG durchzuführenden Anhörung wird er daher regelmäßig die Richtigkeit seiner Prüfungshandlungen bestätigen. Vor allem nach Einleitung des Spruchverfahrens wird der Abfindungsprüfer zu einer objektiven Beurteilung auch gar nicht in der Lage sein, da er andernfalls einräumen müsste, dass sein Angemessenheitstestat unrichtig war...".

Die Sinnlosigkeit einer Befragung des sachverständigen Prüfers wird auch in der Literatur hervorgehoben. So hebt z. B. *Büchel*, vormals Spruchverfahrensrichter beim OLG Hamburg, explizit hervor, dass der Prüfer nach § 8 Abs. 2 SpruchG schon gar nicht als gerichtlicher Sachverständiger vernommen werden kann, nachdem er schwerlich „als Obergutachter in eigener Sache" tätig sein kann[140].

145 Einige Gerichte lassen sich von den Ausführungen des Gutachters trotzdem beeinflussen und folgen dann – völlig zu Unrecht in letzter Zeit aber immer häufiger – den Ausführungen des Gutachters oder testieren die Plausibilität aufgrund der beantworteten Fragen (vgl. ausführlich hierzu auch Annex zu § 11 Unternehmensbewertung, Rn. 44 ff.). Bei einzelnen Gerichten drängt sich der Eindruck auf, dass sie den Gutachter gezielt deswegen anhören und zu fast allen Bewertungspunkten (nicht Tatsachen) abfragen, damit sie später im Beschluss dokumentieren können, dass sie sich mit der Thematik überhaupt auseinandergesetzt haben. In diesen zum Teil nicht endend wollenden zum Teil mehrtägigen Anhörungen des Gutachters, beantwortet der Gutachter dann die Fragen des Gerichts – selbstverständlich exakt so, wie er es bereits zuvor testiert hat – und die Gerichte nehmen dies dann zum Anlass, die angesprochenen Themen als gerichtliche Plausibilitätsprüfung zu akzeptieren. Die

---

140 *Büchel*, NZG 2003, 793, 801; *Puskajler*, in: KK AktG, § 8 SpruchG Rn. 229; *Emmerich*, in: Emmerich/Habersack, Aktien- und GmbH-Konzernrecht, § 8 SpruchG Rn. 7.

gebotene kritische Auseinandersetzung erfolgt nur in den wenigsten Fällen. Die Gerichte verkennen hierbei, dass die Bekundungen des sachverständigen Prüfers nur insoweit verwertet werden können, als es um verfahrensleitende Maßnahmen oder um sachdienliche Formulierungen des Beweisthemas geht[141]. Die im Vorhinein absehbaren Antworten des Gutachters werden zweckentfremdet dazu genutzt, den eigenen Beschluss vorzubereiten und mit Inhalt zu füllen.

In derartigen Fallkonstellationen fällt zudem auf, dass fast ausschließlich von der Antragstellerseite Fragen an den Angemessenheitsprüfer gestellt werden. Die Antragsgegnerseite stellt – in seltenen Fällen – nur dann weitere Fragen, wenn es – ausnahmsweise – in ihrem Sinne erforderlich erscheint, um weitere Argumente für die Begründung ihrer Sichtweise vom Prüfer zu erhalten. Der Angemessenheitsprüfer agiert insoweit – mit Billigung des Gerichts – als zweiter Anwalt des Hauptaktionärs. Die originären anwaltlichen Vertreter des Hauptaktionärs brauchen gar nicht mehr aktiv einzugreifen. Es kommt zudem – immer häufiger – zu gar keiner streitigen Auseinandersetzung zwischen Antragstellern und Antragsgegnern mehr, da der Angemessenheitsprüfer als interessengesteuerter Intermediär jegliche Sichtweise der Antragsgegner im Rahmen der mündlichen Verhandlung als plausibel verteidigt und – über seine Ausführungen in der schriftlichen Begutachtung hinaus – nochmals im Sinne der Sichtweise des Hauptaktionärs begründet. Durch ein solches vom Gericht selbst initiiertes Vorgehen nimmt sich das Gericht die Grundlage, den Sachverhalt und darüber hinaus die relevanten Bewertungsaspekte sachlich objektiv dargestellt zu bekommen. Eine unabhängige Würdigung kann nicht mehr erfolgen (vgl. ausführlich hierzu auch Annex zu § 11 Unternehmensbewertung, Rn. 44 ff.). *146*

Im Vorfeld der Anhörung werden dem Angemessenheitsprüfer zudem häufig die Schriftsätze der Antragsteller und der Antragsgegner zugeleitet, so dass er – optimal präpariert – alle Fragen im Sinne des Hauptaktionärs, dessen Ergebnisse er schließlich testiert hat, beantworten kann. Die Gerichte, die eine derartige Handhabung pflegen, verkennen hierbei, dass die Weiterleitung der Anträge/Erwiderungen an den Gutachter in rechtswidriger Weise erfolgt. Schließlich ist der Gutachter nicht Partei des Verfahrens und hat keinerlei Informationsrechte. Ebenfalls geht es nicht darum, dass er in optimaler Weise seine eigene Verteidigungsstrategie in Bezug auf potentielle Bewertungsfragen vorbereiten kann, sondern darum, dass er Fragen zur Sachverhaltsaufklärung beantworten kann. Es ist untunlich und zweckwidrig die gerichtlichen Gutachter nur deswegen anzuhören, damit sie die gerügten Mängel ihrer Bewertung umfassend verteidigen können. Hat das Gericht im Rahmen des Studiums der Anträge und Einlassung der Antragsgegner hinreichende Zweifel an der Plausibilität der Ausführungen ist eine Neubewertung der kritischen Punkte unabdingbar. Völlig verfehlt ist es, den Prüfer trotz Zweifel an seinen gut- *147*

---

141 So explizit auch *Hüffer*, AktG, § 8 SpruchG Rn. 4.

achterlichen Ausführungen nur deswegen anzuhören, damit er seine Ergebnisse nochmals vertiefend begründen kann.

k) Stand-still Gebot

148 Angemessenheitsprüfer sollten sich dazu bereit erklären, innerhalb der nächsten 3–5 Jahre nach Prüferbestellung keine Prüfmandate und Beratungstätigkeit für beteiligte Unternehmen durchzuführen.

l) Beachtung des § 30 Abs. 3 FamFG/Erfordernis einer förmlichen Beweisaufnahme durch (partielle) Neubewertung

149 § 30 FamFG ist über § 17 Abs. 1 SpruchG auch für Spruchverfahren anwendbar. Gem. § 30 Abs. 3 FamFG soll eine förmliche Beweisaufnahme über die Richtigkeit einer Tatsachenbehauptung stattfinden, wenn das Gericht seine Entscheidung maßgeblich auf die Feststellung dieser Tatsachen stützen will und die Richtigkeit von einem Beteiligten ausdrücklich bestritten wird. Vor dem Hintergrund des § 30 Abs. 3 FamFG, eine Regelung, die in der Praxis in unzulässiger Art und Weise faktisch ignoriert wird, ist demzufolge dann, wenn streitige Tatsachen substantiiert vorgetragen worden sind, ein Gutachten einzuholen (vgl. „soll" in § 30 Abs. 3 FamFG).

2. Vorlage, Beibringung von Unterlagen

a) Vorlage von Unterlagen (§ 7 Abs. 7 SpruchG)

150 Von der Vorlageverpflichtung gemäß § 7 Abs. 7 SpruchG machen die Gerichte viel zu wenig Gebrauch oder sie lehnen Anträge – viel zu häufig – als unsubstantiiert ab. Dabei verdient diese wichtige Norm die Aufmerksamkeit, die ihr der Gesetzgeber zugedacht hat. Ohne z. B. durch Vorlage der internen Planungsrechnungen kann ein Gericht nicht sachgerecht über die Höhe der Kompensation entscheiden. Es fehlen die essentiellen Unterlagen, um sich eine Meinung bilden zu können. Umso mehr verwundert es, dass diese Norm in der Praxis nahezu in allen Fällen nicht beachtet wird. Hier ist eine andere Handhabung durch die Gerichte zwingend erforderlich. Statt als Ausnahme sollte die Vorlagepflicht zur Regel in Spruchverfahren werden.

b) Einrichtung eines virtuellen Datenraums

151 Dem Angemessenheitsprüfer ist ebenfalls bereits im Bestellungsbeschluss aufzuerlegen, dass sämtliche ggf. später im Zuge der Neubegutachtung benötigten Unterlagen in einem speziellen virtuellen Datenraum separiert werden und bei Bedarf dem Neubegutachter unverzüglich zur Verfügung gestellt werden[142]. Hierdurch wird gewährleistet, dass der be-

---

142 Dieser Vorschlag wird auch nachdrücklich unterstützt von *Puszkajler/Sekera-Terplan*, NZG 2015 1055, 1056.

auftragte Gutachter selbst bei einer Verzögerungsstrategie der Unternehmen durch Vorenthaltung wichtiger Unterlagen zügig mit der Arbeit beginnen kann.

Durch den virtuellen Datenraum – vergleichbar mit einem Datenraum im Rahmen einer Due Diligence Prüfung bei Unternehmensübernahmen – wird sichergestellt, dass der mit der Prüfung beschäftigte Angemessenheitsprüfer sämtliche Unterlagen, die ihn zur Ableitung seiner Ergebnisse zur Verfügung gestanden haben, dauerhaft dokumentiert. *152*

In dem virtuellen Datenraum sind

- die Informationsanforderungslisten des Prüfers,
- sämtliche Dokumente, die der Prüfer vom Bewertungsobjekt erhalten hat,
- sämtliche Dokumente, die der Prüfer vom Erstgutachter erhalten hat,
- die Protokolle der Gespräche mit den Mitarbeitern und Beratern des Bewertungsobjektes,
- interne Analysen des Prüfers, auf die er im Gutachten Bezug nimmt oder die für die Ableitung des Prüfungsurteils wesentlich sind,
- das Bewertungsmodell sowie
- sämtliche (weitere) Dokumente, die Aufschluss über die Ableitung der letztlich verwendeten Bewertungsparameter geben können,

aufzunehmen.

Der virtuelle Datenraum ist mit einer Vollständigkeitserklärung zu versehen und nach Abschluss der Prüfertätigkeit an das den Prüfer bestellende Gericht zu versenden. Nachträgliche Manipulationen durch den Prüfer können so ausgeschlossen werden. *153*

Der mit einer Neubewertung oder Teilbewertung beauftrage gerichtliche Gutachter hat dann durch die Zugriffsmöglichkeit auf den virtuellen Datenraum während des laufenden Spruchverfahrens Zugriff auf alle erforderlichen Dokumente. Er kann somit unmittelbar feststellen, ob die Prüferleistungen ungenügend waren oder nicht. *154*

Die Beschleunigungswirkung dürfte durch die Einrichtung eines virtuellen Datenraumes erheblich gesteigert werden, da – quasi auf Knopfdruck – alle wichtigen Unterlagen zur Verfügung stehen, die auch der Angemessenheitsprüfer verwendete. Die Verzögerung von Spruchverfahren in der Vergangenheit beruht nach unseren Erkenntnissen im Wesentlichen darauf, dass die Sachverständigengutachten zu lange Zeit benötigen, da oftmals (leider zu häufig auch mit Vorsatz) die für die Prüfung erforderlichen internen Unterlagen vorenthalten werden oder nur mit erheblichen Verzögerungen zur Verfügung gestellt wurden. Diese Verzögerungen dürften mit Einführung des virtuellen Datenraumes der Vergangenheit angehören, da alle wertrelevanten Informationen sofort bereit stehen. Auch die „Qualitätskontrolle" des Angemessenheitsprüfers wird hierdurch massiv erleichtert. Zudem kann das Gericht – da alle Unterla- *155* gen vorliegen – kurze Fristen für die Fertigstellung des Sachverständigengutachtens setzen.

156 Die Informationen im virtuellen Datenraum sollen nicht dazu dienen, etwaige Schadensersatzansprüche gegen den Vertragsprüfer geltend zu machen. Sie sind ausschließlich dem Gericht und insbesondere dem später beauftragten Sachverständigen zur Verfügung zu stellen, um die ggf. erforderliche Neubegutachtung zu beschleunigen und/oder im ersten Schritt abzuschätzen, ob der Vertragsprüfer seine Prüfungstätigkeit überhaupt pflichtgemäß erfüllt hat oder die Leistung bzw. die Ableitung der verwendeten Ergebnisse unplausibel war.

§ 1 Anwendungsbereich

Dieses Gesetz ist anzuwenden auf das gerichtliche Verfahren für die Bestimmung

1. des Ausgleichs für außenstehende Aktionäre und der Abfindung solcher Aktionäre bei Beherrschungs- und Gewinnabführungsverträgen (§§ 304 und 305 des Aktiengesetzes);
2. der Abfindung von ausgeschiedenen Aktionären bei der Eingliederung von Aktiengesellschaften (§ 320b des Aktiengesetzes);
3. der Barabfindung von Minderheitsaktionären, deren Aktien durch Beschluss der Hauptversammlung auf den Hauptaktionär übertragen worden sind (§§ 327a bis 327f des Aktiengesetzes);
4. der Zuzahlung an Anteilsinhaber oder der Barabfindung von Anteilsinhabern anlässlich der Umwandlung von Rechtsträgern (§§ 15, 34, 122h, 122i, 176 bis 181, 184, 186, 196 oder § 212 des Umwandlungsgesetzes);
5. der Zuzahlung an Anteilsinhaber oder der Barabfindung von Anteilsinhabern bei der Gründung oder Sitzverlegung einer SE (§§ 6, 7, 9, 11 und 12 des SE-Ausführungsgesetzes);
6. der Zuzahlung an Mitglieder bei der Gründung einer Europäischen Genossenschaft (§ 7 des SCE-Ausführungsgesetzes).

Inhalt

		Rn.
I.	Überblick	1
II.	Gesetzliche Anwendungsfälle des Spruchverfahrens (§ 1 SpruchG)	4
	1. Beherrschungs- und Gewinnabführungsverträge (Ziff. 1)	4
	a) Ausgleichsregelung	6
	b) Abfindungsregelung	7
	c) Fehlende oder unangemessene Ausgleichs- und Abfindungsregelungen	8
	2. Mehrheitseingliederung (Ziff. 2)	13
	a) Regelungsgegenstand und Zweck	13
	b) Unangemessene Abfindung und Beschlussmängel	15
	3. Aktien- oder Verschmelzungsrechtlicher Squeeze-out (Ziff. 3)	16
	a) Regelungsgegenstand und Zweck	16
	b) Unangemessene Barabfindung und Beschlussmängel	20
	4. Umwandlung von Rechtsträgern (Ziff. 4)	22
	5. Gründung und Sitzverlegung einer SE (Ziff. 5)	24
	6. Gründung einer Europäischen Genossenschaft (Ziff. 6)	34

SpruchG § 1 Anwendungsbereich

	Rn.
III. Weitere Anwendungsfälle der Grundsätze des SpruchG	35
1. Mehrstimmrechte	36
a) Überblick	36
b) Rechtsschutz	40
2. Übernahmerechtlicher Squeeze Out	42
3. Spruchverfahren als zusätzlicher Rechtsbehelf bei Übernahme- und Pflichtangeboten nach dem WpÜG	46
a) Überblick	46
b) Rechtsschutz zur Überprüfung der Gegenleistung	49
c) Anwendung des Spruchverfahrens de lege lata	51
d) Anwendung des Spruchverfahrens de lege ferenda	57
4. Wertbezogene Informationspflichtverletzungen	63
5. Übertragende Auflösung	66
a) Überblick	66
b) Verfassungsrechtliche Bedenken	67
c) Analoge Anwendung des Spruchverfahrens	68
aa) Regelungslücke	71
bb) Planwidrigkeit	72
cc) Vergleichbare Interessenlage	74

	Rn.
dd) Ergebnis	76
6. Aufnehmender Rechtsträger bei der Verschmelzung	78
a) Überblick	78
b) Kritik an der Gesetzesbegründung	81
aa) Argumentation des Gesetzgebers	81
bb) Kritische Würdigung	82
cc) Bedenken gegen eine Ausweitung	87
c) Vorrang des Spruchverfahrens de lege lata	91
7. Kapitalerhöhung mit Bezugsrechtsausschluss	95
a) Überblick	95
b) Ausweitung des Spruchverfahrens auf die bezugsrechtsfreie Kapitalerhöhung	97
8. Spruchverfahren gegen zu hohe Kompensationen	101
9. Spruchverfahren bei faktischen Beherrschungsverträgen	102
10. Spruchverfahren im GmbH Vertragskonzern	103
IV. Ausschließlicher Rechtsbehelf/Schiedsverfahren	104
V. Schematische Übersicht: Anwendung des SpruchG	107

Spezielle Literatur: *Adolff/Tieves,* Über den rechten Umgang mit einem entschlusslosen Gesetzgeber: Die aktienrechtliche Lösung des BGH für den Rückzug von der Börse, BB 2003, 797 ff.; *Adolff/Tieves,* Über den rechten Umgang mit einem entschlusslosen Gesetzgeber: Die aktienrechtliche Lösung des BGH für den Rückzug von der Börse, BB 2003, 797–805; *Balthasar,* Zum Austrittsrecht nach § 305 AktG bei „faktischer Beherrschung" NZG 2008, 858–861; *Baums,* Empfiehlt sich eine Neuregelung des aktienrechtlichen Anfechtungs- und Organhaftungsrechts, insbesondere der Klagemöglichkeiten von Aktionären, Gutachten F zum 63. DJT, München 2000, S. 122 ff.; *Behnke,* Das Spruchverfahren nach §§ 306 AktG, 305 UmwG – ein Beitrag zum Konzernrecht, Frankfurt am Main 2001; *W. Bidmon,* Die Reform des Spruchverfahrens durch das SpruchG, 2007; *Büchel,* Neuordnung des Spruchverfahrens, NZG 2003, 793–804; *Büchel,* Neuordnung des Spruchverfahrens, NZG 2003, 793 ff.; *Bürgers,* Aktienrechtlicher Schutz beim Delisting?, NJW 2003, 1642–

Anwendungsbereich § 1 SpruchG

1644; *Bungert*, Delisting und Hauptversammlung, BB 2000, 53–58; *Bungert/Wettich*, Das weitere Schicksal der „Macrotron"-Grundsätze zum Delisting nach der Entscheidung des BVerfG, DB 2012, 2265–2269; *Ekkenga*, „Macroton" und das Grundrecht auf Aktieneigentum – der BGH als der bessere Gesetzgeber?, ZGR 2003, 878–910; *Emmerich*, Das neue Spruchverfahrensgesetz, in: FS Tilmann, 2003, S. 925–935; *Eßers/Weisner/Schlienkamp*, Anforderungen des BGH an den Rückzug von der Börse – die Macrotron-Entscheidung des BGH, DStR 2003, 985–990; *Fritzsche/Dreier*, Spruchverfahren und Anfechtungsklage im Aktienrecht: Vorrang oder Ausnahme des Anfechtungsausschlusses gem. § 14 Abs. 2 UmwG?, BB 2002, 737 ff.; *Fuhrmann/Linnerz*, Zweifelsfragen des neuen Spruchverfahrens. Der Konzern 2004, 265–273; *Geyrhalter/Gänßler*, Gesellschaftsrechtliche Voraussetzungen eines formalen Delistings, NZG 2003, 313–316; *Geyrhalter/Zirngibl*, Alles unklar beim formalen Delisting – eine Zwischenbilanz 18 Monate nach „Macroton", DStR 2004, 1048–1053; *Goetz*, Das Delisting-Urteil des BVerfG – freie Bahn für Erleichterungen des Börsenrückzuges?, BB 2012, 2767–2772; *Goslar*, Verdeckte Beherrschungsverträge, DB 2008, 800–805; *W. Groß*, Rechtsprobleme des Delisting, ZHR 165 (2001), 141–166, *Habersack*, Mitwirkungsrechte der Aktionäre nach Macrotron und Gelatine, AG 2005, 137–149; *ders*, „Macrotron" – was bleibt?, ZHR 176 (2012), 463–469; *Hegemann*, Außenseiter im GmbH-Konzern: Der außenstehende GmbH-Gesellschafter (GmbHR 2012, 315–322; *Henze*, Pünktlich zur Hauptversammlungssaison: Ein Rechtsprechungsüberblick zu Informations- und Auskunftsrechten, BB 2002, 893, 898 ff.; *Henze*, Rechtsschutz bei Verletzung von Auskunfts- und Informationsrechten im Unternehmensvetrags-, Umwandlungs- und Verschmelzungsrecht, in: *Henze/Hoffmann-Becking* (Hrsg.), RWS-Forum 20, Gesellschaftsrecht 2001, Köln 2001, S. 39–53; *ders.*, Der Schlußpunkt des Bundesverfassungsgerichts unter den Streit um die „übertragene Auflösung", in: FS Martin Peltzer, 2001, S. 181–194; *ders*. Pünktlich zur Hauptversammlungssaison: Ein Rechtsprechungsüberblick zu Informations- und Auskunftsrechten, BB 2002, 893–903; *ders.*, Voraussetzungen und Folgen des Delisting, in: FS Thomas Raiser, 2005, S. 145–162; *Hirte/Schall*, Zum faktischen Beherrschungsvertrag, Der Konzern 2006, 243–255; *Hoffmann-Becking*, Der materielle Gesellschafterschutz: Abfindung und Spruchverfahren, ZGR 1990, 482 ff.; *Holzborn*, BGH verschärft Delisting-Anforderungen, WM 2003, 1105–1109; *Hommelhoff*, Zur Kontrolle strukturändernder Gesellschafterbeschlüsse, ZGR 1990, 447 ff.; *Hüffer*, Ausgleichsanspruch und Spruchverfahren statt Anfechtungsklage beim Verschmelzungs- oder Kapitalerhöhungsbeschluss des erwerbenden Rechtsträgers, ZHR 172 (2008), 8–23; *Huesmann*, Entschädigung und Spruchverfahren im GmbH-Vertragskonzern, 2007; *Ibrig/Wagner*, Diskussionsentwurf für ein SE-Ausführungsgesetz, BB 2003, 969–976; *Kamprad/Römer*, Die Abfindung der außenstehenden Aktionäre bei der Eingliederung, AG 1990, 486 ff.; *van Kann/Hirschmann*, Das neue Spruchverfahrensgesetz – Konzentration und Beschleunigung einer bewährten Institution, DStR 2003, 1488–1494; *Kiem*, Unternehmensumwandlung, Köln 2000; *Kiefner/Gilessen*, Die Zukunft von „Macrotron" im Lichte der jüngsten Rechtsprechung des BVerfG, AG 2012, 645–660; *Kleindiek*, Abfindungsbezogene Informationsmängel und Anfechtungsausschluss, NZG 2001, 552 ff.; *Klöhn*, Zum Pflichtangebot und Spruchverfahren beim regulären Delisting, ZBB 2003, 208–218; *ders.*, Die Auswirkungen von BVerfG, NZG 2012, 826, auf den Rückzug vom Kapitalmarkt und den Segmentwechsel, NZG 2012, 1041–1047; *Kort*, Anwendung der Grundsätze der fehlerhaften Gesellschaft auf einen „verdeckten" Beherrschungsvertrag?, NZG 2009, 364–368; *R. Krämer/Theiß*, Delisting nach der Marotron-Entscheidung der GBH, AG 2003, 225–242; *Krämer/Theiß*, Delisting nach der Macrotron-Entscheidung des BGH, AG 2003, 225 ff.; *Kretschmer/Karakaya*, Zur Berichtspflicht des Vorstandes beim Delisting von Aktiengesellschaften, WM 2002, 2494–2497; *Krieger*, Squeeze-

SpruchG § 1   Anwendungsbereich

out nach neuem Recht: Überblick und Zweifelsfragen, BB 2002, 53 ff.; *Krolop*, Die Umsetzung von „Macrotron" im Spruchverfahren durch das BayObLG, NZG 2005, 546–547; *Kübler*, Editorial: Barabfindung bei Gründung einer Europa AG?, ZHR 167 (2003), 627–631; *Land/Behnke*, Die praktische Durchführung eines Delisting nach der Macrotron-Entscheidung des BGH, DB 2003, 2531–2535; *Land/Hennings*, Aktuelle Probleme von Spruchverfahren nach gesellschaftsrechtlichen Strukturmaßnahmen, AG 2005, 380–387; *Lappe/Stafflage*, Unternehmensbewertungen nach dem Wertpapierwerbs- und Übernahmegesetz, BB 2002, 2185–2191; *Lappe/Stafflage*, BB 2002, Unternehmensbewertung nach dem Wertpapierwerbs- und Übernahmegesetz, BB 2003, 2185 ff.; *Linnerz*, Zu den Beteiligungs- und Rechtsschutzmöglichkeiten des Anteilseigners bei einer überhöhten Kompensation in Spruchverfahren, ZIP 2007, 662–666; *Lutter/Bezzenberger*, Für eine Reform des Spruchverfahrens im Aktien- und Umwandlungsrecht, AG 2000, 433 ff.; *Lutter/Drygala*, Die übertragende Auflösung: Liquidation der Aktiengesellschaft oder Liquidation des Minderheitenschutzes, Festschrift Kropff, Düsseldorf 1997; *Maier-Reimer*, Erweiterung des Spruchverfahrens und Ausgleich in Aktien, in: FS K. Schmidt, 2009, S. 1077–1090; *Martens*, Verschmelzung, Spruchverfahren und Anfechtungsklage in Fällen eines unrichtigen Umtauschverhältnisses, AG 2000, 301 ff.; *Martinius/von Oppen*, Verfassungsrechtliche Zulässigkeit des Delisting-Spruchverfahrens? DB 2005, 212–214; *Mehrbrey*, Handbuch Gesellschaftsrechtliche Streitigkeiten, 2013; *Mertens*, Gestaltung von Verschmelzungs- und Verschmelzungsprüfungsbericht, AG 1990, 20 ff.; *Mülbert*, Rechtsprobleme des Delisting, ZHR 165 (2001), 104–140; *Neye/Teichmann*, Der Entwurf für das Ausführungsgesetz zur Europäischen Aktiengesellschaft., AG 2003, 169–179; *Neye/Teichmann*, Der Entwurf für das Ausführungsgesetz zur Europäischen Aktiengesellschaft, AG 2003, 169 ff. *Paschos/Klaaßen*, Offene Fragen nach der Entscheidung des BVerfG zum Delisting und Folgen für die Beratungspraxis, ZIP 2013, 154–160; *Peltzer*, Die Abschaffung von Mehrstimmrechten und Stimmrechtsbeschränkungen im KonTrag-Entwurf, AG 1997, August Sonderheft, 90 ff.; *Pfüller/Anders*, Delisting-Motive vor dem Hintergrund neuer Rechtsentwicklungen, NZG 2003, 459–465; *Puszkajler*, Diagnose und Therapie von aktienrechtlichen Spruchverfahren. Einige Anmerkungen aus der richterlichen Praxis zum geplanten Spruchverfahrensneuordnungsgesetz, ZIP 2003, 518–522; *Rühland*, Die Zukunft der übertragenen Auflösung, WM 2002, 1957–1966; *Schiffer/Goetz*, Umsetzung des Macrotron-Urteils: Spruchverfahren nach regulärem Delisting, BB 2005. 453–456; *Schlitt*, Die gesellschaftsrechtlichen Voraussetzungen des regulären Delisting – Macrotron und die Folgen, ZIP 2004, 533–541; *Schmidt*, Macrotron oder: weitere Ausdifferenzierung des Aktionärsschutzes durch den BGH; NZG 2003, 601–606; *Schürnbrand*, „Verdeckte" und „atypische" Beherrschungsverträge im Aktien- und GmbH-Recht, ZHR 169 (2005), 35–60; *C. Schütz*, Neuerungen im Anfechtungsrecht durch den Referentenentwurf des Gesetzes zur Unternehmensintegrität und Modernisierung des Aktienrechts (UMAG), DB 2004, 419–426; *Schwark/Zimmer*, Kapitalmarktrechtskommentar, 4. Aufl.; *Schwichtenberg*, Downgrading oder Delisting? Der Wechsel vom regulierten Markt in das Segment M:access der Börse München, AG 2005, 911–917; *Seibt*, Rechtsschutz im Übernahmerecht, ZIP 2003, 1865–1877, *Seibt/Heiser*, Regelungskonkurrenz zwischen neuem Übernahmerecht und Umwandlungsrecht, ZHR 165 (2001), 466–494, *Seibt/Wollenschläger*, Downgrading einer börsennotierten Gesellschaft ohne Abfindungsangebot und Hauptversammlungsbeschluss, AG 2009, 807–817; *Traugott/F.W. Schaefer*, Zulässigkeit von Paketzuschlägen – Rechtsvergleichende Untersuchung und praktische Konsequenzen für die Auslegung der WpÜG, NZG 2004, 158–163; *Sinewe*, Keine Anfechtungsklage gegen Umwandlungsbeschlüsse bei wertbezogenen Informationsmängeln, DB 2001, 690 f.; *Verse*, Zum zivilrechtlichen Rechtsschutz bei Verstößen gegen die Preisbestimmungen des WpÜG, ZIP 2004, 199–209; *E. Vetter*, Abfindungswertbezogene Informationsmängel und Rechtsschutz, in: FS Herbert Wiedemann, 2002, S. 1323–1347; *Wackerbarth*, Die Begründung der Macrotron-Rechtsfortbildung nach dem Delisting-Urteil des BVerfG, WM 2012, 2077–2082; *Waclawik*, Der Referentenentwurf des Gesetzes zur Einführung der Europäischen (Aktien-)Gesellschaft, DB 2004, 1191–1199; *Wasmann*, Erlöschen und Beseitigung von Mehrstimmrechten nach § 5 EGAktG: Gerichtliche Prüfung des Ausgleichs im Spruchverfahren, BB 2003, 57–65; *Wasse*, Mehr Rechtssicherheit beim Segmentwechsel, Deutscher AnwaltSpiegel 2012, 6–7; *Weber/Kersjes*, Hauptversammlungsbeschlüsse vor Gericht, 2010: *Wiedemann*, Minderheitsrechte ernst genommen, ZGR 1999, 857–872; *Wiesen*, Der materielle Gesellschafterschutz: Abfindung und Spruchverfahren, ZGR 1990, 503 ff.; *Wilhelm/Dreier*, Beseitigung von Minderheitsbeteiligungen auch durch übertragene Auflösung einer AG?, ZIP 2003, 1369–1375; *Wilsing/Kruse*, Börsenrechtliches Delisting nach Macrotron. WM 2003, 1110–1115; *Wittgens*, Das Spruchverfahrensgesetz, 2005; *M. Wolf*, Der Minderheitenausschluss qua „übertragender Auflösung" nach Einführung des Squeeze-out gemäß §§ 327a-f AktG, ZIP 2002, 153–160; *Wilsing/Kruse*, Anfechtbarkeit von Squeeze-out- und Eingliederungsbeschlüssen wegen abfindungswertbezogener Informationsmängel, DB 2002, 1539 ff.; *Wirth/Arnold*, Anlegerschutz beim Delisting von Aktiengesellschaften, ZIP 2000, 111 ff.

I. Überblick

§ 1 SpruchG normiert – ergänzt durch Art. 3 Spruchverfahrensneuordnungsgesetz – den Anwendungsbereich des SpruchG. Die Regelung hat nur klarstellende Funktion; weder begründet sie die Anwendbarkeit des SpruchG noch stellt sie einen numerus-clausus mit abschließender Wirkung dar[1]. In welchen Fällen das SpruchG kraft Gesetzes anwendbar ist, ergibt sich aus den einschlägigen Regeln im AktG, EGAktG, UmwG, SEEG und SCEEG[2]. 1

Nach dem Katalog von § 1 SpruchG findet das Spruchverfahren unmittelbar Anwendung für 2

1. die Überprüfung der Angemessenheit von Abfindung und Ausgleich bei Abschluss einen Beherrschungs- und Gewinnabführungsvertrages, (§§ 304 und 305 AktG),

2. der Abfindung von ausgeschiedenen Aktionären bei der Eingliederung von Aktiengesellschaften (§ 320b AktG),

3. der Barabfindung von Minderheitsaktionären, deren Aktien durch Beschluss der Hauptversammlung auf den Hauptaktionär übertragen worden sind (§§ 327a bis 327f AktG),

4. der Zuzahlung an Anteilsinhaber oder der Barabfindung von Anteilsinhabern anlässlich der Umwandlung von Rechtsträgern (§§ 15, 34,

---

1 Vgl. Begr. RegE, BT-Drucks. 15/371, S. 12.
2 Zur Entstehungsgeschichte siehe exemplarisch nur *Wasmann*, in: Kölner Kommentar SpruchG, § 1 Rn. 2.

122h, 122i, 176 bis 181, 184, 186, 196 oder § 212 des Umwandlungsgesetzes),

5. der Zuzahlung an Anteilsinhaber oder der Barabfindung von Anteilsinhabern bei der Gründung oder Sitzverlegung einer SE (§§ 6, 7, 9, 11 und 12 des SE-Ausführungsgesetzes,

6. der Zuzahlung an Mitglieder bei der Gründung einer Europäischen Genossenschaft (§ 7 des SCE-Ausführungsgesetzes).

3 Darüber hinaus ist das SpruchG für die Überprüfung der Angemessenheit des Ausgleichs bei der Abschaffung von Mehrstimmrechten anwendbar (§ 5 Abs. 5 EGAktG). Dieser Fall wurde nicht in den Katalog des § 1 SpruchG aufgenommen, da es sich um einen Sonderfall von sachlich wie zeitlich begrenzter Anwendung handelt (siehe hierzu Rn. 36 ff.)[3].

II. Gesetzliche Anwendungsfälle des Spruchverfahrens (§ 1 SpruchG)

1. Beherrschungs- und Gewinnabführungsverträge (Ziff. 1)

4 Beim Abschluss von Beherrschungs- oder Gewinnabführungsverträgen, die in der Regel als sog. Organschaftsverträge miteinander kombiniert werden, ordnet sich die Aktiengesellschaft einem anderen, herrschenden Unternehmen unter und weist diesem ihre ganzen Gewinne zu (§§ 291 ff. AktG)[4]. Die Gesellschaft bleibt rechtlich selbstständig, ist jedoch in der wirtschaftlichen Handlungsfreiheit abhängig von dem herrschenden Unternehmen. Gewinnabführungsverträge verhindern die Entstehung von Bilanzgewinn und lassen damit das mitgliedschaftliche Dividendenrecht (vgl. § 58 Abs. 4 AktG) leer laufen; ähnliche Folgen kann die aus einem Beherrschungsvertrag resultierende Weisungsbindung (vgl. § 308 AktG) haben.

5 Beim Abschluss von Beherrschungs- und Gewinnabführungsverträgen sieht das Aktiengesetz zwei Schutzmechanismen vor, um die außenstehenden Aktionäre abzusichern:

---

3 Nach § 5 Abs. 1 Satz 1 EGAktG erlöschen Mehrstimmrechte am 01.06.2003, wenn nicht zuvor die Hauptversammlung mit der entsprechend notwendigen Mehrheit ihre Fortgeltung beschlossen hat, vgl. Begr. RegE, BT-Drucks. 15/371, S. 12; siehe auch den Vorschlag des Handelsrechtsausschusses des Deutschen Anwaltsvereins, Stellungnahme DAV (RefE), NZG 2002, 119.

4 Ausführlich zur Qualifizierung eines Unternehmensvertrages als Beherrschungs- oder Gewinnabführungsvertrag vgl. *Emmerich*, in: Emmerich/Habersack Aktien- und GmbH-Konzernrecht, § 291 Rn. 3 ff., 47 ff.; *Hüffer*, AktG, § 291 Rn. 5 ff., 23 ff.; *Altmeppen*, in: Münchener Kommentar AktG, § 291 Rn. 52 ff., 141 ff.; *Koppensteiner*, in: Kölner Kommentar AktG, § 304 Rn. 2 jeweils mit zahlreichen weiteren Nachweisen.

a) Ausgleichsregelung

Zum einen hat das herrschende Unternehmen den außenstehenden Aktionären der beherrschten Gesellschaft für den Wegfall der Dividende eine angemessene jährliche Ausgleichszahlung zu gewähren (§ 304 Abs. 1 und 2 AktG)[5]. Dadurch soll erreicht werden, dass die außenstehenden Aktionäre, wenn sie sich für den Verbleib in der Gesellschaft entscheiden, im Ergebnis so gestellt werden, als wenn der Vertrag nicht zustande gekommen wäre, d. h. als ob die Gesellschaft unabhängig geblieben wäre und weiter im gemeinsamen Interesse aller Aktionäre geführt würde[6]. § 304 AktG dient damit dem Schutz der sich aus der Mitgliedschaft ergebenden vermögensrechtlichen Stellung[7]. Für andere Unternehmensverträge im Sinne des § 292 AktG ist eine § 304 AktG vergleichbare Ausgleichsverpflichtung nicht vorgeschrieben[8]. Das gilt auch für Teilgewinnabführungsverträge[9]. Etwas anderes kann allerdings dann gelten, wenn andere Unternehmensverträge im Sinne von § 292 AktG im Ergebnis einem Beherrschungs- oder Gewinnabführungsvertrag gleichkommen[10]. Der sachliche Grund für die entsprechende Anwendung liegt darin, dass solche Unternehmensverträge, obwohl sie grundsätzlich nur gegen angemessene Gegenleistung zulässig sind, den außenstehenden Aktionären – trotz der angemessenen Gegenleistung und der daraus resultierenden

6

---

5 Nach dem AktG kann der Ausgleich entweder als feste, d. h. in einem für die Dauer des Vertrages regelmäßig gleichbleibenden Betrag oder eine variable, d. h. an die jeweilige Dividende des anderen Vertragsteils orientierte, Ausgleichszahlung im Unternehmensvertrag vereinbart werden, vgl. zu den Unterschieden und Wahlrechten *Emmerich*, in: Emmerich/Habersack, Aktien- und GmbH-Konzernrecht, § 304 Rn. 24 ff., 45 ff.; *Bilda*, in: Münchener Kommentar AktG, § 304 Rn. 35 ff.; an die einmal getroffene Wahl ist auch das Gericht im Spruchverfahren gebunden (vgl. § 304 Abs. 3 Satz 3 AktG); vgl. hierzu *Emmerich*, in: Emmerich/Habersack Aktien- und GmbH-Konzernrecht, § 304 Rn. 28; zu der Frage, ob und in welchen Fällen den außenstehenden Aktionären, im Fall der Änderung eines Unternehmensvertrages durch Beitritt eines weiteren Unternehmens ein neues Ausgleichs- bzw. Abfindungsangebot entsprechend §§ 304, 305 AktG zu unterbreiten ist, siehe *Pentz*, FS Kropff, Düsseldorf 1997, S. 234 ff.
6 So BGH, AG 1998, 286, 287; OLG Düsseldorf, AG 1977, 168, 171; Begr. RegE, Kropff AktG (1965), S. 394 f.; *Bilda*, in: Münchener Kommentar AktG, § 304 Rn. 8; *Hüffer*, Aktiengesetz, § 304 Rn. 1; *Emmerich*, in: Emmerich/Habersack Aktien- und GmbH-Konzernrecht, § 304 Rn. 4.
7 Klargestellt durch BGH, AG 1998, 286, 287; vgl. auch *Bilda*, in: Münchener Kommentar AktG, § 305 Rn. 2.
8 § 304 AktG ist in diesen Fällen auch nicht analog anzuwenden, vgl. hierzu nur *Bilda*, in: Münchener Kommentar AktG, § 304 Rn. 14 m. w. N. in FN 8.
9 OLG Düsseldorf, AG 1996, 473, 474; *Bilda*, in: Münchener Kommentar AktG, § 304 Rn. 14; *Hüffer*, Aktiengesetz, § 291 Rn. 29; einschränkend nur *Brauksiepe*, BB 1966, 144 ff.
10 So auch *Bilda*, in: Münchener Kommentar AktG, § 304 Rn. 15; Huber, ZHR 152 (1988), 123, 136 ff.; a. A. wohl *Emmerich*, in: Emmerich/Habersack Aktien- und GmbH-Konzernrecht, § 304 Rn. 9.

Möglichkeit der Gewinnausschüttung – eine solche eben nicht zusichern. Im Übrigen kann ein Vertrag, der materiell den Charakter eines Beherrschungs- und Gewinnabführungsvertrages hat, diesen Charakter nicht dadurch verlieren, dass er von den Parteien, irreführend oder möglicherweise in Umgehungsabsicht, nicht als solcher bezeichnet wird[11].

b) Abfindungsregelung

7 Zum anderen muss ein Beherrschungs- oder Gewinnabführungsvertrag den außenstehenden Aktionären zusätzlich zu dem Ausgleich nach § 304 AktG eine angemessene Abfindung für den Fall des von ihnen gewünschten Ausscheidens zusichern, die regelmäßig in Anteilen der herrschenden Gesellschaft oder subsidiär in Geld bestehen kann (§ 305 Abs. 1 bis 4 AktG)[12]. Dieses Abfindungsrecht ermöglicht den außenstehenden Aktionären, entweder – bei der Abfindung in Aktien der herrschenden Gesellschaft – wieder ihre mitgliedschaftlichen Herrschaftsrechte in einer unabhängigen Gesellschaft auszuüben, die der Vermögensmasse nahe steht, an der die Aktionäre bislang beteiligt waren oder – bei einer Barabfindung – über ihr Investment erneut frei zu entscheiden[13]. Im Unterschied zu § 304 AktG gewährt § 305 AktG damit keinen Schutz vor einer vermögensrechtlichen Beeinträchtigung, sondern bietet den außenstehenden Aktionären die Möglichkeit, wegen der Beeinträchtigung ihrer aus der Mitgliedschaft folgenden Herrschaftsrechte gegen eine angemessene Abfindung aus der Gesellschaft auszuscheiden, da eine derartige Beeinträchtigung nicht kompensiert werden kann[14]. Dies entspricht dem verfassungsrechtlichen Gebot, dass Aktionäre für erhebliche Beeinträchtigungen in ihren Herrschaftsrechten (bis zum Verlust ihrer Rechtsposition) wirtschaftlich voll zu entschädigen sind[15].

c) Fehlende oder unangemessene Ausgleichs- und Abfindungsregelung

8 Es ist danach zu unterscheiden, ob der Beherrschungs- oder Gewinnabführungsvertrag überhaupt keine Ausgleichs- und/oder Abfindungsregelung vorsieht oder ob der im Vertrag bestimmte Ausgleich oder die Abfindung nicht angemessen ist.

---

11 Ähnlich *Huber*, ZHR 152 (1988), 123, 138 am Beispiel eines Betriebspachtvertrages.
12 Ausführlich zu den zwei verschiedenen Arten der Abfindung siehe *Bilda*, in: Münchener Kommentar AktG, 305 Rn. 36 ff.; *Emmerich*, in: Emmerich/Habersack Aktien- und GmbH-Konzernrecht, § 305 Rn. 11 ff.
13 So *Emmerich*, in: Emmerich/Habersack Aktien- und GmbH-Konzernrecht, § 305 Rn. 1.
14 BGHZ 135, 374, 379; BGHZ 138, 136, 139; BGH, AG 1998, 286, 287; OLG Düsseldorf, AG 1996, 475; vgl. auch Begr. RegE, Kropff AktG (1965), S. 397; *Bilda*, in: Münchener Kommentar AktG, § 304 Rn. 9, § 305 Rn. 2; *Hüffer*, Aktiengesetz, § 305 Rn. 1; *Röhricht*, ZHR 162 (1998), 249, 254 ff.
15 BVerfGE 14, 263, 283 (Feldmühle).

Anwendungsbereich § 1 SpruchG

Ein Ausgleich fehlt, wenn der Vertrag überhaupt keine Verpflichtung des anderen Vertragsteils enthält, die Nachteile der außenstehenden Aktionäre zu kompensieren[16]. In diesem Fall ist der Beherrschungs- oder Gewinnabführungsvertrag gemäß § 304 Abs. 3 Satz 1 AktG nichtig[17]. Abweichend hiervon hat die fehlende Abfindung nicht die Nichtigkeit des Vertrages zur Folge. Die Nichtigkeitsfolge wurde für diesen Fall – anders als nach § 304 Abs. 3 Satz 1 AktG – nicht ausdrücklich ausgesprochen (vgl. § 305 Abs. 5 Satz 1 AktG) und kann auch nicht aus § 134 BGB abgeleitet werden[18]. 9

Sieht der Beherrschungs- oder Gewinnabführungsvertrag überhaupt keine Abfindung oder eine den §§ 304 Abs. 1 und 2, 305 Abs. 1 bis 3 AktG widersprechende Ausgleichs- oder Abfindungsregelung vor, ist der Vertrag gleichwohl gültig. Bei derartigen Verstößen besteht nach §§ 304 Abs. 3 Satz 2, 305 Abs. 5 Satz 1 AktG kein Grund, den Zustimmungsbeschluss der Hauptversammlung (§ 293 Abs. 1 AktG) anzufechten. Auch eine Anfechtung nach § 243 Abs. 2 AktG scheidet aus. Im Übrigen bleiben die §§ 241 und 243 AktG unberührt[19]. Das Gesetz will insoweit die schwierigen Fragen angemessener oder unangemessener Ausgleichs- oder Abfindungszahlungen aus dem Nichtigkeits- oder Anfechtungsprozess heraushalten. Damit trennt es verfahrensmäßig die Frage nach der Angemessenheit der Ausgleichs- und Abfindungszahlung von der Frage der Gültigkeit von HV-Beschlüssen. Zur ersteren Frage zählt auch die Verletzung der Auskunftspflicht bezüglich bewertungsrelevanter Informationen (vgl. nur § 243 Abs. 4 S. 2 AktG). 10

Die außenstehenden Aktionäre können bei derartigen Verstößen im Wege des Spruchverfahrens eine Erhöhung des Ausgleichs und/oder der Abfindung durchsetzen. Damit wird den außenstehenden Aktionären ein wirksamer Rechtsbehelf gegen einen Missbrauch wirtschaftlicher Macht zur Verfügung gestellt, der eine ausreichende Entschädigung für die Beeinträchtigung und den Verlust der Vermögens- und Mitgliedschaftsrechte sicherstellt[20]. 11

Auch den Aktionären, welche die angebotene Abfindung bereits angenommen haben, steht bei einem Erfolg des Spruchverfahrens ein sog. 12

---

16 Dem Fehlen eines Ausgleichs ist der Fall gleichzustellen, dass der Vertrag die Ausgleichsverpflichtung der abhängigen Gesellschaft und nicht dem herrschenden Unternehmen auferlegt, vgl. hierzu *Emmerich*, in: Emmerich/Habersack Aktien- und GmbH-Konzernrecht, § 304 Rn. 78 m. w. N. in FN 192., anders aber wenn ausdrücklich ein Ausgleich von „Null" festgesetzt wird, BGH AG 2006, 331 ff.
17 Ausführlich hierzu vgl. *Bilda*, in: Münchener Kommentar AktG, § 304 Rn. 195 ff.; *Hüffer*, Aktiengesetz, § 304 Rn. 20; *Emmerich*, in: Emmerich/Habersack Aktien- und GmbH-Konzernrecht, § 304 Rn. 76 ff.
18 Vgl. nur *Hüffer*, Aktiengesetz, § 305 Rn. 29, *Emmerich*, in: Emmerich/Habersack Aktien- und GmbH- Konzernrecht, § 305 Rn. 82.
19 *Geßler*, in: G/H/E/K Aktiengesetz, § 304 Rn. 120.
20 Vgl. BVerfGE 14, 263, 283; OLG Düsseldorf, AG 1996, 477, 478.

Ausgleichs- und Abfindungsergänzungsanspruch zu, wie nunmehr in § 13 Satz 2 SpruchG klargestellt ist (vgl. ausführlich § 13 SpruchG)[21]. Hierfür spricht die Erwägung, dass der andere Vertragsteil aus der Unangemessenheit seines ursprünglichen Angebots keinen Vorteil ziehen darf[22]. In der Entgegennahme der Aktien ist auch kein entsprechender Erlassvertrag (Abfindungsvertrag) im Hinblick auf weitere Ansprüche zu sehen. Denn damit würde den Aktionären ohne konkrete Anhaltspunkte ein Verzicht unterstellt, der nach allgemeinen Grundsätzen im Zweifel gerade nicht anzunehmen ist[23]. Soweit Aktionäre erst nach Festsetzung der angemessenen Ausgleichs- und Abfindungshöhe durch das Gericht die Barabfindung wählen und bisher Ausgleichszahlungen entgegengenommen haben, sind die vor Ausübung des Wahlrechts rechtmäßig entgegengenommenen Ausgleichszahlungen zuzüglich etwaiger Nachzahlungen auf den Ausgleich nur mit den Abfindungszinsen, nicht jedoch mit der Barabfindung selbst zu verrechnen[24]. Daraus resultiert, dass der Ausgleich, wenn er höher ist als die Zinsen, den außenstehenden Aktionären verbleibt, während die Differenz nachzuzahlen ist, wenn der Ausgleich niedriger als die Zinsen ist[25].

---

21 OLG Düsseldorf, WM 1990, 1282, 1290 f.; BayObLG, WM 1996, 526, 533; *Bodewig*, BB 1978, 1694, 1696; *Hüffer*, Aktiengesetz, § 306 Rn. 32 m. w. N.; *Bilda*, in: Münchener Kommentar AktG, § 305 Rn. 125 ff.; a. A. *Koppensteiner*, in: Kölner Kommentar AktG, § 306 Rn. 56; ders., BB 1978, 769 ff.
22 So auch *Hüffer*, Aktiengesetz, § 306 Rn. 32.
23 OLG Düsseldorf, WM 1990, 1282, 1290; in diesem Sinne auch OLG Frankfurt, AG 1987, 43, 46; zu den allgemeinen Grundsätzen vgl. Palandt/*Heinrichs*, BGB, § 397 Anm. 2 a.
24 So ausdrücklich BGH, BB 2002, 2243, 2244 mit Überblick über den Meinungsstand; vgl. zum Teil kritisch hierzu *Bungert/Paschos*, BB 2002, 2246 f.; *Knoll*, DB 2002, 2264 ff.; *Kallmeyer*, GmbHR 2002, 1122 ff.; *Luttermann*, EWiR 2002, 1069 ff.; *Kort*, NZG 2002, 1139 ff.; *Sinewe*, NJW 2003, 270 ff.; wie der BGH auch OLG Düsseldorf, DB 1998, 1454, 1456; OLG Stuttgart, NZG 2000, 744, 748; OLG Hamm, NZG 2002, 51 ff.; LG Hamburg, AG 2003, 109, 110; *Bilda*, in: Münchener Kommentar AktG, § 305 Rn. 99; Em*merich*, in: Emmerich/Habersack Aktien- und GmbH-Konzernrecht, § 305 Rn. 33 ff.; a. A. BayObLG, ZIP 1998, 1872, 1876; OLG München, AG 1998, 239, 240; *Meilicke*, AG 1999, 103, 106 ff. (allesamt) Verrechnung auf Zinsen, dann auf Abfindung); siehe auch OLG Celle, AG 1999, 128, 131; *Liebscher*, AG 1996, 455, 456 ff. (ruhender Zinsanspruch bzw. Verzinsung erst nach Ausübung des Wahlrechts für die Abfindung); *Stimpel*, AG 1998, 259, 263; ihm folgend *Hüffer*, Aktiengesetz, § 305 Rn. 26 b (Anrechnung des entgegengenommenen Ausgleichs als Abschlag allein auf Abfindung, Verzinsung nur des Restbetrages).
25 *Emmerich*, in: Emmerich/Habersack Aktien- und GmbH-Konzernrecht, § 305 Rn. 33.

2. Mehrheitseingliederung (Ziff. 2)

a) Regelungsgegenstand und Zweck

Die Mehrheitseingliederung (§ 320 AktG) betrifft die Eingliederung einer Aktiengesellschaft in eine andere Aktiengesellschaft mit Sitz im Inland. Es handelt sich um einen besonderen Fall des in § 319 AktG geregelten Grundtatbestands der Eingliederung[26]. Ausweislich der damaligen Gesetzesbegründung soll die Eingliederung nicht daran scheitern, dass „sich noch eine kleine Minderheit von Aktien in den Händen bekannter oder unbekannter Aktionäre befindet"[27]. Die Mehrheitseingliederung nach § 320 AktG kann deswegen – im Unterschied zur Eingliederung nach § 319 AktG – auch dann beschlossen werden, wenn die zukünftige Hauptgesellschaft zwar nicht Alleinaktionärin der einzugliedernden Gesellschaft ist, ihr aber mindestens 95 % der Aktien gehören. Die eingegliederte Gesellschaft wird in diesem Fall Teil der Hauptgesellschaft; die außenstehenden Minderheitsaktionäre der eingegliederten Gesellschaft verlieren ihre Mitgliedschaft (§ 320a AktG) und erhalten stattdessen von der Hauptgesellschaft eine angemessene Abfindung[28]. Die Abfindung bezweckt damit den Vermögensausgleich für den mit der Mehrheitseingliederung verbundenen Verlust der Mitgliedschaft[29]. Verfassungsrechtliche Bedenken, die an den Verlust der Mitgliedschaft anknüpfen (Art. 3 und Art. 14 GG), werden nicht mehr erhoben[30]. 13

Im Regelfall besteht die Abfindung der ausgeschiedenen Aktionäre in Aktien der Hauptgesellschaft (§ 320b Abs. 1 Satz 2 AktG). Diese müssen im Grundsatz derselben Gattung angehören, die in der eingegliederten Gesellschaft für sie bestand[31]. Nicht möglich ist es, Stammaktionäre der eingegliederten Gesellschaft mit Vorzugsaktien der Hauptgesellschaft abzufinden[32]. Ist die Hauptgesellschaft ihrerseits eine abhängige Gesellschaft (§ 17 AktG), so ist den ausgeschiedenen Aktionären neben den Aktien der Hauptgesellschaft wahlweise eine Barabfindung anzubieten[33]. 14

---

26 So auch *Hüffer*, Aktiengesetz, § 320 Rn. 2.; *Habersack*, in: Emmerich/Habersack Aktien- und GmbH- Konzernrecht, § 320 Rn. 3.

27 Begr. RegE, Kropff AktG (1965), S. 424.

28 Ausführlich zur Zulässigkeit und Erfordernisse der Mehrheitseingliederung vgl. *Hüffer*, Aktiengesetz, § 320 Rn. 2 ff.; *Habersack*, in: Emmerich/Habersack Aktien- und GmbH-Konzernrecht, § 320 Rn. 3 ff.; *Grunewald*, in: Münchener Kommentar AktG, § 320 Rn. 4 ff.

29 Zur verfassungsrechtlichen Zulässigkeit des zwangsweisen Verlustes der Mitgliedschaft (Art. 3, 14 GG) vgl. BVerfGE 14, 263, 273 ff. (Feldmühle); BGH, AG 1974, 320, 323 f.

30 Vgl. BVerfGE 14, 263, 273 ff. (Feldmühle); BGH, AG 1974, 320, 323 f.; *Hüffer*, Aktiengesetz, § 320 Rn. 1; *Grunewald*, in: Münchener Kommentar AktG, § 320 Rn. 2.

31 *Grunewald*, in: Münchener Kommentar AktG, § 320b Rn. 3 m. w. N. in FN 6.

32 *Grunewald*, in: Münchener Kommentar AktG, § 320b Rn. 4.

33 Anders als die Vertragsparteien im Fall des § 305 Abs. 2 Nr. 2 AktG ist eine Abfindungsalternative anzubieten, d. h. dass die Hauptgesellschaft nicht zwischen
(Fortsetzung der Fußnote auf Seite 68)

SpruchG § 1 Anwendungsbereich

Auf diese Weise wird sichergestellt, dass die ausgeschiedenen Aktionäre nicht in eine erneute Abhängigkeit gezwungen werden[34].

b) Unangemessene Abfindung und Beschlussmängel

15 § 320b Abs. 2 Satz 1 AktG bestimmt, dass die Anfechtung des Eingliederungsbeschlusses (§ 320 Abs. 1 Satz 1 AktG) nicht auf § 243 Abs. 2 AktG (Erlangung von Sondervorteilen) oder auf die Unangemessenheit der Abfindungsregelung gestützt werden kann. Stattdessen kann eine zu geringe Abfindung im Zuge des Spruchverfahrens heraufgesetzt werden (§ 320b Abs. 2 Satz 2 AktG)[35].

3. Aktien –oder Verschmelzungsrechtlicher Squeeze-out (Ziff. 3)

Spezielle Literatur: *Krieger*, Squeeze-out nach neuem Recht: Überblick und Zweifelsfragen, BB 2002, 53 ff.; *Vetter*, Squeeze-out – Der Ausschluß der Minderheitsaktionäre aus der Aktiengesellschaft nach den §§ 327a–327f AktG, AG 2002, 176 ff.; *ders.*; Squeeze-out nur durch Hauptversammlungsbeschluss?, DB 2001, 743 ff.; *Grunewald*, Die neue Squeeze-out-Regelung, ZIP 2002, 18 ff.; *Habersack*, Der Finanzplatz Deutschland und die Rechte der Aktionäre, ZIP 2001, 1230 ff.; *Ehricke/Roth*, Squeeze-out im geplanten deutschen Übernahmerecht, DStR 2001, 1120 ff.; *Heidel/Lochner*, Squeeze-out ohne hinreichenden Eigentumsschutz, DB 2001, 2032 ff.; *Kiem*, Das neue Übernahmegesetz: „Squeeze-out", RWS Forum 20, Gesellschaftsrecht 2001, S. 329 ff.; *Halm*, „Squeeze-out" heute und morgen: Eine Bestandsaufnahme nach dem künftigen Übernahmerecht, NZG 2000, 1162 ff.; *Baums*, Der Ausschluss von Minderheitsaktionären nach §§ 327a ff. AktG n. F., WM 2001, 1843 ff.; *Bolte*, Squeeze-out: Eröffnung neuer Umgehungstatbestände durch die §§ 327a ff. AktG?, DB 2001, 2587 ff.; *Kossmann*, Ausschluß („Freeze-out") von Aktionären gegen Barabfindung, NZG 1999, 1198 ff.; *Ott*, Reichweite der Angemessenheitsprüfung beim Squeeze-out, DB 2003, 1615 ff.; *Dreier/Fritzsche*, Geschickt rausgedrängt – Wie sich Minderheits- und Mehrheitsaktionäre bei einem „Squeeze-out" einfacher einigen können, Financial Times vom 23.07.2002, S. 32; *Dreier*, Aktionäre dürfen zwangsweise ausgeschlossen werden, Financial Times vom 01.10.2002, S. 33; *Henze*, Erscheinungsformen des Squeeze-out von Minderheitsaktionären, in FS Herbert Wiedemann, 2002, S. 935–953; *Vetter*, Squeeze-out – Der Ausschluß der Minderheitsaktionäre aus der Aktiengesellschaft nach den §§ 327a–327f AktG, AG 2002, 176 ff.; *Schockenhoff/Lumpp*, Der verschmelzungsrechtliche Squeeze out in der Praxis, ZIP 2013, 749–760; *Stephanblome*, Gestaltungsmöglichkeiten beim verschmelzungsrechtlichen Squeeze-out, AG 2012, 814–822; *Mayer*, Praxisfragen des verschmelzungsrechtlichen Squeeze-out Verfahrens, NZG 2012, 561–575; *Hofmeister*, Der verschmelzungsrechtliche Squeeze-out – Wichtige Aspekte und Besonderheiten der Verschmelzung, NZG 2012, 688–694.

---

den Abfindungsarten wählen darf, siehe hierzu *Hüffer*, Aktiengesetz, § 305 Rn. 15, § 320b Rn. 5.
34 Begr. RegE, Kropff AktG (1965), S. 425; *Hüffer*, Aktiengesetz, § 320b Rn. 5; *Grunewald*, in: Münchener Kommentar AktG, § 320b Rn. 7.
35 Dies entspricht § 304 Abs. 3 Satz 2 AktG.

a) Regelungsgegenstand und Zweck

Im Rahmen des Wertpapiererwerbs- und Übernahmegesetzes (WpÜG) sind zum 01.01.2002 die Zwangsausschlussvorschriften von Minderheitsaktionären (§§ 327a bis 327f AktG), für die sich die Bezeichnung Squeeze Out durchgesetzt hat, neu in das Aktiengesetz eingefügt worden[36]. Auf der Grundlage von § 327a AktG kann die Hauptversammlung auf Verlangen eines Hauptaktionärs, der mindestens 95 % der Aktien einer Gesellschaft hält, beschließen, die Aktien der verbleibenden Minderheitsaktionäre gegen Zahlung einer Barabfindung auf den Hauptaktionär zu übertragen (sog. aktienrechtlicher Squeeze Out)[37].

16

Gem. §§ 62 Abs. 5 Satz 8 UmwG, 327f AktG ist ein Zwangsausschluss auch dann möglich, wenn dem Hauptaktionär lediglich 90 % des Grundkapitals gehören (sog. umwandlungsrechtlicher Squeeze Out)[38].

17

Das Squeeze Out stellt den weitestgehenden Eingriff in die Rechtsposition der Minderheitsaktionäre dar: Sie werden aus der Gesellschaft hinausgedrängt und verlieren dadurch definitiv alle Aktionärsrechte[39]. Obwohl die Squeeze Out Vorschriften inhaltlich an die der Mehrheitseingliederung angelehnt sind, führen sie nicht zu einer Eingliederung der Gesellschaft in den Hauptaktionär, d.h., die Rechtsfolgen der Eingliederung (§§ 321 bis 327 AktG) finden keine Anwendung[40].

18

Unverzichtbar für den Anteilserwerb durch den Hauptaktionär ist – neben dessen 95 %-Beteiligung (bzw. 90 %-Beteiligung beim umwandlungsrechtlichen Squeeze Out) und der entsprechenden Beschlussfassung in der Hauptversammlung – eine angemessene Barabfindung, die den betroffenen Minderheitsaktionären eine volle wirtschaftliche Entschädigung für den Totalverlust ihrer Rechtsposition garantiert (vgl. §§ 327a Abs. 1 Satz 1, 327b Abs. 1 Satz 1 AktG)[41]. Für den zustimmenden Hauptversammlungsbeschluss genügt regelmäßig die einfache Stimmenmehrheit (§ 133 Abs. 1 AktG), zumal infolge des Beteiligungserfordernisses des Hauptaktionärs von 95 % des Grundkapitals (bzw. 90 % des Grund-

19

---

36 BGBl. I 2001, 3822 ff.
37 Ausführlich zu den Voraussetzungen des Squeeze-out siehe *Hasselbach*, in: Kölner Kommentar WpÜG, § 327a Rn. 22 ff.; *Grzimek*, in: Geibel/Süßmann WpÜG, Art. 7 Rn. 31 ff.; *Hüffer*, Aktiengesetz, § 327a Rn. 5 ff.; *Steinmeyer/Häger*, WpÜG, § 327a Rn. 14 ff. jeweils m. w. N.
38 Zum umwandlungsrechtlichen Squeeze Out vgl. nur *Neye/Jäckel*, AG 2010, 237, 240.
39 So bereits *Dreier/Fritzsche*, Financial Times Deutschland vom 23.07.2002, S. 32.
40 *Steinmeyer/Häger*, WpÜG, § 327a Rn. 3.
41 Vgl. allgemein zu den verfassungsrechtlichen Anforderungen an den Entzug aktienrechtlicher Rechtspositionen BVerfGE 14, 263, 283; speziell zur Verfassungsmäßigkeit von Squeeze-out-Beschlüssen siehe auch LG Osnabrück, AG 2002, 527 f.; *Wirth/Arnold*, AG 2002, 503, 504 ff.; *Dreier*, Financial Times von 01.10.2002, S. 33.

kapitals beim umwandlungsrechtlichen Squeeze Out) eine entsprechende qualifizierte Mehrheit ohnehin gegeben wäre[42].

b) Unangemessene Barabfindung und Beschlussmängel

20 Ebenso wie im Recht der Beherrschungs- und Gewinnabführungsverträge oder der Mehrheitseingliederung sind auch beim Squeeze Out Anfechtungsklagen, die sich auf die Unangemessenheit der Barabfindung stützen, unzulässig. Ausschließlicher Rechtsbehelf für die Überprüfung der Angemessenheit der Barabfindung ist nach § 327f Abs. 1 Satz 1 und 2 AktG das Spruchverfahren. Anfechtungsklagen der Minderheitsaktionäre, die auf anderen Gründen – als Bewertungsrügen – beruhen, werden durch § 327f Abs. 1 Satz 1 AktG nicht ausgeschlossen[43]. Hierzu zählen insbesondere die Verletzung von allgemeinen Form- und Verfahrensmängeln oder inhaltliche Rügen, welche die Voraussetzungen des Squeeze Out als solche betreffen.

21 Auch bewertungsrelevante Informationsmängel können nicht im Wege der Anfechtung gerügt werden. Hierfür ist ausschließlich das Spruchverfahren der richtige Rechtsbehelf (§ 243 Abs. 4 Satz 2 AktG).

4. Umwandlung von Rechtsträgern (Ziff. 4)

22 Das Umwandlungsgesetz regelt verschiedene Fälle, bei denen das SpruchG für die Bestimmung der Zuzahlung an Anteilsinhaber oder der Barabfindung von Anteilsinhabern anlässlich der Umwandlung von Rechtsträgern Anwendung finden kann[44].

Dies sind im Einzelnen folgende Fälle:

– Die Bestimmung des Umtauschverhältnisses bei einer (grenzüberschreitenden) Verschmelzung, Auf- und Abspaltung (§§ 15, 122h, 125 UmwG),

– Die Bestimmung der Barabfindung bei einer (grenzüberschreitenden) Verschmelzung, Auf- und Abspaltung (§§ 29, 122i, 125 UmwG),

– Die Bestimmung der Zuzahlung/Barabfindung bei Vermögensübertragungen (§§ 176–181, 184, 186 UmwG),

---

42 *Hüffer*, Aktiengesetz, § 327a Rn. 11; *Steinmeyer/Häger*, WpÜG, § 327a Rn. 19; *Grzimek*, in: Geibel/Süßmann WpÜG, § 327a Rn. 31; DAV-Handelsrechtsausschuss, NZG 1999 850, 851; *Ehricke/Roth*, DStR 2001, 1120, 1124 ff.; kritisch zur Notwendigkeit eines Hauptversammlungsbeschlusses *Vetter*, DB 2001, 743, 744 ff.; *ders.*, ZIP 2000, 1817, 1820; *Habersack*, ZIP 2001, 1230, 1237; *Schiessl*, AG 1999, 442, 452.

43 *Steinmeyer/Häger*, WpÜG, § 327f Rn. 27; Hasselbach, in: Kölner Kommentar WpÜG, § 327f Rn. 2; *Grzimek*, in: Geibel/Süßmann WpÜG, § 327f Rn. 2.

44 Was die Einzelheiten der jeweiligen Umwandlungsarten betrifft sei auf die entsprechende Kommentarliteratur zum UmwG verwiesen.

– Die Bestimmung der Zuzahlung/Barabfindung beim Formwechsel (§§ 196, 212 UmwG).

Die Spruchverfahrensanträge richten sich auf Festsetzung eines Ausgleichs durch bare Zuzahlung für die Fälle, in denen ein unangemessenes Umtauschverhältnis gerügt wird (vgl. § 15 Abs. 1 Satz 1 UmwG). Wird die Prüfung der angebotenen Barabfindung begehrt, richtet sich der Antrags auf Festsetzung der angemessenen Barabfindung (vgl. § 34 UmwG). Auch abfindungswertbezogenen Informationspflichten sind ausschließlich im Spruchverfahren geltend zu machen (§ 14 Abs. 2 UmwG). Ansonsten können andere als wertbezogenen Mängel im Wege der Anfechtung geltend gemacht werden. 23

5. Gründung und Sitzverlegung einer SE (Ziff. 5)

Für die originäre Gründung eine SE stellt die SE-VO vier primäre Wege zur Verfügung: 24

– Gründung durch Verschmelzung mehrerer Aktiengesellschaften (Art. 2 Abs. 1, Art. 17 ff. SE-VO),

– Gründung einer Holding durch mehrere Kapitalgesellschaften (Art. 2 Abs. 2, Art. 32 ff. SE-VO),

– Gründung einer gemeinsamen Tochter-SE (Art. 2 Abs. 3, Art. 35, 36 SE-VO),

– Umwandlung einer AG in eine SE (Art. 2 Abs. 4, Art. 37 SE-VO).

Wie bei der nationalen Verschmelzung (§ 15 UmwG) ist auch im Fall der Gründung einer SE durch Verschmelzung die Kontrolle der Angemessenheit des Umtauschverhältnisses möglich (vgl. § 6 SEAAG). Stellt das Gericht ein unangemessenes Umtauschverhältnis fest, hat es einen Ausgleich durch bare Zuzahlung an die Aktionäre zu bestimmen (§ 6 Abs. 4 SEAG). Anders als im DiskE noch vorgesehen, können nur die Aktionäre des übertragenden Rechtsträgers eine bare Zuzahlung verlangen. 25

§ 7 Abs. 1 SEAG verpflichtet die verschmelzenden Gesellschaften darüber hinaus, jedem Aktionär, der gegen den Verschmelzungsbeschluss Widerspruch zur Niederschrift erklärt, den Erwerb seiner Aktien gegen eine angemessene Barabfindung anzubieten. Die Vorschrift ist an § 29 UmwG angelehnt. 26

Nach § 6 Abs. 1 SEAG kann eine Klage gegen den Verschmelzungsbeschluss nicht darauf gestützt werden, dass das Umtauschverhältnis der Anteile nicht angemessen ist. Eine parallele Regelung gilt für das Barabfindungsangebot nach § 7 Abs. 5 SEAG. Die vermögensrechtliche Kontrolle regelt § 6 Abs. 4 SEAG für das Umtauschverhältnis und § 7 Abs. 7 SEAG für die Barabfindung. Danach soll – wie im nationalen Umwandlungsrecht – das Spruchverfahren Anwendung finden[45]. Die Verschmel- 27

---

45 Ausführlich hierzu siehe die Kommentierung zu § 1 SpruchG Rn. 31 ff.

SpruchG § 1 Anwendungsbereich

zung kann also ungeachtet des Streits über die Angemessenheit des Umtauschverhältnisses oder der Barabfindung durchgeführt werden. Dies hat dann – wie im deutschen Recht – auch für abfindungswertbezogene Informationspflichtverletzungen zu gelten[46].

28 Die Kontrolle des Umtauschverhältnisses im Wege des Spruchverfahrens steht naturgemäß nur den Aktionären der dem deutschen Recht unterliegenden Gesellschaft zur Verfügung[47]. Allein auf diese bezieht sich die Ermächtigung des Art. 24 Abs. 2 SE-VO zum Erlass nationaler Schutzvorschriften.

29 Anspruchsgegner ist die neu gegründete SE. Um denkbare Konflikte der Rechtsordnungen zu vermeiden, ordnet Art. 25 Abs. 3 Satz 4 SE-VO ausdrücklich an, dass die Entscheidung in einem Gerichtsverfahren über das Umtauschverhältnis oder der Barabfindung für die übernehmende Gesellschaft und ihre Aktionäre bindend ist[48].

30 An einer Verschmelzung zur SE ist stets eine Aktiengesellschaft eines anderen Mitgliedstaates beteiligt (Art. 2 Abs. 1 SE-VO), deren nationale Rechtsordnung möglicherweise einen vergleichbaren Aktionärsschutz und insbesondere die spezielle verfahrensrechtliche Durchsetzung vermögensrechtlicher Ansprüche im Wege des Spruchverfahrens nicht kennt. In diesen Fällen kommt das Spruchverfahren nach Art. 25 Abs. 3 Satz 1 SE-VO nur dann zur Anwendung, wenn die Aktionäre des dem ausländischen Recht unterliegenden Rechtsträgers bei der Zustimmung zum Verschmelzungsplan gemäß § 23 Abs. 1 SE-VO ausdrücklich akzeptieren. Hintergrund dieser Regelung ist die Befürchtung, die Aktionäre der dem inländischen Recht unterliegenden Gesellschaft, bei der ein solches Schutzsystem besteht, könnten durch ein lange nach Durchführung der Verschmelzung ergehendes Urteil im Spruch- oder einem ähnlich gestalteten Verfahren eine Nachbesserung verlangen, die aus dem Vermögen der neu gegründeten SE zu zahlen wäre und somit zu Lasten derjenigen Aktionäre ginge, denen ein derartiges Verfahren nach ihrem eigenen nationalen Recht nicht zur Verfügung steht[49]. So verständlich diese Schutzmaßnahme für die Aktionäre des ausländischen Rechtsträgers sein mag, entwertet sie das Spruchverfahren in diesen Fällen ganz erheblich, da es nicht ersichtlich ist, warum die Aktionäre des ausländischen Rechtsträgers einer Sonderbehandlung der Aktionäre des deutschen Rechtsträgers zustimmen sollten[50]. Sie können dabei nur verlieren, da das Spruchverfahren eine Verschlechterung des angegriffenen Umtauschverhältnisses zu ihren

---

46 Siehe hierzu die Kommentierung zu § 1 SpruchG Rn. 31 ff.
47 Vgl. *Neye/Teichmann*, AG 2003, 169, 171 f.; *Teichmann*, ZGR 2002, 383, 427 ff.
48 Dies hat selbstverständlich auch im umgekehrten Fall zu gelten, d. h. wenn das Rechtssystem der Aktionäre des aufnehmenden Rechtsträgers – im Unterschied zu dem des übertragenden Rechtsträgers – ein entsprechendes Verfahren kennt. Art. 25 Abs. 3 SE-VO hat dies offensichtlich nicht berücksichtigt.
49 Vgl. *Teichmann*, ZGR 2002, 383, 428.
50 Siehe hierzu die Begründung bei *Teichmann*, ZGR 2002, 383, 428.

Gunsten nicht vorsieht[51]. Der unerwünschte Nebeneffekt ist, dass derartige Rügen wiederum nur im Anfechtungsverfahren zu rügen wären.

Um die nach Art. 25 Abs. 3 SE-VO zwingend erforderliche Zustimmung zu erhalten, hat der Gesetzgeber den Anteilsinhabern der ausländischen Gesellschaft über § 6a die Möglichkeit eingeräumt, die Bestellung eines (zweiten) gemeinsamen Vertreters zu beantragen (vgl. ausführlich hierzu § 6a Rn. 1 ff.). Seine Aufgabe ist es, die wirtschaftlichen Interessen der Anteilsinhaber der ausländischen Gesellschaft an der Beibehaltung der Kompensation (nicht Erhöhung wie bei der Bestellung nach § 6) zu vertreten. Ob diese bloße mittelbare Beteiligung ausreichend ist, um die Zustimmung zu erhalten wird die Praxis zeigen. *31*

Für die Gründung einer Holding-SE gilt das für die Gründung einer SE durch Verschmelzung Gesagte entsprechend. *32*

Auch bei der Sitzverlegung eröffnet die SE-VO die Möglichkeit, Schutzvorschriften für die betroffenen Aktionäre zu erlassen (Art. 8 Abs. 5 SE-VO). Das besondere Schutzbedürfnis ergibt sich daraus, dass die von einer Sitzverlegung betroffenen Aktionäre einer ihnen zumeist unbekannten Rechtsordnung ausgesetzt werden[52]. Denn für die SE findet über die Verweisungsnorm in Art. 10 SE-VO in weiten Bereichen das Aktienrecht des jeweiligen Mitgliedstaates Anwendung, in dem die SE nach der Sitzverlegung ihren Sitz hat. Dies rechtfertigt es, den Minderheitsaktionären ein Austrittsrecht zu gewähren. Das SEAG sieht deshalb in § 12 Abs. 1 SEAG die Möglichkeit vor, dass jedem Aktionär, der gegen den Verlegungsbeschluss Widerspruch zur Niederschrift erklärt hat, ein Barabfindungsangebot zu unterbreiten ist. Erachtet er die angebotene Barabfindung als unangemessen, kann er im Wege des Spruchverfahrens die Überprüfung rügen. Wie aus § 12 Abs. 2 i. V. m. § 7 Abs. 5 SEAG hervorgeht, ist ihm der Weg über die Anfechtungsklage versperrt. *33*

6. Gründung einer Europäischen Genossenschaft (Ziff. 6)

Bei Gründung einer Europäischen Genossenschaft durch Verschmelzung werden die Mitglieder der übertragenden Gesellschaft durch § 7 Abs. 2 SCEAG geschützt. *34*

III. Weitere Anwendungsfälle der Grundsätze des SpruchG

§ 1 SpruchG ist nicht als abschließende Regelung zu verstehen, die eine Ausdehnung des Spruchverfahrens über die aufgezählten Fälle hinaus ausschließen würde. Vielmehr soll das Spruchverfahren nach dem aus- *35*

---

51 Zum Verbot der reformatio in peius siehe die Kommentierung in der Einleitung Rn. 35.
52 So zutreffend bereits *Neye/Teichmann*, AG 2003, 169, 174; *Teichmann*, ZGR 2003, 383, 460.

SpruchG § 1 Anwendungsbereich

drücklichen Willen des Gesetzgebers auch für andere Fälle entsprechend angewendet werden können[53]. So hat das BVerfG in der Moto-Meter-Entscheidung die Anwendung des Spruchverfahrens für den Fall der übertragenden Auflösung zwar nicht als ausschließlich zulässigen, doch als grundsätzlich möglichen Rechtsbehelf angesehen[54]. Die höchstrichterliche Rechtsprechung des BGH hat die Anwendbarkeit des Spruchverfahrens für den Fall des Delistings nach den Grundsätzen der Macrotron-Entscheidung bis 2013 und für abfindungswertbezogene Informationsmängel beim Formwechsel in den Entscheidungen MEZ und Aqua Butzke angenommen (vgl. ausführlich zum Delisting Annex § 1 Delisting)[55].

1. Mehrstimmrechte

a) Überblick

36 Mehrstimmrechtsaktien geben dem Inhaber einer Aktie mehr Stimmen als es seiner auf das Grundkapital bezogenen Beteiligungsquote entspricht[56]. Damit widersprechen Mehrstimmrechte dem Grundsatz der Proportionalität zwischen Kapitaleinsatz und Stimmrechtsmacht, nach dem jeder Aktionär nur so viel Rechte haben soll, wie er aufgrund seiner Kapitalbeteiligung beanspruchen kann[57].

37 Durch Art. 1 Nr. 3 KonTraG ist die frühere Ausnahmeregelung in § 12 Abs. 2 Satz 2 AktG a. F., nach der Mehrstimmrechte mit ministerieller Genehmigung begründet werden konnten, soweit das zur Wahrung überwiegender gesamtwirtschaftlicher Belange erforderlich war, aufgehoben worden[58]. Nach geltendem Recht ist die Ausgabe von Aktien mit Mehrstimmrechten unzulässig (§ 12 Abs. 2 AktG).

38 Bisher existierende Mehrstimmrechte sind aufgrund der Übergangsvorschrift in § 5 Abs. 1 EGAktG am 01.06.2003 erloschen, wenn nicht zuvor die Hauptversammlung aufgrund eines qualifizierten Mehrheitsbeschlusses ihre Fortgeltung beschlossen hat. Unabhängig von § 5 Abs. 1 EGAktG, d. h. vor dem 01.06.2003 oder nach einem etwaigen Fortgeltungsbeschluss, konnte oder kann die Hauptversammlung nach § 5 Abs. 2 Satz 1 EGAktG jederzeit – mit einfacher Kapitalmehrheit, § 5 Abs. 2 Satz 2 EGAktG – die Beseitigung der Mehrstimmrechte beschließen. Das Erlöschen der Mehrstimmrechte und ihre Beseitigung sind in ih-

---

53 Vgl. Beschlussempfehlung des Rechtsausschusses, BT-Drucks. 15/838, S. 16; Begr. RegE, BT-Drucks. 15/371, S. 11, vgl. auch die Stellungnahme des DAV (RegE), NZG 2003, 316 ff.
54 BVerfG, DB 2000, 1905 ff. (Moto-Meter).
55 BGH, AG 2003, 273 ff. (Macrotron); BGHZ 146, 179, 181 ff.; (MEZ); BGH, NJW 2001, 1428 ff. (Aqua Butzke).
56 Vgl. nur *Brändel*, in: Großkomm AktG, § 12 Rn. 33 ff.
57 Begr. RegE, Kropff AktG (1965), S. 25; zum Grundsatz und dessen Ausnahmen (z. B. bei Vorzugsaktien) vgl. nur *Brändel*, in: Großkomm AktG, § 12 Rn. 4 ff., 22 ff., 30 ff.
58 KonTraG vom 27. April 1998, BGBl. I 1998, S. 786 ff.

ren Rechtsfolgen identisch. Die Aktien bestehen mit der Stimmkraft fort, die ihnen nach § 134 AktG zukommt[59].

Sind die Mehrstimmrechte nach § 5 Abs. 1 EGAktG erloschen oder hat die Hauptversammlung deren Beseitigung aufgrund § 5 Abs. 2 EGAktG beschlossen, muss die Gesellschaft den Inhabern der Mehrstimmrechtsaktien gemäß § 5 Abs. 3 Satz 1 EGAktG einen Ausgleich gewähren, der den besonderen Wert der Mehrstimmrechte angemessen berücksichtigt. Die Art und Höhe der Ausgleichspflicht ist in § 5 Abs. 3 EGAktG nicht geregelt, so dass als Ausgleich jeder Vermögensvorteil in Betracht kommt. Zu denken ist hier an einen einmaligen oder gestreckten Barausgleich, an die Gewährung junger Aktien aus einer Kapitalerhöhung unter Ausschluss des Bezugsrechts oder an einen gemischten Ausgleich[60]. 39

b) Rechtsschutz

Sind die Mehrstimmrechte kraft Gesetzes gemäß § 5 Abs. 1 EGAktG erloschen, können die betroffenen Inhaber der Aktien einen Anspruch auf angemessenen Ausgleich nicht im Wege der allgemeinen Leistungsklage, sondern ausschließlich im Spruchverfahren geltend machen (§ 5 Abs. 5 EGAktG)[61]. Dies gilt sowohl in den Fällen, in denen überhaupt keine Ausgleichsleistung angeboten wird, als auch dann, wenn die angebotene Leistung zu niedrig erscheint. Das Gericht hat dann einen angemessenen Ausgleichsbetrag festzusetzen, wobei es an die einmal gewählte Abfindungsart (sofern eine solche festgelegt worden ist) gebunden ist. Problematisch sind die Fälle, in denen die Gesellschaft überhaupt keinen Ausgleich angeboten und damit auch nicht die Abfindungsart bestimmt hat. In diesen Fällen hat das Gericht – mangels anderer Entscheidungsalternativen – einen Ausgleich durch bare Zuzahlung festzusetzen. Es kann nicht Aufgabe des Gerichts sein, über die Art der Finanzierung und damit über eine unternehmerische Ermessensentscheidung zu befinden, welche die Geschehnisse innerhalb der Gesellschaft beeinflussen und deshalb allein der Unternehmensleitung obliegen. Macht das Unternehmen von seinem Wahlrecht bzgl. der Abfindungsart keinen Gebrauch, ist es diesbezüglich auch nicht schutzbedürftig, so dass es gegen die Festsetzung eines Barausgleichs als Abfindungsart auch keine Einwände geltend machen darf. Dies gilt ebenso für die ehemaligen Mehrstimmrechtsaktionäre, die möglicherweise an der Zuteilung von jungen Aktien interessiert sein könnten, um auf diese Art ihr altes relatives Stimmgewicht aufrechtzuerhalten. Dadurch, dass die Gesellschaft von ihrem Wahlrecht keinen Gebrauch macht, geht das Wahlrecht aber auch nicht auf die betroffenen Aktionäre über. Im Übrigen besteht kein Bestandsschutz im Hinblick auf die Aufrechterhaltung der durch die Mehrstimmaktien bewirkten Stimmrechtsquote, der eine Ausgleichszahlung in jungen Aktien rechtferti- 40

---

59 *Hüffer*, Aktiengesetz, § 12 Rn. 12.
60 Vgl. *Hüffer*, Aktiengesetz, § 12 Rn. 14.
61 Mangels Hauptversammlungsbeschluss scheidet eine diesbezügliche Anfechtungsklage von vornherein aus.

gen könnte. Der Ausgleich ist gerade dafür vorgesehen, den Verlust der Stimmrechtsquote zu kompensieren.

41 Erlöschen die Mehrstimmrechte kraft Hauptversammlungsbeschluss gemäß § 5 Abs. 2 Satz 1 EGAktG, ist eine Anfechtungsklage aufgrund § 5 Abs. 4 AktG ausgeschlossen, da sie nicht darauf gestützt werden kann, dass die Beseitigung der Mehrstimmrechte oder der festgesetzte Ausgleich unangemessen ist. Stattdessen kann jeder Aktionär, der gegen den Beschluss Widerspruch zur Niederschrift erklärt hat, die gerichtliche Festsetzung eines angemessenen Ausgleichs im Spruchverfahren beantragen (§ 5 Abs. 4 Satz 2 EGAktG). Um eine einheitliche Handhabung zu gewährleisten, muss dies auch dann gelten, wenn überhaupt kein Ausgleichsangebot gewährt wurde. Derartige Fälle können nicht im Wege der Anfechtungsklage gerügt werden. Die Zuständigkeit des Spruchverfahrens kann nämlich nicht davon abhängen, ob die Mehrstimmrechte kraft Gesetzes oder durch Hauptversammlungsbeschluss erlöschen. Auch ausgleichsbezogene Informationsmängel sind ausschließlich im Spruchverfahren zu rügen[62].

2. Übernahmerechtlicher Squeeze Out

Spezielle Literatur: *Kieling*, Der übernahmerechtliche Squeeze Out; *Falkner*, Anm. zu LG Frankfurt am Main, Beschluss vom 05.08.2008, 3–5 O 15/08, ZIP 2008, 1775.

42 Beim übernahmerechtlichen Squeeze Out gem. §§ 39a ff. WpÜG ist de lege lata ein Spruchverfahren nicht statthaft, da der Gesetzgeber dies bewusst ausgeschlossen hat und es insoweit an einer planwidrigen Regelungslücke fehlt[63]. Die Bundesregierung hat die Anregung des Bundesrates, Bewertungsrügen ausschließlich im Spruchverfahren geltend zu machen, zurückgewiesen[64].

43 Die Angemessenheitsvermutung gemäß § 39a Abs. 3 Satz 3 WpÜG ist widerlegbar[65]. Der Umstand, dass 90 Prozent des außenstehenden Grundkapitals das Angebot angenommen haben bedeutet nicht, dass es wirtschaftlich angemessen ist. Eine Unwiderlegbarkeitsvermutung unterstellt, bedingt erhebliche Bedenken mit Blick auf die Garantie des verfassungsrechtlich garantierten Vermögensschutzes gem. Art 14 GG.

---

62 Siehe hierzu ausführlich die Kommentierung zu § 1 SpruchG Rn. 112 ff.
63 Vgl. nur den Nichtannahmebeschluss des BVerfG, Entscheidung vom 16.05. 2012, 1 BvR 96/09 juris Rn. 1a ff.; OLG Stuttgart, Beschluss vom 05.05.2009, 20 W 13/08, juris Rn. 121 ff.; OLG Celle, AG 2010, 456; *Wasmann*, in: KK, AktG, § 1 SpruchG Rn. 5 m. w. N. in FN 22; *Seiler*, in: Assmann/Pötzsch/Schneider, WpÜG, § 39 a Rn. 110, 111.
64 BT-Druchs. 16/1342, S. 5, 7.
65 Umstritten, vgl. zum Streitstand nur *Seiler*, in: Assmann/Pötzsch/Schneider WpÜG, § 39a Rn. 84 ff.

Statthafte Verfahrensart für die Bestimmung der angemessenen Kom- 44
pensation ist de lege lata allein das Ausschlussverfahren vor dem LG
Frankfurt. Die Minderheitsaktionäre können im Rahmen des Ausschlussverfahrens vor dem LG Frankfurt am Main alle Rügen gegen die Angemessenheit der Barabfindung geltend machen, die ansonsten im vom Grundverfahren unabhängigen Spruchverfahren geltend zu machen wären[66]

De lege ferenda ist eine Neuordnung zu fordern und die Anwendbarkeit 45
des Spruchverfahrens für die Festlegung der Barabfindung zu normieren.
Damit würde – wie beim aktien- bzw. umwandlungsrechtlichen Squeeze
Out –, die Grundentscheidung über die Zulässigkeit des Zwangsausschlusses von der (nachfolgenden) Festlegung der angemessenen Barabfindung getrennt und eine zügige Verfahrensdurchführung ermöglicht.
Dadurch würden sowohl die Interessen des Bieters als auch die der Minderheitsaktionäre gewahrt.

3. Spruchverfahren als zusätzlicher Rechtsbehelf bei Übernahme- und Pflichtangeboten nach dem WpÜG

Spezielle Literatur: *Lappe/Stafflage*, BB 2002, Unternehmensbewertung nach dem Wertpapiererwerbs- und Übernahmegesetz, BB 2003, 2185 ff.

a) Überblick

Das am 01.01.2001 in Kraft getretene WpÜG schafft einen einheitli- 46
chen Rechtsrahmen für Übernahmen von börsennotierten Gesellschaften im Wege eines öffentlichen Angebots[67]. Aufgrund der gesetzlichen Systematik des WpÜG ist zwischen Übernahmeangeboten, Pflichtangeboten und einfachen öffentlichen Erwerbsangeboten zu unterscheiden[68]. Übernahmeangebote sind Angebote, die auf den Erwerb der Kontrolle, also das Halten von mindestens 30 % der Stimmrechte an der Zielgesellschaft gerichtet sind (§ 29 WpÜG). Pflichtangebote sind Angebote, welche die Übernahme aller übrigen Aktien beinhalten und von demjenigen abzugeben sind, der unmittelbar oder mittelbar die Kontrolle über eine Zielgesellschaft erworben hat (§ 35 WpÜG). Von einfachen öffentlichen Erwerbsangeboten wird dann gesprochen, wenn der Bieter entweder bereits über eine Kontrollbeteiligung verfügt und seine Beteiligung aufstocken will, oder wenn das Angebot unter Berücksichtigung der bereits bestehenden Beteiligung unterhalb der Kontrollschwelle verbleibt (vgl. §§ 10 ff. WpÜG).

Bei Übernahmeangeboten und Pflichtangeboten hat der Bieter den Ak- 47
tionären der Zielgesellschaft eine „angemessene Gegenleistung" anzu-

---

66 *Seiler*, in: Assmann/Pötzsch/Schneider, WpÜG, § 39a Rn. 113.
67 Vgl. nur *Steinmeyer/Häger*, WpÜG, Einleitung Rn. 1.
68 Zur Terminologie statt vieler *Krause*, NJW 2002, 705, 706; *Lappe/Stafflage*, BB 2003, 2185.

SpruchG § 1 Anwendungsbereich

bieten (§§ 31 Abs. 1 Satz 1, 39 WpÜG)[69]. Eine entsprechende Regelung existiert bei einfachen Erwerbsangeboten nicht. Für alle öffentlichen Angebote gilt, dass eine Angebotsunterlage erstellt, von der Bundesanstalt für Finanzdienstleistungsaufsicht (BAFin) genehmigt und sodann veröffentlicht werden muss[70].

48 Im Rahmen des Gestattungsverfahrens nach §§ 14, 15 WpÜG überprüft die BAFin die Angebotsunterlagen und somit auch die Angemessenheit der Gegenleistung nur auf offensichtliche Gesetzesverletzungen (vgl. § 15 Abs. 1 Nr. 2 WpÜG). Die Prüfung beschränkt sich darauf, ob die Mindestpreisregeln eingehalten und Vorerwerbe berücksichtigt wurden. Die BAFin führt keine komplexe Unternehmensbewertung durch. Dies wäre innerhalb der kurzen Dauer des Gestattungsverfahrens weder möglich noch praktikabel[71]. Bei Unternehmensbewertungen, denen regelmäßig ein komplexer Sachverhalt zu Grunde liegt, wäre ohnehin eine offensichtliche Unrichtigkeit nur selten anzutreffen[72]. Die Prüfungskompetenz der BAFin ist deshalb de iure und de facto eingeschränkt[73]. Aktionäre haben überdies keinen öffentlich-rechtlichen Anspruch auf Nachbesserung des Übernahmeangebots in dem Angebotsverfahren, da den Aktionären nach derzeitiger h. M. keine Beteiligung in dem Verfahren des Bieters vor der BAFin zusteht[74].

b) Rechtsschutz zur Überprüfung der Gegenleistung

49 Weder das WpÜG noch die WpÜGAngVO sehen institutionell ein Verfahren vor, mit dessen Hilfe die Angemessenheit der Gegenleistung für die Aktionäre der Zielgesellschaft überprüfbar wäre (vgl. §§ 31 Abs. 1, 39 WpÜG). Insbesondere findet das Spruchverfahren in den Materialien zum WpÜG keine Erwähnung. Wenn ein Aktionär der Zielgesellschaft der Meinung ist, die angebotene Gegenleistung sei unangemessen, so kann er seinen Anspruch auf eine angemessene Gegenleistung nach der-

---

69 Bei der Bestimmung der angemessenen Gegenleistung sind sowohl der Börsenkurs der Aktien (sogenannte Börsenpreisregel) als auch der Erwerb von Aktien der Zielgesellschaft durch den Bieter, mit ihm gemeinsam handelnde Personen oder deren Tochterunternehmen (sogenannte Gleichpreisregel) zu berücksichtigen (vgl. § 31 Abs. 1 Satz 2 WpÜG); ausführlich zur Berücksichtigung des Börsenkurses siehe die Kommentierung zu § 1 SpruchG Rn. 213 ff.
70 *Krause*, NJW 2002, 705, 706; zum notwendigen Inhalt der Angebotsunterlagen vgl. *Lappe/Stafflage*, BB 2002, 2185, 2187 f.
71 *Steinmeyer/Häger*, WpÜG, § 31 Rn. 87, § 35 Rn. 45.
72 *Angerer*, in: Geibel/Süßmann WpÜG, § 15 Rn. 20; *Lappe/Stafflage*, BB 2002, 2185, 2189.
73 *Lappe/Stafflage*, BB 2002, 2185, 2189.
74 HM, vgl. OLG Frankfurt, DB 2003, 1373, 1374; OLG Frankfurt, DB 2003, 1371, 1372 f.; *Wagner*, NZG 2003, 718 f.; *Schnorbus*, ZHR 166 (2002), 72, 78 ff.; *Ihrig*, ZHR 167 (2003), 315, 318 ff.; *Möller*, ZHR 167 (2003), 301, 304 ff.; a.A. *Schneider*, AG 2002, 125, 133; ausführlich zum Meinungsstand siehe *Pohlmann*, in: Kölner Kommentar WpÜG, § 48 Rn. 63 ff., 74.

zeitiger h. M. nur mit einer Leistungsklage durchsetzen[75]. Die Anspruchsgrundlage ist dann der mit dem Bieter abgeschlossene Vertrag i. V. m. § 31 Abs. 1 Satz 1 WpÜG oder – wenn noch kein Vertrag geschlossen wurde – unmittelbar § 31 Abs. 1 Satz 1 WpÜG[76].

Gegenüber dem Spruchverfahren bietet dieses Verfahren zahlreiche Nachteile. Für die Durchsetzung der Ansprüche ist der Aktionär nach allgemeinen zivilprozessualen Grundsätzen grundsätzlich darlegungs- und beweispflichtig[77]. Die gerichtliche Entscheidung wirkt auch nur inter partes, d. h. sie entfaltet keine allgemeinverbindliche Wirkung zugunsten der anderen Aktionäre[78]. *50*

c) Anwendung des Spruchverfahrens de lege lata

Die von einem Übernahmeangebot bzw. Pflichtangebot betroffenen Aktionäre der Zielgesellschaft haben ebenso wie die Minderheitsaktionäre bei aktien- und umwandlungsrechtlichen Strukturmaßnahmen keinen verfahrensmäßigen Einfluss auf die Ermittlung des Unternehmenswertes und damit auf die Angemessenheit der anzubietenden Gegenleistung. Dies wirft die Frage auf, ob wegen der ähnlichen Ausgangssituation die Regelungen zum Spruchverfahren bereits de lege lata auf die Fälle des WpÜG zu erstrecken sind. Ein solcher Analogieschluss setzt neben einer vergleichbaren Interessenlage eine planwidrige Regelungslücke voraus[79]. *51*

Hinsichtlich der vergleichbaren Interessenlage ist zu beachten, dass die Aktionäre der Zielgesellschaft zum Zeitpunkt des Übernahmeangebots nicht wissen, wie viele Aktionäre das Angebot annehmen werden. Sie befinden sich in einem Gefangenendilemma: Nehmen viele Aktionäre das Angebot an und entscheidet sich der einzelne Aktionär dagegen, findet er sich in einem vom Bieter kontrollierten Unternehmen wieder. Seine Situation entspricht dann der des Minderheitsaktionärs nach dem Abschluss eines Beherrschungs- bzw. Gewinnabführungsvertrages[80]. Entscheidet sich der einzelne Aktionär für das Übernahmeangebot, während sich die Mehrzahl der übrigen Aktionäre dagegen entscheidet, scheidet er in dem Glauben aus der Gesellschaft aus, andernfalls ein Minderheitsaktionär eines abhängigen Unternehmens geworden zu sein, obwohl der Bieter tatsächlich gar keine Kontrollmehrheit erworben hat. Hätte er *52*

---

75 OLG Frankfurt, DB 2003, 1373, 1374; *Steinmeier/Häger*, WpÜG, § 31 Rn. 86 ff.; § 35 Rn. 45; *Kremer/Oesterhaus*, in: Kölner Kommentar WpÜG, § 31 Rn. 105; *Lappe/Stafflage*, BB 2003, 2185, 2191 f.
76 *Steinmeier/Häger*, WpÜG, § 31 Rn. 88 f.; *Kremer/Oesterhaus*, in: Kölner Kommentar WpÜG, § 31 Rn. 105 f.
77 *Steinmeier/Häger*, WpÜG, § 31 Rn. 88; *Kremer/Oesterhaus*, in: Kölner Kommentar WpÜG, § 31 Rn. 105.
78 Vgl. *Lappe/Stafflage*, BB 2002, 2185, 2192.
79 *Larenz*, Methodenlehre der Rechtswissenschaft, 6. Aufl., 1991, S. 384 ff.
80 Siehe hierzu die Kommentierung zu § 1 SpruchG Rn. 2 ff.

dies zuvor gewusst, hätte er sich möglicherweise anders entschieden und wäre weiterhin Aktionär der Gesellschaft.

53 Diese zunächst lediglich potentielle Beeinträchtigung, ist jedoch der unausweichlichen Beeinträchtigung beim Abschluss von Beherrschungs- und Gewinnabführungsverträgen gleichzustellen. Denn der Einritt der tatsächlichen Gefährdung der Aktionärsrechte ist zumindest so wahrscheinlich, dass vernünftigerweise mit ihrem Eintritt zu rechnen ist. Im Übrigen macht es aus Sicht des Aktionärs im Zeitpunkt der Entscheidung keinen Unterschied, ob das Übernahmeangebot Erfolg hat und eine konzernmäßige Integration des Unternehmens tatsächlich eintritt. Er kann sich auch bei einer gescheiterten Übernahme „falsch" entschieden haben, wie das zuvor erörterte Gefangenendilemma aufzeigt. Die Interessenlage des Aktionärs, der über ein Übernahmeangebot zu entscheiden hat, ist demzufolge mit der Lage des Aktionärs vergleichbar, der über den Abschluss eines Beherrschungs- oder Gewinnabführungsvertrag zu entscheiden hat.

54 Gegen die Vergleichbarkeit der Interessenlage wird zum Teil eingewendet, dass im Übernahmerecht – anders als in den Fallkonstellationen im Aktien- und Umwandlungsrecht – nicht eigenmächtig in die Rechtsstellung des Aktionärs eingegriffen werde. Vielmehr könne der Aktionär der Zielgesellschaft eigenverantwortlich über die Angebotsannahme entscheiden[81]. Dem kann nicht gefolgt werden. Trotz der Mitwirkungsmöglichkeit des Aktionärs in der Hauptversammlung hat er auf deren Mehrheitsentscheidung regelmäßig keinen Einfluss. Deren Beschluss kommt daher einem Eingriff von außen gleich. Dass der Aktionär im Rahmen der Willensbildung mitgewirkt hat, ändert nichts an der drohenden Beeinträchtigung. Im Übrigen ist der Bieter regelmäßig bereits vor Abgabe des Angebots Aktionär der Zielgesellschaft, so dass die Grenzen zu einem Eingriff von außen verwischen. Zudem hat auch der Minderheitsaktionär im Aktien- und Umwandlungsrecht regelmäßig die Möglichkeit, selbst darüber zu entscheiden, ob er das Angebot annimmt und aus der Gesellschaft ausscheidet (vgl. §§ 305 Abs. 1, 29 Abs. 1, 207 Abs. 1 UmwG). Die vermeintlichen Unterschiede existieren damit nicht.

55 Da das WpÜG eine Überprüfung des angebotenen Kaufpreises durch ein Spruchverfahren nicht vorsieht, existiert eine Regelungslücke. Diese ist aber nicht planwidrig, wie das Gesetzgebungsverfahren zeigt. Die Squeeze Out Vorschriften in den §§ 327a ff. AktG sind zeitgleich mit dem WpÜG im Rahmen eines übergreifenden Artikelgesetzes in Kraft getreten[82]. Beim Squeeze Out hat der Gesetzgeber das Spruchverfahren jedoch als ausschließlichen Rechtsbehelf für die Prüfung der Angemessenheit der angebotenen Barabfindung vorgesehen (§ 327f AktG)[83]. Wie bereits *Lappe/Stafflage* zutreffend hervorgehoben haben, lässt sich da-

---

81 *Lappe/Stafflage*, DB 2002, 2185, 2191; *Krämer/Theiß*, AG 2003, 225, 239.
82 BGBl. I 2001, S. 3822 ff.
83 Siehe ausführlich zum Squeeze Out die Kommentierung zu § 1 SpruchG Rn. 20 ff.

raus schließen, dass der Gesetzgeber das Spruchverfahren bewusst auf das Squeeze Out beschränken und nicht etwa auf das Übernahme- und Pflichtangebot im WpÜG erstrecken wollte[84]. Andernfalls hätte es nahegelegen, dass er auch im WpÜG eine vergleichbare Regelung normiert hätte.

Für eine Rechtsanalogie zur Anwendung des Spruchverfahrens auf das WpÜG fehlt es damit an der Planwidrigkeit der Regelungslücke. De lege lata sind die Aktionäre, die ein unangemessenes Übernahme- oder Pflichtangebot rügen, auf den Zivilrechtsweg verwiesen. 56

d) Anwendung des Spruchverfahrens de lege ferenda

Zur Bestimmung der Gegenleistung bei öffentlichen Übernahmeangeboten nach dem WpÜG sollte der Gesetzgeber – wie auch beim übernahmerechtlichem Squeeze Out (siehe oben § 1 Rn. 97 ff.) – ein Spruchverfahren vorsehen[85]. Die Interessenlage der von einem Übernahmeangebot betroffenen Aktionäre entspricht derjenigen beim Beherrschungs- und Gewinnabführungsvertrag (siehe oben § 1 Rn. 108). Wegen der drohenden Beeinträchtigung in die Mitgliedschaft (zukünftig bestimmt der Hauptaktionär kraft seiner Mehrheit) ist ein Anspruch auf eine angemessene Kompensation auch verfassungsrechtlich geboten. 57

Warum der Gesetzgeber das Spruchverfahren trotzdem nicht auch im WpÜG integrierte, während er es zeitgleich für die Squeeze Out Vorschriften etabliert hat, ist angesichts der vergleichbaren Interessenlage der betroffenen Aktionäre unverständlich. Es lässt sich allenfalls vermuten, dass er dadurch die Position des Bieters insoweit stärken wollte, als dieser – eine erfolgreiche Klage gegen die Angemessenheit der Gegenleistung unterstellt – lediglich die klagenden Aktionäre angemessen zu entschädigen hat. Diese implizite gesetzgeberische Wertung, die den Bieter finanziell unter Umständen ganz erheblich auf Kosten der Aktionäre entlastet, passt nicht in ein System, das in den meisten vergleichbaren Fällen dadurch gekennzeichnet ist, allen Aktionären, d.h. auch den nicht klagenden, einen angemessenen Ausgleich zuzubilligen. Der vermögensrechtliche Eingriff in die Aktionärsstellung wiegt bei den nicht klagenden Aktionären, die ihre Anteile zu einem unangemessenen Preis verkauft haben, keineswegs weniger schwer. Außerdem sollte der Bieter nicht dadurch begünstigt werden, dass er eine unangemessen niedrige Gegenleistung offeriert. 58

Auch der denkbare Einwand, dass die Aktionäre der Zielgesellschaft durch die Amtsermittlungspflicht des Gerichts im Spruchverfahren zu stark begünstigt werden, kann nicht überzeugen. Denn mit der Neuordnung des Spruchverfahrens hat der Gesetzgeber wesentliche Elemente des Parteiverfahrens ins Spruchverfahren integriert, so dass die Amtsermittlung eingeschränkt worden ist. 59

---

84 *Lappe/Stafflage*, DB 2002, 2185, 2192.
85 A.A. *Wasmann*, in: KK AktG, § 1 SpuchG Rn. 41.

SpruchG § 1 Anwendungsbereich

60 Dass der Bieter ggf. erhebliche Nachforderungen zu zahlen hat und deswegen ggf. von einem Gebot absieht, ist von untergeordneter Bedeutung[86]. Zahlt er einen wirtschaftlich angemessenen Preis lassen sich die Kosten der Übernahme sehr gut kalkulieren. Versucht er unter Wert das Unternehmen einzuverleiben ist er nicht schutzwürdig.

61 Der Gesetzgeber sollte vor diesem Hintergrund die unterschiedliche Ausgestaltung der Rechtsbehelfe überdenken und vermögensrechtliche Ansprüche von Aktionären auch im WpÜG ausschließlich im Wege des Spruchverfahrens zur Überprüfung stellen. Um die jeweiligen Rechtsbehelfsverfahren im Aktien-, Umwandlungs- und Übernahmerecht entsprechend zu harmonisieren, ist eine diesbezügliche Angleichung wünschenswert.

62 Als Regelungsstandort für die Einbeziehung des Spruchverfahrens in das WpÜG bietet sich § 31 WpÜG an. Das Spruchverfahren eignet sich allerdings nur für die Bestimmung der Höhe der Gegenleistung, nicht für die Schaffung eines Anspruchs. Diesbezüglich werden die Aktionäre auch nach Einführung der Spruchverfahrensregeln im WpÜG auf das allgemeine zivilprozessuale Verfahren angewiesen sein. Offeriert der Bieter keine Gegenleistung, obwohl er nach dem WpÜG dazu verpflichtet wäre, kann er von den Aktionären der Zielgesellschaft auf Abgabe einer diesbezüglichen Willenserklärung im ordentlichen Gerichtsweg verklagt werden (vgl. § 66 WpÜG)[87]. Für die Überprüfung der Angemessenheit des aus der Klage resultierenden Angebotes wäre dann wiederum das Spruchverfahren der ausschließliche Rechtsbehelf. Da beide Angelegenheiten aufgrund der Regelungen in §§ 2 Abs. 4 SpruchG, 66 Abs. 3 WpÜG einem bestimmten Landgericht zugewiesen werden können, bietet sich eine einheitliche Zuordnung zur KfH (vgl. § 2 Abs. 2 SpruchG, § 66 Abs. 2 WpÜG) eines Landgerichts an, das dann – aus dem vorherigen Verfahren – mit dem Sachverhalt vertraut ist.

4. Wertbezogene Informationspflichtverletzungen

63 Für die Praxis der Unternehmensführung und den Rechtsschutz der Anteilsinhaber ist bedeutsam, ob wertbezogene Informationsmängel bei strukturändernden Maßnahmen im Wege der Anfechtung oder im Spruchverfahren geltend zu machen sind. Zu den wertbezogenen Informationspflichtverletzungen zählen neben unbeantworteten Fragen von Aktionären in der Hauptversammlung nach Bewertungsgrundlagen oder Bewertungskriterien (vgl. § 131 AktG) insbesondere eine fehlerhafte bzw. unvollständige Erläuterung der anzubietenden Gegenleistung im Vorstandsbericht. Die ältere Rechtsprechung des BGH und der Instanzgerichte hat insoweit regelmäßig auf die Anfechtungsklage verwiesen[88].

---

86 Hierauf stellt unter anderem *Wasmann*, in: KK AktG, § 1 SpruchG Rn. 41 ab.
87 Vgl. *Steinmeyer/Häger*, WpÜG, § 35 Rn. 28 f.
88 BGH, DB 1995, 1700 ff.; BGH, DB 1993, 1074 ff.; LG Mainz, DB 2001, 1136 ff.; KG Berlin, AG 1999, 268, 270; OLG Düsseldorf, DB 1999, 1153.

Durch zwei Entscheidungen des BGH in Sachen *MEZ* vom 18.12.2000 und *Aqua Butzke* vom 29.01.2001 hat diese Sichtweise eine weitgehende Korrektur erfahren[89].

In den Fällen *MEZ* und *Aqua Butzke* hat der BGH entschieden, dass ein 64 Hauptversammlungsbeschluss über den Formwechsel einer Aktiengesellschaft nicht wegen unvollständiger oder mangelnder Auskunftserteilung zum Abfindungsangebot angefochten werden kann. Vielmehr sind etwaige Informationsmängel hinsichtlich der Grundlagen, Berechnung oder Bewertung des Abfindungsangebotes ausschließlich im Spruchverfahren zu rügen. Begründet wird dies mit einem erst Recht-Schluss: Wenn nicht einmal das gänzliche Fehlen eines Abfindungsangebots, das ein vollständiges Informationsdefizit zur Folge hat, die Anfechtbarkeit des Umwandlungsbeschlusses beim Formwechsel begründet (vgl. §§ 210, 212 Satz 2 UmwG), kann erst Recht nicht eine Informationspflichtverletzung in Form des nur unvollständig oder mangelhaft begründeten und erläuterten Abfindungsangebots – als geringerer Mangel gegenüber dem vollständigen Fehlen eines Abfindungsangebots – die Anfechtungsklage eröffnen[90].

Die Rechtsprechung des BGH ist – mit der Einführung des § 243 Abs. 4 65 Satz 2 AktG durch Art. 1 Nr. 20 UMAG kodifiziert worden. Nunmehr steht fest, dass eine Einbeziehung wertbezogener Informationsmängel in das Spruchverfahrensrecht nicht nur geboten, sondern zwingend ist. Zu beachten sind aber zwei wesentliche Einschränkungen: § 243 Abs. 4 Satz 2 AktG gilt nicht bei (gänzlich) verweigerter Information[91]. Anders als § 243 Abs. 4 Satz 1 AktG wird der Verweigerungsfall explizit nicht in § 243 Abs. 4 Satz 2 AktG aufgeführt. § 243 Abs. 4 Satz 2 AktG betrifft darüber hinaus nur Informationsmängel, die in der Hauptversammlung auftreten, nicht aber das gesamte Berichtswesen vor und außerhalb der Hauptversammlung[92].

5. Übertragende Auflösung

Spezielle Literatur: *Lutter/Drygala,* Die übertragende Auflösung: Liquidation der Aktiengesellschaft oder Liquidation des Minderheitenschutzes, Festschrift Kropff, Düsseldorf 1997; *Lutter/Leinekugel,* Planmäßige Unterschiede im umwandlungsrechtlichen Minderheitenschutz, ZIP 1999, 261 ff.; *Wiedemann,* Minderheitsrechte ernstgenommen, ZGR 1999, 857 ff.; *Henze,* Auflösung einer Aktiengesellschaft und Erwerb ihres Vermögens durch den Mehrheitsgesellschafter, ZIP 1995, 1473 ff.; *Bungert,* Ausgliederung durch Einzelrechtsübertragung und analoge Anwendung des Umwandlungsgesetzes, NZG 1998, 367 ff.

---

89 BGHZ 146, 179, 181 ff. (MEZ); BGH, NJW 2001, 1428 ff. (Aqua Butzke); siehe hierzu bereits die Kommentierung zu § 1 SpruchG Rn. 63.
90 Vgl. BGHZ 146, 179, 181 ff.; BGH, NJW 2001, 1428 ff.
91 So auch *Hüffer,* AktG, § 243 Rn. 47c.
92 So auch *Hüffer,* AktG, § 243 Rn. 47c.

SpruchG § 1 Anwendungsbereich

a) Überblick

66 Bei einer übertragenden Auflösung wird das gesamte Vermögen einer AG im Wege des asset deals (Einzelübertragung aller Vermögensgegenstände) auf den Mehrheitsgesellschafter oder auf eine andere Gesellschaft übertragen, die im Alleinbesitz des Mehrheitsaktionärs der AG steht und an der den Minderheitsaktionären keine Beteiligung eingeräumt wird[93]. Die Übertragung erfolgt aufgrund eines Zustimmungsbeschlusses der Hauptversammlung gemäß § 179a AktG. Zugleich wird mit den Stimmen des Hauptaktionärs die Auflösung der AG nach § 262 Abs. 1 Nr. 2 AktG beschlossen (§ 179a Abs. 3 AktG). Beide Beschlüsse bedürfen nach herrschender Meinung keiner sachlichen Rechtfertigungskontrolle[94]. Die Aktionäre der übertragenden Gesellschaft verlieren mit dem Erlöschen der Gesellschaft ihre Mitgliedschaft und erhalten stattdessen ihren Anteil am Liquidationserlös (§ 272 AktG).

b) Verfassungsrechtliche Bedenken

67 Die übertragende Auflösung ist vom BVerfG mit Blick auf die mitgliedschaftsrechtliche Stellung der Aktionäre verfassungsrechtlich nicht beanstandet worden. Dies gilt selbst dann, wenn die übertragende Auflösung mit dem Ziel verfolgt werde, die verbleibenden freien Aktionäre gegen ihren Willen aus der Gesellschaft zu drängen und die Gesellschaft sodann als 100 %-ige Tochtergesellschaft weiterzuführen[95]. Verfassungsrechtliche Bedenken bestehen jedoch mit Blick auf die Beeinträchtigung der vermögensrechtlichen Stellung der Aktionäre, da § 179a AktG – anders als etwa § 320b AktG oder § 29 UmwG – für die von einer übertragenden Auflösung betroffenen Minderheitsaktionäre keinen Anspruch auf Abfindung oder eine gerichtliche Kontrolle des für die Vermögensübertragung erzielten Veräußerungserlöses im Rahmen eines Spruchverfahrens vorsieht[96]. Deswegen ist es verfassungsrechtlich geboten, den Minderheitsaktionären die Möglichkeit einzuräumen, den letztlich vom Mehrheitsaktionär festgelegten Preis für die Gesellschaft, nach dem sich anschließend der Liquidationserlös der Aktionäre bemisst, einer gericht-

---

93 Vgl. zur Systematik der übertragenden Auflösung *Lutter/Drygala*, FS Kropff, S. 191 ff.; *Wiedemann*, ZGR 1999, S. 857 ff.; *Steinmeyer/Häger*, WpÜG, § 327a Rn. 13; *Grzimek*, in: Geibel/Süßmann WpÜG, § 327a Rn. 7 f.; *Vetter*, AG 2002, 176, 179 f.; *Grunewald*, ZIP 2002, 18, 20; *Habersack*, ZIP 2001, 1230, 1231; *Halm*, NZG 2000, 1162, 1164.
94 Vgl. BGHZ 103, 184, 191 f. (Linotype); *Hüffer*, Aktiengesetz, § 179a Rn. 10 m. w. N.; *Grunewald*, ZIP 2002, 18, 20 m. w. N. in FN 28.
95 BVerfG, DB 2000, 1905, 1906; siehe ferner für die Eingliederung BVerfGE 100, 289, 302 ff. (DAT/Altana); vgl. auch BVerfGE 14, 263, 276 ff. (Feldmühle); zu der Frage, inwieweit die übertragende Auflösung nach Einführung der Squeeze Out Regelung Anwendung finden kann, siehe *Grzimek*, in: Geibel/Süßmann WpÜG, § 327a Rn. 9.
96 Vgl. BVerfG, DB 2000, 1905, 1907.

lichen Prüfung zu unterziehen, die auch im Rahmen einer Anfechtungsklage erfolgen könnte[97].

c) Analoge Anwendung des Spruchverfahrens

Den Ausführungen des BVerfG ist vom Grundgedanken her voll umfänglich zuzustimmen: Im Unterschied zur regulären Vermögensübertragung, bei der sowohl der Hauptaktionär als auch die Aktionärsminderheit an einer Maximierung des Vermögensübertragungserlöses interessiert sind, besteht im Fall der übertragenden Auflösung keine Interessenhomogenität zwischen den Beteiligten. In diesen Fällen ist der Mehrheitsaktionär wirtschaftlich sowohl auf Erwerber- als auch auf Veräußererseite beteiligt, da er das Vermögen der AG in einer Art „In-sich-Geschäft" auf sich selbst überträgt. Entgegen den Interessen der Minderheit, die nur auf Verkäuferseite auftreten, strebt er verständlicherweise einen möglichst niedrigen Kaufpreis an, um das Vermögen der AG möglicherweise zu Lasten der Minderheit günstig zu erwerben[98]. Da daher die Möglichkeit besteht, dass der Mehrheitsaktionär insoweit den Liquidationserlös und damit mittelbar den auf den einzelnen Aktionär entfallenden Erlös gering hält, bedarf es eines besonderen vermögensrechtlichen Schutzes der Minderheit. 68

Problematisch ist, wie der Schutz der Minderheit in diesen Fällen auszugestalten ist. Das AktG erwähnt das Rechtsinstitut der übertragenden Auflösung nur am Rande (vgl. § 179a Abs. 3 AktG) und enthält demzufolge auch keine Angaben für eine – wie auch immer ausgestaltete – spezielle rechtliche Kontrollmöglichkeit, beispielsweise im Wege des Spruchverfahrens. Bei vergleichbaren Strukturmaßnahmen, bei denen wirtschaftlich das gleiche Ergebnis erreicht werden kann wie bei der übertragenden Auflösung – zu nennen sind hier die Verschmelzung auf den Mehrheitsgesellschafter, die Mehrheitseingliederung, das Squeeze Out und der Abschluss von Beherrschungs- und Gewinnabführungsverträgen – ist aufgrund der ausdrücklichen Normierungen im AktG und UmwG jeweils das Spruchverfahren der ausschließliche Rechtsbehelf[99]. Allein weil das AktG im Fall der übertragenden Auflösung nicht ausdrücklich das Spruchverfahren vorsieht, hat das BVerfG für die Prüfung der Angemessenheit des vom Hauptaktionär gezahlten Preises die Anfechtungsklage als richtigen Rechtsbehelf angesehen. Eine analoge Anwendung der Spruchverfahrensregeln scheide zwar nicht aus, die Rechtsordnung halte mit der allgemeinen Anfechtungsklage aber hinreichende Schutzvorkehrungen für die Minderheitsaktionäre bereit[100]. In ähnlicher 69

---

97 BVerfG, DB 2000, 1905, 1907; vgl. auch BVerfGE 100, 289, 303 BVerfGE 14, 263, 283.
98 Vgl. BVerfG, DB 2000, 1905, 1907; *Habersack*, ZIP 2001, 1230, 1231; *Vetter*, AG 2002, 176, 180.
99 Vgl. *Lutter/Drygala*, FS Kropff, S. 196; siehe ausführlich zu den aufgezählten Strukturmaßnahmen die Kommentierung zu § 1 SpruchG Rn. 2 ff., 11 ff., 18 ff., 24 ff.
100 Vgl. BVerfG, DB 2000, 1905, 1907.

Weise argumentiert das BayObLG in der Magna Media-Entscheidung[101]. Danach seien die Vorschriften über das Spruchverfahren zwar analogiefähig, die Vorschriften könnten jedoch nicht auf die übertragende Auflösung angewendet werden, da den Aktionären in diesen Fällen kein materiell rechtlicher Anspruch auf Zahlung einer Barabfindung zustehe[102].

70 In der Literatur wird die Zulassung eines Spruchverfahrens in Analogie zu §§ 305, 306, 320b Abs. 2 AktG, §§ 15, 34, 305 a.F. UmwG verschiedentlich bereits de lege lata für anwendbar gehalten[103]. Dem ist im Ergebnis zuzustimmen:

aa) Regelungslücke

71 Die Veräußerung des gesamten Gesellschaftsvermögens und die anschließende Liquidation der Gesellschaft stellen eine einheitliche Strukturmaßnahme dar, die als solche vom Gesetzgeber in § 179a AktG nicht gewürdigt und abschließend geregelt wurde[104]. § 179a AktG betrifft den Fall, dass die Interessen aller Aktionäre homogen sind. Es kommt zu keinen Interessenkonflikten in Bezug auf den Veräußerungserlös, da alle Aktionäre eine Maximierung anstreben. Anders stellt sich – wie zuvor gezeigt – die Situation bei der übertragenden Auflösung dar. Hier rechtfertigt die Interessenkollision zwischen Mehrheitsaktionär und Minderheitsaktionären einen besonderen Minderheitenschutz. Insoweit existiert eine Regelungslücke für die Fälle, in denen das Vermögen auf den Mehrheitsgesellschafter oder eine seiner Gesellschaften übertragen und die Gesellschaft liquidiert wird.

bb) Planwidrigkeit

72 Diese Regelungslücke ist – wie das BVerfG selbst implizit betont – auch planwidrig. Es lässt sich nämlich nicht feststellen, dass eine analoge Anwendung der Spruchverfahrensregeln bei der übertragenden Auflösung zwingend ausscheidet, weil der Gesetzgeber bei der Novellierung der Vorschrift (von § 361 AktG a.F. zu § 179a AktG) auf die ausdrückliche Regelung eines Abfindungsanspruches und Spruchverfahrens verzichtet hat. Aus der Gesetzgebungsgeschichte lässt sich nicht ableiten, dass der Gesetzgeber die Minderheitsaktionäre im Rahmen der übertragenden Auflösung um ein (gerichtlich nachprüfbares) Abfindungsangebot bringen wollte[105]. Der Gesetzgeber hat in diesem Zusammenhang die

---

101 Vgl. BayObLG, ZIP 1998, 2002, 2004; im Gegensatz dazu schließt das LG Stuttgart eine analoge Anwendung wohl generell aus, vgl. LG Stuttgart, DB 1993, 472 f.; zustimmend auch noch *Lutter/Drygala*, FS Kropff, S. 199, 215; anders aber später wohl *Lutter/Leinekugel*, ZIP 1999, 261, 266; vgl. auch OLG Stuttgart, ZIP 1997, 362 ff.
102 Vgl. BayObLG, ZIP 1998, 2002, 2004 f.
103 So wohl *Lutter/Leinekugel*, ZIP 1999, 261, 264 ff., 266; *Wiedemann*, ZGR 1999, 857, 860 ff.; a.A. *Krieger*, BB 2002, 53, 54.
104 Ähnlich *Wiedemann*, ZGR 1999, 857, 865.
105 So zutreffend BVerfG, DB 2000, 1905, 1907; *Wiedemann*, ZGR 1999, 857, 863 ff.

drohende Beeinträchtigung der vermögensrechtlichen Stellung der Minderheitsaktionäre trotz Kenntnis des Problems unterschätzt. Dies ist nachzuvollziehen, da jede Maßnahme für sich genommen (Vermögensübertragung, Auflösung) keinen speziellen Vermögensschutz erfordert. Bei der übertragenden Auflösung werden jedoch beide Strukturmaßnahmen miteinander kombiniert und zu einer einheitlichen neuen Strukturmaßnahme zusammengefügt, für die einschlägige Vorschriften fehlen. Die potentielle Gefährdung der Minderheit resultiert hierbei aus dem gleichzeitigen Zusammenwirken von Vermögensübertragung auf den Mehrheitsgesellschafter und Liquidation der Aktiengesellschaft. Auf diesen Sonderfall ist die Vermögensübertragung nach § 179a AktG nicht zugeschnitten[106].

Hätte der Gesetzgeber die drohende Beeinträchtigung der vermögensrechtlichen Stellung der Minderheitsaktionäre vollständig erkannt, wäre davon auszugehen, dass er entsprechende Schutzmechanismen, d. h. zumindest ein verpflichtendes Abfindungsangebot und die Möglichkeit der Angemessenheitsprüfung, in § 179a Abs. 3 AktG oder in einer eigens dafür geschaffenen Neuregelung aufgenommen hätte. Denn bei der später eingefügten und strukturell ähnlichen Squeeze Out-Regelung hat er genau das berücksichtigt. Von der Planwidrigkeit des nicht geregelten Vermögensschutzes bei der übertragenden Auflösung muss deshalb ausgegangen werden. 73

cc) Vergleichbare Interessenlage

Dass die Interessenlage für die von einer übertragenden Auflösung betroffenen Minderheitsaktionäre mit derjenigen bei anderen Strukturmaßnahmen, insbesondere dem Squeeze Out, vergleichbar ist, folgt bereits daraus, dass die Übertragung des gesamten Vermögens auf den Mehrheitsgesellschafter und dem Übergang der Aktien auf den Hauptaktionär im Rahmen eines Squeeze Out wirtschaftlich absolut vergleichbar sind. Am Ende ist der Mehrheitsgesellschafter jeweils Alleineigentümer des Gesellschaftsvermögens und die ausgeschlossenen Aktionäre sind an einer angemessenen Entschädigung als Kompensation für den Verlust der Mitgliedschaft interessiert. Ähnliches gilt im Rahmen einer Verschmelzung durch Aufnahme für den Minderheitsaktionär, der das Abfindungsangebot angenommen hat und aus der Gesellschaft ausgeschieden ist. Das BayObLG hat bestätigt, dass es sich insoweit bei wirtschaftlicher Betrachtungsweise um nahezu austauschbare Vorgänge handelt[107]. 74

Trotz der vergleichbaren Interessenlage sind bei der übertragenden Auflösung die besonderen Schutzmechanismen der Verschmelzung bzw. des Squeeze Out nicht vorgesehen: Angebot einer Barabfindung (§§ 327a, 327b AktG, 29 UmwG), Prüfung der Angemessenheit der anzubietenden 75

---

106 *Lutter/Leinekugel*, ZIP 1999, 261, 266.
107 BayObLG, ZIP 1998, 2002, 2004.

Barabfindung (§ 327c Abs. 2 Satz 2 AktG, § 30 Abs. 2 UmwG), Erstellung eines Prüfungsberichts (§ 327c Abs. 2 Satz 2 i. V. m. § 293e AktG, § 12 UmwG). Zusätzlich ist eine Berichtspflicht vorgesehen, um die Angemessenheit der Barabfindung zu erläutern (§ 327c Abs. 2 Satz 1 AktG, § 8 Abs. 1 Satz 1 UmwG). Vor allem steht den Minderheitsaktionären jeweils die Möglichkeit zur Verfügung, die Angemessenheit der Barabfindung im Wege des Spruchverfahrens gerichtlich überprüfen zu lassen (§ 327f Abs. 1 AktG, § 34 UmwG). Bei der übertragenden Auflösung hat nicht einmal der Übertragungsvertrag Angaben über die Ermittlung des Kaufpreises zu enthalten. Missbräuchen sind damit Tür und Tor geöffnet, da die Richtigkeitsgewähr durch gegensätzliche Interessen zweier Vertragspartner – wie bei der regulären Vermögensübertragung – bei der übertragenden Auflösung fehlt[108]. Es kann deshalb nicht ausgeschlossen werden, dass sich bei der Festsetzung des Kaufpreises die Interessen des übernehmenden Mehrheitsgesellschafters einseitig durchgesetzt haben.

dd) Ergebnis

76 Steht fest, dass die Voraussetzungen einer analogen Anwendung der Normen vorliegen, die den Minderheitsaktionär bei vergleichbaren Strukturmaßnahmen aus vermögensrechtlicher Sicht schützen (§§ 327a, 327b, 327c Abs. 2, 327f AktG, 8, 12 29, 30 UmwG), liegt es in der Konsequenz dieser Überlegungen, die Lücke bei der übertragenden Auflösung zu schließen, um den vermögensrechtlichen Schutz der Minderheitsaktionäre einheitlich auszugestalten. Damit geht einher, dass ein tatsächlich bestehender Fehler beim Preisbildungsprozess nicht zur Erhebung einer Anfechtungsklage berechtigt, sondern ausschließlich im Wege des Spruchverfahrens zu rügen ist[109]. Weiter ist zu beachten, dass den Minderheitsaktionären ein Barabfindungsangebot zu unterbreiten und eine entsprechende Kontrollmöglichkeit einzuräumen ist. Zusätzlich sind die Anforderungen an die Transparenz und Information über die Vorbereitung der Entscheidung, also Erstellung eines Vorstandsberichtes, Sachverständigengutachtes und Sachverständigenberichtes, entsprechend anzuwenden[110].

77 Dass das BVerfG in der Moto-Meter-Entscheidung trotzdem an der Anfechtungsklage festhält, sollte bei nächster Gelegenheit korrigiert werden. Schließlich ist die Anfechtungsklage keine hinreichende Schutzvorkehrung für Eingriffe in die vermögensrechtliche Stellung der Minderheitsaktionäre. Sie blockiert die übertragende Auflösung und koppelt die Streitigkeiten über die Angemessenheit des Erlöses nicht von der Strukturmaßnahme ab, welche der opponierende Aktionär mitunter sogar zugestimmt hat. Sie stellt demzufolge keine „echte Alternative" zum

---

108 Vgl. BayObLG, ZIP 1998, 2002, 2004.
109 So auch *Lutter/Leinekugel*, ZIP 1999, 261, 266 f.
110 Ähnlich *Lutter/Leinekugel*, ZIP 1999, 261, 266; wohl auch *Wiedemann*, ZGR 1999, 857, 860 ff.; vgl. auch *Lutter/Drygala*, FS Kropff, S. 213 ff.

Spruchverfahren dar[111]. Es ist auch widersprüchlich, mit dem BVerfG eine Analogiefähigkeit der aktienrechtlichen Spruchverfahrensvorschriften für die übertragende Auflösung zu bejahen, was eine Regelungslücke voraussetzt, in einem nächsten Schritt aber auf die Anfechtungsklage als hinreichende Schutzvorkehrung zu verweisen, was den Charakter einer Regelungslücke gerade ausschließt[112]. Anlass zur Kritik gibt in diesem Zusammenhang die Feststellung des BVerfG, dass die Gerichte – wenn sie sich aus aktienrechtlichen Gründen an einer Wertkontrolle gehindert sehen – die übertragende Auflösung auf eine Anfechtungsklage hin zu unterbinden haben, um die Vermögensrechte der Minderheitsaktionäre zu wahren[113]. Dies steht nicht im Einklang mit der eigenen Rechtsprechung der Verhältnismäßigkeit, also der Beschränkung auf den geringst möglichen Eingriff. Die Vermögensrechte können und dürfen nicht dadurch gewahrt werden, dass über den Weg einer Anfechtungsklage die gesamte Strukturmaßnahme unterbunden wird, wenn gleichzeitig mit dem Spruchverfahren ein Rechtsbehelf zur Verfügung steht, der sowohl den Interessen des Mehrheitsaktionärs als auch denen der Minderheitsaktionäre gerecht wird. Der Preis für die Realisierung der Vermögensrechte der Minderheit kann und muss nicht darin bestehen, die Strukturmaßnahme als solche und damit eine u. U. durchaus sinnvolle unternehmerische Gestaltungsalternative zu erschweren. Die übertragende Auflösung wäre angesichts solcher Schwierigkeiten für die Praxis kaum brauchbar. Denn in Anbetracht der Schwierigkeiten, die regelmäßig mit einer Unternehmensbewertung verbunden sind, würde jedes Gericht den Weg gehen und die Maßnahme unterbinden, statt sich auf einen aufwendigen und zeitraubenden Prozess einzulassen.

6. Aufnehmender Rechtsträger bei der Verschmelzung

Spezielle Literatur: *Martens*, Verschmelzung, Spruchverfahren und Anfechtungsklage, AG 2000, 301, 303 f.; *Fritzsche/Dreier*, Spruchverfahren und Anfechtungsklage im Aktienrecht: Vorrang oder Ausnahme des Anfechtungsausschlusses gemäß § 14 Abs. 2 UmwG?, BB 2002, 737, 739 ff.; *Baums*, Empfiehlt sich eine Neuregelung des aktienrechtlichen Anfechtungs- und Organhaftungsrechts, insbesondere der Klagemöglichkeiten von Aktionären, Gutachten F zum 63. DJT, München 2000, S. 120 ff.; *ders.*, Verschmelzung mit Hilfe von Tochtergesellschaften, FS Zöllner, Köln u. a. 1998, S. 82 ff.; *Mertens*, Die Gestaltung von Verschmelzungs- und Verschmelzungsprüfungsbericht, AG 1990, 20, 23 ff.; *Bayer*, Kapitalerhöhung mit Bezugsrechtsausschluß und Vermögensschutz der Aktionäre nach § 255 Abs. 2 AktG, ZHR 163 (1999), 505, 548 ff.; *Wiesen*, Der materielle Gesellschafterschutz: Abfindung und Spruchverfahren, ZGR 1990, 503, 506 f.; *Hommelhoff*, Minderheitenschutz bei Umstrukturierungen, ZGR 1993, 452, 470; *Hoffmann-Becking*, Der materielle Gesellschafterschutz: Abfindung und Spruchverfahren, ZGR 1990, 482,

---

111 Anders wohl das BVerfG, wenn es ausführt, dass die gerichtliche Kontrolle auch im Rahmen einer Anfechtungsklage erfolgen kann, BVerfG, DB 2000, 1905, 1907.
112 Vgl. BVerfG, DB 2000, 1905, 1907.
113 Vgl. BVerfG, DB 2000, 1905, 1907.

SpruchG § 1   Anwendungsbereich

484 f.; *Boujong,* Rechtsmißbräuchliche Aktionärsklagen vor dem Bundesgerichtshof, FS Kellermann, Berlin, New York 1991, S. 14; *Bork,* Beschlußverfahren und Beschlußkontrolle nach dem Referentenentwurf eines Gesetzes zur Bereinigung des Umwandlungsrechts, ZGR 1993, 343, 354; *Priester,* Das neue Verschmelzungsrecht, NJW 1983, 1459, 1463; *Timm,* Zur Bedeutung des „Hoesch"-Urteils für die Fortentwicklung des Konzern- und Verschmelzungsrechts, JZ 1982, 403, 410 f.; *Schiessl,* AG 1999, Ist das deutsche Aktienrecht kapitalmarkttauglich?, AG 1999, 442, 446.

a) Überblick

78 In der Rechtsliteratur wird im Einklang mit Stimmen aus der Praxis allgemein bemängelt, dass § 14 Abs. 2 UmwG, der dem früheren § 352c Abs. 1 AktG a. F. nachgebildet ist, das Spruchverfahren auf die Anteilsinhaber des übertragenden Rechtsträgers beschränkt und nicht auch für die Anteilsinhaber des übernehmenden Rechtsträgers vorsieht[114]. Kernpunkt der Kritik bilden die praktischen Konsequenzen dieser Regelung: Die Aktionäre des aufnehmenden Rechtsträgers können ein unangemessenes Umtauschverhältnis nur dadurch beseitigen, dass sie versuchen, die geplante Verschmelzung im Wege der Anfechtung zu beseitigen, auch wenn sie die Verschmelzung an sich befürworten und nur das Umtauschverhältnis bemängeln[115]. Sie können demzufolge nur den Verschmelzungsbeschluss der Hauptversammlung angreifen und damit die Verschmelzung verhindern, nicht aber konstruktiv auf die Korrektur des aus ihrer Sicht unangemessenen Umtauschverhältnisses einwirken[116].

79 Dies ist ein unbefriedigender Zustand, der sowohl die Gesellschaften als auch die opponierenden Anteilsinhaber zu taktischen Handeln veranlasst, um die gesetzgeberische Beschränkung zu umgehen. Der unzufriedene Aktionär der übertragenden Gesellschaft wird versuchen, rechtzeitig Anteile an dem übernehmenden Rechtsträger zu erwerben, um dann – mit der Begründung der Unangemessenheit des Umtauschverhältnisses – eine Anfechtungsklage zu erheben, durch die er die gesamte Verschmelzung auf einfachem Wege verhindert. Für die Gesellschaften mag die unterschiedliche Behandlung der Anteilsinhaber eines übertragenden

---

114 Vgl. *Marsch-Barner,* in: Kallmeyer UmwG, § 14 Rn. 16; *Stratz,* in: Schmitt/Hörtnagl/Stratz UmwG, § 14 Rn. 20; Beschluss des 63. DJT, DB 2000, 2108, 2109 Nr. 12 a); Vorschläge des Handelsrechtsausschusses des DAV (UmwG), NZG 2000, 802, 803; *Baums,* Gutachten F zum 63. DJT, S. 120 ff. m. w. N. in FN 306; *Martens,* AG 2000, 301, 303 ff.; *Fritzsche/Dreier,* BB 2002, 737, 739 ff.; *Mertens,* AG 1990, 20, 23 f.; *Bayer,* ZHR 163 (1999), 505, 548 f.; *ders.,* AG 1988, 323, 324 f.; *Bork,* ZGR 1993, 343, 354; *Boujong,* FS Kellermann, S. 14; *Hoffmann-Becking,* ZGR 1990, 482, 484 f.; *Hommelhoff,* ZGR 1993, 452, 470; *Wiesen,* ZGR 1990, 503, 506 f.; *Priester,* NJW 1983, 1459, 1463; *Schiessl,* AG 1999, 442, 446; a. A. *Grunewald,* in: G/H/E/K Aktiengesetz, § 252 c Rn. 8.
115 *Baums,* Gutachten F zum 63. DJT, S. 121; *Fritzsche/Dreier,* BB 2002, 737; siehe hierzu auch die Kommentierung zu § 1 SpruchG Rn. 34; ausführlich zu den Vorteilen des Spruchverfahrens gegenüber der Anfechtungsklage siehe die Kommentierung in der Einleitung Rn. 6 ff.
116 Vgl. *Martens,* AG 2000, 301, 304.

und eines aufnehmenden Rechtsträgers – neben sonstigen Beweggründen – mitursächlich dafür sein, in welcher Richtung die Gesellschaften aufeinander verschmolzen werden, je nachdem, ob sich in der übertragenden oder in der aufnehmenden Gesellschaft opponierende Anteilsinhaber befinden. Zum Teil wird die unterschiedliche Behandlung auch dafür ausschlaggebend sein, beide Gesellschaften als übertragende Gesellschaften auf eine neu zu gründende oder bereits vorhandene Vorratsgesellschaft zu verschmelzen (so genannte Verschmelzung übers Dreieck). Damit ist eine Bewertungsrüge im Wege des Anfechtungsprozesses ausgeschlossen, da es bei dieser Konstruktion zwei übertragende Rechtsträger gibt, bei denen sich die Rechte der Anteilsinhaber wegen eines unangemessenen Umtauschverhältnisses auf das Spruchverfahren beschränken[117].

Diese Missstände waren auch Gegenstand des 63. Deutschen Juristentages (DJT) im September 2000 in Leipzig, der ausdrücklich an den Gesetzgeber appellierte, die auf Bewertungsmängel gestützte Anfechtungsklage des übernehmenden Rechtsträgers in Erweiterung von § 14 Abs. 2 UmwG auszuschließen und durch ein Spruchverfahren zu ersetzen[118]. Auch der Handelsrechtsausschuss des Deutschen Anwaltsverein hat sich wiederholt und mit Nachdruck in diesem Sinne ausgesprochen[119]. *80*

b) Kritik an der Gesetzesbegründung

aa) Argumentation des Gesetzgebers

Die Begründung des Gesetzentwurfs zu § 352c AktG a. F. betont, dass sich die unterschiedliche Behandlung der Aktionäre der übertragenden und übernehmenden Gesellschaft aufgrund der Tatsache rechtfertige, dass nur bei den Aktionären der übertragenden Gesellschaft ein Wechsel in der Mitgliedschaft erfolge, und nur sie eine Leistung – die Übertragung des Vermögens ihrer Gesellschaft als Sacheinlage auf die übernehmende Gesellschaft – erbringen[120]. Außerdem, so die Gegenäußerung der Bundesregierung zur Stellungnahme des Bundesrates zu § 14 UmwG, biete das Spruchverfahren keine ausreichende Möglichkeit, im Ergebnis zu einer Verbesserung des Umtauschverhältnisses zu führen. Im Übrigen sei eine Beschränkung des Anfechtungsrechts nicht erforderlich, da § 16 UmwG einen neuen Rechtsbehelf vorsehe, der im Hinblick auf die Blockade von Verschmelzungsverfahren durch missbräuchliche Anfechtungsklagen Abhilfe schaffe[121]. Darüber hinaus könne sich die Blocka- *81*

---

117 Ähnlich *Baums*, FS Zöllner, S. 83 f.; *Schiessl*, AG 1999, 442, 446; *Fritzsche/Dreier*, BB 2002, 737, 740.
118 Beschluss des 63. DJT, DB 2000, 2108, 2109 Nr. 12 a).
119 Stellungnahme des Handelsrechtsausschusses des DAV (UmwG), NZG 2000, 802, 803.
120 Begr. RegE, BT-Drucks. 9/1065, S. 20.
121 Vgl. Gegenäußerung der Bundesregierung zur Stellungnahme des Bundesrates zum Regierungsentwurf eines Umwandlungsbereinigungsgesetzes (UmwBerG), BT-Drucks. 12/7265, S. 11.

SpruchG § 1 Anwendungsbereich

degefahr nur dann völlig ausräumen lassen, wenn auch Klagen gegen die Wirksamkeit eines Beschlusses zur Kapitalerhöhung bei der übernehmenden Gesellschaft ausgeschlossen würden. Dies wäre jedoch ein zu tiefer Eingriff in das allgemeine Gesellschaftsrecht[122].

bb) Kritische Würdigung

82 Die in den Gesetzesbegründungen angeführten Argumente sind nicht geeignet, die unterschiedliche Ausgestaltung des Rechtsbehelfs zu rechtfertigen[123]. Sicherlich trifft es zu, dass nur bei dem übertragenden Rechtsträger ein Wechsel in der Mitgliedschaft stattfindet. Wie sich gezeigt hat, hängt die Frage, wer übertragender bzw. übernehmender Rechtsträger ist, jedoch oftmals von strategischen Entscheidungen ab, die sich daran orientieren, in welcher Konstellation mit dem geringsten Widerstand durch opponierende Anteilsinhaber zu rechnen ist. Aus Sicht des einzelnen Anteilsinhabers ist es deshalb zufällig, ob er sich als Anteilinhaber des übertragenden oder des aufnehmenden Rechtsträgers wiederfindet[124]. Darüber hinaus steht die Verlagerung der Mitgliedschaft in keinem Sachzusammenhang zur Unangemessenheit des Umtauschverhältnisses[125]. Aus vermögensrechtlicher Sicht kommt es allein auf den Wert der Gegenleistung an. Der Wechsel der Mitgliedschaft kann eine unterschiedliche Behandlung insoweit nicht rechtfertigen.

83 Hinsichtlich der Argumentation, dass nur die Aktionäre des übertragenden Rechtsträgers eine Leistung erbringen, hat der Gesetzgeber nicht berücksichtigt, dass auch die übernehmende Gesellschaft in Form von Aktien eine (Gegen-) Leistung erbringt[126]. Ist das Umtauschverhältnis zu hoch bemessen, erleiden die Anteilsinhaber des übernehmenden Rechtsträgers einen Schaden, da eine unzulässige Verwässerung des Wertes ihrer Anteile entsteht[127]. Konsequenterweise muss den Anteilsinhabern des aufnehmenden Rechtsträgers daher ihrerseits einen Ausgleichsanspruch nach § 15 Abs. 1 UmwG gewährt und für die Überprüfung der Angemessenheit ebenfalls der Weg über das Spruchverfahren eröffnet werden[128]. Es kann nicht überzeugen, wenn für die Prüfung der Leistung (Übertragung der Anteile) das Spruchverfahren und für die Überprüfung der Ge-

---

122 Begr. RegE (UmwBerG), abgedruckt bei *Ganske*, Umwandlungsrecht, Düsseldorf 1995, S. 64.
123 Ausführlich hierzu *Fritzsche/Dreier*, BB 2002, 737, 740 ff. m. w. N.
124 Ähnlich schon *Priester*, NJW 1983, 1459, 1463; dies betont auch die Begründung – wenngleich an anderer Stelle – selbst, vgl. Begr. RegE, BT-Drucks. 9/1065, S. 22; vgl. hierzu auch *Timm*, JZ 1982, 403, 410 f.
125 Siehe ausführlich zu diesem Punkt *Fritzsche/Dreier*, BB 2002, 737, 740 f.
126 Allg. Meinung, vgl. nur *Grunewald*, in: G/H/E/K Aktiengesetz, § 352c Rn. 8.
127 Dies entspricht der Situation beim Bezugsrechtsausschluss, vgl. § 255 Abs. 2 AktG und BGHZ 71, 40, 45 (Kali & Salz); siehe zur Ausweitung des Spruchverfahrens auf Kapitalerhöhungen unter Bezugsrechtsausschluss die Kommentierung zu § 1 SpruchG Rn. 161 ff.
128 Vgl. die Formulierungsvorschläge zu einer entsprechenden Gesetzesänderung bei *Martens*, AG 2000, 301, 308; *Fritzsche/Dreier*, BB 2002, 737, 742 f.

genleistung (Gewährung der Anteile) die Anfechtungsklage zulässig sein soll[129].

Der Einwand, das Spruchverfahren biete keine ausreichende Möglichkeit zur Verbesserung des Umtauschverhältnisses, ist unzutreffend. Gerade das Spruchverfahren ist darauf ausgerichtet und prädestiniert den Anteilsinhabern eine Verbesserung des Umtauschverhältnisses zu verschaffen[130]. Umgekehrt führt die Anfechtungsklage gerade nicht zu einer Verbesserung des Umtauschverhältnisses, da es als Rechtsfolge den Verschmelzungsbeschluss beseitigt. Wie ausgeführt kann auch der Anteilsinhaber des übernehmenden Rechtsträgers, der mit dem Umtauschverhältnis nicht einverstanden ist, dennoch ein Befürworter der Verschmelzung sein[131]. Ihm mit der Anfechtungsklage nur die Möglichkeit zur Blockade der Verschmelzung zur Verfügung zu stellen, während mit dem Spruchverfahren ein Rechtsbehelf existiert, der seinem Klagebegehren – der Überprüfung des Umtauschverhältnisses – genau entspricht, ist unverständlich. 84

Der weitere Einwand, dass mit dem Rechtsbehelf des § 16 Abs. 3 UmwG ein neuer Rechtsbehelf zur Verfügung steht, der im Hinblick auf die Blockadewirkung der Anfechtungsklage Abhilfe schaffe, überzeugt nicht. Das sogenannte Unbedenklichkeitsverfahren nach § 16 Abs. 3 UmwG gestattet es, dem mit der Sache befassten Gericht die Eintragung der Verschmelzung auf Antrag der Gesellschaft – entgegen § 16 Abs. 2 UmwG – vorzunehmen, sofern die Klage gegen den Verschmelzungsbeschluss unzulässig oder offensichtlich unbegründet ist[132]. Das Unbedenklichkeitsverfahren ist mit Blick auf die Blockadewirkung allerdings wenig hilfreich, weil eine Bewertungsrüge so gut wie niemals ohne Sachverständigengutachten beurteilt werden kann, so dass eine darauf gerichtete Anfechtungsklage daher kaum „offensichtlich unbegründet" sein wird[133]. Im Übrigen dauert das Freigabeverfahren in der Praxis in der Regel ge- 85

---

129 So ausdrücklich bereits *Fritzsche/Dreier*, BB 2002, 737, 740; auf das Vertragsrecht übertragen, würde dies einer Vertragskonstellation entsprechen (als anschauliches Beispiel sei ein Tauschvertrag genannt), bei dem die eine Vertragspartei auf ordnungsgemäße Erfüllung klagen könnte, während dem anderen Tauschpartner diese Möglichkeit verwehrt wäre, und er lediglich die Möglichkeit der Vertragsanfechtung mit der daraus resultierenden Rechtsfolge der Unwirksamkeit des gesamten Tauschvertrages hätte.
130 Vgl. *Henze*, ZIP 2002, 97, 106; *Fritzsche/Dreier*, BB 2002, 737, 740; vgl. auch die statistischen Angaben in der Einleitung Rn. 13.
131 Ähnlich bereits *Hoffmann-Becking*, ZGR 1990, 482, 484; *Fritzsche/Dreier*, BB 2002, 737, 740.
132 Ausführlich zum Unbedenklichkeitsverfahren siehe nur *Marsch-Barner*, in: Kallmeyer UmwG, § 16 Rn. 32 ff.; *Bork*, in: Lutter UmwG, § 16 Rn. 14 ff; *Baums*, Gutachten F zum 63. DJT, S. 155 ff.
133 So auch Vorschläge des Handelsrechtsausschusses des DAV (UmwG), NZG 2000, 802, 803; *Baums*, Gutachten F zum 63. DJT, S. 121; *Fritzsche/Dreier*, BB 2002, 737, 741.

nau so lange, wie das Hauptverfahren selbst, so dass es den Gesellschaften keine wirksame Hilfe bietet[134].

86 Der Gesetzgeber hat die Parallelität zur Kapitalerhöhung unter Ausschluss des Bezugsrechts – zumindest im Ansatz – erkannt[135]. Nicht nachvollziehbar ist deshalb sein Einwand, dass eine Erweiterung des Spruchverfahrens aus dem Grunde ausscheide, weil dann auch Klagen gegen die Wirksamkeit von Kapitalerhöhungsbeschlüssen (vgl. § 255 Abs. 2 AktG) ausgeschlossen werden müssten, was jedoch eine zu große Veränderung des allgemeinen Gesellschaftsrechts darstelle. Systemgerecht ist es vielmehr, den Schutz vor vermögensrechtlichen Beeinträchtigungen in beiden Fällen zu korrigieren und die Anfechtungsklage durch das Spruchverfahren zu ersetzen[136]. Zudem kann die rechtspolitische Verfehlung einer Norm, hier § 14 Abs. 2 UmwG, nicht durch den Verweis auf verfahrensrechtliche Missstände bei einer anderen Norm, hier § 255 AktG, gerechtfertigt werden[137]. Eine solche Vorgehensweise erlaubt keinen Fortschritt, obwohl es aus gesellschaftsrechtlicher Sicht einer dringend gebotenen Korrektur bedarf.

cc) Bedenken gegen eine Ausweitung

87 Gegen die Ausweitung des Spruchverfahrens wird weiter angeführt, dass sich bei einem Barausgleich zugunsten der Aktionäre der übernehmenden Gesellschaft – in Anlehnung an § 15 Abs. 1 UmwG – Folgeprobleme wegen des Verbots der Einlagenrückgewähr (§ 57 Abs. 1 Satz 1 AktG) ergeben könnten[138]. Darüber hinaus könnten diese Zahlungen zu einer doppelten Belastung der übernehmenden Gesellschaft führen, die einerseits durch das erhöhte Umtauschverhältnis und andererseits durch den zu gewährenden Barausgleich bedingt sei[139].

88 Etwaige Konflikte mit dem Verbot der Einlagenrückgewähr (§ 57 Abs. 1 AktG) im Falle einer baren Zuzahlung an die Aktionäre des aufnehmenden Rechtsträgers, kann der Gesetzgeber durch eine entsprechende Ausnahmeregelung beseitigen[140]. Entsprechende Änderungsvorschläge, auf

---

134 So zu Recht *Lutter*, JZ 2000, 837, 840 mit dem Verweis auf ein Verfahren vor dem LG Koblenz in FN 30; *Baums*, Gutachten F zum 63. DJT, S. 121, 179; *Fritzsche/Dreier*, BB 2002, 737, 741.
135 Siehe hierzu ausführlich die Kommentierung zu § 1 SpruchG Rn. 161 ff.
136 So zutreffend schon *Bayer*, ZHR 163 (1999), 505, 549.
137 Zur Verwendung der Redewendung „rechtspolitisch verfehlt" vgl. *Marsch-Barner*, in: Kallmeyer UmwG, § 14 Rn. 16 m. w. N.
138 Vgl. BegrRegE (UmwBerG), abgedruckt bei *Ganske*, Umwandlungsrecht, Düsseldorf 1995, S. 64; Stellungnahme des Handelsrechtsausschusses des DAV (UmwG), NZG 2000, 802, 803; *Grunewald*, in: G/H/E/K Aktiengesetz, § 352c Rn. 8; *Wiesen*, ZGR 1990, 503, 507; *Hoffmann-Becking*, ZGR 1990, 482, 486.
139 BegrRegE (UmwBerG), abgedruckt bei *Ganske*, Umwandlungsrecht, Düsseldorf 1995, S. 64; *Grunewald*, in: G/H/E/K Aktiengesetz, § 352c Rn. 8; *Priester*, NJW 1983, 1459, 1463.
140 So zutreffend Arbeitskreis Umwandlungsrecht, ZGR 1993, 321, 323; ausführlich zum Verbot der Einlagenrückgewähr vgl. *Hüffer*, Aktiengesetz, § 57 Rn. 2 ff.

die zurückgegriffen werden könnte, wurden bereits gemacht[141]. Dieses Argument wiegt deshalb nicht sehr stark[142]. Daneben kann erwogen werden, den geschuldeten Ausgleich durch Ausgabe von Aktien mittels einer eigens dafür durchgeführten Kapitalerhöhung aus Gesellschaftsmitteln (§§ 207 ff. AktG) zu leisten[143]. Dies hätte für die Aktionäre – sowohl des übertragenden als auch des aufnehmenden Rechtsträgers – den Vorteil, dass ein realer Ausgleich in Form von Gesellschaftsanteilen und kein Substitut in Form des Barausgleichs gewährt werden müsste[144].

Ist die Gesellschaft nicht in der Lage, aus freien Rücklagen bare Ausgleichszahlungen zu leisten oder im Wege der Kapitalerhöhung aus Gesellschaftsmitteln neue Aktien zu schaffen, kann daran gedacht werden, wenigstens die Chance einer Schadenskompensation zu sichern[145]. Dies könnte etwa dadurch erreicht werden, dass den von einem unangemessenen Umtauschverhältnis betroffenen Anteilsinhabern aufschiebend bedingte Ansprüche eingeräumt würden, die in Zeiten einer besseren Finanzlage der Gesellschaft vorrangig zu erfüllen sind[146]. 89

Der in Bezug auf die finanzielle Doppelbelastung erhobene Einwand verkennt, dass die finanzielle Belastbarkeit der Gesellschaft nicht als Anknüpfungspunkt für den „richtigen" Rechtsbehelf herangezogen werden kann[147]. Die Liquiditätsbelastung ist die gleiche, unabhängig davon, ob den Anteilsinhabern des übertragenden oder des aufnehmenden Rechtsträgers eine Ausgleichszahlung gewährt wird[148]. Außerdem ist in diesem Zusammenhang auf die parallele Situation bei der Verschmelzung im Wege der Neugründung hinzuweisen. Ist in diesem Fall das Umtausch- 90

---

141 *Fritzsche/Dreier*, BB 2002, 737, 742, 743 (konkreter Änderungsvorschlag).
142 So ausdrücklich *Bayer*, ZHR 163 (1999), 505, 550.
143 So bereits die Stellungnahme des Handelsrechtsausschusses des DAV (UmwG), NZG 2000, 802, 803; *Baums*, Gutachten F zum 63. DJT, S. 122; *Hoffmann-Becking*, ZGR 1990, 482, 486; *Bayer*, ZHR 163 (1999), 505, 551; dieser Vorschlag bedingt aber eine entsprechende Änderung von § 212 AktG, zu den Einzelheiten und konkretem Formulierungsvorschlag siehe *Fritzsche/Dreier*, BB 2002, 737, 741.
144 So ausdrücklich *Fritzsche/Dreier*, BB 2002, 737, 741; diese Möglichkeit sollte auch den Aktionären des übertragenden Rechtsträgers zur Verfügung stehen, vgl. diesbezüglich den Vorschlag von *Phillipp*, AG 1998, 264, 271.
145 Die benötigten Mittel durch eine ordentliche oder genehmigte Barkapitalerhöhung zu erlangen ist zwar theoretisch möglich, dürfte aber in der Praxis daran scheitern, dass sich wohl kaum ein Investor finden ließe, der bereit ist, die jungen Aktien zu zeichnen. Da der mittels der Kapitalerhöhung zugeführte Zahlungsstrom, statt in produktivitätssteigernde Investitionen fließen zu lassen, unverzüglich an die Aktionäre des aufnehmenden Rechtsträgers ausgeschüttet wird, macht eine derartige Investition keinen Sinn; vgl. hierzu *Fritzsche/Dreier*, BB 2002, 737, 742.
146 Vgl. *Bayer*, ZHR 163 (1999), 505, 551.
147 Vgl. auch *Martens*, AG 2000, 301, 308 („Dieser Einwand ist schon im Ansatz unzutreffend").
148 Ausführlich hierzu *Fritzsche/Dreier*, BB 2003, 737, 741.

verhältnis eines übertragenden Rechtsträgers unangemessen niedrig, wäre die neu gegründete Gesellschaft ebenfalls ausgleichspflichtig und somit von einem erhöhten Umtauschverhältnis und zusätzlich von einem zu gewährenden Ausgleich betroffen. Es besteht kein ersichtlicher Grund, die aufnehmende Gesellschaft bei der Verschmelzung im Wege der Aufnahme anders zu behandeln als eine neu gegründete Gesellschaft[149].

c) Vorrang des Spruchverfahrens de lege lata

91 Trotz der vielfach geäußerten Kritik geht die h. M. in Rechtsprechung und Literatur weiterhin davon aus, dass den Anteilsinhabern des aufnehmenden Rechtsträgers de lege lata, also vor einer Gesetzesänderung, nicht das Spruchverfahren zur Verfügung steht, wenn der übertragende Rechtsträger möglicherweise zu teuer übernommen wurde, und sie die Angemessenheit des Umtauschverhältnisses beanstanden[150].

92 Dem kann nicht gefolgt werden. Bei sachverständiger Würdigung, ergibt sich schon de lege lata, dass den Anteilsinhabern des aufnehmenden Rechtsträgers der Weg zum Spruchverfahren offen steht[151]. Diesbezüglich ist zu berücksichtigen, dass vom Wortlaut sowohl § 14 Abs. 2 UmwG als auch § 15 Abs. 1 UmwG den Zugang der Anteilsinhaber des übernehmenden Rechtsträgers zum Spruchverfahren nicht ausschließen; sie lassen deren Rechtsposition lediglich unerwähnt. Steht damit fest, dass die – ohnehin verfehlten – Vorstellungen und Motive des Gesetzgebers im Gesetzestext nicht hinreichend zum Ausdruck kommen, brauchen die entsprechenden Gesetzesbegründungen nur sehr eingeschränkt als Auslegungsmittel berücksichtigt zu werden und verlieren insoweit auch als Grundlage für die bisherige Rechtsprechung und entgegenstehende Literaturmeinung erheblich an Überzeugungskraft [152].

93 Da das Spruchverfahren in Bezug auf die Wahrung der Vermögensrechte der speziellere und rechtsschutzintensivere Rechtsbehelf ist, muss eine Anfechtungsklage schon de lege lata insoweit am fehlenden Rechtsschutzbedürfnis scheitern, auch wenn das Spruchverfahren nicht ausdrücklich als Rechtsbehelf für die Anteilsinhaber des aufnehmenden Rechtsträgers normiert wurde. Etwas anderes könnte nur dann gelten, wenn aus §§ 14 Abs. 2, 15 Abs. 1 UmwG der Gegenschluss gezogen werden müsste, dass das Spruchverfahren den Anteilsinhabern des aufnehmenden Rechtsträgers nicht offen steht. Eine derartige „e contrario"-Ar-

---

149 So bereits *Martens*, AG 2000, 301, 308.
150 Vgl. BGHZ 112, 9, 19; *Marsch-Barner*, in: Kallmeyer UmwG, § 14 Rn. 15 f.; *Stratz*, in: Schmitt/Hörtnagl/Stratz UmwG, § 14 Rn. 20; *Bork*, in: Lutter UmwG, § 14 Rn. 14; *Martens*, AG 2000, 301, 308; a.A. *Mertens*, AG 1990, 20, 23 f.; *Fritzsche/Dreier*, BB 2002, 737, 743 f.
151 Vgl. ausführlich hierzu die Argumentation von *Fritzsche/Dreier*, BB 2002, 737, 743 f.
152 So zutreffend *Kleindiek*, NZG 2001, 552, 554, unter Verweis auf BVerfGE 1, 299, 312; BVerfGE 11, 126, 130 f.; BVerfGE 62, 1, 44 f. m. w. N.; so ausdrücklich auch *Fritzsche/Dreier*, BB 2002, 737, 743.

gumentation ist jedoch in Bezug auf §§ 14 Abs. 2, 15 Abs. 1 UmwG nicht möglich[153]. Die Regelungen decken eine bestimmte Fallkonstellation ab, in der für die Anteilsinhaber des übertragenden Rechtsträgers ein Rechtsmittel – Anfechtungsklage – verwehrt ist. Dafür hatte der Gesetzgeber auch einen guten Grund. Denn der Widerstand der Anteilsinhaber des übertragenden Rechtsträgers gegen den Wegfall „ihres" Rechtsträgers und die daraus folgende Zwangsmitgliedschaft in einem anderen Rechtsträger ist in besonderem Maße zu erwarten und die Wahrscheinlichkeit, dass sie rechtliche Schritte gegen die Auswechslung des Beteiligungsobjektes einleiten, ist sehr hoch. Eine Regelungswirkung im Übrigen – Ausschluss des Spruchverfahrens für die Anteilsinhaber des aufnehmenden Rechtsträgers – liegt dagegen weder nahe, noch wird sie von der vorgenommenen Teilregelung direkt oder indirekt vorausgesetzt. Daraus folgt, dass das Spruchverfahren für die Anteilsinhaber des aufnehmenden Rechtsträgers weder ausdrücklich noch stillschweigend ausgeschlossen wurde.

Dass den Anteilsinhabern des aufnehmenden Rechtsträgers nach der hier vertretenen Auffassung bereits de lege lata der Weg zum Spruchverfahren offen steht, soll nicht davon ablenken, dass dem Vorrang der Spruchverfahren vor den Anfechtungsklagen eine grundsätzliche Qualität zukommt, die auch in dieser Deutlichkeit geregelt werden sollte[154]. Erfreulicherweise enthält der Diskussionsentwurf des Bundesministeriums der Justiz für das Ausführungsgesetz zur Europäischen Aktiengesellschaft (Societas Europaea) in § 6 Abs. 1 DiskE eine derartige Regelung[155]. Es ist damit zu rechnen, dass eine entsprechende Regelung bei nächster Gelegenheit auch im UmwG vorgesehen wird[156]. 94

7. Kapitalerhöhung mit Bezugsrechtsausschluss

Spezielle Literatur: *Baums*, Empfiehlt sich eine Neuregelung des aktienrechtlichen Anfechtungs- und Organhaftungsrechts, insbesondere der Klagemöglichkeiten von Aktionären, Gutachten F zum 63. DJT, München 2000, S. 122 ff.; *Bayer*, Kapitalerhöhung mit Bezugsrechtsausschluß und Vermögensschutz der Aktionäre nach § 255 Abs. 2 AktG, ZHR 163 (1999), 505, 548 ff.; *Hirte*, Beteiligungserwerb und Sacheinlage im Entwurf des Umwandlungsgesetzes, AG 1990, 373 ff.; *ders.*, ZIP 1994, Anmerkung und Anregungen zur geplanten gesetzlichen Neuregelung des Bezugsrechts, ZIP 1994, 356 ff., *Fritzsche/Dreier*, Spruchverfahren und Anfechtungsklage im Aktienrecht: Vorrang oder Ausnahme des Anfechtungsausschlusses gemäß § 14 Abs. 2 UmwG?, BB 2002, 737 ff.; *Schiessl*, Ist das deutsche Aktienrecht kapitalmarkttauglich?, AG 1999, 442 ff.

---

153 *Fritzsche/Dreier*, BB 2002, 737, 743 f.
154 *Fritzsche/Dreier*, BB 2002, 737, 744.
155 Der Diskussionsentwurf ist abgedruckt in AG 2003, 204 ff.; siehe ausführlich hierzu die Kommentierung zu § 1 SpruchG Rn. 165 ff.
156 So auch Dr. Hans-Werner Neye – zuständiger Leiter des Referats Europäisches Gesellschaftsrecht, Konzern- und Umwandlungsrecht im BMJ – in *Neye/Teichmann*, AG 2003, 169, 171 FN 18.

SpruchG § 1 Anwendungsbereich

a) Überblick

95 Bei einer ordentlichen bzw. genehmigten Barkapitalerhöhung unter Ausschluss des Bezugsrechts (vgl. § 186 Abs. 3, 203 Abs. 1 i. V. m. § 186 Abs. 3, 203 Abs. 2 AktG) tritt – aus vermögensrechtlicher Sicht – eine Verwässerung des Anteilswertes ein, wenn der Ausgabebetrag der jungen Aktien unter dem Wert der Altaktien liegt (vgl. § 155 Abs. 2 AktG)[157]. Das gilt gleichfalls für die Sachkapitalerhöhung. Erreicht der Wert der Sacheinlage nicht den Wert der ausgegebenen Aktien, so beeinträchtigt auch diese Wertdifferenz die vermögensrechtliche Stellung der vom Bezugsrecht ausgeschlossenen Aktionäre. Im Unterschied zur Bareinlage besteht die Verwässerungsgefahr bei einer Sacheinlage allerdings auf beiden Seiten des Vorgangs (Wert der Aktien und Wert der Sacheinlage). Ist die Sacheinlage ein Unternehmen oder eine Unternehmensbeteiligung, entspricht die Situation des vom Bezugsrechtsausschluss betroffenen Aktionärs der Lage des Aktionärs beim aufnehmenden Rechtsträger im Rahmen einer Verschmelzung[158].

96 Das geltende Recht setzt den vorrangigen Rechtsbehelf des Spruchverfahrens nicht im Bereich des Bezugsrechtsausschlusses ein. Zur Wahrung seiner Vermögensrechte wird der vom Bezugsrechtsausschluss betroffene Aktionär auf die Anfechtungsklage verwiesen (§ 255 Abs. 2 AktG).

bb) Ausweitung des Spruchverfahrens auf die bezugsrechtsfreie Kapitalerhöhung

97 Der Streit über die Angemessenheit des Ausgabebetrages bzw. des Wertes der Sacheinlage sollte – entsprechenden Änderungsvorschlägen in der Literatur folgend – entgegen § 255 Abs. 2 AktG nicht im Anfechtungsprozess, sondern generell im Spruchverfahren entschieden werden[159]. Da die Vorschriften zum Spruchverfahren de lege lata fehlen und angesichts der eindeutigen Regelung in § 255 Abs. 2 AktG auch nicht im Wege der ergänzenden Auslegung auf die Bezugsrechtsausschlussvorschriften übertragen werden können, ist die dafür notwendige verfahrensrechtliche Korrektur allein dem Gesetzgeber vorbehalten.

98 Dass das Anfechtungsrecht nach § 255 Abs. 2 AktG zumindest (partiell) insoweit auszuschließen ist, als eine Kapitalerhöhung zwecks Durchführung einer Verschmelzung (§ 69 UmwG) erfolgt, liegt auf der Hand. Andernfalls wäre der Verweis im Umwandlungsrecht in diesen Fällen aus praktischer Sicht sinnlos, da für Bewertungsrügen von Aktionären im-

---

157 Vgl. zur vermögensrechtlichen Verwässerung nur BGHZ 71, 40, 45; *Hüffer*, Aktiengesetz, § 186 Rn. 2; *Hirte*, Bezugsrechtsausschluß und Konzernbildung, München 1986, S. 7 ff.; *Heinsius*, FS Kellermann, Berlin, New York 1991, S. 117 f.
158 Siehe hierzu die Kommentierung zu § 1 SpruchG Rn. 145, 150.
159 So auch der Beschluss des 63. DJT, DB 2000, 2198, 2109 Nr. 12 b; Stellungnahme der 5 führenden Wirtschaftsverbände zum RegE (SpruchG), S. 2; *Hirte*, AG 1990, 373, 375; *ders.*, ZIP 1994, 356, 360; *Bayer*, ZHR 163 (1999), 505, 549; *Fritzsche/Dreier*, BB 2002, 737, 742; wohl auch *Schiessl*, AG 1999, 442, 446; a. A. *Baums*, Gutachten F zum 63. DJT, S. 122 ff.

mer noch die aktienrechtliche Anfechtungsmöglichkeit nach § 255 Abs. 2 AktG zur Verfügung stünde, um die Strukturmaßnahme zu verhindern[160]. Um diese Umgehungsmöglichkeit zu vermeiden, ist es systemgerecht, den Wechsel zum Spruchverfahren in beiden Fällen vorzunehmen[161].

Für eine generelle Ausweitung, d. h. alle bezugsrechtsfreie Kapitalerhöhungen betreffende Bewertungsrügen, sprechen folgende Argumente: Die aktien- und umwandlungsrechtliche Konzeption des vermögensrechtlichen Aktionärsschutzes sollte parallel verlaufen, um alle Vorschriften zu vereinheitlichen. Dementsprechend muss in allen Fällen, in denen es ausschließlich um Bewertungsrügen geht, einheitlich auf das Spruchverfahren als ausschließlichen und damit anfechtungsausschließenden Rechtsbehelf verwiesen werden. Der generelle Anfechtungsausschluss bei wertbezogenen Mängeln macht insbesondere bei Kapitalerhöhungsmaßnahmen Sinn. Denn wie für den opponierenden Aktionär des aufnehmenden oder übertragenden Rechtsträgers im Fall einer Verschmelzung, kommt es auch dem vom Bezugsrechtsausschluss betroffenen Aktionär nicht darauf an, die mitunter dringend benötigte Kapitalmaßnahme zu verhindern. Sein Ziel ist es vielmehr häufig, eine Kompensation für die mit dem u. U. zu niedrigen Ausgabekurs bzw. dem u. U. nicht angemessenen Wert der Sacheinlage verbundene Kapitalverwässerung zu erhalten. Warum er die Maßnahme im Wege der Anfechtung blockieren soll, während mit dem Spruchverfahren ein Rechtsbehelf zur Verfügung steht, der speziell auf dieses Anliegen zugeschnitten ist, ist nicht verständlich. Kritisiert der Aktionär andere als bloß wertbezogene Mängel, insbesondere mitgliedschaftsrechtliche Verstöße gegen die sachliche Rechtfertigung des Bezugsrechtsausschlusses, so stünde ihm – wie bislang – die Anfechtungsmöglichkeit zur Verfügung. Im Ergebnis würden im Rahmen der ggf. erforderlichen sachlichen Rechtfertigung des Bezugsrechtsausschlusses nur noch die Mitgliedschaftsrechte der Aktionäre zu berücksichtigen sein, ohne dass der Aktionärsschutz verkürzt würde. Bei Einbeziehung der Vermögensrechte in die sachliche Rechtfertigung des Bezugsrechtsausschlusses wird nicht mehr an Aktionärsschutz erreicht, als ohnehin gewährleistet ist. Tendenziell würden dadurch die Missbrauchsmöglichkeiten von sogenannten „räuberischen Aktionären", die im Wege der Anfechtung Kapitalerhöhungsmaßnahmen blockieren, erschwert. Dies wäre eine Maßnahme, die mit dazu beitragen könnte, das Finanzierungsinstrument „Kapitalerhöhung unter Ausschluss des Bezugsrechts" in Zukunft wieder effektiv zu nutzen[162].

---

160 *Fritzsche/Dreier*, BB 2002, 737, 742.
161 Vgl. diesbezüglich die Formulierungsvorschläge zur Gesetzesänderung bei *Fritzsche/Dreier*, BB 2002, 737, 743; vgl. auch *Bayer*, ZHR 163 (1999), 505, 549.
162 In der Praxis führten Anfechtungsklagen von so genannten „atomistischen" Aktionären – Aktionäre die Beteiligungsquoten im Promillebereich halten – in der Vergangenheit zu einem Scheitern wichtiger Kapitalerhöhungen mit der Folge, dass jeglicher Beschluss über den Ausschluss des Bezugsrechts ein unkalkulierbares Risiko für die Unternehmen darstellte, vgl. *Martens*, ZIP 1994, 669; *(Fortsetzung der Fußnote auf Seite 100)*

100 Da das Spruchverfahren auch bei einer genehmigten Kapitalerhöhung Anwendung finden soll, sind für diesen Fall spezielle Verfahrensvorschriften vorzusehen. Zeitlicher Anknüpfungspunkt für die Eröffnung des Spruchverfahrens sollte – wie bei der ordentlichen Kapitalerhöhung – der Zeitpunkt sein, in dem die Eintragung der Durchführung in das Handelsregister als bekannt gemacht gilt (vgl. § 203 Abs. 1 Satz 1 i. V. m. § 188 AktG)[163].

8. Spruchverfahren gegen zu hohe Kompensationen

101 Das Spruchverfahren steht mit Ausnahme der Beseitigung von Mehrstimmrechten nur solchen Anteilsinhabern zur Verfügung, welche die zu ihren Gunsten festgelegte Kompensation für zu niedrig halten. Eine entsprechende Anwendung des SpruchG etwa dann, wenn sich Aktionäre der herrschenden Gesellschaft gegen eine überhöhte Kompensation bereits im Beherrschungs- oder Gewinnabführungsvertrag wehren wollen scheidet aus. Für eine Analogie zum SpruchG existiert kein Raum, weil dieses Gesetz ganz auf den Schutz der Aktionäre der abhängigen Gesellschaft zugeschnitten ist[164].

9. Spruchverfahren bei faktischen Beherrschungsverträgen

102 Wenn Unternehmensverträge im Sinne von § 292 AktG im Ergebnis einem Beherrschungs- oder Gewinnabführungsvertrag gleichkommen sind die Regelungen über das SpruchG entsprechend anzuwenden[165]. Der

---

ders., ZIP 1992, 1677, 1678 ff.; *Schockenhoff*, AG 1994, 45, 46. Grund hierfür waren die strengen Anforderungen, die die Rechtsprechung an den Ausschluss des Bezugsrechts stellte, vgl. nur BGHZ 71, 40 ff.; 83, 319 ff. Mit der Grundlagenentscheidung des BGH in Sachen Siemens/Nold, BGHZ 136, 133 ff., wurde diese Situation tendenziell entschärft; vgl. etwa *Hüffer*, Aktiengesetz, § 203 Rn. 26 ff.; *Hirte*, in: Großkomm AktG, § 203 Rn. 66 ff.; *Kindler*, ZGR 1998, 35, 36 ff.; *Jäger*, NZG 1999, 573, 578 ff.; *Ihrig*, WiB 1997, 1181, 1182; *R. Volhard*, AG 1998, 397, 402 ff.; *ders.*, RWS Forum 1997, S. 225 ff.; *Hofmeister*, NZG 2000, 713, 714 ff.; *Bungert*, NJW 1998, 488, 490 ff.; *Cahn*, ZHR 163 (1999), 554, 571 ff.; *Henze*, BB 2001, 53, 54; *Bayer*, ZHR 163 (1999), 505, 512 ff.; *Lutter*, JZ 1998, 50, 50 ff.; *ders.*, in: FS Zöllner, S. 372 ff.; *Kerber*, DZWir 1988, 326, 326 ff.; *Heinsius*, WUB II A § 186 AktG 3.97, S. 1070 ff.; *Wolf*, AG 1998, 212, 214 ff.; *Goette*, DStR 1997, 1463; *Hirte*, EWiR 1997, 1013 ff.; *ders.*, DStR 2001, 577, 577 ff.; *Limmer*, ZAP 1997, 137, 138; *Peltzer*, Börsen-Zeitung 1997, Ausgabe 175, S. 6 f.; *Pluta*, Das Wertpapier 22/97, S. 182 ff.; *Grunewald*, JZ 1999, 442, 447; *Schwark*, LM AktG 1965 § 186 Nr. 9, Bl. 115 ff.; *Röhricht*, ZGR 1999, 445, 471 ff.; *ders.*, RWS Forum 1997, S. 218 ff.

163 So bereits *Bayer*, ZHR 163 (1999), 505, 551; siehe zur Durchführung einer Kapitalerhöhung *Hüffer*, Aktiengesetz, §§ 188 Rn. 2 ff.; 203 Rn. 14 ff.

164 *Emmerich*, in: Emmerich/Haberscak, Aktien- und Konzernrecht, § 1 SpruchG Rn. 12; ähnlich auch *Wasmann*, in KK-Kommentar AktG, § 1 SpruchG Rn. 36.

165 So im Ergebnis wohl auch *Emmerich*, in: Emmerich/Habersack Aktien- und GmbH-Konzernrecht, § 1 SpruchG Rn. 2; a. A. wohl *Kubis*, in: Münchener Kommentar AktG, § 1 SpruchG Rn. 19; OLG München, AG 2008, 672; OLG Schleswig, AG 2009, 374.

sachliche Grund für die entsprechende Anwendung liegt darin, dass solche Unternehmensverträge, obwohl sie grundsätzlich nur gegen angemessene Gegenleistung zulässig sind, den außenstehenden Aktionären – trotz der angemessenen Gegenleistung und der daraus resultierenden Möglichkeit der Gewinnausschüttung – eine solche eben nicht zusichern. Im Übrigen kann ein Vertrag, der materiell den Charakter eines Beherrschungs- und Gewinnabführungsvertrages hat, diesen Charakter nicht dadurch verlieren, dass er von den Parteien, irreführend oder möglicherweise in Umgehungsabsicht, nicht als solcher bezeichnet wird[166]. Dies wird auch häufig bei Business Combination Agreements zu bejahen sein, wenn sie inhaltlich einem Beherrschungsvertrag entsprechen[167]

10. Spruchverfahren im GmbH Vertragskonzern

§§ 304, 305 AktG regeln die an die Minderheitsaktionäre zu zahlende Kompensation, wenn ihre Aktiengesellschaft einem Beherrschungs- und/oder Gewinnabführungsvertrag unterworfen wird (siehe hierzu oben § 1 Rn. 4 ff.). Es ist allgemein anerkannt, dass sich nicht nur eine Aktiengesellschaft sondern auch eine GmbH einem Beherrschungs- und/oder Gewinnabführungsvertrag unterwerfen kann. Zum Schutz der Minderheit sollen nach ganz überwiegender Meinung im GmbH-Vertragskonzern die §§ 304, 305 AktG entsprechend anwendbar sein[168]. Konsequenterweise ist dann auch eine analoge Anwendung des SpruchG zu bejahen. Alle Erwägungen, die im Aktienrecht für ein Spruchverfahren sprechen, gelten für die vorhandene Regelungslücke bei der GmbH in gleicher Weise, so dass die analoge Anwendung der §§ 304, 305 AktG geradezu als „Prototyp" der analogen Anwendung von § 1 SpruchG anzuerkennen ist[169]. Der Umstand, dass die GmbH – anders als die börsennotierte Aktiengesellschaft – typischerweise einen überschaubaren Gesellschafterkreis hat, ist nicht geeignet die vergleichbare Interessenlage und die Schutzwürdigkeit der betroffenen Gesellschafter/Aktionäre zu verneinen[170]. Es gibt auch Familienaktiengesellschaften mit einem überschaubaren Aktionärskreis, bei der die §§ 304, 305 AktG unzweifelhaft anwendbar sind. Die Anfechtungsklage zerstört den Beschluss bei Erfolg und ist insoweit nicht dem Spruchverfahren ebenbürtig. Effektiven Rechtsschutz mit Blick auf die vermögensrechtliche Beeinträchtigung bietet auch im GmbH-Vertragskonzern allein das SpruchG.

---

166 Ähnlich *Huber*, ZHR 152 (1988), 123, 138 am Beispiel eines Betriebspachtvertrages.
167 A.A. *Hüffer*, AktG, § 1 SpruchG Rn. 6.
168 Vgl. nur *Lutter/Hommelhof*, in: Lutter/Hommelhof, GmbHG, 18. Aufl., Anh. 13 Rn. 68 ff. m. w. N.
169 *Kubis*, in: MüKo AktG, § 1 SpruchG Rn. 18.
170 So aber wohl *Wasmann*, in KK-Kommentar AktG, § 1 SpruchG Rn. 36.

IV. Ausschließlicher Rechtsbehelf/ Schiedsverfahren

104 Das SpruchG ist mit Blick auf die Festsetzung einer angemessenen Kompensation der ausschließliche Rechtsbehelf. Infolgedessen sind andere Formen der gerichtlichen Bestimmung ausgeschlossen und etwaige parallel laufende Leistungsklagen nach § 148 ZPO auszusetzen oder an das insoweit zuständige Spruchverfahrensgericht zu verweisen[171]. Ein Spruchverfahren vor den staatlichen Gerichten kann auch nicht vereinbart werden. Es steht nicht zur Disposition der Beteiligten[172]. Diese sind insoweit auf die Schiedsgerichtsbarkeit verwiesen.

105 Durch Satzungsregelung, Gesellschafterbeschluss o.Ä. ist es nicht möglich die Anwendbarkeit des SpruchG auszuschließen. Zulässig ist indes, im Voraus oder ad hoc eine Schiedsvereinbarung für den Fall zu treffen, dass kein Spruchverfahren eingeleitet oder ein eingeleitetes Spruchverfahren durch Antragsrücknahme beendet wird[173].

106 In der Praxis werden schiedsgerichtliche Spruchverfahren häufig nicht anstelle eines gesetzlichen Spruchverfahrens durchgeführt, sondern freiwillig in den Fällen, in denen ein Spruchverfahren nicht obligatorisch ist oder Streitigkeiten darüber bestehen, ob ein Spruchverfahren verpflichtend überhaupt durchgeführt werden kann[174].

107
V. Schematische Übersicht: Anwendung des SpruchG

	Spruchverfahren	Anfechtungsklage (Nichtigkeit)
Beherrschungs- und Gewinnabführungsvertrag	Ausgleich (§ 304 Abs. 3 AktG): Spruchverfahren bei – nicht angemessenem Angebot – wertbezogenen Informationsmängeln	Ausgleich: Nichtigkeit des Vertrages bei fehlendem Angebot Anfechtung bei – nicht ordnungsgemäßem Angebot – sonstigen Mängeln der Beschlussfassung

---

171 Siehe diesbezüglich nur *Mennicke*, in: Lutter UmwG, Anhang I § 1 SpruchG Rn. 18; *Drescher*, in: Spindler/Stilz AktG, § 1 SpruchG Rn. 31.
172 *Drescher*, in: Spindler/Stilz AktG, § 1 SpruchG Rn. 31.
173 Vgl. nur *Mennicke*, in: Lutter UmwG, Anhang I § 1 SpruchG Rn. 19 m. w. N. in FN 6.
174 Siehe nur *Mennicke*, in: Lutter UmwG, Anhang I § 1 SpruchG Rn. 19.

	Spruchverfahren	Anfechtungsklage (Nichtigkeit)
	Abfindung (§ 305 Abs. 5 AktG): Spruchverfahren bei – zu niedrig bemessenem Angebot, – fehlendem Angebot, – nicht ordnungsgemäßem Angebot – wertbezogenen Informationsmängeln	Abfindung: Anfechtung bei – sonstigen Mängeln der Beschlussfassung
Mehrheitseingliederung	Abfindung (§ 320b Abs. 2 AktG): Spruchverfahren bei – nicht angemessenem Angebot – subsidiär bei fehlendem oder nicht ordnungsgemäßem Angebot – wertbezogenen Informationsmängeln Spruchverfahren auch für Aktionäre der Hauptgesellschaft bei zu hoher Abfindung (nicht h. M.)	Abfindung Anfechtung bei – fehlendem Angebot – nicht ordnungsgemäßem Angebot – sonstigen Mängeln der Beschlussfassung
Squeeze Out (§ 327 f AktG, §§ 62 Abs. 5 Satz 8 UmwG, 327f AktG)	Barabfindung: Spruchverfahren bei – nicht angemessenem Angebot – subsidiär bei fehlendem oder nicht ordnungsgemäßem Angebot – wertbezogenen Informationsmängeln	**Barabfindung** Anfechtung bei – fehlendem Angebot – nicht ordnungsgemäßem Angebot – sonstigen Mängeln der Beschlussfassung
Verschmelzung	Bare Zuzahlung (§ 15 UmwG): Spruchverfahren bei – zu niedrigem Umtauschverhältnis für Aktionäre des übertragenden Rechtsträgers – bei zu hohem Umtauschverhältnis für Aktionäre des aufnehmenden Rechtsträgers (nicht h. M.) – wertbezogenen Informationsmängeln (sowohl bei übertragendem als auch bei übernehmendem Rechtsträger; noch nicht entschieden)	Bare Zuzahlung: Anfechtung bei – fehlendem Angebot – nicht ordnungsgemäßem Angebot – sonstigen Mängeln der Beschlussfassung

SpruchG § 1 Anwendungsbereich

	Spruchverfahren	Anfechtungsklage (Nichtigkeit)
	Barabfindung (§ 29 UmwG): Spruchverfahren bei – zu niedrig bemessenem Angebot, – fehlendem Angebot, – nicht ordnungsgemäßem Angebot – wertbezogenen Informationsmängeln (noch nicht entschieden)	Barabfindung: Anfechtung bei – sonstigen Mängeln der Beschlussfassung
Auf- und Abspaltung	Wie bei der Verschmelzung (§ 125 UmwG)	Wie bei der Verschmelzung
Ausgliederung	De lege lata kein Anfechtungsausschluss wegen § 125 UmwG	De lege lata Anfechtungsklage
	De lege ferenda Spruchverfahren	De lege ferenda Anfechtungsausschluss
Vermögensübertragung	Wie bei der Verschmelzung	Wie bei der Verschmelzung
Formwechsel	Bare Zuzahlung (§ 195 Abs. 2 UmwG): Spruchverfahren bei – zu niedriger Bemessung der neuen Anteile – wertbezogenen Informationsmängeln (noch nicht entschieden)	Bare Zuzahlung: Anfechtung bei – fehlender Bemessung der neuen Anteile – nicht ordnungsgemäßer Bemessung der neuen Anteile – sonstigen Mängeln der Beschlussfassung
	Barabfindung (§ 210 UmwG): Spruchverfahren bei – zu niedrig bemessenem Angebot, – fehlendem Angebot, – nicht ordnungsgemäßem Angebot – wertbezogenen Informationsmängeln (entschieden)	Barabfindung: Anfechtungsklage bei – sonstigen Mängeln der Beschlussfassung

Anwendungsbereich § 1 SpruchG

	Spruchverfahren	Anfechtungsklage (Nichtigkeit)
Europäische Aktiengesellschaft (SE)	Gründung durch Verschmelzung: Spruchverfahren bei – unangemessenem(r) Umtauschverhältnis oder Barabfindung für Aktionäre des übertragenden und des aufnehmenden Rechtsträgers (nur für die Aktionäre des dem dt. Recht unterliegenden Rechtsträgers) – fehlendem Abfindungsangebot – nicht ordnungsgemäßem Abfindungsangebot – wertbezogenen Informationsmängeln	Gründung durch Verschmelzung: Anfechtungsklage bei – fehlender Bemessung der neuen Anteile – nicht ordnungsgemäßer Bemessung der neuen Anteile – sonstigen Mängeln der Beschlussfassung
	Gründung einer Holding-SE: Spruchverfahren bei unangemessenem(r) Umtauschverhältnis bzw. Barabfindung wie bei der Gründung durch Verschmelzung	Gründung einer Holding-SE: Anfechtungsklage wie bei der Gründung durch Verschmelzung
Europäische Aktiengesellschaft (SE) (forts.)	Gründung einer Tochter-SE: Grds. Maßnahme der Geschäftsführung ohne Beteiligung der Aktionäre	Gründung einer Tochter-SE: Grds. Maßnahme der Geschäftsführung ohne Beteiligung der Aktionäre
	Spruchverfahren unter Heranziehung der Verschmelzungs- bzw. Holding-SE-Verfahrensregeln, wenn die strengen Schutzvorschriften im Rahmen der Verschmelzung oder SE-Holding Gründung umgangen werden	Anfechtungsklage unter Heranziehung der Verschmelzungs- bzw. Holding-SE-Verfahrensregeln, wenn die strengen Schutzvorschriften im Rahmen der Verschmelzung oder SE-Holding Gründung umgangen werden
	Umwandlung in eine SE: Spruchverfahren wie bei der Gründung durch Verschmelzung (nicht im DiskE vorgesehen)	**Umwandlung in eine SE:** Anfechtungsklage wie bei der Gründung durch Verschmelzung

Dreier

SpruchG § 1 Anwendungsbereich

	Spruchverfahren	Anfechtungsklage (Nichtigkeit)
	Sitzverlegung: Spruchverfahren bei – unangemessener Barabfindung – fehlendem Abfindungsangebot – nicht ordnungsgemäßem Abfindungsangebot – wertbezogenen Informationsmängeln	**Sitzverlegung:** Anfechtungsklage bei – sonstigen Mängeln der Beschlussfassung
Europäische Genossenschaft	Siehe SE	Siehe SE
Mehrstimmrechte	Ausgleich (§ 5 Abs. 4 EG-AktG): Spruchverfahren bei – unangemessenem Ausgleich – fehlendem Ausgleichsangebot (dann Festsetzung eines Barausgleichs) – wertbezogenen Informationsmängeln (noch nicht entschieden)	Ausgleich: Anfechtungsklage bei – sonstigen Mängeln der Beschlussfassung
Übertragende Auflösung	Hier vertretene Mindermeinung: De lege lata Spruchverfahren (analog §§ 327a, 327b, 327c Abs. 2, 327f AktG, 8, 12, 29, 30 UmwG) zur Prüfung der Angemessenheit des vom Hauptaktionär gezahlten Preises und bei wertbezogenen Informationsmängeln	HM: de lege lata Anfechtungsklage zur Prüfung der Angemessenheit des vom Hauptaktionär gezahlten Preises und bei wertbezogenen Informationsmängeln
	h. M.: De lege ferenda Spruchverfahren	De lege ferenda Anfechtungsausschluss
Reguläres Delisting de lege lata	Barabfindungsangebot auf Basis des sechsmonatigen Börsenkurses vor Bekanntgabe/kein Spruchverfahren/ kein HV Beschluss	
Reguläres Delisting de lege ferenda	HV Beschluss/Abfindung zum Ertragswert (Börsenkurs nur Wertuntergrenze)/ Spruchverfahren	
WpÜG/Übernahme- und Pflichtangebot	De lege lata keine Anwendung des Spruchverfahrens bei unangemessenem Übernahme- oder Pflichtangebot	De lege lata allgemeine Leistungsklage im Falle unangemessener Übernahme- oder Pflichtangebote

	Spruchverfahren	Anfechtungsklage (Nichtigkeit)
	De lege ferenda Ausweitung des Spruchverfahrens auf die Überprüfung der Angemessenheit der angebotenen Gegenleistung	De lege ferenda Vorschaltung des Spruchverfahrens vor die Leistungsklage
Kapitalerhöhung unter Bezugsrechtsausschluss	De lege lata kein Spruchverfahren zur Prüfung der Angemessenheit des Ausgabekurses im Wege der Anfechtung (§ 255 Abs. 2 AktG)	De lege lata Anfechtungsklage zur Überprüfung der Angemessenheit des Ausgabekurses (§ 255 Abs. 2 AktG)
	De lege ferenda Spruchverfahren	De lege ferenda: Anfechtungsausschluss
Übernahmerechtlicher Squeeze Out	De lege lata kein Spruchverfahren/Angemessenheitsrügen vor dem LG Frankfurt am Main De lege ferenda Spruchverfahren	Keine
Wertbezogene Informationspflichtverletzungen	Spruchverfahren als ausschließlicher Rechtsbehelf	Keine Anfechtung
Spruchverfahren gegen zu hohe Kompensationen	Keine Anwendung	Ggf. Anfechtung
Spruchverfahren bei faktischen Beherrschungsverträgen	De lege lata entsprechend anwendbar	Anfechtung bei sonstigen Mängeln
Spruchverfahren im GmbH Vertragskonzern	De lege lata entsprechend anwendbar	Anfechtung bei sonstigen Mängeln

Annex zu § 1: Delisting

Inhalt

		Rn.			Rn.
I.	Überblick	1	VII.	Auswirkung auf laufende verwaltungsrechtliche Delisting-Verfahren	40
II.	Die „Macrotron"-Rechtsprechung des BGH	5	VIII.	Abfindung zum Börsenkurs als Teilentschädigung	50
III.	Downlisting – Rechtsprechung	10	IX.	Auswirkung „Frosta" auf laufende Spruchverfahren	51
IV.	Urteil des BVerfG vom 11.07.2012	12	X.	Hauptversammlungsbeschluss und gerichtlich überprüfbares Abfindungsangebot erforderlich	57
V.	Die „Frosta"-Entscheidung des BGH	16			
VI.	Unzureichende gesetzliche Neuregelung in § 39 Abs. 2, 3–6 BörsG n. F. 36	24			

Spezielle Literatur: *Arnold/Rothenburg*, BGH-Entscheidung zum Delisting: Alle Fragen geklärt?, DStR 2014, 150; *Auer*, Der Rückzug von der Börse als Methodenproblem – Perspektiven des Anlegerschutzes beim echten Delisting nach „Frosta", JZ 2015, 71; *Bayer*, Aktionärsschutz beim Delisting: Empfehlungen an den Gesetzgeber, ZIP 2015, 853; *Bayer*, Die Delisting-Entscheidungen „Macrotron" und „Frosta" des II. Zivilsenats des BGH, Ein Lehrstück für die Suche nach der „richtigen" Problemlösung und zugleich die Analyse einer unzulänglichen Gesetzgebung und einer gescheiterten Rechtsfortbildung, ZfPW 2015, 163 ff.; *Bayer/Hoffmann*, Die Folgen von Frosta: Zur vorläufigen empirischen „Schadensbilanz von BGH v. 8.10.2013 – II ZB 26/12 (AG 2013, 877), AG 2015, R 55 ff.; *Bayer/Hoffmann*, Kurseffekte beim Downgrading, AG 2014, R3; *Bayer/Hoffmann*, Kapitalmarktreaktionen beim Delisting, AG 2013, R 371; *Brellochs*, Der Rückzug von der Börse nach „Frosta" – Rechtsdogmatische Einordnung, Durchführung und Rechtsschutz in zukünftigen Fällen, AG 2014, 633; *Buckel/Glindemann*, Delisting nach „Frosta" – Eckpunkte für eine gesetzliche Regelung, AG 2015, 373 ff; *Drygala/Staake*, Delisting als Strukturmaßnahme, ZIP 2013, 905; *Glienke/Röder*, „FRoSTA ist für alle da." – Praxisfolgen der BGH-Rechtsprechungsänderung insbesondere für anhängige Delisting-Spruchverfahren, BB 2014, 899, 903; *Habersack*, „Macrotron" – was bleibt!, ZHR 176, 463–469 (2012); *Habersack*, Anmerkung zu dem Beschluss des BGH vom 08.10.2013 (II ZB 26/12) JZ 2014, 14; *Hasselbach/Pröhl*, Delisting mit oder ohne Erwerbsangebot nach neuer Rechtslage, NZG 2015, 209; *Heidel/Lochner*, Delisting und Eigentumsgarantie, AG 2012, 169; *Heldt/Royè*, Das Delisting-Urteil des BVerfG aus kapitalmarktrechtlicher Perspektive, AG 2012, 660; *Hippeli*, Weiter Hickhack um Delisting-Altfälle – Laufende Spruchverfahren können nicht mehr fortgesetzt werden, jurisPR-HaGesR 2/2015 Anm. 2; *Hippeli*, FRoSTA sorgt auch bei Altfällen für frostige Zeiten! – Laufendes Spruchverfahren wegen Delisting wird unzulässig, jurisPR-HaGesR 8/2014 Anm. 4; *Höpfner*, Vertrauensschutz und Richterrecht – Zur Zulässigkeit rückwirkender Rechtsprechungsänderungen im Zivilrecht, in: RdA 2006, S. 156–165; *Kas-*

par Krolop, Der Rückzug vom organisierten Kapitalmarkt (Delisting): Zugleich eine Untersuchung des kapitalmarktrechtlichen Anlegerschutzes im Verhältnis zum gesellschaftsrechtlichen Aktionärsschutz anhand der Auslegung von § 38 IV BörsG, 2005; *Kiefer/Gillessen,* Die Zukunft von „Macrotron" im Lichte der jüngsten Rechtsprechung des BVerfG, AG 2012, 645; *Klöhn,* Delisting – 10 Jahre später, NZG 2012, 1041; *Königshausen,* Anmerkung BB-Kommentar: „Auch verfassungsrechtlich ist die BGH-Entscheidung zugunsten der Unternehmen konsequent", BB 2013, 3025; *Kocher/Widder,* Delisting ohne Hauptversammlungsbeschluss und Abfindungsangebot, NJW 2014, 127; *Lochner/Schmitz,* Rückwirkung der „Frosta"- Entscheidung für laufende Spruchverfahren?, AG 2014, 489; *Maume,* The Parting of the Ways – Delisting under German and UK Law, Juni 2015, in European Business Organization Law Review; *Paschos/Klaaßen,* Delisting ohne Hauptversammlung und Kaufangebot – der Rückzug von der Börse nach der Frosta-Entscheidung des BGH, AG 2014, 33; *Paschos/Klaaßen,* Offene Fragen nach der Entscheidung des BVerfG zum Delisting und Folgen für die Beratungspraxis, ZIP 2013, 154; *Paschos/Klaaßen,* Delisting ohne Hauptversammlung und Kaufangebot – der Rückzug von der Börse nach der Frosta-Entscheidung des BGH, Kommentar zu BGH v. 8.10.2013 – II ZB 26/12, AG 2013, 877, AG 2014, 33; *Probst,* Rechtsfragen des regulären Börsenrückzugs, 2013, *Schatz,* Kurzkommentar zu BVerfG v. 11.7.2012 – 1 BvR 3142/07 und 1 BvR 1569/08, EWiR 2012, 483; *Schockenhoff,* Delisting – Karlsruhe locuta, causa finita?, ZIP 2013, 2429; *Seibt/Wollenschläger,* Downlisting einer börsennotierten Gesellschaft ohne Abfindungsangebot und Hauptversammlungsbeschluss, AG 2009, 807; *Stöber,* Die Zukunft der Macrotron-Regeln zum Delisting nach den jüngsten Entscheidungen des BVerfG und des BGH, BB 2014, 9ff; *Thomale,* Minderheitenschutz gegen Delisting – die MACROTRON-Rechtsprechung zwischen Eigentumsgewähr und richterlicher Rechtsfortbildung, ZGR 2013, 686; *Thomale,* Anmerkung zu BGH, Beschluss vom 8.10.2013, Az. II ZB 26/12 „Delisting", DStR 2013, 2592; *von der Linden,* Kann die Satzung eine Börsennotierung vorschreiben?, NZG 2015, 176; *Wackerbarth,* Die Begründung der Macrotron-Rechtsfortbildung nach dem Delisting-Urteil des BVerfG, WM 2012, 2077, 2079; *Weber,* Die Entwicklung des Kapitalmarktrechts im zweiten Halbjahr 2014, NJW 2015, 212; *Wieneke,* Aktien- und kapitalmarktrechtlicher Schutz beim Delisting nach dem Frosta-Beschluss des BGH, NZG 2014, 22; *Winter/Keßler,* „Macrotron II" – zurück auf Start, Folgen der FRoSTA-Entscheidung des Bundesgerichtshofs vom 8.10.2013 für Delisting-Spruchverfahren, Der Konzern 2014, 69; *Zetzsche,* Going Dark Under German Law – Towards an Efficient Regime for Regular Delisting, (January 29, 2014). Center for Business and Corporate Law Research Paper Series (CBC-RPS) – Heinrich-Heine-University Düsseldorf; IFS – Propter Homines Chair Working Paper Series – University of Liechtenstein.

I. Überblick

Bei einem regulären Delisting nach § 39 Abs. 2 BörsG handelt es sich um den vom Emittenten beantragten Widerruf der Zulassung zum regulierten Markt von Aktien an einer Börse[1]. Dadurch wird den Minderheitsakti-

---

1 Erstmals eingeführt durch 3. FMFG vom 13.02.1998, § 43 Abs. 4 Satz 1 BörsG a. F.; *Wirth/Arnold,* ZIP 2000, 111 m. w. N. in FN 9 (§§ 38 Abs. 4, § 53 Abs. 2 BörsG a. F., damals noch amtlicher Markt/noch früher Amtlicher Handel und geregelter Markt, heute alles einheitlich: regulierter Markt); zur Abgrenzung zu anderen Formen des Delisting vgl. bereits *Mülbert,* ZHR 165 (2001) 104,
   (Fortsetzung der Fußnote auf Seite 110)

onären der Marktplatz Börse und damit die Möglichkeit genommen, den Gegenwert ihrer Aktien jederzeit durch Verkauf im regulierten Markt zu realisieren.[2] Für sie besteht das Engagement in der Gesellschaft allein in der Wahrnehmung von Anlage- bzw. Vermögensinteressen, so dass der Wegfall des Handelsplatzes wirtschaftlich gravierende Nachteile mit sich bringt, die Aktien nicht mehr jederzeit zu marktgerechten, ordnungsgemäß zustande gekommenen und staatlich überwachten Preisen veräußern zu können[3]. Für einen Großaktionär ist dies ohne wesentliche Bedeutung, da er in erster Linie unternehmerische Interessen und nicht lediglich Anlageinteressen verfolgt[4].

2 Zusätzlich entfallen sämtliche rechtlichen Publizitäts-, Mitteilungs-, Rechnungslegungs- und sonstige Pflichten[5] des Emittenten, die sich an die Börsennotierung knüpfen[6], denn nur im regulierten Markt notierte Aktiengesellschaften gelten rechtlich als börsennotiert[7], solche im Freiverkehr[8] gelisteten Unternehmen dagegen nicht. Der Wegfall dieser Pflichten erschwert dem Aktionär die Kontrolle seiner Gesellschaft und damit die Einschätzung des Wertes seiner Beteiligung. Daneben führt das Delisting zum Wegfall des kapitalmarktrechtlichen Anlegerschutzes[9]. Auch knüpfen zahlreiche aktienrechtliche Vorschriften[10] und andere gesetzliche Normen[11] an die Börsennotierung an. Institutionelle Anleger können nicht oder nur in begrenztem Umfang in nicht börsennotierte Aktien investieren[12], so dass sie in der Regel bei einem Delisting verkaufen.

---

105 ff.; *Hüffer*, AktG, 11. Aufl., 2014, § 119 Rn. 30, 38; *Klöhn*, NZG 2012, 1041: Abgrenzung zum kalten Delisting durch Wegfall der Börsennotierung durch Verschmelzung, §§ 2 ff., § 29 UmwG, durch Vermögensübertragung auf nicht börsennotierte AG und Formwechsel auf GmbH, §§ 190 UmwG, oder durch Eingliederung, § 320b AktG sowie zum Delisting von Amts wegen gemäß, § 39 Abs. 1 BörsG wegen Verstoßes gegen börsenrechtliche Vorschriften.

2 BGH, AG 2003, 273, 274; ähnlich *Schwark/Geiser*, ZHR 161 (1997), 739, 759 ff.
3 BGH, AG 2003, 273, 274; vgl. auch BVerfGE 100, 289, 305 (DAT/Altana); vgl. auch OLG München, AG 2001, 364, 365; *Hüffer*, Aktiengesetz, § 119 Rn. 24; *Schwark/Geiser*, ZHR 161 (1997), 739, 762.
4 Ähnlich BGH, AG 2003, 273, 274.
5 Vgl. z. B. WpÜG, §§ 15 ff. , 21 ff. WpHG; PrüfbV, RechKredV, UBGG, WpPG, EStG, LuftNaSiG, GBBerG, RechVersV.
6 Vgl. *Groß*, ZHR 165 (2001), 141, 145; *Mülbert*, ZHR 165 (2001), 104, 105 m. w. N. zu den Motiven eines Delisting in FN 3; zur Bedeutung des Delistings in der Praxis siehe *Krämer/Theiß*, AG 2003, 225; *Heidel/Lochner*, AG 2012, 169, 171 ff.
7 Vgl. § 3 Abs. 2 AktG, § 2 Abs. 6 Nr. 1 i. V. m. Abs. 1 Nr. 1 WpHG, § 1 Abs. 1 WpÜG.
8 Vgl. § 48 BörsG.
9 §§ 37 b, c WpHG.
10 Vgl. Z.B. § 161 AktG, § 121 Abs. 3 Satz 2 AktG, § 110 Abs. 3 AktG, § 125 Abs. 1 Satz 2, 4, § 130 Abs. 1 Satz 3, § 93 Abs. 6, § 142 Abs. 2 Satz 1 AktG.
11 vergl. z. B. PrüfbV, RechKredV, UBGG, WpPG, EStG, LuftNaSiG, GBBerG, RechVersV.
12 *Heidel/Lochner*, AG 2012, 169, 172.

Wegen dieser erheblichen negativen Auswirkungen des Delisting[13] führt 3
dessen Ankündigung in der Regel zu erheblichen Kursverlusten.[14] Kaum
jemand, außer dem das Delisting in der Regel initiierenden Hauptaktionär selbst wird eine solche Aktie kaufen. Der Kurs droht erheblich zu fallen, weil unmittelbar nach Bekanntgabe der Delisting-Entscheidung erfahrungsgemäß ein Überangebot an Verkaufsordern besteht, das es den Minderheitsaktionären erschwert, die von ihnen investierten Vermögenswerte zu realisieren, wie es der ursprünglich getroffenen Investitionsentscheidung regelmäßig entspricht[15]. Aus Sicht der Minderheitsaktionäre ist die handelbare Aktie aber gerade deshalb so attraktiv, weil sie ihr Kapital hiermit nicht auf längere Zeit binden, sondern die Aktie fast ständig wieder veräußern können[16].

Daher bedürfen die Minderheitsaktionäre eines entsprechenden Schut- 4
zes. Die mit Gesetz zur Umsetzung der Transparenzrichtlinie-Änderungsrichtlinie am 01.10.2015 beschlossene kapitalmarktrechtliche Abfindungspflicht gemäß § 39 Abs. 2 Nr. 1, Abs. 3–5 BörsG wird diesem Schutzbedürfnis jedoch nur teilweise gerecht. Die Forderung nach einem Abfindungsangebot zum vollen Wert sowie dessen Überprüfbarkeit im Spruchverfahren bleibt daher aufrecht erhalten.

II. Die „Macrotron"-Rechtsprechung des BGH

Das Gesellschaftsrecht enthält keine Regelung des regulären Delisting. 5
Von Anfang an sah die h.M. die börsenrechtliche Regelung jedoch als nicht abschließend an[17]. In der so genannten „Macrotron"-Entscheidung vom 25.11.2002 hatte der BGH deshalb gesellschaftsrechtliche Anforderungen an ein Delisting und die zur Verfügung stehenden Rechtsschutzmöglichkeiten konkretisiert[18].

Der h.M. in der Literatur folgend[19] entschied der BGH, dass Vorausset- 6
zung für ein reguläres Delisting ein zustimmender, mit einfacher Mehr-

---

13 *Heidel/Lochner*, AG 2012, 169, 171 m.w.N. „börsennotierte AG als besondere Spezies der AG".
14 Gesetzesentwurf, Bayer etc.
15 Vgl. BGH, AG 2003, 273, 275; OLG München, AG 2001, 364, 365; *Reimer*, Wirtschaftswoche vom 14.08.2003, S. 95; *Schwark/Geiser*, ZHR 161 (1997), 739, 762.
16 Vgl. BVerfGE 100, 289, 305; OLG München AG 2001, 364, 365.
17 Siehe § 39 Abs. 2 Satz 2 BörsG, vgl. zum zweispurigen Anlegerschutz bereits *Mülbert*, ZHR 165 (2001), 104, 116 ff.; *Schwark/Geiser*, ZHR 161 (1997), 739, 755 ff., 758 ff.; *Lutter*, FS Zöllner, Köln u. a. 1998, S. 381 f.
18 BGH, Urt. v. 25.11.2002 – II ZR 133/01, AG 2003, 273 ff. (Macrotron) = BGHZ 153, 47, 53 ff. = ZIP 2003, 387; zuvor OLG München, AG 2001, 364 ff.; LG München, AG 2000, 140 ff.; siehe umfassende Darstellung mit weiteren Nachweisen in der Vorauflage.
19 OLG München, AG 2001, 364, 365; LG München I, AG 2000, 140, 141; *Hüffer*, Aktiengesetz, § 119 Rn. 23; *De Vries*, Delisting, Bayreuth 2000/2001, S. 92 ff.; *Schwark/Geiser*, ZHR 161 (1997), 739, 759; *Vollmer/Grupp*, ZGR 1995, 459, 474 f.; *Kleindiek*, FS Bezzenberger, Berlin, New York 2000, S. 655 ff.; *Lutter*, Ge-
((Fortsetzung der Fußnote auf Seite 112)

heit zu fassender Hauptversammlungsbeschluss sein muss[20]. Ein adäquater Schutz der Minderheitsaktionäre konnte nach Auffassung des BGH nur dann erreicht werden, wenn den Aktionären mit dem Beschlussantrag ein Pflichtangebot[21] über den Kauf ihrer Aktien durch die Gesellschaft oder den Mehrheitsaktionär vorgelegt wird, mit der Möglichkeit, die Richtigkeit der Wertbemessung in einem gerichtlichen Verfahren überprüfen zu lassen[22].

7 Der BGH stützte sich auf Art. 14 GG und begründete seine Rechtsfortbildung vor allem damit, dass das Delisting die Verkehrsfähigkeit der Aktie beeinträchtige, welche nach der DAT/Altana-Entscheidung des BVerfG[23] als Eigenschaft des Aktieneigentums den Schutz des Art. 14 GG genieße. Insoweit versuchte der BGH die Vorgaben umzusetzen, die das BVerfG in ständiger Rechtsprechung an Eingriffe in die mitgliedschaftsrechtliche oder vermögensrechtliche Stellung der Aktionärsminderheit stellte: Nicht die Beeinträchtigung als solche wird untersagt. Jedoch müssen wirksame Rechtsbehelfe gegen einen Missbrauch wirtschaftlicher Mehrheitsmacht ebenso zur Verfügung stehen wie ein Mechanismus, der es jedem Aktionär erlaubt, eine vermögensmäßige Beeinträchtigung durch Inanspruchnahme der vollen wirtschaftlichen Entschädigung, d. h. Abfindung, zu vermeiden[24].

8 Der BGH verstand das durch die Rechtsprechung des BVerfG ausformulierte Grundrecht Art. 14 GG in Form des Aktieneigentums dahingehend, dass der Verkehrswert einer Aktie und die jederzeitige Möglichkeit, diesen durch Veräußerung zu realisieren als Eigenschaft des Aktieneigentums Teil der Eigentumsgarantie selbst sei[25]. Bei einem keine unternehmerischen, sondern nur Anlageinteressen verfolgenden Kleinaktionär mache die jederzeitige Handelbarkeit der Aktien und die Möglichkeit, zwischenzeitlich eingetretene Kurssteigerungen zu realisieren, die wesentliche wirtschaftliche Bedeutung des in der Aktie verbrieften Ei-

---

sellschaftsrecht und Kapitalmarktrecht, FS Zöllner, Köln u. a. 1998, S. 378, 380; *Steck*, AG 1998, 460, 461 ff.; *Wilsing/Kruse*, NZG 2002, 807, 811; *Zetzsche*, NZG 2000, 1065, 1066; *Hellwig*, ZGR 1999, 781, 799 ff.; gegen einen Hauptversammlungsbeschluss: *Bungert*, BB 2000, 53, 55; *Wirth/Arnold*, ZIP 2000, 111, 114 ff.; *Mülbert*, ZHR 165 (2001), 104, 129 ff.; *Groß*, ZHR 165 (2001), 141, 165; *Krämer/Theiß*, AG 2003, 225, 235 ff.; *Eickhoff*, WM 1988, 1713, 1716; *Schiessl*, AG 1999, 442, 452.
20 BGH, AG 2003, 273, 274 f.; zu den Mehrheitserfordernissen vgl. *Adolff/Tieves*, BB 2003, 797, 800.
21 Zur Notwendigkeit eines gesellschaftsrechtlichen Abfindungsangebotes: vergl. *Geyrhalter/Gänßler*, NZG 2003, 313, 316; *Adolff/Tieves*, BB 2003, 797, 805; *Hopt*, FS Drobnig, S. 536 f.
22 Vgl. BGH AG 2003, 273, 275.
23 BVerfGE 100, 289, 305 (DAT/Altana)= ZIP 1999, 1336.
24 Vgl. BVerfGE 14, 263, 283 (Feldmühle); BVerfGE 100, 289, 303 (DAT/Altana); BVerfG, DB 2000, 1905, 1906 (Moto Meter); vgl. auch *Adolff/Tieves*, BB 2003, 797, 800.
25 BGH AG 2003, 273, 275.

gentumsrechts aus. Beim Rechtsschutz orientierte sich der BGH an den bewährten Instrumenten des Minderheitenschutzes bei anderen gesetzlichen Maßnahmen, bei denen der gebotene eigentumsrechtliche Schutz des Aktionärs ebenfalls durch eine Kombination einer gegen den Hauptversammlungsbeschluss gerichteten Klage und – soweit es um die im aktienrechtlichen Anfechtungsverfahren nicht überprüfbare Höhe der Abfindung geht – mit dem Spruchverfahren sichergestellt wird.

Später bestätigte der BGH, dass man dieses Vorgehen auch als Gesamtanalogie zu den entsprechenden aktien- und umwandlungsrechtlichen Vorschriften[26] begreifen kann[27]. Der von einem Delisting betroffene Aktionär ist mit dem vom Formwechsel bzw. Beherrschungs- oder Gewinnabführungsvertrag betroffenen Anteilsinhaber vergleichbar. Er verliert zwar nicht seine Aktionärsstellung; die rechtlichen und wirtschaftlichen Bedingungen, unter denen er aus seiner Eigentümerstellung wirtschaftlichen Nutzen zieht, werden aber grundlegend verändert[28]. Tatsächlich geht es deshalb in allen Fallkonstellationen um einen Schutz der Minderheit vor einer u. U. benachteiligenden Ausübung der Mehrheitsmacht.[29]

III. Downlisting – Rechtsprechung

Eine erste Aufweichung der „Macrotron"-Rechtsprechung erfolgte durch die Zulassung eines abfindungsfreien Wechsels in den qualifizierten Freiverkehr (so genanntes Downlisting).[30] Der BGH hatte in seiner „Macrotron"-Entscheidung zwar festgestellt, dass für die Minderheitsaktionäre, deren Aktien-Engagement allein in der Wahrnehmung von Anlageinteressen besteht, der Wegfall des Markts wirtschaftlich gravieren-

---

26 §§ 29, 207 UmwG, §§ 305, 327a ff AktG.
27 Stellungnahme BGH vom 04.08.2010 gegenüber BVerfG; siehe auch *Bayer*, ZIP 2015, 853, 854 m. w. N.; *Hüffer*, Aktiengesetz, § 119 Rn. 24; *Vollmer/Grupp*, ZGR 1995, 459, 475 f.; *Adolff/Tieves*, BB 2003, 797, 802 f.; *Zetzsche*, NZG 2000, 1065, 1068 ff.; *Pluskat*, WM 2002, 833, 835; *Steck*, AG 1998, 460, 462; *Hellwig*, ZGR 1999, 781, 800; *Fritzsche*, Finance April 2001, S. 74 f.; rechtspolitisch erwägend auch *Hopt*, FS Drobnig, S. 337; i. S. einer Aufforderung an den Gesetzgeber *Lutter*, FS Zöllner, Köln u. a. 1998 S. 382; vgl. auch *Wiedemann*, in: Großkomm AktG, § 186 Rn. 159 für den umgekehrten Fall (Börseneinführung); gegen eine analoge Anwendung: *Krämer/Theiß*, AG 2003, 225, 240; *Mülbert*, ZHR 165 (2001), 104, 137 ff.; *Bungert*, BB 2000, 53, 57; *Groß*, ZHR 165 (2001), 141, 160 f.; später auch als Gesamtanalogie zu § 29 Abs. 1 Satz 2 a. F., § 207 UmwG, §§ 305, 327a ff. AktG, siehe auch KG Berlin, ZIP 2007, 2352; Zusätzlich auch mit dem durch 2. UmwÄndG vom 19.04.2007 neu eingeführten § 29 Abs. 1 Satz 1 HS 1 Alt.2 UmwG, vergleiche *Klöhn*, NZG 2012, 1041, 1045; *Habersack*, ZHR 176 (2912), 463, 466 ff; *Schockenhoff*, ZIP 2013, 2429, 2432, 2435; *Hüffer*, AktG, 10. Aufl. 2012, § 119 Rn. 25.
28 So zutreffend *Adolff/Tieves*, BB 2003, 797, 802; vgl. auch *Hüffer*, Aktiengesetz, § 119 Rn. 24.
29 *Krolop*, S. 33.
30 KG Berlin, AG 2009, 697; OLG München, NZG 2008, 755; LG Berlin, AG 2013, 846 = ZIP 2013, 1531 „Marseille Kliniken"; OLG Bremen, ZIP 2013, 821 „Frosta".

SpruchG § 1 Annex zu § 1: Delisting

de Nachteile mit sich bringt und eine Einbeziehung der Aktien in den Freiverkehr diese Nachteile nicht ausgleicht.[31] Nach herrschender Meinung war deshalb auch ein Downlisting vom Regulierten Markt in den einfachen Freiverkehr abfindungspflichtig.[32] Für eine Differenzierung zwischen qualifiziertem und einfachen Freiverkehr wurde jedoch später geltend gemacht, dass es zum Zeitpunkt der Macrotron-Entscheidung noch keinen qualifizierten Freiverkehr gegeben[33] und dass es sich bei der Feststellung des BGH in Macrotron nur um ein *obiter dictum* gehandelt habe[34] sowie dass die Handelbarkeit und damit die Verkehrsfähigkeit einer Aktie im qualifizierten Freiverkehr ebenso wie im regulierten Markt ausreichend gewährleistet seien.[35] Diese Differenzierung aufgrund der Börsensegmente war bist zur gesetzlichen Neuregelung des Delisting aber bereits deshalb zweifelhaft, weil der seit 2007 geltende § 29 Abs. 1 Satz 1 Halbs. 1 Var. 2 UmwG keine solche Differenzierung traf.[36]

11 Problematisch erschien insbesondere die Ansicht des KG Berlin[37], erst bei anschließendem Verlassen des qualifizierten Freiverkehrs ein Abfindungsangebot zu fordern, da dieses Ausscheiden aus dem Freiverkehr bereits begrifflich kein Delisting im Sinne des Widerrufs der Zulassung zum regulierten Markt darstellt. Eine Umgehung war vorprogrammiert. Zwar war dem KG zuzustimmen, dass aus Gründen des Anlegerschutzes ein anschließender Wechsel vom qualifizierten Freiverkehr in den einfachen Freiverkehr dann einen Hauptversammlungsbeschluss sowie ein Abfindungsangebot erfordern, gleichzeitig wurde aber darauf verwiesen, dass mangels Existenz obergerichtlicher Rechtsprechung zu einer solchen Angebotsplicht bei Verlassen des qualifizierten Freiverkehrs gegenteilig argumentiert werden könne[38]. Damit war der Weg offen, durch ein gestuftes Vorgehen mittels Wechsels in den qualifizierten Freiverkehr auch den börsenrechtlichen Schutz zu unterlaufen: beim Wechsel in den qualifizierten Freiverkehr erscheinit wegen fortbestehender Handelbarkeit der Aktie der Schutz der Anleger gewahrt, beim späteren Verlassen des qualifizierten Freiverkehrs aber gilt § 39 Abs. 2 BörsG nicht mehr. Zahlreiche Gesellschaften nutzten diese Schutzlücke[39]

---

31 So ausdrücklich der BGH v. 25.11.2002 – II ZR 133/01, BGHZ 153, 47 = AG 2003, 273.
32 *Bayer*, ZIP 2015, 853, 856 FN 65; OLG Frankfurt AG 2012, 330, LG Köln, AG 2009, 835: kein hinreichender Schutz im Gesellschaftsrecht bei Wechsel in nicht qualifizierten Freiverkehr.
33 *Seibt/Wollenschläger*, AG 2009, 807, 817.
34 *Seibt/Wollenschläger*, AG 2009, 807, 817.
35 KG Berlin, AG 2009,697; OLG München, NZG 2008, 755.
36 Vergl. auch *Hüffer*, AktG, § 119 Rz. 32 mit weiteren Nachweisen; *Klöhn*, NZG 2012, 1041; Gegenmeinung hält teleologische Reduktion von § 29 Abs. 1 Satz 1 UmwG für notwendig; *Heidel/Lochner*, AG 2012, 169, 171 ff.
37 KG Berlin, AG 2009,697; grundsätzlich zustimmend *Seibt/Wollenschläger*, AG 2009, 807, 817.
38 *Seibt/Wollenschläger*, AG 2009, 807, 817.
39 Marseille Kliniken AG, Frosta AG.

IV. Urteil des BVerfG vom 11.07.2012

Das BVerfG stellte mit seinem Urteil vom 11.07.2012[40] fest, dass die „Macrontron"-Grundsätze des BGH nicht aus Art. 14 GG abgeleitet werden können, weil es zumindest verfassungsrechtlich nicht geboten sei, den Minderheitsaktionären im Falle eines Delistings oder Downlistings einen Anspruch auf Barabfindung zuzubilligen; eine möglicherweise faktisch gesteigerte Verkehrsfähigkeit der Aktie sei kein Bestandteil des verfassungsrechtlich geschützten Eigentums, weshalb der Widerruf der Börsenzulassung nicht den Schutzbereich von Art. 14 Abs. 1 GG berühre[41]. Ausdrücklich hielt es aber eine Gesamtanalogie zu den gesetzlichen Regelungen anderer gesellschaftsrechtlicher Strukturmaßnahmen (§§ 305, 320b, 327b AktG, §§ 29, 207 UmwG) für zulässig[42] und bestätigte so im Ergebnis die verfassungsrechtliche Zulässigkeit der Macrotron-Rechtsprechung als richterliche Rechtsfortbildung.

Zu berücksichtigen ist, dass sich das BVerfG bei der Verneinung der Grundrechtsbetroffenheit im konkreten Fall auf eine „überraschende rechtstatsächliche Neubewertung"[43] stützte, wonach der Marktwert der Aktien durch das Delisting tatsächlich nicht beeinflusst werde"[44]. Der Untersuchungszeitraum der Auswirkungen von Delisting-Ankündigungen auf die entsprechenden Aktienkurse umfasste dabei jedoch nur die Jahre 2002 bis 2009[45]. Dass Kursrückgänge bei Delisting-Ankündigung insoweit typischerweise nicht feststellbar waren, lag daran, dass im maßgeblichen Zeitraum die „Macrotron"-Rechtsprechung Anwendung fand[46]. Alle freiwilligen Delisting (mit Ausnahme solcher bei Insolvenz) beinhalteten ein Abfindungsangebot, für welches der Börsendurchschnittskurs[47] die Untergrenze der später im Spruchverfahren überprüfbaren Abfindung darstellte. Deshalb war ein Kursrückgang regelmäßig ausgeschlossen[48]. Insoweit

---

40 BVerfG Urteil v. 11.07.2012 – 1 BvR 3142/07 und 1 BvR 1569/08 („MVS" und „Lindner"), AG 2012, 557; BVerfGE 132, 99 = NJW 2012, 3081= ZIP 2012, 1402 = NZG 2013, 1342 (m. Bespr. *Paschos/Klaaßen*, ZIP 2013, 154 u. *Drygala/Staake*, ZIP 2013, 905), dazu EWiR 2012, 483 (Schatz)).
41 BVerfG ZIP 2012, 1402, 1406; a. A. mit beachtlichen Argumenten, *Heidel/Lochner*, AG 2012, 169.
42 BVerfG ZIP 2012, 1402, 1406.
43 So *Hüffer*, AktG, 11. Aufl., 2014, § 119 Rz 34,
44 BVerfGE 132, 99, Rn. 68; bestätigend *Heldt/Royé*, AG 2012, 660, 673 (Die Autorinnen sind Referentinnen bzw. Rechtsanwältinnen beim DAI!); http://www.heribert-hirte.de/images/Standpunkte/Delisting_Stand20150506.pdf: „von in tatsächlicher Hinsicht falschen Voraussetzungen ausgegangen".
45 *Bayer/Hoffmann*, AG 2013, R 371, 372 f.
46 *Hüffer*, AktG, § 119 Rz 34: „nicht auszuschließen"
47 Damals sogar noch für einen Referenzzeitraum 3 Monate vor der Beschluss fassenden Hauptversammlung, vergl. BGHZ 147, 108.
48 *Bayer/Hoffmann*, AG 2013, R 371, 372 f gegen *Heldt/Royè*, AG 2012, 660, 673; ebenso *Hasselbach/Pröhl*, NZG 2015, 209, 210, 211 unter Verweis auf Pressemitteilung der Börsen Düsseldorf vom 07.04.2014 „Börse Düsseldorf stärkt Anlegerschutz", www.boerse-duesseldorf.de, wonach man dort der Argumentation
(Fortsetzung der Fußnote auf Seite 116)

waren die Feststellungen des DAI[49], auf welche sich das BVerfG bei seinen Feststellungen stützte, als Rechtstatsachen zur Beurteilung der potentiellen Auswirkungen eines Delisting ohne Vorliegen eines solchen Angebots unbrauchbar; eine Entscheidung hätte darauf nicht gestützt werden dürfen[50].

14 Teilweise wurde der Entscheidung des BVerfG entnommen, dass der Schutzbereich von Art. 14 GG durch ein Delisting generell unberührt wäre[51]. Das BVerfG ließ es jedoch gerade ausdrücklich offen, ob der Schutzbereich von Art. 14 GG berührt ist, wenn mit dem Widerruf der Zulassung zum regulierten Markt regelmäßig ein Kursverfall eintritt, der die wirtschaftliche Substanz des Aktieneigentums trifft, da ein solcher Effekt für den in der Entscheidung betrachteten Zeitraum ab 2004 nicht belegbar war[52]. Das zu schützende Eigentum geht über seine dinglich-gegenständlichen Bezüge hinaus, weshalb das Eigentum an einer Aktie nicht allein auf dessen (Sach-)Substanz reduziert werden kann[53]. Das BVerfG erkennt dies grundsätzlich an, stellte aber unter Verweis auf die zu Grunde gelegten Rechtstatsachen fest, dass Delisting-Ankündigungen regelmäßig nicht zu einem Kursverfall führten, die ihrem Ausmaß nach die wirtschaftliche Substanz des Aktieneigentums träfen.[54] Für den Fall der Bestätigung eines wesentlichen Kursrückgangs nach Delisting-Ankündigung muss deshalb von einer Verletzung des Schutzbereichs von Art. 14 GG durch ein Delisting ausgegangen werden. Denn dann wird gerade die wirtschaftliche Substanz regelmäßig erheblich geschmälert.

15 Literatur und Praxis gingen auf Basis der Entscheidung des BVerfG ganz überwiegend von der grundsätzlichen Fortgeltung der „Macrotron"-Grundsätze, gegebenenfalls auf Basis einer modifizierten Begründung, aus.[55] Insbesondere wurde wegen der erheblichen faktischen Auswirkungen des Delisting auf die Verkehrsfähigkeit der Aktie ein Festhalten an den „Macrotron"-Grundsätzen zum Schutz der Minderheitsaktionäre für sach-

---

von BVerfG und BGH, die Bekanntgabe einer Delisting-Absicht führe grundsätzlich nicht zu Kursverlusten, nicht zustimmen könne; *Wieneke*, NZG 2014, 22, 24; *Habersack*, JZ 2014, 147, 148; *Glienke/Röder*, BB 2014, 899, 903; *Brellochs*, AG 2014, 633, 640, FN 68 mit Beispielen Delistings nach Frosta (Schuler, Swarco Traffic Holding, Magix, cycos, Marseille-Kliniken,

49 Stellungnahmen zu BVerfG 1 BvR 3142/07 und 1 BvR 1569/08 (aus 10/2010), abrufbar www.dai.de.
50 *Bayer*, ZIP 2015, 853, 856: „in Verkennung der Rechtstatsachen das Schutzbedürfnis der vom Delisting betroffenen Aktionäre geleugnet"; auch *Habersack*, JZ 2014, 145, 148.
51 So aber *Hasselbach/Pröhl*, NZG 2015, 709.
52 BVerfG AG 2012, 557, 561; *Brellochs* AG 2014, 633, 635.
53 http://www.heribert-hirte.de/images/Standpunkte/Delisting_Stand20150506.pdf, S. 3.
54 BVerfG Tz 68.
55 *Hüffer* § 119 Rz 35 mit weiteren Nachweisen: *Schatz*, EWiR 2012, 483; *Bayer*, ZIP 2015, 853, 855; *Simons*, in: Hölters, AktG, 2. Aufl. 2014, § 1 SpruchG Rn. 14a; *Paschos/Klaaßen*, ZIP 2013, 154, 15.

gerecht und notwendig erachtet[56]. Dass durch die Entscheidung des BVerfG der „Macrotron"-Rechtsprechung gänzlich die Grundlage entzogen wäre[57], wurde kaum erwartet. Das BVerfG hielt die Einschätzung der Fachgerichte, der börsenrechtliche Schutz sei unzureichend und eine ergänzende gesellschaftsrechtliche Regelung für einen näheren Interessenausgleich erforderlich, ausdrücklich für verfassungsrechtlich unbedenklich[58].

V. Die „Frosta"-Entscheidung des BGH

Mit Beschluss vom 8.10.2013 – II ZB 26/12 gab der BGH seine Macrotron-Grundsätze, welche über 10 Jahre mit breiter Zustimmung des Schrifttums[59] einhellig in der Rechtspraxis angewendet wurden, jedoch überraschend[60] auf. Er stellte fest, dass der Widerruf der Börsenzulassung keine Strukturmaßnahme und ihr auch nicht ähnlich sei.[61] Der börsenrechtliche Schutz sei entgegen der früheren Annahme des Gerichts für den Anleger nicht unzureichend.[62] Die von der Frankfurter Wertpapierbörse geregelte Handelbarkeit der Aktie für weitere 6 Monate nach Delisting-Entscheidung bleibe nicht hinter dem Schutz durch ein Barabfindungsangebot zurück.[63] Dass schon die Ankündigung des Börsenrückzugs regelmäßig zu einem Kursrückgang führe, lasse sich nicht feststellen.[64]   *16*

Nach der BVerfG-Entscheidung[65] waren zahlreiche Vorschläge zur einfachgesetzlichen Herleitung einer Analogie bzw. der Macrotron-Rechtsprechung entsprechenden richterlichen Rechtsfortbildung von der Literatur unterbreitet worden.[66] Sämtliche Vorschläge wies der BGH in Frosta   *17*

---

56 *Herrler*, in: Grigoleit, AktG, 2013, § 119 Rn. 30; *Hüffer*, AktG, § 119 Rn. 35; *Klöhn*, NZG 2012, 1041, 1045; a. A. *Kiefner/Gillessen*, AG 2012, 645, 649 ff.
57 *Hasselbach/Pröhl*, NZG 2015, 709.
58 *Bayer*, ZIP 2015, 853, 855.
59 *Stöber*, BB 2014, 9, 11 mit weiteren Nachweisen.
60 *Simons*, in: Hölters, AktG, 2. Aufl. 2014, § 1 SpruchG, Rn. 14a „überraschende Kehrtwende"; *Hüffer*, AktG, § 119 Rn. 35 „Paukenschlag-Entscheidung"; *Hippeli*, jurisPR-HaGesR 8/2014 Anm. 4 „überraschend"; *Lochner/Schmitz*, AG 2014, 489, 492; *Königshausen*, BB 2013, 3025; *Thomale*, DStR 2013, 2592; *Bayer*, ZIP 2015, 853, 856; *Stöber*, BB 2014, 9, 25; *Habersack*, JZ 2014, 147: hat den Frosta-Beschluss als „Unglück" bezeichnet; *Stöber*, BB 2014, 9, 13.
61 BGH, ZIP 2013, 2254, Rz 11.
62 BGH, ZIP 2013, 2254, Rz 13.
63 BGH, ZIP 2013, 2254, Rz 14; a. A. *Hellwig/Bormann*, ZGR 465m 476 ff.; *Streit*, ZIP 2002, 1279, 12 84; *Wilsing/Kruse*, NZG 2002, 807, 810 ff.
64 BGH, ZIP 2013, 2254, Rz 14 mit Hinweis auf *Heldt/Royé*, AG 2012, 660, 667 f. (Die Autorinnen *Heldt/Royé* sind Referentinnen und Rechtsanwältinnen beim Deutschen Aktieninstitut e.V.!).
65 BVerfG, ZIP 2012, 1402.
66 *Lochner/Schmitz*, AG 2014, 489, 492 FN 39; *Drygala/Staake*, ZIP 2013, 905, 912 (Analogie zu §§ 190 ff. UmwG); *Wackerbarth*, WM 2012, 2077, 2079; überzeugend *Klöhn*, NZG 2012, 1041, 1045 (Analogie zu § 29 UmwG); *Habersack*, ZHR 176 (2012), 463, 464 f; *Schockenhoff*, ZIP 2013, 2429, 2435; für Gesamtanalogie §§ 20, 207 UmwG, §§ 305, 327a AktG: vergl. *Bayer*, ZIP 2015, 853, 855 FN 45 m. w. N.

SpruchG § 1   Annex zu § 1: Delisting

zurück. Er lehnte nicht nur eine vom BVerfG für zulässig erachtete Gesamtanalogie zu gesetzlichen Regelungen anderer gesellschaftsrechtlicher Strukturmaßnahmen (§§ 305, 320b, 327b AktG, §§ 29, 207 UmwG) ab[67]. Auch eine Analogie zu dem seit 2007 geltenden § 29 Abs. 1 Satz 1 HS 1 Alt. 2 UmwG[68] verwarf er mit dem Argument, dass dieser speziellen Regelung kein Grundsatz entnommen werden könne, wonach der Wechsel aus dem regulierten Markt in jedem Fall zu einer Abfindung führe.[69]

18 Dabei hatte der BGH noch kurz zuvor ausgeführt, dass der Gesetzgeber seiner Macrotron-Rechtsprechung mit der Anordnung eines Barabfindungsangebots im Fall der Verschmelzung einer börsennotierten Aktiengesellschaft auf eine nicht börsennotierte Aktiengesellschaft gefolgt sei[70], so dass für verfassungsrechtliche Bedenken, es liege eine unzulässige richterliche Rechtsfortbildung vor, kein Raum sei.[71]

19 Der pauschale und ungeprüfte Verweis des BGH auf die Anmerkung des BVerfG[72], dass sich nicht feststellen lasse, dass schon die Ankündigung des Börsenrückzugs regelmäßig zu einem Kursverlust führe, mit der Folgebehauptung, dass die Börsenordnungen, soweit sie nicht auf ein Kaufangebot abstellen, sondern auf die verbleibende Zeit zur Desinvestition, einen ausreichenden Schutz der Minderheitsaktionäre böten[73], war falsch[74] und wurde auch nicht von den angeführten Argumenten getragen. § 39 Abs. 2 BörsG a. F. und die ihn ausfüllenden Börsenordnungen trafen nur eine punktuelle, uneinheitliche und – was die Börsenordnungen betrifft – jederzeit veränderliche Regelung, die weder abschließenden Charakter hatte noch ausreichenden Schutz der Aktionäre gewährleistete.[75] Dass – ohne ein nach „Macrotron" erforderliches Abfindungsangebot – in der Regel bereits mit der Ankündigung eines Delisting ein er-

---

67 BGH, ZIP 2013, 2254, Rz. 10; welcher er in seiner Stellungnahme gegenüber dem BVerfG noch zugestimmt hatte; *Bayer*, ZIP 2015, 853, 855, 856 FN 60; wie BGH: *Bungert/Wettich*, DB 2012, 2265 ff.; *Kiefner/Gillessen*, AG 2012, 645 ff.; *Goetz*, BB 2012, 2767, 2771 ff.; *Paschos/Klaaßen*, AG 2014, 33 ff.; *Brellochs*, AG 2014, 633 ff.; *Kocher/Widder*, NJW 2014, 127 ff.; *Wasmann/Glock*, DB 2014, 105 ff.; *Wieneke*, NZG 2014, 22 ff.; *Lampert/Weichel*, WM 2014, 1024 ff.; *Rosskopf*, ZGR 2014, 487, 497 ff.; *Glienke/Röder*, BB 2014, 899 ff; eine Rechtsschutzlücke ebenfalls verneinend: *Kiefner/Gillessen*, AG 2012, 645 ff.; *Goetz*, BB 2012, 2767, 2771 ff; *Thomale*, ZGR 2013, 686, 701 ff.
68 Überzeugend *Klöhn*, NZG 2012, 1041; zustimmend *Schockenhoff*, ZIP 2013, 2435.
69 BGH, ZIP 2013, 2254, Rz. 8; BGH überzeugt nicht! vergl. Auch *Krieger*, in VGR, Bd.19, 2014, S. 19 (Diskussionsbeitrag).
70 § 29 Abs. 1 Satz 1 UmwG i d F des Art. 1 des Zweiten Gesetzes zur Änderung des Umwandlungsgesetzes, BGBl. I S. 542.
71 BGH Beschluss vom 25.06.2008, Az II ZB 39/07.
72 BVerfGE 132, 99, Rn. 68.
73 BGH, Beschluss vom 08.10.2013, II ZB 26/12, zitiert nach juris, Rn. 14; BGH, ZIP 2013, 2254, 2256, unter Verweis auf *Heldt/Royè*, AG 2012, 660, 667 f.
74 Vgl. *Bayer/Hoffmann*, AG 2013, R 371, 372 f.
75 *Stöber*, BB 2014, 9, 13.

heblicher Kursrückgang einsetzt[76], hätte auch der BGH erkennen können und müssen.

Selbst der kapitalmarktrechtliche Rechtsschutz über das Verwaltungsverfahren versagte offensichtlich beim gestuften Delisting mit anfänglichem Wechsel in den qualifizierten Freiverkehr und späterem vollständigen Delisting. Der Verwaltungsrechtsweg ist auch generell ungeeignet[77]. Durch die Beendigung der Börsennotierung sind vor allem Anleger-Aktionäre betroffen, so dass das Verhältnis Emittent – Börsenpublikum in den Hintergrund tritt, während der Interessenkonflikt Verwaltung/Großaktionär – Aktionär in den Mittelpunkt rückt.[78] Es geht somit um gesellschaftsrechtstypischen Minderheitenschutz, die Treuepflichtbindung des Hauptaktionärs und die Kompetenzverteilung zwischen Vorstand und Hauptversammlung. 20

Die Aufgabe der Macrotron-Rechtsprechung hing deshalb sicher auch mit der geänderten Besetzung des 2. Senates des BGH zusammen. Auch andere Entscheidungen des Senates passen in dieses Bild.[79] Analogien und Rechtsfortbildungen scheinen generell auf Ablehnung zu treffen. Der BGH hatte mit Macrotron seine Befugnis zur Rechtsfortbildung, die zu den „Aufgaben der Rechtsprechung" gehört,[80] in zulässiger Weise wahrgenommen.[81] Diese Aufgabe der Rechtsprechung, „begrenzte Leistungen des Gesetzgebers zu kompensieren und Lücken, die der Gesetzgeber im Hinblick auf das Delisting sogar bewusst bestehen gelassen habe"[82], wurde vom BGH mit „Frosta" abgelehnt.[83] 21

Teilweise wurde im Anschluss sogar in der Literatur für Großaktionäre vorgeschlagen, Aktionäre unter Drohung mit einem Delisting zum Verkauf ihrer Aktien zu bewegen[84]. Regelmäßig eingesetzt wurde die Delisting-Drohung auch bereits im Rahmen von Übernahmeangeboten, in welchen seit der „Frosta"-Entscheidung des BGH die (mögliche) Absicht eines späteren Delisting aufgenommen wurde[85]. Dies übte auf Minderheitsaktionäre hohen Druck aus, das Abfindungsangebot auch bei einer Beurteilung als unangemessen anzunehmen, um nicht später den mit dem Verlust der Handelbarkeit der Aktie verbundenen Nachteilen, insbesondere Wertverlusten, ausgesetzt zu sein. 22

---

76 *Schockenhoff*, ZIP 2013, 2429, 2435; Gesetzesbegründung Delisting 31.08.2015, Transparenzrichtlinie, BT-Drucksache 18/6220.
77 Bundesrat-Drucksache 22/15, S. 7 f.: Verwaltungsrechtsweg ist systemwidrig.
78 *Krolop*, S. 33.
79 *Maume*, S. 22; BGH Urteil vom 19.02.2013, Az II ZR 56/12; BGH, WM 2013, 1511 – kein Anspruch auf Gegenleistung, wenn entgegen § 35 Abs. 2 WpÜG kein Pflichtangebot veröffentlicht wird.
80 BVerfGE 132, 99 = ZIP 2012, 1402, Rz. 74.
81 BVerfGE 132, 99 = ZIP 2012, 1402, Rz. 72 ff.
82 *Hommelhoff*, in VGR, Bd.19, 2014, S. 21 (Diskussionsbeitrag).
83 *Bergemann*, in VGR, Bd.19, 2014, S. 21 (Diskussionsbeitrag): „Bergemann bestätigte, dass der Senat…sich nicht dazu legitimiert sehe, Legislativaufgaben zu übernehmen."
84 *Paschos/Klaaßen*, AG 2014, 33, 35.
85 Celesio, Pulsion.

23 In der Folge von Frosta gab es eine „Welle" von Börsenrückzügen.[86] Angefeuert durch öffentliche Empfehlungen der Beraterpraxis[87], die gesetzliche Lücke bis zu einer zu erwartenden neuen gesetzlichen Regelung schnell zu nutzen, hat eine Vielzahl von (durch Hauptaktionäre dominierten) Aktiengesellschaften ein abfindungsfreies Delisting beschlossen[88].

VI. Unzureichende gesetzliche Neuregelung in § 39 Abs. 2, 3–6 BörsG n. F.

24 Eine gesetzliche Regelung war rechtspolitisch geboten[89]. Diese wurde bereits vor Macrotron gefordert[90]. Der Rechtsausschuss des Bundesrates hat in 2015 eine solche aktien- oder umwandlungsrechtliche Regelung gefordert[91]. Im Rahmen des Gesetzgebungsverfahrens zum Entwurf eines Gesetzes zur Umsetzung der Transparenzrichtlinie-Änderungsrichtlinie haben die Fraktionen der CDU/CSU und der SPD am 31.08.2015 einen Entwurf eines Vorschlages zur gesetzlichen Regelung des Delisting eingebracht, welcher allerdings auf zahlreichen Widerspruch traf[92].

Entgegen zahlreicher Vorschläge[93] und erheblicher fachlicher Kritik[94] hat der Gesetzgeber in einem „Eilverfahren"[95] den Forderungen nach einer rein kapitalmarktrechtlichen Regelung des Delisting[96] nachgegeben und am 01.10.2015 eine börsengesetzliche Neuregelung beschlossen.[97]

---

86 *Bayer*, ZIP 2015, 853, 856; *Bayer/Hoffmann*, AG 2015, R 55 ff.
87 *Heuking/Kuehn*, Internet; Hoffmann Liebs Fritsch Seminar 2014.
88 *Weber*, NJW 2015, 212 „Delistingwelle grassiert"; *Karami*, S. 16: zwischen 01.01.2013 und 28.02.2015 insgesamt 118 Delisting-Ankündigungen; Solventis-Studie; SdK.
89 *Bayer*, ZIP 2015, 853, 856; *Bayer*, ZfPW 2015, 163, 219 ff. m. w. N.
90 Siehe schon der Vorschlag von *Lutter*, FS Zöllner, S. 382.
91 Bundesrat-Drucksache 22/15, S. 7 f. Stellungnahme zum Entwurf eines Gesetzes zur Änderung des Aktiengesetzes (Aktienrechtsnovelle 2014).
92 Vgl. hierzu nur SpruchZ blogspot.
93 Prof. *Hirte*, MdB CDU http://www.heribert-hirte.de/images/Standpunkte/Delisting_Stand20150506.pdf: „Eine rein kapitalmarktrechtliche und allein an frühere Börsenkurse anknüpfende Regelung dürfte andererseits das Ziel, die nicht mehr ausreichende oder verringerte Handelbarkeit einer Beteiligung zu kompensieren, nicht in allen Fällen erfassen. Denn das Delisting erfolgt ja gerade, weil und wenn die Börsennotierung nicht mehr sinnvoll ist; der Börsenkurs ist in solchen Fällen – jedenfalls alleine – kein verlässlicher Indikator (mehr) für die Bewertung der Beteiligung."
94 Stellungnahmen Dreier Riedel RAe, IDW, DAV, BRAK.
95 Entwurf 31.08.2015, erste Anhörung Finanzausschuss 07.09.2015, Beschluss Plenum 01.10.2015.
96 Z. B. *Brellochs*, AG 2014, 633, 645 unter Verweis auf BGH vom 29.07.2014, II ZR 353/12, ZIP 2014, 1623 = AG 2014, 662; *Habersack*, ZHR 176 (2012) 463, 467.
97 Gesetz zur Umsetzung der Transparenzrichtlinie-Änderungsrichtlinie Drucksachen 18/5010, 18/5272, 18/5458 Nr. 1; Beschlussempfehlung und Bericht des Finanzausschusses (7. Ausschuss) Drucksache 18/6220.

Danach ist nunmehr gemäß § 39 Abs. 2 Nr. 1, Abs. 3 bis 6 BörsG ein Erwerbsangebot gemäß WpÜG erforderlich. Dieses Angebot darf keine Bedingungen enthalten, § 39 Abs. 3 Satz 1 BörsG. Auf das Angebot findet § 31 WpÜG mit der Maßgabe Anwendung, dass eine Abfindung in Euro entsprechend dem gewichteten durchschnittlichen inländischen Börsenkurs während der letzten 6 Monate vor der Veröffentlichung nach § 10 Abs. 1 Satz 1 oder § 35 Abs. 1 WpÜG maßgeblich ist. Im Falle von Verstößen gegen § 15 WpHG durch den Emittenten oder § 20a WpHG durch den Bieter besteht ein Anspruch auf den Unterschiedsbetrag zwischen angebotener Gegenleistung und einer, auf Basis einer Unternehmensbewertung des Emittenten ermittelten Gegenleistung, § 39 Abs. 3 Satz 3 Nr. 1, 2 BörsG. Auch im Falle einer Marktenge hat die angebotene Gegenleistung des Bieters dem Unternehmenswert anhand einer Bewertung des Emittenten zu entsprechen, § 39 Abs. 3 Satz 4 BörsG. 25

Die neue gesetzliche Regelung ist insgesamt unzureichend und ein rechtspolitischer Rückschritt, da letztlich die Rechtslage vor Macrotron restauriert wurde.[98] Insbesondere der Rechtsschutz allein für einen Anspruch nach § 39 Abs. 3 Satz 3 und 4 BörsG über § 1 Abs. 1 Nr. 3 KapMuG bleibt weit hinter den Anforderungen an einen effektiven Rechtsschutz zurück. Es hätte nahe gelegen, das über viele Jahre bewährte Spruchverfahren zu etablieren. Dessen Dauer unterschreitet mittlerweile die Dauer von Kapitalanlegermusterverfahren. 26

Trotz der Ausdehnung des Referenzzeitraums von zuerst 3 auf 6 Monate bleibt die Beeinflussung des Zeitpunkts der Delisting-Ankündigung und damit die Wahl eines niedrigen Börsendurchschnittskurses eine Rechtsschutzlücke. In einer Situation, in welcher Minderheitsaktionäre, welchen es vorrangig auf das Vermögensinteresse ankommt und damit im Wesentlichen auch auf die Handelbarkeit der Aktie in Form der jederzeitigen Veräußerbarkeit zum Börsenwert, faktisch gezwungen sind, im Delisting-Falle zu veräußern, bietet ein Abfindungsangebot zum Börsenkurs nur begrenzten Schutz. Schließlich repräsentiert der Börsendurchschnittskurs nur den Mindestwert im Rahmen einer freien Desinvestitionsentscheidung. Auch kann der Börsenkurs gerade bei marktengen Werten mit geringem Streubesitzanteil regelmäßig nicht als repräsentativ angesehen werden. Hierbei ist nicht einzusehen, weshalb die dann nach Gesetz notwendige Unternehmensbewertung nicht im Spruchverfahren überprüfbar ist. 27

Seitens der Mehrheitsaktionäre besteht ein nachvollziehbares Interesse, den aktienrechtlichen Minderheitenschutz bei Strukturmaßnahmen durch ein vorgeschaltetes Delisting zu unterlaufen. In Übernahmefällen, in welchen der Übernehmer in der Regel 100 % Anteilsquote anstrebt, dient das (angekündigte) Delisting erkennbar dazu, bereits im Rahmen der Übernahme durch Drohung mit einem Börsenrückzug die Minderheit zur Annahme des Angebots oder zum späteren Verkauf über die Börse zu bewegen. Auch wenn die im Gesetzgebungsvorschlag ursprünglich vor- 28

---

98 *Bayer*, ZIP 2015, 853, 857.

gesehene Ausnahme eines Delisting-Abfindungsangebots bei vorherigen WpÜG-Angebot[99] zu Recht[100] fallen gelassen wurde, wirkt die anschließende Ausdehnung des Referenzzeitraumes in einem solchen Falle entsprechend. Denn wenn sich nach einer Übernahme ein Delisting-Abfindungsangebot nach dem vorangegangenen 6-Monatszeitraum bemisst, ist regelmäßig der Zeitraum der Übernahme, in welchem der Börsenpreis auf den Übernahmepreis fixiert ist, enthalten. Durch Erfassung von Zeiträumen vor der Übernahme, können dann sogar – im Falle von üblichen Übernahmeprämien – wesentlich geringere Kurse Eingang in die Durchschnittsberechnung finden. Insoweit kann sich doch wieder der faktische Zwang ergeben, das Übernahmeangebot annehmen zu müssen, um beim nachgelagerten Delisting-Angebot nicht einen noch geringeren Betrag zu erhalten. Aktionäre, welche nicht das Übernahmeangebot angenommen haben, etwa weil sie dieses als unangemessen angesehen haben, würden so letztlich doch gezwungen, zum Übernahmepreis abzugeben. So könnte auch ein Hauptaktionär, welcher eine spätere abfindungspflichtige Strukturmaßnahme beabsichtigt, leicht weitere Aktien einsammeln, um ein gesetzlich notwendiges Quorum, etwa für einen Squeeze Out oder einen Unternehmensvertrag zu erreichen.

29 Aufgrund des allgemeinen Prozesskostenrisikos besteht für eine Zivilrechtsklage des einzelnen Minderheitsaktionärs trotz KapMuG[101] in der Regel ein erhebliches, nicht abschätzbares finanzielles Risiko. Zum einen drohen Gerichtskosten für eine Unternehmensbewertung im Verfahren, welche leicht sechsstellige Euro-Beträge erreichen können. Zum anderen ist das Risiko, die gegnerischen Anwaltskosten tragen zu müssen, der Höhe nach unkalkulierbar, weil der Bieter den Unternehmensorganen des Emittenten regelmäßig den Streit verkünden wird, da im Falle von Rechtsverstößen gegen §§ 15, 20a WpHG der Vorstand in Regress zu nehmen wäre. Wie in anderen Musterverfahren auch[102] kann sich so das Prozesskostenrisiko vervielfachen, wenn jedes Organ einen eigenen Prozessvertreter einschaltet.

30 Die Gesetzesbegründung verweist zwar auf § 92 Abs. 2 Nr. 2 ZPO, wonach das Gericht dem Beklagten die gesamten Prozesskosten auferlegen kann. Aus Sinn und Zweck der Ausnahmeregelung zur Maßgeblichkeit des Unternehmenswertes ist zu schlussfolgern, dass somit in der Regel die Gerichtskosten vom Beklagten zu tragen sind. Denn der Anspruch hängt der Höhe nach immer von einem Unternehmenswertgutachten ab. Jedoch bleibt abzuwarten, wie die Gerichte dies im Hinblick auf die zu-

---

99 Gesetzesvorschlag der Fraktionen CDU/CSU und SPD vom 31.08.2015; ähnlich auch *Bayer*, ZIP 2015, 853, 856 unter Verweis auf *Heldt/Royé*, AG 2012, 660, 672; *Brellochs*, AG 2014, 633, 644.
100 Stellungnahmen Dreier Riedel, DSW, SDK.
101 Klarstellend wurde § 1 Abs. 1 Nr. 3 KapMuG um Ansprüche gemäß § 39 Abs. 3 Satz 3, 4 BörsG ergänzt.
102 Musterverfahren Hypo Real Estate Holding AG, OLG München Kap, 3/10: 12 Nebenintervenienten auf Beklagtenseite.

vor festzustellenden Rechtsverstöße gegen §§ 15, 20a WpHG tatsächlich handhaben.

Der klagende Aktionär verfügt im Gegensatz zum Hauptaktionär als Bieter regelmäßig nicht über die notwendigen internen Informationen des Emittenten. Wegen des regelmäßig bestehenden Informationsvorsprungs des Hauptaktionärs sowie der in der Regel höheren finanziellen Mittel, zum Beispiel zur Einholung von Privatgutachten, ist eine prozessuale Waffengleichheit von vornherein nicht gegeben. *31*

Wegen der im Zivilprozessrecht geltenden Parteimaxime können Minderheitsaktionäre mangels Kenntnis der für eine Unternehmensbewertung zwingend notwendigen Unternehmensplanung des Emittenten regelmäßig keine konkrete Bewertung vortragen. Dafür wäre notwendig, dass die Unternehmensplanung des Vorstands offengelegt wird, was bei Strukturmaßnahmen nur wegen der obligatorischen Bewertung stattfindet. Insoweit bereitet auch die Bezifferung eines Klageanspruchs regelmäßig Schwierigkeiten. Infolge des im Spruchverfahren geltenden partiellen Amtsermittlungsgrundsatzes können dort die Gerichte die Vorlage weiterer Informationen durch den Antragsgegner erzwingen. Diese Möglichkeit besteht im Parteiprozess grundsätzlich nicht. Es wären deshalb zusätzliche Ansprüche auf Informationen seitens des Emittenten und eindeutige Kostentragungspflichten des Bieters notwendig gewesen. *32*

Ein weiteres Erschwernis ist die nach § 15 Abs. 3 WpHG mögliche Selbstbefreiung des Emittenten. Solche sind den Minderheitsaktionären regelmäßig unbekannt, so dass sie davon erst im Prozess erfahren werden. Das in der Gesetzesbegründung angesprochene Erfordernis vorheriger rechtskräftiger Feststellung der Verstöße gegen §§ 15 und 20a WpHG erscheint nicht eindeutig. Wie bei Klagen gestützt auf §§ 37b, c WpHG muss selbstverständlich das zuständige Gericht einen solchen Verstoß feststellen können. Wenn dieser allerdings erst rechtskräftig festgestellt werden müsste, um eine Unternehmensbewertung durchzuführen, würde dies zu einer erheblichen Verfahrensverlängerung beitragen. Denn dann könnte gegen die entsprechende Entscheidung des zuständigen OLG im Musterverfahren erst Rechtsbeschwerde zum BGH eingelegt werden, um anschließend wieder beim OLG mit einer Bewertung beginnen zu können, welche dann wieder mittels Rechtsbeschwerde zum BGH angegriffen werden könnte. *33*

Die Rückausnahme gemäß § 39 Abs. 3 Satz 3 2. HS BörsG, für den vom Beklagten Bieter zu beweisenden Fall, dass die Gesetzesverstöße gegen §§ 15, 20a WpHG nur unwesentliche Auswirkung gehabt hätten, erschwert den Rechtsschutz unangemessen. Hier ist bereits unklar, welche Anforderungen an die Wesentlichkeit zu stellen sind. In der Regel wird bereits die tatsächliche Marktreaktion auf das spätere Bekanntwerden einer unterlassenen Insiderinformation fehlen, weil die Aktie dann meist nicht mehr notiert sein wird. *34*

Mangels eines Gemeinsamen Vertreters werden die sich nicht am Verfahren beteiligenden Aktionäre auch nicht geschützt. Die Parteien des Verfahrens können somit individuelle Vergleiche aushandeln, was allein *35*

SpruchG § 1 Annex zu § 1: Delisting

dem Bieter nützt, welcher die grundsätzlich allen Aktionären anzubietende (höhere) Abfindung dann nur einzelnen klagenden Aktionären zahlen muss. Insbesondere die sich wegen des Kostenrisikos regelmäßig nicht an Klageverfahren beteiligenden Kleinaktionäre werden so regelmäßig leer ausgehen.

36 Der Verweis auf § 10 Abs. 1 Satz 1 WpÜG hinsichtlich des Endes des 6 Monatszeitraums zur Berechnung des gewichteten Börsendurchschnittskurses bezieht sich nach dem Wortlaut der Regelung auf die Veröffentlichung der Entscheidung zur Abgabe eines Angebots durch den Bieter, also im Zweifel den bereits am Unternehmen mehrheitlich beteiligten Hauptaktionär. Der alternative Verweis auf § 35 Abs. 1 WpÜG bleibt unklar, weil eine Kontrollerlangung unpassend als Anknüpfungspunkt erscheint. Zum einen verweist der Gesetzgeber in der Begründung auf die Regeln über einfache WpÜG-Angebote. Die Vorschriften für Übernahme- und Pflichtangebote sollen nur bei ausdrücklicher Anordnung gelten. Dies steht einem Pflichtangebot grundsätzlich entgegen, welches bei Kontrollerlangung originär gemäß WpÜG ohne Modifikationen durch die gesetzliche Delisting-Regelung erforderlich bleiben würde. Ein solches Pflichtangebot kann regelmäßig nicht im Zusammenhang mit einem Delisting stehen, welches zuvor als Geschäftsführungsmaßnahme vom Vorstand zu beschließen und bekanntzumachen wäre. Dem Erwerb einer Kontrollmehrheit durch einen Dritten aufgrund einer nicht veröffentlichten Delisting-Entscheidung des Vorstands dürfte bereits das Insiderrecht entgegenstehen.

37 Die Bekanntmachung eines Abfindungsangebotes kann erst nach der Bekanntmachung der Entscheidung des Vorstands, einen Widerruf der Börsenzulassung zu beantragen, bzw. der entsprechenden Absicht, erfolgen. Würde erst der Bieter seine Absicht zum Erwerb veröffentlichen und erst anschließend der Vorstand entscheiden, ob er ein Delisting überhaupt beantragen will, würden sich eine Vielzahl von Folgeproblemen ergeben. Da das Angebot unbedingt sein muss, kann es nicht etwa von einer späteren Vorstandsentscheidung, einen Widerruf zu beantragen, abhängig gemacht werden. Soweit der Hauptaktionär die Entscheidung zur Abgabe eines Angebots vor einer Vorstandsentscheidung unterbreiten würde, käme dies einer Veranlassung des Vorstands zur entsprechenden Delisting-Entscheidung gleich, was ohne Beherrschungsvertrag zu Schadensersatzansprüchen gemäß §§ 317, 117 AktG[103] führen kann.

38 Die gemäß § 52 Abs. 9 BörsG vorgesehene Rückwirkung auf den 07.09.2015 ist zu kurz. Bereits am 23.02.2015 bat der Bundesrat in der Stellungnahme zur Aktienrechtsnovelle um eine gesetzliche Regelung zum Schutz der Aktionäre beim Delisting.[104] Am 05.06.2015 veröffentlichte Herr Prof. Hirte, MdB CDU, eine Presseerklärung, dass an einem Delisting-Gesetzentwurf bereits gearbeitet werde, und stellte einen eigenen

---

103 *Schockenhoff*, ZIP 2013, 2429, 2435.
104 Bundesrat (Bundesrat-Drucksache 22/15).

Gesetzesvorschlag vor[105]. Am 01.09.2015 wurde der neue Gesetzesvorschlag, datierend vom 31.08.2015, an zahlreiche Experten versandt sowie auch spätestens am 02.09.2015 in der Presse allgemein bekannt.[106] Spätestens mit dem konkreten allgemeinen Bekanntwerden des Gesetzesvorschlags am 02.09.2015 entfiel somit jeglicher Vertrauensschutz. Insoweit wäre es sachgerecht gewesen, die Rückwirkung zu erweitern.

Insgesamt ist daher die gesetzliche Regelung unbefriedigend. Ein gezielter Einsatz eines Delisting, um bei einer folgenden Strukturmaßnahme, etwa einem Squeeze Out, die Mindestabfindung nach Börsenkurs zu unterlaufen, bleibt möglich.[107] Nur durch Hauptversammlungsbeschluss und im Spruchverfahren überprüfbarer Abfindung zum Ertragswert wird ausreichender Rechtsschutz gewährleistet und Missbrauch des Delisting zur Erreichung oder Verbilligung von Strukturmaßnahmen verhindert. *39*

VII. Auswirkung auf laufende verwaltungsrechtliche Delisting-Verfahren

Nach diesseitiger Ansicht wirkt die Begründung der gesetzlichen Neuregelung nunmehr auch auf zum Zeitpunkt des Inkrafttretens der Gesetzesänderung laufende verwaltungsgerichtliche Verfahren gegen Widerrufsentscheidungen der Börsen. Der Gesetzgeber hat mit der herrschenden Meinung die Schutzbedürftigkeit der außenstehenden Aktionäre sowie die Notwendigkeit eines Abfindungsangebots zu deren Schutz anerkannt. *40*

Die Frankfurter Wertpapierbörse (FWB) und die anderen deutschen Börsen hatten von der früheren Ermächtigungsnorm[108] zunächst in nahezu identischer Weise Gebrauch gemacht[109]. Danach durfte dem Antrag auf Widerruf der Börsenzulassung nur stattgegeben werden, wenn es sich entweder um ein Teildelisting (partielles Delisting) handelte, d. h. dass ein weiterer Handel an einem anderen Börsenplatz gewährleistet war (vgl. § 54a Abs. 1 Satz 2 Nr. 1 BörsO FWB a. F.), oder wenn – beim vollständigen Delisting – dem Inhaber der Aktien ein Kaufangebot nach dem Übernahmekodex der Börsensachverständigenkommission[110] unterbreitet wurde (vgl. § 54a Abs. 1 Satz 2 Nr. 2 BörsO FWB a. F.). Danach musste ein *41*

---

105 http://www.heribert-hirte.de/images/Standpunkte/Delisting_Stand20150506.pdf.
106 http://iur.duslaw.de/serviceseiten-iur/service-aktuell/meldungen.html.
107 *Hüffer*, § 119 Rn. 35 sieht darin zur Anfechtbarkeit des Beschlusses führenden Rechtsmissbrauch.
108 § 38 Abs. 2 Satz 5 BörsG a. F.
109 Vgl. § 54 a Abs. 1 BörsO FWB a. F.; § 54 a BörsO München a. F.; § 82 Abs. 2 BörsO Berlin-Bremen (Fassung vom 21.03.2003); § 74 Abs. 4 BörsO Düsseldorf (Fassung vom 02.06.2003); § 50 Abs. 2 BörsO Hamburg (Fassung vom 03. 12.2002), § 50 Abs. 3 BörsO Hannover (Fassung vom 20.06.2003); § 65 Abs. 1 BörsO Stuttgart (Fassung vom 01.04.2003); *de Vries*, Delisting 2002, S. 149 ff., S. 169 ff.
110 ZIP 1995, 1464 ff.

Kaufangebot in einem angemessenen Verhältnis zum höchsten Börsenpreis der letzten sechs Monate vor dem Widerrufsantrag stehen.[111]

42 Doch bereits seit der seit 01.01.2003 geltenden Widerrufsregelung der Frankfurter Wertpapierbörse konnte dem Antrag auf Widerruf dann entsprochen werden, wenn den Anlegern nach Bekanntgabe der Widerrufsentscheidung ausreichend Zeit verbleibt, die Aktien über die Börse zu veräußern[112]. Die bisherige Regelung über das öffentliche Kaufangebot war entfallen[113]. Im Falle eines Kaufangebots verkürzt sich lediglich die Frist[114]. Trotz zahlreicher kritischer Stimmen in der Literatur, welche vor allem geltend machten, dass die Fristenregelung den Anlegerschutz nicht mehr ausreichend gewährleistet[115], blieb diese unverändert, was aufgrund der seit 2002 geltenden Macrotron-Rechtsprechung bis zur Frosta-Entscheidung des BGH unbeachtlich war.

43 Die übrigen Börsen haben teilweise Fristenregelungen, sehen aber auch zum Teil noch Kauf- bzw. Erwerbsangebote und teilweise sogar das Erfordernis eines Hauptversammlungsbeschlusses vor.[116] Stuttgart[117] hat eine reine Fristenregelung. Neben einer Fristenlösung hat München[118] eine Verkürzung der Frist im Falle eines Kaufangebotes und Hauptversammlungsbeschlüsse vorgesehen. Die Börsenordnungen für Hamburg/Hannover[119], Berlin[120] und Düsseldorf[121] sehen für den Regelfall Kauf- bzw. Erwerbsangebote vor, wobei Düsseldorf darüber hinaus noch einen Hauptversammlungsbeschluss erfordert. In Hamburg/Hannover entfällt die Angebotspflicht bei einem Wechsel in das dortige qualifizierte Freiverkehrssegment, in Düsseldorf entweder beim Wechsel in das dortige qualifizierte Freiverkehrssegment oder bei Zusage, dass mindestens 1 Jahr noch an einer weiteren Börse, an welcher die Aktien im regulierten Markt zugelassen sind, kein Antrag auf Widerruf gestellt wird. Beides

---

111 *Bungert*, BB 2000, 53, 58.
112 Mindestens sechs Monate, vgl. § 58 Abs. 2 Satz 2 Nr. 2 BörsO FWB a. F.; nunmehr 6 Monate vergl. § 46 Abs. 2 Satz 3 BörsO FWB (Stand 16.12.2013), vergl. § 39 Abs. 2 Satz 4 BörsG.
113 Einen ähnlichen Ansatz verfolgte bereits § 54 Abs. 2 BörsO München in der Fassung vom 02. 05.2003; *Pluskat*, WM 2002, 833, 837; *Bayer*, ZIP 2015, 853.
114 § 46 Abs. 3 BörsO FWB.
115 *Hellwig/Bormann*, ZGR 465m 476 ff.; *Streit*, ZIP 2002, 1279, 12 84; *Wilsing/Kruse*, NZG 2002, 807, 810 ff.
116 Siehe Darstellung bei *Brellochs*, AG 2014, 633, 639/640.
117 Mindestens 6 Monate, § 22 Abs. 1 Nr. 2 i. V. m. Abs. 2 Satz 3 Börsenordnung der Baden-Württembergischen Wertpapierbörse.
118 Frist von höchstens 2 Jahren ab Veröffentlichung Widerruf, § 51 Abs. 2 Nr. 4 i. V. m. Abs. 3 Satz 3 der Börsenordnung der Börse München (Stand 03.07.2014).
119 § 43 Abs. 2 b Börsenordnung der Niedersächsischen Börse zu Hannover und § 42 Abs. 2b der Börsenordnung der Hanseatischen Wertpapierbörse Hamburg.
120 § 51 Abs. 2 Satz 1 der Börsenordnung der Börse Berlin (Stand 12.03.2014).
121 §§ 56 Abs. 4, 57 der Börsenordnung der Börse Düsseldorf (Stand 04.06.2014).

führt de facto zu einer weiteren Börsennotierung für mindestens ein Jahr und 6 Monate[122].

Infolge der gesetzlichen Neuregelung des Widerrufs der Börsenzulassung auf Antrag des Emittenten müssen die Verwaltungsgerichte wie auch die Börsen nunmehr feststellen, dass die börsenrechtlichen Fristenlösungen entgegen der Frosta-Entscheidung des BGH gerade nicht ausreichend sind, den gemäß § 39 Abs. 2 Satz 2 BörsG a. F. notwendigen Schutz der Anleger zu gewährleisten. Entsprechend sind in allen noch nicht rechtskräftig abgeschlossenen Delisting-Verfahren die Widerrufsentscheidungen der Börsen aufzuheben, soweit kein Abfindungsangebot vorgelegt wurde. 44

Dem steht auch nicht die begrenzte Rückwirkung des Gesetzes entgegen. Bereits nach alter Rechtslage durfte gemäß § 39 Abs. 2 Satz 2 BörsG a. F. der Widerruf nicht dem Schutz der Anleger widersprechen[123]. Zwar war teilweise umstritten, ob Aktionäre Widerspruch und Anfechtungsklage gegen den Zulassungswiderruf als Verwaltungsakt erheben können[124] und § 39 Abs. 2 Satz 2 BörsG a. F. den Aktionären ein subjektiv-öffentliches Recht vermittelt.[125] 45

Nicht zwingend war dabei die Schlussfolgerung, dass § 39 Abs. 2 Satz 2 BörsG a. F. bereits deshalb nicht per se ein Abfindungsangebot zur Wahrung des Anlegerschutzes erfordern würde, weil diese Vorschrift in ihrer jetzigen Fassung bereits vor Macrotron bestand[126]. Dies verkennt, dass seinerzeit alle Börsenordnungen für ein Delisting Abfindungsangebote erforderten.[127] Vor Einführung des § 31 Abs. 5 BörsG a. F. auf Basis § 43 Abs. 4 BörsG a. F. wurde eine Widerspruchs- und Klagebefugnis überwiegend bejaht[128]. Auch nach Überführung in § 38 Abs. 4 und Einführung des § 31 Abs. 5 BörsG a. F., heute § 15 Abs. 6 BörsG in 2002[129], wurde die Klagebefugnis überwiegend bejaht[130]. 46

---

122 1 Jahr Mindestfrist für Kündigung in Qualitätssegmenten Freiverkehr.
123 So zu Recht *Hasselbach/Pröhl*, NZG 2015, 209, 2010, unter Verweis § 38 Abs. 4 BörsG idF vom 21.06.2002; Ausführlich zu den kapitalmarktrechtlichen Anforderungen an ein Delisting gemäß BörsG a. F. *Krämer/Theiß*, AG 2003, 225, 230 ff.; zur aktuellen Gesetzeslage vergl. *Brellochs*, AG 2014, 633, 639 ff.
124 Thüringer OLG, 2 W 353/14 Beschluss vom 20.03.2015, S. 18, nicht veröffentlicht; *Hippeli*, jurisPR-HaGesR 8/2014 Anm. 4; *Hecker/Peters*, jurisPR-HaGesR 1/2014 Anm. 1; *Paschos/Klaaßen*, AG 2014, 33, 35.
125 *Brellochs*, AG 2014, 633, 644; dagegen VG Frankfurt, ZIP 2013, 1886.
126 *Hasselbach/Pröhl*, NZG 2015, 209, 2011.
127 Alte BörsO.
128 VG Frankfurt, NJW-RR 2002, 480=AG 2003, 218 – Macrotron Eilverfahren; ZIP 2002, 218 Macrotron Hauptsacheverfahren; VG Frankfurt AG 2002, 830; *Wirth/Arnold*, ZIP 2000, 111; *Hasselbach/Pröhl*, NZG 2015, 709, 712 FN 24 mwN; *Brellochs*, AG 2014, 633, 640 ff.
129 4. Finanzmarktförderungsgesetz, BGBl. I 2002 vom 26.06.2002.
130 *Brellochs*, AG 2014, 633, 641 FN 74; siehe auch VG Düsseldorf, Beschluss vom 03.12.2007 20 L 1587/07 juris.

SpruchG § 1 Annex zu § 1: Delisting

47 Vor „Frosta" lehnte allerdings das VG Frankfurt in einem Verfahren gegen die Anordnung sofortiger Vollziehung eine Drittschützende Wirkung von § 39 Abs. 2 Satz 2 BörsG unter Hinweis auf § 15 Abs. 6 BörsG und die Verneinung eines Grundrechtseingriffs durch das BVerfG in *MVS/ Lindner* ab.[131] Die vorliegenden Entscheidungen des VG Frankfurt widersprechen sich allerdings teilweise[132]. Der Drittschutz ist jedenfalls nicht durch die Verneinung der Grundrechtsrelevanz des Delisting ausgeschlossen.[133] § 39 Abs. 2 Satz 2 BörsG a. F. ist als lex specialis zu § 15 Abs. 6 BörsG zu verstehen, § 39 Abs. 2 Satz 2 BörsG a. F. liefe sonst leer und könnte keinen effektiven Rechtsschutz gewährleisten[134]. Die Norm spricht vom „Schutz der Anleger" im Gegensatz zum „Schutz des Publikums" in §§ 16 Abs. 1, 25 Abs. 1 Satz 1 Nr. 1, 32 Abs. 3 Nr. 1, 33 Abs. 1 Nr. 2 BörsG.[135] Außerdem schließt das BVerfG eine Grundrechtsberührung von Art. 14 GG durch ein Delisting nur im Regelfall aus[136], wobei es von falschen Tatsachengrundlagen ausging[137]. Bei der Klagebefugnis reicht aber bereits die Möglichkeit einer Rechtsverletzung, so dass der Verwaltungsrechtsweg nicht bereits auf der Stufe der Zulässigkeit ausgeschlossen werden kann.[138]

48 Bereits der BGH bejahte in „Frosta" den drittschützenden Charakter und die Eröffnung des Verwaltungsrechtswegs für Aktionäre[139]. Das BVerfG hatte ebenfalls in seiner MVS/Lindner-Entscheidung bereits unter Verweis auf die Stellungnahme des BVerwG festgestellt, dass sich ein Aktionär auf einzelne börsenrechtliche Bestimmungen im Sinne eines einfachrechtlichen subjektiven Rechts berufen könne[140].

---

131 VG Frankfurt, Beschluss vom 25.03.2013, AG 2013, 847, 848 (Sonderfall, da Squeeze Out bereits beschlossen, aber noch nicht wirksam war) VG Frankfurt, Beschl. v. 25.03.2013 – 2 L 1073/13.F, AG 2013, 847; siehe auch *Herrler*, in: Grigoleit, AktG, 2013, § 119 Rn. 28, welcher an § 39 Abs. 2 Satz 2 als subjektivem Recht zweifelt, da dieses bislang durch die eigentumsrechtliche Überlagerung geprägt gewesen sei, welche seit der Verneinung der Betroffenheit von Art. 14 GG durch das BVerfG entfalle.
132 VG Frankfurt Beschluss vom 02.11.2001, 9 G 3103/01 (V) und Urteil vom 17.06.2002, 9 E 2285/01 (V); andererseits Beschluss vom 25.03.2013, 2 L 1073/13.F.
133 BVerfGE 132, 99 Rn. 49 ff; BVerfG, Urteil vom 11.07.2012, 1 BvR 2142/07, zitiert nach juris, Rn. 46.
134 *Hasselbach/Pröhl*, NZG 2015, 709, 212.
135 *Heidelbach*, in: Schwark/Zimmer, Kapitalmarktrechts-Kommentar, 4. Aufl. 2010, § 32 BörsG Rn. 76.
136 BVerfGE 132, 99 Rn. 68.
137 DAI Börsenkursentwicklung.
138 So auch *Hüffer*, AktG, § 119 Rn. 31.
139 BGH, ZIP 2013, 2254,; NJW 2012, 3081 Rn. 35.
140 BVerfG AG 2012, 557, 561; 1 BvR 3142/07, juris Rz. 35; nach Frosta Drittschutz bejahend: *Paschos/Klaaßen*, AG 2014, 33, 35, weil sonst der Gesetzgeber in die Pflicht genommen wäre.

Gemäß § 39 Abs. 6 BörsG n.F. bleibt die Rechtmäßigkeit des Widerrufs 49
von den Anforderungen an die Höhe der anzubietenden Abfindung unberührt.
Nur insoweit wird daher der Verwaltungsrechtsweg für die Zukunft
ausgeschlossen. Im Umkehrschluss bedeutet dies für andere Rechtsmängel
sowie für Altfälle vor Geltung der neuen Regelung, dass der Verwaltungsrechtsweg
auch für Aktionäre eröffnet ist.

VIII. Abfindung zum Börsenkurs als Teilentschädigung

Durch den Verzicht des Gesetzgebers auf die Normierung einer Abfin- 50
dung zum Unternehmenswert bei ausdrücklicher Feststellung in der
Gesetzesbegründung, dass im Gegensatz zum Umwandlungsrecht sowie
beim Squeeze Out und der dort zur Bestimmung der zu leistenden
Abfindung vorzunehmenden Unternehmensbewertung beim Delisting
grundsätzlich eine Abfindung auf Basis des Börsenkurses ausreicht, hat
der Gesetzgeber im Hinblick auf die notwendigen Unternehmensbewertungen
bei Strukturmaßnahmen eindeutig zum Ausdruck gebracht, dass
dort entsprechend der herrschenden Meinung eine bloße Börsenkursbetrachtung
nicht ausreichend ist. Aufgrund der vom Gesetzgeber nunmehr
festgestellten qualitativen Unterschiede zum Delisting erfüllt die anzubietende
Abfindung auf Basis des Börsenwertes ausdrücklich nicht die
Anforderungen an eine volle Abfindung zum wahren Wert, sondern soll
lediglich die Beeinträchtigung der leichteren Handelbarkeit der Aktie,
nicht aber ein solche von Mitgliedschaftsrechten ausgleichen. In der Folge
verbietet sich bei umwandlungs- und aktienrechtlichen Abfindungsmaßnahmen
eine Bewertung allein auf Börsenkursbasis (vgl. hierzu Annex
zu § 11 Rn. 180ff.).[141]

IX. Auswirkung „Frosta" auf laufende Spruchverfahren

Der BGH hat in „Frosta" keine Ausführungen zur Auswirkung seiner Ent- 51
scheidung auf laufende Delisting-Spruchverfahren gemacht. Teilweise
wird differenziert, ob das Delisting von der Gesellschaft oder dem Hauptaktionär
verlangt wurde.[142] Letzteres dürfte auf einem Missverständnis
beruhen, weil der BGH mit dem von der Gesellschaft veranlassten Delisting
ein solches auf Antrag der Gesellschaft gemeint haben dürfte, nicht
aber eine Differenzierung hinsichtlich des Verlangens des Hauptaktionärs
und einem selbständigen Vorschlag des Vorstands.

Andere sehen „Frosta" für ein reguläres Delisting überhaupt nur als *obi-* 52
ter dictum, weil es sich um einen Fall eines Downlistings handelte. Dies
geht insoweit wohl zu weit, wie auch beim Downlisting gestützt auf die
„Macrotron"-Rechtsprechung und unter Widerspruch gegen die bishe-

---

141 Entgegen LG Frankfurt, OLG Frankfurt T-Online/Dt. Telekom AG.
142 *Simons*, in: Hölters, AktG, 2. Aufl. 2014, § 1 SpruchG Rn. 14a, welcher nur die
auf Veranlassung der Gesellschaft durchgeführten Delistings durch Frosta als
unzulässig ansieht, nicht aber die auf Verlangen des Hauptaktionärs.

rige obergerichtliche Rechtsprechung zu Downlistings[143] argumentiert wurde, dass gerade ein Abfindungsangebot erforderlich sei[144].

53 Teilweise wird pauschal eine Unzulässigkeit aller laufenden Verfahren angenommen.[145] Dabei wird geltend gemacht, es fehle materiell-rechtlich an einem überprüfbaren Abfindungsangebot[146] oder es wurde argumentiert, dass die Zuständigkeit des Gerichts entfallen sei.[147] Beides ist jedenfalls abzulehnen, denn ein zivilrechtliches Angebot kann allein durch eine Rechtsprechungsänderung nicht entfallen[148] und auch ein Ausschluss der Gebundenheit an das Angebot bei Aufgabe von Macrotron wäre als stillschweigender Vorbehalt ungeeignet (§ 145 HS 2 BGB).[149] Versuche das Abfindungsangebot über § 313 BGB zu eliminieren[150] müssen ebenfalls scheitern, da regelmäßig den anbietenden Unternehmen bzw. Hauptaktionären zugemutet werden kann, am Angebot bzw. am in der Folge geschlossenen Vertrag festzuhalten.[151] Eine einmal begründet gerichtliche Zuständigkeit gilt auch nach Änderungen der Umstände fort ("perpetuatio fori").[152]

54 Teilweise wird ein Vertrauensschutztatbestand verneint.[153] Nicht zugestimmt werden kann der Meinung, dass ein schützenswertes Vertrauen gar nicht vorgelegen habe, weil der BGH in "Macrotron" nur das Spruchverfahren gestreift und seine Auffassung später nicht noch einmal wiederholt oder vertieft habe sowie die Macrotron-Entscheidung nie wirklich unumstritten gewesen sei.[154] Insbesondere wurde Macrotron nicht nur vom Gesetzgeber anerkannt und gebilligt[155], sondern auch über 10 Jahre einhellig von der Rechtsprechung angewendet[156] und dabei immer wieder vom BGH präzisiert und damit auch bestätigt[157]. Ausdrücklich verwies der BGH darauf, dass der Gesetzgeber seiner Macrotron-Rechtspre-

---

143 KG Berlin, AG 2009,697; OLG München, NZG 2008, 755.
144 OLG Bremen, ZIP 2013, 821 „Frosta".
145 *Schockenhoff*, ZIP 2013, 2429; *Wieneke*, NZG 2014, 22, 25; *Wasman/Glock*, DB 2014, 105, 108.
146 *Wasman/Glock*, DB 2014, 105, 108.
147 *Glienke/Röder*, BB 2014, 899, 904.
148 *Hippeli*, jurisPR-HaGesR 8/2014 Anm. 4.
149 *Hippeli*, jurisPR-HaGesR 8/2014 Anm. 4.
150 Vgl. dazu *Paschos/Klaaßen*, AG 2014, 33, 36; *Arnold/Rothenburg*, DStR 2014, 150, 154.
151 *Hippeli*, jurisPR-HaGesR 8/2014 Anm. 4.
152 *Simons*,in: Hölters, AktG, 2. Aufl. 2014, § 2 SpruchG Rn. 2.
153 *Roßkopf* , ZGR 2014, 487, 505 f.; *Paschos/Klaaßen*, AG 2014, 33, 36; *Wienecke* NZG 2014, 22, 25; *Wasmann/Glock*, DB 2014, 105, 108.
154 So jedoch *Hippeli*, jurisPR-HaGesR 8/2014 Anm. 4 unter Verweis auf LG München, MWG Biotech, 5 HK O 19239/07; siehe dagegen die richtige umfangreiche Darstellung bei *Lochner/Schmitz*, AG 2014, 489, 491, FN 34.
155 *Lochner/Schmitz*, AG 2014, 489, 490; BGHZ 177, 132 = ZIP 2008, 1471, Rz. 10.
156 Siehe Aufzählung Fälle bei *Bayer*, ZIP 2015, 853, 855 FN 33.
157 BGH, AG 2008, 659; BGH, AG 2010, 453; BGH, AG 2011, 590; *Bayer*, ZIP 2015, 853, 855 FN 34.

chung mit der Anordnung eines Barabfindungsangebotes im Falle der Verschmelzung einer börsennotierten Aktiengesellschaft auf eine nicht börsennotierte Aktiengesellschaft gefolgt sei, so dass auch keine unzulässige Rechtsfortbildung vorliege.[158] Im Verfahren vor dem BVerfG[159] hat zudem der 2. Senat des BGH in seiner Stellungnahme[160] nochmals seine Macrotron-Rechtsprechung verteidigt.

Auch durch die Entscheidung des BVerfG in 2012 wurde ein Vertrauensschutz nicht ausgeschlossen, da diese Entscheidung „Macrotron" auch als einfachgesetzliche Rechtfortbildung für zulässig erachtete und deshalb die entsprechende Verfassungsbeschwerde MVS zurückwies. Nicht ohne Grund wurde die „Frosta"-Entscheidung des BGH einhellig als Überraschung[161] gesehen, was die unerwartete Abkehr von „Macrotron" ausdrückt, man also gerade nicht mit einer Unzulässigkeit eines Delisting-Spruchverfahrens rechnen musste.[162] 55

Richtigerweise sind entsprechende Spruchverfahren deshalb fortzusetzen, denn die Anwendbarkeit der „Frosta"-Entscheidung würde zu einer unzulässigen echten Rückwirkung der Änderung einer richterlichen Rechtsfortbildung führen.[163] Entgegen einiger erstinstanzlicher, einen Vertrauensschutz und damit die fortbestehende Zulässigkeit des Spruchverfahrens bejahenden Entscheidungen[164] hat die obergerichtliche Rechtsprechung bislang eine unzulässige Rückwirkung wie auch einen Vertrauensschutz verneint und die Verfahren als unzulässig abgewiesen.[165] Dabei haben sich die Oberlandesgerichte auch nicht mit der Kritik an „Frosta", insbesondere den falschen Rechtstatsachen[166] beschäftigt. 56

---

158 BGHZ 177, 132 = ZIP 2008, 1471, Rz. 10.
159 BVerfG, ZIP 2012, 1402.
160 Stellungnahme des BGH vom 04.08.2010.
161 *Bayer*, ZIP 2015, 853, 855; *Simons*, in: Hölters, AktG, 2. Aufl. 2014, § 1 SpruchG Rn. 14a; *Paschos/Klaaßen*, ZIP 2013, 154, 159; *Hüffer*, AktG, § 119 Rz 35 mit weiteren Nachweisen: *Schatz*, EWiR 2012, 483.
162 So aber anscheinend *Hippeli*, jurisPR-HaGesR 8/2014 Anm. 4, welcher sich insoweit widerspricht, wie er Frosta als unerwarteten Paukenschlag darstellt, welcher später vielleicht wieder vom BGH korrigiert wird, gleichzeitig aber ein nicht schützenswertes Vertrauen annimmt.
163 So auch *Lochner/Schmitz*, AG 2014, 489, 492; *Heidel/Lochner*, in: Heidel, Aktienrecht und Kapitalmarktrecht, 4. Auf. 2014, vor §§ 327a ff, Rn. 19.
164 LG Gera, Beschluss vom 10.06.2014, Az 1 HK O 108/12 „Cybio" nicht veröffentlicht; LG Stuttgart, Beschluss vom 20.10.2014 – 31 O 84/07 KfH AktG „Varta", AG 2015, 210, ZIP 2014, 2346 = WM 2015, 237.
165 OLG Stuttgart, Beschluss vom 18.02.2015, Az 20 W 8/18, „Varta", nicht veröffentlicht; OLG München, Beschl. v. 28.01.2015 – 31 Wx 292/14 (rechtskräftig; LG München I ZIP 2014, 1429 „MWG BioTech"; OLG Düsseldorf, Beschluss vom 22.09.2014, I-26 W 20/12, ZIP 2015, 123; Thüringer OLG, 2 W 353/14, Beschluss vom 20.03.2015, „Cybio", nicht veröffentlicht.
166 *Bayer/Hoffman*, AG 2013, R 371.

X. Hauptversammlungsbeschluss und gerichtlich überprüfbares Abfindungsangebot erforderlich

57 Entsprechend den Macrotron-Grundsätzen bedarf es eines Hauptversammlungsbeschlusses zum Delisting sowie eines obligatorischen Abfindungsangebotes des Hauptaktionärs an die Minderheitsaktionäre, was im Aktiengesetz oder Umwandlungsgesetz zu regeln wäre.[167] Dabei bleibt eine Orientierung an den §§ 29 UmwG, §§ 305, 327a AktG sachgerecht.[168] Eine nachträgliche Kontrolle einer anzubietenden Abfindung durch das Spruchverfahren fügt sich in die Systematik anderer Abfindungsmaßnahmen ein, bei welchen nicht gegen die Maßnahme als solche vorgegangen werden braucht, um eine Kontrolle der Abfindungshöhe zu erreichen.[169] Zudem vermeidet ein solcher Gleichlauf des Rechtsschutzes, dass durch ein Delisting der gesetzliche und verfassungsrechtliche Schutz späterer Strukturmaßnahmen unterlaufen wird.

58 Das Gegenargument, dass das Delisting keine Strukturmaßnahme sei[170], ist zwar richtig, jedoch angesichts der zu bejahenden Schutzbedürftigkeit der Minderheitsaktionäre rein formal[171]. Außerdem hat es das BVerfG ausdrücklich offen gelassen, ob eine Verletzung von Art. 14 GG vorliegen kann, soweit ein regelmäßiger Kursrückgang durch die Ankündigung des Delisting festzustellen wäre. Eine Unternehmensbewertung mit anschließender Überprüfbarkeit der angebotenen Abfindung im Spruchverfahren ist daher zur Gewährleistung eines effektiven Rechtsschutzes unumgänglich. Zudem gehört die Entscheidung des Börsenrückzuges als wesentliche außerordentliche Richtungsentscheidung einer Aktiengesellschaft ähnlich einer Satzungsänderung ins Gesellschaftsrecht und dort in die originäre Zuständigkeit der Hauptversammlung.

---

167 So auch BR-Drucks 22/15 S. 7 ff; bereits früher *Hellwig/Bormann*, ZGR 2002, 465, 491 ff.
168 *Bayer*, ZIP 2015, 853, 857.
169 *Bidmon*, Die Reform des Spruchverfahrens durch das SpruchG, 2007, S. 55.
170 *Brellochs*, AG 2014, 663, 645: Delisting als „Marktvorgang".
171 Bundesrat und Regierung gehen von der Veranlassung eines Delistings durch den Hauptaktionär sowie von der Notwendigkeit eines Abfindungsangebotes aus.

§ 2 Zuständigkeit

(1) Zuständig ist das Landgericht, in dessen Bezirk der Rechtsträger, dessen Anteilsinhaber antragsberechtigt sind, seinen Sitz hat. Sind nach Satz 1 mehrere Landgerichte zuständig oder sind bei verschiedenen Landgerichten Spruchverfahren nach Satz 1 anhängig, die in einem sachlichen Zusammenhang stehen, so ist § 2 Abs. 1 des Gesetzes über das Verfahren in Familiensachen und in den Angelegenheiten der freiwilligen Gerichtsbarkeit entsprechend anzuwenden. Besteht Streit oder Ungewissheit über das zuständige Gericht nach Satz 2, so ist § 5 des Gesetzes über das Verfahren in Familiensachen und in den Angelegenheiten der freiwilligen Gerichtsbarkeit entsprechend anzuwenden.

(2) Der Vorsitzende einer Kammer für Handelssachen entscheidet

1. über die Abgabe von Verfahren;

2. im Zusammenhang mit öffentlichen Bekanntmachungen;

3. über Fragen, welche die Zulässigkeit des Antrags betreffen;

4. über alle vorbereitenden Maßnahmen für die Beweisaufnahme und in den Fällen des § 7;

5. in den Fällen des § 6;

6. über Geschäftswert, Kosten, Gebühren und Auslagen;

7. über die einstweilige Einstellung der Zwangsvollstreckung;

8. über die Verbindung von Verfahren.

Im Einverständnis der Beteiligten kann der Vorsitzende auch im Übrigen an Stelle der Kammer entscheiden.

Inhalt

	Rn.		Rn.
I. Überblick	1	e) Letztentscheidung analog § 5 FamFG bei Streit oder Ungewissheit über örtliche Zuständigkeit	18
II. Inhalt der Norm	4		
1. Zuständigkeit des Landgerichts (Abs. 1)	4		
a) Sachliche und örtliche Zuständigkeit	4	f) Internationale Zuständigkeit	22
b) Zusammenlegung von Zuständigkeiten	8	2. Kammer für Handelssachen	25
c) Zuständigkeit mehrerer Landgerichte	11	3. Entscheidung durch den Vorsitzenden (Abs. 2)	27
d) Parallelverfahren mit sachlichem Zusammenhang	15	a) Abgabe des Verfahrens, Abs. 2 Nr. 1	30
		b) Öffentliche Bekanntmachung, Abs. 2 Nr. 2	31

SpruchG § 2 Zuständigkeit

		Rn.
c)	Zulässigkeit des Antrags, Abs. 2 Nr. 3	32
d)	Vorbereitende Maßnahmen für die Beweisaufnahme und Fälle des § 7 (Vorbereitung der mündlichen Verhandlung), Abs. 2 Nr. 4	33
e)	Gemeinsamer Vertreter, Abs. 2 Nr. 5	34
f)	Geschäftswert, Kosten, Gebühren und Auslagen, Abs. 2 Nr. 6	35

		Rn.
g)	Einstweilige Einstellung der Zwangsvollstreckung, Abs. 2 Nr. 7	36
h)	Verbindung von Verfahren, Abs. 2 Nr. 8	37
i)	Weitere Einzelentscheidungen im Einverständnis aller Beteiligten	38
j)	Keine Geltung für den Vorsitzenden der Zivilkammer	39

Spezielle Literatur: *Bidmon*, Die Reform des Spruchverfahrens durch das SpruchG, (Diss) 2007; *Bork*, Gerichtszuständigkeit für Spruchverfahren bei Verschmelzung, NZG 2002, 163–164; *DAV-Handelsrechtsausschuss*, Stellungnahme zum Regierungsentwurf des Spruchverfahrensneuordnungsgesetzes, NZG 2003, 316–320; *Kiefner/Kersjes*, Spruchverfahren und die Fortgeltung der ausschließlichen funktionellen Zuständigkeit der KfH unter dem FGG-RG, NZG 2012, 244–247; *Meilicke/Lochner*, Zuständigkeit der Spruchgerichte nach EuGVVO, AG 2010, 23–33; *Mock*, Spruchverfahren im europäischen Zivilrecht, IPRax 2009, 271–277; *Nießen*, Die internationale Zuständigkeit im Spruchverfahren, NZG 2006, 441–445; *Preuß/Leuering*, Das Spruchverfahren unter dem Regime des FamFG, NJW-Spezial 2009, 671–672; *Simons*, Ungeklärte Zuständigkeitsfragen bei gesellschaftsrechtlichen Auseinandersetzungen, NZG 2012, 609–613; *Wedemann*, Kein „Supertorpedo" für Gesellschaften und ihre Mitglieder – Neues vom EuGH zu Art. 22 Nr. 2 EuGVO, NZG 2011, 733–735; *Wedemann*, Die internationale Zuständigkeit für Beschlussmängelstreitigkeiten, AG 2011, 282–295; *Weppner*, Internationale Zuständigkeit für die spruchverfahrensrechtliche Durchsetzung von Zuzahlungs- und Barabfindungsansprüchen bei grenzüberschreitender Verschmelzung von Kapitalgesellschaften, RIW 2011, 144; *Wittgens*, Das Spruchverfahrensgesetz, (Diss) 2005.

I. Überblick

1 Die Vorschrift hatte die bei Inkrafttreten des SpruchG bereits in § 306 Abs. 1 Satz 1 AktG a. F. und 306 Abs. 1 UmwG a. F. geregelte gerichtliche Zuständigkeit für das Spruchverfahren inhaltlich weitgehend übernommen, wurde in ihrer aktuellen Fassung aber durch das FGG-RG von 2009 teilweise neu gefasst. Abweichend von der im Gesetzgebungsverfahren des SpruchG teils geforderten Eingangszuständigkeit der Oberlandesgerichte[1] *[vgl. dazu oben Einführung zum SpruchG Rn. 97 ff.]* ist es

---

1 *DAV-Handelsrechtsausschuss*, Stellungnahme zum Spruchverfahrensneuordnungsgesetz, NZG 2003, 316 ff.; dafür plädieren nach wie vor *Hüffer/Koch*, AktG Anh § 305, § 2 SpruchG Rn. 2; *Kubis*, in: MüKo AktG, § 2 SpruchG Rn. 1, *Hörtnagl*, in: Schmitt/Hörtnagl/Stratz, UmwG, § 2 SpruchG Rn. 2; dagegen *Bidmon*, S. 74 f.

gemäß Abs. 1 weiterhin bei der ausschließlichen Eingangszuständigkeit der Landgerichte geblieben. Die in Abs. 2 a. F. zunächst bestimmte ausschließliche Zuständigkeit der Kammer für Handelssachen sowie die den Ländern im ursprünglichen Abs. 4 a. F. eingeräumte Konzentrationsmöglichkeit auf bestimmte Landgerichte sind infolge der FGG-Reform entfallen und statt dessen direkt im GVG geregelt. Die entsprechenden Vorschriften sind nunmehr in §§ 71 Abs. 2 Nr. 4 lit. e, Abs. 4, 96 Abs. 1, 98 GVG angesiedelt und durch ausdrücklichen Verweis in §§ 13, 71 Abs. 2 Nr. 4c GVG auch für Spruchverfahren maßgeblich, so dass für eine eigenständige Regelung im SpruchG kein Erfordernis mehr besteht.

Gegenüber der vorherigen Zuständigkeitsregelung im AktG und UmwG 2 stellt Abs. 1 Satz 2 ausdrücklich klar, dass bei Mehrfachzuständigkeiten im Rahmen eines Spruchverfahrens oder bei Befassung verschiedener Gerichte mit parallelen, sachlich zusammenhängenden Spruchverfahren entsprechend § 2 Abs. 1 FamFG eine ausschließliche Zuständigkeit des zuerst mit der Sache befassten Gerichts bestimmt wird („Vorgriffszuständigkeit")[2]. Die gesetzliche Regelung dieser Problematik entspricht einer in der damaligen Literatur postulierten Forderung[3]. Insbesondere die divergierende Judikatur der Obergerichte zu dieser Problematik machte eine gesetzliche Regelung dringend erforderlich[4]. Bei Streit oder Ungewissheit über die Zuständigkeit des zuerst mit der Sache befassten Gerichts findet nunmehr gemäß § 5 FamFG die Bestimmung durch das gemeinschaftliche Obergericht vorgesehen. Durch die gesetzliche Normierung der Anwendbarkeit von § 2 Abs. 1 und § 5 FamFG sind auch Bedenken im Hinblick auf das Prinzip des gesetzlichen Richters (Art. 101 Abs. 1 Satz 2 GG) ausgeräumt worden, die gegen eine analoge Anwendung der zu jener Zeit noch geltenden §§ 4, 5 FGG allein aus Praktikabilitätsgesichtspunkten erhoben worden waren[5].

Gegenüber dem bereits in § 306 Abs. 2 Satz 2 UmwG a. F. enthaltenen 3 Zuständigkeitskatalog des Vorsitzenden der Kammer für Handelssachen hat Abs. 2 zwei Ergänzungen aufgenommen, und zwar die Vorbereitung der mündlichen Verhandlung gemäß § 7 SpruchG sowie die Verfahrensverbindung entsprechend § 20 FamFG.

---

2 So bereits für die Rechtslage vor Erlass des SpruchG: LG Dortmund, Beschluss vom 10.09.1999 – 20 AktE 7/99; *Sternal*, in: Keidel FamFG, § 2 Rn. 5 ff.
3 So mit zum Teil abweichenden Lösungsansätzen *Bork*, ZIP 1998, 550 ff.; *Bungert*, DB 2000, 2051ff.; *Leuering*, EWiR 2002, 1105 f.
4 BayObLG, Beschluss vom 19.10.2001 – 3Z AR 36/01 und Beschluss vom 05.02.2002 – 3Z AR 2/02: analoge Anwendung von § 5 FGG a. F. bei Anhängigkeit mehrerer Spruchstellenverfahren gegen gleichen Antragsgegner; OLG Frankfurt, Beschluss vom 12.08.2002 – 20 W 233/02: keine analoge Anwendung der §§ 4, 5 FGG a. F. bei Parallelverfahren; vgl. dazu *Bork*, NZG 2002, 163, 164.
5 *Leuering*, EWiR 2002, 1105 f.

II. Inhalt der Norm

1. Zuständigkeit des Landgerichts (Abs. 1)

a) Sachliche und örtliche Zuständigkeit

4 Sachlich zuständig sind in erster Instanz wie bisher die Landgerichte. Ein beim Amtsgericht oder Oberlandesgericht gestellter Antrag auf Einleitung des Spruchverfahrens ist gemäß § 3 Abs. 1 FamFG von Amts wegen an das zuständige Landgericht zu verweisen *[zur Fristwahrung bei Anträgen an ein unzuständiges Gericht siehe unten § 4 SpruchG Rn. 14].*

5 Die örtliche Zuständigkeit bestimmt sich gemäß Abs. 1 Satz 1 nach dem Landgericht, in dessen Bezirk der Rechtsträger seinen Sitz hat, dessen Anteilsinhaber antragsberechtigt sind. Mit dem Begriff des Rechtsträgers knüpft das SpruchG an die Terminologie aus dem UmwG an[6]. Damit wird klargestellt, dass das SpruchG unabhängig von der Rechtsform des Unternehmens, das von einer Strukturmaßnahme betroffen ist, Anwendung findet. Die maßgeblichen Rechtsträger sind:

– Bei Beherrschungs- und Gewinnabführungsverträgen (§§ 304, 305 AktG) die beherrschte bzw. zur Gewinnabführung verpflichtete Gesellschaft;

– bei Eingliederungen (§ 320b AktG) die eingegliederte Gesellschaft,

– beim Squeeze Out (§ 327b AktG) die Gesellschaft, deren Aktien übertragen werden,

– bei Umwandlungen der übertragende bzw. formwechselnde Rechtsträger,

– bei der Gründung oder Sitzverlegung einer SE diese Gesellschaft,

– bei der Gründung einer Europäischen Genossenschaft diese Genossenschaft,

– bei erloschenen oder aufgehobenen Mehrstimmrechten die Gesellschaft, an der die Mehrstimmrechte bestanden haben,

– bei der Übertragenden Auflösung die übertragende Gesellschaft.

6 Der statutarische Sitz des Rechtsträgers wird in der Satzung (vgl. § 5 Abs. 1 AktG, § 57 Abs. 1 BGB, § 18 VAG, Art. 7, 8 der EG-Verordnung 2157/2001 vom 08.10.2001 über die SE), im Gesellschaftsvertrag (vgl. §§ 3 Abs. 1 Ziff. 1, 4a GmbHG) oder im Statut (vgl. § 6 Ziff. 1 GenG, Art. 6, 7 der EG-Verordnung 1435/2003 vom 22.07.2003 über die SCE) festgelegt. Ein etwa davon abweichender tatsächlicher Verwaltungssitz ist unerheblich und für die Zuständigkeitsregelung nicht zu berücksichtigen[7]. Maß-

---

6 Begr. RegE SpruchG BT-Drucks. 15/371 S. 12; zum Begriff des Rechtsträgers: *Drygala*, in: Lutter UmwG, § 1 Rn. 3.

7 *Mennicke*, in: Lutter UmwG, § 2 SpruchG Rn. 3; *Emmerich*, in: Emmerich/Habersack Aktien- und GmbH-Konzernrecht, § 2 SpruchG Rn. 4; *Kubis*, in: MüKo AktG, § 2 SpruchG Rn. 3; *Drescher*, in: Spindler/Stilz AktG, § 2 SpruchG Rn. 4; *Hörtnagl* in: Schmitt/Hörtnagl/Stratz, UmwG, § 2 SpruchG Rn. 4; *Simons*, in Hölters AktG, § 220 Anh § 2 SpruchG Rn. 2; *Simon*, in: Simon SpruchG § 2 Rn. 2.

geblich ist der Sitz bei Antragstellung; spätere Veränderungen oder Sitzverlegungen sind unbeachtlich und beeinflussen die Zuständigkeit nicht mehr (§ 17 Abs. 1 Satz 1 GVG)[8].

Abs. 1 Satz 1 legt eine ausschließliche Zuständigkeit fest, so dass abweichende Gerichtsstandvereinbarungen unwirksam sind[9]. 7

b) Zusammenlegung von Zuständigkeiten

Die bis zum 01.09.2009 in § 2 Abs. 4 SpruchG a. F. zugunsten der Landesregierungen vorgesehene Möglichkeit, durch Rechtsverordnung bei einem Landgericht die ausschließliche Zuständigkeit für Spruchverfahren für die Bezirke mehrerer Landgerichte zusammenzulegen, ist in der Neufassung des SpruchG nicht mehr enthalten, sondern nunmehr in § 71 Abs. 4 GVG geregelt[10]. Soweit die Verordnungen der Länder diese Neuregelung für Spruchverfahren (§ 71 Abs. 2 Nr. 4c GVG) noch nicht berücksichtigt haben, behalten die bisherigen Zuständigkeitsregelungen ihre Wirkung, die noch auf § 2 Abs. 4 SpruchG a. F. basieren[11]. In verfassungsrechtlicher Hinsicht ist dies nicht unproblematisch, so dass es ratsam wäre, soweit dies noch nicht geschehen ist, die Zuständigkeitsregelungen ausdrücklich auch für § 71 Abs. 4 GVG neu zu regeln[12]. Eine zeitliche Grenze hierfür besteht jedoch nicht[13]. 8

Derzeit bestehen auf der Grundlage der oben genannten Verordnungsermächtigungen folgende Zuständigkeiten: 9

---

8 *Kubis*, in: MüKo AktG, § 2 SpruchG Rn. 3; *Drescher*, in: Spindler/Stilz AktG, § 2 SpruchG Rn. 4; *Simons*, in Hölters AktG, § 220 Anh § 2 SpruchG Rn. 2.
9 *Kubis*, in: MüKo AktG, § 2 SpruchG Rn. 1, *Wasmann*, in: KK-AktG, § 2 SpruchG Rn. 4; *Emmerich*, in: Emmerich/Habersack Aktien- und GmbH-Konzernrecht, § 2 SpruchG Rn. 4, *Drescher*, in: Spindler/Stilz AktG, § 2 SpruchG Rn. 3; *Hörtnagl* in: Schmitt/Hörtnagl/Stratz, UmwG, § 2 SpruchG Rn. 7; *Simon*, in: Simon SpruchG § 2 Rn. 4; *Simons*, in Hölters AktG, § 220 Anh § 2 SpruchG Rn. 13; *Weingärtner*, in: Heidel Aktienrecht und Kapitalmarktrecht, § 2 SpruchG Rn. 2; *Klöcker*, in: Schmidt/Lutter AktG, § 2 SpruchG Rn. 1.
10 Begr. RegE FGG-RG BT-Drucks. 16/6308, S. 330.
11 *Mennicke*, in: Lutter UmwG, § 2 SpruchG Rn. 16; *Emmerich*, in: Emmerich/Habersack Aktien- und GmbH-Konzernrecht, § 2 SpruchG Rn. 11; *Wälzholz*, in: Widmann/Mayer Umwandlungsrecht § 2 SpruchG Rn. 29; *Volhard*, in: Semler/Stengel UmwG, Anh § 2 SpruchG Rn. 9; *Preuß/Leuering*, NJW-Spezial 2009, 671; a. A. *Simons*, NZG 2012, 609; *Drescher*, in: Spindler/Stilz AktG, § 2 SpruchG Rn. 6.
12 *Wälzholz*, in: Widmann/Mayer Umwandlungsrecht § 2 SpruchG Rn. 29; keine Zweifel dagegen *Emmerich*, in: Emmerich/Habersack Aktien- und GmbH-Konzernrecht, § 2 SpruchG Rn. 11, da er – zu Recht – die Fortgeltung der (Zusammenlegungs-)Verordnung für unabhängig von der Verordnungsermächtigung hält; ebenso *Weingärtner*, in: Heidel Aktienrecht und Kapitalmarktrecht, § 2 SpruchG Rn. 4.
13 Demgegenüber hält *Kubis*, in: MüKo AktG, § 2 SpruchG Rn. 11, nur ein Übergangszeitraum von „etwa einem Jahr" für möglich.

SpruchG § 2 Zuständigkeit

- Baden-Württemberg[14]: LG Mannheim für OLG-Bezirk Karlsruhe, LG Stuttgart für OLG-Bezirk Stuttgart;
- Bayern[15]: LG München I für OLG-Bezirk München, im Übrigen LG Nürnberg-Fürth;
- Hessen[16]: LG Frankfurt/Main;
- Mecklenburg-Vorpommern[17]: LG Rostock;
- Niedersachsen[18]: LG Hannover;
- Nordrhein-Westfalen[19]: LG Dortmund für OLG-Bezirk Hamm, LG Düsseldorf für OLG-Bezirk Düsseldorf, LG Köln für OLG-Bezirk Köln;
- Rheinland-Pfalz[20]: LG Koblenz für OLG-Bezirk Koblenz, LG Frankenthal für OLG-Bezirk Zweibrücken.
- In Sachsen wurde die vormals bestehende Zuständigkeitskonzentration am LG Leipzig ersatzlos aufgehoben[21].

10 Wird der Antrag bei einem örtlich unzuständigen Landgericht gestellt, gilt ebenfalls die Verweisungsnorm des § 3 Abs. 1 FamFG, so dass das unzuständige Gericht das Verfahren von Amts wegen an das zuständige Landgericht zu verweisen hat *[zur Fristwahrung bei Anträgen an ein unzuständiges Gericht siehe wiederum unten § 4 SpruchG Rn. 14]*.

c) Zuständigkeit mehrerer Landgerichte

11 Nach Abs. 1 Satz 2 Alt. 1 wird eine Zuständigkeitskonzentration bei dem zuerst mit der Angelegenheit befassten Gericht analog § 2 Abs. 1 FamFG für den Fall angeordnet, dass mehrere Landgerichte in einem Spruchverfahren zuständig sind. Zweck der Regelung ist die Vermeidung von Doppelarbeit für die Gerichte sowie der Gefahr widersprüchlicher Bewertungen desselben Rechtsträgers und damit die Verhinderung inhaltlich inkonsistenter Entscheidungen.

12 Eine Doppelzuständigkeit gemäß Abs. 1 Satz 2 1. Alt. in einem Spruchverfahren besteht in den seltenen Fällen, wenn der Rechtsträger, dessen Anteilsinhaber anspruchsberechtigt sind, über zwei in verschiedenen Landgerichtsbezirken belegene statutarische Gesellschaftssitze verfügt, sich bei einer Verschmelzung mehrere übertragende Rechtsträger aus verschiedenen Landgerichtsbezirken beteiligt sind oder bei Un-

---

14 GBl. 1998, 680, zuletzt geändert GBl. 2012, 492.
15 GVBl. 2012, 295.
16 GVBl. 2008, 822, zuletzt geändert GVBl. 2013,386.
17 GVOBl. M-V 1994, 514, zuletzt geändert GVOBl. M-V 2008, 18 (aufgrund einer Globalkonzentration für die in § 95 Abs. 2 GVG genannten Verfahren).
18 Nds. GVBl. 2009, 506, zuletzt geändert Nds. GVBl. 2012, 358.
19 GV.NRW. 2010, 350, zuletzt geändert GV.NRW. 2011, 230.
20 GVBl. 1985, 267, zuletzt geändert GVBl. 2012, 117.
21 SächsGVBl. 2012, 748.

ternehmensverträgen sich mehrere Gesellschaften aus verschiedenen Landgerichtsbezirken zugleich der Leitung eines anderen Unternehmens unterstellen[22]. Bereits vor Inkrafttreten des SpruchG wurde auf diese Sachverhaltskonstellation nach allgemeiner Auffassung § 4 FGG a. F. (jetzt: § 2 Abs. 1 FamFG) analog angewendet, da in diesem Fall eine Mehrfachzuständigkeit vorlag[23]. Die nun in Abs. 1 Satz 2 ausdrücklich angeordnete analoge Anwendung des § 2 Abs. 1 FamFG hat insoweit also keine Änderung der Rechtslage bewirkt.

Entgegen der früheren Rechtslage, nach der gemäß § 4 FGG a. F. ein *13* Tätigwerden des Gerichts (z. B. durch Treffen einer gerichtlichen Anordnung), also nicht lediglich die bloße Befassung, erforderlich war, ist nunmehr bereits der Eingang des Antrags ausreichend, um die zuständigkeitsbegründende Wirkung des § 2 Abs. 1 FamFG auszulösen[24]. *[Zu den Einzelheiten der Antragstellung siehe unten § 4 SpruchG Rn. 17 ff.]*

Ist ein Gericht gemäß § 2 Abs. 1 FamFG mit der Sache befasst und ha- *14* ben damit die anderen Gerichte ihre Zuständigkeit verloren, müssen diese ihre Tätigkeit einstellen und das Verfahren von Amts wegen an das zuständige Gericht abgeben (§ 3 FamFG)[25]. Gleichwohl bleiben die gerichtlichen Handlungen der nun unzuständigen Gerichte gemäß § 2 Abs. 3 FamFG i. V. m. § 17 Abs. 1 SpruchG wirksam[26], solange sie nicht gemäß §§ 58 ff. FamFG i. V. m. § 17 Abs. 1 SpruchG im Beschwerdeverfahren aufgehoben werden.

d) Parallelverfahren mit sachlichem Zusammenhang

Nach Abs. 1 Satz 2 Alt. 2 besteht eine Zuständigkeitskonzentration mit *15* der vorstehenden Rechtsfolge auch im Falle von parallel eingeleiteten Spruchverfahren mit sachlichem Zusammenhang. Ein solcher besteht insbesondere dann, wenn zur Vermeidung von widersprüchlichen Entscheidungen trotz Vorliegens unterschiedlicher Bewertungsanlässe eine

---

22 *Wasmann,* in: KK-AktG, § 2 SpruchG Rn. 7,
23 *Krieger,* in: Lutter UmwG, 2. Aufl., § 306 Rn. 2; *Stratz,* in: Schmitt/Hörtnagl/Stratz UmwG/UmwStG, 3. Aufl., § 306 UmwG Rn. 3; weitere Nachweise bei *Kubis,* in: MüKo AktG, § 2 SpruchG Rn. 4; *Emmerich,* in: Emmerich/Habersack Aktien- und GmbH-Konzernrecht, § 2 SpruchG Rn. 7a.
24 Begr. RegE, BT-Drucks. 16/6308, S. 175; *Sternal,* in: Keidel, FamFG, § 2 Rn. 15; *Bumiller/Harders,* FamFG, § 2 Rn. 5; *Klöcker,* in: Schmidt/Lutter AktG, § 2 SpruchG Rn. 7; *Wasmann,* in: KK-AktG, § 2 SpruchG Rn. 8; *Weingärtner,* in: Heidel Aktienrecht und Kapitalmarktrecht, § 2 SpruchG Rn. 9, der allerdings irrtümlich davon ausgeht, dass das befasste Gericht örtlich zuständig sein müsse; das wäre in Zirkelschluss, da es bei dieser Vorgriffsregelung gerade um die Festlegung der örtlichen Zuständigkeit geht, sie also nicht ihrerseits die örtliche Zuständigkeit voraussetzen kann.
25 *Sternal,* in: Keidel, FamFG, § 2 Rn. 17.
26 *Klöcker,* in: Schmidt/Lutter AktG, § 2 SpruchG Rn. 8; *Emmerich,* in: Emmerich/Habersack Aktien- und GmbH-Konzernrecht, § 2 SpruchG Rn. 4; *Weingärtner,* in: Heidel Aktienrecht und Kapitalmarktrecht, § 2 SpruchG Rn. 14.

SpruchG § 2 Zuständigkeit

einheitliche tatsächliche Bewertung ergehen soll, etwa wenn in den aufgrund unterschiedlicher Strukturmaßnahmen unabhängig voneinander eingeleiteten Parallelverfahren die Bewertung desselben Rechtsträgers erforderlich wird[27]. Auf die Identität aller Verfahrensbeteiligten kommt es nicht an, ausreichend ist vielmehr, dass zumindest einer der zu bewertenden Rechtsträger identisch ist[28]. Im Falle von Parallelverfahren auf Grundlage unterschiedlicher Strukturmaßnahmen ist einschränkend zu beachten, dass die den verschiedenen Verfahren zugrundeliegenden Maßnahmen in zeitlicher Hinsicht parallel vorgenommen worden sein bzw. zeitlich nahe beieinander liegen müssen. Bei zeitlich auseinanderfallenden Bewertungsanlässen kann der sachliche Zusammenhang abgelehnt werden, insbesondere wenn zwischenzeitlich bewertungsrelevante Ereignisse eingetreten sind oder befürchtet werden müssen[29].

16 Nach der früher überwiegenden Rechtsprechung[30] konnte § 4 FGG a. F. (jetzt: § 2 Abs. 1 FamFG) über den Fall der Doppelzuständigkeit hinaus keine unmittelbare Anwendung finden, da es sich bei nur sachlich zusammenhängenden Parallelverfahren nicht um dieselbe Sache i. S. d. § 4 FGG a. F. handelte und jedes Verfahren als eigenständiger Vorgang zu behandeln war. Um aber auch in diesen Fällen widerstreitende Entscheidungen und eine doppelte Befassung der Gerichte zu vermeiden, ist nunmehr ausdrücklich in entsprechender Anwendung des § 2 Abs. 1 FamFG dasjenige Gericht für ausschließlich zuständig erklärt worden, welches zuerst mit der jeweiligen (sachlich zusammenhängenden) Angelegenheit befasst worden ist. Dies gilt kraft gesetzlicher Anordnung (Rechtsfolgenverweisung) auch dann, wenn die Verfahren nicht als gleiche Angelegenheit gemäß § 2 Abs. 1 FamFG anzusehen sind.

17 Mehrere Anträge gegen einen Rechtsträger, die dieselbe Strukturmaßnahme betreffen, können nach § 20 FamFG verbunden, aber auch wieder getrennt werden[31]. Die hierfür erforderliche Sachdienlichkeit ist aufgrund der Identität des Verfahrensgegenstandes stets gegeben. Auch schon vor Inkrafttreten des FamFG war bereits anerkannt, dass eine Verfahrensverbindung bei Vorliegen eines rechtlichen Zusammenhangs zwischen den Anträgen auch ohne ausdrückliche Regelung im FGG a. F. über eine entsprechende Anwendung des § 147 ZPO erfolgen konnte.

---

27 DAV-Handelsrechtsausschuss, Stellungnahme zum Spruchverfahrensneuordnungsgesetz, NZG 2003, 316 ff.; *Emmerich*, in: Emmerich/Habersack Aktien- und GmbH-Konzernrecht, § 2 SpruchG Rn. 7b; *Drescher*, in: Spindler/Stilz AktG, § 2 SpruchG Rn. 10; *Weingärtner*, in: Heidel Aktienrecht und Kapitalmarktrecht, § 2 SpruchG Rn. 8.
28 *Mennicke*, in: Lutter UmwG, § 2 SpruchG Rn. 6; *Simon*, in: Simon SpruchG § 2 Rn. 8. *Hüffer/Koch*, AktG Anh § 305, § 2 SpruchG Rn. 4.
29 *Mennicke*, in: Lutter UmwG, § 2 SpruchG Rn. 6; *Drescher*, in: Spindler/Stilz AktG, § 2 SpruchG Rn. 13.
30 BayObLG, Beschluss vom 19.10.2001 – 3 Z AR 36/01; OLG Frankfurt, Beschluss vom 12.08.2002 – 20 W 233/02; *Bork*, ZIP 1998, 550 ff.; a. A. LG Dortmund, Beschluss vom 10.09.1999 – 20 AktE 7/99.
31 *Wälzholz*, in: Widmann/Mayer Umwandlungsrecht § 17 SpruchG Rn. 21.

e) Letztentscheidung analog § 5 FamFG bei Streit oder Ungewissheit über örtliche Zuständigkeit

Bei Streit oder Ungewissheit über das gemäß Abs. 1 Satz 2 zu bestimmende zuständige Gericht wird dieses analog § 5 FamFG durch das gemeinschaftliche Oberlandesgericht und, falls die in Betracht kommenden Gerichte kein gemeinschaftliches Oberlandesgericht haben, durch das Oberlandesgericht bestimmt, zu dessen Bezirk das zuerst mit der Sache befasste Gericht gehört. Auch in diesem Zusammenhang reicht die passive Befassung mit der Sache aus (z. B. Antragseingang); ein aktives Tätigwerden ist wie bei der oben ausgeführten Vorgriffszuständigkeit der Landgerichte nicht erforderlich. Wenn die betroffenen Landgerichte zeitgleich mit der Sache befasst worden sind, ist nach dem Rechtsgedanken der §§ 2 Abs. 1, 5 FamFG dasjenige Oberlandesgericht zuständig, das zuerst zur Bestimmung des zuständigen Landgerichts angerufen worden ist[32]. 18

Streit über die Zuständigkeit nach Abs. 1 Satz 2 besteht etwa dann, wenn aufgrund ausdrücklicher gerichtlicher Entscheidungen zumindest zwei verschiedene Landgerichte ihre Zuständigkeit in Anspruch nehmen (§ 5 Abs. 1 Nr. 3 FamFG: positiver Kompetenzkonflikt) oder diese verneinen (§ 5 Abs. 1 Nr. 4 FamFG: negativer Kompetenzkonflikt) und sie dabei von der Auffassung des jeweils anderen Gerichts Kenntnis haben[33]. Der Streit der Verfahrensbeteiligten genügt hingegen nicht[34]. 19

Ungewissheit über die örtliche Zuständigkeit ist gegeben, wenn die zur Bestimmung der Zuständigkeit maßgeblichen tatsächlichen Verhältnisse unklar sind (§ 5 Abs. 1 Nr. 2 FamFG)[35]. Dies wird etwa dann der Fall sein, wenn nicht aufzuklären ist, welches unter mehreren nach Abs. 1 Satz 1 zuständigen Gerichten mit der anhängigen Sache zuerst befasst war oder ob ein sachlicher Zusammenhang besteht, der eine Zuständigkeitskonzentration ermöglicht. Auch können in diesem Verfahren Unklarheiten über den zuständigkeitsbegründenden Sitz eines Unternehmens geklärt werden. 20

Inhaltlich bestimmt das OLG das entsprechend § 5 FamFG zuständige Landgericht nach Zweckmäßigkeitsgesichtspunkten. Kriterien bei der Auswahl sind z. B. der Umfang, die Komplexität oder die wirtschaftliche Bedeutung der jeweils anhängigen Verfahren sowie der für das jeweilige Verfahren bereits betriebene und noch zu erwartende Aufwand[36]. In der Regel wird dasjenige Landgericht für zuständig erklärt werden, bei dem 21

---

32 *Weingärtner*, in: Heidel Aktienrecht und Kapitalmarktrecht, § 2 SpruchG Rn. 11; *Sternal*, in: Keidel FamFG, § 2 Rn. 17.
33 *Sternal*, in: Keidel FamFG, § 5 Rn. 20, 21 m. w. N.
34 *Sternal*, in: Keidel FamFG, § 5 Rn. 10.
35 *Sternal*, in: Keidel FamFG, § 5 Rn. 16 ff.
36 BayObLG, Beschluss vom 13.03.2002 – 3Z AR 10/02; *Klöcker*, in: Schmidt/Lutter AktG, § 2 SpruchG Rn. 12; *Mennicke*, in: Lutter UmwG, § 2 SpruchG Rn. 8; *Wasmann*, in: KK-AktG, § 2 SpruchG Rn. 10.

die meisten Anträge eingegangen sind, da anzunehmen ist, dass dieses allein dadurch (anfangs) die höchste Arbeitsbelastung hat[37].

f) Internationale Zuständigkeit

22 Neben der örtlichen Zuständigkeit begründet § 2 SpruchG zugleich auch nach deutschem Internationalen Zivilprozessrecht die internationale Zuständigkeit[38]. Die deutsche Gerichtsbarkeit ist immer dann gegeben, wenn die örtliche Zuständigkeit mindestens eines deutschen Gerichtes vorliegt. Dies ist der Fall, da § 2 SpruchG die Zuständigkeit des Landgerichts am Ort des Rechtsträgers bestimmt, dessen Anteilsinhaber antragsberechtigt sind.

23 Die Regelungen des deutschen Internationalen Zivilprozessrechts werden zwar durch höherrangiges Recht verdrängt. Insbesondere das EU-Abkommen über gerichtliche Zuständigkeiten (EuGVVO)[39], das als sekundäres Gemeinschaftsrecht Vorrang vor dem nationalen Recht genießt, hält eigenständige Zuständigkeitsregelungen für den Fall bereit, dass der Geschäftssitz in einem EU-Mitgliedsstaat liegt. Diese führen jedoch aus Sicht der deutschen Antragsteller zu keinem anderen Ergebnis. Denn gemäß Art. 22 Nr. 2 EuGVVO (Ausschließliche Zuständigkeiten), der insoweit analog anzuwenden ist, wird für Klagen gegen die Gültigkeit der Gesellschafterbeschlüsse der ausschließlichen Gerichtsstand am Sitz der Gesellschaft bestimmt[40] *[siehe dazu auch unten § 16 SpruchG Rn. 15]*.

---

37 *Wasmann*, in: KK-AktG, § 2 SpruchG Rn. 10; *Klöcker*, in: Schmidt/Lutter AktG, § 2 SpruchG Rn. 12.
38 BGH, Versäumnisurteil vom 17.12.1998 – IX ZR 196–97; *Weingärtner*, in: Heidel Aktienrecht und Kapitalmarktrecht, § 2 SpruchG Rn. 19; *Simons*, in: Hölters AktG, § 220 Anh § 2 SpruchG Rn. 2.
39 Verordnung (EG) Nr. 44/2001 des Rates vom 22.12.2000 über die gerichtliche Zuständigkeit und die Anerkennung und Vollstreckung von Entscheidungen in Zivil- und Handelssachen, ABl. 2001 Nr. L 12/1 – 12/23, zuletzt geändert durch Art. 80 Satz 1 ÄndVO (EU) 1215/2012 vom 12.12.2012 (ABl. Nr. L 351 S. 1).
40 So mit ausführlicher und überzeugender Begründung *Meilicke/Lochner*, AG 2010, 23, 33; OGH Wien, Beschluss vom 18.02.2010 – 6 Ob 221/09; OLG Wien, Beschluss vom 10.06.2009 – 28 R 263/08i; *Emmerich*, in: Emmerich/Habersack Aktien- und GmbH-Konzernrecht, § 2 SpruchG Rn. 14; *Drescher*, in: Spindler/Stilz AktG, § 2 SpruchG Rn. 7; *Wasmann*, in: Kölner Kommentar AktG, § 2 SpruchG Rn. 15; *Wedemann*, NZG 2011, 733, 735, und AG 2011, 282, 294; auch *Rosskopf*, in KK-AktienG, § 16 SpruchG, Rn. 19, der eine analoge Anwendung befürwortet; für das alte Recht vor Einführung des SpruchG auch schon *Maul*, AG 1998, 404, 409 f.; anderer Ansicht *Mock*, IPRax 2009, 271, 274, der Artikel 22 Nr. 2 EuGVVO für nicht einschlägig hält, weil damit nach seiner Meinung trotz der Kenntnis des europäischen Gesetzgebers von nationalen Sonderregelungen wie dem Spruchverfahren (etwa in Deutschland und Österreich) ausdrücklich nur bestimmte, aber nicht alle gesellschaftlichen Strukturmaßnahmen erfasst worden seien. Er hält daher eine entsprechende Ergänzung der EuGVVO für erforderlich, um deren Anwendung sicherzustellen, oder aber zumindest eine Satzungsregelung in den betroffenen Gesellschaften, die dann – zulässigerwei-

Die analoge Anwendung von Art. 22 Nr. 2 EuGVVO begründet sich mit 24
der funktionalen Nähe von Anfechtungsklagen und Spruchverfahren[41].
Denn Grundlage aller Strukturmaßnahmen des § 1 SpruchG sind Beschlussfassungen der betroffenen Gesellschaftsorgane, die entweder unmittelbar einen Anspruch der Anteilseigner auf Kompensation begründen oder aber einer solchen Regelung zustimmen, so dass – wenn nicht schon wörtlich („Gültigkeit" im Sinne von inhaltlicher Richtigkeit) – zumindest eine entsprechende Anwendung des Artikels 22 Nr. 2 EuGVVO auf Spruchverfahren anzunehmen ist. Denn diese Organbeschlüsse über die festgelegte Kompensation werden inhaltlich auf ihre Angemessenheit und damit „Geltungfähigkeit" und Maßgeblichkeit überprüft. Alternativ wird als Rechtsgrundlage teilweise auch Art. 5 Nr. 1 lit. a EuGVVO herangezogen, nach dem ein besonderer Gerichtsstand am Erfüllungsort eines Vertrages besteht[42]. Dies wäre dann – praktisch inhaltsgleich – der Sitz der Gesellschaft, mit der der Antragsteller den Gesellschaftsvertrag geschlossen hat.

2. Kammer für Handelssachen

Für den Fall, dass das zuständige Gericht eine Kammer für Handelssa- 25
chen gebildet hat, war diese schon bislang gemäß § 2 Abs. 2 SpruchG
a. F. ausschließlich zuständig. Abs. 2 entsprach den vorherigen Regelungen in § 306 Abs. 1 Satz 2 AktG a. F. i. V. m. § 132 Abs. 1 Satz 2 AktG und § 306 Abs. 2 UmwG a. F. Wie in den zitierten Vorläuferregelungen beschränkte sich Abs. 2 nicht darauf, auf das gerichtliche Verfahren bei Handelssachen im Sinne von § 95 GVG zu verweisen, sondern ordnete selbst die Zuständigkeit der Kammer für Handelssachen an.

Mit Inkrafttreten des FamFG zum 1. September 2009 wurde diese Rege- 26
lung im SpruchG aufgegeben und stattdessen systemgerecht, ohne jede inhaltliche Änderung in das GVG verlagert (§§ 95 Abs. 2 Nr. 2, 71 Abs. 2 Nr. 4 lit. e GVG)[43]. Insbesondere sind Spruchverfahren gemäß § 95 Abs. 2 Nr. 2, § 71 Abs. 2 Nr. 4e GVG „per se", also unabhängig von weiteren Bezeichnungen oder Anträgen der Beteiligten „Handelssachen", die ge-

---

se (was angesichts des § 40 Abs. 2 Satz 1 Nr. 2 ZPO wiederum zweifelhaft erscheint) – alle Beteiligten von gesellschaftlichen Strukturmaßnahmen an den Gerichtsstand des Gesellschaftssitzes binden würde; dagegen auch *Weppner*, RIW 2011, 144, 150.

41 So auch *Hüffer/Koch* AktG Anh § 305, § 2 SpruchG Rn. 3; *Emmerich*, in: Emmerich/Habersack Aktien- und GmbH-Konzernrecht, § 2 SpruchG Rn. 14; *Wasmann*, in: KK-AktG, § 2 SpruchG Rn. 15.

42 *Kubis*, in: MüKo AktG, § 2 SpruchG Rn. 5; *Nießen*, NZG 2006, 441, 445; *Wittgens*, S. 62 ff., 66.

43 So auch *Kubis*, in: MüKo AktG, § 2 SpruchG Rn. 6; *Emmerich*, in: Emmerich/Habersack Aktien- und GmbH-Konzernrecht, § 2 SpruchG Rn. 9; *Drescher*, in: Spindler/Stilz AktG, § 2 SpruchG Rn. 19; *Kiefner/Kersjes*, NZG 2012, 244; a. A. LG München I, Beschluss vom 25.11.2009 – 38 O 21051/09; *Wasmann*, in: KK-AktG, § 2 SpruchG Rn. 6; *Simons*, in: Hölters AktG, § 2 SpruchG Rn. 2.

mäß § 94 GVG vor die Kammer für Handelssachen gehören. Anders als bei § 95 Abs. 1 GVG kommt es also nicht darauf an, dass in einer „Klage" ein bestimmter Anspruch geltend gemacht wird und der Kläger dies in der Klageschrift beantragt (§ 96 Abs. 1 GVG). Dementsprechend ist auch weiterhin ein bei einer Zivilkammer gestellter Antrag auf Durchführung des Spruchverfahrens von Amts wegen an die zuständige Kammer für Handelssachen zu verweisen, wenn eine solche gebildet worden ist, ohne dass es auf die Antragstellung durch den Antragsgegner gemäß § 98 Abs. 1 Satz 1 GVG ankommt[44].

3. Entscheidung durch den Vorsitzenden (Abs. 2)

27 Ist eine Kammer für Handelssachen gebildet, so entscheidet der Vorsitzende in den in Abs. 2 Satz 1 genannten Fällen allein ohne Mitwirkung der Handelsrichter. Diese Katalogzuständigkeit entspricht weitgehend § 306 Abs. 2 Satz 2 UmwG a. F., der wiederum § 349 Abs. 2 ZPO nachgebildet war. Insofern kann auf die Rechtsprechung und Kommentarliteratur zu § 349 ZPO ergänzend verwiesen werden[45].

28 Die Zuweisung an den Vorsitzenden ist dem Wortlaut entsprechend zwingend; der Vorsitzende kann die Entscheidungen also nicht der Kammer überlassen[46]. Entscheidet gleichwohl die Kammer, ist diese Entscheidung allerdings dennoch wirksam[47].

29 Der Zuständigkeitskatalog in Abs. 2 Satz 1 betrifft Entscheidungen, die sowohl vor als auch nach der Entscheidung in der Hauptsache anfallen können:

a) Abgabe des Verfahrens, Abs. 2 Nr. 1

30 Der Vorsitzende entscheidet über die Abgabe von Verfahren an ein anderes Gericht. Dies wird praktisch relevant in den Fällen örtlicher Un-

---

44 *Mennicke*, in: Lutter UmwG, § 2 SpruchG Rn. 10; *Kubis*, in: MüKo AktG, § 2 SpruchG Rn. 6; *Weingärtner*, in: Heidel Aktienrecht und Kapitalmarktrecht, § 2 SpruchG Rn. 15, mit ausführlicher Begründung; *Volhard*, in: Semler/Stengel UmwG, Anh § 2 SpruchG Rn. 4; zweifelnd *Klöcker*, in: Schmidt/Lutter AktG, § 2 SpruchG Rn. 14; dagegen auch *Wasmann*, in: KK-AktG, § 2 SpruchG Rn. 6, der das Verweisungsverbot des § 98 Abs. 3 GVG hier für maßgeblich hält; *Simons*, in Hölters AktG, § 220 Anh § 2 SpruchG Rn. 1, 2; *Simons*, NZG 2012, 609, 613.
45 Vgl. statt aller *Deubner*, in: MüKo ZPO, § 349 Rn. ff.; *Baumbach/Lauterbach/Albers/Hartmann*, ZPO, § 349 Rn. 1 ff.
46 *Klöcker*, in: Schmidt/Lutter AktG, § 2 SpruchG Rn. 15; *Wasmann*, in: KK-AktG, § 2 SpruchG Rn. 12; *Hörtnagl* in: Schmitt/Hörtnagl/Stratz, UmwG, § 2 SpruchG Rn. 9; *Simon*, in: Simon SpruchG § 2 Rn. 17; a. A., aber ohne weitere Begründung, *Kubis*, in: MüKo AktG, § 2 SpruchG Rn. 7.
47 OLG Stuttgart, Beschluss vom 13.9. 2004 – 20 W 13/04; *Wasmann*, in: KK-AktG, § 2 SpruchG Rn. 12; *Mennicke*, in: Lutter UmwG, § 2 SpruchG Rn. 11; *Simons*, in Hölters AktG, § 220 Anh § 2 SpruchG Rn. 10; *Simon*, in: Simon SpruchG § 2 Rn. 17.

zuständigkeit gemäß Abs. 1 Satz 1 oder wenn ein Antrag aufgrund der Verfahrenskonzentration gemäß Abs. 1 Satz 2 beim örtlich unzuständigen Gericht eingereicht worden ist.

b) Öffentliche Bekanntmachung, Abs. 2 Nr. 2

Unter Nr. 2 fallen alle Entscheidungen über und im Zusammenhang mit den beiden öffentlichen Bekanntmachungen, die das Gericht im Spruchverfahren vorzunehmen hat, d. h. die Bekanntmachung des gemeinsamen Vertreters (§§ 6 Abs. 1 Satz 4 und 5, 6a Satz 2, 6b Satz 2, 6c Satz 2 SpruchG) und der Entscheidung (§ 14 SpruchG).

31

c) Zulässigkeit des Antrags, Abs. 2 Nr. 3

Nach Nr. 3 werden dem Vorsitzenden die Entscheidungen über alle Fragen übertragen, welche die Zulässigkeit des Antrages betreffen. Der Vorsitzende entscheidet daher allein darüber, ob die Antragsbefugnis des Antragstellers gegeben ist (§ 3 SpruchG), der Antrag fristwahrend gestellt wurde (§ 4 Abs. 1 SpruchG), der Antrag die inhaltlichen Mindestvoraussetzungen erfüllt (§ 4 Abs. 2 SpruchG) und gegen den richtigen Antragsgegner (§ 5 SpruchG) gerichtet worden ist. Liegt eine der Zulässigkeitsvoraussetzungen des Antrags nicht vor, ergeht die Entscheidung über seine Zurückweisung somit allein durch den Vorsitzenden[48].

32

d) Vorbereitende Maßnahmen für die Beweisaufnahme und Fälle des § 7 (Vorbereitung der mündlichen Verhandlung), Abs. 2 Nr. 4

Nach Nr. 4 trifft der Vorsitzende die Entscheidung über alle vorbereitenden Maßnahmen für die Beweisaufnahme. Diese Kompetenz erfasst auch die Anordnung der Beweisaufnahme, wie durch den Verweis auf § 7 Abs. 6 SpruchG klargestellt wird, nicht jedoch deren Durchführung[49]. Diese ist wegen des Grundsatzes der Unmittelbarkeit der Beweisaufnahme dem gesamten Entscheidungskörper (Kammer) vorbehalten und kann nur ausnahmsweise in den gesetzlich geregelten Fällen gemäß §§ 372 Abs. 2, 375, 402, 451, 479 ZPO durch den beauftragten oder ersuchten Richter erfolgen. Diese Vorschriften finden insoweit analoge Anwendung (§ 30 Abs. 1 FamFG)[50]; auf die entsprechende Kommentierung wird verwiesen. Nach der Neufassung durch das SpruchG fallen auch die nach § 7 SpruchG vorzunehmenden Vorbereitungshandlungen der mündlichen Verhandlung in die ausschließliche Kompetenz des Vorsit-

33

---

48 So auch *Wasmann*, in: KK-AktG, § 2 SpruchG Rn. 12; *Drescher*, in: Spindler/Stilz AktG, § 2 SpruchG Rn. 21.
49 So schon zur alten Rechtslage: *Krieger*, in: Lutter UmwG, 2. Aufl., § 306 Rn. 5; ebenso *Drescher*, in: Spindler/Stilz AktG, § 2 SpruchG Rn. 21; *Wasmann*, in: KK-AktG, § 2 SpruchG Rn. 12; *Kubis*, in: MüKo AktG, § 2 SpruchG Rn. 7; *Simon*, in: Simon SpruchG § 2 Rn. 18; *Klöcker*, in: Schmidt/Lutter AktG, § 2 SpruchG Rn. 15; a. A. *Mennicke*, in: Lutter UmwG, § 2 SpruchG Rn. 13.
50 *Sternal*, in: Keidel, FamFG, § 30 Rn. 22 ff.

SpruchG § 2 Zuständigkeit

zenden, insbesondere Antragzustellung, Aufforderung zur Antragserwiderung, Aufforderung an Beteiligte zur Ergänzung des Vortrags und zur Erteilung von Abschriften der eingereichten Unterlagen *[zu den einzelnen Vorbereitungshandlungen der mündlichen Verhandlung vgl. unten § 7 SpruchG Rn. 45 ff.].*

e) Gemeinsamer Vertreter, Abs. 2 Nr. 5

34 Nach Nr. 5 entscheidet der Vorsitzende über die Bestellung des gemeinsamen Vertreters gemäß § 6 SpruchG, also auch über dessen Auswahl, und weiterhin über die Festsetzung seiner Vergütung und Auslagen sowie über die Zahlung von Vorschüssen. Ebenfalls umfasst und nur aufgrund eines redaktionellen Fehlers unterblieben sind die Gemeinsamen Vertreter in den Fällen der §§ 6a, 6b und 6c SpruchG[51].

f) Geschäftswert, Kosten, Gebühren und Auslagen, Abs. 2 Nr. 6

35 Nr. 6 umfasst alle dem Richter (im Gegensatz zum Rechtspfleger) zugewiesenen Entscheidungen, die Geschäftswert, Kosten, Gebühren und Auslagen betreffen. Dies gilt jedoch nicht, soweit es um eine abweichende Kostentragung gemäß § 15 SpruchG im verfahrensabschließenden Beschluss geht. Diese ist – als Teil der Entscheidung gemäß § 11 SpruchG – von der Kammer zu beschließen. Nr. 6 gilt nicht, soweit der Rechtspfleger für die Entscheidung zuständig ist (§ 21 RPflG: insbesondere Kostenfestsetzung gemäß § 85 FamFG i. V. m. §§ 103 ff. ZPO und § 11 RVG)[52]. In die Zuständigkeit des Vorsitzenden können aber Entscheidungen fallen, die mit den beiden letztgenannten Fällen zusammenhängen, wie etwa die Anordnung der öffentlichen Zustellung eines Kostenfestsetzungsbeschlusses.

g) Einstweilige Einstellung der Zwangsvollstreckung, Abs. 2 Nr. 7

36 Nach Nr. 7 wird dem Vorsitzenden die Entscheidung über die einstweilige Einstellung der Zwangsvollstreckung zugewiesen. Da die Entscheidung in der Hauptsache im Spruchverfahren nicht vollstreckbar ist *[siehe unten § 13 Rn. 19]*, beschränkt sich der Anwendungsbereich der Ziffer 7 auf die Zwangsvollstreckung aus Kostenfestsetzungsbeschlüssen auf Grundlage des § 81 Abs. 1 Satz 1 FamFG. Eine solche einstweilige Einstellung ist analog § 765a ZPO auf Antrag des Verpflichteten möglich, wenn die Vollstreckung unter voller Würdigung des Schutzbedürfnisses des oder der Berechtigten wegen ganz besonderer Umstände eine Härte bedeuten könnte, die mit den guten Sitten nicht vereinbar wäre. Der Vorsitzende kann die einstweilige Einstellung sogar für die Dauer bis zu einem Beschluss über die Einwendungen gegen die Vollstreckung (analog der Vollstreckungsabwehrklage gemäß § 767 ZPO oder der Klage gegen die Vollstreckungsklausel gemäß § 768 ZPO) gegen oder auch ohne Si-

---

51 *Mennicke*, in: Lutter UmwG, § 2 SpruchG Rn. 14; *Wasmann*, in: KK-AktG, § 2 SpruchG Rn. 12; *Drescher*, in: Spindler/Stilz AktG, § 2 SpruchG Rn. 21.
52 *Baumbach/Lauterbach/Albers/Hartmann*, ZPO, § 349 Rn. 13 a. E.

cherheitsleistung anordnen. Zu den Einzelheiten kann auf die einschlägige Kommentierung zu den §§ 765 ff. ZPO verwiesen werden[53].

h) Verbindung von Verfahren, Abs. 2 Nr. 8

Gemäß Nr. 8 obliegt dem Vorsitzenden auch – anders als noch im alten Recht in § 306 Abs. 2 Satz 2 UmwG a. F. – die Verbindung von Verfahren entsprechend § 20 FamFG, die als Parallelverfahren bei dem gleichen Gericht anhängig sind. Die Verbindung erfolgt etwa dann, wenn aufgrund analoger Anwendung der §§ 2 Abs. 1, 5 FamFG Anträge an das mit der Angelegenheit zuerst befasste Gericht abgegeben worden sind und die nunmehr dort anhängigen Verfahren zusammengefasst werden sollen *[s. dazu oben Rn. 11 ff.]*. 37

i) Weitere Einzelentscheidungen im Einverständnis aller Beteiligten

Nach Abs. 2 Satz 2 kann der Vorsitzende über die Katalogfälle hinaus auch dann allein entscheiden, wenn alle Beteiligten damit einverstanden sind. Wer Beteiligter im Spruchverfahren ist, ergibt sich aus den §§ 4, 5 und 6 SpruchG (Antragsteller, Antragsgegner und gemeinsamer Vertreter). Das Einverständnis ist als Prozesshandlung außerhalb der mündlichen Verhandlung durch Schriftsatz, andernfalls mündlich zu Protokoll zu erklären[54]. Auch nach Einholung des Einverständnisses aller Beteiligten steht es weiterhin im Ermessen des Vorsitzenden, ob er allein entscheiden oder die Entscheidung der Kammer überlassen möchte[55]. Die Beteiligten können also nicht verbindlich festlegen, dass der Vorsitzende über die Katalogfälle hinaus allein entscheiden soll. 38

j) Keine Geltung für den Vorsitzenden der Zivilkammer

Die Regeln über die Einzelzuständigkeit des Vorsitzenden der Kammer für Handelssachen gelten nicht, wenn das Verfahren von einer Zivilkammer geführt wird, weil beim zuständigen Gericht keine Kammer für Handelssachen gebildet worden ist[56]. Dies ergibt sich aus dem ausdrücklichen 39

---

53 Vgl. statt aller *Heßler*, in: MüKo ZPO, § 765 Rn. 1 ff.
54 *Greger*, in: Zöller ZPO, § 349 Rn. 19.
55 *Kubis*, in: MüKo AktG, § 2 SpruchG Rn. 8; *Emmerich*, in: Emmerich/Habersack Aktien- und GmbH-Konzernrecht, § 2 SpruchG Rn. 10; *Hörtnagl*, in: Schmitt/Hörtnagl/Stratz, UmwG, § 2 SpruchG Rn. 11; *Hüffer/Koch*, AktG Anh § 305, § 2 SpruchG Rn. 6; *Klöcker*, in: Schmidt/Lutter AktG, § 2 SpruchG Rn. 16; *Simons*, in: Hölters AktG, § 220 Anh § 2 SpruchG Rn. 10; *Weingärtner*, in: Heidel Aktienrecht und Kapitalmarktrecht, § 2 SpruchG Rn. 18; *Volhard*, in: Semler/Stengel UmwG, Anh § 2 SpruchG Rn. 6.
56 *Mennicke*, in: Lutter UmwG, § 2 SpruchG Rn. 11; *Drescher*, in: Spindler/Stilz AktG, § 2 SpruchG Rn. 20; *Wasmann*, in: KK-AktG, § 2 SpruchG Rn. 11; *Emmerich*, in: Emmerich/Habersack Aktien- und GmbH-Konzernrecht, § 2 SpruchG Rn. 9; *Kubis*, in: MüKo AktG, § 2 SpruchG Rn. 9; *Hüffer/Koch*, AktG Anh § 305, § 2 SpruchG Rn. 6; *Weingärtner*, in: Heidel Aktienrecht und Kapitalmarktrecht, § 2 SpruchG Rn. 17.

Wortlaut in Abs. 2 Satz 1 sowie aus der abweichenden Entscheidungsstruktur bei einer Zivilkammer, bei der – anders als bei der Kammer für Handelssachen – in den Verfahren der freiwilligen Gerichtsbarkeit keine Übertragung auf einen Einzelrichter vorgesehen ist[57]. Dies ist erst gemäß § 68 Abs. 4 FamFG i. V. m. § 526 ZPO im Beschwerdemittelverfahren möglich[58].

---

57 *Emmerich*, in: Emmerich/Habersack Aktien- und GmbH-Konzernrecht, § 2 SpruchG Rn. 9; *Simons*, in Hölters AktG, § 220 Anh § 2 SpruchG Rn. 11; unscharf *Klöcker*, in: Schmidt/Lutter AktG, § 2 SpruchG Rn. 17, der insoweit nicht zwischen der Kammer für Handelssachen und der Zivilkammer unterscheidet.
58 Unklar insoweit *Kubis,* in: MüKo AktG, § 2 SpruchG Rn. 9, der offensichtlich das erstinstanzliche und das Rechtsmittelverfahren gleichsetzt.

§ 3 Antragsberechtigung

Antragsberechtigt für Verfahren nach § 1 ist in den Fällen

1. der Nummer 1 jeder außenstehende Aktionär;
2. der Nummern 2 und 3 jeder ausgeschiedene Aktionär;
3. der Nummer 4 jeder in den dort angeführten Vorschriften des Umwandlungsgesetzes bezeichnete Anteilsinhaber;
4. der Nummer 5 jeder in den dort angeführten Vorschriften des SE-Ausführungsgesetzes bezeichnete Anteilsinhaber;
5. der Nummer 6 jedes in der dort angeführten Vorschrift des SCE-Ausführungsgesetzes bezeichnete Mitglied.

In den Fällen der Nummern 1, 3, 4 und 5 ist die Antragsberechtigung nur gegeben, wenn der Antragsteller zum Zeitpunkt der Antragstellung Anteilsinhaber ist. Die Stellung als Aktionär ist dem Gericht ausschließlich durch Urkunden nachzuweisen.

Inhalt

		Rn.
I.	Überblick	1
II.	Inhalt der Norm	3
	1. Rechtscharakter und Doppelnatur der Antragsberechtigung	3
	2. Grundlagen der Antragsberechtigung	7
	a) Anteilsinhaberschaft	8
	b) Teilnahme an Beschlussfassungen	11
	c) Maßgeblicher Zeitpunkt der Anteilsinhaberschaft (Satz 2)	15
	d) Maßgeblicher Zeitpunkt des Ausscheidens (Satz 1 Nr. 2)	21
	e) Kein Wegfall der Anteilsinhaberschaft durch spätere Anteilsveräußerung	25
	f) Nachweis der Antragsberechtigung (Satz 3)	27
	g) Missbräuchliche Anträge	30
	h) Keine Nebenintervention	33

	Rn.
3. Antragsberechtigung bei Beherrschungs- und Gewinnabführungsverträgen (Satz 1 Nr. 1)	34
a) Begriff des „außenstehenden Aktionärs"	35
b) Beendigung des Unternehmensvertrages	41
4. Antragsberechtigung bei Eingliederung und Squeeze Out (Satz 1 Nr. 2)	43
a) Abfindungsanspruch gemäß § 320b AktG	44
aa) Begriff des „ausgeschiedenen Aktionärs"	45
bb) Entstehen der Antragsberechtigung	49
b) Abfindungsanspruch gemäß § 327b AktG	51
5. Antragsberechtigung bei der Umwandlung von Rechtsträgern (Satz 1 Nr. 3)	56

SpruchG § 3 Antragsberechtigung

	Rn.		Rn.
a) Verbesserung des Umtauschverhältnisses bei der Verschmelzung gemäß § 15 UmwG	57	verlegung einer Europäischen Gesellschaft (SE, Satz 1 Nr. 4)	66
b) Abfindungsangebot im Verschmelzungsvertrag gemäß § 29 UmwG	60	7. Antragsberechtigung bei der Gründung einer Europäischen Genossenschaft (SCE, Satz 1 Nr. 5)	67
c) Verbesserung des Beteiligungsverhältnisses beim Formwechsel gemäß § 196 UmwG	62	III. Antragsberechtigung in weiteren Fällen der Anwendung des Spruchverfahrens	68
d) Angebot der Barabfindung beim Formwechsel gemäß § 207 UmwG	65	1. Mehrstimmrechte	69
6. Antragsberechtigung bei der Gründung oder Sitz-		2. Übertragende Auflösung	71
		3. Reguläres Delisting	72

Spezielle Literatur: *Aubel/Weber*, Ausgewählte Probleme bei Eingliederung und Squeeze Out während eines laufenden Spruchverfahrens, WM 2004, 857–866; *Bayer*, Die Geltendmachung des Abfindungsanspruchs nach beendetem Beherrschungsvertrag, ZIP 2005, 1053–1060; *Bidmon*, Die Reform des Spruchverfahrens durch das SpruchG, (Diss) 2007; *Bilda*, Abfindungsansprüche bei vertragsüberlebenden Spruchverfahren, NZG 2005, 375–381; *Dißars*, Antragsbefugnis von Namensaktionären im Spruchverfahren über ein Squeeze-out, BB 2004, 1293–1295; *Fehling/ Arens*, Informationsrechte und Rechtsschutz von Bezugsrechtsinhabern beim aktienrechtlichen Squeeze-out, AG 2010, 735–745; *Fuhrmann/Linnerz*, Zweifelsfragen des neuen Spruchverfahrens, Der Konzern 2004, 265–273; *Glienke/Röder*, „FRoSTA ist für alle da." – Praxisfolgen der BGH-Rechtsprechungsänderung insbesondere für anhängige Delisting-Spruchverfahren, BB 2014, 899–907; *Lamb/Schluck-Amend*, Die Neuregelung des Spruchverfahrens durch das Spruchverfahrensneuordnungsgesetz, DB 2003, 1259–1264; *Land/Hennings*, Aktuelle Probleme von Spruchverfahren nach gesellschaftsrechtlichen Strukturmaßnahmen, AG 2005, 380–387; *Lieder*, Der Namensaktionär im gesellschaftsrechtlichen Spruchverfahren, NZG 2005, 159–166; *Linnerz*, Zu den Beteiligungs- und Rechtsschutzmöglichkeiten des Anteilseigners in Spruchverfahren, ZIP 2007, 662–666; *Riegger*, Das Schicksal der eigenen Aktien beim Squeeze-out, DB 2003, 541–544; *Roth*, Die übertragende Auflösung nach Einführung des Squeeze-out, NZG 2003, 998–1005; *Schulenberg*, Die Antragsberechtigung gemäß §§ 15, 305 ff. UmwG und die „Informationslast" des Antragstellers im Spruchverfahren, AG 1998, 74–82; *Süßmann*, Die Behandlung von Options- und Wandelrechten in den einzelnen Squeeze-out-Verfahren, AG 2013, 158–164; *Wasmann*, Anforderungen an die Zulässigkeit eines Antrags nach dem Spruchverfahrensgesetz und Auswirkungen der (Un-)Zulässigkeit, WM 2004, 819–825; *Wasmann*, Erlöschen und Beseitigung von Mehrstimmrechten nach § 5 EGAktG: Gerichtliche Prüfung des Ausgleichs im Spruchverfahren, BB 2003, 57–65; *Wasmann/ Gayk*, SEEG und IDW ES 1 n. F.: Neues im Spruchverfahren, BB 2005, 955–957; *Wilsing/Kruse*, Zur Behandlung bedingter Aktienbezugsrechte beim Squeeze-out, ZIP 2002, 1465–1470; *Wittgens*, Das Spruchverfahrensgesetz, (Diss) 2005.

I. Überblick

Satz 1 bestimmt unter Bezugnahme auf den in § 1 SpruchG aufgeführ- 1
ten gesetzlichen Anwendungsbereich den Kreis der Antragsberechtigten
im Spruchverfahren. Nr. 1 und 2 übernehmen dabei inhaltlich unverändert die Vorgängerregelungen in § 304 Abs. 4 Satz 1 AktG a. F. sowie in
den §§ 320b Abs. 3 Satz 1 und 327f Abs. 2 Satz 1 AktG a. F. Nach Nr. 3
verbleibt es auch im Spruchverfahrensgesetz bei der sich aus dem Umwandlungsgesetz ergebenden Antragsberechtigung (zunächst nur §§ 15,
34, 176 bis 181, 186, 196 und § 212, später ergänzt um den zunächst übersehenen § 184 sowie schließlich erweitert auf die grenzüberschreitende
Verschmelzung nach den §§ 122h und 122i UmwG). Nr. 4 und Nr. 5 wurden mit Einführung der Europäischen Aktiengesellschaft (SE)[1] im Jahre 2004 und der Europäischen Genossenschaft (SCE)[2] im Jahre 2006 neu
eingefügt.

In Satz 2 wird abweichend von der früheren Rechtslage vor Inkrafttre- 2
ten des Spruchverfahrensgesetzes ausdrücklich klargestellt, dass es für
die Antragsberechtigung erforderlich, aber auch ausreichend ist, wenn
der Antragsteller im Zeitpunkt der Antragstellung Anteilsinhaber ist. In
Satz 3 wird schließlich – abweichend von der früheren Rechtslage vor Inkrafttreten des Spruchverfahrensgesetzes – der Nachweis der Aktionärseigenschaft nur noch durch Urkunden zugelassen, aber auch gefordert,
um langwierige Beweisaufnahmen zur Frage der Antragsberechtigung zu
vermeiden[3]. Ist der Antragsteller kein Aktionär, sondern Inhaber anderer Unternehmensanteile, bleiben sonstige Nachweismöglichkeiten unberührt.

II. Inhalt der Norm

1. Rechtscharakter und Doppelnatur der Antragsberechtigung

Die dogmatische Einordnung der Antragsberechtigung ist bislang nicht 3
eindeutig geklärt, was sich auch in der bis zum Erlass des Spruchverfahrensgesetzes herrschenden Begriffsvielfalt niederschlug[4]. Mit der vereinheitlichenden Festlegung des Begriffes der Antragsberechtigung in § 3
Satz 1 SpruchG hat der Gesetzgeber aber offengelassen, welche Rechtsnatur diesem Begriff zukommt, ob also das Fehlen der Antragsberechtigung zur Unzulässigkeit oder zur Unbegründetheit des Antrags führt.

---

1 Vgl. Artikel 5 Nr. 2 des Gesetzes zur Ausführung der Verordnung (EG) Nr. 2157/
 2001 des Rates vom 08.10.2001 über das Statut der Europäischen Gesellschaft
 („SE-Ausführungsgesetz") vom 22.12.2004, BGBl. I 2004, S. 3675.
2 Vgl. Artikel 7 Nr. 2 des Gesetzes zur Ausführung der Verordnung (EG) Nr. 1435/
 2003 des Rates vom 22.07.2003 über das Statut der Europäischen Genossenschaft
 („SCE-Ausführungsgesetz") vom 14.08.2006, BGBl. I 2006, S. 1911.
3 Vgl. Begr. RegE SpruchG BT-Drucks. 15/371 S. 13.
4 Siehe etwa Antragsbefugnis, Antragsrecht, Antragsberechtigung, Klagebefugnis, Sachbefugnis und Aktivlegitimation; Nachweise bei *Schulenberg*, AG 1998,
 74, 75.

SpruchG § 3 Antragsberechtigung

Sicherlich stehen die im Spruchverfahren zu bestimmenden Kompensationsansprüche nur dem in § 3 Satz 1 SpruchG festgelegten Personenkreis zu (vgl. auch § 4 Abs. 2 Nr. 2 SpruchG); dessen Anspruchsberechtigung stellt also eine inhaltliche Komponente für die Kompensationsgewährung dar[5]. Durch die Begrenzung der Antragsberechtigung auf diesen Personenkreis ist aber auch eine Verfahrensregelung getroffen, also eine Zulässigkeitsanforderung. Die Antragsberechtigung gemäß § 3 Satz 1 SpruchG weist demnach eine Doppelnatur auf, die nach ganz herrschender Meinung unabhängig von der materiellen Berechtigung jedenfalls auch als Prozessvoraussetzung zu prüfen ist[6]. Dies erschließt sich aus Folgendem:

4 Unter Berücksichtigung des Umstandes, dass die in § 3 Satz 1 SpruchG geregelte Berechtigung zur Einleitung eines Spruchverfahrens das durch den Eigentumsschutz in Art. 14 GG veranlasste Korrelat zum Ausschluss des aktienrechtlichen bzw. umwandlungsrechtlichen Anfechtungsrechts gegen die entsprechenden Beschlussfassungen darstellt (vgl. §§ 243, 245, 304 Abs. 3 Satz 2, 305 Abs. 5 Satz 1, 320b Abs. 2 Satz 1, 327f Satz 1 AktG; §§ 14 Abs. 2, 32, 210 UmwG), muss sich die dogmatische Einordnung der Antragsberechtigung zunächst an diesem Anfechtungsrecht orientieren. Dieses aktienrechtliche Anfechtungsrecht wird zutreffend von der ganz herrschenden Meinung als ein im materiellen Recht verwurzeltes privates Gestaltungsrecht angesehen und somit erst im Rahmen der Begründetheit geprüft[7]. Etwaige Fragen wie Teilnahme an der Beschlussfassung (Hauptversammlung) und Erklärung eines Widerspruchs zur Niederschrift sind in Anfechtungsverfahren auch erst dann zu klären. Dementsprechend liegt es nahe, das „parallele" Antragsrecht im Spruchverfahren ebenfalls als materielle Berechtigung anzusehen.

5 Anders als das aktienrechtliche Anfechtungsverfahren, das als streitiges Verfahren im Rahmen der ZPO geführt wird, unterliegt das Spruchver-

---

5 So früher OLG Stuttgart, Beschluss vom 22.05.2001 – 8 W 254/00.
6 H.M. für Zulässigkeitsvoraussetzung: OLG Frankfurt, Beschluss vom 28.01.2008 – 20 W 443/07; KG Berlin, Beschluss vom 31.10.2007 – 2 W 14/06; OLG Stuttgart, Beschluss vom 13.09.2004 – 20 W 13/04; BayObLG, Beschluss vom 18.03.2002 – 3Z BR 6/02; OLG Stuttgart, Beschluss vom 13.09.2004 – 20 W 13/04; KG Berlin, Beschluss vom 31.10.2007 – 2 W 14/06; *Klöcker*, in: Schmidt/Lutter AktG, § 3 SpruchG Rn. 1; *Wasmann*, in: KK-AktG, § 3 SpruchG Rn. 1; *Kubis*, in: MüKo AktG, § 3 SpruchG Rn. 25; *Lamb/Schluck-Amend*, DB 2003, 1259, 1261; *Bidmon*, Die Reform des Spruchverfahrens durch das SpruchG S. 107 ff., 108; *Drescher*, in: Spindler/Stilz, AktG, § 3 SpruchG Rn. 21; *Hörtnagl*, in: Schmitt/Hörtnagl/Stratz, UmwG § 3 SpruchG Rn. 8; *Emmerich*, in: Emmerich/Habersack, Aktien- und GmbH-Konzernrecht, § 3 SpruchG Rn. 2; *Volhard*, in: Semler/Stengel, UmwG, § 3 SpruchG Rn. 11; *Wälzholz*, in: Widmann/Mayer UmwG, Anh. 13, § 3 SpruchG Rn. 62; *Weingärtner*, in: Heidel, Aktienrecht und Kapitalmarktrecht, § 3 SpruchG Rn. 17, hält die Antragsberechtigung ausschließlich für eine Zulässigkeitsvoraussetzung; *Wittgens*, Spruchverfahrensgesetz, S. 92 ff., 94.
7 Ganz h.M., vgl. nur BGH Beschluss vom 11.06.2007 – II ZR 152/06; BGH, Urteil vom 15.06.1992 – II ZR 173/91; und statt aller *Hüffer*, in: MüKo AktG, § 245 Rn. 3.

fahren dem FamFG (vgl. § 17 Abs. 1 SpruchG) mit einem weiter gespannten Beteiligten-Begriff (vgl. § 7 FamFG, u. a. auch der gemeinsame Vertreter gemäß §§ 6 ff. SpruchG). Insbesondere löst die Antragstellung im Spruchverfahren weitergehende Vorbereitungen und Klärungen aus (vgl. § 7 Abs. 5, 5 SpruchG), als dies nach der ZPO der Fall wäre. Der auch im Spruchverfahren geltende Amtsermittlungsgrundsatz gemäß § 26 FamFG ist nur im Rahmen der Rückweisung verspäteten Vorbringens gemäß § 10 Abs. 3 SpruchG eingeschränkt *[vgl. dazu auch § 10 SpruchG Rn. 46 ff.]*. Daher liegt nahe, die Antragsberechtigung im Spruchverfahren, insbesondere die Aktionärseigenschaft und, soweit erforderlich, die Erklärung eines Widerspruchs zur Niederschrift *[vgl. dazu unten Rn. 12–14]*, schon bei der Antragstellung abschließend zu prüfen und das weitere Spruchverfahrens von Fragen der begründeten Antragstellung zu entlasten. Somit erscheint as angemessen und gerechtfertigt, die rechtlichen Auswirkungen des Fehlens einer Antragsberechtigung in erster Linie prozessrechtlich zu beantworten[8].

Dementsprechend ist – anders als im Rahmen des aktienrechtlichen Anfechtungsverfahrens – aufgrund der verfahrensrechtlichen und materiell-rechtlichen Doppelnatur der Antragsberechtigung im Spruchverfahren ein von anderer Seite als dem begrenzten Personenkreis gemäß § 3 Satz 1 SpruchG gestellter Antrag bereits als unzulässig und nicht erst als unbegründet zurückzuweisen[9]. Eine solche (Zwischen-)Entscheidung ergeht durch Beschluss gemäß § 11 Abs. 1 SpruchG und kann dann gemäß § 12 SpruchG Abs. 1 Satz 1 angefochten werden. Derartige Zwischenentscheidungen sind nicht durch § 58 Abs. 1 FamFG ausgeschlossen und unterliegen dementsprechend der Beschwerde gemäß § 12 Abs. 1 Satz 1 SpruchG[10] *[vgl. dazu im Einzelnen § 12 SpruchG Rn. 10]*. 6

2. Grundlagen der Antragsberechtigung

Maßgeblich für die Antragsberechtigung aller in § 3 Satz 1 SpruchG aufgeführten Personenkreise ist allein die – aktuelle oder im Falle von § 3 Satz 1 Nr. 2 SpruchG ehemalige – formalrechtliche Stellung als Aktionär, Anteilsinhaber bzw. Mitglied (der SCE). Unerheblich bleibt, ob der Antragsberechtigte etwa nur eine Auftragsperson oder Treuhänder für einen dahinter stehenden wahren wirtschaftlich Berechtigten ist[11]. Eine 7

---

8 So schon für das frühere Recht *Schulenberg*, AG 1998, 74, 76.
9 OLG Stuttgart, Beschluss vom 13.09.2004 – 20 W 13/04; *Emmerich*, in: Emmerich/Habersack Aktien- und GmbH-Konzernrecht, § 3 SpruchG Rn. 15; *Drescher*, in: Spindler/Stilz AktG, § 3 SpruchG Rn. 21; *Wasmann*, WM 2004, 819, 821; *Lamb/Schluck-Amend*, DB 2003, 1259, 1261; *Fuhrmann/Linnerz*, Der Konzern 2004, 265, 267; Bidmon, S. 107 f.; *Volhard*, in: Semler/Stengel UmwG, Anh § 3 SpruchG Rn. 11; a. A. *Koch*, in: Hüffer AktG, § 3 SpruchG Rn. 9.
10 So auch *Weingärtner*, in: Heidel, Aktienrecht und Kapitalmarktrecht, § 3 SpruchG Rn. 17; a. A. wohl *Emmerich*, in: Emmerich/Haber-sack Aktien- und GmbH-Konzernrecht, § 3 SpruchG Rn. 2a.
11 KG Berlin, Beschluss vom 22.11.1999 – 2 W 7008/98.

möglicherweise fehlende materielle Berechtigung wäre im Rahmen der Begründetheit zu berücksichtigen, schließt jedoch – anhand der formalen Anknüpfung des § 3 Satz 1 SpruchG – die verfahrensbezogene Antragsberechtigung des dokumentierten Anteilsinhabers nicht aus. Steht die materielle Berechtigung allerdings einer anderen Person zu, die nicht selbst Anteilsinhaber ist, kann diese das „fremde" Antragsrecht gleichwohl im eigenen Namen geltend machen (vgl. etwa § 129 Abs. 3 AktG). Insoweit gelten für das Spruchverfahren die zivilprozessualen Grundsätze sowohl über die gesetzliche als auch über die gewillkürte „Verfahrensstandschaft" entsprechend[12].

a) Anteilsinhaberschaft

8 Für die Antragsberechtigung kommt es – mangels jeglicher qualifizierenden Anforderungen im Gesetz – nicht auf die Anzahl der vom Aktionär/Anteilsinhaber/Mitglied gehaltenen Anteile (oder Größe der Mitgliedschaft) an, so dass bereits die Inhaberschaft nur eines Anteils oder nur einer Mitgliedschaft die Antragsberechtigung auslöst; auf die Art und Ausgestaltung der Beteiligung kommt es nicht an, etwa stimmberechtigte oder stimmrechtslose Aktien, Inhaber- oder Namensaktien, Aktien nur einer Gattung etc.[13]. Die Inhaberschaft muss sich allerdings auf einen Anteil beziehen, ein bloßes Bezugsrecht, Optionsrecht oder Genussrecht – falls diese getrennt von dem Anteilseigentum sein sollten – reicht nicht aus[14]. Insofern läge kein Anteilsinhaber bzw. Aktionär vor, sondern lediglich ein „Bezugsberechtigter", der in Abs. 1 nicht aufgeführt wird. Im Fal-

---

12 OLG Stuttgart, Beschluss vom 22.05.2001 – 8 W 254/00; LG München I, Beschluss vom 06.11.2009 – 5 HK O 21285/08; *Sternal*, in: Keidel, FamFG, § 23 Rn. 50–53; *Emmerich*, in: Emmerich/Habersack Aktien- und GmbH-Konzernrecht, § 3 SpruchG Rn. 9; *Wasmann*, in: KK-AktG, § 3 SpruchG Rn. 28; *Drescher*, in: Spindler/Stilz AktG, § 3 SpruchG Rn. 3; *Fuhrmann/Linnerz*, Der Konzern 2004, 265, 268; *Klöcker*, in: Schmidt/Lutter, AktG, § 3 SpruchG Rn. 29; *Kubis*, in: MüKo AktG, § 3 SpruchG Rn. 4; (für den „Legitimationsaktionär"): *Volhard*, in: Semler/Stengel, UmwG, § 3 SpruchG Rn. 9; siehe hierzu auch *Büchel*, NZG 2003, 793, 795; *Wittgens*, S. 92.

13 *Wasmann*, in: KK-AktG, § 3 SpruchG Rn. 3; *Emmerich*, in: Emmerich/Habersack Aktien- und GmbH-Konzernrecht, § 3 SpruchG Rn. 4; *Mennicke*, in: Lutter UmwG Anh I § 3 SpruchG Rn. 2; *Kubis*, in: MüKo AktG, § 3 SpruchG Rn. 2; *Hüffer/Koch*, AktG, Anh § 305 § 3 SpruchG Rn. 2; *Simons*, in: Hölters AktG § 3 SpruchG Rn. 3; *Wälzholz*, in: Widmann/Mayer UmwG Anh. 13 § 3 SpruchG Rn. 3; *Weingärtner*, in: Heidel, Aktienrecht und Kapitalmarktrecht, § 3 SpruchG Rn. 2.

14 So auch *Wasmann*, in: KK-AktG, § 3 SpruchG Rn. 10; *Drescher*, in: Spindler/Stilz AktG, § 3 SpruchG Rn. 3; *Süßmann*, AG 2013, 158, 163; *Wilsing/Kruse*, ZIP 2002, 1465, 1470; a. A. *Fehling/Arens*, AG 2010, 735, 743 f.; *Fleischer*, in Großkomm.AktG, § 327b Rn. 37; *Grunewald*, in: MüKo AktG, § 327f Rn. 4; *Habersack*, in: Emmerich/Habersack, Aktien- und GmbH-Konzernrecht § 327b Rn. 8 und § 327f Rn. 7; *Singhof*, in: Spindler/Stilz AktG, § 327f Rn. 5; *Wittgens*, S. 74.

le von Namensaktien ist gemäß § 67 Abs. 2 AktG allein der im Aktienregister eingetragene Aktionär antragsberechtigt[15].

Etwa von der Gesellschaft gehaltene eigene Anteile gewähren keine Antragsberechtigung (vgl. § 71b AktG); in diesem Fall liegt schon keine Gesellschafter- bzw. Beteiligtenstellung vor, die denknotwendig eine andere Person als die betroffene Gesellschaft voraussetzt. In jedem Fall fehlt es insoweit aber auch an einem Schutzbedürfnis, da die Gesellschaft durch die Infrastrukturmaßnahme entweder wirtschaftliche (Unternehmensvertrag, Eingliederung, 100 %-Beteiligung) oder sogar rechtliche (Verschmelzung) Identität mit dem Antragsgegner erwirbt[16]. Der Antragsgegner bzw. sein (100 %iges) Vermögen soll und braucht aber nicht vor sich selbst geschützt zu werden. 9

Werden Anteile von verbundenen Unternehmen (§ 15 AktG) der Gesellschaft gehalten, ändert dies nichts an deren Antragsberechtigung. Auch deren Anteilsinhaberschaft berechtigt grundsätzlich zur Antragstellung im Spruchverfahren[17], sofern sie nicht – im Sonderfall des Unternehmensvertrages – infolge einer faktischen Beherrschung keine „außenstehenden" Aktionäre sind *[s. unten Rn. 37–40]*. Aber auch im Fall der Eingliederung und des Squeeze-Out sind infolgedessen aus der Gesellschaft ausscheidende verbundene Unternehmen antragsberechtigt *[s. unten Rn. 47]*. Denn eine besondere Behandlung von verbundenen Unternehmen bei der Eingliederung, etwa eine Zurechnung zur Hauptgesellschaft, ist in den §§ 319 ff. AktG nicht vorgesehen, so dass sie ebenfalls ihre Aktionärsstellung verlieren und damit für eine Versagung der Antragsberechtigung entgegen dem Wortlaut in Abs. 1 Nr. 2 keine Grundlage besteht. In allen diesen Fällen gilt allerdings die Überlegung, dass im Regelfall das Eigeninteresse des Antragsgegners (der Mehrheitsgesellschafterin bzw. der Hauptgesellschaft) dafür spricht, dass kraft seiner Einflussnahmemöglichkeit eine Antragstellung des verbundenen Unternehmens ausgeschlossen werden kann. Es ist kaum anzunehmen, dass sich der Antragsgegner von einem durch ihn beherrschbaren Antragsteller in ein Spruchverfahren verwickeln lassen wird. 10

---

15 KG Berlin, Beschluss vom 22.11.1999 – 2 W 7008/98; *Drescher*, in: Spindler/Stilz AktG, § 3 SpruchG Rn. 5; *Kubis*, in: MüKo AktG, § 3 SpruchG Rn. 3; *Klöcker*, in: Schmidt/Lutter, AktG, § 3 SpruchG Rn. 12; *Lieder*, NZG 2005, 159.
16 *Wasmann*, in: KK-AktG, § 3 SpruchG Rn. 9; *Drescher*, in: Spindler/Stilz AktG, § 3 SpruchG Rn. 8; *Simons*, in: Hölters, AktG, § 3 SpruchG Rn. 6; *Wälzholz*, in: Widmann/Mayer, UmwG, Anh. 13 § 3 SpruchG Rn. 14; *Wittgens*, Spruchverfahrensgesetz S. 73; a. A. *Hüffer/Koch*, AktG, § 320b Rn. 2; *Emmerich*, in: Emmerich/Habersack Aktien- und GmbH-Konzernrecht, § 3 SpruchG Rn. 10; *Grunewald*, in: MüKo AktG, § 320b Rn. 2.
17 So auch *Wasmann*, in KK-AktG, § 3 SpruchG Rn. 9; *Leuering*, in: Simon, SpruchG, § 3 Rn. 30.

b) Teilnahme an Beschlussfassungen

11 Die Antragsberechtigung gemäß § 3 Satz 1 SpruchG setzt weiterhin keine Teilnahme an der Beschlussfassung über die Strukturmaßnahme, die der Kompensationsregelung zugrunde liegt, voraus. Dementsprechend hat auch ein etwaiges Stimmverhalten keinen Einfluss auf die Antragsberechtigung[18], ganz abgesehen davon, dass in der Praxis ein entsprechender Nachweis kaum sinnvoll geführt werden kann. Insbesondere stellt die Zustimmung zur betreffenden Strukturmaßnahme kein Verzicht auf das Recht dar, den vertraglich vorgesehenen Ausgleich gerichtlich überprüfen zu lassen, denn nicht einmal für die aktienrechtliche oder umwandlungsrechtliche Anfechtung der Beschlussfassung wird ein bestimmtes Stimmverhalten vorausgesetzt (vgl. etwa den Gesetzeswortlaut in §§ 245 Nr. 1 AktG, § 15, 29 Abs. 1 Satz 1 UmwG)[19]. Das Spruchverfahren richtet sich ausschließlich auf die Bestimmung der Höhe des Kompensationsangebots, nicht aber gegen die zugrundeliegende Strukturmaßnahme. Umso weniger kann das Stimmverhalten in der Abstimmung eine Rolle spielen. Vielmehr muss der Anteilsinhaber die beschlossene Infrastrukturmaßnahme durchaus billigen und für sinnvoll erachten können, ohne das Überprüfungsrecht hinsichtlich des zu unterbreitenden Abfindungsangebots zu verlieren *[vgl. dazu in Einleitung, Rn. 7 ff.]*.

12 In Umwandlungsfällen (§ 3 Satz 1 Nr. 3 SpruchG), aber auch im Fall von Mehrstimmrechten (§ 5 Abs. 4 EGAktG) muss der Anteilsinhaber immerhin – wenn er einen Anspruch auf Barabfindung für die Aufgabe seines Anteils bzw. seiner Mitgliedschaft geltend machen will (vgl. § 34, § 29 Abs. 1 Satz 1 und 2 UmwG für Verschmelzungen, §§ 125 Satz 1, 176, 177

---

18 *Kubis,* in: MüKo AktG, § 3 SpruchG Rn. 5; *Hüffer/Koch,* AktG, § 3 SpruchG Rn. 2 (für Zustimmungsbeschluss der Hauptversammlung zu Unternehmensvertrag gemäß § 293 AktG); *Drescher,* in: Spindler/Stilz AktG, § 3 SpruchG Rn. 6, 10; *Emmerich,* in: Emmerich/Habersack Aktien- und GmbH-Konzernrecht, § 3 SpruchG Rn. 4; *Klöcker,* in: Schmidt/Lutter, AktG, § 3 SpruchG Rn. 5; *Mennicke,* in: Lutter UmwG, Anh I § 3 SpruchG Rn. 2; *Leuering,* in: Simon, SpruchG, § 3 Rn. 16; *Volhard,* in: Semler/Stengel, UmwG § 3 SpruchG Rn. 2; *Simons,* in: Hölters AktG, § 3 SpruchG Rn. 9 (für Umwandlungsbeschluss im Rahmen von Verschmelzung/Formwechsel) und Rn. 12 ff. (für SE- und SCE-Strukturmaßnahmen); *Wittgens,* S. 77; anders *Grunewald,* in: Lutter UmwG, § 29 Rn. 11, die ohne nähere Begründung neben dem Widerspruch zu Protokoll auch eine ablehnende Abstimmung verlangt; ebenso *Wälzholz,* in: Widmann/Mayer UmwG, § 29 Rn. 30 (für den Umwandlungsbeschluss bei Überprüfung des Abfindungsangebots im Rahmen von Verschmelzung); ohne weitere Begründung auch *Weingärtner,* in: Heidel Aktienrecht und Kapitalmarktrecht, § 3 SpruchG Rn. 3.

19 So für das Aktienrecht *Hüffer,* in: MüKo AktG, § 245 Rn. 36; für das Umwandlungsrecht *Decher,* in: Lutter UmwG § 15 Rn. 3 und *Decher/Hoger* in: Lutter UmwG §§ 207 Rn. 8. Im Falle von § 29 UmwG scheint allerdings – ohne besondere Begründung – die h. M. zusätzlich zum Widerspruch zu Protokoll auch ein ablehnendes Stimmverhalten zu verlangen, vgl. die Darstellung bei *Grunewald,* in: Lutter UmwG § 29 Rn. 11; insoweit aber a. A. *Marsch-Barner,* in: Kallmeyer UmwG § 29 Rn. 13, der zu Recht keine Gegenstimme verlangt.

i. V. m. § 29 UmwG auch für Spaltungen und Vermögensübertragungen sowie gemäß § 207 Abs. 1 Satz 1 UmwG auch für Formwechsel, § 5 Abs. 4 Satz 2 EGAktG für den Ausgleich weggefallener Mehrstimmrechte), nicht dagegen im Fall der Verbesserung des Umtauschverhältnisses (vgl. § 15 Abs. 1, 196 Satz 1 UmwG) – Widerspruch zur Niederschrift des Umwandlungsbeschlusses erklärt haben, um im Spruchverfahren anspruchs- und damit antragsberechtigt zu sein[20]. Dies wird im Regelfall voraussetzen, dass der Anteilsinhaber nicht erst bei Antragstellung *[s. unten Rn. 15]*, sondern schon zuvor auch während der Abstimmung am übertragenden Rechtsträger beteiligt war[21]. Zwingend ist dies nicht, da die Teilnahme an der Abstimmung bzw. Erklärung des Widerspruchs auch für fremden Anteilsbesitz oder durch den Rechtsvorgänger des Antragstellers (z. B. bei Gesamtrechtsnachfolge) erfolgt sein kann[22]; jedenfalls bei Antragstellung muss aber eine eigene Anteilsinhaberschaft bestehen *[s. unten Rn. 18]*.

Der Widerspruch muss in der Versammlung der Anteilsinhaber, die über 13 die Verschmelzung beschließt, zur Niederschrift erklärt werden; ein nachträglicher Widerspruch genügt nicht[23]. Eine Stimmabgabe gegen den Verschmelzungsbeschluss ersetzt den Widerspruch nicht; ein solcher Widerspruch ist aber auch möglich, wenn der betreffende Anteilsinhaber für den Verschmelzungsbeschluss gestimmt hat[24]. Eine negative Stimmabgabe verlangt der Gesetzestext nicht[25]. Denn der Anteilsinhaber

---

20 OLG München, Beschluss vom 03.02.2010 – 31 Wx 135/09; OLG Stuttgart, Beschluss vom 13.09.2004 – 20 W 13/04; OLG Düsseldorf, Beschluss vom 30.12.2004 – I-19 W 3/04; *Kubis*, in: MüKo AktG, § 3 SpruchG Rn. 6; *Drescher*, in: Spindler/Stilz AktG, § 3 SpruchG Rn. 10.
21 So auch OLG Stuttgart, Beschluss vom 13.09.2004 – 20 W 13/04; *Hüffer/Koch*, AktG, Anh § 305 § 3 SpruchG Rn. 4; *Kubis*, in: MüKo AktG § 3 SpruchG Rn. 16; *Leuering*, in: Simon, SpruchG § 3 Rn. 34; *Wasmann*, in: KK-AktG § 3 SpruchG Rn. 16.
22 So wohl auch *Drescher*, in: Spindler/Stilz AktG, § 3 SpruchG Rn. 10; *Hörtnagl*, in: Schmitt/Hörtnagl/Stratz, UmwG § 3 SpruchG Rn. 5; *Volhard*, in: Semler/Stengel, UmwG § 3 SpruchG Rn. 7; *Wälzholz*, in: Widmann/Mayer UmwG Anh. 13 § 3 SpruchG Rn. 36.
23 BGH, Urteil vom 03.07.1989 – II ZR 5/89; OLG München, Beschluss vom 03.02.2010 – 31 Wx 135/09; *Kalss*, in: Semler/Stengel, UmwG § 29 Rn. 21; *Drescher*, in: Spindler/Stilz AktG, § 3 SpruchG Rn. 10; *Decher/Hoger*, in: Lutter UmwG, § 207 Rn. 7; *Meister/Klöcker*, in: Kallmeyer UmwG § 207 Rn. 14; a. A.: *Wasmann*, in: KK-AktG § 3 SpruchG Rn. 16, der dies nur für einen Fall der Gesamtrechtsnachfolge anerkennt.
24 *Marsch-Barner*, in: Kallmeyer UmwG, § 29 Rn. 13; a. A. die wohl noch h. M.: *Grunewald*, in: Lutter UmwG, § 29 Rn. 11; *Wälzholz*, in: Widmann/Mayer UmwG § 29 Rn. 30, 34; *Kubis*, in: MüKo AktG, § 3 SpruchG Rn. 6; *Grunewald*, in: Lutter UmwG, § 29 Rn. 10; *Volhard*, in: Semler/Stengel, UmwG § 3 SpruchG Rn. 5; *Leuering*, in: Simon SpruchG § 3 Rn. 32; *Hörtnagl*, in: Schmitt/Hörtnagl/Stratz, UmwG § 3 SpruchG Rn. 4; *Hüffer/Koch*, AktG, Anh § 305 § 3 SpruchG Rn. 4.
25 So auch *Wasmann*, in: Kölner Kommentar AktG, § 3 SpruchG Rn. 14; *Decher/Hoger*, in: Lutter UmwG § 207 Rn. 8; *Drescher*, in: Spindler/Stilz AktG, § 3
(Fortsetzung der Fußnote auf Seite 158)

SpruchG § 3 Antragsberechtigung

muss die Möglichkeit haben, einer von ihm als sinnvoll angesehenen Verschmelzung zuzustimmen, ohne das Recht zu verlieren, aus der Gesellschaft gegen ein angemessenes Barabfindungsangebot auszuscheiden *[vgl. dazu in Einleitung, Rn. 11]*. Eine Widerspruchseinlegung ist dann nicht erforderlich, wenn der betreffende Anteilsinhaber zur Beschlussversammlung zu Unrecht nicht zugelassen worden ist oder die Versammlung gar nicht ordnungsgemäß einberufen bzw. der Beschlussgegenstand nicht ordnungsgemäß bekannt gemacht worden ist, §§ 29 Abs. 2, 207 Abs. 2 UmwG[26].

14 Diese Regelung stellt zwar eine systemwidrige Erschwerung der Anspruchsberechtigung dar, die im Vergleich mit den übrigen Strukturmaßnahmen, deren wirtschaftliche Auswirkungen auf die Anteilsinhaber im Spruchverfahren überprüft werden können, nicht gerechtfertigt erscheint. Der Widerspruch zu Protokoll ist als Voraussetzung für eine Anfechtungsklage sinnvoll, die den Bestand des betreffenden Beschlusses angreift, nicht aber für das Spruchverfahren, das die Beschlussfassung – und damit die gesellschaftsrechtliche Veränderung – unberührt lässt und lediglich die wirtschaftliche Kompensation der beschlossenen Maßnahme zur Überprüfung stellt. Es erscheint widersinnig, die im Widerspruch liegende ausdrückliche Stellungnahme gegen die Beschlussfassung zu verlangen, auch wenn der betreffende Anteilsinhaber durchaus mit der Maßnahme einverstanden ist und lediglich sein Ausscheiden zu angemessenen Bedingungen geltend machen will[27]. Insofern ist eine Streichung dieser zusätzlichen Voraussetzungen in den genannten Umwandlungsfällen zu empfehlen, da für eine abweichende Behandlung der Umwandlungsfälle gegenüber den aktienrechtlichen Strukturmaßnahmen keine Rechtfertigung ersichtlich ist. De lege lata ist diese zusätzliche Anforderung allerdings zu beachten.

c) Maßgeblicher Zeitpunkt der Anteilsinhaberschaft (Satz 2)

15 Da die Antragsberechtigung von der Anteilsinhaberschaft an dem von der Strukturmaßnahme betroffenen Rechtsträger abhängt, könnte fraglich sein, ob die Anteilsinhaberschaft bei der maßgeblichen Beschlussfassung (z.B. Hauptversammlung) und/oder beim Eintritt der Rechtsänderung (z.B. Registereintragung) und/oder bei der Einleitung des Spruchverfahrens (z.B. Antragstellung) gegeben sein muss. Dies wird durch Satz 2 – im Einklang mit der bereits vor dem SpruchG einhelligen Rechtsprechung[28] – dahingehend klargestellt, dass es in den Fäl-

---

SpruchG Rn. 10; *Klöcker*, in: Schmidt/Lutter, AktG, § 3 SpruchG Rn. 17; *Simons*, in: Hölters AktG, § 3 SpruchG Rn. 9; *Wittgens*, S. 77; dagegen für eine Negativabstimmung die wohl noch h. M. wie in der vorstehenden FN 24.
26 Dazu OLG Stuttgart, Beschluss vom 16.02.2007 – 20 W 25/05.
27 So auch *Wasmann*, in: KK-AktG, § 3 SpruchG Rn. 14.
28 BayObLG, Beschluss vom 18.03.2002 – 3Z BR 6/02; OLG Düsseldorf, Beschluss vom 03.05.1989 – 19 W 5/89; OLG Frankfurt, Beschluss vom 18.12.1989 – 20 W 478/89; *Wasmann*, in: KK AktG, § 3 SpruchG Rn. 5 mit Hinweisen zu früheren

len des § 3 Satzes 1 Nr. 1 SpruchG (Abschluss eines Unternehmensvertrages), Nr. 3 (Umwandlung), Nr. 4 (Gründung und Sitzverlegung einer Europäischen Aktiengesellschaft) und Nr. 5 (Gründung einer Europäischen Genossenschaft) allein auf den Zeitpunkt der Antragstellung ankommt[29].

Diese Präzisierung erscheint als zeitnahe Anknüpfung auch zutreffend und ausreichend, da sie zu diesem Zeitpunkt (aktuell, nicht rückwirkend) einfach nachweisbar ist und an eine (möglicherweise) aktuell noch bestehende Beeinträchtigung des Anteilswertes anknüpft. Eine frühere Wertveränderung wäre schwieriger darzulegen und nachzuweisen und müsste zudem mit der aktuellen Wertsituation abgeglichen werden. Letztlich kann nur derjenige einen (möglichen) Wertverlust erleiden, der die Beteiligung aktuell innehat. Bei einer Veräußerung der Beteiligung – nach Beschlussfassung oder nach Eintragung, aber – vor der Antragstellung wäre ein möglicher Wertverlust des Anteils infolge der Infrastrukturmaßnahme, aber auch die Chance bzw. Wahrscheinlichkeit, im Spruchverfahren eine zusätzliche Kompensation zu erstreiten, im Regelfall bereits im Veräußerungsentgelt eingepreist. Konsequenterweise muss dieser Wertverlust bzw. die entsprechende Chance auf Ausgleich – etwa über die inter-omnes-Wirkung des § 13 SpruchG – dem Erwerber des Anteils zugutekommen. Ein mögliches Versäumnis des früheren Anteilsinhabers, eine solche Wertveränderung bzw. Kompensationschance bei der Preisfindung einzubeziehen, erscheint nicht schutzwürdig, zumal er ja an der Beschlussfassung teilnehmen konnte und über die begleitenden Umstände informiert war. 16

Damit steht zum einen fest, dass vor der Antragstellung keine (länger) andauernde Anteilsinhaberschaft bestanden haben muss, also etwa schon bei Beschlussfassung über die Infrastrukturmaßnahme, sondern dass ein Anteilserwerb auch erst kurz vor der Antragstellung ausreicht[30]. Dabei spielt es keine Rolle, ob der Erwerb durch Gesamtrechtsnachfolge (z. B. Erbschaft) oder durch Einzelrechtsnachfolge (z. B. Übereignung) erfolgt. Für die Antragsberechtigung ist auch unerheblich, ob dem neuen Anteilsinhaber (individualvertraglich) etwa nur der Anteil, aber nicht ein möglicher Kompensationsanspruch übertragen worden ist, was etwa bei Beteiligungen an Rechtsträgern möglich ist, die aktuell nicht durch eine Anteilsurkunde (Aktie) verbrieft sind[31]. 17

---

abweichenden Literaturstimmen, die auch auf den Zeitpunkt der Beschlussfassung, der Registereintragung oder der Bekanntmachung abgestellt haben.

29 Vgl. die tabellarische Darstellung bei *Weingärtner*, in: Heidel Aktienrecht und Kapitalmarktrecht, § 3 SpruchG Rn. 6–8.

30 *Wassmann*, in: KK-AktG, § 3 SpruchG Rn. 4; *Drescher*, in: Spindler/Stilz, AktG, § 3 SpruchG Rn. 7; *Klöcker*, in: Schmidt/Lutter, AktG, § 3 SpruchG Rn. 7; *Mennicke*, in: Lutter UmwG Anh I § 3 SpruchG Rn. 3; *Leuering*, in: Simon, SpruchG § 3 Rn. 17; *Simons*, in: Hölters AktG, § 3 SpruchG Rn. 4. *Paulsen*, in: MüKo AktG, § 304 Rn. 34; *Veil*, in: Spindler/Stilz AktG, § 304 Rn. 29.

31 *Heckschen*, in: Widmann/Mayer UmwG, § 15 Rn. 87; *Gehling*, in: Semler/Stengel UmwG, § 15 Rn. 23d.

18 Zum anderen muss die Anteilsinhaberschaft aber spätestens bei der Antragstellung bestehen. Es reicht nicht aus, wenn ein Antragsteller zuvor Anteilsinhaber war, etwa bei der Beschlussfassung oder der Registereintragung der Infrastrukturmaßnahme, zum Zeitpunkt der Antragstellung die Anteilsinhaberschaft aber bereits wieder aufgegeben hat[32]. Zur Aufrechterhaltung der Antragsberechtigung muss die Anteilsinhaberschaft also bis zur Antragstellung bestehen bleiben[33]. Damit ist zugleich die zuvor von der Rechtsprechung offengelassene Frage beantwortet, ob ein Erwerb der Anteile zwar nach der Antragstellung, aber noch bis zum Ablauf der dreimonatigen Antragsfrist gemäß § 4 Abs. 1 SpruchG für die Antragsberechtigung ausreicht[34]. Dies ist nicht der Fall, da die Anteilsinhaberschaft jedenfalls bei Antragstellung vorliegen (und nachgewiesen werden) muss[35].

19 Daraus folgt auch, dass mit der Ausübung einer Abfindungsoption für die Aufgabe der Unternehmensbeteiligung oder Mitgliedschaft (etwa gemäß § 305 AktG bei Unternehmensverträgen, § 29 UmwG bei Verschmelzungen, § 207 UmwG bei Formwechseln) vor der Antragstellung die Antragsberechtigung zur gerichtlichen Überprüfung der zu gewährenden Barabfindung entfällt, da infolge der Veräußerung des Anteils bzw. der Mitgliedschaft keine Anteilsinhaberschaft mehr besteht[36]. Durch die Entgegennahme der Abfindungszahlung allein ist jedoch noch nicht von der Ausübung der Ausscheidensoption auszugehen[37]. Es bedarf vielmehr der wirksamen Übertragung des Unternehmensanteils bzw. der Mitgliedschaft. Auch in diesem Fall besteht kein Bedürfnis für eine fortdauernde Antragsberechtigung des Anteilsinhabers, da er infolge der Anteilsaufgabe zum einen von der aktiven Durchsetzung möglicher Kompensationsrechte abgesehen hat, zum anderen aber – im Rahmen einer etwa nicht angemessenen Kompensation – durch die „inter-omnes-Wirkung" des § 13 SpruchG ausreichend geschützt ist.

---

32 *Wasmann*, in: KK-AktG, § 3 SpruchG Rn. 4; *Büchel*, NZG 2003, 793, 794; *Emmerich*, in: Emmerich/Habersack Aktien- und GmbH-Konzernrecht, § 3 SpruchG Rn. 9; *Hüffer/Koch*, AktG, Anh § 305, § 3 SpruchG Rn. 5; *Leuering*, in: Simon, SpruchG § 3 Rn. 18; *Simons*, in: Hölters, AktG, § 3 SpruchG Rn. 17; *Wälzholz*, in: Widmann/Mayer, UmwG, Anh. 13 § 3 SpruchG Rn. 5.
33 So auch *Wasmann*, in: KK-AktG § 3 SpruchG Rn. 7.
34 BayObLG, Beschluss vom 18. 3. 2002 – 3Z BR 6/02; *Büchel*, NZG 2003, 793, 794.
35 *Büchel*, NZG 2003, 793, 794; so auch *Wasmann*, in: KK-AktG § 3 SpruchG Rn. 6 m. w. N.; *Emmerich*, in: Emmerich/Habersack Aktien- und GmbH-Konzernrecht, § 3 SpruchG Rn. 9; a. A. *Drescher*, in: Spindler/Stilz, AktG, § 3 SpruchG Rn. 5, der es für ausreichend hält, wenn der Anteil noch innerhalb der Antragsfrist erworben wird.
36 OLG Stuttgart, Beschluss vom 19.03.2008 – 20 W 3/06; *Koppensteiner*, in: KK-AktG, § 305 Rn. 1 41; *Wasmann*, in: KK-AktG § 3 SpruchG Rn. 16; *Drescher*, in: Spindler/Stilz, AktG, § 3 SpruchG Rn. 5; *Kubis*, in: MüKo AktG, § 3 SpruchG Rn. 14; *Klöcker*, in: Schmidt/Lutter, AktG, § 3 SpruchG Rn. 16; *Volhard*, in: Semler/Stengel, UmwG § 3 SpruchG Rn. 8.
37 *Emmerich*, in: Emmerich/Habersack Aktien- und GmbH-Konzernrecht, § 305 AktG Rn. 19; *Drescher*, in: Spindler/Stilz AktG, § 3 SpruchG Rn. 7; *Kubis*, in: MüKo AktG, § 3 SpruchG Rn. 7.

Entfällt die Aktieninhaberschaft (vor Antragstellung) nicht aus freien 20
Stücken, etwa durch Veräußerung, sondern infolge einer weiteren Infrastrukturmaßnahme (vgl. etwa Eingliederung oder Squeeze Out) *[dazu nachstehend Rn. 45–48]*, besteht keine Antragsberechtigung (mehr) für die Überprüfung einer etwaigen vorangegangenen Infrastrukturmaßnahme (z. B. Verschmelzung, Unternehmensvertrag)[38]. Dies entspricht der strikten Voraussetzung in § 3 Satz 2 SpruchG für die Überprüfung dieser vorangegangenen Infrastrukturmaßnahme. Dafür bestände aber auch kein Bedürfnis, weil im Rahmen der Kompensation für die weitere Infrastrukturmaßnahme auch ein etwa geschuldeter Wertausgleich für die erste Infrastrukturmaßnahme zu berücksichtigen ist.

d) Maßgeblicher Zeitpunkt des Ausscheidens (Satz 1 Nr. 2)

Im Gegensatz zu den vorgenannten Fällen der Anteilsinhaberschaft bei 21
Antragstellung ist im Falle des Satzes 1 Nr. 2 (Ausscheiden durch Eingliederung oder Squeeze Out) nicht der Zeitpunkt der Antragstellung, sondern der Zeitpunkt des Ausscheidens bzw. des Verlustes der Anteilsinhaberschaft maßgeblich *[dazu unten Rn. 45]*. Nur der Aktionär, der infolge der Registereintragung der Eingliederung gemäß § 320a AktG bzw. des Übertragungsbeschlusses (Squeeze Out) gemäß § 327e Abs. 3 AktG sein Aktieneigentum verliert, ist antragsberechtigt. Etwaige Rechtsvorgänger, von denen er die Aktie erworben hat, haben keine Antragsberechtigung[39].

Aus der Qualifizierung als „ausgeschiedener" Aktionär ist abzuleiten, 22
dass der Antragsteller „letzter" Inhaber des von der Eingliederung betroffenen, also gemäß § 320a bzw. § 327e Abs. 3 AktG auf die Hauptgesellschaft bzw. den Hauptaktionäre übergehenden Unternehmensanteils gewesen sein muss. Die Eingliederung bzw. die Übertragung (Squeeze Out) muss also zum Verlust seiner Aktie geführt haben. Insofern reicht nicht aus, dass er zwar zuvor, etwa beim Eingliederungs- oder Übertragungsbeschluss, Aktionär der Gesellschaft war, den Anteil dann aber auf einen Dritten übertragen hat, bevor die Eintragung im Handelsregister erfolgt und damit der Anteilsübergang auf bewirkt worden ist.

Ein etwaiger Rechtsnachfolger, dem der Aktionär nach der Eintragung 23
und mithin nach seinem Ausscheiden die – noch bei ihm verbliebene – Aktienurkunde überträgt, die dann aber kein Mitgliedschaftsrecht mehr verkörpert, sondern nur noch den Abfindungsanspruch (§ 320a Satz 2, § 327e Abs. 3 Satz 2 AktG), ist mithin nicht antragsberechtigt[40]. Es ver-

---

38 OLG München, Beschluss vom 24.05.2012 – 31 Wx 1553/11; LG München I, Beschluss vom 15.01.2004 – 5 HKO 22304/02; *Drescher,* in: Spindler/Stilz, AktG, § 3 SpruchG Rn. 4.
39 *Kubis,* in: MüKo AktG, § 3 SpruchG Rn. 12 m. w. N.; *Wasmann,* in: KK-AktG § 3 SpruchG Rn. 12; die abweichende Auffassung in der Vorauflage wird aufgegeben.
40 *Mennicke,* in: Lutter UmwG Anh I § 3 SpruchG Rn. 5; *Drescher,* in: Spindler/ Stilz AktG, § 3 SpruchG Rn. 5, 7; *Emmerich,* in: Emmerich/Habersack Aktien- und GmbH-Konzernrecht, § 3 SpruchG Rn. 11a.

SpruchG § 3 Antragsberechtigung

bleibt insoweit aber die Möglichkeit der Anspruchsabtretung und einer Verfahrensstandschaft *[s. oben Rn. 7]*, was zum Schutz dieser Aktienerwerber auch ausreichend erscheint. Der Rechtsübergang im Rahmen einer Gesamtrechtsnachfolge (z. B. Erbschaft) ist davon unberührt; dem Gesamtrechtsnachfolger (z. B. Erben) steht das Antragsrecht in gleicher Form zu wie seinem Gesamtrechtsvorgänger (z. B. Erblasser)[41].

24 Wie in den anderen Fällen *[s. oben Rn. 17]* ist allerdings auch hier ausreichend, dass der Antragsteller die maßgebliche Aktie vor dem Zeitpunkt des durch Registereintragung bewirkten Rechtsübergangs erwirbt, also etwa nach der betreffenden Beschlussfassung in der Hauptversammlung. Dies entspricht auch dem Sinnzusammenhang der Regelungen in § 320b bzw. § 327f AktG, die ja den durch die Eingliederung bzw. die Übertragung bedingten Verlust der Aktie kompensiert werden soll – und nicht einen etwaigen Minderwert der Aktie infolge der Beschlussfassung in der Hauptversammlung, der sich dann im Rahmen einer Veräußerung an einen Dritten (vor Registereintragung) ausgewirkt haben könnte.

e) Kein Wegfall der Anteilsinhaberschaft durch spätere Anteilsveräußerung

25 Eine nach Antragstellung erfolgende Veräußerung des Anteils bleibt ohne Auswirkung auf die Antragsberechtigung und damit auf das Spruchverfahren[42]. Dies kann bereits der Formulierung in Satz 2 entnommen werden, die eben nur auf den Zeitpunkt der Antragstellung, aber nicht auf eine fortdauernden Anteilsinhaberschaft abstellt; in der Gesetzesbegründung ist dies auch eindeutig klargestellt worden[43]. Im Übrigen ergibt sich diese Folgerung auch aus § 265 Abs. 2 Satz 1 ZPO, der im Spruchverfahren – ergänzend zu den FamFG-Vorschriften (vgl. § 17 Abs. 1 SpruchG) – ebenfalls anwendbar ist[44]. Gleiches gilt für den Verlust der Anteilsinha-

---

41 *Mennicke*, in: Lutter UmwG Anh I § 3 SpruchG Rn. 5; *Drescher*, in: Spindler/Stilz AktG, § 3 SpruchG Rn. 9; *Emmerich*, in: Emmerich/Habersack Aktien- und GmbH-Konzernrecht, § 3 SpruchG Rn. 11a. –
42 OLG Stuttgart, Beschluss vom 19.03.2008 – 20 W 3/06, *Emmerich*, in: Emmerich/Habersack Aktien- und GmbH-Konzernrecht, § 3 SpruchG Rn. 9; *Kubis*, in: MüKo AktG, § 3 SpruchG Rn. 10; *Drescher*, in: Spindler/Stilz, AktG, § 3 SpruchG Rn. 24; *Büchel*, NZG 2003, 793, 795; *Hüffer/Koch*, AktG, Anh § 305, § 3 SpruchG Rn. 5a; *Klöcker*, in: Schmidt/Lutter, AktG, § 3 SpruchG Rn. 25; im Ergebnis auch *Leuering*, in: Simon, SpruchG, § 3 Rn. 19 ff., 22; *Simons*, in: Hölters, AktG, § 3 SpruchG Rn. 27a; *Wälzholz*, in: Widmann/Mayer, UmwG, Anh. 13 § 3 SpruchG Rn. 9; *Wasmann*, in: KK-AktG, § 3 SpruchG Rn. 6; so auch schon vor Inkrafttreten des Spruchverfahrensgesetzes: OLG Düsseldorf, Beschluss vom 22.01.1999 – 19 W 5/96 AktE; LG Köln, Beschluss vom 01.07.1998 – 91 O 135/96.
43 Begr. RegE BT-Drucks. 15/371, S. 13.
44 *Sternal*, in: Keidel FamFG, § 23 Rn. 51; siehe auch BGH, Beschluss vom 23.08.2001 – V ZB 10/01 in einem WEG-Verfahren. Allgemein für die freiwillige Gerichtsbarkeit: OLG Hamm, Beschluss vom 22.05.1990 – 15 W 77/90; *Fuhrmann/Linnerz*, Der Konzern 2004, 265, 268; für das frühere Recht (vor dem SpruchG) auch schon *Schulenberg*, AG 1998, 74, 81; *Wittgens*, S. 91.

berschaft nach Antragstellung aus anderen Gründen, etwa infolge einer weiteren Strukturmaßnahme der Gesellschaft (z. B. Eingliederung oder Squeeze Out) *[vgl. dazu unten Rn. 45]*. Auch dann besteht die ursprüngliche Antragsberechtigung fort, so dass es zu keiner Auswirkung auf das Spruchverfahren kommt[45].

Damit ist der vor Einführung des SpruchG bestehende Streit entschieden, nach dem die Antragsberechtigung mit der Anteilsveräußerung erlöschen[46] oder die Antragsberechtigung auf den Erwerber übergehen sollte[47]. Beides ist nicht der Fall; der Anteilserwerber kann nicht – auch nicht im Einverständnis mit dem Antragsgegner – das Verfahren anstelle des Anteilsveräußerers übernehmen, da ihm die Antragsbefugnis fehlt[48]. Er kann allerdings als Bevollmächtigter das bisherige Verfahren des Anteilsveräußerers fortführen, da die Möglichkeit einer Verfahrensstandschaft grundsätzlich auch für das Spruchverfahren besteht[49] [s. oben Rn. 7]. Der Wegfall bisheriger und die Einbeziehung neuer Beteiligter in das Spruchverfahren wäre unökonomisch – und ist angesichts des § 13 SpruchG auch gar nicht erforderlich, da die Entscheidung im Spruchverfahren ohnehin für und gegen alle Berechtigten wirkt. Auch die Beendigung des Unternehmensvertrages nach Antragstellung lässt die Antragsberechtigung gemäß § 3 Satz 1 Nr. 1 SpruchG und damit das Spruchverfahren unberührt *[s. unten Rn. 42]*.

26

f) Nachweis der Antragsberechtigung (Satz 3)

Für den praktisch häufigsten Fall, dass der Antragsteller Aktionär ist, fordert Satz 3 den Nachweis dieser Aktionärsstellung ausschließlich durch Urkunden. Dafür kommen grundsätzlich in Betracht ein Depotauszug der Bank oder die Vorlage der effektiven Aktienstücke in Betracht; zulässig ist aber auch die Vorlage schriftlicher Bankbescheinigungen[50]. Eine Hin-

27

---

45 *Wasmann*, in: KK-AktG, § 3 SpruchG Rn. 7; *Kubis*, in: MüKo AktG, § 3 SpruchG Rn. 13; *Leuering*, in: Simon, SpruchG, § 3 Rn. 24; *Wälzholz*, in: Widmann/Mayer, UmwG, Anh. 13 § 3 SpruchG Rn. 11; *Mennicke*, in: Lutter UmwG Anh I § 3 SpruchG Rn. 4; *Fuhrmann/Linnerz*, Der Konzern 2004, 265, 268.
46 KG Berlin, Beschluss vom 15.12.1970 – 1 W 2982/69, das eine Anteilsinhaberschaft bis zum Verfahrensende voraussetzte; ähnlich auch *Bilda*, NZG 2005, 375, 378.
47 So *Mennicke*, in: Lutter UmwG Anh I § 3 SpruchG Rn. 4; *Koppensteiner*, in: KK-AktG, § 304 Rn. 111; *Hüffer/Koch*, AktG, Anh zu § 305, § 3 SpruchG Rn. 5, 5a; *Emmerich*, in: Emmerich/Habersack Aktien- und GmbH-Konzernrecht, § 3 SpruchG Rn. 7 m. w. N.
48 So aber wohl *Drescher*, in: Spindler/Stilz, AktG, § 3 SpruchG Rn. 24 sogar ohne Zustimmung der anderen Beteiligten.
49 OLG Stuttgart, Beschluss vom 22.05.2001 – 8 W 254/00; siehe hierzu auch *Büchel*, NZG 2003, 793, 795.
50 OLG Frankfurt, Beschluss vom 10.10.2005 – 20 W 244/05; LG Dortmund, Teilurteil vom 07.10.2004 – 20 O 104/04; *Drescher*, in: Spindler/Stilz AktG, § 3 SpruchG Rn. 20; *Mennicke*, in: Lutter UmwG Anh I § 3 SpruchG Rn. 11; *Weingärtner*, in: Heidel Aktienrecht und Kapitalmarktrecht, § 3 SpruchG Rn. 10.

terlegung der Aktienstücke etwa für die Dauer des Spruchverfahrens ist – wegen der nur für den Zeitpunkt der Antragstellung nachzuweisenden Inhaberschaft des Antragstellers – nicht erforderlich. Im Falle von Namensaktien (§ 67 Abs. 1 AktG) wird der Nachweis nur durch die Vorlage eines Aktienregisterauszugs oder die schriftlichen Bestätigung der Gesellschaft der Aktienregisterdaten (§ 67 Abs. 6 AktG) erbracht; ein sonstiger Nachweis (etwa entgegen der Eintragung im Aktienregister) ist nicht zulässig[51]. Die Nachweispflicht gilt auch für die Fälle des Satzes 1 Ziffer 2 (Ausscheiden des Aktionärs aufgrund Eingliederung, § 320a AktG, oder Squeeze Out, § 327a AktG), da insoweit die Aktionärsstellung bis zum Ausscheiden bestanden haben muss. Die Aktienurkunde verbrieft auch insoweit den Anspruch, aus dem sich die Antragsberechtigung ergibt (§ 320a Satz 2 AktG für die Eingliederung; § 327e Abs. 3 Satz 2 AktG für das Squeeze Out).

28 Ein „Nachweis" wird nach dem sprachlichen Sinnverständnis und allgemeinen prozessualen Usus erst erforderlich, wenn das entsprechende Vorbringen bestritten wird. Andernfalls hätte das Gesetz die „Vorlage" bzw. „Darlegung" angeordnet. Dementsprechend muss die Aktienurkunde nicht unaufgefordert und damit auch nicht innerhalb der Antragsfrist vorgelegt werden, sondern erst auf Anforderung des Gerichts[52], möglicherweise sogar erst in zweiter Instanz[53]. Der Nachweis ist grundsätzlich durch Vorlage der Urkunde im Original oder durch eine beglaubigte Kopie zu erbringen. Eine einfache Kopie kann jedoch ausreichen, wenn keine Zweifel an der Übereinstimmung mit dem Original bestehen und der

---

51 OLG Hamburg, Beschluss vom 01.09.2003 – 11 W 30/03; *Wasmann*, in: KK-AktG, § 3 SpruchG Rn. 27; *Leuering*, in: Simon, SpruchG, § 3 Rn. 63; *Lieder*, NZG 2005, 159, 166; a. A. OLG Frankfurt, Beschluss vom 09.01.2006 – 20 W 166/05; *Drescher*, in: Spindler/Stilz AktG, § 3 SpruchG Rn. 19; *Emmerich*, in: Emmerich/Habersack Aktien- und GmbH-Konzernrecht, § 3 SpruchG Rn. 13; *Dißars*, BB 2004, 1293, 1295.

52 So auch BGH, Beschluss vom 25.06.2008 – II ZB 39/07; OLG Frankfurt, Beschluss vom 10.10.2005 – 20 W 244/05; OLG Stuttgart, Beschluss vom 13.09.2004 – 20 W 13/04; OLG Düsseldorf, Beschluss vom 09.02.2005 – 19 W 12/04; *Drescher*, in: Spindler/Stilz AktG, § 3 SpruchG Rn. 20; *Simons*, in: Hölters, AktG, § 3 SpruchG Rn. 23; *Weingärtner*, in: Heidel Aktienrecht und Kapitalmarktrecht, § 3 SpruchG Rn. 16; *Volhard*, in: Semler/Stengel UmwG, Anh § 3 SpruchG Rn. 12 (bis zum Schluss der mündlichen Verhandlung); *Wasmann/Gayk*, BB 2005, 955, 956. A. A. für eine Vorlage von Amts wegen: LG Frankfurt, Beschluss vom 04.03.2005 – 3/5 O 73/04; *Emmerich*, in: Emmerich/Habersack Aktien- und GmbH-Konzernrecht, § 3 SpruchG Rn. 13 (aber nur für die Darlegung, nicht für den Nachweis, vgl. Rn. 14); *Klöcker*, in: Schmidt/Lutter AktG, § 3 SpruchG Rn. 35; *Kubis*, in: MüKo AktG; § 3 SpruchG Rn. 22; *Wälzholz*, in: Widmann/Mayer, UmwG, Anh. 13 § 3 SpruchG Rn. 51.

53 OLG Frankfurt, Beschluss vom 28.01.2008 – 20 W 443/07; OLG Hamburg, Beschluss vom 09.06.2005 – 11 W 30/05; OLG Stuttgart Beschluss vom 14.10.2010 – 20 W 16/06; *Drescher*, in: Spindler/Stilz AktG, § 3 SpruchG Rn. 20; *Emmerich*, in: Emmerich/Habersack Aktien- und GmbH-Konzernrecht, § 3 SpruchG Rn. 14 (bis zum Schluss der mündlichen Verhandlung).

Vorlage keine Einwände entgegengehalten werden[54]. Eine Ausnahme von der Nachweispflicht besteht, wenn der Antragsgegner die Aktionärsstellung des Antragstellers kennt, wie es z. b. bei Namensaktionären der Fall ist, wenn der Antragsgegner selbst das Aktienregister führt[55], oder wenn gar keine Aktienurkunden ausgestellt sind[56].

In allen anderen Fällen, in den es nicht um die Aktionärsstellung geht 29 (z. B. Gesellschafter einer KG bei einem Formwechsel oder einer Verschmelzung, Mitglied einer Genossenschaft), verbleibt es bei den üblichen Beweismitteln, also Vorlage von Gesellschaftsverträgen oder Mitgliedschaftsbestätigungen.

g) Missbräuchliche Anträge

Ebenso wie die ohne Antragsberechtigung gemäß Satz 1 gestellten Anträge sind auch die zwar vom berechtigten Personenkreis, aber gleichwohl missbräuchliche gestellte Anträge als unzulässig zurückzuweisen. Von missbräuchlichen Anträgen ist vor allem dann auszugehen, wenn der Antragsteller darauf abzielt, (lediglich) einen Lästigkeitswert aufzubauen, um sich diesen im Spruchverfahren dann durch einen Vergleich „abkaufen" zu lassen[57]. Eine missbräuchliche Inanspruchnahme staatlicher Gerichte liegt auch vor, wenn kein Rechtsschutzbedürfnis besteht[58]. Das ist etwa denkbar, wenn sich bereits eine (überholende) neue Beschlussfassung mit einer angemessen(er)en Kompensation abzeichnet, während noch die vorangegangene Beschlussfassung mit der weniger angemessenen Kompensation beanstandet wird. Ein solches Ansinnen wird allerdings kaum bei der Antragstellung erkannt werden können, sondern stellt sich voraussichtlich erst im weiteren Verfahrensablauf heraus, so dass diese Frage an anderer Stelle *[§ 7 SpruchG Rn. 9 ff.]* behandelt wird.

Kein Missbrauch oder sonstige Unzulässigkeit, etwa Verstoß gegen Sinn 31 und Zweck der für die Spruchverfahren maßgeblichen Ausgleichsregelungen, liegt bei Anträgen vor, die nicht einen Anspruch auf Erhöhung der Zuzahlung oder Abfindung geltend machen, sondern die im Gegenteil die Kompensation als zu hoch empfinden und dies überprüft wissen

---

54 *Klöcker*, in: Schmidt/Lutter AktG, § 3 SpruchG Rn. 31; *Kubis*, in: MüKo AktG; § 3 SpruchG Rn. 23; *Drescher*, in: Spindler/Stilz AktG, § 3 SpruchG Rn. 20.
55 BGH, Beschluss vom 25.06. 2008 – II ZB 39/07.
56 *Wasmann*, in: KK-AktG, § 3 SpruchG Rn. 25, *Drescher*, in: Spindler/Stilz AktG, § 3 SpruchG Rn. 20, *Kubis*, in: MüKo AktG; § 3 SpruchG Rn. 24; *Leuering*, in: Simon, SpruchG § 3 Rn. 64; *Simons*, in: Hölters, AktG, § 3 SpruchG Rn. 22; a. A. *Wälzholz*, in: Widmann/Mayer, UmwG, Anh. 13 § 3 SpruchG Rn. 52 (Aktionär solle dann eine Verbriefung erwirken).
57 BGH, Urteil vom 22.05.1989 – II ZR 206/88; BGH, Urteil vom 14.10.1991 – II ZR 249/90; OLG Stuttgart, Beschluss vom 24.06.2010 – 20 W 2/09; *Simons*, in: Hölters, AktG, § 3 SpruchG Rn. 29; *Hüffer/Koch*, AktG, § 3 SpruchG Rn. 8; *Weingärtner*, in: Heidel Aktienrecht und Kapitalmarktrecht, § 3 SpruchG Rn. 2; *Drescher*, in: Spindler/Stilz AktG, § 3 SpruchG Rn. 23.
58 *Sternal*, in: Keidel FamFG, § 23 Rn. 34.

wollen. Möglich wäre dies etwa bei Anteilseignern, die zugleich am Antragsgegner bzw. an dessen gemäß § 15 AktG verbundenen Unternehmen beteiligt sind.

32 In diesen Fällen wird die Antragsberechtigung nach § 3 SpruchG weder durch den Wortlaut (hier oder in den materiellen Regelungen der anderen Gesetze) eingeschränkt, noch ist an irgendeiner Stelle ausgedrückt, dass die Spruchverfahren nur zur Erhöhung der Kompensation, nicht aber zu deren Herabsetzung führen dürfen. Insbesondere § 4 Abs. 2 Nr. 4 SpruchG enthält sich jeglichen Hinweises, dass eine Erhöhung der Kompensation geltend gemacht geschweige denn ein bestimmter Antrag gestellt werden muss. Zwar ist davon auszugehen, dass der Sinn und Zweck des Spruchverfahrens auf den gesellschaftsrechtlichen Minderheitenschutz gerichtet ist. Mangels jeglichen gesetzgeberischen Hinweises kann daraus jedoch nicht die Aberkennung der Antragsbefugnis gefolgert werden[59]. Dagegen sprich im Übrigen auch, dass eine solche Zielsetzung – wenn überhaupt, angesichts des mangelnden Erfordernisses zur Antragsbezifferung – wohl erst im weiteren Verfahrensablauf, und dann auch nur aus einzelnem Vorbringen deutlich werden könnte.

h) Keine Nebenintervention

33 Angesichts der in § 7 FamFG neu und abschließend definierten „Beteiligten", die auch für das Spruchverfahren maßgeblich sind[60], besteht kein Raum für eine Nebenintervention i. S. der §§ 66 ff. ZPO. Soweit Rechtsinhaber nicht unmittelbar betroffen sind (vgl. Nomenklatur in §§ 1, 5 SpruchG) oder keine weitere Verfahrensbeteiligung aufgrund des SpruchG vorgesehen ist (vgl. der gemeinsame Vertreter, §§ 6–6c SpruchG), darf das Gericht keine weiteren Personen als Beteiligte hinzuziehen (§ 7 Abs. 2, Abs. 3 FamFG). Eine Nebenintervention auf Seiten der Antragsteller ist daher unzulässig[61]. Dies gilt umso mehr, als dafür kein Bedürfnis zu erkennen ist. Denn die Anteilsinhaber, die keinen eigenen Antrag stellen, werden im Spruchverfahren durch den gemeinsamen Vertreter gemäß § 6 SpruchG vertreten. Dies gilt aber auch für Anteilsinhaber, denen keine Antragsberechtigung zukommt, weil sie etwa Anteilsbeteiligte des übernehmenden Rechtsträgers im Rahmen einer

---

59 So wohl auch *Emmerich*, in: Emmerich/Habersack Aktien- und GmbH-Konzernrecht, § 3 SpruchG Rn. 15; a. A. *Linnerz*, ZIP 2007, 662, 666.
60 *Zimmermann*, in: Keidel FamFG, § 7 Rn. 47; *Preuß* NZG 2009, 961 f.
61 OLG Frankfurt, Beschluss vom 10.10. 2005 – 20 W 198/05; OLG Stuttgart Beschluss vom 31.03.2004 – 20 W 4/04; *Mennicke*, in: Lutter UmwG Anh. I § 3 SpruchG Rn. 1; *Weingärtner*, in: Heidel Aktienrecht und Kapitalmarktrecht, § 3 SpruchG Rn. 5; *Simons*, in: Hölters AktG, § 3 SpruchG Rn. 28; *Wälzholz*, in: Widmann/Mayer Umwandlungsrecht § 17 SpruchG Rn. 20.1; a. A. *Linnerz*, ZIP 2007, 662, 664, der eine Nebenintervention allerdings deshalb (nur) für notwendig (und damit zulässig) hält, weil er solchen Antragstellern die Antragsberechtigung abspricht, die keine Erhöhung, sondern eine Herabsetzung der Kompensation anstreben; für die Zulässigkeit der Nebenintervention auch *Wittgens*, S. 133 f.

Verschmelzung (und insofern anfechtungsberechtigt) sind und/oder die Höhe der Kompensation nicht heraufgesetzt, sondern herabgesetzt sehen wollen *[vgl. unten Rn. 57, 63]*. Denn auch dieser Personenkreis ist zum einen durch sein gesondertes aktienrechtliches bzw. umwandlungsrechtliches Anfechtungsrecht geschützt, mit dem er grundlegende Mängel des Kompensationsbeschlusses beanstanden könnte, und wird zum anderen – soweit er (noch) Anteilsinhaber des betroffenen Unternehmens ist – durch die „inter-omnes-Wirkung" des § 13 SpruchG abgesichert.

3. Antragsberechtigung bei Beherrschungs- und Gewinnabführungsverträgen (Satz 1 Nr. 1)

Zur Überprüfung der Angemessenheit einer im Fall des Abschlusses eines Unternehmensvertrages nach § 304 Abs. 1 Satz 1 AktG anzubietenden Ausgleichszahlung und gleichermaßen der Abfindung für die Aktienübertragung gemäß § 305 Abs. 1 AktG sind die außenstehenden Aktionäre der Gesellschaft berechtigt, deren Leitung sich nach § 291 Abs. 1 AktG aufgrund des Abschlusses eines Beherrschungsvertrages einem anderen Unternehmens unterstellt und/oder deren Gewinn aufgrund des Abschlusses eines Gewinnabführungsvertrages an ein anderes Unternehmen abzuführen ist. 34

a) Begriff des außenstehenden Aktionärs

Der Begriff des außenstehenden Aktionärs ist weder in § 304 AktG noch in anderen Vorschriften des Aktienrechts gesetzlich definiert. Zunächst muss es sich um einen Aktionär der Gesellschaft handeln *[dazu oben Rn. 7 ff.]*. Eigene Aktien der Gesellschaft verschaffen insoweit keinerlei Rechte, begründen also auch keine Antragsbefugnis (§ 71b AktG) *[vgl. oben Rn. 9]*. Darüber hinaus besteht in Rechtsprechung und Literatur Übereinstimmung, dass jedenfalls der „andere Vertragsteil" des Unternehmensvertrages, wenn er an der Gesellschaft beteiligt ist, nicht außenstehender Aktionär i. S. von § 304 AktG ist[62]. Im Übrigen wird kontrovers beurteilt, ob alle sonstigen Aktionäre, die nicht „anderer Vertragsteil" sind, als außenstehende Aktionäre und damit als antragsberechtigt angesehen werden können[63]. 35

Nach der ratio legis des § 304 AktG sollen diejenigen Aktionäre vor Verlusten geschützt werden, deren Vermögensrechte und Dividendenansprüche als Folge eines von ihrer Gesellschaft abgeschlossenen Gewinnabführungs- und/oder Beherrschungsvertrages beeinträchtigt werden 36

---

62 Grundlegend *Koppensteiner*, in KK-AktG, § 304 Rn. 17 ff.; *Hüffer/Koch*, AktG, § 304 Rn. 2 m.w.N; einschränkend *Klöcker*, in: Schmidt/Lutter, AktG, § 3 SpruchG Rn. 27, der zwar eine Nebenintervention nicht vollständig grundsätzlich ausschließt, insofern aber – wie hier – kein Bedürfnis sieht; ähnlich auch *Emmerich*, in: Emmerich/Habersack Aktien- und GmbH-Konzernrecht, § 3 SpruchG Rn. 1.

63 Vgl. die umfassende Darstellung bei *Paulsen*, in: MüKo AktG, § 304 Rn. 27; *Veil*, in: Spindler/Stilz, AktG, § 304 Rn. 17 ff.

können. Vor diesem Hintergrund sind aus dem Kreis der Antragsberechtigten – neben dem „anderen Vertragsteil" – diejenigen auszuschließen, die aufgrund rechtlich fundierter wirtschaftlicher Verknüpfung mit dem „anderen Vertragsteil" von der Gewinnabführung und/oder Beherrschung unmittelbar oder mittelbar in ähnlicher Weise profitieren wie der andere Vertragsteil selbst, die also aus dem Abschluss des Unternehmensvertrages keinen wirtschaftlichen Nachteil erleiden[64].

37 Die vorstehende Abgrenzung umfasst alle diejenigen Aktionäre, deren Vermögen mit dem Vermögen des anderen Vertragsteils eine wirtschaftliche Einheit bildet oder deren Erträge dem anderen Vertragsteil oder denen Erträge des anderen Vertragsteils zufließen oder kraft Beherrschung zufließen können. Damit scheiden alle verbundenen Unternehmen des anderen Vertragsteils (§ 15 AktG) aus dem Kreis der außenstehenden und damit antragsberechtigten Aktionäre aus, soweit zwischen ihnen Unternehmensverträge oder ein Beherrschungsverhältnis (faktisches Konzernverhältnis) bestehen. Dabei ist bei einer Mehrheitsbeteiligung die Beherrschungsmöglichkeit zu vermuten (§ 17 Abs. 2 AktG), so dass vom betroffenen Aktionär im Einzelfall vorzutragen und nachzuweisen ist, dass trotz Mehrheitsbeteiligung (etwa des anderen Vertragsteils) gleichwohl keine Beherrschungsmöglichkeit und damit keine wirtschaftliche Einheit besteht.

38 Fraglich ist, ob darüber hinaus eine bloße Mehrheitsbeteiligung ohne Beherrschungsmöglichkeit oder sonstige enge Beziehung für die Begründung einer wirtschaftlichen Einheit mit Ausschluss der Antragsberechtigung ausreicht[65]. Da insoweit nicht ohne weiteres immer von einer wirtschaftlichen Einheit auszugehen ist, erscheint es nicht gerechtfertigt, alle derartigen Unternehmen von vornherein aus dem Kreis der Anspruchsberechtigten herauszunehmen. Das entspricht auch dem offensichtlichen Anliegen des Gesetzgebers, der ja für die Antragsberechtigung keine weiteren Voraussetzungen aufgestellt und also keine differenzierte Lösung vorgesehen hat.

39 Sicherlich sind diese Fragen einer wirtschaftlichen Verknüpfung eines Antragstellers mit dem anderen Vertragsteil nicht evident, können also – über die bloße Aktionärseigenschaft hinaus – nicht bei der Antragstellung geprüft werden. Dies ist aber vor dem Hintergrund des gesetzgeberischen Ziels der Beschleunigung der Spruchverfahren auch nicht erforderlich, da im weiteren Verlauf – etwa aufgrund von Hinweisen anderer Verfahrensbeteiligter (Mit-Antragsteller) – diese Verhältnisse (z. B. Mehrheitsbeteiligungen) im Regelfall unproblematisch dargelegt und nachgewiesen werden können. Die Gefahr einer Verfahrensverlängerung durch Beweisaufnahmen über Abhängigkeitsverhältnisse des Antragstellers zum anderen Vertragsteil erscheint gering.

40 Ohnehin ist zu beachten, dass im Regelfall das Eigeninteresse des Antragsgegners (des anderen Vertragsteils) dafür spricht, dass eine unzuläs-

---

64 BGH, Urteil vom 08.05.2006 – II ZR 27/05; *Hüffer/Koch*, AktG, § 304 Rn. 2.
65 Dagegen *Paulsen*, in: MüKo AktG, § 304 Rn. 28; *Hüffer/Koch*, AktG, § 304 Rn. 3.

sige Antragstellung – wenn denn insoweit eine Beherrschungsmöglichkeit besteht – eben kraft dieser Beherrschung ausgeschlossen wird. Es ist kaum anzunehmen, dass sich der andere Vertragsteil von einem durch ihn beherrschten Antragsteller in ein Spruchverfahren verwickeln lassen wird. Wenn er es aber nicht verhindern kann, fehlt es eben offensichtlich an der wirtschaftlichen Einheit, so dass der Antragsberechtigung auch keine Bedenken entgegenstehen.

b) Beendigung des Unternehmensvertrages

Die Beendigung des Unternehmensvertrages vor der Antragstellung lässt 41 die Antragsberechtigung ebenso entfallen wie seine rückwirkende Aufhebung. Denn durch diese Wiederherstellung des vorherigen Zustandes ohne Unternehmensvertrag entfällt die Unterteilung der Aktionäre in „anderen Vertragsteil" und „außenstehend" *[dazu oben Rn. 35]*. Es gibt dann also keine außenstehenden und damit antragsberechtigten Aktionäre mehr[66]. Neben dieser formalen Anknüpfung, die für die Antragstellung maßgeblich ist, wäre aber auch kein Kompensationsanspruch mehr gegeben, da die möglicherweise belastenden Auswirkungen des Unternehmensvertrages entfallen und entsprechende materielle Ausgleichsberechtigungen erlöschen bzw. von vornherein nicht bestanden haben.

Die Beendigung des Unternehmensvertrages nach Antragstellung lässt 42 die Antragsberechtigung und damit das Spruchverfahren dagegen unberührt[67], da der mögliche Vermögensnachteil dann jedenfalls für die Dauer des Unternehmensvertrages eingetreten ist und ausgeglichen werden muss, auch wenn diese Dauer gegebenenfalls nur kurz ist. Für den Fall der Festsetzung eines höheren Ausgleichs durch das Gericht ist die Differenz zwischen gezahltem und gerichtlich festgestelltem Ausgleich in voller Höhe, also nicht etwa nur zeitanteilig nachzuentrichten[68].

4. Antragsberechtigung bei Eingliederung und Squeeze Out (Satz 1 Nr. 2)

Nach Satz 1 Nr. 2 ist jeder aufgrund einer Mehrheitseingliederung ge- 43 mäß § 320 AktG sowie jeder im Rahmen eines Squeeze Out gemäß § 327a AktG ausgeschiedene Minderheitsaktionär antragsberechtigt.

a) Abfindungsanspruch gemäß § 320b AktG

Im Rahmen einer Mehrheitseingliederung ist jeder in Folge von § 320a 44 Satz 1 AktG ausgeschiedene (Minderheits-)Aktionär berechtigt, die ange-

---

66 BGH, Urteil vom 08.05.2006 – II ZR 27/05; *Bayer*, ZIP 2005, 1053, 1060.
67 BGH, Urteil vom 08.05.2006 – II ZR 27/05 und Beschluss vom 20.05.1997 – II ZB 9/96; *Koppensteiner*, in: KK-AktG, § 305 Rn. 142; *Bilda*, NZG 2005, 375, 377; *Aubel/Weber*, WM 2004, 857, 866.
68 BGH, Beschluss vom 20.05.1997 – II ZB 9/96; *Koppensteiner*, in: KK-AktG, § 304 Rn. 112, 117; *Paulsen*, in: MüKo AktG, § 304 Rn. 191.

botene Abfindung auf die gemäß § 320b Abs. 1 Satz 1 AktG gebotene Angemessenheit gerichtlich überprüfen zu lassen (§ 320b Abs. 2 Satz 2 AktG).

aa) Begriff des „ausgeschiedenen Aktionärs"

45 Aus dem Begriff „Aktionär" kann zunächst abgeleitet werden, dass der Antragsteller an der Gesellschaft beteiligt gewesen sein muss *[dazu s. oben Rn. 7 ff.]*. Aus der zusätzlichen Qualifizierung als „ausgeschiedener" Aktionär kann weiterhin gefolgert werden, dass er der „letzte" Inhaber des von der Eingliederung betroffenen, also gemäß § 320a AktG auf die Hauptgesellschaft übergehenden Unternehmensanteils gewesen sein muss *[dazu oben Rn. 21 ff.]*.

46 Wie oben dargelegt *[Rn. 23]*, kann auch der Gesamtrechtsnachfolger eines ausgeschiedenen Anteilsinhabers dessen Antragsberechtigung wahrnehmen, z. B. der Erbe). Einem Einzelrechtsnachfolger des ausgeschiedenen Anteilsinhabers steht dagegen keine Antragsberechtigung zu, da er im maßgeblichen Eintragungszeitpunkt nicht am Unternehmen beteiligt war und infolgedessen, also zu diesem Zeitpunkt, keinen Anteilsverlust erlitten hat[69]. Ihm verbleibt daher nur die o. angesprochene Möglichkeit der Anspruchsabtretung oder Verfahrensstandschaft.

47 Die Stellung als ausgeschiedener Aktionär wird nicht dadurch berührt, dass etwa ein gemäß § 15 AktG verbundenes Unternehmen der Hauptgesellschaft betroffen ist. Auch dessen Aktienbeteiligung, sofern sie infolge der Eingliederung beendet wird, berechtigt zur Antragstellung im Spruchverfahren[70]. Denn eine besondere Behandlung von verbundenen Unternehmen bei der Eingliederung, etwa eine Zurechnung zur Hauptgesellschaft, ist in den §§ 319 ff. AktG nicht vorgesehen; auch sie verlieren ihre Aktionärsstellung, so dass für eine Versagung der Antragsberechtigung entgegen dem Wortlaut in Abs. 1 Nr. 2 keinerlei Grundlage besteht. Im Übrigen gilt auch hier die Überlegung wie bei verbundenen Unternehmen unter den außenstehenden Aktionäre gemäß § 304 AktG, dass im Regelfall das Eigeninteresse des Antragsgegners (der Hauptgesellschaft) dafür spricht, dass eine Antragstellung des verbundenen Unternehmens kraft der Einflussnahmemöglichkeit der Hauptgesellschaft ausgeschlossen wird *[vgl. dazu oben Rn. 10]*.

48 Die Ausübung des Wahlrechts gemäß § 320b Abs. 1 Satz 3 AktG, als Abfindung anstelle der Aktien der Hauptgesellschaft, falls diese ihrerseits eine abhängige Gesellschaft ist, eine angemessene Barabfindung zu verlangen, hat keinen Einfluss auf die Aktionärsstellung und damit auch nicht auf die Antragsbefugnis[71]. Die Ausübung dieses Wahlrechts wirkt

---

69 *Kubis*, in: MüKo-AktG, § 3 SpruchG Rn. 12.
70 So auch *Wasmann*, in KK-AktG, § 3 SpruchG Rn. 9; *Leuering*, in: Simon, SpruchG, § 3 Rn. 30.
71 *Koppensteiner*, in: KK-AktG, § 320b Rn. 10; *Grunewald*, in: MüKo AktG, § 320b AktG Rn. 8 ff. *Krüger*, in: MüKo BGB, § 263 Rn. 9; *Aubel/Weber*, WM 2004, 857, 866.

sich lediglich auf den Prüfungsmaßstab für die Angemessenheit der Abfindung aus, der bei Aktiengewährung einen Unternehmensvergleich (§ 320b Abs. 1 Satz 4 AktG), bei einer Barabfindung (nur) die Verhältnisse der Gesellschaft zugrunde legt (§ 320b Abs. 1 Satz 5 AktG).

bb) Entstehen der Antragsberechtigung

Ausgeschieden ist ein Minderheitsaktionär erst mit Eintragung der Eingliederung im Handelsregister, so dass erst mit diesem Zeitpunkt die Antragsberechtigung entsteht[72]. Ein zuvor gestellter Antrag wäre zunächst unzulässig; er wird jedoch mit Vornahme der Eintragung zulässig, sofern er dann weiter betrieben wird[73] *[vgl. dazu unten § 4 SpruchG Rn. 7]*. Es wäre ein unnötiger Formalismus, einen Antrag zurückweisen zu müssen, wenn er zwar bei Einreichung noch unzulässig war, zwischenzeitlich aber in gleicher Form zulässigerweise gestellt werden könnte. 49

Da durch Anfechtungsklagen von Aktionären der einzugliedernden Gesellschaft eine Registersperre ausgelöst werden kann, wird der Beginn des Spruchverfahrens in diesem Fall bis zum Abschluss sämtlicher Anfechtungsverfahren aufgeschoben[74]. Eine Antragsberechtigung entsteht also erst dann, wenn keine Anfechtungsklage gegen die Eingliederung mehr anhängig ist – oder die Eintragung gemäß §§ 319 Abs. 4, 320 Abs. 1 Satz 3 AktG gleichwohl vorgenommen wurde. 50

b) Abfindungsanspruch gemäß § 327b AktG

Auch bei einem Spruchverfahren im Rahmen eines Squeeze Out gemäß §§ 327a ff. AktG ist der ausscheidende Aktionär antragsberechtigt. Anders als bei einer Mehrheitseingliederung gemäß § 320 AktG erfolgt im Rahmen eines Squeeze Out gemäß § 327a AktG zur Ermittlung des Anteilsquorums des Hauptaktionärs an der Gesellschaft eine Zurechnung der Anteile konzernverbundener Unternehmen gemäß § 327a Abs. 2 i. V. m. § 16 Abs. 2 und 4 AktG. Da nach § 327e Abs. 3 Satz 1 AktG nur die nicht mit dem Mehrheitsaktionär gemäß § 16 Abs. 2 und 4 AktG verbundenen Aktionäre aus der Gesellschaft ausscheiden, sind auch nur diese antragsberechtigt[75]. 51

Die eigenen Aktien der Gesellschaft gehen mit der Eintragung gemäß § 327e AktG nicht auf den Hauptaktionär über, da sie nach § 16 Abs. 2 Satz 2 AktG außer Betracht bleiben und konzernrechtsneutral sind[76]. 52

---

72 *Hüffer/Koch*, AktG, § 3 SpruchG Rn. 3; *Drescher*, in: Spindler/Stilz AktG, § 3 SpruchG Rn. 9; *Kubis*, in: MüKo AktG, § 3 SpruchG Rn. 11.
73 *Emmerich*, in: Emmerich/Habersack Aktien- und GmbH-Konzernrecht, § 3 SpruchG Rn. 11b; *Kubis*, in: MüKo AktG, § 3 SpruchG Rn. 11.
74 *Kubis*, in: MüKo AktG, § 3 SpruchG Rn. 11.
75 *Kubis*, in: MüKo AktG, § 3 SpruchG Rn. 11.
76 So auch *Koppensteiner*, in: KK-AktG, § 327e Rn. 12; *Riegger*, DB 2003, 541, 544; a. A. *Emmerich*, in: Emmerich/Habersack Aktien- und GmbH-Konzernrecht, § 3 SpruchG Rn. 10.

Dementsprechend besteht insoweit auch keine Antragsberechtigung, da die Gesellschaft nicht „ausscheidet". Etwas anderes wäre mit dem durch das Spruchverfahren bezweckten Schutz der Minderheitsaktionäre vor einer unangemessenen Abfindung durch den Mehrheitsaktionär auch nicht vereinbar; denn die Gesellschaft selbst soll nicht geschützt werden, zumal sie nach Durchführung des Squeeze Out im alleinigen Eigentum des Hauptaktionärs steht, letztlich also dieser vor sich selbst geschützt würde.

53 In zeitlicher Hinsicht stellt sich, wie im Rahmen der Mehrheitseingliederung nach § 320 AktG, das Problem, dass die durch anhängige Anfechtungsklagen ausgelöste Registersperre zu einer Verzögerung des Spruchverfahrens führt, da die Übertragung der den Minderheitsaktionären zustehenden Aktien erst mit Eintragung in das Handelsregister wirksam wird und erst ab diesem Zeitpunkt die dann ausgeschiedenen Aktionäre antragsberechtigt sein können. Es gilt daher gleiches wie oben *[Rn. 24]*.

54 Die Antragsberechtigung zur Durchführung eines Spruchverfahrens besteht dann, wenn erstens eine Barabfindung angeboten, aber nicht angemessen ist (§ 327f Abs. 1 Satz 2 AktG), und wenn zweitens eine Barabfindung nicht angeboten oder ein vorhandenes Angebot nicht ordnungsgemäß ist und wenn aus diesem Grund nicht schon fristgemäß eine Anfechtungsklage erhoben worden, diese zurückgenommen oder rechtskräftig abgewiesen worden ist (§ 327f Abs. 1 Satz 3 AktG). Hierbei ist das Spruchverfahren subsidiär gegenüber der aktienrechtlichen Anfechtungsklage, die auf ein fehlendes oder nicht ordnungsgemäßes Angebot gestützt wird. Eine Anfechtungsklage darf also nicht oder nicht mehr rechtshängig sein. Dies entspricht im Wortlaut der Regelung für die Durchführung eines Spruchverfahrens gemäß § 320b Abs. 2 Satz 3 AktG im Rahmen einer Mehrheitseingliederung *[vgl. zur genauen Abgrenzung in § 1 SpruchG Rn. 13 f.]*.

55 Ähnlich wie im Falle der Mehrheitseingliederung *[oben Rn. 46]* gilt auch hier, dass Gesamtrechtsnachfolger die Antragsbefugnis des ausgeschiedenen Anteilseigners wahrnehmen können, nicht aber Einzelrechtsnachfolger[77].

5. Antragsberechtigung bei der Umwandlung von Rechtsträgern (Satz 1 Nr. 3)

56 Antragsberechtigt im Rahmen der Zuzahlung an Anteilsinhaber oder deren Barabfindung beim Ausscheiden im Zusammenhang mit der Umwandlung von Rechtsträgern sind die jeweils materiell anspruchsberechtigten Anteilsinhaber gemäß §§ 15, 34, 122h, 122i, 176–181, 184, 186, 196 und 212 UmwG. Die Antragsberechtigung setzt in allen Umwandlungs-

---

77 OLG Frankfurt, Beschluss vom 10.10.2005 – 20 W 226/05; *Kubis*, in: MüKo AktG, § 3 SpruchG Rn. 12; *Klöcker*, in: Schmidt/Lutter, AktG, § 3 SpruchG Rn. 10; a. A. *Volhard*, in: Semler/Stengel UmwG, § 3 SpruchG Rn. 9, nach dem die Antragsbefugnis sowohl dem Einzel- als auch dem Gesamtrechtsnachfolger zusteht.

fällen voraus, dass die Anteilsinhaber im Rahmen der maßgeblichen Beschlussfassung Widerspruch zur Niederschrift erklärt haben *[vgl. zu diesem zusätzlichen Erfordernis oben Rn. 12–14]*. Dies gilt für Verschmelzungen gemäß § 29 Abs. 1 Satz 1 und 2 UmwG, für Spaltungen und Vermögensübertragungen gemäß §§ 125 Satz 1, 176, 177 i. V. m. § 29 UmwG und für Formwechsel gemäß § 207 Abs. 1 Satz 1 UmwG.

a) Verbesserung des Umtauschverhältnisses bei der Verschmelzung gemäß § 15 UmwG

Der Anspruch auf bare Zuzahlung steht nur den Anteilsinhabern eines 57 übertragenden Rechtsträgers zu (§ 15 Abs. 1 Satz 1 UmwG). Dementsprechend können auch nur diese Anteilsinhaber die Unangemessenheit des Barausgleiches gem. § 15 Abs. 1 Satz 2 UmwG im Spruchverfahren geltend machen[78]. Das Gesetz berechtigt nach seinem Wortlaut ausdrücklich nur die Anteilsinhaber des übertragenden Rechtsträgers; diese „Bezeichnung" ist gemäß § 3 Satz 1 Nr. 3 SpruchG für die Antragstellung im Spruchverfahren verbindlich. Die Anteilsinhaber des übernehmenden Rechtsträgers können zwar ebenfalls Einwände gegen den angebotenen Ausgleich haben, etwa wenn sie diesen für überhöht halten, müssen dafür aber eine Anfechtungsklage erheben. Denn diese ist nur für den Fall eines zu niedrig bemessenen Ausgleichs, aber nicht für einen zu hohen Gegenwert ausgeschlossen[79]. Zweifelsfragen gibt es insofern nicht, obzwar der übertragende Rechtsträger durch die Verschmelzung erlischt, bei Antragstellung also möglicherweise nur noch der übernehmende Rechtsträger vorhanden ist[80]. Denn die Anteilsinhaber des übertragenden Rechtsträgers verlieren ja nicht ihre Anteile infolge der Verschmelzung, so dass sie etwa bei Antragstellung mangels Anteilsinhaberschaft gar keine Antragsberechtigung hätten (§ 3 Satz 2 SpruchG). Sondern sie werden infolge der Verschmelzungseintragung „automatisch" Anteilsinhaber des übernehmenden Rechtsträgers (§ 20 Abs. 1 Nr. 3 UmwG), verfügen also zu jeder Zeit – und damit auch während der Antragstellung – über den maßgeblichen Unternehmensanteil[81].

Der Anspruch auf Barausgleich setzt voraus, dass die Verschmelzung 58 wirksam beschlossen worden ist, da andernfalls noch kein Beschluss-Anfechtungsrecht gemäß § 14 Abs. 2 UmwG entstanden wäre, das wieder-

---

78 *Weingärtner*, in: Heidel Aktienrecht und Kapitalmarktrecht, § 3 SpruchG Rn. 4; *Klöcker*, in: Schmidt/Lutter, AktG, § 3 SpruchG Rn. 12.
79 Anders noch *Fritzsche/Dreier*, BB 2002, 737.
80 So zwar *Wasmann*, in: KK-AktG, § 3 SpruchG, Rn. 15, und *ders.*, WM 2004, 819, 822, der allerdings im Ergebnis ebenfalls zur hier vertretenen Auslegung gelangt.
81 Insofern unklar OLG München, Beschluss vom 26.07.2012 – 31 Wx 250/11, das einen Nachweis der – bis zur Verschmelzung – bestehenden Mitgliedschaft bei der übertragenden Gesellschaft nicht ausreichen lässt, wenn nicht zugleich auch der Nachweis der Mitgliedschaft bei der übernehmenden Gesellschaft vorgelegt wird.

SpruchG § 3 Antragsberechtigung

um für die Angemessenheitsüberprüfung durch das Spruchverfahren ersetzt wird (§ 15 Abs. 1 Satz 1 UmwG). Ein besonderes Stimmverhalten oder ein Widerspruch zur Niederschrift des Hauptversammlungs- oder Gesellschafterbeschlusses ist im Gesetz nicht vorgesehen, also nicht erforderlich[82].

59 Im Gegensatz zur Anfechtungsklage, die sofort nach Beschlussfassung erhoben werden kann, entsteht die Antragsberechtigung im Spruchverfahren erst mit der Eintragung und Bekanntmachung der Verschmelzung im Handelsregister (vgl. § 4 Abs. 1 Satz 1 Nr. 4 SpruchG). Solange die Verschmelzung nicht eingetragen (und bekannt gemacht) geworden ist, z. B. weil ihre Eintragung aufgrund anhängiger Anfechtungsklagen blockiert wird und kein befreiender Beschluss gemäß § 16 Abs. 3 UmwG ergeht, wäre daher die Antragsberechtigung noch nicht gegeben. Auch hier kann aber der Antrag schon vor der Bekanntmachung der Registereintragung gestellt werden (s. oben Rn. 49). Obwohl er zunächst unzulässig ist, wird er mit Vornahme der Eintragung und ihrer Bekanntmachung (automatisch) zulässig, sofern er dann noch anhängig ist und weiter betrieben wird *[s. dazu § 4 SpruchG Rn. 14]*.

b) Abfindungsangebot im Verschmelzungsvertrag gemäß § 29 UmwG

60 Antragsberechtigt sind alle Anteilsinhaber, die gegen die Beschlussfassung des übertragenden Rechtsträgers über die Verschmelzung Widerspruch zur Niederschrift erklärt haben und denen dementsprechend nach § 29 UmwG ein Barabfindungsangebot für den Erwerb ihrer Anteile zu unterbreiten ist *[dazu im Einzelnen oben Rn. 12–14]*. Für die Anteilshaberschaft gilt Vorstehendes entsprechend *[Rn. 57]*. Der Widerspruch muss, wie oben dargelegt *[Rn. 12–14]*, in der Versammlung der Anteilsinhaber zur Beschlussfassung erklärt und protokolliert werden; ein nachträglicher Widerspruch genügt nicht[83]. Eine Stimmabgabe gegen den Verschmelzungsbeschluss ist nicht erforderlich *[s. oben Rn. 11]*.

61 Diese besondere Voraussetzung des Widerspruchs erscheint in diesem Fall deswegen gerechtfertigt, weil der Anteilsinhaber mit seinem Widerspruch neben dem ohnehin vorgesehenen Umtausch seiner Anteile (ggfs. gegen Zuzahlung) einen zusätzlichen Anspruch auf Barabfindung erhält[84]. Sofern die Erklärung eines Widerspruchs nicht möglich war, weil etwa der Anteilsinhaber gemäß § 29 Abs. 2 UmwG zu Unrecht nicht zu der Versammlung der Anteilsinhaber eingeladen oder zugelassen wurde, kann ein Antrag auf Festsetzung eines verbesserten Barabfindungsangebots gleichwohl gestellt werden[85]. Ausgeschlossen ist die Antragsberechtigung allerdings dann, wenn der Anteilsinhaber das Barabfindungsan-

---

82 H.M., vgl. statt aller *Decher*, in: Lutter UmwG, § 15 Rn. 3.
83 BGH, Urteil vom 03.07.1989 – II ZR 5/89; OLG München, Beschluss vom 03.02.2010 – 31 Wx 135/09.
84 *Marsch-Barner*, in: Kallmeyer UmwG, § 29 Rn. 11.
85 *Grunewald*, in: Lutter UmwG, § 29 Rn. 14 ff.; *Wälzholz*, in: Widmann/Mayer UmwG § 29 UmwG Rn. 32 ff.

gebot vor Antragstellung angenommen hat[86] *[s. oben Rn. 19]*. In einem solchen Fall ist aber nur die formale Verfahrensbeteiligung ausgeschlossen; materiell steht dem Anteilsinhaber aufgrund der nun gesetzlich geregelten „inter omnes-Wirkung" des § 13 Satz 2 SpruchG auch bei Nicht-Beteiligung am Spruchverfahren ein Nachzahlungsanspruch im Umfang der im Spruchverfahren etwa erhöhten Abfindung zu *[vgl. dazu unten § 13 SpruchG Rn. 7]*.

c) Verbesserung des Beteiligungsverhältnisses beim Formwechsel gemäß § 196 UmwG

Antragsberechtigt sind diejenigen Anteilsinhaber oder Mitglieder, welche gem. § 195 Abs. 2 UmwG mit einer Unwirksamkeitsklage gegen den Umwandlungsbeschluss ausgeschlossen sind, weil sie „nur" beanstanden, dass die Anteile am Rechtsträger in der neuen Form zu niedrig bemessen seien oder die Mitgliedschaft daran kein ausreichender Gegenwert für den Verlust der Anteile oder Mitgliedschaft beim vorherigen Rechtsträger darstellten. Antragsberechtigt ist also nur, wer grundsätzlich Unwirksamkeitsklage erheben könnte, aber lediglich einen unzureichenden Ausgleich geltend macht. Anders als oben *[Rn. 60]* ist nicht erforderlich, dass der Anteilsinhaber bzw. das Mitglied gegen den Umwandlungsbeschluss Widerspruch zur Niederschrift erklärt hat[87]. 62

Auch in diesem Fall sind Anteilsinhaber oder Mitglieder nicht antragsberechtigt, die einen überhöhten Ausgleich geltend machen, da sie nicht von der Unwirksamkeitsklage ausgeschlossen sind *[s. oben Rn. 57]*. Ebenfalls keine Antragsbefugnis haben alle Anteilsinhaber oder Mitglieder, die im Rahmen des Formwechsels aus der Gesellschaft ausscheiden, etwa Komplementäre einer KG (oder KGaA) ohne Gesellschaftsbeteiligung. Diesen steht die Unwirksamkeitsklage gegen den Umwandlungsbeschluss gemäß § 195 Abs. 1 UmwG offen, da sie ja keine (neuen) Anteile erhalten haben, die zu gering messen sein könnten, und keine Mitgliedschaft mehr innehaben, die etwa keinen ausreichenden Gegenwert darstellen könnte, insoweit also nicht vom Klageausschluss nach § 195 Abs. 2 UmwG erfasst sind. 63

Im Übrigen gilt Gleiches wie oben *[Rn. 17, 20]*: Der Erwerb der Anteile bzw. der Mitgliedschaft nach Beschlussfassung, aber vor (oder bei) Antragstellung reicht für die Antragsberechtigung aus; die Aufgabe der Anteile bzw. der Mitgliedschaft vor Antragstellung lässt die Antragsberechtigung entfallen. 64

---

86 OLG Düsseldorf, Beschluss vom 06.12.2000 – 19 W 1/00 und Beschluss vom 07.03.2005 – 19 W 1/04; *Kubis*, in: MüKo AktG, § 3 SpruchG Rn. 14; *Simons*, in: Hölters AktG, § 3 SpruchG Rn. 9.
87 *Wälzholz*, in: Widmann/Mayer UmwG Anh. 13 § 3 SpruchG Rn. 42; *Decher/Hoger*, in: Lutter UmwG, § 196 Rn. 6.

d) Angebot der Barabfindung beim Formwechsel gemäß § 207 UmwG

65 Antragsberechtigt ist jeder Anteilsinhaber, der gegen den Umwandlungsbeschluss des formwechselnden Rechtsträgers Widerspruch zur Niederschrift erklärt hat und dem entsprechend § 207 Abs. 1 Satz 1 UmwG ein Barabfindungsangebot für den Erwerb seiner umgewandelten Anteile oder Mitgliedschaft (oder für sein Ausscheiden, wenn der Rechtsträger keine eigenen Anteile oder Mitgliedschaften erwerben kann, § 207 Abs. 1 Satz 2 UmwG) zu unterbreiten ist. Für die Widerspruchserklärung gilt Gleiches wie oben *[Rn. 11–14]*; eine Stimmabgabe gegen den Verschmelzungsbeschluss ist nicht erforderlich.

6. Antragsberechtigung bei der Gründung oder Sitzverlegung einer Europäischen Gesellschaft (SE, Satz 1 Nr. 4)

66 Für die Bestimmung der Zuzahlung oder Barabfindung bei der Gründung oder Sitzverlegung einer SE (§§ 6, 7, 9, 11 und 12 SE-AG) gelten dieselben Erwägungen wie bei Umwandlungsmaßnahmen *[oben Rn. 34 ff.]*. Für eine Verbesserung des Umtauschverhältnisses (§§ 6, 11 SE-AG) ist weder ein Widerspruch gegen die Strukturmaßnahme noch ein bestimmtes Stimmverhalten erforderlich; im Falle einer erstrebten Erhöhung der Abfindung (§§ 7, 9, 12 SE-AG) muss der Antragsteller jedoch Widerspruch erheben[88]. Wie auch bei Umwandlungen verliert der Antragsteller seine Antragsberechtigung, wenn er die ihm angebotene Abfindung annimmt.[89]

7. Antragsberechtigung bei der Gründung einer Europäischen Genossenschaft (SCE, Satz 1 Nr. 5)

67 Die Antragsberechtigung für die Zuzahlung bei Gründung einer Europäischen Genossenschaft (§ 7 des SCE-Ausführungsgesetzes) besteht für jedes Mitglied der übertragenden deutschen Genossenschaft, das geltend macht, dass durch die Verschmelzung sein Geschäftsguthaben verringert worden sei. Ein bestimmtes Stimmverhalten oder ein Widerspruch gegen die Strukturmaßnahme ist nicht erforderlich.[90]

III. Antragsberechtigung in weiteren Fällen der Anwendung des Spruchverfahrens

68 § 1 SpruchG ist nicht als abschließende Regelung zu verstehen, die eine Anwendung des Spruchverfahrens über die in § 1 SpruchG aufgezählten Fälle hinaus ausschließen würde *[dazu im Einzelnen oben § 1 SpruchG*

---

88 So auch *Simons*, in: Hölters, AktG, § 3 SpruchG Rn. 12; zum Widerspruchserfordernis auch *Drescher*, in: Spindler/Stilz AktG, § 3 SpruchG Rn. 12; *Kubis*, in: MüKo AktG, § 3 SpruchG Rn. 18.
89 *Kubis*, in: MüKo AktG, § 3 SpruchG Rn. 18.
90 *Drescher*, in: Spindler/Stilz AktG, § 3 SpruchG Rn. 16.

Rn. 35 ff.]. Dies betrifft insbesondere die Fälle der Mehrstimmrechte und der übertragenden Auflösung. Beim regulären Delisting findet das Spruchverfahren keine Anwendung mehr *[siehe nachstehend Rn. 72].*

1. Mehrstimmrechte

Für die infolge der gesetzlichen Frist in § 5 Abs. 1 EGAktG (01.06.2003) erloschenen oder durch Hauptversammlungsbeschluss gemäß § 5 Abs. 2 EGAktG aufgehobenen Mehrstimmrechte steht den betroffenen Aktionären ein angemessener Ausgleich zu, der im Spruchverfahren überprüft bzw. festgesetzt werden kann *[s. oben § 1 SpruchG Rn. 36 ff.]*. Während der erste Fall durch Zeitablauf (vor 12 Jahren!) keine Bedeutung mehr haben dürfte, ist der zweite Fall aktuell, da die Hauptversammlung diese Aufhebung zu jedem beliebigen Zeitpunkt beschließen kann, sofern sie zunächst – vor dem 01.06.2003 – die Fortgeltung der Mehrstimmrechte beschlossen hatte. 69

Die Antragsberechtigung liegt gemäß § 5 Abs. 4 Satz 2 EGAktG bei jedem Aktionär der Gesellschaft, der gegen den Beschluss der Hauptversammlung Widerspruch zur Niederschrift erklärt hat. In entsprechender Anwendung von § 3 Satz 2 SpruchG gilt daher auch insoweit, dass der Antragsteller nicht nur im Zeitpunkt der Antragstellung Anteilsinhaber ist[91], sondern auch schon an der Beschlussfassung mitgewirkt hat, da er andernfalls keinen Widerspruch zum Protokoll der Hauptversammlung erklären könnte *[dazu oben Rn. 12–14]*. Während der Ausgleichsanspruch nur den betroffenen (dann ehemaligen) Mehrheitsaktionären zusteht, ist die Antragsberechtigung nach dem ausdrücklichen Gesetzeswortlaut in § 5 Abs. 4 Satz 2 EGAktG nicht auf diesen Aktionärskreis begrenzt, sondern erstreckt sich auf jeden Aktionär, der Widerspruch zur Niederschrift erklärt hat. Das macht auch Sinn, da es ja nicht nur darum gehen kann, ob der im Aufhebungsbeschluss angebotene Ausgleich im Sinne der betroffenen Mehrheitsaktionäre angemessen, also hoch genug ist, sondern im Interesse aller übrigen Aktionäre auch geprüft werden muss, ob der angebotene Ausgleich nicht etwa überhöht ist, also die übrigen – verbleibenden – Aktionäre schädigt[92]. 70

2. Übertragende Auflösung

Gemäß § 179a Abs. 3 AktG kann die mit satzungsändernder Mehrheit (§ 179 Abs. 2 AktG) zu beschließende Übertragung des Gesellschaftsvermögens einer Aktiengesellschaft auf ein anderes Unternehmen auch mit der Auflösung der Aktiengesellschaft verbunden werden. Diese übertragende Auflösung verpflichtet nach der Rechtsprechung des BVerfG den Mehrheitsaktionär dazu, den Minderheitsaktionären durch die Gewährung einer angemessenen Abfindung das Ausscheiden aus der Gesellschaft zu ermöglichen, um nicht auf den Liquidationserlös verwiesen 71

---

91 *Mennicke*, in: Lutter UmwG Anh I § 3 SpruchG Rn. 8.
92 *Wasmann*, in: KK-AktG, § 3 SpruchG Rn. 19; *Wasmann*, BB 2003, 57, 65.

werden zu müssen[93]. Das BVerfG hat für diesen Fall zwar einen Rechtsschutz der Minderheitsaktionäre im Wege der Anfechtungsklage vorgesehen, das hier passende – und richtigerweise einschlägig anwendbare – Spruchverfahren jedoch nicht ausgeschlossen[94] *[vgl. dazu oben § 1 SpruchG Rn. 66 ff.]*. Antragsberechtigt ist jeder Aktionär, der auch insoweit seine Berechtigung durch Anteilsinhaberschaft zum Zeitpunkt der Antragstellung nachweisen muss.

3. Reguläres Delisting

72 Die mit dem Macrotron-Urteil des BGH aus dem Jahr 2002 eingeführte Verpflichtung des Mehrheitsgesellschafters, im Falle einer Hauptversammlungsbeschlussfassung über den Widerruf der Börsenzulassung („reguläres Delisting") den Minderheitsgesellschaftern ein Pflichtangebot zum Erwerb ihrer Aktien zu unterbreiten[95] *[vgl. die ausführliche Darstellung in Annex zu § 1 SpruchG]*, ist durch den FRoSTA-Beschluss des BGH von 2013[96], im Anschluss an die ablehnende Entscheidung des BVerfG[97], wieder aufgegeben worden. Seither sind Spruchverfahren im Rahmen des Delisting nicht mehr statthaft, so dass auch bereits eingeleitete Spruchverfahren nachträglich von Amts wegen für unzulässig erklärt werden müssen[98]. Die Prüfung einer etwaigen Antragsberechtigung ist insofern daher obsolet.

---

93 BVerfG, Beschluss vom 23.08.2000 – 1 BvR 68/95 und 147/97 (Moto-Meter).
94 So auch *Land/Hennings*, AG 2005, 380, 381 und die von *Roth*, NZG 2003, 998, 1002, zusammengestellte „überwiegende Ansicht in der Literatur" vor Geltung des SpruchG; seither wird die (analoge) Anwendbarkeit des SpruchG aber überwiegend abgelehnt: vgl. *Kubis*, in: MüKo AktG; § 1 SpruchG Rn. 28; *Drescher*, in: Spindler/Stilz AktG, § 1 SpruchG Rn. 19; *Volhard*, in: Semler/Stengel UmwG, Anh § 1 SpruchG Rn. 5; *Roth*, NZG, 2003, 998, 1004.
95 BGH „Macrotron" Urteil vom 25.11.2002 – II ZR 133/01.
96 BGH „FRoSTA" Beschluss vom 08.10.2013 – II ZB 26/12.
97 BVerfG Beschluss vom 11.07.2012 – 1 BvR 3142/07 und 1BvR 1569/08.
98 OLG Düsseldorf, Beschluss vom 22.09.2014 – I-26 W 20/12; OLG München, Beschluss vom 28.01.2015 – 31 Wx 292/14; so auch *Simons*, in: Hölters AktG, § 1 SpruchG Rn. 14a; *Glienke/Röder*, BB 2014, 899, 907; a. A. LG Stuttgart, *Beschluss* vom 20.10.2014 – 31 O 84/07.

§ 4 Antragsfrist und Antragsbegründung

(1) Der Antrag auf gerichtliche Entscheidung in einem Verfahren nach § 1 kann nur binnen drei Monaten seit dem Tag gestellt werden, an dem in den Fällen

1. der Nummer 1 die Eintragung des Bestehens oder einer unter § 295 Abs. 2 des Aktiengesetzes fallenden Änderung des Unternehmensvertrags im Handelsregister nach § 10 des Handelsgesetzbuchs;

2. der Nummer 2 die Eintragung der Eingliederung im Handelsregister nach § 10 des Handelsgesetzbuchs;

3. der Nummer 3 die Eintragung des Übertragungsbeschlusses im Handelsregister nach § 10 des Handelsgesetzbuchs;

4. der in Nummer 4 genannten §§ 15, 34, 176 bis 181, 184, 186, 196 und 212 des Umwandlungsgesetzes die Eintragung der Umwandlung im Handelsregister nach den Vorschriften des Umwandlungsgesetzes;

5. der in Nummer 4 genannten §§ 122h und 122i des Umwandlungsgesetzes die Eintragung der grenzüberschreitenden Verschmelzung nach den Vorschriften des Staates, dessen Recht die übertragende oder neue Gesellschaft unterliegt;

6. der Nummer 5 die Eintragung der SE nach den Vorschriften des Sitzstaates;

7. der Nummer 6 die Eintragung der Europäischen Genossenschaft nach den Vorschriften des Sitzstaates

bekannt gemacht worden ist. Die Frist wird in den Fällen des § 2 Abs. 1 Satz 2 und 3 durch Einreichung bei jedem zunächst zuständigen Gericht gewahrt.

(2) Der Antragsteller muss den Antrag innerhalb der Frist nach Absatz 1 begründen. Die Antragsbegründung hat zu enthalten:

1. die Bezeichnung des Antragsgegners;

2. die Darlegung der Antragsberechtigung nach § 3;

3. Angaben zur Art der Strukturmaßnahme und der vom Gericht zu bestimmenden Kompensation nach § 1;

4. konkrete Einwendungen gegen die Angemessenheit der Kompensation nach § 1 oder gegebenenfalls gegen den als Grundlage für die Kompensation ermittelten Unternehmenswert, soweit hierzu Angaben in den in § 7 Abs. 3 genannten Unterlagen enthalten sind. Macht der Antragsteller glaubhaft, dass er im Zeitpunkt der Antragstellung aus Gründen, die er nicht zu vertreten hat, über diese Unterlagen

SpruchG § 4 Antragsfrist und Antragsbegründung

nicht verfügt, so kann auf Antrag die Frist zur Begründung angemessen verlängert werden, wenn er gleichzeitig Abschrifterteilung gemäß § 7 Abs. 3 verlangt.

Aus der Antragsbegründung soll sich außerdem die Zahl der von dem Antragsteller gehaltenen Anteile ergeben.

Inhalt

	Rn.
I. Überblick	1
II. Inhalt der Norm	5
1. Antragsfrist (Abs. 1)	5
a) Rechtsnatur	5
b) Fristberechnung	8
c) Fristwahrung, mehrere Gerichten	13
d) Form der Antragstellung	17
2. Antragsbegründung (Abs. 2)	18
a) Inhalt des Antrages	20
b) Bezeichnung des Antragsgegners	22
c) Darlegung der Antragsberechtigung	23
d) Angaben zur Art der Strukturmaßnahme	24

	Rn.
e) Konkrete Einwendungen	25
aa) Erforderliche Angaben	26
bb) Angemessenheit der Kompensation	30
cc) Fristverlängerung zur Beschaffung der Unterlagen gemäß § 7 Abs. 3 SpruchG	31
f) Angabe der Anzahl der gehaltenen Anteile	34
III. Antragsfrist und Antragsbegründung in weiteren Fällen der Anwendung des Spruchverfahrens	36
1. Mehrstimmrechte	37
2. Übertragende Auflösung	39
3. Reguläres Delisting	41

Spezielle Literatur: *Bidmon*, Die Reform des Spruchverfahrens durch das SpruchG, (Diss) 2007; *Büchel*, Neuordnung des Spruchverfahrens, NZG 2003, 793–804; *Lamb/Schluck-Amend*, Die Neuregelung des Spruchverfahrens durch das Spruchverfahrensneuordnungsgesetz, DB 2003, 1259–1264; *Land/Hennings*, Aktuelle Probleme von Spruchverfahren nach gesellschaftsrechtlichen Strukturmaßnahmen, AG 2005, 380–387; *Meilicke/Heidel*, Das neue Spruchverfahren in der gerichtlichen Praxis, DB 2003, 2267 2275; *Puszkajler*, Diagnose und Therapie von aktienrechtlichen Spruchverfahren, ZIP 2003, 518–522; *Schockenhoff/Lumpp*, Der verschmelzungsrechtliche Squeeze out in der Praxis, ZIP 2013, 749–760; *Schulenberg*, Die Antragsberechtigung gemäß §§ 15, 305 ff. UmwG und die „Informationslast" des Antragstellers im Spruchverfahren, AG 1998, 74–82; *Wasmann*, Anforderungen an die Zulässigkeit eines Antrags nach dem Spruchverfahrensgesetz und Auswirkungen der (Un-)Zulässigkeit, WM 2004, 819–825; *Wasmann/Gayk*, SEEG und IDW ES 1 n. F.: Neues im Spruchverfahren, BB 2005, 955–957; *Winter/Nießen*, Amtsermittlung und Beibringung im Spruchverfahren, NZG 2007, 13–17; *Wittgens*, Das Spruchverfahrensgesetz, (Diss) 2005; *ders.*, Begründung des Antrags auf Einleitung eines Spruchverfahrens, NZG 2007, 853–857.

I. Überblick

Abs. 1 Satz 1 statuiert eine Neuregelung der Antragsfrist zur Einleitung 1
eines Spruchverfahrens. Die Frist wird durch das SpruchG abweichend
von den zuvor einschlägigen Regelungen im Aktienrecht (§ 304 Abs. 4
Satz 2 a. F., § 320d Abs. 3 Satz 2 a. F., § 327f Abs. 2 Satz 2 AktG a. F.) sowie im Umwandlungsrecht (§ 305 UmwG a. F.) um einen Monat auf drei
Monate verlängert. Im Gegenzug wurde die Möglichkeit der späteren
Stellung von Anschlussanträgen abgeschafft. Diese konnten zuvor in einer Frist von zwei Monaten nach der publizitätspflichtigen Bekanntgabe
der Einleitung eines Spruchverfahrens gestellt werden. Mangels weiteren Bedarfs wurde dementsprechend auch diese gerichtliche Bekanntmachungspflicht über die Einleitung eines Spruchverfahrens durch das
Spruchverfahrensgesetz abgeschafft. Nach Inkrafttreten des SpruchG
wurden im Abs. 1 im Jahre 2004 mit dem SE-Einführungsgesetz[1] Ziffer 6
und im Jahre 2006 mit dem SCE-Einführungsgesetz[2] Ziffer 7 neu angefügt sowie im Jahre 2007 mit der Änderung des Umwandlungsgesetzes[3]
die Ziffer 5 nachträglich eingefügt. Abs. 1 Satz 2 stellt klar, dass in den
Fällen der Mehrfachzuständigkeit gem. § 2 Abs. 1 Satz 2 und 3 SpruchG
die Antragstellung bei jedem zunächst zuständigen Gericht (vgl. §§ 2
Abs. 1, 5 FamFG) zur Fristwahrung ausreichend ist.

Nach Abs. 2 Satz 1 muss der Antrag innerhalb der Antragsfrist begründet 2
werden. Die Begründung muss gemäß Satz 2 Nr. 1 die Bezeichnung des
Antragsgegners gemäß § 5 SpruchG enthalten, gemäß Satz 2 Nr. 2 die
Antragsberechtigung gemäß § 3 SpruchG darlegen, gemäß Satz 2 Nr. 3
die zu Grunde liegende Strukturmaßnahme beschreiben und „Angaben"
zur angestrebten, vom Gericht zu bestimmenden Kompensation machen
und ferner gemäß Satz 2 Nr. 4 konkrete Einwendungen gegen die Angemessenheit der bislang angebotenen (oder Beanstandung einer fehlenden) Kompensation nach § 1 SpruchG aufführen oder gegebenenfalls, soweit dies aus den Unternehmensunterlagen gemäß § 7 Abs. 3 SpruchG
ersichtlich ist, Einwendungen gegen den beanstandeten Unternehmenswert darlegen. Liegen dem Antragsteller diese Unternehmensunterlagen nicht vor, darf er entsprechende Angaben nicht unterlassen, sondern
kann – unter Glaubhaftmachung, dass er die Nichtverfügbarkeit der Unterlagen nicht zu vertreten hat – eine Verlängerung der Begründungsfrist
erwirken, wenn er gleichzeitig die Vorlage der Unterlagen durch die Antragsgegnerin verlangt. Mit diesen Mindestanforderungen (Nr. 4) soll verhindert werden, dass Antragsteller „ins Blaue hinein" Anträge, ggf. auch
missbräuchlich, stellen, um durch Einleitung eines Spruchverfahrens dessen Lästigkeitswert zu kommerzialisieren[4]. Insoweit wird der Amtsermitt-

---

1   SEEG v. 22.12.2004, BGBl. I, S. 3675, Artikel 5.
2   SCEEG v. 14.08.2006, BGBl. I, S. 1911, Artikel 7.
3   Zweites Gesetz zur Änderung des UmwG v. 19.04.2007, BGBl. I, S. 542, Artikel 2.
4   Anders van Kann/Hirschmann, DStR 2003, 1488, 1489, welche die Möglichkeit
    missbräuchlicher Spruchverfahren verneinen, weil nur die Kompensation, nicht
    aber die zugrundeliegende Strukturmaßnahme angegriffen werde. Aber auch
    (Fortsetzung der Fußnote auf Seite 182)

lungsgrundsatz gemäß § 26 FamFG (vormals § 12 FGG a. F.) schon an dieser Stelle (vgl. im Übrigen §§ 9, 10 SpruchG) zugunsten des Beibringungsgrundsatzes eingeschränkt, so dass § 4 SpruchG eine entscheidende Neuerung gegenüber der Rechtslage vor Inkrafttreten des SpruchG enthält. Hierdurch wird vermieden, dass ohne Bestehen belastbarer Anhaltspunkte für die Korrektur der angebotenen Kompensation durch das Spruchverfahren kostenträchtige Maßnahmen, wie die Bestellung eines gemeinsamen Vertreters gemäß § 6 SpruchG, veranlasst werden.

3 In der ursprünglichen Fassung von Abs. 2 Satz 2 Nr. 4 – bis zur Neufassung durch das SE-Einführungsgesetz[5] – waren noch Einwendungen „gegen den als Grundlage für die Kompensation ermittelten Unternehmenswert des Antragsgegners" verlangt, während nunmehr allgemein auf die Angemessenheit der Kompensation oder den dafür als Grundlage ermittelten Unternehmenswert verwiesen wird. Damit sollte zum einen Rechnung getragen werden, dass Antragsgegner nicht immer das Unternehmen selbst sein muss. Zum anderen sind die Einwände nicht stets gegen den Unternehmenswert gerichtet, sondern können auch andere Bewertungsgegenstände betreffen, wie etwa bei der Beseitigung von Mehrstimmrechten. Die weitere mit der Neufassung vorgenommene Klarstellung, dass sich der Unternehmenswert nicht mehr aus den o.a. Unternehmensunterlagen ergeben muss, sondern nur noch aus Angaben, die in diesen Unterlagen enthalten sind, hat mehr semantische als materielle Bedeutung. Ein Unternehmenswert ergibt sich aus den Unterlagen auch dann, wenn er darin nicht direkt genannt ist oder daraus abgeleitet werden kann, ohne dass man ausdrücklich auf entsprechende „Angaben" in diesen Unterlagen verweisen müsste.

4 Schließlich „soll" der Antragsteller gemäß Abs. 2 Satz 3 auch die Zahl der von ihm gehaltenen Unternehmensanteile mitteilen, die vor allem für die Gegenstandswert- und Kostenentscheidung eine Rolle spielen *[dazu unten § 15 SpruchG, Rn. 44 ff.]*. Durch diese qualifizierten Anforderungen werden einerseits missbräuchliche Anträge ohne jede sachliche Grundlage vermieden; andererseits sind die Anforderungen nicht überspannt, um den (berechtigten) Antragstellern die Verfahrenseinleitung nicht über Gebühr zu erschweren.

II. Inhalt der Norm

1. Antragsfrist (Abs. 1)

a) Rechtsnatur

5 Die Drei-Monats-Frist gemäß Abs. 1 Satz 1 ist eine Ausschlussfrist; eine Wiedereinsetzung in den vorigen Stand bei schuldloser Fristversäumung

---

sie geben zu, dass ein gewisser Lästigkeitswert aufgebaut werden kann. Dann muss konsequenterweise aber auch ein möglicher Missbrauch des Spruchverfahrens erschwert werden können.
5 Siehe FN 1.

gemäß § 17 Abs. 1 SpruchG i. V. m. § 17 FamFG (analog) findet nicht statt[6]. Dies ergibt sich aus der mit der Fristsetzung verbundenen gesetzgeberischen Zielsetzung, nach Ablauf der Frist Rechts- und Planungssicherheit für das Unternehmen in Bezug auf das von ihm unterbreitete Kompensationsangebot zu schaffen[7]. Dagegen wird vereinzelt der Verlust der Garantie rechtlichen Gehörs (Art. 103 Abs. 1 GG) eingewandt, wenn die Durchführung eines Spruchverfahrens mangels unverschuldet nicht fristgerechten Antragsstellung unterbleiben müsse[8]. Diese Bedenken greifen jedoch nicht durch, da jede Gewährung rechtlichen Gehörs von Verfahrensvoraussetzungen wie etwa einer Frist abhängig gemacht werden kann. Auch die Monatsfrist im vergleichbare Fall einer Anfechtungsklage gegen Hauptversammlungsbeschlüsse gemäß § 246 Abs. 1 AktG oder gegen Umwandlungsbeschlüsse (§ 14 Abs. 1 UmwG) hat eine solche Ausschlusswirkung, gegen die keine Wiedereinsetzung möglich ist[9]. Der Fall, dass sämtliche Antragsberechtigten die Antragsfrist – auch aus von ihnen nicht zu vertretenden Umständen – versäumen, dürfte im Übrigen kaum praxisrelevant werden.

Die Wahrung der Antragsfrist ist Zulässigkeitsvoraussetzung, auch wenn die Qualifizierung als Ausschlussfrist eher auf einen materiell-rechtlichen Charakter der Frist schließen lässt[10]. Wie bei der Antragsberechtigung gemäß § 3 SpruchG, die ebenfalls als Zulässigkeitsvoraussetzung anzusehen ist *[dazu oben § 3 SpruchG, Rn. 3 ff.]*, hat die Antragsfrist neben ihrem materiell-rechtlichen Charakter eine maßgebliche verfahrensrechtliche Komponente, so dass die Fristversäumnis – wie allgemein im Verfahrensrecht – zur Unzulässigkeit des Antrags führt. Damit wird zugleich verhindert, dass durch verspätete Anträge noch kostenverursachende Maßnahmen ausgelöst werden können, wie etwa die Bestellung des gemeinsamen Vertreters, dessen Kosten gemäß § 6 Abs. 2 SpruchG vom Antragsgegner zu tragen sind. Nach Fristablauf eingereichte Anträge sind demgemäß als unzulässig zurückzuweisen[11].

6

---

6 OLG Düsseldorf, Beschluss vom 04.04.2005 – I 19 W 2/05; OLG Frankfurt, Beschluss vom 06.03.2007 – 20 W 494/06; *Wasmann*, in: KK-AktG, § 4 SpruchG Rn. 4; *Mennicke*, in: Lutter UmwG, § 4 SpruchG Rn. 9; *Emmerich*, in: Emmerich/Habersack Aktien- und GmbH-Konzernrecht, § 4 SpruchG Rn. 3; *Drescher*, in: Spindler/Stilz, § 4 SpruchG Rn. 12; *Kubis*, in: MüKo-AktG, § 4 SpruchG Rn. 6; *Simons*, in: Hölters AktG, § 4 SpruchG Rn. 10; *Volhard*, in: Semler/Stengel UmwG, § 4 SpruchG Rn. 1; a. A. LG Dortmund, Beschluss vom 09.12.2004 – 20 O 99/04; *Wälzholz*, in: Widmann/Mayer Umwandlungsrecht § 4 SpruchG Rn. 17.
7 OLG Düsseldorf, Beschluss vom 04.04.2005 – I 19 W 2/05; so etwa auch *Mennicke*, in: Lutter UmwG, § 4 SpruchG Rn. 9.
8 *Büchel*, NZG 2003, 793, 795.
9 Vgl. statt aller *Koch*, in: Hüffer, Aktiengesetz, § 246 Rn. 20 f. zum AktG; *Gehling*, in: Semler/Stengel UmwG, § 14 Rn. 26 zum UmwG.
10 so auch OLG Frankfurt, Beschluss vom 06.03.2007 – 20 W 494/06; *Leuering*, in: Simon, SpruchG, § 4 Rn. 20; *Lamb/Schluck-Amend*, DB 2003, 1259, 1261; kritisch *Wälzholz*, in: Widmann/Mayer Umwandlungsrecht § 4 SpruchG Rn. 5 ff.
11 OLG Frankfurt, Beschluss vom 20.12.2011 – 21 W 8/11; *Klöcker*, in: Schmidt/Lutter AktG, § 4 SpruchG Rn. 2; *Wasmann*, in: KK-AktG, § 4 SpruchG Rn. 3.

7 Obwohl der Wortlaut von Abs. 1 Satz 1 – „seit dem Tag" der Eintragung – nahelegt, dass eine Antragstellung erst nach diesem Fristbeginn erfolgt, kann auch bereits vor Eintragung der Strukturmaßnahme zulässigerweise ein Antrag gestellt werden, wenn dieser nach Fristbeginn weiterverfolgt wird[12]. Die Rechtsprechung hat dies schon nach altem Recht zutreffender Weise damit begründet, dass ein Beharren auf dem Eingang einer Antragsschrift erst nach Registereintragung als „sinnlose Förmelei" anzusehen sei[13]. Denn die materiell-rechtliche Situation ändert sich durch den Registereintrag nicht; dieses publizierte Datum eignet sich nur in besonderer Weise für eine Fristberechnung, anders als etwa das Datum einer Beschlussfassung oder Vertragsunterzeichnung, an denen der/die Antragsteller nicht unbedingt beteiligt sein müssen. Maßgeblich für die Zulässigkeitsbeurteilung des Antrags ist in jedem Fall erst der Entscheidungszeitpunkt des Gerichts. Liegen die Zulässigkeitsvoraussetzungen für den Antrag zu diesem Zeitpunkt vor, ist also die Strukturmaßnahme im Handelsregister eingetragen und der Antrag wirksam (und nicht verspätet) gestellt, kann und muss das Gericht eine Entscheidung in der Sache treffen. Es kann dann keine Rolle spielen, ob die Antragstellung vor oder nach Registereintragung erfolgt ist. Ist zum Entscheidungszeitpunkt – was kaum vorstellbar wäre – dagegen die Strukturmaßnahme noch nicht im Register eingetragen und die Antragsfrist mithin noch nicht in Gang gesetzt worden, muss der Antrag als (zur Zeit) unzulässig zurückgewiesen werden, da in diesem Fall (noch) keine Antragsberechtigung gemäß § 3 SpruchG entstanden ist. Unabhängig davon wäre der Antrag aber wohl auch mangels Rechtsschutzbedürfnis unzulässig, da die Infrastrukturmaßnahme, für die eine angemessene Kompensation angestrebt wird, mangels Registereintragung noch nicht wirksam geworden und die Fälligkeit der Kompensation noch gar nicht eingetreten wäre.

b) Fristberechnung

8 Die Antragsfrist von drei Monaten beginnt mit dem Tag, an dem die Eintragung der Strukturmaßnahme bzw. deren Änderung im Handelsregister gemäß § 10 HGB bekannt gemacht worden ist. Für den Bereich der Aktiengesellschaften ist nach § 25 AktG – wie im Spruchverfahren auch (§§ 6 Abs. 1 Satz 4 und 5, 14 SpruchG) – vorrangig der Bundesanzeiger zu nutzen, vorbehaltlich weiterer in der Satzung vorgesehener Gesellschaftsblätter oder elektronischer Informationsmedien, die zusätzlich einzusetzen sind[14].

---

12 Ganz h. M., vgl. *Kubis*, in: MüKo AktG, § 4 SpruchG Rn. 7; *Emmerich*, in: Emmerich/Habersack Aktien- und GmbH-Konzernrecht, § 4 SpruchG Rn. 4; *Wälzholz*, in: Widmann/Mayer Umwandlungsrecht § 4 SpruchG Rn. 23.

13 BayObLG, Beschluss vom 18.03.2002 – 3Z BR 6/02; so auch OLG Frankfurt, Beschluss vom 10.10.2005 – 20 W 119/05; BayObLG, Beschluss vom 01.12.2004 – 3Z BR 106/04.

14 *Pentz*, in: MüKo AktG, § 25 Rn. 9 ff.; *Limmer*, in: Spindler/Stilz AktG, § 52 Rn. 6 f.; *Solveen*, in: Hölters AktG, § 25 Rn. 6 f.

Während in den Fällen des Abs. 1 Satz 1 Nr. 1–3 (Unternehmensvertrag, Eingliederung und Squeeze Out) ausdrücklich auf § 10 HGB Bezug genommen ist, wird für die nationalen Umwandlungsfälle in Abs. 1 Satz 1 Nr. 4 pauschal auf die entsprechenden Regelungen im Umwandlungsgesetz verwiesen, die sich in § 19 Abs. 3 UmwG (Verschmelzung), § 125 Satz 1 UmwG (Spaltung) und § 201 UmwG (Formwechsel) finden und dort wiederum ihrerseits auf § 10 HGB verweisen. Da bei der Verschmelzung und der Spaltung allerdings mehrere Gesellschaften beteiligt und damit möglicherweise auch verschiedene Handelsregister betroffen sind, ist klarzustellen, auf welche Registereintragung es genau ankommt. Maßgeblich ist grundsätzlich diejenige Eintragung, die zur Wirksamkeit des Umwandlungsvorgangs führt[15]. Bei der Verschmelzung ist dies gemäß § 19 Abs. 1 UmwG allein die Eintragung im Register des übernehmenden Rechtsträgers, bei der Spaltung gemäß § 130 UmwG allein die Eintragung im Register des übertragenden Rechtsträgers. Im besonderen Fall des verschmelzungsrechtlichen Squeeze Out (im Gegensatz zum o. a. aktienrechtlichen Squeeze Out gemäß §§ 327a ff. AktG oder dem übernahmerechtlichen Squeeze Out gemäß § 39a WpÜG) gibt es zwei Handelsregistereintragungen: die Eintragung des Übertragungsbeschlusses (Squeeze Out) und die Eintragung der Verschmelzung (im Register der übernehmenden Gesellschaft), vgl. § 62 Abs. 5 Satz 8 UmwG. Da die Zeitpunkte beider Eintragungen deutlich auseinander fallen können, ist dieser in § 4 Abs. 1 Nr. 3 und 4 SpruchG nicht unterschiedene Sonderfall so zu lösen, dass die Antragsfrist erst mit der späteren der beiden Handelsregistereintragungen zu laufen beginnt[16].

Für die internationalen Strukturmaßnahmen (Abs. 1 Satz 1 Nr. 5–7) ist ebenfalls die Registereintragung maßgeblich; hier richtet sich die Bekanntmachung jedoch nach den Vorschriften des jeweiligen Staates, dessen Recht die übertragende oder neue Gesellschaft unterliegt (Nr. 5) bzw. in dessen Gebiet der Gesellschaftssitz liegt (Nr. 6 und 7). Bei der grenzüberschreitenden Verschmelzung durch Neugründung erfolgt die Bekanntmachung nach den Vorschriften des Staates, dessen Recht die neu einzutragende Gesellschaft unterliegt. Bei der Verschmelzung durch Aufnahme richtet sich die Bekanntmachung gemäß dem Wortlaut der Vorschrift nach dem Recht, dem die übertragende Gesellschaft unterliegt. Dies ist nicht nachvollziehbar, weil nach Art. 12 der internationalen Verschmelzungsrichtlinie[17] wie bei der Verschmelzung durch Neugründung auch bei der Verschmelzung durch Aufnahme immer das Recht der übernehmenden (neuen) Gesellschaft über den Wirksamkeitszeitpunkt ent-

---

15 *Leuering*, in: Simon AktG, § 4 SpruchG Rn. 24; *Wälzholz*, in: Widmann/Mayer Umwandlungsrecht § 4 SpruchG Rn. 57; *Volhard*, in: Semler/Stengel UmwG, § 4 SpruchG Rn. 3; *Kubis*, in: MüKo AktG, § 4 SpruchG Rn. 7.
16 So auch *Schockenhoff/Lumpp*, ZIP 2013, 749, 756 und, sich dem anschließend, LG Frankfurt am Main mit Beschluss vom 26.11.2014, 3-05 O 63/14.
17 Richtlinie 2005/56/EG des Europäischen Parlaments und des Rates vom 26.10.2005 über die Verschmelzung von Kapitalgesellschaften aus verschiedenen Mitgliedstaaten, ABl. EG 2005 Nr. L 310 S 1.

SpruchG § 4 Antragsfrist und Antragsbegründung

scheidet. Zutreffend ist daher auch hier, auf die Bekanntmachung der das Wirksamwerden auslösenden Eintragung abzustellen und dementsprechend für die Bekanntmachung das Recht Anwendung finden zu lassen, dem die konstituierende Eintragung unterliegt[18]. Im Fall der SE und der SCE sind schließlich die Bekanntmachungsregelungen des Staates maßgeblich, in dem die neue SE bzw. SCE gegründet oder in den die SE verlegt wird und damit ihren (neuen) Sitz erhält („Sitzstaat").

11 Die Berechnung der Frist richtet sich gem. § 17 Abs. 1 SpruchG i. V. m. § 16 Abs. 2 FamFG, § 222 Abs. 1 ZPO nach den bürgerlichen Vorschriften, also den §§ 187 ff. BGB. Beispiel: Wird die jeweilige Eintragung am 1. (oder am 15.) eines Monats (z. B. Juli) bekannt gemacht, so läuft die Frist am 1. (oder am 15.) des dritt-folgenden Monats (z. B. Oktober) ab. Fällt der Tag des Fristablaufs auf einen Samstag, Sonntag oder Feiertag, so endet die Frist gemäß § 222 Abs. 2 ZPO mit Ablauf des darauffolgenden Werktags.

12 Maßgeblich für den Bekanntmachungstag – und damit den Fristbeginn – ist das in der Bekanntmachung gemäß § 10 HGB angegebene Datum. Diese Angabe hat entsprechend § 15 HGB Publizitätswirkung[19]. Weicht das wahre Bekanntmachungsdatum infolge von Irrtümern (Druckfehlern etc.) von dem angegebenen ab, so kann das wahre Bekanntmachungsdatum jedoch mit Hilfe von Registerakten bzw. Zeugenaussagen der Mitarbeiter nachgewiesen werden. Etwa erhobene Anfechtungs- oder Nichtigkeitsklagen gegen die Strukturbeschlüsse haben für den Fristbeginn keine Bedeutung, sofern und sobald die Strukturmaßnahmen einmal eingetragen sind[20]. Die Anträge können zwar vor Eintragung gestellt werden *[s. oben Rn. 7]*; nach Ablauf von drei Monaten seit Eintragung besteht dagegen keine Antragsmöglichkeit mehr, selbst wenn Anfechtungs- oder Nichtigkeitsklagen anhängig sein sollten. Haben diese allerdings Erfolg, so dass es letztlich auch zu einer Löschung der Eintragung kommt, besteht aufgrund der Rückwirkung wieder der gleiche Zustand wie vor Fristbeginn[21]. Die tatsächliche Kenntnis des/der Antragsteller/s von der Eintragung hat für den Fristbeginn keinerlei Einfluss; insbesondere führt eine etwa unverschuldete Unkenntnis nicht zu einer Fristverlängerung und berechtigt auch nicht, im Falle der Fristversäumnis, zur Wiedereinsetzung in den vorigen Stand *[s. oben Rn. 5]*.

---

18 *Wälzholz*, in: Widmann/Mayer Umwandlungsrecht § 4 SpruchG Rn. 60; *Hörtnagl*, in: Schmitt/Hörtnagl/Stratz, UmwG, § 4 SpruchG Rn. 3; *Drescher*, in: Spindler/Stilz AktG, § 4 SpruchG Rn. 3; a. A. gemäß dem Wortlaut ohne kritische Auseinandersetzung mit dem Problem: *Leuering*, in: Simon AktG, § 4 SpruchG Rn. 25; *Kubis*, in: MüKo AktG, § 4 SpruchG Rn. 8; *Volhard*, in: Semler/Stengel UmwG, § 4 SpruchG Rn. 3.
19 *Hopt*, in: Baumbach/Hopt HGB, § 10.
20 *Mennicke*, in: Lutter UmwG, § 4 SpruchG Rn. 6; *Leuering*, in: Simon AktG, § 4 SpruchG Rn. 23; *Hörtnagl*, in: Schmitt/Hörtnagl/Stratz, UmwG, § 4 SpruchG Rn. 4; *Volhard*, in: Semler/Stengel UmwG, § 4 SpruchG Rn. 5.
21 *Dörr*, in: Spindler/Stilz AktG, § 248 Rn. 7; *Englisch*, in: Hölters AktG, § 248 Rn. 10; *Koch*, in: Hüffer AktG, § 248 Rn. 6.

Antragsfrist und Antragsbegründung § 4 SpruchG

c) Fristwahrung, mehrere Gerichte

Die Frist wird nur durch Eingang des Antrags beim zuständigen Gericht 13
gewahrt. Maßgeblich für die Fristwahrung ist der rechtzeitige Zugang
im zentralen Posteingang bei diesem Gericht. Hierunter fällt auch der
Nachtbriefkasten. Der Eingang in der Geschäftsstelle des zuständigen
Spruchkörpers vor Fristablauf ist nicht erforderlich. Obwohl das Spruchverfahren ein streitiges FamFG-Verfahren darstellt, bedarf es auch einer
„demnächst erfolgenden" (§ 167 ZPO) Zustellung an den Antragsgegner
für die Fristwahrung nicht[22].

Der Eingang bei einem (von vornherein) unzuständigen Gericht wahrt die 14
Frist nicht, da – anders als im Zivilprozess[23] – die einmal begründete Rechtshängigkeit im Spruchverfahren bei einer Abgabe an das zuständige Gericht nicht fortwirkt[24]. Dies gilt auch im Falle der nach § 17 Abs. 1 SpruchG
i. V. m. § 25 Abs. 2 FamFG zulässigen Antragstellung per Niederschrift
bei der Geschäftsstelle eines beliebigen Amtsgerichtes (§ 25 Abs. 3 Satz 2
FamFG)[25]. Erforderlich ist also, dass das angerufene unzuständige Gericht
den Antrag innerhalb der Frist an das zuständige bzw. ein zuständiges Gericht weitergibt[26]. Die Weiterleitung muss im üblichen Geschäftsgang unverzüglich erfolgen. Wie schnell die Übermittlung erfolgen muss, bestimmt
sich einzelfallabhängig, insbesondere nach der Dringlichkeit[27]. Droht ein
Fristablauf, so sind Anträge und Erklärungen im Rahmen der Möglichkeiten des ordentlichen Geschäftsbetriebes weiterzuleiten; zu besonderen Beschleunigungsmaßnahmen, etwa der Benutzung eines Faxgerätes oder
elektronischer Kommunikationswege, ist das Gericht nicht verpflichtet[28].

---

22 *Wälzholz*, in: Widmann/Mayer Umwandlungsrecht, § 4 SpruchG Rn. 9; *Kubis*,
in: MüKo AktG, § 4 SpruchG Rn. 11; *Leuering*, in: Simon AktG, § 4 SpruchG
Rn. 12; *Hörtnagl*, in: Schmitt/Hörtnagl/Stratz, UmwG, § 4 SpruchG Rn. 6.
23 Vgl. statt aller *Greger*, in: Zöller ZPO, § 281 Rn. 15a mit Hinweisen auf die Rspr.
24 OLG München, Beschluss vom 08.02.2010 – 31 Wx 148/09; OLG Frankfurt, Beschluss vom 04.05.2009 – 20 W 84/09; OLG Düsseldorf, Beschluss vom
04.04.2005 – I 19 W 2/05; *Klöcker*, in: Schmidt/Lutter AktG, § 4 SpruchG Rn. 8;
Wasmann, in: KK-AktG, § 4 SpruchG Rn. 6; *Volhard*, in: Semler/Stengel UmwG,
§ 4 SpruchG Rn. 7; *Emmerich*, in: Emmerich/Habersack Aktien- und GmbH-Konzernrecht, § 4 SpruchG Rn. 5; kritisch: *Leuering*, in: Simon AktG, § 4
SpruchG Rn. 32; a. A. LG Stuttgart, Beschluss vom 29.06.2011 – 31 O 179/08;
Drescher, in: Spindler/Stilz AktG, § 4 SpruchG Rn. 9; *Wälzholz*, in: Widmann/
Mayer Umwandlungsrecht § 4 SpruchG Rn. 19ff.
25 *Sternal*, in: Keidel FamFG, § 25 Rn. 27; *Leuering*, in: Simon AktG, § 4 SpruchG
Rn. 32.
26 *Volhard*, in: Semler/Stengel UmwG, § 4 SpruchG Rn. 7; *Kubis*, in: MüKo AktG,
§ 4 SpruchG Rn. 11; *Hörtnagl*, in: Schmitt/Hörtnagl/Stratz, UmwG, § 4 SpruchG
Rn. 6; Bumiller/Harders FamFG, § 25 Rn. 7; *Sternal*, in: Keidel FamFG, § 25
Rn. 27; kritisch *Leuering*, in: Simon AktG, § 4 SpruchG Rn. 32.
27 BGH, Beschluss vom 06.11.2008 – IX ZB 208/06; *Sternal*, in: Keidel FamFG, § 25
Rn. 26.
28 BGH, Beschluss vom 06.11.2008 – IX ZB 208/06; OLG Zweibrücken, Beschluss
vom 10.08.2004 – 4 U 139/04; Bumiller/Harders FamFG, § 25 Rn. 7; *Sternal*, in:
Keidel FamFG, § 25 Rn. 26.

SpruchG § 4 Antragsfrist und Antragsbegründung

Vielmehr liegt die Wahl des Mittels für die Übermittlung im pflichtgemäßen Ermessen des Urkundsbeamten. Wird aufgrund der schuldhaften Verzögerung des Gerichts eine Frist versäumt, besteht die Möglichkeit der Wiedereinsetzung in den vorigen Stand nach §§ 17 ff. FamFG[29].

15 Die Abweichung von den zivilprozessualen Grundsätzen *[vgl. oben Rn. 14]* ist aufgrund der grundsätzlichen Anwendbarkeit des dem § 281 ZPO nachgebildeten § 3 FamFG im Spruchverfahren, der eine Verweisung des örtlich oder sachlich unzuständigen an das zuständige Gericht vorsieht, nicht zwingend. Jedoch ist der Wortlaut in Abs. 1 Satz 2 eindeutig, so dass nur die Antragstellung bei dem (zunächst) zuständigen Gericht fristwahrend wirkt[30]. Daher gilt wie schon bisher nach alter Rechtslage, dass die Antragstellung bei einem (von Beginn an) unzuständigen Gerichten nicht zur Fristwahrung genügt. Etwas anderes gilt nur, wenn das unzuständige Gericht die Sache innerhalb der Frist an das zuständige Gericht abgibt, da dann beim zuständigen Gericht die originäre Antragsfrist gewahrt wird[31].

16 Im Falle mehrerer zuständiger Gerichte (vgl. die Fälle des § 2 Abs. 1 Satz 2 und 3 SpruchG) erlaubt Abs. 1 Satz 2 eine fristwahrende Einreichung der Anträge bei jedem der in Betracht kommenden und damit „zunächst" zuständigen Gerichte. Dies gilt sowohl für den Fall der Mehrfachzuständigkeit verschiedener Landgerichte im gleichen Spruchverfahren, die entsprechend der Erstbefassung gemäß § 2 Abs. 1 FamFG und im Streitfalle durch das nächst höhere gemeinsame Gericht (§ 5 Abs. 1 FamFG) zu bereinigen ist *[vgl. oben § 2 SpruchG Rn. 18]*, als auch für den Fall der Anhängigkeit sachlich zusammenhängenden Spruchverfahren bei verschiedenen Landgerichten *[vgl. oben § 2 SpruchG Rn. 15 ff.]*.

d) Form der Antragstellung

17 Der Antrag kann von dem Antragsteller ohne Beachtung schriftlich bei Gericht eingereicht oder mündlich zur Niederschrift der Geschäftsstelle des zuständigen oder jedes anderen Gerichts, auch Amtsgerichts, gestellt werden (§ 17 Abs. 1 SpruchG i. V. m. § 25 Abs. 1, 2 FamFG). Hinsichtlich der Rechtzeitigkeit kommt es dann auf den fristwahrende Weiterleitung an das zuständige Landgericht an *[s. oben Rn. 14]*. Ein Anwaltszwang, wie er für die Einlegung der Beschwerde vorgesehen ist (§ 12 Abs. 1 Satz 2 SpruchG), besteht wie nach bisherigem Recht weder für die Antragstellung noch für das weitere Verfahren[32]. Unter Geltung des FGG war bei dem verfahrenseinleitenden Antrag keine Unterschrift erforder-

---

29 *Sternal*, in: Keidel FamFG, § 25 Rn. 28; Bumiller/Harders FamFG, § 25 Rn. 7.
30 a. A. mit der Begründung, der Wortlaut habe nur deklaratorische Wirkung: *Wälzholz*, in: Widmann/Mayer Umwandlungsrecht § 4 SpruchG Rn. 20.
31 *Volhard*, in: Semler/Stengel UmwG, § 4 SpruchG Rn. 7; *Kubis*, in: MüKo AktG, § 4 SpruchG Rn. 11; *Hörtnagl*, in: Schmitt/Hörtnagl/Stratz, UmwG, § 4 SpruchG Rn. 6.
32 OLG Düsseldorf, Beschluss vom 23.10.2009 – I-26 W 5/09; vgl. für die h. M. in der Lit. statt aller *Klöcker*, in: Schmidt/Lutter AktG, § 4 SpruchG Rn. 12.

lich[33]; nunmehr soll der Antrag gemäß § 23 Abs. 1 Satz 5 FamFG unterschrieben sein. Eine fehlende handschriftliche Unterzeichnung ist jedoch unschädlich, sofern der Antragssteller auch ohne diese eindeutig erkennbar oder gemäß § 26 FamFG mit hinreichender Sicherheit von Amts wegen ermittelbar ist[34]. Da die handschriftliche Unterzeichnung nicht zwingend vorgeschrieben ist, kann der Antrag auch per Telefax eingereicht werden[35]. Bei formeller – also auf Grundlage einer Rechtsverordnung zugelassener – Eröffnung eines elektronischen Zugangs bei dem zuständigen Gericht kann der Antrag auch per E-Mail eingereicht werden (§ 14 Abs. 2 FamFG i. V. m. § 130a ZPO)[36].

2. Antragsbegründung (Abs. 2)

Das Erfordernis der fristgemäßen Antragsbegründung ist Teil der Verfahrensförderungspflicht, die den Beteiligten durch Einführung des SpruchG erstmals auferlegt worden ist. Der Mindestinhalt der Antragsbegründung gemäß Abs. 2 Satz 2 ist Zulässigkeitsvoraussetzung. Erfüllt die Antragsschrift nicht die in Abs. 2 Satz 2 Ziffern 1–4 gestellten Anforderungen, ist der Antrag als unzulässig zurückzuweisen[37]. 18

Antrag und Antragsbegründung müssen nicht zwingend in einer Schrift enthalten sein – auch wenn dies in der Praxis wohl stets der Fall sein wird, sondern die Begründung kann auch in einem separaten Schriftsatz eingereicht werden. Sie muss in diesem Falle aber ebenfalls noch innerhalb der Dreimonatsfrist gegenüber dem Gericht abgegeben werden[38]. 19

a) Inhalt des Antrages

Der Antrag ist gemäß § 1 SpruchG auf die „Bestimmung" des angemessenen Ausgleichs, der Abfindung bzw. der Zuzahlung nach den jeweils anwendbaren materiellen Normen zu richten. Eine Bezifferung des An- 20

---

33 Klöcker, in: Schmidt/Lutter AktG, § 4 SpruchG Rn. 12.
34 Wälzholz, in: Widmann/Mayer Umwandlungsrecht, § 4 SpruchG Rn. 10; Leuering, in: Simon AktG, § 4 SpruchG Rn. 12; Sternal, in: Keidel, FamFG, § 25 Rn. 12.
35 Leuering, in: Simon AktG, § 4 SpruchG Rn. 12; Sternal, in: Keidel FamFG, § 25 Rn. 14; Wälzholz, in: Widmann/Mayer Umwandlungsrecht, § 4 SpruchG Rn. 10.
36 Leuering, in: Simon AktG, § 4 SpruchG Rn. 12; Drescher, in: Spindler/Stilz AktG, § 4 SpruchG Rn. 8; Wälzholz, in: Widmann/Mayer Umwandlungsrecht, § 4 SpruchG Rn. 10; Sternal, in: Keidel FamFG, § 25 Rn. 15.
37 Begr. RegE, BT-DruckS 15/371, S. 13; OLG Frankfurt, Beschluss vom 06.03.2007 – 20 W 494/06; OLG Stuttgart, Beschluss vom 13.09.2004 – 20 W 13/04; Wasmann, in: KK-AktG, § 4 SpruchG Rn. 10; Mennicke, in: Lutter UmwG, § 4 SpruchG Rn. 10; Kubis, in: MüKo AktG, § 4 SpruchG Rn. 12; Leuering, in: Simon AktG, § 4 SpruchG Rn. 35; Lamb/Schluck-Amend, DB 2003, 1259, 1261; van Kann/Hirschmann, DStR 2003, 1488, 1490, 1494; kritisch Wälzholz, in: Widmann/Mayer Umwandlungsrecht, § 4 SpruchG Rn. 27.
38 So auch Drescher, in: Spindler/Stilz AktG, § 4 SpruchG Rn. 13; Emmerich, in: Emmerich/Habersack Aktien- und GmbH-Konzernrecht, § 4 SpruchG Rn. 12.

SpruchG § 4 Antragsfrist und Antragsbegründung

trages ist nicht erforderlich und unnötig. Sie mag zwar das Anliegen des Antragstellers ausdrücken, dass mindestens eine Erhöhung um den aufgeführten Betrag erfolgen müsse, bleibt aber eine unbeachtliche Anregung an das Gericht. Eine solche Bezifferung ist allerdings auch unschädlich, da sie weder die beantragte Entscheidung auf diese Höhe begrenzt noch zu einer Teilabweisung führt, wenn die Entscheidung den aufgeführten Betrag nicht erreicht *[dazu unten § 11 SpruchG Rn. 11 f.]*. Im Falle einer von der Bezifferung abweichenden Entscheidung wird also weder eine Kostenfolge *[dazu unten § 15 SpruchG Rn. 12]* noch allein dadurch eine Beschwer ausgelöst *[dazu unten § 12 SpruchG Rn. 16]*.

21 Der Antragsteller muss in der Antragsschrift den Antragsgegner genau bezeichnen (Abs. 2 Satz 2 Ziffer 1), seine Antragsberechtigung gemäß § 3 SpruchG darlegen (Ziffer 2), die Art der zugrunde liegenden Strukturmaßnahme (z. B. Beherrschungsvertrag, Eingliederung, Squeeze Out, Umwandlung, Verschmelzung, aber auch Abschaffung der Mehrstimmrechte, Delisting, übertragende Auflösung) und die vom Gericht zu bestimmende Kompensation (Ausgleich, Zuzahlung, Abfindung) angeben (Ziffer 3) sowie konkrete Einwendungen gegen die Angemessenheit der Kompensation nach § 1 oder gegen den dieser Kompensation zugrundeliegenden Unternehmenswert vorbringen, sofern hierzu Angaben in den Unternehmensunterlagen nach § 7 Abs. 3 SpruchG enthalten sind (Ziffer 4).

b) Bezeichnung des Antragsgegners

22 Die Bezeichnung des Antragsgegners muss hinreichend genau erfolgen, also Name und Sitz mit zugehöriger Anschrift enthalten und die Anforderungen entsprechend § 253 Abs. 2 Nr. 1 ZPO für die Angabe von Vertretungsverhältnissen erfüllen. Die Nichtnennung sowie die Angabe eines falschen Antragsgegners führen zur Unzulässigkeit des Antrags[39]. Teilweise wird auch vertreten, dass eine Falschbezeichnung des Antragsgegners nicht die Unzulässigkeit des Antrags zur Folge habe, da es sich hierbei um eine Frage der Passivlegitimation handele, die in der Begründetheit zu beurteilen sei[40].

c) Darlegung der Antragsberechtigung

23 Der Anspruchsteller muss die sich nach § 3 richtende Anspruchsberechtigung innerhalb der Antragsfrist lediglich schlüssig darlegen, ein konkreter Nachweis durch Urkunden ist zu diesem Zeitpunkt noch nicht

---

39 OLG Frankfurt, Beschluss vom 19.02.2009 – 20 W 495/08; LG München I, Beschluss vom 29.03.2010 – 38 O 22024/09; *Emmerich*, in: Emmerich/Habersack Aktien- und GmbH-Konzernrecht, § 4 SpruchG Rn. 7; *Wasmann*, in: KK-AktG, § 5 SpruchG Rn. 2; *Wälzholz*, in: Widmann/Mayer Umwandlungsrecht, § 4 SpruchG Rn. 27.
40 *Mennicke*, in: Lutter UmwG, § 4 SpruchG Rn. 11; *Kubis*, in: MüKo AktG, § 4 SpruchG Rn. 13; *Leuering*, in: Simon AktG, § 4 SpruchG Rn. 36; *Hörtnagl*, in: Schmitt/Hörtnagl/Stratz, UmwG, § 4 SpruchG Rn. 9.

erforderlich[41]. Es ist also notwendig, aber auch ausreichend, wenn der Antragsteller die Umstände substantiiert darstellt, die zu seiner Antragsberechtigung führen, etwa dass er zum jeweiligen für die Strukturmaßnahme maßgeblichen Zeitpunkt nach § 3 eine Aktionärsstellung innehatte. Dies war längere Zeit umstritten, nachdem die Begründung des Regierungsentwurfs[42] ursprünglich von einem urkundlichen Nachweis der Aktionärsstellung innerhalb der Antragsfrist ausging und auch der Verweis in Abs. 2 Satz 2 Nr. 2 auf den gesamten § 3 SpruchG, also auch auf Satz 3, gerichtet ist[43]. Aufgrund der eindeutigen BGH-Entscheidung aus dem Jahr 2008[44] wird dieser Nachweis innerhalb der Antragsfrist in der Praxis nunmehr jedenfalls nicht mehr zu fordern sein.

d) Angaben zur Art der Strukturmaßnahme

Der Antrag muss konkrete Angaben zur angegriffenen Strukturmaßnahme enthalten. Nicht ausreichend ist, lediglich die Art der Maßnahme pauschal zu benennen, wie es der Wortlaut der Vorschrift andeutet[45]. Vielmehr sind weitergehende Informationen zur Individualisierung des Verfahrensgegenstands zu fordern, etwa die Nennung des Datums der Beschlussfassung der Gesellschafterversammlung bzw. des Abschlusses des Unternehmensvertrages oder die Angabe weiterer an der Maßnahme beteiligter Gesellschaften[46]. Die Anforderungen an die Bezeichnung dürfen dabei nicht überspannt werden; es muss aber jedenfalls zweifelsfrei erkennbar bzw. durch Auslegung zu ermitteln sein, auf welche Kompensation hinsichtlich welcher konkreten Strukturmaßnahme sich der Antrag bezieht[47]. Eine konkrete Bezifferung des geltend gemachten Anspruchs im Antrag ist nicht erforderlich[48].

24

---

41 BGH, Beschluss vom 25.06.2008 – II ZB 39/07; OLG München, Beschluss vom 26.07.2012 – 31 Wx 250/11; OLG Frankfurt, Beschluss vom 28.01.2008 – 20 W 443/07 und vom 10.10.2005 – 20 W 119/05; OLG Düsseldorf, Beschluss vom 09.02.2005 – I-19 W 12/04; OLG Stuttgart, Beschluss vom 13.09.2004 – 20 W 13/04; *Drescher*, in: Spindler/Stilz AktG, § 4 SpruchG Rn. 19; *Kubis*, in: MüKo AktG, § 4 SpruchG Rn. 15; *Wälzholz*, in: Widmann/Mayer Umwandlungsrecht, § 4 SpruchG Rn. 39; kritisch: *Leuering*, in: Simon AktG, § 4 SpruchG Rn. 40; *Wasmann*, in: KK-AktG, § 3 SpruchG Rn. 26.
42 Begr. RegE SpruchG, BT-Drucks. 15/371 S. 13.
43 Für das Nachweiserfordernis ebenfalls: KG, Beschluss vom 31.10.2007 – 2 W 14/06; *Mennicke*, in: Lutter UmwG, § 4 SpruchG Rn. 12.
44 BGH, Beschluss vom 25.06.2008 – II ZB 39/07.
45 So auch *Wälzholz*, in: Widmann/Mayer Umwandlungsrecht, § 4 SpruchG Rn. 32.
46 *Drescher*, in: Spindler/Stilz AktG, § 4 SpruchG Rn. 20; *Mennicke*, in: Lutter UmwG, § 4 SpruchG Rn. 14; *Wälzholz*, in: Widmann/Mayer Umwandlungsrecht, § 4 SpruchG Rn. 32; *Hörtnagl*, in: Schmitt/Hörtnagl/Stratz, UmwG, § 4 SpruchG Rn. 11.
47 *Wasmann*, in: KK-AktG, § 4 SpruchG Rn. 13; *Leuering*, in: Simon AktG, § 4 SpruchG Rn. 40; *Hörtnagl*, in: Schmitt/Hörtnagl/Stratz, UmwG, § 4 SpruchG Rn. 11.
48 *Wälzholz*, in: Widmann/Mayer Umwandlungsrecht, § 4 SpruchG Rn. 32; *Hörtnagl*, in: Schmitt/Hörtnagl/Stratz, UmwG, § 4 SpruchG Rn. 11; *Volhard*, in: Semler/Stengel UmwG, § 4 SpruchG Rn. 10; *Wasmann*, in: KK-AktG, § 4 SpruchG Rn. 13.

e) Konkrete Einwendungen

25 Durch das mit Einführung des SpruchG neu geschaffene Rüge- und Begründungserfordernis wurde der nach altem Recht uneingeschränkt geltende Amtsermittlungsgrundsatz (§ 26 FamFG) durch den Beibringungsgrundsatz abgelöst[49]. Mit dieser Verlagerung der Verfahrensförderungspflicht wurde bezweckt, die bei Geltung des Amtsermittlungsgrundsatzes bestehende Notwendigkeit der Erhebung globaler Sachverständigengutachten zur Unternehmensbewertung zu vermeiden. Nun muss sich der Antrag zumindest mit Details und abgrenzbaren Einzelfragen der Unternehmensbewertung bzw. der Bestimmung der Kompensation auseinandersetzen und deren fehlerhafte Würdigung durch den Antragsgegner rügen. Hierbei reichen allgemeine Floskeln und pauschale Einwendungen nicht aus[50]. Die Anforderungen an die Substanziierung der Einwendungen richtet sich nach den dem Antragsteller gemäß § 7 Abs. 3 SpruchG zugänglich gemachten Unterlagen: je mehr Informationen diese Unterlagen enthalten, desto konkreter und substantiierter müssen die Einwendungen sein[51]. Es steht dem Antragsteller zwar frei, auch weitergehende Ausführungen zu machen und etwa seinerseits einen bestimmten Unternehmenswert substanziiert darzulegen[52]; erforderlich oder – im Falle des Nichtbestreitens durch den Antragsgegner – für das Gericht bindend ist das jedoch nicht. Umgekehrt sind Einwendungen des Antragstellers entbehrlich, wenn die zur Verfügung gestellten Unterlagen keine Informationen enthalten, aus denen sich der maßgebliche Unternehmenswert ermitteln lässt[53].

---

49 *Tomson/Hammerschmidt*, NJW 2003, 2572, 2574; siehe zudem die Verfahrensförderungspflichten des Antragstellers nach §§ 7 Abs. 4 und 5, 9 Abs. 1 SpruchG.

50 BGH, Beschluss vom 13.12.2011 – II ZB 12/11; OLG München, Beschluss vom 11.12.2008 – 31 Wx 85/08; OLG Frankfurt, Beschluss vom 06.03.2007 – 20 W 494/06; KG, Beschluss vom 24.01.2008 – 2 W 83/07; *Drescher*, in: Spindler/Stilz AktG, § 4 SpruchG Rn. 22; *Mennicke*, in: Lutter UmwG, § 4 SpruchG Rn. 19; *Leuering*, in: Simon AktG, § 4 SpruchG Rn. 47; *Emmerich*, in: Emmerich/Habersack Aktien- und GmbH-Konzernrecht, § 4 SpruchG Rn. 9; *Wasmann*, in: KK-AktG, § 4 SpruchG Rn. 17.

51 OLG Frankfurt, Beschluss vom 11.01.2007 – 20 W 323/04; KG, Beschluss vom 26.07.2012 – 2 W 44/12; *Kubis*, in: MüKo AktG, § 4 SpruchG Rn. 19; *Drescher*, in: Spindler/Stilz AktG, § 4 SpruchG Rn. 22; *Emmerich*, in: Emmerich/Habersack Aktien- und GmbH-Konzernrecht, § 4 SpruchG Rn. 10; *Wälzholz*, in: Widmann/Mayer Umwandlungsrecht, § 4 SpruchG Rn. 28; *Leuering*, in: Simon AktG, § 4 SpruchG Rn. 47; *Wasmann*, in: KK-AktG, § 4 SpruchG Rn. 18.

52 *Drescher*, in: Spindler/Stilz AktG, § 4 SpruchG Rn. 21; *Mennicke*, in: Lutter UmwG, § 4 SpruchG Rn. 18.

53 KG, Beschluss vom 26.07.2012 – 2 W 44/12; *Drescher*, in: Spindler/Stilz AktG, § 4 SpruchG Rn. 21; *Mennicke*, in: Lutter UmwG, § 4 SpruchG Rn. 18; *Wasmann*, in: KK-AktG, § 4 SpruchG Rn. 18; *Wälzholz*, in: Widmann/Mayer Umwandlungsrecht, § 4 SpruchG Rn. 28.

aa) Erforderliche Angaben

Der Antragsteller muss im Einzelnen auf der Grundlage der nach § 7 26 Abs. 3 SpruchG vorzulegenden Unterlagen (Bericht über den Unternehmensvertrag, Eingliederungsbericht, Bericht über Übertragung der Aktien auf den Hauptaktionär, Umwandlungsbericht) darlegen, weshalb die vom Antragsgegner auf der Grundlage des Unternehmenswertes ermittelte Kompensation nicht angemessen sei (Abs. 2 Satz 2 Ziffer 4). Das Erfordernis konkreter „Einwendungen", d. h. Bewertungsrügen, die gegen die Angemessenheit der Kompensation oder die Feststellung des beanstandeten Unternehmenswertes zu richten sind, beinhaltet eine substanziierte Auseinandersetzung mit der getroffenen Kompensationsregelung[54]. Hierdurch sollen potentielle Antragsteller von vagen, auf bloße Vermutungen hin oder mutwillig erhobenen Anträgen abgehalten werden. Insbesondere ist es nicht ausreichend, darauf hinzuweisen, dass die behauptete fehlerhafte Bewertung des Unternehmens in der Sphäre des Antragsgegners liege. Vielmehr muss sich der Antragsteller über die Grundlage des Kompensationsangebots informieren und auf dieser Grundlage konkrete Rügen erheben. Nur so kann er der ihm obliegenden Darlegungslast genügen. Allerdings dürfen die Anforderungen an die Substanziierung auch nicht überspannt werden, zumal für die Bewertungsrüge sachverständiges Wissen erforderlich ist und eine anwaltliche Vertretung nicht vorgeschrieben ist[55].

Zu Recht hat der Gesetzgeber keine weiteren Anforderungen gestellt, 27 etwa die schlüssige Begründung eines anderen, abweichenden Unternehmenswertes auf der Grundlage eigener Gutachten, da dem Anteilsinhaber weder die entsprechenden Informationen zur Verfügung stehen noch der damit verbundene Aufwand zugemutet werden kann[56]. Die Bestimmung des angemessenen Wertes der begehrten Kompensation ist allein das Vorrecht des Gerichtes und kann auch nicht durch insoweit übereinstimmenden Vortrag der Beteiligten vorweggenommen werden, es sei denn, die Beteiligten schließen mit Zustimmung des gemeinsamen Vertreters einen Vergleich (§ 11 Abs. 2 und 4 SpruchG) *[dazu unten § 6 SpruchG Rn. 12, 25 und § 11 SpruchG Rn. 37, 77]*.

Von einer konkreten Einwendung ist dann auszugehen, wenn sich die 28 vom Antragsteller formulierten Angriffe nicht in formelhaften Beanstandungen der üblicherweise bei Unternehmensbewertungen gewählten Bewertungsgrundlagen erschöpfen, sondern sich spezifisch mit dem relevanten Fall auseinandersetzen und konkrete Bewertungsrügen, die einer Beweisaufnahme zugänglich sind, erkennen lassen[57]. Beispielhaft kön-

---

54 *Wasmann*, in: KK-AktG, § 4 SpruchG Rn. 17; *Mennicke*, in: Lutter UmwG, § 4 SpruchG Rn. 19.
55 BGH, Beschluss vom 13.12.2011 – II ZB 12/11; *Mennicke*, in: Lutter UmwG, § 4 SpruchG Rn. 19; *Leuering*, in: Simon AktG, § 4 SpruchG Rn. 48; *Puszkajler*, ZIP 2003, 518; *Meilicke/Heidel*, DB 2003, 2267, 2269.
56 So im Ergebnis auch *Drescher*, in: Spindler/Stilz AktG, § 4 SpruchG Rn. 22; *Wasmann*, in: KK-AktG, § 4 SpruchG Rn. 18.
57 Vgl. oben FN 45.

SpruchG § 4 Antragsfrist und Antragsbegründung

nen – mit jeweils konkreten Korrekturhinweisen – Abweichungen vom aktuellen Börsenkurs, falsche bzw. unvollständige Annahmen bei Ertragswertbetrachtungen oder bei der Cash-Flow-Ermittlung, z. B. bei der Vergangenheitsbetrachtung oder Zukunftsabschätzung der Erträge, bei der zugrunde gelegten Unternehmensplanung, beim Diskontierungszinssatz, bei den Risikozuschlägen (Beta-Faktor) – im Regelfall dem Hauptproblem der Bewertungen – beanstandet werden. *[Zur näheren Erläuterung des Inhaltes von Unternehmensbewertungen vgl. die Darstellung im Annex zu § 11 SpruchG].*

29 Pauschale Verweise auf die Antragsbegründungen anderer Antragsteller ohne konkreten Bezug zum eigenen Antrag sind nicht zulässig. Vielmehr sind Verweise nur insofern zulässig, als sie zur Bekräftigung eigener konkreter Bewertungsrügen herangezogen werden[58]. Es ist also erforderlich, dass sich der Antragsteller sowohl mit den Informationen zur Unternehmensbewertung als auch – im Falle von Verweisen – mit den Einwendungen der in Bezug genommenen Antragsteller auseinandersetzt.

bb) Angemessenheit der Kompensation

30 Abs. 2 Satz 2 Ziffer 4 Satz 1 ist nach seiner ursprünglich unzureichenden Formulierung durch das SE-Einführungsgesetz[59] erweitert worden, indem nunmehr einerseits jegliche Einwendungen gegen die Angemessenheit der Kompensation nach § 1 zugelassen sind, andererseits nicht mehr der Unternehmenswert nur des Antragsgegners maßgeblich sein soll. Insofern griff die Vorgängerfassung der Vorschrift zu kurz[60]. Denn nicht in jedem Spruchverfahren ist die Bewertung des Antragsgegners maßgeblich. Sowohl bei der Eingliederung, beim Squeeze Out als auch bei Verschmelzungsfällen ist nicht der Unternehmenswert des Antragsgegners für die Ermittlung der Kompensationshöhe maßgeblich, sondern der Unternehmenswert desjenigen Rechtsträgers, an dem der Antragsteller beteiligt war oder ist, der aber nicht Antragsgegner im Spruchverfahren ist. Auch bei der Barabfindung aus einem Unternehmensvertrag nach § 305 Abs. 2 Ziff. 3 AktG ist die Bewertung des beherrschten Unternehmens maßgeblich, das im Spruchverfahren nicht als Antragsgegner vorgesehen ist[61]. In diesen Fällen setzt eine ordnungsgemäße Begründung demnach auch konkrete Einwendungen bzw. Bewertungsrügen hinsichtlich der maßgeblichen Unternehmen voraus, die nicht Antragsgegner sind[62].

---

58 So auch KG, Beschluss vom 26.07.2012 – 2 W 44/12, Beschluss vom 24.01.2008 – 2 W 83/07; *Mennicke*, in: Lutter UmwG, § 4 SpruchG Rn. 19; *Drescher*, in: Spindler/Stilz AktG, § 4 SpruchG Rn. 23; *Klöcker*, in: Schmidt/Lutter AktG, § 4 SpruchG Rn. 26; *Wasmann*, in: KK-AktG, § 4 SpruchG Rn. 17.
59 Vgl. Art. 5 Nr. 3b SEEG.
60 *Leuering*, in: Simon AktG, § 4 SpruchG Rn. 57; *Wasmann/Gayk*, BB 2005, 955, 956; zur a. F. *Van Kann/Hirschmann*, DStR 2003, 1488, 1491.
61 § 5 Nr. 1 SpruchG spricht nur vom „anderen" Vertragsteil des Unternehmensvertrages.
62 So auch *Wasmann*, in: KK-AktG, § 4 SpruchG Rn. 16; *Leuering*, in: Simon AktG, § 4 SpruchG Rn. 57.

cc) Fristverlängerung zur Beschaffung der Unterlagen gemäß § 7 Abs. 3 SpruchG

Sofern der Antragsteller aus von ihm nicht zu vertretenden Gründen, die er gemäß § 17 Abs. 1 SpruchG i. V. m. § 31 Abs. 1 FamFG glaubhaft zu machen hat, nicht über die Unterlagen gemäß § 7 Abs. 3 SpruchG verfügt, kann er – zur Durchsicht dieser Unterlagen und damit zur Ausarbeitung oder Ergänzung seiner Antragsbegründung – eine angemessene Verlängerung der dreimonatigen Begründungsfrist (Abs. 1 Satz 1) beantragen. Zur Glaubhaftmachung können alle üblichen Beweismittel, aber auch Versicherungen an Eides statt, anwaltliche Versicherungen, schriftliche Erklärungen von Zeugen, Privatgutachten, Bezugnahmen auf Gerichtsakten, unbeglaubigte Kopien, Lichtbilder, etc. verwendet werden[63]. Die Beweismittel sind hierbei – entgegen der früheren Rechtslage vor Einführung des FamFG[64] – entsprechend § 294 Abs. 2 ZPO auf präsente Beweismittel beschränkt[65]. Die Verlängerungsmöglichkeit gilt nur, wenn der Antragsteller zugleich gemäß Abs. 2 Satz 2 Ziffer 4 Satz 2 eine Abschriftenerteilung bezüglich der Unterlagen gemäß § 7 Abs. 3 SpruchG verlangt. Nach Vorlage der in § 7 Abs. 3 SpruchG genannten Unterlagen muss dann innerhalb der gewährten Fristverlängerung eine mit konkreten Einwendungen versehene Antragsbegründung vorgelegt werden.

31

Durch diese Erleichterung dürfen aber die an einen fristwahrenden Antrag zu stellenden Anforderungen nicht gelockert werden. Entsprechend sind an das fehlende Verschulden und dessen Glaubhaftmachung hohe Anforderungen zu stellen. Es ist deshalb zu prüfen, ob der Antragsteller die genannten Unterlagen innerhalb der Frist nicht anderweitig, etwa durch Einsicht in das Handelsregister, beim Antragsgegner, in den Geschäftsräumen des betreffenden Unternehmens (vor der Beschlussfassung) sowie während der jeweiligen Gesellschafter- bzw. Hauptversammlung, bei der diese Unterlagen regelmäßig übermittelt werden bzw. ausliegen müssen[66], hätte erhalten und auswerten können[67].

32

---

63 Vgl. statt aller *Greger*, in: Zöller ZPO, § 294 Rn. 3 ff.
64 Zur früheren Rechtslage bei Geltung des FGG: *Leuering*, in: Simon AktG, § 4 SpruchG Rn. 53.
65 *Sternal*, in: Keidel FamFG, § 31 Rn. 1; *Bumiller/Harders*, FamFG, § 31 Rn. 1.
66 Vgl. für Verschmelzungen, Spaltungen und Vermögensübertragungen § 13 Abs. 3 Satz 3 (allgemein), § 42 (Personengesellschaft), § 47 (GmbH), §§ 62 Abs. 3, 63 Abs. 1 UmwG (AG); für Formwechsel § 194 Abs. 2 (allgemein), § 216 (Personengesellschaft), §§ 230, 239 Abs. 1 UmwG (Kapitalgesellschaften); für alle aktienrechtlichen Transaktionen gilt dies in gleicher Weise, vgl. § 293f (Unternehmensverträge), §§ 319 Abs. 3 i. V. m. 320 Abs. 1 Satz 3 (Mehrheitseingliederung), §§ 327c Abs. 3, 327d Satz 1 AktG (Squeeze Out).
67 OLG München, Beschluss vom 11.12.2008 – 31 Wx 85/08; *Wasmann*, in: KK-AktG, § 4 SpruchG Rn. 21; *Kubis*, in: MüKo AktG, § 4 SpruchG Rn. 23; *Mennicke*, in: Lutter UmwG, § 4 SpruchG Rn. 21; *Hörtnagl*, in: Schmitt/Hörtnagl/Stratz, UmwG, § 4 SpruchG Rn. 13; *Emmerich*, in: Emmerich/Habersack Aktien- und GmbH-Konzernrecht, § 4 SpruchG Rn. 11; *Land/Hennings*, AG 2005, 380.

SpruchG § 4 Antragsfrist und Antragsbegründung

33 Das Privileg der Fristverlängerung ist auf die Beschaffung der Unterlagen gemäß § 7 Abs. 3 SpruchG beschränkt. Es ist daher unzulässig, einen Fristverlängerungsantrag zur Nachholung der Antragsbegründung (Abs. 2 Satz 2 Ziffer 4) auf das Fehlen anderweitiger Unterlagen zu stützen und deren Vorlage zu verlangen. Abs. 2 Satz 2 Ziffer 4 ist insofern abschließend und gewährt keine weiteren Verlängerungsmöglichkeiten oder Entschuldigungsgründe[68]. Mit der oben unter Rn. 31 dargestellten Gesetzesänderung ist auch das zuvor existente Problem obsolet geworden, wie es sich auf die Zulässigkeit einer Fristverlängerung auswirkt, wenn Unterlagen derjenigen Unternehmen in Frage stehen, die nicht Antragsgegner sind. Sofern diese Unterlagen dem Antragsteller – ohne dass er dies zu vertreten hat – nicht vorliegen und auch nicht seinem Zugriff unterliegen, musste die Fristverlängerungsmöglichkeit in Abs. 2 Satz 2 Ziffer 4 Satz 2 bislang über eine Analogie hergeleitet werden. Dies ist nun nicht mehr erforderlich. Die Neuerung trifft auch auf keine praktischen Schwierigkeiten, da der Antragsgegner, dem die Abschriftenerteilung auferlegt wird, infolge der Transaktionsstruktur regelmäßig Zugriff auf die betreffenden Unternehmen hat (z. B. das herrschende auf das beherrschte Unternehmen beim Unternehmensvertrag, die Hauptgesellschaft bei der Eingliederung, der Hauptaktionär beim Squeeze Out, der übernehmende Rechtsträger bei der Verschmelzung).

f) Angabe der Anzahl der gehaltenen Anteile

34 Die in Abs. 2 Satz 3 vorgesehene Bezifferung der Anzahl der aktuell bzw. vor dem Ausscheiden gehaltenen Anteile soll die Bestimmung des Geschäftswertes für die Berechnung der Anwaltsgebühren (§ 15 SpruchG, § 31 Abs. 1 Satz 1 RVG) ermöglichen *[dazu unten § 15 SpruchG Rn. 45, 87]*. Auch insoweit hat der Antragsteller – wie im Rahmen der Darlegung der Antragsberechtigung nach § 3 Satz 3 SpruchG – die Anzahl der von ihm gehaltenen Anteile durch Urkunden nachzuweisen. Weist der Antragsteller die Anzahl nicht nach, greift die gesetzliche Vermutung des § 31 Abs. 1 Satz 3 RVG, nach der davon ausgegangen wird, dass der Antragsteller lediglich einen einzigen Anteil hält.

35 Es handelt sich bei Abs. 2 Satz 3 um eine Sollvorschrift, so dass die Nichteinhaltung dieser Anforderung nicht zur Unzulässigkeit (oder Unbegründetheit) des Antrages führt[69]. Die Angaben sind vielmehr im Laufe des Verfahrens vom Gericht nachzuerheben. Wenn der Antragsteller gleichwohl keine Informationen dazu gibt, die für das Gericht bei der Ermittlung des Geschäftswertes hilfreich gewesen wären, kann der Geschäfts-

---

68 *Wasmann*, in: KK-AktG, § 4 SpruchG Rn. 22; *Kubis*, in: MüKo AktG, § 4 SpruchG Rn. 23; *Mennicke*, in: Lutter UmwG, § 4 SpruchG Rn. 22.
69 *Mennicke*, in: Lutter UmwG, § 4 SpruchG Rn. 23; *Wasmann*, in: KK-AktG, § 4 SpruchG Rn. 20; *Wälzholz*, in: Widmann/Mayer Umwandlungsrecht, § 4 SpruchG Rn. 34; *Drescher*, in: Spindler/Stilz AktG, § 4 SpruchG Rn. 24; *Kubis*, in: MüKo AktG, § 4 SpruchG Rn. 24; *Leuering*, in: Simon AktG, § 4 SpruchG Rn. 60; *Simons*, in: Hölters AktG, § 4 SpruchG Rn. 33.

wert nach pflichtgemäßem Ermessen geschätzt werden *[s. dazu unten § 15 SpruchG Rn. 49]*.

III. Antragsfrist und Antragsbegründung in weiteren Fällen der Anwendung des Spruchverfahrens

§ 1 SpruchG ist nicht als abschließende Regelung zu verstehen, die eine 36 Anwendung des Spruchverfahrens über die in § 1 SpruchG aufgezählten Fälle hinaus ausschließen würde *[dazu im Einzelnen oben § 1 SpruchG Rn. 35 ff.]*. Dies betrifft insbesondere die Fälle der Mehrstimmrechte und der übertragenden Auflösung. Beim regulären Delisting findet das Spruchverfahren keine Anwendung mehr *[s. u. Rn. 41]*.

1. Mehrstimmrechte

Für die infolge der gesetzlichen Frist in § 5 Abs. 1 EGAktG (01.06.2003) 37 erloschenen oder durch Hauptversammlungsbeschluss gemäß § 5 Abs. 2 EGAktG aufgehobenen Mehrstimmrechte steht den betroffenen Aktionären ein angemessener Ausgleich zu, der im Spruchverfahren überprüft bzw. festgesetzt werden kann *[s. oben § 1 SpruchG Rn. 36.]*. Während der erste Fall durch Zeitablauf (vor 12 Jahren!) keine Bedeutung mehr haben dürfte, ist der zweite Fall aktuell, da die Hauptversammlung diese Aufhebung zu jedem beliebigen Zeitpunkt beschließen kann, sofern sie zunächst – vor dem 01.06.2003 – die Fortgeltung der Mehrstimmrechte beschlossen hatte.

Die Antragsfrist beträgt in diesem Fall nur zwei Monate und beginnt mit 38 der Bekanntmachung gemäß § 10 HGB der Registereintragung der Satzungsänderung zur Aufhebung der Mehrstimmrechte (§ 5 Abs. 4 Satz 3 EGAktG). Im Falle des gesetzlichen Erlöschens der Mehrstimmrechte am 01.06.2003 hätte der Antrag bis zum 31.07.2003 gestellt werden müssen (§ 5 Abs. 3 Satz 2 EGAktG). Für die Antragsbegründung gilt das oben Ausgeführte entsprechend *[Rn. 18 ff.]*.

2. Übertragende Auflösung

Gemäß § 179a Abs. 3 AktG kann die mit satzungsändernder Mehrheit 39 (§ 179 Abs. 2 AktG) zu beschließende Übertragung des Gesellschaftsvermögens einer Aktiengesellschaft auf ein anderes Unternehmen auch mit der Auflösung der Aktiengesellschaft verbunden werden. Diese übertragende Auflösung verpflichtet nach der Rechtsprechung des BVerfG den Mehrheitsaktionär dazu, den Minderheitsaktionären durch die Gewährung einer angemessenen Abfindung das Ausscheiden aus der Gesellschaft zu ermöglichen, um nicht auf den Liquidationserlös verwiesen werden zu müssen[70]. Das BVerfG hat für diesen Fall zwar einen Rechtsschutz der Minderheitsaktionäre im Wege der Anfechtungsklage vorge-

---

70 BVerfG Beschluss vom 23.08.2000 – 1 BvR 68/95 und 147/97 (Moto-Meter).

sehen, das hier passende – und richtigerweise einschlägig anwendbare – Spruchverfahren jedoch nicht ausgeschlossen *[vgl. dazu oben § 1 SpruchG Rn. 66.]*[71].

40 Für die Berechnung der Antragsfrist ist auf die Bekanntmachung (§ 10 HGB) der Eintragung der Auflösung der Aktiengesellschaft gemäß § 263 AktG abzustellen. Für die Antragsbegründung gilt das oben Ausgeführte entsprechend *[Rn. 18 ff.]*.

3. Reguläres Delisting

41 Die mit dem Macrotron-Urteil des BGH aus dem Jahr 2002 eingeführte Verpflichtung des Mehrheitsgesellschafters, im Falle eines Hauptversammlungsbeschlussfassung über den Widerruf der Börsenzulassung („reguläres Delisting") den Minderheitsgesellschaftern ein Pflichtangebot zum Erwerb ihrer Aktien zu unterbreiten *[vgl. die ausführliche Darstellung im Annex zu § 1 SpruchG]*[72], ist durch den FRoSTA-Beschluss des BGH von 2013[73], im Anschluss an die ablehnende Entscheidung des BVerfG[74], wieder aufgegeben worden. Seither sind Spruchverfahren im Rahmen des Delisting nicht mehr statthaft, so dass auch bereits eingeleitete Spruchverfahren nachträglich von Amts wegen für unzulässig erklärt werden müssen[75]. Die Prüfung einer etwaigen Antragsfrist und Antragsbegründung ist daher insofern obsolet.

---

71 *Land/Hennings*, Aktuelle Probleme von Spruchverfahren nach gesellschaftsrechtlichen Strukturmaßnahmen, AG 2005, 380–387 und die von *Roth*, NZG 2003, 998, 1002, zusammengestellte „überwiegende Ansicht in der Literatur" vor Geltung des SpruchG; seither wird die (analoge) Anwendbarkeit des SpruchG überwiegend abgelehnt: vgl. *Kubis*, in: MüKo AktG; § 1 SpruchG Rn. 28; *Drescher*, in: Spindler/Stilz AktG, § 1 SpruchG Rn. 19.
72 BGH „Macrotron" Urteil vom 25.11.2002 – II ZR 133/01.
73 BGH „FRoSTA" Beschluss vom 08.10.2013 – II ZB 26/12.
74 BVerfG Beschluss vom 11.07.2012 – 1 BvR 3142/07 und 1BvR 1569/08.
75 OLG Düsseldorf, Beschluss vom 22.09.2014 – I-26 W 20/12; OLG München, Beschluss vom 28.01.2015 – 31 Wx 292/14; so auch *Simons*, in: Hölters AktG, § 1 SpruchG Rn. 14a; *Glienke/Röder*, BB 2014, 899, 907; a.A. LG Stuttgart, *Beschluss* vom 20.10.2014 – 31 O 84/07.

§ 5 Antragsgegner

Der Antrag auf gerichtliche Entscheidung in einem Verfahren nach § 1 ist in den Fällen

1. **der Nummer 1 gegen den anderen Vertragsteil des Unternehmensvertrags;**
2. **der Nummer 2 gegen die Hauptgesellschaft;**
3. **der Nummer 3 gegen den Hauptaktionär;**
4. **der Nummer 4 gegen die übernehmenden oder neuen Rechtsträger oder gegen den Rechtsträger neuer Rechtsform;**
5. **der Nummer 5 gegen die SE, aber im Fall des § 9 des SE-Ausführungsgesetzes gegen die die Gründung anstrebende Gesellschaft;**
6. **der Nummer 6 gegen die Europäische Genossenschaft**

zu richten.

Inhalt

		Rn.			Rn.
I.	Überblick	1		5. Antragsgegner in Spruchverfahren bei der Gründung oder Sitzverlegung einer SE (§§ 6, 7, 9, 11 und 12 des SE-Ausführungsgesetzes)	8
II.	Inhalt der Norm	3			
	1. Antragsgegner in Spruchverfahren bei Beherrschungs- und Gewinnabführungsverträgen (§§ 304, 305 AktG)	3			
	2. Antragsgegner in Spruchverfahren bei Eingliederungen von Aktiengesellschaften (§ 320b AktG)	4		6. Antragsgegner in Spruchverfahren bei der Gründung einer Europäischen Genossenschaft (§ 7 des SCE-Ausführungsgesetzes)	9
	3. Antragsgegner in Spruchverfahren bei Aktienübertragungen auf den Hauptaktionär (§§ 327a–327f AktG, Squeeze Out)	5		7. Keine Nebenintervention auf Seiten des Antragsgegners	10
				8. Insolvenz des Antragsgegners	11
	4. Antragsgegner in Spruchverfahren bei Umwandlungen von Rechtsträgern (§§ 15, 34, 122h, 122i, 176 bis 181, 184, 196 oder 212 UmwG)	6	III.	Antragsgegner in weiteren Fällen der Anwendung des Spruchverfahrens	13
				1. Mehrstimmrechte	14
				2. Übertragende Auflösung	15
				3. Reguläres Delisting	16

SpruchG § 5 Antragsgegner

Spezielle Literatur: *Bidmon*, Die Reform des Spruchverfahrens durch das SpruchG, (Diss) 2007; *Fuhrmann/Linnerz*, Zweifelsfragen des neuen Spruchverfahrens, Der Konzern 2004, 265–273; *Land/Hennings*, Aktuelle Probleme von Spruchverfahren nach gesellschaftsrechtlichen Strukturmaßnahmen, AG 2005, 380–387; *Wasmann*, Erlöschen und Beseitigung von Mehrstimmrechten nach § 5 EGAktG: Gerichtliche Prüfung des Ausgleichs im Spruchverfahren, BB 2003, 57–65; *Wasmann/Gayk*, SEEG und IDW ES 1 n. F.: Neues im Spruchverfahren, BB 2005, 955–957; *Roth*, Die übertragende Auflösung nach Einführung des Squeeze-out, NZG, 2003–1005; *Wasmann*, Anforderungen an die Zulässigkeit eines Antrags nach dem Spruchverfahrensgesetz und Auswirkungen der (Un-)Zulässigkeit, WM 2004, 819–825; *Wittgens*, Das Spruchverfahrensgesetz, (Diss) 2005.

I. Überblick

1 Während nach früherer Rechtslage vor Inkrafttreten des Spruchverfahrensgesetzes der Antragsgegner eines durchzuführenden Spruchverfahrens lediglich im Umwandlungsrecht (§ 307 Abs. 2 UmwG a. F.), nicht dagegen im Aktiengesetz gesetzlich bestimmt war, ist dies im SpruchG nunmehr auch für die aktienrechtlichen Ausgleichs- und Abfindungsfälle (§§ 304, 305, 320b, 327f AktG) ausdrücklich geregelt. Insoweit enthält die neue Regelung Klarstellungen zur Rechtslage auf der Grundlage der bereits vor Einführung des SpruchG herrschenden Meinung. Antragsgegner ist danach derjenige Rechtsträger, gegen den sich der – im Spruchverfahren zu überprüfende – Kompensationsanspruch gemäß den zugrundeliegenden materiellrechtlichen Anspruchsnormen richtet[1]. Auf die Klarstellung in § 307 Abs. 2 UmwG a. F., dass im Falle einer Gesellschaft bürgerlichen Rechts der Antrag gegen deren Gesellschafter zu richten war, konnte angesichts der zwischenzeitlichen BGH-Rechtsprechung verzichtet werden, die den Antrag nunmehr auch gegen die GbR selbst für möglich und damit auch erforderlich erklärte[2]. Durch das SE-Einführungsgesetz[3] wurde der Vorschrift die Nr. 5 hinzugefügt, durch das SCE-Einführungsgesetz[4] die Nr. 6.

---

1 *Wasmann*, in: KK-AktG, § 5 SpruchG Rn. 1; *Emmerich*, in: Emmerich/Habersack Aktien- und GmbH-Konzernrecht, § 5 SpruchG Rn. 1; *Wälzholz*, in: Widmann/Mayer UmwG Anh. 13, § 5 SpruchG Rn. 1.3; *Hüffer/Koch*, AktG, Anh § 305 § 5 SpruchG Rn. 2; *Leuering*, in: Simon, SpruchG § 5 Rn. 3; *Simons*, in: Hölters AktG, § 5 SpruchG Rn. 2; für das frühere Recht auch schon OLG Düsseldorf Beschluss vom 15.01.2004 – I 19 W 5/03 AktE.
2 BGH, Urteil vom 29.01.2001 – II ZR 331/00; vgl. auch schon die Vorauflage in § 5 SpruchG Rn. 6.
3 Vgl. Artikel 5 Nr. 4 des Gesetzes zur Ausführung der Verordnung (EG) Nr. 2157/2001 des Rates vom 08.10.2001 über das Statut der Europäischen Gesellschaft („SE-Ausführungsgesetz") vom 22.12.2004, BGBl. I 2004, S. 3675.
4 Vgl. Artikel 7 Nr. 4 des Gesetzes zur Ausführung der Verordnung (EG) Nr. 1435/2003 des Rates vom 22.07.2003 über das Statut der Europäischen Genossenschaft („SCE-Ausführungsgesetz") vom 14.08.2006, BGBl. I 2006, S. 1911.

Die konkrete Bezeichnung des Antragsgegners gehört zum zwingenden 2
Mindestinhalt der Antragsbegründung (§ 4 Abs. 2 Satz 2 Nr. 1 SpruchG).
Ohne diese Angabe bzw. bei Nennung eines falschen Antragsgegners
ist der Antrag als unzulässig zurückzuweisen[5] *[siehe dazu im Einzelnen
oben § 4 Rn. 22]*.

II. Inhalt der Norm

1. Antragsgegner in Spruchverfahren bei Beherrschungs- und Gewinnabführungsverträgen (§§ 304, 305 AktG)

Antragsgegner ist der andere Vertragsteil des Unternehmensvertrages. 3
Zu dessen Bestimmung kann spiegelbildlich auf die Ausführungen zum
außenstehenden Aktionär im Rahmen der Antragsberechtigung verwiesen werden *[siehe oben § 3 SpruchG Rn. 35ff.]*. Sonstige, konzernmäßig
verbundene Gesellschaften des anderen Vertragsteils, also etwa dessen
Gesellschafter oder Konzernobergesellschaft, sind nicht passivlegitimiert[6].

2. Antragsgegner in Spruchverfahren bei Eingliederungen von Aktiengesellschaften (§ 320b AktG)

Antragsgegner ist ausschließlich die eingliedernde Gesellschaft (Haupt- 4
gesellschaft), nicht die eingegliederte Gesellschaft. Auch Konzerngesellschaften der eingliedernden Gesellschaft sind nicht passivlegitimiert[7].

---

5 OLG Düsseldorf Beschluss vom 04.07.2012 – 26 W 11/11; OLG Frankfurt Beschluss vom 19.02.2009 – 20 W 495/08; *Klöcker*, in: Schmidt/Lutter AktG, § 5 SpruchG Rn. 1; *Emmerich*, in: Emmerich/Habersack Aktien- und GmbH-Konzernrecht, § 5 SpruchG Rn. 1; *Weingärtner*, in: Heidel, Aktienrecht und Kapitalmarktrecht, § 5 SpruchG Rn. 2; *Kubis*, in: MüKo AktG, § 5 SpruchG Rn. 13, § 5 Rn. 1 (für das Fehlen jeglicher Benennung des Antragsgegners); *Koppensteiner* in: KK-AktG Anh § 327f SpruchG § 5 Rn. 25; *Simons*, in: Hölters AktG § 5 SpruchG Rn. 1, 8; *Volhard*, in: Semler/Stengel, UmwG, § 5 SpruchG Rn. 1; *Wälzholz*, in: Widmann/Mayer UmwG Anh. 13, § 5 SpruchG Rn. 1; *Wittgens*, Spruchverfahrensgesetz, S. 144; a. A. (als unbegründet abzuweisen) OLG Stuttgart Beschluss vom 24.06.2010 – 20 W 2/09; *Puszkajler* in: KK-AktG, § 11 SpruchG Rn. 11; *Drescher*, in: Spindler/Stilz, AktG, § 4 SpruchG Rn. 18; *Hörtnagl*, in: Schmitt/Hörtnagl/Stratz, UmwG § 5 SpruchG Rn. 9; *Mennicke* in: Lutter UmwG Anh I, § 5 SpruchG Rn. 1; *Kubis*, in: MüKo AktG, § 5 SpruchG Rn. 13, § 5 Rn. 1 (für den Fall einer „nur" unzutreffenden Bezeichnung des Antragsgegners); *Leuering*, in: Simon, SpruchG § 4 Rn. 37.
6 So auch *Wälzholz*, in: Widmann/Mayer Umwandlungsrecht, § 5 SpruchG Rn. 10; *Weingärtner*, in: Heidel, Aktienrecht und Kapitalmarktrecht, § 5 SpruchG Rn. 4; anders wohl *Emmerich*, in: Emmerich/Habersack Aktien- und GmbH-Konzernrecht, § 5 SpruchG Rn. 5.
7 Anders wiederum *Emmerich*, in: Emmerich/Habersack Aktien- und GmbH-Konzernrecht, § 5 SpruchG Rn. 5.

3. Antragsgegner in Spruchverfahren bei Aktienübertragungen auf den Hauptaktionär (§§ 327a–327f AktG, Squeeze Out)

5 Entgegen der in der Vergangenheit teilweise vertretenen abweichenden Auffassung[8] stellt Ziffer 3 klar, dass bei einem Squeeze Out allein der Hauptaktionär der Antragsgegner ist und nicht die Gesellschaft, deren Anteile vom Hauptaktionär vollständig übernommen worden sind[9].

4. Antragsgegner in Spruchverfahren bei Umwandlungen von Rechtsträgern (§§ 15, 34, 122h, 122i, 176 bis 181, 184, 196 oder 212 UmwG)

6 Bei umwandlungsbedingt eingeleiteten Spruchverfahren ist der Antrag gegen den übernehmenden oder neuen Rechtsträger oder den Rechtsträger neuer Rechtsform zu richten. Der Antrag kann und darf nicht mehr gegen die einzelnen Gesellschafter, sondern muss ausschließlich gegen die Gesellschaft gerichtet werden[10]. Sind bei einer Spaltung mehrere übernehmende Rechtsträger beteiligt, ist der Antrag gegen alle zu richten[11]. Dieser Wortlaut des Gesetzes ist zu respektieren, auch wenn die inter omnes-Wirkung der Entscheidung gemäß § 13 Satz 2 SpruchG ohnehin eine Erstreckung der Entscheidung auch auf nicht-beteiligte, aber betroffene Unternehmen anordnet. Wegen der den Antragsgegnern gesamtschuldnerisch obliegenden Kostentragungspflicht gemäß §§ 6 Abs. 2 Satz 1 SpruchG *[siehe dazu unten § 6 Rn. 64 ff.]* und § 32 Abs. 1 GNotKG *[siehe dazu unten § 15 Rn. 10]* ist ein gegen alle übernehmenden Rechtsträger zu richtender Antrag zudem erforderlich, um dem in Anspruch genommenen Antragsgegner auf der Basis dieser gesamtschuldnerischen Haftung eine Rückgriffsmöglichkeit gegen die anderen Antragsgegner zu geben.

---

8 (Gegen die Gesellschaft, nicht ihren Hauptaktionär:) OLG Hamburg Beschluss vom 14.06.2004 – 11 W 94/03.

9 OLG Frankfurt Beschluss vom 19.02.2009 – 20 W 495/08; *Emmerich,* in: Emmerich/Habersack Aktien- und GmbH-Konzernrecht, § 5 SpruchG Rn. 1; *Weingärtner,* in: Heidel, Aktienrecht und Kapitalmarktrecht, § 5 SpruchG Rn. 4; *Fuhrmann/Linnerz,* Der Konzern 2004, 265, 268; dies galt auch für die vor Inkrafttreten des SpruchG eingeleiteten Spruchverfahren: Saarländisches OLG, Beschluss vom 15.05.2003 – 7 W 93/03 – 16; OLG Düsseldorf, Beschluss vom 04.07.2012 – I-26 W 11/11.

10 So auch *Mennicke,* in: Lutter UmwG, § 5 SpruchG Rn. 4; *Drescher,* in: Spindler/Stilz AktG, § 5 Rn. 5.

11 *Emmerich,* in: Emmerich/Habersack Aktien- und GmbH-Konzernrecht, § 5 SpruchG Rn. 2; *Mennicke,* in: Lutter UmwG, Anh I § 5 SpruchG Rn. 4; *Klöcker,* in: Schmidt/Lutter AktG, § 5 SpruchG Rn. 6; *Weingärtner,* in: Heidel, Aktienrecht und Kapitalmarktrecht, § 5 SpruchG Rn. 4; *Kubis,* in: MüKo AktG, § 5 SpruchG Rn. 3; *Wasmann,* in: KK-AktG, § 5 SpruchG Rn. 4; *Drescher,* in: Spindler/Stilz, AktG, § 5 SpruchG Rn. 5; *Hüffer/Koch,* AktG Anh § 305 § 5 SpruchG Rn. 3; *Leuering,* in: Simon, SpruchG § 5 Rn. 8; *Simons,* in: Hölters AktG, § 5 SpruchG Rn. 3; *Hörtnagl,* in: Schmitt/Hörtnagl/Stratz, UmwG § 5 SpruchG Rn. 2; *Volhard,* in: Semler/Stengel, UmwG, § 5 SpruchG Rn. 2; *Wälzholz,* in: Widmann/Mayer UmwG Anh. 13, § 5 SpruchG Rn. 9.

Von der (ausschließlichen) Zuständigkeit der in § 5 definierten Antrags- 7
gegner unberührt bleibt die Möglichkeit, im Rahmen einer dem Spruchverfahren nachfolgenden Leistungsklage die Gesellschafter aufgrund ihrer persönlichen Haftung unmittelbar auf Zahlung in Anspruch zu nehmen. Dies gilt entsprechend für die persönlich haftenden Gesellschafter einer OHG und KG, deren Einbeziehung in das Spruchverfahren gemäß § 5 SpruchG unzulässig wäre, angesichts der „inter-omnes-Wirkung" des § 13 SpruchG auch nicht erforderlich ist.

5. Antragsgegner in Spruchverfahren bei der Gründung oder Sitzverlegung einer SE (§§ 6, 7, 9, 11 und 12 des SE-Ausführungsgesetzes)

Bei der Gründung oder Sitzverlegung einer SE ist im Regelfall diese 8
selbst der richtige Antragsgegner, wenn der Antragsteller die Verbesserung des Umtauschverhältnisses oder eine Erhöhung der Abfindung verfolgt. Eine Ausnahmeregelung besteht für den in § 9 SE-AG geregelten Fall der Gründung einer Holding-SE mit Sitz im Ausland. Hier ist die deutsche Gesellschaft Antragsgegner, welche die SE-Gründung im Ausland anstrebt[12].

6. Antragsgegner in Spruchverfahren bei der Gründung einer Europäischen Genossenschaft (§ 7 des SCE-Ausführungsgesetzes)

Antragsgegner ist sowohl im Fall des § 7 Abs. 4 Satz 1 SCE-AG als auch 9
des § 7 Abs. 4 Satz 2 SCE-AG die neu gegründete Europäische Genossenschaft[13].

7. Keine Nebenintervention auf Seiten des Antragsgegners

Wie auch im Falle des/der Antragsteller/s *[vgl. oben § 3 SpruchG Rn. 33]* 10
ist auf Seiten des Antragsgegners infolge der numerus-clausus-Regelung des § 7 Abs. 2, 3 FamFG keine Nebenintervention zulässig[14].

8. Insolvenz des Antragsgegners

Im Falle einer Insolvenz des Antragsgegners wird das Spruchverfah- 11
ren (als „streitiges Verfahren" der freiwilligen Gerichtsbarkeit) analog § 240 ZPO unterbrochen, da es die Festlegung der vom Antragsgegner zu gewährenden Ausgleichsverpflichtung, also die Insolvenzmasse betrifft[15].

---

12 *Klöcker*, in: Schmidt/Lutter AktG, § 5 SpruchG Rn. 7; *Emmerich*, in: Emmerich/Habersack Aktien- und GmbH-Konzernrecht, § 5 SpruchG Rn. 3; *Mennicke* in: Lutter UmwG Anh I § 5 SpruchG Rn. 5.
13 *Klöcker*, in: Schmidt/Lutter AktG, § 5 SpruchG Rn. 8; *Emmerich*, in: Emmerich/Habersack Aktien- und GmbH-Konzernrecht, § 5 SpruchG Rn. 3; *Mennicke* in: Lutter UmwG Anh I § 5 SpruchG Rn. 5.
14 *Drescher*, in: Spindler/Stilz, AktG, § 5 SpruchG Rn. 11 und 12.
15 So auch *Puszkajler* in: KK-AktG, § 11 SpruchG Rn. 57; *Wälzholz*, in: Widmann/Mayer UmwG Anh. 13, § 17 SpruchG Rn. 9.1; *Emmerich*, in: Emmerich/Haber-
(Fortsetzung der Fußnote auf Seite 204)

Der Gegeneinwand der wohl noch h. M.[16], dass im Spruchverfahren keine Zahlungsansprüche verfolgt würden, sondern nur die – rückwirkende – Korrektur der maßgeblichen gesellschaftsrechtlichen Beschlussfassung anstehe, geht fehl. Denn tatsächlich wird im Spruchverfahren verbindlich über die Vermögensbelastung des Antragsgegners entschieden. Die gesonderte zivilprozessuale Leistungsklage dient lediglich der Beschaffung eines Zahlungstitels (für den Fall, dass der Antragsteller nicht, wie im Regelfall, bereits aufgrund des Spruchverfahrens zahlt). Für diesen Zahlungsprozess ist allerdings die im Spruchverfahren festgelegte Kompensation in jeder Hinsicht verbindlich (§ 13 SpruchG); es sind allenfalls noch sonstige Umstände, etwa weitere gegenseitige Zahlungspflichten oder Gegenansprüche zu beachten. An der Einwirkung des Spruchverfahrens auf die Insolvenzmasse, d.h. auf das Vermögen des Antragstellers, kann daher nicht gezweifelt werden. Es erscheint mit dem Schutzgedanken des Insolvenzrechts nicht vereinbar, den Insolvenzverwalter ohne Unterbrechungs- und damit ohne Ausstiegsmöglichkeit in ein (Spruch-)Verfahren zu zwingen und damit die Insolvenzmasse zu belasten, ohne dass eine (vermögensrechtliche) Erfolgschance besteht. Denn der Insolvenzverwalter kann in diesem (Spruch-)Verfahren nichts gewinnen, sondern allenfalls eine höhere Kompensationsverpflichtung abwenden, die er insolvenzbedingt im Regelfall ohnehin nicht erfüllen könnte.

12 Im Regelfall wird diese Unterbrechung auch das Ende des Verfahrens bedeuten, da es weder vom Insolvenzverwalter noch von dem/den Antragsteller(n) wieder aufgenommen werden kann. Denn bei der erhöhten Kompensation geht es um „einfache" Insolvenzforderungen, nicht dagegen um Aussonderungen, abgesonderte Befriedigung von Insolvenz-

---

sack Aktien- und GmbH-Konzernrecht, § 297 AktG Rn. 56 und § 11 SpruchG Rn. 17; *Wittgens*, S. 234 f., 236, für den Fall, dass die herrschende Gesellschaft Antragsgegnerin ist (ablehnend für die Insolvenz der abhängigen Gesellschaft; dabei bleibt unklar, wen er in diesem Fall als Antragsgegner ansieht; ist der Antrag gegen eine abhängige Gesellschaft gerichtet, wäre deren Vermögen betroffen, so dass nach seinen Überlegungen § 240 ZPO dann auch insoweit gelten müsste); *Kroth*, in: Eberhard Braun InsO, vor §§ 85–87, Rn. 9, für „Streitverfahren" der freiwilligen Gerichtsbarkeit.

16 OLG Frankfurt Beschluss vom 29.12.2005 – 20 W 250/05; OLG Schleswig Beschluss vom 23.06.2008 – 5 W 24/08; OLG Stuttgart Beschluss vom 24.06.2010 – 20 W 2/09; *Drescher*, in: Spindler/Stilz, AktG, § 5 SpruchG Rn. 9, *Sternal*, in: Keidel FamFG, § 1 Rn. 39, § 21 Rn. 39 unter Berufung auf eine insoweit allerdings nicht einschlägige Rechtsprechung, weil keine „streitigen Verfahren" betreffende BGH-Rechtsprechung (Beschluss vom 04.04.2011 – V ZB 308/10 betrifft eine die Erteilung eines Grundschuldbriefes; OLG Zweibrücken Beschluss vom 05.11.1999 – 3 W 112/99 betrifft eine Erbscheinerteilung; OLG Köln Beschluss vom 11.07.2001 – 2 Wx 13/01 betrifft eine Registeranmeldung); OLG Naumburg Beschluss vom 09.12.2003 – 8 UF 156/03 betrifft ein Hausratsverteilungsverfahren); ablehnend auch *Bumiller/Harders*, FamFG, § 21 Rn. 7, allerdings ohne Bezugnahme auf Insolvenzen; *Hüffer/Koch*, AktG, Anh § 305, § 5 SpruchG Rn. 2; *Kubis*, in: MüKo AktG, § 5 SpruchG Rn. 1; *Leuering*, in: Simon, SpruchG § 5 Rn. 15; *Simons*, in: Hölters AktG, § 5 SpruchG Rn. 5.

gläubigern oder Masseverbindlichkeiten (§ 86 InsO). Das macht auch Sinn, da es weder im Interesse des/der Antragsteller steht, auf ihre Kosten (eine Kostenerstattung ihrer außergerichtlichen Kosten gemäß § 15 Abs. 2 SpruchG wird im Regelfall nicht mehr zu erlangen sein!) Ansprüche feststellen zu lassen, die sie dann ohnehin nicht oder nur quotal durchsetzen können. Vielmehr entspricht es dem Bedürfnis der Praxis, unnötige Kosten und Verfahrenszeiten zu vermeiden, indem sogleich die von dem/den Antragsteller(n) geltend gemachte erhöhte Kompensation (mangels Spruchverfahrens bestmöglich geschätzt) zur Insolvenztabelle angemeldet wird, anstatt das – u. U. auch noch zeit- und kostenaufwändige – Spruchverfahren bis zu seiner Beendigung durchlaufen zu müssen. Sollte der Insolvenzverwalter gegen die Anmeldung nachhaltige Bedenken haben, hat er dann die Möglichkeit, zu widersprechen und dem/den Antragsteller(n) anheim zu geben, auf ihre Kosten und Risiko eine Erhöhung der Kompensation durchzusetzen.

III. Antragsgegner in weiteren Fällen der Anwendung des Spruchverfahrens

§ 1 SpruchG ist nicht als abschließende Regelung zu verstehen, die eine Anwendung des Spruchverfahrens über die in § 1 SpruchG aufgezählten Fälle hinaus ausschließen würde *[s. oben § 1 SpruchG Rn. 35 ff.]*. Dies betrifft insbesondere die Fälle der Mehrstimmrechte und der übertragenden Auflösung. Beim regulären Delisting findet das Spruchverfahren dagegen keine Anwendung mehr *[vgl. dazu unten Rn. 14]*. Antragsgegner sind stets diejenigen, gegen die der zu überprüfende Kompensationsanspruch gerichtet ist[17]. 13

1. Mehrstimmrechte

Für die infolge der gesetzlichen Frist in § 5 Abs. 1 EGAktG (01.06.2003) erloschenen oder durch Hauptversammlungsbeschluss gemäß § 5 Abs. 2 EGAktG aufgehobenen Mehrstimmrechte steht den betroffenen Aktionären ein angemessener Ausgleich zu, der im Spruchverfahren überprüft bzw. festgesetzt werden kann *[s. oben § 1 SpruchG Rn. 36 ff.]*. Während der erste Fall durch Zeitablauf (vor 12 Jahren!) keine Bedeutung mehr haben dürfte, ist der zweite Fall aktuell, da die Hauptversammlung diese Aufhebung zu jedem beliebigen Zeitpunkt beschließen kann, sofern sie zunächst – vor dem 01.06.2003 – die Fortgeltung der Mehrstimmrechte beschlossen hatte. Antragsgegner ist in diesen Fällen die Gesellschaft (§ 5 Abs. 3 Satz 1 EGAktG), da sie den Ausgleich schuldet[18]. 14

---

17 OLG München, Beschluss vom 11.12.2008 – 31 Wx 85/08; *Wasmann*, in: KK-AktG, § 5 SpruchG Rn. 6; *Kubis*, in: MüKo AktG, § 5 SpruchG Rn. 6.
18 *Klöcker*, in: Schmidt/Lutter AktG, § 5 SpruchG Rn. 9; *Mennicke* in: Lutter UmwG Anh I § 5 SpruchG Rn. 6; *Leuering*, in: Simon, SpruchG § 5 Rn. 12; *Volhard*, in: Semler/Stengel, UmwG, § 5 SpruchG Rn. 3; *Wälzholz*, in: Widmann/Mayer UmwG Anh. 13, § 5 SpruchG Rn. 5.4; *Wasmann*, in: KK-AktG, § 5 SpruchG Rn. 6; *Weingärtner*, in: Heidel, Aktienrecht und Kapitalmarktrecht, § 5 SpruchG Rn. 4.

2. Übertragende Auflösung

15 Gemäß § 179a Abs. 3 AktG kann die mit satzungsändernder Mehrheit (§ 179 Abs. 2 AktG) zu beschließende Übertragung des Gesellschaftsvermögens einer Aktiengesellschaft auf ein anderes Unternehmen auch mit der Auflösung der Aktiengesellschaft verbunden werden. Diese übertragende Auflösung verpflichtet nach der Rechtsprechung des BVerfG den Mehrheitsaktionär dazu, den Minderheitsaktionären durch die Gewährung einer angemessenen Abfindung das Ausscheiden aus der Gesellschaft zu ermöglichen, um nicht auf den Liquidationserlös verwiesen werden zu müssen[19]. Das BVerfG hat für diesen Fall zwar einen Rechtsschutz der Minderheitsaktionäre im Wege der Anfechtungsklage vorgesehen, das hier passende – und richtigerweise einschlägig anwendbare – Spruchverfahren jedoch nicht ausgeschlossen[20] *[vgl. dazu oben § 1 SpruchG Rn. 66 ff.]*. Antragsgegner ist wahlweise die Gesellschaft oder – sofern vorhanden – der hinter der Beschlussfassung stehende Mehrheitsaktionär. Der Antrag ist dementsprechend zumindest gegen einen von ihnen, zweckmäßigerweise aber gegen beide zu richten.

3. Reguläres Delisting

16 Die mit dem Macrotron-Urteil des BGH aus dem Jahr 2002 eingeführte Verpflichtung des Mehrheitsgesellschafters, im Falle eines Hauptversammlungsbeschlussfassung über den Widerruf der Börsenzulassung („reguläres Delisting") den Minderheitsgesellschaftern ein Pflichtangebot zum Erwerb ihrer Aktien zu unterbreiten[21], ist durch den FRoSTA-Beschluss des BGH von 2013[22], im Anschluss an die ablehnende Entscheidung des BVerfG[23], wieder aufgegeben worden *[vgl. die ausführliche Darstellung im Annex zu § 1 SpruchG]*. Seither sind Spruchverfahren im Rahmen des Delisting nicht mehr statthaft, so dass auch bereits eingeleitete Spruchverfahren nachträglich von Amts wegen für unzulässig erklärt werden müssen[24]. Die Prüfung einer etwaigen Antragsberechtigung ist insofern daher obsolet.

---

19 BVerfG, Beschluss vom 23.08.2000 – 1 BvR 68/95 und 1 BvR 147/97.
20 So auch *Land/Hennings*, AG 2005, 380, 381 und die von *Roth*, NZG 2003, 998, 1002, zusammengestellte „überwiegende Ansicht in der Literatur" vor Geltung des SpruchG; seither wird die (analoge) Anwendbarkeit des SpruchG aber überwiegend abgelehnt: vgl. *Kubis*, in: MüKo AktG; § 1 SpruchG Rn. 28; *Drescher*, in: Spindler/Stilz AktG, § 1 SpruchG Rn. 19; *Roth*, NZG, 2003, 998, 1004.
21 BGH „Macrotron" Urteil vom 25.11.2002 – II ZR 133/01.
22 BGH „FRoSTA" Beschluss vom 08.10.2013 – II ZB 26/12.
23 BVerfG Beschluss vom 11.07.2012 – 1 BvR 3142/07 und 1BvR 1569/08.
24 OLG Düsseldorf, Beschluss vom 22.09.2014 – I-26 W 20/12; OLG München, Beschluss vom 28.01.2015 – 31 Wx 292/14; so auch *Simons*, in: Hölters AktG, § 1 SpruchG Rn. 14a; *Glienke/Röder*, BB 2014, 899, 907; a. A. LG Stuttgart, *Beschluss* vom 20.10.2014 – 31 O 84/07.

§ 6 Gemeinsamer Vertreter

(1) Das Gericht hat den Antragsberechtigten, die nicht selbst Antragsteller sind, zur Wahrung ihrer Rechte frühzeitig einen gemeinsamen Vertreter zu bestellen; dieser hat die Stellung eines gesetzlichen Vertreters. Werden die Festsetzung des angemessenen Ausgleichs und die Festsetzung der angemessenen Abfindung beantragt, so hat es für jeden Antrag einen gemeinsamen Vertreter zu bestellen, wenn aufgrund der konkreten Umstände davon auszugehen ist, dass die Wahrung der Rechte aller betroffenen Antragsberechtigten durch einen einzigen gemeinsamen Vertreter nicht sichergestellt ist. Die Bestellung eines gemeinsamen Vertreters kann vollständig unterbleiben, wenn die Wahrung der Rechte der Antragsberechtigten auf andere Weise sichergestellt ist. Das Gericht hat die Bestellung des gemeinsamen Vertreters im Bundesanzeiger bekannt zu machen. Wenn in den Fällen des § 1 Nr. 1 bis 3 die Satzung der Gesellschaft, deren außenstehende oder ausgeschiedene Aktionäre antragsberechtigt sind, oder in den Fällen des § 1 Nr. 4 der Gesellschaftsvertrag, der Partnerschaftsvertrag, die Satzung oder das Statut des übertragenden oder formwechselnden Rechtsträgers noch andere Blätter oder elektronische Informationsmedien für die öffentlichen Bekanntmachungen bestimmt hatte, so hat es die Bestellung auch dort bekannt zu machen.

(2) Der gemeinsame Vertreter kann von dem Antragsgegner in entsprechender Anwendung des Rechtsanwaltsvergütungsgesetzes den Ersatz seiner Auslagen und eine Vergütung für seine Tätigkeit verlangen; mehrere Antragsgegner haften als Gesamtschuldner. Die Auslagen und die Vergütung setzt das Gericht fest. Gegenstandswert ist der für die Gerichtsgebühren maßgebliche Geschäftswert. Das Gericht kann den Zahlungsverpflichteten auf Verlangen des Vertreters die Leistung von Vorschüssen aufgeben. Aus der Festsetzung findet die Zwangsvollstreckung nach der Zivilprozessordnung statt.

(3) Der gemeinsame Vertreter kann das Verfahren auch nach Rücknahme eines Antrags fortführen. Er steht in diesem Falle einem Antragsteller gleich.

Inhalt

		Rn.			Rn.
I.	Regelungsgegenstand	1	a)	Verfahrensbeteiligung	10
II.	Normzweck	4			
III.	Rechtsstellung und Aufgaben	10	b)	Verfahrensfortführung nach Rücknahme aller Anträge	17
	1. Außenverhältnis, Stellung im Verfahren	10	c)	Beschwerdebefugnis	26

Dreier

SpruchG § 6 Gemeinsamer Vertreter

	Rn.			Rn.
2. Innenverhältnis, Stellung gegenüber den Vertretenen	28		3. Anzahl	53
			4. Bekanntmachung	56
a) Rechtsverhältnis	28	V.	Abberufung des gemeinsamen Vertreters	58
b) Keine Weisungsgebundenheit und Informationspflicht	30	VI.	Rechtsbehelfe gegen Bestellung und Abberufung	60
c) Keine weiteren Handlungspflichten	31	VII.	Vergütung und Auslagen	64
d) Haftung	32		1. Grundlagen	64
IV. Bestellung des gemeinsamen Vertreters	35		2. Umfang der Vergütung	66
			3. Umfang der Auslagen	69
1. Bestellungserfordernis	35		4. Kostenfestsetzung	72
2. Auswahl	45		5. Kostenvorschuss	74

Spezielle Literatur: *Backhaus*, Die Beteiligung Dritter bei aktienrechtlichen Rechtsbehelfen, 2009; *Bayer*, Der gemeinsame Vertreter im Spruchverfahren, AG 2013, R 79–R80; *Behnke*, Das Spruchverfahren nach §§ 306 AktG, 305 ff. UmwG, 2001; *Bidmon*, Die Reform des Spruchverfahrens durch das SpruchG, 2007; *Büchel*, Neuordnung des Spruchverfahrens, NZG 2003, 793–804; *Bungert/Mennicke*, BB-Gesetzgebungsreport: Das Spruchverfahrensneuordnungsgesetz, BB 2003, 2021–2031; *Deiß*, Die Vergütung der Verfahrensbevollmächtigten und des gemeinsamen Vertreters im Spruchverfahren, NZG 2013, 248–251; *Geßler*, Zur Stellung des gemeinsamen Vertreters in Verfahren nach §§ 304 ff. AktG, §§ 30 f. UmwG, BB 1975, 289 ff.; *Gündal/Kemmerer*, die Vergütung des gemeinsamen Vertreters der Minderheitsaktionäre, NZG 2013, 16–19; *Günal*, Die Vergütung des gemeinsamen Vertreters der Minderheitsaktionäre, NZG 2013, 16 ff. *Gude*, Zweifelsfragen bei der Beschwerde nach dem, Spruchverfahrensgesetz, AG 2005, 233–237; *Kley/Lehmann*, Zur Stellung des gemeinsamen Vertreters im Verfahren nach §§ 304 ff. AktG, §§ 30 ff. UmwG, BB 1973, 1096–1099; *Lentfer*, Die Vergütung der gemeinsamen Vertreters gemäß § 306 Abs. 4 AktG, BB 1998, 655–657; *Meilicke/Meilicke*, Die Rechtsstellung der nichtantragsstellenden Aktionäre im Verfahren nach §§ 306 AktG, 30 UmwG, ZGR 1974, 296–316, *Nordmeyer*, Die Institution des gemeinsamen Vertreters im gesellschaftsrechtlichen Spruchverfahren, 2005; *Pentz*, Geschäftswert, Gegenstandswert und Rechtsstellung des gemeinsamen Vertreters im Spruchstellenverfahren nach § 306 AktG, DB 1993, 621 ff.; *Puszkajler*, Verfahrensgegenstand und Rechte des gemeinsamen Vertreters im neuen Spruchverfahren, Der Konzern 2006, 256–257; FS *Rittner*, München, 1991, 509 ff., *Rowedder*, Der gemeinsame Vertreter gemäß § 304 AktG – Rechtsstellung, Vertretungsmacht und Aufgabe, *von Schweinitz*, Der gemeinsame Vertreter im Spruchverfahren, 2008; *Wasmann/Mielke*, Der gemeinsame Vertreter nach § 6 SpruchG – Eine einzigartige Rechtsfigur gibt noch immer Rätsel auf, WM 2005, 822–828; *Weingärtner*, Eingeschränkte Rechte des gemeinsamen Vertreters der außenstehenden Aktionäre im Spruchverfahren, Der Konzern 2005, 694–695; *Wittgens*, Das Spruchverfahrensgesetz, (Diss.) 2005

I. Regelungsgegenstand

§ 6 regelt die Bestellung und Bekanntmachung des gemeinsamen Vertreters sowie dessen Rechtsstellung und Vergütung. Die Vorschrift fasst die vor Inkrafttreten des SpruchG in §§ 306 Abs. 4 Satz 2 ff., Abs. 5 AktG a. F., § 308 UmwG a. F. enthaltenen Regelungen – die insoweit inhaltsgleich waren – zusammen[1]. 1

§ 6 Abs. 1 stellt ausdrücklich klar, dass die Bestellung eines gemeinsamen Vertreters „frühzeitig" erfolgen soll. Neu ist die Regelung des § 6 Abs. 1 Satz 2, wonach bei parallelen Anträgen auf Ausgleich und Abfindung statt zwei grundsätzlich nur noch ein gemeinsamer Vertreter zu bestellen ist, wenn dies zur Wahrung der Rechte der betroffenen Antragsberechtigten ausreichend erscheint. Nach § 6 Abs. 1 Satz 4 ist die Bestellung des gemeinsamen Vertreters im Bundesanzeiger bekannt zu machen. In Abs. 2 ist die Vergütung des gemeinsamen Vertreters geregelt. § 6 Abs. 1 Satz 1 und Abs. 3 befassen sich mit der Rechtsstellung des gemeinsamen Vertreters im Spruchverfahren. Ihm wird explizit die Befugnis eingeräumt, das Verfahren auch nach Rücknahme der verfahrenseinleitenden Anträge durch die Antragsteller fortzuführen. 2

Seit Inkrafttreten des SpruchG am 01.09.2003[2] wurde in § 6 Abs. 1 Satz 5 durch das SE-Einführungsgesetz ein redaktionelles Versehen (Bekanntmachung der Bestellung statt des Antrages) korrigiert[3]. Zudem wurde in § 6 Abs. 2 der Verweis auf das Rechtsanwaltsvergütungsgesetz (RVG) aufgenommen. Schließlich wurde das Wort „elektronisch" in § 6 Abs. 1 Satz 4 gestrichen, da der Bundesanzeiger seit 2012 nicht mehr in Papierform, sondern ausschließlich im Internet unter www.bundesanzeiger.de angeboten wird[4]. 3

II. Normzweck

Infolge der Allgemeinwirkung („inter omnes") der Entscheidung im Spruchverfahren (§ 13 SpruchG) wird über die Ansprüche der Antragsteller hinaus auch über die Höhe der Kompensation derjenigen Anteilsinhaber entschieden, die keinen eigenen Antrag auf Einleitung des Spruchverfahrens gestellt haben. Entscheidungen im Spruchverfahren wirken immer auch für und gegen sie *[vgl. dazu § 13 SpruchG Rn. 7].* Alle außenstehenden Anteilsinhaber sind damit zwar nicht formell, wohl aber materiell am Spruchverfahren beteiligt[5]. Der gemeinsame Vertreter hat die Aufgabe, die Rechte eben dieser Anteilsinhaber zu schützen, die nicht 4

---

1 Zur Entstehungsgeschichte der Norm siehe nur *Wasmann*, in: KK AktG, § 6 SpruchG Rn. 2, 4 ff.
2 Vgl. Art 7 des Spruchverfahrensneuordnungsgesetzes vom 12.06.2003, BGBl. I 2003, S. 838 ff.
3 SEEG vom 22.12.2004, BGBl. I, S. 3675.
4 Gesetz v. 22.12.2011, BGBl.I, S. 3044.
5 *Drescher*, in: Spindler/Stilz AktG, § 6 SpruchG Rn. 1.

selbst einen Antrag gestellt haben, aber gleichwohl vom Ausgang des Verfahrens betroffen und nur nach Maßgabe der Spruchentscheidung gegenüber dem Antragsgegner materiell berechtigt sind. Den nicht unmittelbar am Verfahren beteiligten Anteilsinhabern wird auf diese Weise mittelbar rechtliches Gehör i. S. d. Art. 103 GG und damit mittels des gemeinsamen Vertreters Einflussnahme auf den Verfahrensverlauf und die Entscheidung verschafft[6].

5 Die obligatorische Beteiligung des gemeinsamen Vertreters dient der Einhaltung des Gleichbehandlungsgrundsatzes zugunsten aller Anteilsinhaber im Spruchverfahren. Die Regelung soll zur Vermeidung von „Auskauffällen" beitragen[7]. In der Praxis ist der gemeinsame Vertreter das – oftmals vermittelnde – Bindeglied zwischen Gericht, übrigen (direkt beteiligten) Antragstellern und Antragsgegner. Er wirkt häufig an Vergleichen mit und stellt im Rahmen von Vergleichsgesprächen sicher, dass einzelne (direkt beteiligte) Antragsteller nicht zu Lasten aller übrigen nicht antragstellenden Anteilsinhabern bzw. der Gesamthöhe der Kompensationsleistung bevorteilt werden. Damit sollen auch solche – in der Vergangenheit zu beobachtenden – Fälle vermieden werden, dass bestimmten Antragstellern durch Zahlung einer (zu) hohen Aufwandsentschädigung der Anspruch auf eine höhere Kompensation insgesamt oder zum Teil „abgekauft" wurde.

6 Der gemeinsame Vertreter ist für das Spruchverfahren extrem förderlich und als Institution nicht mehr hinwegzudenken[8]. Er hat in Spruchverfahren eine große praktische Bedeutung, weil er in der ganz überwiegenden Zahl der Fälle bestellt wird und entsprechend maßgeblichen Einfluss auf diese Verfahren nimmt[9]. Die in § 6 Abs. 1 Satz 3 erwähnte Möglichkeit, von einer Bestellung abzusehen, ist in der Praxis eher bedeutungslos[10].

7 Eine weitere wichtige Funktion des gemeinsamen Vertreters regelt das SpruchG explizit in § 11 Abs. 2, indem es – im Rahmen der gütlichen Einigung, auf die das Gericht in jeder Lage des Verfahrens bedacht sein soll – eine Einigung „aller Beteiligten", also auch des Gemeinsamen Vertreters verlangt. Den nichtantragstellenden, bloß materiell berechtigten Anteilsinhabern steht insoweit kein eigenes Mitwirkungsrecht, geschweige denn ein Widerspruchsrecht zu, da ihre verfahrensrechtliche Stellung ausschließlich vom gemeinsamen Vertreter wahrgenommen wird[11]. (Nur) mit Hilfe des gemeinsamen Vertreters sind insoweit verfahrensbeendende gerichtliche Vergleiche möglich[12]. Gegen seinen Willen kann das Verfahren nicht beendet werden (§ 6 Abs. 3 SpruchG).

---

6 Allg. Meinung vgl. nur *Emmerich*, in: Emmerich/Habersack, Aktien- und GmbH Konzernrecht, § 6 SpruchG Rn. 1.
7 Begr. RegE BT-Drucks. 15371, S. 14.
8 Anders offensichtlich *Kubis*, in: MüKo AktG, § 6 SpruchG Rn. 1.
9 So auch *Simons*, in: Hölters AktG, § 6 SpruchG Rn. 3; *Bayer*, AG 2013, R 79.
10 *Simons*, in: Hölters AktG, § 6 SpruchG Rn. 3; *Leuering*, in: Simon SpruchG, § 6 Rn. 8; *Hüffer*, AktG, § 6 SpruchG Rn. 3.
11 Ähnlich auch *Wasmann*, in: KK AktG, § 6 SpruchG Rn. 13.
12 *Wasmann*, in: KK AktG, § 6 SpruchG Rn. 6.

Die praktische Bedeutung des gemeinsamen Vertreters resultiert auch aus   8
dem Umstand, dass er konkrete Bewertungsrügen nachholen kann, mit
denen die Antragsteller selbst präkludiert sind[13]. Der gemeinsame Vertreter ist in seinem Verhalten in keiner Weise vom Verhalten der übrigen
Antragsteller abhängig, etwa an deren Begründung gebunden oder von
deren Anträgen eingeschränkt. Er kann sämtliche ihm sinnvoll erscheinenden Einwendungen auch nachträglich vorbringen, Anträge stellen
oder wieder zurücknehmen, wie und wann es ihm zur Rechtsverfolgung
sinnvoll erscheint[14]. Er kann die Unangemessenheit der Kompensationsleistung auch anders begründen als in den Anträgen[15]. Eine andere Sichtweise (bloße Kontrollfunktion/keine eigenen Bewertungsrügen) ist mit
der Rechtsstellung des gemeinsamen Vertreters, dessen Aufgabe es ist
die Rechte der am Verfahren nicht beteiligten Anteilsinhaber zu wahren,
unvereinbar[16]. Hierfür spricht überdies der Wortlaut von § 7 Abs. 4 sowie
die fehlende Erwähnung in § 4 und § 11[17].

Die zentrale Bedeutung des gemeinsamen Vertreters für das Spruch-   9
verfahren wird auch durch seine umfassende Beschwerdebefugnis verdeutlicht (siehe hierzu unten Rn. 26), die zwar nicht ausdrücklich geregelt aber in Rechtsprechung und Literatur bis jüngst nach h.M. allg.
anerkannt war. Nach der Entscheidung des BGH in Sachen Stinnes vom
29.09.2015 hat der BGH die Beschwerdebefugnis des gemeinsamen Vertreters allerdings unerwartet verneint[18]. Dem BGH kann nicht zugestimmt
werden, wenn er ausführt, dass es dem gemeinsamen Vertreter an einer
Beeinträchtigung seiner Rechte fehlt (vgl. § 59 Abs. 1 FamFG). Der gemeinsame Vertreter wird als gesetzlicher Vertreter tätig, so dass ihm die
Beeinträchtigung der Rechte der nicht antragstellenden Aktionäre kraft
Gesetz zuzurechnen ist. Er ist in Bezug auf die Zurechnung der Rechtsbeeinträchtigung mehr als ein Bevollmächtigter, er ist gesetzlicher Vertreter,
den die Beeinträchtigung aufgrund seiner Verfahrensstellung selbst trifft.
Überdies würde der Sinn und Zweck, also die gesetzgeberische Intention des § 6 Abs. 3 (Verhinderung von Abkauffällen) bei einer Versagung
der Beschwerdebefugnis leerlaufen, so dass mit vorzugswürdigen Argumenten auch weiterhin – entgegen der Rechtsprechung des BGH – von

---

13 Vgl. nur *Wasmann*, in: KK AktG, § 6 SpruchG Rn. 14 m. w. N. in FN 38; *Hüffer*, AktG, § 6 SpruchG Rn. 6; *Nordmeyer*, Die Institution des gemeinsamen Vertreters im gesellschaftsrechtlichen Spruchverfahren, S. 153 ff.; *Simons*, in: Hölters AktG, § 6 SpruchG Rn. 26; *Leuering*, in: Simon SpruchG, § 6 Rn. 36; *Drescher*, in: Spindler/Stilz AktG, § 6 SpruchG Rn. 1 und § 7 Rn. 5; a. A. *Mennicke*, in: Lutter UmwG, § 6 SpruchG Rn. 12; Kubis, in: MüKo AktG, § 6 SpruchG Rn. 14; *Weingärtner*, Heidel: Aktienrecht und Kapitalmarktrecht, § 6 SpruchG Rn. 11 ff.
14 *Hüffer*, AktG, § 6 SpruchG Rn. 6; *Leuering*, in: Simon SpruchG, § 6 Rn. 36; *Nordmeyer*, Die Institution des gemeinsamen Vertreters im gesellschaftsrechtlichen Spruchverfahren, S. 153 ff.
15 *Hüffer*, AktG, § 6 SpruchG Rn. 6.
16 *Emmerich*, in: Emmerich/Habersack, Aktien- und GmbH Konzernrecht, § 6 Rn. 11 und § 7 SpruchG Rn. 4a.
17 So explizit *Drescher*, in: Spindler/Stilz AktG, § 6 SpruchG Rn. 1 und § 7 Rn. 5.
18 BGH, Beschluss vom 29.09.2015, II ZB 23/14, Rn. 19 ff. juris.

einem eigenen Beschwerderecht des gemeinsamen Vertreters ausgegangen werden kann, auch wenn die gerichtliche Praxis in Zukunft de lege lata bis auf Weiteres (sprich bis zu einer expliziten Normierung des Beschwerderechts in § 6 oder § 12) ein solches versagen wird[19]. Wichtig ist, dass die Entscheidung des BGH zumindest das Fortführungsrecht – auch in der Beschwerdeinstanz – unberührt lässt. Die Ausführungen des BGH zu § 6 Abs. 3 beziehen sich allesamt auf die originäre Ableitung eines Beschwerderechts des gemeinsamen Vertreters aus § 6 Abs. 3, der nach Auffassung des BGH's in Bezug auf die Ableitung nicht greift, da eine erstinstanzliche Entscheidung nicht mit der Rücknahme von Anträgen gleichzusetzen ist. Es bleibt allerdings dabei, dass § 6 Abs. 3 Satz 1 auch im Beschwerdeverfahren greift, sofern zumindest ein Antragsteller oder die Antragsgegnerseite Beschwerde eingelegt hat (siehe hierzu auch sogleich unter Rn. 19 ff.). Auch wenn die Instanzgerichte in Zukunft dem BGH folgen werden[20], wird somit zumindest ein Mindestschutz aufrechterhalten, wenn das Verfahren in der zweiten Instanz fortgeführt wird.

III. Rechtsstellung und Aufgaben

1. Außenverhältnis, Stellung im Verfahren

a) Verfahrensbeteiligung

10 Als Vertreter der Anteilsinhaber, die keinen eigenen Antrag gestellt haben, hat der gemeinsame Vertreter gemäß § 6 Abs. 1 Satz 1, 2. HS die Stellung eines gesetzlichen Vertreters. Er ist damit prozessual Verfahrensbeteiligter, also selbst Partei und nicht lediglich anwaltlicher Vertreter der übrigen nichtantragstellenden Anteilsinhaber. Ihm können seitens der nichtantragstellenden Anteilsinhaber weder Weisungen erteilt noch kann er durch sie in seiner umfassenden (gesetzlichen) Vollmacht beschränkt werden.

11 Als gesetzlichem Vertreter ist ihm zur Wahrung der Rechte der nichtantragstellenden Antragsberechtigten (§ 6 Abs. 1 Satz 1 1. Halbsatz) die uneingeschränkte Verfahrensbeteiligung zu eröffnen, also insbesondere rechtliches Gehör zu gewähren. Zu diesem Zweck erhält er Kenntnis von den Anträgen/Erwiderungen der Beteiligten (vgl. § 7 Abs. und 4 Satz 1). Er ist zu den mündlichen Verhandlungen zu laden und kann daran aktiv teilnehmen. Ebenfalls hat er das Recht zur Mitwirkung an der Beweisaufnahme[21].

12 Der gemeinsame Vertreter kann alle Anträge (z. B. auch Befangenheitsanträge[22]) stellen, Schriftsätze einreichen und Vergleiche abschließen

---

19 Siehe auch Fritzsche § 12 Rn. 15 und 16, der die Entscheidung auch de lege lata für maßgeblich bezeichnet.
20 Eine erste Entscheidung ist diesbezüglich bereits in Sachen Spruchverfahren P&I ergangen, vgl. Beschluss des OLG Frankfurt, 29.01.2016, 21 W 70715.
21 *Emmerich*, in: Emmerich/Habersack, Aktien- und GmbH Konzernrecht, § 6 Rn. 12.
22 *Nordmeyer*, Die Institution des gemeinsamen Vertreters im gesellschaftsrechtlichen Spruchverfahren, S. 153.

bzw. den von anderen Beteiligten abgeschlossenen Vergleichen beitreten oder ihnen zustimmen. Dies betrifft sowohl gerichtliche (arg. § 11 Abs. 2 Satz 2) als auch außergerichtliche (arg. § 6 Abs. 3) Vergleiche[23].

Er hat insbesondere das Recht, neben den Antragstellern Einwendungen gegen die Erwiderung des Antragsgegners und die von ihm nach § 7 Abs. 3 eingereichten Unterlagen vorzubringen[24]. Der gemeinsame Vertreter ist nicht an die Bewertungsrügen der Antragsteller gebunden, sondern kann eigene neue Einwendungen vortragen und/oder die bereits vorgetragenen Bewertungsrügen materiell ergänzen (siehe hierzu oben Rn. 8). 13

Er hat nur für das Spruchverfahren und im Rahmen dieses Verfahrens die Stellung eines gesetzlichen Vertreters der übrigen Antragsberechtigten. Für deren anderweitige rechtsgeschäftlichen Verpflichtungen oder sogar Zahlungspflichten muss er nicht einstehen; deren sonstige Rechte und Ansprüche kann er nicht geltend machen. Insbesondere kann er die von ihm repräsentierten Anteilsinhaber nicht rechtsgeschäftlich verpflichten[25]. Dies wäre mit der ihm eingeräumten Funktion eines reinen Verfahrensvertreters nicht vereinbar und daher von seiner Vertretungsmacht nicht gedeckt[26]. 14

Der gemeinsame Vertreter betreut nur die Interessen der übrigen Antragsberechtigten im und hinsichtlich dieses Spruchverfahrens[27]. Er kann daher auch nicht eine angebliche Verletzung von Grundrechten der Aktionäre durch Verfassungsbeschwerde rügen, da es im Spruchverfahren nur um die Höhe der Kompensation für die Infrastrukturmaßnahme der Gesellschaft geht[28]. Die Wirksamkeit dieser Maßnahme, ihre Zulässigkeit und etwaige Nicht-Vereinbarkeit mit Grundrechten sind im aktienrechtlichen Anfechtungsprozess zu prüfen, stehen aber im Spruchverfahren nicht zur Debatte. Er kann auch keine weiteren Gestaltungsrechte oder Zahlungsansprüche der nicht antragstellenden Anteilsinhaber geltend machen. 15

Er ist berechtigt nicht anwesende Antragsteller in der mdl. Verhandlung in Untervollmacht zu vertreten. Wegen des Gleichlaufes der Interessen von antragstellenden und nicht antragstellenden Anteilsinhabern an einer möglichst hohen Kompensation ist er daran, z. B. wegen Interessenkollision oder anderem, in der Regel nicht gehindert. Eine Verpflichtung zur Vertretung der nicht anwesenden Antragsteller besteht indes nicht, 16

---

23 *Simons*, in: Hölters AktG, § 6 SpruchG Rn. 26; *Klöcker/Frowein*, SpruchG, § 6 Rn. 25; *Kubis*, in. MüKo AktG, § 6 SpruchG Rn. 13; *Emmerich*, in: Emmerich/Habersack, Aktien- und GmbH Konzernrecht, § 6 Rn. 12, a. A. *Ederle/Theusinger*, in: Bürgers/Körber AktG, § 6 SpruchG Rn. 3.
24 *Emmerich*, in: Emmerich/Habersack, Aktien- und GmbH Konzernrecht, § 6 Rn. 10.
25 Allg. Meinung vgl. nur *Hüffer*, AktG, § 6 SpruchG Rn. 6.
26 Allg. Meinung vgl. nur *Wasmann*, in: KK AktG, § 6 SpruchG Rn. 16 m. w. N. in FN 44.
27 So auch *Hüffer*, AktG, § 6 SpruchG Rn. 6; *Wasmann*, in: KK AktG, § 6 SpruchG Rn. 16.
28 BVerfG, AG 2007, 697f; *Hüffer*, AktG, § 6 SpruchG Rn. 6.

da er für sie nicht in der Funktion des gesetzlichen Vertreters tätig werden kann.

b) Verfahrensfortführung nach Rücknahme aller Anträge

17 Gemäß § 6 Abs. 3 Satz 1 steht dem gemeinsamen Vertreter das Recht zu, das Verfahren auch nach Rücknahme „eines" Antrages aber auch und gerade nach Rücknahme aller Anträge weiterführen. Gleiches gilt nach Sinn und Zweck der Regelung, wenn alle Antragsteller und Antragsgegner das Verfahren übereinstimmend für erledigt erklären[29]. Entsprechendes gilt nach einer vergleichsweisen Erledigung ohne Beteiligung des gemeinsamen Vertreters[30]. Das Gesetz will damit die Ungleichbehandlung von Aktionären verhindern, da nur auf diese Weise der allzu leicht drohenden Gefahr begegnet werden kann, dass der Antragsgegner den Antragstellern durch unangemessene Vergleichsangebote, Zuwendungen oder auf andere Weise das Recht zur Verfahrensdurchführung „abkauft"[31].

18 Der gemeinsame Vertreter rückt mit der Rücknahme aller übrigen Anträge kraft Gesetzes (§ 6 Abs. 3 Satz 2) in die Stellung eines Antragstellers ein. Er muss die Fortsetzung des Verfahrens nicht ausdrücklich erklären[32].

19 Die gesetzliche Fortführungsfiktion greift auch in der Beschwerdeinstanz und insbesondere auch dann, wenn der gemeinsame Vertreter nicht selbst Beschwerde eingelegt hat[33]. Daran ändert auch die jüngst ergangene BGH-Entscheidung nichts[34]. Andernfalls läuft die Überwachungsfunktion ins Leere und würde den gemeinsamen Vertreter auch bei positivem Verlauf der ersten Instanz dazu zwingen, Beschwerde einzulegen, nur um die Rechte der von ihm vertretenen Anteilsinhaber auch im Beschwerdeverfahren vor „Abkaufmöglichkeiten" zu wahren, obwohl er ggf. materiell keine weiteren Erfolgsaussichten sieht. Der Auskauf einer Beschwerde ist überdies genauso möglich wie der Auskauf eines Antrages. Eine andere Handhabung würde zu dem absurden Ergebnis führen, dass der gemeinsame Vertreter in der Praxis immer Beschwerde einlegen müsste, nur um späteren Rechtsmissbrauch zu verhindern. Darüber hinaus liefe andernfalls der Sinn und Zweck von § 6 Abs. 3 Satz 1 ins Leere.

20 Eine Beschränkung der Fortführungsbefugnis auf die erste Instanz steht überdies im offensichtlichen Widerspruch zum Wortlaut und zum Sinn und Zweck von § 6 Abs. 3, der explizit nicht zwischen erster und zweiter Instanz differenziert und insoweit für beide Instanzen gilt. Zudem wurde das Fortführungsrecht gemäß § 6 Abs. 3 gerade nicht dadurch beschränkt, dass der gemeinsame Vertreter selbst das Beschwerdeverfahren

---

29 Vgl. nur *Wasmann*, in: KK AktG, § 6 SpruchG Rn. 17 m. w. N. in FN 45.
30 *Hüffer*, AktG, § 6 SpruchG Rn. 9.
31 Vgl. statt alle vieler nur *Hüffer*, AktG, § 6 SpruchG Rn. 9.
32 So auch *Drescher*, in: Spindler/Stilz AktG, § 6 SpruchG Rn. 15; a. A. *Wittgens*, Spruchverfahrensgesetz, S. 121.
33 So zutreffend wohl auch *Kubis*, in: MüKo AktG, & 6 SpruchG Rn. 22.
34 BGH, Beschluss vom 29.09.2015, II 2 B 23/14, Rn. 19 ff. juris.

beantragt. Auch wenn die Beschwerdebefugnis des gemeinsamen Vertreters wegen seiner gesetzlichen Verfahrensstellung allgemein anerkannt ist[35], sieht das SpruchG in § 12 eine explizite Beschwerdebefugnis nicht vor, so dass bereits aufgrund der Systematik des SpruchG fraglich ist, wie begründet werden soll, dass das Fortführungsrecht nur für die erste Instanz zu gelten habe (zur Beschwerdebefugnis siehe unten Rn. 26).

Nach Rücknahme aller Anträge/Beschwerden kann der gemeinsame Vertreter das Verfahren durch eine eigene Rücknahmeerklärung beenden[36]. Aus der kraft Gesetz geltenden Fortführungsfiktion folgt keine Verpflichtung zur Weiterführung. Der gemeinsame Vertreter hat vielmehr die Möglichkeit, wie ein Antragsteller das Verfahren zu beenden. Dies kann durch eine entsprechende Erklärung (Verzicht auf Fortführung) erfolgen oder etwa durch Vergleich. Erfolgt eine derartige Mitteilung nicht, sind die Gerichte jedenfalls daran gebunden das (noch) laufende Verfahren fortzuführen. *21*

Der gemeinsame Vertreter hat nach pflichtgemäßem Ermessen unter Berücksichtigung der Umstände des Einzelfalles zu beurteilen, ob er das Spruchverfahren weiterführt[37]. Leitlinie dabei sind die Interessen der nichtantragstellenden Anteilsinhaber und insbesondere, ob bei Fortführung des Verfahrens eine Verbesserung der Kompensation der vertretenen Anteilsinhaber aussichtsreich erscheint[38]. *22*

In aller Regel wird der gemeinsame Vertreter zur Verfahrensfortsetzung – entsprechend dem erläuterten Gesetzeszweck – verpflichtet sein, wenn eine Benachteiligung der vom ihm vertretenen Antragsberechtigten durch die Verfahrensbeendigung der übrigen Antragsteller anzunehmen ist[39]. Dies gilt insbesondere dann, wenn an die übrigen Antragsteller Sondervorteile ohne Gleichstellung der nicht antragstellenden Anteilsinhaber gewährt worden sind und dieser Mangel durch eine Fortführung des Verfahrens behoben werden kann, wenn durch die Fortsetzung eine Verbesserung der Kompensation zu erwarten ist. *23*

Dass das Fortsetzungsrecht gerade das Auskaufen der Antragsteller verhindern soll, zwingt den gemeinsamen Vertreter aber nicht dazu, aussichtslose Verfahren zu Lasten des Antragsgegners fortzuführen[40]. Der Antragsgegner soll schließlich nicht mit der Fortführung des Verfahrens *24*

---

35 Anders aber nunmehr BGH, Beschluss vom 29.09.2015, II 2 B 23/24, Rn. 19 ff. juris.
36 *Hüffer*, AktG, § 6 SpruchG Rn. 9; *Drescher*, in: Spindler/Stilz AktG, § 6 SpruchG Rn. 15; *Mennicke*, in: Lutter UmwG, § 6 SpruchG Rn. 12.
37 Allg. Meinung, vgl. hierzu nur *Wasmann*, in: KK AktG, § 6 SpruchG Rn. 17 m. w. N. in FN 46.
38 Vgl. *Nordmeyer*, Die Institution des gemeinsamen Vertreters, S. 160; *Drescher*, in: Spindler/Stilz AktG, § 6 SpruchG Rn. 15.
39 Vgl. *Bilda*, in: Münchner Kommentar AktG, § 306 Rn. 94; *Meister/Klöcker*, in: Kallmeyer UmwG, § 308 Rn. 26.
40 So auch *Drescher*, in: Spindler/Stilz AktG, § 6 SpruchG Rn. 15; diesbezüglich wohl a. A. *Mennicke*, in: Lutter UmwG, § 6 SpruchG Rn. 12.

„bestraft" werden, nur weil er den Versuch unternommen hat, das ihm lästige Verfahren zu beenden. Hierbei ist jedoch zu berücksichtigen, dass die Gewährung von Sondervorteilen an die Antragsteller mitunter auch ein Indiz dafür sein kann, dass der Antragsgegner bereit ist die Kompensation zu erhöhen, da er selbst davon ausgeht bei einer Fortführung das Verfahren zu verlieren. Andererseits kann die Gewährung von Sondervorteilen etwa durch hohe Aufwandsentschädigungen auch ein Indiz dafür sein, dass es dem Antragsgegner allein darauf ankommt das für ihn lästige und kostenträchtige Verfahren (trotz Erfolgsaussichten) zu beenden. Der gemeinsame Vertreter hat in diesen Fallkonstellationen die Einzelumstände konkret zu würdigen und insbesondere abzuwägen, ob er bei Fortführung einen materiellen Mehrwert (sprich Erhöhung der Kompensation) für die nicht antragstellenden Anteilsinhaber erreichen kann. Darauf kommt es primär an.

25 Der gemeinsame Vertreter wird hingegen das Verfahren beenden können, wenn die Antragsrücknahme durch die Antragsteller auf einem vom gemeinsamen Vertreter für angemessen gehaltenen Vergleich beruht und aufgrund entsprechender vertraglicher Regelungen sichergestellt ist, dass die in dem Vergleich gewährten Begünstigungen auch den durch den gemeinsamen Vertreter repräsentierten Anteilsinhabern zugutekommen[41]. Letzteres wird der gemeinsame Vertreter vor seiner Entscheidung anhand der Konditionen des Vergleichs nach pflichtgemäßem Ermessen genau überprüfen müssen, um dann zu entscheiden, wie im Interesse, der von ihm vertretenen Anteilsinhaber zu verfahren ist[42].

c) Beschwerdebefugnis

26 Dem gemeinsamen Vertreter steht nach diesseitiger Meinung im Spruchverfahren ein eigenes umfassendes Beschwerderecht zu (vgl. hierzu ausführlich § 12 Rn. 15 ff.)[43]. Er ist prozessualer Verfahrensbeteiligter und damit selbst Partei des Verfahrens. § 59 Abs. 2 FamFG, wonach bei Antragsverfahren grundsätzlich nur Antragsteller beschwerdeberechtigt sind, wird insoweit durch § 6 Abs. 1 Satz 1 ergänzt[44]. Überdies ist der „Auskauf" einer Beschwerde genauso möglich, wie der „Auskauf" eines Antrages. Vor dem Hintergrund, dass die „Auskauffälle" in der Regierungsbegründung

---

41 So ausdrücklich BegrRegE UmwG, abgedruckt bei *Neye*, Umwandlungsgesetz, S. 443.
42 Ähnlich *Mennicke*, in: Lutter UmwG, § 6 SpruchG Rn. 12.
43 Vgl. OLG Düsseldorf Beschluss vom 27.05.2009 – I-26 W 1/07; OLG Celle Beschluss vom 19.04.2007 – 9 W 53/06; sowie ganz h.M in der Literatur, vgl. statt aller *Wilske*, in: KK-AktG, § 12 SpruchG Rn. 23 mit weiteren Nachweisen und *Wasmann*, in: KK-AktG, § 6 SpruchG Rn. 20; a. A. allerdings *Tewes*, in: Heidel, Aktienrecht, § 12 SpruchG Rn. 9, der seine Beschwerdebefugnis nur anerkennen will, wenn er das Verfahren (zuletzt noch) selbst betrieben hat; a.A. BGH, Beschluss vom 29.09.2015, II Z B 23/24, Rn. 19 ff. juris.
44 Zutreffend *Wasmann*, in: KK-AktG, § 6 SpruchG Rn. 20; A.A. *Drescher*, in: Spindler/Stilz AktG, § 12 SpruchG Rn. 8; BGH, Beschluss vom 29.09.2015, II Z B 23/24, Rn. 19 ff. juris.

des SpruchG explizit erwähnt wurde[45], muss eine umfassende Beschwerdebefugnis des gemeinsamen Vertreters demzufolge befürwortet werden[46].

Die umfassende Beschwerdebefugnis ist auch dann zu bejahen, wenn 27 sämtliche Anträge der Antragsteller nach Bestellung des gemeinsamen Vertreters als „unzulässig" zurückgewiesen werden[47]. Hier droht ebenfalls der „Auskauf" des Beschwerderechts, da die Beschwerde gegen die Zurückweisung der Anträge wegen Unzulässigkeit möglich ist. Zudem ist der gemeinsame Vertreter berechtigt nach Bestellung eigene neue Bewertungsrügen vorzutragen. Würde er später wegen der Unzulässigkeit der übrigen Anträge von seinem Amt entbunden, liefe dieses Recht leer. Er hat in diesen Fällen inhaltliche Themen aufgeworfen, über die dann verpflichtend zu verhandeln ist.

2. Innenverhältnis, Stellung gegenüber den Vertretenen

a) Rechtsverhältnis

Der gemeinsame Vertreter erhält sein Amt kraft Bestellungsbeschluss des 28 Gerichts. Ihm kommt nur für das und im Verfahren die Stellung eines gesetzlichen Vertreters zu, so dass er auch nur im und für das Verfahren Vertretungsmacht hat. Zwischen dem gemeinsamen Vertreter und den von ihm Vertretenen besteht kein Auftragsverhältnis (§§ 662 ff. BGB), weil kein Vertrag zustande gekommen ist[48]. Darüber hinaus begründet § 6 Abs. 1 Satz 1 auch kein inhaltsgleiches rechtsgeschäftliches oder gesetzliches Schuldverhältnis zwischen ihm und den von ihm – meist nicht einmal bekannten – Vertretenen[49]. Es existiert auch kein Raum für eine Vermögensbetreuungspflicht und/oder etwaige Sonderbindung[50], so dass sich etwaige schadensersatzpflichtige Handlungen etwa unter §§ 280 Abs. 1, 241 Abs. 2, 311 Abs. 2 Nr. 3 BGB subsumieren ließen. Der gemeinsame Vertreter kennt in der Regel weder die von ihm im Verfahren Vertretenen persönlich noch hat er Kenntnis über die Höhe der jeweiligen Investments, so dass keinerlei Kontakt, erst recht kein „ähnlicher geschäftlicher Kontakt" gegeben ist[51].

Es besteht insoweit auch keine Sonderbeziehung zu einzelnen Anteils- 29 inhabern, sondern allenfalls eine generell abstrakte Interessenwahrnehmungspflicht gegenüber der Gesamtheit der nichtantragstellenden Anteilsinhaber. Diese generell abstrakte Interessenwahrnehmungspflicht kann keinesfalls einer Vermögensbetreuungspflicht und/oder Fürsorgepflicht gegenüber jedem einzelnen Anteilsinhaber gleichzusetzen sein. Schließlich verwaltet der gemeinsame Vertreter nicht das Vermögen

---

45 Vgl. Begr. RegE BT-Drucks. 15/371, S. 14.
46 So explizit auch *Wasmann*, in: KK-AktG, § 6 SpruchG Rn. 20.
47 Vgl. hierzu nur *Wasmann*, in: KK-AktG, § 6 SpruchG Rn. 20; a. A. Simons, in: Hölters AktG, § 6 Rn. 8.
48 *Hüffer*, AktG, § 6 SpruchG Rn. 6.
49 *Wasmann*, in: KK-AktG, § 6 SpruchG Rn. 21.
50 So ähnlich wohl aber *Hüffer*, AktG, § 6 SpruchG Rn. 6.
51 Ähnlich auch *Wasmann*, in: KK-AktG, § 6 SpruchG Rn. 22.

SpruchG § 6 Gemeinsamer Vertreter

der nichtantragstellenden Anteilsinhaber. Er vertritt ihre Interessen ausschließlich im Spruchverfahren, so dass er nicht als hoheitlich bestellter Verwalter fremden Vermögens angesehen werden kann. Eine Fürsorge gegenüber jedem einzelnen Anteilsinhaber ordnet das Gesetz gerade nicht an[52].

b) Keine Weisungsgebundenheit und Informationspflicht

30 Obwohl der gemeinsame Vertreter die Rechte der übrigen Anteilsinhaber zu wahren hat, ist er während des Spruchverfahrens unabhängig, mithin nicht an die Weisungen der außenstehenden Aktionäre oder des Gerichts gebunden, sondern handelt nach pflichtgemäßem Ermessen[53]. Er ist zudem nach ganz überwiegender – zutreffender – Meinung, den Vertretenen gegenüber auch nicht auskunfts- und rechenschaftspflichtig, weil kein gesetzliches und oder vertragliches Schuldverhältnis zwischen ihm und den von ihm Vertretenen besteht[54]. Auch nachträgliche Informationspflichten, z. B. nach Abschluss eines gerichtlichen oder außergerichtlichen Vergleiches, existieren deswegen nicht. So ist er, z. B. auch nach positivem Abschluss des Verfahrens nicht verpflichtet, die übrigen Anteilsinhaber mittels Rundschreiben oder im Bundesanzeiger über den Ausgang des Verfahrens zu informieren, selbst dann, wenn die Antragsgegnerin dies entgegen § 14 unterlässt.

c) Keine weiteren Handlungspflichten

31 Gegenüber den von ihm vertretenen Anteilsinhabern besteht weder im noch nach Abschluss des Verfahren eine besondere Vermögensbetreuungspflicht oder sonstige Sonderbeziehung[55]. Endet ein Verfahren erfolgreich, obliegt es deswegen den Anteilsinhabern dafür zu sorgen, dass die erhöhte Kompensationszahlung auch tatsächlich erfolgt und auf dem Konto gutgeschrieben wird. Dies gilt insbesondere auch dann, wenn es die Antragsgegnerin unterlässt die Entscheidung gemäß § 14 bekanntzugeben. Das verfahren ist beendet und der gemeinsame Vertreter hat keine „nachvertraglichen" Pflichten, da ein solches Vertragsverhältnis weder im noch (insbesondere) nach Beendigung des Spruchverfahrens existiert.

d) Haftung

32 Zwischen dem gemeinsamen Vertreter und den von ihm vertretenen Anteilsinhabern besteht weder ein vertragliches noch ein gesetzliches

---

52 Richtig daher *Wasmann*, in: KK-AktG, § 6 SpruchG Rn. 22.
53 OLG München, Beschluss vom 26.05.2010 –/U 5707/09/1233, 1235 Rn. 85; *Emmerich*, in: Emmerich/Habersack, Aktien- und GmbH Konzernrecht, § 6 Rn. 11; *Wasmann*, in: KK-AktG, § 6 SpruchG Rn. 21 m.w.n. in FN 61.
54 OLG München, Beschluss vom 26.05.2010 –/U 5707/09/1233, 1235 Rn. 85; *Hüffer*, AktG, § 6 SpruchG Rn. 6; *Wasmann*, in: KK-AktG, § 6 SpruchG Rn. 21; *Mennicke*, in: Lutter UmwG, § 6 SpruchG Rn. 11; *Ederle/Theusinger*, in: Bürgers/Körber AktG, § 6 SpruchG Rn. 3.
55 OLG München, Beschluss vom 26.05.2010 –/U 5707/09.

Schuldverhältnis. Überdies existiert keine individuelle Vermögensbetreuungspflicht (siehe oben § 6 Rn. 28 ff.). Für Pflichtverletzungen haftet er den nichtantragstellenden Anteilsinhabern demzufolge nur unter den Voraussetzungen des § 826 BGB[56].

Der gemeinsame Vertreter hat gemäß § 6 Abs. 1 die Rechte der nichtantragstellenden Antragsteller zu wahren. Damit geht einher, dass er die aus seiner Sicht erfolgsversprechenden Bewertungsrügen (ergänzend) vorträgt, ein ordnungsgemäßes Verfahren sichert und Ungleichbehandlungen verhindert. Eine (wirtschaftliche) Fürsorgepflicht gegenüber jedem einzelnen Anteilsinhaber ordnet das Gesetz gerade nicht an[57]. Er wird zwar im Verfahren für die nicht antragstellenden Antragssteller tätig, haftet jedem einzelnen Anteilsinhaber dieser Gesamtheit aber nicht individuell auf Schadensersatz (Ausnahme § 826 BGB)[58]. Ein derart weiter Haftungsmaßstab passt weder dogmatisch noch nach Sinn und Zweck zur Systematik der gemeinsamen Vertreterbestellung. Schließlich ist der gemeinsame Vertreter unabhängig und weisungsfrei (siehe oben Rn. 30 f.) und hat – anerkanntermaßen – einen weiten Ermessensspielraum. 33

Vor dem Hintergrund des weiten Ermessensspielraums muss dem gemeinsamen Vertreter bei sorgfältiger Abwägung auch zugebilligt werden, im Innenverhältnis ohne Haftungsangst einen Vergleich (hier explizit Teilvergleich) abzuschließen, auch wenn dieser keine „Nachbesserungsklausel" enthält, so dass die vertretenen Aktionäre im Fall des späteren Erfolges der fortführenden Antragsteller von einer weiteren Erhöhung der Kompensation beschnitten werden[59]. Dies kann insbesondere dann gelten, wenn der Gesamtvergleichsabschluss deswegen scheitert, weil einzelne Aktionäre mit atomistischen Beteiligungen den – unter Berücksichtigung des bisherigen Verlaufs des Verfahrens – wirtschaftlich sinnvollen und von der überwiegenden Mehrheit befürworteten Vergleichsabschluss nur deswegen verhindern, wenn sie Sondervorteile (z. B. unangemessen hohe Aufwandsentschädigung) für sich beanspruchen oder sonstige sachwidrige Erwägungen (z. B. Streitigkeiten innerhalb der Antragssteller wegen der Vergütung von Mehrfachvertretungen) anführen. Im Rahmen der Abwägung ist immer zu berücksichtigen, dass der Gesetzgeber durch die Einführung von § 11 Abs. 2 Satz 1 den – stets erstrebenswerten – (auch Teil-) Vergleichsabschluss gegenüber einer gerichtlichen Entscheidung privilegiert. 34

---

56 *Drescher*, in: Spindler/Stilz AktG, § 6 SpruchG Rn. 3; *Wasmann*, in: KK-AktG, § 6 SpruchG Rn. 22; Simons, in: Hölters AktG, § 6 SpruchG Rn. 28; *Ederle/Theusinger*, in: Bürgers/Körber AktG, § 6 SpruchG Rn. 3; a. A. *Hüffer*, AktG, § 6 SpruchG Rn. 6; *Mennicke*, in: Lutter UmwG, § 6 SpruchG Rn. 1; *Emmerich*, in: Emmerich/Habersack, Aktien- und GmbH Konzernrecht, § 6 Rn. 14; *Bidmon*, Reform des SpruchG, S. 146 ff.
57 *Wasmann*, in: KK-AktG, § 6 SpruchG Rn. 22.
58 Ähnlich *Wasmann*, in: KK-AktG, § 6 SpruchG Rn. 22.
59 Ähnlich *Mennicke*, in: Lutter UmwG, § 6 SpruchG Rn. 11; a. A. *Nordmeyer*, Die Institution des gemeinsamen Vertreters im gesellschaftsrechtlichen Spruchverfahren, S. 154 f.; *Kubis*, in: MüKo AktG, § 6 SpruchG Rn. 13; *Klöcker/Frowein*, SpruchG, § 6 Rn. 25.

IV. Bestellung des gemeinsamen Vertreters

1. Bestellungserfordernis

35 Die Bestellung des gemeinsamen Vertreters erfolgt nach dem Wortlaut von § 6 Abs. 1 Satz 1 für die Antragsberechtigten, die nicht selbst Antragsteller sind von Amts wegen durch Beschluss, also ohne besonderen Antrag der Verfahrensbeteiligten oder der nicht beteiligten Anteilsinhaber[60]. Das Gericht hat hierbei, also in der Frage des „ob" der Bestellung – außer im Fall des in der Praxis nahezu bedeutungslosen Abs. 1 Satz 3 oder ausnahmsweise dann, wenn keine weiteren nicht antragstellenden Anteilsinhaber existieren – kein Ermessen.

36 Eine Bestellung unterbleibt, wenn es neben den Antragstellern keine weiteren Antragsberechtigten mehr gibt. Diese Frage hat das Gericht vor Bestellung von Amts wegen zu prüfen, wenn es nicht – wie bei börsennotierten Publikumsgesellschaften – offensichtlich ist. An die Prüfung sind keine qualifizierten Anforderungen zu stellen. Jede Art der Feststellung reicht insoweit aus, insbesondere auch die Befragung von Antragstellern, des Antragsgegners bzw. der Antragsgegner. Keineswegs erforderlich ist es, etwa eine Bekanntmachung ähnlich der Regelung in Abs. 1 Satz 4 vorzunehmen und Antragsberechtigte zur Meldung beim Gericht aufzufordern.

37 Der Bestellungsbeschluss bedarf keiner Begründung[61]. Er wird mit Bekanntgabe an den Bestellten wirksam (§ 40 Abs. 1 FamFG). Eine Verpflichtung das Amt anzunehmen besteht nicht. Üblicherweise wird in der Praxis schon im Vorfeld der Bestellung das konkludente – formlose – Einverständnis erteilt, das Amt im Fall der Bestellung anzunehmen[62].

38 Die Bestellung des gemeinsamen Vertreters gilt für die Dauer des gesamten Spruchverfahrens, einschließlich der Rechtsmittelinstanz. Eine erneute Bestellung oder etwa eine Bestätigung des Beschwerdegerichts ist nicht erforderlich[63].

39 Dem gemeinsamen Vertreter können weder im Bestellungsakt noch später Weisungen und/oder Auflagen erteilt werden. Er ist (weisungs-) unabhängig[64].

40 Die Bestellung soll „frühzeitig", d.h. so früh wie möglich erfolgen. Dieser Zusatz trägt sowohl dem Interesse der Verfahrensbeschleunigung als auch der rechtzeitigen Wahrung der Interessen der nicht beteiligten Anteilsinhaber Rechnung. Es ist jeweils anhand der Umstände des konkre-

---

60 Vgl. *Koppensteiner*, in: Kölner Kommentar AktG, § 306 Rn. 12; vgl. *Schwarz*, in: Widmann/Mayer UmwG, § 308 Rn. 11.
61 *Drescher*, in: Spindler/Stilz AktG, § 6 SpruchG Rn. 9; *Wasmann*, in: KK-AktG, § 6 SpruchG Rn. 23 m. w. N. in FN 74.
62 Richtig *Simons*, in: Hölters AktG, § 6 SpruchG Rn. 5.
63 *Simons*, in: Hölters AktG, § 6 SpruchG Rn. 5; *Wasmann*, in: KK-AktG, § 6 SpruchG Rn. 27.
64 Anders wohl *Simons*, in: Hölters AktG, § 6 SpruchG Rn. 5.

ten Einzelfalles zu bemessen, ab wann eine Bestellung erforderlich ist, so dass im Hinblick auf das ausdrückliche gesetzliche Gebot der „Frühzeitigkeit" eine restriktive Handhabung geboten erscheint. Im Regelfall ist die Bestellung vorzunehmen, sobald ein Antrag auf Einleitung des Spruchverfahrens vorliegt. Es kommt nicht darauf an, dass zumindest ein zulässiger Antrag vorliegt[65]. Abzustellen ist ausschließlich darauf, ob innerhalb der Antragsfrist ein Antrag gestellt wurde (vgl. § 4 Abs. 1).

Weil der gemeinsame Vertreter nach § 6 Abs. 3 das Verfahren auch nach Rücknahme eines Antrages fortführen kann, ist seine Bestellung erst dann geboten, wenn alle Anträge zuvor, d. h. vor Bestellung, zurückgenommen worden sind. Gleiches gilt, wenn ausschließlich unzulässige Anträge vorliegen. Auch unzulässige Anträge können ein Spruchverfahren einleiten[66]. Überdies kann auch die Rücknahme eines unzulässigen Antrages auf einen „Auskauf" und somit einer Schlechterstellung der nicht antragstellenden Anteilsinhaber beruhen, den § 6 Abs. 3 gerade verhindern will. 41

Gemäß Abs. 1 Satz 3 kann (nicht „muss") die Bestellung eines gemeinsamen Vertreters unterbleiben, wenn die Wahrung der Rechte der Antragsberechtigten auf andere Weise sichergestellt ist. An das Vorliegen dieser Voraussetzung sind strenge Anforderungen zu stellen, da es sich um eine dem grundsätzlichen Anliegen des Gesetzes widersprechende Ausnahme handelt[67]. Insbesondere reichen folgende Umstände nicht aus: Fehlender Gegensatz zwischen den Interessen der antragstellenden und nicht beteiligten Anteilsinhaber[68], mangelndes Interesse der nicht beteiligten Anteilsinhaber[69], Beteiligung einer Aktionärsschutzvereinigung[70] oder Annahme, dass ein Antragsteller Gewähr dafür bietet, dass er auch die Interessen der übrigen Antragsberechtigten berücksichtigt[71]; Zusage des Antragsgegners, alle Anteilsinhaber nach Maßgabe des Ausgangs des Verfahrens zu behandeln – zumal insoweit ohnehin die inter-omnes-Wirkung gemäß § 13 Satz 2 SpruchG gilt[72]; auch die Beauftragung eines Antragstellers oder eines Dritten durch alle nicht beteiligten Anteilsinhaber mit der Wahrung ihrer Rechte reicht nicht aus, da zum einen die Verfahrensfortsetzung im Interesse der nicht beteiligten Anteilsinhaber gemäß Abs. 3 Satz 1 nicht möglich wäre und zum anderen der Dritte, soweit er nicht von den Antragstellern beauftragt wäre, keine Funktion als Ver- 42

---

65 Anders *Wasmann*, in: KK-AktG, § 6 SpruchG Rn. 25 m. w. N. in FN 85, 87 und 88.
66 Anders *Wasmann*, in: KK-AktG, § 6 SpruchG Rn. 25.
67 Vgl. *Meister/Klöcker*, in: Kallmeyer UmwG, § 308 Rn. 6; *Stratz*, in: Schmitt/Hörtnagl/Stratz, UmwG/UmwStG, § 308 UmwG Rn. 6.
68 OLG Düsseldorf, AG 1971, 121.
69 KG, WM 1972, 738.
70 Ebenso *Meister/Klöcker*, in: Kallmeyer UmwG, § 308 Rn. 6; *Stratz*, in: Schmitt/Hörtnagl/Stratz UmwG/UmwStG, § 308 UmwG Rn. 6; a. A. BayObLG, AG 1992, 59 = EwiR § 306 AktG 1/92, 5 „DSW" mit Anmerkung von *Hommelhoff/Witte*.
71 BayObLG, AG 1992, 59; ablehnend *Hommelhoff/Witte*, EwiR AktG 1/92, 5.
72 *Meister/Klöcker*, in: Kallmeyer UmwG, § 308 Rn. 6.

fahrensbeteiligter ausüben könnte, die allein dem gerichtlich bestellten gemeinsamen Vertreter vorbehalten ist.

43 Es verbleibt somit eine lediglich geringe praktische Bedeutung des Abs. 1 Satz 3[73]. Von ihm werden erfasst: Die Einigung des Antragsgegners mit allen (auch) nicht am Verfahren beteiligten Anteilsinhabern[74] und der ausdrückliche Verzicht aller am Verfahren nicht beteiligten Anteilsinhaber auf die Bestellung eines gemeinsamen Vertreters[75]. Letzteres erscheint zwar bedenklich, da insofern das Anliegen des Gesetzgebers unterlaufen wird. Dem ausdrücklich erklärten Willen der Anteilsinhaber ist aber zu folgen, da der mit der Bestellung des gemeinsamen Vertreters verfolgte abstrakte Schutz der Anteilsinhaber hinter der konkret verneinten Schutzbedürftigkeit zurücktreten muss.

44 Eine Bestellung kann ebenfalls dann unterbleiben, wenn alle Antragsberechtigten selbst einen Antrag gestellt haben, was in der Praxis – insbesondere bei börsennotierten Publikumsgesellschaften – wohl kaum vorkommen dürfte[76].

2. Auswahl

45 Bei der Bestellung des gemeinsamen Vertreters ist das Gericht hinsichtlich des Auswahlermessens frei und weder an örtliche Restriktionen (Ermessensfehlerhaft deswegen die Handhabung einiger Gerichte, wonach der gemeinsame Vertreter zwingend aus dem jeweiligen OLG Bezirk stammen muss) noch an sonstigen Vorgaben (z. B. vorherige Anhörung der Parteien vor Bestellung) gebunden. Auch die Anzahl der bisherigen Bestellungen zum gemeinsamen Vertreter und der ggf. daraus resultierende Umstand, dass diese Person mehrfach hintereinander vom gleichen Gericht oder anderen Gerichten zum gemeinsamen Vertreter bestellt wurde, ist kein Ausschlusskriterium. Ganz im Gegenteil: Leistet der gemeinsame Vertreter aus Sicht des Gerichtes gute Arbeit, besteht kein Hinderungsgrund in erneut zu bestellen. Er ist hierfür geradezu prädestiniert.

46 Kein potentiell geeigneter Kandidat hat Anspruch darauf, vom Gericht als gemeinsamer Vertreter bestellt zu werden. Selbst wenn ein Gericht immer wieder zum Teil über Zeiträume von Jahrzehnten den gleichen gemeinsamen Vertreter bestellt, weil sich dieser in der Praxis bewährt hat, begründet dies keinen Befangenheitsgrund.

47 Zum gemeinsamen Vertreter können nach zutreffender h. M. nur natürliche Personen bestellt werden[77]. Juristische Personen, etwa eine als

---

73 So explizit auch *Simons*, in: Hölters AktG, § 6 SpruchG Rn. 3; *Wasmann*, in: KK-AktG, § 6 SpruchG Rn. 24.
74 *Stratz*, in: Schmitt/Hörtnagl/Stratz, UmwG/UmwStG, § 308 UmwG Rn. 6.
75 *Meister/Klöcker*, in: Kallmeyer UmwG, § 308 Rn. 6.
76 So auch *Wasmann*, in: KK-AktG, § 6 SpruchG Rn. 23.
77 *Simons*, in: Hölters AktG, § 6 Rn. 10; *Emmerich, in* Emmerich Habersack Aktien- und GmbH Konzernrecht, § 6 Rn. 7; *Drescher*, in: Spindler/Stilz AktG, § 6 SpruchG Rn. 8; Mennicke, in: Lutter UmwG, § 6 SpruchG Rn. 11; *Meister/*

GmbH firmierende Anwaltssozietät, scheiden wegen der Personenbezogenheit und der Zuordbarkeit aus. Bei juristischen Personen könnte der tatsächlich Handelnde ausgetauscht und die Auswahl des Gerichts konterkariert werden[78]. Der gemeinsame Vertreter kann sich im Verfahren aber (z. B. im Rahmen eines Gerichtstermins, Anhörung der Prüfer etc.) von einer anderen natürlichen (nicht juristischen) Person vertreten lassen.

Die zu bestellende Person muss über die entsprechende Sachkunde verfügen. Bestimmte berufliche Qualifikationen verlangt § 6 explizit nicht. Der gemeinsame Vertreter sollte aber sowohl mit der juristischen Führung von derartigen Verfahren wie auch mit den Grundsätzen der Unternehmensbewertung vertraut sein und auf diesen Gebieten idealerweise beruflich tätig sein[79]. Wichtig ist, dass der zu Bestellende die Parteirolle als gemeinsamer Vertreter autonom führen kann, so dass er nicht dauerhaft auf die Hinzuziehung von Rechtsanwälten oder Wirtschaftsprüfern angewiesen ist. Dies verbietet nicht, dass er in Einzelfällen, zwecks – gutachterlicher – Analyse einzelner Parameter auf hierfür besonders geeignete Rechtsanwälte oder Wirtschaftsprüfer zurückgreifen kann, wenn dies erforderlich erscheint (siehe zur diesbezüglichen Aufwandserstattung Rn. 69 ff.). 48

Vor dem Hintergrund der Privilegierung der Beendigung des Verfahrens durch Vergleich (§ 11 Abs. 2 Satz 1) sollte die zu bestellende Person zudem neben der Sachkompetenz idealerweise über Verhandlungsstärke (respektive Ausdauer) verfügen und eine gewisse kommunikative Begabung haben, um zwischen den unterschiedlichen Interessen aller Beteiligten ergebnisorientiert zu vermitteln. In der Praxis beansprucht die Koordinierung von Vergleichen einen erheblichen Zeitanteil der Tätigkeit des gemeinsamen Vertreters. Dies wird oftmals unterschätzt. Nicht selten müssen die Interessen von mehr als 50 Verfahrensbeteiligten oder mehr koordiniert werden. Neben der Findung einer wirtschaftlich angemessenen Vergleichskompensation ist auch eine dazu angemessene und im Verhältnis stehende Vergütungsvereinbarung zu finden, die von allen Beteiligten akzeptiert werden kann. 49

Von (enormen) Vorteil ist es auch, wenn dem zu bestellenden gemeinsamen Vertreter einige oder – in optimaler Weise sogar – die Mehrzahl der beteiligten Antragsteller (häufig finden sich in Spruchverfahren die gleichen Antragsteller) bzw. deren individuellen Wünsche und Präferenzen auf Basis seiner Erfahrungen aus anderen Spruchverfahren bekannt sind und er von diesen oftmals typischerweise beteiligten Personen aufgrund seiner Sachkompetenz aber auch persönlich akzeptiert wird. Diese gegenseitige Akzeptanz zwischen gemeinsamen Vertreter und übrigen 50

Klöcker, in: Kallmeyer UmwG, § 308, Rn. 10; a. A. *Wasmann*, in: KK-AktG, § 6 SpruchG Rn. 23; Kubis, in MüKo-AktG, § 6 SpruchG Rn. 5; *Stratz*, in: Schmitt/Hörtnagl/Stratz UmwG/UmwStG, § 308 UmwG Rn. 8.
78 Zutreffend daher *Drescher*, in: Spindler/Stilz AktG, § 6 SpruchG Rn. 8.
79 Vgl. hierzu nur *Drescher*, in: Spindler/Stilz AktG, § 6 SpruchG Rn. 8; *Simons*, in: Hölters AktG, § 6 Rn. 10.

Verfahrensbeteiligten und das jeweilige Verständnis für die Belange des anderen bilden die Basis für einen Dialog, der dann oftmals die Voraussetzungen für eine gütliche Einigung durch Vergleich schafft.

51 Die Bestellung von Parteien und ihrer Prozessbevollmächtigten im konkreten Verfahren dürfte wegen zumindest potentieller Interessenkonflikte ausscheiden (Beispiele: Beratung des Antragsgegners oder der Gesellschaft im Zusammenhang mit der streitgegenständlichen Strukturmaßnahme – nicht: Beratung eines Antragstellers im gleichen Verfahren –; eigene Antragstellung)[80].

52 Das Gericht ist hinsichtlich des Auswahlermessens nicht an etwaige Vorschlagslisten gebunden. Vorschläge können aber berücksichtigt werden, wenn sie für eine ordnungsgemäße Vertretung der Antragsberechtigten geeignet erscheinen[81].

3. Anzahl

53 Nach bisherigem Recht waren bei Spruchverfahren, die der Festlegung des Ausgleichs und der Barabfindung bei Beherrschungs- und Gewinnabführungsverträgen dienen, zwingend je Antragsart die Bestellung eines gesonderten gemeinsamen Vertreters vorgesehen. Insgesamt wurden regelmäßig zwei gemeinsame Vertreter bestellt (§ 306 Abs. 4 Satz 3 AktG a. F., § 308 Abs. 1 Satz 3 UmwG a. F.) Dem lag der fehlerhafte Gedanke zugrunde, dass der ausscheidende Anteilsinhaber (Empfänger der Abfindung) und der in der Gesellschaft verbleibende Anteilsinhaber (Empfänger der jährlichen Ausgleichszahlung) im Grundsatz unterschiedliche Interessen haben, die demzufolge immer von verschiedenen gemeinsamen Vertretern wahrgenommen werden sollten. Diese Annahme verkennt, dass der Ausgleich ebenfalls wie die Abfindung in Abhängigkeit vom Unternehmenswert abzuleiten ist, so dass die Interessen an einem möglichst hohen Unternehmenswert sowohl bei den Abfindungs- wie auch bei den Ausgleichszahlungsempfängern gleichgerichtet sind, so dass die Bestellung nur eines gemeinsamen Vertreters – in der Regel – ausreichend sein dürfte[82]. Steigt die Höhe der Abfindung zieht dies unmittelbar eine Erhöhung der Ausgleichszahlung nach sich. Überdies wird von Antragsteller im Spruchverfahren in Bezug auf einen Beherrschungs-und Gewinnabführungsvertrag regelmäßig in einem Antrag sowohl die Höhe der Abfindung als auch die Höhe der Ausgleichszahlung angegriffen. Dies liegt in der Natur der Sache begründet, da sich die Anteilsinhaber ggf. erst in der Zukunft – teilweise nach mehrmaligem Erhalt der Ausgleichszahlung – dazu entscheiden aus der Gesellschaft auszusteigen und die Abfindung anzunehmen. Hat der Anteilsinhaber überdies alle von ihm gehaltenen Aktien in den Beherrschungs- und Gewinnabführungsvertrag eingelie-

---

80 Vgl. nur *Wasmann*, in: KK-AktG, § 6 SpruchG Rn. 28 m. w. N. in FN 94; *Simons*, in: Hölters AktG, § 6 Rn. 10.
81 So auch *Drescher*, in: Spindler/Stilz AktG, § 6 SpruchG Rn. 8.
82 Zutreffend daher *Wasmann*, in: KK-AktG, § 6 SpruchG Rn. 29.

fert, erlöscht sein Antragsrecht, da er kein außenstehender Aktionär mehr ist (§ 3 Satz 1 Nr. 1).

Demgegenüber genügt nach § 6 Abs. 1 Satz 2 nunmehr – folgerichtig 54 (vgl. oben Rn. 45) – regelmäßig die Bestellung eines gemeinsamen Vertreters, wenn nicht ausnahmsweise aufgrund der konkreten Umstände davon auszugehen ist, dass die Wahrung der Rechte aller betroffenen Antragsberechtigten durch einen einzigen gemeinsamen Vertreter nicht sichergestellt ist. Konkrete Umstände, welche die Bestellung zweier gemeinsamer Vertreter bedingen, werden daher selten gegeben sein[83]. Vorstellbar ist dies bei einer Verschmelzung einer börsennotierten Aktiengesellschaft auf eine nicht börsennotierte, so dass § 29 UmwG (angemessene Barabfindung) mit § 15 Abs. 1 UmwG (Festlegung der baren Zuzahlung) kollidieren da die Erhöhung des Umtauschverhältnisses nicht zwingend eine Erhöhung der baren Zuzahlung – und umgekehrt – nach sich zieht[84]. Die Bestellung zweier gemeinsamer Vertreter ist auch dann erforderlich, wenn verschiedene Strukturmaßnahmen (z. B. Beherrschungs- und Gewinnabführungsvertrag und Squeeze Out) aufgrund sachlichen Zusammenhangs zu einem Verfahren verbunden werden (§ 2 Abs. 1 Satz 2)[85].

Zwei gemeinsame Vertreter sind auch dann zu bestellen, wenn mehre- 55 re übertragende Rechtsträger auf einen übernehmenden Rechtsträger übertragen werden (jeder übertragende Rechtsträger hat ein Interesse an einer möglichst hohen Bewertung seines Unternehmens und einer niedrigen Bewertung des anderen Unternehmens) oder bei Interessenwiderstreiten bei antragstellenden Mehrstimmrechtsaktionären und den nicht antragstellenden Aktionären mit einfachem Stimmrecht[86].

4. Bekanntmachung

Gemäß § 6 Abs. 1 Satz 4 hat das Gericht – bei Zuständigkeit der Kammer 56 für Handelssachen nach § 2 Abs. 2 Satz 1 Nr. 2 deren Vorsitzender – die Bestellung des gemeinsamen Vertreters im Bundesanzeiger bekannt zu machen. Zusätzlich hat die Bekanntmachung der Bestellung in den weiteren Informationsmedien zu erfolgen, die gegebenenfalls in der Satzung bzw. dem Gesellschaftsvertrag oder dem Statut der betreffenden Rechtsträger vorgesehen sind (§ 6 Abs. 1 Satz 5).

Die Bekanntmachungspflicht gilt in gleicher Weise für die Abberufung 57 der Bestellung (siehe nachfolgend Rn. 58).

---

83 So auch *Wasmann*, in: KK-AktG, § 6 SpruchG Rn. 29; *Simons*, in: Hölters AktG, § 6 Rn. 10.
84 So aktuell z. B. das vor dem LG Düsseldorf laufende Spruchverfahren in Sachen Verschmelzung Abit auf GFKL, Aktenzeichen 31 O 80/06 (AktE).
85 *Mennicke*, in: Lutter UmwG, § 6 SpruchG Rn. 5; *Drescher*, in: Spindler/Stilz AktG, § 6 SpruchG Rn. 7.
86 Siehe hierzu nur *Mennicke*, in: Lutter UmwG, § 6 SpruchG Rn. 5.

V. Abberufung des gemeinsamen Vertreters

58 Die Abberufung des gemeinsamen Vertreters ist nach wie vor gesetzlich nicht geregelt. Als actus contrarius zur Bestellung ist die Abberufung aus wichtigem Grund aber allgemein anerkannt[87]. Sie kommt in Betracht, wenn sie im Interesse der vom gemeinsamen Vertreter vertretenen Antragsberechtigten geboten ist (z. B. bei fehlender Sachkunde, längerer Krankheit, sichtbar werdenden Interessenkollisionen oder Handlungen zum Nachteil der Vertretenen) oder der Grund für die Bestellung nachträglich entfällt[88].

59 Die Abberufung erfolgt von Amts wegen durch Beschluss. Zuständig ist – wenn das Spruchverfahren bei der Kammer für Handelssachen anhängig ist (§ 2 Abs. 2 Satz 1 Nr. 5) – deren Vorsitzender. Für die Abberufung gilt auch die Bekanntmachungspflicht im Bundesanzeiger (vgl. oben Rn. 56 f.).

VI. Rechtsbehelfe gegen die Bestellung und Abberufung

60 In ab dem 01.09.2009 eingeleiteten Verfahren findet nach wohl h. M. in Rechtsprechung und Literatur gegen den Bestellungs- und oder Abberufungsbeschluss kein Rechtsmittel mehr statt. Nach § 58 Abs. 1 FamFG – anwendbar über § 17 Abs. 2 – ist die Beschwerde nur gegen Endentscheidungen, d.h. Beschlüsse im Sinne des § 38 Abs. 1 Satz 1 FamFG, statthaft, die das Verfahren ganz oder teilweise erledigen. Zwischenentscheidungen – wie die Bestellung und Abberufung – seien hiervon nach h. M. nicht erfasst[89]. Hierzu fehle eine ausdrückliche Regelung im SpruchG, wie sie in § 58 Abs. 1 2. HS FamFG gefordert wird.

61 Rechtsmittel gegen die Bestellung und Abberufung sind insoweit nach der derzeitigen h. M. in Rechtsprechung und Literatur durch die Einlegung der Beschwerde gegen die Endentscheidung geltend zu machen. Ein Rechtsmittel gegen die Endentscheidung kann dann damit begründet werden, dass die Ausgangsgerichte die Bestellungs- oder Abberufungsentscheidung zu Unrecht getroffen habe[90].

62 Dieser Umstand ist in Bezug auf die gemeinsame Vertreterbestellung und auch sonst in Bezug auf spruchverfahrensrechtliche Zwischen- und Teil-

---

87 *Kubis*, in: MüKO AktG, § 6 SpruchG Rn. 10; *Leuering*, in: Simon, SpruchG, § 6 Rn. 20; *Wasmann*, in: KK-AktG, § 6 SpruchG Rn. 32 m. w. N. in FN 99; *Mennicke*, in: Lutter UmwG, § 6 SpruchG Rn. 9.

88 Vgl. nur *Mennicke*, in: Lutter UmwG, § 6 SpruchG Rn. 9 m. w. N.in FN 4; *Wasmann*, in: KK-AktG, § 6 SpruchG Rn. 32.

89 OLG Frankfurt, Beschluss vom 14.07.2011 – 21 W 29/11, AG 2012 42 ff.; OLG Düsseldorf, Beschluss vom 12.12.2012 I-26 W 19/12 (AktE), AG 2013, 226 ff.; anders wohl (zumindest aber in Bezug auf die Zulässigkeit des Spruchverfahrens) OLG Stuttgart, Beschluss vom 18.02.2015 – 20 W 8/14, Juris Rn. 22 ff.; Vgl. zum Streitstand ausführlich *Wasmann*, in: KK-AktG, § 6 SpruchG Rn. 34 m. w. N. in FN 102.

90 So explizit OLG Frankfurt, Beschluss vom 14.07.2011 – 21 W 29/11, AG 2012 42, 43.

entscheidungen, die in die Rechtspositionen der Beteiligten in nicht unerheblichen Maße eingreifen, unbefriedigend und praxisfern (siehe hierzu auch § 11 Rn. 27 ff. und § 12 Rn. 9)[91]. Eine sofortige Beschwerde unter unmittelbarer Anwendung der §§ 567–572 ZPO gegen den Bestellungs-/Abberufungsbeschluss ist wohl unzulässig, da dieses Rechtsmittel nur dann eröffnet ist, wenn dies im Gesetz ausdrücklich vorgesehen ist[92]. In anderen Fällen, d.h. wenn verfassungsrechtliche Gesichtspunkte zu einer anderen Auslegung zwingen, können Zwischenentscheidungen wie die Abberufung und Bestellung des gemeinsamen Vertreters aber in entsprechender Anwendung der §§ 567 bis 572 ZPO mit der „sofortigen Beschwerde" angefochten werden[93]. Ein derartiger Fall liegt bei der gemeinsamen Vertreterbestellung/Abberufung vor, da es sich um eine Zwischenentscheidung handelt, die bereits unmittelbar in nicht unerheblicher Weise in die Rechtssphäre der Beteiligten eingreift[94]. Insbesondere ist daran zu denken, wenn das Gericht entgegen § 6 Abs. 1 Satz 1 überhaupt keinen gemeinsamen Vertreter bestellt und insoweit die erforderliche Beteiligung der nichtantragstellenden Anteilsinhaber durch den gemeinsamen Vertreter schlechthin versagt. Erforderlich ist jedenfalls immer, dass in so einschneidender Weise in die Rechte der Betroffenen eingegriffen wurde, dass ihre selbständige Anfechtbarkeit unbedingt geboten ist[95].

In den bis zum 01.09.2009 eingeleiteten Verfahren kann die (Nicht-)Bestellung/Abberufung wohl unstreitig mit der Beschwerde angegriffen werden. Dies hat im Jahr 2015 wenig praktische Relevanz. Diesbezüglich sei insoweit auf die Vorauflage (dort § 6 Rn. 15 ff.) verwiesen. *63*

VII. Vergütung und Auslagen

1. Grundlagen

Gemäß § 6 Abs. 2 kann der gemeinsame Vertreter – unabhängig davon ob er Rechtsanwalt ist oder nicht – von dem Antragsgegner entsprechend den Vorgaben des Rechtsanwaltsvergütungsgesetzes (RVG) den Ersatz seiner Auslagen und eine Vergütung für seine Tätigkeit verlangen. Schuldner des Anspruchs sind der Antragsgegner oder mehrere Antragsgegner als Gesamtschuldner[96]. Im Falle deren Insolvenz ist der Insolvenz- *64*

---

91 So im Ergebnis wohl auch *Krenek*, in: Heidel, Aktienrecht, § 11 SpruchG Rn. 7; *Weingärtner*, in: Heidel, Aktienrecht, § 6 SpruchG Rn. 5; *Ederle/Theusinger*, in: Bürgers/Körber AktG, § 6 SpruchG Rn. 7.
92 *Meyer-Holz*, in: Keidel FamFG, § 58 Rn. 89; mit der Gesetzessystematik deswegen schwer vereinbar.
93 So ähnlich wohl *Ederle/Theusinger*, in: Bürgers/Körber AktG, § 6 SpruchG Rn. 7; *Preuß*, NZG 2009, 961; *Tewes*, AnwK-AktR, § 11 SpruchG Rn. 7; *Wälzholz*, in: Widmann/Mayer, UmwG, Anh. 13 § 6 SpruchG Rn. 22 ff.
94 So explizit auch *Krenek*, in: Heidel, Aktienrecht, § 12 SpruchG Rn. 1; *Weingärtner*, in: Heidel, Aktienrecht, § 6 SpruchG Rn. 5; *Ederle/Theusinger*, in: Bürgers/Körber AktG, § 6 SpruchG Rn. 7.
95 BGH, NJW-RR 2003, 1369; OLG München, AG 2009, 340.
96 *Hüffer*, AktG, § 6 SpruchG Rn. 6.

verwalter Schuldner. Er wird kraft Amtes zum Beteiligten des nicht unterbrochenen Spruchverfahrens, zudem Antragsgegner i. S. d. § 6 Abs. 2 Satz 1 und damit Zahlungsverpflichteter[97]. Eine Haftung der nicht antragstellenden Antragsberechtigen, der Antragsteller und der Staatskasse scheidet aus[98].

65 Der Kostenanspruch des gemeinsamen Vertreters ist eine Masseverbindlichkeit gemäß § 55 Abs. 1 Nr. 1 InsO, da er – insoweit ähnlich wie ein Insolvenzverwalter – ihm gesetzlich zugewiesene Aufgaben wahrnimmt und das durch die Insolvenz nicht unterbrochene Verfahren fortführt[99].

2. Umfang der Vergütung

66 Der Vergütungsanspruch richtet sich nach dem RVG (siehe hierzu allg. auch § 15 Rn. 44 ff. zum Geschäftswert und § 15 Rn. 84 ff. zur Rechtsanwaltsvergütung). Danach erhält der gemeinsame Vertreter die Verfahrensgebühr Nr. 3100 VV von 1,3, bei der obligatorisch durchzuführenden mündlichen Verhandlung zudem die Terminsgebühr Nr. 3104 VV von 1,2 sowie ggf. die Einigungsgebühr Nr. 1003 VV von 1,0. Eine Erhöhungsgebühr Nr. 1008 VV scheidet aus, weil der gemeinsame Vertreter nicht mehrere Auftraggeber hat[100]. Im Beschwerdeverfahren erhält der gemeinsame Vertreter die Verfahrensgebühr Nr. 3200 von 1,6 und die Terminsgebühr Nr. 3202 von 1,2 sowie ggf. die Einigungsgebühr Nr. 1004, 1000 von 1,3. Wurde der gemeinsame Vertreter vor dem 01.08.2013 bestellt und das Rechtsmittel vor diesem Zeitpunkt eingelegt (§ 60 Abs. 1 RVG) sind für die Verfahrensgebühr Nr. 3500 (0,5) und für die Terminsgebühr Nr. 3513 (1,2) maßgeblich[101].

67 Die in § 6 Abs. 2 Satz 3 i. V. m. § 74 Satz 1 GNotKG vorgesehene Beschränkung des für die Gerichtsgebühren maßgeblichen Geschäftswertes bestimmt auch die maximale Höhe der Vergütung des gemeinsamen Vertreters in Entscheidungen durch Beschluss. Der Gegenstandswert ist demzufolge mindestens 200.000 Euro und höchstens 7,5 Mio. Euro (siehe hierzu unten § 15 Rn. 51.). Die Beschränkung des Höchstgeschäftswertes für den gemeinsamen Vertreter auf lediglich 7,5 Mio. Euro ist verfassungswidrig, da es seine Vergütung im Verhältnis zum erforderlichen Arbeits- und Zeitaufwand unverhältnismäßig einschränkt.

---

97 OLG Schleswig, ZIP 2008, 2326, 2327 f.
98 Unstreitig, siehe hierzu nur *Wasmann*, in: KK-AktG, § 6 SpruchG Rn. 37 m. w. N. in FN 116.
99 OLG Düsseldorf, Beschluss vom 30.05.2011 – I-26 W 4/10.
100 BGH, Beschluss vom 22.10.2013 – II ZB 4/13; OLG Frankfurt am Main, Beschluss vom 15.10.2010 – 5 W 57/09; *Mennicke*, in: Lutter UmwG, § 6 SpruchG Rn. 14; *Wasmann*, in: KK-AktG, § 6 SpruchG Rn. 35 m. w. N. in FN 108; *Günal/Kememrer*, NZG 2013, 16, 17 ff.
101 Für einen vor dem 01.08.2013 bestellten gemeinsamen Vertreter daher richtig OLG Düsseldorf, Beschluss vom 21.11.2013 – I-26 W 6/09 8AktE); nunmehr wird das Spruchverfahren in Teil 3 Abschnitt 2 Unterabschnitt 1 RVG-VV explizit unter Nr. i) aufgeführt.

Dem gemeinsamen Vertreter steht auch ein Verzinsungsanspruch seiner 68
Vergütung zu, da § 104 Abs. 1 Satz 2 ZPO analog Anwendung findet[102].

3. Umfang der Auslagen

Dem gemeinsamen Vertreter sind auch die Auslagen in der tatsäch- 69
lich angefallenen Höhe zu erstatten[103]. Die Auslagen müssen angemessen sein, also dem Verfahrenszweck entsprechen[104]. Was dem Verfahrenszweck entspricht ist anhand des konkreten Einzelfalls abzuwägen. Hierzu gehören zweifelsfrei Reisekosten, Kopierkosten, u. Ä. sowie erforderlichenfalls Übersetzungskosten[105].

Zu den Auslagen zählen auch Honorare, die der gemeinsame Vertreter 70
an von ihm beauftragte Dritte gezahlt hat. Namentlich die Bestellung von Gutachten insbesondere zu partiellen Bewertungsthemen (i. d. R. nicht aber komplette Neubewertung) kann sinnvoll und förderlich sein. Derartige Gutachten sind angemessen, wenn der gemeinsame Vertreter trotz intensiver Beschäftigung mit der Materie und Sachkompetenz externes Know-how benötigt, um die Bewertungsrügen in dem erforderlichen Umfang zu konkretisieren oder die Tatsachenbasis für die Einschätzung der Angemessenheit der gewährten Kompensation zu erweitern. Die Einholung von Gutachten durch den gemeinsamen Vertreter dient in erheblichem Maße der Beschleunigung der Verfahren und der Entlastung der Gerichte. Der Amtsermittlungsgrundsatz der Gerichte wird dadurch nicht – wie z. T. fälschlich angeführt – berührt, da im wesentlichen Maße erst durch die Beibringung von Gutachten die Grundlage dafür geschaffen wird, wie in der Sache weiter zu verfahren ist[106].

Fehlerhaft ist es, davon auszugehen, dass im Spruchverfahren zwangs- 71
läufig engere Grenzen für die Erstattungsfähigkeit von Privatgutachten gelten als in dem vom Beibringungsgrundsatz beherrschten Zivilprozess. Diese Auffassung berücksichtigt nicht, dass der Amtsermittlungsgrundsatz im Spruchverfahren nur eingeschränkt gilt und dass es gerade dem gemeinsamen Vertreter obliegt, den Sachverhalt und die entscheidungserheblichen Bewertungsrügen aufzuarbeiten[107]. Die Beauftragung von Gutachten kann beispielsweise für die Ableitung des Betafaktors auf Basis historischer Daten mittels der Bloomberg Datenbank sinnvoll sein oder etwa mit Blick auf eine vergleichende Wettbewerbsanalyse (z. B. mittels

---

102 A.A. *Wasmann*, in: KK-AktG, § 6 SpruchG Rn. 35 m. w. N. zu unveröffentlichten Entscheidungen in FN 110.
103 *Drescher*, in: Spindler/Stilz AktG, § 6 SpruchG Rn. 17.
104 *Hüffer*, AktG, § 6 SpruchG Rn. 7.
105 *Drescher*, in: Spindler/Stilz AktG, § 6 SpruchG Rn. 17; *Hüffer*, AktG, § 6 SpruchG Rn. 7.
106 A.A. insoweit OLG Düsseldorf, Beschluss vom 04.07.2011 – I-26 W 8/11 (AktE); *Hüffer*, AktG, § 6 SpruchG Rn. 7.
107 Fehlerhafte Sichtweise insoweit OLG Düsseldorf, Beschluss vom 04.07.2011 – I-26 W 8/11 (AktE).

SpruchG § 6 Gemeinsamer Vertreter

Multiplikatoren o. Ä.) oder etwa wenn Zweifel bei der Ansetzung der Planzahlen und Art und Weise der Ableitung der ewigen Rente bestehen.

4. Kostenfestsetzung

72 Die Auslagen und die Vergütung des gemeinsamen Vertreters werden gemäß § 6 Abs. 2 Satz 2 durch das Gericht festgesetzt. Für die Kostenfestsetzung ist sowohl für die Kosten der ersten als auch der zweiten Instanz ausschließlich das Landgericht (bei Zuständigkeit der Kammer für Handelssachen deren Vorsitzender) als Eingangsinstanz zuständig. Die in der Literatur vertretene anderslautende h. M., wonach für die Kostenfestsetzung im Beschwerdeverfahren das Beschwerdegericht zuständig sei, wird in der Praxis so nicht gelebt[108].

73 Der Kostenfestsetzungsbeschluss ist Vollstreckungstitel gegen den Antragsgegner[109]. Gegen den ist gemäß § 17 Abs. 1 SpruchG, § 85 FamFG, § 104 Abs. 3 ZPO die sofortige Beschwerde nach §§ 567 ff. ZPO zum Oberlandesgericht zulässig[110]. Beschwerdebefugt sind nur der gemeinsame Vertreter oder die Antragsgegnerin, nicht aber die übrigen Anteilsinhaber[111].

5. Kostenvorschuss

74 Der gemeinsame Vertreter kann die Zahlung eines angemessenen Vorschusses von der Antragsgegnerin verlangen. Sofern der gemeinsame Vertreter einen entsprechenden Antrag bei Gericht stellt, hat das Gericht dem in angemessener Höhe zu entsprechen. Üblich sind Vorschussleistungen für die Verfahrens- und Termingebühren auf Basis des Mindestgegenstandswertes von 200.000 Euro, sofern nicht abzusehen ist, dass sich ein höherer Gegenstandswert ergibt[112]. Auch für die Beschwerdeinstanz kann ein entsprechender Vorschuss verlangt werden. Etwaige Auslagen (siehe hierzu oben Rn. 69 ff.) sind ebenfalls als Vorschuss festzulegen.

75 Zwecks Erleichterung des Gerichts und in der Praxis üblich ist die unmittelbare Rechnungstellung auf Basis des Mindestgegenstandswertes von 200.000 Euro ohne vorherige Kostenfestsetzung durch Beschluss. Der erhaltene Vorschuss wird dann später im Rahmen der gerichtlichen Kostenfestsetzung abgezogen. Diese Vorgehensweise ist zulässig, da die Zahlung des Kostenvorschusses nicht einer gerichtlichen Festsetzung bedingt. Nur wenn der Antragsgegner sich weigert, den Kostenvorschuss zu erstatten, muss auf die gerichtliche Festsetzung zurückgegriffen werden.

---

108 Vgl. zur h. M. nur *Wasmann*, in: KK-AktG, § 6 SpruchG Rn. 37 m. w. N. in FN 112; *Mennicke*, in: Lutter UmwG, § 6 SpruchG Rn. 15.
109 Allg. Meinung vgl. nur *Drescher*, in: Spindler/Stilz AktG, § 6 SpruchG Rn. 20.
110 Siehe hierzu nur *Emmerich*, in: Emmerich/Habersack, Aktien- und GmbH Konzernrecht, § 6 SpruchG Rn. 21.
111 *Drescher*, in: Spindler/Stilz AktG, § 6 SpruchG Rn. 20.
112 So auch OLG Frankfurt, Beschluss vom 19.05.2005 – 20 W 267/04.

… # § 6a Gemeinsamer Vertreter bei Gründung einer SE

Wird bei der Gründung einer SE durch Verschmelzung oder bei der Gründung einer Holding-SE nach dem Verfahren der Verordnung (EG) Nr. 2157/2001 des Rates vom 8. Oktober 2001 über das Statut der Europäischen Gesellschaft (SE) (ABl. EG Nr. L 294 S. 1) gemäß den Vorschriften des SE-Ausführungsgesetzes ein Antrag auf Bestimmung einer Zuzahlung oder Barabfindung gestellt, bestellt das Gericht auf Antrag eines oder mehrerer Anteilsinhaber einer sich verschmelzenden oder die Gründung einer SE anstrebenden Gesellschaft, die selbst nicht antragsberechtigt sind, zur Wahrung ihrer Interessen einen gemeinsamen Vertreter, der am Spruchverfahren beteiligt ist. § 6 Abs. 1 Satz 4 und Abs. 2 gilt entsprechend.

Inhalt

		Rn.			Rn.
I.	Regelungsgegenstand	1	V.	Abberufung des gemeinsamen Vertreters	19
II.	Normzweck	3			
III.	Aufgabe und Rechtsstellung	6	VI.	Rechtsmittel gegen Bestellung und Abberufung	20
IV.	Bestellung, Auswahl und Bekanntmachung	15	VII.	Vergütung und Auslagen	21

Spezielle Literatur: *Vetter,* Minderheitenschutz bei der Gründung einer Europäischen Gesellschaft, in: Lutter/Hommelhof (Hrsg.), Die Europäische Gesellschaft, 2005, S. 111; im Übrigen siehe die Übersichten bei § 1 und § 6.

I. Regelungsgegenstand

§ 6a SpruchG regelt die Bestellung und Rechtsstellung des gemeinsamen Vertreters der Anteilsinhaber eines ausländischen Rechtsträgers bei der Gründung einer SE oder Holding-SE, sofern ein Spruchverfahren nach deutschem Recht durchgeführt wird und diese Anteilsinhaber nicht antragsberechtigt sind (siehe hierzu ausführlich § 1 Rn. 70 ff.). Hinsichtlich der Bekanntmachung und Vergütung des gemeinsamen Vertreters verweist § 6a SpruchG auf die entsprechenden Regelungen in § 6 SpruchG. 1

2 Die Regelung wurde Ende 2004 eingefügt, beruht auf Art. 5 Nr. 6 des SEEG[1] und knüpft an Art. 25 Abs. 3 der SE-VO[2] an. Im April 2007 wurde in § 6a Satz 1 ein Redaktionsversehen (Anwendung nicht nur bei Festlegung einer baren Zuzahlung, sondern auch bei einer Barabfindung) korrigiert[3].

II. Normzweck

3 Nach Art. 25 Abs. 3 SE-VO kommt ein Spruchverfahren zwecks gerichtlicher Festlegung der angemessenen Kompensationszahlung für die Anteilsinhaber des deutschen Rechtsträgers nur dann in Betracht, wenn die anderen sich verschmelzenden Gesellschaften in Mitgliedstaaten, in denen ein dem Spruchverfahren gleichwertiges Verfahren nicht existiert, bei der Zustimmung zum Verschmelzungsplan ausdrücklich akzeptieren, dass die Aktionäre der deutschen Gesellschaft auf das Spruchverfahren zugreifen können.

4 Hintergrund dieses Zustimmungserfordernisses ist die Schutzbedürftigkeit der Anteilsinhaber der ausländischen Gesellschaft: Ihre (wirtschaftlichen) Interessen können beeinträchtigt werden, wenn im deutschen Spruchverfahren zugunsten der Aktionäre der deutschen Gründungsgesellschaft eine bare Zuzahlung zur Verbesserung des Umtauschverhältnisses oder eine Barabfindung gerichtlich bestimmt wird, die aus dem Vermögen der SE und damit mittelbar auch aus dem Vermögen der Anteilsinhaber des ausländischen Rechtsträgers aufzubringen ist[4].

5 Nach den Vorstellungen des Gesetzgebers soll ein Anreiz für die nach Art. 25 Abs. 3 SE-VO zwingend erforderliche Zustimmung der ausländischen Gesellschaft(en) zum (deutschen) Spruchverfahren geschaffen werden, in dem für die potentiell beeinträchtigten Anteilsinhaber dieser ausländischen Gesellschaft(en) zwecks Wahrnehmung ihrer wirtschaftlichen Interessen ein besonderer gemeinsamer Vertreter bestellt werden kann.

III. Aufgabe und Rechtsstellung

6 Die Aufgabe des gemeinsamen Vertreters nach § 6a SpruchG besteht darin, die Angemessenheit des vom ausländischen Rechtsträger ursprünglich festgelegten Umtauschverhältnisses und/oder die angebo-

---

1 Gesetz zur Einführung der Europäischen Gesellschaft (SEEG) vom 22.12.2004 (BGBl. I, S. 3675).
2 VO (EG) Nr. 2157/2001 vom 08.10.2001 über das Statut der Europäischen Gesellschaft (SE), ABl. L 294 vom 10.11.2001, S. 1.
3 2. Gesetz zur Änderung des UmwG, BGBl. I 2007, S. 542; vgl. auch die Begr. im Gesetzentwurf BT-Drucks. 16/2919, S. 20.
4 Vgl. Begr. RegE zu Art. 5 Nr. 6 SEEG, BT-Drucks. 15/3405, S. 58, ähnlich *Teichmann*, ZGR 2002, 383, 428; zum Hintergrund der Norm siehe auch *Ederle/Theusinger*, in: Bürgers/Körber AktG, § 6a SpruchG Rn. 1; *Simons*, in: Hölters AktG, § 6a SpruchG Rn. 1.

tene Barabfindung im wirtschaftlichen Interesse der Anteilsinhaber des ausländischen Rechtsträgers zu verteidigen, nicht aber – wie in den Fällen des § 6 SpruchG – auf eine höhere Kompensation hinzuwirken[5]. In derartigen Verfahren sind demzufolge möglicherweise zwei oder mehr gemeinsame Vertreter mit jeweils entgegengesetzten wirtschaftlichen Interessen am Spruchverfahren beteiligt. Der im Fall des § 1 Nr. 5 SpruchG zwingend zu bestellende gemeinsame Vertreter nach § 6 SpruchG setzt sich für eine Erhöhung der Kompensationszahlung ein, während der oder die auf Antrag nach § 6a SpruchG zu bestellende(n) gemeinsame(n) Vertreter – umgekehrt – etwaige Erhöhungen der angebotenen Kompensationszahlung abwehren soll. Beide gemeinsame Vertreter agieren demzufolge mit entgegengesetzter Zielsetzung in der gleichen Angelegenheit.

Die Rechte und Pflichten des gemeinsamen Vertreters nach § 6a SpruchG 7 sind – anders als die Rechte des gemeinsamen Vertreters nach § 6 SpruchG – nur rudimentär geregelt[6]. Aus dem Umkehrschluss von § 6a Satz 2 i. V. m. § 6 Abs. 1 2. Halbsatz SpruchG wird in der Literatur (allerdings zu Unrecht) gefolgert, dass er nicht gesetzlicher Vertreter der Anteilsinhaber des ausländischen Rechtsträgers, sondern lediglich am Spruchverfahren formell beteiligt ist[7]. Dem ist nicht zu folgen: Der gemeinsame Vertreter nach § 6a SpruchG hat vielmehr die gleiche Rechtsstellung wie der gemeinsame Vertreter nach § 6 SpruchG. Denn um die entgegengesetzten Interessen der ausländischen Anteilseigner zu wahren, muss er mit den gleichen Rechten und Pflichten ausgestattet sein wie der gemeinsame Vertreter nach § 6 SpruchG. Andernfalls bestünde ein Ungleichgewicht, was sich weder mit dem Sinn und Zweck der gemeinsamen Vertreterbestellung noch aufgrund der Systematik der Regelung erklären lässt. Der Gesetzgeber hat auch keinerlei abweichende Regelung in § 6 SpruchG getroffen; er hat lediglich noch nochmals wiederholt, wie bereits in § 6 Abs. 1 Satz 1 SpruchG klargestellt, dass auch der gemeinsame Vertreter nach § 6a SpruchG nicht nur am Spruchverfahren beteiligt ist, sondern dabei die Position eines gesetzlichen Vertreters einnimmt. Andernfalls wäre die einheitliche Konzeption des gemeinsamen Vertreters verlassen worden, insbesondere die eigenständige Verfahrensbeteiligung und Weisungsunabhängigkeit im Gegensatz zur bloßen Verfahrensbevollmächtigung.

Der gemeinsame Vertreter nach § 6a SpruchG kann Schriftsätze einbrin- 8 gen und hat ein Recht auf Teilnahme an der mündlichen Verhandlung und Beweisterminen, entsprechende Akteneinsichtsrechte sowie das

---

5 Begr. RegE zu Art. 5 Nr. 6 SEEG, BT-Drucks. 15/3405, S. 58, siehe hierzu auch *Wasmann*, in: KK AktG, § 6a SpruchG Rn. 1; *Mennicke*, in: Lutter UmwG, § 6a SpruchG Rn. 2.
6 *Hüffer*, AktG, § 6a Rn. 3.
7 *Wasmann*, in: KK AktG, § 6a SpruchG Rn. 3; *Mennicke*, in: Lutter UmwG, § 6a SpruchG Rn. 5; *Hüffer*, AktG, § 6a Rn. 3; *Kubis*, in: MüKo AktG, § 6a SpruchG Rn. 3.

Recht auf schriftliche und mündliche Äußerung zur Sache[8]. Insofern gilt Gleiches wie oben zu § 6 Rn. 10 ff.

9 Der gemeinsame Vertreter soll dem Wortlaut der Regelungen nach – anders als der gemeinsame Vertreter nach § 6 SpruchG – nicht die „Rechte" (insgesamt), sondern „nur" die wirtschaftlichen Interessen der Anteilsinhaber wahren (vgl. § 6a Satz 1 SpruchG). Dies ist allerdings auf eine bloße sprachliche Ungenauigkeit des Gesetzgebers zurückzuführen, der den ausländischen Anteilseignern keine besonderen, etwa zusätzlichen Rechte hinsichtlich des Verschmelzungsprozesses verschaffen, sondern lediglich ihre wirtschaftliche Integrität wahren wollte. Gemeint ist jedenfalls das Gleiche wie in § 6 SpruchG. In beiden Fällen geht es um die Wahrung der wirtschaftlichen Position der jeweiligen nicht-antragstellenden Anteilseignern, nur mit umgekehrten Vorzeichen (siehe hierzu oben Rn. 6). Dies bedingt, dass der gemeinsame Vertreter nach § 6a SpruchG die gleichen Verfahrensrechte hat wie derjenige nach § 6 SpruchG und insbesondere eigene Anträge stellen kann[9]. Andernfalls wäre die vom Gesetzgeber angeordnete ordnungsgemäße und gleichberechtigte wirtschaftliche Interessenvertretung der ausländischen Anteilseigner nicht gewährleistet.

10 Der gemeinsame Vertreter gemäß § 6a SpruchG soll nach h. M. in der Literatur anders als der gemeinsame Vertreter nach § 6 SpruchG nicht ermächtigt sein, das Verfahren nach Rücknahme aller Anträge fortzusetzen (Umkehrschluss aus dem fehlenden Verweis in § 6a SpruchG auf § 6 Abs. 3 SpruchG)[10]. In diesem Fall seien die Interessen der Anteilsinhaber des ausländischen Rechtsträgers nicht mehr schutzwürdig, da mit dem Wegfall der Anträge die drohende wirtschaftliche Beeinträchtigung wegfalle[11]. Dem ist nicht zuzustimmen: Auch dem gemeinsamen Vertreter nach § 6a SpruchG muss zwecks Wahrung der wirtschaftlichen Interessen der ausländischen Anteilseigner das Recht eingeräumt werden zu verhindern, dass sich beispielsweise die übrigen Beteiligten – zu Lasten der Antragsgegnerin und damit zu Lasten des ausländischen Rechtsträgers- vergleichen und dann ihre Anträge zurücknehmen. Wird ihm dieses Recht aberkannt, kann er in der Praxis nicht die Interessen der Anteilsinhaber des ausländischen Rechtsträgers wahren, da die übrigen Verfah-

---

8 Wohl unstreitig, vgl. nur *Wasmann*, in: KK AktG, § 6a SpruchG Rn. 3; *Mennicke*, in: Lutter UmwG, § 6a SpruchG Rn. 5; *Hüffer*, AktG, § 6a Rn. 3; *Leuering*, in: Simon SpruchG, § 6a Rn. 16.

9 So wohl auch *Drescher*, in: Spindler/Stilz AktG, § 6a SpruchG Rn. 1; *Weingärtner*, in: Heidel, Aktienrecht und Kapitalmarktrecht, § 6a SpruchG Rn. 7; *Simons*, in: Hölters AktG, § 6a SpruchG Rn. 8; a. A. *Mennicke*, in: Lutter UmwG, § 6a SpruchG Rn. 5; *Leuering*, in: Simon SpruchG, § 6a Rn. 15; *Kubis*, in: MüKo AktG, § 6a SpruchG Rn. 3.

10 Vgl. nur *Drescher*, in: Spindler/Stilz AktG, § 6a SpruchG Rn. 2,; *Mennicke*, in: Lutter UmwG, § 6a SpruchG Rn. 5; *Leuering*, in: Simon SpruchG, § 6a Rn. 15; *Wasmann*, in: KK AktG, § 6a SpruchG Rn. 3; *Hüffer*, AktG, § 6a Rn. 3; *Ederle/Theusinger*, in: Bürgers/Körber AktG, § 6a SpruchG Rn. 3.

11 Vgl. nur *Mennicke*, in: Lutter UmwG, § 6a SpruchG Rn. 5; *Leuering*, in: Simon SpruchG, § 6a Rn. 16; *Wasmann*, in: KK AktG, § 6a SpruchG Rn. 3.

rensbeteiligten das Verfahren ohne seine Zustimmung auch zum Nachteil der ausländischen Anteilseigner beenden könnten. Es kann auch nicht davon ausgegangen werden, dass die Interessen der Anteilinhaber des ausländischen Rechtsträgers durch den gemeinsamen Vertreter nach § 6 SpruchG gewährleistet wird[12]. Diesem kommt es – gerade im Gegenteil – vielmehr auf eine Erhöhung der Kompensation an (s. o. Rn. 6), so dass seine Interessen entgegengerichtet sind.

Als Verfahrensbeteiligtem steht dem gemeinsamen Vertreter nach § 6a SpruchG auch das Recht zur Einlegung der Beschwerde gemäß § 12 Abs. 1 Satz 1 SpruchG zu. Es wäre aus den vorgenannten Gründen ebenfalls nicht gerechtfertigt, ihm dieses Beschwerderecht abzuerkennen[13]. Jedenfalls hätte es für eine solche gravierende Einschränkung eines ausdrücklichen gesetzlichen Hinweises bedurft, da das Beschwerderecht grundsätzlich allen Verfahrensbeteiligten offensteht (§ 59 Abs. 1 FamFG, vgl. § 12 Rn. 15 SpruchG). Nach einer für die ausländischen Anteilseigner negativen Entscheidung – also der Erhöhung der Kompensationsleistung – liefe die Schutzfunktion des § 6a SpruchG leer, wenn insoweit keine Beschwerderecht des gemeinsamen Vertreters bestände[14]. 11

Ein Vergleich bedarf immer auch der Zustimmung des gemeinsamen Vertreters nach § 6a SpruchG, zumal er gemäß § 11 Abs. 2 SpruchG Beteiligter ist[15]. Faktisch gilt dies auch für außergerichtliche Vergleiche, da ihm nach vergleichsbedingter Rücknahme der Anträge entsprechend § 6 Abs. 3 SpruchG ein Fortführungsrecht zuzubilligen ist (siehe oben Rn. 10). 12

Gegenüber den ausländischen Anteilsinhabern, deren Interessen der gemeinsame Vertreter nach § 6a SpruchG zu vertreten hat, ist er – wie der gemeinsame Vertreter nach § 6 SpruchG – unabhängig und weder weisungs- noch rechenschafts- oder auskunftspflichtig (vgl. hierzu § 6 Rn. 30 ff. SpruchG)[16]. 13

Die Haftung des gemeinsamen Vertreters nach § 6a SpruchG entspricht der Haftung des gemeinsamen Vertreters nach § 6 SpruchG (siehe hierzu ausführlich § 6 Rn. 32 ff. SpruchG). Für Pflichtverletzungen haftet er den Anteilsinhabern des ausländischen Rechtsträgers demzufolge nur unter den Voraussetzungen des § 826 BGB (siehe § 6 Rn. 32 ff. SpruchG)[17]. 14

---

12 So aber *Ederle/Theusinger*, in: Bürgers/Körber AktG, § 6a SpruchG Rn. 1.
13 So auch *Weingärtner*, in: Heidel, Aktienrecht und Kapitalmarktrecht, § 6a SpruchG Rn. 7; anders aber *Wasmann*, in: KK AktG, § 6a SpruchG Rn. 3; *Leuering*, in: Simon SpruchG, § 6a Rn. 16; *Mennicke*, in: Lutter UmwG, § 6a SpruchG Rn. 5.
14 Zur Schutzfunktion siehe explizit Begr. RegE zu Art. 5 Nr. 6 SEEG, BT-Drucks. 15/3405, S. 58.
15 Allg. Meinung vgl. nur *Wasmann*, in: KK AktG, § 6a SpruchG Rn. 3.
16 So explizit auch *Weingärtner*, in: Heidel, Aktienrecht und Kapitalmarktrecht, § 6a SpruchG Rn. 6; siehe auch *Simons*, in: Hölters AktG, § 6a SpruchG Rn. 8; *Mennicke*, in: Lutter UmwG, § 6a SpruchG Rn. 6.
17 Vgl. zum Umfang der Haftung nach § 6 auch *Drescher*, in: Spindler/Stilz AktG, § 6 SpruchG Rn. 3; *Wasmann*, in: KK-AktG, § 6 SpruchG Rn. 22; *Simons*, in:
(Fortsetzung der Fußnote auf Seite 236)

IV. Bestellung, Auswahl und Bekanntmachung

15 Anders als der gemeinsame Vertreter nach § 6 SpruchG wird der gemeinsame Vertreter nach § 6a SpruchG nicht von Amts wegen, sondern nur auf Antrag eines oder mehrere Anteilsinhaber der ausländischen Gesellschaft(en) bestellt[18]. Nur diese sind antragsberechtigt.

16 Der Antrag auf Bestellung des gemeinsamen Vertreters nach § 6a SpruchG ist erst dann zulässig, wenn zumindest ein Antrag auf Einleitung des Spruchverfahrens im Anwendungsbereich von § 1 Nr. 5 SpruchG gestellt wurde. Der Antrag ist weder frist- noch formgebunden[19]. Die Ausnahme des Absehens von der Bestellung gem. § 6 Abs. 1 Satz 3 SpruchG findet keine Anwendung[20]. Der Bestellungsbeschluss wird gem. § 40 Abs. 1 FamFG mit der Bekanntgabe an den gemeinsamen Vertreter nach § 6a SpruchG wirksam.

17 Für die Auswahl des gemeinsamen Vertreters gelten die Ausführungen zu § 6 Rn. 45 ff. SpruchG entsprechend. Wegen gegenläufiger Interessen (siehe oben Rn. 6) kann der nach § 6 SpruchG bestellte gemeinsame Vertreter nicht auch gleichzeitig als gemeinsamer Vertreter nach § 6a SpruchG bestellt werden[21].

18 Das Gericht hat die Bestellung ausschließlich im Bundesanzeiger bekanntzumachen, mangels ausdrücklichen gesetzlichen Verweises nicht dagegen auch nach § 6 Abs. 1 Satz 5 SpruchG in dem Informationsmedium, das die Satzung der (ausländischen) Gesellschaft oder der SE bestimmt[22].

Hölters AktG, § 6 SpruchG Rn. 28; *Ederle/Theusinger*, in: Bürgers/Körber AktG, § 6 SpruchG Rn. 3; a. A. *Hüffer*, AktG, § 6 SpruchG Rn. 6; *Mennicke*, in: Lutter UmwG, § 6 SpruchG Rn. 1; *Emmerich*, in: Emmerich/Habersack, Aktien- und GmbH Konzernrecht, § 6 Rn. 14; *Bidmon*, Reform des SpruchG, S. 146 ff.

18 Vgl. exemplarisch nur *Simons*, in: Hölters AktG, § 6a SpruchG Rn. 3; *Hüffer*, AktG, § 6a Rn. 2; *Ederle/Theusinger*, in: Bürgers/Körber AktG, § 6a SpruchG Rn. 3; *Kubis*, in: MüKo AktG, § 6a SpruchG Rn. 2; *Mennicke*, in: Lutter UmwG, § 6a SpruchG Rn. 2.

19 *Wasmann*, in: KK AktG, § 6a SpruchG Rn. 5; *Drescher*, in: Spindler/Stilz AktG, § 6a SpruchG Rn. 3; a. A. *Mennicke*, in: Lutter UmwG, § 6a SpruchG Rn. 2; *Simons*, in: Hölters AktG, § 6a SpruchG Rn. 3 f.

20 *Wasmann*, in: KK AktG, § 6a SpruchG Rn. 5; *Mennicke*, in: Lutter UmwG, § 6a SpruchG Rn. 2.

21 *Wasmann*, in: KK AktG, § 6a SpruchG Rn. 5; *Mennicke*, in: Lutter UmwG, § 6a SpruchG Rn. 3; *Drescher*, in: Spindler/Stilz AktG, § 6a SpruchG Rn. 5.

22 *Wasmann*, in: KK AktG, § 6a SpruchG Rn. 5; *Mennicke*, in: Lutter UmwG, § 6a SpruchG Rn. 2; *Drescher*, in: Spindler/Stilz AktG, § 6a SpruchG Rn. 5; *Ederle/Theusinger*, in: Bürgers/Körber AktG, § 6a SpruchG Rn. 1.

V. Abberufung des gemeinsamen Vertreters

Der gemeinsame Vertreter nach § 6a SpruchG kann wie der gemeinsame Vertreter nach § 6 SpruchG aus wichtigem Grund abberufen werden (siehe hierzu ausführlich § 6 Rn. 58 ff. SpruchG)[23]. 19

VI. Rechtsmittel gegen Bestellung und Abberufung

Seit Inkrafttreten des FamFG im Jahre 2009 existiert kein Rechtsmittel gegen die (Nicht-) Bestellung und (Nicht-) Abberufung[24]. Rechtsmittel gegen die Bestellung und Abberufung sind insoweit nach derzeitigem Stand durch die Einlegung der Beschwerde gegen die Endentscheidung geltend zu machen (siehe hierzu § 6 Rn. 60 ff. SpruchG). 20

VII. Vergütung und Auslagen

Für die Erstattung von Vergütung und Auslagen gilt aufgrund des Verweises in § 6a Satz 2 SpruchG die Regelung des § 6 Abs. 2 SpruchG entsprechend (siehe hierzu ausführlich § 6 Rn. 64 ff. SpruchG). Schuldner des Vergütungsanspruches ist zwingend der Antragsgegner[25]. 21

---

[23] *Drescher*, in: Spindler/Stilz AktG, § 6a SpruchG Rn. 7; *Wasmann*, in: KK AktG, § 6a SpruchG Rn. 6; *Simons*, in: Hölters AktG, § 6a SpruchG Rn. 6; *Ederle/Theusinger*, in: Bürgers/Körber AktG, § 6a SpruchG Rn. 4.

[24] *Wasmann*, in: KK AktG, § 6a SpruchG Rn. 7; *Mennicke*, in: Lutter UmwG, § 6a SpruchG Rn. 4; *Drescher*, in: Spindler/Stilz AktG, § 6a. SpruchG Rn. 6; a. A. *Weingärtner*, in: Heidel, Aktienrecht und Kapitalmarktrecht, § 6a SpruchG Rn. 5.

[25] *Drescher*, in: Spindler/Stilz AktG, § 6a. SpruchG Rn. 10.

§ 6b Gemeinsamer Vertreter bei Gründung einer Europäischen Genossenschaft

Wird bei der Gründung einer Europäischen Genossenschaft durch Verschmelzung nach dem Verfahren der Verordnung (EG) Nr. 1435/2003 des Rates vom 22. Juli 2003 über das Statut der Europäischen Genossenschaft (SCE) (ABl. EU Nr. L 207 S. 1) nach den Vorschriften des SCE-Ausführungsgesetzes ein Antrag auf Bestimmung einer baren Zuzahlung gestellt, bestellt das Gericht auf Antrag eines oder mehrerer Mitglieder einer sich verschmelzenden Genossenschaft, die selbst nicht antragsberechtigt sind, zur Wahrung ihrer Interessen einen gemeinsamen Vertreter, der am Spruchverfahren beteiligt ist. § 6 Abs. 1 Satz 4 und Abs. 2 gilt entsprechend.

Spezielle Literatur: Siehe die Übersichten bei § 1, § 6, § 6a.

§ 6b ist mit dem SCEEG[1] eingefügt worden und – ebenfalls wie § 6c–§ 6a nachempfunden. Aufgabe des gemeinsamen Vertreters nach § 6b ist es die ursprünglich festgelegte Kompensation zu verteidigen. Zu Normzweck und Einzelheiten sei auf die Ausführungen zu § 6a verwiesen.

---

1   Art. 7 Nr. 5 des Gesetzes vom 14.08.2006, BGBl I, S. 1911.

§ 6c Gemeinsamer Vertreter bei grenzüberschreitender Verschmelzung

Wird bei einer grenzüberschreitenden Verschmelzung (§ 122a des Umwandlungsgesetzes) gemäß § 122h oder § 122i des Umwandlungsgesetzes ein Antrag auf Bestimmung einer Zuzahlung oder Barabfindung gestellt, bestellt das Gericht auf Antrag eines oder mehrerer Anteilsinhaber einer beteiligten Gesellschaft, die selbst nicht antragsberechtigt sind, zur Wahrung ihrer Interessen einen gemeinsamen Vertreter, der am Spruchverfahren beteiligt ist. § 6 Abs. 1 Satz 4 und Abs. 2 gilt entsprechend

Spezielle Literatur: Siehe die Übersichten bei § 1, § 6, § 6a.

§ 6c ist mit dem Zweiten Gesetz zur Änderung des Umwandlungsgesetzes[1] in das SpruchG eingefügt worden und – ebenfalls wie § 6b–§ 6a nachempfunden. Aufgabe des gemeinsamen Vertreters nach § 6c ist es, die ursprünglich festgelegte Kompensation zu verteidigen. Zu Normzweck und Einzelheiten sei auf die Ausführungen zu § 6a verwiesen.

---

1   Art. 2 Nr. 4 Gesetz vom 19.04.2007, BGBl. I, S. 542.

§ 7 Vorbereitung der mündlichen Verhandlung

(1) Das Gericht stellt dem Antragsgegner und dem gemeinsamen Vertreter die Anträge der Antragsteller unverzüglich zu.

(2) Das Gericht fordert den Antragsgegner zugleich zu einer schriftlichen Erwiderung auf. Darin hat der Antragsgegner insbesondere zur Höhe des Ausgleichs, der Zuzahlung oder der Barabfindung oder sonstigen Abfindung Stellung zu nehmen. Für die Stellungnahme setzt das Gericht eine Frist, die mindestens einen Monat beträgt und drei Monate nicht überschreiten soll.

(3) Außerdem hat der Antragsgegner den Bericht über den Unternehmensvertrag, den Eingliederungsbericht, den Bericht über die Übertragung der Aktien auf den Hauptaktionär oder den Umwandlungsbericht nach Zustellung der Anträge bei Gericht einzureichen. In den Fällen, in denen der Beherrschungs- oder Gewinnabführungsvertrag, die Eingliederung, die Übertragung der Aktien auf den Hauptaktionär oder die Umwandlung durch sachverständige Prüfer geprüft worden ist, ist auch der jeweilige Prüfungsbericht einzureichen. Auf Verlangen des Antragstellers oder des gemeinsamen Vertreters gibt das Gericht dem Antragsgegner auf, dem Antragsteller oder dem gemeinsamen Vertreter unverzüglich und kostenlos eine Abschrift der genannten Unterlagen zu erteilen.

(4) Die Stellungnahme nach Absatz 2 wird dem Antragsteller und dem gemeinsamen Vertreter zugeleitet. Sie haben Einwendungen gegen die Erwiderung und die in Absatz 3 genannten Unterlagen binnen einer vom Gericht gesetzten Frist, die mindestens einen Monat beträgt und drei Monate nicht überschreiten soll, schriftlich vorzubringen.

(5) Das Gericht kann weitere vorbereitende Maßnahmen erlassen. Es kann den Beteiligten die Ergänzung oder Erläuterung ihres schriftlichen Vorbringens sowie die Vorlage von Aufzeichnungen aufgeben, insbesondere eine Frist zur Erklärung über bestimmte klärungsbedürftige Punkte setzen. In jeder Lage des Verfahrens ist darauf hinzuwirken, dass sich die Beteiligten rechtzeitig und vollständig erklären. Die Beteiligten sind von jeder Anordnung zu benachrichtigen.

(6) Das Gericht kann bereits vor dem ersten Termin eine Beweisaufnahme durch Sachverständige zur Klärung von Vorfragen, insbesondere zu Art und Umfang einer folgenden Beweisaufnahme, für die Vorbereitung der mündlichen Verhandlung anordnen oder dazu eine schriftliche Stellungnahme des sachverständigen Prüfers einholen.

(7) Sonstige Unterlagen, die für die Entscheidung des Gerichts erheblich sind, hat der Antragsgegner auf Verlangen des Antragstellers oder des Vorsitzenden dem Gericht und gegebenenfalls einem vom Gericht

bestellten Sachverständigen unverzüglich vorzulegen. Der Vorsitzende kann auf Antrag des Antragsgegners anordnen, dass solche Unterlagen den Antragstellern nicht zugänglich gemacht werden dürfen, wenn die Geheimhaltung aus wichtigen Gründen, insbesondere zur Wahrung von Fabrikations-, Betriebs- oder Geschäftsgeheimnissen, nach Abwägung mit den Interessen der Antragsteller, sich zu den Unterlagen äußern zu können, geboten ist. Gegen die Entscheidung des Vorsitzenden kann das Gericht angerufen werden; dessen Entscheidung ist nicht anfechtbar.

(8) Für die Durchsetzung der Verpflichtung des Antragsgegners nach Absatz 3 und 7 ist § 35 des Gesetzes über das Verfahren in Familiensachen und in den Angelegenheiten der freiwilligen Gerichtsbarkeit entsprechend anzuwenden.

Inhalt

	Rn.
I. Überblick	1
II. Inhalt der Norm	2
1. Zustellung der Anträge (Abs. 1)	2
a) Anträge	3
b) Zustellung	4
aa) Zustellungsadressaten und Zustellungswirkung	4
bb) Verweigerung der Zustellung	6
cc) Offensichtlich unzulässige oder unbegründete Anträge	9
dd) Vorschuss	12
c) Unverzüglichkeit	13
2. Schriftliche Erwiderung des Antragsgegners (Abs. 2)	15
a) Aufforderung zur schriftlichen Erwiderung	16
b) Vorgeschriebener Inhalt der schriftlichen Erwiderung	18
c) Frist zur Erwiderung	21
3. Bei Gericht einzureichende Berichte, Erteilung von Abschriften (Abs. 3)	26
a) Einzureichende Berichte	27
b) Einzureichende Prüfungsberichte	29
c) Einreichung bei Gericht	31
d) Übersendung von Abschriften an Antragsteller oder gemeinsamen Vertreter	32
aa) Verlangen des Antragstellers	32
bb) Verlangen des gemeinsamen Vertreters	35
cc) Übersendung der Unterlagen	36
4. Einwendungen gegen die schriftliche Antragserwiderung und die Unterlagen (Abs. 4)	40
a) Zuleitung der Antragserwiderung	41
b) Einwendungen	43
c) Frist für die Einwendungen	44
5. Weitere vorbereitende Maßnahmen (Abs. 5)	45
a) Ergänzung oder Erläuterung schriftlichen Vorbringens	46
b) Vorlage von Aufzeichnungen	48
c) Fristsetzung	51
d) Sonstige vorbereitende Maßnahmen	52

		Rn.
e)	Hinweis auf Vollständigkeit und Rechtzeitigkeit	54
f)	Benachrichtigung der Beteiligten	55
6.	Anordnung der Beweisaufnahme oder Einholung schriftlicher Stellungnahme vor mündlicher Verhandlung (Abs. 6)	56
a)	Kann-Vorschrift	57
b)	Zeitpunkt der Anordnung oder Einholung	58
c)	Klärung von Vorfragen	61
d)	Einholung schriftlicher Stellungnahme des sachverständigen Prüfers	62
e)	Anordnung einer Beweisaufnahme durch Sachverständige	66
aa)	Anordnung einer Beweisaufnahme	66
bb)	Beweisaufnahme durch Sachverständige	68
f)	Sachverständiger Prüfer als Sachverständiger?	71
g)	Kosten des Sachverständigen und des sachverständigen Prüfers	74
aa)	Kosten des Sachverständigen	74
bb)	Kosten des sachverständigen Prüfers	76

		Rn.
h)	Analoge Anwendung der §§ 355 ff. ZPO	77
i)	Rechtsmittel	79
7.	Vorlage sonstiger Unterlagen (Abs. 7)	80
a)	Vorlagepflicht	81
b)	Sonstige Unterlagen	82
c)	Vorlageverlangen durch Vorsitzenden des Gerichts oder Antragsteller	85
d)	Nicht Zugänglichmachung gegenüber den Antragstellern	88
e)	Wichtige Gründe	90
f)	Abwägung	91
g)	Entscheidungsgründe	96
h)	Rechtsmittel	97
8.	Zwangsmittel zur Durchsetzung von Vorlagepflichten (Abs. 8)	98
a)	Hintergrund	99
b)	Anwendbare Vorschriften des FamFG	102
aa)	Zu § 35 Abs. 1 bis 3 FamFG	103
bb)	Zu § 35 Abs. 4 FamFG	104
cc)	Zu § 35 Abs. 5 FamFG	105

Spezielle Literatur: *Barthel*, Unternehmenswert: Mögliche Veränderungen im Bewertungsmarkt, DStR 2011, 1632 ff.; *Büchel*, Neuordnung des Spruchverfahrens, NZG 2003, 793 ff.; *Bungert/Mennicke*, BB-Gesetzgebungsreport: Das Spruchverfahrensneuordnungsgesetz, BB 2003, 2021 ff.; *DAV*, Stellungnahme zur Evaluierung des Spruchverfahrens, NZG 2014, 1144 ff.; *Engel/Puszkajler*, Bewährung des Spruchgesetzes in der Praxis?, BB 2012, 1687 ff.; *Kubis*, Verfahrensgegenstand und Amtsermittlung im Spruchverfahren, FS Hüffer, S. 567 ff.; *Lamb/Schluck-Amend*, Die Neuregelung des Spruchverfahrens durch das Spruchverfahrensneuordnungsgesetz, DB 2003, 1259 ff.; *Maxl/Veidt*, Gegendarstellung der Wirtschaftsprüferkammer zu Barthel, Unternehmenswert: Mögliche Veränderungen im Bewertungsmarkt, DStR 2011, 2064 ff.; *Neye*, Das neue Spruchverfahrensrecht – Einführung Erläuterung Materialien, Köln 2003; *Preuß*, Auswirkung der FGG-Reform auf das Spruchverfahren, NZG 2009, 961 ff.; *Puszkajler*, Diagnose und Therapie von aktienrechtlichen Spruchverfahren, ZIP 2003, 518 ff.; *ders.*, Verfahrensgegenstand und Rechte des gemeinsamen Vertreters im neuen Spruchverfahren, Der Konzern 2006, 256 ff.;

ders./Sekera-Terplan, Reform des Spruchverfahrens?, NZG 2015, 1055 ff.; *van Kann/ Hirschmann*, Das neue Spruchverfahrensgesetz – Konzentration und Beschleunigung einer bewährten Institution, DStR 2003, 1488 ff.; *Wasmann/Roßkopf*, Die Herausgabe von Unterlagen und der Geheimnisschutz im Spruchverfahren, ZIP 2003, 1776 ff.; *Winter/Nießen*, Amtsermittlung und Beibringung im Spruchverfahren, NZG 2007, 13 ff.; *Wittgens*, Der gerichtliche Sachverständige im Spruchverfahren, AG 2007, 106 ff.

I. Überblick

Die §§ 7 bis 10 SpruchG sind nach der Vorstellung des Gesetzgebers[1] 1 die zentralen Neuregelungen im Spruchverfahren. Anders als die übrigen Vorschriften des SpruchG haben diese Regelungen keine entsprechenden Vorgängervorschriften in den früher das Spruchverfahren regelnden Normen. Mit den Regelungen wird der früher sehr umfassend geltende Amtsermittlungsgrundsatz zugunsten eines parteilichen Streitverfahrens, das die mündliche Verhandlung zum Mittelpunkt hat, erheblich zurückgedrängt. Ziel war insbesondere, die Dauer der Verfahren zu verkürzen, die immer wieder durch „verspätetes" Vorbringen verzögert wurden. Dem sollte mit dem SpruchG durch die Verankerung verfahrensbeschleunigender Regeln des streitigen Verfahrens, wie sie aus der ZPO bekannt sind, begegnet werden. Das SpruchG verzichtet dabei weitgehend darauf, eigene Grundsätze für die mündliche Verhandlung und die Verfahrensförderungspflicht aufzustellen. Stattdessen bildet es die entsprechenden Vorschriften aus der ZPO größtenteils wörtlich nach oder verweist direkt auf sie. Die zu diesen Vorschriften ergangene Rechtsprechung und Literatur ist daher bei der Auslegung und Anwendung der §§ 7 bis 10 SpruchG unter Berücksichtigung der Eigenarten des Spruchverfahrens zu beachten.

§ 7 SpruchG regelt die Vorbereitung der mündlichen Verhandlung und ist 1a daher mit der Regelung über die mündliche Verhandlung in § 8 SpruchG eng verbunden. Die Norm dient der Strukturierung und nachhaltigen Beschleunigung des Verfahrens[2]. Sie ist in Teilen an die Vorschriften des ersten und zweiten Buches über die Vorbereitung der mündlichen Verhandlung der ZPO angelehnt[3]. Zur Beschleunigung des Verfahrens sieht die Vorschrift verschiedene Fristen vor, deren Einhaltung durch die Sanktion der Präklusion in § 10 SpruchG erzwungen werden soll. Die Abs. 1 bis 8 bauen im Wesentlichen chronologisch aufeinander auf. Abs. 1 regelt

---

1 Gemeinsam mit §§ 8 bis 10 SpruchG: Begr. RegE BT-Drs. 15/371, S. 14; *Puszkajler*, in: Kölner Kommentar AktG, § 7 SpruchG Rn. 1; *Hüffer*, Aktiengesetz, § 7 SpruchG Rn. 1; *Klöcker*, in: Schmidt/Lutter Aktiengesetz, § 7 SpruchG Rn. 1.
2 Begr. RegE BT-Drs. 15/371, S. 14; *Puszkajler*, in: Kölner Kommentar AktG, § 7 SpruchG Rn. 1; *Hüffer*, Aktiengesetz, § 7 SpruchG Rn. 1; *Klöcker*, in: Schmidt/ Lutter Aktiengesetz, § 7 SpruchG Rn. 1.
3 *Puszkajler*, in: Kölner Kommentar AktG, § 7 SpruchG Rn. 1; *Hüffer*, Aktiengesetz, § 7 SpruchG Rn. 2.

die Zustellung der Anträge. In Abs. 2 werden die inhaltlichen und zeitlichen Anforderungen an die Erwiderung des Antragsgegners festgelegt. Welche Unterlagen der Antragsgegner neben seiner Erwiderung bei Gericht einzureichen hat, regelt Abs. 3. Abs. 4 betrifft Inhalt und Frist der Erwiderung der Antragsteller und des gemeinsamen Vertreters auf die des Antragsgegners. Außer den vorgenannten Maßnahmen kann das Gericht nach Abs. 5 weitere vorbereitende Maßnahmen erlassen. Hierzu gehört auch die in Abs. 6 geregelte vorgezogene Anordnung der Beweisaufnahme. Abs. 7 betrifft die Vorlage sonstiger Unterlagen, für die ein besonderer Geheimhaltungsvorbehalt gilt. Für die Durchsetzung der dem Antragsgegner nach Abs. 3 und 7 obliegenden Vorlagepflichten sieht Abs. 8 schließlich – geändert mit Wirkung seit dem 01.09.2009 durch Art. 42 Nr. 2 des FGG-Reformgesetzes v. 17.12.2008, BGBl. I 2008, 2586 – die entsprechende Geltung von § 35 FamFG über Zwangsmittelanwendung vor. Wenngleich es zutrifft, dass in Spruchverfahren erfahrene Richter schon vor der Neufassung den in den Abs. 1 bis 7 festgelegten Verfahrensablauf anwandten[4], so ist der Vorteil der mit dem SpruchG eingeführten ausdrücklichen Regelung dieses Verfahrensablaufs doch nicht zu übersehen und zu unterschätzen, da er mehr Sicherheit gibt und nicht zuletzt motivierend wirkt, das Verfahren in der vorgegebenen Form durchzuführen. Dies gilt selbst vor dem Hintergrund, dass die Änderungen durch das FamFG in der Praxis nicht unbedingt auf ungeteilte Begeisterung stoßen[5]. Waren durch die Neuordnung des Verfahren auch keine Wunder zu erwarten, zeigt sich zwischenzeitlich eine gewisse Beschleunigung der Verfahren[6], wenn auch die Hauptursache der langen Verfahrensdauer, die Komplexität der Unternehmensbewertung, nach wie vor besteht.

II. Inhalt der Norm

1. Zustellung der Anträge (Abs. 1)

2 Nach Abs. 1 stellt das Gericht dem Antragsgegner und dem gemeinsamen Vertreter die Anträge der Antragsteller unverzüglich zu. Die Vorschrift lehnt sich an § 271 ZPO über die Zustellung der Klagschrift an und ähnelt zusammen mit Abs. 2 dem schriftlichen Vorverfahren nach der ZPO[7].

a) Anträge

3 Anträge der Antragsteller sind die gemäß § 4 SpruchG gestellten „Anträge auf gerichtliche Entscheidung". Dem Wortlaut nach sind nur die „Anträge" zuzustellen. Wenngleich in der Regel Antragstellung und Antragsbegründung in einem Schriftsatz erfolgen, kann beides jedoch auch ganz oder teilweise auseinander fallen. In diesem Fall ist selbstverständ-

---

4   *Hüffer*, Aktiengesetz, § 7 SpruchG Rn. 1; *Büchel*, NZG 2003, 793, 797.
5   *Engel/Puszkajler*, BB 2012, 1687, 1691.
6   *Puszkajler/Sekera-Terplan*, NZG 2015, 1055, 1056 f.; kritischer noch *Engel/Puszkajler*, BB 2012, 1687, 1691; vgl. auch Einleitung Rn. 62 ff.
7   So auch *Puszkajler*, in: Kölner Kommentar AktG, § 7 SpruchG Rn. 3.

lich auch die nachgereichte oder ergänzende Antragsbegründung nach Abs. 1 unverzüglich zuzustellen[8]. Zugleich ist, da die Begründung Teil des Antrags ist und nur sie den Antragsgegner in die Lage versetzt, gezielt zu erwidern, der Antragsgegner unter erneuter Fristsetzung nach Abs. 2 zur Stellungnahme aufzufordern. Nur so kann die beabsichtigte Verfahrensbeschleunigung erreicht werden und vorgebeugt werden, dass Antragsteller gezielt unvollständige Anträge gleich zu Beginn der Antragsfrist stellen, um den Lauf der Antragserwiderungsfrist in Gang zu setzen, und die Begründung erst kurz vor Ablauf der Antragsfrist nach § 4 Abs. 2 SpruchG nachreichen, um den Antragsgegner auf diese Weise in zeitliche Bedrängnis zu bringen oder ihm die Replik zu erschweren[9]. Die Anforderungen an die konkreten Bewertungsrügen sind dabei umso höher, je umfassender und detaillierter die Unterlagen i. S. d. Abs. 3 sind und insbesondere der Prüfungsbericht die Berechnungsgrundlagen darlegt[10]. Unverzüglich zuzustellen ist nicht nur der erste Antrag sondern sind auch alle weiteren Anträge weiterer Antragsteller[11]; mit dem Gesetz nicht in Einklang zu bringen ist es, wenn nur der erste Antrag zugestellt wird und alle später eingehenden Anträge formlos übermittelt werden, wie es teilweise von Gerichten praktiziert wird[12].

b) Zustellung

aa) Zustellungsadressaten und Zustellungswirkung

Für die Zustellung gelten gemäß § 17 Abs. 1 SpruchG i. V. m. § 15 Abs. 2 S. 1 Alt. 1 FamFG (früher: § 16 FGG) die für die Zustellung von Amts wegen geltenden Vorschriften der ZPO, d. h. die §§ 166 ff. ZPO[13]; eine bloße Aufgabe zur Post nach § 15 Abs. 2 S. 1 Alt. 2 FamFG genügt zur Zustellung nicht[14]. Eine öffentliche Bekanntmachung ist nicht erforderlich. 4

---

8 *Puszkajler*, in: Kölner Kommentar AktG, § 7 SpruchG Rn. 4; *Hüffer*, Aktiengesetz, § 7 SpruchG Rn. 3; *Klöcker*, in: Schmidt/Lutter Aktiengesetz, § 7 SpruchG Rn. 2; *Mennicke*, in: Lutter UmwG, § 7 SpruchG Rn. 2.
9 Für eine einheitliche Frist zur Erwiderung auf alle Anträge nach Ablauf der Antragsfrist: *Puszkajler*, in: Kölner Kommentar AktG, § 7 SpruchG Rn. 13; *Klöcker*, in: Schmidt/Lutter Aktiengesetz, § 7 SpruchG Rn. 6; für eine individuelle Frist, bei der aber eventuelle zukünftige Anträge bereits berücksichtigt werden: *Hüffer*, Aktiengesetz, § 7 SpruchG Rn. 1.
10 KG v. 26.07.2012 – 2 W 44/12 SpruchG – AG 2012, 795 ff. mit Anm. *Bröcker*, GWR 2012, 487.
11 Für das Sammeln von Anträgen auch *Hüffer*, Aktiengesetz, § 7 SpruchG Rn. 3; im Ergebnis ähnlich auch *Puszkajler*, in: Kölner Kommentar AktG, § 7 SpruchG Rn. 10.
12 *Engel/Puszkajler*, BB 2012, 1687, 1688.
13 *Puszkajler*, in: Kölner Kommentar AktG, § 7 SpruchG Rn. 4; *Klöcker*, in: Schmidt/Lutter Aktiengesetz, § 7 SpruchG Rn. 2.
14 *Klöcker*, in: Schmidt/Lutter Aktiengesetz, § 7 SpruchG Rn. 2. Dies entspricht nach einer Erhebung von *Engel/Puszkajler*, BB 2012, 1687, 1688 auch der überwiegenden gerichtlichen Praxis; nach dieser Erhebung werden allerdings in ca. 15 % der Verfahren nur der erste Antrag zugestellt und die übrigen Anträge formlos übermittelt.

SpruchG § 7 Vorbereitung der mündlichen Verhandlung

Eine Zustellung im Ausland ist nach § 183 ZPO zu bewirken, d. h. in der EU nach der EuZVO, im übrigen Ausland primär nach den anwendbaren Rechtshilfeabkommen, wie etwa dem HZÜ[15]. Bei der Zustellung an eine Kapitalgesellschaft ist sie dem gesetzlichen Vertreter zuzustellen, selbst wenn diese nicht oder unrichtig angegeben sind[16]. Nach § 170 Abs. 3 ZPO ist die Zustellung an ein Mitglied des Vertretungsorgans ausreichend; eine analoge Anwendung von § 246 Abs. 2 S. 2 AktG scheidet in jedem Fall aus. Hiervon zu trennen ist die Frage der Unzulässigkeit bzw. Unbegründetheit eines Antrags, der zwar einen Antragsgegner formal richtig bezeichnet, der aber nach § 5 SpruchG nicht der richtige Antragsgegner ist; auch ein solcher Antrag ist dem Angegebenen zuzustellen[17]. Das Gericht stellt die Anträge nur dem Antragsgegner und dem gemeinsamen Vertreter zu; gibt es mehrere Antragsgegner sind die Unterlagen allen zuzustellen[18]. Auch wenn § 23 FamFG nicht vorsieht, dass die für die Zustellung erforderliche Zahl von Abschriften beizufügen ist[19], besteht bei dem streitigen Verfahren nach dem SpruchG insoweit kein Grund für eine entsprechende Zurückhaltung; jedenfalls kann das Gericht analog § 133 Abs. 1 ZPO verfügen, dass eine entsprechende Zahl beizufügen ist. Die Zustellung an den gemeinsamen Vertreter fand sich ursprünglich nicht im Referentenentwurf und wurde erst in den Regierungsentwurf aufgenommen. Den Antragstellern, die bereits Anträge gestellt haben, müssen die Anträge der jeweils anderen Antragsteller nicht nach Abs. 1 zugestellt werden[20]. Allerdings können sich die Antragsteller gemäß § 17 Abs. 1 SpruchG i. V. m. § 13 FamFG (früher: § 34 FGG) durch Einsicht in die Gerichtsakten über den Inhalt der gestellten Anträge informieren; zur Beschleunigung und zur Vermeidung einer Vielzahl von Akteneinsichtsverlangen, die die Geschäftsstelle blockieren und die Arbeit des Gerichts beeinträchtigen, empfiehlt sich daher für das Gericht, den anderen Antragstellern die Anträge ebenfalls formlos zu übermitteln[21] und eine entsprechende Zahl von Abschriften anzufordern; da hier keine unverzügliche Zustellung geboten ist, bietet sich hier allerdings eine gesammelte Übermittlung nach Ablauf der Antragsfrist an. Dies wird

---

15 *Puszkajler*, in: Kölner Kommentar AktG, § 7 SpruchG Rn. 4.
16 *Puszkajler*, in: Kölner Kommentar AktG, § 7 SpruchG Rn. 7.
17 Zu nicht offensichtlich unzulässigen Anträgen vgl. *Puszkajler*, in: Kölner Kommentar AktG, § 7 SpruchG Rn. 4.
18 *Klöcker*, in: Schmidt/Lutter Aktiengesetz, § 7 SpruchG Rn. 2; *Puszkajler*, in: Kölner Kommentar AktG, § 7 SpruchG Rn. 6 im Gegensatz zu den übrigen Antragstellern, denen der Antrag nur formlos zu übermitteln ist *Puszkajler*, in: Kölner Kommentar AktG, § 7 SpruchG Rn. 9; *Klöcker*, in: Schmidt/Lutter Aktiengesetz, § 7 SpruchG Rn. 2.
19 Begr. RegE. BT-Drucks. 16/6308, S. 186; *Ulrici*, in: Münchener Kommentar FamFG, § 23 Rn. 42.
20 *Puszkajler*, in: Kölner Kommentar AktG, § 7 SpruchG Rn. 9; *Klöcker*, in: Schmidt/Lutter Aktiengesetz, § 7 SpruchG Rn. 2.
21 *Puszkajler*, in: Kölner Kommentar AktG, § 7 SpruchG Rn. 9; *Mennicke*, in: Lutter UmwG, § 7 SpruchG Rn. 3; *Emmerich*, in: Emmerich/Habersack: Aktien- und GmbH-Konzernrecht, § 7 SpruchG Rn. 1a.

auch von der Mehrzahl der Gerichte so praktiziert[22]. Die Wirkung der Zustellung liegt für den Antragsgegner vor allem in der Auslösung der Erwiderungsfrist analog § 221 Abs. 1 ZPO, die das Gericht ihm nach § 7 Abs. 2 SpruchG mit der Zustellung setzt.

An den gemeinsamen Vertreter kann die Zustellung erst erfolgen, wenn er vom Gericht gemäß §§ 6 Abs. 1 S. 1, 6a bis 6c SpruchG bestellt ist[23]. Die Zustellung der Anträge an ihn ist – anders als an den Antragsgegner nach Abs. 2 – nicht mit einer Fristsetzung zu verbinden. Es hätte daher die formlose Übermittlung der Anträge genügt. Insbesondere muss der gemeinsame Vertreter im Gegensatz zu den Antragstellern weder einen eigenen Antrag stellen, noch eine Begründung abgeben, noch sich zu den ihm übersandten Anträgen äußern. Einen dahingehenden Vorschlag im Rahmen des Gesetzgebungsverfahrens hat der Gesetzgeber nicht aufgegriffen. Vielmehr muss sich der gemeinsame Vertreter gemäß Abs. 4 erst zur Antragserwiderung des Antragsgegners erklären. Vor dem Hintergrund der beabsichtigten Verfahrensbeschleunigung ist dies inkonsequent. Nicht selten war es früher und ist es nach wie vor der gemeinsame Vertreter – wohl aus der Verpflichtung heraus, die er aufgrund seiner gerichtlichen Bestellung empfindet und um sich für die gerichtliche Bestellung in weiteren Verfahren als „gemeinsamer Vertreter" zu empfehlen –, der stets am ausführlichsten die behauptete Unangemessenheit der angebotenen Abfindung begründete. De lege ferenda sollte der gemeinsame Vertreter daher ebenfalls vor Erwiderung des Antragsgegners eine eigene Begründung abgeben.

bb) Verweigerung der Zustellung

Das Gericht darf die Zustellung analog zivilprozessualer Grundsätze nur verweigern, wenn ausnahmsweise Gründe vorliegen, die gegen eine Zustellung sprechen[24]. Dies ist z. B. bei fehlender Abschrift für den Antragsgegner der Fall. Gleiches gilt bei fehlender Unterschrift unter dem Antrag; sollte jedoch erkennbar sein, dass der Antrag von einem zugelassenen Anwalt stammt, muss vom Gericht erwartet werden können, dass es den Antrag zur Nachholung der Unterschrift zurückreicht.

Da im Spruchverfahren kein Anwaltszwang herrscht, kann es durchaus vorkommen, dass „etwas wirre" Anträge gestellt werden. Ebenso kann es zu Anträgen beleidigenden Inhalts („Mafia", „Rauswurfprüfer") kommen. Der Zustellung nicht zugänglich werden hier aber nur solche Anträge sein können, die einen völlig abstrusen Inhalt haben oder vorwiegend der Beleidigung dienen, an der sich das Gericht nicht beteiligen muss.

---

22 *Engel/Puszkajler*, BB 2012, 1687, 1689 (40 % der Fälle); in 25 % werden hinzukommende Antragsteller aufgefordert, selbst ihre Anträge an die übrigen Antragsteller zu übermitteln.
23 *Klöcker*, in: Schmidt/Lutter Aktiengesetz, § 7 SpruchG Rn. 2.
24 *Puszkajler*, in: Kölner Kommentar AktG, § 7 SpruchG Rn. 4.

SpruchG § 7 Vorbereitung der mündlichen Verhandlung

8 Schließlich können der Zustellung rein praktische Gründe entgegenstehen, wie z. B. die fehlende Bezeichnung des Antragsgegners oder der zustellungsfähigen Adresse. Der im Rahmen des Spruchverfahrens grundsätzlich geltende Amtsermittlungsgrundsatz zwingt hier nicht das Gericht dazu, eigene Nachforschungen anzustellen, um die Adresse zu ermitteln, abgesehen davon, dass das Gericht sich nicht sicher sein kann, dass eine ermittelte Adresse die zutreffende ist.

cc) Offensichtlich unzulässige oder unbegründete Anträge

9 Die Zustellung darf dagegen nicht deshalb verweigert werden, weil der Antrag nach Ansicht des Gerichts offensichtlich unzulässig oder unbegründet ist[25]. Zwar hat das Gericht Zulässigkeitsvoraussetzungen von Amts wegen zu prüfen. Über die Unzulässigkeit darf es jedoch nicht ohne Verfahren entscheiden, andernfalls läge eine *a limine*-Abweisung vor[26]. Fehlende Verfahrensvoraussetzungen sind kein Zustellungshindernis, sondern hindern nur ein Sachurteil. Dies wird übersehen, soweit vertreten wird, dass ein Spruchverfahren nicht eingeleitet werden können „sollte", wenn Zulässigkeitsvoraussetzungen nicht erfüllt sind; gleiches gilt, soweit vertreten wird, dass die freiwillige Gerichtsbarkeit dem Gericht die Möglichkeit biete, den Antragsteller zwar anzuhören, eine Zustellung an den Antragsgegner aber zu unterlassen[27]. Besondere praktische Bedeutung kommt dem jedoch nicht zu. Denn da nach Strukturmaßnahmen, die ein Spruchverfahren zulassen, in der Regel mehr als ein Antrag gestellt wird und es eher unwahrscheinlich ist, dass alle gestellten Anträge unzulässig sind, wird in der Regel auch ungeachtet eines unzulässigen Antrags das Spruchverfahren eingeleitet. Richtig ist allerdings, dass das Gericht den gemeinsamen Vertreter sinnvollerweise erst nach Eingang zumindest eines zulässigen Antrags bestellen sollte, um dem Antragsgegner die andernfalls von ihm zu tragenden Kosten des gemeinsamen Vertreters zu ersparen.

10 Hinsichtlich des unzulässigen Antrags ist das Gericht verpflichtet, dem Antragsteller Gelegenheit zu geben, Mängel des Antrags zu beseitigen und einen sachgerechten Antrag zu stellen. Dies folgt aus dem gemäß § 17 Abs. 1 SpruchG i. V. m. § 26 FamFG geltenden Amtsermittlungsgrundsatz und dem nach § 8 SpruchG analog anwendbaren § 139 ZPO[28]. Das Gericht muss daher z. B. einen richterlichen Hinweis geben, wenn es meint, der bei ihm eingegangene Antrag genüge nicht den Voraussetzungen der Antragsbegründung in § 4 Abs. 2 SpruchG, wobei die Anforderungen an die konkreten Bewertungsrügen umso höher sind, je umfassender und detaillierter die Unterlagen i. S. d. Abs. 3 sind und insbesondere der Prüfungsbericht die Berechnungsgrundla-

---

25 So aber *Puszkajler*, in: Kölner Kommentar AktG, § 7 SpruchG Rn. 4.
26 *Puszkajler*, in: Kölner Kommentar AktG, § 7 SpruchG Rn. 4.
27 So aber *Puszkajler*, in: Kölner Kommentar AktG, § 7 SpruchG Rn. 4.
28 „Bei offenbaren Fehlern im Rahmen seiner Aufklärungspflicht, § 139 ZPO i. V. m. § 8 Abs. 3" *Puszkajler*, in: Kölner Kommentar AktG, § 7 SpruchG Rn. 4.

gen darlegt[29]. Auch für die vom Gericht aufgegebenen Antragsergänzungen oder Korrekturen gilt die (laufende) Antragsfrist des § 4 Abs. 1 SpruchG[30]. Insofern ist dem Antragsteller zu raten, seinen Antrag nicht erst mit Ablauf der Antragsfrist einzureichen. Bei den Anforderungen an den Inhalt der Bewertungsrügen nach § 4 Abs. 2 Nr. 4 SpruchG hat das Gericht etwaige besondere Schwierigkeiten der Informationsbeschaffung für den Antragsteller nach dem Maßstab des § 9 SpruchG zu berücksichtigen. Die Anforderungen dürfen hier allerdings nicht überspannt werden. Anträge, die den Mindestanforderungen nicht genügen, sollen aber als unzulässig abgewiesen werden.

Ist der Antrag als unzulässig abzuweisen (gegebenenfalls nach abgesonderter Verhandlung analog § 280 ZPO), ist das Verfahren für den abgewiesenen Antragsteller beendet, soweit er nicht Rechtsmittel einlegt. War bereits im Hinblick auf den einzigen (unzulässigen) Antrag ein gemeinsamer Vertreter bestellt worden, kann dieser das Verfahren nicht allein weiterführen, da sein Tätigwerden im Sinn ergibt, wenn es zur materiellen Auseinandersetzung kommt. Hierzu wird es in der Regel aber, wie oben unter Rn. 9 dargestellt, in der Regel nicht kommen. Anders ist die Situation, wenn mehrere, nicht lediglich unzulässige Anträge gestellt und diese gemäß § 20 FamFG (früher: analog § 147 ZPO) miteinander verbunden wurden. In diesem Fall führen die anderen (zugelassenen) Antragsteller das Verfahren weiter. Der mit dem unzulässigen Antrag abgewiesene Antragsteller wird dann, wenn er die Abweisung rechtskräftig werden lässt, als nicht (mehr) am Verfahren beteiligter Aktionär durch den gemeinsamen Vertreter vertreten. *11*

dd) Vorschuss

Das Gericht darf die Zustellung nicht – anders im Zivilprozess bei Zustellung der Klagschrift – davon abhängig machen, dass ein angemessener Vorschuss gezahlt worden ist. Denn einen solchen hat der Antragsteller (arg. e § 17 S. 1 GNotKG) nicht zu zahlen. Der Antragsgegner ist zwar nach § 23 Nr. 14 GNotKG (früher: § 15 Abs. 3 SpruchG) grundsätzlich Kostenschuldner, hat aber ebenfalls keinen Vorschuss für das Verfahren zu zahlen, sondern nach § 14 Abs. 3 S. 2 GNotKG nur bezogen auf Auslagen. Die schon früher, vor Inkrafttreten des SpruchG, geltende Privilegierung der Antragsteller hat der Gesetzgeber aufrecht erhalten. *12*

c) Unverzüglichkeit

Das Gericht stellt die Anträge „unverzüglich" zu. Dies gilt für jeden Antrag einzeln[31]. Entgegen einer teilweise zu beobachtenden Praxis gilt dies auch nicht nur für den ersten Antrag während die weiteren formlos über- *13*

---

29 KG v. 26.07.2012 – 2 W 44/12 SpruchG – AG 2012, 795 ff. mit Anm. *Bröcker*, GWR 2012, 487.
30 *Puszkajler*, in: Kölner Kommentar AktG, § 7 SpruchG Rn. 4.
31 *Klöcker*, in: Schmidt/Lutter Aktiengesetz, § 7 SpruchG Rn. 3.

SpruchG § 7 Vorbereitung der mündlichen Verhandlung

mittelt werden[32]. Ebenfalls abzulehnen ist es, wenn es für zulässig erachtet wird, weitere Anträge eine „angemessene Zeit" von ein bis zwei Wochen zu sammeln und diese dann gemeinsam an den Gegner zuzustellen[33], denn auch hierin liegt selbst dann keine unverzügliche Zustellung, wenn dieses Abwarten offengelegt wird[34]. Entsprechend der Auslegung des Begriffs „unverzüglich" in § 121 BGB und § 271 Abs. 1 ZPO, an den Abs. 1 angelehnt ist[35], ist darunter eine Zustellung zu verstehen, die ohne verfahrenswidrige Verzögerung erfolgt[36]. Daran ändert auch die oft große Zahl von Antragstellern nichts. Unerhebliche Verzögerungen von wenigen Tagen bleiben daher außer Betracht. Keine verfahrenswidrige Verzögerung tritt ein, wenn das Gericht zunächst in angemessener Zeit prüft, ob Gründe vorliegen, die einer Zustellung entgegenstehen[37]. Dagegen erfolgt die Zustellung nicht „unverzüglich", wenn sie lediglich wegen Arbeitsüberlastung längere Zeit unterbleibt.

14 Die Verpflichtung zur sofortigen Zustellung hindert das Gericht nicht daran, die Verfahren der einzelnen Antragsteller zu einem Verfahren zu verbinden[38], auch wenn dies und der Zeitpunkt, zu dem dies erfolgen soll nicht geregelt ist; die Verbindung ist jedoch aus Gründen der Verfahrensökonomie in jedem Fall nach § 20 FamFG (früher: analog § 147 ZPO) sachdienlich[39]. Im Ergebnis geht wohl auch der Gesetzgeber davon aus, dass, wie schon in der vor Inkrafttreten des SpruchG verbreiteten Praxis, von dieser Möglichkeit regelmäßig Gebrauch gemacht wird, da er die Entscheidung über die Verfahrensverbindung ausdrücklich in § 2 Abs. 2 S. 1 Nr. 8 SpruchG erwähnt und dort zur Vereinfachung dem Kammervorsitzenden zuweist. Uneinheitlich gehandhabt wird die Frage, wann verbunden wird. Teilweise verbinden die Gerichte laufend jeden neuen Antrag mit dem ersten eingegangenen Antrag, überwiegend werden aber

---

32 *Hüffer*, Aktiengesetz, § 7 SpruchG Rn. 3; *Puszkajler*, in: Kölner Kommentar AktG, § 7 SpruchG Rn. 10.

33 *Simons*, in: Hölters AktG, § 7 SpruchG Rn. 9; *Drescher*, in: Spindler/Stilz AktG, § 7 SpruchG Rn. 3. So aber *Hüffer*, Aktiengesetz, § 7 SpruchG Rn. 3; *Kubis*, in: Münchener Kommentar AktG, § 7 SpruchG Rn. 7 (der das Abwarten der gesamten Antragsfrist ablehnt); *Mennicke*, in: Lutter UmwG, § 7 SpruchG Rn. 4 (der das Abwarten der gesamten Antragsfrist ablehnt); *Emmerich*, in: Emmerich/Habersack: Aktien- und GmbH-Konzernrecht, § 7 SpruchG Rn. 1a (der sogar die gesamte Antragsfrist abwarten will); im Ergebnis ähnlich auch *Puszkajler*, in: Kölner Kommentar AktG, § 7 SpruchG Rn. 10.

34 Dafür aber *Puszkajler*, in: Kölner Kommentar AktG, § 7 SpruchG Rn. 10; *Tewes*, in: AnwK-AktG, § 7 SpruchG Rn. 8.

35 *Puszkajler*, in: Kölner Kommentar AktG, § 7 SpruchG Rn. 10 („wohl i. S. d. § 121 BGB").

36 *Puszkajler*, in: Kölner Kommentar AktG, § 7 SpruchG Rn. 10 („im ordentlichen Geschäftsgang").

37 *Puszkajler*, in: Kölner Kommentar AktG, § 7 SpruchG Rn. 10 („Klärung von Ungereimtheiten hinsichtlich der Anschrift und Bezeichnung des Zustellungsadressaten").

38 *Puszkajler*, in: Kölner Kommentar AktG, § 7 SpruchG Rn. 10 f.

39 *Puszkajler*, in: Kölner Kommentar AktG, § 7 SpruchG Rn. 11.

erst am Ende alle nachträglichen Anträge gesammelt verbunden[40]. In keinem Fall ergibt sich aber aus der Möglichkeit, die Verfahren zu verbinden, dass das Gericht zunächst die gesamte Antragsfrist abwarten dürfte, um erst dann alle miteinander verbundenen Anträge und ggf. nachgereichten Begründungen gemeinsam zuzustellen[41] oder gar formlos zu übermitteln; eine solche Zustellung wäre nicht mehr unverzüglich und widerspricht der beabsichtigten Beschleunigung des Verfahrens.

2. Schriftliche Erwiderung des Antragsgegners (Abs. 2)

Abs. 2 enthält Vorgaben für das Gericht und den Antragsgegner. Mit 15 Übersendung der Anträge muss das Gericht den Antragsgegner unter Setzung einer Frist von ein bis in der Regel drei Monaten zu einer schriftlichen Erwiderung auffordern. Der Antragsgegner hat innerhalb dieser Frist insbesondere zur Höhe des Ausgleichs, der Zuzahlung oder der Barabfindung Stellung zu nehmen. Diese Regelungen lehnen sich an die insoweit ähnlichen Bestimmungen der §§ 275 bzw. 277 ZPO an[42]. Zusammen mit weiteren Bestimmungen des SpruchG, durch die Elemente eines Parteiverfahrens eingeführt wurden, wurde damit im Vergleich zu der Rechtslage vor Inkrafttreten des SpruchG die Amtsermittlungspflicht des Gerichts deutlich eingeschränkt[43].

a) Aufforderung zur schriftlichen Erwiderung

Nach altem Recht waren die Vertragsteile des Unternehmensvertrags 16 (§ 306 Abs. 4 S. 1 AktG a. F.; im Fall der Eingliederung und des Squeeze-out entsprechend die daran Beteiligten) bzw. die verpflichteten Rechtsträger (§ 306 Abs. 4 S. 1 AktG a. F., § 307 Abs. 4 UmwG a. F.) lediglich „zu hören". Hiermit wurde nur wiederholt, was dem Antragsgegner im FG-Verfahren ohnehin nach Art. 103 Abs. 1 GG (Anspruch auf rechtliches Gehör) zusteht. Abgesehen von dem Schutz vor Eingriff in seine Rechte diente die Anhörung der Sachaufklärung. Der Antragsgegner, z. B. der übernehmende Rechtsträger, verfügt über die der Berechnung der Abfindung zugrundeliegenden Unterlagen und kann durch entsprechende Erläuterung zur Findung der Entscheidung beitragen. Aus Gründen der Verfahrensbeschleunigung gibt der Gesetzgeber dem Gericht nunmehr auf, den Antragsgegner nicht nur zu hören, sondern ihn mit der Zustellung der Anträge zu einer schriftlichen Erwiderung aufzufordern.

---

40 Dies entspricht dem Ergebnis einer Erhebung von *Engel/Puszkajler*, BB 2012, 1687, 1688: 25 % zu 75 %; so auch *Emmerich*, in: Emmerich/Habersack: Aktien- und GmbH-Konzernrecht, § 7 SpruchG Rn. 1a.
41 So aber *Emmerich*, in: Emmerich/Habersack: Aktien- und GmbH-Konzernrecht, § 7 SpruchG Rn. 1a.
42 *Hüffer*, Aktiengesetz, § 7 SpruchG Rn. 2; *Emmerich*, in: Emmerich/Habersack: Aktien- und GmbH-Konzernrecht, § 7 SpruchG Rn. 3.
43 *Puszkajler*, in: Kölner Kommentar AktG, Vor. §§ 7–11 SpruchG Rn. 14; *Emmerich*, in: Emmerich/Habersack: Aktien- und GmbH-Konzernrecht, § 7 SpruchG Rn. 3; vgl. auch bei § 8 Rn. 30.

SpruchG § 7 Vorbereitung der mündlichen Verhandlung

17 Da das Gericht die Anträge unverzüglich zuzustellen hat, kann es nicht etwa bis zum Ablauf der Antragsfrist die Anträge sammeln, sondern muss sie gleich nach Eingang, notfalls einzeln, zustellen und mit jedem einzeln zugestellten Antrag eine Frist zur Erwiderung setzen – die herrschende Praxis bei den Gerichten geht hingegen wohl eher dahin, erst nach Ablauf der Frist zur Antragstellung eine Frist zur Erwiderung zu setzen[44]. Dies steht nicht im Einklang mit dem Gesetz, auch wenn Satz 3 nicht explizit formuliert, dass die Frist „zugleich" zu setzen ist[45]. Ebenso wenig wie das Gericht berechtigt ist, die Anträge verfahrenswidrig zu sammeln, ist es nicht berechtigt, die Anträge zwar zuzustellen, den Lauf der Erwiderungsfrist aber erst nach Ablauf der Antragsfrist beginnen zu lassen[46]. Der Wortlaut des Abs. 2 verlangt eindeutig, dass der Antragsgegner mit der Zustellung zu einer Erwiderung aufzufordern ist. Die durchaus sinnvolle Anregung im Rahmen des Gesetzgebungsverfahrens, dem Antragsgegner eine gebündelte Erwiderung aufzugeben und die Antragserwiderungsfrist erst nach Ablauf der Antragsfrist beginnen zu lassen, wurde vom Gesetzgeber nicht aufgegriffen. Grund hierfür mag die Überlegung gewesen sein, dass seit Inkrafttreten des SpruchG ohnehin nicht mit zeitlich weit auseinanderliegenden Anträgen innerhalb der dreimonatigen Antragsfrist, insbesondere nicht mit zeitlich sehr frühen Anträgen zu rechnen ist.

17a Da die Vorbereitung des Antrags wegen der zwingend vorgeschriebenen Antragsbegründung (§ 4 Abs. 2 SpruchG) seit Inkrafttreten des SpruchG deutlich mehr Zeit in Anspruch nimmt, als die mitunter nicht mehr als eine Seite umfassenden (ins „Blaue hinein") gestellten Anträge unter Geltung des alten Rechts vor Inkrafttreten des SpruchG, benötigen die Antragsteller dementsprechend länger für die Formulierung, selbst wenn vereinzelt zwar mehrseitige, aber lediglich formelhafte Standardbewertungsrügen vorgebracht werden. Daher erfolgt der Eingang der Anträge in eher kurzen zeitlichen Abständen gegen Ende der Antragsfrist. Soweit dies der Fall ist, liegt es nahe, dass der Antragsgegner selbst die kurz hintereinander bei ihm eingehenden Anträge sammelt und auf sie insgesamt repliziert. Die Befürchtung, dass der Antragsgegner gegebenenfalls eine Vielzahl von Stellungnahmen abgeben muss, ist unbegründet. Allerdings sollte sich der Antragsgegner des Risikos bewusst sein, dass die mit dem ersten zugestellten Antrag in Lauf gesetzte Antragserwiderungsfrist ablaufen kann, ohne dass weitere Anträge gestellt werden. Aus Vorsichtsgründen sollte er daher seine Stellungnahme zwar gegebenenfalls gesammelt, aber stets unter Beachtung der für jeden Antrag gerichtlich gesetzten Frist abgeben, sofern das Gericht nicht ohnehin im Interesse einer konzentrierten und unnötige Redundanzen vermeidenden Verfah-

---

44 *Engel/Puszkajler*, BB 2012, 1687, 1688 – 75 % der Gerichte; dafür auch *Mennicke*, in: Lutter UmwG, § 7 SpruchG Rn. 5.
45 So aber *Puszkajler*, in: Kölner Kommentar AktG, § 7 SpruchG Rn. 13.
46 So aber *Puszkajler*, in: Kölner Kommentar AktG, § 7 SpruchG Rn. 13; *Klöcker*, in: Schmidt/Lutter Aktiengesetz, § 7 SpruchG Rn. 6; *Mennicke*, in: Lutter UmwG, § 7 SpruchG Rn. 5.

rensführung bei der Fristsetzung diese weiteren Anträge angemessen berücksichtigt und bei neu eingehenden Anträgen die bereits laufenden Fristen – ggf. auch auf Antrag des Antragsgegners – einheitlich verlängert; dieses Vorgehen jedenfalls erscheint sachgerechter, als mit anderen Stimmen in der Literatur bereits bei der ersten Fristsetzung berücksichtigen zu müssen, ob voraussichtlich mit weiteren Anträgen zu rechnen ist[47]. Teilweise wird – ohne dass angesichts des klaren Wortlautes eine Grundlage dafür erkennbar ist – auch vertreten, dass eine Fristsetzung sogar unterbleiben kann, solange die Zulässigkeit eines Antrags ungeklärt ist. Die Länge der insgesamt zu bewilligenden Frist richtet sich nach Umfang und Schwierigkeit der Materie sowie der Anzahl der Antragsteller, ihrer Rügen und der Komplexität ihrer Einwendungen[48].

b) Vorgeschriebener Inhalt der schriftlichen Erwiderung

Die Erwiderung hat insbesondere zu der Höhe   18

– des Ausgleichs (in den Fällen des § 1 Nr. 1 SpruchG i. V. m. § 304 AktG),
– der Zuzahlung (in den Fällen des § 1 Nr. 4 SpruchG i. V. m. §§ 15, 122h, 176 bis 181, 184, 186 oder 196 UmwG, § 1 Nr. 5 SpruchG i. V. m. §§ 6, 11 SEAG, § 1 Nr. 6 SpruchG i. V. m. § 7 SCEAG),
– der Barabfindung (in den Fällen des § 1 Nr. 3 SpruchG i. V. m. §§ 327a bis 327f AktG, § 1 Nr. 4 SpruchG i. V. m. §§ 34, 122i, 176 bis 181, 184, 186, 196 oder 212 UmwG, § 1 Nr. 5 SpruchG i. V. m. §§ 7, 9, 12 SEAG) oder
– der sonstigen Abfindung (in den Fällen des § 1 Nr. 1 SpruchG i. V. m. § 305 AktG oder § 1 Nr. 2 SpruchG i. V. m. § 320b AktG)

Stellung zu nehmen. Innerhalb der Frist von Abs. 2 hat der Antragsgegner außer den vorstehenden genannten Punkten nach § 9 Abs. 3 SpruchG auch Rügen, die die Zulässigkeit der Anträge betreffen, geltend zu machen. Wegen der Einzelheiten zu solchen Zulässigkeitsrügen sei auf die dortige Kommentierung verwiesen.

Gemäß § 8 Abs. 3 SpruchG i. V. m. § 139 ZPO kann das Gericht dem An- 19
tragsgegner bereits mit der Zustellung des Antrags die Stellungnahmen zu bestimmten weiteren Punkten aufgeben. Analog § 139 Abs. 4 S. 1 ZPO sind solche Hinweise „so früh wie möglich zu erteilen". Hält das Gericht aufgrund des ihm vorliegenden Antrags bestimmte Punkte für besonders relevant, hat es den Antragsgegner daher bereits mit Zustellung des Antrags diesbezüglich zur Stellungnahme aufzufordern.

Insgesamt wird sich der Antragsgegner sinnvollerweise am Vorbringen 20
des Antragstellers in dessen Antragsbegründung orientieren[49]; dabei

---

47 So aber etwa *Hüffer*, Aktiengesetz, § 7 SpruchG Rn. 4.
48 *Mennicke*, in: Lutter UmwG, § 7 SpruchG Rn. 6.
49 *Puszkajler*, in: Kölner Kommentar AktG, § 7 SpruchG Rn. 15 („kann und sollte"); *Mennicke*, in: Lutter UmwG, § 7 SpruchG Rn. 7.

kann er das Vorbringen mehrerer Antragsteller zusammenfassen. Da die Antragsbegründungen gemäß § 4 Abs. 2 SpruchG gezielt auf bestimmte Punkte einzugehen haben, kann der Antragsgegner seine Stellungnahme entsprechend konzentrieren, ohne – anders als vor Inkrafttreten des SpruchG – „raten" zu müssen, warum der Antragsteller die Abfindung für unangemessen hält, wenn dieser seinen Antrag nicht begründet hat. Entsprechend muss er auch nicht zur Höhe von Ausgleich, Zuzahlung etc. pauschal und insgesamt sondern – auch mit Blick auf § 9 SpruchG – nur im Hinblick auf die vorgebrachten Bewertungsrügen Stellung nehmen. Da die meisten relevanten Informationen in der Sphäre des Antragsgegners liegen, wird er auf den Vortrag der Antragsteller in der Regel detailliert erwidern können[50]; ein Bestreiten mit Nichtwissen wird regelmäßig unzulässig sein. Die Darstellung der Unternehmensbewertung muss nicht wiederholt werden, insoweit kann auf die einzureichenden Unterlagen verwiesen werden[51]. Ein Anwaltszwang für die Erwiderung des Antragsgegners besteht nicht[52]; in jedem Fall muss die Erwiderung aber unterschrieben sein, um dem Schriftformerfordernis zu genügen. Die allgemeinen Grundsätze zur prozessualen Schriftform, etwa bei der Übermittlung per Telefax, gelten entsprechend[53].

c) Frist zur Erwiderung

21 Für die Stellungnahme setzt das Gericht für jeden Antrag eine Frist (Abs. 2 S. 3). Die verbreitete Praxis[54], die Frist erst mit Ablauf der Antragsfrist oder Zustellung des letzten Antrags zu setzen, ist trotz des nachvollziehbaren Bemühens, eine einheitliche Frist für alle Anträge zu erhalten, mit dem Wortlaut des Gesetzes nicht zu vereinbaren[55], zumal Unsicherheit besteht, welches der letzte Antrag sein wird. Diese Frist muss mindestens einen Monat betragen und sollte drei Monate nicht überschreiten. Im Referentenentwurf war noch eine Untergrenze von zwei Wochen vorgesehen. Dies wurde angesichts der Komplexität der Materie zu Recht als bei weitem zu kurz kritisiert. Nach der Gesetzesbegründung erscheint eine maximale Frist von drei Monaten im Regelfall ausreichend, um auch bei komplexen Sachverhalten alle relevanten Tatsachen vortragen zu

---

50 *Puszkajler*, in: Kölner Kommentar AktG, § 7 SpruchG Rn. 15 („und müssen").
51 *Puszkajler*, in: Kölner Kommentar AktG, § 7 SpruchG Rn. 15; *Mennicke*, in: Lutter UmwG, § 7 SpruchG Rn. 7.
52 *Puszkajler*, in: Kölner Kommentar AktG, § 7 SpruchG Rn. 14; *Hüffer*, Aktiengesetz, § 7 SpruchG Rn. 6.
53 *Puszkajler*, in: Kölner Kommentar AktG, § 7 SpruchG Rn. 14.
54 Laut *Engel/Puszkajler*, BB 2012, 1687, 1688 rund 75 % der Gerichte; dafür auch *Puszkajler*, in: Kölner Kommentar AktG, § 7 SpruchG Rn. 13; *Klöcker*, in: Schmidt/Lutter Aktiengesetz, § 7 SpruchG Rn. 6; *Mennicke*, in: Lutter UmwG, § 7 SpruchG Rn. 5.
55 Für eine individuelle Frist, bei der aber eventuelle zukünftige Anträge bereits berücksichtigt werden: *Hüffer*, Aktiengesetz, § 7 SpruchG Rn. 1. So auch *Ederle/Theusinger*, in: Bürgers/Körber AktG, § 7 SpruchG Rn. 3; *Winter*, in: Simon SpruchG, § 7 Rn. 12.

können, selbst wenn der Antragsgegner in der Regel auf externe Zuarbeit angewiesen ist[56]. In besonderen Ausnahmefällen ist aber eine Fristverlängerung auch darüber hinaus zulässig[57]. Im Hinblick auf das vorrangige Ziel der Verfahrensbeschleunigung müssen hier allerdings strenge Maßstäbe angelegt werden; gerade aber, wenn der erste Antrag früh eingegangen ist und die Vielzahl der Anträge erst spät eingehen, bietet es sich mit Blick auf eine konzentrierte Erwiderung durch den Antragsgegner an, die Frist für den ersten Antrag zu verlängern, sobald die weiteren Anträge eingehen. Da es sich um eine richterlich gesetzte Frist handelt, finden §§ 224 Abs. 2 und 3, 225 ZPO bei der Fristverlängerung nunmehr über § 16 Abs. 2 FamFG entsprechende Anwendung[58]. Für die Fristverlängerung ist der Vorsitzende[59] zuständig, da er auch bereits die Frist gesetzt hat. Sofern nicht das Gericht von sich aus die Frist verlängert, um eine einheitliche Beantwortung zu ermöglichen, setzt die Fristverlängerung einen Antrag voraus, der vor Ablauf der Frist zu stellen ist[60]; die besonderen Gründe sind auf Verlangen glaubhaft zu machen[61].

Gerade weil die Anträge zu begründen sind, muss der Antragsgegner (auch als Ausfluss der Verfahrensförderungspflichten gemäß § 9 SpruchG) substantiiert erwidern. Eine sachgerechte und substantiierte Stellungnahme wird im Allgemeinen jedoch nicht möglich sein, ohne zum Einen vielfältige Informationen im Unternehmen zusammenzutragen und zum Anderen die Wertgutachter zu befragen, die in aller Regel im Vorfeld der zugrundeliegenden Strukturmaßnahme ein Bewertungsgutachten erstellt haben. Dies ist auch bei pflichtgemäßem Bemühen um Beschleunigung in der Regel nicht in weniger als sechs Wochen möglich. Zu berücksichtigen ist auch, dass die Antragsteller stets drei Monate Zeit haben (§ 4 Abs. 1 SpruchG), eine gegebenenfalls umfangreiche Antragsschrift zu formulieren. Hinzu kommt, dass sich der Antragsgegner regelmäßig mit einer Mehrzahl von Anträgen bzw. Antragsbegründungen auseinander zu setzen hat. Die Dauer der Frist ist je nach Sachlage daher so zu bemessen, dass dem Antragsgegner Gelegenheit zur sachgemäßen Erwiderung unter zumutbaren Bedingungen verbleibt[62]. Entsprechend darf das Gericht 22

---

56 Begr. RegE BT-Drs. 15/371, S. 14.
57 *Emmerich*, in: Emmerich/Habersack: Aktien- und GmbH-Konzernrecht, § 7 SpruchG Rn. 2; *Mennicke*, in: Lutter UmwG, § 7 SpruchG Rn. 6; *Puszkajler*, in: Kölner Kommentar AktG, § 7 SpruchG Rn. 18 („erhebliche und beachtenswerte Gründe"); *Klöcker*, in: Schmidt/Lutter Aktiengesetz, § 7 SpruchG Rn. 5 („erhebliche Gründe").
58 *Puszkajler*, in: Kölner Kommentar AktG, § 7 SpruchG Rn. 18; *Hüffer*, Aktiengesetz, § 7 SpruchG Rn. 4; *Klöcker*, in: Schmidt/Lutter Aktiengesetz, § 7 SpruchG Rn. 5.
59 Sofern keine Kammer für Handelssachen zuständig ist, entscheidet das Gericht: *Puszkajler*, in: Kölner Kommentar AktG, § 7 SpruchG Rn. 18.
60 Statt aller: *Mennicke*, in: Lutter UmwG, § 7 SpruchG Rn. 6.
61 *Klöcker*, in: Schmidt/Lutter Aktiengesetz, § 7 SpruchG Rn. 5.
62 *Puszkajler*, in: Kölner Kommentar AktG, § 7 SpruchG Rn. 19; *Mennicke*, in: Lutter UmwG, § 7 SpruchG Rn. 6.

die Frist nicht so kurz bemessen, dass dies praktisch einer Verletzung des rechtlichen Gehörs gleichkäme.

23 Nach § 16 Abs. 1 FamFG ist die Zustellung das die Frist auslösende Ereignis, mithin sind die formalen Anforderungen an die Zustellung zu beachten; vor Inkrafttreten des FamFG wurde § 221 ZPO analog angewendet, da es sich um eine richterlich gesetzte Frist handelt. Die Fristberechnung richtet sich gemäß § 17 Abs. 1 SpruchG nach den Vorschriften des FamFG. Gemäß § 16 Abs. 2 FamFG (früher: § 17 Abs. 1 FGG) gilt § 222 ZPO entsprechend, der wiederum auf die Vorschriften des Bürgerlichen Gesetzbuchs, mithin die §§ 187 ff. BGB verweist. Danach (§ 187 Abs. 1 BGB) wird der Tag des die Frist auslösenden Ereignisses (Zustellung) bei der Berechnung der Frist nicht mitgerechnet. Hinsichtlich des Fristendes bestimmt § 17 Abs. 1 SpruchG i. V. m. § 16 Abs. 2 FamFG (früher § 17 Abs. 2 FGG) i. V. m. § 222 Abs. 2 ZPO in Abweichung von § 193 BGB, dass die Frist, wenn ihr Ende auf einen Sonntag, allgemeinen Feiertag oder einen Sonnabend fällt, mit dem Ablauf des nächsten Werktages endet.

24 Eine Belehrung über die Folgen einer Fristversäumung ist, anders als z. B. im Zivilprozess bei der Setzung der Frist für die Replik des Beklagten, weder nach dem SpruchG noch nach dem FamFG vorgeschrieben[63]. Gleichwohl ist das Gericht nicht daran gehindert, eine solche Belehrung aufzunehmen. Wegen der gravierenden Folgen der Präklusion ist es auch ratsam, dass das Gericht belehrt. Nimmt das Gericht eine Belehrung vor, muss diese klar und verständlich sein. Der bloße Hinweis auf § 10 Abs. 1 SpruchG oder die Zitierung seines Gesetzestextes würde, soweit nicht gerichtsbekannt eine anwaltliche Vertretung gegeben ist, insofern nicht genügen. Erforderlich wäre u. a. der deutliche Risikohinweis, dass das Verfahren bei Versäumung der Frist möglicherweise vollständig verloren wird. Ist die Belehrung unklar, kann dies allerdings nicht die Unwirksamkeit der Fristsetzung zur Folge haben, da sie gesetzlich nicht vorgeschrieben ist. Etwas anderes kann gelten, wenn durch die unklare Belehrung auch die Fristsetzung unklar wird.

25 Die Rechtsfolgen eines Überschreitens der nach Abs. 2 gesetzten Frist sind in § 10 Abs. 1 SpruchG geregelt.

3. Bei Gericht einzureichende Berichte, Erteilung von Abschriften (Abs. 3)

26 Abs. 3 verpflichtet den Antragsgegner, bestimmte Unterlagen, die im Rahmen der Strukturmaßnahmen, für die der Anwendungsbereich (§ 1 SpruchG) eröffnet ist, angefertigt wurden, nach Zustellung der Anträge gemäß Abs. 1 bei Gericht einzureichen. Zur Übersendung an einen Antragsteller oder den gemeinsamen Vertreter ist der Antragsgegner nur

---

63 *Ederle/Theusinger*, in: Bürgers/Körber AktG, § 7 SpruchG Rn. 3; a. A.: Für eine Hinweispflicht des Gerichts: *Puszkajler*, in: Kölner Kommentar AktG, § 7 SpruchG Rn. 14; *Wälzholz*, in: Widmann/Mayer UmwG, § 7 SpruchG Rn. 10.4.

nach Aufforderung durch das Gericht verpflichtet. Anders als Abs. 1 und 2 hat die Vorschrift kein Vorbild in der ZPO.

a) Einzureichende Berichte

Nach Abs. 3 S. 1 handelt es sich hier je nach der zugrundeliegenden 27
Strukturmaßnahme um folgende Unterlagen:

- beim Beherrschungs- und Gewinnabführungsvertrag: Bericht über den Unternehmensvertrag (§ 293a AktG),
- bei der Mehrheitseingliederung: Mehrheitseingliederungsbericht (§§ 320 Abs. 1, 319 Abs. 3 Nr. 3 AktG),
- beim Squeeze-out: Bericht über die Übertragung der Aktien auf den Hauptaktionär (§ 327c Abs. 2 AktG),
- bei Umwandlungsvorgängen: Umwandlungsbericht (Verschmelzungsbericht: §§ 8, 122e UmwG, Spaltungsbericht: § 127 UmwG, Vermögensübertragungsbericht: §§ 176 ff. UmwG mit den jeweils entsprechend anwendbaren §§ 8 bzw. 127 UmwG, Umwandlungsbericht: § 192 UmwG, Verschmelzungsplan: Art. 20 SE-VO, Art. 23 SCE-VO). Nicht vorzulegen sind demnach Gründungsberichte, die nach den analog anwendbaren Gründungsvorschriften zu erstellen sind, z. B. (Sach-)Gründungsberichte gemäß §§ 58, 75, 138, 144 UmwG.

Da § 1 den Anwendungsbereich nicht abschließend definiert, vielmehr 28
das Spruchverfahren auch nach anderen Strukturmaßnahmen Anwendung finden kann, sind in solchen anderen Fällen die dort entsprechenden Berichte – soweit sie zu erstellen sind – analog Abs. 3 ebenfalls bei Gericht einzureichen. Soweit mangels Berichtspflicht ein solcher nicht erstattet wird, ist nicht zu übersehen, dass der Antragsteller seiner Antragsbegründungspflicht nach § 4 Abs. 2 Nr. 4 S. 1 SpruchG wohl nur schwer nachkommen können wird. Gibt es – aus welchen Gründen auch immer – keinen Bericht, wird die Antragsbegründungspflicht in solchen Fällen nur so weit gehen können, aber auch müssen, wie dem Antragsteller die Einholung dazu erforderlicher Informationen möglich und zumutbar war; dabei ist insbesondere auch zu berücksichtigen, dass das Gesetz die Antragsberechtigung im Spruchverfahren nicht an die Teilnahme in der Hauptversammlung knüpft, die der fraglichen Strukturmaßnahme zugestimmt hat und daher die Hauptversammlung als maßgebliche Informationsquelle auch nicht zwingend zur Verfügung stehen muss. Je umfassender und detaillierter die Bewertungsgrundlagen dargestellt werden, desto höher sind auch die Anforderungen an die konkreten Bewertungsrügen.

b) Einzureichende Prüfungsberichte

In den Fällen, in denen eine Prüfung durch sachverständige Prüfer statt- 29
gefunden hat, ist ferner der entsprechende Prüfungsbericht einzureichen. Da der Prüfungsbericht vom gerichtlich bestellten sachverständigen Prüfer erstellt wurde, kommt ihm nach der gesetzlichen Intention besondere Bedeutung zu. Abs. 3 S. 2 nennt hier die Folgenden:

- Bericht über die Prüfung des Beherrschungs- oder Gewinnabführungsvertrages (§ 293e AktG),
- Bericht über die Prüfung der Mehrheitseingliederung (§§ 320 Abs. 3, 293e AktG),
- Bericht über die Prüfung der Übertragung der Aktien auf den Hauptaktionär (§§ 327c Abs. 2, 293e AktG),
- Bericht über die Prüfung der Umwandlung. Dieser beinhaltet auch die Prüfung über die Angemessenheit der Barabfindung (§ 29 UmwG). Für den Fall, dass auf die Prüfung verzichtet wird (§ 9 Abs. 3 UmwG) oder diese nicht erforderlich ist (so beim Formwechsel), ist dennoch eine Prüfung der Angemessenheit der Barabfindung gemäß §§ 30 Abs. 2, 10–12 UmwG mit entsprechender Berichterstattung durchzuführen, sofern nicht auch hierauf verzichtet wird (Die einschlägigen Normen für den Umwandlungsprüfungsbericht oder Prüfungsbericht über die Angemessenheit der Barabfindung sind für die Verschmelzung: §§ 12 bzw. 30, 122f UmwG, Art. 22 SE-VO, Art. 26 SCE-VO, Spaltung: §§ 135, 125, 12 bzw. 30 UmwG, Vermögensübertragung: §§ 176 ff. UmwG mit den jeweils entsprechend anwendbaren §§ 12 bzw. 30 bzw. 135, 125, 12 bzw. 30 UmwG. Formwechsel: §§ 207, 208, 30 UmwG).

30 Entsprechend der analogen Anwendung der Pflicht zur Berichtseinreichung in den Fällen der analogen Anwendbarkeit des Spruchverfahrens sind auch die in diesen Fällen etwa zu erstellenden Prüfungsberichte bei Gericht einzureichen. Die Pflicht zur Herausgabe erstreckt sich indes nur auf solche Unterlagen, die dem Antragsgegner zugänglich sind. Sie erfasst damit insbesondere nicht die internen Arbeitspapiere des Wirtschaftsprüfers[64].

c) Einreichung bei Gericht

31 Anders als bei der Stellungnahme nach Abs. 2 muss das Gericht den Antragsgegner nicht zur Einreichung der in Abs. 3 genannten Unterlagen auffordern[65]. Vielmehr sind die Unterlagen in einfacher Ausfertigung unaufgefordert nach Zustellung der Anträge bei Gericht einzureichen[66]. Allerdings wird teilweise vertreten, dass der Antragsgegner vom Gericht über seine Einreichungspflicht zu belehren ist[67]. Die Einreichung hat

---

64 LG München v. 21.06.2013 – 5 HK O 19183/09 – AG 2014, 168 juris Tz. 339 m. w. N.; *Mennicke*, in: Lutter UmwG, § 7 SpruchG Rn. 14; *Emmerich*, in: Emmerich/Habersack: Aktien- und GmbH-Konzernrecht, § 7 SpruchG Rn. 8; *Drescher*, in: Spindler/Stilz AktG, § 7 SpruchG Rn. 9.
65 *Puszkajler*, in: Kölner Kommentar AktG, § 7 SpruchG Rn. 22; *Klöcker*, in: Schmidt/Lutter Aktiengesetz, § 7 SpruchG Rn. 9; *Mennicke*, in: Lutter UmwG, § 7 SpruchG Rn. 8.
66 *Puszkajler*, in: Kölner Kommentar AktG, § 7 SpruchG Rn. 22; *Mennicke*, in: Lutter UmwG, § 7 SpruchG Rn. 8 f.
67 *Hüffer*, Aktiengesetz, § 7 SpruchG Rn. 5.

auch unabhängig davon zu erfolgen, ob und wann der Antragsgegner seine schriftliche Erwiderung auf die Anträge abgibt, da beide dem Gesetz nach nicht einander bedingen. Für die Einreichung ist, anders als für die schriftliche Erwiderung nach Abs. 2, keine ausdrückliche Frist gesetzt. Aus dem Wort „Außerdem" in Abs. 3 S. 1 kann jedoch geschlossen werden, dass die Einreichung, entgegen einer verbreiteten Ansicht[68], ebenfalls innerhalb der Frist nach Abs. 2, – praktischerweise, soweit eine Stellungnahme abgegeben wird, zusammen mit dieser – zu erfolgen hat. Etwas anderes gilt freilich, wenn das Gericht bereits zuvor die Herausgabe unter Fristsetzung verfügt[69]. „Unverzüglich" sind nach dem Wortlaut des Abs. 3 S. 3 die Unterlagen dagegen nur auf Anordnung des Gerichts an den dies verlangenden Antragsteller oder gemeinsamen Vertreter zu übersenden.

d) Übersendung von Abschriften an Antragsteller oder gemeinsamen Vertreter

aa) Verlangen des Antragstellers

Das Recht, kostenlos Abschriften gemäß Abs. 3 S. 3 zu verlangen, ergibt 32 für den Antragsteller, auch wenn er in Abs. 3 S. 3 genannt ist, nur wenig Sinn. Grund ist § 4 Abs. 2 Nr. 4 S. 1 SpruchG. Darin wird vorausgesetzt, dass der Antragsteller Kenntnis von den in Abs. 3 genannten Unterlagen hat. Denn im Rahmen seiner Antragsbegründung muss der Antragsteller konkrete Einwendungen gegen den als Grundlage für die Kompensation ermittelten Unternehmenswert des Antragsgegners, „soweit er sich aus den in § 7 Abs. 3 genannten Unterlagen ergibt", vortragen, wobei ein Zusammenhang zwischen den Anforderungen an die Bewertungsrüge und der Detailliertheit der Unterlagen i. S. d. Abs. 3 besteht[70]. Folglich muss der Antragsteller zur Einreichung eines zulässigen Antrags stets Kenntnis von den in Abs. 3 genannten Unterlagen haben. Die Möglichkeit dazu hat er in der Regel auch, da sie ihm als Gesellschafter zugänglich (zu machen) waren.

Soweit sich der Antragsteller die Unterlagen nicht bereits im Vorfeld oder 33 auf der Hauptversammlung über die Strukturmaßnahme gesichert oder ihm zuzumutende Maßnahmen ergriffen hat, sie sich anderweitig zu beschaffen, stellt der erst gegen Ende des Gesetzgebungsverfahrens eingefügte § 4 Abs. 2 Nr. 4 S. 2 SpruchG sicher, dass er die Unterlagen für die Formulierung seiner Antragsbegründung erhält. Danach kann der Antragsteller Fristverlängerung für seine Antragsbegründung erhalten,

---

68 *Hüffer*, Aktiengesetz, § 7 SpruchG Rn. 5; *Ederle/Theusinger*, in: Bürgers/Körber AktG, § 7 SpruchG Rn. 4; *Simons*, in: Hölters AktG, § 7 SpruchG Rn. 14; *Mennicke*, in: Lutter UmwG, § 7 SpruchG Rn. 8 („angemessene Frist").
69 *Puszkajler*, in: Kölner Kommentar AktG, § 7 SpruchG Rn. 22; *Hüffer*, Aktiengesetz, § 7 SpruchG Rn. 5; *Mennicke*, in: Lutter UmwG, § 7 SpruchG Rn. 8; *Drescher*, in: Spindler/Stilz AktG, § 7 SpruchG Rn. 8.
70 KG v. 26.07.2012 – 2 W 44/12 SpruchG – AG 2012, 795 ff. mit Anm. *Bröcker*, GWR 2012, 487.

wenn er glaubhaft macht, dass er über die in Abs. 3 genannten Unterlagen aus von ihm nicht zu vertretenden Gründen nicht verfüge und gleichzeitig Abschriftenerteilung gemäß Abs. 3 verlangt. Folglich ist sichergestellt, dass der Antragsteller die in Abs. 3 genannten Unterlagen bereits bei Abfassung seiner Antragsbegründung hat. Abs. 3 dient für den Antragsteller somit weitgehend nur als Bezugsnorm im Hinblick auf § 4 Abs. 2 S. 1 Nr. 4 SpruchG, ohne dass dies aber die gesetzlich ausdrücklich statuierte Übermittlungspflicht einschränken würde.

34 Kann sich der Antragsteller die Unterlagen nicht bis zum Ablauf der Antragsfrist beschaffen und werden sie ihm auch mangels Glaubhaftmachung des Nicht-Vertreten-Müssens nicht unter Gewährung einer Fristverlängerung übersandt, wird sein Antrag aufgrund wahrscheinlich unvollständiger Antragsbegründung regelmäßig unzulässig sein. Dies wäre zwar kein Zustellungshindernis, so dass er zunächst am Verfahren beteiligt bliebe. Im Rahmen dieses Verfahrens könnte er dann zwar noch gemäß Abs. 3 S. 3 die Übersendung der Unterlagen anfordern. Viel Sinn wird dies für ihn aber nicht mehr ergeben, da die Abweisung seines Antrags vorgezeichnet ist und er seine Kenntnis der übersandten Unterlagen nicht mehr in das Verfahren einbringen können wird.

bb) Verlangen des gemeinsamen Vertreters

35 Wie schon in Abs. 1 wurde auch hier der gemeinsame Vertreter erst im Laufe des Gesetzgebungsverfahrens in die Vorschrift aufgenommen. Dies überrascht, da die Übersendung an den gemeinsamen Vertreter die Regel ist. Anders als die Antragsteller wird er regelmäßig nicht die Möglichkeit gehabt haben, die schon im Rahmen der vorausgegangenen Strukturmaßnahme ausgelegten Berichte und Prüfungsberichte zu erhalten. Ohne diese Berichte wird er die Angemessenheit der Ausgleichs-, Zuzahlungs- oder Abfindungsbewertungen jedoch nicht nachvollziehen können. Im Hinblick auf die Vorbereitung der von ihm nach Abs. 4 abzugebenden Erwiderung auf die Stellungnahme des Antragsgegners wird er daher an einer frühen Kenntnisnahme interessiert sein und regelmäßig frühzeitig die Übersendung entsprechender Abschriften verlangen. Insofern hätte es im Sinne einer Beschleunigung des Verfahrens näher gelegen, wenn der Gesetzgeber dem Antragsgegner aufgegeben hätte, der Übersendung seiner Antragserwiderung an den gemeinsamen Vertreter die Unterlagen direkt beizufügen. Zur Vermeidung der potentiell verfahrensverzögernden Wirkung der nicht durchdachten Regelung wird vorgeschlagen, dass das Gericht schon von sich aus mit Zustellung der Anträge und Fristsetzung dem Antragsgegner die Übersendung an den gemeinsamen Vertreter aufgibt[71]. Die direkte Übersendung an den gemeinsamen Vertreter setzt hier freilich voraus, dass das Gericht bereits zu diesem Zeitpunkt den gemeinsamen Vertreter bestellt hat.

---

71 Vgl. etwa *Mennicke*, in: Lutter UmwG, § 7 SpruchG Rn. 8 f.

cc) Übersendung der Unterlagen

Die Übersendung der Unterlagen hat unverzüglich und kostenlos zu erfolgen. Dies ist die konsequente Fortsetzung der Pflicht zur kostenlosen Übersendung solcher Unterlagen im Rahmen der Durchführung der jeweiligen Strukturmaßnahme und ist den dortigen Normen nachgebildet, die sich ihrerseits auf die allgemeine Übersendungspflicht aus § 175 Abs. 2 S. 2 AktG zurückführen lassen: so für den Bericht über den Unternehmensvertrag und den entsprechenden Prüfungsbericht beim Beherrschungs- und Gewinnabführungsvertrag, § 293f Abs. 2 AktG, für den Mehrheitseingliederungsbericht und den entsprechenden Prüfungsbericht bei der Mehrheitseingliederung, § 320 Abs. 4 i. V. m. § 319 Abs. 3 S. 2 AktG, für den Bericht des Hauptaktionärs und den entsprechenden Prüfungsbericht beim Squeeze Out, § 327c Abs. 4 AktG, und für den Umwandlungsbericht und den entsprechenden Prüfungsbericht bei Umwandlungsmaßnahmen, §§ 63 Abs. 1 Nr. 4 und 5, Abs. 3, 125, 135 Abs. 1, 230 Abs. 2, 176–180, 184, 186, 188, 189 UmwG, Art. 23, 26 SCE-VO. 36

Anders als die vorgenannten Vorschriften des AktG und des UmwG, an die die Vorschrift angelehnt ist, können die Antragsteller und der gemeinsame Vertreter das Verlangen nicht direkt an den Antragsgegner stellen. Vielmehr haben sie ihr Verlangen an das Gericht zu stellen, das dann den Antragsgegner zur Übersendung auffordert. Fordert das Gericht den Antragsgegner auf, die Unterlagen zu übersenden, hat dieser die Unterlagen direkt an den Antragsteller zu übersenden, sofern das Gericht nicht ausnahmsweise etwas anderes anordnet. Diese direkte Übersendung vom Antragsgegner an den Antragsteller bzw. gemeinsamen Vertreter dient der Entlastung des Gerichts. 37

Da nicht lediglich eine kostenlose Abschrift, sondern „kostenlos eine Abschrift" zu erteilen ist, ist sowohl die Abschrift selbst als auch der Übersendung für den Antragsteller bzw. gemeinsamen Vertreter kostenlos. Soweit der Gesetzgeber bei den Strukturmaßnahmen selbst zwischenzeitlich die Möglichkeit vorgesehen hat, die jeweils erforderlichen Unterlagen auch über das Internet zugänglich machen zu können und nicht mehr Abschriften erteilen zu müssen, ist diese Angleichung hier unterblieben. Auch wenn dies ein Redaktionsversehen darstellen dürfte, schließt der Wortlaut „Abschrift ... erteilen" es damit nach wie vor aus, dass die Unterlagen nur über das Internet zugänglich gemacht werden. 38

Sollte der Antragsgegner der Übersendungspflicht nicht nachkommen, stehen dem Gericht die in Abs. 8 genannten Sanktionen zur Verfügung. 39

4. Einwendungen gegen die schriftliche Antragserwiderung und die Unterlagen (Abs. 4)

Weiter verstärkt werden soll die Beschleunigungswirkung dadurch, dass gemäß Abs. 4 die Stellungnahme des Antragsgegners dem Antragsteller und dem gemeinsamen Vertreter zugeleitet wird, die nun ihrerseits binnen einer Frist von ebenfalls einem bis drei Monaten auf den Vortrag des 40

Antragsgegners und die in Abs. 3 genannten Unterlagen schriftlich erwidern müssen.

a) Zuleitung der Antragserwiderung

41 Früher regelten weder die verstreuten aktien- und umwandlungsrechtlichen Einzelregelungen zum Spruchverfahren noch das Gesetz über die Angelegenheiten der freiwilligen Gerichtsbarkeit, dass die Stellungnahme des Antragsgegners den übrigen Beteiligten zugeleitet wird. Auch ohne die nun ausdrückliche Regelung in Abs. 4 war es jedoch auch vor Inkrafttreten des SpruchG selbstverständlich, dass die Stellungnahme des Antragsgegners den übrigen Beteiligten zugeleitet wurde. Zurückzuführen ist dies letztlich auf den Anspruch auf rechtliches Gehör (Art. 103 Abs. 1 GG), der auch das Recht beinhaltet, von den Argumenten der Gegenseite zu erfahren, um dazu Stellung nehmen zu können.

42 Nach dem Wortlaut des Abs. 4 wird die Antragserwiderung dem Antragsteller und dem gemeinsamen Vertreter lediglich „zugeleitet". Eine förmliche Zustellung von Amts wegen, wie sie bei den Anträgen gemäß Abs. 1 zu erfolgen hat, ist nicht ausdrücklich vorgesehen[72]. Sie ist auch nicht mehr erforderlich. Anders als unter Geltung des alten § 15 Abs. 2 FGG kann seit Inkrafttreten des FamFG eine Bekanntgabe, die eine richterliche Frist in Lauf setzt, gemäß § 17 Abs. 1 SpruchG i. V. m. §§ 15 Abs. 1, 16 Abs. 1 FamFG entweder durch Zustellung oder durch Aufgabe zur Post erfolgen; bei der Aufgabe zur Post gilt die Fiktion des § 15 Abs. 2 S. 2 FamFG. Eine solche Aufgabe zur Post sollte mit Blick auf die zu setzende Frist in jedem Fall erfolgen[73].

b) Einwendungen

43 Nicht einzusehen ist, warum die Antragsteller nach verbreiteter Auffassung[74] hier noch einmal zu den in Abs. 3 genannten Unterlagen Stellung nehmen können, müssen sie dies doch schon im Rahmen ihrer Antragsbegründung nach § 4 Abs. 2 S. 1 Nr. 4 SpruchG definitiv getan haben[75]. Um die Antragsbegründungspflicht nicht auszuhöhlen, darf der Antragsteller nicht mehr etwas vorbringen können, das er bereits im Rahmen seiner Antragsbegründung hätte anbringen müssen, dies aber erst im Rahmen seiner Erwiderung gemäß Abs. 4 auf die Stellungnahme des Antragsgegners vornimmt[76]. Dies entspricht nicht einer nach der Verfahrens-

---

72 *Mennicke*, in: Lutter UmwG, § 7 SpruchG Rn. 10.
73 *Mennicke*, in: Lutter UmwG, § 7 SpruchG Rn. 10.
74 *Büchel*, NZG 2003, 793, 798; *Emmerich*, in: Emmerich/Habersack: Aktien- und GmbH-Konzernrecht, § 7 SpruchG Rn. 4a; *Klöcker*, in: Schmidt/Lutter Aktiengesetz, § 7 SpruchG Rn. 10.
75 *Mennicke*, in: Lutter UmwG, § 7 SpruchG Rn. 10; *Ederle/Theusinger*, in: Bürgers/Körber AktG, § 7 SpruchG Rn. 5.
76 *Kubis*, in: Münchener Kommentar AktG, § 7 SpruchG Rn. 11; *Mennicke*, in: Lutter UmwG, § 7 SpruchG Rn. 10.

lage entsprechenden sorgfältigen und auf Förderung des Verfahrens bedachten Verfahrensführung und wäre, soweit dies zur Verspätung führt, gemäß §§ 9 Abs. 1, 10 Abs. 2 SpruchG auch nicht zuzulassen. Abs. 4 läuft für den Antragsteller daher weitgehend leer. Der Ansicht, dass § 4 Abs. 2 SpruchG insofern nur eine Hürde darstelle, die, sobald sie übersprungen sei, weitere Einwendungen zulasse, kann daher so nicht zugestimmt werden. Im Hinblick auf § 4 Abs. 2 S. 1 Nr. 4 SpruchG ist Abs. 4 vielmehr einschränkend so auszulegen, dass ein Vortrag des Antragstellers nur soweit zuzulassen ist, wie er aufgrund neuer Kenntnisse (insbesondere aufgrund der Stellungnahme des Antragsgegners), die er nicht bereits im Zeitpunkt der Antragstellung hatte oder haben musste, beruht. Zuzugeben ist allerdings, dass der gemeinsame Vertreter, für den die Vorschrift des § 4 Abs. 2 SpruchG nicht gilt, sämtliche Einwendungen, also auch solche, die nicht in den Anträgen der Antragsteller enthalten sind, die darin aber hätten enthalten sein können und eigentlich hätten enthalten sein müssen, geltend machen kann[77]. Angesichts seiner vom Gesetz herausgehobenen Stellung ist es nicht richtig, ihn – trotz der damit möglicherweise verbundenen erheblichen Verzögerungen – mit solchen Einwendungen auszuschließen.

c) Frist für die Einwendungen

Das Gericht setzt eine Frist, innerhalb derer die Antragsteller und auch 44 der gemeinsame Vertreter aufgefordert sind, auf die Erwiderung des Antragsgegners zu duplizieren. Die Frist beträgt nach Abs. 4 S. 2 mindestens einen Monat und sollte drei Monate nicht überschreiten. Die Länge der Frist entspricht damit der, die dem Antragsgegner nach Abs. 2 gesetzt wird, sie muss aber nicht in derselben Länge gewährt werden. Auch müssen Antragsteller und der gemeinsame Vertreter nicht zwingend dieselbe Frist bekommen. Für die Fristberechnung gilt das für die Frist nach Abs. 2 Gesagte daher entsprechend. Die Rechtsfolgen eines Überschreitens der nach Abs. 4 gesetzten Frist sind wie dort in der Präklusionsvorschrift des § 10 Abs. 1 SpruchG geregelt.

5. Weitere vorbereitende Maßnahmen (Abs. 5)

Abs. 5 bringt generalklauselartig das Bemühen um Verfahrensbeschleuni- 45 gung zum Ausdruck. So kann das Gericht ohne Bindung an Anträge weitere ihm sinnvoll erscheinende Vorbereitungsmaßnahmen erlassen, die ebenfalls der Straffung des Verfahrens dienen[78]. Ausdrücklich genannt

---

77 *Büchel*, NZG 2003, 793, 798; *Emmerich*, in: Emmerich/Habersack: Aktien- und GmbH-Konzernrecht, § 7 SpruchG Rn. 4a; *Klöcker*, in: Schmidt/Lutter Aktiengesetz, § 7 SpruchG Rn. 10; *Hüffer*, Aktiengesetz, § 7 SpruchG Rn. 6; a. A.: *Mennicke*, in: Lutter UmwG, § 7 SpruchG Rn. 10; *Ederle/Theusinger*, in: Bürgers/Körber AktG, § 7 SpruchG Rn. 5.
78 *Emmerich*, in: Emmerich/Habersack: Aktien- und GmbH-Konzernrecht, § 7 SpruchG Rn. 5; *Mennicke*, in: Lutter UmwG, § 7 SpruchG Rn. 11, ohne dass die Aufzählung abschließend wäre.

sind die Aufforderung zu Ergänzungen und Erläuterungen des schriftlichen Vorbringens, die Vorlage von Aufzeichnungen sowie die Setzung einer Frist zur Klärung über bestimmte klärungsbedürftige Punkte. Die Formulierung ist in Teilen wörtlich der verfahrensbeschleunigenden Vorschrift in § 273 Abs. 2 Nr. 1 ZPO entnommen. Soweit mit § 28 Abs. 1 S. 1 FamFG (i. V. m. § 17 Abs. 1 SpruchG) eine vergleichbare Vorschrift eingeführt wurde, verdrängen Abs. 5 bis 7 diese allgemeinere Regelung. Insgesamt hat das Gericht stets auf eine zügige Durchführung des Verfahrens zu achten, es hat dabei aber ein weites Ermessen. In Anlehnung an § 139 Abs. 1 S. 2 ZPO hat es zu diesem Zweck in jeder Lage des Verfahrens darauf hinzuwirken, dass sich die Beteiligten rechtzeitig und vollständig erklären. Die Beteiligten sind von jeder Anordnung zu unterrichten. Allerdings ist die weitere Sachaufklärung im Vorfeld der mündlichen Verhandlung nur eine Möglichkeit; sofern es prozessökonomisch sinnvoller erscheint, kann das Gericht auch eine frühe erste Verhandlung anordnen.

a) Ergänzung oder Erläuterung schriftlichen Vorbringens

46 Nach Abs. 5 S. 1 kann das Gericht, bzw. bei der Kammer für Handelssachen der Vorsitzende, neben den in den Abs. 1 bis 4 genannten, die mündliche Verhandlung vorbereitenden Maßnahmen, weitere vorbereitende Maßnahmen erlassen. Welche dies z. B. sein können, folgt aus den Sätzen 2 bis 4 des Abs. 5; diese Aufzählung ist indes nicht abschließend und nur exemplarisch. Nach Abs. 5 S. 2 kann es etwa den Beteiligten die Ergänzung oder Erläuterung ihres schriftlichen Vorbringens sowie die Vorlage von Aufzeichnungen aufgeben, insbesondere eine Frist zur Erklärung über bestimmte klärungsbedürftige Punkte setzen. Es kann etwa von den Beteiligten zusammenfassende Übersichten, Excel Dateien mit den zugrundeliegenden Berechnungen oder neue Berechnungen verlangen und darüber hinaus auch Auskünfte von Behörden und Registergerichten einholen. Mit dem schriftlichen Vorbringen sind alle bis zu diesem Zeitpunkt von den Beteiligten schriftlich vorgebrachten Punkte gemeint. Dies schließt neben der Replik des Antragsgegners und der Duplik der Antragsteller und der Einwendungen des gemeinsamen Vertreters auch die Anträge der Antragsteller ein.

47 Entspricht ein Antrag nach Auffassung des Gerichts nicht den Anforderungen nach § 4 Abs. 2 SpruchG[79], hat das Gericht, solange die Antragsfrist nicht abgelaufen ist, zu entsprechender Korrektur aufzufordern, denn die Hinweise sollen nach § 28 Abs. 3 FamFG, § 139 ZPO so frühzeitig wie möglich erteilt werden. Zu solchen Korrekturen hat das Gericht jedoch nicht mehr aufzufordern, wenn die Antragsfrist abgelaufen ist, da der Antrag dann unzulässig ist und nicht im Rahmen von Abs. 5 ergänzt werden kann. Ergänzungs- und erläuterungsfähig sind die Anträge nach Ablauf der Antragsfrist nur im Hinblick auf Klarheit und Verständ-

---

79 Vgl. zu den Anforderungen: KG v. 26.07.2012 – 2 W 44/12 SpruchG – AG 2012, 795 ff. mit Anm. *Bröcker*, GWR 2012, 487.

lichkeit solcher Punkte, die nicht zu den Mindestangaben nach § 4 Abs. 2 SpruchG zählen.

b) Vorlage von Aufzeichnungen

§ 273 Abs. 2 Nr. 1 ZPO, an den die Regelung des Abs. 5 angelehnt ist, nennt „die Vorlage von Aufzeichnungen" nicht. Diese Formulierung wäre, wie im Laufe des Gesetzgebungsverfahrens vorgeschlagen wurde, auch besser gestrichen worden, da sie – zumindest für Unterlagen des Antragsgegners – wegen und neben der in Abs. 7 formulierten Pflicht zur Vorlage sonstiger entscheidungserheblicher Unterlagen überflüssig ist[80]. Das Gericht kann kein Interesse daran haben, sich Aufzeichnungen vorlegen zu lassen, die keine Bedeutung für seine Entscheidungsfindung haben. Lässt es sich daher nur entscheidungsrelevante Aufzeichnungen vorlegen, kann es sein Vorlageverlangen aber auch auf den umfassender formulierten Abs. 7 stützen, so dass Abs. 5 keine eigenständige Bedeutung zukommt. Relevant ist Abs. 5 allenfalls mit Blick auf Unterlagen, die der Antragsteller vorzulegen hat und die sich auf seine Antragsberechtigung beziehen. *48*

Die fehlende eigene Bedeutung von Abs. 5 zeigt sich letztlich auch daran, dass das Gesetz es in Abs. 8 wegen der Durchsetzung der Verpflichtungen des Antragsgegners genügen lässt, nur auf die Vorlagepflichten in Abs. 3 und Abs. 7 zu verweisen, nicht aber auf die Vorlagepflicht nach Abs. 5. Würde Abs. 5 eine bedeutsame eigenständige Vorlagepflicht formulieren, wäre sie nicht über die Enforcement-Klausel in Abs. 8 erfasst, so dass, was gerade durch das neue Gesetz vermieden werden soll, die Verfahrensbeschleunigung behindernde Zwischenstreits über die Vorlage von Aufzeichnungen zu führen wären. *49*

Überdies wäre dann unklar, ob die in Abs. 7 enthaltenen Vertraulichkeitsregelungen auch für die Vorlage von „Aufzeichnungen" nach Abs. 5 gelten sollen. Bereits aus den vorgenannten Gründen muss dem allerdings so sein[81]. Darüber hinaus war im Laufe des Gesetzgebungsverfahrens im Hinblick auf die Vorlagepflicht in Abs. 5 darauf hingewiesen worden, dass eine Anordnung auf Vorlage von solchen Aufzeichnungen nur nach Abwägung und Sicherung des Geheimhaltungsinteresses des Antragsgegners ergehen darf. Es wurde dementsprechend eine Ergänzung des Abs. 5 mit Regelungen über die Behandlung geheimhaltungsbedürftiger Unterlagen vorgeschlagen. Als Reaktion hierauf wurde der gegenüber dem Referentenentwurf neue Abs. 7 durch den Regierungsentwurf eingeführt, der jedenfalls in seinem Anwendungsbereich den Abs. 5 verdrängt. *50*

---

80 *Emmerich*, in: Emmerich/Habersack: Aktien- und GmbH-Konzernrecht, § 7 SpruchG Rn. 6; *Mennicke*, in: Lutter UmwG, § 7 SpruchG Rn. 11.
81 *Emmerich*, in: Emmerich/Habersack: Aktien- und GmbH-Konzernrecht, § 7 SpruchG Rn. 6; *Mennicke*, in: Lutter UmwG, § 7 SpruchG Rn. 11, 17; *Wasmann/Roßkopf*, ZIP 2003, 1776, 1780.

c) Fristsetzung

51 Das Gericht kann insbesondere eine Frist zur Erklärung über bestimmte klärungsbedürftige Punkte setzen. Für die Fristberechnung gilt das zur Fristsetzung gemäß Abs. 2 Gesagte entsprechend. Für eine wirksame Fristsetzung ist eine Bekanntgabe der Anordnung erforderlich, § 17 SpruchG i. V. m. § 15 Abs. 1 u. 2 FamFG. Ein verspätetes Vorbringen kann gemäß § 10 Abs. 1 SpruchG unberücksichtigt bleiben.

d) Sonstige vorbereitende Maßnahmen

52 Abs. 5 ist nicht abschließend[82]. Weitere, nicht ausdrücklich in Abs. 5 genannte vorbereitende Maßnahmen könnten ferner solche sein, wie sie in der Vorbildbestimmung des § 273 ZPO genannt sind; so z. B. die Anordnung des persönlichen Erscheinens eines Beteiligten. Über § 17 Abs. 1 SpruchG ist hier § 33 Abs. 1 S. 1 FamFG (früher § 13 FGG) zu beachten, der ohnehin schon die Anordnung des persönlichen Erscheinens regelt. Außerdem möglich ist es beispielsweise, amtliche Auskünfte oder Auskünfte von Registergerichten einzuholen, die Vorlage behördlicher Unterlagen anzuordnen sowie die Beteiligten aufzufordern, ohne große Mühe erstellbare zusammenfassende Übersichten, Tabellen oder ergänzende Berechnungen vorzulegen[83].

53 Eine der Verfahrensökonomie dienende und die einzelnen Anträge besonders effektiv gestaltende vorbereitende Maßnahme ist die Verbindung nach § 20 FamFG (i. V. m. § 17 Abs. 1 SpruchG, früher gemäß § 147 ZPO analog) der einzelnen Verfahren zu einem Verfahren[84]. Sie kann als verfahrensleitende Anordnung jederzeit, auch später während des laufenden Verfahrens, vorgenommen werden; aus verfahrensökonomischer Sicht ist sie jedoch umso sinnvoller, je früher sie erfolgt. Sie kann, muss aber nicht, beantragt werden, und ergeht durch Beschluss des Gerichts. Die Verbindung bedarf grundsätzlich einer kurzen Begründung, die im Spruchverfahren keine Schwierigkeit bereitet, da die parallelen Anträge der verschiedenen durch dieselbe Strukturmaßnahme betroffenen Antragsteller sich klassischerweise zu einer Verfahrensverbindung zum Zwecke der gleichzeitigen Verhandlung und Entscheidung eignen. Sie war schon vor Inkrafttreten des SpruchG gang und gäbe. § 2 Abs. 2 S. 1 Nr. 8 SpruchG erwähnt ausdrücklich die Möglichkeit der Verfahrensverbindung und weist sie aus praktischen Gründen der Entscheidung des Kammervorsitzenden zu.

---

82 *Mennicke*, in: Lutter UmwG, § 7 SpruchG Rn. 11.
83 *Emmerich*, in: Emmerich/Habersack: Aktien- und GmbH-Konzernrecht, § 7 SpruchG Rn. 6; *Kubis*, in: Münchener Kommentar AktG, § 7 SpruchG Rn. 13; *Puszkajler*, in: Kölner Kommentar AktG, § 7 SpruchG Rn. 37.
84 Statt aller: *Mennicke*, in: Lutter UmwG, § 7 SpruchG Rn. 11.

e) Hinweis auf Vollständigkeit und Rechtzeitigkeit

Abs. 5 S. 3 bestimmt ferner, dass in jeder Lage des Verfahrens darauf hinzuwirken ist, dass sich die Beteiligten rechtzeitig und vollständig erklären. Auch diese Vorschrift ist einer ZPO-Bestimmung nachempfunden, und zwar § 139 Abs. 1 S. 2 ZPO, wenn auch nicht so ausführlich wie dort. Die insofern zu § 139 ZPO ergangene Rechtsprechung und Literatur hat daher auch entsprechende Geltung im Rahmen des Abs. 5 S. 3; auf sie wird insofern verwiesen. Da § 8 Abs. 3 SpruchG ohnehin § 139 ZPO für vollständig anwendbar erklärt, wäre diese auszugsweise Regelung in Abs. 5 S. 3 indes nicht erforderlich gewesen.

54

f) Benachrichtigung der Beteiligten

Nach Abs. 5 S. 4 sind die Beteiligten von jeder Anordnung zu benachrichtigen. Die Bestimmung entspricht § 273 Abs. 4 S. 1 ZPO. Einziger Unterschied ist, dass das SpruchG – entsprechend der für das Verfahren der freiwilligen Gerichtsbarkeit gängigen Terminologie – anstelle von „Parteien" von „Beteiligten" spricht. Dies ist richtig. Denn trotz der Annäherung an Elemente des Zivilprozesses, der für die sich gegenüberstehenden Kläger und Beklagten den Begriff Parteien führt, und der Vergleichbarkeit der streitigen Situation bleibt das Spruchverfahren ein Verfahren der Angelegenheiten über die freiwilligen Gerichtsbarkeit. Da in diesem Verfahren je nach Konstellation ein, zwei oder mehrere „Parteien" möglich sind, verwendet es den Begriff „Beteiligte" (vgl. § 7 FamFG). Dies gilt auch hier. Neben Antragsteller und Antragsgegner ist Beteiligter auch der gemeinsame Vertreter der nicht am Verfahren beteiligten Antragsberechtigten[85]. Nicht zu den „Beteiligten" zählt – trotz seiner für das Spruchverfahren besonderen Stellung – der sachverständige Prüfer[86], wie seine ausdrückliche Nennung neben den Beteiligten in § 9 Abs. 2 SpruchG zeigt.

55

6. Anordnung der Beweisaufnahme oder Einholung schriftlicher Stellungnahme vor mündlicher Verhandlung (Abs. 6)

Eine weitere, in Abs. 6 gesondert genannte terminsvorbereitende Maßnahme stellt die Möglichkeit des Gerichts dar, bereits vor dem ersten Termin eine Beweisaufnahme durch Sachverständige anzuordnen oder (vorrangig) eine schriftliche Stellungnahme des sachverständigen Prüfers einzuholen. Ziel ist die Klärung von Vorfragen[87], insbesondere zu Art und Umfang einer folgenden Beweisaufnahme. Die Klärung dient der mög-

56

---

85 Mennicke, in: Lutter UmwG, § 7 SpruchG Rn. 11; Ederle/Theusinger, in: Bürgers/Körber AktG, § 7 SpruchG Rn. 6.
86 Ederle/Theusinger, in: Bürgers/Körber AktG, § 7 SpruchG Rn. 6.
87 OLG Düsseldorf v. 12.12.2012 – I-26 W 19/12 (AktE) – AG 2013, 226; so auch OLG Frankfurt v. 02.05.2011 – 21 W 3/11 – AG 2011, 828 juris Tz. 41 f.; Emmerich, in: Emmerich/Habersack: Aktien- und GmbH-Konzernrecht, § 7 SpruchG Rn. 7.

lichst optimalen Vorbereitung für die mündliche Verhandlung und damit der Verfahrensbeschleunigung. Die Vorschrift ist an § 358a ZPO angelehnt.

a) Kann-Vorschrift

57 Die Entscheidung über die Anordnung einer Beweisaufnahme oder der Einholung einer Stellungnahme steht im Ermessen („kann") des Gerichts. Dieses Ermessen muss das Gericht pflichtgemäß ausüben. Da die Vorschrift der Verfahrensbeschleunigung dient, hat es zu prüfen, ob es zu diesem Zweck sinnvoll ist, eine der beiden ihm zur Verfügung stehenden Maßnahmen zu ergreifen. Dies wird der Fall sein, wenn das Gericht des Fachverstandes eines Sachverständigen oder des sachverständigen Prüfers bedarf, um so früh und so weitgehend wie möglich eine Eingrenzung des Verfahrensgegenstandes herbeizuführen. Nach Auffassung des Gesetzgebers besteht in diesem Fall die begründete Aussicht, dass zusätzliche Gutachteraufträge an Sachverständige sich gezielt auf die Klärung verbliebener Streitpunkte beschränken könnten. Je konkreter und prägnanter das Gericht den maßgeblichen Streitpunkt benennen und damit einen eventuellen Beweisbeschluss fassen kann, desto rascher und genauer wird das darauf erstattete Gutachten auf die entscheidenden Punkte eingehen können – sofern es nicht ganz entbehrlich wird. Insbesondere kann auf diese Weise die Einholung von umfassenden Pauschalgutachten, die wesentlich zu den hohen Kosten und langen Verfahrensdauern der Spruchverfahren in der Vergangenheit beigetragen haben, vermieden werden. Dasselbe gilt für Rügen, bei denen sich ergibt, dass sie keinen Einfluss auf die Bewertung haben. Wie schon durch die Verstärkung der Substantiierungspflicht der Antragsteller, ihre Rügen auf konkrete Vorwürfe zu konzentrieren, kann hierdurch das Verfahren auf genau bezeichnete und eng definierte Problemkreise begrenzt werden. Daraus kann sich ein Beschleunigungseffekt ergeben und teilweise verzichten Gerichte – auch mit Blick auf die Anhörung des sachverständigen Prüfers gemäß § 8 Abs. 2 S. 1 SpruchG – bereits auf die Bestellung von Sachverständigen[88].

b) Zeitpunkt der Anordnung oder Einholung

58 Zur Ausübung des pflichtgemäßen Ermessens gehört nicht nur die Entscheidung über das Ob, sondern auch über das Wann, also den geeigneten Zeitpunkt der vorbereitenden Maßnahme. Die Vorschrift ist primär auf den Zeitraum vor dem (nicht zwingenden) ersten Termin zugeschnitten, d.h. vor der ersten mündlichen Verhandlung. Allerdings soll es dem Gericht mit Blick auf die Amtsermittlung und Verfahrensförderung auch

---

88 „Inzwischen entscheiden die Gerichte zunehmend nur nach Anhörung des Prüfers" *Puszkajler*, in: Kölner Kommentar AktG, § 8 SpruchG Rn. 34; dazu auch OLG München v. 05.05.2015 – 31 Wx 366/13 – ZIP 2015, 1166 juris Tz. 95; LG München v. 21.06.2013 – 5 HK O 19183/09 – AG 2014, 168 juris Tz. 325 ff.

während und nach dem ersten (Haupt-)Termin möglich sein, entsprechende Maßnahmen zu ergreifen.

Theoretisch könnte das Gericht schon ab Eingang des ersten Antrags 59 von den nach Abs. 6 gegebenen Möglichkeiten Gebrauch machen. Sinnvollerweise sollte dies aber erst erfolgen, wenn die allgemeinen Voraussetzungen für die Beweisaufnahme vorliegen, d. h. wenn das Gericht erkennen kann, ob die beweisgegenständlichen Tatsachen erheblich und streitig sind bzw. wie der Antragsgegner sich verteidigen wird. Eine Beweisanordnung oder Einholung einer schriftlichen Stellungnahme kommt daher in der Regel frühestens nach Vorliegen der Replik des Antragsgegners in Betracht. Noch sinnvoller wird es jedoch sein, auch die nach Abs. 4 vorgeschriebene Erwiderung der Antragsteller und des gemeinsamen Vertreters sowie gegebenenfalls nach Abs. 5 aufgegebene Ergänzungen und Erläuterungen abzuwarten, nach deren Eingang sich Maßnahmen nach Abs. 6 erledigt haben könnten.

Ein sorgfältig überlegter Gebrauch gebietet sich auch deshalb, weil bereits die Anordnung unabhängig von ihrer Durchführung Kosten verursachen kann. Verfrühte Anordnungen sind daher zu vermeiden. Jedoch hat das Gericht die Maßnahme so rechtzeitig zu ergreifen, dass sie ihren Zweck als Vorbereitung der mündlichen Verhandlung erfüllen kann. 60

c) Klärung von Vorfragen

Die vorgezogene Anordnung einer Beweisaufnahme oder Einholung einer Stellungnahme dient der Klärung von Vorfragen[89], auch wenn die Abgrenzung von Hauptfragen in Detail schwierig sein mag[90]. Nach der Gesetzesbegründung soll das Gericht in die Lage versetzt werden, Vorfragen sachverständig aufarbeiten zu lassen, um die Zeit für die eventuelle Abfassung eines Beweisbeschlusses nach der mündlichen Verhandlung und für die Erstattung eines nachfolgenden Gutachtens möglichst kurz zu halten[91]. Hintergrund dieser Regelung ist die Erfahrung in der früheren Praxis, dass schon die hinreichend konkrete Formulierung der vom Sachverständigen zu beantwortenden Beweisfragen sehr lange dauern kann. Oft fühlten sich die Gerichte fachlich überfordert und erteilten 61

---

89 *Klöcker*, in: Schmidt/Lutter Aktiengesetz, § 7 SpruchG Rn. 12; *Mennicke*, in: Lutter UmwG, § 7 SpruchG Rn. 12.
90 Verbreitet wird vor diesem Hintergrund und mit Blick auf Abs. 5 auch die vorweggenommene Beweisaufnahme über Aspekte der Hauptfrage für zulässig erachtet: *Puszkajler*, in: Kölner Kommentar AktG, § 8 SpruchG Rn. 47; *Emmerich*, in: Emmerich/Habersack: Aktien- und GmbH-Konzernrecht, § 7 SpruchG Rn. 7a; *Ederle/Theusinger*, in: Bürgers/Körber AktG, § 7 SpruchG Rn. 7; *Hüffer*, Aktiengesetz, § 7 SpruchG Rn. 8. Nach dem klaren Wortlaut ist in Abgrenzung von § 358a ZPO aber genau das nicht gewollt: *Klöcker*, in: Schmidt/Lutter Aktiengesetz, § 7 SpruchG Rn. 12; *Mennicke*, in: Lutter UmwG, § 7 SpruchG Rn. 12; *Wälzholz*, in: Widmann/Mayer UmwG, § 7 SpruchG Rn. 22.1. Kritisch dazu *Büchel*, NZG 2003, 793, 798.
91 Begr. RegE BT-Drs. 15/371, S. 15.

vorsorglich „pauschale" Gutachtenaufträge. Die zu klärenden Vorfragen im Spruchverfahren können vielfältig sein; der Begriff ist weit auszulegen[92]. Als wichtigstes Beispiel hebt das Gesetz die Klärung der Art und des Umfangs einer folgenden Beweisaufnahme hervor.

d) Einholung schriftlicher Stellungnahme des sachverständigen Prüfers

62 Der Entwurf zu Abs. 6 sah zunächst vor, nur Sachverständige zur Klärung von Vorfragen heranzuziehen. Der gerichtlich bestellte sachverständige Prüfer, der im Rahmen der Strukturmaßnahme geprüft hat und daher geradezu prädestiniert erscheint, zu einer zügigen Klärung von Vorfragen und der Vorbereitung der mündlichen Verhandlung beizutragen, war in diesem Vorstadium nicht ausdrücklich vorgesehen. Er sollte nach dem Referentenentwurf frühestens in der mündlichen Verhandlung als sachverständiger Zeuge befragt werden. Im Rahmen der Anhörung der Verbände im Gesetzgebungsverfahren wurde dies zu Recht kritisiert. Dem Vorschlag, Abs. 6 für den sachverständigen Prüfer zu öffnen, ist der Gesetzgeber schließlich gefolgt, indem er nun dem Gericht die Möglichkeit an die Hand gibt, vom sachverständigen Prüfer eine schriftliche (Vorab-)Stellungnahme einzuholen.

63 Auch wenn in der Gesetzesbegründung nicht ausdrücklich erwähnt wird, dass vorrangig der sachverständige Prüfer anstelle eines Sachverständigen zur Klärung von Vorfragen herangezogen werden sollte, kommt dies dort dennoch indirekt zum Ausdruck. Zu Recht weist die Gesetzesbegründung nämlich darauf hin, dass aufgrund der gerichtlichen Bestellung des sachverständigen Prüfers seine Prüfungsunterlagen einen höheren Beweiswert für das Spruchverfahren erhalten und daher verstärkt als Grundlage zur Entscheidungsfindung des Gerichts dienen sollen[93].

64 Hinzu kommt, dass sich durch die Bestellung eines Sachverständigen das Spruchverfahren deutlich verteuern und in die Länge ziehen würde. Zunächst würde allein die Suche nach einem geeigneten Sachverständigen geraume Zeit in Anspruch nehmen. Zwar wurden zwischenzeitlich die früher nach dem Gesetz über die Entschädigung von Zeugen und Sachverständigen (ZSEG) vorgesehenen verhältnismäßig niedrigen Sachverständigengebühren durch das Justizvergütungs- und -entschädigungsgesetz (JVEG) erhöht *(vgl. dazu bei Rn. 75)*, so dass zu erwarten steht, dass es nicht mehr ganz so schwierig wie bisher wird, einen qualifizierten Sachverständigen zu finden[94]. Es bleibt aber dabei, dass für den Sachverständigen der Sachverhalt noch unbekannt wäre, so dass (erhebliche)

---

92 *Wälzholz*, in: Widmann/Mayer UmwG, § 7 SpruchG Rn. 22.1; *Mennicke*, in: Lutter UmwG, § 7 SpruchG Rn. 12: Keine Vorfrage mehr ist die Frage nach dem konkreten Unternehmenswert.
93 OLG München v. 05.05.2015 – 31 Wx 366/13 – ZIP 2015, 1166 juris Tz. 95.
94 Skeptisch das OLG Düsseldorf v. 12.12.2012 – I-26 W 19/12 (AktE) – AG 2013, 226, das der Auffassung ist, dass qualifizierte Gerichtsgutachter zu diesen Vergütungssätzen nach wie vor „praktisch nicht zu finden" sind.

Kosten und Zeit für seine Einarbeitung in die Problematik verloren gehen würden.

Das Gericht wird daher gut daran tun, sich zunächst anhand der Prüfungsunterlagen des sachverständigen Prüfers ein Bild zu machen. Werfen die Unterlagen (Vor-)Fragen auf, sollte das Gericht zunächst den sachverständigen Prüfer hierzu befragen bzw. sich von ihm bei der Formulierung eines Beschlusses für eine folgende Beweisaufnahme helfen lassen. Nicht zuletzt zeigen die zwischenzeitlich in der Praxis gewonnenen Erfahrungen, dass der sachverständige Prüfer die Funktion einer solchen Vorklärung gut erfüllen kann. Insbesondere kann er – anders als ein neuer Gutachter – Einzelheiten der Bewertung im Erstgutachten erläutern. Durch einen aussagekräftigen Bericht des sachverständigen Prüfers kann ein gegebenenfalls noch erforderliches Sachverständigengutachten auf wenige klärungsbedürftige Punkte reduziert werden oder ganz überflüssig werden[95]. 65

e) Anordnung einer Beweisaufnahme durch Sachverständige

aa) Anordnung einer Beweisaufnahme

Die Anordnung der Beweisaufnahme kann formlos oder durch förmlichen Beschluss erfolgen. Zuständig für die Maßnahme ist nach dem Wortlaut des Abs. 6 „das Gericht". Abweichend von § 358a ZPO, an den Abs. 6 angelehnt ist, ist dies im Fall einer Kammer für Handelssachen gemäß § 2 Abs. 2 S. 1 Nr. 4 SpruchG jedoch nicht der Spruchkörper in seiner vollständigen Besetzung, sondern nur dessen Vorsitzender. Angeordnet werden dürfen nur solche Beweisaufnahmen, die der Klärung von Vorfragen dienen. Hier hätte zwar eine stärkere Anlehnung an § 358a ZPO erfolgen können, der die Einholung eines schriftlichen Gutachtens zum Unternehmenswert zulassen würde, was insbesondere bei klar liegenden Beweisfragen zu konkreten Einwendungen der Antragsteller vor einer mündlichen Verhandlungen angebracht erscheint. Doch steht dem – entgegen einer häufig vertretenen, auf prozessökonomische Gründe gestützten Ansicht[96] – der Wortlaut des Abs. 6 eindeutig entgegen. Das Gericht muss daher darauf achten, dass es die Beweisaufnahme zur Klärung der Hauptfrage des Verfahrens nicht vorwegnimmt, auch wenn die Abgrenzung im Einzelfall schwierig sein mag. Vorfrage ist jedoch alles, was hilft, die relevanten Faktoren zu bestimmen und zu konkretisieren, sofern man nicht sowieso keinen zwingenden Grund für die Beschränkung auf die Vorfragen sieht. 66

§ 358a ZPO erlaubt neben der Anordnung der Beweisaufnahme in bestimmten Fällen ausdrücklich auch deren Ausführung vor der mündlichen Verhandlung. Auch wenn Abs. 6 nur von der „Anordnung" der Beweisaufnahme spricht, ist hier aus prozessökonomischen Gründen davon 67

---

95 OLG München v. 05.05.2015 – 31 Wx 366/13 – ZIP 2015, 1166 juris Tz. 95.
96 Vgl. dazu bei Rn. 61.

auszugehen, dass – anders als noch in der Vorauflage vertreten – die Ausführung der angeordneten Beweisaufnahme mit einbezogen wird.

bb) Beweisaufnahme durch Sachverständige

68 Im Mittelpunkt von Spruchverfahren stehen regelmäßig Bewertungsfragen. Die Komplexität dieser Materie hat die Gerichte (zumindest diejenigen, auf die sich solche Verfahren nicht konzentrierten) früher oft überfordert, weshalb sie vor Inkrafttreten des SpruchG zur Erteilung pauschaler Gutachtenaufträge zur nochmaligen Durchführung einer vollständigen Neubewertung des jeweiligen Rechtsträgers (Unternehmens) tendierten. Inzwischen entscheiden die Gerichte zunehmend nur nach Anhörung des Prüfers[97].

69 Zum Teil wurde zur Lösung des Problems vorgeschlagen, Sachverständige als ständige Berater „auf der Richterbank Platz nehmen zu lassen". Zu Recht hat der Gesetzgeber diesen Vorschlag nicht aufgegriffen. Von seiner Funktion her kann und darf der Sachverständige die Entscheidung des Gerichts nicht ersetzen oder auch nur mittelbar bestimmen. Die letzte Entscheidung in der Sache muss immer dem Gericht vorbehalten bleiben. Statt dessen regt der Gesetzgeber in Abs. 6 an, sich des erforderlichen Fachverstandes von Sachverständigen noch vor der mündlichen Verhandlung zu bedienen, um so früh und so weitgehend wie möglich eine Eingrenzung des Verfahrensgegenstands herbeizuführen. Je konkreter und prägnanter ein evtl. Beweisbeschluss gefasst wird, desto rascher und genauer wird das darauf erstattete Gutachten auf die entscheidenden Punkte eingehen können.

70 Auch wenn von der Möglichkeit Gebrauch gemacht wird, „Schwerpunktgerichte" gemäß § 71 Abs. 4 GVG (früher § 2 Abs. 4 SpruchG) zu schaffen und sich damit die Gerichte – was letztlich beabsichtigt ist – den erforderlichen Sachverstand zunehmend selbst aneignen, so dass die Bedeutung von Abs. 6 abnehmen wird, wird es immer wieder Situationen geben (erst recht wenn keine Schwerpunktgerichte gebildet werden), in denen sie des Fachverstandes von Sachverständigen bedürfen. Trotz des Wortlautes von Abs. 6 wird teilweise vertreten, dass nach §§ 26, 29 FamFG sowie § 30 FamFG i. V. m. der ZPO folgt, dass auch andere Beweismittel zulässig sind[98].

f) Sachverständiger Prüfer als Sachverständiger?

71 Ergeben sich bei der Befragung des sachverständigen Prüfers Punkte, die nur durch weitere Sachverständigengutachten geklärt werden können, soll es nach der Gesetzesbegründung zukünftig auch möglich sein, dass

---

97 *Puszkajler*, in: Kölner Kommentar AktG, § 8 Spruch Rn. 34; dazu auch OLG München v. 05.05.2015 – 31 Wx 366/13 – ZIP 2015, 1166 juris Tz. 95; LG München v. 21.06.2013 – 5 HK O 19183/09 – AG 2014, 168 juris Tz. 325 ff.

98 *Emmerich*, in: Emmerich/Habersack: Aktien- und GmbH-Konzernrecht, § 7 SpruchG Rn. 7b.

der früher tätig gewordene sachverständige Prüfer selbst vom Gericht zum Sachverständigen bestellt wird. Dafür spricht, dass er den Sachverhalt bereits kennt und sich mit den Bewertungsfragen schon eingehend auseinander gesetzt hat. Auch wenn die Bestellung eines neuen Sachverständigen sich mit unüberbrückbaren Schwierigkeiten verbindet, wird die Stellungnahme des sachverständigen Prüfers eine sinnvolle Alternative zum Sachverständigen sein.

Hiergegen wurden Bedenken dahingehend geäußert, dass der sachverständige Prüfer, wenn er zum gerichtlichen Sachverständigen ernannt worden sei, kaum eine andere Meinung als in seinem Prüfungsbericht vertreten würde. Im Interesse der außenstehenden Aktionäre sei daher zu hoffen, dass die Gerichte von dieser Möglichkeit keinen Gebrauch machen würden, sondern nach Möglichkeit andere Sachverständige hinzuzögen. Daneben wird auf die Praxis der sogenannten Parallelprüfung hingewiesen, wonach dem gerichtlich bestellten Prüfer nicht eine vom Erstbewerter zahlenmäßig abgeschlossene, fertige Unternehmensbewertung vorgelegt würde, sondern Erstbewerter und Prüfer bereits während der laufenden Bewertung die einzelnen Zwischenergebnisse, Annahmen und Parameter miteinander abglichen[99]. 72

Abgesehen davon, dass eine solche Parallelprüfung nicht verboten ist, ist sie durchaus ökonomisch und angesichts der häufig engen Zeitplanung der Gesellschaften zur Durchführung der Strukturmaßnahmen oft erforderlich und gerade deshalb auch Praxis. Für sich genommen rechtfertigt diese Praxis kein Misstrauen gegen die Bestellung des sachverständigen Prüfers als Sachverständigen. Dementsprechend wird es nicht genügen, wenn Antragsteller (von vornherein) die Bestellung des sachverständigen Prüfers wegen angeblicher Befangenheit mit Hinweis auf seine vorherige Prüfungstätigkeit ablehnen. Hierzu bedarf es vielmehr konkreter Anhaltspunkte[100]. Auch der Gesetzgeber hat erkannt, dass das Spruchverfahren gerade der Überprüfung der vom sachverständigen Prüfer für korrekt befundenen Ergebnisse der Unternehmensbewertung dient, so dass in den meisten Fällen eine gewisse „Hemmschwelle" bestehen dürfe, sich selbst zu korrigieren. Allerdings nimmt er dies zu Recht nicht zum Anlass, die Bestellung abzulehnen; vielmehr müsse das Gericht diese Gesichtspunkte richtigerweise bei seiner Entscheidung über die Bestellung sorgsam abwägen[101]. Entscheidend ist letztlich, wann und aufgrund welcher Beweise ein Richter die Überzeugung gewinnt, dass ein Verfahren entscheidungsreif ist. Dies kann auch aufgrund der Begutachtung des zum Sachverständigen bestellten sachverständigen Prüfers sein, wenn das Gericht von dessen Unabhängigkeit überzeugt ist. Hierbei wird dem sachverständigen Prüfer umso mehr Unabhängigkeit zugetraut werden können, je weniger sich die Gerichte bei deren Bestellung von den 73

---

99 Vgl. zu der rechtlichen Einordnung des sachverständigen Prüfers in dem weiteren Verfahren bei § 8 Rn. 13 ff.
100 OLG München v. 05.05.2015 – 31 Wx 366/13 – ZIP 2015, 1166 juris Tz. 95.
101 Begr. RegE BT-Drs. 15/371, S. 14.

Vorschlägen der Unternehmen abhängig machen oder, wenn sie einem solchen Vorschlag folgen, die Unternehmen wirklich unabhängige Prüfer vorschlagen und die Gerichte von deren Unabhängigkeit überzeugt sind. Schließlich spielt auch eine Rolle, welchen Eindruck der sachverständige Prüfer bei der Beantwortung der Fragen hinterlässt und ob sich die zu begutachtenden Aspekte auf neue oder bereits von ihm geprüfte Sachverhalte beziehen.

g) Kosten des Sachverständigen und des sachverständigen Prüfers

aa) Kosten des Sachverständigen

74 Eine im Zuge des Erlasses des SpruchG noch unterbliebene Neuregelung der Kosten für den gerichtlich bestellten Sachverständigen ist zwischenzeitlich erfolgt. Die Vergütung für diesen richtet sich daher nicht mehr gemäß § 17 Abs. 1 SpruchG i. V. m. § 15 Abs. 1 FGG und § 413 ZPO nach den §§ 3 und 7 ZSEG, wonach sich die vom Sachverständigen beanspruchbaren Kosten grundsätzlich auf Euro 25 bis Euro 52 pro Stunde beliefen und maximal eine Überschreitung bis zu 50 % möglich war, was maximal Euro 78,00 pro Stunde entsprach. In der Praxis sind bei qualifizierten Sachverständigen jedoch deutlich höhere Stundensätze üblich. Daher wurden angesichts der im Spruchverfahren deutlich geringeren Gebühren häufig weniger qualifizierte Gutachter tätig. Zudem boten diese Konditionen schon in der Vergangenheit keinen hinreichenden Anreiz, den Prüfungsbericht zügig zu erstatten.

75 Nunmehr hat das Justizvergütungs- und -entschädigungsgesetz (JVEG) die Sachverständigengebühren für Tätigkeiten im Zusammenhang mit der Unternehmensbewertung nach § 9 JVEG in Honorargruppe 11 der Anlage 1 eingeordnet, die mit Euro 115 pro Stunde vergütet wird[102]. Ausnahmsweise kann eine höhere Vergütung als besondere Entschädigung festgesetzt werden, wenn die Beteiligten zustimmen (§ 13 Abs. 1 JVEG, früher: § 7 ZSEG). Da der Antragsgegner Kostenschuldner ist (§ 14 Abs. 3 S. 2 GNotKG, früher: § 15 Abs. 2 SpruchG), wird er in der Regel kein Interesse an einer Zustimmung haben. In diesem Fall kann das Gericht seine Zustimmung gemäß § 13 Abs. 2 JVEG (früher: § 7 Abs. 2 S. 1 ZSEG) ersetzen. Dabei soll die Zustimmung jedoch nur erteilt werden, wenn das doppelte der nach § 9 JVEG zulässigen Entschädigung nicht überschritten wird und wenn sich zu dem gesetzlich bestimmten Honorar keine geeignete Person zur Übernahme der Tätigkeit bereit erklärt. Damit können nun bis zu Euro 230 pro Stunde gezahlt werden. Es steht damit zu hoffen, dass in Zukunft verfahrensverzögernde Streitigkeiten über die Vergütung des Sachverständigen abnehmen.

---

102 Nach OLG Düsseldorf v. 12.12.2012 – I-26 W 19/12 (AktE) – AG 2013, 226 sind zu diesen Vergütungssätzen nach wie vor qualifizierte Gerichtsgutachter „praktisch nicht zu finden".

bb) Kosten des sachverständigen Prüfers

Soweit der sachverständige Prüfer nicht zum Sachverständigen bestellt wird, kann seine schriftliche Stellungnahme kein Sachverständigengutachten sein. Aus § 8 Abs. 2 SpruchG folgt jedoch, dass der Gesetzgeber den sachverständigen Prüfer (soweit nicht zum Sachverständigen bestellt) als sachverständigen Zeugen ansieht. Folglich finden für die Kosten seiner schriftlichen Stellungnahme über § 17 Abs. 1 SpruchG i. V. m. § 30 FamFG die Vorschriften der ZPO über den Beweis durch sachverständige Zeugen (§§ 414, 401 ZPO) i. V. m. dem Justizvergütungs- und -entschädigungsgesetz (JVEG) entsprechende Anwendung. Zu beachten ist jedoch, dass der sachverständige Prüfer, sobald er nicht mehr zur sachkundigen Darstellung der eigenen Wahrnehmung, sondern zur sachkundigen Beurteilung aufgefordert wird, nicht mehr als sachverständiger Zeuge, sondern Sachverständiger tätig und dann auch als solcher zu entschädigen ist. Um diese schwierige Abgrenzung zu vermeiden und seine Position zu stärken, wird vertreten, dass der sachverständige Prüfer wie ein Sachverständiger vergütet wird, da er wie ein solcher wirkt, auch wenn er formal (auch) sachverständiger Zeuge oder Auskunftsperson *sui generis* ist[103]. 76

h) Analoge Anwendung der §§ 355 ff. ZPO

Für die vorgezogene Beweisaufnahme gelten – wie auch für eine spätere Beweisaufnahme während des laufenden Verfahrens – gemäß § 17 Abs. 1 SpruchG i. V. m. § 30 FamFG (früher: § 15 Abs. 1 FGG) die Vorschriften der ZPO über die Beweisaufnahme durch Sachverständige. Anwendbar sind damit – soweit nicht die Eigenarten des FG-Verfahrens entgegenstehen – die §§ 355 bis 370 ZPO. Auf die diesbezüglich einschlägige Kommentierung wird verwiesen. 77

Da das Gericht gemäß § 17 Abs. 1 SpruchG i. V. m. § 26 FamFG (früher: § 12 FGG) die ihm erforderlich erscheinenden Beweise von Amts wegen aufnimmt, bedarf es weder eines Beweisantrages eines Beteiligten noch ist das Gericht an einen solchen gebunden. Aus dem Anspruch auf rechtliches Gehör folgt jedoch der Grundsatz der Beteiligtenöffentlichkeit der Beweisaufnahme und damit das Recht auf Teilnahme der am Spruchverfahren Beteiligten an der Beweisaufnahme. Dazu gehört auch, dass die Beteiligten von der Ladung eines Sachverständigen oder der Einholung eines schriftlichen Gutachtens zu benachrichtigen sind. 78

i) Rechtsmittel

Eine isolierte Anfechtung der Maßnahmen des Gerichts nach Abs. 6 findet gemäß § 17 Abs. 1 SpruchG i. V. m. § 30 Abs. 1 FamFG (früher: § 15 Abs. 1 S. 1 FGG) i. V. m. § 355 Abs. 2 ZPO nicht statt[104]. Möglich ist dage- 79

---

103 Vgl. etwa *Drescher*, in: Spindler/Stilz AktG, § 8 SpruchG Rn. 9 m. w. N. in FN 54; vgl. auch *Puszkajler*, in: Kölner Kommentar AktG, § 8 SpruchG Rn. 13 ff.; vgl. auch bei § 8 SpruchG Rn. 13 ff.
104 OLG Düsseldorf v. 12.12.2012 – I-26 W 19/12 (AktE) – AG 2013, 226.

gen aber die Rüge der Fehlerhaftigkeit der Maßnahme in der Rechtsmittelinstanz, vgl. § 58 Abs. 2 FamFG.

7. Vorlage sonstiger Unterlagen (Abs. 7)

80 Abs. 7 wurde erst im Laufe des Gesetzgebungsverfahrens eingefügt, nachdem insbesondere auf das Problem der Offenlegung sensibler Unterlagen im Zusammenhang mit der Vorlage von Aufzeichnungen nach Abs. 5 hingewiesen wurde. Die Vorschrift regelt dreierlei. Erstens ist der Antragsgegner verpflichtet, sonstige für die Entscheidung des Gerichts erhebliche Unterlagen auf Verlangen des Gerichts oder Antragstellers dem Gericht und gegebenenfalls einem gerichtlich bestellten Sachverständigen vorzulegen. Zweitens ist dieses Vorlagerecht insofern eingeschränkt, als das Gericht auf Antrag des Antragsgegners anordnen kann, dass die Unterlagen den Antragstellern nicht zugänglich gemacht werden dürfen. Voraussetzung hierbei ist, dass die Geheimhaltung nach Abwägung mit den Interessen des Antragstellers, sich zu den Unterlagen äußern zu können, geboten ist. Drittens kann gegen die Entscheidung des Vorsitzenden das Gericht angerufen werden, dessen Entscheidung ihrerseits allerdings unanfechtbar ist.

a) Vorlagepflicht

81 Einer der Gründe, warum Spruchverfahren sich nach altem Recht in die Länge zogen, waren (Zwischen-) Streitigkeiten darüber, welche Unterlagen im Einzelnen vorzulegen waren. Nach der Gesetzesbegründung sollen durch die Regelung in Abs. 7 solche möglicherweise langwierigen Zwischenstreits vermieden werden. Zu diesem Zweck normiert Abs. 7 nunmehr das ausdrückliche Recht der Antragsteller und des Vorsitzenden, vom Antragsgegner zu verlangen, dass er sonstige Unterlagen, die für die Entscheidung des Gerichts erheblich sind, dem Gericht und gegebenenfalls einem vom Gericht bestellten Sachverständigen unverzüglich vorlegt. Für den Antragsgegner geht Abs. 7 der Regelung aus Abs. 5 S. 2 vor. Eine Pflicht zur Vorlage setzt eine Anordnung des Gerichts voraus, für die § 425 ZPO entsprechend gilt[105]. Ergeht eine solche, sind die Unterlagen unverzüglich, § 121 BGB, vorzulegen. Eine Pflicht zur Vorlage setzt aber voraus, dass sich die Unterlagen in den Händen des Antragsgegners befinden und er berechtigt ist, darüber zu verfügen. Denn eine Vorlagepflicht Dritter wird durch die Vorschrift nicht begründet[106]. Allerdings muss der Antragsgegner die Unterlagen beschaffen, auf deren Herausgabe er einen zivil- oder gesellschaftsrechtlichen Anspruch hat[107].

---

105 *Emmerich*, in: Emmerich/Habersack: Aktien- und GmbH-Konzernrecht, § 7 SpruchG Rn. 9; *Mennicke*, in: Lutter UmwG, § 7 SpruchG Rn. 15.

106 *Emmerich*, in: Emmerich/Habersack: Aktien- und GmbH-Konzernrecht, § 7 SpruchG Rn. 8; *Mennicke*, in: Lutter UmwG, § 7 SpruchG Rn. 14; *Volhard*, in: Semler/Stengel UmwG, § 7 SpruchG Rn. 10; *Klöcker*, in: Schmidt/Lutter Aktiengesetz, § 7 SpruchG Rn. 13; a. A.: *Drescher*, in: Spindler/Stilz AktG, § 7 SpruchG Rn. 9.

107 *Mennicke*, in: Lutter UmwG, § 7 SpruchG Rn. 14 (vorsichtiger).

b) Sonstige Unterlagen

Die Vorlagepflicht in Abs. 7 betrifft nur solche Unterlagen, die nicht bereits gemäß Abs. 3 vorzulegen sind. Nach Abs. 3 sind Abschriften der dort genannten Unterlagen, d. h. des der jeweiligen Strukturmaßnahme zugrundeliegenden Berichts und gegebenenfalls entsprechenden Prüfungsberichts, auf Verlangen dem Antragsteller und dem gemeinsamen Vertreter zu erteilen. Da die Unterlagen bereits im Rahmen der Hauptversammlung der betreffenden Strukturmaßnahme dem Aktionär zur Information über die Bewertung offen zu legen sind, besteht für sie kein Geheimhaltungsbedürfnis. *82*

Alle sonstigen Unterlagen, die nicht von Abs. 3 erfasst werden und für die Entscheidung des Gerichts (potentiell) erheblich sind[108], unterfallen Abs. 7. Dies können z. B. sein interne Bewertungsunterlagen, Kostenplanrechnungen, Investitionsrechnungen, Businesspläne und Unterlagen der Marketingabteilung. Zu den sonstigen Unterlagen gehören auch die in Abs. 5 genannten Aufzeichnungen[109]. Letztlich muss es sich um solche Unterlagen handeln, ohne deren Kenntnis dem Gericht die richtige Entscheidungsfindung erschwert oder gar unmöglich ist. Entgegen der Auffassung des LG München[110] nicht relevant erscheint hingegen für die Vorlagepflicht, ob diese Unterlagen den Antragstellern erst substantiierte Rügen ermöglichen. Die Erheblichkeit setzt zudem voraus, dass sie sich auf streitige Sachverhalte beziehen. Sie beurteilt sich allein objektiv aus Sicht des Gerichts; die Einschätzung des Antragstellers ist nicht maßgeblich. In keinem Fall wird die Verpflichtung aber weiter gehen, als die Verpflichtung der Gesellschaft, dem Abschlussprüfer Unterlagen zur Beurteilung des Lageberichts zur Verfügung zu stellen. *83*

Nach der Gesetzesbegründung[111] soll es sich bei solchen relevanten Unterlagen insbesondere um die intern von dem Antragsgegner in Auftrag gegebenen Bewertungsgutachten und vorbereitende Arbeitspapiere der beauftragten Wirtschaftsprüfer handeln. Letzteres sind jedoch Unterlagen, über die grundsätzlich nicht der Antragsgegner, sondern nur der Wirtschaftsprüfer selbst verfügt. Da dieser nicht verpflichtet ist, solche vorbereitenden Arbeitsunterlagen an den Antragsgegner zu geben (vgl. § 51b Abs. 4 WPO), können sie auch nicht vom Antragsgegner herausverlangt werden[112]. Entgegen der Gesetzesbegründung müssen solche inter- *84*

---

108 OLG Düsseldorf v. 04.07.2012 – I-26 W 8/10 (AktE) – AG 2012, 797, 802; *Hüffer*, Aktiengesetz, § 7 SpruchG Rn. 9; *Mennicke*, in: Lutter UmwG, § 7 SpruchG Rn. 15.
109 *Emmerich*, in: Emmerich/Habersack: Aktien- und GmbH-Konzernrecht, § 7 SpruchG Rn. 6; *Mennicke*, in: Lutter UmwG, § 7 SpruchG Rn. 14.
110 LG München v. 21.06.2013 – 5 HK O 19183/09 – AG 2014, 168 juris Tz. 339.
111 Begr. RegE BT-Drs. 15/371, S. 15.
112 LG München v. 21.06.2013 – 5 HK O 19183/09 – AG 2014, 168 juris Tz. 339 m. w. N.; *Mennicke*, in: Lutter UmwG, § 7 SpruchG Rn. 14; *Emmerich*, in: Emmerich/Habersack: Aktien- und GmbH-Konzernrecht, § 7 SpruchG Rn. 8; *Drescher*, in: Spindler/Stilz AktG, § 7 SpruchG Rn. 9.

nen Unterlagen Dritter daher nicht vom Antragsgegner vorgelegt werden. Zwangsmaßnahmen nach Abs. 8 wären insofern nicht zulässig.

c) Vorlageverlangen durch Vorsitzenden des Gerichts oder Antragsteller

85 Die Vorlage können der Vorsitzende des Gerichts sowie der Antragsteller verlangen. Soweit der Vorsitzende genannt ist, hätte es der Hervorhebung des Vorsitzenden – ebenso wie zu Beginn des nachfolgenden Satz 2 – nicht bedurft, da dieser nach § 2 Abs. 2 S. 1 Nr. 4 SpruchG im Fall einer Kammer für Handelssachen ohnehin in den Fällen des § 7 SpruchG entscheidet.

86 Nicht genannt ist der gemeinsame Vertreter. Dieser kann aber ebenso wie die Antragsteller ein Interesse an der Vorlage bestimmter entscheidungserheblicher Unterlagen haben. Schließlich hat er dieses Recht spätestens dann, wenn er gemäß § 6 Abs. 3 SpruchG das Verfahren auch nach Rücknahme eines Antrags fortführt, da er in diesem Fall einem Antragsteller gleich steht. Es gibt daher keinen sachlich nachvollziehbaren Grund, warum das Gesetz in Abs. 7 zwischen den Antragstellern und dem gemeinsamen Vertreter differenziert. Vielmehr scheint es sich hier um ein Redaktionsversehen zu handeln, das während des Gesetzgebungsverfahrens ähnlich bereits in Abs. 1 und später in Abs. 3 S. 3 vorlag, wo der gemeinsame Vertreter ursprünglich jeweils vergessen wurde. Im Gegensatz zu Abs. 7 war dies dort aber aufgefallen und wurde im Laufe des Gesetzgebungsverfahrens korrigiert. Es ist daher nach ganz allgemeiner Auffassung[113] davon auszugehen, dass auch der gemeinsame Vertreter berechtigt ist, entsprechend Abs. 7 die Vorlage von Unterlagen zu verlangen.

87 Das Vorlageverlangen muss zwar nach dem Wortlaut des Abs. 7 nicht ausdrücklich begründet werden. Dies birgt aber die Gefahr reiner Ausforschungsanträge und einer entsprechend längeren Verfahrensdauer in sich. Da vom Antragsgegner jedoch nur Unterlagen verlangt werden können, die für die Entscheidung erheblich sind, kann der Antragsgegner Vorlageverlangen als bloße Ausforschungsanträge zurückweisen, wenn die Erheblichkeit nicht plausibel dargelegt und gegeben ist[114] oder jedenfalls nicht ohne weiteres einleuchtet. Denn ein allgemeines Einsichtsrecht hat der Antragsteller nicht. Insbesondere dann, wenn die herausverlangten Unterlagen in zusammengefasster Form bereits in den Berichten enthalten sind, muss detailliert dargelegt werden, weshalb diese Zusammenfassung nicht genügen sollte und die herausverlangten Unterlagen für

---

113 *Mennicke*, in: Lutter UmwG, § 7 SpruchG Rn. 15; *Emmerich*, in: Emmerich/Habersack: Aktien- und GmbH-Konzernrecht, § 7 SpruchG Rn. 8; *Klöcker*, in: Schmidt/Lutter Aktiengesetz, § 7 SpruchG Rn. 13; *Puszkajler*, in: Kölner Kommentar AktG, § 7 SpruchG Rn. 56; *Kubis*, in: Münchener Kommentar AktG, § 7 SpruchG Rn. 19.

114 *Mennicke*, in: Lutter UmwG, § 7 SpruchG Rn. 15; *Emmerich*, in: Emmerich/Habersack: Aktien- und GmbH-Konzernrecht, § 7 SpruchG Rn. 9; *Klöcker*, in: Schmidt/Lutter Aktiengesetz, § 7 SpruchG Rn. 13; *Ederle/Theusinger*, in: Bürgers/Körber AktG, § 7 SpruchG Rn. 8.

die Entscheidung relevant sind. Es genügt auch nicht, dass die Unterlagen „überhaupt mit der Bewertung zu tun haben"[115]. Sollte der Vorsitzende dennoch auf Vorlage bestehen, bleibt nur, gegen die Entscheidung das Gericht nach Abs. 7 S. 3 anzurufen.

d) Nicht Zugänglichmachung gegenüber den Antragstellern

Schon nach vor Inkrafttreten des SpruchG herrschender Meinung durfte der Anspruch der Antragsteller auf rechtliches Gehör beschränkt werden. Zum Schutz des Antragsgegners sieht Abs. 7 vor, dass entscheidungsrelevante Unterlagen unter den weiteren in Abs. 7 S. 2 genannten Voraussetzungen den Antragstellern nicht zugänglich gemacht werden dürfen. „Nicht zugänglich machen" heißt jedoch nicht, dass der Antragsgegner die Unterlagen gar nicht vorzulegen habe. Gericht und/oder Sachverständigem sind sie sehr wohl vorzulegen. „Nicht zugänglich machen" heißt allein, dass das Gericht die Unterlagen den Antragstellern weder aushändigen noch ihnen Einblick in diese gewähren noch die Fertigung von Kopien oder Abschriften erlauben darf. Das grundsätzlich jedem Beteiligten offen stehende Recht der Akteneinsicht nach § 17 Abs. 1 SpruchG i. V. m. § 13 FamFG (früher: § 34 Abs. 1 FGG) ist insofern eingeschränkt. Nach dem Wortlaut kann das Gericht das Zugänglichmachen verweigern; ergibt die Abwägung eine Schutzbedürftigkeit des Antragsgegners oder der Gesellschaft reduziert sich das Ermessen allerdings auf Null und hat das Gericht Schutzmaßnahmen zu ergreifen.

88

Um die Einschränkung so gering wie möglich zu halten, wird das Gericht sinnvollerweise Sonderakten für die geheimhaltungsbedürftigen Unterlagen anlegen[116]. Auf diese Weise genügt es, dem Antragsteller den Einblick nur in diese, nicht aber in die Hauptakte zu verwehren. Alternativ kommt – entsprechend bisheriger Praxis – in Betracht, geheimhaltungsbedürftige Unterlagen nicht dem Gericht, sondern ausschließlich dem Sachverständigen zur Verfügung zu stellen. Die Formulierung in Abs. 7 S. 1 („... dem Gericht und gegebenenfalls einem vom Gericht bestellten Sachverständigen") steht dem nicht entgegen, da es das Gericht nicht verpflichtet, sondern nur berechtigt, die Vorlage (auch) an sich zu verlangen. Da sich das Einsichtsrecht des Antragstellers nicht auf die Handakten des Sachverständigen, sondern nur auf die schließlich von ihm gefertigte Gutachten bezieht, wird auf diese Weise das Einsichtsrecht des Antragstellers in die Gerichtsakten überhaupt nicht eingeschränkt. Voraussetzung hierbei ist, dass der Sachverständige die sensiblen Informationen zwar in seinem Gutachten nachvollziehbar verwertet, nicht aber im Einzelnen zitiert.

89

Wie schon in Abs. 7 S. 1 hinsichtlich des Verlangens auf Vorlage der relevanten Unterlagen, ist auch hinsichtlich der Frage des Nicht-Zugänglich-Machens der gemeinsame Vertreter nicht erwähnt bzw. offensicht-

89a

---

115 OLG Düsseldorf v. 04.07.2012 – I-26 W 8/10 (AktE) – AG 2012, 797, 802.
116 *Mennicke*, in: Lutter UmwG, § 7 SpruchG Rn. 20; *Klöcker*, in: Schmidt/Lutter Aktiengesetz, § 7 SpruchG Rn. 15; *Kubis*, in: Münchener Kommentar AktG, § 7 SpruchG Rn. 23.

lich vergessen worden. Wenn dem gemeinsamen Vertreter in Satz 1 das Recht zuerkannt wird, seinerseits die Vorlage relevanter Unterlagen verlangen zu können, muss für ihn folgerichtig hier das gleiche wie für den Antragsteller gelten[117] und zwar auch dann, wenn er berufsmäßig zur Verschwiegenheit verpflichtet ist[118]. Er steht mehr auf der Seite der Antragsteller als der des Gerichts. Insofern gilt das Vorstehende zur Nicht-Zugänglich-Machung Gesagte für ihn entsprechend.

e) Wichtige Gründe

90 Die Geheimhaltung muss nach Satz 2 aus wichtigen Gründen geboten sein. Als wichtige Gründe werden beispielhaft die Wahrung von Fabrikations-, Betriebs- oder Geschäftsgeheimnissen genannt. Die Aufzählung ist im Wesentlichen identisch mit der in § 72 Abs. 2 S. 2 und S. 4 GWB, der die Offenlegung sensibler Informationen im kartellrechtlichen Beschwerdeverfahren betrifft, sowie in § 111 Abs. 2 GWB hinsichtlich des Verfahrens vor der Vergabekammer. Nach dortiger Auslegung sind darunter alle Tatsachen zu verstehen, die im Zusammenhang mit einem Geschäftsbetrieb stehen, für die Wettbewerbsfähigkeit von Bedeutung, nicht offenkundig und nach dem Willen des Inhabers geheim zu halten sind. Regelmäßig wird die Offenlegung solcher Geheimnisse geeignet sein, dem Antragsgegner oder einem mit ihm verbundenen Unternehmen einen nicht unerheblichen Nachteil zuzufügen. Auf eine solche Nachteilszufügung stellte noch die Formulierung in der Entwurfsfassung des Abs. 7 ab, die an den Schutzklauseln in §§ 131 Abs. 3 Nr. 1, 293a Abs. 2 S. 1 AktG, § 8 Abs. 2 S. 1 UmwG orientiert war. Da die Voraussetzung einer Nachteilszufügung zu Gunsten der jetzigen weiten Formulierung („wichtige Gründe") aufgegeben wurde, kommt es auf eine Nachteilszufügung nicht mehr an. Jedoch werden Fälle, in denen die Offenlegung geeignet ist, einen solchen nicht unerheblichen Nachteil zuzufügen, regelmäßig wichtige Gründe im Sinne des Abs. 7 darstellen. Umgekehrt sind Fälle denkbar, die nicht zwangsläufig eine Nachteilszufügung bedeuten, gleichwohl aber wichtige Gründe darstellen. Der Regierungsentwurf zu den vorbildhaften kartellrechtlichen Vorschriften nennt z. B. noch die Abwehr von „Rechtsmissbrauch". Zu denken ist hier ferner an eine Geheimhaltungsvereinbarung des Antragsgegners bezüglich der vorzulegenden Unterlagen, die er andernfalls verletzen würde[119]. Ein solches Problem kann z. B. auftreten bei der Wiedergabe von Unterlagen, die eine Gesellschaft dem Hauptaktionär bzw. Antragsgegner gemäß § 327b Abs. 1 S. 2 AktG zwecks Festsetzung der Höhe der Barabfindung zur Verfügung gestellt hat. Ferner dürfen – auch ohne eine etwa drohende Nachteilszufügung – Vorstände (§§ 93 Abs. 1 S. 3, 404 AktG) und Geschäftsfüh-

---

117 *Mennicke*, in: Lutter UmwG, § 7 SpruchG Rn. 19.
118 LG Hannover v. 01.12.2010 – 23 AktE 24/09 (juris); *Puszkajler*, in: Kölner Kommentar AktG, § 7 SpruchG Rn. 69.
119 *Mennicke*, in: Lutter UmwG, § 7 SpruchG Rn. 18; *Drescher*, in: Spindler/Stilz AktG, § 7 SpruchG Rn. 12; *Kubis*, in: Münchener Kommentar AktG, § 7 SpruchG Rn. 21 (enger); *Bungert/Mennicke*, BB 2003, 2021, 2029.

rer (§ 85 GmbHG) Betriebs- und Geschäftsgeheimnisse nicht offenbaren, grundsätzlich auch nicht gegenüber ihren Aktionären oder Gesellschaftern (§ 131 Abs. 3 Nr. 1 bis 5 AktG, § 51a Abs. 2 GmbHG).

f) Abwägung

Sofern wichtige Gründe vorliegen und der Antragsgegner einen entsprechenden Geheimnisschutz beantragt hat, hat das Gericht vor der Entscheidung, ob es den Antragstellern den Zugang zu den Unterlagen verwehrt, in einem zweiten Schritt deren Interessen mit denen des Antragsgegners abzuwägen. Hierbei stehen sich das Grundrecht des Antragstellers auf rechtliches Gehör (Art. 103 Abs. 1 GG) und das des Antragsgegners auf Geheimnisschutz seines Unternehmens (Art. 14 GG) gegenüber. Die Abwägung darf hier nicht lediglich in einer vorschnellen Güterabwägung erfolgen, sondern hat nach dem Prinzip der praktischen Konkordanz zu geschehen[120]; d.h. dass beiden Rechtsgütern Grenzen gezogen werden müssen, damit beide zur optimalen Wirksamkeit gelangen. Die Grenzziehungen dürfen dabei nicht weiter gehen, als notwendig, um die praktische Konkordanz beider Rechtsgüter herzustellen. Je sensibler die betroffenen Daten sind, desto eher wird das Gericht die Unterlagen den Antragstellern nicht zugänglich machen dürfen; je wesentlicher die Einzeldaten für die Nachvollziehbarkeit der Unternehmensbewertung sind, desto eher wird das Geheimhaltungsinteresse eingeschränkt werden können. Teilweise wird vertreten, dass bei verbleibenden Unklarheiten das Geheimhaltungsinteresse im Zweifel Vorrang genießen soll[121]. Vielen geheimhaltungsbedürftigen Informationen dürfte aber ohnehin die Relevanz für die Entscheidung fehlen, so dass aus diesem Grund bereits eine Vorlagepflicht ausscheidet.

91

Da nach Abs. 7 nur entscheidungserhebliche Unterlagen angefordert werden können, dürfte es eher theoretisch sein, dass das Gericht dennoch nicht beabsichtigt, seine Entscheidung (auch) auf den Inhalt der geheimhaltungsbedürftigen Unterlagen zu stützen. Ist dies ausnahmsweise doch der Fall, weil das Gericht erkennt, dass den Unterlagen nicht die ursprünglich angenommene Entscheidungsrelevanz zukommt, kann der insoweit weniger schützenswerte Anspruch des Antragstellers auf rechtliches Gehör zugunsten des Rechts des Antragsgegners auf Geheimnisschutz seines Unternehmens zurücktreten. Da das Gericht nach Abs. 7 seine Entscheidung nicht auf die Unterlagen stützen wird, können diese auch in den Entscheidungsgründen unerwähnt bleiben, ohne den Antragsteller in seinem Anspruch auf rechtliches Gehör zu verletzen[122].

92

Im Regelfall wird das Gericht die entscheidungserheblichen Unterlagen aber für seine Entscheidung verwenden wollen. Schon nach bishe-

93

---

120 *Puszkajler*, in: Kölner Kommentar AktG, § 7 SpruchG Rn. 71 ff.; *Ederle/Theusinger*, in: Bürgers/Körber AktG, § 7 SpruchG Rn. 9; *Lamb/Schluck-Amend*, DB 2003, 1259, 1263.
121 *Mennicke*, in: Lutter UmwG, § 7 SpruchG Rn. 18.
122 *Emmerich*, in: Emmerich/Habersack: Aktien- und GmbH-Konzernrecht, § 7 SpruchG Rn. 13 f.

SpruchG § 7 Vorbereitung der mündlichen Verhandlung

rigem Recht durfte in einem solchen Fall, in dem ein Akteninhalt, der ausnahmsweise vor einem Beteiligten geheim zu halten war, bei einer gerichtlichen Entscheidung nicht zu dessen Nachteil verwertet werden. Auch die Regelung in Abs. 7 erlaubt nicht, dass die gerichtliche Entscheidung auf Informationen gestützt wird, die die Antragsteller nicht kennen, da andernfalls – entgegen dem Prinzip praktischer Konkordanz – ausschließlich dem Geheimhaltungsinteresse und nicht dem Recht auf rechtliches Gehör genügt würde. Verbietet das Geheimhaltungsinteresse die uneingeschränkte Gewährung der Zugänglichmachung der Unterlagen an einen Beteiligten, so ist dem Beteiligten vielmehr, soweit die Kenntnis der Unterlagen zur sachgerechten Rechtsverfolgung oder -verteidigung erforderlich ist, auf andere Weise Kenntnis zu geben, die die Interessen des Antragsgegners hinreichend schützt.

94 Wenig praktikabel erscheint hier die mündliche Unterrichtung oder auszugsweise Wiedergabe der geheimhaltungsbedürftigen Unterlagen. Ebenfalls wenig als Lösung geeignet dürfte es erscheinen, die entscheidungserheblichen Unterlagen nicht offen zu legen und deshalb „konsequenterweise" nicht zu verwerten; denn wenn die Unterlagen entscheidungserheblich sind, würde ihre Nichtberücksichtigung zu einer materiell falschen Entscheidung führen können. Insbesondere der Antragsgegner wird regelmäßig ein Interesse daran haben, die Unterlagen zur Plausibilisierung der eigenen Berechnungen vorzulegen, und daran, dass sie Eingang in die Entscheidung finden.

95 In Betracht kommt dagegen entsprechend der bisherigen Praxis, geheimhaltungsbedürftige Unterlagen im Normalfall nicht dem Gericht, sondern ausschließlich dem Sachverständigen zur Verfügung zu stellen. Wie schon erwähnt, bezieht sich das Einsichtsrecht des Antragstellers nicht auf die Handakten des Sachverständigen, sondern nur auf das schließlich von ihm gefertigte Gutachten. Nur soweit das Gericht die Kenntnis der Unterlagen dennoch für erforderlich ansieht, insbesondere weil das Gutachten nicht aus sich heraus verständlich und damit nicht ohne weiteres verwertbar ist, und es die vorgelegten Unterlagen für seine Entscheidung verwerten möchte, muss dem Antragsteller eine Kenntnisnahme derselben möglich sein. Der in diesem Fall erforderliche Geheimnisschutz kann im Interesse des Antragsgegners nach dem Vorbild des § 174 Abs. 3 GVG in der Weise gewährleistet werden, dass das Gericht den übrigen Verfahrensbeteiligten die Geheimhaltung derjenigen Tatsachen, die der Antragsgegner offen legen musste, zur Pflicht macht. Ein Verstoß gegen diese Geheimhaltungspflicht sollte nach dem Vorbild des § 353d Nr. 2 StGB, der zu diesem Zweck allerdings noch ergänzt werden müsste, unter Strafe gestellt werden. Bis dahin bzw. daneben bietet sich das schon bisher in der Praxis bewährte Verfahren an, dass die Antragsteller strafbewehrte Geheimhaltungserklärungen abgeben, bevor geheimhaltungsbedürftige Unterlagen und Informationen ihnen gegenüber offen gelegt werden[123],

---

123 *Drescher*, in: Spindler/Stilz AktG, § 7 SpruchG Rn. 12; *Kubis*, in: Münchener Kommentar AktG, § 7 SpruchG Rn. 22; *Hüffer*, Aktiengesetz, § 7 SpruchG Rn. 9.

sofern es nicht möglich ist, die relevanten Informationen in unverfänglicher Weise zusammen zu fassen. Problematisch wird es, wenn angesichts der Vielzahl der Beteiligten eine Geheimhaltung in der Folge schwerlich vorstellbar bleibt[124] oder wenn die Instrumentalisierung der Vorlagepflicht zur Ausforschung durch Wettbewerber droht. In diesem Fall würde wohl nur die oben genannte Zurverfügungstellung an den Sachverständigen das Ausforschen verhindern können.

g) Entscheidungsgründe

Die Entwurfsfassung von Abs. 7 und auch die Gesetzesbegründung sah noch vor, dass die Unterlagen, soweit nicht zugänglich gemacht, dann konsequenterweise auch nicht in die Begründung der Entscheidung des Gerichts aufgenommen werden dürfen. Im Rahmen des Gesetzgebungsverfahrens waren Zweifel geäußert worden, ob diese Regelung mit dem Grundrecht der Antragsteller auf rechtliches Gehör vereinbar ist, woraufhin die Regelung gestrichen wurde. Nach der Änderung des Abs. 7 in seine jetzige Form geht man davon aus, dass das Gericht den Inhalt der Unterlagen, wenn es ihn nicht offen gelegt hat, in die Begründung der Entscheidung nicht aufnehmen darf. Dem ist zuzustimmen, allerdings nur für den Fall, dass das Gericht den Inhalt dann konsequenterweise nicht verwertet hat[125]. Letzteres ist jedoch keine sachgerechte Lösung. Die eigentliche Frage lautet daher, ob das Gericht geheimhaltungsbedürftige Unterlagen, wenn es sie für seine Entscheidung verwertet hat, auch in dieser offen legen darf. Diese Frage ist gemäß § 11 SpruchG zu bejahen, da die gerichtliche Entscheidung nach dieser Vorschrift mit Gründen zu versehen ist. Bereits verfassungsrechtlich besteht ein Begründungszwang, da dem Betroffenen eine sachgemäße Verteidigung seiner Rechte ermöglicht werden muss. Analog § 313 Abs. 3 ZPO müssen die Entscheidungsgründe allerdings nur eine kurze Zusammenfassung der zugrundeliegenden Erwägungen enthalten. Bei vorsichtiger Abfassung des Beschlusses wird sich daher in der Praxis zumindest die Offenlegung geheimhaltungsbedürftiger Details in den Entscheidungsgründen vermeiden lassen[126]. Von praktischer Relevanz ist die Möglichkeit, (den Tatbestand und) die Entscheidungsgründe insgesamt entfallen zu lassen, wenn sämtliche Rechtsmittelberechtigten auf die Einlegung von Rechtsmitteln verzichten (§ 313a Abs. 2 ZPO analog). Soweit das Gericht antragsgemäß die Leistung erhöht hat, und der Antragsgegner die Einlegung von Rechtsmitteln nicht beabsichtigt, kann er durch seinen Verzicht die Offenlegung daher vermeiden. Zu keiner Offenlegung der geheimhaltungsbedürftigen Daten in den Entscheidungsgründen kommt es ferner, wenn sich die Beteiligten gütlich einigen, da hier eine Protokollierung der Einigung bzw. des Vergleichs genügt (§ 11 Abs. 2 SpruchG, § 159 ZPO ana-

96

---

124 *Mennicke*, in: Lutter UmwG, § 7 SpruchG Rn. 18.
125 A.A.: *Mennicke*, in: Lutter UmwG, § 7 SpruchG Rn. 20.
126 So auch *Puszkajler*, in: Kölner Kommentar AktG, § 7 SpruchG Rn. 76, auch mit Blick auf in-camera-Entscheidung durch den Spruchrichter (vgl. dazu bei Rn. 75).

log). Schließlich erfolgt die Bekanntgabe der Entscheidung gemäß § 14 SpruchG in jedem Fall stets ohne die Gründe.

h) Rechtsmittel

97 Gegen die Entscheidung des Vorsitzenden kann das Gericht angerufen werden, d. h. die Kammer in voller Besetzung, der der Vorsitzende angehört. Deren Entscheidung ist nicht anfechtbar (Abs. 7 S. 3).

8. Zwangsmittel zur Durchsetzung von Vorlagepflichten (Abs. 8)

98 Anknüpfend an die Verpflichtungen des Antragsgegners zur Vorlage von Unterlagen in Abs. 3 und 7 sieht Abs. 8 ausdrücklich die Möglichkeit des Gerichts vor, diese Verpflichtungen des Antragsgegners zwangsweise entsprechend § 35 FamFG (früher: § 33 Abs. 1 S. 1 und 3 sowie Abs. 3 S. 1 und 2 FGG) durchzusetzen. Auf andere Beteiligte oder andere Verpflichtungen aus § 7 SpruchG ist Abs. 8 nicht entsprechend anwendbar, insbesondere auch nicht auf Abs. 5.

a) Hintergrund

99 Abs. 8 wurde erst ganz zum Schluss des Gesetzgebungsverfahrens im Zusammenhang mit der Änderung des Abs. 7 in das SpruchG aufgenommen. Ursprünglich sah der Entwurf für die Verletzung der genannten Pflichten (gemäß Abs. 3 und 7) keine ausdrückliche Sanktion vor, wenn man von der Möglichkeit einer Präklusion des verspäteten Vortrags des Antragsgegners nach § 10 SpruchG absieht. Dieser Sanktion kommt in diesem Zusammenhang aber – entgegen der Begründung – keine praktische Bedeutung zu, da Antragsteller, Gericht und Sachverständige zur Antragsbegründung und zur Feststellung des maßgeblichen Sachverhalts auf eine unverzügliche Vorlage der Urkunden und sonstigen Unterlagen durch den Antragsgegner angewiesen sind.

100 Auch aus Praxissicht war moniert worden, dass die Nichtbefolgung einer gerichtlichen Anordnung auf Vorlage von Unterlagen im Ergebnis für die Gesellschaften folgenlos sei. Informationen, die nicht vorlägen, könnten in keine Bewertung einfließen. Insbesondere die Fiktion des § 427 S. 2 ZPO, Tatsachen als bewiesen anzusehen, hilft nicht, da es um die Bewertung und nicht eine Tatsache geht. Gefordert wurden neben empfindlichen Ordnungsgeldern (500 Euro bis 5.000 Euro pro Tag (!) der Überschreitung einer Nachfrist) die Befugnis für die Gerichte, entsprechend den Regeln der Beweisvereitelung unter Berücksichtigung des Vortrags der Antragsteller von fiktiven, plausiblen Werten für die vorenthaltenen Bewertungsgrößen auszugehen. Die Bundesregierung hatte sich zwar mit dem Hinweis auf das Ergebnis einer kurz vorher durchgeführten Umfrage bei den Bundesländern dagegen gestellt, wonach die Gerichte in gesellschaftsrechtlichen Verfahren von der Festsetzung von Zwangsgeldern als Sanktion nur äußerst selten Gebrauch machten, weshalb die Einführung von Zwangsmitteln wenig sinnvoll sei. Im Ergebnis konnte sie sich damit jedoch nicht durchsetzen.

Die Regelung war nicht zuletzt vor folgender seitens des Bundesrats geäußerten Überlegung erforderlich: Die Erfüllung der genannten Vorlagepflichten könnte mit einer entsprechenden Anwendung des § 35 FamFG (früher: § 33 FGG) i. V. m. § 17 Abs. 1 Abs. 1 SpruchG durch die Festsetzung von Zwangsgeldern erzwungen werden. Allerdings könnte der Anwendung des § 35 FamFG entgegengehalten werden, dass in einem Zivilprozess nach § 142 Abs. 1 i. V. m. Abs. 2 ZPO gegenüber den Beteiligten des Verfahrens kein Zwang zur Vorlage von Urkunden ausgeübt werden kann. Die Begründung des Entwurfs führt aus, dass mit der Neuregelung des Spruchverfahrens auch die Einführung von Elementen des Parteiprozesses vorgesehen ist. Diese Aussage könnte zu dem Schluss verleiten, dass damit auch die zivilprozessualen Beschränkungen bei der Durchsetzung von gerichtlichen Vorlagepflichten im Spruchverfahren gälten. Entsprechend könnte § 10 SpruchG als abschließende Regelung von Sanktionsmöglichkeiten verstanden werden. Um diese – unzutreffende – Auslegung zu vermeiden, sollte die Möglichkeit einer zwangsweisen Durchsetzung von Vorlagepflichten durch das Gericht entweder im Gesetz vorgesehen werden oder in sonstiger Weise klargestellt werden.

101

b) Anwendbare Vorschriften des FamFG

Die Regelung der anwendbaren Vorschrift des § 35 FamFG, der die Vollstreckung verfahrensleitender Zwischenverfügungen (im Gegensatz zu verfahrensabschließenden Endentscheidungen) regelt, lautet wie folgt:

102

„**§ 35. Zwangsmittel** (1) ¹Ist auf Grund einer gerichtlichen Anordnung die Verpflichtung zur Vornahme oder Unterlassung einer Handlung durchzusetzen, kann das Gericht, sofern ein Gesetz nicht etwas anderes bestimmt, gegen den Verpflichteten durch Beschluss Zwangsgeld festsetzen. ²Das Gericht kann für den Fall, dass dieses nicht beigetrieben werden kann, Zwangshaft anordnen. ³Verspricht die Anordnung eines Zwangsgeldes keinen Erfolg, soll das Gericht Zwangshaft anordnen.

(2) Die gerichtliche Entscheidung, die die Verpflichtung zur Vornahme oder Unterlassung einer Handlung anordnet, hat auf die Folgen einer Zuwiderhandlung gegen die Entscheidung hinzuweisen.

(3) ¹Das einzelne Zwangsgeld darf den Betrag von 25.000 Euro nicht übersteigen. ²Mit der Festsetzung des Zwangsmittels sind dem Verpflichteten zugleich die Kosten dieses Verfahrens aufzuerlegen. ³Für den Vollzug der Haft gelten § 802g Abs. 1 Satz 2 und Abs. 2, die §§ 802h und 802j Abs. 1 der Zivilprozessordnung entsprechend.

(4) ¹Ist die Verpflichtung zur Herausgabe oder Vorlage einer Sache oder zur Vornahme einer vertretbaren Handlung zu vollstrecken, so kann das Gericht, soweit ein Gesetz nicht etwas anderes bestimmt, durch Beschluss neben oder anstelle einer Maßnahme nach den Absätzen 1, 2 die in §§ 883, 886, 887 der Zivilprozessordnung vorgesehenen Maßnahmen anordnen. ²Die §§ 891 und 892 der Zivilprozessordnung gelten entsprechend.

(5) Der Beschluss, durch den Zwangsmaßnahmen angeordnet werden, ist mit der sofortigen Beschwerde in entsprechender Anwendung der §§ 567 bis 572 der Zivilprozessordnung anfechtbar."

Abgesehen von den nachstehenden Hinweisen wird im Übrigen auf die einschlägigen Kommentierungen zu § 35 FamFG verwiesen.

aa) Zu § 35 Abs. 1 bis 3 FamFG

103 Zu beachten ist, dass das Zwangsgeld, das Ungehorsam gegen eine inhaltlich bestimmte richterliche Anordnung[127] mit vollstreckungsfähigem Inhalt voraussetzt, nach überwiegender Auffassung nur gegen eine physische Person verhängt werden kann. Soweit der Antragsgegner als Adressat der Vorlagepflicht nach Abs. 3 und Abs. 7 eine juristische Person ist, richtet sich das Zwangsgeld gegen die Mitglieder des für diese juristische Person verantwortlichen Vertretungsorgans (Vorstand, Geschäftsführer), nicht aber gegen die juristische Person selbst. Auch gegen Verfahrensbevollmächtigte kann und darf das Zwangsgeld nicht verhängt werden. Bei der Bemessung der Höhe des Zwangsgelds, das auf zukünftiges Verhalten gerichtet ist und anders als ein Ordnungsgeld keine Sanktion darstellt, hat das Gericht die Umstände des Einzelfalls zu berücksichtigen, insbesondere die Stärke des auf Missachtung gerichteten Willens des Verpflichteten, der durch die Zwangsgeldfestsetzung gebeugt werden soll, und ob es sich um eine erstmalige Festsetzung handelt. Da die Begrenzung des Zwangsgelds auf 25.000 Euro (§ 17 Abs. 1 SpruchG i. V. m. § 35 Abs. 3 S. 1 FamFG) nur für das einzelne Zwangsgeld gilt und es im Ermessen des Gericht steht, im Wiederholungsfall ein erneutes Zwangsgeld zu verhängen[128] (zu beachten ist, dass die erneute Festsetzung einer erneuten „Androhung" bedarf[129]), kann die Summe aller Zwangsgelder eine empfindliche Höhe erreichen. Hinzu kommen die Kosten des Zwangsmittelverfahrens. Diese sind mit dem Zwangsmittel (§ 35 Abs. 3 S. 2 FamFG) ebenfalls im Fall, dass der Antragsgegner eine juristische Person ist, den „ungehorsamen" Mitgliedern des Vertretungsorgans aufzuerlegen. Zahlt oder erstattet der Antragsgegner das Zwangsgeld und die Kosten, kann es sich, wenn das Mitglied gleichzeitig Gesellschafter des Antragsgegners ist, um eine verdeckte Gewinnausschüttung handeln, andernfalls um eine einkommenserhöhende steuerpflichtige Leistung; bei einer Aktiengesellschaft ist nach neuester Rechtsprechung möglicherweise sogar eine Zustimmung der Hauptversammlung hierfür

---

127 Eine Verpflichtung, die sich nur aus dem Gesetz ergibt, genügt nicht: *Klöcker*, in: Schmidt/Lutter Aktiengesetz, § 7 SpruchG Rn. 15; *Preuß*, NZG 2009, 961, 963.

128 *Mennicke*, in: Lutter UmwG, § 7 SpruchG Rn. 24; *Emmerich*, in: Emmerich/Habersack: Aktien- und GmbH-Konzernrecht, § 7 SpruchG Rn. 9a; *Hüffer*, Aktiengesetz, § 7 SpruchG Rn. 10; *Simons*, in: Hölters AktG, § 7 SpruchG Rn. 27; *Kubis*, in: Münchener Kommentar AktG, § 7 SpruchG Rn. 25.

129 *Zimmermann*, in: Keidel FamFG, § 35 Rn. 16, 48; a. A.: *Ulrici*, in: Münchener Kommentar FamFG, § 35 Rn. 14.

erforderlich. Durch eine D & O – Versicherung kann das Problem in der Regel nicht gelöst werden, da diese typischerweise nur bei persönlicher Haftung für Vermögensschäden, regelmäßig aber nicht bei gerichtlich verhängten Zwangsgeldern gilt. Kann das Zwangsgeld (ausnahmsweise) nicht beigetrieben werden oder ist die Androhung von Zwangsgeld von Beginn an aussichtslos, kann das Gericht heute – anders als früher – auch (Ersatz-)Zwangshaft anordnen, § 17 Abs. 1 SpruchG i. V. m. § 35 Abs. 1 S. 2, 3 FamFG. In jedem Fall ist die Sanktion nach § 35 Abs. 2 FamFG vorher in der gerichtlichen Anordnung konkret anzudrohen[130]; die Formulierung „Hinweis" statt früher „Androhung" ändert daran nichts[131].

bb) Zu § 35 Abs. 4 FamFG

Abs. 8 nimmt heute den gesamten § 35 FamFG in Bezug. Damit werden 104
– anders als früher – gerade mit Blick auf die Herausgabe von Unterlagen auch die Bestimmungen zur Anwendung von (physischer) Gewalt zur Durchsetzung von Verfügungen für anwendbar erklärt. Nach § 35 Abs. 5 FamFG kann das Gericht neben oder anstelle der Festsetzung von Zwangsmitteln zur Durchsetzung der Herausgabe oder Vorlage von Unterlagen die in der ZPO vorgesehenen Maßnahmen anordnen. Mit anderen Worten kann ein Gerichtsvollzieher die Sachen wegnehmen, der ggf. sogar zur Gewaltanwendung berechtigt ist. Werden die Unterlagen nicht gefunden, kann der Verpflichtete an Eides Statt versichern müssen, dass er die Unterlagen nicht besitzt und nicht weiß, wo sie sich befinden.

cc) Zu § 35 Abs. 5 FamFG

Gegen die Anordnung der Zwangsmaßnahme kann nach § 35 Abs. 5 105
FamFG sofortige Beschwerde nach §§ 567 ff. ZPO erhoben werden[132]. Diese hat nach § 570 ZPO aufschiebende Wirkung. Entgegen teilweise vertretener Auffassung besteht jedoch kein Rechtsmittel dagegen, wenn das Gericht die Anwendung von Zwangsmitteln ablehnt. Dieser Fall ist in § 35 Abs. 5 FamFG nicht erwähnt und mangels einer Endentscheidung ist auch § 58 FamFG nicht anwendbar.

---

130 *Mennicke*, in: Lutter UmwG, § 7 SpruchG Rn. 24.
131 *Zimmermann*, in: Keidel, FamFG, § 35 Rn. 13.
132 *Emmerich*, in: Emmerich/Habersack: Aktien- und GmbH-Konzernrecht, § 7 SpruchG Rn. 9a; *Zimmermann*, in: Keidel, FamFG, § 35 Rn. 66; a. A.: *Kubis*, in: Münchener Kommentar AktG, § 7 SpruchG Rn. 25 (§ 58 Abs. 2 FamFG).

§ 8 Mündliche Verhandlung

(1) Das Gericht soll aufgrund mündlicher Verhandlung entscheiden. Sie soll so früh wie möglich stattfinden.

(2) In den Fällen des § 7 Abs. 3 Satz 2 soll das Gericht das persönliche Erscheinen der sachverständigen Prüfer anordnen, wenn nicht nach seiner freien Überzeugung deren Anhörung als sachverständige Zeugen zur Aufklärung des Sachverhalts entbehrlich erscheint. Den sachverständigen Prüfern sind mit der Ladung die Anträge der Antragsteller, die Erwiderung des Antragsgegners sowie das weitere schriftliche Vorbringen der Beteiligten mitzuteilen. In geeigneten Fällen kann das Gericht die mündliche oder schriftliche Beantwortung von einzelnen Fragen durch den sachverständigen Prüfer anordnen.

(3) Die §§ 138 und 139 sowie für die Durchführung der mündlichen Verhandlung § 279 Abs. 2 und 3 und § 283 der Zivilprozessordnung gelten entsprechend.

Inhalt

	Rn.
I. Überblick	1
II. Inhalt der Norm	2
1. Entscheidung aufgrund mündlicher Verhandlung (Abs. 1)	2
a) Mündliche Verhandlung	3
b) Soll-Vorschrift	5
c) Frühzeitige Verhandlung	8
2. Sachverständige Prüfer (Abs. 2)	9
a) Anordnung des persönlichen Erscheinens	10
b) Sachverständiger Zeuge	13
c) Anhörung	15
d) Entbehrlichkeit nach freier Überzeugung des Gerichts	16
aa) Freie Überzeugung	17
bb) Entbehrlichkeit	21
e) Mitteilung mit der Ladung	25
f) Anordnung mündlicher oder schriftlicher Beantwortung einzelner Fragen durch den sachverständigen Prüfer in geeigneten Fällen	26
3. Entsprechend anwendbare ZPO-Vorschriften (Abs. 3)	27
a) Erklärungspflicht über Tatsachen, Wahrheitspflicht, § 138 ZPO	28
b) Materielle Prozessleitung, § 139 ZPO	31
c) Mündliche Verhandlung, § 279 Abs. 2 und 3 ZPO	33
d) Schriftsatzfrist für Erklärungen zum Vorbringen des Gegners, § 283 ZPO	35
e) Weitere auf die Durchführung der mündlichen Verhandlung anwendbare Vorschriften	37

Spezielle Literatur: *Büchel*, Neuordnung des Spruchverfahrens, NZG 2003, 793 ff.; *Engel/Puszkajler*, Bewährung des Spruchgesetzes in der Praxis?, BB 2012, 1687 ff.;

Jänig/Leißring, FamFG: Neues Verfahrensrecht für Streitigkeiten in AG und GmbH, ZIP 2010, 110 ff.; *Kubis*, Verfahrensgegenstand und Amtsermittlung im Spruchverfahren, FS Hüffer, S. 567 ff.; *Land/Hennings*, Aktuelle Probleme von Spruchverfahren nach gesellschaftsrechtlichen Strukturmaßnahmen, AG 2005, 380 ff.; *Lipp*, Öffentlichkeit der mündlichen Verhandlung und der Entscheidungsverkündung?, FPR 2011, 37 ff.; *Neye*, Das neue Spruchverfahrensrecht – Einführung Erläuterung Materialien, Köln 2003; *Puszkajler*, Diagnose und Therapie von aktienrechtlichen Spruchverfahren, ZIP 2003, 518 ff.; *Winter/Nießen*, Amtsermittlung und Beibringung im Spruchverfahren, NZG 2007, 13 ff.; *Wittgens*, Der gerichtliche Sachverständige im Spruchverfahren, AG 2007, 106 ff.

I. Überblick

Die Vorschrift knüpft an § 7 SpruchG an und enthält wie dieser eines der 1 Kernelemente der Neukonzeption des Spruchstellenverfahrens. Nach altem Recht war die Durchführung einer mündlichen Verhandlung dem Gericht nach dem Gesetz über die Angelegenheiten der freiwilligen Gerichtsbarkeit freigestellt. Abgesehen davon, dass die Nichtdurchführung einer mündlichen Verhandlung zu Streitigkeiten wegen des Rechts auf rechtliches Gehör führen konnte, war Motivation für die Festschreibung der mündlichen Verhandlung in § 8 SpruchG die Erkenntnis, dass ein gut vorbereiteter mündlicher Termin sehr viel effektiver dazu dienen kann, wesentliche Fragen aufzuklären, als dies lediglich durch den Austausch von Schriftsätzen möglich ist[1]. Abs. 1 macht die mündliche Verhandlung daher zum Regelfall, was zur Verfahrensbeschleunigung beitragen soll[2]. Abs. 2 sieht das persönliche Erscheinen des sachverständigen Prüfers für bestimmte Fälle vor. Abs. 3 erklärt schließlich verschiedene Vorschriften zur mündlichen Verhandlung des ersten und zweiten Buches der ZPO ausdrücklich für entsprechend anwendbar.

II. Inhalt der Norm

1. Entscheidung aufgrund mündlicher Verhandlung (Abs. 1)

Abs. 1 regelt zwei Grundsätze. Erstens soll das Gericht aufgrund mündli- 2 cher Verhandlung entscheiden. Zweitens soll diese mündliche Verhandlung so früh wie möglich stattfinden.

a) Mündliche Verhandlung

Nach Satz 1 soll das Gericht in der Sache (nicht bezogen auf verfahrens- 3 leitende Maßnahmen, über die nur zu benachrichtigen ist, § 7 Abs. 5 S. 4 SpruchG)[3] aufgrund mündlicher Verhandlung entscheiden. Der Begriff der mündlichen Verhandlung ist wie im Zivilprozess als früher erster Termin oder Haupttermin zu verstehen, vgl. § 279 Abs. 1 ZPO, wobei das

---

1 Begr. RegE BT-Drs. 15/371, S. 15.
2 Begr. RegE BT-Drs. 15/371, S. 15.
3 *Klöcker*, in: Schmidt/Lutter Aktiengesetz, § 8 SpruchG Rn. 1.

SpruchG hierzwischen nicht differenziert[4]. Für die Beschwerde gilt Satz 1 jedoch jedenfalls dann nicht, wenn in der ersten Instanz eine mündliche Verhandlung stattgefunden hat[5].

4 Wenngleich die mündliche Verhandlung der Regelfall ist, findet im Spruchverfahren dennoch nicht der im Zivilprozess geltende Grundsatz der Mündlichkeit Anwendung, wonach Entscheidungsgrundlage nur sein kann, was Gegenstand der mündlichen Verhandlung war[6]. Vielmehr ist Entscheidungsgrundlage in Verfahren über die Angelegenheiten der freiwilligen Gerichtsbarkeit – auch in echten Streitverfahren wie dem Spruchverfahren – nicht nur der in der mündlichen Verhandlung vorgebrachte Verfahrensstoff, sondern der gesamte Akteninhalt[7]. Die Entscheidung (Beschluss) ergeht daher auch nicht „aufgrund der mündlichen Verhandlung", sondern ohne diese Formel („am..."). Die mündliche Verhandlung ist nicht öffentlich; vgl. dazu und zu den weiteren anwendbaren Vorschriften bei Abs. 3.

b) Soll-Vorschrift

5 Nach altem Recht war die mündliche Verhandlung nicht ausdrücklich vorgeschrieben, vielmehr stand sie im Ermessen des Gerichts und wurde oft nicht durchgeführt. Insbesondere enthielten weder die im Aktiengesetz und im Umwandlungsgesetz verstreuten Vorschriften noch das Gesetz über die Angelegenheiten der freiwilligen Gerichtsbarkeit eine entsprechende Bestimmung. Es ist jedoch zweifelhaft, ob die der Norm zugrundeliegende Prämisse zutrifft, dass eine mündliche Verhandlung in jedem Fall geeigneter ist, das Verfahren effektiver voranzutreiben, als ein schriftliches Verfahren[8]; gerade bei einer Vielzahl von Beteiligten muss dies bezweifelt werden. Doch konnte auch schon bisher der grundrechtlich verankerte Grundsatz des Anspruchs auf rechtliches Gehör (Art. 103 Abs. 1 GG) im Einzelfall die Durchführung der mündlichen Verhandlung als geboten erscheinen lassen. Unzulässig war und ist z. B. der Verzicht auf eine mündliche Verhandlung ohne weitere Begründung trotz Antrags auf Anhörung des Sachverständigen zu seinem Sachverständigengutachten[9]. Ein solches Versäumnis wiegt umso schwerer, als das Gutachten des

---

4 *Puszkajler*, in: Kölner Kommentar AktG, § 8 SpruchG Rn. 5.
5 *Klöcker*, in: Schmidt/Lutter Aktiengesetz, § 12 SpruchG Rn. 12 unter Verweis auf § 68 Abs. 3 S. 2 FamFG mit der weiteren Einschränkung, dass von einer erneuten Vornahme keine zusätzlichen Erkenntnisse zu erwarten sind; OLG Stuttgart v. 14.09.2011 – 20 W 7/08 – AG 2011, 135, 139.
6 OLG Frankfurt v. 28.03.2014 – 21 W 15/11 bei B.III.3 – nicht abgedruckt bei AG 2014, 822; *Puszkajler*, in: Kölner Kommentar AktG, § 8 SpruchG Rn. 5 spricht vom „Grundsatz der qualifizierten [Verweis auf *Lindacher*, JuS 1978, 577, 583] Mündlichkeit".
7 *Puszkajler*, in: Kölner Kommentar AktG, § 8 SpruchG Rn. 5.
8 *Hüffer*, Aktiengesetz, § 8 SpruchG Rn. 2; *Puszkajler*, in: Kölner Kommentar AktG, § 8 SpruchG Rn. 3, der auf fehlende empirische Belege hinweist.
9 BVerfG v. 03.02.1998 – 1 BvR 909–94 – NJW 1998, 2273, 2273 f.; dazu *Büchel*, NZG 2003, 793, 798.

gerichtlich bestellten Sachverständigen in Spruchverfahren wegen der Komplexität des zu begutachtenden Sachverhalts besonders bedeutsam ist und meist den Prozessausgang entscheidend beeinflusst[10].

Der Referentenentwurf sah noch vor, dass die mündliche Verhandlung 6 obligatorisch, also stets durchzuführen ist. Warum dies geändert wurde, lässt sich den im Rahmen des Gesetzesvorhabens abgegebenen Erläuterungen und Stellungnahmen nicht entnehmen. Vermutlich sollte dem Gericht mehr Spielraum eingeräumt werden. Dieser ist jedoch eng. Denn da es sich um eine Soll-Vorschrift handelt, muss das Gericht eine mündliche Verhandlung abhalten, es sei denn die konkrete Verfahrenslage rechtfertigt den Verzicht auf die mündliche Verhandlung. Denkbar ist dies vor allem, wenn das Gericht die Anträge für unzulässig[11] hält und die Unzulässigkeit eher formale Punkte betrifft, zu denen sich die Beteiligten auch schriftlich erschöpfend äußern können, z. B. nicht nachgewiesene Antragsberechtigung[12], Versäumung der Antragsfrist oder vollständig fehlende (rechtzeitige) Begründung. In diesen Fällen wäre es verfehlt, durch eine mündliche Verhandlung (gegebenenfalls als abgesonderte Verhandlung analog § 280 ZPO) unnötige Kosten zu verursachen; dies insbesondere, wenn man bedenkt, dass der Termin angesichts der nicht selten zahlreichen Antragsteller einschließlich deren Anwälte sowie des gemeinsamen Vertreters und des sachverständigen Prüfers nicht ohne Weiteres kurzfristig anberaumt werden kann. In jedem Fall ist es aber zu begründen, wenn das Gericht von einer mündlichen Verhandlung absehen möchte[13]; fehlt eine solche Begründung, legt dies einen Verfahrensfehler nahe[14].

Dass der Gesetzgeber von der Durchführung einer mündlichen Verhand- 7 lung als Regelfall ausgeht, und damit § 8 SpruchG als Spezialvorschrift der Regelung in § 17 SpruchG i. V. m. § 32 Abs. 1 S. 1 FamFG vorgeht[15], spiegelt sich auch in vergleichsweise zahlreichen Vorschriften des SpruchG wieder, die auf die mündliche Verhandlung ausgerichtet sind: Abs. 2 (persönliches Erscheinen der sachverständigen Prüfer) und 3 (... „für die Durchführung der mündlichen Verhandlung" ...) i. V. m. § 279 Abs. 2 und 3 ZPO (Haupttermin, Erörterung des Ergebnisses der Beweisaufnahme) und § 283 ZPO (Nichterklären in der mündlichen Verhandlung), Überschrift zu § 7 SpruchG (Vorbereitung der mündlichen Verhandlung), § 7

---

10 BVerfG v. 03.02.1998 – 1 BvR 909–94 – NJW 1998, 2273, 2274.
11 Vgl. *Puszkajler*, in: Kölner Kommentar AktG, § 8 SpruchG Rn. 4; „bei offensichtlich unzulässigen Anträgen" *Klöcker*, in: Schmidt/Lutter Aktiengesetz, § 8 SpruchG Rn. 1 mit Verweis u. a. auf OLG Frankfurt v. 28.01.2008 – 20 W 443/07, Tz. 11 – AG 2008, 550, 552, das die Einschränkung der offensichtlichen Unzulässigkeit allerdings nicht ausdrücklich formuliert.
12 Vgl. OLG Frankfurt v. 28.01.2008 – 20 W 443/07, Tz. 11 – AG 2008, 550, 552.
13 *Puszkajler*, in: Kölner Kommentar AktG, § 8 SpruchG Rn. 4; *Klöcker*, in: Schmidt/Lutter Aktiengesetz, § 8 SpruchG Rn. 1.
14 *Puszkajler*, in: Kölner Kommentar AktG, § 8 SpruchG Rn. 4, einen Verfahrensfehler bejahend.
15 Im Ergebnis auch *Puszkajler*, in: Kölner Kommentar AktG, § 8 SpruchG Rn. 4.

Abs. 6 SpruchG (erster Termin, Vorbereitung der mündlichen Verhandlung), § 9 Abs. 1 SpruchG (... „in der mündlichen Verhandlung" ...) und § 9 Abs. 2 SpruchG (... „vor der mündlichen Verhandlung" ...).

c) Frühzeitige Verhandlung

8 Zur Straffung des Spruchverfahrens[16] sieht Abs. 1 vor, dass die mündliche Verhandlung so früh wie möglich stattfinden soll. Die Einhaltung einer bestimmten Frist hat der Gesetzgeber nicht vorgeschrieben. Es ist daher im Einzelfall zu entscheiden, wann der Zeitpunkt der frühest möglichen Verhandlung ist. Hierbei ist zu berücksichtigen, dass das Gericht gemäß § 7 Abs. 2 SpruchG dem Antragsgegner eine Antragserwiderungsfrist zwischen einem und drei Monaten zu gewähren hat. Daran schließt sich gemäß § 7 Abs. 4 SpruchG eine weitere gerichtlich festzusetzende Frist von einem bis drei Monate an, innerhalb derer die Antragsteller und der gemeinsame Vertreter zur Antragserwiderung Stellung nehmen können. Im Anschluss hieran sind verschiedene Vorgehensweisen möglich[17]: Zum Einen kann das Gericht sofort terminieren, hierzu gemäß Abs. 2 und 3 Anordnungen treffen und im Termin versuchen, offene Fragen zu klären, um anschließend, soweit erforderlich, ein gerichtliches Gutachten einholen. Wenn auch auf diese Weise der Termin früh zustande kommen kann, ist das Gericht nicht auf diese Vorgehensweise festgelegt; je nach Einzelfall kann die Terminierung gemäß der nachstehenden Vorgehensweise zweckmäßiger und damit die frühest mögliche im Sinne der Norm sein. So kann das Gericht zum Anderen auch bereits vor dem Termin versuchen, streitige Fragen herauszufiltern und zu klären, hierzu eine schriftliche Stellungnahme des sachverständigen Prüfers einzuholen und dann gegebenenfalls einen Sachverständigen bestellen. Insbesondere die Rechtsprechung des Bundesverfassungsgerichts zur Erforderlichkeit einer mündlichen Verhandlung zwingt nicht, eine solche vor Einholung des schriftlichen Gutachtens abzuhalten[18]. Anstelle des Sachverständigengutachtens kann das Gericht aber auch versuchen, in einem anberaumten Termin die aus der schriftlichen Befragung des sachverständigen Prüfers resultierenden offenen Fragen zunächst zu klären. Gegebenenfalls kann das Gericht im Vorfeld noch weitere vorbereitende Maßnahmen (§ 7 Abs. 5 SpruchG) für notwendig erachten. Der Termin zur mündlichen Verhandlung kann sich auf diese Weise um deutlich mehr als sechs Monate[19] nach hinten verschieben und dennoch ohne Verfahrensverstoß „so früh wie möglich" erfolgen.

---

16 *Klöcker*, in: Schmidt/Lutter Aktiengesetz, § 8 SpruchG Rn. 2 „Verfahrensbeschleunigung".
17 *Hüffer*, Aktiengesetz, § 8 SpruchG Rn. 2.
18 *Büchel*, NZG 2003, 793, 798.
19 *Puszkajler*, in: Kölner Kommentar AktG, § 8 SpruchG Rn. 6 hält bei optimistischer Einschätzung sechs Monate nach Ablauf der Antragsfrist gemäß § 4 Abs. 1 SpruchG als den frühestmöglichen Termin der mündlichen Verhandlung.

2. Sachverständige Prüfer (Abs. 2)

Im Spruchverfahren nach SpruchG wird den sachverständigen Prüfern mehr Bedeutung zugemessen, so dass die Einschaltung eines weiteren gerichtlich bestellten Sachverständigen oft nicht mehr erforderlich ist[20]. So ist gegenüber dem bisherigen Recht die grundsätzliche Verpflichtung des Gerichts völlig neu, das persönliche Erscheinen des sachverständigen Prüfers anzuordnen. Zu ihrer besseren Vorbereitung ist den sachverständigen Prüfern mit der Ladung die bis dahin wesentliche Korrespondenz der Beteiligten mit dem Gericht zu übersenden, und zwar die Anträge, die Replik und das weitere schriftliche Vorbringen der Beteiligten. In Anlehnung an § 377 Abs. 3 ZPO kann die Anhörung als sachverständiger Zeuge unterbleiben, wenn sie zur Sachverhaltsaufklärung nach freier Überzeugung des Gerichts entbehrlich erscheint. Möglich ist auch, statt dessen[21], soweit dies geeignet erscheint, die gerichtliche Anordnung der mündlichen oder schriftlichen[22] Beantwortung nur einzelner Fragen.

9

a) Anordnung des persönliches Erscheinens

Absatz 2 macht die persönliche Befragung der früher tätig gewesenen Prüfer, deren Berichte nach § 7 Abs. 3 S. 2 SpruchG dem Gericht vorzulegen sind, in der mündlichen Verhandlung zur Regel. Die Anordnung des persönlichen Erscheinens wird insbesondere dann angezeigt sein, wenn das Gericht im Rahmen der Vorbereitung der mündlichen Verhandlung eine schriftliche Stellungnahme des sachverständigen Prüfers nach § 7 Abs. 6 SpruchG angefordert und erhalten, diese aber noch Fragen offen gelassen hat. Die stärkere Einbeziehung des früher tätig gewesenen sachverständigen Prüfers wird teilweise kritisch gesehen, da er seine eigenen Prüfungsergebnisse kritisch zu beleuchten habe[23]; es dürfte aber unbestritten sein, dass eine Anhörung des gerichtlich bestellten sachverständigen Prüfers im Normalfall sinnvoll ist, da für das Gericht auch die Plausibilität seiner Einlassungen für die weitere Bewertung und Würdigung relevant sein kann[24].

10

Von der Anordnung soll nur abgewichen werden, wenn das Gericht nach seiner freien Überzeugung zu dem Schluss kommt, dass die mündli-

11

---

20 LG München v. 21.06.2013 – 5 HKO 19183/09 – AG 2014, 168 (Leitsatz 10) juris Tz. 326 ff.; OLG Stuttgart v. 05.06.2013 – 20 W 6/10 – AG 2013, 724, 725; OLG Frankfurt v. 02.05.2011 – 21 W 3/11, Tz. 41 – AG 2011, 828, 829; *Puszkajler*, in: Kölner Kommentar AktG, § 8 SpruchG Rn. 10 ff., 34.
21 A.A.: *Klöcker*, in: Schmidt/Lutter Aktiengesetz, § 8 SpruchG Rn. 3: „zudem"; eine ggf. anschließende mündliche Befragung für im Einzelfall sinnvoll erachtend BT-Drs. 15/371, S. 15 („stufenartige Beweisaufnahme"); *Puszkajler*, in: Kölner Kommentar AktG, § 8 SpruchG Rn. 31.
22 *Puszkajler*, in: Kölner Kommentar AktG, § 8 SpruchG Rn. 31.
23 Vgl. *Hüffer*, Aktiengesetz, § 8 SpruchG Rn. 3; die Gefahr hat schon der Gesetzgeber gesehen, Begr. RegE BT-Drs. 15/371, S. 15.
24 OLG Frankfurt v. 02.05.2011 – 21 W 3/11, Tz. 42 – AG 2011, 828, 829; *Hüffer*, Aktiengesetz, § 8 SpruchG Rn. 3.

che Anhörung keine weitere Aufklärung verspricht. Dies wird nur selten der Fall sein[25]. Grundsätzlich müssen alle Beteiligten Gelegenheit haben, dem Prüfer Fragen zu seinem Prüfungsbericht zu stellen[26]. Hierdurch soll die Erkenntnisbasis schon zu Beginn des Verfahrens verbreitert und die eventuelle zusätzliche Beauftragung eines weiteren Sachverständigen zur Begutachtung bestimmter Fragen im Spruchverfahren erleichtert und damit beschleunigt ermöglicht werden[27]. In geeigneten Fällen kann es sinnvoll sein, den sachverständigen Prüfer zunächst schriftlich und gegebenenfalls erst anschließend mündlich zu befragen[28]. Wird ein weiterer Sachverständiger vom Gericht bestellt und schon zum Termin geladen, so sollte auch er Fragen an die früheren Prüfer richten können[29].

12 Solange sich das jeweils angerufene Gericht noch nicht – insbesondere aufgrund Zuweisung nach § 71 Abs. 4 GVG – die erforderliche Expertise angeeignet hat, wird es sich in den wenigsten Fällen auf § 114 GVG stützen können. Nach dieser Vorschrift kann die im Regelfall tätig werdende Kammer für Handelssachen aufgrund eigener Sachkunde und Wissenschaft über Gegenstände entscheiden, zu deren Beurteilung eine kaufmännische Begutachtung genügt, sowie über das Bestehen von Handelsbräuchen. Die dem Spruchverfahren zugrundeliegenden Bewertungsgutachten sind regelmäßig so komplex, dass eine einfache kaufmännische Begutachtung meist nicht genügt. Soweit sich das Gericht gleichwohl hierauf beruft, muss es dies analog § 139 ZPO (Abs. 2 S. 2) zur späteren Beweisführung in den Akten vermerken.

b) Sachverständiger Zeuge

13 Unzweifelhaft ist, dass der sachverständige Prüfer nach dem Willen der Gesetzgeber stärker einbezogen werden soll, insbesondere da es primär nicht um eine völlige Neubewertung der Gesellschaft sondern darum geht, einzelnen Fragen der bisherigen Bewertung nachzugehen. Seine genaue Rolle in dem Verfahren ist jedoch umstritten[30]. Nach Abs. 2 S. 1 hat das Gericht das persönliche Erscheinen der sachverständigen Prüfer anzuordnen hat, sofern nicht deren Anhörung als „sachverständige Zeugen" zur Aufklärung des Sachverhalts entbehrlich erscheint. Verbreitet wird jedoch die Auffassung vertreten, der sachverständige Prüfer komme als sachverständiger Zeuge für die wesentlichen Punkte gar nicht in

---

25 Begr. RegE BT-Drs. 15/371, S. 15.
26 Vgl. BVerfG v. 03.02.1998 – 1 BvR 909–94 – NJW 1998, 2273.
27 Begr. RegE BT-Drs. 15/371, S. 15; *Klöcker*, in: Schmidt/Lutter Aktiengesetz, § 8 SpruchG Rn. 4.
28 Begr. RegE BT-Drs. 15/371, S. 15; OLG Düsseldorf v. 21.12.2011 – 26 W 2/11 (AktE), juris Tz. 48.
29 Begr. RegE BT-Drs. 15/371, S. 15.
30 Vgl. die Darstellung m. w. N. *Puszkajler*, in: Kölner Kommentar AktG, § 8 SpruchG Rn. 15 ff. sowie *Klöcker*, in: Schmidt/Lutter Aktiengesetz, § 8 SpruchG Rn. 6; *Wittgens*, AG 2007, 106, 107 f. Sehr kritisch zu der Rolle des sachverständigen Prüfers *Dreier*, Einleitung Rn. 110 ff.

Betracht, weil der wesentliche Teil seines Gutachtens nicht auf Wahrnehmung, sondern auf Fachwissen beruhe[31] und infolgedessen die Verwertbarkeit seiner Auskünfte sogar zweifelhaft sei. Teilweise wird davon ausgegangen, der sachverständige Prüfer sei Auskunftsperson sui generis[32] und der Verweis auf den sachverständigen Zeugen lediglich ein Rechtsfolgenverweis, um insbesondere eine Grundlage für seine Ladung zu schaffen[33]. Dem ist zu widersprechen. Denn der sachverständige Prüfer ist sachverständiger Zeuge und kann vom Gericht auch als solcher angehört werden, § 17 Abs. 1 SpruchG i. V. m. § 30 Abs. 1 FamFG i. V. m. § 414 ZPO. Im Gegensatz zum Sachverständigen ist der sachverständige Zeuge auch nicht ersetzbar, da er über vergangene Tatsachen oder Zustände, die er aufgrund seiner besonderen Sachkunde wahrgenommen hat, Auskunft gibt[34]; er kann auch nicht abgelehnt werden. So kann der sachverständige Prüfer Auskunft über den seinerzeitigen Bewertungsprozess geben, soweit dieser sich seinem Bewertungsgutachten nicht entnehmen lässt und sich dem Gericht deshalb im Hinblick auf das Gutachten klärungsbedürftige Fragen stellen. Dies ist insbesondere denkbar, wenn eine Parallelprüfung stattgefunden hat[35], im Rahmen derer Fachfragen mit dem Unternehmensprüfer kritisch erörtert wurden. Ein bloßer Zeuge könnte mangels Sachkunde solche Vorgänge nicht korrekt wiedergeben. Ein Sachverständiger könnte zwar seine eigene Beurteilung über das Bewertungsgutachten abgeben, kennt aber die diesem zugrundeliegenden historischen Bewertungsprozess nicht.

Soweit der sachverständige Prüfer allerdings nicht mehr aus eigener Wahrnehmung über vergangene Tatsachen oder Zustände berichtet, stellt sich die Frage, ob und wie er in das Verfahren einbezogen werden kann. Teile der Literatur sehen seine Einbeziehung angesichts seines Interessenkonfliktes insgesamt kritisch und lehnen daher insbesondere die vom Gesetz unter Effizienzgesichtspunkten angestrebte Einbeziehung ab[36]. Für diese Bedenken ist schon dann kein Raum, wenn es darum geht, neu auftauchende Fragen zu berücksichtigen, die bei der ersten

---

31 Vgl. *Hüffer*, Aktiengesetz, § 8 SpruchG Rn. 4: regelmäßig kein *sachverständiger Zeuge*, „weil und soweit es nicht um seine Wahrnehmungen, sondern um Feststellungen und Wertannahmen geht"; Vernehmung des sachverständigen Prüfers mit dem Begriff des sachverständigen Zeugen (§ 414 ZPO) „nur bedingt vereinbar" *Klöcker*, in: Schmidt/Lutter Aktiengesetz, § 8 SpruchG Rn. 6; kritisch auch *Dreier*, Einleitung Rn. 130.
32 *Kubis*, in: Münchener Kommentar AktG, § 8 SpruchG Rn. 2; *Emmerich*, in: Emmerich/Habersack: Aktien- und GmbH-Konzernrecht, § 8 SpruchG Rn. 5; *Simons*, in: Hölters AktG, § 8 SpruchG Rn. 9; *Puszkajler*, in: Kölner Kommentar AktG, § 8 SpruchG Rn. 16 „hybride Beweisrolle".
33 *Emmerich*, in: Emmerich/Habersack: Aktien- und GmbH-Konzernrecht, § 8 SpruchG Rn. 6; *Simons*, in: Hölters AktG, § 8 SpruchG Rn. 9.
34 *Puszkajler*, in: Kölner Kommentar AktG, § 8 SpruchG Rn. 16; *Hüffer*, Aktiengesetz, § 8 SpruchG Rn. 4 „sachkundige Auskunftsperson".
35 *Puszkajler*, in: Kölner Kommentar AktG, § 8 SpruchG Rn. 16.
36 Vgl. statt aller *Dreier*, Einleitung Rn. 110 ff. m. w. N.

Begutachtung noch keine Rolle gespielt haben[37]. Aber auch darüber hinaus muss nicht nur eine Beiziehung des sachverständigen Prüfers als Hilfsperson des Gerichts zum Freibeweis (§§ 26, 29 FamFG, so dass die Ausführungen jedenfalls zur Verfahrensleitung verwendet werden können), sondern auch seine gerichtliche Bestellung zum Sachverständigen (§ 30 FamFG) möglich und zulässig sein, jedenfalls dann, wenn die Gefahr der Befangenheit gering ist[38]. Um Unklarheiten zu vermeiden, sollte das Gericht stets deutlich machen, in welcher Eigenschaft es den sachverständigen Prüfer in das Spruchverfahren einbezieht; jedenfalls ist er nicht automatisch gerichtlich bestellter Sachverständiger. Losgelöst von dieser Frage kann sich der sachverständige Prüfer einer Anordnung des Gerichts zu erscheinen und das Gericht zu unterstützen jedoch in keinem Fall entziehen. Wegen der Kosten des sachverständigen Prüfers wird auf oben § 7 SpruchG Rn. 76 verwiesen.

c) Anhörung

15 Die stärkere Nutzbarmachung der Prüfungsergebnisse und der Aussagen des sachverständigen Prüfers erscheint umso mehr gerechtfertigt, als dieser nach neuerer Rechtslage in den Strukturmaßnahmen, die zu einem Spruchverfahren führen, vom Gericht ausgewählt und bestellt wird (vgl. die Neufassungen von §§ 293c Abs. 1, 320 Abs. 3 AktG und § 10 Abs. 1 UmwG). Dadurch wird dessen Akzeptanz und die seiner Bewertungsgutachten erhöht. Insoweit lassen die Gerichte bereits bei der Bestellung des sachverständigen Prüfers auch mit Blick auf das folgende Spruchverfahren Sorgfalt walten und geben den Prüfern im Rahmen der gerichtlichen Bestellung häufig Verschiedenes auf, um später das Spruchverfahren zu vereinfachen. Die Hinzuziehung eines Sachverständigen im Rahmen des Spruchverfahrens haben daher bereits verschiedene Gerichte für überflüssig gehalten[39]. Unklar ist in diesem Zusammenhang allerdings, warum der Gesetzgeber von „Anhörung" und nicht, wie es bei (sachverständigen) Zeugen korrekt wäre (§§ 414, 394 ZPO), von „Vernehmung" spricht. Insofern liegt wohl ein redaktionelles Versehen vor[40]. Neben der Anhörung sieht das Gesetz in Abs. 2 S. 3 darüber hinaus zur Verfahrensvereinfachung explizit auch die Möglichkeit vor, den sachverständigen Prüfer nur einzelne ausgewählte Fragen schriftlich oder mündlich beantworten

---

37 *Emmerich*, in: Emmerich/Habersack: Aktien- und GmbH-Konzernrecht, § 8 SpruchG Rn. 6.
38 Für eine sorgsame gerichtliche Abwägung Begr. RegE. BT-Drucks. 15/371, S. 15; *Kubis*, in: Münchener Kommentar AktG, § 8 SpruchG Rn. 2; zurückhaltender, als das Gericht grundsätzlich von der Bestellung zum gerichtlichen Sachverständigen absehen sollte: *Hüffer*, Aktiengesetz, § 8 SpruchG Rn. 5a; differenzierend *Puszkajler*, in: Kölner Kommentar AktG, § 8 SpruchG Rn. 21 ff.; vgl. die weitreichenden Vorschläge von *Dreier*, Einleitung Rn. 110 ff. dazu, wie die Unabhängigkeit sichergestellt werden könnte.
39 OLG Frankfurt v. 02.05.2011 – 21 W 3/11, Tz. 41 – AG 2011, 828, 829; OLG Düsseldorf v. 20.11.2001 – 19 W 2/00 AktE, Tz. 24 ff. – AG 2002, 398, 399.
40 *Puszkajler*, in: Kölner Kommentar AktG, § 8 SpruchG Rn. 27.

zu lassen. Dies erspart insbesondere die Notwendigkeit, sämtliche Unterlagen nach Satz 2 zu versenden, da nur auf die Frage fokussierte Dokumente benötigt werden[41].

d) Entbehrlichkeit nach freier Überzeugung des Gerichts

Das Gericht darf die Anhörung unterlassen, wenn sie nach seiner freien Überzeugung entbehrlich erscheint. 16

aa) Freie Überzeugung

Was unter freier Überzeugung des Gerichts zu verstehen ist, ist weder im SpruchG noch in den über § 17 Abs. 1 SpruchG anwendbaren Vorschriften des FamFG definiert, auch wenn § 37 FamFG den Begriff aufgreift. 17

Das Maß der Überzeugung entspricht dabei dem Beweismaß, das für den Grundsatz der freien Beweiswürdigung gemäß § 286 ZPO entwickelt worden ist[42], der analog im Verfahren über die Angelegenheiten der freiwilligen Gerichtsbarkeit gilt und darüber hinaus in einigen besonderen Fällen der freien Beweiswürdigung wiederholt wird, so etwa bei der Schadensermittlung (§ 287 ZPO), der Beweiskraft mangelhafter Urkunden (§ 419 ZPO), bei der Vorlegung öffentlicher Urkunden (§ 435 ZPO), bei einem Schriftvergleich (§ 442 ZPO) und bei einer Weigerung des Gegners (§ 446 ZPO). Unter Berücksichtigung der zu diesen Vorschriften ergangenen Rechtsprechung und Literatur lässt sich für die vorliegende Regelung in Abs. 2 festhalten: 18

Frei ist das Gericht insofern, als es lediglich an die Denk-, Natur- und Erfahrungsgesetze gebunden ist, ansonsten aber die im Verfahren gewonnenen Erkenntnisse grundsätzlich ohne Bindung an gesetzliche Beweisregeln nach seiner individuellen Einschätzung bewerten darf. So ist es insbesondere frei bei der Frage, ob es einen sachverständigen Prüfer als sachverständigen Zeugen anhört oder die Anhörung für entbehrlich hält. 19

Das Gericht muss ferner von der Entbehrlichkeit der Anhörung überzeugt sein. Es darf sie nicht lediglich „wahrscheinlich" für entbehrlich halten. Eine absolute Gewissheit ist jedoch nicht erforderlich. Ein für das praktische Leben brauchbarer Grad von Gewissheit, der einem restlichen Zweifel Schweigen gebietet, ohne ihn ganz ausschließen zu müssen, reicht vielmehr aus. Dies gilt auch im Bereich der Amtsermittlung. Das Gericht muss ebenso die konkreten Umstände nennen, die seine Überzeugung gebildet haben und darf sich dabei nicht auf Leerfloskeln stützen (wie z. B. „das Gericht hat auf Grund der Verhandlung und der Beweisaufnahme die Überzeugung erlangt, dass ..."). 20

---

41 *Hüffer*, Aktiengesetz, § 8 SpruchG Rn. 6; *Puszkajler*, in: Kölner Kommentar AktG, § 8 SpruchG Rn. 31.
42 *Meyer-Holz*, in: Keidel FamFG, § 37 Rn. 10.

bb) Entbehrlichkeit

21 Bevor das Gericht auf die Anhörung verzichtet, muss es jedoch beachten, dass es sich bei Abs. 2 um eine Soll-Vorschrift handelt. Dies bedeutet zum Einen, dass keiner der Beteiligten die Anhörung des sachverständigen Prüfers beantragen muss, zum Anderen, dass es den sachverständigen Prüfer grundsätzlich anhören muss, es sei denn, dies ist ausnahmsweise entbehrlich. Insofern sind erhöhte Anforderungen an die Feststellung der Entbehrlichkeit durch das Gericht gestellt.

22 Das Gericht kann die Anhörung aus verschiedenen Gründen für entbehrlich halten. So etwa weil es meint, dass das, was der sachverständige Prüfer sagen könnte, inhaltlich ohnehin die Aufklärung nicht weiter bringen kann[43]. So z. B. wenn dem Gericht neben dem Bericht des sachverständigen Prüfers auch bereits dessen sämtliche Aufzeichnungen vorliegen und erkennbar ist, dass der sachverständige Prüfer darüber hinaus nichts vortragen wird und dem Gericht die ihm vorliegenden Aufzeichnungen aussagekräftig genug erscheinen.

23 Möglich ist auch, dass das Gericht die Anhörung für entbehrlich hält, weil es meint, der sachverständige Prüfer könne nichts sagen, was es nicht schon aus eigener Sachkunde heraus weiß[44]. Diese Überlegungen gelten entsprechend für die Bestellung eines (weiteren) gerichtlichen Sachverständigen[45]. Sollte das Gericht aufgrund eigener Sachkunde verzichten, ist es gehalten, die eigene Sachkunde vorher sorgfältig zu prüfen. Auf den sachverständigen Prüfer bzw. Sachverständigen darf es daher nur bei genügender eigener Sachkunde verzichten. Ob es diese eigene Sachkunde hat, entscheidet das Gericht nach pflichtgemäßem Ermessen. Hierbei hat es zu berücksichtigen, dass selbst langjährige Tätigkeit nicht stets ausreichende Sachkunde schafft. Gleichwohl ist solche Sachkunde aufgrund der Befassung mit ähnlichen Fällen verwertbar. Will das Gericht auf die Anhörung verzichten, muss es vor seiner Entscheidung die Beteiligten darüber in Kenntnis setzten, insbesondere also auch über den vom Gericht angenommenen Sachverhalt und die eigene Sachkunde des Gerichts. Hierbei genügt es nicht, wenn das Gericht sich lediglich auf eigenes Fachwissen aus Gutachten früherer Verfahren beruft, vielmehr ist nachvollziehbar darzulegen, inwiefern das Gericht dank eigener Sachkunde ohne Sachverständigen entscheiden kann. So müssen auch die Entscheidungsgründe die Sachkunde des Gerichts nachvollziehbar erkennen lassen, namentlich bei einer Entscheidung ohne Hinzuziehung des sachverständigen Prüfers bzw. des Sachverständigen. In Betracht kommt dies, wenn sich aus der Vorbereitung ergeben hat, dass das Vorbringen der Beteiligten keine Anhaltspunkte für eine unrichtige Wertfestsetzung begründet, wenn nach der Anhörung kein relevanter Streit

---

43 *Hüffer*, Aktiengesetz, § 8 SpruchG Rn. 3.
44 Das gilt jedoch nur dann, wenn nicht auch Wahrnehmungen zu dem konkreten Bewertungsvorgang ersetzt werden, *Puszkajler*, in: Kölner Kommentar AktG, § 8 SpruchG Rn. 28; *Mennicke*, in: Lutter UmwG, § 8 SpruchG Rn. 7.
45 *Ederle/Theusinger*, in: Bürgers/Körber AktG, § 8 SpruchG Rn. 4.

über die Grundlagen der Bewertung mehr besteht oder wenn verbleibende tatsächliche Unsicherheiten im Wege der Schätzung überwunden werden können[46].

Schließlich kann das Gericht eine Anhörung auch deshalb für entbehrlich halten, wenn es an der Glaubwürdigkeit des sachverständigen Prüfers als sachverständigem Zeugen oder an seinem Sachverstand zweifelt. In der Bewertung der Glaubwürdigkeit eines Zeugen ist das Gericht grundsätzlich frei. Von besonderer Bedeutung ist in diesem Zusammenhang die Beurteilung des Sachverstands des sachverständigen Prüfers, der ja für die dem Spruchverfahren vorausgegangenen Strukturmaßnahme vom Gericht selbst als unabhängiger Prüfer bestellt wurde. In der Regel wird dies Zweifel an seiner Glaubwürdigkeit ebenso wie an seinem Sachverstand ausschließen[47]. Gründe, die einer Anhörung des sachverständigen Prüfers als sachverständigem Zeugen entgegenstehen, wird es daher wohl nur im Ausnahmefall geben[48].

e) Mitteilung der Ladung

Soweit das Gericht den sachverständigen Prüfer als sachverständigen Zeugen lädt, sind nach Abs. 2 diesem mit der Ladung die Anträge der Antragsteller, die Antragserwiderung des Antragsgegners sowie das weitere schriftliche Vorbringen der Beteiligten mitzuteilen. Abs. 2 nennt verständlicherweise nicht die in § 7 Abs. 3 SpruchG genannten Berichte und Prüfungsberichte, da der sachverständige Prüfer die Prüfungsberichte selbst erstellt hat und die Berichte ihm dazu bekannt waren[49].

f) Anordnung mündlicher oder schriftlicher Beantwortung einzelner Fragen durch den sachverständigen Prüfer in geeigneten Fällen

Um den Gerichten eine flexiblere Handhabung zu ermöglichen, wurde im Laufe des Gesetzgebungsverfahrens die Möglichkeit vorgesehen, dass das Gericht die mündliche oder schriftliche Beantwortung von einzelnen Fragen durch den sachverständigen Prüfer anordnen kann (Abs. 2 S. 3). Begründet wird dies damit, dass die aufwändige Versendung der meist umfangreichen Unterlagen nicht immer tunlich sei, und es dem Gericht freigestellt sein müsse, ob es sich darauf beschränkt, in geeigneten Fällen

---

46 *Hüffer*, Aktiengesetz, § 8 SpruchG Rn. 5 m. w. N.; *Ederle/Theusinger*, in: Bürgers/Körber AktG, § 8 SpruchG Rn. 2; LG München v. 21.06.2013 – 5 HKO 19183/09 – AG 2014, 168 juris Tz. 327; OLG Düsseldorf v. 21.12.2011 – 26 W 2/11 (AktE), juris Tz. 48.
47 Zur Unabhängigkeit des sachverständigen Prüfers *Klöcker*, in: Schmidt/Lutter Aktiengesetz, § 8 SpruchG Rn. 5.
48 Im Ergebnis *Puszkajler*, in: Kölner Kommentar AktG, § 8 SpruchG Rn. 28. Selbst wenn das Gericht einen anderen gerichtlichen Sachverständigen bestellt hat, bedeutet das nicht, dass die Anhörung des sachverständigen Prüfers entbehrlich ist, sofern sie noch einen Informationsgewinn mit sich bringen kann.
49 *Puszkajler*, in: Kölner Kommentar AktG, § 8 SpruchG Rn. 30.

den sachverständigen Prüfer – mündlich oder schriftlich – nur zu einzelnen Fragen zu vernehmen.

3. Entsprechend anwendbare ZPO-Vorschriften (Abs. 3)

27 Nach Abs. 3 sind ausdrücklich die §§ 138 und 139 ZPO sowie für die Durchführung der mündlichen Verhandlung die §§ 279 Abs. 2 und 3, 283 ZPO entsprechend anzuwenden. Auch dies soll der Straffung des Verfahrens dienen. Soweit zwischenzeitlich in das FamFG teilweise sogar wortgleiche Regelungen eingefügt wurden, geht der speziellere Verweis des Abs. 3 der allgemeinen Verweisung in § 17 Abs. 1 SpruchG in das FamFG vor[50].

a) Erklärungspflicht über Tatsachen, Wahrheitspflicht, § 138 ZPO

28 Besondere Bedeutung hat § 138, insbesondere dessen Abs. 3 ZPO:

„§ 138. Erklärungspflicht über Tatsachen; Wahrheitspflicht. (1) Die Parteien haben ihre Erklärungen über tatsächliche Umstände vollständig und der Wahrheit gemäß abzugeben.

(2) Jede Partei hat sich über die von dem Gegner behaupteten Tatsachen zu erklären.

(3) Tatsachen, die nicht ausdrücklich bestritten werden, sind als zugestanden anzusehen, wenn nicht die Absicht, sie bestreiten zu wollen, aus den übrigen Erklärungen der Partei hervorgeht.

(4) Eine Erklärung mit Nichtwissen ist nur über Tatsachen zulässig, die weder eigene Handlungen der Partei noch Gegenstand ihrer eigenen Wahrnehmung gewesen sind."

29 Nach dem alten, vor Inkrafttreten des SpruchG geltenden, stark durch den Amtsermittlungsgrundsatz geprägten Spruchverfahren hatten die Beteiligten keinen entscheidenden Einfluss auf die Ermittlung des Sachverhalts. Das Gericht war nicht an das Vorbringen der Beteiligten gebunden, auch nicht an die Grundsätze von Bestreiten/Nichtbestreiten. Allerdings hatte die Rechtsprechung für das streitige Verfahren nach dem Gesetz über die Angelegenheiten der freiwilligen Gerichtsbarkeit bereits bisher angenommen, dass das Gericht durch den Amtsermittlungsgrundsatz in der Regel nicht gezwungen sei, Tatsachen von Amts wegen zu ermitteln, die nicht bestritten wurden; gesetzlich festgeschrieben war dies jedoch nicht.

30 Wenn das SpruchG den für Verfahren der freiwilligen Gerichtsbarkeit und damit auch für das Spruchverfahren selbst grundsätzlich geltenden Amtsermittlungsgrundsatz zwar nicht aufgegeben hat, so wird er doch gegenüber dem früheren Recht deutlich zugunsten des Beibringungsgrundsatzes eingeschränkt[51]. § 138 ZPO, der nunmehr ausdrücklich ana-

---

50 *Puszkajler*, in: Kölner Kommentar AktG, § 8 SpruchG Rn. 33.
51 *Hüffer*, Aktiengesetz, § 8 SpruchG Rn. 7; *Puszkajler*, in: Kölner Kommentar AktG, § 8 SpruchG Rn. 44.

log gilt, regelt mehr als nur die schon bisher geltende Geständnisfiktion des § 138 Abs. 3 ZPO (nicht Bestrittenes gilt als zugestanden). Nunmehr gilt auch explizit die Pflicht zu vollständigem und wahrheitsgemäßem Vorbringen (§ 138 Abs. 1 ZPO)[52], die Pflicht, sich zum Vorbringen der Gegenseite zu erklären (§ 138 Abs. 2 ZPO) und die Pflicht zu qualifiziertem Bestreiten, wenn die bestrittene Tatsache eigene Handlung oder Gegenstand eigener Wahrnehmung war (§ 138 Abs. 4 ZPO). Aus der analogen Anwendung von § 138 ZPO folgt auch, dass nur über streitige Tatsachen Beweis zu erheben ist[53]. Über nicht bestrittene Tatsachen kann indes Beweis erhoben werden[54], denn Aufgabe des Gerichts ist es, den entscheidungserheblichen Sachverhalt zu klären[55]. Allerdings darf das Gericht primär davon ausgehen, dass alle Beteiligte alles für sie günstige vollständig vortragen; nur soweit Beteiligte es nicht in der Hand haben, in ihrem Interesse liegende Erklärungen abzugeben, tritt der Amtsermittlungsgrundsatz stärker hervor. Der Hinweis auf die analoge Anwendung von § 138 ZPO dient daher mehr als lediglich zur Klarstellung. Wegen der Einzelheiten zu § 138 ZPO kann auf die einschlägigen Kommentierungen zu dieser Vorschrift verwiesen werden. Von dem „Ob" der Beweiserhebung zu trennen ist aber die Frage des Wie, für die §§ 26, 29 f. FamFG gilt. Insgesamt trifft die Antragsteller (zusammen mit dem gemeinsamen Vertreter) aber eine der zivilprozessualen Darlegungs- und Beweislast vergleichbare Feststellungslast dafür, dass die Kompensation unangemessen niedrig ist. Gelangt das Gericht nicht zu der Überzeugung und bleibt es bei einem *non liquet*, ist der Antrag zurückzuweisen[56].

b) Materielle Prozessleitung, § 139 ZPO

§ 139 ZPO lautet: 31

„**§ 139. Materielle Prozessleitung.** (1) ¹Das Gericht hat das Sach- und Streitverhältnis, soweit erforderlich, mit den Parteien nach der tatsächlichen und rechtlichen Seite zu erörtern und Fragen zu stellen. ²Es hat dahin zu wirken, dass die Parteien sich rechtzeitig und vollständig über alle erheblichen Tatsachen erklären, insbesondere ungenügende Angaben zu den geltend gemachten Tatsachen ergänzen, die Beweismittel bezeichnen und die sachdienlichen Anträge stellen.

(2) ¹Auf einen Gesichtspunkt, den eine Partei erkennbar übersehen oder für unerheblich gehalten hat, darf das Gericht, soweit nicht nur

---

52 *Puszkajler*, in: Kölner Kommentar AktG, § 8 SpruchG Rn. 38, galt auch schon zuvor und ist nun auch in § 27 FamFG normiert.
53 *Hüffer*, Aktiengesetz, § 8 SpruchG Rn. 7; *Puszkajler*, in: Kölner Kommentar AktG, § 8 SpruchG Rn. 43, 46; *Klöcker*, in: Schmidt/Lutter Aktiengesetz, § 8 SpruchG Rn. 7.
54 *Ederle/Theusinger*, in: Bürgers/Körber AktG, § 8 SpruchG Rn. 5.
55 *Puszkajler*, in: Kölner Kommentar AktG, § 8 SpruchG Rn. 51, es hat dabei aber die richterliche Neutralität zu wahren.
56 *Ederle/Theusinger*, in: Bürgers/Körber AktG, § 8 SpruchG Rn. 5; *Emmerich*, in: Emmerich/Habersack: Aktien- und GmbH-Konzernrecht, § 8 SpruchG Rn. 7; *Simons*, in: Hölters AktG, § 8 SpruchG Rn. 19.

eine Nebenforderung betroffen ist, seine Entscheidung nur stützen, wenn es darauf hingewiesen und Gelegenheit zur Äußerung dazu gegeben hat. ²Dasselbe gilt für einen Gesichtspunkt, den das Gericht anders beurteilt als beide Parteien.

(3) Das Gericht hat auf die Bedenken aufmerksam zu machen, die hinsichtlich der von Amts wegen zu berücksichtigenden Punkte bestehen.

(4) ¹Hinweise nach dieser Vorschrift sind so früh wie möglich zu erteilen und aktenkundig zu machen. ²Ihre Erteilung kann nur durch den Inhalt der Akten bewiesen werden. ³Gegen den Inhalt der Akten ist nur der Nachweis der Fälschung zulässig.

(5) Ist einer Partei eine sofortige Erklärung zu einem gerichtlichen Hinweis nicht möglich, so soll auf ihren Antrag das Gericht eine Frist bestimmen, in der sie die Erklärung in einem Schriftsatz nachbringen kann."

32 Die Vorschrift wurde erst auf Vorschlag des Rechtsausschusses des Deutschen Bundestages im Laufe des Gesetzgebungsverfahrens eingefügt. Sie dient der Klarstellung des Verhältnisses des zwecks Verfahrensstraffung nur noch eingeschränkt geltenden Amtsermittlungsgrundsatzes zu dem ihn einschränkenden Beibringungsgrundsatz. Durch den Verweis auf § 139 ZPO wird deutlich gemacht, dass entsprechend der vor Inkrafttreten des SpruchG geltenden richterlichen Praxis in Streitverfahren über Angelegenheiten der freiwilligen Gerichtsbarkeit die richterliche Aufklärungs- und Hinweispflicht auch im Spruchverfahren Anwendung findet. Die analoge Anwendung von § 139 ZPO dient somit als Gerechtigkeitskorrektiv zum nunmehr geltenden Beibringungsgrundsatz nach § 138 ZPO. Wegen der Einzelheiten zu § 139 ZPO kann auf die einschlägigen Kommentierungen zu dieser Vorschrift verwiesen werden.

c) Mündliche Verhandlung, § 279 Abs. 2 und 3 ZPO

33 § 279 Abs. 2 und 3 ZPO lauten:

„**§ 279. Mündliche Verhandlung.** (1) (...)

(2) Im Haupttermin soll der streitigen Verhandlung die Beweisaufnahme unmittelbar folgen.

(3) Im Anschluss an die Beweisaufnahme hat das Gericht erneut den Sach- und Streitstand und, soweit bereits möglich, das Ergebnis der Beweisaufnahme mit den Parteien zu erörtern."

34 Nach der Vorstellung des Gesetzgebers soll das Verfahren gemäß § 7 SpruchG im Zusammenspiel mit Abs. 3 so vorbereitet sein, dass möglichst alles in einem Termin erledigt werden soll[57]. Der Verweis auf die entspre-

---

57 Im Tatsächlichen kritisch etwa: *Puszkajler*, in: Kölner Kommentar AktG, § 8 SpruchG Rn. 61; so auch *Emmerich*, in: Emmerich/Habersack: Aktien- und GmbH-Konzernrecht, § 8 SpruchG Rn. 2.

chende Geltung des § 279 Abs. 2 und 3 ZPO kann dazu führen, dass die Verbindung der mündlichen Verhandlung mit der Beweisaufnahme und anschließender Erörterung des Sach- und Streitstandes die mündliche Verhandlung überfrachtet. Wegen der Einzelheiten zu § 279 Abs. 2 und 3 ZPO kann auf die einschlägigen Kommentierungen zu dieser Vorschrift verwiesen werden, wobei im Spruchverfahren, das Gericht mit den Beteiligten verhandelt und nicht nur die Beteiligten vor dem Gericht[58].

d) Schriftsatzfrist für Erklärungen zum Vorbringen des Gegners, § 283 ZPO

§ 283 ZPO lautet: 35

„**§ 283. Schriftsatzfrist für Erklärungen zum Vorbringen des Gegners.**
[1]Kann sich eine Partei in der mündlichen Verhandlung auf ein Vorbringen des Gegners nicht erklären, weil es ihr nicht rechtzeitig vor dem Termin mitgeteilt worden ist, so kann auf ihren Antrag das Gericht eine Frist bestimmen, in der sie die Erklärung in einem Schriftsatz nachbringen kann; gleichzeitig wird ein Termin zur Verkündung einer Entscheidung anberaumt. [2]Eine fristgemäß eingereichte Erklärung muss, eine verspätet eingereichte Erklärung kann das Gericht bei der Entscheidung berücksichtigen."

Wegen der Einzelheiten zu § 283 ZPO kann auf die einschlägigen Kom- 36
mentierungen zu dieser Vorschrift verwiesen werden.

e) Weitere auf die Durchführung der mündlichen Verhandlung anwendbare Vorschriften

Die Aufzählung in Abs. 3 ist nicht abschließend[59]. Es können daher wei- 37
tere Vorschriften zur mündlichen Verhandlung sowohl der ZPO als auch anderer Gesetze analoge Anwendung finden, soweit nicht die Grundsätze des FG-Verfahrens entgegenstehen. Insbesondere § 295 ZPO (Verfahrensrüge)[60] und § 406 ZPO (Ablehnung von Sachverständigen)[61] werden allgemein für anwendbar gehalten.

Vor Inkrafttreten des FamFG sah § 17 Abs. 1 SpruchG i. V. m. § 8 FGG 38
vor, dass die Vorschriften des Gerichtsverfassungsgesetzes über die Gerichtssprache (§ 184 GVG: deutsch) und die Verständigung mit dem Gericht (§ 186 GVG), über die Sitzungspolizei (§§ 176–183 GVG) und über die Beratung und Abstimmung (§§ 192–197 GVG) entsprechende Anwendung finden. Das FamFG enthält eine solche Vorschrift zwar nicht

---

58 *Puszkajler*, in: Kölner Kommentar AktG, § 8 SpruchG Rn. 61.
59 *Ederle/Theusinger*, in: Bürgers/Körber AktG, § 8 SpruchG Rn. 5; *Simons*, in: Hölters AktG, § 8 Spruch Rn. 18; *Puszkajler*, in: Kölner Kommentar AktG, § 8 SpruchG Rn. 36.
60 OLG Karlsruhe v. 08.11.2004 – 12 W 53/04 – AG 2005, 300, 301.
61 OLG Düsseldorf v. 24.05.2006 – 26 W 9/06 – AG 2006, 754; OLG Stuttgart v. 15.04.2004 – 20 W 5/04 – AG 2005, 304, 305 f.

SpruchG § 8 Mündliche Verhandlung

mehr; seit Inkrafttreten des FamFG stellt § 13 GVG aber klar, dass das GVG auf alle Verfahren der freiwilligen Gerichtsbarkeit unmittelbar anwendbar ist[62].

39 Nach § 170 Abs. 1 S. 1 GVG sind seit Inkrafttreten des FGG-ReformG Verhandlungen im Bereich der freiwilligen Gerichtsbarkeit nicht öffentlich. Nach § 170 Abs. 1 S. 2 GVG kann das Gericht die Öffentlichkeit zwar zulassen, jedoch nicht gegen den Willen eines Beteiligten. Dies gilt auch für Spruchverfahren[63]. Die Rechtslage weicht damit von der früher bestehenden Situation ab, als sich die Anwendbarkeit des GVG für das Spruchverfahren nur über § 8 FGG ergab. Zwar waren die §§ 169–175 GVG über die Öffentlichkeit nicht nach § 8 FGG entsprechend anwendbar und galt damit über § 2 EGGVG im FG-Verfahren grundsätzlich das Prinzip der Nichtöffentlichkeit. Für die mündliche Verhandlung im Spruchverfahren galt dieser Grundsatz jedoch mit Blick auf Art. 6 Abs. 1 S. 1 der Europäischen Menschenrechtskonvention (EMRK) nicht. Nach dieser Vorschrift muss über zivilrechtliche Ansprüche und Verpflichtungen regelmäßig öffentlich verhandelt werden. Solche zivilrechtlichen Ansprüche sind auch in privatrechtlichen Streitsachen der freiwilligen Gerichtsbarkeit gegeben, soweit über vermögensrechtliche Ansprüche entschieden wird, wie dies etwa im Rahmen von Spruchverfahren der Fall ist. Eine Verletzung des ausnahmsweise geltenden Gebots der Öffentlichkeit stellte einen absoluten Aufhebungsgrund dar. Mit der Neufassung des FamFG hat sich die Rechtslage aber geändert[64]. Nach bestrittener[65] (u. a. gestützt auf Art. 47 EU-Grundrechtscharta) aber obergerichtlich bestätigter Auffassung begründet auch Art. 6 EMRK keine Pflicht zur Öffentlichkeit, denn § 170 GVG geht als neuere und speziellere Vorschrift der Regelung des Art. 6 EMRK vor, die als innerstaatlich vollziehbares Völkerrecht einem Bundesgesetz im Rang gleichsteht.

40 Seit Inkrafttreten des FamFG sieht § 28 Abs. 4 FamFG vor, dass über alle Termine (Erörterungstermin, Beweistermine, Anhörungen) ein Vermerk zu fertigen ist. Ziel des Vermerks ist es, die Beteiligten über Inhalt und Ergebnisse eines Termins zu informieren, sodass sie zukünftig ihre Beteiligtenrechte effektiv wahrnehmen können[66]. Darüber hinaus hat das Gericht, das Ordnungsmaßnahmen nach §§ 177 ff. GVG ergriffen hat, nach § 182 GVG den Beschluss des Gerichts über das Ordnungsmittel und dessen Veranlassung ausdrücklich in das Protokoll aufzunehmen. Schließlich enthält § 11 Abs. 2 SpruchG als spezialgesetzliche Regelung eine beson-

---

62 Begr. RegE BT-Drs. 16/6308, S. 318; *Rathmann*, in: Saenger ZPO, § 13 GVG Rn. 1; vgl. auch bei *Fritzsche*, § 17 SpruchG Rn. 17.
63 *Kubis*, in: Münchener Kommentar AktG, § 8 SpruchG Rn. 1; *Simons*, in: Hölters AktG, § 8 Spruch Rn. 5.
64 *Jänig/Leißring*, ZIP 2010, 110, 116.
65 *Puszkajler*, in: Kölner Kommentar AktG, § 8 SpruchG Rn. 60, der davon ausgeht, dass Art. 6 EMRK zwischenzeitlich Teil des Unionsprimärrechts geworden ist.
66 Begr. RegE BT-Drs. 16/6308, S. 187; *Ulrici*, in: Münchener Kommentar FamFG, § 28 Rn. 30.

dere „Protokollierungsvorschrift" für die Niederschrift einer gütlichen Einigung aller Beteiligten. Bereits vor Inkrafttreten des FamFG hatte es sich jedoch eingebürgert, gleichwohl ein Protokoll wie im Zivilprozess abzufassen. Die Vorgaben der §§ 159 ff. ZPO sind allerdings nicht zu wahren.

Während des Verfahrens steht es allen Beteiligten frei, nach § 17 Abs. 1 SpruchG i. V. m. § 13 Abs. 1 FamFG Einsicht in die Gerichtsakten und Abschriften hiervon zu nehmen. Das nach dieser Vorschrift vorausgesetzte berechtigte Interesse hat jeder Verfahrensbeteiligte grundsätzlich schon aus seinem Recht auf Gewährung rechtlichen Gehörs (Art. 103 Abs. 1 GG). Insofern bedarf es grundsätzlich auch keiner Glaubhaftmachung. Zu beachten ist jedoch, dass das Recht auf Akteneinsicht nach § 7 Abs. 7 SpruchG eingeschränkt sein kann. *41*

Die Frage, ob das Gericht Beweis zu erheben hat, bestimmt sich insbesondere nach § 138 ZPO, den Abs. 3 in Bezug nimmt. Das „Wie" der Beweiserhebung ist indes nicht besonders geregelt. Insoweit gelten § 17 SpruchG i. V. m. §§ 26, 29 f. FamFG, die grundsätzlich insbesondere die Möglichkeit des Frei- und des Strengbeweises vorsehen. Nach § 30 Abs. 3 FamFG ist jedoch letzterer immer dann durchzuführen, wenn sich das Gericht bei seiner Entscheidung auf Tatsachen stützen möchte, die streitig sind. Dies wird bei einer Vielzahl der Unternehmensbewertung zugrundeliegenden Tatsachen der Fall sein. *42*

Nach FamFG selbst richtet sich auch die Ladung zu dem Termin; nach § 32 Abs. 2 FamFG hat diese mit angemessener Frist zu erfolgen. Angesichts der Vielzahl der Beteiligten wird gerade in Spruchverfahren der Termin aber regelmäßig abgestimmt oder frühzeitig festgesetzt. *43*

§ 9 Verfahrensförderungspflicht

(1) Jeder Beteiligte hat in der mündlichen Verhandlung und bei deren schriftlicher Vorbereitung seine Anträge sowie sein weiteres Vorbringen so zeitig vorzubringen, wie es nach der Verfahrenslage einer sorgfältigen und auf Förderung des Verfahrens bedachten Verfahrensführung entspricht.

(2) Vorbringen, auf das § andere Beteiligte oder in den Fällen des § 8 Abs. 2 die in der mündlichen Verhandlung anwesenden sachverständigen Prüfer voraussichtlich ohne vorhergehende Erkundigung keine Erklärungen abgeben können, ist vor der mündlichen Verhandlung durch vorbereitenden Schriftsatz so zeitig mitzuteilen, dass die Genannten die erforderliche Erkundigung noch einziehen können.

(3) Rügen, welche die Zulässigkeit der Anträge betreffen, hat der Antragsgegner innerhalb der ihm nach § 7 Abs. 2 gesetzten Frist geltend zu machen.

Inhalt

	Rn.		Rn.
I. Überblick	1	a) Vorbringen	16
II. Inhalt der Norm	2	b) Vorhersehbarkeit von Einschränkungen für die Erklärungsmöglichkeit	19
1. Grundsatz zeitigen Vorbringens (Abs. 1)	2		
a) Jeder Beteiligte	3	c) Zeitiger vorbereitender Schriftsatz	23
b) Verfahrensabschnitt	4		
c) Anträge und weiteres Vorbringen	5	d) Die „Genannten"	26
		3. Rügen gegen die Zulässigkeit der Anträge (Abs. 3)	27
d) Sorgfältige und auf Verfahrensförderung bedachte Verfahrensführung	8	a) Zulässigkeitsrügen	28
2. Möglichkeit der Einziehung von Erkundigungen (Abs. 2)	15	b) Insbesondere: Rechtsschutzbedürfnis	31
		c) Verlust des Rügerechts	32

Spezielle Literatur: *Büchel*, Neuordnung des Spruchverfahrens, NZG 2003, 793 ff.; *Kubis*, Verfahrensgegenstand und Amtsermittlung im Spruchverfahren, FS Hüffer, S. 567 ff.; *Neye*, Das neue Spruchverfahrensrecht – Einführung Erläuterung Materialien, Köln, 2003; *Winter/Nießen*, Amtsermittlung und Beibringung im Spruchverfahren, NZG 2007, 13 ff.

I. Überblick

Als wesentlichen Grundsatz des durch das SpruchG neugestalteten 1
Spruchverfahrens statuiert die Vorschrift in weitgehender inhaltlicher
Anlehnung an § 282 ZPO und bezogen auf die Sachverhaltsermittlung in
Einklang mit § 27 FamFG eine allgemeine Verfahrensförderungspflicht[1].
Das Hauptanliegen des SpruchG, das Spruchverfahren nachhaltig zu
straffen[2], kommt daher besonders in dieser Regelung zum Ausdruck.
Auch wenn die §§ 9 und 10 SpruchG als Vorschriften zur Verfahrensförderung neben den konkreten Fristen nach verbreiteter Auffassung in der
Praxis kaum eine Rolle spielen[3], kommt ihnen Bedeutung zu, da sie das
Hauptanliegen des Gesetzes unterstreichen und unterstützen. Nicht nur
das Gericht soll gemäß §§ 7 und 8 SpruchG zügig terminieren und verhandeln, auch die Beteiligten sind verpflichtet, einen möglichst schnellen
Verfahrensablauf zu ermöglichen. Die Vorschrift enthält, wie schon deren
Überschrift zeigt, den Grundsatz der allgemeinen Verfahrensförderungspflicht der Beteiligten. Nach Abs. 1 werden die Beteiligten zum zeitigen
Vortrag angehalten. In Abs. 2 soll die Möglichkeit der Einholung erforderlicher Erkundigungen sichergestellt werden. Zulässigkeitsrügen sind
nach Abs. 3 innerhalb der ersten Erwiderungsfrist zu erheben, um dem
Verfahren von Beginn an die zutreffende Richtung zu geben. Die Verletzung der Verfahrensförderungspflicht kann nach § 10 Abs. 2, 4 SpruchG
zur Präklusion führen. Ergänzt wird die Regelung durch weitere Vorschriften des Gesetzes, die spezielle Fristen für bestimmte Vorbringen
vorsehen und so ebenfalls der Beschleunigung und Konzentration dienen
sollen, wie etwa §§ 4, 7 Abs. 2 S. 3, Abs. 4 S. 2, Abs. 5 S. 2 SpruchG; in allen diesen Fällen, in denen konkrete Fristen gesetzt werden, dürfen diese ausgeschöpft werden, ohne gegen § 9 Abs. 1 SpruchG zu verstoßen.

II. Inhalt der Norm

1. Grundsatz zeitigen Vorbringens (Abs. 1)

In Anlehnung an § 282 Abs. 1 ZPO formuliert Abs. 1 die erste der drei ge- 2
regelten Verfahrensförderungspflichten. Die Pflicht besteht in einem zeitigen Vorbringen, wobei die Zeitigkeit sich nach der auf eine sorgfältige und auf Förderung des Verfahrens ausgerichtete Verfahrensführung entsprechend der jeweiligen Verfahrenslage beurteilt. Die Pflicht gilt für jeden Beteiligten, und zwar sowohl in der mündlichen Verhandlung als auch bei deren schriftlichen Vorbereitung, und bezieht sich auf Anträge und weiteres Vorbringen.

---

1 *Simons*, in: Hölters AktG, § 9 SpruchG Rn. 1; *Hüffer*, Aktiengesetz, § 9 SpruchG Rn. 1; *Puszkajler*, in: Kölner Kommentar AktG, § 9 SpruchG Rn. 2.
2 Begr. RegE BT-Drs. 15/371, S. 11 f.
3 *Mennicke*, in: Lutter UmwG, § 9 SpruchG Rn. 1; *Hüffer*, Aktiengesetz, § 9 SpruchG Rn. 1; *Emmerich*, in: Emmerich/Habersack: Aktien- und GmbH-Konzernrecht, § 9 SpruchG Rn. 1; *Simons*, in: Hölters AktG, § 9 SpruchG Rn. 2; aber: LG Frankfurt v. 17.12.2004 – 3-5 O 253/04 – NZG 2005, 190, 191.

a) Jeder Beteiligte

3 Die Pflicht trifft jeden Beteiligten im Sinne von § 7 FamFG, also Antragsteller, Antragsgegner und den gemeinsamen Vertreter[4].

b) Verfahrensabschnitt

4 Die Verfahrensförderungspflicht ist während des gesamten Verfahrens, d. h. vor und in der mündlichen Verhandlung zu beachten. Ob dies auch nach der mündlichen Verhandlung gilt, ist umstritten, aber mit Wortlaut („sowie") und Telos zu bejahen[5]. Sie gilt selbst dann, wenn keine mündliche Verhandlung stattfindet[6]. Ein verspätetes Vorbringen in der mündlichen Verhandlung ist aber nur denkbar, wenn sich eine Verhandlung über mehrere Termine erstreckt[7] sofern nicht schon vorher eine Stellungnahme möglich war. Insofern ist die Vorschrift klarer gefasst als ihr Vorbild § 282 ZPO. Dort ist nur die mündliche Verhandlung erwähnt, während die Anwendung vor diesem Zeitpunkt streitig ist.

c) Anträge und weiteres Vorbringen

5 Die Verfahrensförderungspflicht erstreckt sich auf „Anträge" und „weiteres Vorbringen". Entsprechend dem Zweck der Vorschrift sind die Begriffe weit zu verstehen. Sie sind nicht lediglich wie in § 282 ZPO auf Angriffs- und Verteidigungsmittel beschränkt, sondern umfassen sämtliches Vorbringen der Beteiligten[8]. Hierunter fallen neben dem Antrag[9] die Antragsbegründung (falls sie gesondert erfolgt), Ergänzungen, Erläuterungen, Erklärungen und sonstige Sach- und (insbesondere) Verfahrensanträge sowie die in § 282 Abs. 1 ZPO genannten (tatsächlichen) Behauptungen, Bestreiten, Einwendungen, Einreden, sachlichrechtliche Erklärungen und die Vorlage von Unterlagen (z. B. nach § 7 Abs. 3 SpruchG), soweit für sie nicht eine gesonderte Frist gilt[10] *(vgl. dazu bei*

---

4 *Simons*, in: Hölters AktG, § 9 SpruchG Rn. 3; *Hüffer*, Aktiengesetz, § 9 SpruchG Rn. 2; *Emmerich*, in: Emmerich/Habersack: Aktien- und GmbH-Konzernrecht, § 9 SpruchG Rn. 2, 3a; *Kubis*, in: Münchener Kommentar AktG, § 9 SpruchG Rn. 2.

5 A. A.: *Emmerich*, in: Emmerich/Habersack: Aktien- und GmbH-Konzernrecht, § 9 SpruchG Rn. 3a.

6 *Mennicke*, in: Lutter UmwG, § 9 SpruchG Rn. 1.

7 *Klöcker*, in: Schmidt/Lutter Aktiengesetz, § 9 SpruchG Rn. 4; *Puszkajler*, in: Kölner Kommentar AktG, § 9 SpruchG Rn. 9.

8 *Simons*, in: Hölters AktG, § 9 SpruchG Rn. 3; *Hüffer*, Aktiengesetz, § 9 SpruchG Rn. 3; *Emmerich*, in: Emmerich/Habersack: Aktien- und GmbH-Konzernrecht, § 9 SpruchG Rn. 3a.

9 A. A.: *Kubis*, in: Münchener Kommentar AktG, § 9 SpruchG Rn. 3; *Emmerich*, in: Emmerich/Habersack: Aktien- und GmbH-Konzernrecht, § 9 SpruchG Rn. 3a; *Puszkajler*, in: Kölner Kommentar AktG, § 9 SpruchG Rn. 5 – eigenständige Regelung in § 4 Abs. 1 SpruchG.

10 *Simons*, in: Hölters AktG, § 9 SpruchG Rn. 3; *Hüffer*, Aktiengesetz, § 9 SpruchG Rn. 1.

Rn. 1)[11]. Dies gilt unabhängig davon, ob sie dem „Angriff" oder der „Verteidigung" dienen[12]. Letztlich sind alle für das Gericht bestimmten Erklärungen erfasst. Dies betrifft insbesondere alle Ausführungen zur Unternehmensbewertung, die einem Beweis zugänglich sind[13]. Auch Zulässigkeitsrügen sind „Vorbringen" im Sinne des Abs. 1. Für sie besteht jedoch eine gesonderte Regelung in Abs. 3. Was die in § 282 Abs. 1 ZPO aufgeführten Beweismittel und Beweiseinreden betrifft, ist zu beachten, dass im Verfahren über die Angelegenheiten der freiwilligen Gerichtsbarkeit eine Beweislast der Beteiligten im Sinne einer formellen oder subjektiven Beweislast (Beweisführungslast) grundsätzlich nicht besteht. Gleichwohl gilt aber eine Feststellungslast (materielle oder objektive Beweislast), wonach sich beurteilt, zu wessen Lasten es geht, wenn die Ermittlungen des Gerichts zu keinem Erfolg geführt haben. Im Antragsverfahren und folglich auch im Spruchverfahren trägt in der Regel der Antragsteller die Feststellungslast für die seinen Antrag begründenden Tatsachen, während der Antraggegner die Feststellungslast für die Umstände, mit denen er dem Antragsbegehren entgegentritt, trägt.

Kein „Vorbringen" sind dagegen reine Rechtsausführungen[14]. Diese sind zwar (rechtliches) Vorbringen und werden daher von dem weiten Begriff „Vorbringen" grundsätzlich erfasst. Nach dem allgemeinen Grundsatz, dass das Gericht das Recht selber kennt (jura novit curia) sind die Beteiligten aber nicht zu solch rechtlichem Vorbringen verpflichtet und kann dieses daher nicht der Verfahrensförderungspflicht unterliegen. Rechtliche Ausführungen können die Beteiligten daher jederzeit vorbringen, ohne dass ihnen die Präklusion nach § 10 Abs. 1 SpruchG droht. Der Begriff „Vorbringen" ist insofern einschränkend auszulegen. 6

Die Verfahrensförderungspflicht ist nicht auf das schriftliche Vorbringen beschränkt, sondern erfasst, wie der Wortlaut zeigt („Jeder Beteiligte hat in der mündlichen Verhandlung und bei deren schriftlicher Vorbereitung ..."), auch das mündliche Vorbringen in der mündlichen Verhandlung[15]. 7

d) Sorgfältige und auf Verfahrensförderung bedachte Verfahrensführung

Das Vorbringen soll so zeitig sein, wie es nach der Verfahrenslage einer sorgfältigen und auf Förderung des Verfahrens bedachten Verfahrensführung entspricht. Demnach muss nicht schon das erste Vorbringen der 8

---

11 OLG Frankfurt v. 05.02.2008 – 20 W 386/07 – AG 2008, 452, 453: allein der fehlende Nachweis der Antragsberechtigung stellt keinen Verstoß gegen § 9 Abs. 1 SpruchG dar, anders, wenn eine Frist gesetzt wurde.
12 *Hüffer*, Aktiengesetz, § 9 SpruchG Rn. 3; *Puszkajler*, in: Kölner Kommentar AktG, § 9 SpruchG Rn. 5.
13 *Puszkajler*, in: Kölner Kommentar AktG, § 9 SpruchG Rn. 6.
14 *Simons*, in: Hölters AktG, § 9 SpruchG Rn. 3; *Hüffer*, Aktiengesetz, § 9 SpruchG Rn. 3; *Emmerich*, in: Emmerich/Habersack: Aktien- und GmbH-Konzernrecht, § 9 SpruchG Rn. 3a; *Puszkajler*, in: Kölner Kommentar AktG, § 9 SpruchG Rn. 6.
15 *Simons*, in: Hölters AktG, § 9 SpruchG Rn. 3.

SpruchG § 9 Verfahrensförderungspflicht

Beteiligten rein vorsorglich alles nur denkbar Erhebliche oder gegebenenfalls nur eventuell im Laufe des Verfahrens erheblich Werdende samt Beweisantritt enthalten. Das würde insbesondere der an verschiedenen Stellen des SpruchG zum Ausdruck kommenden gewollten Konzentration des Verfahrensstoffs auf die eigentlichen Probleme (vgl. § 4 Abs. 2, § 7 Abs. 2 und Abs. 6, § 8 Abs. 2, § 9 Abs. 3 SpruchG) widersprechen. Vielmehr richtet sich der erforderliche Umfang des Vorbringens nach der jeweiligen Verfahrenslage[16], insbesondere nach dem Vorbringen des Gegners. Von ihr hängt ab, wie sich die sorgfältige und auf Förderung des Verfahrens bedachte Verfahrensführung definiert.

9 Für den Antrag und die schriftliche Erwiderung des Antragsgegners sowie die Duplik der Antragsteller enthält das SpruchG klare Vorgaben. So müssen die Anträge bzw. Antragsbegründungen nur zu den in § 4 Abs. 1 bzw. Abs. 2 SpruchG genannten Punkten Stellung nehmen, und es genügt, wenn die Frist von drei Monaten gemäß § 4 SpruchG eingehalten ist. Dementsprechend darf sich der Antragsgegner in seiner Erwiderung auf diese Punkte und auf diejenigen, die ihm vom Gericht gemäß § 7 Abs. 2 SpruchG bezeichnet wurden, konzentrieren und hierzu die vom Gericht gesetzte Frist nach § 7 Abs. 2 SpruchG voll ausschöpfen, ohne damit seine Verfahrensförderungspflicht zu verletzen. Gleiches gilt für die dem Antragsteller und gemeinsamen Vertreter gesetzte gerichtliche Frist nach § 7 Abs. 4 SpruchG hinsichtlich ihrer Duplik bzw. Einwendungen auf die Erwiderung des Antragsgegners[17].

9a Sie dürfen sich auf Einwendungen gegen die Replik des Antragsgegners und die in Abs. 3 genannten Unterlagen beschränken. Bezüglich der Unterlagen ist jedoch zu beachten, dass der Antragsteller bereits gemäß § 4 Abs. 2 S. 1 Nr. 4 SpruchG aufgefordert wird, in seiner Antragsbegründung auf alle (konkreten) Einwendungen gegen den als Grundlage für die Kompensation ermittelten Unternehmenswert des Antragsgegners einzugehen, soweit sich dieser aus den in § 4 Abs. 2 S. 1 Nr. 4 SpruchG genannten Unterlagen ergibt. Daher entspricht es einer sorgfältigen und auf Förderung des Verfahrens bedachten Verfahrensführung, dass der Antragsteller im Rahmen seiner Duplik auf die Unterlagen nur noch insoweit eingehen darf, wie dies nicht bereits aufgrund von § 4 Abs. 2 S. 1 Nr. 4 SpruchG erforderlich war wie dies erst aufgrund der Replik des Antragsgegners erforderlich erscheint. Der Umfang der Erwiderung nach Abs. 4 reduziert sich daher bei konsequenter Beachtung der Verfahrensförderungspflicht nach Abs. 1 und der Pflicht zu korrekter Antragsbegründung deutlich. Insbesondere wird dadurch der Praxis unter altem Recht entgegen gewirkt, erst in der Stellungnahme zur Antragserwide-

---

16 Vgl. zum Begriff der Verfahrenslage etwa bei *Hüffer*, Aktiengesetz, § 9 SpruchG Rn. 3; *Puszkajler*, in: Kölner Kommentar AktG, § 9 SpruchG Rn. 7.

17 *Simons*, in: Hölters AktG, § 9 SpruchG Rn. 3; *Hüffer*, Aktiengesetz, § 9 SpruchG Rn. 2; *Emmerich*, in: Emmerich/Habersack: Aktien- und GmbH-Konzernrecht, § 9 SpruchG Rn. 1; *Kubis*, in: Münchener Kommentar AktG, § 9 SpruchG Rn. 2; *Puszkajler*, in: Kölner Kommentar AktG, § 9 SpruchG Rn. 8.

rung (wenn überhaupt) substantiiert vorzutragen, was jedenfalls zu einer Konzentration des Verfahrens und der beabsichtigten Verfahrensbeschleunigung beiträgt.

Auch das gegebenenfalls erforderliche Gutachten eines Sachverständigen soll sich auf die Fragen konzentrieren, die nach Befragung und Stellungnahme des sachverständigen Prüfers offen geblieben sind. Nicht zuletzt soll sich die Befragung des sachverständigen Prüfers auf einzelne Fragen beschränken, wenn dies geeignet erscheint (§ 8 Abs. 2 S. 3 SpruchG). 10

Auf Vorbringen, das noch keinen Verfahrensvortrag eines Beteiligten darstellt, sondern nur vor oder außerhalb des Verfahrens geäußert wurde, muss sich der Verfahrensgegner nicht erklären. 11

Schon nach allgemeinen Grundsätzen kann ohne Beweisantritt bestritten werden, was ohne Beweisantritt behauptet wird. Dementsprechend muss sich der Antragsgegner, soweit z. B. der Antragsteller zum substantiierten Vortrag in seiner Antragsbegründung nach § 4 Abs. 2 SpruchG aufgerufen ist, zu dessen Vorbringen in der Antragserwiderung nur dann substanziiert äußern, wenn der Antragsteller seiner Substantiierungslast nachgekommen ist. 12

Erleichterungen, wie sie im Zivilprozess bei umfangreichen oder komplexen Streitstoffen anerkannt sind (zunächst nur Ankündigung von schwer darstellbaren Verteidigungsmitteln und substantiierte Darstellung erst auf Hinweis des Gerichts), dürften – entgegen einer unter Verweis auf § 8 Abs. 3 i. V. m. § 139 ZPO vertretenen Auffassung[18] – im Spruchverfahren grundsätzlich ausscheiden[19]. Hier ist der Verfahrensstoff naturgemäß viel komplexer. Zu ihm müssen sowohl die Antragsteller gemäß § 4 Abs. 2 S. 1 Nr. 4 SpruchG („konkrete Einwendungen gegen den als Grundlage für die Kompensation ermittelten Unternehmenswert des Antragsgegners, soweit er sich aus den in § 7 Abs. 3 SpruchG genannten Unterlagen ergibt") als auch der Antragsgegner gemäß § 7 Abs. 2 S. 2 SpruchG („Darin hat der Antragsgegner insbesondere zur Höhe des Ausgleichs ... Stellung zu nehmen.") frühzeitig Stellung nehmen. Nach Abs. 1 darf grundsätzlich nichts zurückgehalten werden. Um die in §§ 7 ff. SpruchG angelegte Verfahrensförderung zu erreichen, ist vielmehr alles unverzüglich vorzubringen, damit sich die übrigen Beteiligten darauf einstellen können; dies gilt auch für Hilfserwägungen es sei denn sie werden nur möglicherweise entscheidungserheblich[20]. 13

Anders als § 282 Abs. 1 ZPO, der sich auf die Rechtzeitigkeit des Vorbringens in der mündlichen Verhandlung beschränkt, betrifft Abs. 1 die Verfahrensförderung in der mündlichen Verhandlung und bei ihrer schriftlichen Vorbereitung. Im Gegensatz zum Zivilprozess kann daher 14

---

18 *Hüffer*, Aktiengesetz, § 9 SpruchG Rn. 3.
19 *Puszkajler*, in: Kölner Kommentar AktG, § 9 SpruchG Rn. 7; *Simmler*, in: Bürgers/Körber AktG, § 9 SpruchG Rn. 3.
20 *Puszkajler*, in: Kölner Kommentar AktG, § 9 SpruchG Rn. 7.

im Spruchverfahren auch ein schon vor der mündlichen Verhandlung nicht gemachtes Vorbringen danach nicht mehr rechtzeitig im Sinne einer sorgfältigen und auf Förderung des Verfahrens bedachten Verfahrensführung sein. Bei einem Verstoß gegen Abs. 1 greift § 10 Abs. 2 SpruchG ein.

2. Möglichkeit der Einziehung von Erkundigungen (Abs. 2)

15 Die in Abs. 2 normierte zweite Verfahrensförderungspflicht gilt nur vor der mündlichen Verhandlung. Sie konkretisiert Abs. 1 und hat die Vermeidung von Verfahrensverzögerungen zum Ziel, die dadurch eintreten können, dass Beteiligten – einschließlich eines ggf. beigezogenen sachverständigen Prüfers[21] – Zeit für Erkundigungen gegeben werden muss. Vorbild für die Regelung ist § 282 Abs. 2 ZPO. Ähnlich wie dort ist Vorbringen, auf das voraussichtlich ohne vorhergehende Erkundigung keine Erklärung abgegeben werden kann, vor der mündlichen Verhandlung durch vorbereitende Schriftsätze so zeitig mitzuteilen, dass die erforderlichen Erkundigungen noch eingezogen werden können. Geschützt werden durch die Vorschrift die jeweils anderen Beteiligten und in den Fällen des § 8 Abs. 2 SpruchG die in der mündlichen Verhandlung anwesenden sachverständigen Prüfer, nicht das Gericht[22].

a) Vorbringen

16 Nach Abs. 2 ist Vorbringen, auf das voraussichtlich ohne vorhergehende Erkundigung keine Erklärung abgegeben werden kann, so zeitig mitzuteilen, dass die Einholung der Erkundigung noch möglich ist.

17 Der Begriff des Vorbringens ist in Abs. 2 enger als in Abs. 1 zu verstehen. Während er dort, wie aus dem Wort „weiteres" ersichtlich, auch die Anträge (nebst Begründung) mit einschließt, umfasst er diese hier nicht, da sich das Vorbringen in einem vorbereitenden Schriftsatz befinden muss. Im Gegensatz zu dort beschränkt sich das Vorbringen hier ferner auf schriftliches Vorbringen während des Zeitraums vor der mündlichen Verhandlung, da es gemäß Abs. 2 „vor der mündlichen Verhandlung durch vorbereitenden Schriftsatz … mitzuteilen" ist.

18 Vor der mündlichen Verhandlung bedeutet – je nach Phase des Verfahrens – vor der nächsten mündlichen Verhandlung.

b) Vorhersehbarkeit von Einschränkungen für die Erklärungsmöglichkeit

19 Auf das Vorbringen muss „voraussichtlich" ohne vorhergehende Erkundigung keine Erklärung abgegeben werden können. Dies ist objektiv ex ante aus Sicht des Beteiligten zu beurteilen, den die Verfahrensförderungspflicht jeweils trifft, weil seine Sicht bei der Frage einer möglichen

---

21 *Simons*, in: Hölters AktG, § 9 SpruchG Rn. 4; *Puszkajler*, in: Kölner Kommentar AktG, § 9 SpruchG Rn. 10.
22 BGH v. 25.03.2009 – VII ZR 434/97 – NJW 1999, 2446, 2446 f.

Entschuldigung gemäß § 10 Abs. 2 SpruchG entscheidend ist. Da insoweit einfaches Verschulden, also auch einfache Fahrlässigkeit ausreicht, muss aus Sicht des betroffenen Beteiligten bei normaler Anstrengung aller Sinne und verständiger Würdigung erkennbar gewesen sein, dass sein Vorbringen voraussichtlich nicht mehr so zeitig ist, dass die erforderlichen Erkundigungen eingeholt werden können.

Bei der Voraussicht wird der Beteiligte zunächst beurteilen müssen, ob, 20 welche und für wen Erkundigungen überhaupt erforderlich sind. Erforderlich sind nur solche Erkundigungen, ohne welche die Erklärung auf das Vorbringen unter Beachtung der Wahrheitspflicht, § 138 ZPO, nicht abgegeben werden kann; d. h. die Erkundigung muss geeignet sein, eine Erklärung zu ermöglichen, und es dürfen keine anderen Informationen vorliegen, welche die Erklärung bereits ermöglichen, so dass die Einholung der Erkundigung überflüssig würde. Die Erforderlichkeit ist zu verneinen, wenn der Beteiligte davon ausgehen darf, dass die durch die Erkundigung möglicherweise einzuholenden Informationen demjenigen bereits bekannt sind, der sie einzuholen hätte. Soweit es um den sachverständigen Prüfer geht, der keine Erklärung im technischen Sinne abgibt, kommt es maßgeblich darauf an, ob er zu dem Vorbringen verfahrensfördernde Auskünfte geben kann[23].

Ist die Erkundigung erforderlich, wird der Beteiligte abschätzen müs- 21 sen, welchen Zeitraum die Einziehung der Erkundigungen bei realitätsnaher Betrachtung in Anspruch nehmen könnte. Hierbei wird er z. B. mit einrechnen müssen, dass die anderen Beteiligten, soweit sie anwaltlich vertreten sind, zunächst durch ihren Anwalt von seinem vorbereitenden Schriftsatz unterrichtet werden müssen. Ferner wird er zu berücksichtigen haben, dass die anderen Beteiligten auch noch durch andere Tätigkeiten in Anspruch genommen sind, sich also nicht sofort und ausschließlich mit der Erkundigung befassen können. Aufgrund dessen wird er auf die Zeit, die auf die eigentliche Einziehung der erforderlichen Erkundigungen entfällt, einen Sicherheitszuschlag hinzurechnen müssen. Ungewöhnliche Geschehensabläufe, welche die Einziehung in die Länge ziehen, braucht er dagegen nicht „vorauszusehen".

Die Voraussicht ist jeweils im Einzelfall anzustellen. Allgemeinverbindli- 22 che Zeiträume können nicht vorgegeben oder unterstellt werden. Allerdings finden sich für vorbereitende Schriftsätze in § 132 ZPO Zeitangaben, die einen gewissen Anhalt geben können; eine strikte Anwendung von §§ 132, 274, 275 ZPO wird jedoch einhellig abgelehnt und teilweise auf die Fristen aus § 7 SpruchG abgestellt. Jedenfalls liegt auch bei Überschreiten der in § 132 ZPO genannten Fristen kein Verstoß gegen Abs. 2 vor, solange die vorhergehende Einholung erforderlicher Erkundigungen noch möglich ist.

---

23 *Hüffer*, Aktiengesetz, § 9 SpruchG Rn. 5; *Simons*, in: Hölters AktG, § 9 SpruchG Rn. 4.

c) Zeitiger vorbereitender Schriftsatz

23 Das Vorbringen muss in einem vorbereitenden Schriftsatz enthalten sein. Der Begriff „vorbereitender Schriftsatz" ist weder im SpruchG noch im FamFG definiert. In Anlehnung an die herrschende Terminologie im Zivilprozess ist er vom sog. bestimmenden Schriftsatz zu unterscheiden. Während dieser bereits Erklärungen enthält, die mit Einreichen bzw. Zustellung als Verfahrenshandlung wirksam werden (z. B. Antrag, Antragsrücknahme, Rechtsmittel, Verzicht), kündigt jener nur späteren mündlichen Vortrag an. Für Inhalt und Form der vorbereitenden Schriftsätze finden die §§ 130, 130a, 131 und 133 ZPO entsprechende Anwendung, da das SpruchG oder das FamFG keine spezielleren Vorschriften enthalten.

24 Nach § 129 Abs. 1 ZPO sind vorbereitende Schriftsätze nur in Anwaltsprozessen obligatorisch, also in Prozessen, in denen die Vertretung durch Anwälte Pflicht ist (§ 78 ZPO), so etwa vor dem Landgericht. Andernfalls (Parteiprozess, § 79 ZPO) sind vorbereitende Schriftsätze nur dann anzufertigen, wenn das Gericht dies anordnet (§ 129 Abs. 2 ZPO). § 282 Abs. 2 ZPO, der inhaltlich weitgehend identisch ist mit Abs. 2, findet daher vorbehaltlich einer Anordnung durch das Gericht gemäß § 129 Abs. 2 ZPO nach allgemeiner Auffassung nur in Anwaltsprozessen Anwendung. Bei Berücksichtigung von § 129 ZPO würde Abs. 2 grundsätzlich nicht zur Anwendung kommen können, da das Spruchverfahren als Verfahren der freiwilligen Gerichtsbarkeit (abgesehen von der Beschwerdeeinreichung, § 12 Abs. 1 SpruchG) keinem Anwaltszwang unterliegt. Damit Abs. 2 Anwendung findet, müsste das Gericht den Schriftsatz also stets anordnen. Dies kann angesichts der mit der Neuregelung des Spruchverfahrens im SpruchG vor allem beabsichtigten Verfahrensbeschleunigung nicht richtig sein. Abs. 2 ist daher als abweichende Regelung anzusehen, die insofern den Rückgriff auf § 129 ZPO versperrt.

25 Nach § 132 ZPO ist der vorbereitende Schriftsatz so rechtzeitig einzureichen, dass er je nach Inhalt mindestens eine Woche (neue Tatsache/neues Vorbringen/Zwischenstreit) oder drei Tage (Gegenerklärung auf neues Vorbringen) vor der mündlichen Verhandlung zugestellt werden kann. Diese Fristen gelten nicht für den vorbereitenden Schriftsatz nach Abs. 2. Vielmehr muss dieser Schriftsatz stets so zeitig mitgeteilt werden, dass die erforderliche Erkundigung noch eingeholt werden kann. Dies ist jeweils für den Einzelfall zu bestimmen[24]. Die Mindestfristen nach Abs. 2 können daher durchaus nach oben oder unten von denen des § 132 ZPO abweichen[25]. Bei einem Verstoß gegen Abs. 2 müssen die übrigen Be-

---

24 *Simons*, in: Hölters AktG, § 9 SpruchG Rn. 5; *Emmerich*, in: Emmerich/Habersack: Aktien- und GmbH-Konzernrecht, § 9 SpruchG Rn. 4; *Kubis*, in: Münchener Kommentar AktG, § 9 SpruchG Rn. 5.
25 A. A.: *Hüffer*, Aktiengesetz, § 9 SpruchG Rn. 4: drei Wochen wird durchweg genügen, sofern Rückfragen bei Wirtschaftsprüfer erforderlich werden, sollen aber auch bis zu drei Monaten nahe liegen. *Puszkajler*, in: Kölner Kommentar AktG, § 9 SpruchG Rn. 11 hält die Wochenfrist für eine angemessen Mindestfrist.

teiligten nicht die Sanktion des § 138 Abs. 3 ZPO i. V. m. § 8 Abs. 3 ZPO fürchten, wenn sie sich zu dem Vorbringen nicht äußern. Daneben kommt eine Präklusion gemäß § 10 Abs. 2 SpruchG oder eine Schriftsatzfrist für die anderen in Betracht[26].

d) Die „Genannten"

Nach Abs. 2 müssen „die Genannten" in der Lage sein, nachdem ihnen der vorbereitende Schriftsatz mitgeteilt worden ist, die erforderlichen Erkundigungen noch einziehen zu können. Angesprochen sind hiermit zum Einen die „anderen Beteiligten", d. h. die (gegebenenfalls weiteren) Antragsteller und gegebenenfalls der Antragsgegner sowie gegebenenfalls der gemeinsame Vertreter. Zum Anderen sind in den Fällen des § 8 Abs. 2 SpruchG die in der mündlichen Verhandlung anwesenden sachverständigen Prüfer gemeint[27]. 26

3. Rügen gegen die Zulässigkeit der Anträge (Abs. 3)

Abs. 3 ist § 282 Abs. 3 ZPO nachgebildet. Außer zu den in § 7 Abs. 2 SpruchG genannten Punkten (Höhe des Ausgleichs, der Zuzahlung oder der Barabfindung oder sonstigen Abfindung) muss der Antragsgegner innerhalb der dort gesetzten (ggf. verlängerten) Frist auch sämtliche Rügen geltend machen[28], die die Zulässigkeit der Anträge (im Sinne von § 4 SpruchG) betreffen. Für (sonstige) Prozessanträge ist Abs. 3 nicht anwendbar. 27

a) Zulässigkeitsrügen

Als Zulässigkeitsrügen kommen alle Rügen in Betracht, welche die Voraussetzungen gemäß §§ 1–5 SpruchG betreffen, darüber hinaus aber auch alle übrigen Verfahrenshindernisse und Verfahrensvoraussetzungen. Auch die von Amts wegen zu prüfenden Zulässigkeitsvoraussetzungen gehören hierzu. Ihnen kommt aber lediglich der Charakter einer Anregung an das Gericht zu, da sie vom Gericht ohnehin, also auch ohne Rüge zu prüfen sind. Aus diesem Grund ist es auch unerheblich, wenn solche von Amts wegen zu berücksichtigenden Zulässigkeitsvoraussetzungen verspätet vorgebracht werden[29]. Dementsprechend nimmt § 10 28

---

26 *Mennicke*, in: Lutter UmwG, § 9 SpruchG Rn. 5; *Simons*, in: Hölters AktG, § 9 SpruchG Rn. 6; *Hüffer*, Aktiengesetz, § 9 SpruchG Rn. 4; *Emmerich*, in: Emmerich/Habersack: Aktien- und GmbH-Konzernrecht, § 9 SpruchG Rn. 4; *Puszkajler*, in: Kölner Kommentar AktG, § 9 SpruchG Rn. 15.
27 *Simons*, in: Hölters AktG, § 9 SpruchG Rn. 4; *Hüffer*, Aktiengesetz, § 9 SpruchG Rn. 5; *Emmerich*, in: Emmerich/Habersack: Aktien- und GmbH-Konzernrecht, § 9 SpruchG Rn. 4.
28 *Puszkajler*, in: Kölner Kommentar AktG, § 9 SpruchG Rn. 17: geltend machen bedeutet erheben, setzt aber keine Begründung voraus.
29 *Puszkajler*, in: Kölner Kommentar AktG, § 9 SpruchG Rn. 17; *Emmerich*, in: Emmerich/Habersack: Aktien- und GmbH-Konzernrecht, § 9 SpruchG Rn. 5; *Kubis*, in: Münchener Kommentar AktG, § 9 SpruchG Rn. 6; a. A.: *Drescher*, in: Spindler/Stilz AktG, § 9 SpruchG Rn. 4; *Hüffer*, Aktiengesetz, § 9 SpruchG Rn. 6.

SpruchG § 9 Verfahrensförderungspflicht

Abs. 4 SpruchG sie von der Präklusionswirkung aus. Wie dort hätte es nahe gelegen, bereits in Abs. 3 solche von Amts wegen zu berücksichtigende Zulässigkeitsrügen von seinem Anwendungsbereich ausdrücklich auszuschließen.

29 Die nachstehende Aufzählung der von Amts wegen zu berücksichtigenden Zulässigkeitsvoraussetzungen zeigt jedoch, dass der Anwendungsbereich von Abs. 3, der auch Abs. 1 vorgeht,[30] nur gering ist:

Das Gericht betreffende Zulässigkeitsrügen:

- Anwendungsbereich des von den Antragstellern eingeleiteten Spruchstellenverfahrens (Statthaftigkeit) ist nicht gegeben (§ 1 SpruchG)[31],

- Unzuständigkeit des von den Antragstellern angerufenen Gerichts (§ 2 Abs. 1 SpruchG)[32],

- Unzuständigkeit der Zivilkammer (wenn eine Kammer für Handelssachen besteht) (§§ 95 Abs. 2 Nr. 2 i. V. m. 71 Abs. 2 Nr. 4 lit. e) GVG),

Die Beteiligten betreffende Zulässigkeitsrügen:

- Fehlende Antragsberechtigung bzw. Legitimation der einzelnen Antragsteller bzw. fehlender Nachweis der Legitimation (§ 3 SpruchG),

- Falscher Antragsgegner (§ 5 SpruchG),

Den Streitgegenstand betreffende Zulässigkeitsrügen:

- Fehler bzgl. Vollständigkeit, Korrektheit und Rechtzeitigkeit des Antrags (§ 4 Abs. 1 SpruchG),

- Fehler bzgl. Vollständigkeit, Korrektheit und Rechtzeitigkeit der Antragsbegründung (§ 4 Abs. 2 SpruchG),

- Verpflichtung zur Antragsrücknahme (zu beachten ist allerdings § 6 Abs. 3 SpruchG),

- Fehlendes Rechtsschutzbedürfnis.

30 Eine nicht von Amts wegen, sondern erst auf Rüge zu beachtende Zulässigkeitsvoraussetzung ist z. B. die Rüge der fehlenden Vollmacht[33].

---

30 *Simons*, in: Hölters AktG, § 9 SpruchG Rn. 7.
31 OLG Jena v. 20.03.2015 – 2 W 353/14 – AG 2015, 450, 452 (Tz. 43 ff.); OLG Stuttgart v. 17.03.2015 – 20 W 7/14 – AG 2015, 321, 322.
32 *Emmerich*, in: Emmerich/Habersack: Aktien- und GmbH-Konzernrecht, § 9 SpruchG Rn. 5; a. A.: OLG Karlsruhe v. 08.11.2004 – 12 W 53/04 – AG 2005, 300, 301.
33 *Simons*, in: Hölters AktG, § 9 SpruchG Rn. 9; *Emmerich*, in: Emmerich/Habersack: Aktien- und GmbH-Konzernrecht, § 9 SpruchG Rn. 5; *Puszkajler*, in: Kölner Kommentar AktG, § 9 SpruchG Rn. 19.

b) Insbesondere: Rechtsschutzbedürfnis

Unzulässig ist der Antrag unter anderem dann, wenn dem Antragsteller *31* das in jeder Lage des Verfahrens von Amts wegen zu prüfende Rechtsschutzbedürfnis fehlt. Ein solches fehlt, wenn der Antrag nur gestellt wird, um sich anschließend dessen „Lästigkeitswert" vom Antragsgegner „abkaufen" zu lassen. Gefördert wurde eine solche Taktik in der Vergangenheit durch das fehlende Kostenrisiko für die Antragsteller und die Möglichkeit der Antragstellung „ins Blaue". Bereits seit Einführung der Möglichkeit des gemeinsamen Vertreters zur Verfahrensfortführung (§ 306 Abs. 4 S. 10 AktG, § 308 Abs. 3 UmwG), die im SpruchG fortgeführt wird (§ 6 Abs. 3 SpruchG), ist ein solches Taktieren erschwert. Denn der gemeinsame Vertreter wird sich nicht ohne weiteres den Plänen gewerbsmäßiger Antragsteller anschließen. Das Rechtsschutzbedürfnis fehlt allerdings nicht, wenn der Antragsteller nur eine Aktie besitzt. Die Antragsbefugnis hängt nicht von der Anzahl der gehaltenen Aktien ab, sondern nur davon, dass sie zu dem nach § 3 SpruchG maßgeblichen Zeitpunkt gehalten werden. Dies lud gewerbsmäßige Antragsteller und deren Anwälte zum Missbrauch ein. Interessant war die Antragstellung für sie bei nur einer Aktie nach altem Recht wegen der im Verhältnis zum fehlenden Begründungsaufwand (Antrag „ins Blaue") relativ hohen Anwaltsgebühren, die regelmäßig vom Antragsgegner zu tragen waren. Die Einführung einer Antragsbegründungspflicht (§ 4 Abs. 2 SpruchG), der Umstand, dass der Antragsteller seine eigenen außergerichtlichen Kosten grundsätzlich selber trägt (§ 15 Abs. 2 SpruchG) sowie der Umstand, dass sich die Anwaltsgebühren in Abhängigkeit vom anteiligen Gegenstandswert des einzelnen Antragstellers berechnen, § 31 RVG, haben es schwarzen Schafe schwerer gemacht.

c) Verlust des Rügerechts

Bringt der Beteiligte seine die Zulässigkeit betreffende Rüge nicht inner- *32* halb der gesetzten Frist vor, kann er die Rüge nach Ablauf dieser Frist nicht mehr wirksam geltend machen. Anders als bei § 282 ZPO müssen die Rügen allerdings nicht gleichzeitig erhoben werden, sie können also auch auf mehrere Schriftsätze verteilt werden[34]. Ob die verspätete Rüge zu berücksichtigen ist, entscheidet das Gericht gemäß § 10 Abs. 4 SpruchG nach freiem Ermessen. Da die gesetzten Fristen der Vorbereitung der mündlichen Verhandlung dienen und daher stets vor ihr liegen werden, ist der Beginn der mündlichen Verhandlung zur Hauptsache, anders als hinsichtlich der vergleichbaren Vorschrift des § 282 ZPO (hiernach muss die Rüge vor der Verhandlung zur Hauptsache erfolgen), ohne Bedeutung für die Frage des Verlusts des Rügerechts. Auf eine Verzögerung des Verfahrens kommt es nicht an[35]. Nicht verspätet und damit nicht

---

34 *Simons*, in: Hölters AktG, § 9 SpruchG Rn. 7; *Hüffer*, Aktiengesetz, § 9 SpruchG Rn. 6; *Puszkajler*, in: Kölner Kommentar AktG, § 9 SpruchG Rn. 17; *Kubis*, in: Münchener Kommentar AktG, § 9 SpruchG Rn. 6.
35 *Simons*, in: Hölters AktG, § 9 SpruchG Rn. 9.

SpruchG § 9 Verfahrensförderungspflicht

präkludiert ist eine Rüge auch dann, wenn sich während des Verfahrens die Rechtsprechung ändert und danach das Spruchverfahren nicht mehr für zulässig erachtet wird – zumal dies ohnehin von Amts wegen zu beachten ist[36].

---

36 Im Zusammenhang mit BGH v. 08.10.2013 – II ZB 26/12 (Frosta): OLG Jena v. 20.03.2015 – 2 W 353/14 – AG 2015, 450, 452 (Tz. 43 ff.); OLG Stuttgart v. 17.03.2015 – 20 W 7/14 – AG 2015, 321, 322; OLG Düsseldorf v. 22.09.2014 – I-26 W 20/12 (AktE) – AG 2015, 270, 271.

§ 10 Verletzung der Verfahrensförderungspflicht

(1) Stellungnahmen oder Einwendungen, die erst nach Ablauf einer hierfür gesetzten Frist (§ 7 Abs. 2 Satz 3, Abs. 4) vorgebracht werden, sind nur zuzulassen, wenn nach der freien Überzeugung des Gerichts ihre Zulassung die Erledigung des Rechtsstreits nicht verzögern würde oder wenn der Beteiligte die Verspätung entschuldigt.

(2) Vorbringen, das entgegen § 9 Abs. 1 oder 2 nicht rechtzeitig erfolgt, kann zurückgewiesen werden, wenn die Zulassung nach der freien Überzeugung des Gerichts die Erledigung des Verfahrens verzögern würde und die Verspätung nicht entschuldigt wird.

(3) § 26 des Gesetzes über das Verfahren in Familiensachen und in den Angelegenheiten der freiwilligen Gerichtsbarkeit ist insoweit nicht anzuwenden.

(4) Verspätete Rügen, die die Zulässigkeit der Anträge betreffen und nicht von Amts wegen zu berücksichtigen sind, sind nur zuzulassen, wenn der Beteiligte die Verspätung genügend entschuldigt.

Inhalt

		Rn.
I.	Überblick	1
II.	Inhalt der Norm	4
	1. Zulassung nur nicht verspäteter Stellungnahmen und Einwendungen (Abs. 1)	4
	a) Ablauf einer gesetzten Frist	5
	aa) Fristen gemäß § 7 Abs. 2 S. 3, Abs. 4 SpruchG	5
	bb) Fristen gemäß § 7 Abs. 5 S. 2 SpruchG	6
	cc) Sonstige Fristen	7
	dd) Wirksame Fristsetzung	8
	ee) Ablauf der Frist	10
	b) Stellungnahmen und Einwendungen	11
	aa) Begriff der Stellungnahmen und Einwendungen	11
	bb) Nur erhebliche Stellungnahmen und Einwendungen	14
	c) Freie Überzeugung des Gerichts	16
	d) Rechtsstreit	17
	e) Keine Verzögerung der Erledigung	18
	aa) Absoluter und relativer Verzögerungsbegriff	19
	bb) Insbesondere: Verzögerung im frühen ersten Termin	23
	cc) Insbesondere: Verzögerung in der Güteverhandlung	24
	dd) Ursächlichkeit der Verzögerung	25
	f) Entschuldigung der Verspätung	26

	Rn.
aa) Verschuldensvermutung	27
bb) Entschuldigung	29
cc) Glaubhaftmachung der Entschuldigung	32
g) Zulassung verspäteter Stellungnahmen oder Einwendungen	33
h) Nichtzulassung verspäteter Stellungnahmen oder Einwendungen	34
i) Rechtsmittel bei Nichtzulassung	35
2. Möglichkeit der Zurückweisung verspäteten Vorbringens (Abs. 2)	36
a) Vorbringen	37
b) Fehlende Rechtzeitigkeit	38
c) Freie Überzeugung des Gerichts	39
d) Verzögerung der Erledigung	40
e) Keine Entschuldigung der Verspätung	41

	Rn.
f) Möglichkeit der Zurückweisung	43
g) Rechtsmittel bei Zurückweisung	45
3. Eingeschränkte Nichtanwendbarkeit von § 26 FamFG (Abs. 3)	46
4. Zulassung verspäteter Zulässigkeitsrügen (Abs. 4)	49
5. Präklusionshindernisse	53
a) Versäumnisurteil	54
b) Klageänderung/-erweiterung bzw. Widerklage	55
c) Antragsrücknahme	56
d) Vorangegangene Güteverhandlung	57
e) Ruhen des Verfahrens	58
f) Insolvenz	62
g) Beschwerde	63
h) Wiedereinsetzung	65
6. Verspätung durch das Gericht	66

Spezielle Literatur: *Büchel*, Neuordnung des Spruchverfahrens, NZG 2003, 793 ff.; *Bungert/Mennicke*, BB-Gesetzgebungsreport: Das Spruchverfahrensneuordnungsgesetz, BB 2003, 2021 ff.; *Neye*, Das neue Spruchverfahrensrecht – Einführung Erläuterung Materialien, Köln 2003; *Winter/Nießen*, Amtsermittlung und Beibringung im Spruchverfahren, NZG 2007, 13 ff.

I. Überblick

1 Die Vorschrift knüpft an die in §§ 7 bis 9 SpruchG geregelten Verfahrensförderungspflichten der Beteiligten an und dient wie diese der Verfahrensbeschleunigung. Um die Beteiligten zur Beachtung dieser Verfahrensförderungspflichten anzuhalten und umgekehrt die Verzögerung des Verfahrens durch verspäteten oder nachgeschobenen Vortrag zu verhindern, stellt sie nach dem Vorbild des § 296 ZPO dem Gericht Sanktionsmöglichkeiten zur Verfügung[1]. § 10 Abs. 3 Spruch ist mit Wirkung seit dem 01.09.2009 durch Art. 42 Nr. 2 des FGG-Reformgesetzes vom 17.12.2008, BGBl. I 2008, 2586 geändert worden.

2 Dies bedeutet eine weitere entscheidende Neuerung gegenüber der früheren, bis zum Inkrafttreten des SpruchG geltenden, weitgehend voll-

---

1 Begr. RegE BT-Drs. 15/371, S. 16.

ständig von den Grundsätzen des Gesetzes über die Angelegenheiten der freiwilligen Gerichtsbarkeit geprägten Ausgestaltung des Spruchverfahrens. Der nach altem Recht fast durchgängig zu beachtende Amtsermittlungsgrundsatz hatte in der Praxis dazu geführt, dass Antragsteller durch verzögertes Vorbringen neuer Tatsachen die Spruchverfahren erheblich verlängern konnten, weil das Gericht in aller Regel durch den Amtsermittlungsgrundsatz grundsätzlich verpflichtet war, diesem Vortrag nachzugehen, sofern die behaupteten Tatsachen nicht bereits ermittelt oder irrelevant waren. § 296 ZPO fand schon deshalb keine entsprechende Anwendung, aber auch wegen seiner einschneidenden Wirkung verbot sich jede Analogie. Lediglich für die einen Beteiligten begünstigenden Umstände, die dieser selbst nicht vorgetragen hatte, wurde schon früher in der Rechtsprechung die Ansicht vertreten, dass solche Umstände nicht von Amts wegen ermittelt werden müssen.

Die neuen Bestimmungen ermöglichen dem Gericht nunmehr generell, einen Sachvortrag, der entgegen einer dafür gesetzten Frist (Abs. 1) oder entgegen der allgemeinen Verfahrensförderungspflicht (Abs. 2) zu spät vorgebracht wird, zurückzuweisen, wenn die Verspätung nicht von dem jeweiligen Beteiligten entschuldigt wird und die Erledigung des Verfahrens verzögern würde. Dies bedeutet zugleich, dass das Gericht den davon betroffenen Umständen, auch wenn sie für die Entscheidung des Gerichts relevant sein sollten, in Einschränkung des Amtsermittlungsgrundsatzes keine Beachtung mehr schenken muss. Die Präklusion ist der Preis dafür, dass die Beteiligten schneller zu ihrem Recht kommen sollen. Abs. 3 erklärt § 26 FamFG, der den Amtsermittlungsgrundsatz für das Verfahren über die Angelegenheiten der freiwilligen Gerichtsbarkeit normiert, insoweit ausdrücklich für nicht anwendbar. Abs. 4 korreliert mit § 9 Abs. 3 SpruchG und betrifft die Zulassung verspäteter Zulassungsrügen. Auch wenn eine Präklusion den Amtsermittlungsgrundsatz und das rechtliche Gehör der Beteiligten beschränkt, bestehen mit Blick auf Art. 103 GG keine Bedenken gegen die verfassungsmäßige Zulässigkeit, da der Beteiligte Gelegenheit zur Stellungnahme hat. Jedenfalls für die allgemeine Verfahrensförderungspflicht ist die praktische Relevanz der Vorschrift allerdings gering[2]. 3

II. Inhalt der Norm

1. Zulassung nur nicht verspäteter Stellungnahmen und Einwendungen (Abs. 1)

Abs. 1 gilt nur für die Fälle des Ablaufs bestimmter gesetzter Fristen, während Abs. 2 und 3 andere Fälle erfassen. Die Bestimmung entspricht im Wesentlichen § 296 Abs. 1 ZPO; die dazu entwickelten Grundsätze können herangezogen werden[3]. Sie ist nach dem Regel-Ausnahme-Prinzip aufgebaut. Die Regel ist, dass verspätete Stellungnahmen und Ein- 4

---

2 *Simons*, in: Hölters AktG, § 10 SpruchG Rn. 2.
3 *Hüffer*, Aktiengesetz, § 10 SpruchG Rn. 2.

SpruchG § 10 Verletzung der Verfahrensförderungspflicht

wendungen nicht mehr zugelassen werden[4]. Verspätet sind solche, die erst nach Ablauf einer hierfür gesetzten Frist vorgebracht werden. Die Ausnahme von dieser Regel greift dann, wenn nach der freien Überzeugung des Gerichts mindestens eine von zwei Voraussetzungen oder beide erfüllt sind, und zwar dass die Zulassung die Erledigung des Rechtsstreits nicht verzögern würde oder dass der Beteiligte die Verspätung entschuldigt. Nur in diesen Fällen sind die verspäteten Stellungnahmen und Einwendungen zuzulassen, andernfalls müssen sie – ungeachtet eines entgegenstehenden Willens der Beteiligten[5] – zurückgewiesen werden.

a) Ablauf einer gesetzten Frist

aa) Fristen gemäß § 7 Abs. 2 S. 3, Abs. 4 SpruchG

5 Verletzt sein müssen Fristen, die für Stellungnahmen oder Einwendungen gesetzt wurden. Hierbei bezieht sich Abs. 1 in einem Klammerzusatz ausdrücklich nur auf die gemäß § 7 Abs. 2 S. 3 SpruchG (Frist zur schriftlichen Erwiderung bzw. Stellungnahme durch den Antragsgegner) und § 7 Abs. 4 SpruchG (Frist zur Abgabe von Einwendungen gegen die Erwiderung des Antragsgegners) gesetzten Fristen. Wegen seines Ausnahmecharakters und der einschneidenden Folge der Präklusion, die verfassungsrechtlich eine enge Auslegung gebietet, löst die Verletzung grundsätzlich nur dieser Fristen eine Säumnis nach Abs. 1 aus. Abs. 1 ist insofern als abschließend gedacht, und die darin genannten Fristen sind grundsätzlich enumerativ.

bb) Fristen gemäß § 7 Abs. 5 S. 2 SpruchG

6 Entgegen überwiegender Auffassung[6] gilt Abs. 1 über den Wortlaut hinaus auch für die nach § 7 Abs. 5 S. 2 SpruchG anordenbare Frist zur Erklärung über bestimmte klärungsbedürftige Punkte[7]. Abs. 1 nennt § 7 Abs. 5 S. 2 SpruchG zwar nicht neben § 7 Abs. 2 S. 3 und Abs. 4 SpruchG in dem Klammerzusatz. Damit wird dieser Anwendungsfall jedoch nicht von Abs. 1 ausgeschlossen. Denn erstens ergeben sich die klärungsbedürftigen Punkte aus den vorangegangenen Stellungnahmen und Erwiderungen der Beteiligten, so dass insofern auch die Erklärungen der Beteiligten hierüber als Teil der Stellungnahmen und Erwiderungen angesehen werden können. Darüber hinaus ist zweitens kein Grund ersichtlich, warum der Gesetzgeber die Verletzung der Fristsetzung für solche (ergänzten) Stellungnahmen und Erwiderungen von der Präklusionswir-

---

4 *Simons*, in: Hölters AktG, § 10 SpruchG Rn. 4; *Hüffer*, Aktiengesetz, § 9 SpruchG Rn. 2.
5 *Klöcker*, in: Schmidt/Lutter Aktiengesetz, § 10 SpruchG Rn. 2; *Puszkajler*, in: Kölner Kommentar AktG, § 10 SpruchG Rn. 5.
6 *Simons*, in: Hölters AktG, § 10 SpruchG Rn. 8; *Emmerich*, in: Emmerich/Habersack: Aktien- und GmbH-Konzernrecht, § 10 SpruchG Rn. 2; *Puszkajler*, in: Kölner Kommentar AktG, § 10 SpruchG Rn. 7.
7 *Volhard*, in: Semler/Stengel UmwG, § 10 SpruchG Rn. 5.

kung ausnehmen wollte. Andernfalls entstünde das wenig sinnvolle Ergebnis, dass Ergänzungen, die ein Beteiligter nach Ablauf der für die Replik oder Duplik gesetzten Frist vorbringt, nach Abs. 1 präkludiert wären, nicht aber, wenn er Ergänzungen dazu entgegen einer durch das Gericht nach § 7 Abs. 5 S. 2 SpruchG gesetzten Frist verspätet vorgenommen hätte. Es ist deshalb von einem Redaktionsversehen des Gesetzgebers auszugehen, der bei der Aufzählung der Fristen im Klammerzusatz die Nennung der Frist nach § 7 Abs. 5 S. 2 SpruchG schlichtweg übersehen hat. Hierfür spricht drittens auch Folgendes: § 10 SpruchG ist dem § 296 ZPO nachgebildet. Dieser zählt ebenfalls die relevanten Fristen, deren Verletzung zur Präklusion führt, in einem Klammerzusatz auf. Zu den dort aufgezählten Fristen gehört auch die nach § 273 Abs. 2 Nr. 1 ZPO. Diese Vorschrift ist ihrerseits wiederum Vorbild für § 7 Abs. 5 S. 2 SpruchG gewesen. Da der Gesetzgeber des SpruchG sich offensichtlich an den Regelungen der ZPO orientiert hat, ist davon auszugehen, dass er deren Systematik und Logik ohne unnötigen Bruch übernehmen wollte. Abs. 1 bezieht sich daher auch bei der für eine Präklusionsvorschrift gebotenen engen Auslegung auf die Frist nach § 7 Abs. 5 S. 2 SpruchG, so dass es auf eine andernfalls mögliche Anwendung des Abs. 2 bei der Frist nach § 7 Abs. 5 S. 2 SpruchG nicht ankommt.

cc) Sonstige Fristen

Auf andere Fristen ist Abs. 1 nicht anwendbar, auch nicht entsprechend[8]. 7 Dies gilt z. B. für die Frist nach § 4 Abs. 1 SpruchG (Antragsfrist) und § 4 Abs. 2 SpruchG (Antragsbegründungsfrist). Die Versäumung dieser Fristen führt zur Unzulässigkeit des Antrags. Ferner ist Abs. 1 nicht anwendbar auf Fristen nach § 8 Abs. 3 SpruchG i. V. m. § 283 ZPO (Schriftsatznachlassfrist). Bei Versäumung dieser Frist kommt gegebenenfalls Abs. 2 in Betracht. Schließlich gilt Abs. 1 nicht in Bezug auf Fristen nach § 9 Abs. 3 SpruchG (Frist für Zulässigkeitsrügen). Die Rechtsfolgen der Versäumung dieser Frist sind in Abs. 4 (Zulassung trotz Verspätung bei genügender Entschuldigung) gesondert geregelt.

dd) Wirksame Fristsetzung

Nur wirksam gesetzte Fristen können bei ihrer Versäumung zur Präklusi- 8 on führen[9]. Dafür reicht es aus, wenn die nach § 7 Abs. 2 S. 3, Abs. 4 bzw. Abs. 5 S. 2 SpruchG gesetzte Frist nur durch den Vorsitzenden gesetzt wurde, da dieser gemäß § 2 Abs. 2 S. 1 Nr. 4 SpruchG insoweit anstelle der Kammer entscheidet. Sollte trotz dieser Zuständigkeitsregel die Kammer die Frist gesetzt haben, ist selbstverständlich auch diese Fristsetzung wirksam, da § 2 Abs. 2 S. 1 Nr. 4 SpruchG die Handlungsmöglichkeiten

---

8 *Simons*, in: Hölters AktG, § 10 SpruchG Rn. 8; *Emmerich*, in: Emmerich/Habersack: Aktien- und GmbH-Konzernrecht, § 10 SpruchG Rn. 2; *Puszkajler*, in: Kölner Kommentar AktG, § 10 SpruchG Rn. 7.

9 *Puszkajler*, in: Kölner Kommentar AktG, § 10 SpruchG Rn. 8; *Hüffer*, Aktiengesetz, § 10 SpruchG Rn. 2.

des Vorsitzenden erweitern, nicht aber das wirksame Handeln der Kammer einschränken soll[10]. Unschädlich ist nach richtiger Auffassung auch eine fehlende Belehrung über die Folgen der Fristversäumung, da eine solche nach dem Gesetz nicht vorgeschrieben ist[11]; dies kann allenfalls ausnahmsweise im Bereich des Verschuldens der Fristversäumnis Relevanz entfalten.

9 Unwirksam kann eine Fristsetzung dagegen aus folgenden Gründen sein[12]:

- unklare Fristsetzung,
- Frist unterhalb der vorgegebenen Mindestfrist oder innerhalb dieser, aber unangemessen kurz,
- fehlende Unterschrift oder lediglich Paraphe des Richters,
- fehlende Zustellung bzw. Bekanntgabe einer beglaubigten Abschrift der Verfügung, § 15 FamFG.

ee) Ablauf der Frist

10 Die Stellungnahme oder Einwendung müsste erst nach Ablauf der Frist vorgebracht worden sein. Dies gilt sowohl für vollständig als auch teilweise nicht rechtzeitiges Vorbringen. Im Fall des nur teilweise nicht rechtzeitigen Vorbringens bezieht sich die Präklusion nur auf diesen Teil. Wird die Stellungnahme oder Einwendung dagegen mit lediglich inhaltlichen Mängeln oder Unklarheiten, aber vor Fristablauf vorgebracht, greift Abs. 1 nicht, wenn erst nach Fristablauf ein die inhaltlichen Mängel oder Unklarheiten korrigierendes Vorbringen erfolgt[13]. Die Abgrenzung zwischen solchen inhaltlichen Mängeln und Unklarheiten einerseits und dem teilweise unvollständigen bzw. teilweise nicht rechtzeitigen Vorbringen andererseits, kann im Einzelfall schwierig sein. Sollte die Mängelbeseitigung allerdings nicht rechtzeitig nach einem richterlichen Hinweis gemäß § 8 Abs. 3 SpruchG i. V. m. § 139 ZPO erfolgen, kommt Abs. 2 in Betracht.

---

10 *Simons*, in: Hölters AktG, § 10 SpruchG Rn. 8; *Hüffer*, Aktiengesetz, § 10 SpruchG Rn. 2.
11 So auch *Puszkajler*, in: Kölner Kommentar AktG, § 10 SpruchG Rn. 10; a. A.: *Hüffer*, Aktiengesetz, § 10 SpruchG Rn. 3; *Simons*, in: Hölters AktG, § 10 SpruchG Rn. 8; *Kubis*, in: Münchener Kommentar AktG, § 10 SpruchG Rn. 3; *Wälzholz*, in: Widmann/Mayer UmwG, Anh. 13 § 10 SpruchG Rn. 2.1.; vgl. auch OLG Karlsruhe v. 29.11.1978 – 6 U 105/78 – NJW 1979, 879, 879.
12 *Mennicke*, in: Lutter UmwG, § 10 SpruchG Rn. 3; *Simons*, in: Hölters AktG, § 10 SpruchG Rn. 8; *Puszkajler*, in: Kölner Kommentar AktG, § 10 SpruchG Rn. 8.
13 *Simons*, in: Hölters AktG, § 10 SpruchG Rn. 8; *Puszkajler*, in: Kölner Kommentar AktG, § 10 SpruchG Rn. 8.

b) Stellungnahmen und Einwendungen

aa) Begriff der Stellungnahmen und Einwendungen

Der Begriff „Einwendung" ist hier nicht im zivilrechtlichen Sinn (in Abgrenzung zur Einrede) zu verstehen, da die Antragsteller andernfalls nur aufgefordert wären, ihre rechtsvernichtenden Argumente vorzubringen. Er umfasst vielmehr sämtliches Vorbringen der Antragsteller gegen das Vorbringen des Antragsgegners. Gleiches gilt umgekehrt für den Begriff „Stellungnahme". **11**

Aus den in Abs. 1 genannten Fristsetzungsnormen ergibt sich weiter, dass mit den Begriffen „Stellungnahmen und Einwendungen" einerseits die schriftliche Erwiderung des Antragsgegners zu den Anträgen der Antragsteller gemäß § 7 Abs. 2 SpruchG und die schriftliche Erwiderung der Antragsteller und des gemeinsamen Vertreters gemäß § 7 Abs. 4 S. 2 SpruchG auf den Schriftsatz des Antragsgegners und die in § 7 Abs. 3 SpruchG genannten Unterlagen[14] gemeint sind. Wie bereits gezeigt, sind andererseits die in § 7 Abs. 5 SpruchG genannten Ergänzungen und Erläuterungen als Teil der Stellungnahmen und Erwiderungen von diesen mit umfasst, auch wenn Abs. 1 die Frist des § 7 Abs. 5 SpruchG (aufgrund eines Redaktionsversehens) nicht ausdrücklich nennt. **12**

Aus der Gegenüberstellung mit der Formulierung in § 9 Abs. 1 SpruchG („Anträge und weiteres Vorbringen") ergibt sich ferner, dass die dort genannten Anträge der Antragsteller, einschließlich Antragsbegründung, nicht von den „Stellungnahmen und Einwendungen" erfasst werden. Dies macht Sinn, da Anträge bzw. Antragsbegründungen, die nicht innerhalb der dafür gesetzten Frist (§ 4 Abs. 1 SpruchG) gestellt werden, bereits als unzulässig abzuweisen sind. Anders als § 296 Abs. 1 ZPO, an den sich die Vorschrift anlehnt, spricht Abs. 1 nicht von „Angriffs- und Verteidigungsmitteln", sondern von „Stellungnahmen und Einwendungen". Diese wie jene Begriffe erfassen die in § 296 Abs. 1 ZPO genannten Behauptungen und das Bestreiten. Wie zu § 9 Abs. 1 SpruchG ausgeführt, gibt es im Spruchverfahren jedoch keine Beweisführungslast, so dass das Gericht mit Beweisfälligkeit seine Entscheidung nicht begründen kann. Mangels Beweisführungslast können daher auch für Beweismittel und Beweiseinreden keine Fristen gesetzt werden, so dass diese nicht von den Begriffen „Stellungnahmen und Einwendungen" erfasst sind. **13**

bb) Nur erhebliche Stellungnahmen und Einwendungen

Abs. 1 gilt nur für erhebliche Stellungnahmen und Einwendungen. Unerhebliches bleibt bei der Entscheidungsfindung durch das Gericht ohnehin außer Betracht. Ob es verspätet vorgebracht wurde, ist daher irre- **14**

---

14 Bezogen auf § 7 Abs. 3 a. A.: *Emmerich*, in: Emmerich/Habersack: Aktien- und GmbH-Konzernrecht, § 10 SpruchG Rn. 3.

levant. Für rein rechtliches Vorbringen kann bereits keine Frist gesetzt werden[15], so dass dieses auch nicht nach Abs. 1 präkludiert sein kann.

15 Als weitere Voraussetzung muss der Vortrag streitig sein. Bei der Einwendung ergibt sich dies aus ihrem Begriff. Bei der Stellungnahme steht allerdings nicht von vornherein fest, dass die anderen Beteiligten sie bestreiten. Solange dies nicht feststeht, scheidet eine Präklusion nach Abs. 1 aus, da Unstreitiges nie verzögern kann.

c) Freie Überzeugung des Gerichts

16 Das Gericht entscheidet nach „freier Überzeugung", ob (ausnahmsweise) die Voraussetzungen für die Zulassung erfüllt sind. Da die Formulierung „freie Überzeugung" vorangestellt ist, erstreckt sie sich auf beide Ausnahmevoraussetzungen, d. h. auf die Frage, ob die Zulassung die Erledigung des Rechtsstreits verzögern würde und die Frage, ob die Verspätung entschuldigt wurde. Die Formulierung „freie Überzeugung" entspricht der in § 8 Abs. 2 SpruchG. Auf die dortige Kommentierung wird verwiesen.

d) Rechtsstreit

17 Anders als Abs. 2 spricht Abs. 1 nicht von der Erledigung des Verfahrens, sondern von der Erledigung des „Rechtsstreits". Trotzdem im Laufe des Gesetzgebungsverfahrens angeregt wurde, die Begriffe aneinander anzupassen und einheitlich von Verfahren zu sprechen, ist der Gesetzgeber dem nicht gefolgt. Gleichwohl handelt es sich um ein Redaktionsversehen, da keinerlei Grund ersichtlich ist, warum der Gesetzgeber sich an dieser Stelle für einen vom ansonsten durchgängig im SpruchG verwendeten Begriff des Verfahrens abweichenden Begriff entschieden haben sollte. Im Hinblick auf das Spruchverfahren ist der Begriff des Rechtsstreits irreführend. Sowohl in Abs. 1 als auch Abs. 2 geht es um die Verzögerung der Erledigung des gesamten Verfahrens.

e) Keine Verzögerung der Erledigung

18 Ob eine Verzögerung der Erledigung des Verfahrens eintreten würde, hat das Gericht bezogen auf den Zeitpunkt des Vorbringens zu prüfen.

aa) Absoluter und relativer Verzögerungsbegriff

19 Da Abs. 1 an § 296 Abs. 1 ZPO angelehnt ist, gilt der im Zivilprozessrecht von Rechtsprechung und Lehre angewandte absolute Verzögerungsbe-

---

15 *Simons*, in: Hölters AktG, § 10 SpruchG Rn. 8; *Emmerich*, in: Emmerich/Habersack: Aktien- und GmbH Konzernrecht, § 10 SpruchG Rn. 4; *Puszkajler*, in: Kölner Kommentar AktG, § 10 SpruchG Rn. 4; a. A.: *Kubis*, in: Münchener Kommentar AktG, § 10 SpruchG Rn. 2; *Winter*, in: Simon SpruchG, § 10 Rn. 4, 13.

griff entsprechend[16]. Danach kommt es ausschließlich darauf an, ob der Rechtsstreit bei Zulassung des verspäteten Vorbringens (nicht nur ganz unerheblich) länger dauern würde als bei dessen Zurückweisung.

Die Feststellung ist im Spruchverfahren bei Durchführung einer mündlichen Verhandlung einfach zu treffen, weil in aller Regel bei Zulassung ein weiterer Termin erforderlich wäre, während bei Nichtzulassung das Verfahren sofort beendet werden kann. Insofern ist Entscheidungsreife des ganzen Rechtsstreits im Zeitpunkt des verspäteten Vorbringens erforderlich. So liegt eine Verzögerung dann nicht vor, wenn die unverzügliche Fortsetzung der Beweisaufnahme möglich wäre. Dies ist von Relevanz, wenn der anwesende Sachverständige oder sachverständige Prüfer zu weiteren, bisher nicht behaupteten Bewertungsaspekten sofort befragt werden und ohne weitere Vorbereitung darauf antworten kann. Wird entgegen § 8 Abs. 1 SpruchG ausnahmsweise keine mündliche Verhandlung anberaumt, tritt Verzögerung ein, wenn das Verfahren bei Zurückweisung des verspäteten Vorbringens spruchreif wäre; eine Verzögerung läge z. B. vor, wenn aufgrund des verspäteten Vorbringens die Einholung eines Sachverständigengutachtens oder die (nochmalige) Anhörung des sachverständigen Prüfers erforderlich würde. *20*

Der absolute Verzögerungsbegriff unterliegt angesichts der einschränkenden Wirkung des grundgesetzlich geschützten rechtlichen Gehörs gewissen Einschränkungen. Eine Verzögerung scheidet dann aus, wenn das Gericht sie durch zumutbare Maßnahmen bei der Terminsvorbereitung abwenden kann; aber auch dann, wenn solche Maßnahmen nicht mehr ergriffen werden, aber zumutbar hätten ergriffen werden können und vom Gericht fehlerhaft unterlassen wurden. Weiter soll auch eine nur unerhebliche Verzögerung keinen Ausschluss rechtfertigen. Wie bei § 296 ZPO soll nach der Rechtsprechung durch die Präklusion schließlich auch keine Überbeschleunigung eintreten, sie soll also auch dann ausgeschlossen sein, wenn das Verfahren mit der Präklusion deutlich früher enden würde. *21*

Für eine Anwendung des relativen Verzögerungsbegriff, der vergleicht, ob das Verfahren bei rechtzeitigem Vorbringen früher geendet oder genauso lange gedauert hätte, wie bei verspätetem Vorbringen, besteht kein Anlass[17]. Im Gegenteil würde seine Anwendung dem Gericht erheblich mehr Aufwand zur Beurteilung abverlangen, was der mit § 10 SpruchG beabsichtigten Verfahrensförderung widersprechen würde. *22*

---

16 *Simons*, in: Hölters AktG, § 10 SpruchG Rn. 10; *Hüffer*, Aktiengesetz, § 10 SpruchG Rn. 4; *Emmerich*, in: Emmerich/Habersack: Aktien- und GmbH-Konzernrecht, § 10 SpruchG Rn. 5; *Kubis*, in: Münchener Kommentar AktG, § 10 SpruchG Rn. 4; *Puszkajler*, in: Kölner Kommentar AktG, § 10 SpruchG Rn. 12; *Drescher*, in: Spindler/Stilz AktG, § 10 SpruchG Rn. 3.
17 *Simons*, in: Hölters AktG, § 10 SpruchG Rn. 10.

bb) Insbesondere: Verzögerung im frühen ersten Termin

23 Eine Verzögerung kommt nach h. M. hinsichtlich der vergleichbaren Lage im Zivilprozess bereits im frühen ersten Termin in Betracht, sofern in diesem Termin der Rechtsstreit hätte beendet werden können. Daran fehlt es, wenn dieser Termin erkennbar nur ein sog. Durchlauftermin ist, in dem für die Verfahrensbeteiligten zum Zeitpunkt der Terminsbestimmung erkennbar noch keine abschließende streitige Verhandlung (einschließlich ggf. Beweisaufnahme) erfolgen soll. Das gilt, wenn der Termin Teil eines Sammeltermins ist, wenn für den Termin deutlich zu wenig Zeit vorgesehen ist oder wenn die Frist für die Erwiderung auf die Antragserwiderung kurz vor dem Termin abläuft, so dass erkennbar ist, dass das Gericht vorbereitende Maßnahmen nicht mehr treffen will.

cc) Insbesondere: Verzögerung in der Güteverhandlung

24 Das Gericht soll nach § 11 Abs. 2 S. 1 SpruchG in jeder Lage des Verfahrens auf eine gütliche Einigung bedacht sein. Setzt es vor dem frühen ersten Termin und damit vor der mündlichen Verhandlung zum Versuch der gütlichen Einigung eine dem Zivilprozess entsprechende (Güte-) Verhandlung an, können bereits nach § 7 Abs. 2 S. 3 oder Abs. 4 SpruchG gesetzte Fristen abgelaufen sein. Erfolgt eine Stellungnahme oder Einwendung nach einem solchen Fristablauf erstmals in der Güteverhandlung, ist sie dort dennoch zuzulassen, da die Güteverhandlung der einvernehmlichen Streitbeilegung dient, wozu das Gericht den Sach- und Streitstand mit den Beteiligten unter freier Würdigung aller Umstände erörtert. Kommt es nicht zur gütlichen Einigung, ist die verspätete Stellungnahme oder Einwendung in einer unmittelbar anschließend durchgeführten mündlichen Verhandlung – soweit diese nicht lediglich Durchlauftermin ist – nach den dargestellten Grundsätzen nicht zuzulassen, wenn sie weiterhin streitig und entscheidungserheblich ist. Soll die mündliche Verhandlung erst zu einem späterem Termin erfolgen, sind verspätete Stellungnahmen oder Einwendungen wegen der Mitverantwortung des Gerichts für die Verfahrensförderung in der Regel zuzulassen, so dass dadurch den Beteiligten ein entsprechender Fluchtweg eröffnet ist.

dd) Ursächlichkeit der Verzögerung

25 An einer ursächlichen Verzögerung fehlt es, wenn das Gericht das verspätete Vorbringen ohnehin beachten muss, wenn es etwa mit dem rechtzeitigen Vorbringen eines anderen Streitgenossen übereinstimmt. Da die Spruchverfahren mehrerer Antragsteller gegen denselben Antragsgegner regelmäßig aus Gründen der Verfahrensökonomie nach § 20 FamFG verbunden werden, mit der Folge, dass die Antragsgegner zu Streitgenossen werden, kommt dem besondere Bedeutung zu. Keine Ursächlichkeit besteht in der Regel auch dann, wenn ohnehin noch ein Gutachten in Auftrag gegeben werden muss.

f) Entschuldigung der Verspätung

Steht für das Gericht fest, dass die verspätete Stellungnahme oder Einwendung die Erledigung des Rechtsstreits verzögern würde, darf es diese nur dann zulassen, wenn der Beteiligte die Verspätung entschuldigt, wenn ihm also auch unter Berücksichtigung des Beschleunigungsgedanken kein Vorwurf zu machen ist[18].

aa) Verschuldensvermutung

Von Gesetzes wegen wird grundsätzlich vermutet, dass die verspätete Stellungnahme oder Einwendung schuldhaft verspätet erfolgt ist. Einfache Fahrlässigkeit genügt. Eine Verzögerungsabsicht ist in keinem Fall erforderlich. Hat für den Beteiligten ein Bevollmächtigter gehandelt, muss sich der Beteiligte dessen schuldhaftes Handeln zurechnen lassen, wobei in der Regel an die Sorgfaltspflichten eines Rechtsanwalts erhöhte Anforderungen zu stellen sind[19].

Die Verschuldensvermutung ist unbedenklich, wenn das Gericht vor seiner Entscheidung einen entsprechenden Hinweis und Gelegenheit zur Äußerung geben muss. Grundlage hierfür sind der Grundsatz auf rechtliches Gehör (Art. 103 Abs. 1 GG) und § 8 Abs. 3 SpruchG i. V. m. § 139 Abs. 2 ZPO. Der Hinweis ist allerdings entbehrlich, wenn ein Beteiligter die Verspätung gerügt und Nichtzulassung „beantragt" hat. Für den säumigen Beteiligten folgt die Möglichkeit, sich äußern zu können, bereits daraus, dass er nach Abs. 1 Gelegenheit haben muss, seine Verspätung zu entschuldigen.

bb) Entschuldigung

Ob die Verspätung entschuldigt ist, prüft das Gericht nach freier Überzeugung. Nicht entschuldigt ist die Verspätung dann, wenn der Beteiligte bei der erforderlichen, ihm obwaltenden und möglichen Sorgfalt die Verspätung hätte vermeiden können, wobei insbesondere der Beschleunigungsgedanke zu berücksichtigen ist[20]. Hat für den Beteiligten ein Bevollmächtigter, insbesondere ein Anwalt, gehandelt, so kommt es auf die für den Bevollmächtigten erforderliche Sorgfalt an. Angesichts des vom Gesetzgeber bewusst festgesetzten rigiden Prozederes (insbesondere bei Abs. 2) ist für einen – teilweise vertretenen[21] – großzügigen Umgang mit der Entschuldigung kein Raum[22].

---

18 *Simons*, in: Hölters AktG, § 10 SpruchG Rn. 10; *Hüffer*, Aktiengesetz, § 10 SpruchG Rn. 4.
19 *Klöcker*, in: Schmidt/Lutter Aktiengesetz, § 10 SpruchG Rn. 4; *Puszkajler*, in: Kölner Kommentar AktG, § 10 SpruchG Rn. 13.
20 *Simons*, in: Hölters AktG, § 10 SpruchG Rn. 10.
21 *Emmerich*, in: Emmerich/Habersack: Aktien- und GmbH-Konzernrecht, § 10 SpruchG Rn. 7; *Hüffer*, Aktiengesetz, § 10 SpruchG Rn. 6.
22 *Simons*, in: Hölters AktG, § 10 SpruchG Rn. 10; *Puszkajler*, in: Kölner Kommentar AktG, § 10 SpruchG Rn. 13.

30 Als Entschuldigung kommen z. B. in Betracht:
- Der mit der Angelegenheit vertraute Anwalt befand sich im Urlaub und konnte daher nicht rechtzeitig beauftragt werden. Keine Entschuldigung, sondern eher Zeichen grober Nachlässigkeit ist es, wenn der Beteiligte sich während des Verfahrens mit auch für den bevollmächtigten Anwalt unbekanntem Aufenthaltsort und ohne zureichende Informationen zum Verfahren auf Urlaubsreise begibt;
- Dem Beteiligten ist der Inhalt des mit der verspäteten Stellungnahme oder Einwendung vorgebrachten Vortrags nicht rechtzeitig bekannt geworden;
- Zu kurz bemessene Frist. War die Fristsetzung unwirksam, muss dies nicht als Entschuldigungsgrund vorgebracht werden, vielmehr fehlt es dann bereits am Tatbestandsmerkmal der (wirksamen) Fristsetzung;
- Dem Beteiligten war der Vortrag aus objektiven Gründen nicht möglich, etwa weil er keinen Zugang zu den Informationen hat;
- Missverständnis aufgrund unklarer Formulierung eines gerichtlichen Hinweises[23].

31 Dagegen scheiden als Entschuldigung z. B. aus:
- Eine verschuldete Verspätung des vom Beteiligten gemäß § 17 Abs. 1 SpruchG i. V. m. § 10 FamFG mit der Vertretung beauftragten bevollmächtigten Rechtsanwalts muss sich der Beteiligte analog § 85 Abs. 2 ZPO zurechnen lassen;
- Zeitliche Überlastung. Diese ist zwar weit verbreitet, häufig aber auch nur ein Vorwand. Der Gesetzgeber hat sie in jedem Falle nicht als ausreichende Entschuldigung anerkannt;
- Auch Gesetzesunkenntnis (darüber, dass die gerichtlich gesetzte Frist präklusive Wirkung hat) kann die Versäumnis nicht entschuldigen. Das gilt richtigerweise nicht nur dann, wenn ein Rechtsanwalt als Bevollmächtigter eingeschaltet ist, sondern auch sonst, da das Gericht eine eindeutige Frist gesetzt haben muss.

cc) Glaubhaftmachung der Entschuldigung

32 Eine Glaubhaftmachung der Entschuldigung auf Verlangen des Gerichts ist, anders als bei der vergleichbaren zivilprozessualen Präklusionsvorschrift des § 296 ZPO (vgl. § 296 Abs. 4 ZPO), nicht vorgesehen. Das Gericht kann daher weder die Glaubhaftmachung verlangen, noch würde diese zur Beweisführung genügen, da Glaubhaftmachung nur in den gesetzlich vorgesehenen Fällen zulässig und ausreichend ist[24]. Wird die Entschuldigung angezweifelt, kann der Beteiligte die Zweifel daher nicht

---

23 *Mennicke*, in: Lutter UmwG, § 10 SpruchG Rn. 5.
24 *Volhard*, in: Semler/Stengel UmwG, § 10 SpruchG Rn. 7; a. A.: *Puszkajler*, in: Kölner Kommentar AktG, § 10 SpruchG Rn. 15.

durch eine bloße Versicherung an Eides statt ausräumen, die bei einer Verpflichtung zur Glaubhaftmachung ausreichend wäre (§ 294 Abs. 1 ZPO), sondern kann sich nach § 17 Abs. 1 SpruchG i. V. m. § 30 FamFG nur der sonst zugelassenen Beweismittel des Zivilprozesses bedienen. Verbreitet wird sogar vertreten, dass der Beteiligte die Entschuldigung direkt in dem Schriftsatz darzulegen und zu begründen hat[25].

g) Zulassung verspäteter Stellungnahmen oder Einwendungen

Sind die Zulassungsvoraussetzungen erfüllt, d. h. würde die Erledigung 33 nicht verzögert oder hat der Beteiligte die Verspätung entschuldigt und unverzüglich vorgetragen, so „sind" die – obgleich verspäteten – Stellungnahmen oder Einwendungen zuzulassen – soweit nicht andere Gründen gegen ihre Zulassung sprechen. Über die Zulassung ergeht keine Zwischenverfügung oder -beschluss[26]. Vielmehr wird die verspätete Stellungnahme oder Erwiderung im weiteren Verfahren wie eine nicht verspätete behandelt. Allerdings ist in den Entscheidungsgründen auf die Frage der Verspätung einzugehen, insbesondere wenn diese streitig war.

h) Nichtzulassung verspäteter Stellungnahmen oder Einwendungen

Sind die Voraussetzungen für die Zulassung der verspäteten Stellung- 34 nahme oder Einwendung nicht erfüllt, d. h. die Zulassung würde die Erledigung verzögern und die Verspätung wurde nicht entschuldigt, muss das Gericht die Zulassung ablehnen; das gilt selbst dann, wenn alle Beteiligte den Punkt einbeziehen möchten, er aber streitig bleibt. Auch hierüber ergeht keine Zwischenverfügung oder -beschluss[27]; allerdings ist jedenfalls anwaltlich nicht vertretenen Beteiligten vor der Zurückweisung rechtliches Gehör zu gewähren[28], auch um ihnen die Möglichkeit zu geben, Gründe darzulegen, weshalb der verspätete Einwand doch noch zu berücksichtigen sei. Die verspätete Stellungnahme oder Erwiderung wird im weiteren Verfahren wie eine nicht vorgetragene behandelt. Im Tatbestand des (End-) Beschlusses sind die für die Entscheidung bedeutsamen Tatsachen aufzuführen, in den Entscheidungsgründen ist deren Subsumtion unter Abs. 1 darzulegen § 38 Abs. 3 S. 1 FamFG[29]. Die Nichtzulassungsregelung stellt eine klare Verbesserung gegenüber der Rechtslage vor Inkrafttreten des SpruchG dar. Abs. 1 ermöglicht nunmehr generell, verspäteten Sachvortrag zurückzuweisen. Abs. 3 stellt klar, dass aus § 26

---

25 *Puszkajler*, in: Kölner Kommentar AktG, § 10 SpruchG Rn. 14; a. A.: *Greger*, in: Zöller ZPO, § 296 Rn. 24.
26 *Puszkajler*, in: Kölner Kommentar AktG, § 10 SpruchG Rn. 5.
27 *Puszkajler*, in: Kölner Kommentar AktG, § 10 SpruchG Rn. 5.
28 *Greger*, in: Zöller ZPO, § 296 Rn. 32.
29 *Simons*, in: Hölters AktG, § 10 SpruchG Rn. 16; *Hüffer*, Aktiengesetz, § 10 SpruchG Rn. 3; *Emmerich*, in: Emmerich/Habersack: Aktien- und GmbH-Konzernrecht, § 10 SpruchG Rn. 7; *Puszkajler*, in: Kölner Kommentar AktG, § 10 SpruchG Rn. 5.

SpruchG § 10 Verletzung der Verfahrensförderungspflicht

FamFG nicht die Pflicht folgt, den präkludierten Sachverhalt von Amts wegen zu ermitteln.

i) Rechtsmittel bei Nichtzulassung

35 Da über die Nichtzulassung keine Zwischenentscheidung ergeht, kann sich der betroffene Beteiligte hiergegen nur mittelbar, und zwar im Rahmen der Beschwerde (§ 12 SpruchG) gegen die Entscheidung des Gerichts nach § 11 SpruchG richten[30]. Danach kommt u. U. eine Verfassungsbeschwerde wegen Verletzung des Rechts auf rechtliches Gehör in Betracht. Eine unberechtigte Zulassung des Vortrags soll die Entscheidung allerdings nicht anfechtbar machen[31]

2. Möglichkeit der Zurückweisung verspäteten Vorbringens (Abs. 2)

36 Auch Abs. 2 hat sein Vorbild in § 296 Abs. 2 ZPO und ist ebenfalls nach dem Regel-Ausnahme-Prinzip aufgebaut, allerdings in umgekehrter Reihenfolge als Abs. 1. So ist das entgegen § 9 Abs. 1 oder 2 SpruchG nicht rechtzeitig erfolgte Vorbringen grundsätzlich zuzulassen[32]. Ausnahmsweise kann es aber doch zurückgewiesen werden, wenn die Zulassung nach freier Überzeugung des Gerichts die Erledigung des Verfahrens verzögern würde und (zusätzlich) die Verspätung nicht entschuldigt wird.

a) Vorbringen

37 Anders als Abs. 1 bezieht sich Abs. 2 nicht auf „Stellungnahmen oder Einwendungen", sondern pauschal auf „Vorbringen". Der Begriff ist nicht deckungsgleich mit dem „weiteren Vorbringen" in § 9 Abs. 1 SpruchG oder dem „Vorbringen" in § 9 Abs. 2 SpruchG. Vielmehr ist damit jedes Vorbringen gemeint, das nicht bereits als Stellungnahme oder Einwendung dem Abs. 1 unterfällt und gilt damit umfassend für alle sonstigen Verstöße gegen die Verfahrensförderungspflichten[33]. Hierzu gehören auch und vor allem die in § 9 Abs. 1 SpruchG genannten „Anträge", die in § 7 Abs. 3 SpruchG genannten Unterlagen (selbst wenn die Rechtsfolge als Sanktion wenig geeignet ist) und das „weitere Vorbringen" wie z. B. im Sinne des § 9 Abs. 1 SpruchG. Erfolgt die Vorlage derselben – trotz gegebenenfalls verhängter Sanktionen nach § 7 Abs. 8 SpruchG – nicht, und sollten daher entscheidungserhebliche Tatsachen nicht feststellbar sein,

---

30 *Simons*, in: Hölters AktG, § 10 SpruchG Rn. 16.
31 *Emmerich*, in: Emmerich/Habersack: Aktien- und GmbH-Konzernrecht, § 10 SpruchG Rn. 7; *Puszkajler*, in: Kölner Kommentar AktG, § 10 SpruchG Rn. 23.
32 *Emmerich*, in: Emmerich/Habersack: Aktien- und GmbH-Konzernrecht, § 10 SpruchG Rn. 9; a. A.: *Puszkajler*, in: Kölner Kommentar AktG, § 10 SpruchG Rn. 16; *Simons*, in: Hölters AktG, § 10 SpruchG Rn. 1, 5; wie bei Abs. 1 grundsätzlich die Nicht-Zulassung; gegen ein Regel-Ausnahme-Verhältnis auch *Hüffer*, Aktiengesetz, § 10 SpruchG Rn. 5.
33 *Hüffer*, Aktiengesetz, § 10 SpruchG Rn. 5; *Puszkajler*, in: Kölner Kommentar AktG, § 10 SpruchG Rn. 17.

könnte das Gericht der Entscheidung eine entsprechende Schätzung der fehlenden Angaben zugrunde legen; soweit eine Schätzung nicht möglich ist, würde die Ungewissheit über die entscheidungserheblichen Tatsachen nach den Grundsätzen über die Verteilung der Feststellungslast zu lösen sein. Eine nähere Bestimmung des Vortrags, den das Gericht als verspätet zurückweisen darf, und der Umstände, die von Amts wegen zu ermitteln sind, wird nach der Gesetzesbegründung der Rechtsprechung überlassen, die hier bereits aufgrund der bisher geltenden gesetzlichen Regelung entsprechende Ansätze entwickelt hat. Die genaue Abgrenzung, wann ein Vorbringen verzögert ist, kann nicht anhand starrer Fristen sondern nur im Einzelfall aufgrund der jeweiligen Umstände getroffen werden. Reine Rechtsausführungen sind nie ausgeschlossen.

b) Fehlende Rechtzeitigkeit

Anders als in Abs. 1 stellt Abs. 2 nicht auf den Ablauf einer konkret gesetzten Frist ab. Vielmehr ist nur solches Vorbringen nicht rechtzeitig, das gemessen an § 9 Abs. 1 und 2 SpruchG nicht rechtzeitig erfolgte[34]. Nach § 9 Abs. 1 SpruchG sind Anträge und „weiteres Vorbringen" sowohl vor als auch in der mündlichen Verhandlung nicht rechtzeitig vorgebracht, wenn das Vorbringen nach der Verfahrenslage nicht einer sorgfältigen und auf Förderung des Verfahrens bedachten Verfahrensführung entspricht. § 9 Abs. 2 SpruchG gilt nur für „Vorbringen" und nur vor der mündlichen Verhandlung. Hier fehlt es an der Rechtzeitigkeit, wenn andere Beteiligte oder der sachverständige Prüfer zeitlich nicht mehr in der Lage sind, erforderliche Erkundigungen einzuholen. Abs. 2 kommt danach z. B. in Betracht, wenn zwar keine der in Abs. 1 genannten, aber eine andere Frist versäumt wird, so z. B. die Schriftsatznachlassfrist nach § 8 Abs. 3 SpruchG i. V. m. § 283 ZPO. Wegen der Einzelheiten zu den Voraussetzungen der Verspätungsvorschriften in § 9 Abs. 1 und 2 SpruchG wird auf die dortige Kommentierung verwiesen.

38

c) Freie Überzeugung des Gerichts

Wie in Abs. 1 entscheidet auch hier das Gericht nach freier Überzeugung. Auch hier bezieht sich diese Anforderung auf die Beurteilung der Verzögerung und der Entschuldigung. Es kann daher auf die Kommentierung zu Abs. 1 entsprechend verwiesen werden.

39

d) Verzögerung der Erledigung

Hier gilt zunächst das im Hinblick auf Abs. 1 zur Verzögerung Gesagte entsprechend. Ergänzend sei noch auf den Einwand hingewiesen, dass die Verspätungsvorschriften in § 10 SpruchG wohl keine allzu große Bedeutung erlangen würden; denn wenn ohnehin ein Sachverständigengutachten einzuholen sei, könne eine Verzögerung kaum je eintreten.

40

---

34 *Kubis*, in: Münchener Kommentar AktG, § 10 SpruchG Rn. 6; *Puszkajler*, in: Kölner Kommentar AktG, § 10 SpruchG Rn. 17.

SpruchG § 10 Verletzung der Verfahrensförderungspflicht

Ein Sachverständigengutachten sei aber auch ohne ausreichende Erwiderung des Antragsgegners erforderlich, denn da die Antragsteller auch nach neuem Recht keinen bestimmten Sachantrag (d. h. nicht auf einen bestimmten Betrag) zu stellen bräuchten (und meist auch nicht stellen), könne das Gericht ohne ein gerichtliches Gutachten kaum auf einen bestimmten Entschädigungsbetrag erkennen. Dies ist nur zur Hälfte richtig. Denn zum Einen kann das gerichtliche Gutachten z. B. bereits angefertigt sein, so dass dann verspäteter Vortrag eine erneute Begutachtung erforderlich machen und damit das Verfahren verzögern könnte. Zum Anderen ist keineswegs stets ein gerichtlich in Auftrag gegebenes Gutachten erforderlich. Hier ist zu berücksichtigen, dass bei Konzentrierung von Spruchverfahren bei einem Gericht je Bundesland (§ 71 Abs. 4 GVG) die zuständigen Richter mit der Zeit eigene hinreichende Expertise entwickeln können (und sollen). Auch soweit es in dem jeweiligen Spruchverfahren nur auf den Börsenkurs ankommt, lässt sich ein solches Gutachten gegebenenfalls vermeiden.

e) Keine Entschuldigung der Verspätung

41 Als Entschuldigungsgründe kommen grundsätzlich die gleichen wie bei Abs. 1 in Betracht. Wie dort genügt auch hier einfaches Verschulden. Abs. 2 weicht diesbezüglich von der Parallelvorschrift in § 296 Abs. 2 ZPO ab, die lediglich grobes Verschulden („grobe Nachlässigkeit") voraussetzt. Nach der Gesetzesbegründung erscheint es zur Erreichung der angestrebten Beschleunigung aufgrund der Erfahrungen mit erheblichen Verfahrensverzögerungen dringend geboten, an das Verhalten der Beteiligten im Spruchverfahren anders als im Zivilprozess erhöhte Anforderungen zu stellen[35]. Die Voraussetzung lediglich einfachen Verschuldens sei mit Art. 103 Abs. 1 GG vereinbar. Zur Begründung wird darauf verwiesen, dass das Bundesverfassungsgericht Präklusionsvorschriften für verfassungsgemäß erklärt habe. Solche Vorschriften müssen wegen der einschneidenden Folgen, die sie für die säumige Partei nach sich ziehen, strengen Ausnahmecharakter haben. Dieser ist nach dem Bundesverfassungsgericht jedenfalls dann gewahrt, wenn die betroffene Partei ausreichend Gelegenheit hatte, sich in den ihr wichtigen Punkten zur Sache zu äußern, dies aber aus von ihr zu vertretenden Gründen versäumt hat. Die Partei muss gegen ihre Prozess- bzw. Verfahrensförderungspflicht verstoßen haben. Dieser Verstoß muss zugleich kausal für eine Verzögerung des Verfahrens sein. Das Gericht hat bei seiner Ermessensentscheidung nach Abs. 2 die Vorgaben des Bundesverfassungsgerichts zu berücksichtigen. Als verfassungswidrig kann man die Vorschrift vor diesem Hintergrund nicht bezeichnen, auch wenn entsprechende Bedenken geltend gemacht werden[36].

---

35 Begr. RegE BT-Drs. 15/371, S. 16.
36 *Büchel*, NZG 2003, 793, 799; *Emmerich*, in: Emmerich/Habersack: Aktien- und GmbH-Konzernrecht, § 10 SpruchG Rn. 1.

Das Gericht sollte sich allerdings auch bewusst sein, dass die Präklusions- 42
vorschrift den Antragsgegner härter (weil immer) trifft als den Antragsteller, dessen Verspätung durch den rechtzeitigen Vortrag eines anderen Antragstellers oder des gemeinsamen Vertreters ausgeglichen werden kann. Zu Recht wird daher darauf hingewiesen, dass vom Gericht verlangt werden kann, dass es seinerseits im Rahmen der vorbereitenden Maßnahmen nach § 7 SpruchG oder durch Hinweis nach § 8 Abs. 3 SpruchG i. V. m. § 139 ZPO eine Verzögerung zu verhindern sucht. Mit Blick auf die Intention des Gesetzgebers und das bezogen auf den Verschuldensmaßstab bewusste Abweichen von § 296 Abs. 2 ZPO ist gleichzeitig aber der teilweise vertretenen Auffassung zu widersprechen, an die leichte Fahrlässigkeit seien besonders strenge Anforderungen zu stellen[37].

f) Möglichkeit zur Zurückweisung

Anders als nach Abs. 1 ist das Gericht nach Abs. 2 nicht gezwungen, die 43
Ausnahme zu befolgen. Es kann vielmehr das Vorbringen selbst dann zulassen, wenn die Voraussetzungen für eine Zurückweisung vorliegen. Die Entscheidung über die Zurückweisung trifft das Gericht nach freiem, d. h. pflichtgemäßem Ermessen. In Betracht kommt eine Zulassung trotz Vorliegens der Zurückweisungsgründe, wenn der Umfang der Verzögerung zu vernachlässigen ist. Auch der Grad des Verschuldens spielt eine Rolle. Es muss das Vorbringen aber zulassen, wenn es nicht verzögert oder die Verspätung ausreichend entschuldigt ist[38].

Wie bei Abs. 1 ergeht bei Abs. 2 keine Zwischenverfügung über die Zu- 44
lassung oder Zurückweisung verspäteten Vorbringens[39]. Auch hier ist den Beteiligten, gegebenenfalls nach rechtlichem Hinweis, die Gelegenheit zur Äußerung zu geben[40]. Auch hier müssen die Entscheidungsgründe die maßgeblichen Erwägungen erkennen lassen.

g) Rechtsmittel bei Zurückweisung

Hier gilt die Kommentierung zu Abs. 1 entsprechend. 45

3. Eingeschränkte Nichtanwendbarkeit von § 26 FamFG (Abs. 3)

Grundsätzlich findet der in § 26 FamFG geregelte Amtsermittlungsgrund- 46
satz über die Verweisung in § 17 Abs. 1 SpruchG auch für das Spruchverfahren Anwendung. § 26 FamFG lautet:

---

37 So aber *Hüffer*, Aktiengesetz, § 10 SpruchG Rn. 6; *Drescher*, in: Spindler/Stilz AktG, § 10 SpruchG Rn. 5; *Bungert/Mennicke*, BB 2003, 2021, 2028; *Emmerich*, in: Emmerich/Habersack: Aktien- und GmbH-Konzernrecht, § 10 SpruchG Rn. 1, 10; *Kubis*, in: Münchener Kommentar AktG, § 10 SpruchG Rn. 6.
38 *Simons*, in: Hölters AktG, § 10 SpruchG Rn. 12.
39 *Puszkajler*, in: Kölner Kommentar AktG, § 10 SpruchG Rn. 5.
40 *Puszkajler*, in: Kölner Kommentar AktG, § 10 SpruchG Rn. 21.

SpruchG § 10 Verletzung der Verfahrensförderungspflicht

> „**§ 26. Ermittlungen von Amts wegen.** Das Gericht hat von Amts wegen die zur Feststellung der entscheidungserheblichen Tatsachen erforderlichen Ermittlungen durchzuführen."

47 Durch Abs. 3 wird der Amtsermittlungsgrundsatz nunmehr für nicht anwendbar erklärt. Die Nicht-Anwendbarkeit gilt jedoch nur „insoweit". Gemeint sind damit die Verspätungsfälle des Abs. 1 und 2, wie sich auch aus syntaktischen Gründen ergibt. Für Zulässigkeitsrügen stellt Abs. 4 dagegen klar, dass die schon bisher von Amts wegen zu berücksichtigenden Zulässigkeitshindernisse auch weiterhin zu berücksichtigen sind.

48 Ohne Abs. 3 wäre das Gericht aufgrund des Amtsermittlungsgrundsatzes, der vor Inkrafttreten des SpruchG einer analogen Anwendung des § 296 ZPO entgegen stand, grundsätzlich verpflichtet, auch verspäteten Stellungnahmen und Einwendungen bzw. Vorbringen nachzugehen. Teilweise wird diese Einschränkung des Amtsermittlungsgrundsatzes[41] allerdings auch bereits aus Abs. 1 und 2 abgeleitet und Abs. 3 insoweit als reine Klarstellung verstanden[42]. Zwar waren auch nach altem Recht die Beteiligten trotz Anwendbarkeit des früher in § 12 FGG verankerten Amtsermittlungsgrundsatzes nicht davon befreit, nach ihrer Möglichkeit an der Aufklärung des Sachverhalts mitzuwirken. Was die Fälle des Abs. 1 und 2 betrifft, war daher schon bisher anerkannt, dass lediglich für einen Beteiligten günstige Umstände, die dieser nicht selbst vorgetragen hat, nicht noch von Amts wegen ermittelt werden müssen. Daraus wurden Darlegungslasten für die Beteiligten im Spruchverfahren abgeleitet. Abs. 3 i.V.m. Abs. 1 und 2 schränkt den Amtsermittlungsgrundsatz nunmehr jedoch erheblich weiter ein. Das Gericht ist danach auch dann nicht mehr zur Amtsermittlung verpflichtet, wenn der Beteiligte zwar vorgetragen hat, dieser Vortrag nach Abs. 1 oder 2 aber verspätet war. Dies gilt auch dann, wenn der (verspätete) Vortrag für die Entscheidung des Gerichts relevant sein sollte (bzw. gewesen wäre). Abs. 3 hindert das Gericht zwar nicht daran, weiterhin offensichtliche Fehler des Gutachtens des sachverständigen Prüfers, auch wenn sie nicht vom Antragsteller aufgegriffen werden, in der Entscheidung nach Gewährung rechtlichen Gehörs zu korrigieren. Aufgrund von Abs. 1 und 2 kann dies jedoch nicht gelten, wenn die Berücksichtigung oder Ermittlung solcher Umstände zu Verfahrensverzögerungen führen würde bzw. nur dann gelten, wenn der Beteiligte aus objektiven Gründen nicht vortragen konnte[43]. Eine Beweisführungslast für das Spruchverfahren folgt aus alledem jedoch nicht, da Abs. 3 die Tatbestände der Abs. 1 und 2 nicht definiert, sondern an sie anknüpft.

---

41 Zu der Reichweite der Einschränkung vgl. auch *Emmerich*, in: Emmerich/Habersack: Aktien- und GmbH-Konzernrecht, § 10 SpruchG Rn. 13 f.; *Kubis*, in: Münchener Kommentar AktG, § 10 SpruchG Rn. 7; *Puszkajler*, in: Kölner Kommentar AktG, § 10 SpruchG Rn. 24 ff.

42 *Klöcker*, in: Schmidt/Lutter Aktiengesetz, § 10 SpruchG Rn. 7; *Hüffer*, Aktiengesetz, § 10 SpruchG Rn. 5; *Simons*, in: Hölters AktG, § 10 SpruchG Rn. 14; *Kubis*, in: Münchener Kommentar AktG, § 10 SpruchG Rn. 7.

43 *Hüffer*, Aktiengesetz, § 10 SpruchG Rn. 7; *Puszkajler*, in: Kölner Kommentar AktG, § 10 SpruchG Rn. 24.

4. Zulassung verspäteter Zulässigkeitsrügen (Abs. 4)

Zulässigkeitsrügen, auch wenn sie verspätet erfolgen, sind stets zuzulassen, wenn sie von Amts wegen zu berücksichtigen sind. Nach Abs. 4 sind verspätete und nicht bereits von Amts wegen zu berücksichtigende Zulassungsrügen nur zuzulassen, wenn der Beteiligte die Verspätung genügend entschuldigt. Die Vorschrift ist § 296 Abs. 3 ZPO nachgebildet. 49

Sie knüpft an § 9 Abs. 3 SpruchG an, der das Vorbringen von Zulässigkeitsrügen regelt. Wegen der Einzelheiten wird auf die dortige Kommentierung verwiesen. Wird die in § 9 Abs. 3 SpruchG vorgegebene Frist gemäß § 7 Abs. 2 SpruchG nicht eingehalten, ist die Zulässigkeitsrüge verspätet. 50

Als Entschuldigung kommen hier grundsätzlich die gleichen wie bei Abs. 1 oder 2 in Betracht. Anders als Abs. 1 und 2 formuliert Abs. 4, dass die Entschuldigung „genügend" sein muss. Dem kommt keine eigenständige Bedeutung zu, da selbstverständlich auch in Abs. 1 und 2 keine ungenügenden Entschuldigungen ausreichen. Es liegt vielmehr die Vermutung nahe, dass die Nichtaufführung des Wortes „genügend" in Abs. 1 und 2 ein Redaktionsversehen ist. § 296 ZPO, an den sich die Abs. 1 bis 3 anlehnen, verlangt nämlich in allen dort genannten Entschuldigungsfällen, dass die Entschuldigung „genügend" sein muss. 51

Wie in Abs. 1 besteht eine Verpflichtung („sind") zur Zulassung, wenn die Zulassungsvoraussetzung erfüllt ist. Anders als in Abs. 1 kann und braucht die Verspätung jedoch nur durch eine (genügende) Entschuldigung kompensiert (zu) werden. Auf die Verzögerung des Rechtsstreits bzw. des Verfahrens kommt es hier daher nicht an. Da die wesentlichen Zulässigkeitsvoraussetzungen während des gesamten Verfahrens von Amts wegen zu prüfen sind, beschränkt sich der Anwendungsbereich des Abs. 4 nur auf verzichtbare Rügen; diese sind im Spruchverfahren selten[44]. Faktisch kommt als Anwendungsbereich nur die fehlende Bevollmächtigung in Betracht, § 11 FamFG. Insbesondere in Fällen, bei denen sich während des Verfahrens die Rechtsprechung ändert und danach das Spruchverfahren nicht mehr für zulässig erachtet wird, was von Amts wegen zu beachten ist, kommt es zu keiner Präklusion[45]. 52

5. Präklusionshindernisse

Im Zivilprozess sind verschiedene Gründe bekannt, die der Anwendung der Präklusionsvorschriften entgegenstehen, teilweise sogar bewusst zu 53

---

44 *Simons*, in: Hölters AktG, § 10 SpruchG Rn. 13 (Vorschrift „weitgehend funktionslos"); *Emmerich*, in: Emmerich/Habersack: Aktien- und GmbH-Konzernrecht, § 10 SpruchG Rn. 11; *Puszkajler*, in: Kölner Kommentar AktG, § 10 SpruchG Rn. 22.
45 Im Zusammenhang mit BGH v. 08.10.2013 – II ZB 26/12 (Frosta): OLG Jena v. 20.03.2015 – 2 W 353/14 – AG 2015, 450, 452 (Tz. 43 ff.); OLG Stuttgart v. 17.03.2015 – 20 W 7/14 – AG 2015, 321, 322; OLG Düsseldorf v. 22.09.2014 – I-26 W 20/12 (AktE) – AG 2015, 270, 271.

ihrer Umgehung herbeigeführt werden. Einige von ihnen kommen auch für das Spruchverfahren in Frage.

a) Versäumnisurteil

54 Eine Flucht in die Säumnis ist im Spruchverfahren nicht möglich, da die §§ 330 ff. ZPO keine Anwendung im FG-Verfahren (und folglich auch nicht im Spruchverfahren) finden[46]. Hieran ändert auch die Einführung zivilprozessualer Grundsätze über die §§ 7 bis 10 in das Spruchverfahren nichts.

b) Klageänderung/-erweiterung bzw. Widerklage

55 Die im Zivilprozess bekannte Flucht in die Klageänderung/-erweiterung bzw. Widerklage passt funktional nicht im Spruchverfahren, da eine Änderung des Antrages in diesem Verfahren kaum in Betracht kommt, zumal er nicht auf bestimmte Beträge zu richten ist. Das Spruchverfahren dient lediglich der Bestimmung der richtigen Ausgleichs-, Abfindungs- oder Zuzahlung. Mehr kann der Antragsteller nicht beantragen. Insbesondere ist das Urteil im Spruchverfahren kein Leistungsurteil, für das nach § 16 SpruchG eine eigene Leistungsklage zu erheben wäre. Der Antragsgegner hat nur die Möglichkeit, sich gegen die Argumente der Antragsteller bzw. des gemeinsamen Vertreters zu verteidigen.

c) Antragsrücknahme

56 Die Rücknahme der Klage und spätere erneute klageweise Geltendmachung des Anspruchs ist ein Mittel, negative Rechtsfolgen versäumter Fristen zu umgehen. Auch im Spruchverfahren ist die Rücknahme des Antrags dem Antragsteller jederzeit bis zur Rechtskraft der Entscheidung ohne Einwilligung des Verfahrensgegners möglich. Soweit das Gericht bereits einen gemeinsamen Vertreter bestellt hat, stünde einer Flucht in die Antragsrücknahme zwar nicht entgegen, wenn der gemeinsame Vertreter das Verfahren nach § 6 Abs. 3 SpruchG gleich einem Antragsteller fortführt. In diesem Fall wäre der antragsrücknehmende Antragsteller (als am Verfahren nicht Beteiligter) in dem vom gemeinsamen Vertreter fortgeführten Verfahren durch diesen vertreten. Doch wird ihm der Fluchtweg über die Antragsrücknahme und anschließend erneute Antragstellung in der Regel wegen Ablaufs der dreimonatigen Antragsfrist (§ 4 Abs. 1 SpruchG) versperrt sein.

d) Vorangegangene Güteverhandlung

57 Ist eine vom Gericht vor der mündlichen Verhandlung in einer Güteverhandlung versuchte gütliche Einigung (§ 11 Abs. 2 S. 1 SpruchG) gescheitert und setzt das Gericht erst in oder nach der Güterverhandlung einen Termin zur mündlichen Verhandlung an, besteht für den säumigen

---

46 *Puszkajler*, in: Kölner Kommentar AktG, § 10 SpruchG Rn. 3.

Beteiligten die gute Chance, dass sein verspäteter Vortrag doch noch Berücksichtigung findet. Denn aufgrund der eigenen Mitverantwortung für die Verfahrensförderung ist das Gericht regelmäßig verpflichtet, Verfahrensverzögerungen durch zumutbare Maßnahmen, z. B. hinausgeschobene Terminierung, auszuschließen. Dies kann von den Beteiligten dazu genutzt werden, Vorbringen trotz Ablaufs einer hierfür gesetzten Frist bewusst in der Güteverhandlung nachzuschieben. Um dem vorzubeugen, sollten die Gerichte die mündliche Verhandlung unmittelbar an die Güteverhandlung anschließen.

e) Ruhen des Verfahrens

Die analoge Anwendung des § 251 ZPO über das Ruhen des Verfahrens 58 ist bei echten Streitsachen im FG-Verfahren allgemein anerkannt und damit auch im Spruchverfahren als echtem Streitverfahren möglich[47]. Für die sich im streitigen Verfahren gegenüberstehenden Beteiligten dürfte zwar grundsätzlich wenig Veranlassung bestehen, einvernehmlich das Ruhen zu beantragen. Anders ist dies jedoch, wenn Umstände vorliegen, die für eine möglichst unstreitige und zügige Verfahrensbeendigung sprechen. Vor dem Hintergrund der mit den §§ 7 bis 10 SpruchG beabsichtigten Verfahrensbeschleunigung bietet sich die analoge Anwendung des § 251 ZPO ganz besonders an. In der Praxis wird die Beantragung des Ruhens vor allem bei schwebenden Vergleichsverhandlungen in Betracht kommen; alternativ kann hier auch eine Aussetzung auf § 21 FamFG gestützt werden[48], wobei das Gericht die übereinstimmenden Interessen der Beteiligten in gleicher Weise zu berücksichtigen hat, wie dies im streitigen Verfahren bei einer Anordnung des Ruhens des Verfahrens nach § 251 ZPO erfolgen würde[49].

Zum Ruhen bzw. der Aussetzung des Verfahrens kann es auch auf Anord- 59 nung des Gerichts nach pflichtgemäßem Ermessen entsprechend § 251a Abs. 3 ZPO kommen[50], wenn die Beteiligten zur mündlichen Verhandlung nicht erscheinen oder nicht verhandeln und das Gericht mangels vorangegangenen mündlichen Verhandelns in einem früheren Termin oder mangels Entscheidungsreife nicht nach Lage der Akten entscheidet oder mangels erheblicher Gründe nicht nach §§ 251a Abs. 3, 227 ZPO vertagt. Grund für das gemeinsame Nichterscheinen können auch hier schwebende Vergleichsverhandlungen sein, ohne dass die Beteiligten dies dem Gericht ausdrücklich mitgeteilt hätten. Aus den vorgenannten Gründen ist die analoge Anwendung von § 251a Abs. 3 ZPO für das Spruchverfahren anzunehmen. Eine entsprechende Regelung fehlt im SpruchG und im FamFG, so dass (selbst mit Blick auf § 130 FamFG) eine für die Analogie erforderliche ausfüllungsbedürftige Regelungslücke besteht und § 21 FamFG (Aussetzung des Verfahrens) entsprechend angewendet werden

---

47 *Sternal*, in: Keidel FamFG, § 1 Rn. 39a.
48 *Sternal*, in: Keidel FamFG, § 21 Rn. 12.
49 *Pabst*, in: Münchener Kommentar FamFG, § 21 Rn. 24.
50 *Sternal*, in: Keidel FamFG, § 21 Rn. 42.

kann. Besonderheiten des Spruchverfahrens oder des Verfahrens der freiwilligen Gerichtsbarkeit stehen hier einer analogen Anwendung nicht entgegen.

60 Schließlich wird das Ruhen des Verfahrens gemäß § 278 Abs. 4 ZPO angeordnet, wenn beide Parteien in der Güteverhandlung nicht erscheinen. Die Vorschrift gilt im Spruchverfahren, das in § 11 Abs. 2 SpruchG den Grundsatz des Bedachtseins auf eine gütliche Einigung einführt, entsprechend, wenn kein Beteiligter (einschließlich des gemeinsamen Vertreters) erscheint.

61 In allen Fällen des Ruhens des Verfahrens ist das Gericht aufgrund seiner Mitverantwortung zur Verfahrensförderung verpflichtet, bei einer Fortsetzung des Verfahrens Verfahrensverzögerungen durch zu kurze Terminierung zu vermeiden. Verspätetes Vorbringen eines säumigen Beteiligten wird bei einem angeordneten Ruhen des Verfahrens daher in der Regel noch zu berücksichtigen sein.

f) Insolvenz

62 Nach § 240 ZPO wird im Falle der Eröffnung des Insolvenzverfahrens über das Vermögen einer Partei das Verfahren, wenn es die Insolvenzmasse betrifft, unterbrochen, bis es nach den für das Insolvenzverfahren geltenden Vorschriften aufgenommen wird. Bei einer Prozessfortsetzung muss das Gericht aufgrund seiner Mitverantwortung zur Verfahrensförderung bei Terminierung und Vorbereitung der neuen mündlichen Verhandlung ähnlich wie bei vorausgegangener Güteverhandlung Verzögerungen ausgleichen. Es ist nicht erkennbar, dass besondere Grundsätze des SpruchG oder des FamFG gegen die analoge Anwendung dieser Vorschrift sprechen[51]. Von praktischer Relevanz könnte die Vorschrift für einen Antragsgegner werden, dem gegebenenfalls gerade wegen des Spruchverfahrens die Insolvenz droht.

g) Beschwerde

63 Bringt der Beteiligte wegen drohender Präklusion eine Stellungnahme oder Einwendung nicht vor, kann sie für die Entscheidung nicht mehr berücksichtigt werden. Er kann deshalb, wenn sie entscheidungserheblich war, in erster Instanz unterliegen. Er kann dann versuchen, das zurückgehaltene Vorbringen in zweiter Instanz entscheidungsrelevant einzubringen.

64 Im Zivilprozess ist dieses Vorgehen gefährlich, da dort im Berufungsverfahren gemäß § 531 Abs. 2 ZPO nur ausnahmsweise zurückgehaltenes Vorbringen Berücksichtigung findet. Weder das SpruchG noch das

---

51 *Puszkajler*, in: Kölner Kommentar AktG, § 11 SpruchG Rn. 57; a. A.: Für die Insolvenz des Antragsgegners: OLG Frankfurt v. 29.12.2005 – 20 W 250/05 – AG 2006, 206, 206 f.; *Hüffer*, Aktiengesetz, § 5 SpruchG Rn. 2; *Drescher*, in: Spindler/Stilz AktG, § 5 SpruchG Rn. 9; für die Insolvenz des Antragstellers: *Drescher*, in: Spindler/Stilz AktG, § 3 SpruchG Rn. 27.

FamFG enthalten eine § 531 Abs. 2 ZPO entsprechende Vorschrift. Bereits wegen ihres Ausnahmecharakters ist die Vorschrift auch nicht analogiefähig. Eine analoge Anwendung würde vor allem aber deshalb scheitern, weil § 17 Abs. 1 SpruchG i. V. m. § 65 Abs. 3 FamFG für das Verfahren der freiwilligen Gerichtsbarkeit ausdrücklich zulässt, dass in der Beschwerdeinstanz die Beschwerde auf neue Tatsachen und Beweismittel gestützt werden darf. Es ist nicht erforderlich, dass diese nicht früher hätten geltend gemacht werden können. Vielmehr kann der Beschwerdeführer neue Tatsachen und Beweismittel, auch verspätete, so lange das Beschwerdeverfahren beim Beschwerdegericht anhängig ist, vorbringen. Durch eine „Flucht in die Beschwerde" kann ein Beteiligter daher in erster Instanz andernfalls verspätetes Vorbringen für sich nutzbar machen.

h) Wiedereinsetzung

Eine Flucht in die Wiedereinsetzung in den vorigen Stand ist im Spruchverfahren in erster Instanz gesetzlich auch nach Inkrafttreten des FamFG nicht möglich, selbst wenn die Wiedereinsetzung nicht mehr nur wie früher bei Versäumung der Beschwerdefrist gemäß § 17 Abs. i. V. m. § 22 Abs. 2 FGG zulässig ist, sondern generell bei der Versäumnis gesetzlicher Fristen, § 17 FamFG. Hiermit sind jedoch nur Verfahrensfristen gemeint und insbesondere nicht die in § 4 SpruchG vorgesehenen Fristen für die Antragstellung und die -begründung[52]. 65

6. Verspätungen durch das Gericht

Während § 10 SpruchG die Rechtsfolgen verspäteten Vortrags der Beteiligten regelt, enthält das SpruchG zwar Bestimmungen, denen zufolge das Gericht zu schnellem Handeln aufgerufen ist (z. B. § 7 Abs. 1 SpruchG: unverzügliche Antragszustellung, § 8 Abs. 1 SpruchG: möglichst frühes Stattfinden der mündlichen Verhandlung). Die Konsequenzen eines Verstoßes gegen diese Bestimmungen regelt das SpruchG jedoch nicht. Die Beteiligten können hier grundsätzlich eine Dienstaufsichtsbeschwerde erheben. Darüber hinaus stellt die Untätigkeit des Gerichts den typischen Fall der Befangenheit aufgrund rechtsfehlerhafter Verfahrensführung dar. 66

---

52 Zuletzt etwa: LG Düsseldorf v. 20.02.2014 – 31 O 6/11 (AktE).

§ 11 Gerichtliche Entscheidung; Gütliche Einigung

(1) Das Gericht entscheidet durch einen mit Gründen versehenen Beschluss.

(2) Das Gericht soll in jeder Lage des Verfahrens auf eine gütliche Einigung bedacht sein. Kommt eine solche Einigung aller Beteiligten zustande, so ist hierüber eine Niederschrift aufzunehmen; die Vorschriften, die für die Niederschrift über einen Vergleich in bürgerlichen Rechtsstreitigkeiten gelten, sind entsprechend anzuwenden. Die Vollstreckung richtet sich nach den Vorschriften der Zivilprozessordnung.

(3) Das Gericht hat seine Entscheidung oder die Niederschrift über einen Vergleich den Beteiligten zuzustellen.

(4) Ein gerichtlicher Vergleich kann auch dadurch geschlossen werden, dass die Beteiligten einen schriftlichen Vergleichsvorschlag des Gerichts durch Schriftsatz gegenüber dem Gericht annehmen. Das Gericht stellt das Zustandekommen und den Inhalt eines nach Satz 1 geschlossenen Vergleichs durch Beschluss fest. § 164 der Zivilprozessordnung gilt entsprechend. Der Beschluss ist den Beteiligten zuzustellen.

Inhalt

		Rn.
I.	Normzweck	1
II.	Beendigungsformen in der Praxis	5
III.	Entscheidung durch Beschluss (§ 11 Abs. 1)	7
	1. Entscheidungsform	7
	2. Inhalt des Beschlusses	8
	a) Aufbau und Form	8
	b) Tenor: Unzulässige Anträge	9
	c) Tenor: Sachentscheidung	10
	d) Verzinsung	15
	e) Begründung des Beschlusses	16
	f) Nebenentscheidungen	21
	g) Rechtsbehelfsbelehrung	22
	h) Zustellung, Bekanntmachung	23
	i) Vollstreckbarkeit	24
	j) Berichtigung	25
	k) Zwischen- und Teilentscheidungen	27
IV.	Gerichtlicher Vergleich (§ 11 Abs. 2)	31
	1. Allgemeines	31
	2. Anstreben einer gütlichen Einigung (§ 11 Abs. 2 Satz 1)	33
	3. Einigung aller Verfahrensbeteiligten (§ 11 Abs. 2 Satz 2)	36
	a) Mehrheitsvergleich/ Mehrheitskonsensuale Schätzung	37
	b) Teilvergleich/Gesamtvergleich mehrerer Verfahren	44
	c) Inter-omnes-Wirkung von gerichtlichen Vergleichen	46

	Rn.		Rn.
d) Inhalt des Vergleichs ...	47	3. Berichtigung des Vergleichsbeschlusses	65
e) Protokollierung	53	4. Anfechtung	69
f) Vollstreckung des Vergleichs	55	VIII. Andere Formen der Verfahrensbeendigung	70
V. Zustellung (§ 11 Abs. 3)	57	1. Antragsrücknahme	70
VI. Bekanntmachung	59	2. Erledigung der Hauptsache	71
VII. Vergleich durch Schriftsatz (§ 11 Abs. 4)	60	3. Außergerichtlicher Vergleich	75
1. Abschluss auf Vorschlag des Gerichts	60	4. Schiedsverfahren	78
2. Gerichtliche Feststellung des Vergleichs	64		

Spezielle Literatur: *Bredow/Tribulowsky*, Auswirkungen von Anfechtungsklage und Squeeze-out auf ein laufendes Spruchstellenverfahren, NZG 2002, 841–846; *Büchel*, Neuordnung des Spruchverfahrens, NZG 2003, 793 ff.; *Bungert*, Verlust der Klagebefugnis für anhängige Anfechtungsverfahren nach Wirksamwerden eines Squeeze-Out, BB 2005, 1345–1348; *Dreier/Riedel*, Vorschläge zur Änderung des SpruchG und UmwG, BB 2013, 326–328; FamFG: neues Verfahrensrecht für Streitigkeiten in AG und GmbH, ZIP 2010, 110–119; *Furtner*, Die Abfassung von Beschlüssen im Verfahren der freiwilligen Gerichtsbarkeit, JuS 1971, 302–306; *Haspl*, Aktionärsschutz im Spruchverfahren und „Zwangsvergleich", NZG 2014, 487 ff.; *Heise/Dreier*, Wegfall der Klagebefugnis bei Verlust der Aktionärseigenschaft im Anfechtungsprozess, BB 2004, 1126–1129; *Henze*, Zur Schiedsfähigkeit von Gesellschafterbeschlüssen im GmbH-Recht, ZGR 1988, 542 ff.; *Hirte/Mock*, Beweislast abfindungsberechtigter Aktionäre beim vertragsüberlebenden Spruchverfahren, DB 2005, 1444–1447; *van Kann/Hirschmann*, Das neue Spruchverfahrensgesetz – Konzentration und Beschleunigung einer bewährten Institution, DStR 2003, 1488 ff.; *Lorenz*, Das Spruchverfahren – dickes Ende oder nur viel Lärm um nichts?, AG 2012, 284–288; *Meilicke*, Der Vergleich im aktienrechtlichen Spruchverfahren, WPg 1976, 741; *Noack*, Missbrauchsbekämpfung im Spruchverfahren, NZG 2014, 92 ff.; *Schulze*, Grenzen der objektiven Schiedsfähigkeit im Rahmen des § 1030 ZPO, Frankfurt am Main 2003; *Timm*, Vergleichs- und Schiedsfähigkeit der Anfechtungsklage im Kapitalgesellschaftsrecht, ZIP 1996, 445 ff.; *Zimmer/Meese*, Vergleiche im Spruchverfahren und bei Anfechtungsklagen, NZG 2004, 201–206.

I. Normzweck

§ 11 SpruchG behandelt die das Spruchverfahren im Regelfall abschließenden Maßnahmen (Beschluss/Vergleich) und regelt daneben Form und Zustellung der gerichtlichen Entscheidung. Die streitige Beendigung des Spruchverfahrens ergeht nach § 11 Abs. 1 SpruchG durch Beschluss, wie auch nach § 38 Abs. 1 FamFG vorgesehen. Kernpunkt der Regelung ist die unstreitige Beendigung des Verfahrens durch gütliche Einigung (§ 11 Abs. 2 SpruchG)[1]. Die Beendigung des Verfahrens durch einen Vergleich

1

---

1 So auch *Kubis*, in: MüKo AktG, § 11 SpruchG Rn. 1.

ist nach Ansicht des Gesetzgebers immer wünschenswert und kann am schnellsten und effektivsten den Rechtsfrieden wiederherstellen[2]. Dies bringt die Vorzugswürdigkeit einer einvernehmlichen Beendigung gegenüber einer streitigen Entscheidung durch Beschluss zum Ausdruck[3].

2 § 11 Abs. 2 SpruchG begründet die allgemeine Amtspflicht des Gerichts, in jeder Lage des Verfahrens – und somit auch in der Rechtsmittelinstanz – jedoch möglichst frühzeitig die Möglichkeit einer einvernehmlichen Erledigung des Verfahrens durch Vergleich zu prüfen[4]. Erst wenn die Prüfung ergeben sollte, dass ein Einigungsversuch nach den Umständen des Einzelfalles keine Aussicht auf Erfolg hat, darf er unterbleiben und es kommt auf eine (streitige) Beendigung des Verfahrens durch Beschluss (§ 11 Abs. 1 SpruchG) an.

3 § 11 Abs. 3 SpruchG betrifft die Zustellung von Beschlüssen und Vergleichen. § 11 Abs. 4 SpruchG wurde auf Initiative des Bundesrates in Parallele zu § 278 Abs. 6 ZPO hinzugefügt und räumt die Möglichkeit ein, den Vergleichsvorschlag des Gerichts schriftlich abzuschließen, ohne dass eine „Vollversammlung" aller Verfahrensbeteiligten im Gerichtssaal stattfinden muss[5]. Diese Regelung ist wegen § 36 Abs. 3 FamFG zwischenzeitlich überflüssig geworden[6].

4 Neben den in § 11 SpruchG explizit erwähnten Beendigungsmöglichkeiten durch Beschluss (§ 11 Abs. 1 SpruchG), gerichtlichen und außergerichtlichen Vergleich (§ 11 Abs. 2 und Abs. 4 SpruchG) bestehen weitere Wege der Verfahrensbeendigung etwa durch Antragsrücknahme (§ 22 Abs. 1 FamFG), übereinstimmende Verfahrensbeendigungserklärung (§ 22 Abs. 3 FamFG) oder Erledigung der Hauptsache[7].

II. Beendigungsformen in der Praxis

5 Die gesetzliche Privilegierung der Verfahrensbeendigung durch Vergleich (siehe oben Rn. 1) spiegelt sich auch in der Statistik wieder. Sowohl nach altem Recht vor dem SpruchG 2003 als auch nach neuem Recht werden mehr Vergleiche geschlossen als richterliche Beschlüsse gefasst (vgl. ausführlich zu den Beendigungsformen, Dauer, Ergebnissen, Anzahl der Beteiligten u. a. die Ausführungen in der Einleitung Rn. 58 ff.)[8].

---

2 So explizit Begr.RegE SpruchG, BT-Drucks. 15/371, S. 16.
3 So auch *Puszkajler*, in: KK AktG, § 11 SpruchG Rn. 24.
4 Siehe hierzu auch *Meyer-Holz*, in: Keidel FamFG, § 36 Rn. 19; für Prüfungspflicht auch *Puszkajler*, in: KK AktG, § 11 SpruchG Rn. 24.
5 Begr.RegE SpruchG, BT-Drucks. 15/371, S. 24.
6 *Drescher*, in: Spindler/Stilz AktG, § 11 SpruchG Rn. 2; siehe hierzu auch *Puszkajler*, in: KK AktG, § 11 SpruchG Rn. 1.
7 Vgl. dazu *Sternal*, in: Keidel FamFG § 22 Rn. 24 ff.
8 *Loosen*, Reformbedarf im Spruchverfahren, S. 92; *Henselmann/Munkert/Winkler/Schrenker*, WPg 2013, 1153, 1156.

Nach neuem Recht beträgt die Vergleichsquote ausweislich einer Studie 6
von *Loosen* 69 % und nach altem Recht 50 %[9]. Bei Gesamtbetrachtung aller zwischen 1992 und 2011 beendeten und veröffentlichten Spruchverfahren dominiert die Beendigung durch Vergleich (54,83 %) ebenfalls gegenüber der Beendigung durch Beschluss (42,82 %)[10]. *Lorenz* weist für den Betrachtungszeitraum von 2009 bis 2011 allerdings auf eine leicht rückläufige Vergleichsquote von 47 % hin[11].

III. Entscheidung durch Beschluss (§ 11 Abs. 1)

1. Entscheidungsform

Das Landgericht entscheidet – als Kammer (i. d. R. die KfH, diese wiede- 7
rum in den besonderen Fällen des § 2 Abs. 2 SpruchG durch ihren Vorsitzenden, vgl. § 2 SpruchG Rn. 25 f.) – durch einen mit Gründen zu versehenden Beschluss. In Angelegenheiten der freiwilligen Gerichtbarkeit gilt § 309 ZPO nicht, so dass der Beschluss nicht zwingend – obwohl zweifelsohne zweckmäßig – von denselben Richtern unterschrieben werden muss, die auch an der mündlichen Verhandlung teilgenommen haben[12]. Die Entscheidung kann auch später als fünf Monate nach der mündlichen Verhandlung ergehen, ohne dass sie – wie im Zivilprozess – als „nicht mit Gründen versehen" behandelt werden müsste[13].

2. Inhalt des Beschlusses

a) Aufbau und Form

Wegen des Verweises in § 17 Abs. 1 SpruchG richten sich Beschlussauf- 8
bau und Form nach § 38 Abs. 2–4 FamFG. Verbindlich vorgesehen sind die Angabe des Rubrums, die Beschlussformel sowie die Begründung nebst Unterschrift der beteiligten Richter. Die Begründungspflicht ergibt sich im Übrigen schon aus § 11 Abs. 1 SpruchG, so dass die Sonderregelungen für den Wegfall der Begründung gemäß § 38 Abs. 4 bis 6 FamFG verdrängt werden[14]. Ebenfalls ist gem. § 39 FamFG eine Rechtsbehelfsbelehrung erforderlich, nicht jedoch die Trennung zwischen Sachverhaltsdarstellung und Entscheidungsgründen[15]. Zusätzlich ist die Kostengrundentscheidung gem. § 15 SpruchG zu beachten.

---

9 *Loosen*, Reformbedarf im Spruchverfahren, S. 92.
10 *Henselmann/Munkert/Winkler/Schrenker*, WPg 2013, 1153, 1156.
11 *Lorenz*, AG 2012, 284, 287.
12 *Krenek*, in: Heidel, Aktienrecht, § 11 SpruchG Rn. 1.
13 *Puszkajler*, in: KK AktG, § 11 SpruchG Rn. 3.
14 So auch Puszkajler, in: KK-AktG, § 11 SpruchG Rn. 17.
15 Siehe auch *Puszkajler*, in: KK AktG, § 11 SpruchG Rn. 5.

b) Tenor: Unzulässige Anträge

9 Unzulässige Anträge werden zurückgewiesen[16]. Dies gilt etwa bei fehlender Antragsberechtigung oder der Nichtbeachtung von § 4 Abs. 1 und 2 SpruchG [17]. Ist noch kein gemeinsamer Vertreter bestellt worden, ergeht in diesen Fällen keine Sachentscheidung. Ist dagegen ein gemeinsamer Vertreter noch vor Zurückweisung wegen Unzulässigkeit bestellt worden, obliegt es seinem Ermessen, ob er das Verfahren fortführt oder beendet (siehe hierzu § 6 SpruchG Rn. 41). Im Fall der Fortführung hat zwingend eine Sachentscheidung zu ergehen, da – trotz Ausscheidens aller Antragsteller – über die Bewertungsrügen des gemeinsamen Vertreters zu entscheiden ist [18].

c) Tenor: Sachentscheidung

10 Bei begründeten Anträgen richtet sich der Tenor auf Festsetzung einer betragsgenauen, erhöhten Kompensationsleistung oder einer (baren) Zuzahlung. Beim Ausgleich ist ein Bruttobetrag festzusetzen[19]. Ein Spruchverfahrensantrag ist begründet, wenn die angebotene Kompensation nicht dem tatsächlichen wirtschaftlichen Wert je Anteil entspricht. Es kommt bei der Entscheidungsfindung also auf den Wert des Unternehmens und daraus abgeleitet auf den Wert je Anteil an (vgl. hierzu Annex § 11 „Grundzüge der Unternehmensbewertung").

11 Vor dem Hintergrund, dass gem. § 4 Abs. 2 SpruchG kein bestimmter Betrag beantragt werden muss, ist weder ein „Überschießen" des Antrages möglich (ne ultra petita), d. h. ein weitergehender Ausspruch als die beantragte Bestimmung der angemessenen Kompensationsleistung, noch eine Reduzierung des Betrages unter die bereits zuvor vom Antragsgegner angebotene Kompensationshöhe (Verbot der reformatio in peius)[20]. Zulässig ist auch eine kumulative Entscheidung, etwa über eine Barabfindung und über eine bare Zuzahlung[21]. Werden sowohl die Abfindung als auch die Ausgleichszahlung angegriffen (z. B. gem. §§ 304, 305 AktG), muss das Gericht auch bei Zulässigkeit beider Anträge über beide Kom-

---

16 So auch *Krenek*, in: Heidel, Aktienrecht, § 11 SpruchG Rn. 2 („als unzulässig zurückzuweisen"); a. A. (verworfen) *Puszkajler*, in: KK AktG, § 11 SpruchG Rn. 6 und 10; *Drescher*, in: Spindler/Stilz AktG, § 11 SpruchG Rn. 3; *Mennicke*, in: Lutter UmwG, § 11 SpruchG Rn. 2; *Kubis*, in: MüKo AktG, § 11 SpruchG Rn. 2; *Hüffer*, AktG, § 11 SpruchG Rn. 2; *Ederle/Theusinger*, in: Bürgers/Körber AktG, § 11 SpruchG Rn. 1; *Simons*, in: Hölters AktG, § 11 SpruchG Rn. 3.
17 Vgl. die Auflistung bei *Puszkajler*, in: KK AktG, § 11 SpruchG Rn. 10.
18 A.A.: *Drescher*, in: Spindler/Stilz AktG, § 11 SpruchG Rn. 3; *Mennicke*, in: Lutter UmwG, § 11 SpruchG Rn. 2.
19 *Mennicke*, in: Lutter UmwG, § 11 SpruchG Rn. 2; *Drescher*, in: Spindler/Stilz AktG, § 11 SpruchG Rn. 3.
20 Vgl. nur *Emmerich*, in: Emmerich/Habersack, Aktien- und GmbH Konzernrecht, § 11 SpruchG Rn. 2; *Krenek*, in: Heidel, Aktienrecht, § 11 SpruchG Rn. 5.
21 *Puszkajler*, in: KK AktG, § 11 SpruchG Rn. 12.

pensationen entscheiden[22]. Teilentscheidungen sind bei teilbaren Verfahrensgegenständen oder mehreren Verfahrensgegenständen möglich. Die Teilentscheidung steht hinsichtlich ihres Wirksamwerdens und ihrer Anfechtbarkeit dann einer Vollentscheidung gleich[23].

Eine zahlenmäßige Abweichung des festgelegten Betrages von einem konkret bezifferten Antrag ist unbeachtlich, da der Antrag gemäß § 1 SpruchG nur auf die Bestimmung des Ausgleichs, der Zuzahlung oder Abfindung zu richten ist, nicht aber auf einen bestimmten Betrag[24]. Eine konkrete Bezifferung im Antrag ist gemäß § 4 Abs. 2 Satz 2 SpruchG nicht erforderlich, aber auch unbeachtlich und stellt insbesondere keine Obergrenze für die gerichtliche Entscheidung dar[25]. Sie zwingt auch nicht zu einer Teilabweisung, wenn die gerichtlich festgesetzte Kompensation unterhalb der beantragten liegt[26]. *12*

Ist die beschlossene Kompensation angemessen oder würde das Gericht eine niedrigere Kompensation festsetzen, sind die Anträge unbegründet. Das Gericht hat in der Sache negativ zu entscheiden und die Anträge zurückzuweisen. Zu einer Verschlechterung der Kompensation kann das Spruchverfahren aber nicht führen (siehe oben Rn. 11). *13*

Eine Zurückweisung kommt auch bei lediglich geringfügigen Erhöhungen (unterhalb von 3 % im Verhältnis zur angebotenen Leistung) nicht in Betracht. Wegen der verfassungsrechtlich garantierten Eigentumsgarantie (Art. 14 GG), muss das Gericht immer dann, wenn es die angebotene Kompensation für zu niedrig hält, den Anträgen unabhängig von dem Ausmaß der Erhöhung stattgeben. Es besteht kein Ermessen, eine etwa sehr geringe Erhöhung der Kompensation für „unbeachtlich" zu erklären und die Anträge dementsprechend abzuweisen. Dem kann auch nicht entgegengehalten werden, dass im Rahmen von Unternehmensbewertungen keine „Punktlandung" möglich ist, sondern es auf vertretbare Bandbreiten ankommt. Entweder erachtet das Gericht die angebotene Kompensationsleistung für zu niedrig (also unangemessen, dann antragsgemäße Erhöhung der Kompensation) oder nicht (dann angemessen, also keine Erhöhung). Für eine weitergehende Beurteilung des Gerichts, ob bei lediglich geringfügigen Erhöhungen die Anträge abgewiesen werden können, bleibt vor dem Hintergrund der verfassungsrechtlichen Bedeutung kein Raum. *14*

---

22 *Kubis*, in: MüKo AktG, § 11 SpruchG Rn. 3.
23 Vgl. in Bezug auf Anfechtbarkeit Meyer-Holz, in: Keidel FamFG, § 58 Rn. 16.
24 Vgl. etwa. § 305 Abs. 3 Satz 3 AktG (Beherrschungsvertrag), § 320b Abs. 1 Satz 6 AktG (Mehrheitseingliederung), § 327b Abs. 2 AktG (Squeeze Out), § 5 Abs. 6 Satz 2 EGAktG (Mehrstimmrechte), § 15 Abs. 2 UmwG (Umwandlungen).
25 Dem folgend auch *Puszkajler*, in: KK AktG, § 11 SpruchG Rn. 14.
26 So auch *Ederle/Theusinger*, in: Bürgers/Körber AktG, § 11 SpruchG Rn. 1.

SpruchG § 11 Gerichtliche Entscheidung; Gütliche Einigung

d) Verzinsung

15 Eine Verzinsung ist in der Entscheidung nicht zwingend festzusetzen. Ihre Höhe ergibt sich bereits aus den jeweils zugrunde liegenden materiellen Gesetzesregelungen (vgl. z. B. §§ 15 Abs. 2, 30 Abs. 1 Satz 2 UmwG, §§ 305 Abs. 3 Satz 3, 327b Abs. 2 AktG)[27]. Sie knüpft allein an die – festzulegende – Kompensation an, unterliegt also keinem Entscheidungsermessen der Anspruchsverpflichteten, das etwa im Spruchverfahren überprüft werden könnte. Auch das Gericht hat insoweit keinen Beurteilungsspielraum. Der Hinweis in der Entscheidung auf die bereits gesetzlich geregelte Verzinsungshöhe wäre lediglich deklaratorisch, schadet aber auch nicht und kann insoweit informatorisch berücksichtigt werden[28]. Notfalls ist mangels Zahlung – wie im Hinblick auf die gerichtlich festgelegte Kompensation überhaupt (§ 16 SpruchG) – auch für die Zinsen Zahlungsklage zu erheben. Ein über die gesetzliche Verzinsung hinausgehender etwaiger Verzugszins (Zinsschaden) folgt nicht schon aus der gesetzlichen Kompensation und kann deswegen nicht im Rahmen des Beschlusses berücksichtigt werden. Hierfür steht ebenfalls nur die individuelle Leistungsklage zur Verfügung[29].

e) Begründung des Beschlusses

16 Der (instanzbeendende) Beschluss ist gem. § 11 Abs. 1 SpruchG mit Gründen zu versehen. Eine Begründungspflicht ergibt sich außerdem aus § 38 Abs. 3 Satz 1 FamFG. § 11 Abs. 1 SpruchG wirkt konstitutiv. Ohne die erforderliche Begründung fehlt es zwar nicht an einer wirksamen, wohl aber an einer rechtmäßigen (End-) Entscheidung[30]. Die Beschwerdefrist beginnt dann nicht zu laufen, so dass der Beschluss auf die jederzeit mögliche Beschwerde hin aufzuheben ist[31].

17 Die Begründung hat schriftlich zu erfolgen und muss dem Beschluss beigefügt sein. Eine nur mündlich verkündete Begründung reicht nicht aus. Auch wenn das FamFG-Verfahren – anders als § 313 Abs. 1 Nr. 5 und 6 ZPO – nicht die Trennung von Tatbestand und Entscheidungsgründen vorsieht, hat der Beschluss eine Zusammenfassung und Darstellung des Vorbringens der Beteiligten zu enthalten. Ferner sind die maßgeblichen Gründe, auf denen die Festsetzung einer Erhöhung der Kompensation

---

27 So im Ergebnis auch *Drescher*, in: Spindler/Stilz AktG, § 11 SpruchG Rn. 2; *Ederle/Theusinger*, in: Bürgers/Körber AktG, § 11 SpruchG Rn. 1; *Kubis*, in: MüKo AktG, § 11 SpruchG Rn. 4; .a. A. *Krenek*, in: Heidel, Aktienrecht, § 11 SpruchG Rn. 3; *Simons*, in: Hölters AktG, § 11 SpruchG Rn. 7.
28 So auch *Drescher*, in: Spindler/Stilz AktG, § 11 SpruchG Rn. 2; *Hüffer*, AktG, § 11 SpruchG Rn. 2; a.A: *Kubis*, in: MüKo AktG, § 11 SpruchG Rn. 4 („enthalten").
29 Siehe nur *Simons*, in: Hölters AktG, § 11 SpruchG Rn. 7.
30 Allg. Meinung, vgl. nur *Simons*, in: Hölters AktG, § 11 SpruchG Rn. 7.
31 *Emmerich*, in: Emmerich/Habersack, Aktien- und GmbH Konzernrecht, § 11 SpruchG Rn. 2b; *Kubis*, in: MüKo AktG, § 11 SpruchG Rn. 10; a. A. *Puszkajler*, in: KK AktG, § 11 SpruchG Rn. 18.

oder die Zurückweisung der Anträge beruht, zusammenfassend darzustellen[32].

Der Umfang der Begründung richtet sich nach dem Umfang und der Qualität der erhobenen Bewertungsrügen. Auf jeden Fall ist es erforderlich, dass sich das Gericht bei der Entscheidungsfindung mit allen erhobenen Bewertungsrügen befasst und deren Bejahung oder Ablehnung im Beschluss schriftlich und nachvollziehbar dokumentiert[33]. Erfahrungsgemäß wird hierbei fast das gesamte Spektrum der Unternehmensbewertung zu behandeln sein (vgl. diesbezüglich Annex § 11 „Grundzüge der Unternehmensbewertung")[34]. 18

Eine bloße Prüfung der Plausibilität der angegriffenen Bewertung und der vorgetragenen Bewertungsrügen ist nicht ausreichend[35]. Bestehen seitens des Gerichts Unsicherheiten, ob Bewertungsrügen plausibel sind oder nicht, ist zwingend ein ergänzendes Sachverständigengutachten zur Gesamtbewertung oder den offenen Teilkomplexen einzuholen. Auf die Ergebnisse dieses Gutachtens ist dann – bei unterstellter Plausibilität und sachgerechter Ableitung der Ergebnisse – abzustellen. Ungeeignet für die Erstellung eines derartigen Gutachtens ist der Vertragsprüfer, der – als Richter in eigener Angelegenheit – seine eigenen zuvor getätigten Prüfungsergebnisse bestätigen wird (vgl. hierzu Einleitung Rn. 130). Es geht im Kern auch darum, ob seine Ableitungen fehlerhaft erfolgten, so dass er per se ausscheidet. 19

Werden seitens der Beteiligten im laufenden Spruchverfahren ergänzende (neutrale) Gutachten, z.B. gemäß IDW S1, eingereicht, sind auch deren Ergebnisse im Rahmen der Entscheidungsfindung zu berücksichtigen und hierauf in der schriftlichen Begründung gesondert einzugehen. Stehen „Gutachten gegen Gutachten", ist ebenfalls zwingend eine unabhängige Drittmeinung durch Bestellung eines Sachverständigen einzuholen. 20

f) Nebenentscheidungen

Neben der Sachentscheidung entscheidet das Gericht auch über die Kosten. Es hat in diesem Rahmen den Geschäftswert für die Gerichtskosten festzusetzen (§ 15 Abs. 1 SpruchG), die Kostentragungspflicht für die Gerichtskosten und die außergerichtlichen Kosten zu bestimmen (§ 15 Abs. 2 SpruchG) und den Gegenstandswert für die Vergütung des gemeinsamen Vertreters (§ 6 Abs. 2 Satz 3 SpruchG) und für die anwaltliche Tätigkeit der anwaltlichen Vertreter der Beteiligten – auf Antrag – festzusetzen[36]. 21

---

32 *Krenek*, in: Heidel, Aktienrecht, § 11 SpruchG Rn. 4; *Puszkajler*, in: KK AktG, § 11 SpruchG Rn. 17.
33 Ähnlich *Krenek*, in: Heidel, Aktienrecht, § 11 SpruchG Rn. 4.
34 Darauf weist auch hin *Puszkajler*, in: KK AktG, § 11 SpruchG Rn. 19.
35 *Puszkajler*, in: KK AktG, § 11 SpruchG Rn. 19 m.w.N. in FN 70.
36 *Puszkajler*, in: KK AktG, § 11 SpruchG Rn. 20; *Kubis*, in: MüKo AktG, § 11 SpruchG Rn. 7.

SpruchG § 11 Gerichtliche Entscheidung; Gütliche Einigung

g) Rechtsbehelfsbelehrung

22 Der Beschluss muss nach § 39 FamFG (anwendbar über § 17 Abs. 1 SpruchG) verpflichtend eine Rechtsbehelfsbelehrung enthalten[37]. Ist sie fehlerhaft – weil z. B. fälschlich die vormals gültige sofortige Beschwerde in der Belehrung angegeben wird und umgekehrt in Altfällen – hindert dies nicht den Beginn der Beschwerdefrist[38]. Dies gilt auch dann, wenn versehentlich falsche Beschwerdefristen im Beschluss mitgeteilt werden (z. B. Beschwerdefrist von einem Monat obwohl die sofortige Beschwerde mit der Zweiwochenfrist gilt). Fehlt die Rechtsbehelfsbelehrung ganz, besteht die Vermutung fehlenden Verschuldens im Rahmen eines Wiedereinsetzungsantrages (§ 17 Abs. 2 FamFG, § 17 Abs. 1 SpruchG)[39].

h) Zustellung, Bekanntmachung

23 Der Beschluss ist gem. § 11 Abs. 3 SpruchG allen formell Beteiligten – sämtlichen Antragstellern, Antragsgegner und gemeinsamen Vertreter, nicht den übrigen außenstehenden Anteilsinhabern – förmlich gem. §§ 166 ff. ZPO zuzustellen[40]. Die Bekanntmachung erfolgt gem. § 14 SpruchG.

i) Vollstreckbarkeit

24 Der Beschluss ist wegen des bloß feststellenden Inhalts nicht vollstreckbar. Leistet der Kompensationsschuldner nicht, muss der Antragsteller Leistungsklage vor den ordentlichen Gerichten erheben[41] (vgl. § 16 SpruchG). Ein vereinfachtes Verfahren – etwa Adhäsionsverfahren, oder einfache Betragsfestsetzung – hat der Gesetzgeber nicht vorgesehen.

j) Berichtigung

25 Im Falle einer offenbaren Unrichtigkeit der Entscheidung (Schreibfehler, Rechenfehler und andere offensichtliche Fehler) kann der Beschluss gem. § 42 Abs. 1 FamFG, § 17 Abs. 1 SpruchG berichtigt werden (früher entsprechend § 319 ZPO). Diese Berichtigung kann jederzeit von den Beteiligten beantragt oder vom Gericht von Amts wegen vorgenommen werden und bedarf keiner mündlichen Verhandlung. Eine Frist besteht nicht.

---

37 *Krenek*, in: Heidel, Aktienrecht, § 11 SpruchG Rn. 7 mit Muster; *Puszkajler*, in: KK AktG, § 11 SpruchG Rn. 21; *Ederle/Theusinger*, in: Bürgers/Körber AktG, § 11 SpruchG Rn. 1; *Simons*, in: Hölters AktG, § 11 SpruchG Rn. 10; *Drescher*, in: Spindler/Stilz AktG, § 11 SpruchG Rn. 4.
38 *Puszkajler*, in: KK AktG, § 11 SpruchG Rn. 21.
39 Siehe nur *Simons*, in: Hölters AktG, § 11 SpruchG Rn. 10; *Puszkajler*, in: KK AktG, § 11 SpruchG Rn. 21.
40 *Drescher*, in: Spindler/Stilz AktG, § 11 SpruchG Rn. 4; *Puszkajler*, in: KK AktG, § 11 SpruchG Rn. 40; *Krenek*, in: Heidel, Aktienrecht, § 11 SpruchG Rn. 18.
41 Wohl allg. Meinung, vgl. nur *Simons*, in: Hölters AktG, § 11 SpruchG Rn. 6; *Ederle/Theusinger*, in: Bürgers/Körber AktG, § 11 SpruchG Rn. 1.

Daneben kann eine Ergänzung des Beschlusses gem. § 43 FamFG, § 17 26
Abs. 1 SpruchG erfolgen (früher analog § 321 Abs. 1 ZPO). Die Ergänzung ist aber nur innerhalb einer Frist von zwei Wochen seit Zustellung des Beschlusses möglich (§ 43 Abs. 2 FamFG). Auf eine zwingende mündliche Verhandlung wird es nach der Reform des FG-Verfahrens wohl nicht mehr ankommen[42]. Der Beschluss der eine Ergänzung ausspricht ist mittels Beschwerde anfechtbar[43].

k) Zwischen- und Teilentscheidungen

§ 11 Abs. 1 SpruchG betrifft die verfahrensendenden Beschlüsse (En- 27
dentscheidungen), die den Verfahrensstand ganz erledigen, wie nunmehr § 38 Abs. 1 FamFG ausdrücklich regelt. Daneben sind – auch nach Einführung des FamFG – analog § 280 ZPO Teil- und Zwischenentscheidungen möglich, die zu einer Straffung des Verfahrens und Vermeidung unnötigen Aufwands durch die Beteiligten und das Gericht führen können, ohne aber – zwingend – den Charakter einer Endentscheidung zu haben[44]. Dies betrifft z. B. Beschlüsse hinsichtlich Verfahrensvoraussetzungen, wie der Statthaftigkeit eines Spruchverfahrens[45], oder solche über die Anwendbarkeit des alten Verfahrensrechts oder neuen SpruchG[46], örtliche Zuständigkeit und Nachweis der Antragsberechtigung[47], Einhaltung der Antragsfrist[48]. Zu diesen Entscheidungen zählen aber auch z. B. Beschlüsse im Zusammenhang mit der gemeinsamen Vertreterbestellung, Gutachterbestellung und sonstige Beweisbeschlüsse[49], Hinweis- und Auflagenbeschlüsse und Vorschussanforderungen[50].

Mit der Einführung des § 58 Abs. 1 FamFG (Beschwerdefähigkeit nur 28
von Endentscheidungen, wenn nicht im Einzelfall gesetzlich vorgesehen) ist für das Spruchverfahren in der Literatur ein Streit entstanden, ob derartige Zwischen- und Teilentscheidungen überhaupt und inwieweit selbständig beschwerdefähig sind, ob also Rechtsmittel gegen derartige Entscheidungen direkt oder erst im Rahmen der Beschwerde gegen die Endentscheidung geltend zu machen sind (vgl. ausführlich hierzu § 12 Rn. 6 ff. sowie speziell zur gemeinsamen Vertreterbestellung/Abberufung § 6 Rn. 60 ff.)[51].

---

42 Anders noch die Vorauflage, siehe dort § 11 Rn. 10.
43 *Meyer-Holz*, in: Keidel FamFG, § 43 Rn. 16.
44 *Krenek*, in: Heidel, Aktienrecht, § 11 SpruchG Rn. 18; *Puszkajler*, in: KK AktG, § 11 SpruchG Rn. 7.
45 OLG München, NZG 2005, 317.
46 LG Frankfurt, ZIP 2004, 808.
47 BayObLG ZIP 2002, 935.
48 BayObLG NZG 2002, 877.
49 OLG Düsseldorf, AG 2013, 226, 227.
50 OLG Düsseldorf, AG 2013, 226, 227.
51 Siehe zum Streitstand *Krenek*, in: Heidel, Aktienrecht, § 11 SpruchG Rn. 18; *Puszkajler*, in: KK AktG, § 11 SpruchG Rn. 7.

29 Richtig dürfte sein, danach zu differenzieren, ob über einen bloßen verfahrensrechtlichen Zwischenschritt (dann keine Beschwerde) oder über eine in ihrer Wirkung einer Endentscheidung entsprechenden Zwischenentscheidung (dann Beschwerde) gestritten wird[52]. Eine Zwischenentscheidung muss auch dann mit der Beschwerde anfechtbar sein, wenn sie in so einschneidender Weise in die Rechte des Betroffenen eingreift, dass ihre selbständige Anfechtbarkeit unbedingt geboten ist[53]. Echte Teilentscheidungen sind immer anfechtbar, da sie einen einer selbständigen Erledigung zugänglichen Teil des Verfahrensgegenstandes beenden[54].

30 Eine Beschwerde ist demnach dann zulässig, wenn es z. B. um die Anwendbarkeit des SpruchG, der Antragsberechtigung, der Zulässigkeit des Antrages, der gemeinsamen Vertreterbestellung oder dessen Abberufung, der Aussetzung, Unterbrechung oder Ruhen des Verfahrens geht. Unzulässig ist eine Beschwerde, wenn es z. b. um Vorschussanforderungen, Terminbestimmungen, Festsetzung des Stundensatzes des Sachverständigen und Beweisbeschlüsse etc. geht (siehe zur Beschwerdefähigkeit einzelner Zwischenentscheidungen explizit § 12 Rn. 9 ff.).

IV. Gerichtlicher Vergleich (§ 11 Abs. 2)

1. Allgemeines

31 Gemäß § 11 Abs. 2 Satz 1 SpruchG soll das Gericht in jeder Lage des Verfahrens auf eine gütliche Einigung bedacht sein. § 11 Abs. 4 Satz 1 SpruchG eröffnet die schriftliche Beendigung des Verfahrens durch gerichtlichen Vergleich. Der Gesetzgeber hat damit die früher umstrittene Frage, ob Spruchverfahren durch einen echten Prozessvergleich beendet werden können, zu Gunsten dessen Zulässigkeit entschieden und hat damit die in der Praxis ohnehin durchgeführte Handhabung gesetzlich ausdrücklich normiert[55].

32 § 11 Abs. 2 Satz 1 SpruchG ist praktisch wortgleich mit § 278 Abs. 1 ZPO. Die nunmehr in § 36 FamFG enthaltene Regelung der vergleichsweisen Einigung ist neben § 11 SpruchG anwendbar. § 11 Abs. 2 SpruchG geht nicht spezialiter vor[56]. § 36 FamFG wurde erst nach Einfügung von § 11 Abs. 2 SpruchG geschaffen und geht über die Vorgängerregelung (§ 53a FGG) inhaltlich hinaus, so dass neben den verpflichtend durchzuführenden Vergleichsbemühungen des Spruchgerichts nach § 11 Abs. 2

---

52 Vgl. zu dieser Abgrenzung auch *Meyer-Holz*, in: Keidel FamFG, § 58 Rn. 17.
53 BGH, NJW-RR 2003, 1369; OLG München, AG 2009, 340; *Ederle/Theusinger*, in: Bürgers/Körber AktG, § 6 SpruchG Rn. 7 und § 12 Rn. 1 (sofortige Beschwerde); *Krenek*, in: Heidel, Aktienrecht, § 11 SpruchG Rn. 18; *Weingärtner* in: Heidel, Aktienrecht, § 6 SpruchG Rn. 10; *Tewes* in: Heidel, Aktienrecht, § 12 SpruchG Rn. 1; anders zum neuen Recht wohl *Mennicke*, in: Lutter UmwG, § 12 SpruchG Rn. 5 und 6.
54 *Meyer-Holz*, in: Keidel FamFG, § 58 Rn. 16.
55 Vgl. hierzu nur *Puszkajler*, in: KK AktG, § 11 SpruchG Rn. 23.
56 A.A. wohl *Krenek*, in: Heidel, Aktienrecht, § 11 SpruchG Rn. 10.

Satz 1 SpruchG nunmehr gem. § 36 Abs. 5 FamFG zusätzlich auch der Versuch unternommen werden kann, das Spruchverfahren im Rahmen des Güterichterverfahrens zu beenden[57].

2. Anstreben einer gütlichen Einigung (§ 11 Abs. 2 Satz 1)

Die vergleichsweise Befriedung des Spruchverfahrens ist immer wünschenswert und kann am schnellsten und effektivsten den Rechtsfrieden wiederherstellen[58]. Durch die Verwendung des Wortes „soll" (nicht „kann") in § 11 Abs. 2 Satz 1 SpruchG stellt der Gesetzgeber explizit fest, dass die einvernehmliche Beendigung nicht nur als vorzugswürdige Alternative gegenüber eines streitigen Beschlusses anzusehen ist, sondern dass das Gericht verpflichtet ist, auf eine vergleichsweise Beendigung hinzuwirken; und zwar in jedem Stadium des Verfahrens, also auch in der Rechtsmittelinstanz[59]. Eine Verhandlung zur Güte ist deswegen schon vor der ersten mündlichen Verhandlung, jedenfalls aber in der Verhandlung, nach Beweisaufnahmen, in der Berufungsinstanz etc. durchzuführen, auch wenn eine besondere Güteverhandlung, wie in § 278 Abs. 2 ZPO nicht vorgesehen ist[60]. 33

Erst wenn die – mehrmaligen – Bemühungen des Gerichts ergeben sollten, dass die Einigungsversuche nach den Umständen des Einzelfalles definitiv keine Aussicht auf Erfolg haben, kann von weiteren Vergleichsbemühungen abgesehen werden und es kann erst dann auf eine (streitige) Beendigung des Verfahrens durch Beschluss (§ 11 Abs. 1) ankommen. Wegen des Wortlautes „kann" in § 36 Abs. 5 FamFG (siehe auch § 278 Abs. 5 ZPO) wird das Gericht wohl zuvor nicht auch noch als verpflichtet anzusehen sein, zuvor ein Güterichterverfahren einzuleiten. 34

Vergleichsvorschläge des Gerichtes sollten Bezug zu den vorgetragenen Bewertungsrügen haben und nicht pauschal ins Blaue hinein (etwa prozentualer Zuschlag) gemacht werden[61]. Das setzt eine vorherige Auseinandersetzung mit der Angelegenheit voraus, die über ein rudimentäres Studium der Akte und das bloße Abstellen auf eine Variation von Basisparametern (z. B. Marktrisikoprämie) hinausgeht. Auf eine vorherige Befragung des Prüfers gem. § 7 Abs. 6 SpruchG kommt es in der Regel nicht an; es sei denn, es ist weitere zwingende Sachverhaltsaufklärung erforderlich[62]. 35

---

57 Vgl. zum Güterichterverfahren und den Beendigungsmöglichkeiten *Meyer-Holz*, in: Keidel FamFG, § 36 Rn. 52 ff.
58 So explizit Begr.RegE SpruchG, BT-Drucks. 15/371, S. 16.
59 Für Verpflichtung wohl auch *Krenek*, in: Heidel, Aktienrecht, § 11 SpruchG Rn. 10.
60 *Ederle/Theusinger*, in: Bürgers/Körber AktG, § 11 SpruchG Rn. 2; *Hüffer*, AktG, § 11 SpruchG Rn. 5; *Puszkajler*, in: KK AktG, § 11 SpruchG Rn. 24; *Krenek*, in: Heidel, Aktienrecht, § 11 SpruchG Rn. 10; *Mennicke*, in: Lutter UmwG, § 11 SpruchG Rn. 6.
61 Ähnlich *Puszkajler*, in: KK AktG, § 11 SpruchG Rn. 24; *Mennicke*, in: Lutter UmwG, § 11 SpruchG Rn. 6.
62 Anders wohl *Puszkajler*, in: KK AktG, § 11 SpruchG Rn. 24.

SpruchG § 11 Gerichtliche Entscheidung; Gütliche Einigung

3. Einigung aller Verfahrensbeteiligten (§ 11 Abs. 2 Satz 2)

36 Das Zustandekommen eines das gesamte Verfahren beendenden Vergleiches setzt die Zustimmung aller Beteiligten (also Antragsteller, Antragsgegner, gemeinsamer Vertreter- siehe zu dessen prozessualer Beteiligtenstellung § 6 Rn. 10 –, nicht aber übrige Anteilsinhaber) voraus[63]. Fehlt die Zustimmung auch nur eines Beteiligten, tritt keine Verfahrensbeendigung ein. Jeder einzelne Antragsteller ist deswegen in der Lage, die Verfahrensbeendigung – mit welchen Motiven auch immer – zu verhindern[64].

a) Mehrheitsvergleich/Mehrheitskonsensuale Schätzung

37 In der Praxis ist öfters zu beobachten, dass minimal beteiligte Aktionäre mit nur einer Aktie, den (oftmals rechtsmissbräuchlichen) Versuch unternehmen, Vergleichsverhandlungen zu blockieren, denen zuvor bereits alle übrigen Beteiligten (insbesondere auch diejenigen mit den meisten Aktien) zugestimmt haben. Das Missbrauchspotential ergibt sich in diesen Fällen nicht aus einer Blockade der Strukturmaßnahme, sondern aus dem ungewöhnlich hohen Verfahrensaufwand, mit dem sich der Antragsgegner konfrontiert sieht[65]. Der einzelne Antragsteller hat es mitunter in der Hand, immense Mehrkosten (Neubegutachtung, Anwaltskosten etc.) zu verursachen.

38 Es mehren sich vor diesem Hintergrund die Stimmen, die sich für die Einführung eines sog. „Qualifizierten Mehrheitsvergleichs" einsetzen. Danach würde das Gericht einen Vergleichsvorschlag, der etwa die kombinierte Kopf- und Anteilsmehrheit von Dreiviertel der Antragsteller sowie die Zustimmung des gemeinsamen Vertreters und des Antragsgegners gefunden hat, durch unanfechtbaren Beschluss für rechtsverbindlich erklären, ohne die Vergleichskondition inhaltlich zu kontrollieren[66].

39 Zum Teil wird die sogenannte „Mehrheitskonsensuale richterliche Schätzung" angelehnt an die §§ 39a, 39b WpÜG bei gescheiterten Vergleichsverhandlungen bereits de lege lata für rechtmäßig erachtet, wenn das Vergleichsangebot die Zustimmung von 90 % des von den Anspruchsinhabern gehaltenen Kapitals gefunden habe[67].

---

63 *Krenek*, in: Heidel, Aktienrecht, § 11 SpruchG Rn. 11; *Mennicke*, in: Lutter UmwG, § 11 SpruchG Rn. 6; *Puszkajler*, in: KK AktG, § 11 SpruchG Rn. 24; *Drescher*, in: Spindler/Stilz AktG, § 11 SpruchG Rn. 7; *Simons*, in: Hölters AktG, § 11 SpruchG Rn. 14.
64 *Krenek*, in: Heidel, Aktienrecht, § 11 SpruchG Rn. 11.
65 So ähnlich *Krenek*, in: Heidel, Aktienrecht, § 11 SpruchG Rn. 11; *Noack*, NZG 2014, Seite 92 ff.
66 Vgl. hierzu *Noack*, NZG 2014, Seite 92 ff. m.w.N.; ablehnend *Emmerich*, in: Emmerich/Habersack, Aktien- und GmbH Konzernrecht, § 11 SpruchG Rn. 6a; *Hüffer*, AktG, § 11 SpruchG Rn. 5; *Krenek*, in: Heidel, Aktienrecht, § 11 SpruchG Rn. 11.
67 So *Noack*, NZG 2014, Seite 92 ff.; ähnlich *Puszkajler*, in: KK AktG, § 11 SpruchG Rn. 24; *Drescher*, in: Spindler/Stilz AktG, § 11 SpruchG Rn. 7; *Puszkajler/Sekera-Terplan*, NZG 2015, 1055, 1060; wohl aber ablehnend hingegen OLG Düssel-

Auch wenn es wünschenswert ist, die Blockademöglichkeit einzelner 40
atomistisch beteiligter Minderheitsaktionäre einzudämmen, ist sowohl
die „Mehrheitskonsensuale richterliche Schätzung" als auch der Ruf
nach der gesetzlichen Kodifizierung eines „Qualifizierten Mehrheitsvergleichs" abzulehnen.

Die „Mehrheitskonsensuale Schätzung" kann – auch wenn sich das Gericht 41
das Ergebnis zu eigen – macht, keine tragfähige Grundlage für
eine gerichtliche Feststellung der angemessenen Entschädigung sein.
Zu Recht weist das OLG Düsseldorf darauf hin, dass die Vergleichsbereitschaft einer Vielzahl von Beteiligten für die Ermittlung des Unternehmenswertes, um den es bei den richterlichen Feststellungen geht, ohne
Aussagekraft ist. Dies lässt sich schon mit dem Wesen des Spruchverfahrens und seiner Aufgabe nicht in Einklang bringen, denn auch eine solche Verfahrensweise läuft im Ergebnis auf einen „Zwangsvergleich" und
damit auf eine unzulässige Einschränkung der gesetzlichen Rechte der
außenstehenden Aktionäre hinaus[68].

Ebenfalls ist zu berücksichtigen, dass das Gesetz ein verbandsrechtliches 42
Mehrheitsprinzip allenfalls – und auch nur eingeschränkt unter Einbeziehung einer sachlichen Rechtfertigung – bei kollektiven Beschlussfassungen und nicht etwa bei individuellen Rechtsdurchsetzungen vor Gericht
vorsieht. So bleibt das Recht eines ausgeschlossenen Minderheitsaktionärs auf Zahlung einer angemessenen Abfindung auch dann bestehen,
wenn sich die Mehrheit der ausgeschlossenen Minderheit mit einem Vergleichsvorschlag einverstanden erklärt hat. Wenn die Mehrheit bereit ist,
auf einen Teil des wirklichen Wertes der Aktie zu verzichten, verringert
dies nicht den wahren Wert des Anteilseigentums[69].

Das Dilemma, dass der Rechtsschutz in komplexen Angelegenheiten wie 43
Spruchverfahren kosten- und zeitaufwendig ist, kann nicht dadurch gelöst werden, dass grundgesetzliche Rechtspositionen (hier Artikel 14 GG
– Eigentumsgarantie) für weniger schutzwertig erklärt werden, weil sich
nur eine verbleibende Restminderheit auf sie beruft[70]. Mehrheitsvergleiche und mehrheitskonsensuale Schätzungen sind insoweit strikt abzulehnen, auch wenn es aus praktischen Gründen manchmal erstrebenswert
erscheint, um die Blockadeposition von atomistisch beteiligten Aktionären zu eliminieren.

b) Teilvergleich/Gesamtvergleich mehrere Verfahren

Möglich ist indes, einen Teilvergleich abzuschließen und das Verfahren 44
dann mit den verbleibenden Beteiligten und/oder hinsichtlich des

---

dorf, Beschl. v. 08.08.2013, – I-26 W 17/12, Juris Rn. 26 ff.; ablehnend auch *Krenek*, in: Heidel, Aktienrecht, § 11 SpruchG Rn. 11; *Hüffer*, AktG, § 11 SpruchG Rn. 5.
68 OLG Düsseldorf, Beschl. v. 08.08.2013, – I-26 W 17/12, Juris Rn. 41.
69 Ähnlich wohl *Haspl*, NZG 2014, 487, 490.
70 Zutreffend deswegen *Haspl*, NZG 2014, 487, 490.

nicht verglichenen Streitgegenstandes fortzuführen[71]. Beendet wird das Spruchverfahren hierdurch noch nicht. Ebenfalls kann durch Aufnahme einer Regelung, wonach die noch fehlenden Antragssteller dem Vergleich innerhalb einer bestimmten Frist beitreten können, aus einem zunächst Teilvergleich, ein das Verfahren insgesamt beendender Gesamtvergleich erwachsen. Zulässig ist auch, die Wirksamkeit des mit der Vielzahl der Antragsteller geschlossenen Vergleichs von dem Beitritt der noch verbleibenden abhängig zu machen[72].

45 Es ist auch möglich, mehrere rechtshängige Spruchverfahren durch einen Gesamtvergleich zu beenden.

c) Inter-omnes-Wirkung von gerichtlichen Vergleichen

46 Gerichtliche Vergleiche haben ebenso wie der verfahrensbeendende Beschluss nach § 11 Abs. 1 SpruchG eine inter-omnes-Wirkung und wirken demnach für und gegen alle (siehe ausführlich hierzu § 13 Rn. 10 ff.)[73]. Trotz der Doppelnatur des gerichtlichen Vergleichs (er ist sowohl Prozesshandlung als auch materielles Rechtsgeschäft) ist der gemeinsame Vertreter (auch wenn er die von ihm Vertretenen nicht materiellrechtlich vertreten kann) deswegen nicht als verpflichtet anzusehen, den Vergleich als echten Vertrag zu Gunsten Dritter (§ 328 BGB) auszugestalten[74]. Rein vorsorglich und vor dem Hintergrund der h. M. in Literatur, sollte er dennoch darauf achten, dass eine solche Erstreckung prohibitiv im Vergleich aufgenommen wird. Bei außergerichtlichen Vergleichen wird er hierzu verpflichtet sein (siehe hierzu unten Rn. 76).

d) Inhalt des Vergleichs

47 Grundsätzlich wird der Vergleich den Gegenstand des Spruchverfahrens regeln, also einen bestimmten Betrag für die zu gewährende Kompensation festlegen. In Betracht kommt sowohl die Vereinbarung einer höheren als auch die Aufrechterhaltung der angebotenen Kompensation, wozu die Verfahrensbeteiligten anlässlich des Verbotes der reformatio in peius regelmäßig keinen Anlass haben dürften[75]. Sondervorteile dürfen nicht gewährt werden. In jedem Fall muss der Vergleich alle Aktionäre gleich behandeln (§ 53a AktG)[76].

---

71 Allg. Meinung vgl. nur *Puszkajler*, in: KK AktG, § 11 SpruchG Rn. 28.
72 Siehe hierzu auch *Krenek*, in: Heidel, Aktienrecht, § 11 SpruchG Rn. 11.
73 So auch *Simon*, in Simon SpruchG § 13 Rn. 9; a. A. *Mennicke*, in: Lutter UmwG, § 11 SpruchG Rn. 7: *Krenek*, in: Heidel, Aktienrecht, § 11 SpruchG Rn. 12; *Puszkajler*, in: KK AktG, § 11 SpruchG Rn. 27; *Drescher*, in: Spindler/Stilz AktG, § 11 SpruchG Rn. 6; *Simons*, in: Hölters AktG, § 11 SpruchG Rn. 15.
74 Vgl. hierzu mit anderem Ergebnis insbesondere *Krenek*, in: Heidel, Aktienrecht, § 11 SpruchG Rn. 11.
75 So auch *Simons*, in: Hölters AktG, § 11 SpruchG Rn. 13.
76 *Simons*, in: Hölters AktG, § 11 SpruchG Rn. 13; *Drescher*, in: Spindler/Stilz AktG, § 11 SpruchG Rn. 6.

Gerichtliche Entscheidung; Gütliche Einigung § 11 SpruchG

Die Neubestimmung von Ausgleich und/oder Barabfindung bei Unter- 48
nehmensverträgen führt nicht zu einer Änderung des Unternehmensvertrages, dem etwa noch die Hauptversammlung der Antragsgegnerin zustimmen müsste, da die im Unternehmensvertrag vereinbarte Kompensation kraft Gesetz unter dem Vorbehalt der Prüfung im Spruchverfahren steht. Die Kompetenz der Hauptversammlung geht im Rahmen von Spruchverfahren auf das Gericht über. Gleiches gilt bei der Eingliederung und bei umwandlungsrechtlichen Fällen[77]. Beim Squeeze Out stellt sich dieses Problem nicht, weil der Hauptaktionär Schuldner der Kompensation ist.

Darüber hinaus sind weiter Themen regelungsbedürftig, etwa Berück- 49
sichtigung von Zinsen (fix oder variable), Zinssatz, Information der nicht antragstellenden Aktionäre und Bekanntmachungsmodalitäten, Kosten- und Aufwandsersatz, Möglichkeit der Geltendmachung und Erfüllung der Kompensation, etwaige Nachbesserungsrechte, Abwicklungsfragen, vorsorgliche Antragsrücknahme, Vertrag zu Gunsten Dritter, Anrechnung bereits erhaltener Zahlungen, Geheimhaltungspflichten, Mittwirkungen Dritter, Art und Weise der Zahlungsforderungen (Vollstreckbarkeit) etc.[78].

Der Vergleichsinhalt ist nicht auf den Gegenstand des Spruchverfah- 50
rens beschränkt, was einen weiteren wesentlichen Vorteil des Vergleichs gegenüber einer Verfahrensbeendigung durch Beschluss darstellt[79]. So kann wahlweise z. B. auch eine andere Kompensationsleistung (z. B. Aktien- statt Barabfindung oder eine Kombination von Aktien und Barzahlungen) oder die Verpflichtung zu Sonderausschüttungen, Verzicht auf Delisting etc. geregelt werden[80].

Im Vergleich können insbesondere auch die Höhe der jeweiligen Zah- 51
lungen und die Zahlungsmodalitäten für die Begleichung der Forderungen des oder der Antragsteller gegen den oder die Antragsgegner festgelegt werden, z. B. Fälligkeiten, Teilzahlungen, Verzinsungen. Diese Möglichkeit steht nicht nur mit der durch das Spruchverfahrensgesetz bezweckten Beschleunigung im Einklang, sondern entspricht auch der vom Gesetzgeber bezweckten raschen Einigung der Beteiligten, die zweckmäßigerweise auch die andernfalls separat erforderliche Leistungsklage (§ 16 SpruchG) ersparen sollte.

Auf eine Rücktritts- oder Widerrufsmöglichkeit sollte aus praktischen 52
Gründen – von Ausnahmefällen abgesehen – verzichtet werden[81].

---

77 *Drescher*, in: Spindler/Stilz AktG, § 11 SpruchG Rn. 6; *Puszkajler*, in: KK AktG, § 11 SpruchG Rn. 26, a. A. *Zimmer/Meese*, NZG 2004, 201.
78 Vgl. hierzu auch *Krenek*, in: Heidel, Aktienrecht, § 11 SpruchG Rn. 15; *Puszkajler*, in: KK AktG, § 11 SpruchG Rn. 31; *Simons*, in: Hölters AktG, § 11 SpruchG Rn. 13; *Drescher*, in: Spindler/Stilz AktG, § 11 SpruchG Rn. 6.
79 So auch *Puszkajler*, in: KK AktG, § 11 SpruchG Rn. 30.
80 Siehe hierzu *Puszkajler*, in: KK AktG, § 11 SpruchG Rn. 30.; *Simons*, in: Hölters AktG, § 11 SpruchG Rn. 13.
81 *Puszkajler*, in: KK AktG, § 11 SpruchG Rn. 32.

e) Protokollierung

53 Im Regelfall wird der Vergleichsabschluss durch entsprechende Hinweise des Gerichts gefördert, die dann von dem Vergleichsvorschlag des einen oder anderen Beteiligten aufgegriffen werden und häufig noch im Termin zur mündlichen Verhandlung abschließend verhandelt und zur Niederschrift im Terminsprotokoll erklärt werden. In einem solchen Fall ist die Niederschrift analog den §§ 159–163 ZPO aufzunehmen. Die Niederschrift bzw. das Terminsprotokoll muss analog § 160 ZPO folgendes enthalten: Ort und Tag der Verhandlung, Name des Richters bzw. der Richter und Urkundsbeamten, die erschienenen Beteiligten einschließlich gesetzlicher Vertreter, Bevollmächtigter, Beistände, Zeugen und Sachverständigen, und den genauen Inhalt des Vergleichs. Das Protokoll ist den Beteiligten vorzulesen oder zur Durchsicht vorzulegen oder – bei einer Tonaufnahme – abzuspielen. Im Protokoll ist zu vermerken, dass dies geschehen und die Genehmigung erteilt ist oder welche Einwendungen erhoben worden sind (§ 162 ZPO analog). Das Protokoll ist vom Vorsitzenden und vom Urkundsbeamten zu unterschreiben (§ 163 Abs. 1 ZPO analog). Zu einer ausführlicheren Darstellung der Protokollierung kann auf die einschlägigen Kommentierungen zu §§ 159–163 ZPO verwiesen werden.

54 Haben sich bei der Niederschrift des Vergleichs im Terminsprotokoll Unrichtigkeiten ergeben, können diese analog § 164 Abs. 1 ZPO jederzeit vom Gericht – aber erst nach Anhörung der Beteiligten (§ 164 Abs. 2 ZPO) – berichtigt werden. Die Berichtigung wird auf dem Protokoll vermerkt, gegebenenfalls auch durch Verweis auf eine mit dem Protokoll zu verbindende Anlage (etwa den Berichtigungsbeschluss). Der Berichtigungsvermerk ist vom Vorsitzenden, der das Protokoll unterzeichnet hat, und vom Urkundsbeamten zu unterschreiben (§ 164 Abs. 3 ZPO). Wegen der weiteren Einzelheiten kann auf die einschlägige Kommentierung zu § 164 ZPO verwiesen werden.

f) Vollstreckung des Vergleichs

55 Unabhängig davon, ob der Vergleich gemäß § 11 Abs. 2 SpruchG im Rahmen eines Verhandlungstermins oder gemäß § 11 Abs. 4 SpruchG (siehe dazu nachfolgend unter Rn. 61) durch Beschluss zustande kommt, kann aus ihm kraft ausdrücklichen Verweises in § 11 Abs. 2 Satz 3 SpruchG nach den Vorschriften der ZPO vollstreckt werden (§ 794 Abs. 1 Nr. 1 ZPO analog). Dies betrifft im Regelfall die im Vergleich vorzunehmende Kostenregelung. Die Zwangsvollstreckung wird auf Grund einer mit Vollstreckungsklausel versehenen Niederschrift durchgeführt, die der Urkundsbeamte der Geschäftsstelle erteilt (§ 797 Abs. 1 ZPO analog).

56 Ist im Vergleichswege auch der Zahlungsanspruch des oder der Antragsteller gegen den oder die Antragsgegner festgelegt worden (siehe oben Rn. 50 und 52), kann das Spruchverfahren sogar mit der vollstreckbaren Titulierung dieses Zahlungsanspruchs abgeschlossen werden.

V. Zustellung (§ 11 Abs. 3)

Sowohl die Entscheidung des erstinstanzlichen Landgerichts über den 57
gestellten Antrag (oder über die aus mehreren Ursprungsverfahren stammenden und nunmehr im gemeinsamen Verfahren zusammengefassten Anträge) als auch die gerichtliche Niederschrift über einen geschlossenen Vergleich oder der Beschluss über die Annahme eines gerichtlichen Vergleichsvorschlags gemäß § 11 Abs. 4 SpruchG sind den Beteiligten (Antragsteller, Antragsgegner und gemeinsamen Vertreter, ggf. auch sonst in ihrer Rechtsposition beeinträchtigte Beschwerdebefugte[82]) vom Gericht zuzustellen.

Gemäß §§ 17 Abs. 1, 15 Abs. 2 FamFG haben die Zustellungen von Amts 58
wegen analog den Vorschriften der ZPO (§§ 166–190) zu erfolgen. Dabei geht die Anordnung der förmlichen Zustellung in § 11 Abs. 2 gem. § 17 Abs. 1 SpruchG der Regelung in § 41 FamFG wegen Spezialität vor[83]. Wegen des Beginns des Laufs der Beschwerdefrist ist bei Mängeln der Zustellung § 189 ZPO zu beachten. Wegen der Einzelheiten zur Zustellung wird auf die einschlägigen Kommentierungen zu den §§ 166–190 ZPO verwiesen.

VI. Bekanntmachung

Auch gerichtliche Vergleiche sind wie der verfahrensbeendende Be- 59
schluss als Entscheidung i. S. v. § 14 SpruchG bekannt zu machen (siehe hierzu § 14 Rn. 6)[84]. Gleichwohl bietet es sich im Vergleichsfall an, dass der gemeinsame Vertreter dafür sorgt, dass die Art und Weise der Modalitäten der Vergleichsveröffentlichung im Vergleich explizit geregelt werden, damit sichergestellt ist, dass alle nicht antragstellenden Anteilsinhaber über den Ausgang des Verfahrens informiert werden.

VII. Vergleich durch Schriftsatz (§ 11 Abs. 4)

1. Abschluss auf Vorschlag des Gerichts

Wird der Vergleich nicht im Rahmen eines Verhandlungstermins ge- 60
schlossen und protokolliert, kann er auch – alternativ – zwischen den Beteiligten im Anschluss an einen schriftlichen Vergleichsvorschlag des Gerichts gem. § 11 Abs. 4 SpruchG schriftsätzlich angenommen werden. Die Vorschrift wird zu Recht als „segensreiche Verfahrensweise" bezeichnet,

---

82 Vgl. hierzu *Ederle/Theusinger*, in: Bürgers/Körber AktG, § 11 SpruchG Rn. 3 und § 12 Rn. 1; *Hüffer*, AktG, § 11 SpruchG Rn. 7.
83 *Krenek*, in: Heidel, Aktienrecht, § 11 SpruchG Rn. 18.
84 A. A. *Drescher*, in: Spindler/Stilz AktG, § 11 SpruchG Rn. 10; *Simons*, in: Hölters AktG, § 11 SpruchG Rn. 28.

da sie das Zustandekommen von Vergleichen enorm vereinfacht und beschleunigt[85]. Sie hat in der Praxis extrem hohe Bedeutung[86].

61 § 11 Abs. 4 SpruchG ist während des Gesetzgebungsverfahrens vom Rechtsausschuss auf Anregung des Bundesrates eingefügt worden; er übernahm zunächst den Wortlaut des erst seit dem 01.01.2002 in die ZPO eingefügten § 278 Abs. 6 ZPO a. F. und findet sich nun auch in § 36 Abs. 3 FamFG wieder. Da der Gesetzgeber in § 11 Abs. 4 SpruchG nicht auf § 278 Abs. 6 ZPO verweist, ist der durch das 1. JuMoG für den Zivilprozess geschaffene, erleichterte Abschluss durch Unterbreitung eines unter den Beteiligten abgesprochenen Vergleichsvorschlages – also nicht des Gerichts –, vgl. § 278 Abs. 6 Satz 1 n. F., im SpruchG nicht unmittelbar vorgesehen[87].

62 Der Intention des Gesetzgebers folgend, wird man dennoch die Neufassung von § 278 Abs. 6 ZPO analog anwenden können, so dass die Beteiligten einen Vergleich aushandeln und dem Gericht vorschlagen können, welches es dann versendet, so dass dann die schriftliche Zustimmung erfolgen kann[88]. Aus Gründen der Rechtssicherheit empfiehlt sich, in dem Vergleich die Formulierung „Auf Vorschlag des Gerichts" aufzunehmen und den Inhalt des Entwurfs – vorab – mit dem Gericht zu besprechen. Bestehen seitens des Gerichts Bedenken gegen den Inhalt und oder Formulierungen kann dies im Vorfeld der Versendung bereinigt werden. Ist das Gericht mit dem Vorschlag nicht einverstanden, ist es dennoch – Ausnahme krasse Missbrauchsfälle – als verpflichtet anzusehen in Analogie zu § 278 Abs. 6 ZPO den Vergleichsvorschlag an die Beteiligten (dann ohne den Zusatz „Auf Vorschlag des Gerichts") zu versenden.

63 Der gerichtliche Vergleichsvorschlag kann auch zwischen den Beteiligten nochmals verändert und sodann nach gemeinsamer Abstimmung von allen Beteiligten oder von einem Beteiligten mit Zustimmung der übrigen Beteiligten dem Gericht übermittelt werden.

2. Gerichtliche Feststellung des Vergleichs

64 Ist gemäß § 11 Abs. 4 Satz 1 SpruchG ein Vergleichsvorschlag des Gerichts und/oder der Beteiligten (siehe oben Rn. 63) von den Beteiligten durch Schriftsatz angenommen worden, braucht kein weiterer Termin anberaumt zu werden, um den Vergleich förmlich zu protokollieren, sondern das Gericht kann durch Beschluss das Zustandekommen des Vergleichs, d. h. die schriftsätzliche Annahme seines Vergleichsvorschlags durch die Beteiligten feststellen (§ 11 Abs. 4 Satz 2 SpruchG). Damit wird eine weitere Möglichkeit zur Beschleunigung wahrgenommen, da

---

85 So ausdrücklich *Krenek*, in: Heidel, Aktienrecht, § 11 SpruchG Rn. 19.
86 Anders aber wohl *Puszkajler*, in: KK AktG, § 11 SpruchG Rn. 38.
87 Hierauf weisen auch hin *Krenek*, in: Heidel, Aktienrecht, § 11 SpruchG Rn. 19; *Puszkajler*, in: KK AktG, § 11 SpruchG Rn. 35.
88 So im Ergebnis zutreffend *Drescher*, in: Spindler/Stilz AktG, § 11 SpruchG Rn. 8; *Puszkajler*, in: KK AktG, § 11 SpruchG Rn. 35.

die Anberaumung eines gesonderten Verhandlungstermins nur zur Vergleichsprotokollierung eine lästige Formalie darstellen würde. Wegen der weiteren Einzelheiten wird auf die einschlägigen Kommentierungen zu § 278 ZPO verwiesen.

3. Berichtigung des Vergleichsbeschlusses

Die gleiche Regelung wie oben zur Vergleichsberichtigung im Fall des § 11 Abs. 2 (s. o. Rn. 55) wird kraft ausdrücklichen Hinweises durch § 11 Abs. 4 Satz 3 auch auf den Fall erstreckt, dass sich bei der Abfassung des gerichtlichen Vergleichs oder bei der Beschlussfassung über das Zustandekommen des Vergleichs im Anschluss an die schriftsätzliche Annahme durch die Beteiligten eine solche Unrichtigkeit ergeben hat. Dieser Verweis ist sinnvoll, da die Regelung des § 164 ZPO zunächst nur für das Terminsprotokoll, nicht aber für eine Beschlussfassung gilt. Andernfalls wäre für den Beschluss nur eine Berichtigung im Falle von offenbaren Unrichtigkeiten analog § 319 ZPO möglich, eine im Ergebnis ähnliche, insgesamt aber aufwändigere Lösung. 65

Es ist fraglich, ob mit diesem pauschalen Verweis auf § 164 ZPO auch der Fall der Unvollständigkeit des Beschlusses geregelt werden soll, der analog in § 321 ZPO behandelt wird. Davon ist richtigerweise auszugehen, da entsprechend der einhelligen Kommentarmeinung zu § 164 ZPO dort nicht nur die offenbaren Unrichtigkeiten wie in § 319 ZPO, sondern auch weitergehende förmliche oder inhaltliche Unrichtigkeiten gemeint sind[89]. Dies könnte etwa gegeben sein, wenn die schriftsätzliche Annahme irrtümlich als uneingeschränkt angesehen wurde, obwohl inhaltliche Vorbehalte gemacht wurden, oder wenn in dem abschließenden Beschluss Teile des ursprünglichen gerichtlichen Vergleichsvorschlages weggefallen oder zuvor nicht vorgeschlagene Passagen aufgenommen worden sind. 66

Zu den weiteren Einzelheiten verweisen wir auf die einschlägigen Kommentierungen zu den §§ 164, 319 und 321 ZPO. 67

Da eine Unrichtigkeit von Gerichts wegen zu berichtigen ist, bedarf es dazu keines Antrages der Beteiligten. Ein solcher „Antrag" ist allerdings nicht unzulässig und kann ebenso wie ein informeller Hinweis als Anregung an das Gericht gewertet werden, der pflichtgemäß zu berücksichtigen ist. Besteht eine Unrichtigkeit und reagiert das Gericht trotz eines Antrages oder einer Anregung der Beteiligten nicht, verbleibt nur das Rechtsmittel der Beschwerde. Angesichts der kurzen Beschwerdefrist von einem Monat muss eine solcher Hinweis ohnehin sehr kurzfristig erfolgen und sollte in jedem Falle mit einer Beschwerdeeinlegung verbunden werden, um nicht Gefahr zu laufen, dass die Beschwerdefrist vor der gerichtlichen Reaktion bzw. angestrebten Korrektur des Beschlusses verstreicht. Wird die Berichtigung vorgenommen, ist die Beschwerde inhaltlich erledigt und zurückzunehmen. 68

---

89 *Reichold*, in: Thomas/Putzo ZPO, § 164 Rn. 1; *Hartmann*, in: Baumbach/Lauterbach/Albers/Hartmann ZPO, § 164 Rn. 1, 4; *Stöber*, in: Zöller ZPO, § 164 Rn. 2.

4. Anfechtung

69 Der feststellende Beschluss gem. § 11 Abs. 4 Satz 2 SpruchG ist wegen dessen Gleichstellung mit dem Beschluss nach § 11 Abs. 1 SpruchG (siehe hierzu § 13 Rn. 10) gleichfalls mit der Beschwerde anfechtbar. Vor dem Hintergrund, dass alle Beteiligten dem Vergleich notwendigerweise aber im Vorfeld zugestimmt haben müssen und damit konkludent den Verzicht auf die Beschwerdemöglichkeit nach § 12 SpruchG erklärt haben, ist eine Anfechtung mittels Beschwerde in diesen Fallkonstruktionen eher ein theoretisches Konstrukt. Nach der wohl h. M. greift die Beschwerde indes nicht. Begehrt ein Beteiligter die Unwirksamkeit des Vergleichs, – etwa mangels Einigung oder nach einer materiell rechtlichen Anfechtung – müsse er die Fortsetzung des Spruchverfahrens beantragen[90].

VIII. Andere Formen der Verfahrensbeendigung

1. Antragsrücknahme

70 Anträge können bis zur Rechtskraft der Endentscheidung, also auch noch während des laufenden Beschwerdeverfahrens zurückgenommen werden (§§ 17 Abs. 1, 22 Abs. 1 FamFG). Nach Erlass der Endentscheidung bedarf es aber der Zustimmung aller übrigen Beteiligten (§§ 17 Abs. 1, 22 Abs. 1 Satz 2 FamFG). Erforderlich ist die Rücknahme aller Anträge und die ausdrückliche Erklärung des gemeinsamen Vertreters, dass er das Verfahren nicht fortsetzt, sondern beendet (vgl. ausführlich zum Fortführungsrecht des gemeinsamen Vertreters § 6 Rn. 17 ff.)[91].

2. Erledigung der Hauptsache

71 Auch durch übereinstimmende Beendigungserklärung (§ 22 Abs. 3 FamFG) – unter Mitwirkung des gemeinsamen Vertreters – kann das Spruchverfahren beendet werden. Dann ist gem. § 15 SpruchG nur noch über die Kosten zu entscheiden[92]

72 Wird einseitig für erledigt erklärt, muss gerichtlich geprüft werden, ob sich die Hauptsache tatsächlich erledigt hat[93]. Eine Erledigung kommt in Betracht, wenn der Gegenstand des Spruchverfahrens durch ein späteres Ereignis, welches eine Veränderung der Sach- und Rechtslage bewirkt, nachträglich weggefallen ist, so dass die Weiterführung des Verfahrens keinen Sinn mehr macht, da eine Sachentscheidung nicht mehr ergehen kann[94]. Dies wird nur selten der Fall sein. Zu denken ist etwa an eine

---

90 *Drescher*, in: Spindler/Stilz AktG, § 11 SpruchG Rn. 11; *Puszkajler*, in: KK AktG, § 11 SpruchG Rn. 37.
91 Siehe nur *Puszkajler*, in: KK AktG, § 11 SpruchG Rn. 41.
92 Siehe nur *Krenek*, in: Heidel, Aktienrecht, § 11 SpruchG Rn. 22; *Mennicke*, in: Lutter UmwG, § 11 SpruchG Rn. 17.
93 *Ederle/Theusinger*, in: Bürgers/Körber AktG, § 11 SpruchG Rn. 5; *Krenek*, in: Heidel, Aktienrecht, § 11 SpruchG Rn. 22; a. A. *Drescher*, in: Spindler/Stilz AktG, § 11 SpruchG Rn. 13.
94 So zutreffend *Krenek*, in: Heidel, Aktienrecht, § 11 SpruchG Rn. 23.

erfolgreiche Anfechtungsklage nach Einleitung des Spruchverfahrens, wenn die betreffende Strukturmaßnahme noch nicht Bestandsschutz erlangt hat (vgl. § 246a AktG, § 20 Abs. 2 UmwG)[95]. Ein Spruchverfahren endet insbesondere nicht durch Beendigung der dem Verfahren zu Grunde liegenden Strukturmaßnahe oder wenn die antragstellenden Aktionäre durch einen nachträglichen Ausschluss aus der Gesellschaft die Aktionärsstellung verlieren[96].

Der Beschluss mit dem die Erledigung ggf. festgestellt wird, unterliegt der Beschwerde gem. § 12 Abs. 1 SpruchG[97]. 73

Weitere verfahrensrechtliche Beendigungsmöglichkeiten wie z. B. Anerkenntnis oder Versäumnisurteil bestehen nicht[98]. Ein Anerkenntnis ist nicht möglich, da der Antrag nicht auf die Festsetzung einer betragsmäßig fixierten Kompensationsregelung gerichtet ist, die vom Antragsgegner im Wege des Anerkenntnisses zugestanden werden könnte. Vielmehr muss der Antrag – unabhängig von einer möglichen, aber unbeachtlichen Bezifferung – auf die angemessene Bestimmung des Ausgleichs, der Zuzahlung oder der Abfindung gerichtet sein, die sich nicht allein aus dem – gegebenenfalls auch betragsmäßigen – Anerkenntnis des Antragsgegners erschließt, sondern nur durch Prüfung des Gerichts ermittelt werden kann. Aus dem gleichen Grund kann auch kein Versäumnisurteil ergehen, das im Übrigen schon wegen des dem Grunde nach fortgeltenden Amtsermittlungsgrundsatzes ausscheidet. Das Gericht kann vielmehr, sofern die Entscheidungsreife gegeben ist, jederzeit auch bei einer Säumnis der Parteien in der mündlichen Verhandlung und insbesondere unter Berücksichtigung der Präklusionsvorschriften eine Entscheidung treffen. 74

3. Außergerichtlicher Vergleich

Das Verfahren kann neben dem gerichtlichen Vergleich (§ 11 Abs. 2 und 4 SpruchG) auch durch einen außergerichtlichen Vergleich beendet werden, der nicht innerhalb des Verfahrens abgeschlossen, sondern direkt zwischen den Vergleichsparteien vereinbart wird[99]. Konsequenterweise würden die Antragsteller daraufhin ihre Anträge zurücknehmen (siehe 75

---

95 Siehe hierzu etwa die Beispiele bei *Mennicke*, in: Lutter UmwG, § 11 SpruchG Rn. 17; *Krenek*, in: Heidel, Aktienrecht, § 11 SpruchG Rn. 23; *Ederle/Theusinger*, in: Bürgers/Körber AktG, § 11 SpruchG Rn. 5 und sehr ausführlich *Puszkajler*, in: KK AktG, § 11 SpruchG Rn. 43 ff.; *Emmerich*, in: Emmerich/Habersack, Aktien- und GmbH Konzernrecht, § 11 SpruchG Rn. 9 ff. und 12 ff.
96 Siehe nur *Mennicke*, in: Lutter UmwG, § 11 SpruchG Rn. 17.
97 *Krenek*, in: Heidel, Aktienrecht, § 11 SpruchG Rn. 23.
98 So auch *Ederle/Theusinger*, in: Bürgers/Körber AktG, § 11 SpruchG Rn. 5; a. A. wohl *Drescher*, in: Spindler/Stilz AktG, § 11 SpruchG Rn. 13; in Bezug auf Anerkenntnis auch *Simons*, in: Hölters AktG, § 11 SpruchG Rn. 25.
99 Allg. Meinung, vgl. nur *Kubis*, in: MüKo AktG, § 11 SpruchG Rn. 18; *Krenek*, in: Heidel, Aktienrecht, § 11 SpruchG Rn. 24; *Simons*, in: Hölters AktG, § 11 SpruchG Rn. 23; *Mennicke*, in: Lutter UmwG, § 11 SpruchG Rn. 16; *Hüffer*, AktG, 3 11 SpruchG Rn. 4.

oben Rn. 71) oder das Verfahren würde von den Beteiligten für allseits erledigt erklärt (siehe oben Rn. 72 ff.). Ein solcher Vergleich wirkt nur zwischen den Beteiligten und hat keine allgemein gültige Wirkung, da die „inter-omnes-Regelung" des § 13 Satz 2 SpruchG nicht eingreift[100].

76 Der gemeinsame Vertreter kann die von ihm Vertretenen nicht rechtsgeschäftlich verpflichten (siehe hierzu § 6 Rn. 28 ff.), so dass er für sie keinen rechtswirksamen außergerichtlichen Vergleich unmittelbar abschließen kann. Dennoch macht es Sinn, ihn in die Vergleichsverhandlungen einzubeziehen. Wegen § 6 Abs. 3 SpruchG führt die Umsetzung des außergerichtlichen Vergleichs erst dann zu einer Vollbeendigung, wenn der gemeinsame Vertreter ausdrücklich die Beendigung des Verfahrens erklärt. Der gemeinsame Vertreter wird in derartigen Fällen regelmäßig erst dann zur Beendigung bereit sein, wenn sich der Vergleich – neben dessen wirtschaftlicher Angemessenheit – als echter Vertrag zu Gunsten Dritter (§ 328 BGB) nicht nur auf die Vergleichsparteien, sondern auch auf die von ihm vertretenen nicht-antragstellenden Anteilsinhaber erstreckt. Hierfür wird er, sofern er in die Vergleichsverhandlungen einbezogen wird, zu sorgen haben, wenn er anschließend auf eine Verfahrensfortführung nach Antragsrücknahme der Antragsteller verzichten will.

77 Würde das Verfahren von anderen Antragstellern oder dem gemeinsamen Vertreter fortgesetzt, hätte die dann doch noch erwirkte Entscheidung die vorgenannte inter-omnes-Wirkung, die allerdings im Hinblick auf die Vergleichsparteien des außergerichtlichen Vergleichs keine Auswirkung hätte (vgl. § 13 SpruchG Rn. 14)[101].

4. Schiedsverfahren

78 Die streitgegenständlichen Ansprüche im Spruchverfahren sind als vermögensrechtliche Ansprüche auch schiedsfähig (§ 1030 Abs. 1 ZPO) und damit einem Schiedsverfahren grundsätzlich zugänglich[102]. Bedenken ergeben sich zwar im Hinblick auf die inter-omnes-Wirkung der Entscheidung im Spruchverfahren gemäß § 13 SpruchG. Denn bei Anfechtungsklagen gegen Hauptversammlungs- und Gesellschafterversammlungsbeschlüsse wird die Schiedsfähigkeit unter Verweis auf die nach § 248 AktG angeordnete inter-omnes-Wirkung der gerichtlichen Entscheidung verneint[103]. Wenn aber durch eine umfassende Schiedsvereinbarung unter Beteiligung aller Beteiligten, also über den gemeinsamen Vertreter auch aller übrigen Anteilsinhaber, eine solche inter-omnes-Wirkung auch im Schiedsverfahren erzielt werden kann, wären die insoweit

---

100 *Krenek*, in: Heidel, Aktienrecht, § 11 SpruchG Rn. 24.
101 So wohl auch *Stratz*, in: Schmidt/Hörtnagl/Stratz UmwG/UmwStG, § 307 Rn. 57.
102 *Drescher*, in: Spindler/Stilz AktG, § 1 SpruchG Rn. 35; *Mennicke*, in: Lutter UmwG, § 1 SpruchG Rn. 19; *Krenek*, in: Heidel, Aktienrecht, § 11 SpruchG Rn. 25.
103 BGHZ 132, 278, 285 ff.

vom BGH geäußerten Bedenken ausgeräumt[104]. Eine solche Schiedsabrede kann allerdings nicht bereits im Gesellschaftsvertrag oder in der Satzung eines beteiligten Rechtsträgers vorgesehen werden, da dies gemäß § 23 Abs. 5 AktG für Aktiengesellschaften, im Übrigen analog für andere Gesellschaftsformen eine nicht zugelassene Abweichung vom Erfordernis der Klage vor den staatlichen Gerichten bewirken würde[105]. Vielmehr müssten alle Antragsberechtigten und der gemeinsame Vertreter dem Schiedsverfahren durch Schiedsvereinbarung mit dem Antragsgegner oder den Antragsgegnern beitreten.

---

104 So auch *Hüffer*, Aktiengesetz, § 246 Rn. 19; *Drescher*, in: Spindler/Stilz AktG, § 1 SpruchG Rn. 35.
105 *Hüffer*, Aktiengesetz, § 246 Rn. 19.

Annex zu § 11:
Grundzüge der Unternehmensbewertung

Inhalt

		Rn.
I.	Überblick	1
II.	Rahmenbedingungen	2
III.	Bewertungsmethodik	10
IV.	Substanzwertverfahren	14
V.	Liquidationswert	16
VI.	Ertragswert- und Discounted Cash Flow-Verfahren	18
	1. Kernelemente beider Verfahren	18
	2. Ertragswertverfahren	21
	a) Ermittlung der Zukunftserträge (Pauschalmethode)	22
	b) Ermittlung der Zukunftserträge (Phasenmethode)	23
	c) Ermittlung des Diskontierungszinses	25
	3. DCF-Verfahren	30
	a) Equity Approach	33
	b) Entity Approach: WACC-Ansatz	34
	c) Entity Approach: APV-Ansatz	36
	4. Vor- und Nachteile des Kapitalwertkalküls	37
	5. Prüfung der Zukunftserträge im Spruchverfahren	44
	a) Detailplanungsphase (Phase I)	55
	b) Konvergenzphase (Phase II)	60
	c) Ewige Rente (Phase II oder Phase III)	67
	6. Diskontierungsparameter	77
	a) Basiszins	79
	b) Marktrisikoprämie	86
	aa) Ableitung der Marktrisikoprämie	87

		Rn.
	bb) Höhe der anzusetzenden Marktrisikoprämie	98
	c) Betafaktor	114
	aa) Betafaktor des Bewertungsobjekts oder der Peergroup	115
	bb) Ableitung historischer Raw Betafaktoren	118
	cc) Belastbarkeit historischer Betafaktoren	132
	dd) Statistische Filterkriterien	135
	ee) Prognoseeignung der historischen Betafaktoren	140
	ff) Adjustierung von Betafaktoren	142
	gg) Ermittlung der unverschuldeten Betafaktoren	155
	hh) Ableitung des Betafaktor auf Basis von Peer-Group Unternehmen	158
	ii) Wachstumsabschlag	167
VII.	Börsenpreis als Bewertungsgrundlage	180
	1. Historische Entwicklung	180
	2. Börsenkurs ausschließlich Wertuntergrenze/Alleiniges Abstellen auf den Börsenkurs unzulässig	188
	3. Einzelfragen zur Berücksichtigung von Börsenpreisen	198
VIII.	Berücksichtigung von Vor-/ und Nacherwerbspreisen	203
IX.	Diskontierung der Ausgleichszahlung	204

Annex: Grundzüge der Unternehmensbewertung § 11 SpruchG

Spezielle Literatur: *Adolf*, Unternehmensbewertung im Recht der börsennotierten Aktiengesellschaft, 2007; 26–36; *Aha*, Der Börsenpreis als Bewertungsgrundlage für den Abfindungsanspruch von Aktionären, AG 1999, 299 ff.; *ders.*, Aktuelle Aspekte der Unternehmensbewertung im Spruchstellenverfahren, AG 1997, 26 ff.; *Altmeppen*, Zeitliche und sachliche Begrenzung von Abfindungsansprüchen gegen das herrschende Unternehmen im Spruchstellenverfahren, in: FS Peter Ulmer, 2003, S. 3–20; *Baetge (Hrsg.)*, Unternehmensbewertung im Wandel, Düsseldorf 2001; *Baetge/Niemeyer/Kümmel/Schulz*, Darstellung der Discounted Cashflow-Verfahren (DCF-Verfahren) mit Beispielen, in: Peemöller, Praxishdb. der Unternehmensbewertung, 5. Aufl., 2012, S. 349–498; *Ballwieser*, Unternehmensbewertung mit Discounted Cash Flow-Verfahren, WPg 1998, 81 ff.; *Ballwieser*, Aktuelle Aspekte der Unternehmensbewertung, WPg 1995, 119–129; *ders.*, Kalkulationszinsfuß und Steuern, DB 1997, 2393–2396; *ders.*, Unternehmensbewertung mit Discounted Cash Flow-Verfahren, WPg 1998, 81–92; *ders.*, Der Kalkulationszinsfuß in der Unternehmensbewertung: Komponenten und Ermittlungsprobleme, WPg 2002, 736–743; *ders.*, Unternehmensbewertung, 3. Aufl., 2011, Barthel, Unternehmenswert: Der systematische Fehler in der Nach-Steuer-Rechnung, DStR 2007, 83–86; *Bassemir/Gebhardt/Ruffing*, Zur Diskussion um die (Nicht-)Berücksichtigung der Finanz- und Schuldenkrise bei der Ermittlung der Kapitalkosten, WPg 2012, 882–892; *Beyer/Gaar*, Neufassung des IDW S 1 „Grundsätze zur Durchführung von Unternehmensbewertung", FB 2005, 240–251; *Bode*, Berücksichtigung von Vorerwerbspreisen und Paketzuschlägen bei der Ermittlung der Barabfindung, Der Konzern 2010, 529–532; *Born*, Unternehmensanalyse und Unternehmensbewertung, 1995, S. 124 ff.; *Brösel/Karami*, Der Börsenkurs in der Rechtsprechung: Zum Spannungsverhältnis zwischen Minderheitenschutz und Rechtssicherheit – Anmerkung zum Stollwerck-Beschluss vom 19.07.2010; WPg 2011, 418–430; *Bücker*, Die Berücksichtigung des Börsenkurses bei Strukturmaßnahmen – BGH revidiert DAT/Altana, NZG 2010, 967–971; *Bungert*, DAT/Altana: Der BGH gibt der Praxis Rätsel auf, BB 2001, 1163–1166; *ders.*, Umtauschverhältnis bei Verschmelzungen entspricht nicht den Börsenwerten. BB 2003, 699–704, *ders.*, Rückwirkende Anwendung von Methodenänderungen bei der Unternehmensbewertung, WPg 2008, 811–821; *ders.*, Erstmalige Festlegung auf Börsenwerte bei der Verschmelzung, BB 2011, 1521–1522; *Bungert/Eckert*, Unternehmensbewertung nach Börsenwert: Zivilgerichtliche Umsetzung der BVerfG-Rechtsprechung, BB 2000, 1845–1849; *Bungert/Wettich*, Vorgaben aus Karlsruhe zum Referenzzeitraum des Börsenwerts für die Abfindung bei Strukturmaßnahmen, BB 2010, 2227–2231; *dies.*, Die zunehmende Bedeutung des Börsenkurses bei Strukturmaßnahmen im Wandel der Rechtsprechung, in: FS Michael Hoffmann-Becking, 2013, S. 157–189; *Busse von Colbe*, Der Vernunft eine Gasse: Abfindung von Minderheitsaktionären nicht unter dem Börsenkurs ihrer Aktien, in FS Marcus Lutter, 2000, S. 1053–1067; *Busse von Colbe/Laßmann*, Betriebswirtschaftstheorie, Band 3, Investitionsrechnung, Berlin u. a. 1990; *Bungert*, Umtauschverhältnis bei Verschmelzungen entspricht nicht den Börsenwerten, BB 2003, 699 ff.; *ders.*, DAT/Altana: Der BGH gibt der Praxis Rätsel auf, BB 2001, 1163 ff.; *Bungert/Eckert*, Unternehmensbewertung nach Börsenwert: Zivilgerichtliche Umsetzung der BVerfG-Rechtsprechung, BB 2000, 1845 ff.; *Copeland*, Unternehmenswert, Frankfurt am Main, New York 1998; *Copeland/Koller/Murrin*, Valuation, 1994, S. 131 f., *Creutzmann*, Unternehmensbewertung bei vermögensverwaltenden Gesellschaften im Rahmen der Ermittlung der angemessenen Barabfindung, BewertungsPraktiker 4/2007, 7–13; *ders.*, Einflussfaktoren bei der Ermittlung des Wachstumsabschlags, BewertungsPraktiker 1/2011, 24–27; *Creutzmann/Heuer*, Der Risikozuschlag beim vereinfachten Ertragswertverfahren, DB 2010, 1301–1307, *Daske/Gebhardt*, Zukunftsorientierte Bestimmung von Risikoprämien und Eigenkapitalkosten für die

SpruchG § 11 Annex: Grundzüge der Unternehmensbewertung

Unternehmensbewertung, zfbf 2006, 530–551; *Daske/Wiesenbach*, Praktische Probleme der zukunftsorientierten Schätzung von Eigenkapitalkosten am deutschen Kapitalmarkt, FB 2005, 407–419, *Dausend/Schmitt*, Erste empirische Befunde zum Tax CAPM, FB 2006, 153–161; *Decher*, Die Ermittlung des Börsenkurses für Zwecke der Barabfindung beim Squeeze out, ZIP 2010, 1673–1678; *ders., Verbundeffekte im Aktienkonzernrecht und im Recht der Unternehmensbewertung*, in: FS Peter Hommelhoff, 2012, S. 115–133; *Decher*, Bedeutung und Grenzen des Börsenkurses bei Zusammenschlüssen zwischen unabhängigen Unternehmen, FS Wiedemann, München 2002, S. 787 ff.; *Dehmel/Pauly*, Unternehmensbewertung unter dem Postulat der Steueräquivalenz, BB 2005, Sonderheft 7, 13–18; *Diedrich/Stier*, Zur Berücksichtigung einer realisationsorientierten Kursgewinnsteuerung bei der Unternehmensbewertung – Anmerkungen zum Haltedauerproblem, WPg 2013, 29–36; *Dielmann/König*, Der Anspruch ausscheidender Minderheitsaktionäre auf angemessene Abfindung, AG 1984, 57 ff.; *Dörfler/Gahler/Unterstraßer/Wirichs*, Probleme bei der Wertermittlung von Abfindungsangeboten, BB 1994, 156 ff.; *Dörschell/Franken*, Rückwirkende Anwendung des neuen IDW-Standards zur Durchführung von Unternehmensbewertungen, DB 2005, 2257–2258; *Dörschell/Franken/Schulte*, Der Kapitalisierungszinssatz in der Unternehmensbewertung, 2012; *Dörschell/Franken/Schulte/Brütting*, Ableitung CAPM-basierter Risikozuschläge bei der Unternehmensbewertung – eine kritische Analyse ausgewählter Problemkreise im Rahmen von IDW S 1 i.d. F. 2008, WPg 2008, 1152–1162; *Dreier*, Entschädigung für Zwangsausschluss liegt beim Börsenkurs, FAZ vom 13. März 2002, S. 30. *Drukarczyk*, Unternehmensbewertung, München 2001; *ders.*, DCF-Methoden und Ertragswertmethode – einige klärende Anmerkungen, WPg 1995, 329 ff.; *Drukarczyk/Schüler*, Unternehmensbewertung, 6. Aufl., 2009; *Fleischer/Hüttemann*, Rechtshandbuch Unternehmensbewertung 2015; *Forster*, Zur angemessenen Barabfindung (§ 305 AktG), in: FS Carsten Peter Claussen, 1997, S. 91–101; *Erb*, Der Börsenkurs als Untergrenze der Abfindung auch in Verschmelzungsfällen, DB 2001, 523 ff.; *Franken/Schulte/Luksch*, Börsenkurs als „wahrer Wert" in Abfindungsfällen?, Bewertungs-Praktiker 1/2012, 28–32; *Gärtner/Handke*, Unternehmenswertermittlung im Spruchverfahren – Schrittweiser Abschied vom Meistbegünstigungsprinzip des BGH (DAT/Altana)?, NZG 2012, 247–249; *Götz*, Entschädigung von Aktionären abseits der Kapitalmarktbewertung, DB 1996, 259 ff.; *Großfeld*, Unternehmens- und Anteilsbewertung im Gesellschaftsrecht, Köln 1994; *ders.*, Börsenkurs und Unternehmenswert, BB 2000, 261 ff.; *Großfeld/Stöver/Tönnes*, Neue Unternehmensbewertung, BB 2005, Sonderheft 7, 2–13; *Gude*, Strukturänderungen und Unternehmensbewertung zum Börsenkurs, Köln 2004; *Hachmeister/Ruthardt/Gebhardt*, Berücksichtigung von Synergieeffekten bei der Unternehmensbewertung, Der Konzern 2011, 600–613; *Hachmeister/Ruthardt/Lampenius*, Die Unternehmensbewertung im Spiegel der neueren gesellschaftsrechtlichen Rechtsprechung – Bewertungsverfahren, Ertragsprognose, Basiszinszinssatz und Wachstumsabschlag, WPg 2011, 519–530; *dies.*, Unternehmensbewertung im Spiegel der neueren gesellschaftsrechtlichen Rechtsprechung – Berücksichtigung des Risikos, Risikoabschlags und persönlicher Steuern, WPg 2011, 829–839; *Hachmeister*, Die Abbildung der Finanzierung im Rahmen verschiedener Discounted Cash-flow-Verfahren, ZfbF 1996, 251 ff.; *Hachmeister*, Der Discounted Cash Flow als Maß der Unternehmenswertsteigerung, München 1995; H*achmeister/Wiese*, Der Zinsfuß in der Unternehmensbewertung: Aktuelle Probleme und Rechtsprechung, WPg 2009, 54–65; *Hasselbach/Elbinghaus*, Auswirkungen der Stollwerck-Entscheidung des BGH auf die Transaktions- und Bewertungspraxis bei börsennotierten Gesellschaften, Der Konzern 2010, 467–477; *Helmis*, Der Ausschluss von Minderheitsaktionären, ZBB 2003, 161–260; *Hillmer*, Aktuelle Fragen der Unternehmensbewertung, FB 2005, 423–425; *Hofmeister*, Der erleichterte Bezugsrechtsausschluß bei Wandelschuldverschreibungen, Gewinnschuldverschreibungen und Genußrechten, Frankfurt am Main 2000; Hoffmann-Becking, Der materielle Gesellschafterschutz: Abfindung und Spruchverfahren, ZGR 1990, 482–502; *Hoffmann-Becking*, Neue Formen der Aktienemission, FS Lieberknecht, München 1997, S. 28 ff.; *Hommel/Braun/Schmotz*, Neue Wege in der Unternehmensbewertung? Kritische Würdigung des neuen IDW-Standards (IDW S 1) zur Unternehmensbewertung, DB 2001, 341–347; *Hüffner*, Bewertungsgegenstand und Bewertungsmethode – Überlegungen zur Berücksichtigung von Börsenkursen bei der Ermittlung von Abfindung und Ausgleich, in: FS Walter Hadding, 2004, S. 461.475; *Hüffer/Schmidt-Aßmann/ Weber*, Anteilseigentum, Unternehmenswert und Börsenwert, 2005; *Hüttemann*, Börsenkurs und Unternehmensbewertung, ZGR 2001, 454–478; *ders.*, Rechtliche Vorgaben für ein Bewertungskonzept, WPg 2007, 812–822; *ders.*, Zur „rückwirkenden" Anwendung neuer Bewertungsstandards bei der Unternehmensbewertung, WPg 2008, 822–825; *IDW (Hrsg.)*, Wirtschaftsprüferhandbuch Bd II., 13. Aufl. 2007; *Jonas*, Unternehmensbewertung: Methodenkonsistenz bei unvollkommenen Märkten und unvollkommenen Rechtssystemen, WPg 2007, 835–843; *ders.*, Die Bewertung beherrschter Unternehmen – oder: Das doppelte Maximum als Vorsichtsprinzip, in: FS Lutz Kruschwitz, 2008, S. 1045–122; *Jonas/Wieland-Blöse/Schiffarth*, Basiszinssatz in der Unternehmensbewertung, FB 2005, 647–653; *Jonas/Löffler/Wiese*, Das CAPM mit deutscher Einkommensteuer, WPg 2004, 898–906; *Jung/Wachtler*, Die Kursdifferenz zwischen Stamm- und Vorzugsaktien, AG 2001, 513–520; *Kohl/Schulte*, Ertragswertverfahren und DCF-Verfahren, WPg 2000, 1147 ff.; *Klöhn/ Verse*, Ist das „Verhandlungsmodell" zur Bestimmung der Verschmelzungsrelation verfassungswidrig?, AG 2013, 2–10; *Knoll*, Die Ermittlung des Beta-Faktors im CAPM bei aktienrechtlichen Zwangsabfindungen, UM 2005, 174–178; *ders.*, Risikozuschlag und objektivierter Unternehmenswert im aktienrechtlichen Spruchverfahren: Einmal CAPM und zurück?, ZSteu 2006, 468–477; *ders.*, der Grundsatz der bestmöglichen Verwertung, in: FS Wienand Meilicke, 2010, S. 321–339; *ders.*, Das gleichnamige Risiko, BewertungsPraktiker 1/2012, 11–14; *Knoll/Lobe/Tartler*, Langfristiges Ergebniswachstum: Was sagt die Empirie?, BewertungsPraktiker 1/2009, 12–19; *Knoll/Wala/Ziemer*, Viele versus repräsentative Daten: Das Dilemma der historischen Marktrisikoprämie, BewertungsPraktiker 1/2011, 2–7; *Krieger*, Vorzugsaktien und Umstrukturierung, in FS Markus Lutter, 2000, S. 497–521; *Kraus-Grünewald*, Gibt es einen objektiven Unternehmenswert?, BB 1995, 1839 ff.; *Kruschwitz/ Löffler/Essler*, Unternehmensbewertung für die Praxis, 2009; *Kunowski*, Änderung des IDW-Standards zu den Grundsätzen zur Durchführung von Unternehmensbewertungen, DStR 2005, 569–573; *Krenek*, Grundfragen der Unternehmensbewertung, in: *Mehrbrey*, Handbuch Gesellschaftsrechtliche Streitigkeiten, 2012, S. 1228–1234; Lenz, Gesellschaftsrechtliches Spruchverfahren: Die Rückwirkung geänderter Grundsätze zur Unternehmensbewertung auf den Bewertungsstichtag, WPg 2006, 1160–1167; *Leyendecker*, Irrelevanz des anteiligen Unternehmenswertes zur Ermittlung der Squeeze-out-Abfindung bei Bestehen eines fortdauernden Beherrschungs- und Gewinnabführungsvertrags, NZG 2010, 927–930; Lochner, Die Bestimmung der Marktrisikoprämie auf Grundlage empirischer Studien im Spruchverfahren, AG 2011, 692–696; *Luttermann*, Zum Börsenkurs als gesellschaftsrechtliche Bewertungsgrundlage, ZIP 1999, 45 ff.; *ders.*, Bewertungsrecht im Internetzeitalter, AG 2000, 459 ff.; *ders.*, Der „durchschnittliche" Börsenkurs bei Barabfindung von Aktionären und Verschmelzungswertrelation, ZIP 2001, 869 ff.; *J. Maier*, Unternehmensbewertung nach IDW S 1 – Konsistenz der steuerlichen Annahmen bei Anwendung des Halbeinkünfteverfahrens, FB 2002, 73–79; *Maier-Reimer*, Wert der Sacheinlage und Ausgabebetrag, FS Bezzenberger, Berlin, New York 2000, S. 253 ff.; *Maier-Reimer/Kolb*, Abfindung und Börsenkurs – Verfassungsrecht vs. Aktienrecht?, in: FS

SpruchG § 11 Annex: Grundzüge der Unternehmensbewertung

Welf Müller, 2001, S 93–112; *Mandl/Rabel,* Methoden der Unternehmensbewertung, in: Peemöller, Praxishdb. Der Unternehmensbewertung, 2012, 5. Aufl., S. 49–91; *Martens,* Die Unternehmensbewertung nach dem Grundsatz der Methodengleichheit oder dem Grundsatz der Meistbegünstigung, AG 2003, 593–600; *Martens,* Die Bewertung eines Beteiligungserwerbs nach § 255 Abs. 2 AktG – Unternehmenswert kontra Börsenkurs, FS Bezzenberger, Berlin, New York 2000, S. 267 ff.; *Meinert,* Neuere Entwicklungen in der Unternehmensbewertung, DB 2011, 2397–2403, 2455–2460; *Meiner/Streitferdt,* Die Bestimmung des Betafaktors, in: Peemöller, Praxishdb. der Unternehmensbewertung, 5. Aufl., 2012, S. 511–575; *Mülbert,* Aktiengesellschaft, Unternehmensgruppe und Kapitalmarkt, München 1995; *Mülbert/Schneider,* Der außervertragliche Abfindungsanspruch im Recht der Pflichtangebote, WM 2003, 2301–2317; *W. Müller,* Anteilswert oder anteiliger Unternehmenswert? – Zur Frage der Barabfindung bei der kapitalmarktorientierten Aktiengesellschaft, in: FS Volker Röhricht, 2005, S. 1015–1032; *Neumann/Ogarek,* Alles eine Frage der Zeit: BGH ändert Rechtsprechung zur Berechnung von Abfindungen auf der Basis des Börsenkurses, DB 2010, 1869–1871; *Pachos,* Die Maßgeblichkeit des Börsenkurses bei Verschmelzungen, ZIP 2003, 1017–1024; *Peemöller,* Bewertung von Klein- und Mittelbetrieben, BB 2005, Sonderheft 7, 30–35; *ders.,* Grundsätze ordnungsgemäßer Unternehmensbewertung, in: Peemöller, Praxishdb. Der Unternehmensbewertung, 5. Aufl., 2012, S. 29–48; *Peemöller/Kunowski,* Ertragswertverfahren nach IDW, in: Peemöller Praxishandbuch der Unternehmensbewertung, 5. Aufl. 2012, S. 275–347; *Peemöller/Beckmann/Meitner,* Einsatz eines Nachsteuer-CAPM bei der Bestimmung objektivierter Unternehmenswerte – eine kritische Analyse des IDW ES 1 n. F., BB 2005, 90–96; *Piltz,* Die Unternehmensbewertung in der Rechtsprechung, Düsseldorf 1994; *ders.,* Unternehmensbewertung und Börsenkurs im aktienrechtlichen Spruchstellenverfahren, ZGR 2001, 185 ff.; *Piltz,* Unternehmensbewertung und Börsenkurs im aktienrechtlichen Spruchstellenverfahren, ZGR 2001, 185–213; *Popp,* Squeeze-out-Abfindung bei Beherrschungs- und Gewinnabführungsverträgen, WPg 2006, 436–448; *ders.,* Fester Ausgleich bei Beherrschungs- und/oder Gewinnabführungsverträgen, WPg 2008, 23–35; *ders.,* Squeeze-out-Abfindung bei Beherrschungs- und Gewinnabführungsverträgen AG 2010, 1–14, *ders.,* Vergangenheits- und Lageanalyse, in: Peemöller, Praxishdb. der Unternehmensbewertung, 5. Aufl. 2012, S. 173–217; *Puszkajler,* Verschmelzungen zum Börsenkurs? – Verwirklichung der BVerfG-Rechtsprechung, BB 2003, 1692–1695; *ders.,* Börsenwert über alles bei Verschmelzungen, ZIP 2010, 2275, 2280; *Reuter,* Börsenkurs und Unternehmenswertvergleich aus Eignersicht, DB 2001, 2483 ff.; *Rieger,* Der Börsenkurs als Untergrenze der Abfindung?, DB 1999, 1889 ff.; *Riegger,* Der Börsenkurs als Untergrenze der Abfindung?, DB 1999, 1889–1891; *ders.,* Die Bedeutung des Ausgleichsanspruchs in einem Unternehmensvertrag für die im Rahmen einer nachfolgenden Strukturmaßnahme zu gewährenden Kompensation, in: FS Hans-Joachim Priester, 2007, S. 661–677; *Riegger/Wasmann,* Das Stichtagsprinzip in der Unternehmensbewertung, in FS Wulf Goette, 2011, S. 433–441; *Rodloff,* Börsenkurs statt Unternehmensbewertung – Zur Ermittlung der Abfindung in Spruchstellenverfahren, DB 1999, 1149–1153; *Rückle,* Externe Prognosen und Prognoseprüfung, DB 1984, 57 ff.; *Ruiz de Vargas/Zollner,* Einfluss der Finanzkrise auf Parameter der Unternehmensbewertung, BewertungsPraktiker 2/2010, 2–12; *Ruthardt/Hachmeister,* Zur Frage der rückwirkenden Anwendung von Bewertungsstandards, WPg 2011, 351–359; dies., Das Stichtagsprinzip in der Unternehmensbewertung, WPg 2012, 451–459; *Saur/Tschöpel/Wiese/Willershausen,* Finanzielle Überschüsse und Wachstumsabschlag im Kalkül der ewigen Rente, WPg 2011, 1017–1026; *Schieszl/Bachmann/Amann,* Das Wachstum der finanziellen Überschüsse in der Unternehmensbewertung – eine empirisch gestützte Bestandsaufnahme in: Peemöller, Praxishdb. Der

Annex: Grundzüge der Unternehmensbewertung § 11 SpruchG

Unternehmensbewertung, 5. Aufl., 2012, S. 629–652; *Schroeder/Habbe*, Die Berücksichtigung von Schadensersatzansprüchen bei der Überprüfung der Unternehmensbewertung im Spruchverfahren, NZG 2011, 845–847; *Schulte/Köller/Lehmann/ Luksch*, Ausgewählte Praxishinweise zur Ableitung des Basiszinssatzes, BewertungsPraktiker 2/2011, 14–23; *Schulte/Köller/Luksch*, Einigung des Börsenkurses und des Ertragswertes als Methoden zur Ermittlung von Unternehmenswerten für die Bestimmung eines angemessenen Umtauschverhältnisses bei (Konzern-) Verschmelzungen, WPg 2012, 380–395; *Seetzen*, Die Bestimmung des Verschmelzungsverhältnisses im Spruchstellenverfahren, WM 1994, 45–51; *Seppelfricke*, Handbuch Aktien- und Unternehmensbewertung, 4. Aufl., 2012; *Simon*, in: *Heckschen/Simon*, Umwandlungsrecht, § 11: Börsenkurs, Referenzzeitraum und Bewertungsstichtag bei Umwandlungen, 2003, S. 289–303; *Siepe/Dörschell/Schulte*, Der neue IDW Standard: Grundsätze zur Durchführung von Unternehmensbewertungen (IDW S 1), WPg 2000, 946 ff.; *Sinewe*, Die Relevanz des Börsenkurses im Rahmen des § 255 II AktG, NZG 2002, 314 ff.; *Sinewe*, Der Ausschluß des Bezugsrechts bei geschlossenen und offenen Aktiengesellschaften, Mainz 2001, ders., Die Relevanz des Börsenkurses im Rahmen des § 255 II AktG, NZG 2002, 314 ff.; *Spindler/Klöhn*, Ausgleich gem. § 304 AktG, Unternehmensbewertung und Art. 14 GG, Der Konzern 2003, 511–522; *Stehle*, Die Festlegung der Risikoprämie von Aktien im Rahmen der Schätzung des Wertes von börsennotierten Kapitalgesellschaften, WPg 2004, 906–927; *Steinhauer*, Der Börsenpreis als Bewertungsgrundlage für den Abfindungsanspruch von Aktionären, AG 1999, 299 ff.; *Stellbrink/Brückner*, Beta-Schätzung: Schätzzeitraum und Renditeintervall unter statischen Gesichtspunkten, BewertungsPraktiker 3/2011, 2–9; *Stilz*, Börsenkurs und Verkehrswert, ZGR 2001, 875 ff.; *Stilz*, Börsenkurs und Verkehrswert – Besprechung der Entscheidung BGH ZIP 2001, 734 – DAT/Altana, ZGR 2001, 875 – 893; ders., Die Anwendung der Business Judgement Rule auf die Feststellung des Unternehmenswertes bei Verschmelzungen, in: FS Karl Peter Mailänder, 2006, S. 423–439; ders., Unternehmensbewertung und angemessene Abfindung – zur vorrangigen Maßgeblichkeit des Börsenkurses; in FS Wulf Goette, 2011, S. 529–544; *Tonner*, Die Maßgeblichkeit des Börsenkurses bei der Bewertung des Anteilseigentums-Konsequenzen aus der Rechtsprechung des Bundesverfassungsgerichts, in: FS Karsten Schmidt, 2009, S. 1581–1602; *Vetter*, Die Entschädigung der Minderheitsaktionäre im Vertragskonzern erneut vor dem Bundesverfassungsgericht, ZIP 2000, 561 ff.; ders., Anmerkung zum Beschluss des BVerfG vom 27. April 1999 – 1BvR 1613/94 – (DAT/Altana), AG 1999, 569 ff.; *Vollrath*, Grenzen des Minderheitenschutzes bei der verschmelzungsbedingten Realisierung einer Gesellschafterbeteiligung, FS Widmann, Bonn 2000, S. 117 ff.; *Wagner/Jonas/Ballwieser/Tschöpel*, Weiterentwicklung der Grundsätze zur Durchführung von Unternehmensbewertungen (IDW S 1), WPg 2004, 889–898; dies., Unternehmensbewertung in der Praxis – Empfehlungen und Hinweise zur Anwendung von IDW S 1 –, WPg 2006, 1005–2028; *Walther*, Persönliche Steuern und nicht betriebsnotwendiges Vermögen, BewertungsPraktiker 2/2010, 8–12; *Wasmann*, Bewegung im Börsenkurs: Kippt die „Dreimonats"-Rechtsprechung?, BB 2007, 680–682; ders., Die Bedeutung des Börsenkurses bei der Ermittlung gesetzlich geschuldeter Kompensationen im Rahmen von Umstrukturierungen, in: FS Volker Beuthien, 2009, S. 267–281; ders., Endlich Neuigkeiten zum Börsenkurs – Besprechung der Stollwerck-Entscheidung des BGH –, ZGR 2011, 83–103; *Wasmann/Gayk*, SEEG und IDW ES 1 n. F.: Neues im Spruchverfahren, BB 2005, 955–957; *Watrin/Stöver*, Einfluss des Tax Shields auf die Renditeforderung der Eigenkapitalgeber und die Gearing Formel, Stu.W 2011, 60–74; *Weber*, Kursmanipulationen am Wertpapiermarkt, NZG 2000, 113 ff.; *M. Weber*, Börsenkursbestimmung aus ökonomischer Perspektive, ZGR 2004, 280–300; *Weiler/Meyer*, Heranziehung des Börsenkurses zur Unternehmensbewertung bei Verschmelzungen, ZIP 2001, 2153 ff.; *Wenger*, Verzinsungsparameter in der Unternehmensbewertung – Betrachtungen aus theoretischer und empirischer Sicht, AG Sonderheft 2005, 9–22; *Westerfelhaus*, IDW-Unternehmensbewertung verkennt Anforderungen der Praxis, NZG 2001, 673–679; *Weiss*, Die Berücksichtigung des nicht betriebsnotwendigen Vermögens bei der Bestimmung von Abfindung und Ausgleich im aktienrechtlichen Spruchstellenverfahren, in: FS Johannes Semler, 1993, S. 631–649; *Widmann/Schieszl/Jeromin*, Der Kapitalisierungszinssatz in der praktischen Unternehmensbewertung, FB 2003, 800–810; *Wiese/Gampenrieder*, Marktorientierte Ableitung des Basiszinssatzes mit Bundesbank- und EZB-Daten, BB 2008, 1722–1726; *Wiesen*, Der materielle Gesellschafterschutz: Abfindung und Spruchverfahren, ZGR 1990, 503–510; *Wilm*, Abfindung zum Börsenkurs – Konsequenzen der Entscheidung des Bundesverfassungsgerichts, NZG 2000, 234–240; *Wilts/Schalt/Nottmeier/Klasen*, Rechtsprechung zur Unternehmensbewertung, FB 2004, 508–514; *Wittgens/Redeke*, Zu aktuellen Fragen der Unternehmensbewertung in Spruchverfahren, ZIP 2007, 2015–2020; *Wollny*, Der objektivierte Unternehmenswert, 2. Aufl., 2010; *Wüstemann*, Basiszinssatz und Risikozuschlag in der Unternehmensbewertung: aktuelle Rechtsprechungsentwicklungen; BB 2007, 2223–2228; *Zeidler/Tschöpel/Bertram*, Risikoprämie in der Krise?, BewertungsPraktiker 1/2012, 2–10; dies., Kapitalkosten in Zeiten der finanz- und Schuldenkrise, Corporate Finance biz 2/2012, 70–80.

I. Überblick

1 Beim Spruchverfahren ist es originäre Aufgabe der Gerichte, eine angemessene Kompensationsleistung festzulegen[1]. Hierzu ist regelmäßig eine Unternehmensbewertung erforderlich um den auf die einzelne Aktie entfallenden Wert zu ermitteln. Nachfolgend sollen exemplarisch ohne Anspruch auf Vollständigkeit einige wesentliche Elemente der Unternehmensbewertung dargestellt werden, die in der aktuellen Praxis von Spruchverfahren von Bedeutung sind:

II. Rahmenbedingungen

2 Das Grundrecht aus Art. 14 Abs. 1 GG erfordert, dass Minderheitsaktionäre, die gegen ihren Willen aus der Gesellschaft, an der sie beteiligt sind, gedrängt werden, wirtschaftlich „voll" entschädigt werden. Der Ausscheidende muss erhalten, was seine gesellschaftliche Beteiligung an dem arbeitenden Unternehmen wert ist.

Das Bundesverfassungsgericht führt in Sachen DAT-Altana explizit aus[2]:

„*Auszugleichen ist, was dem Minderheitsaktionär an Eigentum im Sinne von Art. 14 Abs. 1 GG verloren geht.*"

---

1 Siehe zu den einzelnen Anwendungsfällen die Kommentierung zu § 1 SpruchG.
2 BVerfG i.S. DAT/Altana, Entscheidung vom 27.04.1999, 1 BvR 1613/94, Rn. 54 Juris.

In Bezug auf das Charakteristikum des Aktieneigentums stellt das Bundesverfassungsgericht auf das gesellschaftsrechtlich vermittelte Eigentum ab[3]. 3

Der Schutz dieser Mitgliedschaftsrechte erstreckt sich dabei auf zwei Komponenten: 4

– Herrschaftsrechte, die auf der gesetzlichen bzw. satzungsmäßigen Stellung der Aktionärsversammlung als zentrales Organ der Gesellschaft beruhen (§ 119 AktG, u. a. Beschlüsse über die Bestellung über die Mitglieder des Aufsichtsrates, über Satzungsänderungen oder über die Bestellung von Prüfern zur Prüfung von Vorgängen bei der Gründung oder Geschäftsführung)

und

– Vermögensrechte, die aus dem gesetzlichen Anspruch auf den Bilanzgewinn, etwaige Bezugsrechte auf neue Aktien bei Kapitalerhöhungen oder ggf. auf den Liquidationserlös resultieren.

Das Bundesverfassungsgericht hebt in der Feldmühle-Entscheidung diesbezüglich explizit hervor[4]: 5

„Die Aktie gewährt dem Aktionär neben den Mitgliedschaftsrechten vermögensrechtliche Ansprüche auf Gewinnbeteiligung, ggf. auf Bezug junger Aktien und auf die Abwicklungsquote; sie ist insofern gesellschaftsrechtlich vermitteltes Eigentum. Als Vermögensrecht (vgl. BVerfGE 4, 7 (26)) genießt sie den Schutz des Art. 14 GG."

In Sachen DAT-Altana hat das Bundesverfassungsgericht später die Berücksichtigung des Art. 14 Abs. 1 GG beim Abschluss eines BGAV konkretisiert: 6

Eine Entschädigung sei danach nur dann eine „volle" Entschädigung, wenn sie den Verlust von Eigentum im Sinne von Art. 14 GG des Minderheitsaktionärs vollständig ausgleicht. Eine „volle" Entschädigung bemisst sich deshalb grundsätzlich nach dem wirklichen oder wahren Wert der Unternehmensbeteiligung an dem arbeitenden Unternehmen, unter Einschluss der stillen Reserven und des inneren Geschäftswertes. Die Abfindung muss so bemessen sein, dass die Minderheitsaktionäre den Gegenwert ihrer Gesellschaftsbeteiligung erhalten[5].

In der Moto-Meter-Entscheidung stellt das BVerfG fest[6]: 7

„Es muss Sicherungen dafür geben, dass ein zum Ausscheiden gezwungener Aktionär erhält, was seine gesellschaftliche Beteiligung an dem arbeitenden Unternehmen wert ist".

---

3 So explizit BVerfG i.S. Feldmühle, Entscheidung vom 07.08.1962, 1 BvL 16/60, Rn. 47 Juris; zuletzt BVerfG i.S. TOI, Entscheidung vom 26. 04.2011.
4 BVerfG i.S. Feldmühle, Entscheidung vom 07.08.1962, 1 BvL 16/60, Rn. 47 Juris.
5 Vgl. BVerfG i.S. DAT/Altana, Entscheidung vom 27.04.1999, 1 BvR 1613/94, Rn. 56 Juris.
6 Vgl. BVerfG i.S. Moto-Meter, Entscheidung vom 23.08.2000, 1 BvR 68/95 und 1 BvR 147/97.

SpruchG § 11 Annex: Grundzüge der Unternehmensbewertung

8 Damit stehen die verfassungsrechtlichen Rahmenbedingungen fest, nach denen die Kompensationszahlungen für den Eigentumsverlust des Minderheitsaktionärs im Sinne von Art. 14 Abs. 1 GG zu bestimmen sind. Dies gilt nicht nur für Squeeze Out Fälle sondern gleichfalls für Verschmelzungen und Verschmelzungsverhältnisse und BGAV's:

9 Angemessen ist eine Kompensationsleistung, wenn sie den von der Strukturmaßnahme betroffenen Aktionären eine volle wirtschaftliche Entschädigung dafür verschafft, was ihre gesellschaftliche Beteiligung an dem arbeitenden Unternehmen wert ist. Die Aktionäre müssen den Gegenwert ihrer Gesellschaftsbeteiligung erhalten. Dies ist der Grenzpreis, zu dem sie ohne wirtschaftliche Nachteile aus der Aktiengesellschaft ausscheiden können[7]. Abstriche von diesem Wert sind unzulässig.

III. Bewertungsmethodik

10 Das Gesetz schreibt eine konkrete Berechnungsart zur Bestimmung des Unternehmenswertes und daraus abgeleitet des vollen wirtschaftlichen Wertes der Aktie nicht vor. Die §§ 305 Abs. 3 Satz 2, 320b Abs. 1 Satz 5, 327b Abs. 1 Satz 1 AktG und § 30 Abs. 1 Satz 1 UmwG enthalten nur den Hinweis, dass die Verhältnisse der Gesellschaft zum Zeitpunkt der Beschlussfassung über die Strukturmaßnahme zu berücksichtigen sind[8].

11 Auch das GG schreibt keine bestimmte Methode zur Ermittlung des Werts der Unternehmensbeteiligung der Minderheitsaktionäre vor; geboten sind nur die Auswahl einer im gegebenen Fall geeigneten, aussagekräftigen Methode und die gerichtliche Überprüfbarkeit ihrer Anwendung[9].

12 Problematisch ist insoweit, wie sich der „volle Wert" bestimmen lässt. Eine allgemeingültige Methode zur Unternehmensbewertung gibt es nicht. Vielmehr werden in der Betriebswirtschaftslehre zahlreiche konkurrierende Methoden (Ertragswertverfahren, Discounted Cash Flow- oder DCF-Verfahren, Substanzwert, Liquidationswert, Multiplikatoren, NAV, Mischverfahren etc.) angeboten, die sich insbesondere danach unterscheiden, ob sie den Substanzwert, den Liquidationswert, den Ertragswert oder den Cash Flow in den Vordergrund rücken[10]. Nach gefestigter und bewährter Praxis erfolgt die Feststellung des Grenzpreises für außenstehende Aktionäre nach der Ertragswertmethode, bzw. der mit ihr eng verwandten aber an Zahlungsströme anknüpfenden DCF-Methode, die zu gleichen Ergebnissen führt[11].

---

7 Ähnlich *Hüffer*, AktG, § 305 Rn. 23 m. w. N.; *Großfeld*, Recht der Unternehmensbewertung, Rn. 148 ff.
8 Ebenso §§ 125 und 208 i. V. m. § 30 Abs. 1 UmwG, § 7 Abs. 2 Satz 1 SEAG, § 7 Abs. 2 Satz 1 i. V. m. § 9 Abs. 2 und § 12 Abs. 2 SEAG.
9 BVerfG, Entscheidung vom 16.05.2012, 1 BvR 96/09.
10 Ein Überblick findet sich bei *Böcking/Rauschenberg*, in: Fleischer/Hüttemann, Rechtshandbuch Unternehmensbewertung; § 2 Rn. 36 ff.
11 *Hüffer*, Aktiengesetz, § 305 Rn. 24.

Die praktische Dominanz der Ertragswertmethode resultiert nicht nur aus 13
dem gegenwärtigen Stand der betriebswirtschaftlichen Forschung, sondern auch durch deren Kodifizierung im IDW S 1 Standard von 2008. In jüngster Zeit wird – sachlich verfehlt, da keine Bewertungsmethode – zum Teil gefordert, ausschließlich auf den Börsenkurs als Bewertungsmaßstab abzustellen[12].

IV. Substanzwertverfahren

Beim Substanzwert handelt es sich um den Gebrauchswert des betrieb- 14
lichen Vermögens. Der Substanzwertmethode liegt die Überlegung zugrunde, dass sich der Wert eines Unternehmens aus den materiellen und immateriellen Vermögensteilen errechnet, die für die Errichtung des gleichen Unternehmens notwendig wären. Er ergibt sich als Summe der Zahlungen für die zur Reproduktion des gleichen Unternehmens benötigten, einzelnen Vermögensgegenstände zu Wiederbeschaffungspreisen[13]. Der Substanzwert trifft keine Aussage über zukünftige finanzielle Überschüsse des Unternehmens. Er stellt damit nicht auf das „Herausholbare", sondern auf das „Hineinzusteckende" ab[14]. Ausgeschlossen aus dem Substanzwert sind die Wertsteigerungen, die sich durch das Zusammenspiel der einzelnen Vermögensgegenstände, der Qualität des Managements und des Personals, der Marktstellung und dem Know-how ergeben. Auch der Geschäftswert des Unternehmens („good will") wird nicht erfasst, da er nicht selbstständig veräußerungsfähig ist und zukünftige Erträge verkörpert[15].

Das Abstellen auf den Substanzwert entspricht nicht den neueren be- 15
triebswirtschaftlichen Erkenntnissen. Unter der Prämisse, dass das Unternehmen fortgeführt wird („Going-Concern-Prinzip"), genügt es bei der Bewertung eines Unternehmens nicht, die einzelnen Anlagegegenstände zu bewerten. Es kommt auf die Kunden- und Lieferantenbeziehungen, das Know-how der Mitarbeiter, den Geschäftswert und insbesondere auf die zukünftigen Erträge an[16]. Die Unternehmensbewertung zum Substanzwert führt dazu, dass ertragsstarke Unternehmen regelmäßig zu niedrig und ertragsschwache Unternehmen möglicherweise zu hoch bewertet werden. Den Anteilsinhabern nützen keine modernen, teu-

---

12 So etwa *Emmerich*, in: Emmerich/Habersack, Aktien- und GmbH Konzernrecht, § 305 Rn. 41 m. w. N. in FN 114.
13 Vgl. Grundsätze zur Durchführung von Unternehmensbewertungen IDW S 1 i. d. F. 2008, Rn. 170–172; *Piltz*, Unternehmensbewertung, S. 34 ff., S. 203; *Großfeld*, Recht der Unternehmensbewertung, Rn. 283 f., 1286 f.; *Dielmann/König*, AG 1984, 57, 61.
14 So zutreffend *Piltz*, Unternehmensbewertung, S. 34.
15 *Piltz*, Unternehmensbewertung, S. 203; *Großfeld*, Recht der Unternehmensbewertung, Rn. 284.
16 Vgl. die Kritik von *Großfeld*, Recht der Unternehmensbewertung, Rn. 1286; *Böcking/Rauschenberg*, in: Fleischer/Hüttemann, Rechtshandbuch Unternehmensbewertung; § 2 Rn. 40 ff.

ren Maschinen, wenn daraus kein Ertrag erzielt wird. Da der Unternehmensbewertung zum Substanzwert der Bezug zu künftigen finanziellen Überschüssen fehlt, kann er im allgemeinen den maßgeblichen Unternehmenswert nicht zuverlässig abbilden. Er spielt bei der Ermittlung des Unternehmenswertes keine wesentliche Rolle und kann deswegen lediglich als Hilfswert angesehen werden[17].

V. Liquidationswert

16 Der Liquidationswert ergibt sich als Barwert der Nettoerlöse, die den Anteilseignern bei einer Veräußerung der Vermögensgegenstände abzüglich Schulden und Liquidationskosten zufließen würden[18]. Es ist Konsens in der betriebswirtschaftlichen Forschung, dass der Liquidationswert die Wertuntergrenze des Unternehmenswertes darstellt, sofern – was in der Regel auszuschließen ist – kein rechtlicher oder tatsächlicher Zwang zur Unternehmensfortführung besteht[19].

17 Insbesondere bei ertragsschwachen Unternehmen ist die Festlegung des Liquidationswertes als Wertuntergrenze von erheblicher Bedeutung, da er über dem Zukunftserfolgswert des Unternehmens liegen kann. Den Liquidationswert nur bei einer tatsächlich absehbaren Liquidation als Wertuntergrenze anzuerkennen ist verfehlt, da dem Minderheitsaktionär insoweit keine volle Entschädigung gewährt wird und dadurch der verfassungsrechtliche Mindestschutz unterlaufen wird[20]. Wird beispielsweise bei einem ertragsschwachen Unternehmen, dessen Liquidationswert über dem Ertragswert liegt, mit den Stimmen des Mehrheitsaktionärs ein Squeeze Out durchgeführt, kann der Ertragswert, den der Minderheitsaktionär erhält, nicht als angemessen bewertet werden[21]. Der vom Squeeze Out betroffene Aktionär leidet unter der ökonomischen Fehlentscheidung des Hauptaktionärs, das Unternehmen nicht zu liquidieren. Er kann diese Entscheidung auch nicht als Minderheitsaktionär beeinflussen. Eine volle Entschädigung ist in derartigen Fällen nur garantiert, wenn entsprechend der einheitlichen Meinung in der Betriebswirtschaft der Liquidationswert als Wertuntergrenze angesetzt wird[22]. Hieran haben sich auch die Gerichte zu orientieren. Der Ansatz von Liquidationswerten als

---

17 Grundsätze zur Durchführung von Unternehmensbewertungen IDW S 1 i. d. F. 2008, Rn. 171; eine Ausnahme besteht bei der Bewertung auf Dauer ertragsloser Gesellschaften, vgl. hierzu *Piltz*, Unternehmensbewertung, S. 203 ff.
18 Grundsätze zur Durchführung von Unternehmensbewertungen IDW S 1 i. d. F. 2008, Rn. 141.
19 *Böcking/Rauschenberg*, in: Fleischer/Hüttemann, Rechtshandbuch Unternehmensbewertung; § 2 Rn. 38; *Fleischer*, in: Fleischer/Hüttemann, Rechtshandbuch Unternehmensbewertung; § 8 Rn. 16.
20 So aber OLG Frankfurt, Beschluss vom 07.06.2011, 21 W 2/11, Rn. 92 Juris.
21 Zutreffend daher *Böcking/Rauschenberg*, in: Fleischer/Hüttemann, Rechtshandbuch Unternehmensbewertung; § 2 Rn. 38.
22 Im Ergebnis ähnlich *Fleischer*, in: Fleischer/Hüttemann, Rechtshandbuch Unternehmensbewertung; § 8 Rn. 42.

Wertuntergrenze gilt auch für einzelne Teilbereiche von Unternehmen, die sich selbständig veräußern lassen.

VI. Ertragswert- und Discounted Cash Flow-Verfahren

1. Kernelemente beider Verfahren

Das Ertragswertverfahren und das DCF-Verfahren basieren auf der Überlegung, dass sich ein Investor im Rahmen einer Beteiligungsfinanzierung in einen Zufluss von zukünftigen Erträgen und Auszahlungen einkauft. Es handelt sich hierbei um einen sogenannten Income Approach. Das bedeutet, dass sich der Wert des Unternehmens nicht aus der Summe der einzelnen Vermögensgegenstände, sondern daraus ableitet, was in Zukunft an Erträgen bzw. Cash Flows erwirtschaftet wird[23]. Ein Unternehmen ist demnach so viel wert, wie sich in Zukunft (betriebsbedingt) mit ihm verdienen lässt[24]. 18

Die jeweiligen Erträge oder Cash Flows laufen naturgemäß über mehrere Jahre hinweg. Um den Zeitwert zu bestimmen und dem unternehmerischen Risiko gerecht zu werden, sind die künftigen Auszahlungen entsprechend einer Investitionsrechnung auf den Bewertungsstichtag abzudiskontieren. 19

Der Wert eines Unternehmens besteht folglich in erster Linie aus dem Barwert des positiven Saldos aller zukünftigen betriebsbedingten Zahlungsströme[25]. Zusätzlich zu diesem Wert ist – soweit vorhanden – das nicht betriebsnotwendige Vermögen gesondert anzusetzen, d.h. solche Vermögensteile, die frei veräußert werden können, ohne dass die eigentliche Unternehmensaufgabe berührt wird, einschließlich der dazugehörigen Schulden unter Berücksichtigung ihrer bestmöglichen Verwertung[26]. Aus diesem Gesamtwert lässt sich dann der Wert errechnen, der auf jede einzelne Aktie entfällt. 20

---

23 Vgl. Grundsätze zur Durchführung von Unternehmensbewertungen IDW S 1 i. d. F. 2008, Rn. 4 ff., 101 ff.
24 *Piltz*, Unternehmensbewertung, S. 16; *Großfeld*, Recht der Unternehmensbewertung, Rn. 262 ff.
25 *Piltz*, Unternehmensbewertung, S. 16; allg. zum Begriff des Barwertes siehe *Busse von Colbe/Laßmann*, Investitionsrechnung, S. 28 ff., 47 ff.
26 Sofern der Liquidationswert der nicht betriebsbedingten Vermögensgegenstände den Barwert ihrer finanziellen Überschüsse bei Verbleib im Unternehmen übersteigt, stellt nicht die andernfalls zu unterstellende Fortführung der bisherigen Nutzung (Going-Concern-Prinzip), sondern die Liquidation die vorteilhaftere Nutzung dar. Für die Ermittlung des Gesamtwertes ist dann der Liquidationswert des nicht betriebsnotwendigen Vermögens dem Barwert der finanziellen Überschüsse des betriebsnotwendigen Vermögens zuzurechnen.

2. Ertragswertverfahren

21 Beim Ertragswertverfahren wird der Unternehmenswert durch Diskontierung der den Unternehmenseignern künftig zufließenden finanziellen Überschüsse ermittelt[27]. Die dabei zugrunde liegende Planungsrechnung kann nach handelsrechtlichen oder nach anderen Vorschriften (z. B. IFRS, US-GAAP) aufgestellt sein[28].

a) Ermittlung der Zukunftserträge (Pauschalmethode)

22 Früher wurde nach der sogenannten pauschalen Methode zur Ermittlung der zukünftigen Erträge die Ergebnisse der Gewinn- und Verlustrechnung für einen bestimmten Referenzzeitraum, der in der Regel die letzten drei bis fünf Jahre umfasst, zusammengestellt und von außergewöhnlichen und periodenfremden Einflüssen bereinigt[29]. Anschließend wurden die bereinigten Jahresergebnisse in der Weise gewichtet, dass die Ergebnisse mit zunehmender Nähe zum Bewertungsstichtag ein stärkeres Gewicht erhalten. Nach Abschluss der Gewichtung wurde das durchschnittliche Jahresergebnis berechnet, welches sodann – als zukünftig zu erwartender Ertrag – einfach für die Zukunft fortgeschrieben wurde[30].

b) Ermittlung der Zukunftserträge (Phasenmethode)

23 Da sich die zukünftigen Ertragswerte nicht über unendlich viele Perioden zuverlässig ermitteln lassen, dominiert in der heutigen Praxis die sogenannte analytische oder Phasenmethode, die auf einer Erfolgsanalyse der einzelnen Produkte, Produktbereiche sowie einer Analyse der Entwicklungstendenzen der Aufwendungen und Erträge beruht[31]. Diesbezüglich hat sich ein Zweiphasen-Modell, mitunter ergänzt um eine Konvergenzphase, bewährt:

24 Die erste Phase, die Detailphase, umfasst eine überschaubare Zeitspanne von drei bis fünf Jahren (maximal 10 Jahre) nach dem Bewertungsstichtag. Ausgehend von einer umfangreichen Vergangenheitsanalyse werden für diese Zeitspanne die zukünftigen Erträge detailliert budgetiert und im Businessplan festgehalten[32]. Die Länge der Detailperiode sollte möglichst so gewählt werden, dass an deren Ende eine konstante Wachstumsrate oder ein konstantes Wachstum (sog. eingeschwungener Zustand) erreicht wird. Für die zweite Phase, der Fortführungsphase

---

[27] Grundsätze zur Durchführung von Unternehmensbewertungen IDW S 1 i. d. F. 2008, Rn. 102.
[28] Grundsätze zur Durchführung von Unternehmensbewertungen IDW S 1 i. d. F. 2008, Rn. 102.
[29] *Aha*, AG 1997, 26, 29; *Seetzen*, WM 1994, 45, 46 ff.; *ders.*, ZIP 1994, 331, 334.
[30] Vgl. *Aha*, AG 1997, 26, 29.
[31] Vgl. *Aha*, AG 1997, 26, 29 ff.; Grundsätze zur Durchführung von Unternehmensbewertungen IDW S 1 i. d. F. 2008, Rn. 72 ff.
[32] Grundsätze zur Durchführung von Unternehmensbewertungen IDW S 1 i. d. F. 2008, Rn. 72 ff.

oder auch ewige Rente genannt, wird ein normalisierter zukünftiger Ertrag berechnet, der auf mehr oder weniger pauschale Fortschreibungen der Detailphase unter Berücksichtigung der konstanten Wachstumsrate bzw. des konstanten Wachstums beruht[33]. Liegt nach Beendigung der Detailplanungsphase kein eingeschwungener Zustand vor, bietet es sich an, den Zeitraum zwischen Detailplanungsphase und ewiger Rente um eine Konvergenzphase (auch Grobplanungsphase, Fortschreibungsphase oder Übergangsphase genannt) zu ergänzen[34]. Die ewige Rente ist dann die Phase III.

c) Ermittlung des Diskontierungszinses

Die prognostizierten zukünftigen Erträge werden auf den Bewertungsstichtag diskontiert (abgezinst). Beim Ertragswertverfahren setzt sich der Diskontierungszins aus dem Basiszinssatz, der dem Zinssatz für (quasi-)risikolose Kapitalanlagen entspricht, einem Wachstumsabschlag und einem Risikozuschlag zusammen[35]. 25

Aufgabe des Diskontierungszinses ist es, alternative Anlagemöglichkeiten abzubilden[36]. Der Diskontierungszinssatz entspricht damit den Opportunitätskosten des Eigenkapitals und berücksichtigt das in der Gesellschaft zugrundeliegende Risiko. Das unternehmerische Risiko kann statt als Zuschlag zum Diskontierungszins alternativ auch als Abschlag vom Erwartungswert der finanziellen Überschüsse in die Unternehmensbewertung eingehen[37]. Von dieser Praxis wird in der Unternehmensbewertung allerding selten Gebrauch gemacht. 26

Eine marktgestützte Ermittlung des Risikozuschlags kann insbesondere auf der Basis des Capital Asset Pricing Model (CAPM) oder des Tax-Capital Asset Pricing Model (Tax-CAPM) vorgenommen werden[38]. Dem CAPM liegt die Überlegung zugrunde, dass die Abzinsung der zukünftigen Erträge nicht anhand der Alternativrendite, sondern anhand der jährlichen Kosten des Eigenkapitals zu erfolgen hat. Dabei wird zugrunde gelegt, dass zur Ermittlung der Eigenkapitalkosten nicht nur auf die jährlichen Dividendenzahlungen, sondern auch auf die Kursgewinne ab- 27

---

33 Grundsätze zur Durchführung von Unternehmensbewertungen IDW S 1 i. d. F. 2008, Rn. 78 ff.
34 Ausführlich zur Konvergenzphase siehe *Franken/Schulte*, in: Fleischer/Hüttemann, Rechtshandbuch Unternehmensbewertung, § 5 Rn. 50 ff.
35 Ausführlich zu den einzelnen Komponenten siehe Grundsätze zur Durchführung von Unternehmensbewertungen IDW S 1 i. d. F. 2008, Rn. 114 ff.; *Piltz*, Unternehmensbewertung, S. 168 ff.; *Dielmann/König*, AG 1984, 57, 60 ff.; *Aha*, AG 1997, 26, 31 ff. jeweils mit weiteren Nachweisen.
36 Vgl. *Kraus-Grünewald*, BB 1995, 1839, 1841.
37 Grundsätze zur Durchführung von Unternehmensbewertungen IDW S 1 i. d. F. 2008, Rn. 124.
38 Zu Erläuterungen des CAPM und des Tax-CAPM im Hinblick auf die Anwendung bei Unternehmensbewertungen gemäß IDW S 1 i. d. F. 2008 vgl. WP Handbuch 2015, Band II, Kapitel A Rn. 327 ff.

zustellen ist, die einen Anleger oftmals erst dazu veranlassen, statt einer festverzinslichen Anleihe eine Aktie zu kaufen. Ausgangspunkt des CAPM ist deshalb die Fragestellung, welche durchschnittliche Mehrrendite (Risikozuschlag) die Aktie der jeweiligen Gesellschaft bieten muss, um einen Anleger zu veranlassen, in Aktien, statt in festverzinslichen Anleihen zu investieren[39].

28 Der Risikozuschlag ergibt sich aus der mit dem Beta-Faktor multiplizierten Marktrisikoprämie[40]. Die Marktrisikoprämie entspricht der Differenz zwischen der Rendite des Marktportfolios und dem risikolosen Basiszinssatz[41]. Der Beta-Faktor drückt das unternehmensspezifische Risiko im Vergleich zum Gesamtmarkt aus und dient damit der unternehmensindividuellen Risikoadjustierung. Ein Beta von 1 bedeutet, dass das Unternehmensrisiko dem Gesamtmarktrisiko entspricht. Als Vergleichsmarkt wird hierzu regelmäßig auf einen Auswahlindex (z. B. CDax), der den Markt repräsentativ widerspiegelt, zurückgegriffen. Ein Beta Faktor kleiner als 1 drückt ein im Vergleich zum Gesamtmarkt geringeres, ein Beta Faktor über 1 ein höheres Unternehmensrisiko aus[42].

29 Der Unternehmenswert ist umso niedriger, je höher der Diskontierungszinssatz angesetzt wird, und vice versa[43]. Neben dem Basiszinssatz wirkt sich insbesondere die Höhe des Risikozuschlages erheblich auf die Höhe des Unternehmenswertes aus.

3. DCF-Verfahren

30 Im Unterschied zur Ertragswertmethode werden beim DCF-Verfahren nicht die zukünftigen Erträge, sondern die zukünftigen Cash Flows abgezinst[44]. Die Cash Flows sind jene finanziellen Überschüsse, die unter Berücksichtigung finanzieller Ausschüttungsgrenzen allen Kapitalgebern der Gesellschaft zur Verfügung stehen. Die Cash Flows stellen erwartete Zahlungen vor Finanzierung, aber nach Investition und nach Steuern dar, die je nach DCF-Verfahren unterschiedlich definiert werden[45]. Vereinfacht ausgedrückt lässt sich der in der Praxis der Unternehmensbewertung am häufigsten verwendete Cash Flow, der sogenannte Free Cash Flow, als Differenz zwischen unternehmensbezogenen Einnahmen und

---

39 *Borsig*, Zfbf 1993, 79, 87; *Aha*, AG 1997, 26, 34.
40 Grundsätze zur Durchführung von Unternehmensbewertungen IDW S 1 i. d. F. 2008, Rn. 120 ff.
41 Grundsätze zur Durchführung von Unternehmensbewertungen IDW S 1 i. d. F. 2008, Rn. 114 ff.
42 Großfeld, Recht der Unternehmensbewertung, Rn. 771.
43 Ein passendes Beispiel hierfür bildet die Paulaner-Entscheidung BayObLG, AG 1996, 127 ff.; vgl. auch *Aha*, AG 1997, 26, 31; *Steinhauer*, AG 1999, 299, 301.
44 Grundsätze zur Durchführung von Unternehmensbewertungen IDW S 1 i. d. F. 2008, Rn. 124.
45 Grundsätze zur Durchführung von Unternehmensbewertungen IDW S 1 i. d. F. 2008, Rn. 124 ff.; ein Überblick über die verschiedenen Cash Flows findet sich bei *Ballwieser*, WPg 1998, 81 84.

Ausgaben auffassen, der allen Kapitalgebern zur Verfügung steht[46]. Im Ergebnis sind dies die finanziellen Überschüsse eines rein eigenkapitalisierten Unternehmens[47].

Der Cash Flow des operativen Geschäfts darf nicht mit dem Betriebsergebnis aus der Gewinn- und Verlustrechnung (GuV) verwechselt werden. Denn er sagt mehr über die tatsächliche Finanzkraft eines Unternehmens aus als der Gewinn. Erstens enthält die GuV periodisierte Zahlungsströme, während dem Cash Flow effektive Zahlungsströme zugrunde liegen[48]. Zweitens ist das Betriebsergebnis ein Resultat vor Steuern, während beim Cash Flow Steuern abzuziehen sind. Drittens zählen zahlungswirksame Komponenten des außerordentlichen Geschäfts zu den Cash Flows des operativen Geschäfts; hierzu gehören auch zahlungswirksame Beteiligungserträge aus dem Finanzergebnis. Darüber hinaus sind die Cash Flows – viertens – als solche nach Investitionen zu verstehen, während das Betriebsergebnis allenfalls durch anteilige Investitionsausgaben in Form von Abschreibungen gemindert wird[49]. 31

Bei den DCF-Verfahren werden derzeit insbesondere drei Ansätze unterschieden, die nach dem IDW Standard zur Durchführung von Unternehmensbewertungen (IDW S 1 i. d. F. 2008) gleichrangig behandelt werden und die sich rechentechnisch entweder als Brutto- oder Nettoansätze charakterisieren lassen[50]. Rechentechnisch wird beim Nettoansatz (Equity-Approach) der Marktwert des Eigenkapitals (Unternehmenswert) direkt, d. h. durch Abzinsung der um die Fremdkapitalkosten verminderten Cash 32

---

46 Dies wird durch folgendes Zitat von *Copeland/Koller/Murrin*, Valuation, S. 131 f. deutlich; „Free cash flow is the correct cash flow for this valuation model, because it reflects the cash flow that is generated by a company's operations and available to all the company's capital providers, both dept and equity."; vgl. zur Ermittlung des Free Cash Flows das Berechnungsschema Grundsätze zur Durchführung von Unternehmensbewertungen IDW S 1 i. d. F. 2008, Rn. 127; *Ballwieser*, WPg 1998, 81, 85 f.; *Siepe/Dörschell/Schulte*, WPg 2000, 946, 953 FN 90.
47 *Kohl/Schulte*, WPg 2000, 1147, 1149.
48 Beispiel: Das Unternehmen verbucht einen Gewinn, sobald ein Produkt oder eine Leistung verkauft wurde. Damit ist noch nicht gesagt, dass der Käufer auch tatsächlich den Kaufpreis zahlt.
49 So ausdrücklich *Ballwieser*, WPg 2000, 81, 84; vgl. auch *Drukarczyk*, Unternehmensbewertung, S. 140 („Überschüsse im Sinne einer Aufwands- und Ertragsrechnung sind nur dann geeignet zur fehlerfreien Herleitung von Unternehmenswerten, wenn diese Überschüsse Zahlungsüberschüssen äquivalent sind ... Nur das, was bei den Kapitalgebern als „Zufluß" ankommt, ist bewertungsrelevanter Überschuß"); streng genommen ergeben sich – bei identischen und impliziten Prämissen einzelner Verfahren zu berücksichtigende Bedingungen – nach allen DCF-Verfahren und nach der Ertragswertmethode ein und derselbe Unternehmenswert, vgl. Grundsätze zur Durchführung von Unternehmensbewertungen IDW S 1 i. d. F. 2008, Rn. 124; *Ballwieser*, WPg 2000, 81, 82 m. w. N. in FN 4.
50 Grundsätze zur Durchführung von Unternehmensbewertungen IDW S 1 i. d. F. 2008, Rn. 124.; *Kohl/Schulte*, WPg 2000, 1147, 1148 f.; *Siepel/Dörschel/Schulte*, WPg 2000, 946, 953.

Flows mit der Rendite des Eigenkapitals (Eigenkapitalkosten) ermittelt[51]. Bei den Bruttoansätzen (Entity-Approach) wird der Marktwert des Eigenkapitals (Unternehmenswert) indirekt als Differenz aus einem Gesamtkapitalwert und dem Marktwert des Fremdkapitals berechnet[52].

a) Equity Approach

33 Bei dem Konzept der direkten Ermittlung des Wertes des Eigenkapitals werden die den Eigentümern zufließenden Überschüsse mit den Eigenkapitalkosten (eines verschuldeten Unternehmens) diskontiert. Die Netto-Cashflows werden folglich um die periodenspezifischen Zahlungen an die Fremdkapitalgeber gekürzt und mit dem Kapitalkostensatz abgezinst, der sowohl das operative Risiko des Unternehmens als auch das durch die Kapitalstruktur des Unternehmens entstehende Finanzierungsrisiko widerspiegelt[53].

b) Entity Approach: WACC-Ansatz

34 Bei dem in der internationalen Bewertungspraxis gebräuchlichsten Konzept der gewogenen Kapitalkosten (Weighted-Average-Cost-of-Capital-Ansatz, nachfolgend WACC) handelt es sich um einen Bruttoansatz, bei dem – anders als beim Netto-Ansatz – die zukünftigen Cash Flows an alle Kapitalgeber, d. h. Eigen- und Fremdkapitalgeber, diskontiert werden[54]. Der Ansatz ist zweistufig: In der ersten Phase werden die Free Cash Flows detailliert prognostiziert und anschließend mit dem WACC abgezinst. In der daran anschließenden zweiten Phase, wird der so ermittelte Gesamtkapitalwert auf das Eigen- und Fremdkapital aufgeteilt. Der Wert des Eigenkapitals (Unternehmenswert) ergibt sich, indem der Marktwert des Fremdkapitals (Cash Flows der Fremdkapitalgeber abgezinst mit einem das Risikopotential dieser Zahlungsströme widerspiegelnden Zinssatz) von dem Gesamtkapitalwert abgezogen wird[55].

35 Zur Berechnung des WACC werden zunächst die Eigen- und Fremdkapitalkosten ermittelt[56]. Die Eigenkapitalkosten ergeben sich – wie beim Equi-

---

51 Grundsätze zur Durchführung von Unternehmensbewertungen IDW S 1 i. d. F. 2008, Rn. 124.
52 Grundsätze zur Durchführung von Unternehmensbewertungen IDW S 1 i. d. F. 2008, Rn. 124.
53 Grundsätze zur Durchführung von Unternehmensbewertungen IDW S 1 i. d. F. 2008, Rn. 138.
54 Zum WACC siehe Grundsätze zur Durchführung von Unternehmensbewertungen IDW S 1 i. d. F. 2008, Rn. 125 ff.; *Ballwieser*, WPg 1998, 81, 84 ff. *Kohl/Schulte*, WPg 2000, 1147, 1148 ff.; *Siepe/Dörschell/Schulte*, WPg 2000, 946, 953 f.
55 Vgl. Grundsätze zur Durchführung von Unternehmensbewertungen IDW S 1 i. d. F. 2008, Rn. 125 ff.; alternativ kann auch der Wert des gesamten Kapitals mit der Eigenkapitalquote multipliziert werden, vgl. *Copeland/Koller/Murrin*, Valuation, S. 135; durchgängige Darstellung der Praktiker ist jedoch Subtraktionsvariante, vgl. nur *Ballwieser*, WPg 1998, 81, 84 m. w. N. in FN 22.
56 Grundsätze zur Durchführung von Unternehmensbewertungen IDW S 1 i. d. F. 2008, Rn. 125 ff.; ausführlich zur Ermittlung des Diskontierungsfaktors nach dem WACC siehe *Ballwieser*, WPg 1998, 81, 86 f.

ty-Ansatz – als Renditeforderung der Anteilsinhaber nach dem CAPM[57]. Die Fremdkapitalkosten leiten sich aus dem Zinssatz ab, zu dem das Unternehmen langfristiges Fremdkapital aufnehmen kann[58]. Der WACC ergibt sich dann als ein gewogener Durchschnitt der Eigen- und Fremdkapitalkosten (gemessen an der Kapitalstruktur des Unternehmens).

c) Entity Approach: APV-Ansatz

Als Alternative zum WACC-Ansatz bietet sich die DCF-Methode nach dem Konzept des angepassten Barwertes an (Adjusted-Present-Value-Ansatz, nachfolgend APV-Ansatz), der ebenfalls einen Bruttoansatz darstellt[59]. Das Konzept des APV-Ansatzes unterstellt zunächst eine reine Eigenfinanzierung des Unternehmens. Die zukünftigen Free Cash Flows werden mit den Eigenkapitalkosten eines unverschuldeten Unternehmens kapitalisiert, woraus der Marktwert eines nicht verschuldeten Unternehmens resultiert[60]. Anschließend wird der mit dem Fremdkapitalzinssatz kapitalisierte Wertbeitrag der realen Verschuldung, d. h. der Steuerentlastungseffekt der Fremdfinanzierung (Tax Shield), ermittelt[61]. Die Summe aus Marktwert des unverschuldeten Unternehmens und dem Wertbeitrag der Verschuldung ergibt den Gesamtkapitalwert des Unternehmens. Nach Abzug des Marktwertes des Fremdkapitals ergibt sich der Marktwert des Eigenkapitals (Unternehmenswert). 36

4. Vor- und Nachteile des Kapitalwertkalküls

Kern der auf dem Kapitalwertkalkül – Ermittlung des Unternehmenswertes durch Abdiskontierung von Zukunftsprognosen – basierenden und von der Rechtsprechung anerkannten Unternehmensbewertungsmethoden ist erstens die Schätzung der zukünftigen Erträge bzw. Cash Flows und zweitens die Ermittlung des Diskontierungsfaktors. Damit sind auch beide potentiellen Hauptunsicherheitsfaktoren angesprochen: 37

Die Ermittlung der zukünftigen Erträge bzw. Cash Flows stützt sich auf die Prognose von Größen, die zum Bewertungsstichtag nicht existent sind 38

---

57 Grundsätze zur Durchführung von Unternehmensbewertungen IDW S 1 i. d. F. 2008, Rn. 135.
58 Grundsätze zur Durchführung von Unternehmensbewertungen IDW S 1 i. d. F. 2008, Rn. 134.
59 Vgl. hierzu Grundsätze zur Durchführung von Unternehmensbewertungen IDW S 1 i. d. F. 2008, Rn. 136 f.; *Ballwieser*, WPg 1998, 81, 91 f.
60 Problematisch ist hierbei die Feststellung der Eigenkapitalkosten und hier insbesondere die Ermittlung des Beta Faktors. Der Beta Faktor ist wegen fehlender Vergleichsgruppen – rein eigenfinanzierte Unternehmen sind am Kapitalmarkt nicht beobachtbar – nicht eindeutig zu identifizieren. Dennoch wird für die Ermittlung der Eigenkapitalkosten eines rein eigenfinanzierten Unternehmens der Rückgriff auf den Betawert von verschuldeten Unternehmen, dann aber unter Berücksichtigung der Eigenkapitalquote empfohlen, vgl. hierzu *Ballwieser*, WPg 1998, 81, 91 m. w. N. in FN 44.
61 Vgl. *Siepe/Dörschell/Schulte*, WPg 2000, 946, 953.

und deswegen nur geschätzt werden können[62]. Über die Zukunft kann niemand exakte Vorhersagen treffen, sie ist unsicher und hängt von nicht eingrenzbaren Variablen und mitunter von dem Eintreten nicht hervorsehbarer Ereignisse ab[63]. Die Ergebnisse der angewendeten Methode hängen demzufolge in hohem Maße von der Plausibilität der geschätzten Erträge bzw. Cash Flows ab, die von den Sachverständigen letztlich nur subjektiv bestimmt werden können. Alle Aussagen über die künftigen Leistungen können daher nicht richtig oder falsch, sondern nur glaubhaft, nachvollziehbar, plausibel oder nicht glaubwürdig, nicht nachvollziehbar etc. sein[64].

39 Eine weitere potentielle Fehlerquelle ist die Festlegung des Diskontierungsfaktors. Sie erfordert ebenfalls die subjektive Einschätzung von Größen, die nur geschätzt werden können. Bereits geringfügige Änderungen beim Zinssatz haben erhebliche Auswirkungen auf den Unternehmenswert, so dass der Unternehmenswert in einem wesentlichen Umfang von einer realistischen Ermittlung der Diskontierungsparameter abhängt.

40 Festzuhalten ist, dass der Unternehmenswert – als Grundlage für die Bestimmung der Kompensationsleistung an die Anteilsinhaber – wegen der aufgezeigten Unsicherheiten selbst bei Heranziehung der aktuellsten betriebswirtschaftlichen Erkenntnisse nicht 100-prozentig exakt ist. Um je nach Methode zutreffende Einschätzungen hinsichtlich des Risikos und zukünftiger Entwicklungen vornehmen zu können, sind umfassende Kenntnisse des Unternehmens, des Marktumfeldes und der Bewertungspraxis notwendig. Da sich über die Zukunft keine gesicherten Aussagen machen lassen, erweist sich die Unternehmensbewertung trotz der markt- und finanztheoretischen Basis nicht als exakte Wissenschaft. Sie ist stets mit Unsicherheiten belastet.

41 Diese Problematik lässt sich allerdings nicht dadurch umgehen, dass auf eine Bewertung, die auf dem Ertragswertkalkül basiert, etwa verzichtet und der Unternehmenswert ohne Heranziehung eines der bewährten Verfahren geschätzt wird, oder etwa nur auf den leicht ermittelbaren Börsenkurs abgestellt wird (vgl. Rn. 180 ff.).

42 In der modernen betriebswirtschaftlichen Praxis wird dem vorgenannten Unsicherheitenrisiko dadurch Rechnung getragen, dass eine Einpreisung der Unsicherheitsfaktoren in Form der Risikozuschlagsmethode geschieht. Hierzu wird der Erwartungswert der unsicheren Erträge mit einem Kapitalisierungszinssatz diskontiert, der die Unsicherheit der Erträge als Risikozuschlag zum sicheren Zinssatz berücksichtigt[65]. Der Risiko-

---

62 Ausführlich zur Prognose künftiger Erträge *Franken/Schulte*, in: Fleischer/Hüttemann, Rechtshandbuch Unternehmensbewertung; § 5 Rn. 1 ff.
63 Vgl. *Piltz*, Unternehmensbewertung, S. 19; *Großfeld*, Unternehmensbewertung, S. 40; *Steinhauer*, AG 1999, 299, 301; *Dielmann/König*, AG 1984, 57, 59.
64 Vgl. *Rückle*, DB 1984, 57 ff.; *Piltz*, Unternehmensbewertung, S. 19.
65 *Franken/Schulte*, in: Fleischer/Hüttemann, Rechtshandbuch Unternehmensbewertung; § 5 Rn. 2, § 6 Rn. 8.

zuschlag repräsentiert insofern die Entschädigung, die ein risikoscheuer Anleger dafür verlangt, die Unsicherheit der Zahlungsströme in Kauf zu nehmen[66]. Insofern – und dies wird von den meisten Gerichten verkannt – ist es gerade keine Voraussetzung der auf Kapitalwertkalküle basierenden Bewertungsmethoden, dass die in einer Planung dargestellten sicher und demzufolge 100-prozentig exakt sein müssen. Entscheidend ist vielmehr, dass die angesetzten Erträge erwartungswertneutral sind, d. h. dass die Erträge weder systematisch überschätzt („zu optimistische Planung") noch unterschätzt („zu pessimistische Planung") werden[67]. Planungen sind demzufolge so aufzustellen, dass sie keine systematischen Verzerrungen aufweisen.

Darüber hinaus ist der Prozess zu berücksichtigen, der zum Bewertungsergebnis führt[68]. Die aufgezeigten Methoden erlauben eine umfassende Betrachtung des Unternehmens aus verschiedenen Blickwinkeln. Dafür müssen Informationen gesammelt und Zukunftsprognosen auf Grundlage detaillierter Geschäftspläne erstellt werden. Der Bewertungsprozess hilft, wichtige Informationen zu generieren und das Bewusstsein für Risikofaktoren zu schärfen, so dass der Unternehmenswert – als Ergebnis dieses Prozesses – den „exakten" Wert bestmöglich widerspiegelt, sofern die Methoden richtig und nicht interessengesteuert angewendet werden. 43

5. Prüfung der Zukunftserträge im Spruchverfahren

Die Prüfung der im Rahmen der Unternehmensbewertungen angesetzten Zukunftserträge wird von den meisten Spruchverfahrensgerichten nur „stiefmütterlich" behandelt. Dabei sind die Zukunftserträge neben den Diskontierungsparametern die für den Unternehmenswert maßgeblichen Einflussgrößen. Bei einigen Gerichten, so speziell beim LG Stuttgart, OLG Stuttgart, in jüngster Zeit im Ergebnis zunehmend aber auch beim LG München sowie beim OLG Frankfurt, ist nach derzeitigem Stand de facto von einer richterlichen Verweigerungshaltung (beim LG und OLG Stuttgart existiert kein effektiver Rechtsschutz in Spruchverfahren mehr) auszugehen, diese für die Wertbestimmung wichtigen Parameter mit der erforderlichen Intensität zu untersuchen und – bei Unplausibilitäten – werterhöhend anzupassen bzw. Gutachter mit einer (partiellen) Neubewertung zu beauftragen. 44

Es erweckt sich überdies der Eindruck, dass sich einige der zuständigen Richter (auf Tagungen?) abgesprochen oder zumindest den gemeinsamen Konsens gefunden hätten und zwecks Beschleunigung der Verfahren bzw. Vereinfachungsgründen (stillschweigend?) vereinbart haben, keine (partiellen) Neubewertungen mehr in Auftrag zu geben. Dies wird (auf- 45

---

66 *Franken/Schulte*, in: Fleischer/Hüttemann, Rechtshandbuch Unternehmensbewertung; § 6 Rn. 8.
67 *Franken/Schulte*, in: Fleischer/Hüttemann, Rechtshandbuch Unternehmensbewertung; § 5 Rn. 2.
68 Vgl. auch *Großfeld*, BB 2000, 261, 264 f.

SpruchG § 11 Annex: Grundzüge der Unternehmensbewertung

fällig) dadurch bestätigt, dass in jüngster Zeit von einigen Gerichten keine (partiellen) Neubewertungen mehr in Auftrag gegeben werden, obwohl dies erforderlich gewesen wäre. Dies lässt sich sicherlich nicht durch die im Verhältnis zur Vergangenheit inhaltlich umfangreicheren Gutachten erklären. Denn die gesteigerte Quantität des Umfangs der Gutachten bedeutet nicht, dass die wesentlichen ertragserhöhenden Parameter nicht einseitig im Unternehmensinteresse und ergebnisverzerrend erstellt worden sind. Die Gutachter machen sich jetzt nur mehr Mühe die Fehler zu verstecken, so dass es selbst für mit der Materie beschäftigte Antragsteller in der Vielzahl der Fälle erforderlich ist, erst selbst einen Wirtschaftsprüfer zu beauftragen, um die versteckten aber ebenso intensiven und wertverzerrenden Mängel bei der Bewertung aufzudecken.

46 Festzuhalten bleibt, dass die Haltung einiger Spruchverfahrensgerichte erschreckend ist, zumal wider besseren Wissens der Rechtsschutz der außenstehenden Minderheitsaktionäre faktisch auf Null reduziert wird. In der Praxis beschäftigen sich die vorgenannten Gerichte – wenn überhaupt – nur mit den Diskontierungsparametern und hier insbesondere mit der anzusetzenden Marktrisikoprämie (so zumindest LG München).

47 Bei den Stuttgarter und Frankfurter Gerichten zeichnet sich die Tendenz ab, den Börsenkurs in den Vordergrund zu stellen und die modernen betriebswirtschaftlichen Erkenntnisse (dies trifft jedenfalls für Stuttgart zu) faktisch über Bord zu werfen. Die Realität und Rechtsprechung im Gerichtssaal koppelt sich somit von dem Know-how und wissenschaftlichen Erkenntnissen, die state of the art sind, ab. Der rechtsstaatliche Schutz versagt an dieser Stelle, sodass ein Umdenken der mit den Verfahren beschäftigten Richter zwingend erforderlich ist. Für Stuttgart bietet sich eine komplette Neubesetzung der mit der Materie beschäftigten Richter an. An diesem Gerichtsstand steht bereits zu Beginn des Verfahrens fest, dass auch mit der besten Argumentation selbst bei offensichtlichen Bewertungsfehlern kein Erfolg zu erzielen ist und die Anträge als unbegründet abgewiesen werden. In 13 Verfahren nach 2011 betrug die Erhöhung in Stuttgart jeweils 0 Prozent[69]. Dies kann kein Zufall mehr sein. Die mdl. Verhandlungen sind hier jedenfalls reine Makulatur. Beim LG Frankfurt bleibt die Hoffnung, dass sich die zuständigen und erfahrenen Richter davon überzeugen lassen, dass die Fokussierung auf den Börsenkurs (in jüngster Zeit wird auch auf Vorerwerbspreise abgestellt) keine Alternative zum Ertragswert- bzw. DCF-Verfahren ist, und der Börsenkurs nicht geeignet ist, eine volle Kompensation zu ermitteln (siehe hierzu sogleich Rn. 180 ff.). Hier besteht Hoffnung auf eine Umkehr der Sichtweise, da die Richter erfahren und offen für überzeugende Argumente sind.

48 Das LG München beschäftigt sich im Ergebnis zumindest noch mit den Diskontierungsparametern und kommt somit zumindest in einigen Fällen zu einer Erhöhung der Kompensationsleistung. In nicht enden wollenden Verhandlungen (in Sachen MAN haben drei mdl. Verhandlungen stattgefunden, wovon zwei jeweils fast 12 Stunden gedauert haben) wird

---

69 *Puszkajler/Sekera-Terplan*, NZG 2015, 1055, 1058.

der Angemessenheitsprüfer angehört, dessen Ausführungen sich letztlich dann in den Entscheidungsgründen wiederfinden. Das Spruchverfahren wird hier ad absurdum geführt und es bleibt zu hoffen, dass das OLG München dieser rechtswidrigen Handhabung der ersten Instanz Einhalt gebietet. Denn es entspricht sicherlich nicht dem Sinn und Zweck des Spruchverfahrens, an den Vertragsprüfer Fragen zu stellen, deren Ergebnisse er im Rahmen der Angemessenheitsprüfung zuvor als angemessen testiert hat.

So wurden beispielsweise im Sachen BGAV MAN SE an den Vertragsprüfer im Zusammenhang mit den Planannahmen für MAN Fragen gestellt, ob nicht zumindest verstärkt quantitative Studien zum brasilianischen Busmarkt hätten aufgeführt werden müssen, oder die Entwicklung der Exportmärkte in Lateinamerika und Afrika die Umsatzerlöse positiver beeinflussen hätten müssen. Die Antwort des Vertragsprüfers auf derartige Fragen stand von vornherein fest. Er wird selbstverständlich die von ihm vorher als richtig testierten Zahlenwerke wiederum bestätigen. Es ist sachfremd davon auszugehen, dass der Angemessenheitsprüfer, der in diesem Fall zuvor die Absatzzahlen von MAN Lateinamerika als richtig und angemessen beurteilt hat, nunmehr im Rahmen der Beantwortung der Fragen zu einem anderen Ergebnis kommt. Derartige Fragen ziehen sich mit wenigen Ausnahmen wie ein roter Faden durch die Fragestellung des LG München an die Gutachter. Dies betrifft nicht nur den Fall MAN SE sondern alle derzeit anhängigen Verfahren. Letztlich schreiben die Angemessenheitsprüfer die Entscheidungen. Die Anwälte des Hauptaktionärs brauchen – wohlwissend, wie das LG München dies praktiziert – gar nicht mehr zu intervenieren. Das LG München macht sich damit zum Erfüllungsgehilfen des Hauptaktionärs. Rechtsstaatliche Grundsätze werden in elementarer Weise beeinträchtigt. *49*

Es ist unbillig und sachwidrig, den Vertragsprüfer in derartigen Konstellationen sozusagen als Gutachter in eigener Sache nochmals zu den von ihm testierten Ergebnissen zu befragen. Das LG München weiß dies ganz genau, so dass unerklärlich ist, warum hier keine partielle Neubewertung in Auftrag gegeben wird, wenn doch feststeht, dass die angesetzten Werte unplausibel erscheinen. *50*

Als Gutachter kann er den Sachverhalt aufklären und diesbezüglich stehen die mündlichen Verhandlungstermine zur Verfügung. Es macht aber keinen Sinn, von ihm vorab eine bewertende Betrachtung der aufgeworfenen Themenkomplexe abzufragen. *51*

Mit der Beantwortung derartiger Fragen (und dies ist offensichtlich der Fall, sonst würden die Fragen nicht gestellt) hat das Gericht zwingend einen unabhängigen Prüfer zu bestellen, der mit der Sache nicht vorbeschäftigt war. Mit wenigen Ausnahmen ist es bei derartigen Fragen offensichtlich, wie die Beantwortung durch den Vertragsprüfer aussehen wird. Insoweit ist dem Gehalt seiner Ausführungen kein Mehrwert beizumessen. Er beeinflusst durch seine Stellungnahme – deren Ergebnisse ohnehin feststehen – vielmehr nur die Meinungsbildung des Gerichts, welches überdies zuvor diesen Gutachter – meist auf Empfehlung des Hauptak- *52*

Dreier

tionärs – bestellt hat und insoweit in einem gewissen Näheverhältnis zu ihm steht (Stichwort: Ich habe schon die richtige Prüferauswahl getroffen bzw. vom Hauptaktionär treffen lassen). Eine derartige Beeinflussung ist zukünftig zu unterbinden (siehe ausführlich zur Vermeidung reiner Alibiverhandlungen Einleitung Rn. 145 ff.).

53 Es sei nochmals daran erinnert: Aufgabe der Gerichte im Spruchverfahren ist es, eine angemessene Kompensationsleistung, also eine wirtschaftlich volle Entschädigung, festzulegen. Resignation vor den zahlreichen Verfahrensteilnehmern, zum Teil schwer handhabbare und oftmals identische Antragsteller, Beschleunigungsgründe, aber auch Faulheit, kein Interesse an der zugegebenermaßen schwierigen und zeitintensiven Materie, zu hohe Auslastung der Gerichte, einseitige Wahrung von Unternehmensinteressen (Stichwort: Wir wollen unseren Wirtschaftsstandort nicht schädigen und Arbeitsplätze riskieren), politische Einflussnahme und letztlich einfach Pragmatismus dürfen nicht die Motivation sein, den für die Unternehmensbewertung wertbestimmenden Faktor, nämlich den anzusetzenden Zukunftsertrag, zu ignorieren. Resignieren die zuständigen Richter und haben kein Interesse an einer wirklichen Wertfindung (so beim LG Stuttgart und OLG Stuttgart, OLG Frankfurt und LG Hannover) müssen sie ausgetauscht werden.

54 Das Ertragswert- oder DCF-Verfahren kommt richtig und unbeeinflusst von einseitigen Interessen angewandt, zu sehr gut verwertbaren und angemessenen Ergebnissen. Aufgabe der Gerichte ist es im Kern nur, Unplausibilitäten aufzudecken und – sofern eine Korrektur mit Ergebnisfindung nicht selbst möglich – gutachterlich den zu verwendenden Faktor bestimmen zu lassen.

a) Detailplanungsphase (Phase I)

55 Die meisten Gerichte und diverse, insbesondere die Hauptaktionäre beratenden Stimmen aus der Literatur, beschränken den Prüfungsauftrag der Gerichte in Bezug auf die Detailplanungsphase darauf, die Ertragsprognose auf bloße Vertretbarkeit und Übereinstimmung mit den Tatsachengrundlagen zu prüfen[70]. Meist taucht in diesem Zusammenhang die Forderung auf, dass es nicht darum ginge, eine auf zutreffender Tatsachengrundlage beruhende, vertretbare Prognose durch eine andere – ebenfalls notwendigerweise nur vertretbare – zu ersetzen[71]. Oftmals werden mit dieser Argumentation auch fragwürdige und offensichtlich unzutreffende Ertragsprämissen von den Gerichten für vertretbar erachtet, da sie einen sehr weiten Vertretbarkeitsmaßstab ansetzen.

---

70 Vgl. exemplarisch nur OLG Stuttgart, Beschluss v. 03.04.2013, 20 W 7/09, Rn. 94 juris; *Riegger/Gayk*, in: KK AktG, Anh. § 11 SpruchG Rn. 17 m. w. N. zur Rechtsprechung in FN 95.

71 Vgl. exemplarisch nur OLG Stuttgart, Beschluss v. 03.04.2013, 20 W 7/09, Rn. 94 juris; *Riegger/Gayk*, in: KK AktG, Anh. § 11 SpruchG Rn. 17 m. w. N. zur Rechtsprechung in FN 95.

Hier ist zu differenzieren:

Sofern für den Zeitraum der Detailplanungsphase eine von dem Vorstand 56
des beteiligten Unternehmens verabschiedete Planung vorliegt, kann es
tatsächlich gerechtfertigt sein, diese Planungsprämissen einem bloß eingeschränkten gerichtlichen Prüfungsmaßstab (Stichwort: Plausibilitätsprüfung, Vertretbarkeitsprüfung) zu unterwerfen. Zwingend erforderlich
für diese Ausnahme ist allerdings, dass auf Tatsachenebene gerichtlich
festgestellt wird, dass die in der Bewertung angesetzten Prämissen den
Vorstandsprognosen auch tatsächlich exakt entsprechen (also nicht gutachterlich modifiziert worden sind) und dass diese vom Vorstand aufgestellten Prognosen auch den tatsächlich im Unternehmen gelebten und
verwendeten Annahmen entsprechen, an denen sich auch andere Komponenten (wie z. B. Erfolgskomponenten bei der variablen Vorstandsvergütung, Mitarbeiterbeteiligung, interner Revisionsprozess, Absatzziele, im Verbund kommunizierte Zahlen, Benchmark etc.) orientieren. Sie
müssen aus dem regulären unternehmerischen Planungsprozess entstammen und dürfen keinesfalls – anlassbezogen – für die Strukturmaßnahme
erstellt worden sein. Nur die tatsächlich gelebten Zahlen und nicht die
anlassbezogenen und insoweit künstlichen bzw. fiktiven Zahlen rechtfertigen einen eingeschränkten Prüfungsmaßstab.

Bestehen seitens des Gerichts auch nur die geringsten Zweifel daran, ob 57
es sich bei den für die Unternehmensbewertung verwendeten Zahlen
auch um die gelebten Zahlen handelt oder doch etwa um anlassbezogen
erstellte Daten, hat es zwingend einen unabhängigen Sachverständigen
mit einer diesbezüglichen Neubewertung zu beauftragen. Dies ist bereits
dann erforderlich, wenn auf Tatsachenebene (was gerichtlich zu prüfen
ist) festgestellt wird, dass der Vorstand im Vorfeld der Strukturmaßnahme
(zeitlicher Rahmen etwa 1 Jahr vor der Strukturmaßnahme) die Planungsprämissen nach unten revidiert hat oder die verwendeten Zahlen vorher
getätigten Verlautbarungen widersprechen.

Leider kommt es in der Praxis oft vor, dass während der Prüfungsarbei- 58
ten die Vorstandsprognosen nach unten revidiert werden. Im Verfahren
selbst, wird dann von Antragsgegnerseite behauptet, dass hiergegen
nichts einzuwenden wäre, da es sich um die „Planungen" des Vorstandes
handele. Dies ist nur formal (da gebilligt) korrekt, da die Ermittlung der
Prognosen durch den Vorstand nicht unbeeinflusst von der anstehenden
Strukturmaßnahme getätigt worden sind. Die Gerichte haben in derartigen Fällen einen unabhängigen Sachverständigen zu bestellen.

Offenbart die tatsächliche Ertragsentwicklung, wohlmöglich bereits im 59
ersten Planjahr der Detailplanungsphase, eine signifikante Abweichung
von den verwendeten Werten, ist dies ein zwingender Anlass, die Prognosen durch einen Sachverständigen überprüfen zu lassen[72]. Diesseits
sind Fälle bekannt, bei denen die Ist-Entwicklung im ersten Halbjahr,

---

72 Richtig daher *Emmerich*, in: Emmerich/Habersack, Aktien- und GmbH Konzernrecht, § 305 Rn. 59.

oberhalb der im Bewertungsgutachten verwendeten Annahmen für das gesamte erste Planjahr lagen, obwohl zum Bewertungsstichtag das erste Halbjahr bereits vollständig abgeschlossen war und die Prüfer davon Kenntnis hatten.

b) Konvergenzphase (Phase II)

60 Zum Zeitpunkt des Übergangs von der Detailplanungsphase in die ewige Rente, muss sich das Unternehmen in einem eingeschwungenen Zustand befinden. Liegt dieser Zustand im letzten Planjahr nicht vor, muss für Bewertungszwecke eine Anpassung der Vermögens-, Finanz- und Ertragslage vorgenommen werden, um den erforderlichen Gleichgewichtszustand herzustellen[73].

61 Kein eingeschwungener Zustand liegt beispielsweise dann vor, wenn das letzte Planjahr der Detailplanungsphase keinen durchschnittlichen Konjunkturzyklus darstellt[74]. Dies dürfte regelmäßig nicht der Fall sein (es wäre Zufall, wenn die Detailplanungsphase einen Zyklus abbilden würde), so dass in der Regel eine Grobplanungsphase erforderlich sein wird[75].

62 Die Notwendigkeit einer Konvergenzphase entsteht insbesondere dadurch, dass für die Phase der ewigen Rente der Grundsatz der Kapitalwertneutralität gelten soll[76]. Kapitalwertneutralität bedeutet in diesem Zusammenhang, dass alle weiteren Investitionen eine Rendite erwirtschaften, die exakt den Kapitalkosten der Investitionen entspricht. Durch Investitionen in operatives Wachstum (Kapazitätsoptimierungen und/oder Kapazitätserweiterungen) lassen sich bei Geltung der Annahme der Kapitalwertneutralität insofern keine weiteren Wertsteigerungen des Unternehmens erreichen. Wertsteigerungen würden sich nur dann realisieren lassen, wenn Investitionen Renditen erzielen, die oberhalb der Kapitalkosten liegen.

63 Unternehmen haben in der Realität allerdings aufgrund von vergangenen Investitionen – zum Beispiel in Anlagevermögen, Markenaufbau oder Technologie – regelmäßig für mittel- bis langfristige Zeiträume die Möglichkeit zu (Erweiterungs-)Investitionen in operatives Wachstum, die Renditen oberhalb der Kapitalkosten verdienen. Daher ist im Rahmen von Bewertungen detailliert zu untersuchen, ab wann davon auszugehen ist, dass künftige Investitionen nur noch genau die Kapitalkosten verdienen, mit anderen Worten, ab wann die Annahme der Kapitalwertneutralität gegeben ist. Erst ab diesem Zeitpunkt ist das Unternehmen im eingeschwungenen Zustand. Erst ab diesem Zeitpunkt darf die Phase der ewigen Rente beginnen. Dieser Zeitpunkt liegt allenfalls zufällig

---

73 *Franken/Schulte*, in: Fleischer/Hüttemann, Rechtshandbuch Unternehmensbewertung; § 5 Rn. 50.
74 *Franken/Schulte*, in: Fleischer/Hüttemann, Rechtshandbuch Unternehmensbewertung; § 5 Rn. 50.
75 So auch *Puszkajler/Sekera-Terplan*, NZG 2015, 1055, 1061.
76 WP Handbuch 2015, Band II, Kapitel A Rn. 381.

am Ende des Detailplanungszeitraumes des betrachteten Unternehmens. Keinesfalls kann davon ausgegangen werden, dass dieser Zeitpunkt regelmäßig am Ende des Detailplanungszeitraumes liegt und dass danach ohne weitere Untersuchungen die Annahme der Kapitalwertneutralität als gegeben angenommen werden kann[77].

Im Ergebnis ist daher die Detailplanungsphase regelmäßig um eine Grobplanungsphase zu erweitern, wie dies der IDW S 1 i. d. F. 2008 und insbesondere der insoweit fortschrittliche österreichische Bewertungsstandard[78] vorsehen. Alternativ kann – wenn von der offenen Modellierung einer Grobplanungsphase im Bewertungsgutachten abgesehen werden soll – das wertsteigernde Potenzial von möglichen Wachstumsinvestitionen durch einen – gegenüber dem in der Regel bei gesellschaftsrechtlichen Strukturmaßnahmen angesetzten Wert von 1,0 % – erhöhten Wachstumsabschlag erfasst werden. Zur Bemessung des erhöhten Wachstumsabschlags bedarf es jedoch auch bei diesem Vorgehen regelmäßig einer Nebenrechnung mit Grobplanungsphase[79]. 64

In dieser Grobplanungsphase ist das erwartete Wachstums- und Wertsteigerungspotenzial des Unternehmens zu erfassen. Die berufsständischen Verlautbarungen stimmen dahingehend überein, dass dieses Wachstumspotenzial aus den nachfolgenden Quellen resultieren kann[80]: 65

– Realwirtschaftliche Entwicklungen: Kapazitätserweiterungen i. w. S.

– Kapazitätsoptimierungen,

– Kapazitätserweiterungen i. e. S.,

– Nominale Entwicklungen: Preisveränderungen.

Der gerichtliche Prüfungsmaßstab ist in Bezug auf die Konvergenzphase in keinerlei Weise, etwa auf eine bloße Vertretbarkeitsvermutung, beschränkt, da – anders als bei der Detailplanungsphase – keine originären vom Vorstand unabhängig verabschiedete Ertragsannahmen zu Grunde liegen. 66

c) Ewige Rente (Phase II oder Phase III)

Die Ableitung der Ertragsannahmen für die ewige Rente machen deutlich mehr als 50 % des gesamten zu ermittelnden Unternehmenswertes aus[81]. Sie sind insofern in der betriebswirtschaftlichen Praxis und für die angemessene Wertfindung von herausragender Bedeutung. Dieser hohe 67

---

77 So auch Gutachten der IVC Wirtschaftsprüfungsgesellschaft vom 12.05.2015 in Sachen BGAV MAN SE, Rn. 25.
78 KFS/BW 1 Tz. 59 ff.
79 So auch Gutachten der IVC Wirtschaftsprüfungsgesellschaft vom 12.05.2015 in Sachen BGAV MAN SE, Rn. 26.
80 WP Handbuch 2015, Band II, Kapitel A Rn. 387; KFS/BW 1 Tz. 63.
81 Vgl. nur *Franken/Schulte*, in: Fleischer/Hüttemann, Rechtshandbuch Unternehmensbewertung; § 5 Rn. 135.

SpruchG § 11 Annex: Grundzüge der Unternehmensbewertung

Stellenwert spiegelt sich in den hier bekannten Gerichtsentscheidungen nicht einmal im Ansatz wieder. Unabhängig davon, wie die im Rahmen der ewigen Rente verwendeten Prognosen abgeleitet worden sind, werden sie in 99 % Prozent der hier bekannten Spruchverfahren stillschweigend meist ohne jedwede kritische Auseinandersetzung hingenommen und damit oftmals zum Nachteil der Minderheitsaktionäre akzeptiert.

68 Diese gerichtliche Handhabung ist falsch und muss im Interesse einer angemessenen vollen Wertfindung zukünftig geändert werden. Anders als für die Detailplanungsphase existieren für den Zeitraum der ewigen Rente zweifelsfrei regelmäßig keine konkreten Unternehmensplanungen, die gelebt werden. Es verbietet sich allein aus diesem Grund einem eingeschränkten Prüfungsmaßstab – wie im Rahmen der Detailplanungsphase – anzusetzen. Billigt der Vorstand die ihm von den mit der Bewertung beschäftigten Wirtschaftsprüfern vorgelegten Zahlenwerke für die ewige Rente, ändert dies nichts an der Qualität und Aussagekraft. Sie sind keine tatsächlichen (operativen) Orientierungsgrößen im Unternehmen und berechtigen deswegen nicht dazu, die gerichtliche Prüfungsdichte einzuschränken.

69 Insoweit ist es von herausragender Bedeutung, dass eine sorgfältige Ableitung des nachhaltigen Ergebnisses erfolgt und dass die später involvierten Spruchverfahrensgerichte die Plausibilität der verwendeten Prognosen und deren Ableitung so intensiv wie möglich prüfen. Bestehen geringste Zweifel an der Plausibilität ist zwingend ein unabhängiger Sachverständiger zu bestellen. Andernfalls sind gerichtliche Feststellungen nicht möglich.

70 Die ewige Rente ist erst ab dem Zeitpunkt anzusetzen, in dem das Bewertungsobjekt in einem eingeschwungenen Zustand ist[82].

71 Eine kompakte Definition der Kriterien des eingeschwungenen Zustands findet sich zwar weder in IDW S 1 i. d. F. 2008 noch im WP Handbuch Band II, Kapitel A, jedoch werden an verschiedenen Stellen die nachfolgenden Kriterien genannt:

– es bestehen keine temporären Effekte aus langfristigen Investitions- oder Produktlebenszyklen[83],

– Fehlen zeitlich begrenzt erzielbarer Überrenditen[84], weil

  – keine Möglichkeit mehr zu Kapazitätsoptimierungen gegeben ist[85],

  – Investitionen in Kapazitätserweiterungen genau die risikoadjustierten Kapitalkosten verdienen und somit grundsätzlich unternehmenswertneutral sind[86],

---

82 Grundsätze zur Durchführung von Unternehmensbewertungen IDW S 1 i. d. F. 2008, Rn. 78.
83 WP Handbuch 2015, Band II, Kapitel A, Rn. 238.
84 WP Handbuch 2015, Band II, Kapitel A, Rn. 387.
85 WP Handbuch 2015, Band II, Kapitel A, Rn. 387.
86 WP Handbuch 2015, Band II, Kapitel A, Rn. 388.

- konstante Wachstumsrate der Umsatzerlöse und einheitliche, konstante Wachstumsraten für alle Kosten-Erlös-Relationen, für die Relationen zwischen den Bilanz-Posten sowie für die Relationen zwischen Bilanz und GuV[87],
- das verbleibende Wachstum reflektiert ausschließlich inflationsbedingte Wachstumseffekte[88].

Die Gerichte haben in Bezug auf den eingeschwungenen Zustand zu prüfen, ob sich im Bewertungsgutachten und Prüfungsbericht sachgerechte Analysen finden, aus denen sich ergibt, dass die obigen Voraussetzungen des eingeschwungenen Zustandes für das letzte Planjahr der Detailplanungsphase vorliegen. Ist dies nicht erkennbar, ist eine unabhängige Prüfung durch einen Sachverständigen unabdingbar. 72

Steht fest, dass sich das Unternehmen im letzten Planjahr der Detailplanungsphase oder der Konvergenzphase in einem eingeschwungenen Zustand befindet, sind die Ergebnisse (Erträge, EBIT-Margen etc.) dieses Normjahres, ergänzt um den Wachstumsabschlag (siehe hierzu Rn. 166 ff.) für die ewige Rente, fortzuführen. 73

Unzulässig ist es, statt auf das letzte Planjahr auf einen Durchschnitt oder Trend der Vergangenheit abzustellen, wenn das letzte Planjahr im eingeschwungenen Zustand ist. Per definitionem schließt sich in derartigen Fällen eine Durchschnittswertbildung aus, da der eingeschwungene Zustand gerade die künftige Entwicklung als Planjahr repräsentiert[89]. 74

Eine Durchschnittswertbildung ist ausnahmsweise nur in den Fällen zulässig, wenn sich der Konjunkturzyklus exakt mit der Detailplanungsphase deckt und zu erwarten ist, dass auch die zukünftigen Zyklen ein gleichwertiges Abbild des in der Detailplanungsphase beobachtbaren Zyklusses darstellen. Dies dürfte nur in ganz wenigen Ausnahmefällen möglich sein. Überdies wäre hier zwingend das Erstellen einer Konvergenzphase erforderlich. 75

Entscheidend für die Ableitung der ewigen Rente ist die (gerichtliche) Beantwortung der Frage, ab wann das zu bewertende Unternehmen bei gegebenem Investitionsniveau welches nachhaltige Umsatzniveau (welchen Marktanteil) und welche nachhaltige Ergebnismarge erzielen kann und wie der Übergangspfad zum nachhaltigen Niveau modelliert werden kann bzw. muss (Konvergenzphase)[90]. 76

---

87 WP Handbuch 2015, Band II, Kapitel A, Rn. 387.
88 WP Handbuch 2015, Band II, Kapitel A, Rn. 389.
89 Fehlerhaft daher aber LG München, Beschluss vom 31.07.2015, 5HK O 16371/17 (MAN).
90 *Franken/Schulte*, in: Fleischer/Hüttemann, Rechtshandbuch Unternehmensbewertung; § 5 Rn. 139.

6. Diskontierungsparameter

77 Neben der Ermittlung des Zukunftsertrages gehört die Ableitung eines sachgerechten Diskontierungsfaktors zu den äußerst kontrovers und intensiv diskutierten Themen im Bereich der Unternehmensbewertung, zu denen sich – anderes als bei der Ableitung der Zukunftserträge (siehe Rn. 44 ff.) – auch die Spruchverfahrensgerichte in einer nicht mehr überschaubaren Anzahl von Beschlüssen geäußert haben[91].

78 Bei Bewertungsmethoden, die auf dem sog. Kapitalwertkalkül basieren (Ertragswert- und DCF-Methode) ist es unerlässlich, einen Kapitalisierungszinssatz heranzuziehen, der die beste Alternativanlage im Vergleich zum Bewertungsobjekt darstellt[92]. Auf Basis des CAPM oder Tax-CAPM setzt sich dieser Wert aus dem Basiszins und dem Risikozuschlag (abgeleitet aus der Marktrisikoprämie und dem Betafaktor) zusammen.

a) Basiszins

79 Der Basiszins repräsentiert eine risikolose und zum Zahlungsstrom aus dem zu bewertenden Unternehmen laufzeitäquivalente Kapitalmarktanlage[93].

80 Für den objektivierten Unternehmenswert ist bei der Bestimmung des Basiszinssatzes von dem landesüblichen Zinssatz für eine (quasi-)risikofreie Kapitalmarktanlage auszugehen. Daher wird für den Basiszinssatz grundsätzlich auf die langfristig erzielbare Rendite öffentlicher Anleihen abgestellt[94].

81 Bei der Festlegung des Basiszinssatzes ist zu berücksichtigen, dass die Geldanlage im zu bewertenden Unternehmen mit einer fristadäquaten alternativen Geldanlage zu vergleichen ist, so dass der Basiszinssatz ein fristadäquater Zinssatz sein muss (Laufzeitäquivalenz). Sofern ein Unternehmen mit zeitlich unbegrenzter Lebensdauer bewertet wird, müsste daher als Basiszinssatz die am Bewertungsstichtag beobachtbare Rendite aus einer Anlage in zeitlich nicht begrenzte Anleihen der öffentlichen Hand herangezogen werden. In Ermangelung solcher Wertpapiere empfiehlt der IDW S 1, den Basiszins ausgehend von aktuellen Zinsstrukturkurven und zeitlich darüber hinausgehenden Prognosen abzuleiten[95].

---

91 Vgl. zum Kapitalisierungszinssatz exemplarisch nur *Dörschell/Franken/Schulte*, Der Kapitalisierungszinssatz in der Unternehmensbewertung, 2. Auflage.
92 *Franken/Schulte*, in: Fleischer/Hüttemann, Rechtshandbuch Unternehmensbewertung; § 6 Rn. 1.
93 *Dörschell/Franken/Schulte*, Der Kapitalisierungszinssatz in der Unternehmensbewertung, 2. Auflage, S. 50.
94 Grundsätze zur Durchführung von Unternehmensbewertungen IDW S 1 i. d. F. 2008, Rn. 116.
95 Grundsätze zur Durchführung von Unternehmensbewertungen IDW S 1 i. d. F. 2008, Rn. 117.

Vor diesem Hintergrund und nach den derzeit aktuellen betriebswirtschaftlichen Erkenntnissen wird der Basiszins auf Grundlage einer anhand der Svensson-Methode geschätzten Zinsstrukturkurve ermittelt, deren Ergebnisse börsentäglich bei der Deutschen Bundesbank in ihrer Zeitreihendatenbank abrufbar sind. 82

Zulässig und vor dem Hintergrund, dass nunmehr 30-jährige Bundesanleihen existieren, ist aber nach wie vor auch, den exakten Basiszins – abgeleitet aus öffentlichen Anleihen – zum Bewertungsstichtag zu ermitteln[96]. 83

Wird auf die Ermittlung des Basiszinssatzes anhand der Svensson-Methode zurückgegriffen, ist es sinnvoll, auf den konkreten tagesaktuellen „Svensson" Basiszinssatz abzustellen und keinerlei Glättungen, beispielsweise angelehnt an Dreimonatszeiträume, wie bei der Börsenkursermittlung, vorzunehmen. Zum einen existieren keine nachvollziehbaren Glättungsverfahren. Zum anderen repräsentiert gerade der tagesaktuelle Basiszins nach Svensson die zukünftige Entwicklung zum konkreten Stichtag, und zwar gerade für die Zukunft, bestmöglich ab. Eine Durchschnittswertbildung ist insofern keineswegs vorzugswürdig, eher verfälschend[97]. 84

Rundungen des Basiszinssatzes auf 0,25 %-Punkte nach oben sind unzulässig, da sie den Unternehmenswert zum Nachteil der Minderheitsaktionäre, vermindern. Abzustellen ist auf den konkreten Wert, der sich zum Bewertungsstichtag ergibt. 85

b) Marktrisikoprämie

Die Marktrisikoprämie entspricht der erzielbaren Renditedifferenz, die erwartungsgemäß erzielt wird, wenn statt in risikolose Staatsanleihen in das aus riskanten Papieren (Aktien) bestehende Marktportfolio investiert wird[98]. Sie entspricht insoweit der über den sicheren Basiszins hinausgehenden zu erwartende Rendite. 86

aa) Ableitung der Marktrisikoprämie

In der heutigen Bewertungspraxis wird die zukünftige Marktrisikoprämie üblicherweise und zu Recht anhand empirischer Vergangenheitsdaten geschätzt[99]. Neben der Analyse auf der Basis historischer Daten haben in jüngerer Vergangenheit und im Zusammenhang mit der Finanz- und Kapitalmarktkrise seit dem Jahr 2007 Modelle zur ex ante Schätzung von (impliziten) Risikoprämien an Bedeutung gewonnen. Es konnte bis- 87

---

96 Emmerich, in: Emmerich/Habersack, Aktien- und GmbH Konzernrecht, § 305 Rn. 66; *Großfeld*, Recht der Unternehmensbewertung, Rn. 649.
97 Für Stichtag statt Durchschnitt auch *Franken/Schulte*, in: Fleischer/Hüttemann, Rechtshandbuch Unternehmensbewertung; § 6 Rn. 24.
98 WP Handbuch 2015, Band II, Kapitel A Rn. 331.
99 *Franken/Schulte*, in: Fleischer/Hüttemann, Rechtshandbuch Unternehmensbewertung; § 6 Rn. 51 ff.

SpruchG § 11 Annex: Grundzüge der Unternehmensbewertung

her jedoch nicht nachgewiesen werden, dass diese auch zu einer besseren Schätzung der langfristigen Marktrisikoprämie führen[100]. Darüber hinaus leiden derartige Modelle an dem Mangel, dass sie von einer konstanten Wachstumsrate der Dividenden, Gewinne und Residualgewinne ausgehen und von der Qualität der Schätzungen von Finanzanalysten abhängig sind[101]. Die Marktrisikoprämie ist insofern auch heute noch, ausgehend von der empirischen Analyse historischer Daten des deutschen Aktienmarktes, zu ermitteln.

88 Eine korrekte Ermittlung der anzusetzenden Marktrisikoprämie basierend auf historisch beobachtbaren Renditen erfordert eine Reihe von Arbeitsschritten:

Festzulegen sind

– das zugrunde zu legende Marktportfolio (CDAX, DAX oder internationaler Index) und die risikolose Anleihe,

– die Länge des Beobachtungszeitraumes und die Behandlung von „Ausreißern" (z. B. Wirtschaftskrise, Nachkriegsjahre),

– die Art der Durchschnittsrenditeermittlung (geometrische oder arithmetische Mittel) sowie die Festlegung der Haltedauer.

89 Richtigerweise ist in Bezug auf das Marktportfolio auf den CDAX als breitesten deutschen Aktienindex abzustellen. Die als „Home Bias" bezeichnete Neigung vor allem privater Anleger spricht dafür, hier einen breiten nationalen Index zu verwenden.

90 Bei der Ermittlung der Marktrisikoprämie können die 50er Jahre, wegen der Einzigartigkeit der Nachkriegsjahre und dem daraus resultierenden einmaligen Marktschock (Stichwort: Aufholjagd nach dem zweiten Weltkrieg), keine Berücksichtigung finden. Derartige Ausreißer sind bei der Ableitung zu eliminieren.

91 Die durchschnittlichen Renditen sind nach dem geometrischen Mittel zu ermitteln. Insbesondere ist die Verwendung des arithmetischen Mittels bei der Ableitung der Marktrisikoprämie nicht sachgerecht Durch die Verwendung des arithmetischen Mittels werden die Vermögensinteressen der Minderheitsaktionäre massiv beeinträchtigt. Das Abstellen auf das arithmetische Mittel begünstigt ausschließlich den Hauptaktionär. Im Gegensatz zum geometrischen Mittel berücksichtigt das arithmetische Mittel nicht die stochastischen Abhängigkeiten zwischen den einzelnen Werten. Bei einer positiven Wertentwicklung erfolgt die Berechnung von einer viel niedrigeren Basis aus, als bei negativen Wertentwicklungen.

---

100 *Dörschell/Franken/Schulte*, Der Kapitalisierungszinssatz in der Unternehmensbewertung, 2. Auflage, S. 91 ff.; WP Handbuch 2015, Band II, Kapitel A Rn. 358; generell ablehnend auch *Franken/Schulte*, in: Fleischer/Hüttemann, Rechtshandbuch Unternehmensbewertung; § 6 Rn. 48.

101 Generell ablehnend daher *Franken/Schulte*, in: Fleischer/Hüttemann, Rechtshandbuch Unternehmensbewertung; § 6 Rn. 48.

Annex: Grundzüge der Unternehmensbewertung § 11 SpruchG

Dieser Effekt wird anhand des folgenden Beispiels deutlich: 92

Annahmen:

Eine Investition von 1.000 Euro wächst im Jahr 1 um 100 % auf 2.000 Euro und im Jahr 2 um minus 50 % auf den Ausgangsbetrag von 1.000 Euro.

Ergebnis und Schlussfolgerungen:

Während das geometrische Mittel dieser Investition den korrekten Wert eines Wachstums von 0 % ausweist, beträgt das arithmetische Mittel des Wachstums dieser Investition nicht nachvollziehbare 25 %. Dieses Ergebnis ist offensichtlich verfehlt, da tatsächlich keinerlei Vermögensmehrung eingetreten ist. Kein rational handelnder Investor würde vor diesem Hintergrund eine Risikoprämie von 25 % seiner Risikoeinschätzung für Folgeinvestitionen zugrunde legen. Das arithmetische Mittel führt somit zu extremen Verzerrungen und geradezu grotesken Ergebnissen. Umso mehr verwundert es, dass einige Gerichte dies trotzdem akzeptieren.

Ein weiterer Grund, weswegen das arithmetische Mittel ungeeignet ist, 93 die Marktrisikoprämie zu bestimmen, liegt in der Unterstellung einer jährlichen Wertrealisierung. Es ist sachfremd, davon auszugehen, dass ein – typisierter – Kapitalanleger am Jahresende seinen gesamten Aktienbestand veräußert, um am ersten Börsentag des Folgejahres, den kompletten Betrag (bereinigt um entnommene Gewinne und ausgeglichene Verluste) neu – und zwar vollständig – wieder in Aktien zu reinvestieren. Hiergegen sprechen bereits die Kursentwicklungen der Vergangenheit: Würde dieser unterstellte Effekt in der Realität auftreten, würden jeweils am Ende des Jahres die Kurse wegen des Verkaufsüberangebots massiv fallen um am ersten Börsentag des neuen Jahres wegen der Steigerung der Käufernachfrage signifikant steigen. Derartige Effekte sind in der Vergangenheit nicht zu verzeichnen gewesen und sind nur theoretischer Natur. Zu einem derartigen Effekt kann es streng genommen überhaupt nicht kommen. Denn würde sich der typisierte Anleger, wie das arithmetische Mittel unterstellt, verhalten, wäre eine Marktpreisfindung am Ende bzw. zu Beginn jeden Jahres an der Börse unmöglich, da entweder nur Verkäufer oder nur Käufer am Markt agieren würden. Es käme zu keiner aussagekräftigen Wertfeststellung mehr; die Börse würde kollabieren.

Für einen typisierten Anleger ist ein derartiges Anlageverhalten auch 94 deswegen realitätsfremd, weil seine Kursgewinne bei jährlichen Desinvestitionen – zumindest nach früherer Steuergesetzgebung – der Steuerpflicht unterliegen. Dies wird von typisierten privaten Investoren gerade vermieden. Festzuhalten ist auch, dass das arithmetische Mittel anders als der Modalwert oder das geometrische Mittel mit keinem der Beobachtungswerte übereinstimmt. Es ist auch insofern bloß theoretisch.

Steht somit fest, dass die Unterstellung einer jährlichen Wertrealisation 95 bloß theoretisch fingiert wird, stellt sich die Frage nach der grundsätzlichen Eignung des arithmetischen Mittels als Schätzparameter für die Ableitung von Renditen: Aufgabe der Marktrisikoprämie ist es, die Differenz zwischen der Marktrendite und der Rendite einer risikolosen Anlage abzubilden. Aus Sicht des Investors entschädigt die Marktrisikoprämie demzufolge die Übernahme von systematischen Risiken in Aktienanlagen. Die Höhe dieser real existierenden und in der Vergangenheit auch beobachtbaren Überrendite kann nicht quantitativ mittels Rückgriff auf ein tatsächlich nicht existierendes Investorenverhalten bestimmt werden. Die Marktrisikoprämie soll schließlich ausdrücken, welchen Mehrwert die Investoren (in der Vergangenheit und daraus abgeleitet auch in der Zukunft) für die Übernahme des Investitionsrisikos in Aktien erzielt haben und zukünftig erzielen möchten. Ihre Risikoeinschätzung erfolgt demzufolge auf Basis real existierender Annahmen, sprich auf Grundlage eines in der Realität beobachtbaren Investorenverhaltens. Prüfungsmaßstab ist der rational handelnde Investor, der auf Basis seines historischen Anlageverhaltens Schlussfolgerungen für die Risikoeinschätzung der Zukunft macht. Abzustellen ist demzufolge auf ein Investorenverhalten, welches in der Realität auch beobachtbar ist und demzufolge auch Grundlage des Investorenverhaltens sein kann. Nur dieses erlaubt Rückschlüsse auf die (subjektive) Bewertung und Quantifizierung zukünftiger Risiken. Es wäre sachfremd, davon auszugehen, dass Anleger ihr eigenes Investitionsrisiko auf Basis eines Verhaltens einschätzen, welches sie überhaupt nicht an den Tag legen und ausüben wollen. Taugliche Basis für die Einschätzung des Risikos kann somit nur das eigene, zukünftig angedachte und in der Vergangenheit auch gelebte Verhalten sein. Vor diesem Hintergrund ist das arithmetische Mittel denkbar ungeeignet, die Marktrisikoprämie realitätsgetreu wiederzugeben. Sie ist reine Fiktion.

96 Als Ergebnis ist festzuhalten, dass die Ableitung der Marktrisikoprämie auf Basis des arithmetischen Mittels zu extremen Verzerrungen führt. Das (alleinige) Abstellen auf das arithmetische Mittel ist vor diesem Hintergrund unsachgemäß, unplausibel und demzufolge als taugliches Mittel zur Ableitung der Marktrisikoprämie streng zu verwerfen. Es begünstigt einseitig die Interessen des Hauptaktionärs an einer niedrigen Abfindungsleistung, vernachlässigt aber den Anspruch der Minderheitsaktionäre an die Festsetzung einer angemessenen Barabfindung. Darüber hinaus widersprechen die Annahmen einem rationalen Investorenverhalten, so dass es bereits dem Grunde nach nicht geeignet ist, eine tatsächliche Risikoeinschätzung widerzuspiegeln. Sachgerecht erscheint es mit vorgenannter Begründung allein auf das geometrische Mittel abzustellen, um die Marktrisikoprämie angemessen abzuleiten.

97 Selbst wenn trotz der oben aufgezeigten Unzulänglichkeiten auf das arithmetische Mittel zurückgegriffen werden sollte, wird man nicht umhin kommen, das Zeitintervall für die Renditemessung an eine Anlagedauer anzupassen, die dem Zeithorizont eines repräsentativen Aktienanlegers entspricht. Jegliche andere Handhabung ist sachfremd. Bei Verwendung längerer Anlagehorizonte als von einem Jahr nähert sich das arithmetische Mittel dem (geringeren) geometrischen Mittel an[102]. Das dann resultie-

---

102 *Franken/Schulte*, in: Fleischer/Hüttemann, Rechtshandbuch Unternehmensbewertung; § 6 Rn. 62.

Annex: Grundzüge der Unternehmensbewertung **§ 11 SpruchG**

rende p. a. Ergebnis unterscheidet sich nur so geringfügig vom geometrischen Mittel der Jahreswerte, dass es für ökonomisch denkende Experten zwangsläufig ist, das Augenmerk auf Bereiche zu lenken, in denen deutlich größere Effekte für das Bewertungsergebnis zu erwarten sind.

bb) Höhe der anzusetzenden Marktrisikoprämie

Angemessen ist eine Marktrisikoprämie in der Spanne von 3 % bis allenfalls 4 % nach Steuern[103]. 98

Die finanzkrisenbedingte Erhöhung der durch den FAUB (Fachausschuss Unternehmensbewertung) des IDW vor dem 19.09.2012 empfohlenen mittleren MRP von 4,5 % nach Steuern, welche infolge der Anwendung des arithmetischen Mittels bereits überhöht war, auf nunmehr 5 %–6 % bzw. im Mittel 5,5 % nach Steuern ist mangels tragfähiger Begründung und wegen fehlender Plausibilität abzulehnen[104]. Es fehlt bereits am empirischen Nachweis der Grundthesen für die Erhöhung der Empfehlung, nämlich einer konstanten Gesamtrenditeforderung von Investoren sowie einer finanzkrisenbedingten gestiegenen Risikoaversion und einer dieser folgenden höheren Renditeerwartung der Investoren. 99

Das der Anpassung zugrunde liegende Datenmaterial oder eine Arithmetik zur Überleitung der alten zur neuen Empfehlung liefert der FAUB nicht. Entsprechend werden in fast jedem Spruchverfahren neue Begründungsversuche unterbreitet. Die trotz des niedrigen Basiszinssatzes seit der IDW-Empfehlung vom 19.09.2012 gestiegenen Aktienkurse sprechen eindeutig gegen eine krisenbedingt höhere und vielmehr für eine verminderte Renditeerwartung. Der DAX stieg seit Juli 2012 von ca. 7.000 auf zwischenzeitlich über 12.000 Punkte. In dieser Zeit bewegte sich der Basiszinssatz in einer Spanne zwischen ca. 0,5 % und 2,75 %. Obwohl dadurch die Dividendenrenditen wie auch die Kurschancen bezogen auf die höheren Börsenkurse gesunken sind, investieren die Anleger weiter in Aktien. Denn mit risikolosen Anlagen lässt sich nicht einmal mehr eine die Inflation kompensierende Rendite verdienen. In dieser Situation sind die Anleger langfristig bereit, für eine im Vergleich zur Vergangenheit niedrigere Rendite die im Vergleich zu Staatsanleihen höheren Risiken eines Aktieninvestments in Kauf zu nehmen. Dies belegt eine dauerhaft gesunkene Renditeerwartung und damit eine gesunkene MRP. In keinem Falle sind aber Gründe für einen Anstieg erkennbar bzw. plausibel. 100

Darüber hinaus ist der IDW-Vorschlag widersprüchlich und unangemessen, weil ohne Rücksicht auf die tatsächliche Höhe des Basiszinssatzes 101

---

103 LG München I, Beschluss vom 28.06.2013, AZ 5 HK O 18685/11, „Moksel" S. 46, 3,75 %; LG München I, Beschluss vom 28.05.2014, AZ 5 HK O 22657/12 „Graphit Kropfmühl" S. 93 ff, S. 96 4 %; LG Berlin, Beschluss vom 20.03.2008, AZ 102 O 139/02 AktG „Otto Reichelt" 3 %.
104 FAUB (Hrsg.), Hinweise des FAUB zur Berücksichtigung der Finanzmarktkrise bei der Ermittlung des Kapitalisierungszinssatzes in der Unternehmensbewertung, S. 1.

Dreier

SpruchG § 11 Annex: Grundzüge der Unternehmensbewertung

das angebliche Mittel in Höhe von 5,5 % MRP nach Steuern statisch angesetzt wurde und angewendet wird. Es kann nicht richtig sein, bei einem Basiszins in Höhe von 1,00 % die gleiche MRP mit 5,5 % anzusetzen wie auch bei einem Basiszins in Höhe von 2,5 % oder darüber. Auf Basis der unterstellten Grundannahme einer konstanten Gesamtrenditeforderung, müsste sich bei Veränderung des Basiszinssatzes automatisch eine Veränderung der MRP ergeben.

102 Das LG Frankfurt führt in Bezug auf die willkürliche Anpassung der Marktrisikoprämie durch das IDW in Sachen Spruchverfahren *Dyckerhoff* völlig zu Recht auf[105]:

„Zudem sind der Kammer verschiedene Begründungen für die vorgenommene Erhöhung von Mitgliedern des FAUB oder in Wirtschaftsprüfungsgesellschaften mit diesen verbundenen Personen bekannt geworden, die in keiner Weise konsistent sind. Ein Mitglied des FAUB hat in seiner Vernehmung am 10.10.2013 vor dem Landgericht München I im Verfahren 5 HKO 21386/12 als Begründung für die Erhöhung angegeben, dass vor der Empfehlung zur Erhöhung der Marktrisikoprämie der vormalige Vorsitzende der Deutschen Prüfstelle für Rechnungslegung des FAUB mit Blick auf die Auswirkungen in allen Jahresabschlüssen und dem Erfordernis der Abschreibungen auf Good Wills und Beteiligungen gerügt habe, da die Erosion des Basiszinssatzes dazu führe, dass Abschreibungen nicht mehr möglich seien. Weiter hätten nach Ansicht dieses FAUB-Mitglieds Unternehmensanleihen eine Rendite von 8 bis 8,5 % vor und 6,5 % nach Einkommensteuern erbracht und es leuchte nicht ein, warum dieser Wert dann nicht für Aktien gelten solle.

In einem Verfahren vor der Kammer (3-05 O 43/13) hat eine Wirtschaftsprüferin der Hauptaktionärin beauftragte Bewertungsgutachterin, zu deren Gesellschaftern jedenfalls auch ein FAUB-Mitglied gehört, in der mündlichen Verhandlung vom 25.11.2014 erläutert, dass die Erhöhung der Marktrisikoprämie auf einer Beobachtung der Erhöhung der Interbankenzinsen im maßgeblichen Zeitraum beruhe.

In einem anderen...".

103 Das LG Berlin hat im Spruchverfahren zum Squeeze Out bei der Landesbank Berlin Holding in einem Hinweisbeschluss ausdrücklich ausgeführt, dass es sich nicht an die aktuellen Empfehlungen des FAUB des IDW gebunden fühlt, insbesondere habe es nach Kriegsende vielfach sowohl Phasen einer besonders positiven Wirtschaftsentwicklung als auch krisenhafte Entwicklungen gegeben, die insgesamt in die Betrachtung der Überrendite von Aktien gegenüber Rentenpapieren eingeflossen sind[106]. Daher sei ohne umfassende wirtschaftstheoretische sowie empirische Untersuchungen nicht plausibel, wegen der aktuellen Entwicklung die bis-

---

105 LG Frankfurt Beschluss vom 08.06.2015, 3-05 O 198/13, „Dyckerhoff" a. a. O., S. 28–30.
106 Hinweisbeschluss des LG Berlin vom 11.12.2013, 102 O 100/12. SpruchG, S. 6.

herige Systematik infrage und gegenwärtig zu beobachtende Markterwartungen in den Vordergrund zu stellen.

Im Beschluss „Rücker" stellte das LG Frankfurt zu Recht fest, dass es angesichts des langen historischen Betrachtungszeitraums für die MRP seit 1955, welcher mehrere volkswirtschaftliche Zyklen und damit sowohl Phasen des Aufschwungs wie auch Krisenphasen umfasste, schon fraglich sei, ob überhaupt eine neue MRP zu ermitteln sei. Angesichts des vergleichsweise kurzen wirtschaftlichen Abschwungs in der Finanzkrise sollte diese bereits in der historischen MRP eingepreist sein. Auch sei ein Nachvollzug der Erhöhung der MRP durch den IDW um einen Prozentpunkt nicht möglich. Das der Anpassung zugrunde liegende Datenmaterial oder eine Arithmetik zur Überleitung der alten zur neuen Empfehlung habe der FAUB nicht veröffentlicht oder in anderer Weise transparent gemacht. Auch die Zins- und Börsenindexentwicklung seitdem sprächen dafür, dass im Hinblick auf die geringen Zinsen bei Anleihen auch niedrigere Risikoprämien bei Anlagen im Aktienmarkt akzeptiert werden, um überhaupt Rendite am Kapitalmarkt zu erzielen[107]. *104*

Das LG Hamburg hat im Spruchverfahren Procon Multimedia eine MRP in Höhe von 4,5 % nach Steuern für den Stichtag 27.11.2012 festgestellt, und dabei die auf Basis der Empfehlung des IDW vom 19.09.2012 angesetzten 5,5 % MRP verworfen, weil nicht nachvollziehbar sei, dass mit niedrigeren Zinssätzen für sichere Anlagen eine höhere MRP einhergehen müsse[108]. Vielmehr sollte erwartet werden, dass der Druck der niedrigen Zinsen Anleger eher zu Kompromissen bei der Risikobereitschaft veranlassen sollte. *105*

Das LG Mannheim hat ebenfalls kürzlich im Spruchverfahren Mannheimer Holding AG zur Bestellung eines neutralen Gutachters zur Überprüfung der Unternehmensbewertung festgestellt, dass die Empfehlung des FAUB vom 19.09.2012 nicht überzeugt[109]. *106*

Das Landgericht München I, welches auch der alten IDW-Empfehlung nicht folgte und regelmäßig auch die vorherige Empfehlung mit 4,5 % nach Steuern als überhöht ansah, lehnt auch die neue IDW-Empfehlung entsprechend ab[110] *107*

Dass Gutachter wie Prüfer als IDW-Mitglieder sich fälschlicherweise an die IDW-Empfehlung gebunden fühlen und derzeit trotz fehlender Plausibilität und mangelnden empirischen Nachweis eine Marktrisikoprämie von 5,5 % ansetzen, ist allein der satzungsmäßigen Bindung der Wirtschaftsprüfer an das IDW geschuldet (siehe Selbstverpflichtung in § 4 Abs. 9 der Satzung des IDW. *108*

---

107 LG Frankfurt, Beschluss vom 24.02.2013, Az 3-050227/13, S. 20.
108 LG Hamburg, Beschluss vom 18.03.2005, Az 412 HKO 55/13.
109 Beweisbeschluss des LG Mannheim vom 27.03.2015, AZ 24 AktE 2/13.
110 Vgl. zuletzt die Entscheidung des LG München vom 31.07.2015, 5 HK O 16371/13 (MAN).

SpruchG § 11 Annex: Grundzüge der Unternehmensbewertung

109 Zu der willkürlichen Erhöhung der Marktrisikoprämie durch den FAUB (aktuell werden meist 5,5 % angesetzt) ist auch Folgendes zu berücksichtigen:

110 Der Ansatz einer Marktrisikoprämie von 5,5 % ist deutlich überhöht. Gerade wegen des niedrigen derzeitigen Zinsniveaus sind Investoren bereit, für Alternativanlagen eine niedrigere Verzinsung in Kauf zu nehmen. Insoweit ist es entgegen der Auffassung des IDW und der Antragsgegnerin sachfremd, davon auszugehen, dass im Rahmen von Niedrigzinsphasen die zukünftige Marktrisikoprämie steigen wird. Genau das Gegenteil ist der Fall.

111 Zu berücksichtigen ist, dass es bei der Ableitung der Marktrisikoprämie um die zukünftige Marktrisikoprämie geht. Zwischen 2012 und heute befinden sich die Börsenkurse auf recht hohem Niveau. Insofern ist nicht zu erwarten, dass zukünftig bei einer Investition in Aktien – ausgehend von diesem hohen Niveau – eine überproportionale hohe Marktrisikoprämie erzielt werden kann. Genau das Gegenteil ist der Fall. Gerade wegen der recht hohen Börsenkurse und positiven Entwicklungen der Indizes ist davon auszugehen, dass Investoren zukünftig – ausgehend von diesem hohen Niveau – dazu bereit sind, niedrigere Marktrisikoprämien zu akzeptieren bzw. faktisch nur noch niedrige Aktienrenditen und damit niedrige Marktrisikoprämien erzielen können.

112 Insbesondere ist auch die neuerdings vom IDW unterstellte hypothetische Gesamtverzinsung nach dem CAPM-Modell sachwidrig. Dies wird hier aber bei Ableitung der höheren Marktrisikoprämie von 5,5 % unterstellt. Tatsächlich variieren die Renditeerwartungen. Es existiert keine – quasi auf ewige Zeit festgelegte – erwartete zukünftige Gesamtverzinsungserwartung, die zudem konstant bleibt. Insbesondere existiert auch kein Zusammenhang zwischen niedrigen risikolosen Investitionen und der zukünftigen Marktrisikoprämie in dem Sinne, dass in den Fällen niedriger Zinsen die Risikobereitschaft steigt, so dass immer – unabhängig vom Zinsniveau – eine gleichbleibende (Gesamt-)Renditeerwartung existiert.

113 Der Basiszins und die Marktrisikoprämie sind schließlich keine korrespondierenden Röhren, die im Fall niedriger Basiszinsen automatisch die Marktrisikoprämie steigen lassen und umgekehrt. Genau dieser nicht existierende und erst Recht bis dato nicht nachweisbare Sachzusammenhang, wird aber vom IDW als Grundlage seiner Erwägung vom 19.09.2012 fehlerhafterweise unterstellt[111].

c) Betafaktor

114 Zur Bestimmung des unternehmensspezifischen Risikofaktors wird der so genannte Betafaktor ermittelt. Dieser Faktor gibt als Maß für das unter-

---

111 FAUB (Hrsg.), Hinweise des FAUB zur Berücksichtigung der Finanzmarktkrise bei der Ermittlung des Kapitalisierungszinssatzes in der Unternehmensbewertung, S. 1.

nehmensindividuelle Risiko die Schwankungsbreite (Volatilität) des Kurses einer Aktie oder Branche im Verhältnis zum Gesamtmarkt an[112]. Ziel der Ermittlung von Betafaktoren im Rahmen des CAPM bzw. des Marktmodells ist es, das künftige systematische Risiko des Bewertungsobjekts bzw. genauer, das künftige den finanziellen Überschüssen des Bewertungsobjekts inhärente systematische Risiko, zu ermitteln[113].

aa) Betafaktor des Bewertungsobjekts oder der Peergroup

In der Praxis der Unternehmensbewertung und in der entsprechenden Literatur erfolgt die Ermittlung des künftigen Betafaktors in der Regel auf Basis des historischen Betafaktors des Bewertungsobjekts oder auf Basis des durchschnittlichen historischen Betafaktors einer Peergroup (Vergleichsunternehmen). 115

Die Ableitung des künftigen systematischen Risikos des Bewertungsobjekts auf Basis des historischen Betafaktors des Bewertungsobjekts ist immer dann vorzunehmen, wenn der historische Betafaktor des Bewertungsobjekts verlässlich ermittelt und seine zeitliche Stabilität erwartet werden kann. 116

Die Ableitung des künftigen systematischen Risikos des Bewertungsobjekts auf Basis des durchschnittlichen historischen Betafaktors einer Peergroup ist hingegen nur dann vorzunehmen, wenn 117

- der historische Betafaktor des Bewertungsobjekts nicht verlässlich ermittelt werden kann oder

- erwartet wird, dass der künftige Betafaktor des Bewertungsobjekts dem künftigen durchschnittlichen Betafaktor einer Peergroup entspricht und dieser über die durchschnittlichen historischen Betafaktoren der Peergroup verlässlich ermittelt werden kann[114].

bb) Ableitung historischer Raw Betafaktoren

Die Höhe des Betafaktors reflektiert gemäß dem Bewertungskalkül des CAPM das Ausmaß des systematischen, nicht durch Kapitalmarkttransaktionen diversifizierbaren Risikos einer Aktie. Je höher der Betafaktor, desto höher ist die von den Kapitalmarktteilnehmern geforderte Risikoprämie. Der unternehmensindividuelle Betafaktor ergibt sich als Kovarianz zwischen den Aktienrenditen des zu bewertenden Unternehmens oder vergleichbarer Unternehmen und der Rendite eines Aktienindex, dividiert durch die Varianz der Renditen des Aktienindex[115]. Technisch 118

---

112 WP Handbuch 2015, Band II, Kapitel A Rn. 362.
113 *Dörschell/Franken/Schulte*, Der Kapitalisierungszinssatz in der Unternehmensbewertung, 2. Auflage, S. 145 ff.
114 *Dörschell/Franken/Schulte*, Der Kapitalisierungszinssatz in der Unternehmensbewertung, 2. Auflage, S. 146 f.
115 Grundsätze zur Durchführung von Unternehmensbewertungen IDW S 1 i. d. F. 2008, Rn. 121.

kann zur Ermittlung des historischen Betafaktors eine lineare Regression über die Aktienkurs- und Aktienindexrenditen durchgeführt werden. Der Betafaktor entspricht dann dem Steigungsparameter der Regressionsgleichung.

119 Die Schätzung des Betafaktors mittels einer linearen Regression über die Aktienkurs- und Aktienindexrenditen ist im Wesentlichen von den folgenden Parametern abhängig:

– Referenzindex,

– Renditeintervall sowie

– Beobachtungszeitraum.

Eine ausreichende Liquidität der Aktie des Bewertungsobjekts ist Basis für die verlässliche Ermittlung eines belastbaren Betafaktors.

120 **Referenzindex**

Das CAPM setzt theoretisch auf ein sämtliche weltweit existierende, risikobehaftete Vermögenswerte (inkl. Humankapital) umfassendes Marktportfolio auf, in das sämtliche global agierenden Anleger einheitlich investieren. In der Praxis lassen sich diese Überlegungen hinsichtlich des Markportfolios nicht unmittelbar umsetzen, so dass vereinfachend auf ein engeres Marktportfolio, dessen Renditen beobachtet werden können, abgestellt wird.

121 Der objektivierte Unternehmenswert wird bei gesellschaftsrechtlichen und vertraglichen Bewertungsanlässen im Einklang mit der langjährigen Bewertungspraxis und der deutschen Rechtsprechung aus der Perspektive einer inländischen unbeschränkt steuerpflichtigen natürlichen Person als Anteilseigner ermittelt[116]. Für die Verwendung lokaler Indizes kann dabei insbesondere die als „home bias" bezeichnete Neigung (vor allem privater Anleger), vorwiegend in nationale Wertpapiere zu investieren, sprechen. Dieser Annahme ist in der Regel zu folgen, so dass es sich für die Bewertung von inländischen Unternehmen anbietet, auf einen breiten lokalen deutschen Aktienindex (hierfür bietet sich in Deutschland z. B. der CDAX an) abzustellen. Faktisch ist in deutschen aktienrechtlichen Verfahren die Verwendung lokaler Indizes regelmäßig zu beobachten[117].

122 **Renditeintervall**

Für die Berechnung der Aktien- und Indexrenditen ist ein Renditeintervall festzulegen (Periodizität). Theoretisch kommen monatliche, wöchentliche und tägliche Renditeintervalle in Betracht.

123 In der Bewertungspraxis ist keine einheitliche Handhabung bei der Festlegung der Renditeintervalle zu erkennen. Regelmäßig Verwendung fin-

---

116 Grundsätze zur Durchführung von Unternehmensbewertungen IDW S 1 i. d. F. 2008, Rn. 31.

117 Vgl. ausführlich zum Referenzindex *Dörschell/Franken/Schulte*, Der Kapitalisierungszinssatz in der Unternehmensbewertung, 2. Auflage, S. 149 ff.

den z. B. monatliche Renditen über einen Zeitraum von fünf Jahren, wöchentliche Renditen über einen Zeitraum von ein bis fünf Jahren (meist 3 Jahre) und tägliche Renditen über einen Zeitraum von einem Jahr bis drei Jahren. Zum Teil werden aber auch wöchentliche Renditen über mehrere sich nicht überlappende Zeitfenster von jeweils einem Jahr (Jahresscheiben) betrachtet.

Die auf Basis monatlicher Renditen ermittelten Betafaktoren weisen i. d. R. eine deutlich höhere Instabilität im Vergleich zu den auf Basis wöchentlicher und täglicher Renditen ermittelten Betafaktoren auf. Die bei monatlichen Betafaktoren zu beobachtenden extremen Sprünge sind bei wöchentlichen und täglichen Betafaktoren in diesem Ausmaß nicht beobachtbar. Bei gleichem Beobachtungszeitraum ist der Stichprobenumfang (Anzahl an Renditepaaren) bei Verwendung wöchentlicher und täglicher Renditen wesentlich höher und einzelne „Ausreißer" beeinflussen die Regression in deutlich geringerem Maße, als bei der Verwendung monatlicher Intervalle. 124

Darüber hinaus werden bei Verwendung monatlicher Renditeintervalle nicht alle während des vergleichsweise langen Renditeintervalls verfügbaren Informationen genutzt und außerdem die Sondereinflüsse des Monatsendstichtags eingeschlossen. Eine Verwendung monatlicher Renditeintervalle erscheint deshalb als nicht sachgerecht. 125

Die Auswahl zwischen wöchentlichen und täglichen Renditen hängt insbesondere davon ab, ob für die Aktienrenditen oder die Indexrenditen Verzerrungen aus dem sogenannten Intervalling-Effekt zu befürchten sind. Der Intervalling-Effekt beschreibt die Verzerrung des Betafaktors, der durch relativ geringe Liquidität der untersuchten Aktien resultiert: In diesem Fall wären zeitliche Verzögerungen der Verarbeitung von Marktentwicklungen möglich – ein kürzeres Renditeintervall ließe deshalb eher Verzerrungen des Betafaktors erwarten. 126

Bei Aktien mit hinreichender Liquidität ist der Intervalling-Effekt regelmäßig nicht beobachtbar, so dass es sich – anders als in der Praxis derzeit völlig zu Unrecht noch oft gehandhabt – empfiehlt, in der Regel auf Tagesbetas abzustellen. Der Stichprobenumfang ist dann am größten, so dass das Risiko mit am besten abgebildet wird, ohne das Manipulationsmöglichkeiten durch die Prüfer bestehen. Wöchentliche Renditen sind – quasi als second best Lösung – dann anzusetzen, wenn ein Intervalling Effekt nachgewiesen werden konnte. Dies ist im jeweiligen Einzelfall zu untersuchen. Monatliche Intervalle scheiden von vornherein aus[118]. 127

Beobachtungszeitraum

Die Länge des Betrachtungszeitraumes ist – in Abhängigkeit von den zur Verfügung stehenden Kapitalmarktdaten – vor allem im Hinblick auf die Prognoseeignung der aus historischen Kursdaten ermittelten Betafakto- 128

---

118 Vgl. ausführlich zum Renditeintervall *Dörschell/Franken/Schulte*, Der Kapitalisierungszinssatz in der Unternehmensbewertung, 2. Auflage, S. 161 ff.

ren zu beurteilen. Bei langjährigen Betrachtungszeiträumen ist zu hinterfragen, inwieweit Kursdaten weiter zurückliegender Zeiträume noch prognosegeeignet (oder aber schon veraltet) sind. In der Praxis der Unternehmensbewertung sollten daher in aller Regel Zeiträume, die deutlich weiter als drei Jahre vor dem Betrachtungszeitpunkt (Bewertungsstichtag) liegen, nicht herangezogen werden.

129 Der betrachtete Zeitraum von in der Regel ein bis drei Jahren ist daraufhin zu untersuchen, ob und inwieweit Strukturbrüche vorliegen. Besondere Ereignisse im Kursverlauf, extreme Kursschwankungen oder -Manipulationen aufgrund spekulativer Interessen, Squeeze Outs, Gerichtsverfahren sowie Einmalereignisse mit großer Auswirkung sind nur einige der Effekte, die die Kursentwicklung und die daraus errechneten Betafaktoren und deren Prognoseeignung wesentlich beeinflussen können. Ausnahmsweise kann sich dadurch der Prognosezeitraum auf bis zu 5 Jahren erstrecken[119].

Weitere Parameter

130 Neben der Auswahl des Referenzindexes, des Zeitraums und des Renditeintervalls sind bei der praktischen Ermittlung von Betafaktoren noch weitere Parameter zu bestimmen. Diese Parametereinstellungen haben hinsichtlich der Aktien- und Indexkurse Auswirkungen auf die Höhe der Betafaktoren und sind damit bewertungsrelevant.

131 Bei der Berechnung des Betafaktors unter Nutzung der vom Finanzinformationsdienstleister Bloomberg L.P., New York/USA, bereitgestellten Informationen sind bezüglich des Börsenplatzes als auch bezüglich der zu verwendenden Kursreihen unterschiedliche Einstellungen möglich.

cc) Belastbarkeit historischer Betafaktoren

132 Zur Würdigung der Prognoseeignung von historischen Betafaktoren für die Einschätzung des zukünftigen operativen Risikos der betreffenden Gesellschaft sind Liquiditätsmaße zu ermitteln. Mit der Messung der Liquidität von Aktien kann ein Urteil über die Markteffizienz und somit die Belastbarkeit der Marktdaten getroffen werden. Nur wenn eine sachlich und zeitlich unverzerrte Anpassung der Aktienkurse und somit auch der Aktienrenditen an (neue) ökonomische Rahmenbedingungen erfolgt, ist gewährleistet, dass der Zusammenhang zwischen den Schwankungen des Kurses der Aktie und den Schwankungen des Marktes zutreffend widergespiegelt wird.

133 In der Praxis besteht bisher kein eindeutiges Messkonzept für die Liquiditätsbeurteilung. Auch der Begriff der „Liquidität" einer Aktie ist nicht exakt definiert, jedoch nahe verwandt mit den Aspekten Fungibilität, Marktenge bzw. Markttiefe oder Marktbreite. Es ist daher nicht davon

---

119 Vgl. ausführlich zum Beobachtungszeitraum *Dörschell/Franken/Schulte*, Der Kapitalisierungszinssatz in der Unternehmensbewertung, 2. Auflage, S. 157 ff.

auszugehen, dass eine sachgerechte Einschätzung der Liquidität einer Aktie allein anhand einer spezifischen Kennzahl erfolgen kann.

Vor diesem Hintergrund bietet es sich an, als Liquiditätsmaß die Geld-Brief-Spanne (Bid-Ask-Spread), den Handelsumsatz sowie die Anzahl der Handelstage zu betrachten und hieraus abgeleitet auf den Grad der Liquidität abzustellen[120]. *134*

dd) Statistische Filterkriterien

Als statistische Filterkriterien werden in der Praxis regelmäßig das Bestimmtheitsmaß (R^2), der t-Test sowie der Standardfehler des Betafaktors herangezogen. *135*

Das Bestimmtheitsmaß (R^2) drückt den Anteil der durch die Marktrendite erklärten Streuung an der Gesamtstreuung der Aktienrenditen der betrachteten Aktie aus. Im Rahmen des Marktmodells zeigt das Bestimmtheitsmaß (R^2) den Anteil des systematischen Risikos am Gesamtrisiko der Aktie an. Sowohl niedrige als auch hohe Anteile des systematischen Risikos am Gesamtrisiko einer Aktie sind mit dem Marktmodell und dessen empirischer Umsetzung über eine Regressionsanalyse sowie mit dem CAPM vereinbar. *136*

Die Höhe des R^2 ist damit kein Kriterium für die Auswahl von Betafaktoren. Eine Verwendung als Kriterium wäre gleichbedeutend mit der – weder mit dem CAPM noch mit dem Marktmodell zu vereinbarenden – Aussage, der Betafaktor mit dem höchsten gemessenen Anteil des systematischen Risikos am Gesamtrisiko sei am belastbarsten[121]. *137*

Im Rahmen des t-Tests wird der ermittelte Betafaktor daraufhin geprüft, ob dieser signifikant von Null verschieden ist. Ein Betafaktor in Höhe von bzw. nahe Null würde den t-Test daher „nicht bestehen"; ein Betafaktor von Null würde bedeuten, dass das systematische Risiko der Aktie Null beträgt und die Aktienrendite ausschließlich durch nicht systematische Risiken erklärt würde. Ein systematisches Risiko von Null und damit ein Betafaktor von Null ist aber sowohl mit dem Marktmodell und dessen empirischer Umsetzung über eine Regressionsanalyse als auch mit dem CAPM vereinbar. Dem t-Test kommt damit keine Bedeutung für die Auswahl von Betafaktoren zu[122]. *138*

Im Ergebnis sind die häufig in der Praxis als statistische Filterkriterien herangezogenen Größen Bestimmtheitsmaß (R^2) und t-Test im Hinblick auf *139*

---

120 Vgl. ausführlich zu den Liquiditätskriterien *Dörschell/Franken/Schulte*, Der Kapitalisierungszinssatz in der Unternehmensbewertung, 2. Auflage, S. 167 ff.
121 Vgl. *Franken/Schulte*, Beurteilung der Eignung von Betafaktoren mittels R2 und t-Test: Ein Irrweg?, in: WPg, 2010, S. 1110–1118.
122 Vgl. *Franken/Schulte*, Beurteilung der Eignung von Betafaktoren mittels R2 und t-Test: Ein Irrweg?, in: WPg, 2010, S. 1110–1118.

die Belastbarkeit und damit auf die Prognoseeignung von historischen Betafaktoren grundsätzlich als nicht relevant einzustufen[123].

ee) Prognoseeignung der historischen Betafaktoren

140 Die historischen Betafaktoren spiegeln das zukünftige systematische Risiko repräsentativ wieder, wenn

– im betrachteten Beobachtungszeitraum keine Strukturbrüche vorliegen und

– der Kursverlauf nicht auf besonderen (Einmal-)Ereignisse, extremen Kursschwankungen oder etwaige Kursmanipulationen beruht.

141 Bei der Untersuchung, ob Strukturbrüche im Beobachtungszeitraum vorliegen, ist die bisherige Geschäftsentwicklung des betreffenden Unternehmens auf Veränderungen des Geschäftsmodells oder weitere wesentliche risikoverändernde Aspekte hin zu untersuchen[124]. Als Ausgangspunkt kann für diesen Zweck auch der Kursverlauf der Aktie, ggf. in Verbindung mit dem Verlauf des Referenzindexes, herangezogen werden. Der Kursverlauf ist schon allein vor dem Hintergrund, dass die aus den Kursen resultierenden Renditen die Grundlage für die Ermittlung von Betafaktoren sind, zu untersuchen. Extreme Kursschwankungen oder Kursverzerrungen aufgrund spekulativer Interessen oder wesentlicher Einmalereignisse können die Schätzung von Betafaktoren wesentlich beeinflussen. Die Plausibilisierung des Kursverlaufs für die betrachteten Unternehmen ist somit ein wesentlicher Schritt der Datenanalyse. So können makroökonomische Einflüsse wie jüngst die weltweite Finanzmarktkrise oder aber auch individuell für das Bewertungsobjekt relevante Ereignisse wie z. B. Gerichtsverfahren, Übernahmegerüchte oder die (gescheiterte) Markteinführung neuer Produkte die Entwicklung des Börsenkurses prägen und die Ermittlung eines prognosetauglichen Betafaktors unter Umständen erschweren. Eine Analyse auf Ausreißer bei der Kursentwicklung hin erscheint daher zwingend erforderlich[125].

ff) Adjustierung von Betafaktoren

142 Einige Bewertungsgutachter verwenden nicht die tatsächlich gemessenen historischen Betafaktoren, sondern sogenannte „Adjusted Betas".

143 Diese Adjustierung von Betafaktoren beruht darauf, dass man für vereinzelte Betafaktoren autoregressive Tendenzen festgestellt hat, die über zeitlich aufeinanderfolgende – nicht überlappende – Zeiträume untersucht wurden. Eine autoregressive Tendenz bewirkt, dass der Betafaktor einer Aktie in der Folgeperiode näher an einem Mittelwert liegt als

---

123 Vgl. *Franken/Schulte*, Beurteilung der Eignung von Betafaktoren mittels R2 und t-Test: Ein Irrweg?, in: WPg, 2010, S. 1110–1118.
124 *Dörschell/Franken/Schulte*, Der Kapitalisierungszinssatz in der Unternehmensbewertung, 2. Auflage, S. 183.
125 Vgl. auch IDW (Hrsg.), WP Handbuch 2008, Bd. II, Düsseldorf 2007, Rn. A 304.

in der vorangegangen Periode. Diese Feststellung führte zur Empfehlung verschiedener Autoren, die historischen Betafaktoren zu modifizieren, um die Prognosegüte der historischen Betafaktoren zu verbessern[126]. Bei einem Vergleich der technischen Anpassungsverfahren untereinander zeigt sich allerdings keines der Verfahren eindeutig überlegen[127].

Sofern in der (deutschen) Unternehmensbewertungspraxis eine Anpassung 144 des historischen Betafaktors zu Prognosezwecken auf Basis eines technischen Prognoseverfahrens durchgeführt wird, wird häufig auf eine Anpassung zurückgegriffen, die auf den grundsätzlichen Arbeiten von Blume beruht[128]. So können z.B. über Bloomberg sogenannte „Adjusted Betas" abgerufen werden, die im Ergebnis den Überlegungen von Blume folgen.

Blume untersuchte zur Prüfung der Vorhersagen von Betafaktoren die 145 Betafaktoren US-amerikanischer Aktien über einem Zeitraum von 1926 bis 1968. Dabei unterteilte er diesen Zeitraum in fünf 7-Jahreszeiträume.[129] Blume stellte – für die jeweiligen Zeiträume – die US-amerikanischen Aktien zu Portfolien von jeweils 100 Aktien zusammen und prüfte die Entwicklung der Portfolio-Betafaktoren in der darauffolgenden Periode (jeweils 7 Jahre). Dabei stellte er fest, dass die Portfolio-Betafaktoren in der folgenden Periode eine Tendenz hin zum Mittelwert aller Betafaktoren („grand mean") in Höhe von 1,00 zeigten[130].

Zur Berücksichtigung dieser autoregressiven Tendenz entwickelte Blume 146 eine Methode zur Modifikation historisch beobachteter Betafaktoren. Formal stellt sich die sog. Blume-Anpassung wie folgt dar:

$$\beta_1 = a + b \times \beta_2$$

mit

β_1 = zukünftiger Betafaktor

β_2 = historischer Betafaktor

---

[126] Vgl. z.B. *Blume*, Betas and Their Regression Tendencies, in: The Journal of Finance, Vol. 30, Nr. 3 (1975), S. 785–795; *Vasicek*, A Note on Using Cross-Sectional Information in Bayesian Estimation of Security Betas, in: Journal of Finance, Vol. 28, Nr. 5 (1973), S. 1233–1239; *Jähnchen*, Kapitalkosten von Versicherungsunternehmen, Freiburg 2009, S. 58.

[127] Vgl. *Jähnchen*, Kapitalkosten von Versicherungsunternehmen, Freiburg 2009, S. 61 und die dort genannten Quellen.

[128] Vgl. *Blume*, On the Assessment of Risk, in: The Journal of Finance, Vol. 26, Nr. 1 (1971), S. 1–10; *Blume*, Betas and Their Regression Tendencies, in: The Journal of Finance, Vol. 30, Nr. 3 (1975), S. 785–795; *Blume*, Betas and Their Regression Tendencies: Some Further Evidence, in: The Journal of Finance, Vol. 34, Nr. 1 (1979), S. 265–267.

[129] Vgl. *Blume*, On the Assessment of Risk, in: The Journal of Finance, Vol. 26, Nr. 1 (1971), S. 7 f.

[130] Dabei wurden nur solche Unternehmen berücksichtigt, die über beide Betrachtungszeiträume ein vollständiges Datenset aufwiesen.

147 Die Analyse von Blume führt dabei zu einem durchschnittlichen Faktor a in Höhe von 0,371 und zu einem durchschnittlichen Faktor b in Höhe von 0,635. In der Praxis (z. B. bei Bloomberg) wird häufig vereinfachend folgender Ansatz verwendet:

$$\beta_1 = \frac{1}{3} + \frac{2}{3} \times \beta_2$$

mit

ß$_1$ = zukünftiger Betafaktor

ß$_2$ = historischer Betafaktor

148 Diese Adjustierung der historischen Betafaktoren in Richtung eines Wertes in Höhe von 1,00 führt dazu, dass der prognostizierte Betafaktor umso deutlicher vom historischen Betafaktor abweicht (bzw. adjustiert wird), je deutlicher der historische Betafaktor (nach oben oder unten) von 1,00 abweicht. So ergibt sich bei einem Raw Betafaktor in Höhe von 0,40 ein Adjusted Beta in Höhe von 0,60 (= 1/3 + 2/3 × 0,40); dies entspricht einer Erhöhung um 0,20. Bei einem Raw Beta in Höhe von 0,80 ergibt sich ein Adjusted Beta in Höhe von 0,87 (= 1/3 + 2/3 × 0,80); dies entspricht einer Erhöhung um 0,07.

149 Für die Existenz der autoregressiven Tendenz ist bislang keine überzeugende ökonomische Begründung gefunden worden[131]. Die möglichen ökonomischen Begründungen von Blume[132] für die Regressionstendenz werfen eher neue Fragen auf, für die auch noch keine Antworten gefunden wurden. Derzeit kann vermutet werden, dass die autoregressive Tendenz der Betafaktoren lediglich ein statistisches, nicht aber ein ökonomisch begründbares Phänomen ist[133].

150 Die Untersuchungen von Blume sowie weitere empirische Untersuchungen zur Stabilität von Betafaktoren basieren jeweils auf einem ganz bestimmten Stichprobenumfang, einem ganz bestimmten Untersuchungszeitraum und einem ganz bestimmten Renditeintervall, die sich nicht unmittelbar auf andere, nicht in der Stichprobe enthaltene Einzelfälle übertragen lassen. So wird zum Beispiel durch die Auswahl eines kürzeren Renditeintervalls die Stabilität der Betafaktoren regelmäßig erhöht.

151 Eine pauschale Anpassung historischer Raw Betafaktoren auf Basis der von Blume/Bloomberg verwendeten Formel ist als nicht sachgerecht anzusehen:

---

131 Vgl. *Zimmermann*, Schätzung und Prognose von Betawerten, Bad Soden/Ts. 1997, S. 242.

132 Vgl. *Blume*, Betas and Their Regression Tendencies, in: The Journal of Finance, Vol. 30, Nr. 3 (1975), S. 795.

133 Vgl. auch *Zimmermann*, Schätzung und Prognose von Betawerten, Bad Soden/Ts. 1997, S. 243.

Eine pauschale Anpassung ohne theoretische ökonomische Fundierung und ohne Kenntnis der Auswirkungen der verwendeten Parameter (z. B. Renditeintervall und Schätzperiode) auf die Adjustierungsformel ist nicht sachgerecht. 152

Darüber hinaus liegen keine (allgemein anerkannten und übertragbaren) Untersuchungen zum Verhältnis von Adjustierung und Un- bzw. Relevern vor. Diese wären aber erforderlich, um aus historischen verschuldeten Betafaktoren unverschuldete Betafaktoren (Unlevern) und aus diesen für den Bewertungszeitraum wiederum verschuldete Betafaktoren (Relevern) zu ermitteln. 153

In der Praxis sind keine adjusted Betafaktoren zu verwenden. Sofern der Angemessenheitsprüfer trotzdem – fehlerhaft – auf eine Adjustierung nach Blume abgestellt hat, ist es Aufgabe des Gerichts für den Einzelfall konkret zu prüfen, ob die Entwicklung der Raw Betafaktoren der Gesellschaft im Zeitverlauf Hinweise für den von Blume/Bloomberg angenommenen Anpassungsprozess in Richtung eines Betafaktors in Höhe von 1,00 finden lassen oder nicht. Dazu sind die historischen Betafaktoren der Gesellschaft über einen möglichst langen Zeitraum zu erheben, um den Nachweis zu erbringen, dass sich die Entwicklung der historischen Betafaktoren gegen 1 darstellt. Weisen die beobachtbaren Betafaktoren etwa eine stabil sinkende oder steigende Tendenz auf oder ist ein stabiler Seitwärtstrend zu beobachten, steht dies im Widerspruch zu der Vorhersage der Blume/Bloomberg-Anpassungsregel, die einen grundsätzlichen Trend von Betafaktoren in Richtung eines Wertes von 1,00 postuliert. 154

gg) Ermittlung der unverschuldeten Betafaktoren

Die auf Basis von Kapitalmarktdaten abgeleiteten verschuldeten Betafaktoren reflektieren zunächst sowohl das operative Risiko der Unternehmen als auch das jeweilige Kapitalstrukturrisiko. Daher sind die am Markt beobachtbaren Betafaktoren („Raw Beta") um das jeweilige Kapitalstrukturrisiko zu bereinigen (so genanntes „Unlevern"). 155

Der resultierende unverschuldete Betafaktor des einzelnen Unternehmens („Unlevered Beta") reflektiert ausschließlich das operative Geschäftsrisiko. 156

Für das Unlevern der verschuldeten Betafaktoren ist davon auszugehen, dass Tax Shields unsicher sind (und dass ihr Risiko dem Risiko des gesamten operativen Geschäfts ($β^u_{EK}$) entspricht), so dass dementsprechend für das Unlevern der verschuldeten Betafaktoren die sogenannte „Praktiker-Formel" heranzuziehen ist[134]: 157

---

[134] Eine Übersicht der in der Praxis – neben der hier dargestellten Praktiker-Formel – verwendeten Formeln zum Un- bzw- Relevern ist in *Dörschell/Franken/Schulte*, Der Kapitalisierungszinssatz in der Unternehmensbewertung, 2. Aufl., S. 192 ff. dargestellt. Die Berücksichtigung des Ausfallrisikos des Fremdkapitals (Debt Beta) ist insbesondere dann vorzunehmen, wenn die künftige erwartete Kapitalstruktur von der Kapitalstruktur abweicht (evtl. Durchschnitt bei Ver-
(Fortsetzung der Fußnote auf Seite 412)

SpruchG § 11 Annex: Grundzüge der Unternehmensbewertung

$$\beta_{EK}^{u} = \frac{\beta_{EK}^{v}}{1 + \frac{FK_{M}}{EK_{M}}}$$

mit

β^{u}_{EK}: Betafaktor des unverschuldeten Unternehmens
β^{v}_{EK}: Betafaktor des verschuldeten Unternehmens
EK_{M}: Marktwert des Eigenkapitals
FK_{M}: Marktwert des Fremdkapitals

hh) Ableitung des Betafaktor auf Basis von Peer-Group Unternehmen

158 Die historischen Betafaktoren bilden das zukünftige inhärente Risiko des Bewertungsobjektes am präzisesten ab und sind deshalb stets vorrangig zu verwenden, wenn sie belastbar ermittelt werden können. Zudem gibt es kein Unternehmen, welches exakt die gleichen Risiken aufweist, wie das Bewertungsobjekt selbst. Auch dies spricht für einen vordergründigen Rückgriff auf die historischen raw Betas.

159 Die nachfolgende Übersicht zeigt die grundsätzliche Vorgehensweise bei der Prüfung, ob der eigene Betafaktor oder ausnahmsweise ein Peer Group-Betafaktor herangezogen werden kann[135]: *(siehe folgende Seite)*

160 Die Ableitung des künftigen systematischen Risikos des Bewertungsobjekts auf Basis des historischen Betafaktors des Bewertungsobjekts ist immer dann vorzunehmen, wenn der historische Betafaktor des Bewertungsobjekts verlässlich ermittelt und seine zeitliche Stabilität erwartet werden kann (Vergleichbarkeitsniveau I).

161 Auf die Ableitung des künftigen systematischen Risikos des Bewertungsobjekts auf Basis des (durchschnittlichen) historischen Betafaktors einer Peer Group kann nur dann zurückgegriffen werden,

– wenn der historische Betafaktor des Bewertungsobjekts nicht verlässlich ermittelt werden kann und

– wenn erwartet wird, dass der künftige Betafaktor des Bewertungsobjekts dem künftigen durchschnittlichen Betafaktor einer Peer Group entspricht und dieser über die durchschnittlichen historischen Betafaktoren der Peer Group verlässlich ermittelt werden kann[136].

---

gleichsunternehmen), die bei der Ermittlung des unverschuldeten Betafaktors herangezogen wurde. Im vorliegenden Fall sind wir entsprechend der Vorgehensweise des Sachverständigen und des Bewertungsgutachters vorgegangen und haben keine diesbezüglichen weiteren Analysen durchgeführt.

135 *Dörschell/Franken/Schulte*, Der Kapitalisierungszinssatz in der Unternehmensbewertung, 2. Aufl., S. 146.

136 *Dörschell/Franken/Schulte*, Der Kapitalisierungszinssatz in der Unternehmensbewertung, 2. Aufl., S. 146.

Annex: Grundzüge der Unternehmensbewertung §11 SpruchG

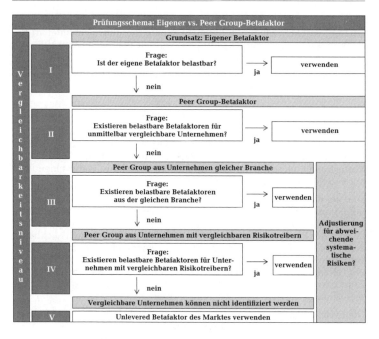

Für den Fall, dass der „eigene" Betafaktor des Bewertungsobjekts nicht 162
verlässlich ermittelt werden kann, stellt sich die Frage, ob belastbare Betafaktoren für unmittelbar vergleichbare Unternehmen existieren.
Dies sind Unternehmen, die hinsichtlich des Geschäftsmodells, der spezifischen Produktsegmente bzw. des Diversifikationsgrads und der Produktart, hinsichtlich der regionalen Abdeckung und ggf. auch hinsichtlich der Größe (Umsatz/Gewinn/Mitarbeiter) mit dem zu bewertenden Unternehmen vergleichbar sind (Vergleichbarkeitsniveau II).

Sofern keine Unternehmen auf Basis des Vergleichbarkeitsniveaus II 163
herangezogen werden können, ist auf eine abgeschwächte Form der Vergleichbarkeit abzustellen. In diesem Fall sollten die betreffenden Unternehmen zumindest im Hinblick auf die Branche bzw. die Produktart und die Beschaffungsmärkte vergleichbar sein (Vergleichbarkeitsniveau III).

Sofern auch dieses Vergleichbarkeitsniveau nicht erreicht werden kann, 164
sind Unternehmen heranzuziehen, die neben einem vergleichbaren Beschaffungsmarkt zumindest einer ähnlichen konjunkturellen Abhängigkeit ausgesetzt sind (vergleichbare Risikotreiber; Vergleichbarkeitsniveau IV).

SpruchG § 11 Annex: Grundzüge der Unternehmensbewertung

165 Sind auch auf dieser Basis keine vergleichbaren Unternehmen zu identifizieren, verbleibt allein die Möglichkeit, auf den (unverschuldeten) Betafaktor des Marktes zurückzugreifen (Vergleichbarkeitsniveau V)[137].

166 Auch bei der Ableitung der einzelnen Peer Group Betas sind die oben angesprochenen Parameter (Referenzindex, Beobachtungszeitraum und Renditeintervall) festzulegen.

ii) Wachstumsabschlag

167 In der Unternehmensbewertung ist das Wachstum der erwarteten zukünftigen Unternehmensergebnisse zu berücksichtigen[138]. In der Detailplanungsphase wird ein etwaiges Wachstum der Posten der Gewinn- und Verlustrechnung sowie der einzelnen Bilanzposten für die einzelnen Perioden in der Planungsrechnung berücksichtigt.

168 Der Wertbeitrag der finanziellen Überschüsse, die zeitlich nach der Detailplanungsphase anfallen, wird im Rahmen der Bewertung vereinfachend über den Barwert einer ewigen Rente erfasst. In der ewigen Rente ist in der Ertragswertformel zunächst das erwartungsgemäß nachhaltig erzielbare Ergebnis anzusetzen. Ist davon auszugehen, dass das zu bewertende Unternehmen in der Lage ist, seine Ergebnisse in der Zeit nach der Detailplanungsphase nachhaltig zu steigern, kann das entsprechende Ergebniswachstum finanzmathematisch über einen Abschlag auf den Kapitalisierungszinssatz berücksichtigt werden[139].

169 Die finanziellen Überschüsse werden grundsätzlich durch Preisänderungen (Inflation) beeinflusst. Zu erwartende Preissteigerungen werden bei der Unternehmensbewertung regelmäßig im Rahmen einer Nominalrechnung berücksichtigt. Finanzielle Überschüsse und Kapitalisierungszinssatz sind in einer Nominalrechnung einschließlich erwarteter Preissteigerungen zu veranschlagen.

170 Es kann davon ausgegangen werden, dass die Kapitalmarktrendite einen Ausgleich für die Geldentwertung/Inflation enthält. Der in der Kapitalmarktrendite enthaltene Inflationsausgleich folgt mittelfristig weitgehend der Entwicklung der Inflationsrate. Ebenso enthält der landesübliche risikofreie Zinssatz, der bei der Ermittlung eines objektivierten Unternehmenswerts einen Bestandteil des Kapitalisierungszinssatzes darstellt, eine Geldentwertungsprämie und ist damit eine Nominalgröße).

---

137 *Dörschell/Franken/Schulte*, Der Kapitalisierungszinssatz in der Unternehmensbewertung, 2. Auflage, S. 147.
138 IDW S 1 i. d. F. 2008, Tz. 94 ff.
139 IDW S 1 i. d. F. 2008, Tz. 98. Diese Fassung enthält darüber hinaus den Hinweis, dass zur Ermittlung des Wachstums der Posten der Gewinn- und Verlustrechnung und der Bilanz für die Zeit nach der Detailplanungsphase eine eingehende Analyse auf der Basis langfristig zu prognostizierender Wachstumstrends und die Berücksichtigung der damit verbundenen Investitionserfordernisse notwendig ist (IDW S 1 i. d. F. 2008, Tz. 97).

Das Wachstum der Unternehmensgewinne muss hingegen nicht mit der 171 Inflationsrate wachsen. Die Entwicklung von Unternehmensgewinnen hängt insbesondere von der Marktsituation sowie der internen Kostenentwicklung ab. Kostensteigerungen können zum einen z. B. durch Rationalisierungsmaßnahmen aufgefangen oder bei geeigneter Marktposition an die Kunden weitergegeben werden; sie können andererseits aber auch zu Gewinneinbußen führen, wenn der Markt die Weitergabe nicht ermöglicht und Maßnahmen zur Kostenreduzierung nicht ersichtlich sind.

Es ist deshalb nicht ohne weiteres davon auszugehen, dass Unternehmensgewinne automatisch mit der Geldentwertungsrate wachsen, so dass 172 die erwartete Inflation 1:1 abgebildet werden kann. Dennoch ist grundsätzlich damit zu rechnen, dass ein Unternehmen nachhaltig in der Lage ist, Effekte der allgemeinen Preissteigerung zumindest weitestgehend an seine Abnehmer weitergeben kann, insofern nicht durch eine detaillierte Vergangenheitsanalyse eine niedrigere Abwälzungsrate nachgewiesen werden kann, die auch für die Zukunft zu erwarten ist.

Neben den inflationsinduzierten Preissteigerungen können auch Mengen- und Strukturveränderungen (Absatzausweitungen oder -einbrüche, 173 Kosteneinsparungen) Ursachen für Veränderungen der nominalen finanziellen Überschüsse sein[140].

Die Entwicklung des nachhaltigen nominalen Ergebnisses ist damit in jedem Einzelfall hinsichtlich seiner beiden Determinanten „Inflation" und 174 „Realentwicklung" zu analysieren – jeweils unter Berücksichtigung der für die dabei angenommene Wachstum notwendigen (betriebswirtschaftlichen) Investitionen.

Grob irreführend ist es, wenn – wie derzeit fälschlicherweise häufig im Rahmen von Unternehmensbewertungen praktiziert – das wertneutrale 175 Wachstum der fiktiven Wachstumsthesaurierung mit dem wertsteigernden Wachstums, z. B. aus Kapazitätsoptimierungen gleichgesetzt wird. Ein Wachstumsabschlag etwa von 1,0 Prozent soll demnach etwa einem Wachstum von 3,5 % gleichkommen. Das aus der fiktiven Wachstumsrate resultierende Wachstum ist ökonomisch bedeutungslos und nicht zu berücksichtigen. Leider folgen manche Gerichte dennoch in Unwissenheit diesem „Taschenspielertrick" versierter Gutachter[141].

Zwar lässt sich die angesetzte fiktive Thesaurierung in eine erhöhte nachhaltige Wachstumsrate für die ewige Rente umrechnen, die auch über 176 den Wachstumserwartungen für die Märkte des zu bewertenden Unternehmens liegen kann. Daraus lässt sich aber nicht die Schlussfolgerung ziehen, dass das gesamte Unternehmenswert-Potential aus diesem erwarteten Marktwachstum bereits in der Bewertung enthalten ist und den Ansatz eines zu niedrigen Wachstumsabschlages von z. B. 1 Prozent rechtfertigen könnte.

---

140 IDW S 1 i. d. F. 2008, Tz. 95.
141 So beispielsweise zuletzt fehlerhaft LG München, Beschluss vom 31.07.2015, 5HK O 16371/17 (MAN).

177 Das wertsteigernde Potential des möglichen Wachstums wird durch die fiktive Thesaurierung eben nicht erfasst. Die häufig von Bewertungsgutachtern suggerierte Schlussfolgerung, das von ihr testierte Bewertungskalkül würde die Wertauswirkungen einer hohen Gesamtwachstumsrate abbilden, ist somit falsch. Sie enthält nur die Wertauswirkungen der tatsächlich angesetzten Wachstumsrate. Für das diese Wachstumsrate übersteigende Wachstum wird im Bewertungskalkül die Prämisse der (Kapital-)Wertneutralität gesetzt. Dieses Wachstum läuft somit wertmäßig ins Leere. Mit anderen Worten: Das Gleichstellen der aus den fiktiven Thesaurierungen ermittelten fiktiven Wachstumsrate mit dem erwarteten Wachstumspotenzial ist zwar mathematisch zulässig, wenn die Kapitalwertneutralität des Wachstums unterstellt werden kann. Die Höhe des sich dann mathematisch ergebenden Wachstums ist aber ökonomisch bedeutungslos, da das entsprechende Wachstum „wertlos" ist[142].

178 Im WP Handbuch finden sich dazu folgende Formulierungen:

„Unter der Annahme des eingeschwungenen Zustands in der ewigen Rente, in dem das Bewertungsobjekt die eigene Risiko- und Finanzierungsstruktur reflektierenden Kapitalkosten nachhaltig verdient, korrespondieren die künftig rein operativ wachsenden Ausschüttungen direkt mit dem Wertbeitrag aus den Thesaurierungen…[143]"

179 Die aus den (aus steuerlichen Gründen angesetzten) pauschalen Thesaurierungen umgerechneten Wachstumsraten stellen somit gerade kein operatives wertsteigerndes Wachstum dar. Solche Umrechnungen – insbesondere ohne transparente Darstellung der Prämissen – sind irreführend und nicht sachgerecht.

VII. Börsenpreis als Bewertungsgrundlage

1. Historische Entwicklung

180 An der Börse bestimmen die Marktteilnehmer durch Angebot und Nachfrage den Börsenkurs der gehandelten Aktie. Der Börsenkurs darf nicht mit dem Wert der Gesellschaft verwechselt werden. An der Börse werden keine Werte für Gesellschaften gehandelt, sondern Preise für einzelne Aktien bestimmt, die selbst bei DAX-Werten im Tagesverlauf um bis zu 10 % und mehr schwanken können. Die Preise, die für die jeweils gehandelten Aktien gezahlt werden, sind – neben den Informationen, die den Kapitalmarktteilnehmern vom Unternehmen freiwillig mitgeteilt werden – insbesondere von dem Verlauf der makroökonomischen Rahmenbedingungen abhängig, wie z. B. die Lehmann-, Ukraine- oder Griechenlandkrise exemplarisch belegen.

---

142 So explizit IVC im Gutachten in Sachen MAN.
143 WP Handbuch Band II, Rn. A 388.

Es stellt sich deswegen die berechtigte Frage, ob überhaupt und falls ja, *181*
in welchem Umfang der Börsenkurs bei der Festlegung einer angemessenen Kompensationsleistung zu berücksichtigen ist.

Die Gerichte und die wohl h. M. in der bisherigen Literatur haben es *182*
in jahrzehntelanger Rechtsprechung bis zum Ende der 1990er Jahre schlichtweg abgelehnt, auf den Börsenkurs als Bewertungsgrundlage bei der Berechnung des Unternehmenswertes abzustellen[144]. Zur Begründung wurde regelmäßig angeführt, dass der Börsenkurs von einer Vielzahl nicht wertbezogener Faktoren (zufallsbedingten Umsätzen, spekulativen Einflüssen, politischen Ereignissen, allgemeinen Tendenzen etc.) abhänge und den Unternehmenswert nicht einmal im Ansatz zuverlässig wiedergebe[145]. Es bestünde deshalb kein unmittelbarer Zusammenhang zwischen dem Wert einzelner Aktien und dem Wert des Unternehmens[146]. Konsequenz dieser Sichtweise war, dass eine Unternehmensbewertung durch Sachverständige auch dann die Bewertungsgrundlage für die Angemessenheit der Leistung an die Aktionäre bildete, wenn der so ermittelte Unternehmenswert niedriger ist als der Börsenkurs war. Die Aktionäre hätten dann (theoretisch) über einen Verkauf ihrer Anteile an der Börse mehr Geld erzielen können, als ihnen im Rahmen der rechtlichen Überprüfung der Angemessenheit der Kompensationsleistung im Spruchverfahren zugebilligt wird.

Entgegengesetzt hierzu gibt es in der Literatur auch die Auffassung, dass *183*
unabhängig von den zukünftigen Entwicklungsmöglichkeiten grundsätzlich allein der Börsenkurs für die Ableitung der Kompensationsleistung maßgeblich sein soll, d. h. eine gesonderte betriebswirtschaftliche Unternehmensbewertung anhand der Ertragswertmethode soll auch dann ausscheiden, wenn sich eine höhere Bewertung der Aktien durch das Sachverständigengutachten erwarten lässt[147]. Die Argumente für diese Sichtweise sind mannigfaltig: Unter Berufung auf marktwirtschaftliche Unternehmensbewertungskriterien wird hervorgehoben, dass der Wert des in der Aktie verkörperten Anteilseigentums börsentäglich gemäß den

---

144 BGH, AG 1967, 264; BGHZ 71, 40, 51; OLG Düsseldorf, WM 1984, 732, 733; OLG Düsseldorf, AG 1995, 85, 86; OLG Celle, DB 1998, 2006; *Adolff*, in: Fleischer/Hüttemann, Rechtshandbuch Unternehmensbewertung, § 16 Rn. 17 ff.; *Dielmann/König*, AG 1984, 57, 65 m. w. N. in FN 146; *Marsch-Barner*, in: Kallmeyer UmwG, § 8 Rn. 14; *Gessler*, in: G/H/E/K, § 305 Rn. 34; ähnlich zuletzt noch *Riegger*, DB 1999, 1889, 1890; *Martens*, FS Bezzenberger, S. 271 FN 12, *Piltz*, Unternehmensbewertung, S. 225 FN 466, 468; sowie *Ammon*, FGPrax 1998, 121 ff.
145 BGH, AG 1967, 264; OLG Düsseldorf, AG 1995, 85, 96; OLG Celle, AG 1999, 128, 129; BayObLG, AG 1996, 127, 128; *Dielmann/König*, AG 1984, 57, 65.
146 OLG Celle, AG 1999, 128, 129.
147 *So etwa Emmerich*, in: Emmerich/Habersack, Aktien- und GmbH Konzernrecht, § 305 Rn. 42 ff.; *Luttermann*, ZIP 1999, 45, 47 ff.; *ders.*, AG 2000, 459, 461 f.; *Busse von Colbe*, FS Lutter, S. 1064 f.; *Steinhauer*, AG 1999, 299, 306 f.; *Aha*, AG 1997, 26, 27 f.; *Götz*, DB 1996, 259 ff.; *Rodloff*, DB 1999, 1149 ff.; *Kübler*, ZBB 1993, 1, 5; *Kübler/Mendelson/Mundheim*, AG 1990, 461, 466; *Stilz*, ZGR 2001, 875, 892 f.; *Ammon*, FGPrax 1998, 121 ff.; *Wenger*, ZIP 1993, 321, 329.

SpruchG § 11 Annex: Grundzüge der Unternehmensbewertung

Regeln der Börse bestimmt wird. Es sei deswegen der Sache nach sinnwidrig, gerade in Bewertungsfragen nicht auf den Börsenkurs abzustellen, obwohl eine Marktbewertung durch die Preisbildung an den Börsen existiert[148].

184 Die jüngste Rechtsprechung hat auf die Kritik an der bisherigen Rechtsprechung reagiert und ist von der strikten Nichtberücksichtigung des Börsenkurses bei der Bewertung von Unternehmen abgerückt[149]. In der grundlegenden DAT/Altana Entscheidung vom 27.04.1999 hat das BVerfG festgehalten, dass es mit Art. 14 Abs. 1 GG unvereinbar sei, wenn bei der Bestimmung der Abfindung oder des Ausgleichs für außenstehende oder ausgeschiedene Aktionäre bei Beherrschungs- und Gewinnabführungsverträgen und bei der Mehrheitseingliederung der Börsenkurs der Aktien außer Betracht bleibt[150].

185 Vor allem bei der börsennotierten Aktiengesellschaft sei das Aktieneigentum durch seine Verkehrsfähigkeit geprägt. Deswegen dürfe die nach Art. 14 GG erforderliche „volle" Entschädigung nicht unter dem Verkehrswert der Aktie, der im Regelfall mit dem Börsenwert identisch sei, liegen. Im aktienrechtlichen Spruchverfahren könne demzufolge keine Barabfindung festgesetzt werden, die niedriger ist als der Börsenkurs. Sonst erhielten die Minderheitsaktionäre für ihre Aktien weniger, als sie ohne die zur Entschädigung verpflichtende Intervention des Mehrheitsaktionärs bei einem Verkauf erlöst hätten.

186 Das Gebot, bei der Bestimmung des Unternehmenswertes den Börsenkurs als Untergrenze zu berücksichtigen, bedeute aber nicht, dass er stets allein maßgeblich sein müsse. Überschreitungen seien verfassungsrechtlich unbedenklich. Auch Unterschreitungen des Börsenkurses seien ausnahmsweise dann zulässig, wenn der Börsenkurs nicht dem Verkehrswert der Aktie entspricht, etwa weil längere Zeit praktisch kein Handel mit den Aktien der Gesellschaft stattgefunden hat. Soweit die Abfindung durch Aktien der Obergesellschaft erfolge, seien die dargestellten Grundsätze maßgeblich, soweit es um eine Bewertung des Unternehmens

---

148 Dies betonen beispielsweise *Luttermann*, ZIP 1999, 45, 47; *Steinhauer*, AG 1999, 299, 302 ff.; *Aha*, AG 1997, 26, 27 f.; *Schwark*, FS Claussen, S. 365; *Wenger*, ZIP 1993, 321, 329; *Götz*, DB 1996, 259, 260 („Im ökonomischen Ausgangsbefund müßte es in einem Land mit entwickeltem Kapitalmarkt als empörend empfunden werden, daß der Markt in Eigentumstiteln ... mit der angemessenen Bewertung des Eigentums auch nicht entfernt irgendetwas zu tun haben soll.").

149 BVerfGE 100, 289, 307 ff. (DAT/Altana); hierzu *Piltz*, ZGR 2001, 185 ff.; *Wilken*, ZIP 1999, 1443 f.; *Busse von Colbe*, FS Lutter, S. 1053 ff.; *Rodloff*, DB 1999, 1149 ff.; *Neye*, EWiR 1999, 751 f.; *Erb*, DB 2001, 523 ff.; *Vetter*, AG 1999, 569 ff.; *Hüttemann*, ZGR 2001, 454, 456 ff.; *Riegger*, DB 1999, 1889 ff., BVerfG, ZIP 1999, 1804, 1805 (Hartmann & Braun); hierzu *Vetter*, ZIP 2000, 561 ff.; BGHZ 147, 108, 109 ff. (DAT/Altana) hierzu *Luttermann*, ZIP 2001, 869 ff.; *Bungert*, DB 2001, 1163 ff.; *Stilz*, ZGR 2001, 876 ff. (mit einem Überblick über nachfolgende Entscheidungen); *Reuter*, DB 2001, 2483 ff.; BayObLG, ZIP 1998, 1872, 1875 f. (März/EKU); hierzu *Luttermann*, EWiR 1998, 965.

150 BVerfGE 100, 289, 307 ff.

der abhängigen Gesellschaft gehe, d. h. im Rahmen der Verschmelzungswertrelation, sei der Börsenkurs der Untergesellschaft grundsätzlich als Untergrenze der Bewertung heranzuziehen. Auf der anderen Seite sei es verfassungsrechtlich nicht geboten, einen etwa existierenden Börsenkurs der Obergesellschaft als Höchstgrenze der Bewertung dieser Gesellschaft heranzuziehen. Denn Art. 14 Abs. 1 GG vermittele keinen Anspruch des abfindungsberechtigten Minderheitsaktionärs darauf, Aktien der Obergesellschaft zu (höchstens) dem Börsenkurs zu erhalten. Die Umsetzung der verfassungsgerichtlichen Vorgaben überließ das BVerfG ausdrücklich den Zivilgerichten[151].

Der BGH hat die verfassungsgerichtlichen Vorgaben jüngst umgesetzt[152]. *187* Seiner Ansicht nach ist im Ausgangspunkt der höhere Wert von Börsenwert oder vollem Wert, den er in diesem Zusammenhang erstmals als Schätzwert bezeichnet, zu verwenden, so dass der Börsenwert die Untergrenze der Bewertung bildet[153]. Für die Praxis der Unternehmensbewertung bedeutet dies, dass neben dem bereits vorhandenen Börsenkurs fast immer auch eine Unternehmensbewertung durchzuführen ist[154]. Nur so kann sichergestellt werden, dass der jeweils höhere Wert als Berechnungsgrundlage berücksichtigt wird[155]. Lediglich, wenn offensichtlich ist, dass der volle Unternehmenswert unter dem Börsenkurs der Aktien liegt, wird man auf eine umfangreiche Unternehmensbewertung verzichten können[156].

2. Börsenkurs ausschließlich Wertuntergrenze/Alleiniges Abstellen auf den Börsenkurs unzulässig

Richtigerweise bildet der Börsenkurs ausschließlich die Wertuntergrenze *188* der anzubietenden Barabfindung, vor dem Hintergrund des reinen Deinvestitionsgedankens. Der Aktionär soll mindestens das erhalten, was er – eine freiwillige Deinvestition vorausgesetzt – mindestens an der Börse hätte erzielen können. Welche Referenzperiode mit Blick auf die Bemessung hierbei zu berücksichtigen ist, sollte vom Einzelfall abhängen. Der BGH erachtet einen Zeitraum von 3 Monaten vor Ankündigung der Maßnahme in der Regel als geeigneten Ausgangspunkt an[157].

Eine weitere Bedeutung hat der Börsenkurs nicht. Spätestens seit Ein- *189* führung der neuen Delisting Regelungen dürften keinerlei Zweifel dar-

---

151 BVerfGE 100, 289, 310.
152 BGHZ 147, 108, 109 ff. (DAT/Altana); hierzu *Luttermann*, ZIP 2001, 869 ff.; *Bungert*, DB 2001, 1163 ff.; *Stilz*, ZGR 2001, 876 ff.; *Reuter*, DB 2001, 2483 ff.; *Vetter*, DB 2001, 1347 ff.
153 BGHZ 147, 108, 115 ff.
154 Vgl. *Hüffer*, Aktiengesetz, § 305 Rn. 20 d, 24 c.
155 Kritisch hierzu *Piltz*, ZGR 2001, 185, 195 f. m. w. N.; *Luttermann*, ZIP 2001, 869, 871; *Hüttemann*, ZGR 2001, 454, 465 f.; *Stilz*, ZGR 2001, 874, 893 („Doppelarbeit").
156 Vgl. *Wilm*, NZG 2000, 234, 239.
157 BGHZ 186, 229 ff. (Stollwerck).

SpruchG § 11 Annex: Grundzüge der Unternehmensbewertung

an mehr bestehen, dass auch der Gesetzgeber davon ausgeht, dass der Börsenkurs (a) weder eine Bewertungsmethode ist, noch (b) dass auf eine Berechnung des Abfindungszahlung ohne Unternehmensbewertung verzichtet werden kann.

So stellt der Gesetzgeber explizit heraus[158]:

„Gleichzeitig ist eine prinzipielle Berechnung der Abfindung auf Grundlage des Börsenkurses vor dem Hintergrund sachgerecht, dass durch ein Delisting lediglich die leichtere Handelbarkeit der Aktie beeinträchtigt wird, die Mitgliedschaft der Aktionäre als solche aber nicht berührt wird (BVerfG, Urteil vom 11. Juli 2012, 1 BvR 3242/07, 1 BvR 1569/08). Aus diesem Grund erscheint eine Berechnung der zu leistenden Abfindung anhand einer Unternehmensbewertung anders als in den Fällen der Umwandlung (§ 29 des Umwandlungsgesetzes) oder des Squeeze-outs (§ 327b des Aktiengesetzes) im Grundsatz weder geboten noch systemgerecht."

190 Orientieren Gerichte demzufolge die Höhe der Barabfindung trotz höherer Ertragswerte ausschließlich an den niedrigeren Börsenkurs, verstoßen sie gegen den ausdrücklichen gesetzlichen Willen. Dies sogar in mehrfacher Weise: Sie setzen fälschlicherweise den Börsenkurs mit einer anerkannten Bewertungsmethode gleich, was sachwidrig ist. Sie verzichten im gleichen Zuge auf eine Unternehmensbewertung und reduzieren den Anlegerschutz auf das reine Deinvestitionsinteresse. Dies ist dann noch verständlich, wenn der Aktionär wie beim Delisting oder bei einer Übernahme selbst frei entscheiden kann, ob er z. B. die Aktien wegen der zukünftig geringeren Handelbarkeit zum Börsenkurs abgeben möchte oder er bereit ist, das Angebot des Übernehmers anzunehmen. Tut er es nicht, behält er alle aus dem Aktieneigentum resultierenden Rechte. Entscheidet sich der Anleger z. B. beim Delisting gegen die Barabfindung bleibt er weiterhin Aktionär mit allen Mitgliedschafts- und Vermögensrechten. Vertretbar ist es vor diesem Hintergrund, den Aktionär nur vor dem zu schützen, was ihm im Fall des Delisting an Einbuße droht, nämlich dem Entzug der freien Handelbarkeit an der Börse.

191 Das bloße Abstellen auf das reine Deinvestitionsinteresse macht aber beispielsweise dann keinen Sinn, wenn der Aktionär kraft Mehrheitsbeschluss des Hauptaktionärs dazu gezwungen wird seine Aktie auf den Hauptaktionär zu übertragen (Squeeze Out), eine Aktie eines völlig anderen Unternehmens erhält (Verschmelzungsfälle) oder er zukünftig Aktionär eines fremdbeherrschten Unternehmens (Beherrschungs- und Gewinnabführungsvertrag) ist. In all diesen Fällen (gesellschaftsrechtliche Strukturmaßnahmen) wird die Mitgliedschaft des Aktionärs als solche berührt, so dass er umfassend, also eine wirtschaftliche volle Entschädigung erhalten muss. Ihm wird schließlich die wirtschaftliche Partizipation an der zukünftigen Entwicklung des Unternehmens unfreiwillig und dauerhaft genommen. Es wird unmittelbar in seine Mitgliedschafts- und Ver-

---

158 Bundestags-Drs. 18/5010.

mögensrechte eingegriffen, so dass er vollumfänglich zu schützen ist. Auf eine Ertragsbewertung kann demnach nicht verzichtet werden.

Es ist auch für den Laien aus ökonomischer Sicht recht einfach und eigentlich auf den ersten Blick sofort zu verstehen, warum ein ausschließliches Abstellen auf den Börsenkurs – abgesehen von Zufällen – keine volle wirtschaftliche Entschädigung darstellen kann: Die entscheidenden wertbildenden Faktoren, werden dem Kapitalmarkt nämlich überhaupt nicht mitgeteilt, so dass Preise an der Börse bereits aus diesem Grund grundsätzlich ungeeignet sind. Dies betrifft insbesondere die internen und meist streng geheimen Prognosen der Zukunftserträge, die erst im Rahmen der gutachterlichen Bewertung erstmals dem Aktionär mittels der Bewertungsgutachten zur Verfügung gestellt werden. Wie soll der Börsenkurs einen angemessenen Wert widerspiegeln können, wenn die wesentlichsten wertbildenden Informationen, nämlich die geplanten Zukunftserträge, überhaupt nicht vollumfänglich dem Kapitalmarkt kommuniziert werden müssen?

Der Börsenkurs könnte nur dann aussagekräftig sein, wenn ein sog. vollkommen effizienter Markt vorliegt. Dies würde erfordern, dass sämtliche zur Verfügung stehenden Unternehmensinformationen allen Marktteilnehmern zum gleichen Zeitpunkt zur Verfügung stehen würden und jeder Akteur ohne Verzögerung, also mit unendlicher Reaktionsgeschwindigkeit, unverzüglich handeln könnte. Ein derart vollkommener Markt existiert nicht. Preisfindungen an Börsen werden dem auch nicht annähernd gerecht, da die wesentlichen wertbildenden Informationen nicht kommuniziert werden. Selbst im Rahmen von Bewertungsgutachten werden viele wertbildenden Informationen aus Geheimhaltungsgründen nicht offengelegt.

Die nachfolgende Abbildung verdeutlicht die verzerrenden Einflüsse im Preisbildungsprozess[159]:

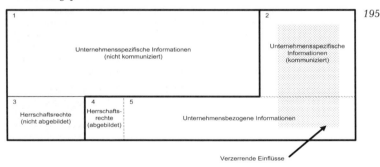

In die Börsenpreisbildung fließen grundsätzlich unternehmensspezifische und unternehmensbezogene Informationen (durch die Marktteilnehmer

---

159 Siehe hierzu nur *Schulte/Köller/Luksch*, WPg 2012, 380, 389.

verdichtet zu einer Erwartung über einen Unternehmenswert) und die Erwartungen über die Verteilung und den Wert der Herrschaftsrechte ein – außerdem können im Preisbildungsprozess wertirrelevante Verzerrungen wirken. Eine normkonforme Börsenpreisbildung erfordert den Einbezug aller Informationen sowie die Abbildung aller Herrschaftsrechte, ohne dass dabei wertirrelevante Verzerrungen auftreten. Tatsächlich fließen in den Börsenkurs neben den unternehmensbezogenen nur die kommunizierten unternehmensspezifischen Informationen (Felder 2 und 5) sowie ein Teil der Herrschaftsrechte (Feld 4) ein – insbesondere der überwiegende Teil der wertrelevanten unternehmensspezifischen Informationen, wie z. B. die internen Planungsprognosen, wird im Börsenkurs nicht abgebildet (Feld 1). Zusätzlich wird der Preisbildungsprozess von wertirrelevanten Verzerrungen überlagert.

197 Diese Grafik spricht für sich: Wesentliche wertbildende Informationen werden bei der Börsenkurspreisbildung nicht berücksichtigt, so dass der Börsenkurs keine volle wirtschaftliche Entschädigung je Aktie widerspiegeln kann. Unternehmensbewertungen sind unverzichtbar.

3. Einzelfragen zur Berücksichtigung von Börsenpreisen

198 Für die Praxis der Unternehmensbewertung gilt derzeit folgendes: Im Rahmen von Kompensationsleistungen im Zusammenhang mit Strukturmaßnahmen bildet der Börsenkurs bei der Bewertung der Untergesellschaft regelmäßig die Wertuntergrenze. Ist der aufgrund eines Sachverständigengutachtens ermittelte anteilige volle Wert höher als der Aktienkurs, so ist der gutachterliche Wert allein maßgeblich.

199 Fraglich ist, ob die neuen Bewertungsgrundsätze (Börsenkurs als Wertuntergrenze) auch dann gelten können, wenn zur Bestimmung der Angemessenheit der Kompensationsleistung eine Bewertung beider beteiligten Unternehmen und somit eine Verschmelzungswertrelation erforderlich ist. Der BGH stellt auch bei Konzernierungsmaßnahmen auf den Börsenkurs ab. Eine Abweichung nach oben, d. h. eine über den Börsenkurs der Obergesellschaft liegende Unternehmensbewertung, sei nur ausnahmsweise möglich, beispielsweise bei auf Basis der Börsenindizes nachgewiesener schlechter Verfassung der Kapitalmärkte[160].

200 Dem kann so nicht gefolgt werden: Ebenso wie bei der Untergesellschaft bildet der Börsenkurs der Obergesellschaft nur die Wertuntergrenze. Liegt der volle Wert darüber, ist es nicht gerechtfertigt, hier eine andere Bewertungsmethodik als bei der Bewertung der Untergesellschaft anzuwenden[161]. Dies bedeutet, dass der auf Grundlage einer Unternehmensbewertung ermittelte volle Wert nicht erst dann für die Bestimmung der Verschmelzungswertrelation maßgeblich ist, wenn die Kapitalmärkte in einer schlechten Verfassung sind. Der volle Wert des Unterneh-

---

160 Vgl. BGHZ 147, 108, 121 f.
161 Zutreffend daher *Bungert*, BB 2001, 1163.

mens kann auch bei tendenziell hohen Aktienkursen über der Bepreisung an der Börse liegen. Eine andere Sichtweise würde die Aktionäre der Obergesellschaft gegenüber den Aktionären der Untergesellschaft benachteiligen. Denn spiegelverkehrt betrachtet belastet ein zu hohes Umtauschverhältnis den Wert ihrer Aktien. Das BVerfG hat dies implizit berücksichtigt, wenn es den Hinweis gibt, dass der Börsenkurs der Obergesellschaft aus verfassungsrechtlicher Sicht nicht als Obergrenze fungiert[162].

Es ist auch möglich, dass für die Obergesellschaft der höhere Börsenkurs und für die Untergesellschaft der höhere Ertragswert als Bewertungsgrundlage für die Verschmelzungswertrelation zu Grunde gelegt werden und umgekehrt[163]. Eine solche Verschmelzungswertrelation ist nicht deshalb unzutreffend, weil einerseits eine anerkannte Bewertungsmethode und andererseits der Börsenkurs (also keine Bewertungsmethode sondern das Ergebnis eines Preisfindungprozesses für die einzelne Aktie) als Wertuntergrenze herangezogen wird[164]. Dass für ein Unternehmen die anerkannte DCF-Methode den Unternehmenswert plausibler darzustellen vermag, bedeutet nicht, dass dies auch für die davon unabhängige Bewertung des anderen Unternehmens gilt, wenn der Börsenkurs diesen Wert übersteigt. Es kommt allein auf die plausible Ermittlung des Ergebnisses im zu bewertenden Einzelfall an. Nicht die Methode der Bewertung des Unternehmenswertes steht im Vordergrund, sondern die Suche nach einem angemessenen Umtauschverhältnis[165]. Darüber hinaus würde die Forderung nach einer Symmetrie der Berechnungsmethoden den notwendigen vermögensrechtlichen Schutz aller an der Strukturmaßnahme beteiligten Aktionäre unterlaufen. Dies wird nicht zuletzt deutlich, wenn in der Obergesellschaft im Unterschied zur eingegliederten Untergesellschaft keine Börsennotierung besteht. Es würde den Minderheitenschutz der Aktionäre der Untergesellschaft in elementarer Weise beeinträchtigen, wenn – wegen der fehlenden Börsennotierung der Obergesellschaft – auch für diese Aktionäre auf einen möglicherweise niedrigeren Ertragswert statt auf den höheren Börsenkurs zurückzugreifen wäre. Auf eine Symmetrie der Methodik kann es also nicht ankommen. *201*

Ein Rückgriff auf den Börsenkurs als Wertuntergrenze scheidet aus, wenn er den Verkehrswert der Aktie nicht widerspiegelt und deshalb zur Wertbestimmung nicht aussagefähig ist[166]. *202*

---

162 Vgl. BVerfGE 100, 289, 310; BVerfG, ZIP 1999, 1804, 1806.
163 Zutreffend daher *Wilm*, NZG 2000, 234, 239; *Reuter*, DB 2001, 2483, 2487.
164 So aber *Hüffer*, Aktiengesetz, § 305 Rn. 47; *Bungert*, BB 2001, 1163 f.; *Piltz*, ZGR 2001, 185, 213; *Hüttemann*, ZGR 2001, 454, 464; *Sinewe*, NZG 2002, 314, 317 FN 44; („In anderen Fällen, in denen auf der einen Seite ein Börsenwert, auf der anderen Seite ein außerbörslicher Wert steht, würden Äpfel mit Birnen verglichen werden").
165 *Weiler/Meyer*, ZIP 2001, 2153, 2155.
166 Vgl. BVerfGE 100, 289, 309; BGHZ 147, 108, 116.

Dies ist der Fall, wenn

- der Börsenkurs aufgrund mangelnder Liquidität einer Aktie kein hinreichendes Indiz für den realisierbaren Verkehrswert darstellt,
- über einen längeren Zeitraum mit Aktien der Gesellschaft praktisch keine Handelsumsätze stattgefunden haben,
- aufgrund einer Marktenge der einzelne Aktionär nicht in der Lage ist, seine Aktien zum Börsenpreis zu verkaufen,
- der Börsenpreis – beispielsweise durch Insidergeschäfte oder Kursbetrug – manipuliert worden ist,
- kurserhebliche Informationen pflichtwidrig zurückgehalten wurden[167].

VIII. Berücksichtigung von Vor/und Nacherwerbspreisen

203 Gezahlte Vor- und Nacherwerbspreise sind unmittelbar als Wertuntergrenze – und nicht nur starken Anhaltspunkt für den Mindestwert des Unternehmens – zu berücksichtigen, da sie den Preis widerspiegeln zu dem der Hauptaktionär bereit war Aktien von anderen Aktionären zu erwerben[168]. Diesbezüglich ist im Einzelfall konkret zu prüfen, wie viele Aktien durch den Hauptaktionär erworben worden sind, ob Schwellenwerte überschritten wurden, ob ein Paketzuschlag gezahlt wurde, etc. Abzustellen ist auf den jeweils höchstens gezahlten Preis und nicht auf eine Durchschnittswertbildung, da nur der Höchstpreis den Grenzpreis widerspiegelt, zu dem der Hauptaktionär bereits im Vorfeld oder nach der Strukturmaßnahme bereit war, die Aktien zu erwerben[169].

IX. Diskontierung der Ausgleichszahlung

204 Die in § 327b AktG für einen zwangsweisen Ausschluss der Minderheitsaktionäre vorgesehene angemessene Barabfindung bestimmt sich bei einer fortbestehenden vertraglichen Pflicht der Gesellschaft zur Gewinnabführung nicht allein anhand des Barwertes der im Unternehmensvertrag

---

167 Zum Ganzen siehe BVerfGE 100, 289, 309; BGHZ 147, 108, 116; *Luttermann*, ZIP 2001, 869, 871 f.; *ders.*, AG 2000, 459, 462; *Bungert*, BB 2001, 1163, 1164; *Piltz*, ZGR 2001, 185, 202; *Steinhauer*, AG 1999, 299, 307; *Aha*, AG 1997, 26, 28; *Wilm*, NZG 2000, 234, 238; *Martens*, FS Bezzenberger, S. 288 f.; *Weber*, NZG 2000, 113 m. w. N.; *Grzimek*, in: Geibel/Süßmann, § 327b, Rn. 31; *Weiler/Meyer*, ZIP 2001, 2153, 2158 f.; *Stilz*, ZGR 2001, 875, 892 f.; *Luttermann*, ZIP 2001, 869, 871; vgl. auch § 5 Abs. 4 WpÜG-Angebotsverordnung sowie die diesbezügliche Kommentierung.
168 Für eine Berücksichtigung von Vorerwerbspreisen aber mit anderer Begründung LG Frankfurt, Beschluss vom 08.06.2015, 3-05 O 198/13.
169 So aber LG Frankfurt, Beschluss vom 08.06.2015, 3-05 O 198/13.

vorgesehenen Ausgleichszahlungen zum Bewertungsstichtag[170]. Der sich aus der Abdiskontierung ergebende Wert ist – ähnlich wie der Börsenkurs – lediglich als Wertuntergrenze zu berücksichtigen, da er den Betrag widerspiegelt, den die Aktionäre zukünftig mindestens pro Jahr erhalten[171].

Ist der jeweilige Ertragswert höher als die abdiskontierte Ausgleichszahlung muss auf den Ertragswert zurückgegriffen werden, da die abdiskontierte Ausgleichszahlung die vermögensrechtliche Stellung des Aktionärs nur teilweise erfasst und die mitgliedschaftliche Stellung vollständig ignoriert. Der Wertbeitrag aus echten Synergien würde dem Aktionär ebenso vorenthalten wie die Erfassung des nicht betriebsnotwendigen Vermögens. Beides verstößt gegen das bei der Bewertung zu wahrende Stichtagsprinzip. Überdies kann eine unendliche Laufzeit des BGAV nicht unterstellt werden. 205

---

170 So aber OLG Frankfurt, Beschluss vom 15.10.2014, 21 W 64/13, juris; OLG Frankfurt, Beschluss vom 07.06.2011 – 21 W 2/11, Juris Rn. 50 ff.; KG Berlin, NZG 2003, 644; a. A. (Orientierung am Ertragswert) OLG Düsseldorf, AG 2012, 716, 718 f. mit zustimmender Anmerkung von *Gräwe*, EWiR 2012, 779; OLG Düsseldorf, Beschluss vom 29.07.2009 – I – 26 W 1/08 –, Juris; OLG München, Beschluss vom 26.10.2006 – 31 Wx 12/06 –, Juris Rdn. 13; *Luttermann*, EwiR 2007, 33, 34; *Popp*, AG 2010, 1; *ders.*, WPg 2006, 446; *Rieger*, FS Priester, S. 611 ff.
171 Im Ergebnis ähnlich OLG Stuttgart, Beschluss vom 17.03.2010 – 20 W 9/08 –, Juris Rdn. 243 ff.; für einen isolierten Beherrschungsvertrag; *Tebben*, AG 2003, 600, 606; *Vossius*, in: FS Widmann, S. 133, 142 ff.; *Schüppen/Tretter*, in: Harmann/Schüppen, Frankfurter Kommentar zum WpÜG, § 327b AktG Rn. 38; ähnlich *Grigoleit/Rieger*, AktG, § 327b Rn. 11.

§ 12 Beschwerde

(1) Gegen die Entscheidung nach § 11 findet die Beschwerde statt. Die Beschwerde kann nur durch Einreichung einer von einem Rechtsanwalt unterzeichneten Beschwerdeschrift eingelegt werden.

(2) Die Landesregierung kann die Entscheidung über die Beschwerde durch Rechtsverordnung für die Bezirke mehrerer Oberlandesgerichte einem der Oberlandesgerichte oder dem Obersten Landesgericht übertragen, wenn dies zur Sicherung einer einheitlichen Rechtsprechung dient. Die Landesregierung kann die Ermächtigung auf die Landesjustizverwaltung übertragen.

Inhalt

		Rn.
I.	Überblick	1
II.	Inhalt der Norm	5
	1. Rechtsmittel der Beschwerde (Abs. 1 Satz 1)	5
	a) Statthaftigkeit der Beschwerde	5
	b) Beschwerdefähigkeit von End- und Teilentscheidungen, Erledigung der Hauptsache	6
	c) Verfahrensleitende Neben- und Zwischenentscheidungen	9
	d) Kostenentscheidungen	13
	e) Beschwerdeberechtigung	15
	f) Beschwerdewert	21
	g) Kein Verzicht auf die Beschwerde	24
	2. Einlegung der Beschwerde (Abs. 1 Satz 2)	25
	a) Beschwerdegericht	26
	b) Beschwerdefrist	28
	c) Form und Inhalt der Beschwerde	40
	d) Anschlussbeschwerde	45
	e) Beschwerdeverfahren	49
	f) Rücknahme der Beschwerde	56
	g) Entscheidung des Beschwerdegerichts	59
	h) Weiteres Rechtsmittel der Rechtsbeschwerde	64
	i) Sonstige Rechtsbehelfe	69
	3. Verfahrenskonzentration (Abs. 2)	73

Spezielle Literatur: *Abramenko*, Das Beschwerderecht nach dem FamFG, AnwBl 2010, 117–122; *Bidmon*, Die Reform des Spruchverfahrens durch das SpruchG, (Diss) 2007; *Bloching/Kettinger*, Verfahrensgrundrechte im Zivilprozess – Nun endlich das Comeback der außerordentlichen Beschwerde?, NJW 2005, 860–863; *Büchel*, Neuordnung des Spruchverfahrens, NZG 2003, 793–804; *Gude*, Zweifelsfragen bei der Beschwerde nach dem Spruchverfahrensgesetz, AG 2005, 233–237; *Leuering/Stein*, Update: Aktuelle Rechtsprechung zum Spruchverfahrensrecht, Corporate Finance law 2012, 385–390; *Meilicke/Heidel*, Verweigerung des Rechtsschutzes für außenstehende Aktionäre verstößt gegen Europäische Menschenrechtskonvention, BB 2003, 1805–1806; *Merkner/Schmidt-Bendun*, Drum prüfe, wer sich ewig bindet – zur Bindungswirkung einer Wahl zwischen Aktientausch und (erschlichener) Barabfindung, NZG 2011, 10–13; *Netzer*, Das Rechtsmittelrecht im neuen Gesetz über das Verfahren in Familiensachen und in den Angelegenheiten der freiwilligen Gerichtsbarkeit (FamFG), ZNotP 2009, 303–308; *Preuß*, Auswirkungen der FGG-Reform auf das Spruchverfahren, NZG 2009, 961–966; *Rackl*, Das Rechtsmittelrecht nach dem FamFG, Frankfurt am Main 2011; *Sternal*, Entwicklungen und Tendenzen bei den außerordentlichen Rechtsbehelfen in Verfahren der freiwilligen Gerichtsbarkeit, FGPrax 2004, 170–174; *Treber*, Neuerungen durch das Anhörungsrügegesetz, NJW 2005, 97–101; *Wittgens*, Das Spruchverfahrensgesetz, (Diss) 2005.

I. Überblick

Das Rechtsmittel gegen die Entscheidung des Landgerichts im Spruchverfahren (Beschluss gemäß § 11 Abs. 1 SpruchG) ist die Beschwerde, die durch einen vom Rechtsanwalt unterzeichneten Schriftsatz beim zuständigen Oberlandesgericht einzulegen ist (Abs. 1). Im Bundesland kann einem bestimmten Oberlandesgericht die Zuständigkeit für mehrere Oberlandesgerichtsbezirke zugewiesen werden (Abs. 2). Diese beiden Regelungen sind weitgehend inhaltsgleich mit den früheren Bestimmungen (vor Geltung des SpruchG) in § 306 Abs. 2 i. V. m. § 99 Abs. 3 Satz 2, 4 bis 9 AktG und § 309 UmwG. Demgegenüber ist infolge der FGG-Reform von 2009 der im SpruchG von 2003 enthaltene frühere § 12 Abs. 2 mit den Hinweisen auf die Zuständigkeit der Oberlandesgerichte, die entsprechende Geltung des (damaligen) § 28 Abs. 2 und 3 FGG a. F. (Vorlagepflicht zum BGH vor Abweichungsentscheidungen: „Divergenzbeschwerde") und den Ausschluss der ‚weiteren Beschwerde' (nunmehr Rechtsbeschwerde) weggefallen. Die Zuständigkeit der Oberlandesgerichte folgt nunmehr aus § 119 Abs. 1 Nr. 2 GVG. Anders als zuvor ist seit 01.09.2009 grundsätzlich die Einlegung der Rechtsbeschwerde eröffnet; sie steht aber unter dem Vorbehalt der Zulassung durch das Beschwerdegericht/Oberlandesgericht (§ 70 Abs. 1 FamFG). Dementsprechend ist auch die frühere Vorlagepflicht des Oberlandesgerichts zum BGH bei beabsichtigten Divergenzentscheidungen entfallen, die im Falle einer Abweichung von anderen Oberlandesgerichten oder dem BGH zur Sicherung einer einheitlichen Rechtsprechung die Rechtsbeschwerde zuzulassen ist (§ 70 Abs. 2 Nr. 2 FamFG) *[vgl. dazu unten Rn. 64]*. Durch den Wegfall des früheren Abs. 2 ist der frühere Abs. 3 nunmehr zum Abs. 2 aufgerückt. 1

Maßgeblich für die Anwendung des neuen Rechts (Stichtag) ist insoweit, ob das Spruchverfahrens nach dem 31.08.2009 beim Landgericht eingeleitet worden ist (Art. 111 Abs. 1 Satz 1 FGG-RG); es kommt also nicht auf den Zeitpunkt der erstinstanzlichen Entscheidung oder den Zeitpunkt der Rechtsmitteleinlegung an[1]. Ist der Antrag vor dem 01.09.2009 gestellt 2

---

1 So der Gesetzesentwurf der Bundesregierung zum FamFG, BT Drucks. FGG-RG 16/6308 vom 07.09.2007 (nachfolgend „Begr RegE FGG-RG BT-Drucks. 16/6308"), S. 359; BGH Beschluss vom 01.03.2010 – II ZB 1/10; OLG München Beschluss vom 25.02.2010 – 31 Wx 032/10; OLG Köln Beschluss vom 21.09.2009 – 16 Wx 121/09; *Wilske*, in: KK-AktG, § 12 SpruchG Rn. 4; *Emmerich*, in: Emmerich/Habersack, Aktien- und GmbH-Konzernrecht, § 12 SpruchG Rn. 1.

SpruchG § 12 Beschwerde

worden, verbleibt es bei dem alten Recht mit Ausschluss der weiteren Beschwerde bzw. Rechtsbeschwerde.

3 Von Anfang an war vom SpruchG das Rechtsmittel der generellen Beschwerde vorgesehen und keine Einschränkung auf eine reine Rechtsbeschwerde (damals ‚weitere Beschwerde') vorgenommen worden, wie dies seinerzeit von der Regierungskommission „Corporate Governance" unter anderem aus Beschleunigungsüberlegungen befürwortet worden war[2]. Eine solche Beschränkung des Rechtsschutzes war weitgehend kritisiert worden, zumal in der Praxis die Unterscheidung zwischen tatsächlichen und rechtlichen Angriffen zur Eingrenzung und Beschleunigung des Prozessstoffes kaum für geeignet gehalten wurde[3]. Die gleichwohl zunächst vorgesehene Einstufigkeit des Verfahrens (Ausschluss der dritten Instanz) wurde im Rahmen der Neuordnung des Rechtsmittelverfahrens im FamFG 2009 zur Harmonisierung mit dem dreistufigen Instanzenzug in anderen Verfahrensordnungen aufgegeben.[4] Zugleich wurde die kurze Rechtsmittelfrist (2 Wochen) für die ‚sofortige' Beschwerde durch die neu eingeführte allgemeine Rechtsmittelfrist für Beschwerden (1 Monat) ersetzt. Gegen die Entscheidung des Oberlandesgerichts über die Beschwerde ist nunmehr – seit der Neuregelung des FamFG – als Rechtsmittel die Rechtsbeschwerde zum BGH eröffnet. Alternativ zur Beschwerde kann auch direkt – ohne Umweg über die Beschwerdeinstanz des OLG – eine „Sprungrechtsbeschwerde" beim BGH eingelegt werden *[dazu unten Rn. 68]*.

4 Neben der Beschwerde kann unabhängig davon und zusätzlich – wie bei allen Entscheidungen in FG-Verfahren – jederzeit (ohne Frist) ein Antrag auf Berichtigung des Beschlusses gemäß § 42 FamFG gestellt werden. Dies betrifft Schreibfehler, Rechenfehler und ähnliche offenbare Unrichtigkeiten; hierzu gehören auch Tatbestandsberichtigungen. Diese werden zwar im Zivilprozess durch § 320 ZPO von den sonstigen Berichtigungen gemäß § 319 ZPO unterschieden, im Rahmen der FG-Verfahren aber mit anderen Berichtigungen gleichbehandelt[5]. Ebenfalls unabhängig von der Be-

---

2 Begründung des Regierungsentwurfs zum Spruchverfahrensneuordnungsgesetz, Bundestags-Drucksache Nr. 15/371 vom 29.01.2003 (nachfolgend „Begr RegE SpruchG BT-Drucks. 15/371"), S. 16.

3 Vgl. damals *Büchel*, NZG 2003, 793, 799, der als Praktiker eher eine zweite Tatsacheninstanz für zweckmäßig erachtete; anders *van Kann/Hirschmann*, DStR 2003, 1488, 1493, die offensichtlich eine zweite Tatsacheninstanz für überflüssig hielten.

4 So Begr RegE FGG-RG BT-Drucks. 16/6308, S. 166.

5 Einschränkend insoweit *Meyer-Holz*, in: Keidel, FamFG, § 42 Rn. 23, der Tatbestandsberichtigungen grundsätzlich nicht unter § 42 fassen möchte, weil dafür angeblich auch kein Bedarf wäre (gemäß § 37 Abs. 1 FamFG kein Mündlichkeitsgrundsatz wie in der ZPO), dann aber doch – für alle Fälle – eine Tatbestandsberichtigung ermöglichen möchte, allerdings in analoger Anwendung des § 320 ZPO (im Anschluss an BayObLG Beschluss vom 02.03.1989 – BReg 3 Z 151/88); eine solche analoge Anwendung erscheint aber nicht erforderlich, da es sich bei einer Tatbestandsberichtigung jedenfalls auch um eine „offenbare Unrichtigkeit" i.S.v. § 42 Abs. 1 FamFG handelt, weil es ja nicht darauf ankommt,

schwerde und zusätzlich kann innerhalb von zwei Wochen ein Antrag auf Ergänzung des Beschlusses gemäß § 43 FamFG gestellt werden, wenn ein gestellter Antrag ganz oder teilweise übergangen oder die Kostenentscheidung unterblieben ist. Im Erfolgsfalle werden jeweils neue Berichtigungs- bzw. Ergänzungsbeschlüsse gefasst, die gesondert mit der sofortigen Beschwerde (Berichtigung) bzw. der normalen Beschwerde (Ergänzung) angefochten werden können. Schließlich kann das Gericht unabhängig von einer Beschwerde jederzeit ein Wiederaufnahmeverfahren gemäß §§ 578–591 ZPO durchführen (§ 48 Abs. 2 FamFG). *[Da insoweit keinen Besonderheiten des Spruchverfahrens bestehen, kann diesbezüglich auf die allgemeine Kommentierung der §§ 42, 43, 48 FamFG verwiesen werden[6].]*

II. Inhalt der Norm

1. Rechtsmittel der Beschwerde (Abs. 1 Satz 1)

a) Statthaftigkeit der Beschwerde

Gegen die Entscheidung des Landgerichts, die durch einen mit Gründen versehenen Beschluss zu erfolgen hat (vgl. § 11 Abs. 1 SpruchG), ist als Rechtsmittel die Beschwerde einzulegen (vgl. § 58 FamFG, die auch schon im früheren FGG verwendete Terminologie der Beschwerde wurde aus der ZPO übernommen). Die Frist beträgt entsprechend dem gemäß § 17 Abs. 1 SpruchG ergänzend anwendbaren § 63 Abs. 1 FamFG einen Monat (ab Zustellung des Beschlusses an alle Beteiligten). Dies stellt eine Erleichterung gegenüber der früheren Rechtslage vor der FGG-Reform von 2009 dar, als für die – damals noch ‚sofortige' – Beschwerde eine Einlegungsfrist von zwei Wochen galt. Diese Zwei-Wochen-Frist gilt auch heute noch, u. a. für Endentscheidungen bei einstweiligen Anordnungen (§ 63 Abs. 2 Nr. 1 FamFG), die allerdings im Rahmen des SpruchG praktisch keine Rolle spielen.

5

b) Beschwerdefähigkeit von End- und Teilentscheidungen, Erledigung der Hauptsache

Beschwerdefähig ist der Beschluss gemäß § 11 Abs. 1 SpruchG. Dabei muss es sich nicht um eine den Instanzenzug abschließende positive oder negative Endentscheidung handeln, wie dies im neuen § 58 Abs. 1 FamFG vorgesehen ist. Vielmehr eröffnet der – insoweit speziellere – § 12 Abs. 1 Satz 1 SpruchG die Beschwerde gegen jegliche Entscheidung nach § 11 SpruchG, also ohne jede Qualifizierung auf Art oder Inhalt des Beschlusses. Da andererseits § 11 Abs. 1 SpruchG für jede gerichtliche

6

---

aus welchen Gründen es sich um unvollständige, unklare oder widersprüchliche Darstellungen handelt und ob schon erkennbar ist, dass diese eine – dann unzutreffende – Bindung des Rechtsbeschwerdegerichts darstellen könnten.

6 Vgl. etwa *Meyer-Holz*, in: Keidel, FamFG, §§ 42 Rn. 3 ff. und 43 Rn. 3 ff.; *Engelhardt*, in: Keidel, FamFG, § 48 Rn. 22 ff.; auch *Wälzholz*, in: Widmann/Mayer, Umwandlungsrecht § 17 SpruchG Rn. 10 mit weiteren Nachweisen.

Entscheidung im Spruchverfahren die Beschlussform vorsieht, ist mithin jede solche Entscheidung mit der Beschwerde anfechtbar, also auch Zwischen- *[dazu nachstehend Rn. 9 ff.]* und Teilentscheidungen. Diese Vorschrift lässt in keiner Weise erkennen, dass etwa nur gleichzeitig über den gesamten Antrag, mehrere Teilanträge oder etwa mehrere verbundene Anträge – und dann auch immer nur abschließend – entschieden werden dürfte *[s. oben § 11 SpruchG Rn. 27 ff.]*. Auch die Beschlussfassung über einen Vergleich (Feststellung des Zustandekommens des Vergleichs gemäß § 11 Abs. 2 Satz 2 oder Abs. 4 Satz 2 SpruchG) stellt eine gerichtliche Entscheidung i. S. v. § 11 Abs. 1 SpruchG dar *[vgl. auch § 13 SpruchG, Rn. 10]* und wäre daher grundsätzlich durch die Beschwerde anfechtbar. Praktisch ist aber in der erforderlichen Zustimmung aller Beteiligten zum Vergleich ein Rechtsmittelverzicht zu sehen (vgl. § 67 Abs. 1, 3 FamFG) *[s. unten Rn. 21]*, so dass im Ergebnis keine Beschwerde zulässig ist. In seltenen Ausnahmefällen kann eine Anfechtbarkeit allerdings ausgeschlossen sein, so bei Beschlüssen, die auf Antrag die Wirkungslosigkeit einer bereits ergangenen (aber noch nicht rechtskräftigen) Entscheidung erklären (§ 22 Abs. 2 Satz 3 FamFG).

7 Der Inhalt des Beschlusses ist unerheblich. Insbesondere spielt es keine Rolle, ob eine Zurückweisung wegen Unzulässigkeit oder wegen Unbegründetheit erfolgt[7]. Auch die Feststellung der Erledigung in der Hauptsache kann angefochten werden, da sie etwa zu Unrecht erfolgt sein kann[8]. Eine Sachentscheidung kann wiederum unzutreffend sein, wenn etwa bereits eine übereinstimmende Erledigungserklärung der Beteiligten vorlag[9]. Sie muss nicht notwendigerweise den gesamten Verfahrensgegenstand entscheiden, es kann auch zunächst eine Teilerledigung erfolgen. Allerdings steht der Erlass einer Teilentscheidung im Ermessen des Gerichts (so auch § 301 Abs. 2 ZPO); eine Einschränkung dieses Ermessens wie in § 301 Abs. 1 Satz 2 ZPO (Teilentscheidung bei einheitlichem Anspruch nur bei gleichzeitiger Grundentscheidung im Übrigen) ist im FamFG (vgl. §§ 38 ff.) nicht geregelt. Allerdings gilt auch in FamFG-Verfahren, dass die Gefahr einander widersprechender (Teil-)Entscheidungen im gleichen Instanzenzug ausgeschlossen sein muss[10]. Ein Teilbeschluss darf also nicht dazu führen, dass über dieselbe Frage ein weiteres Mal in der gleichen Instanz entschieden werden muss[11]. Angesichts der in der Praxis häufig recht umfangreichen Verfahren mit mehreren Betei-

---

7 *Klöcker*, in: Schmidt/Lutter, AktG, § 12 SpruchG Rn. 1; *Wilske*, in: KK-AktG, § 12 SpruchG Rn. 5.
8 OLG Hamburg Beschluss vom 01.11.2004 – 11 W 5/04; abweichend OLG Zweibrücken Beschluss vom 02.03.2004 – 3 W 167/03.
9 OLG Düsseldorf Beschluss vom 05.10.1992 – 19 W 1/92; BayObLG Beschluss vom 17.05.1990 – BReg 3 Z 22/90 und vom 11.11.1993 – 2 Z BR 98/93; *Klöcker*, in: Schmidt/Lutter, AktG, § 12 SpruchG Rn. 1; *Wilske*, in: KK-AktG, § 12 SpruchG Rn. 5.
10 Vgl. *Meyer-Holz*, in: Keidel FamFG, § 38, Rn. 29.
11 BGH Urteil vom 04.10.2000 – VIII ZR 109/99; und Urteil vom 26.04.1989 – IVb ZR 48/88.

ligten besteht durchaus ein praktischer Bedarf für derartige Teilentscheidungen *[s. o. § 11 SpruchG Rn. 27].*

Hat sich die gesamte Angelegenheit erledigt, besteht keine Grundlage 8 mehr für eine Sachentscheidung, so dass allenfalls noch eine *[insoweit anfechtbare, s. unten Rn. 13]* Kostenentscheidung erfolgen könnte. Davon zu unterscheiden ist die Statthaftigkeit der Beschwerde nach Erledigung der Hauptsache in der Beschwerdeinstanz, also nach Einlegung der Beschwerde. In einem solchen Fall könnte die angefochtene erstinstanzliche Entscheidung nicht mehr aufgehoben werden, da sie ja bereits durch Erledigung (in der Beschwerdeinstanz) weggefallen ist. Gleichwohl sieht § 62 FamFG vor, dass im Falle seines berechtigten Interesses der Beschwerdeführer die Feststellung beantragen kann, dass ihn die (angefochtene) Entscheidung in seinen Rechten verletzt hat (§ 62 Abs. 1 FamFG). Ein solches berechtigtes Interesse wird in der Regel angenommen, wenn schwerwiegende Grundrechtseingriffe durch die Entscheidung erfolgen oder eine Wiederholung der zur Überprüfung gestellten Maßnahme konkret zu erwarten ist (§ 62 Abs. 2 FamFG). Ein solcher Fall wird zwar bei Spruchverfahren kaum denkbar sein, da eine Erledigung regelmäßig nur im Fall ausreichender Kompensation vorkommen dürfte. Gleichwohl erscheint nicht ausgeschlossen, dass eine bestimmte Verfahrensweise auch für die Zukunft (Fortführung der gleichen Strukturmaßnahme, vergleichbare andere Fälle) als in bestimmter Höhe kompensationspflichtig bezeichnet wird, auch wenn der Kompensationsanspruch im konkreten Fall bereits erloschen ist.

c) Verfahrensleitende Neben- und Zwischenentscheidungen

Nicht beschwerdefähig sind verfahrensleitende Nebenentscheidungen 9 oder Verfügungen (z. B. Vorschussanordnungen bzw. Vergütung von Sachverständigen[12], Terminbestimmungen, Übertragung der Sache auf einen Einzelrichter des Beschwerdegerichts gemäß § 68 Abs. 4 i. V. m. § 526 Abs. 3 ZPO, Anordnungen der Beweisaufnahme[13] einschließlich der Ladung von Sachverständigen, Absehen von einer Fortsetzung der Beweisaufnahme[14], Überlassung von Akten in die Geschäftsräume von Rechtsanwälten, insoweit ausdrücklich § 13 Abs. 4 Satz 3 FamFG, Aussetzung/Unterbrechung/Ruhen des Verfahrens[15]), auch nicht die etwa in Beschlussform gefasste Rechtsauffassung des Gerichts (z. B. Vorbescheide zur Ankündigung einer bestimmten Endentscheidung)[16]. Etwas anderes gilt nur insoweit, als das Gesetz Ausnahmeregelungen vorsieht (§ 58 Abs. 1 FamFG a. E.); dies ist etwa bei der Zurückweisung des Ablehnungsgesuchs gegen einen Richter (§ 6 Abs. 2 FamFG)[17], Anordnung von

---

12 OLG Frankfurt Beschluss vom 03.11.2008 – 20 W 455/08.
13 BGH Beschluss vom 04.07.2007 – XII ZB 199/05.
14 OLG München, Beschluss vom 10.11.2008 – 31 Wx 87/08.
15 *Klöcker,* in: Schmidt/Lutter, AktG, § 12 SpruchG Rn. 3.
16 BayObLG, DB 1984, 499 f.; *Meyer-Holz,* in: Keidel FamFG, § 58, Rn. 38.
17 *Mennicke,* in: Lutter UmwG, Anh I § 12 SpruchG Rn. 5.

Zwangsmaßnahmen (§ 35 Abs. 5 FamFG)[18] oder der Aussetzung des Verfahrens der Fall (§ 21 Abs. 2 FamFG)[19], die dann jeweils mit der sofortigen Beschwerde gemäß §§ 567 bis 572 ZPO anzufechten sind. Im Hinblick auf das Spruchverfahren läuft dieser Regelungsvorbehalt im Übrigen leer, da im SpruchG keine weiteren Ausnahmen vorgesehen sind. Die vorgenannten verfahrensleitenden können dann erst im Rahmen der Endentscheidung zusammen mit der Hauptentscheidung überprüft werden (§ 58 Abs. 2 FamFG).

10 Demgegenüber sind Zwischenentscheidungen (z. B. Anwendbarkeit des Spruchverfahrens, Antragsberechtigung, Zulässigkeit des Antrags), wenn sie nicht inzident getroffen werden, sondern als Beschluss ergehen *[s. oben § 11 SpruchG Rn. 27]*, und insbesondere auch – entgegen der wohl noch überwiegenden Meinung – die Bestellung oder Abberufung des gemeinsamen Vertreters gesondert anfechtbar[20]. Dabei handelt es sich nicht um die in § 58 Abs. 2 FamFG genannten ‚nicht selbständig anfechtbaren' Entscheidungen. Vielmehr wird in § 11 Abs. 1 SpruchG – insofern im Einklang mit dem früheren Recht vor der FG-Reform, und nunmehr als anderweitige gesetzliche Bestimmung i. S. v. § 58 Abs. 1 FamFG – eine Abweichung statuiert, da eben nicht nur eine „Endentscheidung" i. S. v. § 58 Abs. 1 FamFG erfolgen darf, sondern jegliche Entscheidung mit jedem zulässigen Inhalt, also auch eine Zwischenentscheidung. Weder ist der mögliche Inhalt einer Beschlussfassung gemäß § 11 Abs. 1 SpruchG eingeschränkt, noch sind gesonderte Entscheidungen etwa über die Zulässigkeit des Verfahrens, die Antragsberechtigung eines Beteiligten oder die Zulässigkeit eines gestellten Antrags ausgeschlossen, für die es im Gegenteil in der Praxis einen großen Bedarf gibt. Die Bestellung des gemeinsamen Vertreters ist sogar ausdrücklich als gesonderte Entscheidung vorgesehen (§ 6 Abs. 1 SpruchG).

11 Wird eine Zwischenentscheidung inzident getroffen, also nicht nach außen verlautbart, fehlt es an einer Grundlage für eine mögliche Anfechtung. Wird die Zwischenentscheidung dagegen verkündet oder sonst mitgeteilt (§ 40 Abs. 1 FamFG), dann notwendigerweise in Form eines begründeten Beschlusses (§ 11 Abs. 1 SpruchG), so bestehen keine Bedenken gegen die gesonderte Anfechtung gemäß § 12 Abs. 1 Satz 1 SpruchG). Soweit in der Literatur Vorbehalte im Hinblick auf die Gesetzesbegründung zu § 58 FamFG bestehen („keine gesonderte Anfechtbar-

---

18 Vgl. *Zimmermann*, in: Keidel FamFG, § 55, Rn. 65.
19 Vgl. *Sternal*, in: Keidel FamFG, § 21, Rn. 32 ff.
20 *Klöcker*, in: Schmidt/Lutter, AktG, § 12 SpruchG Rn. 3; im Ergebnis wohl auch *Wilske*, in: KK-AktG, § 12 SpruchG Rn. 14; *Wälzholz*, in: Widmann/Mayer, UmwG, Anh. 13 § 6 SpruchG Rn. 22 ff.; *Krenek*, in: Heidel, Aktienrecht und Kapitalmarktrecht, § 12 SpruchG Rn. 1. A.A. OLG Frankfurt Beschluss vom 14.07.2011 – 21 W 29/11; dem folgend auch *Kubis*, in: MüKo-AktG, § 6 SpruchG Rn. 8; *Wasmann*, in: KK-AktG, § 6 SpruchG Rn. 34; *Drescher*, in: Spindler/Stilz, AktG, § 6 SpruchG Rn. 12, 14; *Emmerich*, in: Emmerich/Habersack, Aktien- und GmbH-Konzernrecht, § 6 SpruchG Rn. 9.

keit von Zwischen- und Nebenentscheidungen")[21], die dann aber durch eine analoge Anwendung von § 280 ZPO (ausdrückliche Berechtigung zu einem dann auch gesondert anfechtbaren Zwischenurteil über die Zulässigkeit der Klage) wieder überwunden werden sollen, erscheinen diese Bedenken weder berechtigt, noch besteht Bedarf für eine analoge Anwendung von § 280 ZPO[22]. Denn die Gesetzesbegründung schließt eine solche gesonderte Anfechtung von Zwischenentscheidungen nicht grundsätzlich aus, insbesondere wo dies nicht schon nach geltendem Recht der Fall war, sondern verweist insofern nur auf deren gesonderte Zulässigkeit „an verschiedenen Stellen" des Gesetzes. Das Spruchverfahren wird in diesem Zusammenhang zwar nicht erwähnt, obwohl es an späterer Stelle (Artikel 42) ausdrücklich zum Gegenstand einer Änderung gemacht wird. Es ist aber – gerade wegen der fehlenden diesbezüglichen Änderung der §§ 11 Abs. 1 und 12 Abs. 1 SpruchG – davon auszugehen, dass auch insoweit der frühere Rechtszustand unverändert bleiben, die Möglichkeit und Anfechtbarkeit von Zwischenentscheidungen im Spruchverfahren also erhalten bleiben sollte[23].

12 Ausdrücklich nicht anfechtbare Zwischenentscheidungen sind Beschlüsse über eine Verweisung des Rechtsstreits (§ 3 Abs. 3 Satz 1 FamFG), über die Bestimmung der Zuständigkeit (§ 5 Abs. 3 FamFG), über die Aussetzung der Vollstreckung im Verfahren der einstweiligen Anordnung (§ 55 Abs. 1 Satz 2 FamFG), oder des Gerichts (das seinerseits die vorherige Entscheidung des Vorsitzenden korrigieren darf) über das Zurückhalten bzw. Nicht-Zugänglichmachen von Unterlagen aus Gründen der Geheimhaltung (§ 7 Abs. 7 SpruchG). In all diesen Fällen ist eine gesonderte Anfechtbarkeit ausdrücklich ausgeschlossen.

d) Kostenentscheidungen

13 Kostenentscheidungen können seit der FGG-Reform von 2009 – anders als gemäß § 99 Abs. 1 ZPO – auch isoliert angefochten werden[24].

---

21 So im Begr. RegE FGG-RG BT-Drucks. 16/6308, S. 203: „*Zwischen- und Nebenentscheidungen sind dagegen grundsätzlich nicht selbständig anfechtbar. Dies entspricht geltendem Recht. Sie sind entweder überhaupt nicht oder aber nur zusammen mit der Hauptsacheentscheidung anfechtbar. Soweit das Gesetz abweichend davon die selbständige Anfechtbarkeit von Zwischen- und Nebenentscheidungen zulässt, orientiert es sich an den Verhältnissen im Zivilprozess. ..."*
22 Vgl. *Meyer-Holz*, in: Keidel FamFG, § 58, Rn. 17, der sich auf eine Analogie zu § 280 Abs. 2 Satz 1 ZPO bezieht; ebenso vgl. *Wilske*, in: KK-AktG, § 12 SpruchG Rn. 14 unter Berufung auf *Preuß*, NZG 2009, 961, 965; *Wilske* scheint aber selbst Zweifel an einer solchen Analogie zu haben, da er im gleichen Zusammenhang vor weitergehenden Annahmen zur Anfechtbarkeit von Zwischenentscheidungen – etwa zur Bestellung des gemeinsamen Vertreters – unter Hinweis auf das „deutliche Regelungsregime" des § 58 FamFG warnt.
23 So im Ergebnis auch die herrschende Meinung: *Wilske*, a a O; *Meyer-Holz* in: Keidel FamFG, § 58 Rn. 17; *Bumiller/Harders*, FamFG, § 58 Rn. 8. Rechtsprechung ist insoweit zum neuen Recht noch nicht ersichtlich.
24 Vgl. *Zimmermann*, in: Keidel, FamFG, § 81 Rn. 83; *Klöcker*, in: Schmidt/Lutter AktG, § 12 Rn. 4 und § 15 SpruchG Rn. 25; *Schindler*, in: MüKo ZPO, § 81
(Fortsetzung der Fußnote auf Seite 434)

Dies war nach altem Recht (vor der FGG-Reform von 2009) ausdrücklich ausgeschlossen: § 20a Abs. 2 FGG sah vor, dass nur dann gegen eine Kostenentscheidung vorgegangen werden konnte, wenn keine Entscheidung in der Hauptsache ergangen war. Dieser Rechtszustand ist vom Gesetzgeber aber im Rahmen der FGG-Reform nicht aufrechterhalten worden; § 20a FGG wurde ersatzlos aufgehoben; in § 58 Abs. 2 FamFG oder in § 82 FamFG finden sich keinerlei entsprechende Hinweise mehr. Zwar wird in § 82 FamFG angeordnet, dass Kostenentscheidungen – soweit sie zum Abschluss des Spruchverfahrens gemäß § 15 SpruchG ergehen – zusammen mit der Endentscheidung zu erfolgen haben. Die maßgebende Regelung, dass die Kostenentscheidung dann auch nur gemeinsam mit der Endentscheidung angefochten werden dürfte, fehlt jedoch. Das erscheint auch angemessen und sinnvoll, da infolge der Regelungen in § 15 Abs. 1 und Abs. 2 SpruchG die Kostenverteilung deutlich vom Verfahrenserfolg im Übrigen abweichen kann. Es muss also möglich sein, eine unabhängig vom eigenen Verfahrenserfolg getroffene bzw. davon abweichende Kostenbelastung gesondert anfechten zu können.

14 Ergeht keine Entscheidung zur Hauptsache, etwa wegen Vergleichs (ohne Kostenregelung, andernfalls ist die Vergleichsregelung maßgeblich, vgl. § 83 Abs. 1 FamFG), Erledigung oder Rücknahme, hat das Gericht (nur) über die Tragung bzw. Verteilung der Kosten zu entscheiden (§ 81 FamFG, § 15 SpruchG). Dieser „Kostenbeschluss" gilt dann als Entscheidung gemäß § 11 SpruchG und kann in jedem Fall mit der Beschwerde angefochten werden[25]. Infolge des ausdrücklichen Hinweises in § 12 Abs. 1 SpruchG besteht kein Raum, hier etwa über die Anwendungskette der § 58 Abs. 1 2. Halbsatz FamFG und § 567 ZPO die Statthaftigkeit einer sofortigen Beschwerde anzunehmen[26]. Denn dies hätte im FamFG oder SpruchG ausdrücklich bestimmt werden müssen (§ 567 Abs. 1 Nr. 1 ZPO), was gerade nicht der Fall ist. Schon ganz falsch ist der Verweis auf § 85 FamFG, der zwar die entsprechende Anwendung der §§ 103 bis 107 ZPO anordnet (mit der Möglichkeit einer sofortigen Beschwerde gemäß § 104 Abs. 3 Satz 1 ZPO); dabei geht es aber nur um die Kostenfestsetzung und Prozesskostenerstattung der Parteien untereinander auf der Grundlage einer getroffenen Kostenentscheidung, nicht dagegen um die Kosten(grund)

FamFG Rn. 78; *Rosskopf*, in: KK-AktG, § 15 SpruchG, Rn. 68; *Wälzholz*, in: Widmann/Mayer, UmwG, Anh. 13 § 15 SpruchG Rn. 13.3; *Mennicke*, in: Lutter UmwG, Anh I § 12 SpruchG Rn. 7; *Krenek*, in: Heidel, Aktienrecht und Kapitalmarktrecht, § 12 SpruchG Rn. 2; a.A: *Emmerich*, in: Emmerich/Habersack, Aktien- und GmbH-Konzernrecht, § 15 SpruchG Rn. 26; *Weingärtner*, in: Heidel, Aktienrecht und Kapitalmarktrecht, § 15 SpruchG Rn. 2.

25 So auch *Wilske*, in: KK-AktG, § 12 SpruchG Rn. 19; *Zimmermann*, in: Keidel, FamFG, § 81 Rn. 81; *Meyer-Holz*, in: Keidel, FamFG, 17. Aufl. § 58 Rn. 95, 97; *Klöcker*, in: Schmidt/Lutter, AktG § 15 SpruchG Rn. 25.

26 So aber wohl *Emmerich*, in Emmerich/Habersack, § 15 SpruchG Rn. 26; *Simons*, in: Hölters, AktG, § 15 SpruchG, Rn. 20; *Kubis*, in: MüKo-AktG, § 15 SpruchG Rn. 24.

entscheidung selbst[27]. *[Zu diesen Fragen wird ergänzend auf die einschlägigen Kommentierungen zu § 58 FamFG verwiesen].*

e) Beschwerdeberechtigung

Die Beschwerdeberechtigung ist in § 12 SpruchG – anders als die Antragsberechtigung in § 3 SpruchG – nicht geregelt. Insofern kommt § 59 Abs. 1 FamFG zur Anwendung (vgl. § 17 Abs. 1 SpruchG), der den Kreis der Beschwerdeberechtigten auf alle Beteiligten ausdehnt, die von der Entscheidung gemäß § 11 SpruchG ‚in ihren Rechten beeinträchtigt' sind. Das sind zunächst die Antragsteller, die das Spruchverfahren in Gang gesetzt haben, sowie der oder die Antragsgegner (unmittelbare Beteiligte) *[zum Überblick über die möglichen Antragsgegner vgl. § 5 SpruchG]*. Dazu gehören aber auch alle übrigen Antragsberechtigten, die zwar in erster Instanz keinen Antrag gestellt haben, aber infolge der Klammerwirkung des § 7 Abs. 2 Nr. 1 FamFG ebenfalls am Verfahren beteiligt sind (mittelbare Beteiligte), zumal die „inter omnes"-Wirkung des § 13 SpruchG vor allem sie trifft. Auch diese Anteilsinhaber, ihre Antragsberechtigung gemäß § 3 SpruchG unterstellt (und in diesem besonderen Fall bei Beschwerdeeinlegung nachzuweisen), können Beschwerde einlegen.[28] Weitere Beteiligte sind nicht ersichtlich, da eine Nebenintervention in entsprechender Anwendung der §§ 66 ff. ZPO unzulässig ist[29] *[vgl. oben § 3 SpruchG Rn. 33]*. Insofern hat sich keine Änderung zum früheren Recht ergeben, da § 20 Abs. 2 FGG a. F. inhaltlich gleichlautend war.

15

Demgegenüber sind der oder die gemäß §§ 6–6c SpruchG bestellten gemeinsamen Vertreter nicht beschwerdebefugt. Entgegen der bislang wohl überwiegenden Rspr. und h. M. in der Rechtsliteratur[30] hat der BGH[31] jüngst entschieden, dass dem gemeinsamen Vertreter nach Rechtsmacht und Funktion gemäß § 6 SpruchG kein solches prozessuales Recht zukommen soll. Diese überraschende Wende in der Rechtspre-

16

---

27 So aber *Emmerich*, in: Emmerich/Habersack, § 15 SpruchG Rn. 26; dagegen auch *Wilske*, in: KK-AktG, § 12 SpruchG Rn. 19.
28 Anders offensichtlich *Leuering/Stein*, Corporate Finance law 2012, 385, 389, unter Berufung auf eine angeblich „allgemeine Meinung" vertreten von *Klöcker* und *Hüffers*.
29 OLG Frankfurt Beschluss vom 10.10.2005 – 20 W 198/05; OLG Stuttgart Beschluss vom 26.10.2006 -20 W 25/05; offen wohl *Wilske*, in: KK-AktG, § 12 SpruchG Rn. 25.
30 Vgl. OLG Düsseldorf Beschluss vom 28.08.2014 – I-26 W 9/12 (AktE) und vom 27.05.2009 – I-26 W 1/07; OLG Celle Beschluss vom 19.04.2007 – 9 W 53/06; sowie ganz h. M., vgl. statt aller *Wilske*, in: KK-AktG, § 12 SpruchG Rn. 23 mit weiteren Nachweisen; nunmehr auch (nach noch abweichender Auffassung in der Vorauflage) *Krenek*, in: Heidel, Aktienrecht und Kapitalmarktrecht, § 12 SpruchG Rn. 9.
31 BGH Beschluss vom 29.09.2015 – II 2 B 23/14 mit weiteren Nachweisen (Rn. 20) über den aktuellen Meinungsstand dem nunmehr auch OLG Frankfurt/Main in Abkehr von seiner früheren Rechtsprechung folgend: Beschluss vom 29.01.2016 – 21 W 70/15.

chung ist kaum zu verstehen und dogmatisch nicht überzeugend, da sie die vom Gesetzgeber intendierte Gleichstellung des gemeinsamen Vertreters mit allen übrigen Beteiligten negiert und auch dem Fortführungsrecht des § 6 Abs. 3 SpruchG widerspricht (was schon innerhalb einer Instanz gilt, muss erst recht über die Instanz hinaus gelten). Gleichwohl ist diese maßgebliche Rechtsansicht de lege lata zu beachten. Es bleibt zu hoffen, dass der Gesetzgeber diese Rechtsansicht alsbald korrigiert, etwa durch entsprechende Ergänzung des § 6 Abs. 3 SpruchG.

17 Ist der Antrag eines Antragstellers (oder sind mehrere Anträge verschiedener Antragsteller) dagegen zurückgewiesen worden, steht die Beschwerdeberechtigung insoweit nur dem oder den betroffenen Antragsteller(n) (§ 59 Abs. 2 FamFG) zu. Dem Antragsgegner (oder mehreren Antragsgegnern) fehlt ohnehin eine ‚Beschwer', wenn alle Anträge vollständig zurückgewiesen worden sind[32]. Aber auch übrige Antragsberechtigte können in diesem Fall infolge der vorgenannten ausdrücklichen Einschränkung des Gesetzgebers keine Beschwerde einlegen. Ein entsprechendes Bedürfnis wird in der Praxis auch kaum anzutreffen sein, da diese übrigen Antragsberechtigten bewusst auf die fristgerechte Antragstellung verzichtet haben.

18 Auf eine besondere Beschwer der Antragsteller oder sonstigen Antragberechtigten kommt es nicht an, weil der Antrag gemäß § 4 Abs. 2 Nr. 4 SpruchG nur auf Festsetzung der Ausgleichszahlung, Zuzahlung oder Abfindung, nicht aber auf einen bestimmten Betrag zu richten ist *[s. dazu § 4 SpruchG Rn. 18]*. Sollte im Antrag gleichwohl eine bestimmte Höhe genannt oder gefordert worden sein, wäre dies unschädlich. Ein solcher Betrag begrenzt weder – schon wegen der Allgemeinwirkung – die Überprüfungspflicht des Gerichts, noch ist dieses daran gebunden. Dementsprechend bleibt es für die Beschwerdeberechtigung unerheblich, ob sich die Entscheidung im Rahmen des Antrags hält oder hinter einem etwa geltend gemachten Betrag zurückbleibt[33]. Es kann also auch dann Beschwerde eingelegt werden, wenn der im Antrag – unnötigerweise – genannte Betrag von der Entscheidung bestätigt oder sogar übertroffen wird, da sich aus der Antragsbegründung weitere Einwendungen gegen die Höhe ergeben können, die – bei richtiger Würdigung – zu einem noch höheren Betrag führen würden. Antragsgegner sind allerdings nur beschwerdeberechtigt, wenn nicht alle Anträge vollständig zurückgewiesen worden sind[34]. Eine wie auch immer geartete Beeinträchtigung ihrer Rechte kann dann nicht vorliegen. Eine etwaige Beschwer des Antragsgegners ist im Falle einer zusprechenden Entscheidung impliziert; im Fal-

---

32 *Wilske*, in: KK-AktG, § 12 SpruchG Rn. 24; *Simon*, in: Simon SpruchG § 12 Rn. 13; *Klöcker*, in: Schmidt/Lutter AktG, § 12 Rn. 6.

33 So zwischenzeitlich ganz h. M.: *Wilske*, in: KK-AktG, § 12 SpruchG Rn. 21, *Kubis*, in: MüKo-AktG 3. Aufl., § 12 SpruchG Rn. 5.; *Hörtnagl*, in: Schmitt/Hörtnagl/Stratz, UmwG, § 12 SpruchG Rn. 5; *Emmerich*, in: Emmerich/Habersack, Aktien- und GmbH-Konzernrecht, § 12 SpruchG Rn. 6; *Krenek*, in: Heidel, Aktienrecht und Kapitalmarktrecht, § 12 SpruchG Rn. 8.

34 *Wilske*, in: KK-AktG, § 12 SpruchG Rn. 24; *Klöcker*, in: Schmidt/Lutter, AktG, § 12 SpruchG Rn. 6.

le einer zurückweisenden Entscheidung fehlt die Beschwer, es besteht aber auch ohnehin keine Beschwerdeberechtigung (s. oben).

Die Beschwerdeberechtigung von Antragstellern hängt nicht davon ab, dass sie im Zeitpunkt der angefochtenen Entscheidung oder insbesondere bei Einlegung der Beschwerde nochmals ihre Antragsberechtigung gemäß § 3 Satz 2 SpruchG nachweisen. Diese Antragsberechtigung ist vielmehr (nur) im Rahmen der Zulässigkeit des erstinstanzlichen Antrags festzustellen *[s. oben § 3 SpruchG Rn. 15 ff.]* und kann zusammen mit der angefochtenen Entscheidung im Rahmen des Beschwerdeverfahrens überprüft werden *[s. oben Rn. 10]*. Sie stellt jedoch keine gesonderte, für die Beschwerdeeinlegung zusätzlich darzulegende oder gar nachzuweisende Antragsberechtigung dar[35]. Dies ergibt sich schon aus dem Wortlaut des Gesetzes, da § 3 Satz 2 SpruchG hinsichtlich des durch die Gesetzesänderung in 2004[36] neu eingeführten Nachweiserfordernisses ausdrücklich (nur) auf den „Zeitpunkt der Antragstellung" und nicht (auch) auf spätere Verfahrensschritte abstellt. Auch der übergreifende § 59 Abs. 2 FamFG weist die Beschwerdeberechtigung einschränkungslos dem „Antragsteller" zu, ohne auf eine etwa fortdauernde Antragsberechtigung oder sogar auf einen erneuten Nachweis der Antragsberechtigung abzustellen. Eine Ausnahme gilt insoweit für Antragsberechtigte, die erstmals Beschwerde einlegen, ohne am erstinstanzlichen Verfahren mitgewirkt zu haben *[s. o. Rn. 15]*. 19

Aber auch inhaltlich ist ein späterer Nachweis der Beschwerdeberechtigung nicht zu begründen (abgesehen von der vorgenannten Ausnahme). Wenn die erstinstanzliche Entscheidung unzutreffend war, muss sie aufgehoben werden können, unabhängig davon, ob sich nach der Entscheidung Antragsberechtigungen geändert haben, zumal Änderungen der Antragsberechtigung nicht einmal die Fortführung des erstinstanzlichen Verfahrens selbst beeinflussen *[s. dazu § 3 SpruchG, Rn. 25 f.]*. Hätte die erstinstanzliche Entscheidung nicht ergehen dürfen, weil etwa die Antragsberechtigung nicht vorlag, so kann diese Überprüfung nicht davon abhängen, ob die Antragsberechtigung auch zum Zeitpunkt der Beschwerdeeinlegung nicht vorlag. Dies entspricht auch allgemein-prozes- 20

---

35 Wie hier auch: *Drescher*, in: Spindler/Stilz, AktG, § 12 SpruchG Rn. 6.; *Simons*, in: Hölters, AktG, § 12 SpruchG, Rn. 12; *Simon*, in: Simon SpruchG § 12 Rn. 12; *Gude*, AG 2005, 233 f.; *Kubis*, in: MüKo-AktG, § 12 SpruchG Rn. 5; so wohl auch *Emmerich*, in: Emmerich/Habersack, Aktien- und GmbH-Konzernrecht, § 12 SpruchG Rn. 6; anders offensichtlich *Wilske*, in: KK-AktG, § 12 SpruchG Rn. 22; *Klöcker*, in Schmidt/Lutter, AktG, § 12 SpruchG Rn. 5; *Volhard*, in: Semler/Stengel, UmwG, § 12 SpruchG Rn. 5; *Büchel* NZG 2003, 793, 800; a. A. *Mennicke* in: Lutter, UmwG, Anh I § 12 SpruchG Rn. 8. Der BGH bezieht sich in seinem Beschluss vom 25.06.2008 – II ZB 39/07 für den Fall eines Delisting-Spruchverfahrens nur auf die Frage, wann im Rahmen der Antragstellung die Antragsberechtigung darzulegen bzw. nachzuweisen ist, nicht jedoch darauf, ob diese Antragsberechtigung auch zu einem späteren Zeitpunkt im Verfahren – etwa bei Beschwerdeeinlegung – nochmals darzulegen und nachzuweisen ist.
36 Vgl. SE-Beteiligungsgesetz vom 22.12.2004 (BGBl 2004 I 3675), Artikel 5 Nr. 2b.

sualen Umständen, da etwa die spätere Abtretung eines Anspruchs nicht (nachträglich) die gerichtliche Geltendmachung dieses Anspruchs einschränkt (§ 265 Abs. 2 Satz 1 ZPO). Soweit die materielle Berechtigung in Frage steht, kommt es ohnehin erst auf den Zeitpunkt der letzten mündlichen Verhandlung an, so dass eine Zwischenprüfung für den Zeitpunkt der Beschwerdeeinlegung unnötig und willkürlich erscheint *[vgl. auch oben § 11 SpruchG Rn. 27 ff.].*

f) Beschwerdewert

21 Die Beschwerde ist nur zulässig, wenn der Wert des Beschwerdegegenstandes 600 Euro übersteigt, § 61 Abs. 1 FamFG. Diese Regelung ist neu und hat keinen Vorläufer im allgemeinen FG-Recht. (Lediglich in besonderen FG-Verfahren war bereits eine Beschwerdewert-Regelung vorgesehen, so bei Zahlungen in Vormundschaftssachen, § 56g Abs. 5 Satz 1 FGG a. F.: 150 Euro). Nach dem Willen des Gesetzgebers soll nun generell in FG-Sachen – wie im allgemeinen Zivilprozess (dessen Berufungs-Beschwerdewert aus § 511 Abs. 2 Nr. 1 ZPO übernommen wurde) – der Grundsatz gelten, dass in vermögensrechtlichen Streitigkeiten kein Rechtsmittel möglich ist, wenn der angestrebte Erfolg in keinem sinnvollen (wirtschaftlichen) Verhältnis mehr zur ergangenen Entscheidung steht[37]. Dies ist insbesondere bei der Beschwerde gegen Kostenentscheidungen *[s. oben Rn. 13 f.]* zu beachten, für die der Beschwerdewert gleichermaßen gilt[38]. Die abweichende Regelung in § 567 Abs. 2 ZPO ist nicht anwendbar (dort muss ein Beschwerdewert von 200 Euro überschritten werden).

22 Werden mehrere Beschwerden unabhängig voneinander gegen dieselbe Entscheidung eingelegt, muss jede einzelne Beschwerde den Beschwerdewert erreichen[39]. Liegen allerdings zwar unabhängige, in der Sache jedoch gleichgerichtete Beschwerden vor, die das gleiche Rechtsschutzziel verfolgen (wie z. B. Streitgenossen im Zivilprozess), so sind die einzelnen Beschwerdewerte zu einem gesamten und dann für alle maßgeblichen Beschwerdewert zu addieren[40]. Dies ist bei den Beschwerden mehrerer Antragsteller gegen dieselbe Entscheidung nach § 11 SpruchG immer der Fall, da ihr Abänderungsinteresse gleich ist.

23 Wird der Beschwerdewert nicht erreicht, kann das Gericht des ersten Rechtszuges die Beschwerde gleichwohl zulassen (§ 61 Abs. 2 FamFG),

---

37 Begr. RegE FGG-RG BT-Drucks. 16/6308, S. 204; so auch *Wilske*, in: KK-AktG, § 12 SpruchG Rn. 19; *Drescher*, in: Spindler/Stilz AktG, § 12 SpruchG Rn. 18; *Volhard*, in: Semler/Stengel UmwG, Anh. § 12 SpruchG Rn. 10b; a. A. *Krenek*, in: Heidel, Aktienrecht und Kapitalmarktrecht, § 12 SpruchG Rn. 9a, der § 61 Abs. 1 FamFG für nicht anwendbar hält, weil bei vielen Anteilseignern der Wert ihrer Beschwer gar nicht feststellbar sei und sie jedenfalls mit nur einer Aktie diesen Wert kaum je erreichen würden.
38 So ausdrücklich Begr. RegE FGG-RG BT-Drucks. 16/6308 S. 204.
39 *Meyer-Holz*, in: Keidel FamFG, § 61, Rn. 14.
40 H.M., vgl. zuletzt OLG München, Beschluss vom 05.05.2015 – 31 Wx 366/13; *Meyer-Holz*, in: Keidel FamFG, § 61, Rn. 14.

wenn die Rechtssache grundsätzliche Bedeutung hat oder die Fortbildung des Rechts oder die Sicherung einer einheitlichen Rechtsprechung eine zweitinstanzliche Entscheidung erfordern (§ 61 Abs. 2 Satz 1). Das OLG ist an diese Zulassung gebunden (§ 61 Abs. 2 Satz 2 FamFG). *[Zu diesen Fragen wird ergänzend auf die einschlägige Kommentierung zu § 61 FamFG verwiesen[41]].*

g) Kein Verzicht auf die Beschwerde

Die Beschwerde ist unzulässig, wenn der Beschwerdeführer nach Zustellung des Beschlusses gegenüber dem (erstinstanzlichen) Gericht oder gegenüber einem anderen Beteiligten auf die Beschwerde verzichtet hat (§ 67 Abs. 1, 3 FamFG). Der Verzicht gegenüber einem anderen Beteiligten ist allerdings nur dann beachtlich, wenn sich der Beteiligte auf diesen Verzicht beruft (§ 67 Abs. 3 FamFG). Diese Neuregelung durch die FG-Reform hat keinen Vorläufer im alten Recht und soll der Rechtsklarheit dienen, nachdem zwar schon bislang anerkannt war, dass ein solcher Verzicht grundsätzlich zulässig war, aber nicht im Einzelnen geklärt schien[42]. *[Zu den Einzelheiten wird auf die einschlägige Kommentierung zu § 67 FamFG verwiesen[43]].* 24

2. Einlegung der Beschwerde (Abs. 1 Satz 2)

Die Beschwerde ist beim erstinstanzlichen Gericht (das die angefochtene Entscheidung erlassen hat) fristgerecht durch einen von einem Rechtsanwalt unterzeichneten Schriftsatz einzulegen. Infolge des Generalverweises in § 17 Abs. 1 SpruchG auf die Vorschriften des FamFG wird im Folgenden nur ein Überblick über die maßgeblichen Regelungen des Beschwerdeverfahrens gegeben und wegen der weiteren Einzelheiten auf die einschlägige Kommentierung zu §§ 58 ff. FamFG verwiesen. Als insoweit einzige Besonderheit wird für das Spruchverfahren – insofern abweichend von den übrigen FG-Verfahren – angeordnet, dass eine Beschwerdeschrift eingelegt und diese von einem Rechtsanwalt unterzeichnet werden muss. 25

a) Beschwerdegericht

Beschwerdegericht ist das Oberlandesgericht, § 119 Abs. 1 Nr. 2 GVG. Diese Zuständigkeit ist gegenüber der früheren Rechtslage vor der FG-Reform unverändert, auch wenn der ausdrückliche Hinweis im früheren Abs. 2 Satz 1 SpruchG a. F., der im Anschluss an die FG-Reform ersatzlos weggefallen ist, seither durch die allgemeine Zuständigkeitsregelung im GVG ersetzt wird. Gleichwohl ist die Beschwerde beim Landgericht als erstinstanzlichem Gericht einzulegen, das den angefochtenen Beschluss erlassen hat (§ 64 Abs. 1 Satz 1 FamFG). Dies stellt eine Änderung ge- 26

---

41 Vgl. etwa *Meyer-Holz*, in: Keidel FamFG, § 61, Rn. 6 ff. (Beschwerdewert), Rn. 24 ff. (Zulassung der Beschwerde).
42 Begr. RegE BT-Drucks. FGG-RG 16/6308, S. 207. *Sternal*, in: Keidel FamFG, § 67, Rn. 1.
43 Vgl. etwa *Sternal*, in: Keidel FamFG, § 67, Rn. 3 ff.

SpruchG § 12 Beschwerde

genüber dem früheren Recht vor der FG-Reform dar, als die Beschwerde entweder beim Landgericht oder aber auch direkt beim Beschwerdegericht (OLG) eingelegt werden konnte (§ 21 Abs. 1 FGG a. F.). Das erstinstanzliche Gericht soll auf diese Weise die Gelegenheit erhalten, seine Entscheidung – insbesondere vor dem Hintergrund der Beschwerdebegründung – überprüfen und ggfs. abändern zu können[44]. Hilft das erstinstanzliche Gericht der Entscheidung nicht ab, reicht es die Beschwerde weiter an das örtlich zuständige Oberlandesgericht (§ 68 Abs. 1 Satz 1 FamFG). *[Zur Regelung einer Verfahrenskonzentration für die Oberlandesgerichte s. unten Rn. 73, 74].*

27 Wird die Beschwerde gleichwohl direkt beim Oberlandesgericht – oder bei einem anderen unzuständigen Gericht – eingelegt, so wahrt dies nicht die Beschwerdefrist[45]. Das empfangende Gericht ist dann gehalten, im Rahmen des „ordnungsgemäßen Geschäftsgangs" die Beschwerde an das zuständige (erstinstanzliche) Landgericht weiter zu leiten[46]. Die Beschwerdefrist wird jedoch nur gewahrt, wenn die Beschwerde noch fristgerecht beim zuständigen Gericht eingeht[47]. Den Zeitverlust durch etwaige „Irrläufer" muss der Beschwerdeführer also gegen sich gelten lassen. Er kann sich allerdings – etwa im Rahmen einer Wiedereinsetzung in den vorigen Stand *[dazu nachstehend Rn. 33]* – darauf berufen, dass das empfangene Gericht etwa versäumt habe, die Beschwerde im ordnungsgemäßen Geschäftsgang, also ohne pflichtwidrige Verzögerungen an das zuständige Gericht weiterzuleiten[48].

b) Beschwerdefrist

28 Die Beschwerde muss innerhalb eines Monats eingelegt werden (§ 63 Abs. 1 FamFG). Dies stellt eine erhebliche Erleichterung gegenüber dem früheren Recht vor der FG-Reform dar, als die (damals noch ‚sofortige') Beschwerde innerhalb von zwei Wochen eingelegt werden musste. Maßgeblich für den Fristbeginn ist die Zustellung (§ 11 Abs. 3 SpruchG) der erstinstanzlichen Entscheidung an den Beschwerdeberechtigten. Durch diese unveränderte Sonderregelung des SpruchG, die dem streitigen Charakter des Spruchverfahrens entspricht, wird die allgemeine Regelung des § 63 Abs. 3 FamFG verdrängt, die hinsichtlich des Fristbeginns (nur) auf eine schriftliche Bekanntgabe des Beschlusses an die Beteiligten abstellt.

29 Für einen wirksamen Fristbeginn kommt es auf die Zustellung eines ordnungsgemäßen Schriftstücks an die Beteiligten an, das den Inhalt („Te-

---

44 Begr. RegE BT-Drucks. FGG-RG 16/6308, S. 207.
45 Ständige. Rechtsprechung, vgl. zuletzt BGH Beschluss vom 29.03.1993 – NotZ 14/92; *Sternal*, in: Keidel, FamFG, § 64 Rn. 7; *Wilske*, in: KK-AktG, § 12 SpruchG Rn. 29; *Krenek*, in: Heidel, Aktienrecht und Kapitalmarktrecht, § 12 SpruchG Rn. 3.
46 BVerfG Beschluss vom 17.01.2006 – 1 BvR 2558/05; BGH Beschluss vom 17.08.2011 – XII 2B 50/11.
47 BGH Beschluss vom 16.04.2002 – VI ZB 23/00.
48 Vgl. *Sternal*, in: Keidel, FamFG, § 64, Rn. 7; *Krenek*, in: Heidel, Aktienrecht und Kapitalmarktrecht, § 12 SpruchG Rn. 3.

nor") und die Adressaten der Entscheidung eindeutig erkennen lässt. Formfehler oder sonstige Mängel der Entscheidung, insbesondere auch das Fehlen einer vollständigen oder überhaupt einer Begründung, die ja gemäß § 11 Abs. 1 SpruchG vorgeschriebenen ist, führen zwar zur Rechtswidrigkeit und damit zur Aufhebbarkeit des Beschlusses. Sie berühren jedoch nicht die Wirksamkeit der Entscheidung und damit den Lauf der Beschwerdefrist[49]. Denn sowohl § 11 Abs. 3 SpruchG als auch § 63 Abs. 3 Satz 1 FamFG stellen nur auf die Zustellung der Entscheidung bzw. die – für das Spruchverfahren nicht weiter bedeutsame – Bekanntgabe des Beschlusses ab, nicht aber auf die inhaltliche Ordnungsmäßigkeit des Beschlusses. Die weitergehende Anforderung in § 517 ZPO für Berufungen („Zustellung des in vollständiger Form abgefassten Urteils"), die auch auf Familiensachen nach altem Recht bis 2009 anwendbar war (§ 621e Abs. 3 ZPO a. F.), gilt nicht für das FamFG und damit auch nicht für Spruchverfahren[50]. Dies erscheint auch gerechtfertigt, da die Einhaltung der Rechtsmittelfrist nicht mit der Beurteilung belastet werden sollte, ob die Entscheidung auch vollständig abgefasst oder begründet ist.

Immerhin wird aus dem (zugestellten) Tenor des Beschlusses hinreichend 30 klar, ob und inwieweit dem eigenen Anliegen Rechnung getragen worden ist und ob daher Beschwerde eingelegt werden soll oder muss. Sollte dies ausnahmsweise einmal nicht der Fall sein, sich das Erfordernis der Beschwerdeeinlegung also erst aus der späteren Analyse der Begründungsdetails ergeben, besteht in diesen Fällen die Möglichkeit zur Wiedereinsetzung in den vorigen Stand (§ 17 Abs. 1 FamFG). Dies gilt zwingend für die – auch im Spruchverfahren erforderliche (*vgl. oben § 11 SpruchG Rn. 22*) – Rechtsbehelfsbelehrung, deren Fehlen oder Fehlerhaftigkeit von ebenso großer Bedeutung sein kann wie das Fehlen oder die Fehlerhaftigkeit der Beschlussbegründung, deren Fehlen aber ebenfalls nicht den Beginn der Beschwerdefrist verhindert, sondern lediglich einen Anspruch auf Wiedereinsetzung in den vorigen Stand gewährt. Im vorliegenden Fall einer fehlenden oder fehlerhaften Beschlussbegründung ist in Analogie zu § 17 Abs. 2 FamFG gleichermaßen die Schuldlosigkeit des Beschwerdeführers zu vermuten wie beim Fehlen bzw. der Fehlerhaftigkeit der Rechtsbehelfsbelehrung, umso mehr wenn die zur Beschwerde-

---

49 Vgl. *Meyer-Holz*, in: Keidel, FamFG, § 38 Rn. 73; *Puzkajler*, in: KK-AktG § 11 SpruchG Rn. 18; im Falle von Formfehlern so auch *Sternal*, in: Keidel, FamFG, § 63 Rn. 24, der allerdings – zu Unrecht – für den Fall eines unvollständig oder überhaupt nicht begründeten Beschlusses – unter Verweis auf eine insoweit nicht einschlägige Rechtsprechung (vgl. nachstehende FN) – den Lauf der Rechtsmittelfrist nicht in Gang setzen will; a. A. *Feskorn*, in: Zöller ZPO, § 63 FamFG Rn. 5; *Reichold*, in: Thomas/Putzo, § 63 FamFG Rn. 2.
50 Die insoweit in der Literatur zitierten Entscheidungen des BGH, Urteil vom 31.05.1990 – VII ZP 1/90, betreffen ein zivilprozessuales Verfahren und des OLG Köln, Beschluss vom 19.02.2001 – 25 UF 257/00, ein Scheidungsverbundurteil nach altem Recht, § 621e Abs. 3 Satz 2 ZPO, das ausdrücklich auf § 517 ZPO verwiesen hatte.

Fritzsche

SpruchG § 12 Beschwerde

einlegung führenden Aspekte der Beschlussbegründung auch für einen anwaltlichen Vertreter nicht zu erkennen waren[51].

31 Für die Berechnung der Frist gelten die § 222 ZPO (Hinweis auf die Berechnungsvorschriften des BGB), § 224 Abs. 2 und 3 ZPO (Abkürzung und Verlängerung von Fristen) sowie § 225 ZPO (Verfahren bei Friständerung) entsprechend, vgl. § 16 Abs. 2 FamFG. Dies bedeutet keine sachliche Änderung zur früheren Rechtslage vor der FG-Reform, als § 17 Abs. 1 FGG a. F. direkt auf die Vorschriften des BGB verwiesen hatte. Wichtig ist vor allem, dass unverändert der Tag der Zustellung nicht mitgezählt wird (§ 187 Abs. 1 BGB) und die Frist mit dem folgenden Werktag abläuft, wenn der letzte Tag der Frist auf einen Sonnabend, Sonn- oder Feiertag fällt (§ 222 Abs. 2 ZPO). Da die Zustellung im Falle mehrerer Beschwerdeberechtigter an jeden von ihnen anders erfolgen und darüber hinaus die Fristberechnung (z. B. infolge örtlicher Feiertage) abweichend ausfallen kann, ist es durchaus möglich, dass die Beschwerdefrist für verschiedene Beschwerdeberechtigte unterschiedlich abläuft.[52]

32 Abweichend vom früheren Recht vor der FG-Reform sieht § 63 Abs. 3 Satz 2 FamFG vor, dass die Beschwerdefrist spätestens mit Ablauf von fünf Monaten nach Erlass des Beschlusses beginnt, sofern die ‚schriftliche Bekanntgabe' an einen Beteiligten aus rechtlichen oder tatsächlichen Gründen nicht bewirkt werden kann. Nach der Rechtsprechung findet diese Vorschrift auch auf ‚Zustellungen' Anwendung[53], so dass sie auch für Spruchverfahren gilt. Kann also einem Beschwerdeberechtigten die erstinstanzliche Entscheidung aus rechtlichen oder tatsächlichen Gründen nicht zugestellt werden, würde seine Beschwerdefrist unabhängig von einer u. U. später doch noch bewirkten Zustellung jedenfalls sechs Monate nach Erlass des Beschlusses, d. h. seinem Verlesen oder seiner Übergabe an die Geschäftsstelle ablaufen. *[Zu den weiteren Einzelheiten vgl. die Kommentierung zu § 63 FamFG].*

33 Anders als bei der Antragsfrist *[dazu oben § 4 SpruchG 5]* handelt es sich bei der Beschwerdefrist um keine Ausschlussfrist; bei unverschuldeter Versäumnis ist daher eine Wiedereinsetzung in den vorigen Stand gemäß § 17 Abs. 1 FamFG möglich[54]. Dies entspricht der früheren Rechtslage vor

---

51 Bei einer Wiedereinsetzung in den vorigen Stand wegen fehlender Rechtsmittelbelehrung geht die ständige Rechtsprechung demgegenüber davon aus, dass bei anwaltlicher Vertretung die Rechtsmittelfristen ohnehin bekannt sein sollten und eine Ursächlichkeit zwischen Belehrungsmangel und Fristablauf kaum darzustellen sein wird, vgl. zuletzt BGH Beschluss vom 27.02.2013 – XII ZB 6/13 und Beschluss vom 13.06.2012 – XII ZB 592/11.
52 So auch *Wilske*, in: KK-AktG, § 12 SpruchG Rn. 26; dies gilt im Übrigen gleichermaßen auch für andere Verfahren des FamFG, vgl. Sternal, in: *Keidel*, FamFG, § 63, Rn. 20.
53 BGH Beschluss vom 10.07.2013 – XII ZB 411/12; BGH Beschluss vom 07.07.2004 – XII ZB 12/03; so auch *Sternal*, in: Keidel, FamFG, § 63 Rn. 43; *Wälzholz*, in: Widmann/Mayer UmwG, Anh. 13 § 12 SpruchG Rn. 6.2.
54 Ganz h. M., vgl. statt aller *Sternal*, in: Keidel FamFG, § 17 Rn. 12 ff.

der FG-Reform (§ 22 Abs. 2 FGG a. F.), allerdings ist der Anwendungsbereich über den Beschwerdeführer hinaus auf jeden Beteiligten erweitert worden. Abweichend vom früheren Recht vor der FG-Reform ist nun in § 17 Abs. 2 FamFG angeordnet, dass beim Fehlen oder bei Fehlerhaftigkeit der erforderlichen Rechtsbehelfsbelehrung *[s. oben § 11 SpruchG Rn. 22]* vermutet wird, dass kein Verschulden vorliegt[55]. Nach früherem Recht bestand kein solches Erfordernis einer Rechtsbehelfsbelehrung, so dass ihr Fehlen auch keine Auswirkung auf ein etwaiges Versäumnisverschulden hatte[56]. *[Zu den weiteren Voraussetzungen vgl. die Kommentierung zu den §§ 17 ff. FamFG.]*

Der Fristbeginn, also Erlass bzw. Zustellung des Beschlusses, wird nicht dadurch verändert, dass ein Antrag auf Berichtigung des Beschlusses (etwa auch Tatbestandsberichtigung) *[s. oben Rn. 4]* gemäß § 42 FamFG gestellt wird. Im Erfolgsfalle wird zwar eine entsprechende Berichtigung ausgesprochen und auf dem Beschluss vermerkt (§ 42 Abs. 2 Satz 1 FamFG); die betreffende Entscheidung kann auch gesondert mit der sofortigen Beschwerde angefochten werden (§ 42 Abs. 3 Satz 2 FamFG). Eine Veränderung des ursprünglichen Beschlusses findet jedoch nicht statt, so dass auch der Verlauf der Beschwerdefrist nicht verändert wird[57]. Dies kann sogar dazu führen, dass infolge der Berichtigung der Gegenstand der Beschwerde leer läuft, oder die Beschwerdefrist bereits abgelaufen ist, bevor der Berichtigungsbeschluss ergeht[58]. 34

Nur wenn der berichtete Beschluss so stark vom ursprünglichen Beschluss abweicht, dass erst dadurch die Notwendigkeit einer Rechtsmitteleinlegung erkennbar wird, kann es ausnahmsweise gerechtfertigt sein, eine etwa bereits abgelaufene Beschwerdefrist wieder zu eröffnen[59]. Dafür wäre dann die vorstehend *[Rn. 33]* dargestellte Möglichkeit der Wiedereinsetzung in den vorigen Stand gemäß § 17 Abs. 1 FamFG nutzbar zu machen[60], zumal die in § 12 Abs. 1 SpruchG ausdrücklich statuierte Möglichkeit zur Beschwerde nicht durch einen Irrtum des erstinstanzlichen Gerichts beeinträchtigt oder vereitelt werden darf[61]. Als Umstände, die eine Fristversäumung begründen können, sind alle tatsächlichen Ereignisse heranzuziehen, also neben Naturereignissen und unabwendbaren 35

---

55 Begr. RegE FGG-RG BT Drucks. 16/6308, S. 183.
56 *Sternal*, in: Keidel FamFG § 17 SpruchG Rn. 1; *Klöcker*, in: Schmidt/Lutter AktG, § 12 Rn. 7.
57 BGH Beschluss vom 24.06.2003 – VI ZB 10/03; *Meyer-Holz*, in: Keidel FamFG, § 42 Rn. 42.
58 BGH Urteil vom 09.12.1983 – V ZR 21/83 und Urteil vom 09.11.1994 – XII ZR 184/93.
59 BGH Beschluss vom 12.02.2004 – V ZR 125/03; *Meyer-Holz*, in: Keidel FamFG, § 42 Rn. 44.
60 Anders *Meyer-Holz*, in: Keidel FamFG, § 42 Rn. 44, der – ohne weitere gesetzliche Anknüpfung – eine neue Beschwerdefrist mit der schriftlichen Bekanntgabe des Berichtigungsbeschlusses laufen lassen will.
61 BGH Beschluss vom 17.01.1991 – VII ZB 13/90, vom 05.11.1998 – VII ZB 24/98 und vom 12.02.2004 – V ZR 125/03.

Zufällen eben auch nicht vorhersehbare Tatsachen[62]. Der Katalog für die möglichen Hindernisse zur Einhaltung der Frist ist eher weit zu fassen; lediglich rechtliche Umstände sind nicht zu berücksichtigen (z. B. Rechtsänderungen, Verletzung des rechtlichen Gehörs, rechtliche Irrtümer).

36 Im Fall einer Beschlussergänzung gemäß § 43 FamFG, die innerhalb von zwei Wochen nach Zustellung des Beschlusses etwa wegen nicht vollständig behandelter Anträge oder unterbliebener Kostenentscheidung zu beantragen ist, bleibt dagegen der ursprüngliche Beschluss unberührt. Wird eine nachträgliche Ergänzung des – bis dahin – unvollständigen ersten Beschlusses vorgenommen, muss dies durch einen – autonomen – zweiten Beschluss erfolgen. Es liegen dann zwei gesonderte Beschlüsse vor, die jeweils in gesondert laufenden Beschwerdefristen angefochten werden können – und müssen[63].

37 Da der zweite Beschluss grundsätzlich nicht eine Veränderung der im ersten Beschlusses enthaltenen Entscheidungen bewirkt, sondern zusätzliche Entscheidungen herbeiführt, besteht kein Bedürfnis, die Rechtsmittelfrist gegen den ersten Beschluss – etwa in Anlehnung an § 518 ZPO – mit Zustellung des zweiten Beschlusses erneut beginnen zu lassen. Es erscheint nicht gerechtfertigt, hier von einer planwidrigen Regelungslücke des Gesetzgebers zu sprechen, der ausdrücklich die Verfahrensregelungen des FamFG den zivilprozessualen Regelungen der ZPO anpassen wollte[64]. Vielmehr wäre es willkürlich, an dieser Stelle von einer Lücke zu sprechen, nachdem auch an vielen anderen Stellung die ZPO-Regelungen nicht lückenlos oder aber nur in abgewandelter Form übernommen worden sind.

38 Richtigerweise besteht in diesem Fall auch kein Bedarf für eine solche analoge Anwendung des § 518 ZPO, zumal sie nur während der Dauer der Beschwerdefrist gegen dem ersten Beschluss eingreifen würde. Unerfindlich bleibt auch, warum eine solche Fristverlängerung für die Beschwerde gegen den ersten Beschluss nur gelten soll, wenn die Beschlussergänzung innerhalb der ersten Beschwerdefrist erfolgt ist, nicht aber auch für eine spätere Beschlussergänzung. Richtig ist vielmehr, auch für diesen seltenen, wohl eher theoretischen Fall, dass eine Beschwer aus dem ersten Beschluss erst durch den Ergänzungsbeschluss verursacht wird, die Regelung des § 17 Abs. 1 FamFG nutzbar zu machen *[s. oben Rn. 35]*. Der Erlass des Ergänzungsbeschlusses stellt dann einen tatsächlichen Umstand dar, dessen fehlende Kenntnis bislang das Einlegen der Beschwerde gegen den ersten Beschluss – ohne Verschulden des Beschwerdeberechtigten – verhindert hatte, so dass dem Beschwerdeberechtigten die Wiedereinsetzung in die Beschwerdefrist zu gewähren ist.

39 Wird eine Beschwerde nach Ablauf der Beschwerdefrist eingelegt, so ist sie unzulässig und zurückzuweisen. Sie kann aber in eine – zulässi-

---

62 *Sternal*, in: Keidel FamFG, § 17 Rn. 11.
63 *Meyer-Holz*, in: Keidel FamFG, § 43 Rn. 16.
64 Begr. RegE FGG-RG BT-Drucks. 16/6308, S. 163 f.

c) Form und Inhalt der Beschwerde

Im Hinblick auf Form und Inhalt der Beschwerde gelten – mit zwei Ausnahmen – die allgemeinen Regelungen des § 64 FamFG. Die beiden Besonderheiten bestehen darin, dass die Beschwerde nur durch einen Schriftsatz eingelegt werden kann, also nicht zur Niederschrift der Geschäftsstelle des Gerichts, und dass die Beschwerdeschrift durch einen Rechtsanwalt unterzeichnet sein muss, also nicht durch den Beschwerdeführer oder einen sonstigen Bevollmächtigten (§ 12 Abs. 1 SpruchG). Diese unveränderten – schon nach bisherigem Recht vor der FG-Reform geltenden – Anforderungen erscheinen sinnvoll, da es in der zweiten Instanz neben der ergänzenden Überprüfung des tatsächlichen Sachverhaltes im Regelfall vor allem um Rechtsfragen gehen wird. Die dafür zweckmäßige Vorklärung durch einen Juristen soll durch die Schriftsatzform und dessen Unterzeichnung sichergestellt werden.[66] „Rechtsanwalt" ist gemäß § 4 Satz 1 BRAO so zu verstehen, dass es sich um eine/n von einer deutschen Rechtsanwaltskammer gemäß §§ 4 ff. BRAO zugelassenen Juristin/en handelt (einschließlich eingegliederter europäischer Rechtsanwälte); eine besondere Zulassungspflicht des Anwaltes beim Beschwerdegericht (Lokalisierung) besteht seit der Aufhebung der §§ 18 ff. BRAO im Jahre 2007 nicht mehr. 40

Demgegenüber besteht – wie bisher auch – kein Anwaltszwang für das weitere Verfahren, da Abs. 1 Satz 2 ausdrücklich nur die Einlegung der Beschwerdeschrift erfasst, nicht dagegen weitere Schriftsätze, das Erscheinen in der mündlichen Verhandlung, die Einlegung von Beschwerden gegen Zwischen- oder Nebenentscheidungen, Ablehnungsgesuche oder Beschwerden dagegen, wie dies auch im Allgemeinen in FamFG-Verfahren nicht der Fall ist[67]. Ob diese Freistellung vom – im Zivilprozess üblichen – Anwaltszwang angesichts der regelmäßig schwierigen Sach- und Rechtsprobleme sinnvoll ist, kann mit Recht bezweifelt werden. Soweit ersichtlich, werden praktisch alle Spruchverfahren von Rechtsanwälten geführt, sofern nicht der Antragsteller eine Organisation ist, die ihrerseits Rechtsanwälte beschäftigt. 41

---

65 BGH Beschluss vom 23.06.2004 – IV ZB 9/04 (im konkreten Fall wurde die Umdeutung in ein Anschlussrechtsmittel allerdings verneint, da es ausdrücklich als „selbständige Anschlussberufung" bezeichnet worden war); *Sternal*, in: Keidel FamFG, § 66 Rn. 4.
66 BGH Beschluss vom 19.09.1979 – IV ARZ 33/79.
67 *Sternal*, in: Keidel FamFG, § 64 Rn. 50; *Wilske*, in: KK-AktG, § 12 SpruchG Rn. 35, 47; *Volhard*, in: Semler/Stengel, UmwG, § 12 SpruchG Rn. 7, 10c; *Wälzholz*, in: Widmann/Mayer, UmwG, Anh. 13 § 12 SpruchG Rn. 12; *Klöcker*, in: Schmidt/Lutter AktG, § 12 Rn. 10.

SpruchG § 12 Beschwerde

42 Zu den allgemeinen Anforderungen an Form und Inhalt der Beschwerdeschrift, insbesondere zu ihrer Begründung, die nur erfolgen „soll", aber nicht erfolgen „muss" (§ 65 Abs. 1 FamFG)[68], ergeben sich keine spezifischen Besonderheiten des Spruchverfahrens, so dass auf die allgemeine Kommentierung der §§ 64, 65 FamFG verwiesen werden kann. Die Beschwerde muss den angefochtenen Beschluss bezeichnen und deutlich machen, üblicherweise in einem Antrag, dass gegen den Beschluss Beschwerde eingelegt wird (§ 64 Abs. 2 Satz 3 FamFG). Fehlt eine solche (genaue) Bezeichnung des angefochtenen Beschlusses und die Erklärung bzw. ein entsprechender Antrag, wobei nicht der Begriff „Beschwerde verwendet werden muss, sondern jeder ähnliche Terminus ausreicht[69], und wird infolgedessen kein identifizierbarer Beschluss und dessen Anfechtung erkennbar, ist die Beschwerde als unzulässig abzuweisen.

43 Angesichts des regelmäßig bedeutenden wirtschaftlichen Hintergrundes von Anträgen im Spruchverfahren dürfte es höchst ungewöhnlich sein, im Rahmen der Beschwerde von einer Begründung abzusehen. Etwas anderes mag für Anschluss-Beschwerdeführer gelten *[s. nachstehend Rn. 46]*, die sich dann auch inhaltlich auf die Hauptbeschwerde beziehen. Gleichwohl hat der Gesetzgeber keine Verpflichtung zur Begründung angeordnet, sondern die Begründung nur zur Verfahrensförderung empfohlen mit dem ausdrücklichen Hinweis, dass eine fehlende Begründung nicht zur Verwerfung der Beschwerde als unzulässig führen könne[70]. Das ist zu respektieren, so dass auch keine „Obliegenheit" des Beschwerdeführers zur Begründung anzunehmen ist (welche Rechtsfolgen sollten damit auch verbunden sein?)[71]. Immerhin kann das Beschwerdegericht oder der Vorsitzende dem Beschwerdeführer eine Frist zur Begründung einräumen (§ 65 Abs. 2 FamFG). Aber auch deren Versäumung führt weder zur Unzulässigkeit der Beschwerde noch zur Präklusion späteren Vorbringens[72]. Im Fall einer solchen – in der Praxis kaum vorstellbaren – Inaktivität des Beschwerdeführers ist das Beschwerdegericht darauf angewiesen, die erforderlichen Informationen aus dem erstinstanzlichen Verfahren zu entnehmen und ergänzend von Amts wegen zu ermitteln (§ 26 FamFG), ggfs. unter Befragung der Beteiligten (§ 27 Abs. 2 FamFG).

44 Die Beschwerde darf nicht unter einer Bedingung eingelegt werden, da sie als Verfahrenshandlung unmittelbare Rechtswirkungen erzeug und kein Unklarheit erzeugender Schwebezustand bestehen darf,

---

68 *Gude* AG 2005, 233, 237, stellt klar, dass keine besondere Begründungspflicht besteht.
69 *Sternal*, in: Keidel FamFG, § 64 Rn. 27; *Klöcker*, in: Schmidt/Lutter AktG, § 12 Rn. 8.
70 Begr. RegE FGG_RG BT-Drucks. 16/6308, S. 206.
71 OLG Frankfurt a.M., Beschluss vom 30.08.2012 – 21 W 14/11; *Wilske*, in: KK-AktG, § 12 SpruchG Rn. 38; *Sternal*, in: Keidel FamFG, § 65 Rn. 4.
72 So zutreffend *Sternal*, in: Keidel FamFG, § 65 Rn. 4; *Klöcker*, in: Schmidt/Lutter AktG, § 12 Rn. 8; *Netzer*, ZNotP 2009, 303, 305 f.; a. A. *Wilske*, in: KK-AktG, § 12 SpruchG Rn. 38 unter Berufung auf *Abramenko*, AnwBl 2010, 117, 121; *Drescher*, in: Spindler/Stilz AktG, § 12 SpruchG Rn. 5.

ob nun – oder ob nicht – ein Rechtsmittelverfahren eingeleitet worden ist[73]. Bestehen insofern Zweifel, ist eine Auslegung nach dem objektiven Erklärungswert vorzunehmen. Kommt der Wille zur (nur) bedingten Beschwerdeeinlegung nicht eindeutig zum Ausdruck, ist nach der Rechtsprechung allerdings davon auszugehen, dass die Beschwerde unbedingt eingelegt werden sollte[74]. An diesem klaren Grundsatz sollte festgehalten werden, auch wenn vereinzelt sogenannte ‚innerprozessuale Bedingungen' oder ‚Rechtsbedingungen' für zulässig gehalten werden[75]. Von der bedingten Einlegung der Beschwerde sind bedingte, also hilfsweise gestellte Anträge zu unterscheiden, deren Zulässigkeit und Begründetheit nach dem jeweils maßgeblichen Recht zu überprüfen ist, die aber nicht das Beschwerdeverfahren berühren. Wird einem hilfsweise gestellten Antrag stattgegeben, kann dies nicht dazu führen, dass ein bislang nicht anhängiges oder nur schwebendes Verfahren nunmehr (rückwirkend?) anhängig wird; ebenso kann die Zurückweisung eines hilfsweise gestellten Antrages (als unzulässig oder unbegründet) nicht dazu führen, dass das Beschwerdeverfahren (rückwirkend?) nicht mehr anhängig ist.

d) Anschlussbeschwerde

Mangels einer spezifischen Regelungen für das Spruchverfahren findet die allgemeine Regelung des § 66 FamFG Anwendung, nach der sich jeder Beschwerdeberechtigte *[dazu siehe oben Rn. 15–17]* einer bereits eingelegten Beschwerde anschließen kann, auch wenn er selbst auf die Einlegung einer Beschwerde verzichtet hat oder ihm gegenüber die Beschwerdefrist abgelaufen ist[76]. Dies galt auch schon vor der FG-Reform[77]. Diese Anschlussbeschwerde bleibt ‚unselbständig', hängt also vom Schicksal der Hauptbeschwerde ab[78], der sich der Beteiligte mit seiner Anschlussbeschwerde ‚angeschlossen' hat. Insbesondere wird die Anschlussbeschwerde unwirksam, wenn die Hauptbeschwerde zurückgenommen oder als unzulässig verworfen (§ 66 Satz 2 FamFG) oder auf andere Weise erledigt wird[79]. Sie kann nicht eigenständig nach dem Wegfall der Hauptbeschwerde aufrechterhalten werden[80]. 45

Voraussetzung für die Anschlussbeschwerde ist die Anhängigkeit einer Hauptbeschwerde, die also bereits wirksam eingelegt sein muss. Weiterhin darf der Anschluss-Beschwerdeführer nicht nach Einlegung der 46

---

73 *Sternal*, in: Keidel FamFG, § 64 Rn. 21.
74 BGH NJW-RR 2012, 755.
75 So *Sternal*, in: Keidel FamFG, § 64 Rn. 22 mit Hinweis auf verschiedene OLG Entscheidungen, die allerdings nicht dieses Rechtsauffassung stützen, vgl. BayObLG Beschluss vom 09.02.2001 – 1 Z BR 1/01, Beschluss vom 03.04.1990 – BReg 1 a Z 70/89, und Beschluss vom 07.07.1989 – BReg 1 a Z 45/88.
76 *Wilske*, in: KK-AktG, § 12 SpruchG Rn. 31; *Klöcker*, in: Schmidt/Lutter AktG, § 12 Rn. 7.
77 Vgl. die Vorauflage § 12 Rn. 13, und *Wilske*, in: KK-AktG, § 12 SpruchG Rn. 31.
78 BGH Beschluss vom 16.03.1983 – IVb ZB 807/80; *Preuß NZG 2009*, 961, 965.
79 BayObLG Beschluss vom 19.10.1995 – 3 Z BR 17/90.
80 *Sternal*, in: Keidel FamFG, § 66 Rn. 21.

Fritzsche

Hauptbeschwerde durch Erklärung gegenüber dem Gericht oder einem anderen Beteiligten auf die (Anschluss-) Beschwerde verzichtet haben, § 67 Abs. 2 FamFG *[vgl. dazu oben Rn. 24]*. Die Anschlussbeschwerde kann wie die Beschwerde nur durch einen Schriftsatz eingelegt werden, der von einem Rechtsanwalt unterzeichnet sein muss (§ 12 Abs. 1 SpruchG gilt gleichermaßen) und deutlich machen sollte, dass es sich um eine „Anschlussbeschwerde" handelt. Im Übrigen gelten die gleichen Anforderungen wie für die Beschwerdeeinlegung *[s. oben Rn. 25 ff., 40 ff.]*. Der Anschluss-Beschwerdeführer hat dann die gleichen Rechte und Pflichten wie jeder andere Beteiligte im Beschwerdeverfahren. Das Beschwerdegericht hat über die Anschlussbeschwerde ebenso zu entscheiden wie über die Hauptbeschwerde, üblicherweise gleichzeitig, möglicherweise aber auch getrennt[81]. Dabei ist zu beachten, dass keine Sachentscheidung über die Anschlussbeschwerde ergehen sollte, solange nicht über die Zulässigkeit der Hauptbeschwerde entschieden ist. Denn bei Unzulässigkeit der Hauptbeschwerde würde die Anschlussbeschwerde wirkungslos und damit auch jede über sie ergangene Entscheidung. *[Zu den weiteren Einzelheiten wird auf die Kommentierung zu § 66 FamFG verwiesen]*.

47 Denkbar und zulässig sind auch weitere Anschlussbeschwerden an die Hauptbeschwerde, für die dann gleiches gilt wie vor. Nur theoretisch denkbar, in der Praxis aber unnötig ist die Anschließung einer späteren Anschlussbeschwerde an eine bereits eingelegte Anschlussbeschwerde[82]. Zwar wird dies durch den Gesetzeswortlaut in § 66 Abs. 1 Satz 1 FamFG nicht ausgeschlossen, der lediglich an eine „Beschwerde" anknüpft, nicht an eine Hauptbeschwerde (etwa unter Ausschluss einer Anschlussbeschwerde). Zum Zeitpunkt der Einlegung einer solchen Anschluss-Anschlussbeschwerde wäre aber – insbesondere angesichts einer möglichen Vielzahl von Antragstellern im Spruchverfahren – ohne weiteres (zeitlich) auch die Einlegung einer (einfachen) Anschlussbeschwerde möglich, in die ein u. U. anders bezeichnetes Rechtsmittel umzudeuten wäre. Auf eine besondere Beschwer des Anschluss-Anschlussbeschwerdeführers (etwa aus der vorangegangenen Anschlussbeschwerde) kann es dabei nicht ankommen, da auch er – wie jeder andere – nur insoweit beschwerdeberechtigt ist, als seinem Antrag durch den (erstinstanzlichen) Beschluss nicht entsprochen worden ist.

48 Erfolgt eine Sachentscheidung über die Hauptbeschwerde, ist auch über die Anschlussbeschwerde(n) zu bescheiden. Konsequenterweise kann dann gegen diese Entscheidung – unabhängig von der Entscheidung über die Hauptbeschwerde – auch eine Rechtsbeschwerde eingelegt werden. Die Abhängigkeit der Anschlussbeschwerde von der Hauptbeschwerde wird dadurch aber nicht beseitigt; sie entfällt auch dann bzw. immer noch, wenn im Rahmen der Rechtsbeschwerde die Hauptbe-

---

81 *Sternal*, in: Keidel FamFG, § 66 Rn. 19.
82 So aber *Sternal*, in: Keidel FamFG § 66 Rn. 7, der allerdings keine Zustimmung gefunden hat.

schwerde für unzulässig erklärt oder zurückgenommen wird. Die Regelung in § 66 Satz 2 FamFG ist nicht auf die erste Rechtsmittelinstanz beschränkt. Ebenso wie die Hauptbeschwerde *[dazu unten Rn. 56 ff.]* kann auch die Anschlussbeschwerde jederzeit zurückgenommen werden, auch wenn dies nicht ausdrücklich in § 67 Abs. 4 FamFG aufgeführt ist; insbesondere kann die Rücknahme auch noch nach der Entscheidung zur Hauptbeschwerde erfolgen, sofern sie nicht dadurch bereits wirkungslos geworden ist[83].

e) Beschwerdeverfahren

Beteiligt am Beschwerdeverfahren sind zunächst der oder die Beschwerdeführer und der oder die Beschwerdegegner (unmittelbare Beteiligte). Da die Entscheidung in der zweiten Instanz für und gegen alle wirkt (§ 13 Satz 2 SpruchG), sind auch die übrigen Verfahrensbeteiligten weiterhin am Verfahren beteiligt, also insbesondere der gemeinsame Vertreter, dessen Bestellung auch für die zweite Instanz gilt[84] *[vgl. oben § 6 SpruchG Rn. 38]*, und die anderen Antragsteller, die keine Beschwerde eingelegt haben (mittelbare Beteiligte). Ihnen ist daher vom Beschwerdegericht die Verfahrensbeteiligung zu gewähren, etwa das rechtliche Gehör im Hinblick auf die gestellten Anträge[85]. Mangels aktiver Mitwirkung – etwa durch eine Anschlussbeschwerde *[s.o. Rn. 45]* – müssen sie aber nicht in den laufenden Schriftverkehr einbezogen werden, also nicht Abschriften der eingereichten Schriftsätze, Terminsladungen und Verfügungen etc. erhalten[86]. Im Falle der von anderen Verfahrensbeteiligten bewirkten Verfahrensbeendigung haben sie auch keine eigenständige Berechtigung zur Fortführung der Beschwerde *[s. unten Rn. 57]*. Ihnen ist jedoch die Beschwerdeentscheidung zuzustellen *[s. oben § 11 SpruchG Rn. 11]* und sie haben unabhängig von ihrer unmittelbaren Beteiligung am Beschwerdeverfahren das Recht zur Einlegung der Rechtsbeschwerde *[s. unten Rn. 65]*. 49

Das Landgericht, bei dem die Beschwerde einzulegen ist, muss prüfen, ob es die Beschwerde für begründet hält. Kommt es zu diesem Ergebnis, hat es der Beschwerde zwingend abzuhelfen (§ 68 Abs. 1 Satz 1 FamFG), darf also nicht davon absehen und die Sache etwa dem Beschwerdegericht vorlegen[87]. Dann ist vielmehr der angefochtene Beschluss entweder aufzuheben und durch eine korrigierte Entscheidung zu ersetzen, oder auch 50

---

83 *Sternal*, in: Keidel FamFG, § 67 Rn. 22.
84 *Wilske*, in: KK-AktG, § 12 SpruchG Rn. 43; *Klöcker*, in: Schmidt/Lutter AktG, § 12 SpruchG Rn. 13.
85 *Wilske*, in: KK-AktG, § 12 SpruchG Rn. 43; *Krenek*, in: Heidel, Aktienrecht und Kapitalmarktrecht, § 12 SpruchG Rn. 10; *Klöcker*, in: Schmidt/Lutter AktG, § 12 SpruchG Rn. 11; generell auch *Zimmermann*, in: Keidel FamFG, § 7 Rn. 49 ff.; a. A. OLG Stuttgart Beschluss vom 26.10.2006 – 20 W 25/05; *Mennicke*, in: Lutter UmwG, § 12 SpruchG Rn. 14; *Simon*, in: Simon SpruchG, § 12 Rn. 27.
86 Wie hier auch *Wilske*, in: KK-AktG, § 12 SpruchG Rn. 43.
87 *Sternal*, in: Keidel FamFG, § 68 Rn. 5.

– möglicherweise zum Teil – ersatzlos aufzuheben oder durch eine zusätzliche Entscheidung zu ergänzen[88]. Diese Abhilfeentscheidung ist wiederum jeweils zu begründen (§ 11 Abs. 1 SpruchG).

51 Bei der Abhilfeentscheidung ist das Landgericht – wie schon bei der Ausgangsentscheidung – nicht an einen etwaigen Rechtsmittelantrag bzw. den Umfang der Beschwerde gebunden; ein Verbot der „reformatio in peius" besteht nicht[89]. Es hat aber, falls es über den Rechtsmittelantrag bzw. den Umfang der Beschwerde hinausgehen möchte, rechtliches Gehör zu gewähren, also entweder schriftliche Stellungnahmen aller Beteiligten einzufordern und/oder eine weitere mündliche Verhandlung anzuberaumen. Ohnehin sind beim – durchaus zulässigen – Vortrag neuer Tatsachen oder der Vorlage neuer Beweismittel entsprechende Sachverhaltsermittlungen anzustellen und ggfs. eine neue Beweisaufnahme durchzuführen[90]. Eine erneute Anfechtung ist nur gegen die Ausgangsentscheidung in der geänderten, verkürzten oder ergänzten Fassung möglich, nicht dagegen gegen die Abhilfeentscheidung selbst[91]. Dabei besteht gemäß § 68 Abs. 1 FamFG wiederum die Möglichkeit und ggfs. Pflicht zur Abhilfe.

52 Kommt das Landgericht zum Schluss, der Beschwerde nicht stattzugeben, hat es – wiederum mit einer entsprechenden Begründung – die Beschwerde unverzüglich dem Oberlandesgericht vorzulegen (§ 68 Abs. 1 Satz 1 a. E. FamFG).

53 Für das weitere Beschwerdeverfahren vor dem OLG, für das kein Anwaltszwang besteht (der ja nur für die Unterzeichnung der Beschwerdeschrift angeordnet ist) *[s. oben Rn. 40]*, gelten gemäß § 68 Abs. 3 Satz 1 FamFG die gleichen Regelungen wie für die erste Instanz, also vorrangig die §§ 7–10 SpruchG[92] sowie im Übrigen die §§ 27 ff. FamFG. Als Besonderheit ist – anders als nach früherem Recht vor der FG-Reform – im Sinne der Verfahrensökonomie vorgesehen, dass von einem (aufwändigen) Termin zur mündlichen Verhandlung oder einzelner Verfahrenshandlungen abgesehen werden kann, wenn diese bereits in der ersten Instanz vorgenommen wurden und von einer Wiederholung keine zusätzlichen Erkenntnisse zu erwarten sind (§ 68 Abs. 3 Satz 2 FamFG)[93]. Dies stellt auch keine Abweichung von der ‚spezialgesetzlichen' Vorschrift des § 8 Abs. 1 SpruchG dar, die zwar eine mündliche Verhandlung vorsieht, allerdings nur als Soll-Vorschrift, diese aber nicht zwingend anordnet. Als weitere Besonderheit ist vorgesehen, dass das Beschwerdegericht die Sache einem Senatsmitglied als Einzelrichter übertragen kann (§ 68 Abs. 4 Satz 1 FamFG).

---

88 *Sternal*, in: Keidel FamFG, § 68 Rn. 13.
89 *Sternal*, in: Keidel FamFG, § 68 Rn. 13.
90 *Wilske*, in: KK-AktG, § 12 SpruchG Rn. 41; *Sternal*, in: Keidel FamFG, § 68 Rn. 11.
91 *Sternal*, in: Keidel FamFG, § 68 Rn. 12a.
92 *Wilske*, in: KK-AktG, § 12 SpruchG Rn. 42, 44; *Klöcker*, in: Schmidt/Lutter AktG, § 12 SpruchG Rn. 12.
93 RegBegr FGG-RG BT-Drucksache 16/6308, S. 167.

Beschwerde § 12 SpruchG

Zwar handelt es sich auch beim Beschwerdeverfahren um eine Tatsacheninstanz, so dass die Beschwerde grundsätzlich auf neue Tatsachen und Beweise gestützt werden kann (§ 65 Abs. 3 FamFG)[94]. Infolge der gleichermaßen auch in zweiter Instanz geltenden Präklusionsvorschriften gemäß § 10 SpruchG (Zurückweisung verspäteten Vorbringens) *[dazu oben § 10 SpruchG Rn. 36 ff.]* ist neuer Vortrag dagegen ausgeschlossen, etwa neue Bewertungsrügen, wenn er bereits in erster Instanz hätte vorgebracht werden können[95]. Demgegenüber ist die vertiefende bzw. weiter ausführende Wiederholung bereits vorgebrachter Argumente oder die Ergänzung von Beweisangeboten zu bereits vorgetragenen Argumenten zulässig[96]. Dies steht zudem mit der ausdrücklich vom Gesetzgeber verfolgten Zielsetzung der Straffung der Spruchverfahren im Einklang[97]. Ausgeschlossen ist allerdings das Argument, das erstinstanzliche Gericht habe seine Zuständigkeit zu Unrecht angenommen (§ 65 Abs. 4 FamFG). 54

Im Rahmen des Beschwerdeverfahrens können – ebenso wie in der ersten Instanz – einzelne oder alle Anträge jederzeit zurückgenommen werden (§ 22 Abs. 1 Satz 1 FamFG) *[vgl. § 11 SpruchG Rn. 71]*[98]. Im Falle der Rücknahme nur einzelner Anträge wird das Verfahren hinsichtlich der übrigen Anträge fortgeführt. Werden alle Anträge aller Antragsteller (und damit auch aller Beschwerdeführer) zurückgenommen, so wird das Spruchverfahren damit beendet, sofern der gemeinsame Vertreter zustimmt und damit auf sein Fortführungsrecht gemäß § 6 Abs. 3 Satz 1 SpruchG verzichtet[99]. Im Falle einer solchen Verfahrensbeendigung verliert die erstinstanzliche Entscheidung ihre Wirkung (§ 22 Abs. 2 Satz 1 FamFG); dies ist vom Beschwerdegericht auf Antrag durch nicht anfechtbaren Beschluss zu bestätigen (§ 22 Abs. 2 Satz 2 FamFG). Stimmt der gemeinsame Vertreter der vorgenannten Rücknahme allerdings nicht zu, kann er das Beschwerdeverfahren fortführen (§ 6 Abs. 3 Satz 1 SpruchG). Werden zwar alle Anträge der Beschwerdeführer zurückgenommen, bleiben jedoch Anträge von Antragstellern bestehen, die nicht Beschwerde eingelegt haben (so etwa auch des gemeinsamen Vertreters, der keine Beschwerde einlegen darf), so führt dies nur zur Rücknahme 55

---

94 *Sternal*, in: Keidel FamFG, § 65 Rn. 9; *Wilske*, in: KK-AktG, § 12 SpruchG Rn. 44; *Krenek*, in: Heidel, Aktienrecht und Kapitalmarktrecht, § 12 SpruchG Rn. 12.
95 *Mennicke*, in: Lutter UmwG, Anh I § 12 SpruchG Rn. 14; a. A. *Drescher*, in: Spindler/Stilz AktG, § 12 SpruchG Rn. 14.
96 *Krenek*, in: Heidel, Aktienrecht und Kapitalmarktrecht, § 12 SpruchG Rn. 12.
97 So auch *Emmerich*, in: Emmerich/Habersack Aktien- und GmbG-Konzernrecht, § 12 SpruchG Rn. 8.
98 *Wilske*, in: KK-AktG, § 12 SpruchG Rn. 49; *Klöcker*, in: Schmidt/Lutter, AktG, § 12 SpruchG Rn. 15; *Simon*, in: Simon SpruchG, § 12 Rn. 28; *Drescher*, in: Spindler/Stilz AktG, § 12 SpruchG Rn. 19.
99 *Wilske*, in: KK-AktG, § 12 SpruchG Rn. 37; *Klöcker*, in: Schmidt/Lutter, AktG, § 12 SpruchG Rn. 15; ebenso *Simon*, in: Simon SpruchG, § 12 Rn. 29 mit dem Hinweis, dass der gemeinsame Vertreter nicht zustimmen müsse.

der Beschwerde; die erstinstanzliche Entscheidung bleibt davon unberührt und besteht weiterhin[100].

f) Rücknahme der Beschwerde

56 Die Beschwerde kann insgesamt, unabhängig von der vorstehenden Rücknahme einzelner Anträge, bis zur Beschwerdeentscheidung durch das Oberlandesgericht jederzeit durch Erklärung gegenüber dem Oberlandesgericht zurückgenommen werden (§ 67 Abs. 4 FamFG)[101]. Insofern ergeben sich keine Besonderheiten des Spruchverfahrens gegenüber den allgemeinen FG-Verfahren (Dispositionsmaxime), so dass auf die dortige Kommentierung zu § 67 Abs. 4 FamFG verwiesen werden kann[102]. Insbesondere ist keine Zustimmung anderer Verfahrensbeteiligter erforderlich, etwa der Anschlussbeschwerdeführer, deren Anschlussbeschwerde durch die Rücknahme ja wirkungslos wird und entfällt[103] *[s. oben Rn. 45]*. Durch die Rücknahme aller Beschwerden erwächst die erstinstanzliche Entscheidung in Rechtskraft. Das Beschwerdegericht hat dann nur noch gemäß § 84 FamFG (nicht nach § 83 Abs. 2 FamFG) über die Kosten zu entscheiden[104].

57 Für den gemeinsamen Vertreter gemäß §§ 6–6c SpruchG gilt Gleiches wie in erster Instanz: Er ist über den Verfahrensfortgang zu informieren und gemäß § 6 Abs. 3 S. 1 SpruchG berechtigt das anderweitig beendete Verfahren eigenständig aufzunehmen und fortzuführen[105].

58 Die erstinstanzliche Regelung in § 6 Abs. 3 Satz 1 SpruchG ist auch auf das Beschwerdeverfahren anwendbar, denn sie statuiert (in der ersten Instanz) ein Verfahrensfortführungsrecht, nachdem er einmal wirksam in das Verfahren eingesetzt worden ist. Damit eröffnet es ihm auch (für die zweite Instanz) ein Fortführungsrecht. Zum Einen ist die Regelung in § 6 Abs. 3 SpruchG nicht auf eine Instanz begrenzt, zum Anderen besteht

---

100 So die h. M., vgl. *Wilske*, in: KK-AktG, § 12 SpruchG Rn. 52; *Klöcker*, in: Schmidt/Lutter, AktG, § 12 SpruchG Rn. 15.
101 *Emmerich*, in: Emmerich/Habersack Aktien- und GmbHG-Konzernrecht, § 12 SpruchG Rn. 9; *Wilske*, in: KK-AktG, § 12 SpruchG Rn. 48; *Klöcker*, in: Schmidt/Lutter, AktG, § 12 SpruchG Rn. 14.
102 *Sternal*, in: Keidel FamFG, § 67 Rn. 15ff.; vgl. auch *Wälzholz*, in: Widmann/Mayer Umwandlungsrecht § 17 SpruchG Rn. 23.
103 *Wilske*, in: KK-AktG, § 12 SpruchG Rn. 48; *Klöcker*, in: Schmidt/Lutter, AktG, § 12 SpruchG Rn. 14.
104 *Sternal*, in: Keidel FamFG, § 67 Rn. 21; *Wilske*, in: KK-AktG, § 12 SpruchG Rn. 48; *Simons*, in: Hölters, AktG, § 12 SpruchG Rn. 21.
105 Anders noch die h. M. (vor der BGH-Entscheidung vom 29.09.2015, vgl. FN 31), die bei damaliger Annahme einer Beschwerdeberechtigung dem gemeinsamen Vertreter die Fortführung nur bei eigener Beschwerde zubilligen wollte, vgl. Darstellung bei *Wilske*, in: KK-AktG, § 12 SpruchG Rn. 48; *Klöcker*, in: Schmidt/Lutter, AktG, § 12 SpruchG Rn. 14; nunmehr auch (anders als noch in der Vorauflage) *Krenek*, in: Heidel, Aktienrecht und Kapitalmarktrecht, § 12 SpruchG Rn. 13; anders *Emmerich*, in: Emmerich/Habersack Aktien- und GmbHG-Konzernrecht, § 12 SpruchG Rn. 15; und auch *Wilske* selbst, a a O Rn. 51.

die Pflicht zur Interessenwahrung der von ihm vertretenen Anleger auch dann in gleicher Weise.

g) Entscheidung des Beschwerdegerichts

Auch das Beschwerdegericht entscheidet durch Beschluss, der mit Gründen zu versehen ist (§ 69 Abs. 2 FamFG). Das Oberlandesgericht kann die Beschwerde als unzulässig oder unbegründet zurückweisen; in diesem Fall bleibt es bei der Entscheidung der ersten Instanz, die damit rechtskräftig wird. Das Oberlandesgericht kann auch in der Sache neu entscheiden, also den Ausgleich, die Abfindung bzw. Barabfindung oder die Zuzahlung neu – d. h. höher oder niedriger als durch das Landgericht – festsetzen. Allerdings gilt auch in der Beschwerdeinstanz das Verbot der Verschlechterung („reformatio in peius"); der erstinstanzliche Beschluss kann also nicht zum Nachteil des Beschwerdeführers/der Beschwerdeführer abgeändert werden, sofern nicht auch die Gegenseite Beschwerde (ggfs. auch Anschlussbeschwerde) eingelegt hat[106]. Haben beide Seiten Beschwerde eingelegt, kann das Oberlandesgericht die jeweiligen Beschwerdeanträge ausschöpfen, ist also in seiner Entscheidung nicht an den erstinstanzlichen Beschluss gebunden. 59

Das Beschwerdegericht hat in der Sache selbst zu entscheiden (§ 69 Abs. 1 Satz 1 FamFG), darf die Sache also grundsätzlich nicht an die erste Instanz zurückverweisen. Eine solche Rückverweisung ist nur ausnahmsweise in zwei Fällen möglich 60

(i) wenn das Landgericht in der Sache selbst noch nicht entschieden, also die gestellten Anträge etwa als unzulässig zurückgewiesen hat;

(ii) wenn das Verfahren in der ersten Instanz an einem wesentlichen Mangel leidet, (zusätzlich) zur Entscheidung eine umfangreiche oder aufwändige Beweiserhebung notwendig wäre und ein Beteiligter die Zurückverweisung beantragt hat[107].

---

106 *Sternal*, in: Keidel FamFG, § 69 Rn. 22 unter richtiger Berufung auf den streitigen Charakter des Spruchverfahrens, BGH Beschluss vom 27.06.1984 – VIb ZB 767/80, Beschluss vom 27.10.1982 – IVb ZB 719/81, Urteil vom 18.10.2010 – II ZR 270/08; BayObLG Beschluss vom 19.10.1995 – 3 Z BR 17/90; *Wilske*, in: KK-AktG, § 12 SpruchG Rn. 59; *Klöcker*, in: Schmidt/Lutter, AktG, § 12 SpruchG Rn. 17; *Emmerich*, in: Emmerich/Habersack Aktien- und GmbG-Konzernrecht, § 12 SpruchG Rn. 11; *Krenek*, in: Heidel, Aktienrecht und Kapitalmarktrecht, § 12 SpruchG Rn. 14; *Merkner/Schmidt-Bendun*, NZG 2011, 10, 13.

107 *Sternal*, in: Keidel FamFG, § 69 Rn. 15 sieht hier zu Unrecht eine kumulative Verknüpfung aller drei Voraussetzungen; das ist aber nach dem klaren Gesetzeswortlaut unzutreffend, der in Satz 2 die fehlende Sachentscheidung in Satz 2, „gleichgestellt", also nicht additiv, einen wesentlichen Mangel, und umfangreiche/aufwändige Beweisaufnahme und den Antrag eines Beteiligten voraussetzt.

SpruchG § 12 Beschwerde

61 Im Falle einer solchen Zurückverweisung, die im Ermessen des Beschwerdegerichts steht („darf"), also nicht erfolgen muss[108], ist der angefochtene Beschluss und das Verfahren aufzuheben; das Landgericht hat dann die rechtliche Beurteilung des Beschwerdegerichtes seiner (neuen) Entscheidung zugrunde zu legen. Hinsichtlich des Verschlechterungsverbots gilt nichts anderes also bei einer Entscheidung durch das Beschwerdegericht selbst; es gilt auch für das wieder aufgenommene Verfahren vor dem Landgericht[109]. Denn die entsprechenden Überlegungen *[s. oben Rn. 59]* sind nicht davon abhängig, in welcher Instanz die erneute Entscheidung getroffen wird; es kann auch schlechterdings nicht von einer Ermessensentscheidung des Beschwerdegerichts (Rückverweisung oder nicht) abhängen, ob eine solch grundlegende Regelung zur Anwendung kommt[110].

62 Das Beschwerdegericht muss auch über die Zulassung der Rechtsbeschwerde entscheiden (§ 70 Abs. 1 FamFG). Von der nach bisherigem, bis zur FG-Reform geltenden Divergenzvorlage (§ 12 Abs. 2 Satz 2 SpruchG, § 28 Abs. 2 und 3 FGG a.F.) hat der Gesetzgeber im FamFG wegen der bislang nur geringen Inanspruchnahme abgesehen, da er nunmehr – im Gegensatz zum früheren Recht *[s. unten Rn. 64]* – den generellen, wenn auch zulassungsabhängigen Zugang zum BGH eröffnet hat[111]. Das Oberlandesgericht muss also nicht mehr – und darf auch nicht (keine Vorlagenberechtigung) – eine Rechtsfrage dem BGH vorlegen, wenn es in seiner Entscheidung von der Entscheidung eines anderen Oberlandesgerichts oder des Bundesgerichtshofes abweichen will. Stattdessen wird in solchen Fällen vom Beschwerdegericht regelmäßig die – ebenfalls durch die FG-Reform neu eingeführte – Zulassung der Rechtsbeschwerde auszusprechen sein, da eine solche abweichende Entscheidung entweder eine Fortbildung des Rechts beabsichtigt oder aber die Entscheidung des BGH zur Sicherung einer einheitlichen Rechtsprechung erforderlich ist (§ 70 Abs. 2 Nr. 2 FamFG).

63 Unabhängig davon besteht generell das Recht und gegebenenfalls die Pflicht zur Vorlage an das BVerfG, wenn das OLG das anzuwendende Gesetz für grundgesetzwidrig hält (Art. 100 Abs. 1 GG, §§ 80, 82 BVerfGG, hier relevant vor allem wegen des Eigentumsschutzes der Aktionäre,

---

108 *Sternal*, in: Keidel FamFG, § 69 Rn. 13.
109 *Wilske*, in: KK-AktG, § 12 SpruchG Rn. 62; a.A. *Klöcker*, in: Schmidt/Lutter, AktG, § 12 SpruchG Rn. 17; *Drescher*, in: Spindler/Stilz AktG, § 12 SpruchG Rn. 17; *Kubis*, in: MüchKommAktG, § 12 SpruchG Rn. 15.
110 *Wilske*, in: KK-AktG, § 12 SpruchG Rn. 62; so auch schon OLG Köln Beschluss vom 11.07.1975 – 17 W 146/75; im Ergebnis wohl auch *Sternal*, in: Keidel, FamFG, § 69, Rn. 29, wenn auch mit unklarer Begründung („nicht vollständig frei").
111 RegBegr FGG-RG BT-Drucksache 16/6308, S. 167. *Sternal*, in: Keidel FamFG, § 69 Rn. 17a; *Wilske*, in: KK-AktG, § 12 SpruchG Rn. 70. Eine wohl letztmalige Entscheidung im Rahmen einer solchen Divergenzvorlage hat der BGH mit seinem Beschluss vom 29.09.2015 – II ZB 23/14 getroffen (Vorlage des OLG Düsseldorf zum Stichtag der Bewertungsgrundlage des IDW).

h) Weiteres Rechtsmittel der Rechtsbeschwerde

Anders als nach altem Recht, das die „weitere Beschwerde" als Rechtsmittel gegen Beschlüsse des Oberlandesgerichts ausgeschlossen hatte (§ 12 Abs. 2 Satz 3 SpruchG a. F.), ist nunmehr auch in Spruchverfahren – ebenso wie bei allen anderen FamFG-Verfahren – grundsätzlich die Rechtsbeschwerde zum BGH möglich. Sie ist aber nur statthaft, wenn sie vom Oberlandesgericht zugelassen wird (§ 70 Abs. 1 FamFG; die Ausnahmen von der Zulassungspflicht gemäß § 70 Abs. 3 FamFG gelten nur für Betreuung-, Unterbringungs- und Freiheitsentziehungssachen, spielen also für Spruchverfahren keine Rolle). Die Rechtsbeschwerde ist gemäß § 70 Abs. 2 FamFG (ähnlich wie nach § 574 Abs. 2 ZPO) zuzulassen, wenn (Nr. 1) die Rechtssache grundsätzliche Bedeutung hat oder (Nr. 2) die Fortbildung des Rechts oder die Sicherung einer einheitlichen Rechtsprechung eine Entscheidung des Rechtsbeschwerdegerichts (BGH) erfordert. Sie fungiert also ähnlich wie die frühere „Divergenzbeschwerde" nach § 28 Abs. 2 und 3 FGG a. F., die infolge der FG-Reform entfallen ist[113]. Der BGH ist an eine solche Zulassung gebunden (§ 70 Abs. 2 Satz 2 FamFG). Wegen der weiteren Einzelheiten wird auf die einschlägige Kommentierung zu § 70 FamFG verwiesen[114]. Die Nichtzulassung der Rechtsbeschwerde ist nicht anfechtbar[115]. 64

Antragsberechtigt ist jeder Verfahrensbeteiligte, der durch die Entscheidung des OLG „beschwert" ist, dessen Beschwerde nicht abgeholfen oder dessen Abweisungsantrag nicht gefolgt worden ist (unmittelbare Beteiligte) bzw. dessen Rechtsstellung durch die Beschwerdeentscheidung beeinträchtigt wird (mittelbare Beteiligte). Die Rechtsbeschwerde ist also nicht auf die Beschwerdeführer oder Beschwerdegegner der zweiten Instanz begrenzt, da die Entscheidungen im Spruchverfahren ja für und gegen alle möglichen Beteiligten wirken (§ 13 Satz 2 SpruchG)[116]. Zur laufenden Information dieser mittelbar Beteiligten über das Rechtsbeschwerdeverfahren gelten die Anforderungen des Beschwerdeverfahrens entsprechend *[s. oben Rn. 49]*, insbesondere ist ihnen auch die Endentscheidung des Rechtsbeschwerdegerichts zuzustellen. Die Verfahrensbeteiligung gilt insbesondere auch für den gemeinsamen Vertreter, da er 65

---

112 Im Einzelnen dazu *Sternal*, in: Keidel FamFG, § 21, Rn. 47 ff. zur Vorlage an das BVerfG und Rn. 60 ff. zur Vorlage an den EuGH.
113 *Leuering/Stein*, Corporate Finance law 2012, 385, 390.
114 Vgl. etwa *Meyer-Holz*, in: Keidel FamFG, § 70 Rn. 20 ff.
115 *Meyer-Holz*, in: Keidel FamFG, § 70 Rn. 4, 41; *Wilske*, in: KK-AktG, § 12 SpruchG Rn. 71; *Klöcker*, in: Schmidt/Lutter, AktG, § 12 SpruchG Rn. 18; *Preuß* NZG 2009, 961, 965.
116 *Wilske*, in: KK-AktG, § 12 SpruchG Rn. 74, 79.

SpruchG § 12 Beschwerde

mangels Beschwerdeberechtigung am Beschwerdeverfahren nicht unmittelbar beteiligt war[117].

66 Die Rechtsbeschwerde ist direkt beim BGH innerhalb eines Monats nach Zustellung der Beschwerdeentscheidung durch einen beim BGH zugelassenen Rechtsanwalt einzulegen (Anwaltszwang!) und innerhalb eines weiteren Monats zu begründen, soweit die Rechtsbeschwerdeschrift nicht schon selbst die Begründung enthält (§ 71 FamFG). Die Rechtsbeschwerde dient – ähnlich wie die frühere ‚weitere Beschwerde' nach altem Recht (§ 27 Abs. 1 FGG a. F.) – nur der Überprüfung der Rechtsanwendung (unzutreffende oder unterbliebene Anwendung einer Norm), also nicht der Tatsachenfeststellung, -ergänzung oder -korrektur (§ 72 Abs. 1 FamFG).

67 Zu beachten ist allerdings, dass die Vorschrift einer „angemessenen" Kompensation eine Rechtsnorm ist, ebenso die Frage, ob eine Schätzung möglich ist, und allein die Schätzungsgrundlagen bzw. die Bemessungsumstände tatsächliche Fragen sind[118]. Ähnlich wie die Anschlussbeschwerde *[s. oben Rn. 45 ff.]* kann auch bei der Rechtsbeschwerde eine ‚Anschlussrechtsbeschwerde' eingelegt werden (§ 73 FamFG)[119]. Hinsichtlich der weiteren Einzelheiten insbesondere zur Einlegung, zum Inhalt der Rechtsbeschwerde, zum Rechtsbeschwerdeverfahren und zum Inhalt sowie zur Begründung der Rechtsbeschwerde-Entscheidung wird auf die einschlägige Kommentierung zu §§ 70 ff. FamFG verwiesen. Auch insoweit besteht wiederum die Vorlagepflicht an das BVerfG sowie gemäß Art. 267 Satz 3 AEUV an den EuGH *[s. oben Rn. 63]*.

68 Ebenfalls abweichend vom alten Recht ist nunmehr auch in FamFG-Verfahren – in Anlehnung an die Sprungrevision gemäß § 566 ZPO – eine ‚Sprungrechtsbeschwerde' vorgesehen (§ 75 FamFG), die mithin auch für Spruchverfahren eröffnet ist. Sie kann alternativ zur Beschwerde direkt beim BGH eingelegt werden, sofern sie von ihm zugelassen wird. Diese Zulassung ist auf Antrag zu gewähren, wenn (Nr. 1) die (alle) Beteiligten in die Übergehung der Beschwerdeinstanz (vor dem OLG) einwilligen und (Nr. 2) das Rechtsbeschwerdegericht die Sprungrechtsbeschwerde zulässt (§ 75 Abs. 1 Satz 1 FamFG). Ein solcher Antrag auf Zulassung der Sprungrechtsbeschwerde und die Erklärung der Einwilligung (der anderen Beteiligten) gelten aber zugleich als Verzicht auf das Rechtsmittel der Beschwerde (§ 75 Abs. 1 Satz 2 FamFG). Aus diesem Grund wird die Sprungrechtsbeschwerde wohl nicht allzu häufig zu erwarten sein, zumal das Risiko besteht, dass die Zulassung der Sprungrechtsbeschwerde abgelehnt und dann der ursprüngliche Weg zur Beschwerde nicht wieder eröffnet wird[120]. *[Zu den weiteren Einzelheiten wird auf die einschlägige Kommentierung zu § 75 FamFG verwiesen].*

---

117 *Wilske*, in: KK-AktG, § 12 SpruchG Rn. 75.
118 *Krenek*, in: Heidel, Aktienrecht und Kapitalmarktrecht, § 12 Rn. 20.
119 Dazu im Einzelnen *Meyer-Holz*, in: Keidel FamFG, § 73 Rn. 2 ff.
120 *Wilske*, in: KK-AktG, § 12 SpruchG Rn. 92.

i) Sonstige Rechtbehelfe

Eine Nichtzulassungsbeschwerde (ähnlich wie gemäß § 544 ZPO) ist im FamFG nicht vorgesehen[121]. Der Gesetzgeber hatte dafür aufgrund der Erfahrungen bei Familiensachen, bei denen es – auch ohne Nichtzulassungsbeschwerden – eine große Anzahl von weiterführenden Rechtsbeschwerdeentscheidungen gab, kein Bedürfnis gesehen[122]. Hintergrund ist offensichtlich die Überlegung, dass die Rechtsbeschwerde ohnehin nicht der Einzelfallgerechtigkeit dienen soll, so dass einem betroffenen Beteiligten auch eine Überprüfungsmöglichkeit eröffnet werden müsste, sondern allein der Gewährleistung oder Fortbildung einer einheitlichen Rechtsanwendung im Allgemeininteresse[123]. Damit und wegen der neu geschaffenen ‚Nichtanhörungsrüge' (vgl. § 44 FamFG) ist auch die frühere Rechtsprechung des BGH zum alten Recht überholt, nach der ausnahmsweise auch ohne Zulassung eine sogenannte „außerordentliche Beschwerde" zulässig sein sollte, wenn etwa der angefochtene Beschluss jeder gesetzlichen Grundlage entbehrte und inhaltlich dem Gesetz fremd war, so dass er mit der geltenden Rechtsordnung schlechthin unvereinbar war[124].

69

Neu geschaffen durch das Anhörungsrügengesetz von 2004[125], das schon im alten Recht (§ 29a FGG a. F.), nun aber auch im neuen § 44 FamFG umgesetzt worden ist, kann ein Verfahrensbeteiligter die Verletzung seines Rechts auf rechtliches Gehör geltend machen und darauf gestützt das betreffende Verfahren fortführen, sofern ein anderes Rechtsmittel nicht zur Verfügung steht. Praktisch kommt diese Rüge also gegen eine Beschwerdeentscheidung des OLG in Betracht, die keine Rechtsbeschwerde zugelassen hat, sowie vor allem gegen die (letztinstanzliche) Rechtsbeschwerdeentscheidung des BGH. Es gelten allerdings strenge Anforderungen: Die Rüge muss innerhalb von zwei Wochen nach Kenntnis von der Verletzung des rechtlichen Gehörs beim Gericht, das die Entscheidung erlassen hat, schriftlich erhoben werden, also – je nach Kenntniszeitpunkt (z. B. im Falle der Zustellung der gerügten Entscheidung) – schon vor Ablauf der

70

---

121 *Wilske*, in: KK-AktG, § 12 SpruchG Rn. 71; *Meyer-Holz*, in: Keidel FamFG § 70 Rn. 4; *Emmerich*, in: Emmerich/Habersack Aktien- und GmbHG-Konzernrecht, § 12 SpruchG Rn. 12; *Krenek*, in: Heidel, Aktienrecht und Kapitalmarktrecht, § 12 SpruchG Rn. 17.
122 Vgl. Begr. RegE FGG-RG BT-Drucks. 16/255.
123 Vgl. *Meyer-Holz*, in: Keidel FamFG § 70 Rn. 6.
124 BVerfG Beschluss vom 30.04.2003 – 1 PBrU 1/02; BGH Beschluss vom 07.03.2002 – IX ZB 11/02 (im konkreten Fall ablehnend), und Beschluss vom 11.09.2000 – II RB 21/99; auch schon BGH Beschluss vom 01.10.1985 – VI ZB 13/85, und zu § 306 Abs. 2 AktG Beschluss vom 05.05.1986 – II ZB 3/86; anders aber wohl noch *Krenek*, in: Heidel, Aktienrecht und Kapitalmarktrecht, § 12 SpruchG Rn. 17. Insgesamt dazu Bloching/Kettinger, NJW 2005, 860 ff.
125 Gesetz über die Rechtsbehelfe bei Verletzung des Anspruchs auf rechtliches Gehör vom 9.12.2004, BGBl. 2004 I, 3220, in Kraft getreten am 01.01.2005. Zur Vorgeschichte und den Gesamtzusammenhang *Sternal*, FGPrax 2004, 170 ff.; auch *Treber*, NJW 2005, 97 ff.

Beschwerde- bzw. Rechtsbeschwerdefrist, spätestens aber innerhalb eines Jahres seit der Bekanntgabe der gerügten Entscheidung (§ 44 Abs. 2, Satz 1 und 2 FamFG).

71 Im Falle der Verwerfung der Rüge als unzulässig oder Zurückweisung als unbegründet verbleibt es bei der gerügten Entscheidung. Im Falle der Abhilfe findet keine automatische Aufhebung oder Abänderung der gerügten Entscheidung statt, sondern das Gericht muss das von der Entscheidung betroffene Verfahren (nur) insoweit fortführen, als dies auf Grund der Rüge geboten ist. Im Übrigen bleibt die gerügte Entscheidung (zunächst) unberührt. Erst im Rahmen einer neuen Sachentscheidung, die dann nicht an den früheren Beschluss gebunden ist, kann eine Aufhebung, Änderung oder Ergänzung der ursprünglichen Entscheidung erfolgen[126]. *[Zu den Einzelheiten wird auf die einschlägige Kommentierung verwiesen.]*

72 Ergänzend ist – wie bei allen letztinstanzlichen Entscheidungen – auf die Möglichkeit zur Verfassungsbeschwerde (Art. 93 Abs. 1 Nr. 4a, 94 Abs. 2, 90 Abs. 1 BVerfGG), etwa wegen Eigentumsverletzung (Art. 14 GG) oder Verfahrensschutzrechtsverletzung (Art. 33, 38, 101, 103, 104 GG)[127], und zur Anrufung des Europäischen Gerichtshofs für Menschenrechte (EGMR), etwa wegen überlanger Verfahrensdauer (Art. 6 Abs. 12 der Konvention) hinzuweisen[128]. Insofern sind allerdings spezifische Grundrechtsverletzungen darzulegen, die nicht bereits in ‚bloßen' Vermögenseinbußen zu sehen sind. So reicht etwa die angeblich schwierige oder unmögliche Durchsetzbarkeit von Rückforderungsansprüchen (Suspendierung der Zuzahlungspflicht einer abfindungsverpflichteten Gesellschaft wegen drohenden Vermögensverfalls des Antragstellers) nicht aus, um einen Eilrechtsschutz (einstweilige Anordnung durch das BVerfG) zu rechtfertigen[129]. Ohnehin stellt die Entscheidung im Spruchverfahren noch keinen Zahlungstitel dar (§ 16 SpruchG), sondern muss erst noch im Zivilprozess durchgesetzt werden, der dann Möglichkeiten zur Vermeidung von irreversiblen Nachteilen bietet.

---

126 *Meyer-Holz*, in: Keidel FamFG, § 44 Rn. 53, 58 f.
127 Vgl. etwa BVerfG Beschluss vom 27.04.1999 – 1 BvR 1613/94 „DAT/Altana", Beschluss vom 08.09.1999 – 1 BvR 301/89 „Hartmann & Braun" und Beschluss vom 19.04.2007 – I BvR 1995/06 „Jenoptik", jeweils zu Abfindungsansprüchen, sowie Beschluss vom 17.11.2011 – 1 BvR 3155/09 „AEG/Daimler" und Beschluss vom 02.12.2011 – 1 BvR 314/11 „ABB" jeweils zur überlangen Dauer von Spruchverfahren, die aufgrund solcher Verfassungsbeschwerden ergangen sind.
128 EGMR Urteile vom 20.02.2003 – 44324/98 (‚Kind/Deutschland'), vom 24.02.2005 – 60534/00 (Trippel/Deutschland), vom 08.06.2006 – 75529/01 (Sürmeli/Deutschland) und vom 02.09.2010 – 46344/06 (Rumpf/Deutschland); dazu *Meilicke/Heidel*, BB 2003, 1805 f., die infolge dieser langen Verfahrensdauern einen effektiven Rechtsschutz vermissen.
129 BVerfG, Beschluss vom 17.09.2012 – 1 BvR 1786/12.

3. Verfahrenskonzentration (Abs. 2)

Die Zuständigkeitsregelung in Absatz 2 ist gegenüber dem früheren 73
Recht unverändert (vor der FG-Reform Abs. 3) und ermöglicht im Interesse einer einheitlichen Rechtsprechung, dass die Zuständigkeit der Beschwerdeinstanz für mehrerer Oberlandesgerichtsbezirke einem der betroffenen Oberlandesgerichte übertragen wird. Von dieser Ermächtigung der Länder gemäß Abs. 2 haben bislang Bayern zugunsten des OLG München (früher das BayObLG)[130], Nordrhein-Westfalen zugunsten des OLG Düsseldorf[131] und Rheinland-Pfalz zugunsten des OLG Zweibrücken[132] Gebrauch gemacht. Diese Verordnungen gelten unverändert fort, auch wenn sich die Absatznummerierung der Bezugsnorm geändert hat[133].

Durch die Bezugnahme auf die Beschwerde gegen „Entscheidungen 74
nach § 11 SpruchG) gilt diese Ermächtigung zunächst nur für den Numerus-Clausus der Spruchverfahren gemäß § 1 SpruchG. Da es jedoch andere Spruchverfahren gibt, die zwar nicht in § 1 SpruchG aufgeführt sind, aber gleichwohl in Analogie zum Spruchverfahrensgesetz durchgeführt werden *[dazu oben § 1 SpruchG Rn. 35 ff.]*, hat sich die Frage gestellt, ob auch die Beschwerden in diesen „analogen" Spruchverfahren konzentrativ einem bestimmten Oberlandesgericht zugewiesen werden können. Dies ist – soweit ersichtlich – bislang nur für den Bereich von Rheinland-Pfalz richterlich erörtert worden (mit unterschiedlichen Entscheidungen)[134], wird jedoch zu Recht in der Rechtsliteratur einhellig angenommen[135]. Denn wenn schon eine analoge Anwendung des SpruchG auf weitere als in § 1 SpruchG aufgeführte Verfahren angenommen wird, darf man diese Analogie bei der Zuständigkeitsrege-

---

130 Verordnung über gerichtliche Zuständigkeiten im Bereich des Staatsministeriums der Justiz und für Verbraucherschutz vom 11.06.2012, § 26 Abs. 2. GVBl. 2012, 295 (§ 26).
131 Konzentrations-VO Gesellschaftsrecht vom 31.05.2005, § 2 i. V. m. § 1 Nr. 1, GV.NRW, 2005, S. 625 (§ 2). Der Wortlaut ist zwar noch nicht auf die FG-Reform angepasst worden, dürfte aber sinnentsprechend in gleicher Weise auch für den nunmehr „aufgerückten" Abs. 2 gelten.
132 Landesverordnung über die gerichtliche Zuständigkeit in Zivilsachen und Angelegenheiten der freiwilligen Gerichtsbarkeit vom 22.11.1985 (GVBl. 1995, 125), § 10 Abs. 2 Nr. 1, geändert durch das Landesgesetz zur Anpassung des Landesrechts an das FFG-Reformgesetz vom 22.12.2009 (GVBl. 2009, 413): OLG Zweibrücken.
133 *Gude*, AG 2005, 233, 237.
134 Dafür OLG Koblenz, AG 2007, 822; dagegen OLG Zweibrücken ZIP 2007, 2438 f. unter Hinweis auf den „gesetzlichen Richter", dessen Festlegung eindeutige Rechtsmittelklarheit verlange und daher nicht über die Nomenklatur des § 1 SpruchG hinaus angenommen werden könne. Letztlich entschied das OLG Zweibrücken dann aber doch als Beschwerdeinstanz, weil es sich durch den Verweisungsbeschluss des OLG Koblenz gebunden sah (§ 17a Abs. 2 GVG).
135 Vgl. *Wilske*, in: KK-AktG, § 12 SpruchG Rn. 109 mit weiteren Nachweisen; *Emmerich*, in: Emmerich/Habersack, Aktien- und GmbH-Konzernrecht, § 12 SpruchG Rn. 3.

SpruchG § 12 Beschwerde

lung gemäß § 12 Abs. 2 SpruchG nicht ignorieren. Da der Gesetzgeber keine ausdrückliche Erweiterung des § 1 SpruchG auf weitere Verfahren angeordnet hat, kann er insoweit naturgemäß auch keine Regelung zur Verfahrenskonzentration vorgesehen haben. Diese Regelung ist daher in gleicherweise analog auszuweiten.

§ 13 Wirkung der Entscheidung

Die Entscheidung wird erst mit der Rechtskraft wirksam. Sie wirkt für und gegen alle, einschließlich derjenigen Anteilsinhaber, die bereits gegen die ursprünglich angebotene Barabfindung oder sonstige Abfindung aus dem betroffenen Rechtsträger ausgeschieden sind.

Inhalt

	Rn.		Rn.
I. Überblick	1	3. Erstreckung der „inter omnes"-Wirkung auf Vergleiche?	10
II. Inhalt der Norm	2		
1. Zeitpunkt der Wirksamkeit	2	4. Anspruchserhöhung nach Verzicht?	15
2. Geltungsumfang „inter omnes"	7	5. Auswirkungen der Entscheidung, Vollstreckung	18

Spezielle Literatur: *Bidmon*, Die Reform des Spruchverfahrens durch das SpruchG, (Diss) 2007; *Bungert/Bednarz*, Anspruchsinhaberschaft von Abfindungsansprüchen bei Beherrschungs- und Gewinnabführungsverträgen, BB 2006, 1865–1869; *Preuß*, Auswirkungen der FGG-Reform auf das Spruchverfahren, NZG 2009, 961–966; *Rezori*, Abwicklung von durchgeführten Spruchverfahren über Unternehmensverträge: Gläubiger des Ausgleichsergänzungsanspruchs bei zwischenzeitlichem Wechsel des Aktionärskreises, NZG 2008, 812–816; *Wittgens*, Das Spruchverfahrensgesetz, (Diss) 2005; *Zimmer/Meese*, Vergleiche im Spruchverfahren und bei Anfechtungsklagen, NZG 2004, 201–206.

I. Überblick

Die Vorschrift legt fest, ab wann genau die Entscheidung gemäß § 11 1 SpruchG zu beachten und für welchen Personenkreis sie verbindlich ist. Sie entspricht in Satz 1 und dem ersten Satzteil von Satz 2 wörtlich den früheren Regelungen in § 306 Abs. 2 i. V. m. § 99 Abs. 5 Satz 1 und 2 AktG sowie in § 311 UmwG. Durch die zusätzliche Formulierung im zweiten Satzteil von Satz 2 wird ausdrücklich klargestellt, wie es ohnehin der damals bereits ganz überwiegenden Rechtsmeinung entsprach, dass auch frühere, bereits ausgeschiedene Anteilsinhaber in den Genuss der Entscheidung kommen[1]. Sie können also auch dann, wenn sie bereits gegen

---

1 Vgl. Begr. RegE SpruchG BT-Drucks. 15/371, S. 17; zur alten Rechtslage OLG Düsseldorf Beschluss vom 06.12.2000 – 19 W 1/00 AktE; BayObLG Beschluss vom 19.10.1995 – 3 Z BR 17/90; OLG Celle Beschluss vom 19.04.2007 – 9 W 53/06; statt aller *Krieger*, in: Lutter UmwG, 2. Aufl. 2000, § 311 Rn. 3 m. w. N.; a. A. – soweit ersichtlich – lediglich *Koppensteiner*, in: KK-AktG, 2. Aufl. 1987, § 305 Rn. 56. *Mennicke*, in: Lutter/Winter, UmwG, Anh I § 13 SpruchG Rn. 1, die
(Fortsetzung der Fußnote auf Seite 462)

eine geringere Abfindung aus der Gesellschaft ausgeschieden sind, noch nachträglich eine etwaige Differenz zur gerichtlich festgesetzten höheren Abfindung geltend machen. Dies entsprach im Übrigen schon damals der Vertragspraxis bei Umwandlungsverträgen oder Beschlussfassungen, die eine etwaige Nachbesserung der Kompensation im Rahmen eines Spruchverfahrens allen Anteilsinhabern zugutekommen lassen wollte, um im Rahmen einer Verfahrensökonomie etwaige Zweifel an der festgelegten Abfindungshöhe nur seitens eines (oder weniger) Anteilseigner gerichtlich überprüfen lassen zu müssen – um das Ergebnis dann auf alle übrigen Anteilseigner zu erstrecken, ohne dass diese in notwendigerweise aufwändiger Form dem ersten Verfahren beitreten müssten.

II. Inhalt der Norm

1. Zeitpunkt der Wirksamkeit

2 Abweichend von § 40 Abs. 1 FamFG, der ein Wirksamwerden einer Entscheidung bereits mit Bekanntgabe an den/die Beteiligten vorsieht, für den/die die Entscheidung bestimmt ist, wird die Entscheidung im Spruchverfahren erst mit der Rechtskraft wirksam. Allein mit der Verkündung oder Zustellung der Entscheidung (§ 11 Abs. 3 SpruchG) tritt also noch keine, auch keine vorläufige Wirksamkeit ein, die etwa Auswirkungen auf andere Verfahrensbeteiligte haben (§ 13 Satz 2 SpruchG) oder zur Bekanntmachungspflicht (§ 14 SpruchG) führen könnte[2].

3 Die formelle Rechtskraft der erstinstanzlichen Entscheidung tritt ein, wenn die Rechtsmittelfrist von einem Monat (§ 12 Abs. 1 SpruchG i. V. m. § 63 Abs. 1 FamFG) beschwerdelos abgelaufen ist, wenn alle Beschwerdeberechtigten auf die Beschwerde verzichten oder ihre Beschwerden zurückgenommen haben *[Zu den Beschwerdemöglichkeiten im Einzelnen s. oben § 12 SpruchG Rn. 6 ff.]*. Maßgeblich ist dann der jeweils zeitlich letzte Beschwerdeverzicht, die letzte Beschwerderücknahme oder die letzte Zurückweisung[3].

4 Kommt es im Beschwerdeverfahren (OLG) zu einer Entscheidung, etwa Zurückweisung der Beschwerde(n) als unzulässig oder unbegründet oder Sachentscheidung bzw. ausnahmsweise Rückverweisung an das Landgericht (§ 69 Abs. 1 Satz 2 und 3 FamFG), gilt Entsprechendes wie bei der erstinstanzlichen Entscheidung: Rechtskraft tritt erst ein, wenn keine Rechtsbeschwerde gemäß § 70 Abs. 3 FamFG) zugelassen oder, im Fal-

---

zu Unrecht eine solche Rechtskrafterstreckung als materielle Regelung ansehen und im Rahmen einer Verfahrensregelung für systemwidrig halten; tatsächlich geht es aber allein um eine Verfahrenskonzentration, die notwendigerweise auch Ausstrahlung auf sonstige Berechtigte, auch Nicht-Verfahrensbeteiligte hat, nicht aber um eine Veränderung der materiellen Anspruchsregelungen im Aktien- oder Umwandlungsrecht.

2   Zu weiteren möglichen Auswirkungen vgl. *Meyer-Holz*, in: Keidel FamFG, § 40 Rn. 5 ff.

3   So auch *Wilske*, in: KK-AktG, § 13 SpruchG Rn. 6.

le ihrer Zulassung, die Rechtsmittelfrist abgelaufen ist, auf die Rechtsbeschwerde verzichtet wird oder etwa eingelegte Rechtsbeschwerden zurückgenommen werden *[zum Verfahren der Rechtsbeschwerde s. oben § 12 SpruchG Rn. 60 ff.]*. Auch insoweit ist die jeweils zeitlich letzte Maßnahme entscheidend.

Wird die Rechtsbeschwerde zugelassen und entscheidet der BGH in der Sache selbst (§ 74 Abs. 6 FamFG), tritt Rechtskraft mit der Bekanntgabe an die Beteiligten (§ 40 Abs. 1 FamFG), im Regelfall also mit seiner Verkündung ein (§ 41 Abs. 2 FamFG)[4]. Dabei ist das Datum der Verlesung der Beschlussformel (,Erlass') auf dem Beschluss zu vermerken (§ 38 Abs. 2 Satz 3 FamFG). Etwaige weitere Rechtsbehelfe wie etwa die Anhörungsrüge, die Verfassungsbeschwerde oder die Anrufung des Europäischen Gerichtshofs für Menschenrechte hemmen die Rechtskraft der Rechtsbeschwerdeentscheidung des BGH nicht[5] *[vgl. dazu oben § 12 SpruchG Rn. 66–68]*. 5

Als Nachweis der formellen Rechtskraft kann das Rechtskraftzeugnis dienen, dessen Erteilung die Beteiligten bei der Geschäftsstelle des erstinstanzlichen Gerichts (§ 46 Satz 1 FamFG) oder, wenn das Verfahren beim OLG oder beim BGH anhängig ist, bei der dortigen Geschäftsstelle beantragen können (§ 46 Satz 2 FamFG). Auch Dritte können das Rechtskraftzeugnis verlangen, wenn Sie ein berechtigtes Interesse an der Erteilung glaubhaft machen[6]. 6

2. Geltungsumfang „inter omnes"

Die Entscheidung erwächst in materieller Rechtskraft nicht nur zwischen den Verfahrensbeteiligten, also Antragsteller, gemeinsamen Vertreter und Antragsgegner. Sie wirkt auch für und gegen alle übrigen, nicht am Verfahren beteiligten Anteilsinhaber, unabhängig davon, ob sie der jeweiligen Strukturmaßnahme *[vgl. die Darstellung oben in der Einleitung, Rn. 4 ff.]*. zugestimmt, diese abgelehnt oder sogar Widerspruch zur Niederschrift der Hauptversammlung oder der Gesellschafterversammlung erklärt haben. Dies gilt insbesondere auch unabhängig davon, ob sie etwa schon einen (vorbehaltlosen bzw. unbedingten) Vergleich über die von ihnen beanspruchte Kompensation abgeschlossen haben und möglicherweise bereits aus der Gesellschaft ausgeschieden sind[7]. § 12 Satz 2 SpruchG gilt dagegen nicht zugunsten von Anteilsinhabern, die den (anspruchsberechtigenden) Aktienerwerb zwar während des laufenden Spruchverfahrens, jedoch erst nach der maßgebli- 7

---

4 *Meyer-Holz*, in: Keidel FamFG FGG, § 40 Rn. 64; *Wilske*, in: KK-AktG, § 13 SpruchG Rn. 8, *Wälzholz*, in: Widmann/Mayer, UmwG, Anh. 13 § 13 SpruchG 6.2.
5 So auch *Krenek*, in: Heidel, Aktienrecht und Kapitalmarktrecht, § 13 SpruchG Rn. 4; *Simon*, in: Simon SpruchG, § 13 Rn. 4; *Meyer-Holz*, in: Keidel FamFG, § 44 Rn. 62; *Bumiller/Haders*, FamFG, § 44 Rn. 18.
6 *Engelhardt*, in: Keidel FamFG, § 46 Rn. 8; *Bumiller/Haders*, FamFG, § 46 Rn. 5.
7 *Wilske*, in: KK-AktG, § 13 SpruchG Rn. 11.

SpruchG § 13 Wirkung der Entscheidung

chen Strukturmaßnahme (z. B. Beendigung des Unternehmensvertrages) durchgeführt haben[8].

8 Die Geltung „gegen" die Anteilsinhaber bedeutet auch, dass sie (nur) in diesen Fällen eine etwa bereits gewährte höhere Kompensation zurückzahlen müssen[9]. Insofern besteht angesichts der eindeutigen gesetzlichen Regelung kein Vertrauensschutz oder ein Verschlechterungsverbot, zumal eine solche Bevorzugung in der Praxis doch wieder zu einem raschen Abfindungsdruck führen könnte, um das Risiko späterer Spruchverfahren mit einem möglicherweise schlechteren Ergebnis zu vermeiden. Das soll jedoch – im Positiven wie im Negativen – durch die Regelung des § 13 Satz 2 SpruchG vermieden werden, der eine ausgewogene Prüfung sicherstellt und keine übereilten Abfindungen privilegieren will.

9 Die Entscheidung bindet schließlich auch alle sonstigen Personen und Institutionen, also etwa die Organe der beteiligten Rechtsträger und die Behörden und Gerichte, insbesondere auch das gleiche Gericht im Rahmen einer nachfolgenden Leistungsklage gemäß § 16 SpruchG[10]. Ergeht im anschließenden Zahlungsprozess gleichwohl ein abweichendes Urteil, kann es unter Hinweis auf § 13 Satz 2 SpruchG angefochten werden; wird es rechtskräftig, verbleibt es zwischen den Prozessparteien bei diesem (unzutreffenden) Urteil[11], soweit nicht – ausnahmsweise – ein Restitutionsgrund gemäß § 580 Nr. 6 oder 7b ZPO eingreifen könnte.

3. Erstreckung der „inter omnes"-Wirkung auf Vergleiche?

10 Umstritten ist, ob die *inter omnes*-Wirkung auch für Vergleichsabschlüsse zugunsten und zu Lasten der übrigen, nicht am Vergleich beteiligten Anteilsinhaber gilt. Insofern ist zwischen gerichtlichen Vergleichen gemäß § 11 Abs. 4 SpruchG und sonstigen, außergerichtlichen oder gemäß § 11 Abs. 2 SpruchG protokollierten Vergleichen zu unterscheiden. Mit „Entscheidung" in § 13 SpruchG ist – wie in § 12 SpruchG präziser formuliert – die „Entscheidung nach § 11 SpruchG" gemeint, also sowohl die verfahrensabschließende Beschlussfassung gemäß § 11 Abs. 1 als auch die Beschlussfassung über die Annahme eines gerichtlichen Vergleichsvorschlages gemäß § 11 Abs. 4 SpruchG. Die gemäß § 11 Abs. 4 SpruchG vom Gericht vorgeschlagenen und nach Annahme durch die Beteiligten

---

8 BGH Urteil vom 08.05.2006 – II ZR 27/05 (gegen die Vorinstanz OLG Jena Urteil vom 22.12.2004 – 7 U 391/03); ausführlich dazu *Bungert/Bednarz*, BB 2006, 1865, 1866 ff.; möglicherweise a. A., wenn auch unklar, *Rezori*, NZG 2008, 812, 814 f.
9 Wie hier im Ergebnis auch auch *Wilske*, in: KK-AktG, § 13 SpruchG Rn. 18; a. A. *Kubis*, in: MüKo-AktG, § 13 SpruchG Rn. 3; *Simon*, in: Simon SpruchG, § 13 Rn. 10; *Wälzholz*, in: Widmann/Mayer, UmwG, Anh. 13 § 13 SpruchG 15; *Drescher*, in: Spindler/Stilz AktG, § 13 SpruchG Rn. 6.
10 *Kubis*, in: MüKo-AktG, § 13 SpruchG Rn. 2; *Wilske*, in: KK-AktG, § 13 SpruchG Rn. 13; *Wälzholz*, in: Widmann/Mayer, UmwG, Anh. 13 § 13 SpruchG 17.2.
11 So auch *Wälzholz*, in: Widmann/Mayer, UmwG, Anh. 13 § 13 SpruchG 19, und *Drescher*, in: Spindler/Stilz, AktG, § 13 SpruchG Rn. 3.

vom Gericht beschlossenen Vergleiche stellen damit ebenfalls eine Entscheidung gemäß § 13 Satz 1 SpruchG dar und entfalten daher in gleicher Weise die *inter omnes*-Wirkung des § 13 Satz 2 SpruchG zugunsten und vor allem auch zu Lasten der übrigen Anteilsinhaber[12]. Dies entspricht nicht nur der generellen wörtlichen Anknüpfung des § 13 Satz 1 SpruchG, die gerade nicht auf streitige Entscheidungen gemäß § 11 Abs. 2 SpruchG beschränkt ist, sondern auch dem inhaltlichen Anliegen. Denn dem gemäß § 11 Abs. 4 SpruchG beschlossenen Vergleich liegt ein gerichtlicher Vorschlag zugrunde, so dass dessen Erwägungen des Gerichts über die Anspruchsberechtigung in gleicher Weise einfließen können wie bei einer streitigen Entscheidung, im Zweifelsfall sogar noch ausgewogener als bei einer notwendigerweise an dogmatische Grundsätze gebundene Beschlussfassung gemäß § 11 Abs. 1 SpruchG.

Bei übrigen (außergerichtlichen, jedenfalls nicht gemäß § 11 Abs. 2 SpruchG gerichtlich protokollierten) Vergleichen tritt diese allgemein verbindliche Wirkung grundsätzlich nicht ein; derartige Vergleiche gelten nicht „gegen", d. h. zu Lasten sonstiger Anspruchsberechtigter. Sie können allerdings von ihnen in Anspruch genommen, also „für sich" herangezogen werden, wenn dies in den jeweiligen Vergleichen vorgesehen bzw. die Vergleichswirkung auf sie erstreckt worden ist. *11*

Eine solche vereinbarte Erstreckungswirkung auf alle Anspruchsberechtigte wird regelmäßig erfolgen, wenn die Vergleiche im Rahmen eines Spruchverfahrens abgeschlossen werden, dieses also beenden sollen. Denn eine solche Verfahrensbeendigung kommt nur bei Mitwirkung „aller Beteiligten" (vgl. § 11 Abs. 2 Satz 2 SpruchG) zustande, also unter Einbeziehung des Gemeinsamen Vertreters. Dieser darf nach seinem pflichtgemäßem Ermessen dem Vergleich aber nur zustimmen, wenn der – von ihm für angemessen bzw. günstig gehaltene – Vergleich auch auf alle übrigen Anteilsinhaber erstreckt wird, die keinen Antrag gestellt haben, also eine gewillkürte *inter omnes*-Wirkung zugunsten aller Anspruchsberechtigten geschaffen wird[13] *[vgl. dazu oben § 6 SpruchG Rn. 2 und § 11 SpruchG Rn. 37, 47].* *12*

Zum Nachteil der übrigen, am Vergleich nicht beteiligten Anspruchsberechtigten kann eine Vergleichsregelung dagegen nicht herangezogen werden, also etwa zur Reduzierung bereits erhaltener Kompensationen *13*

---

12 Wie hier Simon, in: Simon, SpruchG § 13 Rn. 9; a. A. *Wilske*, in: KK-AktG, § 13 SpruchG Rn. 2; *Klöcker*, in: Schmidt/Lutter AktG, § 13 SpruchG Rn. 7; *Drescher*, in: Spindler/Stilz AktG, § 13 SpruchG Rn. 1; *Wälzholz*, in: Widmann/Mayer, UmwG Anh. 13, § 13 SpruchG Rn. 23; *Mennicke*, in: Lutter, UmwG, § 13 SpruchG Rn. 3; *Wittgens*, S. 264 f.; *Krenek*, in: Heidel, Aktienrecht und Kapitalmarktrecht, § 14 Rn. 5; *Zimmer/Meese*, NZG 2004, 201, 203, die sich allerdings irrtümlich auf den „ausdrücklichen Wortlaut" des Gesetzgebers stützen, der ja gerade nicht ausdrücklich auf „11 Abs. 1 SpruchG" abgestellt hat, sondern – insofern zumindest unscharf – auf Entscheidungen nach § 11 SpruchG.
13 So auch *Wälzholz*, in: Widmann/Mayer, Umwandlungsrecht, § 13 SpruchG Rn. 23.

oder zum Verzicht auf anderweitige Ansprüche[14]. Denn insoweit würde es an der Vertretungsbefugnis des Gemeinsamen Vertreters fehlen. Dieser hat ja nur das Mandat, die Rechte der übrigen Anspruchsberechtigten „zu wahren" (§ 6 Abs. 1 Satz 1 SpruchG), also optimal abzusichern oder durchzusetzen, nicht dagegen bereits erhaltene Vorteile zu reduzieren oder aufzugeben *[vgl. dazu oben § 6 SpruchG Rn. 22 ff.]*.

14 Für außergerichtliche Vergleiche, an denen kein Gemeinsamer Vertreter teilgenommen hat, greift die *inter omnes*-Wirkung nicht ein; die Wirkung dieser Vergleiche beschränkt sich – wie üblich – auf die Vergleichsbeteiligten („inter partes"). Derartige Vergleiche führen aber auch nicht (automatisch) zur Verfahrensbeendigung. Dafür ist eine zusätzliche Antragsrücknahme erforderlich, zu der sich etwa die aus dem Vergleich begünstigten Antragsteller verpflichtet haben. Diese Antragsrücknahme führt nur dann zur Verfahrensbeendigung, wenn der gemeinsame Vertreter das Verfahren nicht gemäß § 6 Abs. 3 Satz 1 SpruchG fortführt. Davon kann und darf der Gemeinsame Vertreter jedoch nur absehen, wenn der außergerichtliche Vergleich ihm vorgelegt, von ihm im Hinblick auf die vom ihm vertretenen „übrigen" Anteilseigner für angemessen bzw. günstig gehalten und – vor allem – auch auf diese ausdrücklich erstreckt wird *[vgl. dazu oben § 6 SpruchG Rn. 25]*. Damit kommt es aber wieder zur gleichen gewillkürten *inter omnes*-Wirkung wie vorstehend dargestellt. Andernfalls muss der gemeinsame Vertreter das Verfahren fortsetzen und eine gerichtliche Entscheidung erzielen, die dann – mit Ausnahme der bereits ausgeschiedenen Vergleichsparteien, die insoweit verzichtet haben – wiederum gemäß § 13 Satz 2 SpruchG für und gegen alle wirksam wird.

4. Anspruchserhöhung nach Verzicht?

15 Hat ein Anteilsinhaber bereits auf seine Kompensation durch Erlassvertrag oder (außergerichtlichen) Vergleich verzichtet, also nicht im Rahmen eines Vergleichs die Höhe der Kompensation ausgehandelt bzw. festgelegt, kommt ihm die *inter omnes*-Wirkung des § 13 Satz 2 SpruchG nicht mehr zugute[15]. Insofern gilt nichts Anderes als wenn der betreffende Anteilsinhaber auf der Grundlage einer Spruchentscheidung seinen Kompensationsanspruch (etwa gerichtlich) geltend macht *[vgl. dazu unten § 16 SpruchG Rn. 16]* und im Rahmen dieser Anspruchsdurchsetzung einen Vergleich schließt. Der Parteiautonomie der Beteiligten im Hinblick auf eine von ihnen gewollte und durchgeführte Regelung ist dann Rechnung zu tragen. Auch in diesen Fällen – ebenso wie bei außergerichtlichen Vergleichen mit gewillkürter Erstreckungswirkung – braucht der

---

14 So auch *Hörtnagl*, in: Schmitt/Hörtnagl/Stratz, UmwG § 13 SpruchG Rn. 5; *Kubis*, in: MüKo-AktG, § 13 SpruchG Rn. 3; *Wälzholz*, in: Widmann/Mayer, UmwG Anh. 13, § 13 SpruchG Rn. 23; *Volhard*, in: Semler/Stengel, UmwG, § 13 SpruchG Rn. 6.
15 *Wilske*, in: KK-AktG, § 13 SpruchG Rn. 12; *Klöcker*, in: Schmidt/Lutter AktG, § 13 SpruchG Rn. 4.

betroffene Anteilsinhaber eine etwa erhaltene höhere Kompensation nicht zurück zu gewähren *[s. oben Rn. 11]*.

Insoweit mag es zu Abgrenzungsschwierigkeiten darüber kommen, ob 16 bei einem Einzelvergleich auf den Kompensationsanspruch (vollständig) verzichtet wird, dann keine Geltung des § 13 Satz 2 SpruchG, oder ob lediglich die Höhe geregelt wird, dann Eingreifen des § 13 Satz 2 SpruchG. Zweifelsfälle können auftreten, wenn der Anspruch zwar formal auf null reduziert wird, dies aber nur gegen Gewährung sonstiger (messbarer) Vorteile erfolgt, die einer materielle Kompensation gleichkommen. Dann wird im Einzelfall zu untersuchen sein, ob der Anspruchsberechtigte etwa aus anderweitigen Erwägungen bereit war, auf jegliche Kompensation zu verzichten, oder ob er eine Kompensation praktisch durchgesetzt, die Gewährung aber in einer vom Unternehmen angebotenen anderen Form als etwa durch Zahlung akzeptiert hat[16].

Liegt der Verzicht lediglich in der Unterzeichnung einer vom Unterneh- 17 men vorgelegten vorgedruckten Erklärung, wird man eine materielle Verzichtswirkung kaum annehmen können, sofern die Erklärung überhaupt für wirksam zu halten ist. Als Auslegungsmaxime wird immerhin der Rechtsgedanke des § 13 Satz 2 SpruchG gelten müssen, dass im Zweifelsfall eine nachträgliche Berechtigung auch des bereits durch Vergleich oder Verzicht ausgeschiedenen Anteilsinhabers anzunehmen ist. Derartige Zweifelsfälle lassen sich allerdings dadurch vermeiden, dass in dem jeweiligen Verzichtsvertrag oder der Vergleichsvereinbarung ein ausdrücklicher Vorbehalt für die Erhöhung der Kompensation nach dem Ausgang etwaiger anhängiger oder später folgenden Spruchverfahren vorgesehen wird.

5. Auswirkungen der Entscheidung, Vollstreckung

Mit Wirksamkeit einer sachlichen Entscheidung gilt die Höhe der festge- 18 legten oder als angemessen bestätigten Kompensation rückwirkend, d.h. von Beginn an für die vertraglichen oder Beschlussregelungen zu den streitgegenständlichen Strukturmaßnahmen: für die darin vorgesehenen oder festgelegten Ausgleichs-, Abfindungs- oder Zuzahlungen gelten von Anfang an die im Spruchverfahren festgelegten Beträge[17]. Diese Maßgeblichkeit betrifft aber nur die im Spruchverfahren behandelte Strukturmaßnahme, also keine zusätzlichen oder abweichenden Vorgänge[18], und nur den festgelegten Umfang bzw. die festgelegte Form der Kompensation (z.B. Zahlungsbetrag oder Umtauschverhältnis), schließt aber er-

---

16 Vgl. auch *Volhard*, in: Semler/Stengel, UmwG, § 13 SpruchG Rn. 5.
17 BGH Beschluss vom 12.03.2001 – II ZB 15/00; OLG Frankfurt a.M. Beschluss vom 09.04.2010 Az. 5 W 75/09; OLG Karlsruhe Urteil vom 14.05.2008 – 7 U 34/07; *Simon*, in: Simon SpruchG, § 13 Rn. 6; *Kubis*, in: MüKo-AktG, § 13 SpruchG Rn. 2; *Klöcker*, in: Schmidt/Lutter AktG, § 13 SpruchG Rn. 3; *Wilske*, in: KK-AktG, § 13 SpruchG Rn. 15.
18 *Krenek*, in: Heidel, Aktienrecht und Kapitalmarktrecht, § 13 SpruchG Rn. 5.

SpruchG § 13 Wirkung der Entscheidung

gänzende Abgeltungszahlungen oder Umtauschformen nicht aus[19]. Auch eine formale, etwa auf Abweisung gerichtete Entscheidung („Prozessurteil") entwickelt eine *inter omnes*-Wirkung, allerdings nur für die zur Abweisung herangezogenen Gründe[20]; werden diese beseitigt, steht die Entscheidung einer neuen Beschlussfassung etwa in einem Parallelverfahren nicht entgegen[21].

19 Die wirksame Entscheidung hat lediglich feststellende Wirkung. Sie ist kein Vollstreckungstitel[22]. Leistet der verpflichtete Rechtsträger bzw. das Unternehmen im Anschluss an den Beschluss im Spruchverfahren nicht, ist für die Durchsetzung des Anspruchs der Anteilsinhaber eine Entscheidung über die Leistungsklage vor den ordentlichen Gerichten erforderlich, für die aber wieder das gleiche Gericht und der gleiche Spruchkörper wie im Spruchverfahren zuständig ist (§ 16 SpruchG) *[dazu im Einzelnen § 16 SpruchG Rn. 10 ff.].* Im Rahmen der Leistungsklage ist das Landgericht nunmehr in seiner Funktion als ordentliches Gericht an seinen wirksamen Beschluss aus dem Spruchverfahren gebunden, wie § 13 Satz 2 SpruchG ausdrücklich festlegt *[s. oben Rn. 7].* Auch die Kosten können erst aufgrund eines gesonderten Kostenfestsetzungsbeschlusses vollstreckt werden, der an die im Beschluss enthaltene Kostentragungsregelung anknüpft[23] *[vgl. dazu oben § 11 SpruchG Rn. 21, und nachfolgend § 15 SpruchG Rn. 24, 38].*

---

19 BGH Urteil vom 18.10.2010 – II ZR 270/08, der aus dem im Spruchverfahren festgelegten Umtauschverhältnis (13 zu 3) einen abgeleiteten Umtausch von 5 zu 1 mit Spitzenausgleich für zulässig erachtet. Allgemein dazu *Engelhardt*, in: Keidel FamFG, § 45 Rn. 22 ff.; *Wälzholz*, in: Widmann/Mayer, UmwG, Anh. 13 § 13 SpruchG 14; *Krenek*, in: Heidel, Aktienrecht und Kapitalmarktrecht, § 13 SpruchG Rn. 7.
20 Vgl. etwa OLG Brandenburg Urteil vom 07.07.1999 – 13 U 61/99; *Wilske*, in: KK-AktG, § 13 SpruchG Rn. 12; *Drescher*, in: Spindler/Stilz, AktG, § 13 SpruchG, Rn. 5.
21 OLG Stuttgart Beschluss vom 03.04.2012 Az. 20 W 6/09 Rn. 98.
22 OLG Karlsruhe Urteil vom 14.05.2008 – 7 U 34/07; *Kubis*, in: MüKo-AktG, § 13 SpruchG Rn. 4; *Mennicke*, in: Lutter/Winter, UmwG, Anh I § 13 SpruchG Rn. 5.
23 *Krenek*, in: Heidel, Aktienrecht und Kapitalmarktrecht, § 13 SpruchG Rn. 10.

§ 14 Bekanntmachung der Entscheidung

Die rechtskräftige Entscheidung in einem Verfahren nach § 1 ist ohne Gründe nach Maßgabe des § 6 Abs. 1 Satz 4 und 5 in den Fällen

1. der Nummer 1 durch den Vorstand der Gesellschaft, deren außenstehende Aktionäre antragsberechtigt waren;
2. der Nummer 2 durch den Vorstand der Hauptgesellschaft;
3. der Nummer 3 durch den Hauptaktionär der Gesellschaft;
4. der Nummer 4 durch die gesetzlichen Vertreter jedes übernehmenden oder neuen Rechtsträgers oder des Rechtsträgers neuer Rechtsform;
5. der Nummer 5 durch die gesetzlichen Vertreter der SE, aber im Fall des § 9 des SE-Ausführungsgesetzes durch die gesetzlichen Vertreter der die Gründung anstrebenden Gesellschaft, und
6. der Nummer 6 durch die gesetzlichen Vertreter der Europäischen Genossenschaft

bekannt zu machen.

Inhalt

		Rn.				Rn.
I.	Überblick	1		4.	Bekanntmachungspflichtige Personen	15
II.	Inhalt der Norm	2		5.	Medium der Bekanntmachung	19
	1. Zweck der Bekanntmachung	2		6.	Sanktionen	21
	2. Gegenstand der Bekanntmachung	7	III.	Sonstige Bekanntmachungen		24
	3. Zeitpunkt der Bekanntmachung	11				

Spezielle Literatur: *Assmann/Schneider* (Hrsg.), Wertpapierhandelsgesetz, 6. Aufl. 2012; *Bidmon*, Die Reform des Spruchverfahrens durch das SpruchG, (Diss) 2007; *Büchel*, Neuordnung des Spruchverfahrens, NZG 2003, 793–804; *Riegger/Rieg*, Änderungen bei den Veröffentlichungspflichten nach Abschluss eines Spruchverfahrens durch das TUG, ZIP 2007, 1148–1151; *Wittgens*, Das Spruchverfahrensgesetz, (Diss.) 2005.

I. Überblick

Die Vorschrift über die Bekanntmachungspflicht hatte ursprünglich den 1 früheren Regelungen in § 306 Abs. 6 AktG und § 310 UmwG entsprochen,

SpruchG § 14 Bekanntmachung der Entscheidung

allerdings mit zwei Erweiterungen: Im Fall des Ausschlusses von Minderheitsaktionären („Squeeze Out") ist die Bekanntmachung nicht mehr durch den Vorstand der betroffenen Gesellschaft, sondern vom Hauptaktionär vorzunehmen, der die Ausschließung betrieben hat. Durch Verweisung auf § 6 Abs. 1 Satz 4 und Satz 5 SpruchG ist die Bekanntmachung nunmehr – zumindest – im Bundesanzeiger, zusätzlich aber auch noch in anderen Blättern oder elektronischen Informationsmedien vorzunehmen, wenn solche in dem maßgeblichen Gesellschaftsvertrag, Partnerschaftsvertrag, der Satzung oder dem Statut für die öffentliche Bekanntmachung bestimmt worden sind. Zunächst waren nur – entsprechend der damaligen Fassung des § 1 – die Nummern 1–4 vorgesehen; mit Einführung der SE (SEEG vom 22.12.2004, BGBl. I S. 3675) und der Europäischen Genossenschaft (Einführungsgesetz der SCE vom 14.08.2006, BGBl. I S. 1911) wurden dann die Regelungen für die Nummern 5 und 6 hinzugefügt. Die Fassung der Nr. 4 wurde im Rahmen der Änderung des Umwandlungsgesetzes (Gesetz vom 19.04.2007, BGBl. I S. 542) angepasst.

II. Inhalt der Norm

1. Zweck der Bekanntmachung

2 Die Bekanntmachung hat den Zweck, alle übrigen Anteilsinhaber, die nicht selbst am Verfahren beteiligt waren, über die Entscheidung zu unterrichten, da die Entscheidung für und gegen alle Anteilsinhaber, also auch für alle am Verfahren nicht beteiligten Anspruchsberechtigten gilt (§ 13 Satz 2 SpruchG). Sie dient aber auch dem Interesse der Allgemeinheit, insbesondere der Finanzfachleute, Börsenteilnehmer und Analysten derartiger Entscheidungen („Bereichsöffentlichkeit") *[vgl. unten Rn. 22, 25]*, das betreffende Unternehmen besser einschätzen, Vergleichsbetrachtungen anstellen und gegebenenfalls Erfahrungen für eigene Bewertungsmaßstäbe gewinnen zu können. Die Wirksamkeit der Entscheidung ist von ihrer Bekanntmachung nicht abhängig, da in § 13 Satz 1 SpruchG nicht auf § 14 SpruchG Bezug genommen wird.

3 Die Verpflichtung ist entsprechend dem klaren Wortlaut des § 14 SpruchG an keine weiteren Voraussetzungen geknüpft und besteht insbesondere unabhängig davon, ob ein individuelles Bedürfnis an der Bekanntmachung besteht, etwa wenn alle (denkbar) betroffenen Anteilsinhaber selbst am Verfahren beteiligt waren und ihnen die Entscheidung bereits gemäß § 11 Abs. 3 SpruchG zugestellt worden ist[1]. Denn die vom

---

[1] A.A. die wohl überwiegenden Literaturmeinungen, vgl. *Wilske*, in: KK-AktG, § 14 SpruchG, Rn. 22; *Kubis*, in: MüKo-AktG, § 14 SpruchG Rn. 6; *Wälzholz*, in: Widmann/Mayer UmwG, Anh. 13 § 14 SpruchG Rn. 5; *Drescher*, in: Spindler/Stilz AktG, § 14 SpruchG Rn. 8; *Emmerich*, in: Emmerich/Habersack Aktien- und GmbH-Konzernrecht, § 14 SpruchG, Rn. 1; *Mennicke*, in: Lutter/Winter UmwG, Anh. I § 14 SpruchG Rn. 2; *Volhard*, in: Semler/Stengel, UmwG, § 14 SpruchG Rn. 8; *Klöcker*, in: Schmidt/Lutter, AktG, § 14 SpruchG Rn. 5; einschränkend *Leuering*, in: Simon SpruchG, § 14 Rn. 6 (keine Einschränkung, wenn andere Normen, etwa § 305 Abs. 4 Satz 3 AktG, an die Veröffentlichung anknüpfen).

Gesetzgeber – wie in den Vorläufer-Regelungen – uneingeschränkt statuierte Pflicht ist auch in dieser vorbehaltlosen Form zweckmäßig. Sie kann auf diese Weise nicht nur mögliche Zustellungsmängel ausgleichen, sondern sie dient auch dem Interesse der Allgemeinheit („Bereichsöffentlichkeit").

Ohnehin wäre für die Annahme einer solchen (aber hier abgelehnten) 4 Einschränkung die (insoweit erforderliche) Beteiligung aller betroffenen Anteilsinhaber vorab zu klären (wie?) und nachzuweisen (wem gegenüber?), bevor ein Wegfall der Bekanntmachungspflicht angenommen werden könnte. Dies könnte in der Praxis kaum befriedigend geklärt werden, ohne etwa – bei behaupteter Anteilsberechtigung – wiederum ein Spruchverfahren oder eine Leistungsklage durchzuführen. Hinzu kommt, dass derzeit diese Bekanntmachungsverpflichtung ohnehin nicht sanktioniert wird *[s. unten Rn. 20 ff.]*, ihre Einhaltung also nicht noch durch zusätzliche Prüfungspflichten komplizierter gemacht werden sollte.

Die Bekanntmachungspflicht besteht allerdings nur in dem festgelegten 5 Rahmen (§ 6 Abs. 1 Satz 4 und 5 SpruchG), nicht darüber hinaus, etwa aus gesellschaftsrechtlicher Treuepflicht[2]. Es ist schon fraglich, ob zwischen den anspruchsberechtigten Anteilsinhabern im Hinblick auf das Ergebnis des Spruchverfahrens überhaupt (noch) ein gesellschaftsrechtliches Treueverhältnis besteht. Diese kann aber jedenfalls nicht dazu führen, eine zusätzliche – wohl individuelle bzw. informelle – Bekanntgabepflicht an die Mitgesellschafter zu begründen, zumal angesichts der umfassenden Regelung des § 14 SpruchG Sinn und Zweck einer solchen doppelten Pflicht auch nicht einsichtig wäre.

Wird das Spruchverfahren dagegen ohne gerichtliche Entscheidung beendet, besteht für die Bekanntmachungspflicht des § 14 SpruchG keine 6 Grundlage. Dies ist etwa bei der Antragsrücknahme oder (übereinstimmende) Erledigung der Fall[3].

2. Gegenstand der Bekanntmachung

Die wirksame, rechtskräftige Entscheidung ist ohne Gründe, also nur im 7 Tenor bekannt zu machen. Mangels weiterer Einschränkungen ist der vollständige Tenor bekanntzumachen; ein Recht oder eine Pflicht zur Anonymisierung besteht nicht[4]. Es steht den Parteien auch frei, über den Wortlaut des § 14 SpruchG hinaus auch den Inhalt der Entscheidung bekannt

---

2 So aber wohl *Wilske*, in: KK-AktG, § 14 SpruchG, Rn. 31, im Anschluss an *Lutter*, Treupflichten und ihre Anwendungsprobleme, ZHR 162 (1998), 164 ff.
3 *Wilske*, in: KK-AktG, § 14 SpruchG, Rn. 3; *Mennicke*, in: Lutter/Winter, UmweG Anh I § 14 SpruchG Rn. 3; *Wälzholz*, in: Widmann/Mayer, UmwG, Anh. 13 § 14 SpruchG Rn. 3; a. A. *Hasselbach/Hirte*, in: Großkomm AktG § 305 Anm. 249.
4 *Wilske*, in: KK-AktG, § 14 SpruchG, Rn. 6.

zu machen[5], zumal die Urteilsverkündung (§ 169 Abs. 1 Satz 1 GVG) und damit der Zugang zu den Entscheidungen ohnehin öffentlich ist.

8 Der unmissverständliche Gesetzeswortlaut in § 14 SpruchG bezieht sich auf jegliche rechtskräftige Entscheidung, d.h. Beschlüsse (§ 11 Abs. 1 SpruchG), bezieht sich also nicht nur auf Sachentscheidungen, sondern umfasst auch eine Abweisung wegen Unzulässigkeit oder die Feststellung eines – gerichtlichen – Vergleichs (§ 11 Abs. 4 Satz 2 SpruchG). Denn auch die Feststellung eines solchen Vergleichs erfolgt durch Beschluss und damit durch eine Entscheidung i. S. v. § 14 SpruchG[6]. Außergerichtliche Vergleiche, über die kein gerichtlicher Beschluss ergeht, sind dagegen nicht von der Bekanntmachungspflicht des § 14 SpruchG umfasst. Insoweit können die Parteien aber ihrerseits eine Bekanntmachung vorsehen – und sind dann aus dem Vergleich heraus verpflichtet, diese Bekanntmachung herbeizuführen. Sollte ein Gemeinsamer Vertreter an einem solchen Vergleichsbeschluss beteiligt sein, wird er pflichtgemäß darauf drängen müssen, dass eine solche Bekanntmachungspflicht geregelt wird[7].

9 § 14 SpruchG bezieht sich unterschiedslos auf alle, nicht nur auf solche Entscheidungen, die für die übrigen Anteilsinhaber (oder die Bereichsöffentlichkeit) maßgeblich sein können. Erfasst werden auch z.B. individuelle Entscheidungen über einzelne Anträge von Anteilsinhabern, die möglicherweise nicht auf andere Anteilsinhaber anwendbar sind[8].

10 Eine demgegenüber eingeschränkte Auslegung des § 14 SpruchG wäre weder sinnvoll, warum sollte die Öffentlichkeit nur über bestimmte – von wem (?) ausgewählte – Entscheidungen informiert werden, noch durch-

---

5 *Emmerich*, in: Emmerich/Habersack § 14 SpruchG Rn. 2; *Leuering*, in: Simon SpruchG § 14 Rn. 13.
6 Für eine analoge Anwendung auch auf gerichtliche (und „Schriftsatz"-)Vergleiche, *Emmerich*, in: Emmerich/Habersack § 14 SpruchG Rn. 4; *Hasselbach/Hirte*, in: Großkomm AktG § 305 Anm. 249; befürwortend auch *Krenek*, in: Heidel, Aktienrecht und Kapitalmarktrecht, § 14 SpruchG Rn. 3a, allerdings wohl nur de lege ferenda und als Handlungspflicht des Gemeinsamen Vertreters; a.A. die wohl noch herrschende Literaturmeinung, *Wilske*, in: KK-AktG, § 14 SpruchG, Rn. 2; *Leuering*, in: Simon, SpruchG, § 14 Rn. 10; *Wälzholz*, in: Widmann/Mayer, UmwG, Anh. 13 § 14 SpruchG Rn. 3.1; *Kubis*, in: MüKo-AktG, § 14 SpruchG Rn. 1; *Klöcker*, in: Schmidt/Lutter, AktG, § 14 SpruchG Rn. 1; *Volhard*, in: Semler/Stengel, UmwG, § 14 SpruchG Rn. 2; einschränkend möglicherweise *Riegger/Rieg*, ZIP 2007, 1148 f., die allerdings nicht zwischen gerichtlichen und außergerichtlichen Vergleichen unterscheiden.
7 So auch *Riegger/Rieg*, ZIP 2007, 1148 f.
8 So nunmehr wohl auch (nach noch abweichender Meinung in der Vorauflage) *Krenek*, in: Heidel, Aktienrecht und Kapitalmarktrecht, § 14 SpruchG Rn. 3a; anders *Wilske*, in: KK-AktG, § 14 SpruchG, Rn. 25, im Anschluss an OLG München Beschluss vom 24.05.2012 – Wx 553/11, das sich wiederum auf den insoweit einschränkenden *Leuering*, in: Simon SpruchG § 14 Rn. 6 bezieht, der eine Veröffentlichungspflicht nur, aber immer dann annimmt, wenn andere Normen daran anknüpfen; *Emmerich*, in: Emmerich/Habersack § 14 SpruchG Rn. 1.

führbar, weil die Abgrenzung von den gemäß § 14 SpruchG verpflichteten Personen zu treffen wäre, also nicht vom Gericht. Nach welchen Kriterien sollten diese Personen solche Abgrenzungen treffen, zumal sie bei Eintritt der Rechtskraft einzelner Entscheidungen nicht unbedingt schon abschätzen können, was diese Entscheidungen für übrige noch anhängige Verfahren bedeuten können. Es erscheint daher unsinnig, eine solche künstliche Abgrenzung zu befürworten, zumal das insoweit angeführte Argument, die Öffentlichkeit nicht durch unwesentliche, nicht-übertragbare Einzelentscheidungen im Hinblick auf das Anliegen übriger Antragsteller zu falschen Schlussfolgerungen zu veranlassen, nicht greift. Wer eine solche Veröffentlichung wahrnimmt, die ja nur im Tenor, also ohne Gründe erfolgt, wird schlechterdings nicht auf den Tenor allein vertrauen, sondern sich die vollständige Entscheidung beschaffen, die ja grundsätzlich öffentlich zugänglich ist (§ 169 Abs. 1 Satz 1 GVG), und damit jegliche Irrtümer oder Missverständnisse ausräumen können.

3. Zeitpunkt der Bekanntmachung

Die Bekanntmachungspflicht gilt zunächst für die erstinstanzliche Entscheidung, gegebenenfalls auch für eine Teilentscheidung, wenn diese rechtskräftig geworden, also keine Beschwerde eingelegt worden ist. Insofern muss also die Beschwerdefrist von einem Monat nach Zustellung der Entscheidung an den (oder die) Beschwerdeberechtigten (§ 11 Abs. 3 SpruchG) abgewartet werden (*vgl. § 12 SpruchG Rn. 25 ff.*). Wird die bzw. werden alle eingelegten Beschwerden (nach Ablauf der Beschwerdefrist) zurückgenommen, tritt in diesem Moment die Rechtskraft ein. 11

In der zweiten Instanz ist die Entscheidung des Beschwerdegerichts bekannt zu machen, wenn das OLG in der Sache selbst entschieden, also den Ausgleich, die Zuzahlung oder Abfindung („Kompensation") selbst festgelegt hat. Hat das OLG dagegen das Rechtsmittel als unzulässig oder unbegründet zurückgewiesen, ist damit die erstinstanzliche Entscheidung rechtskräftig geworden, so dass in diesem Fall wiederum die erstinstanzliche Entscheidung bekannt zu machen ist. Erfolgt in der zweiten Instanz eine Teilentscheidung, also etwa Rückweisung eines Teils des Rechtsstreits zur neuen Verhandlung an das Landgericht, so ist nur der Teil der endgültigen Entscheidung (Feststellung oder Abweisung der Kompensation) bekannt zu machen[9]. Rechtskräftig werden die Entscheidungen des Beschwerdegerichts mit ihrer schriftlichen Bekanntgabe (vgl. § 63 Abs. 3 FamFG), soweit nicht die Rechtsbeschwerde zugelassen worden ist *[vgl. dazu § 12 SpruchG Rn. 60]*. 12

Weitere Rechtsbehelfe wie etwa die Anhörungsrüge, Verfassungsbeschwerde oder Anrufung des Europäischen Gerichtshofs für Menschenrechte (EGMR)[10] hemmen die Rechtskraft nicht, führen also nicht zu einer Verzögerung der Bekanntmachungspflicht. Immerhin sind etwaige spätere Entscheidungen im Spruchverfahren, die im Anschluss an derarti- 13

---

9 *Wilske*, in: KK-AktG, § 14 SpruchG, Rn. 11.
10 Vgl. dazu oben § 12 SpruchG Rn. 52 und 53.

ge – erfolgreiche – Verfahren ergeben sollten, wiederum in gleicher Form bekannt zu machen, wie es bei der Ausgangsentscheidung zu erfolgen hatte[11]. Ähnliches gilt für etwaige Berichtigungen des Beschlusses[12]; diese berühren ebenfalls nicht den Eintritt der Rechtskraft, können jedoch zu Berichtigungs- oder Ergänzungsbeschlüssen führen, die ihrerseits wiederum der Bekanntmachungspflicht des § 14 SpruchG unterliegen[13].

14 Ein Zeitpunkt für die Bekanntmachung nach Eintritt der Rechtskraft ist nicht (mehr) statuiert, nachdem in der Vorgängerregelung § 306 Abs. 2 i. V. m. § 99 Abs. 5 Satz 3 AktG noch eine „unverzügliche" Einreichung zum Handelsregister vorgesehen war. Gleichwohl wird man aus dem Sachzusammenhang heraus eine zeitnahe Bekanntmachung fordern müssen[14], wenn sie auch derzeit nicht sanktioniert ist *[s. unten Rn. 20 ff.]*.

4. Bekanntmachungspflichtige Personen

15 Zur Bekanntmachung verpflichtet sind jeweils die gesetzlichen Vertreter der betroffenen Gesellschaften, im häufigen Fall einer Aktiengesellschaft also der Vorstand; ist der Hauptaktionär im Falle des Ausschlusses von Minderheitsaktionären eine natürliche Person, so ist diese verpflichtet.

16 Im Einzelnen betrifft dies

(1) im Fall des § 1 Nr. 1 SpruchG den Vorstand der Aktiengesellschaft, die ihre Leitung einer anderen Gesellschaft unterstellt (Beherrschungsvertrag) oder an diese ihren Gewinn abführt (Gewinnabführungsvertrag),

(2) im Fall des § 1 Nr. 2 SpruchG den Vorstand der Hauptgesellschaft, die eine andere Aktiengesellschaft eingegliedert hat,

(3) im Fall des § 1 Nr. 3 SpruchG den Hauptaktionär selbst, wenn er eine natürliche Person ist, andernfalls die gesetzlichen Vertreter der juristischen Person, der/die den Ausschluss der Minderheitsaktionäre („Squeeze Out") der Aktiengesellschaft herbeigeführt hat,

(4) im Fall des § 1 Nr. 4 SpruchG die gesetzlichen Vertreter jedes übernehmenden oder neuer Rechtsträgers oder des Rechtsträgers in neuer Rechtsform,

(5) im Fall des § 1 Nr. 5 SpruchG die gesetzlichen Vertreter der SE oder, im Falle der noch bevorstehenden Gründung (§ 9 SE-AG) die gesetzlichen Vertreter der die Gründung anstrebenden Gesellschaft,

---

11 *Wilske*, in: KK-AktG, § 14 SpruchG, Rn. 6; *Leuering*, in: Simon SpruchG § 14 Rn. 8; *Wälzholz*, in: Widmann/Mayer, UmwG, Anh. 13 § 14 SpruchG Rn. 3.

12 Vgl. oben § 12 SpruchG Rn. 3.

13 *Wilske*, in: KK-AktG, § 14 SpruchG, Rn. 13; *Wälzholz*, in: Widmann/Mayer UmwG, Anh. 13 § 14 SpruchG Rn. 3.2; abweichend *Leuering*, in: Simon, SpruchG § 14 Rn. 9, die dies nur im Falle von Abweichungen von der ursprünglichen Entscheidung für erforderlich halten, wenn diese Abweichungen für die außenstehenden Aktionäre von Bedeutung sind.

14 *Wilske*, in: KK-AktG, § 14 SpruchG, Rn. 21.

(6) im Fall des § 1 Nr. 6 SpruchG die gesetzlichen Vertreter der Europäischen Genossenschaft.

In den weiteren Fällen der Anwendung des Spruchverfahrens *[vgl. dazu oben § 1 SpruchG Rn. 35 ff.]* betrifft dies   17

(7) beim Erlöschen oder Aufheben von Mehrstimmrechten den Vorstand der Aktiengesellschaft, bei der die Mehrstimmrechte betroffen sind[15], und

(8) bei der übertragenden Auflösung gemäß § 179a Abs. 3 AktG der Vorstand der Aktiengesellschaft, die ihr gesamtes Vermögen überträgt, sowie (in Anlehnung an § 1 Nr. 4 SpruchG) die gesetzlichen Vertreter der Übernehmerin des Gesellschaftsvermögens.

Die Verpflichtung erstreckt sich jeweils auf alle gesetzlichen Vertreter bzw.   18
alle Organmitglieder des betreffenden Unternehmens gleichermaßen. Mehrere Organmitglieder bzw. gesetzliche Vertreter des gleichen Unternehmens handeln gemeinschaftlich in der vertretungsberechtigten Form; ist die Verpflichtung erfüllt, brauchen die übrigen Organmitglieder nicht mehr zu handeln. Im Falle mehrerer natürlicher Personen oder mehrerer betroffener Rechtsträger ist eine gemeinsame Bekanntmachung zuzulassen, da mehrere separate Bekanntmachungen einen unnötigen Formalismus darstellen würden[16]. Insoweit kann § 16 Abs. 1 Satz 2 UmwG analog angewendet werden, so dass eine Person bzw. ein Rechtsträger berechtigt ist, die Bekanntmachung auch für die übrigen Personen und Rechtsträger durchzuführen. Deren Handlungsverpflichtung wird damit erfüllt.

5. Medium der Bekanntmachung

Die Bekanntmachung hat zunächst im Bundesanzeiger zu erfolgen, wie   19
der ausdrückliche Hinweis auf § 6 Abs. 1 Satz 4 SpruchG klarstellt und wie es zwischenzeitlich auch im Aktienrecht (§ 25 Satz 1 AktG) generell vorgesehen ist. Allerdings ist eine zusätzliche Bekanntmachung in den Gesellschaftsblättern (Printmedien) oder auch anderen elektronischen Informationsmedien (Webseiten) erforderlich, wenn und soweit diese (vgl. § 6 Abs. 1 Satz 5 SpruchG) in der Satzung der Gesellschaft, deren außenstehende oder ausgeschiedene Aktionäre gemäß § 1 Nr. 1 bis 3 SpruchG antragsberechtigt sind, im Gesellschaftsvertrag, im Partnerschaftsvertrag, in der Satzung oder im Statut des übertragenden oder formwechselnden Rechtsträgers gemäß § 1 Nr. 4 SpruchG vorgesehen sind. Dabei wird es sich zumeist um überregionale Wirtschaftsblätter oder besondere (elektronische) Informationsdienste handeln. Auch diese Bekanntmachung ist gleichrangig mit der Veröffentlichung im Bundesanzeiger von den im § 14 SpruchG aufgeführten handlungspflichtigen Personen durchzuführen.

Eine Einreichung der Entscheidung zum Handelsregister ist nicht mehr   20
erforderlich, anders als in § 306 Abs. 2 i. V. m. § 99 Abs. 5 Satz 3 AktG

---

15 *Wilske*, in: KK-AktG, § 14 SpruchG, Rn. 16; *Kubis*, in MüKo-AktG, § 14 SpruchG Rn. 2; *Mennicke*, in: Lutter/Winter, UmwG Anh I § 14 SpruchG Rn. 4.
16 So auch *Wälzholz*, in: Widmann/Mayer UmwG, Anh. 13 § 14 SpruchG Rn. 4.

noch für die Bekanntmachung über die aktienrechtliche Abfindung vorgesehen. Dies erscheint angesichts der großen Publizitätsbasis des Bundesanzeigers auch nicht mehr sinnvoll.

6. Sanktionen

21 Die Bekanntmachung kann mangels eines einschlägigen Tatbestandes im SpruchG oder eines einschlägigen Verweises in § 388 Abs. 1 FamFG (auch nicht in der Vorgänger-Vorschrift § 132 Abs. 1 FGG) nicht durch Zwangsgeld erzwungen werden. Eine analoge Anwendung von § 388 Abs. 1 FamFG scheidet aus, da wegen des Eingriffscharakters eine ausdrückliche Ermächtigung erforderlich wäre[17]. Dieser Verzicht auf eine Sanktion entspricht auch der früheren Rechtslage im Umwandlungsrecht, das ebenfalls für die Einhaltung der Bekanntmachungsvorschrift in § 310 UmwG keine Zwangsgeldverhängung vorgesehen hatte. Demgegenüber hatte das Aktienrecht noch in § 407 Abs. 1 AktG („Zwangsgelder") auf § 306 Abs. 6 AktG a. F. verwiesen, die Bekanntmachung war also durch Zwangsgeldfestsetzungen sanktioniert. Mit Einführung des SpruchG ist diese aktienrechtliche Regelung ersatzlos entfallen; der Gesetzgeber hat dies mit einer Umfrage begründet, nach der von diesem Zwangsgeld fast nie Gebrauch gemacht wurde[18].

22 Da im SpruchG nicht geregelt ist, dass die Antragsteller, der gemeinsame Vertreter oder die am Verfahren nicht beteiligten Anteilsinhaber die Bekanntmachung herbeiführen können, verbleibt es bei dem höchst unbefriedigenden Zustand einer „lex imperfecta". Es mag dahin stehen, ob der Gesetzgeber diese Lücke gesehen und wissentlich in Kauf genommen hat[19]. Jedenfalls kann nicht gewollt sein, dass diese – auch im Hinblick auf die allgemeine Verbindlichkeit der Spruchverfahrens-Entscheidung gemäß § 13 SpruchG wesentliche – Regelung nicht durchgesetzt wird. Allerdings zeigt sich in der Praxis, dass zumindest bei größeren Verfahren, die zahlreiche Anleger betreffen, ohnehin durch die Medien eine weitgehende Bereichsöffentlichkeit geschaffen wird. Auch die Gerichte selbst geben immer häufiger Pressemitteilungen über die von ihnen getroffenen Entscheidungen heraus.

23 Bis zu einer Regelungskorrektur durch den Gesetzgeber, die dringend anzumahnen ist und etwa eine Verpflichtung des Spruchkörpers und/oder des gemeinsamen Vertreters, zumindest aber eine Berechtigung des gemeinsamen Vertreters und der Antragsteller auf Bekanntmachung vorsehen sollte, verbleibt es daher nur bei der wenig praktikablen Möglichkeit, dass der gemeinsame Vertreter oder die Antragsteller eine solche Bekanntmachung gegen die Verpflichteten einklagen

---

17 BayObLG Beschluss vom 04.07.1985 – B Reg. 3 Z 43/85 zum früheren § 132 Abs. 1 FGG a. F. für den Fall der Vorlage eines Sonderprüfungsberichtes.
18 BEgr. RegE SpruchG BT-Drucks. 15/371, S. 19 (zu Nummer 8, § 407 AktG).
19 So noch die Vorauflage § 14 SpruchG Rn. 10. Dies erscheint aber angesichts der kommentierten Streichung des § 407 AktG unwahrscheinlich.

können[20]. Denn ihnen steht dieser Bekanntmachungsanspruch kraft ausdrücklicher Anordnung in § 14 SpruchG als Nebenfolge der (von ihnen erwirkten) Entscheidung gemäß § 11 SpruchG zu. Im Zweifelsfall werden die Antragsteller daran allerdings kaum ein Interesse haben, so dass auf die besondere Pflichtenstellung des gemeinsamen Vertreters abgestellt werden muss, dem dieser Interessenschutz zumindest für die von ihm vertretenen Antragsberechtigten abzuverlangen ist. Für eine Klage der übrigen Anteilsinhaber wäre dagegen wohl das Rechtsschutzinteresse zweifelhaft, da ihnen die Entscheidung notwendigerweise bereits bekannt sein muss, wenn sie deren Bekanntmachung einklagen wollen, ihr weiteres Interesse an der Bekanntmachung also kaum unterstellt werden kann[21].

III. Sonstige Bekanntmachungen

Für das Spruchverfahren selbst ergeben sich keine weiteren Bekanntmachungspflichten. Insbesondere hat das Spruchverfahren keine formalen Auswirkungen auf die zugrunde liegenden Strukturmaßnahmen, die gerade nicht durch die Einleitung des Spruchverfahrens behindert werden sollen, sondern wirksam durchgeführt werden können *[dazu oben Einleitung Rn. 8]*. Etwaige Bekanntmachungspflichten im Zusammenhang mit diesen Strukturmaßnahmen richten sich allein nach den jeweiligen materiellen Vorschriften im Aktien- und Umwandlungsrecht, haben aber keinen Einfluss auf das Spruchverfahren und werden durch die Entscheidung im Spruchverfahren auch nicht berührt. 24

Weitergehende Publizitätspflichten für die Entscheidung im Spruchverfahren können aber außerhalb des SpruchG durch § 15 WpHG im Rahmen der ad-hoc-Publizität von Insiderinformationen (§ 13 WpHG) ausgelöst werden[22]. Danach sind öffentlich nicht bekannte Tatsachen, die wegen ihrer Auswirkungen auf die Vermögens- oder Finanzlage einer börsennotierten Gesellschaft kursbeeinflussend wirken können, in besonderer Form[23] zu veröffentlichen und dem Unternehmensregister (§ 8b 25

---

20 Für die Klageberechtigung des Gemeinsamen Vertreters auch *Wilske*, in: KK-AktG, § 14 SpruchG, Rn. 34; *Leuering*, in: Simon SpruchG, § 14, Rn. 21; *Krenek*, in: Heidel, Aktienrecht und Kapitalmarktrecht, § 14 SpruchG Rn. 7; *Wittgens*, Das Spruchverfahrensgesetz, S. 255; *Kubis*, in: MüKo-AktG, § 14 SpruchG Rn. 4, der allerdings nur die Antragsteller erwähnt, nicht den Gemeinsamen Vertreter; *Hörtnagel*, in: Schmitt/Hörtnagel/Stratz UmwG, § 14 SpruchG Rn. 2; *Wälzholz*, in: Widmann/Mayer, UmwG, Anh. 13 § 14 SpruchG Rn. 2; a.A. (Ablehnung einer Klagemöglichkeit) *Drescher*, in: Spindler/Stilz, AktG, § 14 SpruchG Rn. 4; *Mennicke*, in: Lutter/Winter UmwG, Anh I § 14 SpruchG Rn. 2, die jegliches Klagerecht ablehnt.
21 Vgl. auch *Emmerich*, in: Emmerich/Habersack Aktien- und GmbH-Konzernrecht, § 14 SpruchG, Rn. 6.
22 *Leuering*, in: Simon SpruchG, § 14, Rn. 23ff.; *Wittgens*, Das Spruchverfahrensgesetz, S. 255–257.
23 Siehe die Wertpapierhandelsanzeige- und Insiderverzeichnisverordnung vom 13.12.2004 (BGBl. I 2004, 3376), zuletzt geändert durch Gesetz vom 20.11.2015 *(Fortsetzung der Fußnote auf Seite 478)*

SpruchG § 14 Bekanntmachung der Entscheidung

HGB) zur Speicherung zu übermitteln. Allein aus der Öffentlichkeit des Spruchverfahrens bzw. der entsprechenden öffentlichen Verkündung der Entscheidung (§ 169 Satz 1 GVG) entsteht noch keine Öffentlichkeit i. S. v. § 13 WpHG, da insofern die Gerichtsöffentlichkeit noch nicht der vom WpHG geforderten „Bereichsöffentlichkeit" entspricht[24]. Ist allerdings die Bekanntgabe gemäß § 14 SpruchG in allgemein zugänglichen Medien (Börsenblätter, Internet/Webseiten) erfolgt, liegt ebenso die Marktöffentlichkeit vor wie durch eine überregionale Berichterstattung in den Medien (z. B. publizitätswirksame Entscheidungsverkündungen, Pressekonferenzen)[25].

26 Grundsätzlich gelten Übernahme- und Abfindungsangebote als publizitätspflichtige Tatsachen[26]. Entsprechend ist auch eine gerichtlich festgesetzte Kompensationsregelung zu publizieren, wenn sie kursbeeinflussenden Charakter aufweist[27]. Dies wird anhand des jeweiligen Einzelfalls und insbesondere der Höhe der festgesetzten Kompensation zu untersuchen sein. Trotz geringer Höhe der festgesetzten Kompensation kann die Entscheidung kursbeeinflussend wirken, wenn der Kapitalmarkt die Festsetzung einer wesentlich höheren Kompensation erwartet hatte, und umgekehrt. Hierbei verbieten sich aber schematische Aussagen, da die kursbeeinflussende Wirkung einer Entscheidung nach § 11 Abs. 1 SpruchG nur anhand der Gesamtschau einer Vielzahl von Kriterien festgestellt werden kann[28]. Im Zweifel wird von einer Publizitätspflicht auszugehen sein. Dies trifft insbesondere zu, wenn im Rahmen von Beherrschungs- und Gewinnabführungsverträgen das Abfindungsangebot erhöht und damit die Möglichkeit eröffnet wird, dass deutlich mehr Aktionäre aus der Gesellschaft ausscheiden als dies nach dem ursprünglichen Angebot zu erwarten war.

27 Denkbar ist auch eine Veröffentlichungspflicht gemäß § 30e Abs. 1 Nr. 1 (Obersatz) WpHG (vormals § 66 Börsen-Zulassungsverordnung), da der im Spruchverfahren bestimmte Kompensationsanspruch des Anteilsinhabers eine Änderung der mit diesem Anteil verbundenen Rechte darstellen kann[29].

(BGBl. I 2015, 2029), die in § 3a Abs. 2 Nr. 1 für die Veröffentlichung bestimmte (elektronische) Medien vorsieht, nach Auffassung der Bundesanstalt für Finanzmarktaufsicht (BaFin) aber ein ganzes Medienbündel umfassen muss, vgl. BaFin, Hinweise zu den Mitteilungs- und Veröffentlichungspflichten gemäß §§ 21 ff. WpHG in der Fassung vom 22.01.2007, Nr. II 1 c, im Einzelnen erläutert bei *Riegger/Rieg*, ZIP 2007, 1148, 1150.

24 BaFin, Emittentenleitfaden, Stand 15.07.2005, S. 50, dargestellt bei *Riegger/Rieg*, ZIP 2007, 1148 f.; *Assmann*, in: Assmann/Schneider WpHG, § 13, Rn. 34 ff.
25 *Riegger/Rieg*, ZIP 2007, 1148 f.; *Assmann*, in: Assmann/Schneider WpHG, § 13 Rn. 39.
26 *Assmann*, in: Assmann/Schneider WpHG, § 15 Rn. 73.
27 So auch *Wilske*, in: KK-AktG, § 14 SpruchG, Rn. 29.
28 *Assmann*, in: Assmann/Schneider WpHG, § 15 Rn. 68 ff.
29 *Wilske*, in: KK-AktG, § 14 SpruchG, Rn. 30, im Anschluss an *Riegger/Rieg*, ZIP 2007, 1151; *Emmerich*, in: Emmerich/Habersack Aktien- und GmbH-Konzernrecht, § 14 SpruchG Rn. 2; *Leuering*, in: Simon SpruchG, § 14 Rn. 4.

Andere Publizitätspflichten können sich auf die Strukturmaßnahme beziehen, deren Umsetzung die im Spruchverfahren überprüfen Kompensation ausgelöst hat. Diese Maßnahmen dürften jedoch im Entscheidungszeitpunkt des Spruchverfahrens regelmäßig bereits abgeschlossen sein, so dass deren Bekanntmachung kaum mehr die spätere Entscheidung im Spruchverfahren umfassen dürfte. *28*

§ 15 Kosten

(1) Die Gerichtskosten können ganz oder zum Teil den Antragstellern auferlegt werden, wenn dies der Billigkeit entspricht.

(2) Das Gericht ordnet an, dass die Kosten der Antragsteller, die zur zweckentsprechenden Erledigung der Angelegenheit notwendig waren, ganz oder zum Teil vom Antragsgegner zu erstatten sind, wenn dies unter Berücksichtigung des Ausgangs des Verfahrens der Billigkeit entspricht.

Inhalt

		Rn.
I.	Überblick	1
II.	Inhalt der Norm	8
	1. Vorbemerkung: mehrere Beteiligte/keine Begrenzung auf erste Instanz	8
	2. Auferlegung von Gerichtskosten auf die Antragsteller (Abs. 1)	10
	a) Grundsätzliche Kostentragungspflicht des Antragsgegners	10
	b) Billigkeitsentscheidung zu Lasten der Antragsteller	16
	c) Kostenentscheidung, Kostenausgleich, Kostenfestsetzung	21
	3. Auferlegung von außergerichtlichen Kosten der Antragsteller auf den Antragsgegner (Abs. 2)	27
	a) Grundsatz und Ausnahme von der eigenen Kostentragung	27
	b) Kostenerstattung durch den Antragsgegner aus Billigkeitsgründen	31
	c) Umfang der erstattungsfähigen Kosten	36
	d) Kostenentscheidung, Kostenausgleich, Kostenfestsetzung	38

		Rn.
	4. Keine Erstattung von außergerichtlichen Kosten des Antragsgegners durch die Antragsteller	39
	5. Übergangsregelung	41
III.	Exkurs: Höhe der Gerichtskosten und Anwaltsgebühren bei Spruchverfahren	42
	1. Höhe der Gerichtskosten	42
	a) Berechnung des Geschäftswertes	44
	b) Zeitpunkt der Anteilsberechnung	47
	c) Mindest- und Höchstbetrag	51
	d) Geltung für Rechtsmittelinstanzen	54
	e) Festsetzung des Geschäftswertes	57
	f) Anzahl und Höhe der Gerichtsgebühren	64
	2. Auslagen, Vergütung von Sachverständigen	72
	3. Zahlung von Vorschüssen	77
	4. Anwaltsgebühren	84
	a) Maßgeblichkeit des Geschäftswertes (§ 23 Abs. 1 RVG)	87
	b) Bruchteilsregelung für (mehrere) Antragsteller-Vertreter (§ 31 Abs. 1 RVG)	92

	Rn.		Rn.
c) Zeitpunkt der Anteilsberechnung	96	g) Beauftragung eines Rechtsanwaltes durch mehrere Antragsgegner (§ 7 Abs. 1, Anl. 1: VZ Nr. 1008 RVG)	105
d) Vermutung der Anteilshöhe	99		
e) Mindestgegenstandswert (§ 31 Abs. 1 Satz 4 RVG)	101	h) Anzahl und Höhe der Anwaltsgebühren, Festsetzung, Gebührenvereinbarung	107
f) Beauftragung eines Rechtsanwaltes durch mehrere Antragsteller (§ 31 Abs. 2 RVG)	102	5. Vergütung und Auslagenersatz des Gemeinsamen Vertreters	112

Spezielle Literatur: *Bidmon*, Die Reform des Spruchverfahrens durch das SpruchG, (Diss) 2007; *Beyerle*, Der Konkurs der Antragsgegner während des aktienrechtlichen Spruchstellenverfahrens, AG 1979, 306–316; *Deiß*, Die Vergütung der Verfahrensbevollmächtigten und des gemeinsamen Vertreters im Spruchverfahren, NZG 2013, 248–251; *Fuhrmann/Linnerz*, Zweifelsfragen des neuen Spruchverfahrens, Der Konzern 2004, 265–273; *Günal/Kemmerer*, Die Vergütung des gemeinsamen Vertreters der Minderheitsaktionäre, NZG 2013, 17–19; *Lutter/Bezzenberger*, Für eine Reform des Spruchverfahrens im Aktien- und Umwandlungsrecht, AG 2000, 433–447; *Meilicke/Heidel*, Das neue Spruchverfahren in der gerichtlichen Praxis, DB 2003, 2267–2275; *Preuß*, Auswirkungen der FGG-Reform auf das Spruchverfahren, NZG 2009, 961–966; *Schmittmann*, Vorschusspflicht im Spruchverfahren und registerliche Behandlung unbekannter Aktionäre, AG 1998, 514–517; *Tomson/Hammerschmitt*, Aus alt mach neu? Betrachtungen zum Spruchverfahrensneuordnungsgesetz, NJW 2003, 2572–2576; *Wittgens*, Der gerichtliche Sachverständige im Spruchverfahren, AG 2007, 106–113; *ders.*, Das Spruchverfahrensgesetz, (Diss) 2005.

I. Überblick

Die Vorschrift regelt (nur noch) die Befugnis des Gerichts, abweichend 1
von der generellen gesetzlichen Kostentragungspflicht des Antragsgegners (nunmehr in § 23 Nr. 14 GNotKG) die Gerichtskosten aus Billigkeitsgründen gleichwohl ganz oder zum Teil den Antragstellern aufzuerlegen (Abs. 1, bislang Abs. 2 Satz 2 a. F.), und die außergerichtlichen Kosten der Antragsteller in Ergänzung der Regelung in § 81 Abs. 1 Satz 1 FamFG (vollständige oder teilweise Kostentragung der Beteiligten nach billigem Ermessen des Gerichts) aus Billigkeitsgründen ganz oder zum Teil (nur) dem Antragsgegner aufzuerlegen (Abs. 2, bislang Abs. 4 a. F.). Alle weiteren (früheren) Gerichtskostenregelungen in § 15 SpruchG sind durch das 2. Kostenrechts-Modernisierungsgesetz von 2013[1] aufgehoben und

---

1 Zweites Gesetz zur Modernisierung des Kostenrechts (2. KostRMoG) vom 23.07.2013 (BGBl. I S. 2586), Artikel 16 (S. 2704) „Änderung des Spruchverfahrensgesetzes": Die (bisherigen) Absätze 1 bis 3 werden durch folgenden Absatz 1 ersetzt: „Die Gerichtskosten können ganz oder zum Teil den Antragstellern auferlegt werden, wenn dies der Billigkeit entspricht." (Der bisherige) Absatz 4 wird Absatz 2.

unter Herabsetzung der Gebührenanzahl *[dazu unten Rn. 57]* und deutlicher Erhöhung des Gebührenwertes[2], im Übrigen aber im Wesentlichen inhaltsgleich in das 2013 neu eingeführte Gerichts- und Notarkostengesetz (GNotKG) übernommen worden[3].

2 Die bisherige Fassung des § 15 SpruchG ist noch für alle Verfahren (auch Rechtsmittelverfahren) anzuwenden, die vor dem Inkrafttreten des GNotKG am 01.08.2013 eingeleitet bzw. anhängig geworden waren *[vgl. zur Übergangsregelung unten Rn. 43]*. Die ohnehin nicht im SpruchG, sondern in § 31 RVG (vormals in § 8 Abs. 1a BRAGO) geregelte Höhe des Gegenstandswertes für Anwaltsgebühren ist unverändert geblieben; für die Anzahl der Rechtsanwaltsgebühren (Gebührensatz) und deren Bemessung (Gebührenhöhe) sind ebenso ohne jede Änderung nach wie vor die allgemeinen Bestimmungen des RVG maßgeblich *[dazu unten Rn. 107 ff.]*.

3 Mit der seinerzeit durch die Neueinführung des SpruchG im damaligen § 15 Abs. 1 Satz 2 und 3 SpruchG a. F. geschaffenen, nunmehr hier weggefallenen und in § 74 GNotKG übernommenen Kostenregelung hatte der Gesetzgeber das frühere Recht (vgl. § 306 Abs. 7 AktG a. F., § 312 UmwG a. F.) in verschiedener Hinsicht modifiziert[4]. Er nahm insbesondere die von den meisten Gerichten schon damals praktizierte Geschäftswertermittlung[5] in das Gesetz auf, legte einen Mindest- und einen Maximalgeschäftswert fest und verdoppelte die vormalige Anzahl

---

2 Vgl. Begr. RegE 2. KostRMoG BT-Drucks. 17/11471, S. 135, der für Gerichtskosten eine zum Teil „deutliche" Erhöhungen der Gebühren von rd. 13 Prozent vorsieht, im Wesentlichen zur Vereinheitlichung mit vergleichbaren Gebühren und zur spürbaren Verbesserung des Kostendeckungsgrades.

3 Gesetz über Kosten der freiwilligen Gerichtsbarkeit für Gerichte und Notare (Gerichts- und Notarkostengesetz – GNotKG) vom 23.07. 2013 (BGBl. I S. 2586), dort vor allem
  - § 3 Abs. 2/Kostenverzeichnis in Anlage 1, Teil 1 Hauptabschnitt 3 Abschnitt 5 für erstinstanzliche Verfahren und Abschnitt 6 für Rechtsmittelverfahren (Regelung der Gebührenanzahl, vormals § 15 Abs. 1 Sätze 5 bis 7),
  - § 14 Abs. 3 Satz 2 (unbedingte Verpflichtung des Antragsgegners zur Zahlung eines Auslagenvorschusses, bislang § 15 Abs. 3 SpruchG a. F.),
  - § 23 Nr. 14 (Antragsgegner als alleiniger Kostenschuldner, bislang § 15 Abs. 2 Satz 1 SpruchG a. F.),
  - § 34 (Regelung der Gebührenhöhe, vormals § 32 KostO),
  - § 74 (Geschäftswert des Spruchverfahrens, bislang § 15 Abs. 1 Sätze 2 und 3 SpruchG a. F.),
  - § 79 Abs. 1 Satz 1 (Festsetzung des Geschäftswertes von Amts wegen, vormals § 15 Abs. 1 Satz 4 SpruchG a. F.).

  Der bisherige § 15 Abs. 1 Satz 1 SpruchG a. F. (Hinweis auf die Anwendung der Kostenordnung) ist durch die Überführung der Kostenregelungen in das GNotKG gegenstandslos geworden und ersatzlos entfallen.

4 Vgl. die vormaligen identischen Regelungen in § 306 Abs. 7 AktG a. F. und § 312 UmwG a. F.

5 Vgl. zur damaligen Praxis statt aller *Krieger*, in: Lutter UmwG, 2. Aufl. 2000, § 312 Rn. 4.

der Gebühren. Damit sollte einerseits erreicht werden, dass die Gerichtskosten in einem angemessenen Verhältnis zu dem besonderen Aufwand bei solchen Verfahren stehen. Andererseits sollte die mit Einführung eines maximalen Geschäftswertes bewirkte Begrenzung des Gebührenaufkommens kompensiert werden. Die progressive Gestaltung des Gebührenanfalls, nur eine Gebühr für das Verfahren, aber vier Gebühren im Falle einer Entscheidung, sollte die Vergleichsbereitschaft oder anderweitige Beendigung des Spruchverfahrens fördern (z. B. Antragsrücknahme, Erledigung)[6].

Die generelle Haftung des Antragsgegners für Gerichtskosten sollte 4 gemäß dem damaligen § 15 Abs. 1 SpruchG a. F. (nunmehr § 23 Nr. 14 GNotKG) einen effektiven Rechtsschutz gewährleisten, die Antragsteller also durch Freistellung vom Gerichtskostenrisiko zur Durchsetzung ihrer Ansprüche motivieren. Gleichwohl sollte eine Möglichkeit bestehen, insbesondere zur Verhinderung missbräuchlicher Anträge, die Antragstellern mit einem Teil oder der Gesamtheit der Gerichtskosten zu belasten (damaliger § 15 Abs. 2 Satz 2 SpruchG a. F., nunmehr Abs. 1), ohne dass allerdings die grundsätzliche Haftung des Antragsgegners gegenüber dem Gericht eingeschränkt würde, so dass ein etwaiger Kostenausgleich nicht über das Gericht, sondern zwischen den Beteiligten untereinander erfolgen musste.

Die Vorschusszahlung wurde im damaligen § 15 Abs. 3 Satz 1 SpruchG 5 a. F. (nunmehr § 14 Abs. 3 Satz 2 i. V. m. § 23 Nr. 14 GNotKG) generell dem Antragsgegner auferlegt, also nicht mehr demjenigen, der die gerichtliche Handlung wie z. B. Beweisaufnahme/Sachverständigengutachten beantragt hat (nunmehr § 14 Abs. 1 Satz 1 GNotKG, vormals § 8 Abs. 1 KostO). Dadurch brauchte die Einholung von Gutachten nicht mehr von der Einzahlung des Vorschusses abhängig gemacht zu werden, wurde also nicht mehr verzögert (nunmehr § 16 Nr. 4b GNotKG, vormals § 15 Abs. 3 Satz 2 SpruchG a. F. i. V. m. § 8 Abs. 2 KostO)[7]. Die Tragung der außergerichtlichen Kosten wurde schließlich in § 15 Abs. 4 SpruchG a. F. (nunmehr Abs. 2) anders also zuvor nicht mehr grundsätzlich dem Antragsgegner auferlegt, mit der Billigkeitsausnahme einer Kostenbelastung anderer Beteiligter, sondern von vornherein ganz oder teilweise nur noch insoweit, als dies unter Berücksichtigung des Ausgangs des Verfahrens der Billigkeit entsprach[8].

Ähnlich wie die Neuregelung der Rechtsanwaltsgebühren für Spruch- 6 verfahren *[vgl. dazu. die nachstehende Darstellung im Exkurs unter Rn. 84 ff.]* von Anfang an im damaligen § 8 Abs. 1a BRAGO a. F. (nunmehr § 31 RVG) erfolgt ist, hätte auch die Regelung der Gerichtskosten systemgerecht und wegen des Zusammenhangs mit den übrigen anwendbaren Kostenregelungen von vornherein in der Kostenordnung erfolgen sollen *[Zur Höhe der Gerichtskosten vgl. die nachstehende Darstellung im Ex-*

---

6 Begr. RegE SpruchG BT-Drucks. 15/371, S. 17.
7 Begr. RegE SpruchG BT-Drucks. 15/371, S. 17.
8 Begr. RegE SpruchG BT-Drucks. 15/371, S. 17.

kurs unter Rn. 42 ff.]. Erst durch die Neuschaffung des GNotKG hat der Gesetzgeber diese Systemwidrigkeit beseitigt.

7 Unverständlich bleibt, warum der Gesetzgeber im Zuge der Überführung der verschiedenen spezifisch für das Spruchverfahren geltenden Regelungen in das neue GNotKG (vgl. § 14 Abs. 3 Satz 2, § 23 Nr. 14, § 74) nicht auch die beiden in § 15 SpruchG isoliert verbliebenen Regelungen in die ohnehin gemäß § 17 Abs. 1 SpruchG anwendbaren Kostenregelungen des FamFG (etwa in § 81) integriert hat. Es verbleibt bei einer kaum begründbaren Aufsplitterung einheitlicher kostenrechtlicher Vorschriften im Bereich der freiwilligen Gerichtsbarkeit, die systematisch unbefriedigend ist und die Rechtsanwendung unnötig erschwert[9]. Auch dieser „alte Zopf" sollte im Rahmen der allgemein angestrebten Kodifizierungen dringend „abgeschnitten" und dem Bedürfnis der Praxis nach Vereinheitlichung und Übersichtlichkeit nachgekommen werden.

II. Inhalt der Norm

1. Vorbemerkung; mehrere Beteiligte/keine Begrenzung auf erste Instanz

8 Das Gesetz spricht nach seinem Wortlaut vom Regelfall des Spruchverfahrens, in dem mehrere Antragsteller (Plural), aber nur ein Antragsgegner (Singular) beteiligt sind (und zwar letzter durchweg als eine Gesellschaft, also „Antragsgegnerin", mit Ausnahme von § 5 Nr. 3 SpruchG, bei dem auch eine natürliche Person Hauptaktionär und damit Antragsgegner sein kann). Die Regelung gilt aber selbstverständlich in gleicher Weise auch für nur einen Antragsteller, der dann die Kosten gemäß § 15 Abs. 1 SpruchG alleine tragen muss, oder mehrere Antragsgegner, die dann bei Gerichtskosten gemäß Abs. 1 gesamtschuldnerisch (§ 32 Abs. 1 GNotKG), bei außergerichtlichen Kosten gemäß Abs. 2 als Teilschuldner haften (§ 420 BGB).

9 § 15 SpruchG gilt – wie schon bisher – durchweg für alle Instanzen[10]. Das folgt zum einen daraus, dass im Gesetz selbst keinerlei Einschrän-

---

9 Es ist ohnehin kaum einsichtig, warum andere „besondere" FG-Verfahren ihren Platz im FamFG gefunden haben, wie etwa die „Unternehmensrechtlichen Verfahren" gemäß § 375 FamFG, nicht aber das Spruchverfahren. Siehe dazu unten § 17 SpruchG Rn. 8.
10 BGH Beschluss vom 13.12.2011 – II ZB 12/11 Rn. 21; BGH Beschluss vom 06.06.2011 – II ZB 7/07; BayObLG Beschluss vom 12.10.2005 – 3Z BR 238/04; *Rosskopf*, in: KK-AktG, § 15 SpruchG Rn. 58; *Wälzholz*, in: Widmann/Mayer, UmwG Anh. 13 § 15 SpruchG, Rn. 47; so wohl auch *Kubis*, in MüKo-AktG, § 15 SpruchG Rn. 9, für § 15 Abs. 1, anders aber für § 15 Abs. 2 SpruchG, vgl. Rn. 19; *Klöcker*, in: Schmidt/Lutter, AktG, § 15 SpruchG Rn. 19; *Mennicke*, in: Lutter, UmwG, Anh I § 15 SpruchG Rn. 18; *Winter*, in: Simon, SpruchG, § 15, Rn. 105.; *Emmerich*, in: Emmerich/Habersack, Aktien- und GmbH-Konzernrecht, § 15 SpruchG Rn. 6.

kung etwa auf die erste Instanz erfolgt; zum anderen ist § 15 SpruchG in der Reihenfolge nach § 12 SpruchG angeordnet, der die Beschwerde regelt, bezieht diese also ein. § 84 FamFG, der ohnehin nur eine „Soll"-Vorschrift enthält, wird insoweit durch § 15 SpruchG verdrängt. Im Übrigen besteht für eine unterschiedliche Behandlung in den Instanzen auch kein Bedürfnis, da § 15 SpruchG gerade keine strikte Regelung anordnet, sondern eine angemessene Kostenauferlegung nach Billigkeitsgründen vorsieht. Wenn also von Antragstellern Rechtsmittel erfolglos eingelegt werden, werden ihnen die Gerichtskosten gemäß § 15 Abs. 1 SpruchG in aller Regel auferlegt bzw. verbleiben die außergerichtlichen Kosten bei ihnen (§ 15 Abs. 2 SpruchG), so dass für die alternative Anwendung des § 84 FamFG gar kein Bedürfnis besteht[11].

2. Auferlegung von Gerichtskosten auf die Antragsteller (Abs. 1)

a) Grundsätzliche Kostentragungspflicht des Antragsgegners

Schuldner der Gerichtskosten (im erstinstanzlichen Verfahren) ist gemäß 10 § 23 Nr. 14 GNotKG – wie bisher gemäß § 15 Abs. 2 Satz 1 a. F. SpruchG und schon nach früherem Recht – grundsätzlich der Antragsgegner *[zu den möglichen Antragsgegnern siehe oben, § 5 SpruchG, Rn. 3 ff. und 13 ff. Zur Höhe der Gerichtskosten vgl. die nachstehende Darstellung im Exkurs unter Rn. 42 ff.]*. Mehrere Antragsgegner haften als Gesamtschuldner (§ 32 Abs. 1 GNotKG, vormals § 5 Abs. 1 Satz 1 KostO); deren interne Kostentragung ist nicht geregelt und richtet sich nach deren jeweiliger Veranlassung bzw. jeweiligem Interesse an der Strukturmaßnahme, erfolgt im Zweifelsfalle aber zu gleichen Anteilen[12].

Können die Gerichtskosten nicht vom Antragsgegner erlangt werden 11 (z. B. bei dessen Insolvenz), so ist keine Ersatzhaftung der Antragsteller vorgesehen. Die entsprechende Regelung des § 33 Abs. 1 GNotKG gilt nicht für die Fälle der – hier vorliegenden – Kostenschuld kraft Gesetzes (§ 27 Nr. 3 GNotKG), sondern nur für die abweichend davon vom Gericht oder im Vergleich geregelte Kostenhaftung. Grund für diese generelle Kostenbelastung des Antragsgegners war die Erwägung, dass andernfalls wegen des Kostenrisikos das Spruchverfahren den Antragstellern in vielen Fällen versperrt bleiben könnte[13]. Den Antragstellern, also im Regelfall den Minderheitsaktionären, sollte aber eine gut erreichbare, wirkungskräftige und gleichwohl kostengünstige Möglichkeit geschaffen werden, zumindest ihre erlittenen Einbußen zu kompensieren, die sie infolge der von ihnen nicht zu verhindernden gesellschaftsrechtlichen Strukturmaßnahmen erleiden[14].

---

11 *Kubis*, in: MüKo-AktG, § 15 SpruchG Rn. 19, verkennt dies, wenn er für die außergerichtlichen Kosten einen Regelungsbedarf gemäß § 84 FamFG sieht.
12 *Meyer-Holz*, in: Keidel, FamFG, § 81 Rn. 15.
13 Vgl. Begr. RegE SpruchG BT-Drucks. 15/371, S. 17.
14 So auch *Rosskopf*, in: KK-AktG, § 15 SpruchG Rn. 38.

SpruchG § 15 Kosten

12 Eine andere Kostentragungsregelung – etwa (anteilige) Unterliegenshaftung der Beteiligten entsprechend dem Ausgang des Verfahrens gemäß ZPO (§ 91 Abs. 1 Satz 1, § 92 Abs. 1 Satz 2) oder wie es auch gemäß § 81 Abs. 1 Satz 1 FamFG in Betracht kommt[15] – wäre zwar denkbar, aber für das Spruchverfahren unzweckmäßig. Denn da die Antragsteller keinen bezifferten Antrag stellen müssen *[siehe oben § 4 SpruchG Rn. 20]*, ließe sich ein Erfolg nur durch Vergleich der beanstandeten und der vom Gericht zugesprochenen Kompensation ermitteln. Auch eine geringfügige Erhöhung wäre dann schon als vollständiger Erfolg, jede Bestätigung der ohnehin angebotenen Kompensation dagegen als vollständige Niederlage anzusehen, auch wenn z. B. Berechnungsweisen geändert und weitergehende Gesichtspunkte einbezogen worden sind, die möglicherweise nicht für einen Antragsteller, wohl aber für andere Beteiligte (oder auch zukünftige Auswirkungen) von Bedeutung sein können. Dementsprechend erscheint eine Kostentragung im Regel-/Ausnahmeverhältnis angemessen, die zunächst von einer Kostentragung des Antragsgegners ausgeht, im Rahmen einer Billigungserwägung aber eine vollständige oder teilweise Kostenbeteiligung der Antragsteller ermöglicht.

13 Das Gericht kann gemäß § 81 Abs. 1 Satz 2 FamFG grundsätzlich von der Erhebung der Gerichtskosten absehen (insofern weitergehend als § 21 Abs. 1 GNotKG, der dies nur bei „unrichtiger Behandlung der Sache" vorsieht). Dies wird allerdings in Spruchverfahren kaum zum Tragen kommen, da die damit verbundenen Schutzerwägungen (etwa bei Familiensachen) im Regelfall nicht auf den Antragsgegner zutreffen werden[16].

14 Die generelle Kostentragung durch den Antragsgegner gilt nur für das erstinstanzliche Spruchverfahren. Im Rechtsmittelverfahren ist § 23 Nr. 14 GNotKG nicht anwendbar (§ 25 Abs. 3 GNotKG). Insofern gelten die allgemeinen Regelungen der § 81 FamFG, § 22 Abs. 1 und § 25 Abs. 1 GNotKG. Danach tragen die Antragsteller die Kosten des Rechtsmittelverfahrens (nur) bis zur – ganz oder teilweise – erfolgreichen Einlegung des Rechtsmittels; das Rechtsmittelgericht entscheidet dann nach billigem Ermessen über die anteilige Kostentragung der Beteiligten, kann aber insoweit auch von der Kostenerhebung absehen (§ 81 Abs. 1 FamFG). Es ist gehalten („Soll-Vorschrift"), in den Katalogfällen des § 81 Abs. 2 FamFG die Kosten ganz oder teilweise einem Beteiligten aufzuerlegen, wenn

(1) der Beteiligte durch grobes Verschulden Anlass für das Verfahren gegeben hat;

(2) der Antrag des Beteiligten von vornherein keine Aussicht auf Erfolg hatte und der Beteiligte dies erkennen musste;

(3) der Beteiligte zu einer wesentlichen Tatsache schuldhaft unwahre Angaben gemacht hat;

---

15 Vgl. Begr. RegE FGG-RG, BT-Drucks. 16/6308, S. 215.
16 Vgl. dazu *Zimmermann*, in: Keidel, FamFG, § 81 Rn. 19.

(4) der Beteiligte durch schuldhaftes Verletzen seiner Mitwirkungspflichten das Verfahren erheblich verzögert hat.

(5) (Die weitere Regelung in Nr. 5 betrifft nur Kindschaftssachen.)

[Da sich in diesem Zusammenhang keine Besonderheiten für das Spruchverfahren ergeben, kann insoweit auf die einschlägige Kommentierung des FamFG und der GNotKG verwiesen werden[17]].

Da sich die Kostentragungspflicht des Antragsgegners für das Spruchverfahren direkt aus der gesetzlichen Regelung ergibt (§ 23 Nr. 14 GNotKG), ist insoweit im Rahmen der Endentscheidung (§ 82 FamFG) kein Kostenausspruch erforderlich, allerdings auch unschädlich und im Falle eines falschen Ausspruchs unverbindlich[18]. Erfolgt eine Verfahrensbeendigung in anderer Weise als durch eine Entscheidung gemäß § 11 SpruchG, gilt unabhängig von einer möglichen Billigkeitsentscheidung gemäß § 15 Abs. 1 SpruchG folgendes: 15

– Im Falle eines Vergleichs, in dem keine Kostenregelung getroffen wird, fallen die Gerichtskosten jedem Beteiligten zu gleichen Teilen zur Last und die außergerichtlichen Kosten werden von jedem Beteiligten selbst getragen (§ 83 Abs. 1 FamFG);

– im Falle einer Antragsrücknahme (ohne Verfahrensfortführung durch den gemeinsamen Vertreter) oder einer übereinstimmenden Erledigungserklärung (vergleichbar § 91a ZPO) kann das Gericht – unabhängig von einer etwaigen Kostenantragstellung der Beteiligten – die Verfahrenskosten nach billigem Ermessen den Beteiligten ganz oder zum Teil auferlegen oder von einer Kostenerhebung absehen (§ 83 Abs. 2 i. V. m. § 81 Abs. 1 Satz 1, 2 FamFG)[19]. Auch insoweit gilt der Katalog des § 81 Abs. 2 FamFG, der in besonderen Fällen (etwa Missbrauch) nur die Kostenbelastung bestimmter Beteiligter vorsieht *[dazu vorstehend Rn. 14]*.

b) Billigkeitsentscheidung zu Lasten der Antragsteller

Abs. 1 sieht vor, dass die Gerichtskosten – abweichend von der (vorstehend dargestellten) gesetzlichen Regelung – ganz oder zum Teil den Antragstellern auferlegt werden können, wenn dies aus Billigkeitsgründen gerechtfertigt erscheint. Hintergrund dieser – schon dem früheren Recht bekannten – Regelung ist der Wunsch des Gesetzgebers, die Möglichkeit einer abweichenden Kostentragungspflicht in begründeten Fällen zu 16

---

17 Siehe dazu die einschlägige Kommentarliteratur, vgl. etwa *Keidel*, FamFG, 2014, und *Hartmann*, Kostengesetze, 2012.
18 Vgl. *Zimmermann*, in: Keidel, FamFG, § 81 Rn. 13; *Rosskopf*, in: KK-AktG, § 15 SpruchG Rn. 65.
19 Insofern braucht das Gericht nicht auf die besondere Vorschrift des § 15 Abs. 1 SpruchG zurückzugreifen; die Überlegungen bei der Kostenverteilung entsprechen allerdings denen der Billigkeitsentscheidung; so auch OLG Düsseldorf Beschluss vom 05.10.1992 – 19 W 1/92; *Drescher*, in: Spindler/Stilz, AktG, § 15 SpruchG Rn. 17.

eröffnen[20]. Eine solche Billigkeitsentscheidung kommt in Betracht, wenn aufgrund besonderer Umstände ein missbräuchliches Verhalten des betreffenden Antragstellers anzunehmen ist[21].

17 Eine Kostenbelastung der Antragsteller ist jedenfalls in den in § 81 Abs. 2 FamFG aufgezählten Fällen begründet *[vgl. vorstehende Rn. 14]* und wurde von der Rechtsprechung auch bei offensichtlich unzulässigem, etwa unstatthaftem oder verspätetem Antrag[22] angenommen. Gleiches muss bei einer mutwilligen Verfahrenseröffnung aus anderen Erwägungen gelten, die keinem inhaltlichen Anliegen einer Erhöhung der Kompensation dienen. Ein bloßes Unterliegen auch in zweiter Instanz ist dagegen (abweichend von § 84 FamFG) noch kein Grund für eine Billigkeitsentscheidung zu Lasten der Antragsteller[23], wohl aber, wenn die erfolglose Beschwerde mutwillig und offensichtlich ohne Aussicht auf Erfolg eingelegt wurde[24], oder bei verzögertem Vorbringen in zweiter Instanz, das bereits in erster Instanz hätte vorgebracht werden können (Verfahrensförderungsflicht)[25]. Eine Antragsrücknahme wird ebenfalls grundsätzlich Anlass für die Anordnung der Kostenbelastung der Antragsteller sein; etwas anderes gilt für die Rücknahme des Rechtsmittels, wenn es mangels Rücknahme Aussicht auf Erfolg gehabt hätte[26]. Eine gleichmäßige Kostenverteilung auf Antragsteller und Antragsgegner kann etwa geboten sein, wenn beide Seiten gleichermaßen die Erhebung der notwendigen Beweise unmöglich gemacht haben[27], oder auch wenn (lediglich) eine bislang nicht eindeutig geklärte Rechtsfrage überprüft werden sollte[28].

18 Eine solche Billigkeitsregelung bedarf – anders als die gesetzliche Kostentragung *[s. oben]* – einer ausdrücklichen Kostenentscheidung des Gerichts[29]. Sie bedarf keines Antrags, sondern ist von Amts wegen zu tref-

---

20 Vgl. Begr. RegE SpruchG BT-Drucks. 15/371 S. 17, der insoweit auf die (bis dahin) herausgebildete Rechtsprechungspraxis Bezug nimmt; sehr kritisch dazu *Emmerich*, in: Emmerich/Habersack, Aktien- und GmbH-Konzernrecht, § 15 SpruchG Rn. 20.
21 Vgl. etwa OLG Frankfurt NJW 1972, 641, 644.
22 OLG Düsseldorf Beschluss vom 29.09.1995 – 19 W 4/95; OLG Düsseldorf Beschluss vom 05.10.1992 – 19 W 1/92; OLG Stuttgart Beschluss vom 26.06.1991 – 8 W 93/91; OLG Zweibrücken Beschluss vom 25.04.2005 – 3 W 255/04.
23 OLG Düsseldorf Beschluss vom 31.10.1995 – 19 W 3/95; BayObLG Beschluss vom 22.10.2003 – 3 Z BR 211/03; *Kubis*, in: MüKo-AktG, § 15 SpruchG Rn. 16; *Winter*, in: Simon, SpruchG § 15, Rn. 65.
24 OLG Düsseldorf, WM 1984, 732, 740. OLG Düsseldorf Beschluss vom 20.11.1997 – 19 W 3/97; BayObLG Beschluss vom 31.07.1975 – BReg. 2 Z 25/75.
25 OLG Hamburg Beschluss vom 09.06.2005 – 11 W 30/05.
26 BGH Urteil vom 06.06.2011 – II ZB 7/07.
27 LG Köln Beschluss vom 04.12.1996 – 91 O 222/94 (Beweisvereitelung durch Nichtzustimmung zur Gebührenvereinbarung mit dem Sachverständigen).
28 LG Dortmund Beschluss vom 03.05.2004 – 20 O 50/04.
29 *Klöcker*, in: Schmidt/Lutter, AktG, § 15 SpruchG Rn. 10; *Weingärtner*, in: Heidel, Aktienrecht und Kapitalmarktrecht, § 15 SpruchG Rn. 15; *Rosskopf*, in: KK-AktG, § 15 SpruchG Rn. 41.

fen. Ein gleichwohl gestellter Antrag der Beteiligten ist unverbindlich, kann aber als entsprechende Anregung an das Gericht verstanden werden. Ohne eine solche ausdrückliche Kostenentscheidung kommt eine Kostentragung der Antragsteller nicht in Betracht. Eine subsidiäre Haftung für den Antragsgegner, etwa wenn dieser vermögenslos sein sollte, greift nicht ein[30]. Dies war schon noch der früheren KostO nicht vorgesehen (z. B. § 8 KostO)[31], ist aber durch die abschließende Regelung des § 33 GNotKG jedenfalls ausgeschlossen.

Die Billigkeitsentscheidung legt die anteilige (etwa nach Bruchteilen 19 oder Prozentsätzen) oder vollständige Kostentragungspflicht des oder der Antragsteller fest. Bei mehrerer Antragstellern kann die Entscheidung auch individuell für jeden Antragsteller anders ausfallen; es ist aus § 15 Abs. 1 SpruchG nicht ersichtlich, dass eine solche Billigkeitsentscheid nur für alle Antragsteller einheitlich erfolgen und/oder für alle Antragsteller gleich ausfallen müsste[32]. Dies erfolgt vielmehr in der separat zu betreibenden Kostenfestsetzung *[dazu s. unten Rn. 20]*. Insofern ist die Kostenentscheidung – ebenso wenig wie die Hauptsachenentscheidung gemäß § 11 Abs. 1 SpruchG selbst – kein Vollstreckungstitel[33]. Im (Regel)Falle mehrerer Antragsteller haften diese als Gesamtschuldner (§ 32 Abs. 1 GNotKG). Die Kostenentscheidung bestimmt aber noch keine Erstattungsbeträge.

Da der gemeinsame Vertreter kein Antragsteller ist, können ihm oder 20 den von ihm vertretenen Anteilseignern in keinem Falle Gerichtskosten auferlegt werden[34]. Die im Rahmen der Billigkeit auf den Antragsteller abwälzbaren Kosten des Antragsgegners umfassen nicht die Kosten des gemeinsamen Vertreters, da es sich insoweit nicht um Gerichtskosten (Auslagen) handelt[35]. Eine etwa abweichende Regelungsabsicht des Gesetzgebers hätte zudem in § 6 Abs. 2 Satz 1 SpruchG ihren Niederschlag finden müssen; dort wird jedoch ausschließlich der Antragsgegner mit den Kosten des gemeinsamen Vertreters belastet.

---

30 Vgl. *Beyerle*, AG 1979, 306, 313.
31 OLG Saarbrücken Beschluss vom 07.08.2003 – 2 W 169/03 – 37.
32 *Rosskopf*, in: KK-AktG, § 15 SpruchG Rn. 43; *Wälzholz*, in: Widmann/Mayer, UmwG Anh. 13 § 15 SpruchG Rn. 8.
33 Vgl. dazu § 13 SpruchG Rn. 19.
34 BayObLG Beschluss vom 18.12.2002 – 3Z BR 116/00; *Rosskopf*, in: KK-AktG, § 15 SpruchG Rn. 37; *Emmerich*, in: Emmerich/Habersack, SSS, § 15 SpruchG Rn. 12; *Wälzholz*, in: Widmann/Mayer, UmwG Anh. 13 § 15 SpruchG, Rn. 6; *Kubis*, in: MüKo-AktG, § 15 SpruchG Rn. 16; *Mennicke*, in: Lutter, UmwG, Anh. I § 15 SpruchG Rn. 10; *Klöcker*, in: Schmidt/Lutter, AktG, § 15 SpruchG, Rn. 10.
35 So auch *Rosskopf*, in: KK-AktG, § 15 SpruchG Rn. 31; *Winter*, in: Simon, SpruchG, § 15 SpruchG Rn. 9; *Wälzholz*, in: Widmann/Mayer, UmwG Anh. 13, § 15 SpruchG Rn. 7.1.

SpruchG § 15 Kosten

c) Kostenentscheidung, Kostenausgleich, Kostenfestsetzung

21 Wird eine Kostenentscheidung erforderlich, etwa gemäß § 15 Abs. 1 oder 2 SpruchG, ist sie im Falle einer Kammer für Handelssachen von deren Vorsitzendem (§ 2 Abs. 2 Nr. 6 SpruchG) als Teil der Endentscheidung in der Hauptsache zu treffen (§ 82 FamFG). Sie ist in diesem Fall aber auch – anders als nach früherem Recht (§ 20a Abs. 1 Satz 1 FGG a. F.) – separat, nicht nur zusammen mit der Hauptsachenentscheidung anfechtbar, wenn die entsprechenden Voraussetzungen vorliegen (u. a. Beschwerdesumme von mehr als 600 EUR oder Zulassung der Beschwerde wegen grundsätzlicher Bedeutung, § 58 Abs. 1, § 61 FamFG) *[dazu oben § 12 SpruchG Rn. 19]*[36]. Ergeht ein isolierter Kostenbeschluss ohne Hauptsacheentscheidung (vgl. § 83 Abs. 1 Satz 1 FamFG), etwa in den oben *[vgl. oben Rn. 15, 17]* aufgeführten Fällen, kann dieser unter den gleichen Voraussetzungen angefochten werden[37].

22 Unterbleibt eine erforderliche Kostenentscheidung, kann sie auf Antrag eines Beteiligten, der innerhalb von zwei Wochen nach der Hauptentscheidung (§ 43 Abs. 2 FamFG) gestellt werden muss, gemäß § 43 Abs. 1 FamFG nachgeholt werden. Dies betrifft insbesondere Entscheidungen gemäß § 15 Abs. 1 und 2 SpruchG, da sie im Regelfall im Rahmen einer Endentscheidung gemäß § 11 Abs. 1 SpruchG ergehen werden. Geht es um eine isolierte Kostenentscheidung, die im Ermessen des Gerichts stand (vgl. etwa § 83 Abs. 2 i. V. m. § 81 Abs. 1 Satz 1, 2 FamFG), soll sie vom Gericht – etwa auf Anregung eines Beteiligten – gleichwohl nur innerhalb der Zwei-Wochen-Frist (dann wohl nach Verfahrensbeendigung) nachgeholt werden können[38], was sicherlich unbefriedigend erscheint.

23 Auch im Falle einer Billigkeitsentscheidung zu Lasten der Antragsteller bleibt allerdings die – dann gesamtschuldnerische – Haftung des Antragsgegners für die Gerichtskosten bestehen (vgl. die Erweiterung durch den Begriff „auch" in § 23 Nr. 14 GNotKG, vormals § 15 Abs. 2 Satz 2, zweiter Halbsatz SpruchG a. F.). Das bedeutet, dass die Gerichtskasse nicht die mangelnde Bonität eines oder mehrerer Antragsteller befürchten muss und sich immer auch allein an den Antragsgegner halten kann. Dies soll allerdings nur erfolgen, wenn die Kosten vom Antragsteller als „Erstschuldner" nicht erlangt werden können (§ 33 Abs. 1 Satz 1 GNotKG).

24 Die Kostenentscheidung regelt lediglich die Kostentragung, setzt aber keine Erstattungsbeträge fest[39]. Diese sind vom Erstattungsberechtigten im gesonderten Kostenfestsetzungsverfahren geltend zu machen, für das

---

36 Vgl. die zusammenfassende Darstellung bei *Meyer-Holz*, in: Keidel FamFG, § 58 Rn. 95 ff.
37 Zwischenzeitlich herrschende Meinung, OLG Naumburg Beschluss vom 26.02.2010 – 3 WF 40/10; vgl. statt aller *Meyer-Holz*, in: Keidel FamFG, § 58 Rn. 97, und *Zimmermann*, in: Keidel FamFG, § 81 Rn. 81.
38 *Meyer-Holz*, in: Keidel FamFG, § 43 Rn. 12, unter Verweis auf BGH Beschluss vom 05.05.2008 – X ZB 36/07.
39 *Klöcker*, in: Schmidt/Lutter, AktG, § 15 SpruchG Rn. 26.

gemäß ausdrücklichem Verweis in § 85 FamFG die §§ 103 bis 107 ZPO entsprechend gelten. Die Berechnung der Gerichtskosten erfolgt durch den Kostenbeamten des Gerichts, bei dem das Spruchverfahren anhängig ist oder war, vgl. § 2 KostVfg[40]. Der Kostenbeamte hat entsprechend dem vom Gericht von Amts wegen festgesetzten Geschäftswert (§ 79 Abs. 1 Satz 1 GNotKG, §§ 4, 5 KostVfg) die Anzahl der angefallenen Gebühren sowie die Höhe der Auslagen festzulegen. Gegen den Kostenansatz ist die Erinnerung statthaft, gegen die Erinnerungsentscheidung kann Beschwerde eingelegt werden, § 81 GNotKG[41].

Die Vollstreckung der Gerichtskosten regelt § 1 Abs. 1 Nr. 4, Abs. 2 JBeitrO[42]. Die Entscheidung ergeht durch einen Kostenfestsetzungsbeschluss, der Vollstreckungstitel ist. Gegen den Kostenansatz ist die Erinnerung und Beschwerde gemäß § 81 GNotKG zulässig (zu unterscheiden von der vorgenannten Beschwerde gegen die Kostenentscheidung) *[vgl. dazu Rn. 13]*[43]. Insofern gilt ein Beschwerdewert von mehr als 200 Euro (wenn die Zulassung der Beschwerde nicht wegen grundsätzlicher Bedeutung erfolgt ist)[44]. *[Wegen der Einzelheiten wird auf die einschlägigen Kommentierungen zu den §§ 103 bis 107 ZPO verwiesen*[45]*].*

25

Im Fall von Gerichtskostenvorschüssen, die gemäß § 14 Abs. 3 Satz 2 i. V. m. § 23 Nr. 14 GNotKG (vormals § 15 Abs. 3 Satz 1 SpruchG a. F.) immer vom Antragsgegner zu zahlen sind, braucht die Gerichtskasse diese im Falle einer anderweitigen Kostentragung nicht an den Antragsgegner zurück zu gewähren, sondern kann diese mit dessen gesamtschuldnerischer Kostenschuld verrechnen und den Antragsgegner auf den internen Kostenausgleich mit den Antragstellern verweisen[46]. In einem solchen Fall muss der Antragsgegner die Kostenfestsetzung gegen die kostentragungspflichtigen Antragsteller geltend machen. Gleiches gilt für den internen Kostenausgleich zwischen mehreren kostentragungspflichtigen Antragsgegnern oder Antragstellern oder gegebenenfalls zwischen allen Beteiligten.

26

---

40 Vgl. die Kostenverfügung vom 01.03.1976, zuletzt geändert mit Wirkung grundsätzlich vom 01.09.2009, im Einzelnen dargestellt bei *Hartmann*, Kostengesetze, Abschnitt VII (Durchführungsvorschriften zu den Kostengesetzen) Teil A (Kostenverfügung).
41 Zu den weiteren Einzelheiten vgl. die einschlägige Kommentierung bei *Hartmann*, Kostengesetze, Abschnitt III. (Kostenordnung) zur vergleichbaren früheren Regelung in § 14 KostO a. F.
42 Justizbeitreibungsordnung i. d. F. vom 26.07.1957 (BGBl. 861), zuletzt geändert durch FGG-RG vom 17.12.2008 (BGBl. 2586), dargestellt bei *Hartmann*, Kostengesetze, Abschnitt IX (Beitreibung) unter A.
43 *Emmerich*, in: Emmerich/Habersack, Aktien- und GmbH-Konzernrecht, § 15 SpruchG Rn. 10.
44 Vgl. dazu im Einzelnen *Meyer-Holz*, in: Keidel FamFG, § 58 Rn. 104 ff.
45 Zur Übersicht vgl. statt aller *Baumbach/Lauterbach/Albers/Hartmann*, ZPO, Einf §§ 103–107 sowie §§ 103 ff. ZPO.
46 Begr. RegE SpruchG BT-Drucks. 15/371 S. 17.

3. Auferlegung von außergerichtlichen Kosten der Antragsteller auf den Antragsgegner (Abs. 2)

a) Grundsatz und Ausnahme von der eigenen Kostentragung

27 Während § 15 Abs. 1 SpruchG nur die Gerichtskosten betrifft (Gerichtsgebühren und Auslagen), erfasst § 15 Abs. 2 SpruchG die außergerichtlichen Kosten, die vom Gesetz als „die zur Durchführung des Verfahrens notwendigen Aufwendungen der Beteiligten" definiert werden (§ 80 Satz 1 FamFG). Diese außergerichtlichen Kosten *[zu deren Umfang s. unten Rn. 36 f.]* sind im Regelfall von jedem Beteiligten selbst zu tragen, soweit das Gericht nicht vollständig oder zum Teil eine anderweitige Kostenauferlegung anordnet, die dann nach billigem Ermessen zu erfolgen hat (§ 81 Abs. 1 Satz 1 FamFG)[47]. Dieser Grundsatz wird von § 15 Abs. 2 (vormals Abs. 4 SpruchG a. F.) beibehalten, um von übereilten oder mutwilligen Antragstellungen abzuhalten[48]. Mehrere Antragsteller haften insoweit als Teilschuldner gemäß § 420 BGB – also nicht als Gesamtschuldner, da § 32 GNotKG nur für Gerichtskosten, nicht aber für außergerichtliche Kosten gilt[49].

28 Vom vorstehenden Grundsatz der eigenen Kostentragung der Beteiligten statuiert § 15 Abs. 2 SpruchG eine Ausnahme dahingehend, dass vom Gericht nach Billigkeitsgesichtspunkten dem Antragsgegner auch die außergerichtlichen Kosten der Antragsteller auferlegt werden können. Insoweit gilt ebenso wie für die Gerichtskosten *[s. oben Rn. 10]*, dass eine Kostentragung grundsätzlich beim Antragsgegner liegen und nicht etwa nach Verfahrenserfolg (vgl. §§ 91, 92 ZPO) auf die Beteiligten verteilt werden soll. Dies galt in der Praxis schon nach früherem Recht (§ 13a FGG a. F.), das zwar eine Kostenerstattung durch den Antragsgegner nur bei bestimmten Umständen vorsah, im Regelfall aber durchweg zu einer Kostentragung des Antragsgegners führte[50].

29 Der Gesetzgeber hat mit der Einführung des SpruchG nicht den Ansatz verfolgt, sämtliche Verfahrenskosten – also auch die außergerichtlichen Kosten – dem Antragsgegner aufzuerlegen, wie es angesichts der Grundsatzregelung zu den Gerichtskosten (§ 24 Nr. 14 GNotKG, vormals § 15 Abs. 2 Satz 1 SpruchG a. F.) nahe gelegen hätte, um etwa den Zugang zum Spruchverfahren von jeglichen Kostenrisiken zu befreien und damit attraktiv zu machen. Angesichts der früheren Erfahrungen in der Praxis mit teilweise querulatorischen oder mutwilligen Antragstellern (insbesondere angesichts der hohen Gegenstandswerte und dem für beteiligte

---

47 Dazu im Einzelnen *Zimmermann*, in: Keidel FamFG, § 81 Rn. 28 ff.
48 Begr. RegE SpruchG BT-Drucks. 15/371 S. 17.
49 *Zimmermann*, in: Keidel FamFG, § 81 Rn. 15; *Rosskopf*, in: KK-AktG, § 15 SpruchG Rn. 56.
50 OLG Düsseldorf Beschluss vom 05.10.1992 – 19 W 1/92 und Beschluss vom 20.11.2001 – 19 W 2/00; *Rosskopf*, in: KK-AktG, § 15 SpruchG Rn. 52; *Emmerich*, in: Emmerich/Habersack, Aktien- und GmbH-Konzernrecht, § 15 SpruchG Rn. 2, die insofern auch die Neuregelung durch § 15 SpruchG bedauert haben.

Rechtsanwälte geringen Aufwand, die nur einen – noch nicht einmal zu begründenden – Antrag stellen mussten) hat der Gesetzgeber vielmehr die Möglichkeit zur abweichenden Kostenregelung eröffnet, auch wenn durch den bestimmenden Wortlaut („das Gericht ordnet an"), also Verzicht auf ein Ermessen (z. B. „kann anordnen"), ein Regel-/Ausnahmeverhältnis geschaffen wird, nach dem üblicherweise eine vollständige oder zumindest teilweise Kostenerstattung durch den Antragsgegner zu erwarten, ein Verbleiben der Kosten bei den Antragstellern dagegen selten sein dürfte[51]. Jedenfalls kann das Gericht im Ergebnis – wie schon nach dem früheren Recht vor Erlass des SpruchG – die Kostentragung sowohl der Gerichtskosten als auch der außergerichtlichen Kosten so festlegen, wie es ihm angesichts der Verfahrensumstände angemessen und billig erscheint.

Die Kosten des gemeinsamen Vertreters sind zwingend vom Antragsgegner zu tragen, § 6 Abs. 2 Satz 1 SpruchG[52]. Insoweit handelt es sich weder um Gerichtskosten (Auslagen) noch um außergerichtliche Kosten eines Antragstellers, sondern um durch das Gesetz (§ 6 Abs. 1 Satz 1 SpruchG) veranlasste besondere Verfahrenskosten, die weder § 15 Abs. 1 noch § 15 Abs. 2 SpruchG unterfallen. Dies umfasst allerdings nur die Vergütung des gemeinsamen Vertreters selbst und die ihm (wie bei einem Rechtsanwalt) zu erstattenden Auslagen *[vgl. dazu unten Rn. 112]*. Dagegen ist er nicht ohne weiteres berechtigt, Sachverständige einzuschalten und deren Kosten geltend zu machen[53]. Insofern gilt die gleiche Beschränkung wie bei der Erstattung von Privatgutachter-Kosten der Beteiligten *[vgl. unten Rn. 37]*. Insbesondere ist vom gemeinsamen Vertreter zu erwarten, zumal er gerade für diese Aufgabe bestellt wird, die vorgelegten Unterlagen und (vom Gericht) eingeholten Gutachten eigenständig kritisch würdigen und offene Fragen klären zu können[54]. 30

b) Kostenerstattung durch den Antragsgegner aus Billigkeitsgründen

Der Maßstab für die Anordnung der Kostenerstattung ist die Billigkeit, unter besonderer Berücksichtigung des Ausgangs des Verfahrens. In Be- 31

---

[51] So heute h. M., vgl. OLG Stuttgart Beschluss vom 03.04.2012 – 20 W 6/09; *Mennicke*, in: Lutter, UmwG, Anh I § 15 SpruchG Rn. 15; *Wälzholz*, in: Widmann(Mayer, UmwG Anh. 13 § 15 SpruchG Rn. 47; *Winter*, in: Simon, SpruchG, § 15 Rn. 87, 89; *Rosskopf*, in: KK-AktG, § 15 SpruchG Rn. 53. Kritisch dazu *Weingärtner*, in: Heidel, Aktienrecht und Kapitalmarktrecht, § 15 SpruchG Rn. 33.
[52] Vgl. schon Begr. RegE SpruchG BT-Drucks. 15/371 S. 17; *Rosskopf*, in: KK-AktG, § 15 SpruchG Rn. 52; *Büchel*, NZG 2003, 793, 803, propagiert insofern eine Aufteilung des Geschäftswertes zwischen dem Antragsteller (50 %) und dem gemeinsamen Vertreter (50 %), so dass im Ergebnis der Antragsgegner nur reduzierte, weil nur auf den halben Geschäftswert entfallenden Kosten des gemeinsamen Vertreters tragen müsste. Dafür ergibt sich im Gesetz jedoch keine Stütze.
[53] Vgl. OLG Düsseldorf, Beschluss vom 04.07.2011 – I-26 W 8/11 AktE.
[54] *Drescher*, in: Spindler/Stilz, AktG, § 6 SpruchG Rn. 17; *Leuering*, in: Simon, SpruchG § 6 Rn. 46; *Kubis*, in: MüKo-AktG § 6 SpruchG Rn. 17.

tracht kommt ein Abweichen von der grundsätzlichen eigenen Kostentragung des Antragstellers oder der Antragsteller, wenn diese Kostentragung unter Berücksichtigung des Ausgangs des Verfahrens nicht der Billigkeit entspricht. Der Gesetzgeber hatte dafür folgende Leitlinien genannt[55]: Kostentragung der Antragsteller, wenn keine Erhöhung der Kompensation durch den Antragsgegner erreicht wird; vollständige Erstattung der Kosten durch den Antragsgegner dagegen dann, wenn die Kompensation erheblich erhöht wird; liegt das Ergebnis des Spruchverfahrens dazwischen, kann eine Kostenteilung in Betracht kommen. Die Abwägung soll aber jeweils dem Einzelfall vorbehalten bleiben und die besonderen Gegebenheiten des Verfahrens berücksichtigen. Die Gerichte sollen wegen der Vielfalt der möglichen Fallkonstellationen in ihrer Entscheidung insoweit nicht zu sehr eingeschränkt werden[56].

32 Als Schwellenwert für eine Erhöhung, welche die vollständige Kostentragungspflicht des Antragsgegners auslöst, erscheinen 5 % der ursprünglich angebotenen Ausgleichszahlung, Zuzahlung oder Abfindung angemessen[57]. Im Bereich darunter, also bei nur geringerer Erhöhung, kann eine Aufteilung der Kostentragungspflicht zwischen Antragsteller und Antragsgegner in Betracht kommen. Auch wenn die Antragsteller keine oder eine nur sehr geringfügige Erhöhung der Leistungen des Antragsgegners erreichen, kann gleichwohl eine Kostenbelastung des Antragsgegners erfolgen, wenn etwa zunächst ein Erhöhungsanspruch angenommen werden durfte, aus anderen, zunächst nicht absehbaren und in der Sphäre des Antragsgegners liegenden Gründen aber dann doch nicht zu gewähren ist[58].

33 Diese relative Bevorzugung der Antragstellerseite ist dadurch gerechtfertigt, dass sie auf das Spruchverfahren angewiesen sind, um überhaupt eine Überprüfung der Angemessenheit der Kompensation einleiten zu können. Schon ein geringer Erfolg, der bei der erwähnten 5 %igen Erhöhung der ursprünglich angebotenen Kompensation anzusetzen ist, rechtfertigt daher ihre Kostenentlastung, da sie vorab die Höhe der Kompensation kaum einschätzen können, mit ihrem Antrag also ohne ihr Verschulden in ein hohes, weil nicht erfassbares Kostenrisiko laufen würden. Das kann ihnen jedoch angesichts des Spruchverfahrens als ausschließ-

---

55 Begr. REgE SpruchG BT-Drucks. 15/371 S. 17.
56 Begr. RegE SpruchG BT-Drucks. 15/371 S. 17.
57 Anders *Rosskopf*, in: KK-AktG, § 15 SpruchG Rn. 54, der unter Berufung auf den Referentenentwurf zum SpruchG, der dann aber nicht in die Regierungsbegründung aufgenommen wurde, eine Erhöhung von 15–20 % verlangt und eine Erhöhung nur um 5 % nicht als erheblich ansieht. Das überspannt jedoch die Anforderungen, da andernfalls eine (absichtliche) Niedrigbewertung honoriert würde.
58 *Rosskopf*, in: KK-AktG, § 15 SpruchG Rn. 54, verweist hier auf den Fall, dass die zugrunde liegende Infrastrukturmaßnahme im Rahmen einer Anfechtungsklage für nichtig erklärt wird, vgl. auch OLG Zweibrücken Beschluss vom 02.03.2004 – 3 W 167/03 (Rechtsfrage war höchstrichterlich noch nicht entschieden).

Kosten § 15 SpruchG

lichem Rechtsbehelf nicht zugemutet werden. Die Frage, ob und inwieweit die Antragsteller vorab über Bewertungsfragen informiert worden sind, kann insoweit keine Rolle spielen, da eine ausreichende Überprüfung solcher Bewertungsansätze gerade erst im Rahmen des Spruchverfahrens gewährleistet wird. Es kann den Antragstellern schlechterdings nicht – mit der Kostenfolge gemäß § 15 Abs. 2 SpruchG – zur Last gelegt werden, wenn sie diese Bewertung trotz entsprechender Informationen nicht schon zuvor zutreffend würdigen konnten[59]. Ist die Erhebung eines notwendigen Beweises von beiden Seiten gleichermaßen unmöglich gemacht worden, kann etwa eine hälftige Kostenverteilung zwischen Antragsteller und Antragsgegner geboten sein[60].

Im Falle der Rücknahme des Antrags ist zwar ebenfalls eine Abwägung zu treffen; im Regelfall wird hier aber eine Kostenbelastung der Antragsteller gerechtfertigt sein, sofern nicht besondere Umstände zur Rücknahme geführt haben[61]. Auch bei Beendigung des Verfahrens durch einen Vergleich, der keine Kostenregelung enthält, wird nach dem gesetzlichen Regelfall (§ 83 Abs. 1 Satz 2 FamFG) keine Kostenerstattung anzuordnen sein, sondern jeder Beteiligte seine eigenen Kosten tragen müssen[62], sofern nicht wiederum besondere Umstände eine Billigkeitsentscheidung gemäß § 15 Abs. 2 SpruchG erfordern, der insoweit nicht durch § 83 Abs. 1 Satz 2 FamFG verdrängt wird[63]. Ist im Vergleich etwa die Kompensation deutlich höher (mindestens 5 %, s. oben) festgelegt worden als zunächst vorgesehen, sollte der Antragsgegner die Kosten der Antragsteller voll erstatten müssen. 34

Mehrere Antragsgegner haften als Teilschuldner gemäß § 420 BGB, da § 32 GNotKG nur für Gerichtskosten, nicht aber für außergerichtliche Kosten gilt[64]. In diesem Fall kann die Kostenerstattung – wie oben bei den Gerichtskosten *[vgl. oben Rn. 10]* – aber auch für jeden einzelnen Antragsteller unterschiedlich erfolgen, wenn dies nach den Umständen gerechtfertigt erscheint; § 15 Abs. 2 SpruchG verlangt keine einheitliche Entscheidung[65]. Können die außergerichtlichen Kosten nicht vom An- 35

---

59 Anders wohl *Rosskopf*, in: KK-AktG, § 15 SpruchG Rn. 54, *Drescher*, in: Spindler/Stilz, AktG, § 15 SpruchG Rn. 20; *Wälzholz*, in: Widmann/Mayer UmwG, Anh. 13 § 15 SpruchG Rn. 48.1, die insoweit auf die – wie auch immer zu überprüfende (?) – Qualität der zuvor erteilten Informationen abstellen wollen.
60 LG Köln Beschluss vom 04.12.1996 – 91 O 222/94.
61 *Rosskopf*, in: KK-AktG, § 15 SpruchG Rn. 55.
62 Anders *Rosskopf*, in: KK-AktG, § 15 SpruchG Rn. 54; *Winter*, in: Simon, SpruchG, § 15 Rn. 89, die insoweit auf den Inhalt des Vergleichs abstellen wollen.
63 *Volhard*, in: Semler/Stengel, Umwandlungsgesetz mit Spruchverfahrensgesetz, § 15 SpruchG Rn. 18a.
64 *Zimmermann*, in: Keidel FamFG, § 81 Rn. 15; *Emmerich*, in: Emmerich/Habersack, Aktien- und GmbH-Konzernrecht, § 15 SpruchG Rn. 21a; *Wälzholz*, in: Widmann/Mayer, UmwG Anh. 13 § 15 SpruchG, Rn. 51.
65 *Zimmermann*, in: Keidel FamFG, § 81 Rn. 15; *Rosskopf*, in: KK-AktG, § 15 SpruchG Rn. 54; *Wälzholz*, in: Widmann/Mayer UmwG, Anh. 13 § 15 SpruchG Rn. 48.

Fritzsche

tragsgegner erlangt werden (z. B. Insolvenz), läuft die Erstattungspflicht leer, so dass die Antragsteller letztlich ihre Kosten doch selbst tragen müssen.

c) Umfang der erstattungsfähigen Kosten

36 Die gegebenenfalls nach den vorstehenden Grundsätzen dem Antragsgegner auferlegte Kostentragungspflicht umfasst – ebenso wie nach dem bisherigen Recht (§ 13a Abs. 1 Satz 1 FGG) – nur die zur „zweckentsprechenden Erledigung der Angelegenheit notwendigen" Kosten. Dazu gehören in der Regel die (gesetzlichen) Gebühren und Auslagen eines Rechtsanwaltes, obwohl in erster Instanz kein Anwaltszwang und in zweiter Instanz nur ein Anwaltszwang hinsichtlich der Einlegung der Beschwerde gilt[66]. Gleichwohl ist durchweg davon auszugehen, dass eine anwaltliche Vertretung in Spruchverfahren erforderlich ist[67]. Die Anwaltsgebühren sind nur in dem Umfang „notwendig", wie sie in der RVG, insbesondere § 31, festgelegt sind *[dazu unten Rn. 84 ff.]*; ein Zeit- oder Pauschalhonorar ist insoweit nicht erstattungsfähig, als es die nach der RVG vorgesehenen Gebühren übersteigt[68]. Vertritt sich ein Rechtsanwalt als Antragsteller selbst, kann er keine Anwaltgebühren in eigener Sache geltend machen, da insoweit eine anwaltliche Vertretung nicht geboten ist[69] und insbesondere im FamFG nicht auf die maßgebliche Vorschrift des § 91 Abs. 2 Satz 3 ZPO verwiesen wird[70].

37 Kosten für Privatgutachten sind allerdings nur ausnahmsweise, dann auch nur nach den Kostensätzen des JVEG zu erstatten, wenn etwa die Gegenseite ebenfalls ein Privatgutachten vorgelegt hat, das berücksichtigt wird (Waffengleichheit) oder andernfalls Fehler eines gerichtlichen Gutachtens nicht erkannt bzw. widerlegt werden können (Überprüfungsgutachten)[71].

---

66 Vgl. § 12 Abs. 1 Satz 2 SpruchG.
67 Ganz h. M., BGH Beschluss vom 28.01.2014 – II ZB 13/13; vgl. auch *Rosskopf*, in: KK-AktG, § 15 SpruchG Rn. 57; *Winter*, in: Simon SpruchG § 15 Rn. 108; *Wälzholz*, in: Widmann/Mayer, UmwG Anh. 13 § 15 SpruchG, Rn. 57; *Hüffer*, Aktiengesetz, Anh zu § 305 AktG, § 15 SpruchG, Rn. 6; *Hörtnagl*, in: Schmitt/Hörtnagl/Stratz, UmwG § 15 SpruchG Rn. 16; *Mennicke*, in: Lutter, UmwG, Anh I § 15 SpruchG Rn. 19; einschränkend wohl *Klöcker*, in: Schmidt/Lutter, AktG, § 15 SpruchG Rn. 20, der darin nur eine Regel, aber keine zwingende Folgerung sieht.
68 Vgl. statt aller *Baumbach/Lauterbach/Albers/Hartmann*, ZPO, § 91, Rn. 41.
69 So zuletzt BGH Beschluss vom 28.01.2014 – II ZB 13/13; OLG München Urteil vom 30.11.2006 – 31 Wx 059/06; BayObLG Beschluss vom 17.05.2006 – 3 Z BR 71/00; *Winter*, in: Simon SpruchG § 15 Rn. 109; *Weingärtner*, in: Heidel Aktienrecht und Kapitalmarktrecht, § 15 SpruchG Rn. 25; *Mennicke*, in: Lutter, UmwG, Anh I § 15 SpruchG Rn. 19.
70 *Zimmermann*, in: Keidel FamFG, § 85 Rn. 9.
71 OLG Düsseldorf Beschluss vom 14.01.1992 – 19 W 14/91 (jeweils abgelehnt); OLG Zweibrücken Beschluss vom 11.12.1996 – 3 W 152/96 (bejaht); *Rosskopf*, in: KK-AktG, § 15 SpruchG Rn. 57; generell gegen Kotenerstattungen *Winter*, in: Simon SpruchG § 15 Rn. 111 f.; *Kubis*, in: MüKo-AktG § 15 SpruchG Rn. 22;

Weiterhin gehören zu den erstattungsfähigen Kosten angemessene Porti, Telefon- und Telefax- sowie Internetgebühren, etc. Auch die Kosten für notwendige eigene Reisen des Beteiligten und die Kosten für die notwendige Wahrnehmung von Terminen entstandene Zeitversäumnis sind zu erstatten; § 80 Satz 2 FamFG verweist insoweit ausdrücklich auf § 91 Abs. 1 Satz 2 ZPO (wie schon nach früherem Recht § 13a Abs. 3 FGG). Die Kosten des gemeinsamen Vertreters gehören nicht zu außergerichtliche Kosten eines Antragstellers *[s. oben Rn. 20]*. Der Umfang der außergerichtlichen Kosten wird letztlich im Rahmen des Kostenfestsetzungsverfahrens festgelegt, für das gemäß § 85 FamFG (wie schon zuvor nach § 13a Abs. 2 FGG) die §§ 103 bis 107 ZPO anwendbar sind[72].

d) Kostenentscheidung, Kostenausgleich, Kostenfestsetzung

Insofern gilt Gleiches wie oben zur Auferlegung der Gerichtskosten *[vgl.* 38 *oben Rn. 21–26]*. Eine Kostenentscheidung ist nur erforderlich, wenn das Gericht eine von der jeweils eigenen Kostentragung abweichende Regelung anordnen will[73]. Zu beachten ist, dass der Antragsgegner – unabhängig von einer etwaigen Entscheidung nach § 15 Abs. 2 – nicht grundsätzlich auch (dann etwa als Gesamtschuldner) für die Kosten haftet (§ 23 Nr. 14 GNotKG gilt nur für Gerichtskosten), sondern es mangels einer Entscheidung gemäß § 15 Abs. 2 SpruchG bei der jeweiligen eigenen Kostentragung bleibt, und dass die Vollstreckung der außergerichtlichen Kosten nicht nach der JBeitrO erfolgt, sondern aufgrund des Kostenfestsetzungsbeschlusses, der gemäß § 85 FamFG i. V. m. §§ 103–107 ZPO einzuholen ist.

4. Keine Erstattung von außergerichtlichen Kosten des Antragsgegners durch die Antragsteller

In § 15 Abs. 2 SpruchG wird nur eine mögliche Erstattungspflicht des 39 Antragsgegners für die außergerichtlichen Kosten der Antragsteller geregelt; der umgekehrte Fall einer ausnahmsweisen Erstattung der Kosten des Antragsgegners durch die Antragsteller ist dagegen nicht vorgesehen und damit ausgeschlossen[74]. Dies wäre zwar gemäß § 81 Abs. 1

Mennicke, in: Lutter, UmwG, Anh I § 15 SpruchG Rn. 20; *Weingärtner*, in: Heidel Aktienrecht und Kapitalmarktrecht, § 15 SpruchG Rn. 24; *Emmerich*, in: Emmerich/Habersack, Aktien- und GmbH-Konzernrecht, § 15 SpruchG Rn. 21a, plädiert in diesem Zusammenhang für eine grundsätzliche Erstattungsfähigkeit der Kosten für Privatgutachten.

72 Zur Darstellung im Einzelnen *Zimmermann*, in: Keidel FamFG, § 85 Rn. 1 ff. sowie die einschlägigen ZPO-Kommentare.
73 *Mennicke*, in: Lutter, UmwG, Anh I § 15 SpruchG Rn. 21; *Rosskopf*, in: KK-AktG, § 15 SpruchG Rn. 65.
74 So grundlegend BGH Beschluss vom 13.12.2011 – II ZB 12/11; OLG Frankfurt Beschluss vom 05.03.2012 – 21 W 11/11 (unter Abkehr von seiner vorherigen Rechtsprechung, vgl. Beschluss vom 24.11.2011 – 21 W 7/11; zuvor auch schon OLG Stuttgart Beschluss vom 05.05.2009 – 20 W 13/08; BayObLG Beschluss *(Fortsetzung der Fußnote auf Seite 498)*

SpruchG § 15 Kosten

Satz 1 FamFG (vormals § 13a Abs. 1 Satz 1 und 2 FGG a. F.) möglich und in den Sonderfällen des § 81 Abs. 2 FamFG bzw. bei einem erfolglosen Rechtsmittel (§ 84 FamFG) sogar gewollt (jeweils „Sollvorschrift"). Vor Einführung des SpruchG hatte die Rechtsprechung daher auch durchaus angenommen, dass in entsprechenden Fällen eine Erstattung der außergerichtlichen Kosten des Antragsgegners durch die Antragsteller in Frage kam[75]; bei Erfolglosigkeit einer Beschwerde war dies sogar strikt vorgesehen (§ 13a Abs. 1 Satz 2 FGG a. F.). Zwischenzeitlich hat sich jedoch die Rechtsansicht durchgesetzt, dass § 15 Abs. 2 SpruchG eine abschließende Regelung darstellt und die noch auf § 13a, insbesondere Abs. 1 Satz 2 FGG a. f. gestützte Rechtsprechung ist durch die jüngste BGH-Entscheidung korrigiert worden[76].

40 Der BGH hat sich dabei auf die Gesetzesbegründung zum SpruchG und vor allem auf die Empfehlung der Regierungskommission zur Corporate Governance bezogen, nach der die außergerichtlichen Kosten des Antragsgegners auch bei Erfolglosigkeit des Spruchverfahrens bei diesem verbleiben sollten, um das Kostenrisiko der Antragsteller zu entlasten[77]. Dies ist zutreffend; entscheidend spricht aber die bloße Existenz des § 15 Abs. 2 SpruchG für die Nichtanwendbarkeit der §§ 81, 84 FamFG. Denn hätte der Gesetzgeber in § 15 Abs. 2 SpruchG keine abschließende Regelung schaffen wollen, wäre die gesamte Vorschrift überflüssig; die Vorschrift des 81 Abs. 1 Satz 1 FamFG (insoweit identisch mit dem früheren § 13a Abs. 1 Satz 1 FGG a. F.) würde dann ja ohnehin nach Maßgabe der Billigkeit Kostenerstattungen in beide Richtungen sowohl zugunsten der Antragsteller als auch zugunsten des Antragsgegners ermöglichen. Eine partielle Doppelregelung in § 15 Abs. 2 SpruchG wäre obsolet, was dann nur mit einem groben, hier kaum anzunehmenden Versehen des Gesetzgebers zu erklären wäre. Auch für eine Zwischenlösung, die eine Aus-

---

vom 28.07.2004 – 3Z BR 87/04; *Meilicke/Heidel*, DB 2003, 2267, 2275; *Wälzholz*, in: Widmann/Mayer, UmwG Anh. 13 § 15 SpruchG, Rn. 50; *Emmerich*, in: Emmerich/Habersack, Aktien- und GmbH-KonzernR, § 15 SpruchG Rn. 21b; *Wittgens*, S. 300; a. A. OLG Düsseldorf Beschluss vom 28.01.2009 – 26 W 7/07; OLG München Beschluss vom 03.02.2010 – 31 Wx 135/09; *Klöcker*, in: Schmidt/Lutter, AktG, § 15 SpruchG Rn. 18.

75 OLG Frankfurt Beschluss vom 24.11.2011 – 21 W 7/11 (zwischenzeitlich aufgegeben wie vor); OLG Düsseldorf Beschluss vom 29.09.1995 – 19 W 4/95; LG Dortmund Beschluss vom 22.10.2001 – 2 O AktE 15/99; *Bilda*, in: MüKo-AktG 2. Aufl. 2000, § 306 Rn. 169; a. A. schon damals *Emmerich*, in: Emmerich/Habersack, Aktienrecht, 3. Aufl. 2003, § 306 Rn. 56; *Meister/Klöcker*, in: Kallmeyer, UmwG 2. Aufl. 2001, § 312 Rn. 13.

76 BGH Beschluss vom 13.12.2011 – II ZB 12/11; *Volhard*, in: Semler/Stengel, Umwandlungsgesetz mit Spruchverfahrensgesetz, § 15 SpruchG Rn. 18a; auch schon zuvor *Preuß* NZG 2009, 961, 966; kritisch dazu *Rosskopf*, in: KK-AktG, § 15 SpruchG Rn. 62, der nach wie vor eine Kostenerstattung durch die Antragsteller zugunsten des Antragsgegners gemäß § 81 Abs. 1 Satz 1, § 84 FamFG befürwortet.

77 Bericht der Regierungskommission Corporate Governance, BT-Drucks. 14/7515, Rn. 175.

schließlichkeitswirkung des § 15 Abs. 2 SpruchG nur im Hinblick auf die allgemeine Regelung des § 81 Abs. 1 Satz 1 FamFG vorsieht, nicht dagegen hinsichtlich des Sonderkataloges des § 81 Abs. 2 FamFG[78], fehlt jeder gesetzliche Anhaltspunkt und auch insofern Überzeugungskraft, als eine Abgrenzung der „Katalogfälle" von sonstigen Umständen, die eine Billigkeitsentscheidung begründen könnten, und damit eine Differenzierungsgrundlage nicht ersichtlich ist.

5. Übergangsregelung

Die Aufhebung der bisherigen Regelungen des § 15 in Abs. 1, Abs. 2 Satz 1 und zweiter Teil des Satz 2, Abs. 3 SpruchG durch das 2. KostRMoG und Überführung dieser Regelungen in das neue GNotKG ist am 01.08.2013 in Kraft getreten. Das neue GNotKG ist erst auf Spruchverfahren anzuwenden, die (erstinstanzlich) am 01.08.2013 oder danach anhängig geworden oder eingeleitet worden sind (§ 136 Abs. 1 Nr. 1 GNotKG). Auf alle Verfahren, die schon am 31.07.2013 anhängig waren oder eingeleitet worden sind, geltend weiterhin § 15 SpruchG a. F. (§ 136 Abs. 5 Satz 1 Nr. 2 GNotKG). Auch für Rechtsmittelverfahren im Rahmen von Spruchverfahren gilt das neue Recht, wenn das Rechtsmittel am 01.08.2013 oder danach eingelegt worden ist (§ 136 Abs. 1 Nr. 2 GNotKG).   *41*

III. Exkurs: Höhe der Gerichtskosten und Anwaltsgebühren bei Spruchverfahren

1. Höhe der Gerichtskosten

Nach altem Recht vor Einführung des SpruchG galt für die Gerichtskosten der Spruchverfahren (wie für alle Verfahren der freiwilligen Gerichtsbarkeit) allein die Kostenordnung[79]. Der ausdrücklichen Hinweis in § 15 Abs. 1 Satz 1 SpruchG a. F. war insofern unnötig, als sich die begrenzte Anwendung nur auf Gerichtkosten (Gebühren und Auslagen) schon aus dem Regelungsbereich der KostO (§ 1) ergab. Außergerichtliche Kosten (Auslagen der Beteiligten, Anwaltsgebühren, Vergütung des gemeinsamen Vertreters, etc.) waren demgegenüber im FGG a. F. (heute FamFG) und in der BRAGO a. F. (heute RVG) geregelt.   *42*

Das Spruchverfahrensneuordnungsgesetz hatte sodann mit § 15 Abs. 1 Sätze 2 und 3, 5 und 6 SpruchG a. F. eine neue Regelung für die Bestimmung des Geschäftswertes eingeführt. Diese wurde ergänzt durch die   *43*

---

78 *Preuß*, NZG 2009, 961, 966, im Anschluss an *Winter*, in: Simon SpruchG § 15 Rn. 102 f.
79 Gesetz über die Kosten in Angelegenheiten der freiwilligen Gerichtsbark „KostO" (Fassung vom 26.07.1957, BGBl. 960, zuletzt geändert durch Gesetz vom 10.10.2013, BGBl I. S. 3799), dargestellt bei *Hartmann*, Kostengesetze, Abschnitt III. Zum alten Recht vgl. § 306 Abs. 7 Satz 6 AktG a. F., § 302 Abs. 3 Satz 2 UmwG a. F.; BayObLG Beschluss vom 20.09.1990 – 3 Z 30/90 und vom 10.12.1998 – 3 Z BR 159/94.

SpruchG § 15 Kosten

Verpflichtung von Amts wegen, den Geschäftswert festzusetzen (§ 15 Abs. 1 Satz 4 SpruchG a. F.), sowie die Anordnung, dass für Rechtsmittelverfahren die gleiche Gebühr erhoben wird (§ 15 Abs. 1 Satz 7 SpruchG a. F.). Durch das 2. KostRMoG *[vgl. oben Rn. 1]* wurden ab 01.08.2013 alle diese Regelungen im SpruchG aufgehoben und hinsichtlich der für alle Instanzen gleichen Geschäftswertbemessung inhaltsgleich in § 74 des neuen GNotKG und hinsichtlich der nach Instanzen differenzierten Gerichtsgebühren – mit erheblichen Änderungen – in das Kostenverzeichnis des GNotKG (dort Anlage 1 zu § 34) übernommen.

a) Berechnung des Geschäftswertes

44   **§ 74 [GNotKG] Verfahren nach dem Spruchverfahrensgesetz**

[1]Geschäftswert im gerichtlichen Verfahren nach dem Spruchverfahrensgesetz ist der Betrag, der von allen in § 3 des Spruchverfahrensgesetzes genannten Antragsberechtigten nach der Entscheidung des Gerichts zusätzlich zu dem ursprünglich angebotenen Betrag insgesamt gefordert werden kann; der Geschäftswert beträgt mindestens 200.000 Euro und höchstens 7,5 Millionen Euro. [2]Maßgeblicher Zeitpunkt für die Bestimmung des Wertes ist der Tag nach Ablauf der Antragsfrist (§ 4 Abs. 1 Spruchverfahrensgesetz).

45   Mit Einführung des SpruchG wurde die schon bis dahin weitgehend praktizierte Geschäftswertermittlung vom Gesetz aufgegriffen (§ 15 Abs. 1 Satz 2 SpruchG a. F.) und insoweit inhaltsgleich in den neuen § 74 GNotKG übernommen: Der Geschäftswert wird durch den „Erhöhungswert" bestimmt, der aus der Multiplikation der Anzahl aller gemäß § 3 SpruchG Antragberechtigten, d. h. aller „außenstehenden" Unternehmensanteile, mit der gerichtlich festgelegten zusätzlichen Kompensation gegenüber dem ursprünglich angebotenen Betrages zu errechnen ist.

46   Nach altem Recht vor Einführung des SpruchG war der Geschäftswert entsprechend § 30 Abs. 1 KostO mangels anderweitiger gesetzlicher Vorschriften nach freiem Ermessen zu bestimmen, sofern sich nicht aus den objektiven Umständen ein Wert ergab[80]. Dies hatte in der Praxis zu unterschiedlichen Wertermittlungen geführt, die überwiegend auf den Gesamtbetrag aller Zahlungsverpflichtungen abgestellt haben, die sich aus der Entscheidung des Spruchverfahrens ergaben, also auf alle Anteilsinhaber, nicht nur auf die Antragsteller oder Folgeantragsteller[81]. Die Differenz zwischen der zunächst angebotenen und nunmehr vom Gericht festgesetzten Kompensation wurde mit der Anzahl aller Aktien bzw. Unternehmensanteile der Anteilsinhaber (zum Zeitpunkt der

---

80   Vgl. dazu noch BayObLG Beschluss vom 13.03.1996 – 3Z BR 36/91; zuletzt BayObLG Beschluss vom 26.06.2002 – 3Z BR 331/01.
81   BayObLG Beschluss vom 10.12.1998 – 3 Z 159/94 und Beschluss vom 30.12.2003 – 3Z BR 159/94; OLG Stuttgart Beschluss vom 11.07.2000 – 8 W 468/97; *Krieger* in: Lutter, UmwG (2. Aufl. 2000), § 312 Rn. 4 m. w. N. z. Rspr.; *Schwarz* in: Widmann/Mayer, UmwG, § 312 Rn. 5.

Fälligkeit der Gebühren) multipliziert[82]. Im Falle der Geschäftswertbestimmung nach freiem Ermessen waren die Erfolgsaussichten und die Tragweite der mit der gerichtlichen Entscheidung angestrebten Erhöhung zu berücksichtigen sowie das Individualinteresse der Antragsteller festzulegen[83]. Der in § 30 Abs. 2 KostO vorgesehene Regelstreitwert von 3.000 Euro, der sicherlich auch vollkommen unangemessen gewesen wäre, kam infolge der ausdrücklichen Verweisung in den §§ 306 Abs. 7 Satz 5 AktG und 312 Abs. 3 Satz 2 UmwG auf § 30 Abs. 1 KostO nicht zur Anwendung.

b) Zeitpunkt der Anteilsberechnung

Zur weiteren Präzisierung der Ermittlungsgrundlagen des Geschäftswertes wird – wie bislang auch – auf den Zeitpunkt des Tages nach Ablauf der Antragsfrist verwiesen (§ 74 Satz 2 GNotKG, vormals § 15 Abs. 1 Satz 3 SpruchG a. F.), so dass auf die an diesem Tag bestehende Anzahl aller „außenstehenden Anteile" und das letzte, vor diesem Tag gemachte Angebot des Antragsgegners auf Kompensation abzustellen ist. Spätere Anteilsveränderungen oder spätere Betragsangebote haben damit keinen Einfluss mehr auf die Geschäftswertermittlung[84]. Diese Regelung nimmt bewusst eine gewisse Ungenauigkeit in Kauf, da manche Anteilsinhaber zu diesem Zeitpunkt bereits aus dem Unternehmen ausgeschieden sein mögen, gemäß § 13 Satz 2 SpruchG aber gleichwohl einen Abfindungsbzw. Ausgleichsergänzungsanspruch haben können. Eine genauere Regelung ist allerdings kaum praktikabel, da ein früherer Zeitpunkt (z. B. bei Beschlussfassung über die Strukturmaßnahme) die anschließende Wertentwicklung der Unternehmensanteile (z. B. Börsenreaktionen) ignorieren, ein späterer Zeitpunkt (etwa der nach früherer h. M. maßgebliche Zeitpunkt der Entscheidung in der Hauptsache[85]) zu einer noch größeren Abweichung zwischen ursprünglichem Anteilsbesitz und späterer Antragsberechtigung führen würde[86]. Der Zeitpunkt vor Antragstellung gilt im Übrigen auch für Rechtsmittelverfahren, also nicht etwa der Zeitpunkt vor Einlegung des jeweiligen Rechtsmittels[87]. 47

Wurden vom Unternehmen auch Aktien angeboten, anstelle oder zusätzlich zu einer Barzahlung, kommt es auf den stichtagsbezogenen Umrech- 48

---

82 Vgl. BGH Beschluss vom 07.12.1998 – II ZB 5/97 und vom 09.04.2002 – II ZB 5/01; *Rosskopf*, in: KK-AktG, § 15 SpruchG Rn. 11 mit umfangreichen Hinweisen auf die frühere obergerichtliche Rechtsprechung.
83 BayObLG Beschluss vom 11.01.1996 – 3 Z 17/90; OLG Karlsruhe Beschluss vom 14.10.1997 – 15 W 19/94; OLG Düsseldorf Beschluss vom 05.10.1992 – 19 W 1/92 (Herabsetzung von 5.000 DM, da die Kompensation bereits abschließend beschieden war); *Rosskopf*, in: KK-AktG, § 15 SpruchG Rn. 16.
84 So auch *Rosskopf*, in: KK-AktG, § 15 SpruchG Rn. 20.
85 BGH Beschluss vom 09.04.2002 – II ZB 5/01; *Hartmann*, Kostengesetze, § 30 KostO Rn. 20.
86 *Rosskopf*, in: KK-AktG, § 15 SpruchG Rn. 20.
87 OLG München AG 2008, 28, 33; *Winter*, in: Simon, SpruchG § 15 Rn. 37; *Mennicke, in:* Lutter UmwG, § 15 SpruchG Rn. 5.

nungswert der Anteile an[88]. Im Fall mehrfacher, etwa jährlicher Zahlungen werden diese im Hinblick auf die o.a. Differenz zusammengerechnet. Steht die Dauer der Zahlungen nicht fest, etwa die Laufzeit der Beherrschungs- und Gewinnabführungsverträge bei Ausgleichszahlungen gemäß § 304 AktG an außenstehende Aktionäre, so ist der zehnfache Jahreswert zugrunde zu legen (§ 52 Abs. 3 Satz 2 GNotKG, vormals nach § 24 Abs. 1b KostO der zwölfeinhalbfache Jahreswert)[89]. Dabei kann dieser Wert mit dem Wert etwaiger Abfindungen gemäß § 305 AktG nicht addiert werden, da mit Annahme der Abfindung gegen Übertragung der Aktien die Aktionärsstellung beendet wird, die zur Ausgleichszahlung berechtigt. Es besteht insoweit also Alternativität[90]. Auf spätere Abfindungen (wenn erst dann die Aktien abgegeben werden) dürfen daher die bis dahin geleisteten Ausgleichszahlungen auch nicht angerechnet werden[91]. Ähnliches gilt bei Zuzahlungen und Barabfindungen beim Formwechsel (§§ 196, 207 UmwG). Insoweit kommt es allein auf die (generell höhere) Barabfindung an; der Wert etwaiger Zuzahlungen bleibt für den Geschäftswert und damit für die o. a. Differenz unberücksichtigt[92].

49 Infolge der pauschalen Differenzbetrachtung kommt es für die Bestimmung des Geschäftswertes nicht auf die Anzahl der tatsächlich (nur) beteiligten Antragsteller an, sondern auf die Anzahl aller Antragsberechtigten. Dies wird insofern kritisch gesehen, als auch solche Anteilsinhaber einbezogen werden, die etwa bereits (individuell) auf ihre Ansprüche verzichtet haben oder nach den Umständen (z. B. Konzerngesellschaften, soweit antragsberechtigt *[dazu oben § 3 SpruchG Rn. 10]*) keine Ansprüche geltend machen werden[93]. Der Gesetzeswortlaut ist jedoch eindeutig („von allen ... Antragsberechtigten gefordert werden kann"), so dass eine Einschränkung contra legem nicht vorgenommen werden kann. Diese wäre auch kaum praktikabel, da kaum alle Anteilsinhaber hinsichtlich ihrer jeweiligen Anspruchsberechtigung oder Ernsthaftigkeit der Anspruchsdurchsetzung zeitnah überprüft werden könnten (wie und von wem? aufgrund welcher Unterlagen?), so dass es also nur um zufällige oder willkürliche Verkürzungen des Geschäftswertes – zu Lasten der Gerichtskasse – gehen könnte. Ist die Anzahl aller Anteile nicht erkennbar bzw. nicht bestimmbar, werden also von den Beteiligten keine hinreichenden Angaben gemacht, ist die Anzahl vom Gericht anhand der vorliegenden Informationen zu schätzen.

---

88 *Rosskopf*, in: KK-AktG, § 15 SpruchG Rn. 12.
89 *Wälzholz*, in: Widmann/Mayer, UmwG, Anh. 13 § 15 SpruchG Rn. 15.
90 *Rosskopf*, in: KK-AktG, § 15 SpruchG Rn. 14, unter Darstellung der Rechtsprechung zu dieser Frage.
91 BGH Urteil vom 16.09.2002 – II ZR 284/01 und Urteil vom 02.06.2003 – II ZR 85/02.
92 *Winter*, in: Simon, SpruchG § 15 Rn. 27; *Wälzholz*, in: Widmann/Mayer, UmwG, Anh. 13 § 15 SpruchG Rn. 15.3; *Deiß*, NZG 2013, 248 f.
93 So *Rosskopf*, in: KK-AktG, § 15 SpruchG Rn. 16, unter Hinweis auf *Winter*, in: Simon, SpruchG § 15 Rn. 31; *Wälzholz*, in: Widmann/Mayer, UmwG, Anz. 13 § 15 SpruchG Rn. 15.9.

Weiterhin kommt es auch nicht auf die Höhe einer etwaigen Bezifferung 50
der Verfahrensanträge an[94], zumal eine solche Bezifferung nicht erforderlich, wenn auch unschädlich ist und die Anträge allein auf die „vom Gericht zu bestimmende Kompensation" zu richten sind (§ 4 Abs. 2 Nr. 3 SpruchG) *[vgl. dazu oben § 4 SpruchG Rn. 20]*. Auch etwaige Zinsen oder Nebenforderungen werden bei der Bemessung des Geschäftswertes neben dem Hauptanspruch nicht berücksichtigt (§ 37 Abs. 1 GNotKG). Sie sind nur maßgeblich, wenn sie allein, ohne Hauptanspruch geltend gemacht werden, dann allerdings auch nur bis zum Wert des Hauptgegenstandes (§ 37 Abs. 2 GNotKG). Auch die Realisierbarkeit der zugesprochenen Kompensation, d.h. die Solvenz des Antragsgegners, spielt keine Rolle und führt nicht etwa zu einer Reduzierung des Geschäftswertes[95].

c) Mindest- und Höchstbetrag

Mit dem SpruchG neu eingeführt und von § 74 Satz 1 zweiter Satzteil GNotKG unverändert übernommen wurde ein Mindestbetrag (200.000 Euro) und ein Höchstbetrag (7,5 Mio. Euro) für den Geschäftswert. In der Gesetzesbegründung wurde der Mindestwert, der zunächst 100.000 Euro betragen sollte und erst in der Ausschussberatung auf 200.000 Euro festgelegt wurde, damit gerechtfertigt, dass das Tätigwerden des Gerichts mit einem nicht unerheblichen Aufwand verbunden ist und die mit der Maximalbegrenzung zugleich verbundene Verringerung des Gerichtsgebührenaufkommens kompensiert werden sollte[96]. Vor allem mit Hinweis auf die Beschränkung auf einen Höchstbetrag des Geschäftswertes hatte der Rechtsausschuss die Mindestgebühr verdoppelt, um „unzumutbare Einnahmeeinbußen der Länder bei den Gerichtskosten" zu vermeiden[97]. 51

Mit Einführung des Mindestwertes, der in allen Fällen gilt, also auch bei Unzulässigkeit des Verfahrens oder Verfahrensbeendigung ohne Entscheidung in der Hauptsache[98], wurden alle diejenigen Fälle gelöst, bei denen nach Zurückweisung des Antrags bzw. aller Anträge mangels Er- 52

---

94 *Rosskopf*, in: KK-AktG, § 15 SpruchG Rn. 9; kritisch hierzu *Tomson/Hammerschmitt*, NJW 2003, 2572, 2575, die auf den Umfang der angestrebten Erhöhung abstellen wollen.
95 Noch zum alten Recht, insoweit aber vergleichbar BayObLG Beschluss vom 30.12.2003 – 3Z BR 159/94.
96 Vgl. Begr. RegE SpruchG BT-Drucks. 15/371, S. 17. vom 29.01.2003, S. 17 zu § 15. Sehr kritisch zu dieser Regelung *Tomson/Hammerschmitt*, NJW 2003, 2572, 2575, die zu Recht statt des Mindestwertes eine Orientierung am „Interesse des Antragstellers" bzw. am vollen Wert der geltend gemachten Erhöhung in entsprechender Anwendung von §§ 1, 30 KostO vorschlagen, da andernfalls eine zu große Reduzierung des Geschäftswertes und damit auch der Anwaltshonorare eintrete.
97 Vgl. den Bericht zur Beschlussempfehlung des Rechtsausschusses des Deutschen Bundestages, BT-Drucks. 15/838 vom 09. 04. 2003, S. 17 zu § 15 Abs. 1.
98 Ganz h. M., vgl. statt aller mit zahlreichen Rechtsprechungshinweisen *Rosskopf*, in: KK-AktG, § 15 SpruchG Rn. 18.

höhungsbetrages kein Geschäftswert ermittelt werden konnte. Damit entfiel ein mühseliges „fiktives" Berechnen eines angemessenen Erhöhungsbetrages für den Fall, dass ein Antrag Erfolg gehabt hätte; stattdessen kann seither ohne weitere Begründung der Mindestwert angesetzt werden.

53 Der Höchstbetrag war aus gleichen Erwägungen vom Rechtsausschuss auf 7,5 Mio. Euro angehoben worden, nachdem er zuvor im Regierungsentwurf noch bei 5 Mio. Euro und im Referentenentwurf sogar nur bei 1 Mio. Euro vorgesehen war. Der im früheren § 30 Abs. 2 KostO vorgesehene Maximalwert von 500.000 Euro galt infolge der ausdrücklichen Verweisung nur auf § 30 Abs. 1 KostO nicht. Die Kappung sollte dem Interesse der Beteiligten an einem unüberschaubaren Kostenrisiko entgegen kommen, zumal andernfalls durchaus Geschäftswerte von mehreren hundert Millionen Euro erreicht werden können, und entsprach im Prinzip, wenn auch nicht in der Höhe, der schon damaligen Regelung der KostO (§ 30 Abs. 2: 500.000 Euro), die aber mangels Verweises in § 306 Abs. 7 Satz 5 AktG a.F. und § 312 Abs. 3 Satz 2 UmwG a.F. nicht auf Spruchverfahren anwendbar war[99]. Bedenken gegen eine etwaige Europarechts- oder Verfassungswidrigkeit haben sich nicht bestätigt[100].

d) Geltung für Rechtsmittelinstanzen

54 Die vorstehend erläuterte Ermittlung des Geschäftswertes (für die Gerichtskosten) galt gemäß § 15 Abs. 1 Satz 7 SpruchG a.F. schon bislang für alle Instanzen[101]. Auch in der Rechtsmittelinstanz war daher die Abweichung der vom (Rechtsmittel-) Gericht festgelegten Kompensation, bezogen auf alle Antragsberechtigten, im Vergleich mit der ursprünglich angebotenen Kompensation zugrunde zu legen[102]. Insofern wurde die ergänzende Regelung in §§ 131 Abs. 3, 30 KostO durch § 15 Abs. 1 a.F. verdrängt. An dieser Rechtslage hat sich durch Einführung des GNotKG und Übernahme des bisherigen § 15 Abs. 1 a.F. in § 74 GNotKG nichts geändert.

---

99 BayObLG Beschluss vom 26.06.2002 – 3Z BR 331/01, Beschluss vom 13.12.2000 – 3Z BR 168/99, Beschluss vom 11.01.1996 – 3Z BR 17/90 und vom 20.09.1990 – 3 Z 30/90; a.A. OLG Karlsruhe Beschluss vom 07.12.1994 – 15 W 19/94.
100 BVerfG Beschluss vom 13.02.2007 – 1 BvR 910/05; OLG Schleswig Beschluss vom 27.08.2008 – 2 W 65/06.
101 Vgl. *Rosskopf*, in: KK-AktG, § 15 SpruchG Rn. 21; *Mennicke*, in: Lutter, UmwG, Anh I § 15 SpruchG Rn. 5; *Winter*, in: Simon, SpruchG, § 15 Rn. 37; *Kubis*, in: MüKo-AktG, § 15 SpruchG Rn. 9; wohl auch *Weingärtner*, in: Heidel, Aktienrecht und Kapitalmarktrecht, § 15 SpruchG, Rn. 35, der insoweit in analoger Anwendung auf die Gesamtheit der ‚Beschwerdeberechtigten' abstellt. A.A. *Wälzholz*, in: Widmann/Mayer, UmwG, Anz. 13 § 15 SpruchG Rn. 38; *Drescher*, in: Spindler/Stilz, AktG, § 15 SpruchG Rn. 9.
102 OLG Stuttgart Beschluss vom 14.10.2010 – 20 W 16/06 und Beschluss vom 08.05.2006 – 20 W 5/05; OLG Düsseldorf Beschluss vom 25.11.2009 – I 26 W 6/07; OLG München Beschluss vom 17.07.2002 – 31 Wx 060/06.

Zwar trifft § 61 Abs. Satz 1 GNotKG insoweit eine andere Regelung als 55
vormals die KostO (Geschäftswert nur nach den Anträgen des Rechtsmittelführers). Diese Regelung ist jedoch nicht auf Spruchverfahren anwendbar. Denn zum einen gilt § 74 GNotKG nach seinem Wortlaut uneingeschränkt für alle „Spruchverfahren", enthält also nicht die in anderen Fällen vorgesehene Einschränkung „soweit nichts anderes bestimmt ist" (vgl. etwa § 48 Abs. 1 Satz 1, § 52 Abs. 1 GKG im Hinblick auf die dort vergleichbare allgemeine Vorschrift des § 47 GKG)[103]. Zum anderen belegt die systematische Anordnung von § 74 GNotKG im Teil der „Besonderen Wertvorschriften" einen entsprechenden Vorrang vor § 61 GNotKG, der im Teil „Allgemeinen Wertvorschriften" angesiedelt ist.

Der Gesetzgeber hätte eine solche nachhaltige Änderung, die dann ja 56
auch die Mindest- und Maximal-Geschäftswerte des § 74 GNotKG für die Rechtsmittelverfahren abgeschafft hätte, mit Sicherheit in der Begründung zum 2. KostRMoG nicht unerwähnt gelassen. Letztlich trifft aber die Ratio der Geschäftswertregelung in § 74 GNotKG (ebenso wie vormals in § 15 Abs. 1 SpruchG a. F.) in gleicher Weise auf Rechtsmittelverfahren zu wie früher auch; für eine Eingrenzung des Geschäftswertes auf alle Beschwerdeberechtigten oder etwa nur die tatsächlichen Beschwerdeführer besteht weder ein Anhaltspunkt noch ein Anlass. Wenn überhaupt wäre denkbar, den Geschäftswert im Hinblick auf solche (ursprünglichen) Antragsberechtigten zu reduzieren, die nach Antragstellung und vor Einlegung des Rechtsmittels ihre Anteile aufgegeben haben[104]. Insofern hat der Gesetzgeber aber in § 74 GNotKG Satz 2 (vormals § 15 Abs. 1 Satz 3 SpruchG a. F.) eine ausdrücklich andere Wertentscheidung getroffen.

e) Festsetzung des Geschäftswertes

Der Geschäftswert ist von Amts wegen durch Beschluss festzusetzen (§ 79 57
Abs. 1 Satz 1 GNotKG; vormals § 15 Abs. 1 Satz 4 SpruchG a. F.) und gilt insoweit auch für die weiteren Instanzen; eine gesonderte Festsetzung für jede Instanz ist nicht erforderlich, da jeweils der gleiche Geschäftswert maßgeblich ist[105] *[vgl. oben Rn. 54]*. Dies entsprach auch dem früheren Recht (§ 31 Abs. 1 Satz 1 KostO). Ein Verzicht auf die Festsetzung des Geschäftswertes gemäß § 79 Abs. 1 Satz 2 Nr. 1 GNotKG (bestimmte Geldsumme als Verfahrensgegenstand, vormals § 30 Abs. 1 KostO) kommt nicht in Betracht, da gerade kein bestimmter Zahlungsantrag zu stellen ist, sondern von den Antragstellern (nur) eine angemessene Kompensati-

---

103 Vgl. *Hartmann*, Kostengesetze, § 47 GKG Rn. 1, der ausdrücklich darauf hinweist, dass diese allgemeine Regelung die besonderen Vorschriften der §§ 48, 52 GKG „ergänzt".
104 *Büchel*, NZG 2003, 793, 803, der insoweit aber abweichend von § 74 Satz 2 GNotKG (damals § 15 Abs. 1 Satz 3 a. F.) auf den Zeitpunkt nach Ablauf der Beschwerdeberechtigung und nicht mehr auf den Ablauf der Antragsberechtigung abstellt.
105 Anders *Weingärtner*, in: Heidel, Aktienrecht und Kapitalmarktrecht, § 15 SpruchG Rn. 7.

on beantragt werden muss und zudem die Bedeutung der Entscheidung nicht auf die tatsächlich gestellten Anträge beschränkt ist, sondern gemäß § 74 GNotKG für alle Antragsberechtigten gilt.

58 Die Festsetzung des Geschäftswertes löst keine zusätzlichen Gebühren aus (§ 55 Abs. 1 GNotKG, vormals ausdrückliche Gebührenfreiheit der Geschäftswertfestsetzung gemäß § 31 Abs. 1 Satz 1 KostO) und ist (erst) zusammen mit der Endentscheidung oder bei anderweitiger Erledigung des Verfahrens zu treffen (§ 79 Abs. 1 Satz 1 GNotKG). Dies ist sinnvoll, da erst dann alle erforderlichen Faktoren für die Geschäftswertermittlung feststehen werden *[s. oben Rn. 47 ff.]*, weicht insofern aber vom bisherigen Recht ab, das eine Festsetzung nach eigenem Ermessen jederzeit sowie auf Antrag der Zahlungspflichtigen bzw. der Staatskasse vorsah (§ 31 Abs. 1 Satz 1 KostO). Auch wenn dies im Gesetz nicht vorgesehen ist, wird von der Rechtsprechung angenommen, dass der Beschluss – zumindest stichwortartig – begründet werden muss, insbesondere durch Nennung der Rechenfaktoren und Anwendung des Mindest- oder des Höchstwertes, damit er nachvollzogen werden kann[106]. Der Beschluss ist den Beteiligten (formlos) bekannt zu geben, bei erkennbarem Abweichen von den Vorstellungen eines Beteiligten – also insbesondere von dessen Antragstellung – ist er diesem Beteiligten zuzustellen (§ 41 Abs. 1 FamFG).

59 Der Beschluss kann vom erkennenden Gericht oder vom Rechtsmittelgericht noch bis zum Ablauf von sechs Monaten nach Rechtskraft der Endentscheidung oder anderweitiger Erledigung des Verfahrens von Amts wegen – und damit auch auf Antrag eines Beteiligten – geändert werden (§ 79 Abs. 2 GNotKG, vormals § 31 Abs. 1 Satz 2 KostO). Danach ist eine Änderung von Amts wegen nicht mehr zulässig.

60 Die gesonderte Anfechtung der Geschäftswertfestsetzung ist – ebenso wie der Kostenentscheidung *[s. oben § 12 SpruchG Rn. 13]* – in der vorgenannten Sechs-Monats-Frist durch Beschwerde möglich (§ 83 Abs. 1 Satz 1 GNotKG), wenn der Beschwerdewert 200 Euro übersteigt oder das erkennende Gericht die Beschwerde wegen grundsätzlicher Bedeutung der Sache zugelassen hat. Dies entspricht auch dem früheren Recht in § 31 Abs. 3 KostO. Ist die Geschäftswertfestsetzung erst innerhalb eines Monats vor Ablauf der vorgenannten Frist ergangen, kann die Beschwerde noch innerhalb eines Monats nach Zustellung oder formloser Mitteilung dieser Entscheidung eingelegt werden. (Der Zugang der formlosen Mitteilung wird drei Tage nach Aufgabe zur Post fingiert.)

61 Beschwerdebefugt sind neben den kostenpflichtigen Verfahrensbeteiligten auch die Verfahrensbevollmächtigten (§ 33 Abs. 2, Abs. 3 RVG) und der diesen gleichgestellte Gemeinsame Vertreter, da sich deren Vergütung ebenfalls nach dem Geschäftswert richtet *[dazu unten Rn. 112]*. Die

---

106 OLG Frankfurt Beschluss vom 09.03.1998 – 20 W 91/98; OLG Zweibrücken Beschluss vom 28.01.1988 – 2 WF 18/88. Noch zur – insoweit aber vergleichbaren – Vorgängervorschrift § 31 KostO Hartmann, Kostengesetze, § 31 KostO Rn. 15; *Rosskopf*, in: KK-AktG, § 15 SpruchG Rn. 22.

Beschwerde ist gebührenfrei; Kosten werden nicht erstattet (§ 83 Abs. 3 GNotKG; vormals § 31 Abs. 4 KostO). Ein Verschlechterungsverbot gilt nicht[107]. Gegen die Beschwerdeentscheidung kann nur dann Rechtsbeschwerde eingelegt werden, wenn diese vom Beschwerdegericht zugelassen ist (§ 70 Abs. 1 FamFG, *vgl. dazu oben § 12 SpruchG Rn. 57*). Dies entspricht dem bisherigen Recht, das eine weitere Beschwerde gegen die Kostenentscheidung des OLG ausgeschlossen hatte (§ 31 Abs. 3 Satz 5 i. V. m. § 14 Abs. 5 Satz 1 KostO). *[Wegen der weiteren Einzelheiten wird auf die einschlägige Kommentierung zu §§ 79, 83 GNotKG verwiesen.]*

Soweit im Spruchverfahren Zwischenentscheidungen ergehen und gesondert angefochten werden können (z. B. Anwendbarkeit des Spruchverfahrens, Antragsberechtigung, Zulässigkeit des Antrags *[vgl. dazu oben § 12 SpruchG Rn. 10 ff.]*, gilt dies auch für die Geschäftswertfestsetzung. Es besteht allerdings weder eine Rechtsgrundlage, da § 61 GNotKG insoweit von § 74 GNotKG verdrängt wird *[s. oben Rn. 55]*, noch ein Anlass, in derartigen Fällen eine Reduzierung des Geschäftswertes zu beanspruchen[108]. Warum sollte der Beschwerdeführer privilegiert werden, weil er etwa nur eine – im Regelfall immerhin für den Gesamterfolg maßgebliche – Zwischenentscheidung, nicht aber die Endentscheidung angreift? 62

Im Unterliegensfalle wird der Beschwerdeführer regelmäßig (zusätzlich zur Tragung seiner eigenen Kosten) mit den Gerichtskosten belastet, vgl. § 15 Abs. 1 SpruchG *[s. oben Rn. 14]*. Hat das Rechtsmittel Erfolg, wird der Antragsgegner belastet *[s. oben Rn. 10]*, sofern nicht eine unrichtige Sachbehandlung vorliegt und das Landgericht von der Erhebung der Gerichtskosten absehen wird (§ 21 Abs. 1 Satz 1 GNotKG). Ist bei Einlegung der Beschwerde gegen die Zwischenentscheidung noch kein Geschäftswert festgesetzt worden sein, etwa gemäß § 78 GNotKG, würde dies keine Auswirkungen haben, da im Anschluss an die Zwischen-Beschwerde die Angelegenheit ohnehin wieder an das erstinstanzliche Gericht zurückverwiesen wird, das dann im Regelfall auch über die Kosten des Beschwerdeverfahrens entscheiden muss[109]. 63

f) Anzahl und Höhe der Gerichtsgebühren

Seit 01.08.2013 sind die Gerichtsgebühren im Kostenverzeichnis zum GNotKG (dort Anlage 1 zu § 3 Abs. 2) geregelt und ergeben sich in diesem Verzeichnis nunmehr aus Teil 1, Hauptabschnitt 3, Abschnitt 5 für erstinstanzliche Verfahren (vgl. Nr. 2c) und Abschnitt 6 für Rechtsmittelverfahren. Für das Verfahren im Allgemeinen (voller Instanzenzug) wer- 64

---

107 BayObLG Beschluss vom 26.06.2002 – 3Z BR 331/01; *Rosskopf*, in: KK-AktG, § 15 SpruchG Rn. 24.
108 So aber OLG Karlsruhe Beschluss vom 15.08.2007 – 12 W 21/07; wohl auch OLG Frankfurt Beschluss vom 19.05.2005 – 20 W 267/04; *Rosskopf*, in: KK-AktG, § 15 SpruchG Rn. 21; *Kubis*, in: MüKo-AktG, § 15 SpruchG Rn. 9; wohl auch *Drescher*, in: Spindler/Stilz, AktG, § 15 SpruchG Rn. 9.
109 *Sternal*, in: Keidel FamFG, § 69 Rn. 39a.

den zwei volle Gebühren erhoben, die sich im Falle eines Vergleichsbeschlusses gemäß § 11 Abs. 4 Satz 2 SpruchG auf eine volle Gebühr und im Falle der Verfahrensbeendigung ohne Endentscheidung (z. B. durch Antragsrücknahme) auf eine halbe Gebühr ermäßigen. Gegenüber dem bisherigen Recht ist die Anzahl der Gebühren damit halbiert worden: Für den Normalfall einer gerichtlichen Entscheidung in der Hauptsache war bisher das Vierfache der vollen Gebühr vorgesehen (§ 15 Abs. 1 Satz 6 SpruchG a. F.), während für das Verfahren ohne Hauptsacheentscheidung eine volle Gebühr erhoben wurde (§ 15 Abs. 1 Satz 5 SpruchG a. F.).

65 Die Verkürzung der bisherigen Gerichtsgebührenansätze hat der Gesetzgeber nicht weiter begründet, sondern lediglich auf eine Anpassung an die sonstigen, in Hauptabschnitt 3 des Kostenverzeichnisses geregelten Verfahren (Registersachen, unternehmensrechtliche und ähnliche Verfahren) verwiesen[110]. Insofern gilt wieder die frühere Rechtslage vor Einführung des SpruchG, als ebenfalls schon zwei Gebühren für das Verfahren im Allgemeinen festgelegt waren. Die mit Einführung des § 15 SpruchG a. F. bewirkte Verdoppelung der Gebühren war vom Gesetzgeber damals – wie schon die Heraufsetzung des Mindest-Geschäftswertes – mit der Kompensation des Gerichtsgebührenaufkommens begründet worden, das infolge der Höchstgrenze für den Geschäftswert andernfalls verringert worden wäre[111]. Vermutlich hat er nun davon abgesehen, nachdem durch die erhebliche Anhebung der Gebührenhöhe (mehr als Verdoppelung) *[s. unten. Rn. 71]* die Beibehaltung des bisherigen Gerichtsgebührenaufkommens gesichert erscheint, ja voraussichtlich sogar gesteigert wird. Die bislang zum Teil angenommene Schwierigkeit, wann eine – die vierfachen Gebühren auslösende – Entscheidung anzunehmen ist, also bei Erlass, Zustellung oder Rechtskraft[112], ist nunmehr obsolet; es sind immer zwei volle Gebühren anzusetzen, soweit nicht eine anderweitige Erledigung des Verfahrens erfolgt.

66 Die Beendigung des Spruchverfahrens ohne Endentscheidung, im Regelfall also durch übereinstimmende Erledigung des Verfahrens oder durch Rücknahme aller gestellten Anträge und Nichtfortführung des Verfahrens durch den gemeinsamen Vertreter, wird wie bisher durch Reduzierung der Gerichtsgebühren auf ein Viertel privilegiert, von zwei auf eine halbe Gebühr (Kostenverzeichnis Nr. 13504), nachdem bislang in diesem Fall die Gebührenerhöhung auf das Vierfache entfiel, es also bei einer vollen Verfahrensgebühr blieb (vgl. § 15 Abs. 1 Satz 5 SpruchG a. F.). Vorbereitende, Zwischen- oder verfahrensleitende Entscheidungen reichen zur Gebührenerhöhung nicht aus, da es sich insoweit nicht um eine Endentscheidung bzw. die Entscheidung in der Hauptsache handelt. Die Wirksamkeit der Endentscheidung bzw. Entscheidung in der Hauptsache (Rechtskraft gemäß § 13 Satz 1 SpruchG) ist nicht erforderlich, um die Gebührenerhöhung auszulösen. Wohl aber muss die Entscheidung

---

110 Begr. RegE 2. KostRMoG BT-Drucks. 17/11471, S. 285.
111 Begr. RegE SpruchG BT-Drucks. 15/371, S. 17.
112 Vgl. dazu *Rosskopf*, in: KK-AktG, § 15 SpruchG Rn. 27, m. w. N.

bekannt gegeben oder den Beteiligten zugestellt werden (§ 11 Abs. 3 SpruchG), da sie andernfalls nicht erkennbar ist und keine Wirkungen entfalten kann.

Die Honorierung eines gerichtlichen Vergleichs zur Schaffung raschen Rechtsfriedens und zur Entlastung der Gerichte bleibt unverändert: Es fällt dann wie bisher nur eine volle Gebühr an (Kostenverzeichnis Nr. 13503; bislang § 15 Abs. 1 Satz 6 zweiter Halbsatz SpruchG a. F.). Diese Klarstellung war seinerzeit auf Anregung des Rechtsausschusses[113] vorgenommen worden, um Zweifel zu vermeiden, dass der gerichtliche Beschluss über den Vergleich nicht als Endentscheidung angesehen werden könnte, und ist im Kostenverzeichnis zum GNotKG (Nr. 13503) beibehalten worden. Die frühere Regelung in § 15 Abs. 1 Satz 5 SpruchG, dass zunächst nur eine Gerichtsgebühr anfallen und diese sich erst durch Entscheidung in der Hauptsache auf vier Gebühren erhöhen sollten, war ebenfalls vom Rechtsausschuss eingefügt worden, um auch in den – ebenfalls zu privilegierenden – Fällen außergerichtlicher Vergleiche sicherzustellen, dass dann nicht vier, sondern nur eine Gerichtsgebühr anfallen würde[114]. 67

Für das Beschwerdeverfahren in zweiter Instanz gilt ebenfalls eine neue Gebührenregelung: Für das Verfahren im Allgemeinen (voller Instanzenzug) fallen drei volle Gebühren an (Kostenverzeichnis Nr. 13610), die sich im Falle der Rücknahme von Beschwerde oder Antrag vor Beschwerdebegründung auf eine halbe Gebühr (Kostenverzeichnis Nr. 13611) und bei sonstiger Verfahrensbeendigung ohne Endentscheidung auf eine volle Gebühr ermäßigen. Für das Rechtsbeschwerdeverfahren in dritter Instanz fallen im Allgemeinen (voller Instanzenzug) vier volle Gebühren an (Kostenverzeichnis Nr. 13620), die sich in den vorgenannten Fällen der Rücknahme vor Rechtsbeschwerdebegründung auf eine Gebühr (Kostenverzeichnis Nr. 13621) und in anderen Fällen der Verfahrensbeendigung auf zwei Gebühren (Kostenverzeichnis Nr. 13622) ermäßigen. 68

Für das Verfahren zur Zulassung einer Sprungrechtsbeschwerde *[vgl. dazu oben § 12 SpruchG Rn. 64]* gilt Gleiches wie für das Rechtsbeschwerdeverfahren; allerdings fällt bei Ablehnung des Antrages gegenüber dem vollen Satz von vier Gebühren nur eine volle Gebühr an (Kostenverzeichnis Nr. 13630). Diese Regelungen weichen insofern vom bisherigen Recht ab, als die Kostenregelung nach § 15 Abs. 1 Satz 5 und 6 SpruchG a. F. für alle Instanzen gleichermaßen galt (§ 15 Abs. 1 Satz 7 SpruchG a. F.). 69

Eine besondere Klarstellung für gerichtliche Vergleiche ist in den Kostenregelungen für Rechtsmittelverfahren nicht enthalten; insofern gelten daher die Gebühren für die Verfahrensbeendigung ohne Endentscheidung, also (nach Beschwerdebegründung) eine volle Gebühr in der zweiten und 70

---

113 Vgl. den Bericht zur Beschlussempfehlung des Rechtsausschusses des Deutschen Bundestages, BT-Drucks. 15/838 vom 09.04.2003, S. 17 zu § 15 Abs. 1 Satz 6.
114 Begr. RegE SpruchG BT-Drucks. 15/371, S. 17.

in analoger Anwendung (nach Rechtsbeschwerdebegründung) zwei volle Gebühren in der dritten Instanz (ausdrücklich ist die Verfahrensbeendigung ohne Antragsrücknahme nicht vorgesehen).

71 Die Höhe der Gebühren bemisst sich seit 01.08.2013 nach Anlage 2 zu § 34 Abs. 3 GNotKG und ist gegenüber der früheren Festlegung in § 32 KostO deutlich angehoben worden. Bei einem Geschäftswert von 1 Mio. Euro ergibt sich z. B. nunmehr eine volle Gebühr von 5.336,00 Euro – gegenüber vormals 1.557 Euro. Damit sind die Gerichtskosten insgesamt spürbar höher geworden, weil der geringere Gebührensatz durch die kräftige Erhöhung der Gebühren mehr als kompensiert worden ist[115].

2. Auslagen, Vergütung von Sachverständigen

72 Zu den Gerichtskosten gehören gemäß § 80 Satz 1 FamFG neben den Gerichtsgebühren (§ 3 Abs. 1 GNotKG) auch die vom Gericht aufzuwendenden Auslagen (vgl. § 14 Abs. 1 GNotKG), also insbesondere die vom Gericht zu zahlenden Vergütungen für Sachverständige nach dem JVEG[116].

73 Haben die Beteiligten eine über die in § 9 JVEG geregelten Sätze (derzeit ein Stundenhonorar für Unternehmensbewertung von 115 Euro, für Kapitalanlagen von 125 Euro[117]) hinausgehende Vergütung des Sachverständigen vereinbart (§ 13 Abs. 1 Satz 1 JVEG), ist auch diese zu erstatten. Kommt eine entsprechende Vereinbarung beider Seiten nicht zustande, reicht auch die Erklärung nur eines Beteiligten aus, also etwa der Antragsteller, wenn das Gericht zustimmt (§ 13 Abs. 2 Satz 1 JVEG)[118]. Das Gericht soll nur zustimmen, wenn das Doppelte des Vergütungsrahmens in § 9 JVEG nicht überschritten wird und sich kein Sachverständiger gefunden hat, der innerhalb des gesetzlich vorgesehenen Rahmens tätig werden will (§ 13 Abs. 2 Satz 2 JVEG).

74 Gibt das Gericht gleichwohl seine Zustimmung, obwohl das Doppelte des Vergütungsrahmens in § 9 JVEG überschritten wird, was angesichts der in der Praxis tatsächlich weitaus höher erforderlichen und gezahlten Vergütungen (von häufig mehr als 50.000 Euro, vielfach aber auch mehre-

---

115 *Mennicke*, in: Lutter, UmwG, Anh I § 15 SpruchG Rn. 7.
116 Gesetz über die Vergütung von Sachverständigen, Dolmetscherinnen, Dolmetschern, Übersetzerinnen und Übersetzern sowie die Entschädigung von ehrenamtlichen Richterinnen, ehrenamtlichen Richtern, Zeuginnen, Zeugen und Dritten (Justizvergütungs- und -entschädigungsgesetz – JVEG) vom 05.05.2004 (BGBl. I S. 718), zuletzt geändert durch Artikel 7 Abs. 3 des Gesetzes vom 30.07.2009 (BGBl. I S. 2449).
117 § 9 Abs. 1 Satz 1 i. V. m. den Honorargruppen 11 bzw. 13 in Anlage 1 zu § 9 Abs. 1 JVEG, dargestellt bei *Hartmann*, Kostengesetze, § 9 JVEG.
118 Dies wurde auch schon nach dem früheren Recht (§ 7 ZSEG) so gesehen, insoweit allerdings auf das Einverständnis der kosten- und vorschusspflichtigen Partei abgestellt, vgl. OLG Düsseldorf, Beschluss vom 20.05.2003 – I 10 W 30/03 und ähnlich auch Beschluss vom 16.03.2004 – 10 W 128/03 (Unzulässigkeit, von der Zustimmung zumindest einer Partei abzusehen bzw. diese zu ersetzen); im Einzelnen dazu *Hartmann*, Kostengesetze, § 13 Rn. 10 ff. JVEG.

re 100.000 Euro[119]) durchaus erforderlich werden kann, ist diese Zustimmung wirksam und sogar unanfechtbar[120]. Der möglicherweise anders gemeinte Hinweis in der Gesetzesbegründung mag als Auslegungsrichtlinie dienen, hebt jedoch die gesetzlich formulierte „Sollvorschrift", die lediglich ein pflichtgemäßes Ermessen, aber keine zwingende Entscheidung anordnet, nicht auf[121].

Die Zustimmung des Gerichts gemäß § 13 Abs. 2 Satz 1 JVEG erlangt vor allem dann Bedeutung, wenn der Antragsgegner einer etwa erforderlichen höheren Sachverständigenvergütung, für die er ja auch den Vorschuss leisten muss (§ 14 Abs. 3 Satz 2 i. V. m. § 23 Nr. 14 GNotKG), nicht zustimmt und auf diese Weise die rasche Erstattung eines im Spruchverfahren regelmäßig erforderlichen Bewertungsgutachtens zu blockieren droht[122]. 75

Die früher vertretende Ansicht, dass das Gericht von sich aus ein Sachverständigengutachten einholen und in diesem Zusammenhang auch ohne Mitwirkung der Beteiligten ein „marktübliches" Honorar vereinbaren dürfe, ist angesichts des § 10 Abs. 3 SpruchG, die ausdrücklich den Amtsermittlungsgrundsatz des § 26 FamFG (vormals § 12 FGG a. F.) für das Spruchverfahren aufhebt *[vgl. dazu oben § 10 SpruchG Rn. 46 ff.]*, nicht mehr haltbar[123]. Auch angesichts der expliziten Regelung in § 13 JVEG wäre ein eigenmächtiges Vorgehen des Gerichts bei der Beauftragung von Sachverständigen ohne Abstimmung mit zumindest einem Beteiligten nicht mehr vereinbar. *[Im Zusammenhang mit dem SpruchG ergeben sich insoweit keine Besonderheiten, so dass auf die einschlägigen Kommentierungen zum JVEG verwiesen werden kann[124]]*. 76

---

119 *Wittgens*, AG 2007, 106, 109; *Mennicke*, FAZ Nr. 174 vom 30.07.2014, S. 16 „Viel zu lange Verfahren, Abfindungen müssen schneller überpüft werden" (Kosten für ein solches Gutachten „regelmäßig im sechsstelligen Bereich").
120 Vgl. *Hartmann*, Kostengesetze, § 13 Rn. 13 f. JVEG.
121 So die wohl h. M. OLG Frankfurt Beschluss vom 03.11.2008 – 20 W 455/08; *Winter*, in: Simon, SpruchG, § 15 Rn. 55; *Emmerich*, in: Emmerich/Habersack, Aktien- und GmbH-Konzernrecht, § 15 SpruchG Rn. 17; *Weingärtner*, in: Heidel, Aktienrecht und Kapitalmarktrecht, § 15 SpruchG Rn. 10; *Hüffer*, AktG, § 15 SpruchG Rn. 5; *Wälzholz*, in: Widmann/Mayer, UmwG Anh. 13 § 15 SpruchG, Rn. 24; a. A. *Rosskopf*, in: KK-AktG, § 15 SpruchG Rn. 33; unter Berufung auf die Gesetzesbegründung in RegBegr JVEG BT-Drucks. 15/1971, S. 184; *Mennicke*, in: Lutter, UmwG, Anh I § 15 SpruchG Rn. 12; *Kubis*, in: MüKo-AktG, § 15 SpruchG Rn. 18; *Hörtnagl*, in: Schmitt/Hörtnagl/Stratz, UmwG, § 15 SpruchG Rn. 4; *Wittgens*, AG 2007, 106, 111.
122 OLG Stuttgart Beschluss vom 09.07.2001 – 8 W 357/01 zur vergleichbaren früheren Vorschrift des § 7 Abs. 2 ZSEG; OLG Düsseldorf Beschluss vom 26.09.1997 – 19 W 1/97; *Lutter/Bezzenberger*, AG 2000, 433, 437; *Meilicke/Heidel*, DB 2003, 2267 f.; a. A. *Wittgens*, AG 2007, 106, 111, der kein solches Blockadeproblem sieht.
123 So aber noch *Rosskopf*, in: KK-AktG, § 15 SpruchG Rn. 34, mit weiteren Hinweisen auf frühere Literaturstimmen.
124 Vgl. statt aller *Hartmann*, Kostengesetze, Abschnitt V, JVEG.

3. Zahlung von Vorschüssen

77 Nach § 14 Abs. 3 Satz 2 GNotKG sind in Spruchverfahren Kostenvorschüsse zur Deckung der Auslagen zu erheben *[zu den Auslagen s. oben Rn. 72 ff.]*. Diese Regelung entspricht dem bisherigen § 15 Abs. 3 Satz 1 a. F., der seinerseits das frühere Recht (§ 8 Abs. 1 Satz 2 KostO) fortgeführt hatte. Der Vorschuss ist – auf Anforderung des Gerichts (§ 9 Abs. 1 Nr. 1 GNotKG) – vom Antragsgegner zu leisten (§ 23 Abs. 1 Nr. 14 GNotKG). Mehrere Antragsgegner haften als Gesamtschuldner (§ 32 Abs. 1 GNotKG). Auch im Fall einer (teilweisen) Kostenhaftung der Antragsteller, die gemäß § 15 Abs. 1 SpruchG erst im Rahmen der Endentscheidung angeordnet werden könnte *[s. oben Rn. 21]*, verbleibt es bei der alleinigen Zahlungsverpflichtung des Antragsgegners für Kostenvorschüsse[125].

78 Die Entscheidung über den Kostenvorschuss ist nicht gesondert durch Erinnerung oder Beschwerde anfechtbar, sondern kann nur im Rahmen der Kostenentscheidung der Endentscheidung angefochten werden (§ 58 Abs. 2 FamFG)[126] *[dazu oben § 12 SpruchG Rn. 9]*. § 82 Abs. 1 Satz 1 GNotKG eröffnet nur die Beschwerde gegen die Anordnung einer Vorschusszahlung, wenn davon die Tätigkeit des Gerichts abhängig gemacht wird – was hier ja gerade nicht vorliegt. Dann besteht nur die Möglichkeit einer Gegenvorstellung, die als Anregung zur Überprüfung der Entscheidung anzusehen ist und auf die das Gericht eingehen kann, aber nicht muss; im Falle einer Abänderung ist den übrigen Verfahrensbeteiligten rechtliches Gehör zu geben[127].

79 Da der Antragsgegner die Kosten schuldet, greift § 13 Satz 1 GNotKG nicht ein, demgemäß gerichtliche Handlungen (z. B. die Beweisaufnahme mit der Einholung von im Regelfall sehr kostenaufwändigen Sachverständigengutachten) von der Zahlung eines ausreichenden Vorschusses abhängig gemacht werden können, wenn der Antragsteller die Kosten schuldet. Auch § 14 Abs. 1 Satz 2 GNotKG ist nicht einschlägig, der eine Abhängigkeit „beantragter" gerichtlicher Handlungen von ausreichenden Vorschüssen vorsieht, da die Beweisaufnahme im Spruchverfahren nicht auf Antrag der Antragsteller, sondern als Ausfluss des Amtsermittlungsgrundsatzes vom Gericht aus angeordnet wird *[dazu oben § 7 SpruchG Rn. 56 ff.]*.

80 Damit ist die bisherige Sonderregelung in § 15 Abs. 3 Satz 2 SpruchG a. F. überflüssig geworden, die den früher anwendbaren § 8 KostO insgesamt für unanwendbar erklärt hatte. Dort war eine solche Abhängigkeit der Vornahme von gerichtlichen Maßnahmen von einem hinreichenden Kostenvorschuss vorgesehen, die aber vermieden werden sollte, da andern-

---

125 Vgl. *Rosskopf*, in: KK-AktG, § 15 SpruchG Rn. 49; so auch schon nach altem Recht, vgl. OLG Düsseldorf, DB 1998, 1022; *Schmittmann*, AG 1998, 514.
126 So auch OLG Frankfurt Beschluss vom 03.11.2008 – 20 W 455/08.
127 Vgl. auch OLG Düsseldorf Beschluss vom 16.03.2004 – 10 W 128/03; OLG Frankfurt Beschluss vom 03.11.2008 – 20 W 455/08; zu den Einzelheiten *Meyer-Holz*, in: Keidel, FamFG, Anh zu § 58 FamFG Rn. 48 ff.

falls Verzögerungen oder gar eine Blockade des Verfahrens allein wegen der Untätigkeit des Zahlungsverpflichteten drohen konnte[128]. Vielmehr sollten die voraussichtlichen Auslagen im Wesentlichen schon zu Beginn des Verfahrens angefordert werden, damit der weitere Verlauf des Verfahrens mit der Einholung von Sachverständigengutachten und/oder der Durchführung von Zeugenvernehmungen unverzüglich und ohne weiteres Abwarten von Vorschusszahlungen erfolgen konnte.

Die Höhe der voraussichtlichen Kosten zur Bemessung des Vorschusses *81* ist vom Gericht zu ermitteln, im Falle des Gutachtens etwa durch Befragung des Sachverständigen oder, wenn dies bereits möglich ist, durch Vereinbarung des Honorars mit den Beteiligten *[s. oben Rn. 73].*

Die Erhebung eines Kostenvorschusses ordnet der Kostenbeamte an (§ 22 *82* Abs. 2 Satz 1 KostVfg). Er hat die Kostenforderung der Gerichtskasse zur Einziehung zu überweisen (§ 4 KostVfg), die dann ihrerseits für die Beitreibung verantwortlich ist. Eine „besondere", d.h. über den Regelsatz hinausgehende oder von den Beteiligten vereinbarte Vergütung darf nur ausgezahlt, ja der Sachverständige darf erst beauftragt werden, wenn ein ausreichender Betrag an die Staatskasse geflossen ist (§ 13 Abs. 1 Satz 1 JVEG, vormals § 7 Abs. 1 ZSEG a. F.)[129].

Zu Vorschüssen an den Gemeinsamen Vertreter vgl. oben *[§ 6 SpruchG* *83* *Rn. 47 f.].* Sachverständige sind gemäß § 3 JVEG zu Vorschüssen berechtigt, wenn Ihnen erhebliche Fahrtkosten oder sonstige Aufwendungen entstanden sind oder voraussichtlich entstehen werden oder wenn die zu erwartende Vergütung für die bereits erbrachten Teilleistungen einen Betrag von 12.000 Euro übersteigen[130]. Derartige Anordnungen von Vorschussleistungen sind nicht gesondert anfechtbar[131] *[vgl. oben Rn. 78].*

4. Anwaltsgebühren

Im Gegensatz zu den Gerichtskosten (bislang in § 15 Abs. 1 bis 3 SpruchG *84* a. F. und ergänzend durch die KostO geregelt, nunmehr im GNotKG festgelegt) waren die Anwaltsgebühren, die zugleich auch für die Vergütung des gemeinsamen Vertreters maßgeblich sind (§ 6 Abs. 2 SpruchG), von vornherein nicht im SpruchG geregelt. Insofern hatte das Spruchverfahrensneuordnungsgesetz zwar eine neue Vorschrift geschaffen, diese allerdings sachgerecht als neuen § 8 Abs. 1a direkt in die BRAGO a. F. eingefügt, die zwischenzeitlich inhaltsgleich in § 31 RVG übernommen wurde.

---

128 Begr. RegE SpruchG BT-Drucks. 15/371 S. 17. Dies galt auch schon nach früherem Recht, vgl. *Bilda,* in: Münchener Kommentar zum AktG, 2. Aufl. 2000, § 306 Rn. 25.
129 So auch *Rosskopf,* in: KK-AktG, § 15 SpruchG Rn. 47; *Emmerich,* in: Emmerich/Habersack, § 15 SpruchG Rn. 14.
130 Zu den Einzelheiten vgl. *Hartmann,* Kostengesetze, Abschnitt V: § 3 JVEG.
131 OLG Düsseldorf Beschluss vom 16.03.2004 – 10 W 128/03; *Weingärtner,* in: Heidel, Aktienrecht und Kapitalmarktrecht, § 15 SpruchG, Rn. 21; zur Nichtanfechtbarkeit von Zwischenentscheidungen s. oben § 12 SpruchG Rn. 9.

SpruchG § 15 Kosten

85 Durch die Neuregelung wurde – im Hinblick auf die bis dahin unterschiedlichen Praxis – klargestellt, dass für die anwaltlichen Vertreter der Antragsteller nicht der volle Geschäftswert, sondern nur ein anteiliger, „gespaltener" Gegenstandswert gilt, zu dessen Ermittlung zudem weitere Hinweise festgelegt wurden.
[Nachstehend soll insoweit nur ein Überblick gegeben werden; wegen der Einzelheiten und die übrigen Fragen der Rechtsanwaltsvergütung, insbesondere auch inwieweit ausländische Anwälte nach RVG abrechnen können, wird auf die einschlägige RVG-Kommentierung verwiesen[132]].

86 **§ 31 [RVG] Gegenstandswert in gerichtlichen Verfahren nach dem Spruchverfahrensgesetz**

(1) [1]Vertritt der Rechtsanwalt im Verfahren nach dem Spruchverfahrensgesetz einen von mehreren Antragstellern, bestimmt sich der Gegenstandswert nach dem Bruchteil des für die Gerichtsgebühren geltenden Geschäftswertes, der sich aus dem Verhältnis der Anzahl der Anteile des Auftraggebers zu der Gesamtzahl der Anteile aller Antragsteller ergibt. [2]Maßgeblicher Zeitpunkt für die Bestimmung der auf die einzelnen Antragsteller entfallenden Anzahl der Anteile ist der jeweilige Zeitpunkt der Antragstellung. [3]Ist die Anzahl der auf einen Antragsteller entfallenden Anteile nicht gerichtsbekannt, wird vermutet, dass dieser lediglich einen Anteil hält. [4]Der Wert beträgt mindestens 5 000 Euro.

(2) Wird der Rechtsanwalt von mehreren Antragstellern beauftragt, sind die auf die einzelnen Antragsteller entfallenden Werte zusammenzurechnen; Nummer 1008 des Vergütungsverzeichnisses ist insoweit nicht anzuwenden.

a) Maßgeblichkeit des Geschäftswertes (§ 23 Abs. 1 Satz 1 RVG)

87 Maßgeblich für den Gegenstandswert, auf dessen Grundlage die Anwaltsgebühren berechnet werden, ist nach wie vor der für die Gerichtsgebühren gerichtlich festgesetzte Geschäftswert (§ 23 Abs. 1 Satz 1 RVG, vormals § 9 Abs. 1 BRAGO a. F.). Der Geschäftswert ist wie bisher auch nach neuem Recht (§ 79 Abs. 1 Satz 1 GNotKG, vormals § 15 Abs. 1 Satz 4 SpruchG a. F.) von Amts wegen festzusetzen; es bedarf also keiner Antragstellung der beteiligten Anwälte oder des gemeinsamen Vertreters *[vgl. dazu oben Rn. 57–63].*

88 Dieser Geschäftswert als voller Gegenstandswert gilt in jedem Fall für den Rechtsanwalt des Antragsgegners; insoweit greift die besondere Vor-

---

132 Vgl. etwa *Hartung/Römermann,* Praxiskommentar zum Rechtsanwaltsvergütungsgesetz, München 2004; *Bischof Jungbauer Podlech-Trappmann,* RVG Kompaktkommentar, München 2004; *Schneider/Wolf,* AnwaltKommentar RVG, Bonn 2010; *Hartmann,* Kostengesetze, Abschnitt X: Rechtsanwaltsvergütungsgesetz – RVG, München 2012.

schrift des § 31 RVG (vormals § 8 Abs. 1a BRAGO a. F.) nicht ein[133]. *[Für den Fall mehrerer Antragsgegner s. unten Rn. 105 f.].*

Für die Rechtsanwälte der Antragsteller gilt dagegen die Besonderheit 89 gemäß § 31 Abs. RVG, dass nicht jeder von ihnen den gesamten Gegenstandswert geltend machen kann, sondern nur den Anteil davon, der auf den von ihm vertretenen Antragsteller entfällt („gespaltener Gegenstandswert"). Diese Neuregelung durch das Spruchverfahrensneuregelungsgesetz sollte die bis dahin unterschiedliche Praxis bereinigen, dass entweder für jeden Antragsteller-Vertreter der volle Geschäftswert anzuwenden wäre (mit entsprechender Vervielfältigung der Rechtsanwaltsgebühren auf Antragstellerseite, so u. a. anfangs OLG Düsseldorf und OLG Hamburg), oder dass der volle Geschäftswert auf jeden (auftretenden) Antragsteller nach Kopfteilen aufgeteilt werden und insoweit für dessen Anwaltsvertreter maßgeblich sein sollte (so u. a. BGH), oder dass schließlich der volle Geschäftswert nach der Anzahl der jeweils gehaltenen Unternehmensanteile auf die Antragsteller bzw. auf deren Anwaltsvertreter aufgeteilt werden sollte (so u. a. BayObLG, später OLG Düsseldorf, OLG Karlsruhe, OLG Zweibrücken und die wohl h. M. in der Literatur)[134]. Der Gesetzgeber hat sich mit ausführlicher Begründung für die letztgenannte Möglichkeit entschieden[135]. Im Einzelnen gilt seitdem folgendes:

Gibt es nur einen Antragsteller, so kann der ihn vertretende Anwalt den 90 gesamten Gegenstandswert und damit den vollen Geschäftswert für seine Gebührenberechnung heranziehen[136]. Tritt nur ein Antragsteller auf, ist die Anzahl der auf ihn entfallenden Unternehmensanteile irrelevant, da er ohnehin den gesamten Geschäftswert geltend machen kann; die Vermutungsregel des § 31 Abs. 1 Satz 3 RVG spielt also keine Rolle. Etwaige Unternehmensanteile, für die kein Antragsteller auftritt, werden nach dem Gesetzeswortlaut in § 31 Abs. 1 Satz 1 RVG (früher § 8 Abs. 1a Satz 1 BRAGO a. F.) – anders als für die Bestimmung des Gerichtskosten-Geschäftswertes *[s. oben Rn. 49]* – ausdrücklich nicht berücksichtigt, obwohl die angestrebte Entscheidung für alle Antragsberechtigten,

---

133 *Rosskopf*, in: KK-AktG, Anh § 15 SpruchG Rn. 13; *Klöcker*, in: Schmidt/Lutter, AktG, § 15 SpruchG Rn. 21; *Emmerich*, in: Emmerich/Habersack, Aktien- und GmbH-Konzernrecht, § 15 SpruchG Rn. 24; *Römermann*, in: Hartung/Römermann, § 31 RVG Rn. 25; *Jungbauer*, in: Bischof/Jungbauer/Podlech-Trappmann, RVG, § 31, Rn. 4; *Schneider*, in: Schneider/Wolf, AnwaltKommentar RVG, § 31 Rn. 20.
134 Vgl. die ausführliche Darstellung mit zahlreichen Rechtsprechungsverweisen bei *Rosskopf*, in: KK-AktG, Anh § 15 SpruchG Rn. 3–6.
135 Begr. RegE SpruchG BT-Drucks. 15/371, S. 19 f., der insoweit noch unvollständige Referentenentwurf war durch die entsprechende Stellungnahme des DAV, NZG 2003, 316, 320, maßgeblich ergänzt worden.
136 *Klöcker*, in: Schmidt/Lutter, AktG, § 15 SpruchG Rn. 21; *Römermann*, in: Hartung/Römermann, § 31 RVG Rn. 4; *Jungbauer*, in: Bischof/Jungbauer/Podlech-Trappmann, RVG, § 31, Rn. 4; *Schneider*, in: Schneider/Wolf, AnwaltKommentar RVG, § 31 Rn. 6; *Deiß*, NZG 2013, 248, 250.

also auch für die nicht-beteiligten Anteilsinhaber gilt („inter omnes-Wirkung", § 13 Satz 2 SpruchG)[137].

91 Dieses Ergebnis erscheint zutreffend, da es ja nicht um eine möglichst präzise Erfassung des – anteiligen – Geschäftswertes zugunsten oder zulasten des einzelnen Antragstellers geht, sondern allein um die Aufteilung bzw. Zuordnung des umfassenden (gerichtlichen) Geschäftswertes auf den oder die verfahrensbeteiligten Antragsteller-Vertreter. Insofern wäre eine weitere Reduzierung des anteiligen Gegenstandswertes um die im Verfahren nicht vertretenen Unternehmensanteile konzeptwidrig und würde eine unnötige zusätzliche Verkürzung der individuellen Anwaltshonorare bewirken.

b) Bruchteilsregelung für (mehrere) Antragsteller-Vertreter (§ 31 Abs. 1 RVG)

92 Sind dagegen mehrere Antragsteller am Verfahren beteiligt, ist der anteilige Gegenstandswert für jeden Antragsteller gemäß § 31 Abs. 1 Satz 1 RVG (früher § 8 Abs. 1a Satz 1 BRAGO a. F.) zu ermitteln und der Gebührenberechnung für die jeweils vertretenden Anwälte zugrunde zu legen. Die anteilige Gegenstandswertermittlung ergibt sich dementsprechend aus dem Verhältnis der Unternehmensanteile des betreffenden Antragstellers (d. h. des „Auftraggebers" des Rechtsanwaltes) zur Anzahl der gesamten, von allen Antragstellern gehaltenen Unternehmensanteile. Haben also alle Antragsteller zusammen z. B. 100.000 Aktien bei einem gerichtlich festgesetzten Geschäftswert von z. B. 3 Mio. Euro, so würde auf einen Antragsteller, der über 5.000 Aktien verfügt, ein anteiliger Gegenstandswert von 150.000 Euro entfallen.

93 Der Gesetzeswortlaut stellt nur auf die „Anzahl", nicht auf den (Nenn-) Wert der Unternehmensanteile ab, und geht dabei offensichtlich von jeweils gleichwertige Anteile aus. Nach Sinn und Zweck der Regelung sind daher nennwertverschiedene Anteile auf den gleichen (Basis-)Nennwert umzurechnen, so dass letztlich nicht die nominale Anzahl, sondern der jeweilige Nennwert der Anteile maßgeblich ist[138]. Auch der Inhalt der gestellten Anträge, sei es etwa auf Abfindung und/oder Ausgleich im Falle von Beherrschungs- und Gewinnabführungsbeträgen (§§ 304, 305 AktG), bleibt nach dem Gesetzeswortlaut für die anteilige Zuordnung des Ge-

---

137 Kritisch dazu, wenn auch de lege lata bestätigend *Rosskopf*, in: KK-AktG, Anh § 15 SpruchG Rn. 8; auch *Volhard*, in: Semler/Stengel, Umwandlungsgesetz mit Spruchverfahrensgesetz, § 15 SpruchG Rn. 17, sieht darin eine ungerechtfertigte Begünstigung der Antragsteller-Vertreter, die – anteilig – für einen Streitwert vergütet werden, der mangels entsprechender aktiver Antragsteller gar nicht geltend gemacht wird. Er propagiert – contra legem – eine Neuorientierung des Anwalts-Streitwertes nicht am gerichtlichen Streitwert, sondern am effektiven Streitwert aller Antragsteller, um im Ergebnis den insoweit im Regelfall zur Kostenerstattung verpflichteten Antragsgegner in dem Maße zu entlasten, wie sich Antragsberechtigte gar nicht am Spruchverfahren beteiligen.
138 So auch *Rosskopf*, in: KK-AktG, Anh § 15 SpruchG Rn. 9.

genstandswertes unerheblich; selbst eine – wie auch immer zu findende – Differenzierung zwischen Abfindungs- und Ausgleichs-Gegenstandswerten dürfte allerdings kaum unterschiedlich ausfallen[139] *[s. oben Rn. 48]*. Auch in diesem Zusammenhang bleiben übrige Unternehmensanteile der nicht am Verfahren beteiligten Anteilsinhaber unberücksichtigt *[wie oben Rn. 90]*.

Wird ein zunächst gemeinsam eingeleitetes Spruchverfahren (mit dementsprechend festzulegendem einheitlichen Geschäftswert und davon abzuleitenden anteiligen Gegenstandswerten) später aufgeteilt, etwa durch Abtrennung der Verfahren eines oder einzelner Antragsteller vom zunächst einheitlichen Verfahrensgegenstand, sind der Geschäftswert analog § 56 Abs. 1 GNotKG und davon abgeleitet auch die anteiligen Gegenstandswerte entsprechend aufzuteilen. Ebenso wenig wie die Summe der dann entstehenden anteiligen Geschäftswerte den Betrag des ursprünglichen gemeinsamen Geschäftswertes übersteigen darf (analog § 56 Abs. 2 GNotKG), dürfen auch die davon abgeleiteten anteiligen Gegenstandswerte die ursprünglichen gemeinsamen Gegenstandswerte nicht übersteigen. 94

Die Aufteilung ist gemäß § 36 Abs. 1 GNotKG nach billigem Ermessen vorzunehmen, da für diesen Fall – Abtrennung eines zunächst einheitlichen Spruchverfahrens – keine Regelung im GNotKG vorgesehen ist. Dabei wird ähnlich § 31 Abs. 1 RVG zu berücksichtigen sein, in welchem Umfang Unternehmensanteile in dem abgetrennten Verfahren – im Vergleich mit dem fortgeführten Verfahren – vertreten sind, so dass aus dem gegenseitigen Anteilsverhältnis der Antragsteller ein entsprechend aufgeteilter Geschäftswert gefolgert werden kann. Wird etwa nach dem oben angeführten Beispiel *[Rn. 92]* das Verfahren eines Antragstellers mit 5.000 Aktien vom Verfahren der übrigen Antragsteller mit zusammen 95.000 Aktien abgetrennt, könnte der angenommene Gesamt-Geschäftswert von 3 Mio. Euro in Höhe von 150.000 Euro (5 %) auf das abgetrennte Verfahren des (einen) Antragstellers und mit 2,85 Mio. Euro (95 %) auf das fortgeführte Verfahren der übrigen Antragsteller aufgeteilt werden. Gegenstandswert für den (einen) Antragsteller des abgetrennten Verfahrens wären dann ebenfalls 150.000 Euro (eine weitere Aufteilung bei nur einem Antragsteller käme ja nicht in Betracht *[vgl. oben Rn. 90]*, der Gegenstandswert für die Anwälte der übrigen Antragsteller wäre – wie in § 31 Abs. 1 RVG vorgesehen – anteilsentsprechend vom dem maßgeblichen Gegenstandswert von 2,85 Mio. Euro abzuleiten[140]. 95

---

139 Vgl. *Rosskopf*, in: KK-AktG, § 15 SpruchG Rn. 14.
140 So im Ergebnis wohl auch *Rosskopf*, in: KK-AktG, Anh § 15 SpruchG Rn. 11. Das OLG Stuttgart, Beschluss vom 31.03.2004 – 20 W 4/04, will demgegenüber – allerdings noch nach altem Recht (§ 31 Abs. 1 Satz 1 KostO: Geschäftswertfestsetzung erst auf Antrag) – das Ende des fortgeführten Verfahrens abwarten.

c) Zeitpunkt der Anteilsberechnung

96 Da sich die Anteilsverhältnisse von der letzten Gesellschafterversammlung/Hauptversammlung bis zur Antragstellung und danach während des Verfahrens ändern können, wird zur Klarstellung – anders als bei § 74 Satz 2 GNotKG (vormals § 15 Abs. 1 Satz 3 SpruchG a. F.), der für die Gerichtskosten den Tag nach Ablauf der Antragsfrist heranzieht – auf den Zeitpunkt der jeweiligen Antragstellung abgestellt (§ 31 Abs. 1 Satz 2 RVG; vormals § 8 Abs. 1a Satz 2 BRAGO a. F.). Dies entspricht im Übrigen auch dem Zeitpunkt der Darlegung der Antragsberechtigung in den meisten Fällen des § 3 Satz 2 SpruchG *[vgl. dazu oben § 3 SpruchG Rn. 15 ff.]*, eine Ausnahme gilt nur für den Anteilsverlust durch Eingliederung oder Squeeze Out *[s. nachstehend Rn. 97]*. Dieser Zeitpunkt der Anteilsinhaberschaft ist auch maßgeblich für die Anzahl der Unternehmensanteile des jeweiligen Antragstellers, die bei Antragstellung alle in seinem Eigentum standen, aber auch für die Gesamtzahl aller Anteile aller Antragsteller, auf die zur Ermittlung des anteiligen Gegenstandswertes Bezug genommen wird[141]. Bei mehreren Antragstellern ist – nach dem ausdrücklichen Wortlaut des Gesetzes („jeweilige") – für jeden Antrag gesondert auf den Zeitpunkt der Antragstellung abzustellen.

97 Soweit die Sonderfälle der Eingliederung oder des Squeeze Out betroffen sind, besteht bei Antragstellung keine Anteilsinhaberschaft mehr; § 31 Abs. 1 Satz 2 RVG (wie schon zuvor § 8 Abs. 1a Satz 2 BBRAGO a. F.) läuft leer. Insofern ist daher sowohl für die Antragsberechtigung gemäß § 3 Satz 1 Nr. 2 SpruchG *[dazu oben § 3 SpruchG Rn. 21 ff.]* als auch für § 31 Abs. 1 RVG auf den Zeitpunkt der Beschlussfassung im Unternehmen/den Zeitpunkt der Eintragung im Handelsregister/den Zeitpunkt der Veröffentlichung in einem Börsenpflichtblatt abzustellen[142].

98 Infolge der zeitlichen Abweichung der Gegenstandswertregelung für die Anwälte von der Gerichtskostenregelung kann also ein Antragsteller, der seine Unternehmensbeteiligung vor Antragstellung, aber vor Ablauf der Antragsfrist abgibt, bei der Ermittlung der Anwaltsgebühren einbezogen werden, bei der Ermittlung des Geschäftswertes jedoch herausfallen. Diese Ungenauigkeit erscheint akzeptabel, da infolgedessen das Volumen der Anwaltsgebühren nicht erhöht (durch den geringeren Geschäftswert vielmehr reduziert), sondern nur anders verteilt wird (zugunsten des Anwalts des Antragstellers, der seine Anteile später abgibt, und zulasten der übrigen Anwälte). Diese Bewertung entspricht allerdings dem Willen des Gesetzgebers, der für die Antragsberechtigung gemäß § 3 Abs. 2 SpruchG eben nur auf den Zeitpunkt der Antragstellung und nicht auf einen späteren Zeitpunkt (z. B. Ablauf der Antragsfrist oder die Entscheidung) abgestellt hat, und ist dementsprechend zu respektieren.

---

141 *Rosskopf*, in: KK-AktG, Anh § 15 SpruchG Rn. 14.
142 Für den Zeitpunkt der Registereintragung *Rosskopf*, in: KK-AktG, Anh § 15 SpruchG Rn. 15; für den Zeitpunkt der Veröffentlichung im Börsenpflichtblatt OLG Zweibrücken Beschluss vom 03.08.2004 – 3 W 60/04.

d) Vermutung der Anteilshöhe

Für den Fall, dass die Anzahl der von einem Antragsteller gehaltenen 99
Anteile – zum Zeitpunkt der Antragstellung oder überhaupt – dem Gericht nicht bekannt ist, wird insofern nur ‚ein Unternehmensanteil' für die Rechnung zugrunde gelegt (‚Vermutungsregelung' gemäß § 31 Abs. 1 Satz 3 RVG, vormals § 8 Abs. 1a Satz 3 BRAGO a. F.). Im Falle unterschiedlicher Nennwerte der ausgegebenen Unternehmensanteile, die dementsprechend auf den Basis-Nennwert umzurechnen sind *[s. oben Rn. 48]*, ist diese Regelung auf einen Basis-Anteil zu beziehen. Da allerdings gemäß § 4 Abs. 2 Ziff. 2 SpruchG die Antragsberechtigung bei Antragstellung darzulegen und damit grundsätzlich auch der Aktienbesitz offenzulegen ist, bleibt der Anwendungsbereich dieser Vorschrift gering.

Obwohl diese Regelung ausweislich ihres Wortlauts nur gelten soll, wenn 100
die Anzahl der Anteile ‚nicht gerichtsbekannt' ist, ist sie auch im direkten Verhältnis zwischen Rechtsanwalt und seinem Auftraggeber, ohne Einschaltung des Gerichts, anwendbar und insofern mit ‚nicht nachweisbar' zu übersetzen. Das folgt aus dem Wunsch des Gesetzgebers, in allen diesen Fällen des Wertfestsetzungsverfahrens eine gerichtliche Ermessensentscheidung zu vermeiden[143]. Im Übrigen ist auch gar nicht erforderlich oder angezeigt, auf diese Regelung im internen Verhältnis zwischen Rechtsanwaltes und eigenen Auftraggeber zu verzichten, da der Anwalt auch in diesem Fall die Grundlagen seines Wertfestsetzungsantrages darlegen und im Bestreitensfalle beweisen muss, mangels genauer Kenntnis und Nachweismöglichkeit – was in der Praxis schon kaum vorstellbar ist – also eine Mindestbeteiligung geltend machen müsste; die Vermutungsregel des § 31 Abs. 1 Satz 3 RVG ist daher auch insoweit sinnvoll[144].

e) Mindestgegenstandswert (§ 31 Abs. 1 Satz 4 RVG)

Da sich angesichts des typischerweise geringen Anteilsbesitzes einzel- 101
ner Antragsteller sehr kleine anteilige Gegenstandswerte ergeben können, ist ein Mindestgegenstandswert für jeden einzelnen Antragsteller auf 5.000 Euro festgelegt worden (§ 31 Abs. 1 Satz 4 RVG, vormals § 8 Abs. 1a Satz 4 BRAGO a. F.). Gibt es nur einen Antragsteller *[s. oben Rn. 90]*, kommt der Mindestwert ebenfalls zum Tragen kommen, in der Praxis dürfte dies jedoch kaum je der Fall sein.

---

143 Begr. RegE SpruchG BT-Drucks. 15/371, S. 20.
144 Anders *Römermann*, in: Hartung/Römermann, RVG, § 31 Rn. 14, der von einem – kaum begründbaren und bei fehlenden Angaben des Auftraggebers wohl auch ohne inhaltliche Anknüpfungspunkte bleibenden – Schätzungsrecht des Anwaltes und einer Beweislastumkehr zulasten des Auftraggebers ausgeht; ihm folgend *Schneider*, in: Schneider/Wolf, AnwaltKommentar RVG, § 31 Rn. 13; *Rosskopf*, in: KK-AktG, Anh § 15 SpruchG Rn. 17, der insoweit – entgegen der Gesetzesbegründung (vgl. vorstehend FN 130) – doch wieder zu einer gerichtlichen Schätzung mit möglicherweise sogar einer Beweiserhebung kommt.

f) Beauftragung eines Rechtsanwaltes durch mehrere Antragsteller (§ 31 Abs. 2 RVG)

102 Vertritt ein Rechtsanwalt mehrere Antragsteller im Spruchverfahren, so sind für die Berechnung seiner Anwaltsgebühren die auf alle diese Antragsteller entfallenden Gegenstandswerte zusammenzurechnen (§ 31 Abs. 2 1. Halbsatz RVG). Dies entspricht der Logik der Regelung in § 31 Abs. 1 RVG, da dem Anwalt der Gegenstandswert zugutekommen soll, der auf den (oder die) von ihm vertretenen Antragsteller entfällt. Insofern spielt es auch keine Rolle, ob der Anwalt mehrere Antragsteller vertritt, die jeweils (unterschiedliche) Unternehmensanteile oder aber gemeinsam (nur) einen Unternehmensanteil halten. Vertritt der Rechtsanwalt alle auftretenden Antragsteller, werden seine Gebühren vom gesamten Gegenstandswert, d. h. vom vollständigen (gerichtlichen) Geschäftswert berechnet, da eine etwaige Wertaufteilung für die einzelnen Antragsteller in seiner gemeinsamen Gebührenberechnung wieder zusammenlaufen würde[145].

103 Entfällt auf einzelne Antragsteller der Mindestgegenstandswert von 5.000 Euro gemäß § 31 Abs. 1 Satz 4 RVG, ist dieser entsprechend zugrunde zu legen. Gilt der Mindestgegenstandswert für mehrere Antragsteller, kann der sie gemeinsam vertretende Rechtsanwalt die Mindestgegenstandswerte für jeden Auftraggeber gesondert ansetzen (addieren); sie gelten also nicht für mehrere Auftraggeber gemeinsam, wenn diese jeweils unter den Mindestwert fallen[146]. Dies folgt sowohl aus dem Sinn der Regelung in § 31 Abs. 1 Satz 1 RVG, die auf eine Gebührenerhöhung für den Anwalt abzielt, als auch aus der redaktionellen Reihenfolge von Abs. 1 Satz 4 (Mindestwert) und Abs. 2 (Zusammenrechnung) in § 31 RVG (ebenso vormals in Abs. 1a BRAGO a. F.), die zunächst den Mindestwert pro Einzelfall festlegt und erst danach die Addition mehrerer Einzelwerte für den Fall der Mehrfachvertretung anordnet.

104 Infolge der vorgenannten Addition der (anteiligen) Gegenstandswerte erfährt der vertretende Rechtsanwalt bereits eine entsprechende Erhöhung seiner Gebühren, so dass für die zusätzliche von der RVG bei der Mehrfachvertretung vorgesehene Gebührenerhöhung von 0,3 bzw. 30 % für jeden weiteren Auftraggeber, maximal 2,0 bzw. 200 % (vgl. Vergütungsverzeichnis Nr. 1008 in Anlage 1 zum RVG) kein Bedarf mehr besteht. Dementsprechend ist die Anwendbarkeit dieser Gebührenerhöhung für den Fall der Beauftragung durch mehrere Antragsteller ausdrücklich ausgeschlossen. Vertritt der Anwalt dagegen nur einen Antragsteller, etwa auf der Grundlage nur eines Unternehmensanteils, wird er aber von mehreren Personen beauftragt, die insoweit gemeinschaftlich handeln (z. B. Eheleute, Rechtsgemeinschaft), greift § 31 Abs. 2 RVG nicht ein. Es kommt aber das erwähnte Kostenverzeichnis Nr. 1008 zur Anwendung,

---

145 *Rosskopf*, in: KK-AktG, Anh § 15 SpruchG Rn. 12.
146 *Römermann*, in: Hartung/Römermann/Schons, RVG, § 31 Rn. 23.

da ja – bei gleich bleibendem Gegenstandswert – ein höherer Aufwand durch mehrere als Auftraggeber handelnde Personen entsteht[147].

g) Beauftragung eines Rechtsanwaltes durch mehrere Antragsgegner (§ 7 Abs. 1, Anlage 1: Vergütungsverzeichnis Nr. 1008 RVG)

Vertritt ein Rechtsanwalt mehrere Antragsgegner im gleichen Verfahren, ändert sich der Geschäftswert nicht; es bleibt beim gleichen Gegenstandswert. Auch die Anzahl der Gebühren wird nicht erhöht (§ 7 Abs. 1 RVG). Allerdings wird die Höhe der Gebühren nach dem Kostenverzeichnis Nr. 1008, Anlage 1 zum RVG für jeden weiteren Auftraggeber um 0,3 bzw. 30 %, maximal jedoch um 2,0 bzw. 200 % erhöht[148].

105

Treten mehrere Antragsgegner auf, die sich jeweils durch andere Anwälte vertreten lassen, gilt für jeden Antragsgegner-Vertreter der volle Geschäftswert als Gegenstandswert. Eine Aufteilung oder Bruchteilsregelung wie für Antragsteller-Vertreter ist in § 31 RVG für Antragsgegner-Vertreter nicht vorgesehen und kann angesichts der wohl erwogenen, umfassenden Begründung des Gesetzgebers auch nicht analog angewendet werden[149].

106

h) Anzahl und Höhe der Anwaltsgebühren, Festsetzung, Gebührenvereinbarung

Wie in übrigen Verfahren auch kann der Rechtsanwalt für seine Tätigkeit in der ersten Instanz eine Verfahrensgebühr von 1,3 und im Falle eines Termins die Terminsgebühr von 1,2 abrechnen (vgl. Vergütungsverzeichnis Nr. 3100 und 3104 in Anlage 1 zum RVG). Im Falle eines Vergleichs kommt die Einigungsgebühr von 1,0 hinzu (Vergütungsverzeichnis Nr. 1003). Es ist denkbar, dass der Rechtsanwalt bereits im Vorfeld von Spruchverfahren tätig wird und insoweit eine Geschäftsgebühr von 0,5 bis 2,5, üblicherweise 1,3 abrechnen könnte (Vergütungsverzeichnis Nr. 2300). Diese sind dann allerdings zur Hälfte (maximal 0,75) auf die spätere Verfahrensgebühr anzurechnen. Im Beschwerdeverfahren (OLG) erhöht sich die Verfahrensgebühr auf 1,6 (Vergütungsverzeichnis Nr. 3200) bei gleichbleibender Terminsgebühr von 1,2, im Rechtsbeschwerdeverfahren (BGH) fällt ebenfalls die erhöhte Verfahrensgebühr von 1,6 an; die Terminsgebühr erhöht sich allerdings auf 1,5 (Vergütungsverzeichnis Nr. 3206 und 3210). Die durch das 2. KostRMoG deutliche angehobene Gebührentabelle ergibt sich aus Anlage 2 zu § 13 Abs. 1 Satz 3 RVG.

107

---

147 Vgl. BayObLG Beschluss vom 22.05.2002 – 3Z BR 74/02 (noch zum alten Recht § 6 Abs. 1 BRAGO); *Römermann*, in: Hartung/Römermann/Schons, RVG, § 31 Rn. 24; *Rosskopf*, in: KK-AktG, Anh § 15 SpruchG Rn. 202; *Emmerich*, in: Emmerich/Habersack, Aktien- und GmbH-Konzernrecht, § 15 SpruchG Rn. 25; klarstellend auch *Fuhrmann/Linnerz*, Der Konzern 2004, 265, 273.
148 Zu den Einzelheiten vgl. *Römermann*, in: Hartung/Römermann, RVG, Vergütungsverzeichnis Teil 1, Abschnitt H (Nr. 1008 VV), Rn. 49 ff.; vgl. auch *Deiß*, NZG 2013, 248, 251; *Winter*, in: Simon, SpruchG, Anh § 15 Rn. 14.
149 Dazu s. oben FN 124. So auch *Rosskopf*, in: KK-AktG, Anh § 15 SpruchG Rn. 13.

SpruchG § 15 Kosten

108 Im Falle nur eines Antragsteller-Vertreters oder im Hinblick auf den Antragsgegner-Vertreter ist keine gerichtliche Festsetzung des Gegenstandswertes erforderlich, aber wohl auch nicht ausgeschlossen, da der anwaltliche Gegenstandswert identisch mit dem Geschäftswert ist *[s. oben Rn. 90]* und insofern kein Bedarf für eine gesonderte gerichtliche Festsetzung besteht[150].

109 Im Falle mehrerer Antragsteller-Vertreter ist der Gegenstandswert (für jeden Antragsteller) dagegen auf Antrag vom Gericht des Rechtszuges festzusetzen (§ 33 Abs. 1 RVG). Dies folgt daraus, dass sich in diesem Falle der Gegenstandswert nicht direkt aus dem gerichtlich festgelegten Geschäftswert berechnet, sondern die vorgenannte Bruchteilsregelung Anwendung findet, deren Grundlagen (vertretener Anteilsbesitz) einem Antragsteller bzw. seinem Anwalt nicht ohne weiteres bekannt sind, wohl aber dem Gericht[151]. Verschiedene Antragsteller-Vertreter könnten unterschiedliche Berechnungen anstellen, so dass spätestens dann – zur Vereinfachung besser sofort – eine einheitliche Ermittlung durch das Gericht erfolgen muss. Vertritt ein Rechtsanwalt sich selbst als Antragsteller, kann er insoweit keine Gebührenfestsetzung beantragen, da er keine Anwaltskosten in eigener Sache geltend machen kann *[s. oben Rn. 36]*.

110 Der Antrag auf Gebührenfestsetzung ist erst zulässig, wenn die Vergütung fällig ist (§ 33 Abs. 2 Satz 2 RVG), also im Regelfall erst nach Beendigung des Verfahrens[152]. Er kann vom Anwalt selbst, seinem Auftraggeber oder – im Falle der Erstattungspflicht des Antragsgegners gemäß § 15 Abs. 2 SpruchG – auch vom Antragsgegner-Vertreter gestellt werden (§ 33 Abs. 2 Satz 2 RVG). Jeder Antragsberechtigte kann innerhalb von zwei Wochen nach Zustellung der Entscheidung Beschwerde gegen die Festsetzung einlegen, wenn der Beschwerdegegenstand den Wert von 200 Euro übersteigt oder das Gericht die Beschwerde wegen grundsätzlicher Bedeutung der Sache zulässt (§ 33 Abs. 3 RVG). Das vorgenannte Verfahren ist selbst gebührenfrei, ebenso ein etwa nachfolgendes Beschwerdeverfahren (§ 33 Abs. 9 RVG); ein Anwaltszwang besteht ebenso wenig wie im Spruchverfahren selbst *[dazu oben § 4 SpruchG Rn. 17]*. Die Verzinsung der festgesetzten Gebühren richtet sich nach § 104 Abs. 1 Satz 2 ZPO (§ 85 FamFG); sie umfasst 5 %-Punkte über dem Basiszinssatz und läuft ab Eingang des Festsetzungsantrages.

111 Geringere als die in der RVG vorgesehenen Gebühren können im Spruchverfahren nicht vereinbart werden (§ 49b Abs. 1 BRAO i. V. m. § 4 Abs. 2 RVG)[153]. Stattdessen kann es entsprechend den Umständen zulässig sein, im Einzelfall ein Erfolgshonorar zu vereinbaren, wenn der Auftraggeber aufgrund seiner wirtschaftlichen Verhältnisse andernfalls von der Rechts-

---

150 *Wälzholz*, in: Widmann/Mayer, UmwG, Anh. 13 § 15 SpruchG Rn. 61; *Winter*, in: Simon, SpruchG, Anh § 15 Rn. 13.
151 So im Ergebnis auch *Rosskopf*, in: KK-AktG, Anh § 15 SpruchG Rn. 19.
152 *Bischof*, in: Bischof/Jungbauer/Podlech-Trappmann, RVG, § 33 Rn. 38.
153 Vgl. dazu *Römermann*, in: Hartung/Römermann, § 4 RVG Rn. 115; *Podlech-Trappmann*, in: Bischof/Jungbauer/Podlech-Trappmann, RVG, § 4 Rn. 31.

verfolgung abgehalten würde (§ 4a Abs. 1 S 1 RVG i. V. m. § 49b Abs. 2 Satz 1 BRAO); wird im Falle des Misserfolgs auf die gesetzliche Vergütung ganz oder zum Teil verzichtet, muss allerdings im Erfolgsfalle ein angemessener Zuschlag auf die gesetzlichen Gebühren vorgesehen werden (§ 4a Abs. 1 Satz 2 RVG) – der dann aber von der Gegenseite nicht erstattet würde[154].

5. Vergütung und Auslagenersatz des Gemeinsamen Vertreters

Vergütung und Auslagenersatz des Gemeinsamen Vertreters, die vom Antragsgegner zu tragen sind, bemessen sich nach dem Rechtsanwaltsvergütungsgesetz (§ 6 Abs. 2 Satz 1 SpruchG). Insofern gelten daher die vorstehenden Erläuterungen gleichermaßen *[vgl. ergänzend dazu oben § 6 SpruchG Rn. 64 ff.]*. Gegenstandswert ist allerdings der für die Gerichtsgebühren maßgebliche (volle) Geschäftswert (§ 6 Abs. 2 Satz 3 SpruchG), also nicht nur der gespaltene Gegenstandswert für die Vertreter der Antragsteller. Damit steht er vergütungsmäßig dem Rechtsanwalt des Antragsgegners (voller Geschäftswert) oder auch, wenn es nur einen Antragsteller gibt, dessen Vertreter gleich (voller Geschäftswert mangels Aufteilung auf mehrere Antragsteller). Zu beachten ist allerdings, dass die Tätigkeit des gemeinsamen Vertreters nur innerhalb des gerichtlichen Verfahrens entfaltet wird, eine Geschäftsgebühr nach Nr. 2400 VV RVG für „außergerichtliche Tätigkeiten" also nicht in Betracht kommt[155]. *112*

Für eine zusätzliche Erhöhung der Vergütung des Gemeinsamen Vertreters besteht daher weder ein Bedarf, noch wäre eine solche Bevorzugung gegenüber dem (alleinigen) Antragsgegnervertreter oder der (Gesamtheit) der Antragstellervertreter zu rechtfertigen. Jedenfalls greifen aber auch die möglichen Regelungen in § 32 Abs. 2 RVG oder nach Nr. 1008 VV RVG nicht ein[156]. § 32 Abs. 2 RVG ist nicht anwendbar, da nicht „mehrere Auftraggeber" vorliegen, sondern der Gemeinsame Vertreter einheitlich durch das Gericht eingesetzt wird, wenn auch zur Vertretung aller übrigen Anteilseigner. Es wäre auch widersinnig, den ohnehin schon anwendbaren vollen Geschäftswert zugunsten des Gemeinsamen Vertreters nochmals zu erhöhen. Nr. 1008 VV RVG ist wiederum nicht einschlägig, da der Gemeinsame Vertreter insoweit nicht in „derselben Angelegenheit" tätig wird, sondern als Vertreter jedes einzelnen der übrigen Anteilseigner für deren jeweilige individuelle Ansprüche. *113*

---

[154] Diese Einschränkung des früheren vollständigen Verbots von Erfolgshonoraren für Rechtsanwälte ist durch das Gesetz vom 12.06.2008 (BGBl. I S. 1000) eingeführt worden, vgl. dazu im Einzelnen *Onderka*, in: Schneider/Wolf, RVG, § 4a Rn. 13 ff.
[155] OLG Stuttgart, Beschluss vom 20.07.2006 – 20 W 5/05.
[156] *Günal/Kemmerer*, NZG 2013, 16, 18; *Deiß*, NZG 2013, 248, 250 f.

§ 16 Zuständigkeit bei Leistungsklage

Für Klagen auf Leistung des Ausgleichs, der Zuzahlung oder der Abfindung, die im Spruchverfahren bestimmt worden sind, ist das Gericht des ersten Rechtszuges und der gleiche Spruchkörper ausschließlich zuständig, der gemäß § 2 mit dem Verfahren zuletzt inhaltlich befasst war.

Inhalt

		Rn.			Rn.
I.	Überblick	1	4.	Internationale Zuständigkeit	19
II.	Inhalt der Norm	3	5.	Bindungswirkung der Entscheidung im Spruchverfahren	21
	1. Erfordernis der Leistungsklage	3			
	2. Anknüpfung an ein Spruchverfahren	7			
	3. Zuständigkeit des gleichen Gerichts und Spruchkörpers	12			

Spezielle Literatur: *Bidmon*, Die Reform des Spruchverfahrens durch das SpruchG, (Diss) 2007; *Büchel*, Neuordnung des Spruchverfahrens, NZG 2003, 793–804; *Maul*, Gerichtsstände und Vollstreckungsfragen bei konzernrechtlichen Ansprüchen gegenüber einem herrschenden Unternehmen im EG-Ausland, AG 1998, 404–413; *Preuß*, Auswirkungen der FGG-Reform auf das Spruchverfahren, NZG 2009, 961–966; *Meilicke*, Erste Probleme mit § 16 SpruchG, NZG 2004, 547–552; *Meilicke/Lochner*, Zuständigkeit der Spruchgerichte nach EuGVVO, AG 2010, 23–33; *Mock*, Spruchverfahren im europäischen Zivilverfahrensrecht, IPrax 2009, 271–277; *Neye*, Spruchverfahrensneuordnungsgesetz, ZIP 2002, 2097–2108; *Nießen*, Die internationale Zuständigkeit im Spruchverfahren, NZG 2006, 441–445; *Wittgens*, Das Spruchverfahrensgesetz, (Diss) 2005.

I. Überblick

1 Das Spruchverfahren hat lediglich die Aufgabe, die angemessene Höhe des Anspruchs des Antragstellers bzw. der Antragsteller auf Ausgleichszahlung, Zuzahlung oder Abfindung (hier zusammengefasst als „Kompensation") abschließend zu ermitteln und rechtsgestaltend festzulegen *[siehe dazu oben die Einleitung Rn. 3 ff.]*. Diese Feststellung verschafft dem Antragsteller bzw. den Antragstellern aber noch keinen Titel, den jeweiligen auf ihn bzw. auf sie entfallenden Mehrbetrag der Kompensation einschließlich Verzinsung gegen den Antragsgegner zu vollstrecken. Falls der Antragsgegner also auch nach rechtskräftigem Abschluss des Spruchverfahrens, das eine solche Erhöhung festgestellt hat, entgegen den Erwartungen (und der in der Praxis überwiegenden Anzahl der Fälle)

keine Zahlung leistet, muss der jeweilige Antragsteller – und zwar jeder für sich – zusätzlich eine Leistungsklage gegen den Antragsgegner erheben. Für diesen Fall regelt § 16 SpruchG zwingend die örtliche, sachliche und funktionelle Zuständigkeit für die – nach der ZPO, also nicht nach dem SpruchG – zu erhebende Leistungsklage und stellt sicher, dass der gleiche Spruchkörper des gleichen Gerichts, das mit dem betreffenden Spruchverfahren zuletzt inhaltlich befasst war, auch für die Leistungsklage zuständig ist.

Nachdem der Referentenentwurf diese Regelung noch nicht vorgesehen hatte, ist sie vom Gesetzesentwurf nach Vorschlägen aus der Praxis aufgegriffen worden[1]. Der Rechtsausschuss hat auf Anregung des Bundesrates den Gesetzesentwurf vereinfacht, indem er den zunächst vorgesehenen zweiten Satz über die Zuständigkeit der Kammer für Handelssachen durch Einfügung des Hinweises auf den „gleichen Spruchkörper" im ersten Satz ersetzt hat. Damit sollte die möglichst umfassende Verwendung der im Spruchverfahren gewonnenen Erkenntnisse gewährleistet werden[2]. 2

II. Inhalt der Norm

1. Erfordernis der Leistungsklage

Das Spruchverfahren dient – auch als Streitverfahren im Rahmen der freiwilligen Gerichtsbarkeit – lediglich der rechtsgestaltenden Klärung („Feststellung") der Anspruchsgrundlagen, nicht jedoch der Durchsetzung der Ansprüche bzw. der Befriedigung der unterschiedlichen Antragsteller. Auch die Verzinsung der Kompensation und ein etwaiger weiterer Schaden kann erst mit der Leistungsklage geltend gemacht werden *[siehe oben zu § 11 SpruchG Rn. 15, 24.]*. Die Zuständigkeitsregelung des § 16 SpruchG gilt selbstverständlich auch für diese Klageerhöhungen und Nebenansprüche des Hauptzahlungsanspruches (also auch für Zinsen, vorangegangene Mahn- oder Verzugskosten)[3]. Eine Ausnahme von der bloßen Feststellungswirkung kann sich im Rahmen eines gerichtlichen Vergleichsabschlusses gemäß § 11 Abs. 2, 4 SpruchG ergeben, wenn dieser einen vollstreckbaren Inhalt hat, da gerichtliche Vergleich grundsätzlich vollstreckbar sind (§ 794 Abs. 1 Nr. 1 ZPO)[4]. 3

Der Begriff „Leistungsklage" in § 16 SpruchG umfasst dabei jede Form einer auf Durchsetzung des im Spruchverfahren festgestellten Anspru- 4

---

1 *Büchel*, NZG 2003, 793, 800.
2 Vgl. Bericht zur Beschlussempfehlung des Rechtsausschusses des Deutschen Bundestages, BT-Drucks. 15/838 vom 09.04.2003, S. 11.
3 So auch LG Düsseldorf Beschluss vom 08.10.2008 – 33 O 38/04; *Rosskopf*, in: KK-AktG, § 16 SpruchG, Rn. 8; *Emmerich*, in: Emmerich/Habersack, Aktien- und GmbH-Konzernrecht, § 16 SpruchG Rn. 4; *Meilicke*, NZG 2004, 547 f.; *Weingärtner*, in: Heidel, Aktienrecht und Kapitalmarktrecht, § 16 SpruchG Rn. 2; a. A. *Wittgens*, Das Spruchverfahrensgesetz, S. 261, was in der Praxis allerdings zu unsinnigen Ergebnissen führen würde.
4 *Klöcker*, in: Schmidt/Lutter AktG, § 16 SpruchG Rn. 3.

ches gerichteten Klage, also etwa auch eine Klage im Urkundenprozess (§§ 592 ff. ZPO). Ob dazu auch Stufenklagen oder gar (weitere) Feststellungsklagen gehören können, die ja nach dem Wortlaut von § 16 SpruchG nicht erfasst sind, erscheint zweifelhaft. Da mit der Bestimmung des Anspruchs auf Kompensation im Spruchverfahren dieser bereits festgestellt ist, wäre eine erneute darauf gerichtete Feststellungsklage wohl mangels Rechtsschutzbedürfnisses unzulässig[5]. Es ist nicht einsichtig, inwiefern im Rahmen der hier geregelten Folgeklage eine Erhöhung der bereits durch Entscheidung gemäß § 11 SpruchG bestimmten Kompensation etwa durch Neuberechnung oder nach Auskunft bzw. (erneuter) Rechnungslegung möglich sein sollte, ohne entweder das Spruchverfahren (in zweiter Instanz, oder auch im Rahmen einer Wiederaufnahme) fortzusetzen oder aber gegen die Verbindlichkeit der Entscheidung (Rechtskraft!) gemäß § 13 SpruchG zu verstoßen[6]. Auch eine Stufenklage (§ 254 ZPO) ist kaum denkbar, da die Grundlage des Zahlungsanspruchs mit der Bestimmung im Spruchverfahren festgelegt ist, also keine weiteren Voraussetzungen erforderlich erscheinen. Immerhin muss für die Anwendung des § 16 SpruchG ausreichen, dass zumindest ein Klageantrag (u.U. von mehreren, die etwa Vorfragen betreffen mögen) auf Leistung der Kompensation gerichtet ist. Wird dieses Zahlungsanliegen aus den Klageanträgen aber nicht erkennbar, besteht keine Anknüpfung an das vorangegangene Spruchverfahren, so dass für die Zuständigkeitsregelung des § 16 SpruchG kein Raum ist.

5 Trotz allen Bemühens um Verfahrensbündelung, -beschleunigung und -ökonomie hat der Gesetzgeber aus systematischen Gründen den weiteren Schritt einer Verbindung von Spruchverfahren und Leistungsklage nicht in Betracht gezogen. Die allgemein verbindliche Feststellung der Kompensation hätte dann in die jeweiligen ZPO-Klagen integriert werden müssen, was angesichts der möglichen Vielzahl von Klägern und Anspruchsberechtigten kaum durchführbar erscheint. Umgekehrt wäre es verfahrenstechnisch unzulässig, in das Spruchverfahren zugleich die verbindliche Feststellung individueller Ansprüche zu inkorporieren. Das wäre nicht nur ein Systembruch zwischen freiwilliger Gerichtsbarkeit und streitigem Erkenntnisverfahren, also zwischen rechtsgestaltender Klärung im Allgemeininteresse und individueller Anspruchsdurchsetzung im Einzelfall. Vor allem würde auch der Beschleunigungseffekt des Spruchverfahrens gefährdet, wenn nicht gar konterkariert, wenn zusätzlich zur Ermittlung der angemessenen Kompensation auch noch die möglichen individuellen Einreden oder Einwendungen (z. B. Vergleiche, Verzichte, Aufrechnungen) einiger oder aller Kläger wie in einem bürger-

---

5   Wie hier *Wälzholz*, in: Widmann/Mayer, UmwG, Anh. 13 § 16 SpruchG Rn. 9; a. A. *Wittgens*, Das Spruchverfahrensgesetz, S. 260 f.
6   So aber wohl *Rosskopf*, in: KK-AktG, § 16 SpruchG, Rn. 6; *Emmerich*, in: Emmerich/Habersack, Aktien- und GmbH-Konzernrecht, § 16 SpruchG Rn. 6; *Kubis*, in: MüKo-AktG, § 16 SpruchG Rn. 2; *Drescher*, in: Spindler/Stilz, AktG, § 16 SpruchG Rn. 2; *Meilicke*, NZG 2004, 547 f.; unklar, aber wohl wie hier *Weingärtner*, in: Heidel, Aktienrecht und Kapitalmarktrecht, § 16 SpruchG Rn. 3.

lichen Rechtsstreit geklärt werden müssten[7]. Eine Verfahrensverlängerung wäre unausbleiblich; zudem wäre ohnehin eine Verfahrenstrennung vorzusehen, wenn unter mehreren Antragstellern nur einer oder wenige auf die Durchsetzung ihres Anspruchs dringen, diesen aber unterschiedliche Verteidigungsmittel entgegen gehalten werden, und andere – aus welchen Gründen auch immer – davon absehen und am weiteren Verfahren nicht beteiligt sein wollen.

Ähnliche Bedenken ergeben sich gegen die Einführung eines Adhäsions- 6 oder Nachverfahrens als denkbarer Lösung des Problems, wie es aus dem Strafprozess (§ 403 StPO) bzw. aus dem Urkundenprozess (§ 600 ZPO) bekannt ist[8]. Im Falle eines Adhäsionsverfahrens würde das Spruchverfahren bis zur u. U. länger dauernden Klärung des Leistungsanspruchs hinausgezögert, was angesichts des Beschleunigungszieles kontraproduktiv wäre und alle übrigen Verfahrensbeteiligten, die nicht an der Leistungsklage interessiert sind, unnötig belasten würde. Ein Nachverfahren wäre insofern kaum denkbar, weil es den gleichen Streitgegenstand wie das Spruchverfahren aufweisen und damit die Entscheidung im vorangegangenen Spruchverfahren wieder aufheben könnte, was sicherlich – schon wegen der Allgemeinwirkung (§ 13 Satz 2 SpruchG) – nicht gewollt sein könnte. Im Übrigen stellt das Nachverfahren keine Verbesserung gegenüber dem hier vorgesehenen Fall einer separaten Leistungsklage im Anschluss an das Spruchverfahren dar, da es ebenfalls die Führung eines neuen Rechtsstreits mit neuem Parteivortrag und neuer Entscheidung bedeutet, mit der Besonderheit, dass es vor dem gleichen Spruchkörper des vorangegangenen Verfahrens stattfindet. Genau das wird aber in § 16 SpruchG angeordnet.

2. Anknüpfung an ein Spruchverfahren

Die Leistungsklage muss auf Zahlung der Kompensation gerichtet sein, 7 die in einem Spruchverfahren bestimmt worden ist. Das setzt voraus, dass zuvor ein Spruchverfahren stattgefunden hat und in diesem Verfahren eine (Sach-)Entscheidung gemäß § 11 Abs. 1 SpruchG oder – dem gleichstehend – ein gerichtlicher Vergleich gemäß § 11 Abs. 4 SpruchG beschlossen worden ist *[dazu oben § 11 Rn. 65]*[9]. Die Entscheidung muss nicht zu einem Erfolg für den/die Antragsteller geführt, etwa dem Antrag zumindest zum Teil stattgegeben haben, wenn über eine beschlossene Kompensation hinaus keine Zuzahlung gewährt wird[10]. Denn auch wenn über die – ursprünglich gewährte, aber angefochtene – Kompensation hinaus keine weitere Zahlung gewährt wird, hat das Spruchverfahren die (bisherige Höhe der) Kompensation bestimmt, wenn auch möglicherweise nicht im Sinne des/der Antragsteller, sondern etwa im Sinne der Antragsgegnerin durch Bestätigung des bereits vorliegenden Entschädigungs-

---

7 So auch *Rosskopf*, in: KK-AktG, § 16 SpruchG, Rn. 4.
8 Im Ergebnis ebenso *Neye*, ZIP 2002, 2097, 2106.
9 Vgl. Begr. RegE BT-Drucks. 15/371, S. 18.
10 So auch *Meilicke*, NZG 2004, 547, 549.

SpruchG § 16 Zuständigkeit bei Leistungsklage

angebotes. Es kommt nach dem Wortlaut von § 16 SpruchG aber nicht darauf an, welcher Verfahrensbeteiligte sich im Spruchverfahren durchgesetzt hat[11], sofern nur, dass ein solches (mit Sachentscheidung) stattgefunden hat. Auch ein außergerichtlicher Vergleich reicht aus, wenn er im Rahmen des Spruchverfahrens abgeschlossen worden ist[12].

8 Werden die Anträge dagegen als unzulässig abgewiesen oder vor jeder Entscheidung zurück genommen, greift die Zuständigkeitsregelung des § 16 SpruchG nicht ein[13]. Eine dann erhobene Leistungsklage wäre nicht auf das Ergebnis eines Spruchverfahrens gestützt, sondern müsste nach allgemeinem Recht beurteilt werden, so dass auch eine Zuständigkeitsanknüpfung an den Spruchkörper des Spruchverfahrens gegenstandslos wäre.

9 Gleiches gilt, wenn zwar ein Spruchverfahren eingeleitet worden ist, aber noch nicht zu einer Entscheidung geführt hat. Auch dann besteht noch keine durch ein Spruchverfahren bestimmte Anspruchsgestaltung, so dass die besondere Motivation zur Beibehaltung des gleichen Spruchkörpers nicht eingreift. Zum Teil wird insofern eine analoge Anwendung des § 12 SpruchG befürwortet, weil auch dann schon eine Sachkenntnis des mit dem anhängigen Spruchverfahren befassten Spruchkörpers vorhanden sein könnte, die für die Leistungsklage genutzt werden sollte[14]. Dies ist aber eine bloße Spekulation, da die erhobene Leistungsklage nicht unbedingt auf die Entscheidung in einem Spruchverfahren gestützt werden muss und ohnehin eine entsprechende Sachkenntnis nicht zu jedem beliebigen, also auch schon sehr frühen Zeitpunkt vorliegt, sondern eine (schon längere) sachliche Befassung mit dem Spruchverfahren voraussetzt. Angesichts des klaren Wortlauts von § 16 SpruchG ist diese Meinung daher abzulehnen[15], zumal ein Grund für diese analoge Anwendung auch nicht ersichtlich ist. Denn der Kläger einer Leistungsklage schon vor Abschluss eines Spruchverfahrens möchte sich ersichtlich

---

11 Winter, in: Simon SpruchG, § 16 Rn. 9; Wälzholz, in: Widmann/Mayer, UmwG, Anh. 13 § 16 SpruchG Rn. 10; a. A. Mennicke, in: Lutter/Winter, UmwG § 16 SpruchG Rn. 2, Klöcker, in: Schmidt/Lutter, AktG, § 16 SpruchG Rn. 8.

12 So auch Begr. RegE BT-Drucks. 15/371, S. 18, die nicht auf einen „gerichtlichen", sondern nur generell auf einen „Vergleich" abstellt; Rosskopf, in: KK-AktienG, § 16 SpruchG, Rn. 10.

13 Rosskopf, in: KK-AktG, § 16 SpruchG, Rn. 10; Winter, in: Simon SpruchG, § 16 Rn. 9; Wälzholz, in: Widmann/Mayer UmwG, Anh. 13 § 16 SpruchG Rn. 10; Emmerich, in: Emmerich/Habersack Aktien- und GmbH-Konzernrecht, § 16 SpruchG Rn. 7; Hörtnagel, in: Schmitt/Hörtnagel/Stratz, UmwG, § 16 SpruchG Rn. 6.

14 Rosskopf, in: KK-AktG, § 16 SpruchG, Rn. 11, im Anschluss an Meilicke, NZG 2004, 547, 550.

15 So die herrschende Meinung, LG München I vom 16.03.2006 – 5 HK O 18005/05; Emmerich, in: Emmerich/Habersack, Aktien- und GmbH-Konzernrecht, § 16 SpruchG Rn. 7; Winter, in: Simon SpruchG, § 16 Rn. 6; Klöcker, in: Schmidt/Lutter AktG, § 16 SpruchG Rn. 8; Mennicke, in: Lutter/Winter UmwG, § 16 SpruchG Rn. 2; Wälzholz, in: Widmann/Mayer UmwG Anh. 13 § 16 SpruchG Rn. 6.

nicht auf das Ergebnis dieses Spruchverfahrens stützen, das er ja abwarten könnte, sondern stützt sich offensichtlich auf andere Klagegründe. Dann ist aber auch eine Anknüpfung an den gleichen Spruchkörper des Spruchverfahrens weder geboten noch hilfreich.

Weitere Voraussetzungen hinsichtlich des vorangegangenen Spruchverfahrens bestehen nicht. Insbesondere muss keine Parteiidentität bestehen. Auf der Klägerseite der Leistungsklage können alle Berechtigten auftreten, auch solche Anteilsinhaber, die nicht am Spruchverfahren beteiligt waren[16]. Denn die Entscheidung im Spruchverfahren wirkt nicht nur zwischen den dort Beteiligten, sondern „für und gegen alle" Anspruchsberechtigten (§ 13 SpruchG Satz 2) *[zur „inter omnes"-Wirkung vgl. oben § 13 SpruchG Rn. 7 ff.].* 10

Dies gilt auch im Rahmen eines gerichtlichen Vergleichs gemäß § 11 Abs. 2, 4 SpruchG, der ebenfalls von der Regelung des § 13 SpruchG umfasst wird[17] *[vgl. oben § 13 SpruchG Rn. 10].* Im Falle eines außergerichtlichen Vergleichs zur Beendigung eines Spruchverfahrens gilt dies allerdings nur, wenn der Vergleich – der zunächst nur zwischen den Vergleichsbeteiligten wirkt – auch eine Regelung zugunsten aller übrigen Anteilsinhaber enthält, wie es allerdings regelmäßig der Fall ist, zumal bei Mitwirkung eines gemeinsamen Vertreters dieser nur zustimmen darf, wenn eine solche allgemein verbindliche Wirkung vorgesehen ist[18]. 11

3. Zuständigkeit des gleichen Gerichts und Spruchkörpers

Für die Durchführung der separat erforderlichen Leistungsklage könnte sich ohne die vorliegende Regelung die Zuständigkeit des Gerichts am Sitz der Gesellschaft ergeben (§ 17 Abs. 1 ZPO); die beklagte Gesellschaft könnte allerdings auch die Klageerhebung an einem anderen Ort billigen (§ 39 Satz 1 ZPO) oder sogar gegenüber einem klagenden Kaufmann (z. B. Gesellschaft) vereinbaren (§§ 38 Abs. 1 ZPO). Es könnten sich also durchaus unterschiedliche Zuständigkeiten gegenüber dem für das Spruchverfahren zuständigen Gericht ergeben *[dazu oben § 2 SpruchG Rn. 4 ff.].* Dementsprechend ordnet § 16 SpruchG im Sinne der Verfahrensökonomie zwingend die ausschließliche Zuständigkeit des gleichen Gerichts für die Leistungsklage an, das bereits im Spruchverfahren tätig geworden ist[19]. Da § 16 SpruchG eine ausschließliche Regelung anordnet, sind abweichende Vereinbarungen (§ 40 Abs. 2 Satz 1 Nr. 2 ZPO) – auch etwa infolge rügeloser Einlassung (§ 40 Abs. 2 Satz 2 ZPO) – unwirksam[20]. 12

---

16 *Rosskopf,* in: KK-AktG, § 16 SpruchG, Rn. 13.
17 Anders wohl *Rosskopf,* in: KK-AktG, § 16 SpruchG, Rn. 22; *Klöcker,* in: Schmidt/Lutter AktG, § 16 SpruchG Rn. 4.
18 So auch *Rosskopf,* in: KK-AktG, § 16 SpruchG, Rn. 13.
19 So auch *Rosskopf,* in: KK-AktG, § 16 SpruchG, Rn. 14.
20 *Klöcker,* in: Schmidt/Lutter, § 16 SpruchG Rn. 6; *Winter,* in: Simon SpruchG § 16 Rn. 14; *Wälzholz,* in: Widmann/Mayer UmwG Anh. 13 § 16 SpruchG Rn. 29; a. A. *Meilicke,* NZG 2004, 547 f.; *Emmerich,* in: Emmerich/Habersack Aktien- und GmbH-Konzernrecht, § 16 SpruchG Rn. 3, für die rügelose Einlassung.

SpruchG § 16 Zuständigkeit bei Leistungsklage

13 Infolge dieser identischen Zuständigkeit können die besondere Sachkenntnis, die gewonnenen Erkenntnisse und die Vertrautheit des Gerichts mit den konkreten Umständen des Falles umfassend genutzt werden; die aufwändige Einarbeitung eines anderen Gerichts und das Risiko, trotz der präjudiziellen Wirkung der Entscheidung im Spruchverfahren eine zumindest für die Leistungsklage denkbare andere Sichtweise zu entwickeln, wird vermieden[21]. Letzteres Risiko ist insbesondere dann nicht auszuschließen, wenn das Spruchverfahren durch einen Vergleich, der keine Zahlungspflichten begründet und nur die angemessene Kompensation feststellt, abgeschlossen worden ist, also eine Sachentscheidung noch nicht ergangen war.

14 Zusätzlich stellt die Vorschrift durch den Hinweis auf den gleichen Spruchkörper sicher, dass angesichts der besonderen Zuständigkeit der Kammer für Handelssachen (§ 95 Abs. 2 Nr. 2 i. V. m. § 71 Abs. 2 Nr. 4 e) GVG; vgl. auch § 2 Abs. 2 SpruchG) diese Kammer auch im Rahmen der Leistungsklage angerufen werden muss. Eine solche Klarstellung ist erforderlich, da andernfalls angesichts des Auswahlermessens des Klägers gemäß § 96 Abs. 1 GVG nicht sichergestellt wäre, dass die Leistungsklage vor die Kammer für Handelssachen gelangt, und auch dem Beklagten der Antrag auf nachträglichen Verweis des Rechtsstreites an diese Kammer freigestellt bliebe (§ 98 Abs. 1 Satz 1 GVG). Sollte die betreffende Kammer für Handelssachen zwischenzeitlich abgeschafft worden sein (ihre Bildung steht im Ermessen der Landesregierung, § 93 Abs. 1 GVG), so bleibt in jedem Falle das betreffende Landgericht ausschließlich zuständig; die maßgebliche Kammer dürfte dann nach der internen Zuordnung des Gerichts (z. B. alphabetische Einordung der Beklagten) zu bestimmen sein[22]. Ein Wegfall des Landgerichts ist nach der Gerichtsorganisation des GVG nicht möglich; allenfalls eine Zusammenlegung mit einem anderen Landgericht wäre denkbar, das dann die Zuständigkeit kraft Organisationsaktes übernimmt.

15 Der Hinweis „zuletzt inhaltlich befasst war" stellt klar, dass nur das Gericht und nur der Spruchkörper gemeint ist, das/der die Sachentscheidung gemäß § 11 Abs. 1 SpruchG erlassen oder den Vergleich gemäß § 11 Abs. 2 SpruchG protokolliert bzw. gemäß Abs. 4 beschlossen hat. Es reicht also nicht aus, dass das Gericht nur vorübergehend etwa gemäß § 2 Abs. 1 Satz 2 SpruchG tätig geworden ist, die Zuständigkeit aber später – etwa infolge der zeitlichen Priorität der Aktivität eines anderen Gerichts (§ 2 Abs. 1 FamFG) oder durch das zuständige Oberlandesgericht gemäß § 5 FamFG – wieder verloren hat. Dies gilt sogar, wenn das zuletzt tätige Gericht gar nicht zuständig gewesen war, so lange es nur inhaltlich tätig geworden ist[23]. Denn der Zuständigkeitsverweis in § 16 enthält nicht die Einschränkung einer „zuständigen" Befassung.

---

21 So auch *Büchel*, NZG 2003, 793, 800.
22 Anders wohl *Rosskopf*, in: KK-AktG, § 16 SpruchG, Rn. 14, im Anschluss an *Wälzholz*, in: Widmann/Mayer UmwG Anh. 13, § 16 SpruchG, Rn. 25, 26, der dann von einem Wegfall der Zuständigkeitsregelung ausgeht.
23 So auch *Rosskopf*, in: KK-AktG, § 16 SpruchG, Rn. 14.

Wird die Leistungsklage gleichwohl bei einem unzuständigen Gericht eingereicht, muss das angerufene Gericht darauf hinweisen, sich auf Antrag des Klägers für unzuständig erklären und den Rechtsstreit an das zuständige Gericht verweisen (§ 281 Abs. 1 Satz 1 ZPO), das an diesen Beschluss dann gebunden ist, sich also nicht erneut für unzuständig erklären darf (§ 281 Abs. 2 Satz 4 ZPO). Sollte es sich gleichwohl – oder schon vorab – ebenfalls für unzuständig erklären, ist das zuständige Oberlandesgericht anzurufen, das dann abschließend über das zuständige Landgericht entscheidet (§ 36 Abs. 1 Nr. 5, 6 ZPO).

16

Wird mit der Klage zunächst eine unzuständige Kammer angerufen oder die Klage, im Rahmen der festgelegten Geschäftsverteilung, einer unzuständigen Kammer zugeteilt, liegt wegen der gesetzlichen Regelung in § 16 SpruchG kein Kompetenzkonflikt vor, der gemäß § 21e GVG vom Gerichtspräsidium zu regeln wäre. Vielmehr greift insoweit § 17a Abs. 6 GVG ein, der im Rahmen der FG-Reform eingeführt worden ist und nunmehr ausdrücklich das Verhältnis der Spruchkörper (Kammern) der Freiwilligen Gerichtsbarkeit untereinander regelt[24]. Wird die fehlende Zuständigkeit des angerufenen Gerichts nicht erkannt (oder nicht gerügt), kann ein gleichwohl ergangenes Urteil aus diesem Grund nicht angefochten werden (§ 513 Abs. 2 ZPO).

17

Die Zuständigkeitsregelung des Gerichts gilt nur für den ersten Rechtszug. Für Beschwerden im Spruchverfahren und Berufungen bei der Leistungsklage können unterschiedliche Oberlandesgerichte zuständig sein[25], da die Verfahrenskonzentration gemäß § 12 Abs. 2 SpruchG nur für das Spruchverfahren gilt[26] *[vgl. oben § 12 Rdnr. 69 f.].*

18

4. Internationale Zuständigkeit

Die Zuständigkeitsregelungen in § 16 SpruchG (wie auch in § 2 Abs. 1 SpruchG) *[vgl. dazu oben § 2 Rn. 22 ff.]* gelten nicht nur für Inländer, sondern auch für ausländische Beteiligte, insbesondere auch für solche mit Wohn-/Geschäftssitz in EU-Mitgliedsstaaten, die dem EU-Abkommen über gerichtliche Zuständigkeiten (EuGVVO)[27] unterliegen[28]. Dies folgt

19

---

24 OLG Frankfurt, Beschluss vom 20.01.2011 – 11 AR 16/10; LG Düsseldorf, Beschluss vom 08.10.2008 – 33 O 38/04.
25 So auch *Büchel,* NZG 2003, 793, 800; *Klöcker,* in: Schmidt/Lutter, AktG, § 16 SpruchG Rn. 10; *Kubis,* in: MüKo-AktG, § 16 SpruchG Rn. 3; *Mennicke,* in: Lutter/Winter UmwG, § 16 Rn. 3; *Wälzholz,* in: Widmann/Mayer UmwG, Anh. 12 § 16 SpruchG, Rn. 28; *Emmerich,* in: Emmerich/Habersack Aktien- und GmbH-Konzernrecht, § 16 SpruchG Rn. 8; *Weingärtner,* in: Heidel Aktienrecht und Kapitalmarktrecht, § 16 SpruchG Rn. 4.
26 Auch *Büchel,* NZG 2003, 793, 800.
27 Verordnung (EG) Nr. 44/2001 des Rates vom 22.12.2000 über die gerichtliche Zuständigkeit und die Anerkennung und Vollstreckung von Entscheidungen in Zivil- und Handelssachen, ABl. 2001 Nr. L 12/1 – 12/23, zuletzt geändert durch Art. 80 Satz 1 ÄndVO (EU) 1215/2012 vom 12.12.2012 (ABl. Nr. L 351 S. 1).
28 So mit ausführlicher und überzeugender Begründung *Meilicke/Lochner,* AG 2010, 23, 33, aber wohl auch *Rosskopf,* in: KK-AktG, § 16 SpruchG, Rn. 19, der
(Fortsetzung der Fußnote auf Seite 532)

aus Artikel 22 (Ausschließliche Zuständigkeiten) Nr. 2 EuGVVO für Klagen, welche (u. a.) die Gültigkeit der Beschlüsse von Organen (der Gesellschaft) zum Inhalt haben. Denn in allen Fällen des § 1 SpruchG liegen letztlich Beschlussfassungen der betroffenen Gesellschaftsorgane (Vorstand, Aufsichtsrat, Hauptversammlung) zugrunde, die entweder unmittelbar einen Anspruch der Anteilseigner auf Kompensation begründen oder aber einer solchen Regelung (etwa in den zur Umsetzung geschlossenen Verträgen) zustimmen, so dass – wenn nicht schon wörtlich („Gültigkeit" im Sinne von inhaltlicher Richtigkeit) – zumindest eine analoge Anwendung des Artikel 22 Nr. 2 EuGVVO auf Spruchverfahren anzunehmen ist, die ja im Hinblick auf die festgelegte Kompensation der inhaltlichen Überprüfung dieser Organbeschlüsse dienen.

20 Wegen des engen Sachzusammenhangs ist gleichermaßen eine analoge Anwendung des Artikels 22 Nr. 2 EuGVVO auf die nachfolgenden Leistungsklagen anzunehmen, da auch die geltend gemachten Zahlungen auf den jeweiligen Organbeschlüssen über die Kompensation beruhen, also deren Inhalt zum Gegenstand haben. Es wäre eine mit der Praxis nicht mehr zu vereinbarende künstliche Betrachtungsweise, zwar die Feststellung der Anspruchshöhe als „Gesellschaftsklage" anzusehen, nicht aber mehr die Durchsetzung dieses Anspruchs[29]. Selbst wenn man sich dieser zwingenden analogen Anwendung verschließen wollte, käme man aber zum gleichen Ergebnis. Denn Klagen aus dem Gesellschaftsverhältnis werden vom EuGH als Klagen aus „Vertrag" i. S. v. Artikel 5 Nr. 1a EuGVVO eingestuft, so dass der maßgebliche „Gerichtsstand am Erfüllungsort" nach inländischen Recht festzustel-

---

eine analoge Anwendung befürwortet; für das alte Recht vor Einführung des SpruchG auch schon *Maul*, AG 1998, 404, 409 f.; anderer Ansicht *Mock*, IPRax 2009, 271, 274, der Artikel 22 Nr. 2 EuGVVO für nicht einschlägig hält, weil damit nach seiner Meinung trotz der Kenntnis des europäischen Gesetzgebers von nationalen Sonderregelungen wie dem Spruchverfahren (etwa in Deutschland und Österreich) ausdrücklich nur bestimmte, aber nicht alle gesellschaftlichen Strukturmaßnahmen erfasst worden seien. Er hält daher eine entsprechende Ergänzung der EuGVVO für erforderlich, um deren Anwendung sicherzustellen, oder aber zumindest eine Satzungsregelung in den betroffenen Gesellschaften, die dann – zulässigerweise (was angesichts des § 40 Abs. 2 Satz 1 Nr. 2 ZPO wiederum zweifelhaft erscheint – alle Beteiligten von gesellschaftlichen Strukturmaßnahmen an den Gerichtsstand des Gesellschaftssitzes binden würde.

29 So auch *Meilicke*, NZG 2004, 547, 551 f.; im Ergebnis auch *Nießen*, NZG 2006, 441, 442, 444, der zwar eine direkte oder analoge Anwendung von Art. 22 Nr. 2 EuGVVO ablehnt, da er „Gültigkeit" von Gesellschaftsbeschlüssen mit Anfechtbarkeit gleichsetzt, nicht aber mit inhaltlicher Überprüfung auf eine angemessene Regelung. Er hält dann aber (s. u. FN 33) den besonderen Gerichtsstand des Erfüllungsortes gemäß Art. 5 Nr. 1a EuGVVO am Sitz der Gesellschaft für gegeben. Anders *Rosskopf*, in: KK-AktG, § 16 SpruchG, Rn. 20, und *Mock*, IPRax 2009, 271, 274, die bei Klagen gegen eine andere Person als die betroffene Gesellschaft (etwa den Mehrheitsaktionär) dessen Wohn-/Gesellschaftssitz als zuständigen Gerichtsstand ansehen.

len ist[30]. Das wäre aber wiederum gemäß § 269 Abs. 2 BGB der besondere Gerichtsstand des Sitzes der Gesellschaft (§ 22 ZPO)[31].

5. Bindungswirkung der Entscheidung im Spruchverfahren

Infolge der allgemeinen Verbindlichkeit der Entscheidung im Spruchverfahren (§ 13 Abs. 2 SpruchG) „für und gegen alle" ist diese Entscheidung auch maßgeblich für das Gericht des Leistungsprozesses. Dies gilt auch für einen gerichtlichen Vergleich der Beteiligten, der gemäß § 11 Abs. 4 SpruchG vom Gericht beschlossen wird und insoweit einer Entscheidung i. S. v. § 13 SpruchG gleichsteht *[siehe oben § 13 Rn. 10]*. Einem sonstigen, außergerichtlichen Vergleich kommt diese Bindungswirkung nur eingeschränkt zu. Ist der Vergleich – wie üblich – mit Wirkung auch für alle anderen, am Spruchverfahren nicht beteiligten Aktionäre abgeschlossen worden, können sich auch diese auf den Vergleich berufen[32] *[siehe oben § 13 Rn. 11 f.]*. Sie sind aber nicht daran gebunden, können also auch noch einen höheren Anspruch (zunächst im Spruchverfahren) geltend machen *[vgl. oben § 13 Rn. 13]*. 21

Die Bindung umfasst nur den Umfang der Entscheidung gemäß § 13 SpruchG, schließt also nicht weitere Argumente auf Kläger- oder Beklagtenseite aus, die über die Bestimmung des Kompensationsanspruchs hinausgehen[33]. 22

---

30 EuGH Urteil vom 10.03.1992 – RS C-214/89 und vom 22.03.1983 – RS 34/82; OLG Bremen Urteil vom 25.09.1997 – 2 U 83/97.
31 Das verkennt *Mock*, IPRax 2009, 271, 275, der zwar § 2 SpruchG als ausschließliche Zuständigkeitsregelung für Spruchverfahren anerkennt, den besonderen Gerichtsstand des § 269 Abs. 2 BGB für die Leistungsklage aber nicht beachtet.
32 *Rosskopf*, in: KK-AktG, § 16 SpruchG, Rn. 22; *Wälzholz*, in: Widmann/Mayer UmwG, Anh. 13 § 16 SpruchG Rn. 3; *Klöcker*, in: Schmidt/Lutter, AktG, § 16 SpruchG Rn. 5.
33 *Klöcker*, in: Schmidt/Lutter, AktG, § 16 SpruchG Rn. 5.

§ 17 Allgemeine Bestimmungen; Übergangsvorschrift

(1) Sofern in diesem Gesetz nichts anderes bestimmt ist, finden auf das Verfahren die Vorschriften des Gesetzes über das Verfahren in Familiensachen und in den Angelegenheiten der freiwilligen Gerichtsbarkeit Anwendung.

(2) Für Verfahren, in denen ein Antrag auf gerichtliche Entscheidung vor dem 1. September 2003 gestellt worden ist, sind weiter die entsprechenden bis zu diesem Tag geltenden Vorschriften des Aktiengesetzes und des Umwandlungsgesetzes anzuwenden. Auf Beschwerdeverfahren, in denen die Beschwerde nach dem 1. September 2003 eingelegt wird, sind die Vorschriften dieses Gesetzes anzuwenden.

Inhalt

	Rn.			Rn.
I.	Überblick	1	c) Ergänzende Regelungen der ZPO und des GVG	10
II.	Inhalt der Norm	4	2. Stichtag für die Anwendbarkeit des neuen Rechts (Abs. 2)	18
	1. Ergänzende Anwendbarkeit des FamFG (Abs. 1)	4	a) Erstinstanzliche Verfahren	18
	a) Spruchverfahren als Teil der freiwilligen Gerichtsbarkeit	4	b) Zweitinstanzliche Verfahren	22
	b) Ergänzende Regelungen des FamFG	6		

Spezielle Literatur: *Bidmon*, Die Reform des Spruchverfahrens durch das SpruchG, (Diss) 2007; *Hartmann*, Neues Familienverfahren und ZPO, NJW 2009, 321–324; *Puszkajler*, Diagnose und Therapie von aktienrechtlichen Spruchverfahren, ZIP 2003, 518–522; *Wasmann*, Gesellschaftsrechtliches Spruchverfahren: Wann gilt altes, wann neues Recht? DB 2003, 1559–1560; *Winter/Nießen*, Amtsermittlung und Beibringung im Spruchverfahren, NZG 2007, 13–17; *Wittgens*, Das Spruchverfahrensgesetz, (Diss) 2005.

I. Überblick

1 Im Einklang mit den früheren Regelungen im Aktienrecht (vgl. § 306 Abs. 2 i. V. m. § 99 Abs. 1 AktG a. F.) und Umwandlungsrecht (§ 307 Abs. 1 UmwG a. F.) ordnet Abs. 1 die ergänzende Geltung des FamFG an (vor der FG-Reform von 2009 des FGG a. F.). Dies ist nach wie vor sachgerecht, auch wenn mit dem neuen Spruchverfahrensgesetz Elemente des zivilprozessualen Erkenntnisverfahrens eingeführt worden sind. Denn das Spruchverfahren bleibt auch weiterhin ein Verfahren der freiwilligen

Gerichtsbarkeit mit seinem Charakter einer allgemeingültigen Rechtsgestaltung und der – wenn auch deutlich eingeschränkten (vgl. § 10 Abs. 3 SpruchG) – Amtsermittlungspflicht[1].

Infolge der FG-Reform mit der grundlegenden Neugestaltung des FamFG in allen Verfahrensbereichen, insbesondere auch in den Rechtsmittelinstanzen, kommt diesem Verweis zwischenzeitlich eine erhöhte Bedeutung zu. Auch insoweit gibt es eine – nicht mit der Regelung in Abs. 2 zu verwechselnde – Überleitungsregelung (Art. 111 Abs. 1 FGG-RG), der zufolge das neue FamFG erst auf solche Spruchverfahren Anwendung findet, die ab dem 01.09.2009 „eingeleitet" worden sind, für die also der Antrag gemäß § 4 SpruchG bis zu diesem Datum bei Gericht eingereicht worden ist. Damit kommt es nicht darauf an, ob das angerufene Gericht zuständig, der Antrag zulässig oder begründet war[2]. Für die Anwendung des FamFG gibt es (anders als nach Abs. 2 für die Anwendbarkeit des SpruchG) keine Unterscheidung zwischen den Instanzen; es gilt also auch für Beschwerdeverfahren nur, wenn der erstinstanzliche Antrag ab dem 01.09.2009 gestellt worden ist, unabhängig vom Zeitpunkt der Beschwerdeeinlegung[3]. Für alle übrigen Verfahren, die ‚bis zum', also vor dem 01.09.2009 eingeleitet worden sind, verbleibt es daher bei der ergänzenden Anwendung des FGG a. F. 2

Die Übergangsvorschrift in Abs. 2 stellt aus Gründen der Rechtssicherheit klar, dass das SpruchG (erst) auf alle Verfahren Anwendung findet, die in erster Instanz mit Antragstellung am 01.09.2003 oder später und in zweiter Instanz (Beschwerdeverfahren) mit Beschwerdeeinlegung am 02.09.2003 oder später begonnen haben. Die fehlende Harmonisierung der beiden Daten ist unverständlich und offensichtlich auf einen Redaktionsfehler des Gesetzgebers zurückzuführen; eine sachliche Begründung ist nicht erkennbar. Die Einbeziehung der Beschwerdeverfahren in die zeitliche Abgrenzung beruht auf einer Anregung des Bundesrates, der auch insoweit bereits das neue Recht angewendet wissen wollte[4]. Trotz der bei Spruchverfahren häufig langen Dauer, die schon zu Verfassungsbeschwerden beim BVerfG und zu Vorlagen an den EGMR geführt haben *[vgl. oben § 12 SpruchG Rn. 65, 68]*, dürfte diese Übergangsvorschrift in der Praxis kaum noch eine Rolle spielen. 3

---

1 Begr. RegE SpruchG BT-Drucks. 15/371, S. 18.
2 *Wälzholz*, in: Widmann/Mayer Umwandlungsrecht § 17 SpruchG Rn. 1.4 mit weiteren Nachweisen.
3 So auch *Engelhardt*, in: Keidel FamFG, § 111 FGG-RG Rn. 2; *Wälzholz*, in: Widmann/Mayer Umwandlungsrecht § 17 SpruchG Rn. 1.4; *Klöcker*, in: Schmitt/Lutter UmwG, § 17 SpruchG Rn. 16; *Rosskopf*, in: KK-AktG, § 17 SpruchG Rn. 6.
4 Vgl. der Bericht zur Beschlussempfehlung des Rechtsausschusses des Deutschen Bundestages, BT-Drucks. 15/838 vom 09.04.2003, S. 18.

II. Inhalt der Norm

1. Ergänzende Anwendbarkeit des FamFG (Abs. 1)

a) Spruchverfahren als Teil der freiwilligen Gerichtsbarkeit

4 Das Spruchverfahren gehört zu den „echten Streitverfahren" des FamFG; die (im „alten Recht" des AktG und UmwG vorgenommene) Zuordnung zur freiwilligen Gerichtsbarkeit sollte durch das SpruchG beibehalten und insbesondere die Umgestaltung zu einem reinen Parteiprozess vermieden werden[5]. Gleichwohl sollten verbesserte Verfahrensstrukturen und vor allem ein gestrafftes und erheblich verkürztes Gerichtsverfahren ermöglicht werden (siehe insbesondere die §§ 7–10 SpruchG), um die früheren Schwierigkeiten und langen Verfahrensdauern zu vermeiden.[6]

5 Insbesondere der Amtsermittlungsgrundsatz gemäß § 26 FamFG (vormals § 12 FGG a.F.) war schon nach altem Recht vor der FG-Reform deutlich eingeschränkt, da in den §§ 4, 7–10 SpruchG eine weitgehende Beibringungs- und Verfahrensförderungspflicht der Beteiligten mit Möglichkeit der Zurückweisung (Präklusion) bei Fristversäumnis (§ 10 Abs. 1, 2 und 4 SpruchG) geregelt war[7]. Auch darf das Gericht nur solchen Einwendungen nachgehen, die von den Antragstellern in ausreichend konkreter Form geltend gemacht werden (§ 4 Abs. 2 SpruchG) *[dazu oben § 4 SpruchG Rn. 25 ff.]*. Seither ist in § 10 Abs. 3 SpruchG ausdrücklich klargestellt, dass die Ermittlung von Amts wegen im Rahmen der Verfahrensförderungspflicht im Spruchverfahren nicht (mehr) gilt[8] *[dazu im Einzelnen oben § 10 SpruchG Rn. 46 ff.]*. Die bisherigen Erfahrungen zeigen allerdings, dass diesem Anliegen noch kein durchschlagender Erfolg zuteil geworden ist. Spruchverfahren erscheinen nach wie vor sehr aufwändig und können zwar rascher abgewickelt werden, weisen aber immer noch eine erhebliche Verfahrensdauer auf[9].

b) Ergänzende Regelungen des FamFG

6 Nach der FG-Reform sind die gegenüber dem früheren FGG a.F. zahlreicheren und sehr viel detaillierteren Verfahrensvorschriften des grundlegend neu gestalteten FamFG, vor allem auch die Rechtsmittelvorschrif-

---

5 Begr. RegE SpruchG BT-Drucks. 15/371, S. 11 f.
6 Begr. RegE SpruchG BT-Drucks. 15/371, Einleitung auf S. 1; *Emmerich*, in Emmerich/Habersack Aktien- und GmbH-Konzernrecht, § 17 SpruchG Rn. 3.
7 Vgl. die Vorauflage zu § 10 Rn. 2 ff.; zum bisherigen Recht auch *Winter/Nießen*, NZG 2007, 13, 16.
8 *Rosskopf*, in: KK-AktG, § 17 SpruchG Rn. 8; *Klöcker*, in: Schmidt/Lutter AktG, § 17 SpruchG Rn. 13; unklar *Weingärtner*, in: Heidel, Aktienrecht und Kapitalmarktrecht, § 17 SpruchG Rn. 1.
9 Vgl. zuletzt *Mennicke*, „Viel zu lange Verfahren, Abfindungen müssen schneller überprüft werden", FAZ Nr. 174 vom 30.07.2014, S. 16; *Puszkajler*, ZIP 2003, 518 ff. hatte schon von Anfang an befürchtet, dass die Neuerungen des SpruchG nicht zu einer Verkürzung der Verfahrensdauern führen würden, uns insofern aus Sicht der Praxis verschiedene weitere Anregungen gegeben.

ten, so umfangreich, dass der Verweisungsnorm in § 17 Abs. 1 SpruchG eine zentrale Funktion zukommt. Allerdings kam auch schon bislang den vergleichsweise nur rudimentären Verfahrensvorschriften im früheren FGG a. F. erhebliches Gewicht zu[10].

Zusätzlich zu den ausdrücklichen Verweisen im SpruchG in § 2 Abs. 1 Satz 2 (§ 2 Abs. 1 FamFG, vormals § 4 FGG a. F.) und Satz 3 (§ 5 FamFG, vormals § 5 FGG a. F.) sowie in § 7 Abs. 8 (§ 35 FamFG, vormals § 33 FGG a. F.) sind aus dem Buch 1 „Allgemeiner Teil" vor allem die Regelungen über die Befangenheit (§ 6 FamFG), die Beteiligten- und Verfahrensfähigkeit und Bevollmächtigten (§§ 8–12 FamFG), die Akteneinsicht (§§ 13–15 FamFG), die Wiedereinsetzung in den vorigen Stand (§§ 17–18 FamFG), die Aussetzung des Verfahrens (§ 21 FamFG), die Verfahrensleitung (§ 28 FamFG) und die Beweisaufnahme (§§ 29–31 FamFG) von Bedeutung. Der Inhalt des Beschlusses ist in § 38 FamFG, die Rechtsbehelfsbelehrung in § 39 FamFG, Berichtigung und Ergänzung des Beschlusses, Verletzung des rechtlichen Gehörs, Abänderung und Wiederaufnahme in den §§ 42–48 FamFG geregelt. Für die Kostenentscheidungen gelten die §§ 80–85 FamFG; § 15 SpruchG greift insoweit nur noch zwei Teilfragen auf. Das Beschwerdeverfahren einschließlich der Rechtsbeschwerde ist ausschließlich in den §§ 58–75 FamFG geregelt. 7

Diese enge Durchdringung von breit gefächerten FamFG-Vorschriften und den punktuellen Regelungen des SpruchG wird nicht zuletzt durch diese Kommentierung wiedergespiegelt, die durchgehend an fast allen Stellen auf die jeweils ergänzenden Regelungen des FamFG verweisen muss. Es stellt sich daher mit Recht die Frage und ist kaum mehr einsichtig, warum die wenigen Bestimmungen des SpruchG nicht im Rahmen der FG-Reform in das FamFG integriert worden sind, in dem auch andere „besondere Verfahren" ihren Platz gefunden haben, wie etwa im Buch 5 die „Unternehmensrechtlichen Verfahren" gemäß § 375 FamFG. Dabei hätten ohne Weiteres die spezifischen Besonderheiten des Spruchverfahrens hervorgehoben werden, zugleich aber der enge Verbund mit den übrigen FG-Regelungen deutlich gemacht und damit eine bessere Orientierung geschaffen werden können. 8

Zusammenfassend kann festgestellt werden, dass generell alle einschlägigen „Allgemeinen Regelungen" des FamFG (d.h. Buch 1) auf das Spruchverfahren anwendbar sind (insbesondere auch Ausschließung und Ablehnung von Gerichtspersonen, Beistände und Bevollmächtigte, Fristenberechnungen, Wiedereinsetzung in den vorigen Stand, Rechtsbehelfsbelehrungen, etc.) mit folgenden Ausnahmen (anderen Bestimmungen i. S. v. § 17 Abs. 1): 9

---

10 Vgl. etwa Anträge und Erklärungen zu Protokoll (§ 11 FGG a. F.); Vertretung durch Bevollmächtigte und Beistände (§ 13 FGG a. F.); Beweisaufnahme und Glaubhaftmachung (§ 15 FGG a. F.); Bekanntmachung von Entscheidungen (§ 16 FGG a. F.); Beschwerdeverfahren (§§ 19–30 FGG a. F.); Akteneinsicht (§ 34 FGG a. F.).

SpruchG § 17 Allgemeine Bestimmungen; Übergangsvorschrift

- § 7 SpruchG (mündliche Verhandlung) verdrängt die §§ 27, 28 FamFG,
- § 11 Abs. 2–4 SpruchG verdrängen den § 36 Abs. 1–3 FamFG (Bewirken und Abschluss eines Vergleichs),
- § 13 Satz 1 SpruchG (Wirksamkeit erst mit Rechtskraft) verdrängt § 40 Abs. 1 FamFG (Wirksamkeit mit Bekanntgabe),
- Abänderungen gemäß § 48 Abs. 1 FamFG (Entscheidung mit Dauerwirkung) haben im Spruchverfahren (mit Zahlungsforderungen) ebenso wenig Raum wie sonstige Regelungen nicht-vermögensrechtlichen Inhalts (vgl. etwa § 108 Abs. 2 FamFG).

c) Ergänzende Regelungen der ZPO und des GVG

10 An zwei Stellen gelten ergänzend zu den Regelungen des FamFG ausdrücklich auch bestimmte ZPO-Vorschriften für das Spruchverfahren: Gemäß § 8 Abs. 3 SpruchG die Vorschriften §§ 138, 139, 279 Abs. 2 und 3 sowie 283 ZPO für die Durchführung der mündlichen Verhandlung und gemäß § 11 Abs. 4 Satz 3 SpruchG die Regelung des § 164 ZPO für die Protokollberichtigung bei einem Vergleich.

11 Eine sehr viel weitergehende indirekte Anwendbarkeit verschiedener ZPO-Vorschriften wird durch die zahlreichen Verweise des FamFG auf spezifische ZPO-Regelungen bewirkt, so insbesondere aus den „Allgemeinen Vorschriften" etwa

- § 6 FamFG (Befangenheitsvorschriften der §§ 41 ff. ZPO),
- § 7 Abs. 5 FamFG (Beschluss über Hinzuziehung von Beteiligten, §§ 567–572 ZPO, Anfechtbarkeit mit sofortiger Beschwerde),
- § 9 Abs. 5 FamFG (§§ 53–58 ZPO, Prozessfähigkeit),
- § 10 Abs. 4 Satz 3 FamFG (§§ 78b–78c ZPO, Beiordnung eines Notanwaltes),
- § 11 Satz 5 (§§ 81–87, 89 ZPO, Verfahrensvollmacht),
- §§ 13 Abs. 5, 14 Abs. 2 und 3, 14a FamFG (§§ 130a, 130b, 298, 299 ZPO, elektronische Gerichtsakten),
- § 15 Abs. 2 FamFG (§§ 166–195 ZPO, Bekanntgabe durch Zustellung),
- § 16 Abs. 2 FamFG (§§ 222, 224, 225 ZPO, Fristberechnung),
- § 21 FamFG (§ 249, Aussetzung des Verfahrens, §§ 567–572 ZPO, Anfechtbarkeit mit sofortiger Beschwerde).

12 Auch zu den Verfahrensvorschriften gibt es verschiedene Verweise, vgl. etwa

- § 32 FamFG (§§ 219, 227, 128a ZPO Erörterung im Termin),
- § 33 Abs. 3 Satz 5 (Ausbleiben im Termin, §§ 567–572 ZPO, Anfechtbarkeit mit sofortiger Beschwerde),

Allgemeine Bestimmungen; Übergangsvorschrift § 17 SpruchG

- § 35 Abs. 3 FamFG (§§ 883, 886, 887, 891, 892 ZPO, Zwangsgelder gegen Vornahme oder Unterlassung von Handlungen).

Schließlich sind die Beschluss- und Rechtsmittel-Vorschriften maßgeblich, vgl. etwa   13

- § 42 Abs. 3 Satz 2 FamFG (Zurückweisung eines Antrags auf Beschlussberichtigung, §§ 567–572 ZPO, Anfechtbarkeit mit sofortiger Beschwerde),
- § 46 Satz 4 FamFG (Rechtskraftzeugnis, § 573 ZPO, Anfechtbarkeit durch Erinnerung),
- § 48 Abs. 2 FamFG (4. Buch der ZPO, Wiederaufnahmeverfahren),
- § 68 Abs. 4 FamFG (§ 526 ZPO, Übertragung auf ein Mitglied des Beschwerdegerichts als Einzelrichter),
- § 71 Abs. 2 Satz 2 FamFG (§ 551 Abs. 2 ZPO, Fristverlängerung bei Rechtsbeschwerden),
- § 72 Abs. 3 FamFG (§§ 547, 556, 560 ZPO, Revisionsgründe),
- § 74 Abs. 3 Satz 4 (§§ 559, 564 ZPO, beschränkte Nachprüfung, Verfahrensmängel),
- § 75 Abs. 2 Satz 2 FamFG (§ 566 ZPO, Verfahren der Sprungrechtsbeschwerde),
- § 76 Abs. 2 FamFG (Verfahrenskostenhilfe, §§ 567–572, 127 ZPO, Anfechtbarkeit mit sofortiger Beschwerde).

Schließlich sind auch in den Kosten- und Vollstreckungsregelungen Verweise auf die ZPO enthalten, vgl. etwa   14

- § 80 Satz 2 FamFG (§ 91 ZPO, Umfang der Kostenerstattung),
- § 85 FamFG (§§ 103–107 ZPO, Kostenfestsetzung),
- § 95 Abs. 1 FamFG (generell für die Vollstreckungsregelungen der ZPO).

Darüber hinaus, etwa als General-Auffangnorm, gilt die ZPO jedoch   15
nicht, da sie auf die streitige ordentliche Gerichtsbarkeit begrenzt ist (§ 3 Abs. 1 EGZPO)[11]. Ein solche generelle subsidiäre Anwendbarkeit der ZPO wäre auch redaktionswidrig, da es dann der zahlreichen vorgenann-

---

11 So wohl auch *Bumiller/Harders*, FamFG, § 1 Rn. 13; *Hartmann*, NJW 2009, 321; einschränkend im Hinblick auf bestimmte Regelungslücken *Sternal*, in: Keidel FamFG, § 1 FamFG Rn. 38–39a; ähnlich auch *Drescher*, in: Spindler/Stilz, AktienG, § 17 SpruchG Rn. 2, der auf die ZPO zurückgreifen will, soweit im FamFG keine entsprechenden Regelungen enthalten sind; unklar *Kubis*, in: MüKo-AktG, § 17 SpruchG Rn. 1, der von „zahlreichen Vorschriften der ZPO" spricht, die auf das Spruchverfahren anwendbar seien; *Mennicke*, in: Lutter, UmwG Anh. I, § 17 SpruchG Rn. 2, *Emmerich*, in: Emmerich/Habersack Aktien- und GmbH-Konzernrecht, § 17 SpruchG Rn. 2.

ten individuellen Verweisungen nicht bedürft hätte. Dies ist zu berücksichtigen, wenn angesichts etwa gefühlter Regelungslücken eine analoge Anwendung der vermeintlich passenden ZPO-Vorschriften propagiert wird, weil es beim Spruchverfahren ja um ein ‚streitiges Verfahren" gehe, für das eben die FG-Regelungen nicht immer ausreichend seien.

16 Zutreffend ist allerdings, dass im Einzelfall Vorschriften der ZPO analog anwendbar sein können, wenn tatsächlich eine Regelungslücke vorliegen sollte und nach dem Willen des Gesetzgebers keine abschließende Regelung im FamFG getroffen worden ist. Dies gilt etwa für § 240 ZPO (Unterbrechung des Spruchverfahrens bei Insolvenz des Antragsgegners) *[vgl. dazu oben § 5 SpruchG Rn. 11]*, § 265 ZPO (Rechtsinhaberschaft des zur Antragsberechtigung führenden Unternehmensanteils)[12]; die Anteilsveräußerung nach Antragstellung führt nicht zum Erlöschen der Antragsberechtigung oder etwa zur Beendigung des Spruchverfahrens *[s. oben § 3 SpruchG Rn. 25]*. Unbeschadet derartiger Sonderregelungen sollen aber gerade nicht die Regelungen des FamFG durch die allgemeinen Verfahrensgrundsätze der ZPO ersetzt werden[13].

17 Demgegenüber gilt seit dem FGG-RG (2009) das GVG durchgehend auch für alle FG-Verfahren, da es sich auf die gesamte ‚ordentliche Gerichtsbarkeit' erstreckt (vgl. ausdrücklich § 13 GVG), nicht lediglich – wie zuvor – auf die streitige ordentliche Gerichtsbarkeit (§ 2 EGGVG)[14]. Es bedarf also keiner spezifischen Verweise (mehr) auf das GVG, etwa auf die Gerichtssprache, die Sitzungspolizei, die Beratung und Abstimmung, wie dies im früheren § 8 FGG a. F. der Fall war.

2. Stichtag für die Anwendbarkeit des neuen Rechts (Abs. 2)

a) Erstinstanzliche Verfahren

18 Im Sinne der Rechtssicherheit hat der Gesetzgeber – wie an anderen Stellen auch – klargestellt, dass (seinerzeit) laufende Verfahren nicht durch eine neue Rechtsanwendung verkompliziert und gegebenenfalls in ihrem Ausgang verändert werden sollen. Das neue Recht gilt also nur für solche (erstinstanzlichen) Spruchverfahren, bei denen der verfahrenseinleitende Antrag erst am 01.09.2003, dem Trag des Inkrafttretens des SpruchG, oder später gestellt wurde. Dies gilt auch für Anträge, die nach altem Recht nach Ablauf der Zweimonatsfrist (noch im August 2003) bereits verfristet und damit unzulässig waren, aber im September 2003 nach neuem Recht noch innerhalb der Dreimonatsfrist gestellt werden konnten. Ein Antragsteller, dessen Antragsfrist etwa Mitte/Ende Juni 2003 zu laufen begann, konnte also wählen, ob er seinen Antrag bis Mitte/Ende

---

12 *Sternal*, in: Keidel FamFG § 23 Rn. 51.
13 *Sternal*, in: Keidel FamFG, § 1 FamFG Rn. 36.
14 Zur früheren Rechtslage vgl. *Kissel/Mayer*, Gerichtsverfahrensgesetz, 4. Aufl. 2005, § 2 EGVGV Rn. 11 ff., die im Anschluss an BGH Beschluss vom 10.02.1953 – IV ZB 87/52, allerdings auch schon damals für „streitige Verfahren", die Anwendbarkeit des FGG befürwortet haben.

August 2003 nach altem oder bis Mitte/Ende September 2003 nach neuem Recht stellen würde.

Als Zeitpunkt der Antragstellung gilt der Eingang des Antrages bei Gericht; zu den weiteren Erfordernissen der Antragstellung vgl. § 4 Abs. 2 SpruchG *[dazu oben § 4 SpruchG Rn. 18 ff.]*. Ist die Antragstellung vor dem 01.09.2003 erfolgt, wird auf das Spruchverfahren noch das alte Recht angewendet. Dabei spielt es keine Rolle, ob der Antrag zulässigerweise gestellt wurde oder zunächst unzulässig war und erst durch Abwarten der weiteren Zulässigkeitsvoraussetzungen nachträglich – am 01.09.2003 oder danach – zulässig wurde[15]. Angesichts des eindeutigen Wortlautes der Vorschrift in § 17 Abs. 2 Satz 1 SpruchG, der allein auf die Antragstellung, nicht aber auf die Zulässigkeit abstellt, besteht für eine einschränkende Auslegung kein Raum[16]. Es würde zudem Unsicherheit darüber geschaffen, ob und ab wann bzw. bis wann eine Unzulässigkeit des Antrages anzunehmen wäre, die durch gegebenenfalls abweichende Beschwerdeentscheidungen noch erhöht würde. 19

Von entscheidender Bedeutung ist die vorstehende Frage allerdings wohl nur hinsichtlich der Kostenregelung, da nach bisherigem Recht die außergerichtlichen Kosten der Antragsteller im Regelfall vom Antragsgegner zu tragen waren, während sie nunmehr im Grundsatz selbst zu tragen sind und nur ausnahmsweise dem Antragsgegner auferlegt werden können *[siehe dazu oben § 15 SpruchG Rn. 27 ff.]*. Im Übrigen dürfte praktisch kaum ein Interesse der Antragsteller anzunehmen (gewesen) sein, möglichst noch ein Verfahren nach altem Recht wählen zu können, zumal im Falle der Unzufriedenheit mit der erstinstanzlichen Entscheidung die Überprüfung im Rahmen der zweiten Instanz ohnehin nach neuem Verfahrensrecht stattfinden würde. 20

Wurden mehrere Anträge gestellt, die z.T. vor, z.T. nach dem Stichtag eingegangen, aber sachnotwendig zu einem einheitlichen Verfahren verbunden worden sind (vgl. § 2 Abs. 2 Nr. 8 SpruchG, § 20 FamFG) *[s. auch § 2 SpruchG Rn. 17]*, so verbleibt es zunächst – insbesondere für die Antragsberechtigung, Antragsfrist und Antragsbegründung – bei der unterschiedlichen Rechtsanwendung. Dies gilt auch für den weiteren „Stich- 21

---

15 So OLG Düsseldorf Beschluss vom 18.09.2006 – 26 W 1/06; OLG Frankfurt Beschluss vom 11.10.2005 – 20 W 149/04; BayObLG Beschluss vom 12.10.2005 – 3 Z BR 238/04; auch BayObLG Beschluss vom 18.03.2002 – 3 Z BR 6/02, für einen vor Fristbeginn über Ausgleich und Abfindung bei einem Beherrschungs- und Gewinnabführungsvertrag gestellten Antrag, der nach Fristbeginn weiter verfolgt wurde; auch *Emmerich*, in: Emmerich/Habersack Aktien- und GmbH-Konzernrecht, § 17 SpruchG Rn. 4; unentschieden *Klöcker*, in: Schmidt/Lutter AktG, § 17 SpruchG Rn. 14; a. A. *Rosskopf*, in: KK-AktG, § 17 SpruchG Rn. 13; *Mennicke*, in: Lutter UmwG, § 17 SpruchG Rn. 4; *Winter*, in: Simon, § 17 SpruchG Rn. 22; *Hörtnagl*, in: Schmitt/Hörtnagl/Stratz, UmwG, § 17 SpruchG Rn. 13; *Volhard*, in: Semler/Stengel, UmwG, § 17 SpruchG Rn. 5; *Weingärtner*, in: Heidel, Aktienrecht und Kapitalmarktrecht, § 17 SpruchG Rn. 3.
16 A.A. *Wasmann*, DB 2003, 1559 f.

tag" vom 01.09.2009 hinsichtlich der Anwendung des (neuen) FamFG gegenüber dem früheren FGG a. F.[17]. Soweit im weiteren Verfahrensablauf aber nur eine einheitliche rechtliche Behandlung möglich ist, insbesondere für den Inhalt der Entscheidung (u. a. Kosten) und die Einlegung von Rechtsmitteln, ist in entsprechender Anwendung des § 2 Abs. 1 FamFG das alte Recht maßgeblich, das für den zuerst gestellten Antrag anzuwenden ist[18]. Dies folgt der Logik des Gesetzgebers, der sowohl für den (materiellen) Stichtag gemäß § 17 Abs. 2 SpruchG als auch für die örtliche Zuständigkeit (§ 2 FamFG) jeweils auf den zeitlichen Vorrang abstellt. In der Praxis dürfte sich diese Rechtsfrage jedenfalls hinsichtlich der Anwendung des SpruchG zwischenzeitlich durch Zeitablauf aber erledigt haben; allein die Anwendbarkeit des FGG für vor dem 01.09.2009 eingeleiteten Spruchverfahren dürfte noch relevant sein.

b) Zweitinstanzliche Verfahren

22 Hinsichtlich des Beschwerdeverfahrens gilt Ähnliches; wird der Beschwerdeantrag am 02.09.2003 oder später gestellt, ist das neue Recht anzuwenden; ist der Beschwerdeantrag am 01.09.2003 oder früher eingegangen, gilt noch das alte Recht. (Es erschließt sich nicht, warum insoweit auf den 02. und nicht auch auf den 01.09.2003 abgestellt wird; möglicherweise liegt ein Redaktionsversehen vor.) Auch insoweit kommt es nicht darauf an, ob der vor dem Stichtag eingegangene Beschwerdeantrag zunächst unzulässig war und – aus welchen kaum denkbaren Gründen auch immer – erst am 02.09.2003 oder später zulässig wird[19]. Vielmehr ist ein vor dem Stichtag gestellter Beschwerdeantrag nach altem Recht auf seine Zulässigkeit zu prüfen und gegebenenfalls – nach altem Recht – als unzulässig zurückzuweisen. Ergibt die Prüfung seine Zulässigkeit, sei es auch aufgrund von nach dem Stichtag eintretenden Umständen, so ist er in der Sache zu behandeln, und zwar durchweg nach altem Verfahrensrecht.

23 Die zusätzliche Stichtags-Spezifizierung hinsichtlich des Beschwerdeverfahrens hat erst in den Ausschussberatungen, auf Anregung des Bundesrates[20], Eingang in die Regelung gefunden. Eine solche Verknüpfung ist inkonsequent, da nunmehr in der zweiten Instanz ein anderes Verfahrensrecht angewendet und dementsprechend bereits nach altem Recht abgeschlossene erstinstanzliche Entscheidungen nicht nur wegen möglicher Aufklärungs- oder Rechtsfehler, sondern allein wegen der neuen Handhabung der mündlichen Verhandlung aufgehoben wer-

---

17 *Wälzholz*, in: Widmann/Mayer Umwandlungsrecht § 17 SpruchG Rn. 1.6.
18 So auch *Wälzholz*, in: Widmann/Mayer Umwandlungsrecht § 17 SpruchG Rn. 1.6; a. A. *Bidmon*, S. 68.
19 Wie hier *Emmerich*, in: Emmerich/Habersack Aktien- und GmbH-Konzernrecht, § 17 SpruchG Rn. 5; anders offensichtlich *Mennicke*, in: Lutter, UmwG Anh I, § 17 SpruchG Rn. 4; *Rosskopf*, in: KK-AktG, § 17 SpruchG Rn. 18; *Volhard*, in: Semler/Stengel, UmwG, § 17 SpruchG Rn. 6; *Wasmann*, DB 2003, 1559 f.
20 Begr. RegE FGG-RG BT-Drucks. 15/371, S. 26.

den können. Andererseits ist der sachwidrige Wechsel des anwendbaren Rechts verständlich, weil der vom neuen SpruchG erhoffte Beschleunigungseffekt auch den laufenden Verfahren noch zugute kommen soll, sobald diese in erster Instanz abgeschlossen sind und Beschwerde eingelegt wird.

Nicht bedacht wurde möglicherweise, oder im Ergebnis jedenfalls gebilligt, dass bereits dadurch Beschwerdeeinlegungen provoziert werden, dass sich die Beteiligten allein durch das neue Verfahrensrecht einen für sie günstigeren Ausgang erhoffen. Die Entscheidung des Gesetzgebers ist gleichwohl hinzunehmen, da eine verfassungswidrige Rückwirkung nicht angenommen werden kann. Ohnehin dürfte sich das Problem weitgehend durch Zeitablauf erledigt haben, da die damals laufenden Verfahren zwischenzeitlich alle abgeschlossen sein sollten. 24

§ 17 Abs. 2 Satz 2 SpruchG sprich zwar nur von „Beschwerdeverfahren", ohne die möglichen Verfahrensarten zu spezifizieren (Beschwerde und Rechtsbeschwerde). Da es dem Gesetzgeber aber maßgeblich um die Nutzbarmachung der Vorteile der neuen Verfahrensregelungen (s. o.: Konzentration und Beschleunigung) auch für die Rechtsmittel im Rahmen schon (erstinstanzlich) laufender Verfahren ankam, erscheint es nicht zweifelhaft, dass mit dem Begriff „Beschwerdeverfahren" auch Rechtsbeschwerden gemeint sind. Gleiches gilt auch für Wiederaufnahmeverfahren *[vgl. oben § 12 Rn. 4]*, die zudem keinen direkten zeitlichen Bezug zu dem (dann abgeschlossenen) Spruchverfahren haben; auch insoweit ist das neue Verfahrensrecht anzuwenden, wenn der Wiederaufnahmeantrag am 02.09.2003 oder später gestellt worden ist. Demgegenüber sind andere Rechtsmittel wie Tatbestandsberichtigung, Beschlussergänzung *[vgl. oben § 12 Rn. 4]* nicht von dieser Motivation erfasst, da sie keine neue Sachverhaltsermittlung und Rechtsanwendung auslösen; für sie gilt daher das gleiche Verfahrensrecht, das auch schon für die betroffene Entscheidung maßgeblich war[21]. 25

Die Übergangsregelung des Abs. 2 betrifft nur die Anwendbarkeit des SpruchG als Verfahrensgesetz für die zweite Instanz, dagegen nicht für die Anwendbarkeit des FamFG *[s. oben Rn. 2]* und entzieht der zu überprüfenden Entscheidung in der ersten Instanz auch nicht die damals anwendbare materielle Rechtsgrundlage (AktG, UmwG). Stand also die erstinstanzliche Entscheidung im Einklang mit dem zu ihrem Zeitpunkt maßgeblichen Regelungen des AktG oder des UmwG, ist sie nicht zu be- 26

---

21 So im Ergebnis wohl auch *Rosskopf*, in: KK-AktG, § 17 SpruchG Rn. 17; *Emmerich*, in: Emmerich/Habersack Aktien- und GmbH-Konzernrecht, § 17 SpruchG Rn. 5; *Mennicke*, in: Lutter, UmwG Anh I, § 17 SpruchG Rn. 5, die zwischen einer „einfachen" Beschwerden gegen Zwischen- oder Teilentscheidungen, die im FamFG kaum noch vorgesehenen und für Spruchverfahren jedenfalls nicht mehr einschlägig ist (vgl. *Meyer-Holz*, in: Keidel FamFG, § 58, Rn. 23 ff.), und der neuen (befristeten) Beschwerde gegen abschließende Sachentscheidungen unterscheiden.

anstanden, selbst wenn sie unter Anwendung des SpruchG anders hätte gefasst werden müssen[22].

---

22 OLG Hamburg Beschluss vom 14.06.2004 – 11 W 94/03; *Mennicke*, in: Lutter UmwG, § 17 SpruchG Rn. 3; *Klöcker*, in: Schmitt/Lutter UmwG, § 17 SpruchG Rn. 15; *Rosskopf*, in: KK-AktG, § 17 SpruchG Rn. 15.

Stichwortverzeichnis

Die Vorschriften sind halbfett, die Randnummern gewöhnlich gedruckt.

A

Amtsermittlungsgrundsatz § 3 5; § 8 29, 32; § 10 2, 48; § 17 5
Andere Formen der Verfahrensbeendigung § 11 70f.
- Antragsrücknahme § 11 70
- Außergerichtlicher Vergleich § 11 75
- Erledigung der Hauptsache § 11 71
- Schiedsverfahren § 11 78

Antragsberechtigung § 3 3
- Anteile von verbundenen Unternehmen § 3 10
- Anteilsinhaberschaft § 3 8
- Anteilsinhaberschaft eines übertragenden/übernehmenden Rechtsträgers § 3 57
- Ausgeschiedene Aktionäre § 3 45
- Ausgeschiedene (Minderheits-)Aktionäre § 3 44
- Ausgeschiedener Aktionär § 3 22
- Ausscheiden durch Eingliederung oder Squeeze Out § 3 21
- Außenstehende Aktionäre § 3 10, 35
- Beherrschungsmöglichkeit § 3 37
- Bezugsberechtigter § 3 8
- Doppelnatur der § 3 3
- eigene Anteile/Aktien § 3 9, 52
- Einzelrechtsnachfolge § 3 17, 55
- Entfallen der Aktieninhaberschaft § 3 20
- Gesamtrechtsnachfolge § 3 17, 46, 55
- Grundlagen der Antragsberechtigung § 3 7
- materiell anspruchsberechtigter Anteilsinhaber § 3 56
- materielle Berechtigung § 3 4
- Missbräuchliche Anträge § 3 30
- Nachweis der Aktionärsstellung § 3 27
- Nebenintervention § 3 33; § 5 10
- prozessrechtlich § 3 5
- Rechtsnachfolger § 3 23
- Rechtsschutzbedürfnis § 3 30
- Stellung als Aktionär, Anteilsinhaber bzw. Mitglied (der SCE) § 3 7
- Stimmabgabe § 3 13, 60
- Teilnahme an der Beschlussfassung § 3 11
- Veräußerung des Anteils § 3 25
- Verfahrensstandschaft § 3 7, 26
- Verlust der Anteilsinhaberschaft § 3 25
- Vorlage der Urkunde, auf Anforderung des Gerichts § 3 28
- Widerspruch zu Protokoll § 3 14
- Widerspruch zur Niederschrift § 3 12, 60
- wirtschaftliche Einheit, wirtschaftliche Verknüpfung § 3 37f.
- Zeitpunkt der Anteilsinhaberschaft § 3 15
- Zeitpunkt der Antragsberechtigung § 3 49
- Zeitpunkt der Antragstellung § 3 15
- Zeitpunkt des Rechtsübergangs § 3 24
- Zustimmung zur betreffenden Strukturmaßnahme § 3 11

Antragsfrist § 4 1

SpruchG Stichwortverzeichnis

- Ausschlussfrist § 4 5
- Bekanntmachungstag § 4 12
- Drei-Monats-Frist § 4 5
- Eingang des Antrags bei Gericht § 4 13
- Fristberechnung § 4 7, 8
- Fristversäumnis § 4 6, 14
- Internationale Strukturmaßnahmen § 4 10
- Weiterleitung des Antrags „im üblichen Geschäftsgang" § 4 14
- Zulässigkeitsvoraussetzung § 4 6

Antragsgegner § 5 1
- Anderer Vertragsteil des Unternehmensvertrages § 5 3
- Eingliedernde Gesellschaft (Hauptgesellschaft) § 5 4
- Hauptaktionär der Antragsgegner § 5 5
- Insolvenz des Antragsgegners, Unterbrechung des Verfahrens § 5 11
- Rechtsträger neuer Rechtsform § 5 6
- Übernehmender oder neuer Rechtsträger § 5 6
- Unterbrechung des Verfahrens § 5 12

Antragsrücknahme § 10 56
Antragstellung
- Antragsbegründung § 4 2, 18
- Bestimmung des angemessenen Ausgleichs, der Abfindung bzw. der Zuzahlung § 4 20
- Form der Antragstellung § 4 17
- Fristverlängerung § 4 31
- Inhalt des Antrages § 4 20
  - Angaben zur Anzahl der gehaltenen Anteile § 4 34
  - Angaben zur Art der Strukturmaßnahme § 4 24
  - Angemessenheit der Kompensation § 4 30
  - Bezeichnung des Antragsgegners § 4 22
  - Bezifferung des Antrages nicht erforderlich § 4 20
  - Darlegung der Antragsberechtigung § 4 23
  - konkrete Bewertungsrügen § 4 28
  - konkrete Einwendungen, Bewertungsrügen, Angemessenheit der Kompensation § 4 3, 25
  - (kein) Anwaltszwang § 4 17
  - kein pauschaler Verweis auf andere Antragsbegründungen § 4 29
  - Unterlagen nach § 7 Abs. 3 SpruchG § 4 26

Anwaltszwang § 9 24
Arbeitspapiere § 7 84

B
Beibringungsgrundsatz § 8 30, 32
bei Gericht einzureichende Berichte § 7 26
- Belehrung über Einreichungspflicht § 7 31
- gemeinsamer Vertreter § 7 35
- kostenlose Abschrift inkl. Übersendung § 7 38
- Unterlagen § 7 27
- Zugänglichmachen über Internet § 7 38

Bekanntmachung (der Entscheidung) § 14 2
- Ad-hoc-Publizität von Insiderinformationen § 14 25
- Bekanntmachungspflicht § 14 5
- Bekanntmachungspflichtige Personen § 14 15
  - gemeinschaftlich handelnd (in der vertretungsberechtigten Form) § 14 18
  - Gesetzlicher Vertreter § 14 15
  - natürliche Personen (wenn Hauptaktionär) § 14 15
- Bereichsöffentlichkeit § 14 2, 3, 25
- Gegenstand der Bekanntmachung § 14 7
  - Abweisung wegen Unzulässigkeit § 14 8

Stichwortverzeichnis SpruchG

- (gerichtliche) Vergleiche § 14 8
- individuelle Entscheidungen über einzelne Anträge § 14 9
- gemeinsame Bekanntmachung § 14 18
- Individuelles Bedürfnis an Bekanntmachung (nicht erforderlich) § 14 3
- Interesse der Allgemeinheit § 14 2
- Medium der Bekanntmachung § 14 19
  - Bundesanzeiger § 14 19
  - Elektronische Informationsmedien (Webseiten) § 14 19
  - Gesellschaftsblätter (Printmedien) § 14 19
- § 15 WpHG § 14 25
- publizitätspflichtige Tatsachen § 14 26
- Rechtsänderungen nach § 30e WpHG § 14 27
- Sanktionen § 14 21
  - Bekanntmachung einklagen § 14 23
  - kein Zwangsgeld vorgesehen § 14 21
  - Lex imperfecta § 14 22
- Sonstige Bekanntmachungen § 14 24
- Teilentscheidungen § 14 11, 12
- Zeitpunkt der Bekanntmachung § 14 11
  - weitere Rechtsbehelfe unbeachtlich § 14 13
  - zeitnah § 14 14
- Belehrung § 7 24
- Beschwerde § 9 24; § 10 63; § 12 1
  - Abhilfeentscheidung des Landgerichts § 12 51
  - Anschlussbeschwerde, weitere Anschlussbeschwerden § 12 45, 47
  - Berechnung der Frist § 12 31
  - Berichtigung des Beschlusses § 12 4, 34
  - Beschlussergänzung § 12 36
- Beschwerdeberechtigung § 12 15
  - Ausdehnung auf alle Beteiligten (unmittelbare Beteiligte, mittelbare Beteiligte) § 12 15
  - betroffener Antragsteller § 12 17
  - gemeinsame Vertreter § 12 16
  - mittelbare Beteiligte § 12 15
  - unmittelbare Beteiligte § 12 15
- beschwerdefähig § 12 6
- Beschwerdefrist: ein Monat (maximal 6 Monate) § 12 28
- Beschwerdegericht (OLG) § 12 26
- Beschwerdeverfahren § 12 49; § 13 4; § 17 25
  - Antragsrücknahme, einzelne oder alle § 12 55
  - Besonderheiten vor dem OLG § 12 53
  - Fortführungsrecht des gemeinsamen Vertreters auch in 2. Instanz § 12 55
  - jederzeitige Rücknahme der Anträge § 12 55
  - kein Anwaltszwang (für Verfahren) § 12 41
  - Tatsacheninstanz, aber Präklusionsvorschriften § 12 54
  - weitere Beteiligung aller übrigen Beteiligten § 12 49
- Beschwerdeverfahren vor dem OLG § 12 53
- Beschwerdewert § 12 21
- Beschwerdewert (600 Euro) § 12 21
  - mehrere Beschwerden, gleichgerichtete Beschwerden § 12 22
  - Zulassung der Beschwerde bei grundsätzlicher Bedeutung § 12 23
- besondere Beschwer (nicht erforderlich) § 12 18

547

- Einlegung der Beschwerde § 12 25
  - bedingungsfeindlich § 12 44
  - beim erstinstanzlichen Gericht (Landgericht) § 12 25
  - beim unzuständigen Gericht: „Weiterleitung im ordnungsgemäßen Geschäftsgang" § 12 27
  - Bezeichnung des angefochtenen Beschlusses § 12 42
  - keine Verpflichtung zur Begründung § 12 43
- Entscheidung des Beschwerdegerichts § 12 59; § 13 4
  - durch Beschluss § 12 59
  - neue Entscheidung in der Sache § 12 59
  - Rückverweisung nur in Ausnahmen § 12 60
  - Rückweisung als unzulässig oder unbegründet § 12 59
  - Verbot der Verschlechterung („reformatio in peius") § 12 59
  - Vorlage an das BVerfG, an den EuGH § 12 63
  - Zulassung der Rechtsbeschwerde § 12 62
- Ergänzung des Beschlusses § 12 4
- Erledigungserklärung § 12 7
- Feststellung der Verletzung in seinen Rechten § 12 8
- Form und Inhalt der Beschwerde § 12 40
  - Schriftsatz § 12 40
  - Unterzeichnung durch Anwalt § 12 40
- Fristbeginn § 12 29
- Inhalt des Beschlusses ist unerheblich § 12 7
- keine Ausschlussfrist § 12 33
- Kostenbeschluss § 12 14
- Kostenentscheidungen § 12 13
- Nachweis der Beschwerdeberechtigung § 12 20
- Nachweiserfordernisse § 12 19
- Nebenentscheidungen § 12 9

- Rechtsbeschwerde § 12 3, 64
  - Anschlussrechtsbeschwerde § 12 67
  - Antragsberechtigung (unmittelbare und mittelbare Beteiligte) § 12 65
  - Anwaltszwang § 12 66
  - Beteiligung auch des gemeinsamen Vertreters § 12 65
  - Einlegung beim BGH § 12 66
  - Frist: ein Monat § 12 66
  - Sprungrechtsbeschwerde § 12 68
- Rücknahme der Beschwerde § 12 56
- Sonstige/weitere Rechtbehelfe § 12 69
  - Anhörungsrüge (Verletzung des rechtlichen Gehörs) § 12 70; § 14 13
  - Anrufung des Europäischen Gerichtshofs für Menschenrechte § 12 72; § 14 13
  - Divergenzbeschwerde § 12 1
  - Nichtzulassungsbeschwerde abgeschafft § 12 69
  - Verfassungsbeschwerde § 12 72; § 14 13
- Statthaftigkeit der Beschwerde § 12 5
- Tatbestandsberichtigung § 12 34
- Teilerledigung § 12 7
- Verfahrenskonzentration (auf ein OLG im Bundesland) § 12 73
- Verfahrensleitende Neben- und Zwischenentscheidungen § 12 9
- Verzicht auf die Beschwerde § 12 24
- Zwischenentscheidungen § 12 10, 11
- Zwischen- und Teilentscheidung § 12 6
  - ausdrücklich nicht anfechtbare Zwischenentscheidungen § 12 12

Stichwortverzeichnis SpruchG

Beweisantrag § 7 78
Bewertungsrüge § 7 3
- Anforderungen § 7 3
Börsenpreis als Bewertungsgrundlage § 11 180

D
Delisting
- Auswirkung „Frosta" auf laufende Spruchverfahren § 1 Annex 51
- „Frosta"-Entscheidung des BGH § 1 Annex 16
- „Macrotron"-Rechtsprechung des BGH § 1 Annex 5
- Unzureichende gesetzliche Neuregelung § 1 Annex 24
Diskontierung der Ausgleichszahlung § 11 Annex 204

E
„echtes Streitverfahren" (Spruchverfahren im Rahmen des FamFG) § 17 4
Entscheidung gemäß § 11 SpruchG § 13 1
Entscheidung (im Spruchverfahren) § 13
- Formelle Rechtskraft der Entscheidung § 13 3
- Rechtskraftzeugnis (der Geschäftsstelle) § 13 6
- Wirksamwerden der Entscheidung § 13 2
Entscheidung im Spruchverfahren § 13 2
Ergänzende Regelungen des FamFG (zum SpruchG) § 17 1, 4, 6
- Analoge Anwendbarkeit der ZPO (im Einzelfall) § 17 16
- Ausdrückliche Verweisungen im SpruchG § 17 7
- Ergänzende Regelungen der ZPO und des GVG § 17 10
- Gesamte ordentliche Gerichtsbarkeit § 17 17
- Überleitungsregelung (Art. 111 Abs. 1 FGG-RG) § 17 2

Ertragswert- und Discounted Cash Flow-Verfahren § 11 Annex 18
Erwiderung § 7 17
- Frist § 7 17, 21
- Fristverlängerung § 7 21
- Inhalt § 7 18

F
Feststellungslast § 8 30; § 9 5; § 10 37
frühe erste Verhandlung § 7 45

G
Geheimnisschutz § 7 91
Gemeinsamer Vertreter § 7 86, 89a; § 12 16, 57; § 13 14
- Abberufung § 6 58
- Außenverhältnis § 6 10
- bei grenzüberschreitender Verschmelzung § 6c
- bei Gründung einer Europäischen Genossenschaft § 6b
- Beschwerdebefugnis § 6 26
- Bestellung § 6 35
- Gründung einer SE § 6a 1 ff.
- Innenverhältnis § 6 28
- (keine) Kostentragung § 15 20
- Verfahrensbeteiligung § 6 10
- Verfahrensfortführung § 6 17
- Vergütung und Auslagen § 6 64
Gerichtliche Entscheidung § 11
- Bekanntmachung § 11 59
- Entscheidung durch Beschluss § 11 7
- Zustellung § 11 57
Grundsatz der Mündlichkeit § 8 4
Gütliche Einigung § 11
- Gerichtlicher Vergleich § 11 31
- Inter-omnes-Wirkung § 11 46
- Mehrheitsvergleich/Mehrheitskonsensuale Schätzung § 11 37
- Teilvergleich § 11 44
- Vergleich durch Schriftsatz § 11 60

I
Insolvenz § 10 62
interne Arbeitspapiere § 7 30

549

inter-omnes-Wirkung § 3 19
„inter omnes"-Wirkung (der Entscheidung im Spruchverfahren) § 13 7
- Abgrenzungsschwierigkeiten § 13 16
- Anspruchserhöhung nach Verzicht/Abgrenzungsschwierigkeiten zum Vergleich § 13 15
- Auswirkungen der Entscheidung § 13 18
- Einzelvergleich § 13 16
- Erstreckung der „inter omnes"-Wirkung auch auf Vergleiche § 13 10
  - außergerichtliche Vergleiche § 13 11, 14
  - Mitwirkung aller Beteiligten § 13 12
- Feststellende Wirkung (der Entscheidung) § 13 19
- (kein) Vollstreckungstitel § 13 19
- Maßgeblichkeit § 13 18
- Materielle Rechtskraft § 13 7
- Rückzahlung erhaltener Kompensationen § 13 8

K
Kammer für Handelssachen § 2 25, 26
- Entscheidung durch den Vorsitzenden § 2 27
- Katalogzuständigkeit § 2 27
  - Abgabe von Verfahren § 2 30
  - Bestellung des gemeinsamen Vertreters § 2 34
  - Einstweilige Einstellung der Zwangsvollstreckung § 2 36
  - Entscheidungen über Geschäftswert, Kosten, Gebühren und Auslagen § 2 35
  - Öffentliche Bekanntmachungen § 2 31
  - Verbindung von Verfahren § 2 37
  - Vorbereitende Maßnahmen für die Beweisaufnahme § 2 33

- Zulässigkeit des Antrages § 2 32
- Vorsitzender der Zivilkammer § 2 39
Klageänderung § 10 55
Kostenregelung § 15 3
- Absehen von Erhebung der Gerichtskosten § 15 13
- Anwaltsgebühren § 15 42
- Anwaltsgebühren (§ 31 RVG) § 15 84
- Auslagen § 15 72
- Außergerichtliche Kosten der Antragsteller § 15 27
- Außergerichtliche Kosten des Antragsgegners § 15 39; § 15 40
- Billigkeitsentscheidung (zu Lasten der Antragsteller) § 15 16, 19, 23
- Geltung (§ 15 SpruchG) für alle Instanzen § 15 9, 54
- Gerichtskosten
  - Anzahl und Höhe der Gerichtsgebühren § 15 64, 71
  - Geschäftswert § 15 44, 57, 112
  - Gesonderte Anfechtung, Anfechtungsbefugnis § 15 60, 61
  - Kostenverzeichnis und Anlage 2 zum GNotKG § 15 64, 71
  - Mindestbetrag (0,2 Mio Euro) und Höchstbetrag (7,5 Mio Euro) § 15 51
  - (nicht erforderliche) Bezifferung § 15 50
  - § 74 GNotKG § 15 44
  - Pauschale Differenzbetrachtung § 15 49
  - Stichtagsbezogene Umrechnung § 15 48
  - (Unabhängigkeit von der) Realisierbarkeit § 15 50
  - Zeitpunkt der Anteilsberechnung § 15 47

Stichwortverzeichnis SpruchG

- (Gerichts-)Kostenvorschüsse, Festlegung nicht gesondert anfechtbar § 15 26, 78
- Höhe der Gerichtskosten § 15 42
- Kostenausgleich § 15 21, 38
- Kostenausspruch (nicht erforderlich) § 15 15
- Kosten des gemeinsamen Vertreters § 15 20, 30, 37
- Kosten des Rechtsmittelverfahrens § 15 14
  - Schwellenwert für Kostenfreiheit (Kompensationserhöhung um 5 %) § 15 32
- Kostenentscheidung (Billigkeitsentscheidung) § 15 21, 22, 38
- Kostenerstattung durch Antragsgegner § 15 31
- Kostenfestsetzung (verfahren) § 15 21, 24, 38
- Kostentragung des Antragsgegners § 15 10
  - (Geltung) nur für das erstinstanzliche Verfahren § 15 14
  - Keine Ersatzhaftung der Antragsteller § 15 11
  - Leitlinien des Gesetzgebers § 15 31
  - mehrere als Gesamtschuldner/Teilschuldner § 15 10, 35
- Kosten, vom Gesetz definiert § 15 27
- Missbräuchliches Verhalten eines Antragstellers § 15 16
- (Neuregelung der) Rechtsanwaltsgebühren für Spruchverfahren § 15 6
  - (Antrag auf) Gebührenfestsetzung § 15 110
  - Anzahl und Höhe der Anwaltsgebühren § 15 107
  - Beauftragung durch mehrere Antragsgegner § 15 105
  - Beauftragung durch mehrere Antragsteller § 15 102
  - Bruchteilsregelung für mehrere Antragsteller-Vertreter § 15 92
  - Erfolgshonorare (zulässig) § 15 111
  - Gebührentabelle in Anlage 2 zum RVG § 15 107
  - „gespaltener" Gegenstandswert § 15 89
  - Maßgeblichkeit des Geschäftswertes § 15 87
  - Mindestgegenstandswert: 5.000 Euro § 15 101
  - § 31 RVG § 15 86
  - Vergütungsverzeichnis in Anlage 1 zum RVG § 15 107
  - Verhältnis der Unternehmensanteile § 15 92
  - Vermutung der Anteilshöhe (ein Unternehmensanteil) § 15 99
  - Zeitpunkt der Anteilsberechnung (Antragstellung, Beschlussfassung, Eintragung) § 15 96, 97
  - Zeitpunkt der Eintragung im Handelsregister § 15 97
- Übergangsregelung für neues Kostenrecht (01.08.2013) § 15 41
- Umfang der erstattungsfähigen Kosten § 15 36
  - Angemessene Porti, Telefon-, Internetkosten § 15 37
  - Anwaltsgebühren nach RVG § 15 36
  - Kosten für Privatgutachten § 15 37
  - soweit zweckgebunden zur Erledigung notwendig § 15 36
- Vergütung des Gemeinsamen Vertreters, Auslagenersatz § 15 112
- Vergütung von Sachverständigen (§ 9 JVEG) § 15 72
- Vollstreckung der Gerichtskosten § 15 25
- Zahlung von Vorschüssen § 15 77

551

SpruchG Stichwortverzeichnis

– Zustimmung des Gerichts § 15 74

L
Leistungsklage § 13 9; § 16 3, 4
 Abweichende Vereinbarungen unwirksam § 16 12
– Adhäsions- oder Nachverfahren § 16 6
– Anknüpfung an ein Spruchverfahren § 16 7
– Bindungswirkung § 16 21
– Feststellungswirkung, rechtsgestaltende Klärung § 16 3
– Internationale Zuständigkeit (Art. 22 Nr. 2 EuGVVO, analoge Anwendung) § 16 19, 20
– (keine) Verbindung von Spruchverfahren und Leistungsklage § 16 5
– Klage im Urkundenprozess § 16 4
– Stufenklage § 16 4
– Unzuständiges Gericht, unzuständige Kammer § 16 16, 17
– Zuständigkeit des gleichen Spruchkörpers § 16 12, 14

Liquidationswert
– Basiszins § 11 Annex 79
– Betafaktor § 11 Annex 114
– Detailplanungsphase (Phase I) § 11 Annex 55
– Ermittlung der Zukunftserträge § 11 Annex 22
– Ermittlung des Diskontierungszinses § 11 Annex 25
– Ewige Rente (Phase II oder Phase III) § 11 Annex 67
– Konvergenzphase (Phase II) § 11 Annex 60
– Marktrisikoprämie § 11 Annex 86

M
mündliche Verhandlung § 8 1, 2
– Öffentlichkeit § 8 39
– Protokoll § 8 40
– so früh wie möglich § 8 8
– Soll-Vorschrift § 8 5

– Verfahrensförderungspflicht § 9 7

O
Offenlegung § 7 96
Öffentlichkeit § 8 39

P
Parallelprüfung § 7 72; § 8 13
Präklusion § 10 3, 5, 6
Prüfungsbericht § 7 29, 30

R
Rechtsschutzbedürfnis § 9 31
Ruhen des Verfahrens § 10 58

S
Sachverständiger Prüfer § 7 56; § 8 9; § 9 26
– Anhörung § 8 15
– Entbehrlichkeit der Anhörung § 8 20
– Kosten § 7 76
– persönliches Erscheinen § 8 10
– Rolle § 8 13
– Sachverständiger § 7 71
Sofortige Beschwerde § 7 105
SpruchG *Einleitung* 3 ff., 33
– Abschaffung der Streitwertgrenze *Einleitung* 88
– Aktien oder Verschmelzungsrechtlicher Squeeze-out § 1 16
– Änderungen *Einleitung* 33
– Anpassungen *Einleitung* 36
– Anwaltszwang *Einleitung* 95
– Anwendungsbereich § 1
– Anwendungsfälle *Einleitung* 42
– Anzahl *Einleitung* 70
– Beendigungsformen *Einleitung* 65
– Beherrschungs- und Gewinnabführungsverträge § 1 4
– Beschleunigungspotentiale durch Einzelkorrekturen *Einleitung* 86
– Beschleunigungspotentiale *Einleitung* 107
– Bewertungsrügen *Einleitung* 73
– Dauer *Einleitung* 51

Stichwortverzeichnis **SpruchG**

- Eingangsinstanz *Einleitung* 77
- Ergebnisse *Einleitung* 59
- Erleichterung von Vergleichsmöglichkeiten *Einleitung* 100
- Erstellung von Gutachten *Einleitung* 110
- Gründung einer Europäischen Genossenschaft § 1 34
- Gründung und Sitzverlegung einer SE § 1 24
- Häufigkeit *Einleitung* 47
- Mehrheitseingliederung § 1 13
- Neuordnung *Einleitung* 19
- Praktische Bedeutung *Einleitung* 46
- Reformbedarf *Einleitung* 77
- Umwandlung von Rechtsträgern § 1 22
- Vorlage, Beibringung von Unterlagen *Einleitung* 150
- Wegfall der Abhilfemöglichkeit *Einleitung* 96
- Wegfall der Bagatellrechtsprechung *Einleitung* 104
- Weitere Anwendungsfälle § 1 35

Strengbeweis § 8 42
Strukturmaßnahmen § 3 14
- Eingliederung (Mehrheitseingliederung) § 3 53; § 15 97
- Formwechsel § 3 12, 62, 65
- Gründung einer Europäischen Genossenschaft § 3 15, 67; § 5 9
- Gründung oder Sitzverlegung einer Europäischen Aktiengesellschaft (SE) § 3 66; § 5 8
- Gründung und Sitzverlegung einer Europäischen Aktiengesellschaft (SE) § 3 15
- Internationale Strukturmaßnahmen § 4 10
- Mehrheitseingliederung § 3 43
- Mehrstimmrechte § 3 12, 69; § 4 37; § 5 14
- Reguläres Delisting § 3 72; § 4 41; § 5 16
- Spaltungen § 3 12
- Squeeze Out § 3 43, 51; § 15 97
- Übertragende Auflösung § 3 71; § 4 39; § 5 15
- Umwandlung § 3 12
- Unternehmensvertrag § 3 15, 34, 41
- Vermögensübertragungen § 3 12
- Verschmelzung § 3 57, 58, 59

Substantiierungslast § 9 12
Substanzwertverfahren § 11 Annex 14

U
Übergangsvorschrift (§ 17 Abs. 2 SpruchG) § 17 3, 26
- 01.09.2009 § 12 2
- Beschwerdeantrag am 02.09.2003 oder später gestellt § 17 22
- erstinstanzliche Verfahren § 17 18
- Stichtag § 12 2
- Stichtag: 01.09.2003 § 17 18, 19
- zweitinstanzliche Verfahren § 17 22

Unternehmensbewertung § 11 Annex
- Bewertungsmethodik § 11 Annex 10
- Rahmenbedingungen § 11 Annex 2

V
Verbindung § 7 53
Verfahrensbevollmächtigte § 7 103
Verfahrensförderung § 7 1; § 9 1; § 10 1, 3
- mündliche Verhandlung § 9 7, 14
- Präklusion § 10 3
- sachverständiger Prüfer § 9 20
- schriftliche Vorbereitung § 9 14
- sonstige Verstöße § 10 37
- Verzögerung § 10 39, 40
Verfahrensverbindung § 7 14
Vergütung des Sachverständigen § 7 75
Versäumnisurteil § 10 54
Verzögerung § 10 18
- Entschuldigung § 10 26, 29, 39, 41

SpruchG Stichwortverzeichnis

- pflichtgemäßes Ermessen § 10 43
- Präklusion § 10 3
- Präklusionshindernisse § 10 53
- Rechtsmittel § 10 35
- Verschuldensvermutung § 10 27

Vollmacht § 9 30
Vor-/und Nacherwerbspreise § 11 Annex 203

W
Widerklage § 10 55
Wiedereinsetzung § 10 65

- Zusammenlegung von Zuständigkeiten § 2 8
- Zuständigkeitskonzentration § 2 11, 15

Zustellung § 7 2, 21
- Antragsbegründung § 7 3
- Antragstellung § 7 3
- Ausland § 7 4
- gemeinsame Vertreter § 7 5
- Unverzüglichkeit § 7 13
- Verweigerung § 7 6
- weitere Anträge § 7 3
- Wirkung § 7 4

Zwangsgelder § 7 101, 103

Z
Zulässigkeitsrüge § 9 28, 29; § 10 49
- verspätete Rüge § 9 32

Zuständigkeit § 2 1, 4
- Doppelzuständigkeit § 2 12
  - Identität des Verfahrensgegenstandes § 2 17
  - Parallelverfahren (bei verschiedenen Landgerichten) § 2 15; § 4 16
  - sachlich zusammenhängendes Parallelverfahren § 2 16
- Eingangszuständigkeit der Landgerichte § 2 1
- internationale Zuständigkeit § 2 22
  - EU-Abkommen über gerichtliche Zuständigkeiten (EuGVVO) § 2 23
- Mehrfachzuständigkeit § 2 2, 12; § 4 16
- örtlich zuständig § 2 5
  - Statutarischer Sitz des Rechtsträgers § 2 6
  - Verwaltungssitz § 2 6
- sachlich zuständig § 2 4
- Streit oder Ungewissheit über Zuständigkeit § 2 18 f.
  - negativer Kompetenzkonflikt § 2 19
  - positiver Kompetenzkonflikt § 2 19
- Vorgriffszuständigkeit § 2 2